Werner Olscher • Der österreichische Hausjurist

Prof. Dr. Werner Olscher

Der österreichische HAUSJURIST

Stand: März 2004

unter Mitarbeit von

Mag. Dr. Ingeborg Mottl

Andreas Verlag

Aktualisierte sechste Auflage

ISBN 3-85012-281-6

Lektorat: Christine Weismayer
Satz: Lasersatz Weismayer, A-5026 Salzburg
Druck und buchbinderische Verarbeitung: Freiburger Graphische Betriebe, D-79121 Freiburg

Dieses Buch ist zur allgemeinen Grundinformation bei auftretenden Rechtsfragen gedacht, kann jedoch im konkreten Einzelfall nicht die rechtsfreundliche Vertretung ersetzen.

Inhaltsverzeichnis

Vorwort

Bücher juristischen Inhalts gibt es viele. Häufig sind diese aber nur für den Fachmann bestimmt und bieten dem Nichtjuristen recht wenig. »Der österreichische Hausjurist«, der sich in erster Linie an den Laien wendet und über Jahre und Jahrzehnte hinweg schon viele Auflagen erzielt hat, schildert den Lebensweg eines Bürgers, der jeder von uns sein könnte. Es werden alle jene typischen Ereignisse von rechtlicher Bedeutung dargestellt, die von der Geburt bis zum Tod an jedermann herantreten können. Wir haben dieses Modell eines österreichischen Staatsbürgers deshalb Karl Jedermann genannt.

Bei der Lektüre des »Österreichischen Hausjuristen« werden Sie sehr bald merken, dass die Juristerei zu Unrecht als trocken und phantasielos verschrien ist. Sie kann vor allem nicht lebensfremd sein, denn sie ist das Leben selbst. Was Sie bisher als lebensfremd empfinden mochten, war wohl nur die Art der Darstellung. In fast jeder Familie ist ein Hausarztbuch zu finden, das bei Erkrankungen oder Unfällen rasch zur Hand ist. Um wie viel häufiger jedoch stehen wir vor juristischen Problemen! Aus Gründen der Kostenersparnis, aus einer gewissen Scheu vor Mitteilung oder einfach aus Zeitmangel werden solche Probleme vorerst ohne Rechtsfreund angepackt. Aber wo anfangen und wie fortführen? Was besonders beachten und was vernachlässigen? Wer denkt schon daran, dass bei einem Rechtsfall mitunter ein einziges Wort des Gesetzes- oder Vertragstextes entscheidend sein kann? »Der österreichische Hausjurist« weiß, worauf es ankommt und wie man die Nöte und Sorgen Rechtsuchender mit den einfachsten Mitteln beseitigt.

Gründliches Wissen und praktische Erfahrung – wie sie nun einmal im Rechtsleben aufeinander angewiesen sind – werden Sie den Seiten dieses Buches entnehmen und bei der Behandlung Ihrer eigenen Probleme gebrauchen können. Sicher wird aber »Der österreichische Hausjurist« von Ihnen nicht nur zur Lösung einzelner Fragen herangezogen werden. Sie werden ihn bestimmt auch sonst oft zur Hand nehmen, um durch seinen vielseitigen Inhalt eine engere Bindung zum Recht zu bekommen. Auf diese Weise mag auch die verbreitete Scheu vor Gerichten und Verwaltungsbehörden allmählich abgestreift werden.

Für erste Hilfe bei Rechtsunfällen wird sich ein Blick in den »Österreichischen Hausjuristen« jedes Mal als höchst vorteilhaft erweisen. Heilt die kleine Schramme ab, ist alles wieder gut. Sitzt das Übel tiefer, wird Selbstbehandlung nicht mehr ausreichen. Dann muss die Sache dem berufsmäßigen Parteienvertreter – Rechtsanwalt, Verteidiger in Strafsachen, Notar, Patentanwalt, Ziviltechniker, Gebäudeverwalter oder Steuerberater – übergeben werden. Ihr rechtskundiger Vertreter wird es Ihnen jedoch durch erfolgreiche Arbeit danken, wenn Sie ihn von Anfang an mit klaren Informationen und vorsorglich beigestelltem Material wirksam unterstützen. Bei der Schaffung dieser Voraussetzungen soll Ihnen »Der österreichische Hausjurist« ein nützlicher Helfer sein!

Musterschriftsätze sowie aktuelle Hinweise auf Gebühren und Steuern tragen den heutigen Erfordernissen Rechnung. Auf die mit 1. Jänner 2004 in Kraft getretene Steuerreform, auf die im Wesentlichen zum gleichen Zeitpunkt wirksam gewordene

Pensionsreform, auf die Verwaltungsreform (etwa im Gewerbebereich) sowie auf Neuigkeiten in den Bereichen Ehe, Scheidung und Lebensgemeinschaft oder auf die neuen Regelungen über den Ersatz für entgangene Urlaubsfreuden wurde bereits Bedacht genommen.

Erstmals wurde in dieser Ausgabe auch auf die Rechtsproblematik der neuen Technologien wie etwa Kauf im Internet, Verträge im Internet, E-Commerce-Gesetz, Datenschutz etc. eingegangen. Für die Bearbeitung der Kapitel »Datenschutz« und »Karl Jedermann und das Internet« konnte dankenswerterweise die Expertin für Rechtsfragen der neuen Medien, Frau Mag. Dr. Ingeborg Mottl, Salzburg, gewonnen werden.

Unsere raschlebige Zeit erfordert prompte Reaktionen und verlangt sicheres Verhalten. Wissen schafft Werte und verleiht unbestrittene Macht. Wer den »Österreichischen Hausjuristen« besitzt und auf seine Art benützt, ist sofort im Bilde. Er weiß mehr und gewinnt eine überall bewunderte Sicherheit in seinen Beziehungen zu Gesetz, Recht und Behörden; selbst in der anspruchsvollsten Bildungsgesellschaft wird er seinen Platz bestimmt behaupten und seine berufliche Position bald verbessern können. Darum: recht viel Glück auf den Weg mit Karl Jedermann und auch ein wenig Heiterkeit, die Ihnen »Der österreichische Hausjurist« noch nebenbei bereiten möge!

Wien, im Jänner 2004 *Dr. Werner Olscher*

Karl Jedermann als Privatmann

Eben hat Karl Jedermann das 18. Lebensjahr vollendet und ist demnach voll geschäftsfähig. Im Rahmen des Erlaubten kann er nun sein Leben selbstständig gestalten und wir wollen ihn dabei ein wenig beobachten. Die üblichen Lebensereignisse werden dabei eintreten und rechtlich betrachtet werden. Karl Jedermann wird Rechtshandlungen setzen, Verträge schließen, viele erlaubte, manchmal aber auch unerlaubte Handlungen begehen. Er besinnt sich auf seine staatsbürgerlichen Rechte und Pflichten, hat einen Beruf als Selbstständiger oder als abhängiger Dienstnehmer auszuüben und kann ein Vermögen erwerben. Karl Jedermann wird sich verloben, verheiraten und möglicherweise scheiden lassen; er wird Kinder haben und um deren Erziehung besorgt sein. Schließlich muss Karl Jedermann sterben und sein Nachlass wird auf die Erben übergehen.

Der Wohnsitz

Als ehelich geborenes Kind hat Karl Jedermann den Wohnsitz mit seinen Eltern geteilt. Nunmehr begründet er seinen eigenen Wohnsitz dadurch, dass er sich an einem frei gewählten Ort niederlässt, und zwar in der Absicht, dort ständig zu verbleiben.

☛ Der Ort, an dem sich eine Person im Augenblick tatsächlich befindet, ist bloß ihr Aufenthalt; dagegen bildet der ständige Mittelpunkt der Lebenstätigkeit (Ort der persönlichen und wirtschaftlichen Verflechtung) ihren Wohnsitz; dieser wird auch »Niederlassung« genannt. Juristische Personen (Firmen oder Vereine) haben zwar keinen Wohnsitz, wohl aber einen Sitz. Im Allgemeinen kann man den Wohnsitz frei wählen, das heißt sich dort niederlassen, wo man will. Es gibt jedoch auch **gesetzliche Wohnsitze**. Ein minderjähriges Kind teilt den Wohnsitz seines gesetzlichen Vertreters, also im Regelfall den seiner Eltern; haben die Eltern keinen gemeinsamen Wohnsitz, so teilt es den Wohnsitz des Elternteiles, in dessen Haushalt es lebt.

Karl Jedermann macht also einen bestimmten Ort zum Mittelpunkt seines Lebens. Wer dauernd umherzieht, hat keinen Wohnsitz. Demgegenüber kann man auch mehrere Wohnsitze haben (z. B. Zweitwohnungsbesitzer), davon kann allerdings nur einer der Hauptwohnsitz sein, also der Mittelpunkt der Lebensbeziehungen. Dieser ist im Meldezettel (siehe folgende Seite) genau anzugeben.

Meldebestimmungen

Die wichtigsten **Bestimmungen des Meldegesetzes 1991** (zuletzt geändert durch BGBl. I Nr. 98/2001):

§§

- Die **Pflicht zur Anmeldung** trifft den Unterkunftnehmer (§ 7 Abs. 1). Unterkunftnehmer ist jeder, der in einer Wohnung Unterkunft nimmt. Dabei ist es gleichgültig, ob es sich um einen Haus- oder Wohnungsbesitzer, Hauptmieter, Untermieter, Mitbewohner oder andere handelt. Eine **Anmeldung** ist innerhalb von drei Tagen ab Beziehen der Unterkunft, eine **Abmeldung** innerhalb von drei Tagen vor oder nach Aufgabe der Unterkunft vorzunehmen.
  Zur Anmeldung benötigt man folgende Dokumente:

Meldezettel

Zutreffendes bitte ankreuzen ☒!

Erläuterungen auf der Rückseite!

FAMILIENNAME (in Blockschrift), AKAD. GRAD (abgekürzt)		
VORNAME lt. Geburtsurkunde (bei Fremden laut Reisepass)		
Familienname vor der e r s t e n Eheschließung		
GEBURTSDATUM	GESCHLECHT männlich ☐ weiblich ☐	RELIGIONSBEKENNTNIS
GEBURTSORT lt. Reisedokument (bei österr. Staatsbürgern auch lt. Geburtsurkunde); Bundesland (Inland) und Staat (Ausland)		
STAATSANGEHÖRIGKEIT Östrreich ☐ anderer Staat ☐ ⇨ Name des Staates:		
Angabe der ZMR-Zahl (soweit bekannt): ☐☐☐ ☐☐☐ ☐☐☐ ☐☐☐		
REISEDOKUMENT bei Fremden Art, zB Reisepass, Personalausweis: Ausstellungsdatum: Nummer: ausstellende Behörde, Staat:		

ANMELDUNG der **Unterkunft** in	Straße (Platz) bzw. Ort ohne Straßennamen	Haus-Nr.	Stiege	Tür-Nr.
	Postleitzahl · Ortsgemeinde, Bundesland			
Ist diese **Unterkunft Hauptwohnsitz:** ja ☐ nein ☐				
wenn **nein,** Hauptwohnsitz bleibt in	Straße (Platz) bzw. Ort ohne Straßennamen	Haus-Nr.	Stiege	Tür-Nr.
	Postleitzahl · Ortsgemeinde, Bundesland			
Zuzug aus dem Ausland? nein ☐ ja ☐ ⇨ Angabe des Staates:				
ABMELDUNG der **Unterkunft** in	Straße (Platz) bzw. Ort ohne Straßennamen	Haus-Nr.	Stiege	Tür-Nr.
	Postleitzahl · Ortsgemeinde, Bundesland			
Sie verziehen ins Ausland? nein ☐ ja ☐ ⇨ Angabe des Staates:				

Im Falle einer Anmeldung: Unterkunftgeber (Name in Blockschrift, Unterschrift)	Unterschrift des Meldepflichtigen (Bestätigung der Richtigkeit der Meldedaten)

- öffentliche Urkunden, aus denen Familien- und Vornamen, Familienname vor der ersten Eheschließung, Geburtsdatum, Geburtsort und Staatsangehörigkeit des Unterkunftnehmers hervorgehen (z. B. Reisepass und Geburtsurkunde);
- Unterkunftnehmer, die nicht die österreichische Staatsbürgerschaft besitzen, benötigen ein Reisedokument (z. B. Reisepass);
- wenn an der bisherigen Unterkunft aus dem Hauptwohnsitz ein »weiterer Wohnsitz« wird, ist dort vor Anmeldung des neuen Hauptwohnsitzes eine Ummeldung erforderlich.

- Für den **Inhalt des Meldezettels** ist, unabhängig davon, wer den Meldezettel ausfüllt, immer der Meldepflichtige verantwortlich. Er muss daher den Meldezettel auf Vollständigkeit und Richtigkeit der Eintragungen überprüfen, und zwar auch dann, wenn er von der Behörde ausgefertigt wird.
- Ein **Hauptwohnsitz** ist an jener Unterkunft begründet, an der man sich in der Absicht niedergelassen hat, diese zum Mittelpunkt der Lebensbeziehungen zu machen; trifft diese sachliche Voraussetzung auf mehrere Wohnsitze zu, so ist jener als Hauptwohnsitz zu bezeichnen, zu dem das überwiegende Naheverhältnis besteht.
  Für den **Mittelpunkt der Lebensbeziehungen** sind vor allem folgende Bestimmungskriterien maßgeblich:
  - Aufenthaltsdauer,
  - Lage des Arbeitsplatzes oder der Ausbildungsstätte,
  - Ausgangspunkt des Weges zum Arbeitsplatz oder zur Ausbildungsstätte,
  - Wohnsitz der übrigen, insbesondere der minderjährigen Familienangehörigen und der Ort, an dem sie ihrer Erwerbstätigkeit nachgehen, ausgebildet werden oder die Schule oder den Kindergarten besuchen,
  - Funktionen in öffentlichen und privaten Körperschaften.

Der Hauptwohnsitz ist für die Eintragung in die Bundes-Wählerevidenz sowie für verschiedene andere Rechtsbereiche maßgeblich (z. B. Kfz-Zulassung, waffenrechtliche Urkunden). Eine Änderung des Hauptwohnsitzes oder eines weiteren Wohnsitzes kann auch weitere Mitteilungspflichten begründen (z. B. Kfz-Zulassung, waffenrechtliche Urkunden).

Die bei der Anmeldung ausgefertigten **Meldezettel** sind sorgfältig aufzubewahren, weil man sie noch bei vielfältigen Gelegenheiten benötigt, insbesondere bei der Abmeldung und der Neuanmeldung (im Falle eines Wohnungswechsels).

Ausnahmen von der Meldepflicht des Unterkunftnehmers:

- bei Minderjährigen trifft die Meldepflicht den Erziehungsberechtigten; ist ein solcher nicht anwesend, den Unterkunftgeber.
- bei Personen, für die ein Sachwalter bestellt ist, trifft die Meldepflicht den Sachwalter; ist ein solcher nicht anwesend, den Unterkunftgeber.

Die Anmeldung erfolgt durch **Übergabe der ausgefüllten Meldezettel** an die Meldebehörde, das ist das Meldeamt der betreffenden Gemeinde (Bürgermeister). Das neu geschaffene Zentrale Melderegister (ZMR) führt der Bundesminister für Inneres; darin werden alle Bewohner Österreichs erfasst.

Änderung der Meldedaten

Wenn eine Änderung des Familien- oder Vornamens oder der Staatsangehörigkeit einer gemeldeten Person eintritt, so muss diese innerhalb von drei Monaten eine Abmeldung und gleichzeitig eine Neuanmeldung (mit den geänderten Daten) vornehmen (Ummeldung gemäß § 11 Meldegesetz 1991).

Unterkunft in Beherbergungsbetrieben

Wer als Gast in einem Beherbergungsbetrieb (z. B. Hotel, Pension) Unterkunft nimmt, muss – ohne Rücksicht auf die Unterkunft davor – sich innerhalb von 24 Stunden nach seinem Eintreffen durch Eintragung in ein Gästeblatt anmelden. (Nach zwei Monaten muss man sich jedoch zusätzlich mit Meldezettel anmelden.) Statt eine Gästeblattsammlung aufzulegen, können Inhaber eines Beherbergungsbetriebes die Meldedaten der Gäste automationsunterstützt verarbeiten. In diesem Fall erfolgt die Anmeldung durch Bekanntgabe der Daten durch den Gast an den Inhaber des Beherbergungsbetriebes.

Ausnahme für Fremde

Personen, die nicht die österreichische Staatsbürgerschaft besitzen, müssen sich immer mit Meldezettel anmelden, sofern sie eine Erwerbstätigkeit ausüben, die an eine behördliche Erlaubnis gebunden ist. Das gilt daher auch dann, wenn sie in einem Beherbergungsbetrieb Unterkunft nehmen.

Der Bestandvertrag

Unter dem weiten Begriff Bestandvertrag fasst unser Allgemeines Bürgerliches Gesetzbuch (ABGB) im § 1090 solche Verträge zusammen, durch die jemandem der »Gebrauch einer unverbrauchbaren Sache auf eine gewisse Zeit und gegen einen bestimmten Preis« überlassen wird. Im Wesentlichen sind dies die Miet- und Pachtverträge. Immer handelt es sich dabei um entgeltliche **Gebrauchsüberlassung** von Sachen.

Miete und Pacht

Unterschied zwischen Miete und Pacht

Die Unterscheidung von Miete und Pacht ist bedeutsam, weil die Gefahrtragung, die Kündigungsfristen und der Bestandschutz unterschiedlich geregelt sind.

Von einem **Mietvertrag** spricht man, wenn sich die in Bestand gegebene Sache **ohne weitere Bearbeitung gebrauchen** lässt (z. B. Wohnung). Dagegen liegt ein **Pachtvertrag** vor, wenn die Bestandsache nur **durch Fleiß und Mühe benützt** werden kann (z. B. Feld). Diese vom Gesetz getroffene Unterscheidung ist zwar für die Praxis außerordentlich wichtig, aber keineswegs klar.

☛ Man wird darum bei der Abgrenzung zwischen Miete und Pacht Folgendes zu beachten haben:

1. Im **Allgemeinen:** Miete ist entgeltliche Überlassung des Gebrauches; Pacht ist entgeltliche Überlassung des Fruchtgenusses.
2. Bei den **gewerblichen Unternehmungen:** Für den Ertrag entscheidet bei Miete die persönliche Arbeit des Bestandnehmers, bei Pacht kommt es auf die vorhandenen Betriebsmittel an; bei Miete besteht keine Betriebspflicht, wohl aber bei Pacht.
3. Nach **wirtschaftlichem Zweck:** Miete dient der Konsumtion, Pacht dient der Produktion.

Werden Geschäftsräume, Gastlokale, eine Ordination oder Praxis gemietet oder gepachtet? Es kommt darauf an: sind die Räume für ihren Zweck eingerichtet, soll ein Geschäfts(Gast)betrieb, eine Praxis fortgeführt werden, so wird eine zur Fruchttragung (Produktion) geeignete und bestimmte Sache überlassen; es liegt also Pacht vor. Die Auferlegung einer **Betriebspflicht** spricht jedenfalls für **Pacht**. Sind Miet- und Pachtgegenstände in Bestand gegeben, wird die Beschaffenheit der **Hauptsa-**

che entscheiden: Ein Einfamilienhaus **mietet** man samt Garten, einen Bauernhof **pachtet** man samt Wohnräumen.

Abschluss von Bestandverträgen

Beim Abschluss eines Mietvertrags ist besonders auf folgende Punkte zu achten:

1. Größe des gemieteten Objektes und genaue Beschreibung seiner Lage;
2. Benützung des Mietgegenstandes durch den Mieter: Art und Dauer;
3. Benützungsentgelt, Höhe und Zeitpunkt der jeweiligen Zahlungen;
4. Instandhaltung des Mietgegenstandes durch den Mieter;
5. Rückgabe des Mietgegenstandes an den Vermieter.

Der Bestandvertrag kommt schon mit der **Willenseinigung** der Parteien zustande und wird nicht erst durch Übergabe der Sache perfekt. Dennoch ist nach der Theorie der Mehrstufigkeit des Mietverhältnisses die Rechtslage vor und nach **Übergabe** des Bestandobjektes zu unterscheiden. Der Abschluss des Bestandvertrags ist formfrei, auch bei den auf längere Zeit abgeschlossenen Bestandverträgen über unbewegliches Gut. Doch ist der schriftliche Abschluss von Mietverträgen auf längere Zeit üblich und bei Pachtverträgen wohl die Regel.

Der Mietvertrag

Karl Jedermann findet eine geeignete Wohnung, allerdings in einer unfreundlichen Gegend. Der Hauseigentümer Franz Großhaupt überlässt Karl Jedermann die gewünschten Wohnräume.

Der Mietvertrag zwischen Großhaupt und Karl Jedermann muss nicht schriftlich abgeschlossen werden; dies kann auch mündlich geschehen. Doch wird es sich empfehlen, den wesentlichen Inhalt der getroffenen mündlichen Vereinbarung wenigstens in einem Gedächtnisprotokoll festzuhalten. Die Abmachung kann aber auch durch **Brief und Gegenbrief** sehr einfach schriftlich festgehalten werden. In diesem Fall empfiehlt es sich, eine Kopie des eigenen Schreibens und das Antwortschreiben aufzubewahren (siehe nächste Seite).

Bei der Annahme eines schriftlichen Abschlusses würde ein aufzusetzender Hauptmietvertrag etwa wie auf der gegenüberliegenden Seite wiedergegeben aussehen. Karl Jedermann besteht auf Punkt 8 des Vertrages, obwohl eine für ihn günstige oberstgerichtliche Rechtsprechung existiert, die den Stand der Technik berücksichtigt. Der Oberste Gerichtshof (OGH) hat nämlich entschieden, dass der Hauseigentümer die Anbringung einer **Fernsehantenne** (auch wenn die Dachhaut durchstoßen wird) dulden muss und dafür vom Mieter **keine wie immer geartete Entschädigung** verlangen darf.

€ Bestandverträge sind grundsätzlich mit 1 Prozent der Bemessungsgrundlage **zu vergebühren** (siehe Seite 23, Tarifpost 5 zu § 33 Gebührengesetz 1957, Abs. 3). Hierbei hat das Finanzamt für Gebühren und Verkehrssteuern, dem der Mietvertrag vorzulegen ist, nach folgender Aufstellung vorzugehen:

§§ **Tarifpost 5 zu § 33 Gebührengesetz 1957:**
(1) Bestandverträge (§§ 1090 ff. ABGB) und sonstige Verträge, wodurch jemand den Gebrauch einer unverbrauchbaren Sache auf eine gewisse Zeit und gegen einen bestimmten Preis erhält, nach dem Wert

MIETVERTRAG

Abgeschlossen am 20. Juli …

zwischen Herrn Franz Großhaupt, Wien …, Trübgasse 2,
im Folgenden »Vermieter« genannt, und

Herrn Karl Jedermann, Wien,
im Folgenden »Mieter« genannt.

Franz Großhaupt vermietet und Karl Jedermann mietet
ab 1. August … im Hause Wien …, Trübgasse Nr. 10,
die Wohnung Tür Nr. 5, bestehend aus:
1 Zimmer, 1 Küche, Vorzimmer, Bad,

unter folgenden Vertragsbedingungen:

1. Das Mietverhältnis wird auf unbestimmte Zeit geschlossen und ist beiderseits unter Einhaltung der gesetzlichen Kündigungsfristen zu den entsprechenden Kündigungsterminen kündbar.
2. Als Entgelt verpflichtet sich der Mieter, jeweils am 1. eines jeden Monats, im Vorhinein, einen Betrag von € 250,– zu bezahlen.
3. Der Mieter verpflichtet sich, den Mietgegenstand nur als Wohnung zu benützen.
4. Der Mieter bestätigt, den Mietgegenstand in gutem Zustand übernommen zu haben, und verpflichtet sich, ihn auf eigene Kosten in gutem Zustand zu erhalten sowie allfällige Beschädigungen jeweils über Aufforderung des Vermieters unverzüglich zu beheben.
5. Die Untervermietung oder Überlassung jeder anderen Art an dritte Personen, sei sie entgeltlich oder unentgeltlich, ist nicht gestattet.
6. Änderungen am Mietgegenstand bedürfen der schriftlichen Zustimmung des Vermieters.
7. Der Mieter verpflichtet sich, die Hausordnung einzuhalten, die einen Bestandteil dieses Vertrages bildet.
8. Der Vermieter hat die Errichtung einer Satellitenantenne auf dem Hausdach und deren kostenlose Benützung zu gestatten.
9. Die Kosten der Errichtung und Vergebührung dieses Mietvertrages trägt der Mieter.

Als Vermieter: Als Mieter:

Franz Großhaupt Karl Jedermann

1. im Allgemeinen 1 v. H.;
2. beim Jagdpachtvertrag 2 v. H.

(2) Einmalige oder wiederkehrende Leistungen, die für die Überlassung des Gebrauches vereinbart werden, zählen auch dann zum Wert, wenn sie unter vertraglich bestimmten Voraussetzungen auf andere Leistungen angerechnet werden können.

(3) Bei unbestimmter Vertragsdauer sind die wiederkehrenden Leistungen mit dem Dreifachen des Jahreswertes zu bewerten, bei bestimmter Vertragsdauer mit dem dieser Vertragsdauer entsprechend vervielfachten Jahreswert, höchstens jedoch dem Achtzehnfachen des Jahreswertes. Ist die Vertragsdauer bestimmt, aber der Vorbehalt des Rechtes einer früheren Aufkündigung gemacht, so bleibt dieser Vorbehalt für die Gebührenermittlung außer Betracht. Abweichend vom ersten Satz sind bei Bestandverträgen über Gebäude oder Gebäudeteile, die überwiegend Wohnzwecken dienen, einschließlich sonstiger selbständiger Räume und anderer Teile der Liegenschaft (wie Keller- und Dachbodenräume, Abstellplätze und Hausgärten, die typischerweise Wohnräumen zugeordnet sind) die wiederkehrenden Leistungen höchstens mit dem Dreifachen des Jahreswertes anzusetzen.

(4) Gebührenfrei sind

1. Verträge über die Miete von Wohnräumen bis zu einer Dauer von drei Monaten. Wird ein Mietverhältnis über diesen Zeitraum hinaus fortgesetzt, so wird der Mietvertrag im Zeitpunkt der Fortsetzung gebührenpflichtig und gilt mangels anderer beurkundeter Parteienvereinbarung vertraglich als auf unbestimmte Zeit verlängert;
2. Werknutzungsverträge sowie Patent-, Marken- und Musterlizenzverträge;
3. Bestandverträge, bei denen der für die Gebührenbemessung maßgebliche Wert € 150,– nicht übersteigt;
4. Aufforderungsschreiben, mit denen die Entrichtung eines Erhaltungs- und Verbesserungsbeitrages gemäß § 45 Mietrechtsgesetz begehrt wird.

Mieterschutz

Maßgebend für den zum Teil schon während des Ersten Weltkriegs eingeführten Mieterschutz ist das **Mietrechtsgesetz** (MRG), das oftmals novelliert wurde. Die Ziele der Mietrechtsnovelle 2001 sind im Bericht des Justizausschusses wie folgt zusammengefasst:

☛ Die hier vorgeschlagenen Änderungen des Mietrechtsgesetzes sind als weitere Etappe in der Verwirklichung eines dem Regierungsprogramm innewohnenden Grundanliegens zu verstehen, nämlich der schrittweisen Liberalisierung des Mietrechts und dessen sukzessiver Heranführung an die Gegebenheiten des Immobilienmarkts. Dies soll hier einerseits durch Veränderungen in den Regelungen über den Anwendungsbereich des Mietrechtsgesetzes und andererseits durch die Privilegierung des Ausbaus von Dachböden – dies auch zur Ankurbelung der Bauwirtschaft – angestrebt werden. Beim Anwendungsbereich geht es dabei primär um die gänzliche Herausnahme von Ein- und Zweifamilienhäusern, aber auch von gewerblichen Objekten oder Mischobjekten dieser Größe, aus dem Rechtsregime des Mietrechtsgesetzes. Damit im Zusammenhang bietet sich die Lösung eines Problems an, das zwar nichts mit der Liberalisierung des Mietrechts, wohl aber mit dessen Anwendungsbereich zu tun hat, nämlich die Frage, welche gesetzlichen Regelungen für Mietverhältnisse im Rahmen sozialpädagogisch betreuten Wohnens gelten sollen, bei dem beispielsweise die Caritas oder die Bewährungshilfe als Vermieter auftreten.
Darüber hinaus wird – einem in der Rechtswissenschaft schon seit langem geäußerten Vorschlag folgend – der bisherige Erhaltungs- und Verbesserungsbeitrag in nun auch terminologischer Umsetzung der diesbezüglichen Regelungsinhalte des 3. Wohnrechtsänderungsgesetzes in einen Teil des Hauptmietzinses umgewandelt.

Das MRG erfasst grundsätzlich alle Wohnungsmietverträge. Gänzlich ausgenommen sind jedoch Dienst-, Natural-, Werkswohnungen sowie Mietverträge, die durch

Ablauf der Zeit ohne Kündigung erlöschen, sofern die ursprüngliche oder verlängerte vertragsmäßige Dauer ein halbes Jahr nicht übersteigt und der Mietgegenstand

a) eine Geschäftsräumlichkeit oder
b) eine Wohnung der Ausstattungskategorie A oder B ist und der Mieter diese nur zum schriftlich vereinbarten Zweck der Nutzung als Zweitwohnung wegen eines durch Erwerbstätigkeit verursachten vorübergehenden Ortswechsels mietet; weiters ausgenommen sind Heime sowie Zweitwohnungen, die der Erholung oder Freizeitgestaltung dienen; teilweise ausgenommen sind Mietgegenstände in Gebäuden, die von einer gemeinnützigen Bauvereinigung errichtet worden sind und im Eigentum einer gemeinnützigen Bau- oder Verwaltungsvereinigung stehen.

Weiters gilt das MRG seit 1. Jänner 2002 nicht für

- Wohnungen oder Wohnräume, die von einer karitativen oder humanitären Organisation im Rahmen sozialpädagogisch betreuten Wohnens vermietet werden,
- Mietgegenstände in einem Gebäude mit nicht mehr als zwei selbstständigen Wohnungen oder Geschäftsräumlichkeiten, wobei Räume, die nachträglich durch einen Ausbau des Dachbodens neu geschaffen wurden oder werden, nicht zählen.

Nur teilweise (etwa bezüglich der Kündigungsbeschränkungen, nicht aber hinsichtlich der Höhe des Mietzinses) gilt das MRG seit 1. Jänner 2002 in Bezug auf

- Mietgegenstände, die durch den Ausbau eines Dachbodens auf Grund einer nach dem 31. Dezember 2001 erteilten Baubewilligung neu errichtet worden sind, sowie unausgebaute Dachbodenräumlichkeiten, die mit der Abrede vermietet werden, dass darin – wenn auch zum Teil oder zur Gänze durch den Hauptmieter – eine Wohnung oder Geschäftsräumlichkeit errichtet werde.

Der **Gegenstand des Mieterschutzes** wird in der Hauptsache durch zwei Gruppen von Bestimmungen gebildet:

1. Der Mietzins ist der freien Vereinbarung entzogen, also: **gesetzliche Mietzinsbildung** (siehe Seite 30). Zu dieser Gruppe von Wohnungen gehören nach § 1 Abs. 4 MRG **nicht**: Mietgegenstände, die in Gebäuden gelegen sind, die ohne Zuhilfenahme öffentlicher Mittel aufgrund einer nach dem 30. Juni 1953 erteilten Baubewilligung neu errichtet worden sind. Auf Wohnungen in einem Wohnhaus mit nicht mehr als zwei selbstständigen Wohnungen sind die Zinsbeschränkungen des Mietrechtsgesetzes ebenfalls nicht anwendbar. Schließlich kann der Mietzins auch für die Miete von im Wohnungseigentum stehenden Mietgegenständen frei vereinbart werden, sofern der Mietgegenstand in einem Gebäude gelegen ist, das aufgrund einer nach dem 8. Mai 1945 erteilten Baubewilligung neu errichtet worden ist; daneben sind noch einzelne andere Mietgegenstände ausgenommen (vgl. § 16 MRG).
2. Das Recht der Kündigung ist für den Vermieter auf wichtige, im Gesetz angeführte Gründe beschränkt, also: **gesetzlicher Kündigungsschutz**.

Besonders die Bestimmungen der zweiten Gruppe sind von großer praktischer Bedeutung. Der gesetzliche Kündigungsschutz erfasst alle Wohnungen, auf die das Mietrechtsgesetz anwendbar ist (siehe oben).

Gerichtliche und außergerichtliche Kündigung

Wir müssen uns da zuerst einmal das Wesen der **Aufkündigung** überhaupt klarmachen. Wenn kein bestimmter Endtermin vereinbart wurde, ist zur Auflösung des Vertrages eine Aufkündigung erforderlich. Wenn ein Endtermin vereinbart wurde, ist keine Kündigung nötig, es kann nach Vertragsende sogleich Räumung begehrt werden. Falls nun eine Aufkündigung gefordert wird, hat sie nach den bestehenden Vorschriften (der Zivilprozessordnung) grundsätzlich gerichtlich zu erfolgen, um gerichtlich durchsetzbar zu sein, wenn der Mieter damit nicht einverstanden ist.

Die Aufkündigung oder kurz **Kündigung** ist eine einseitige empfangsbedürftige Willenserklärung und muss dem Gegner zukommen. Dabei sind Kündigungstermin und Kündigungs**frist** zu unterscheiden. Unter Termin hat man immer einen Zeitpunkt, unter Frist einen Zeitraum zu verstehen. Die Kündigung ist im Allgemeinen während der Vertragsdauer **jederzeit** zulässig; doch kann der Kündigungstermin in den örtlichen Mietordnungen oder durch Ortsgebrauch an bestimmte Tage des Jahres gebunden sein.

Kündigungsfrist

Die Länge der **Kündigungsfrist** richtet sich in erster Linie nach der **Vereinbarung**. Im Falle eines besonderen Übereinkommens der Vertragsteile über die Frist zur Aufkündigung und Zurückstellung des Bestandgegenstandes darf sie nur in diesem Zeitraum erfolgen.

Sind keine besonderen Vorschriften erlassen, beträgt die Kündigungsfrist für die Miete **beweglicher** Sachen **24 Stunden** (§ 1116 ABGB). Bei **unbeweglichen** Sachen (wie z. B. Wohnungen) kommt es darauf an, welche Mietzinsperiode vereinbart ist. Mietverträge über Wohnungen oder Wohnräume sind zum letzten Tag eines Monats derart aufzukündigen, dass die Aufkündigung dem Gegner der aufkündigenden Partei, wenn der Zins in monatlichen oder kürzeren Abständen zu bezahlen ist, spätestens **einen Monat**, wenn der Zins in längeren Abständen zu bezahlen ist, spätestens **drei Monate** vor dem Kündigungstermin zugestellt wird.

Räumungsfrist

Die Aufkündigung soll die Beendigung des Bestandverhältnisses herbeiführen und dem Kündigungsgegner eine bestimmte Zeitspanne einräumen, innerhalb derer er für seine durch das Bestandverhältnis befriedigten Bedürfnisse anderweitig vorsorgen kann. Nach Beendigung des Bestandverhältnisses ist das Bestandobjekt geräumt zu übergeben. An die Stelle früherer Sonderregelungen ist nun grundsätzlich eine **14-tägige Räumungsfrist** nach Ablauf der Bestanddauer getreten. Das gilt sowohl, wenn die Räumungsverpflichtung durch Urteil als auch, wenn das Bestandverhältnis durch gerichtliche oder außergerichtliche Kündigung endet. Die Möglichkeit einer Verlängerung der Räumungsfrist (nach § 34 MRG) wird dadurch nicht berührt. Die Verlängerung der Räumungsfrist ist nicht möglich, wenn der Mieter selbst den Mietgegenstand gekündigt hat.

Mangels einer abweichenden vertraglichen Regelung gelten nach dem Kündigungsfristengesetz folgende Kündigungsfristen und Kündigungstermine:

Objekt	Kündigungsfrist	Kündigungstermin
Wohnungsmieten		
a) bei monatlicher Zinszahlung	1 Monat	letzter Tag eines Monats
b) bei längerer Zinszahlung	3 Monate	letzter Tag eines Monats
Geschäftsraummieten	3 Monate	31.3., 30.6., 30.9., 31.12.
landwirtschaftliche und gärtnerische Pachtungen	6 Monate	31.3., 30.11.

Mietverträge, die dem **Mietrechtsgesetz** unterliegen, können **nur gerichtlich** gekündigt werden (§ 33 MRG). Karl Jedermann braucht eine außergerichtliche Kündigung des Franz Großhaupt nicht zur Kenntnis zu nehmen. Der Gedanke des Mieterschutzes verlangt, dass Wohnungen nur aus ganz bestimmten Gründen gekündigt werden dürfen und dass solche Kündigungen nur gerichtlich erfolgen können. Wenn also der Hauseigentümer zuerst mündlich erklärt, dass er die Wohnung selbst benötigt, und sie dann mit eingeschriebenem Brief aufkündigt, wobei Kündigungsfrist und Kündigungstermin genau eingehalten wurden, erreicht er damit nichts. Eine private mündliche oder schriftliche Kündigung kann bei Wohnungen, die Mieterschutz genießen, keinen Erfolg bringen.

Nicht jede Kündigung muss jedoch gerichtlich erfolgen. Es könnte ja z. B. sein, dass sowohl Franz Großhaupt als auch Karl Jedermann mit der Auflösung des Mietvertrags **einverstanden** sind. Die Absicht des Mietrechtsgesetzes geht nur dahin, den Mieter gegen eine einseitige, willkürliche Auflösung des Mietverhältnisses durch den Vermieter zu schützen.

Ein Übereinkommen beispielsweise, wonach Karl Jedermann seine bisherige Wohnung dem Franz Großhaupt geräumt zu übergeben habe, weil dieser ihm eine andere zur Verfügung stellt oder weil Karl Jedermann selbst eine hellere, ihm besser zusagende Wohnung gefunden hat, macht eine gerichtliche Aufkündigung völlig entbehrlich.

Angesichts der großen Zahl mieterschutzfreier Räume hat die Frage der außergerichtlichen Aufkündigung aber ebenfalls Bedeutung. Aus diesem Grunde wollen wir uns sowohl die Erfordernisse der gerichtlichen als auch die der außergerichtlichen Kündigung genauer ansehen.

Gesetzliches Erfordernis der Kündigung

Der Inhalt einer außergerichtlichen Aufkündigung besteht aus den gleichen Angaben, die nach § 562 der Zivilprozessordnung (ZPO) die gerichtliche Kündigung zu enthalten hat, und zwar:

1. die Bezeichnung des Bestandgegenstandes;
2. die Bezeichnung der Parteien;
3. die Angabe des Zeitpunktes, zu dem der Vertrag enden soll (Kündigungstermin);
4. den Antrag, dem Gegner aufzutragen, entweder den Bestandgegenstand zur bestimmten Zeit bei sonstiger Exekution zu übergeben oder zu übernehmen oder gegen die Aufkündigung seine Einwendungen bei Gericht anzubringen. Zur Anbringung der Einwendung ist eine Frist von vier Wochen zu bestimmen.

Verhalten gegen die Kündigung

Gegen die Kündigung kann der Gekündigte innerhalb von vier Wochen Einwendungen erheben. In Verfahren nach dem Mietrechtsgesetz genügt die Formel: »Ich erhebe Einwendungen«; in allen anderen Bestandverfahren müssen sie wenigstens in irgendeiner Richtung hin näher konkretisiert sein. Innerhalb der Einwendungsfrist können Einwendungen, soweit sie nicht zurückgenommen wurden, ergänzt oder geändert werden.

Lässt der gerichtlich Aufgekündigte die Frist zur Erhebung von Einwendungen verstreichen, so entsteht ein Exekutionstitel, der ihn zur Räumung des Mietobjektes verpflichtet (siehe Seite 28).

Es gibt kein Bestandverfahren ohne einen an das Gericht gestellten Antrag. Außergerichtliche Kündigungen können – seit der Zivilprozess-Novelle 1983 – zu keinem Bestandverfahren führen und bilden auch keinen Exekutionstitel. Im Bereich des Mietrechtsgesetzes schreibt § 33 Abs. 1 MRG überdies zwingend die gerichtliche Aufkündigung vor, wie bereits ausgeführt wurde. Außergerichtliche Kündigungen können nur in den Fällen, in denen eine außergerichtliche Vertragsaufkündigung nicht ausgeschlossen ist, als Vertragsauflösungsgrund im anschließenden Räumungsprozess von Bedeutung sein (Fasching Lehrbuch, RZ 2139).

Gesetzliche Kündigungsgründe

Franz Großhaupt braucht für seine Tochter zusätzlichen Wohnraum. Er kann Karl Jedermann nicht dazu bewegen, das Mietverhältnis einvernehmlich aufzulösen.

Eine außergerichtliche Kündigung ist ihm verwehrt (Mieterschutz). Er muss beim örtlich zuständigen Bezirksgericht eine Kündigung einbringen und einen vom Gesetz **zugelassenen Kündigungsgrund** genau bezeichnen. Wenn Karl Jedermann Einwendungen erhebt, muss ein Bestandprozess durchgeführt werden.

Die gerichtliche Kündigung ist bei Mieten von Wohnungen und Geschäftsräumen nach **§ 30 MRG** dem Vermieter nur **aus wichtigen Gründen** gestattet. Das Gesetz zählt eine Reihe von Tatbeständen auf, die als solche Gründe zu gelten haben. Liegt einer dieser (mit Ziffern bezeichneten) Tatbestände vor, so ist seine Wichtigkeit im Einzelfall nicht mehr zu prüfen. Die folgende Aufzählung nennt einige **Beispiele**:

- wenn der Mieter trotz Mahnung mit der Bezahlung des Mietzinses im Rückstand ist (Ziff. 1);
- wenn der Mieter durch sein rücksichtsloses, anstößiges oder sonst grob ungehöriges Verhalten den Mitbewohnern das Zusammenleben verleidet (Ziff. 3);
- wenn der Mieter vom Mietgegenstand einen erheblich nachteiligen Gebrauch macht (Ziff. 3);
- wenn der Vermieter die gemieteten Wohnräume für sich selbst oder für Verwandte in absteigender Linie dringend benötigt und ihm oder der Person, für die der Mietgegenstand benötigt wird, aus der Aufrechterhaltung des Mietvertrags ein unverhältnismäßig größerer Nachteil erwüchse als dem Mieter aus der Kündigung (Interessenabwägung nach Ziff. 8) usw.

Diese Interessenabwägung entfällt seit 1. Jänner 2002 nur, wenn es sich um eine vom Wohnungseigentümer nach Wohnungseigentumsbegründung vermietete Eigentumswohnung handelt.

Bei allen Eingaben ist nachstehende Geschäftszahl anzugeben
Geschäftszahl K

Gerichtliche Aufkündigung

An das Bezirksgericht
in ....
(jenes Bezirksgericht anführen, in dessen Sprengel der Bestandgegenstand liegt)

Kündigende Partei: Franz Großhaupt, Pensionist, Wien ..., Trübgasse 2
(Name, Beschäftigung, Wohnort)
vertreten durch: ....
Vollmacht vom .... beigelegt, ausgewiesen zu ....

Gekündigte Partei: Karl Jedermann, Angestellter, Wien ..., Trübgasse 10
(Name, Beschäftigung, Wohnort)

Ich kündige der Gegenseite die .... im Hause in Wien ..., Trübgasse 10
gegen monatliche/vierteljährige Kündigung
gemietete Wohnung Nr. 5
bestehend aus Zimmer, Küche und Nebenräumen (Vorzimmer, Bad) samt Zubehör für den 31. Mai ... gerichtlich auf und beantrage, der Gegenseite aufzutragen, den oben angeführten Bestandgegenstand binnen 14 Tagen nach obigem Termin geräumt bei Exekution zu übergeben – zu übernehmen – oder gegen die Aufkündigung Einwendungen anzubringen.

Gründe: Als Kündigungsgrund wird Eigenbedarf geltend gemacht. Ich bin Eigentümer des Hauses Wien ..., Trübgasse Nr. 10. Der Kündigungsgegner bewohnt dort die Wohnung Nr. 5. Beweis: Mietvertrag vom 20. Juli ... Mir selbst und meiner Familie steht derzeit nur ein Zimmer und ein Kabinett in Wien ..., Trübgasse 2, zur Verfügung. Meine Gattin ist herzleidend und meine 20-jährige Tochter, die derzeit das Kabinett bewohnt, steht unmittelbar vor der Eheschließung mit einem mittellosen Wissenschaftler. Beweis: Amalia Großhaupt (Gattin) und Gigi Großhaupt (Tochter) als Zeugen, ärztliches Zeugnis, Parteienvernehmung. Ich benötige die aufgekündigte Wohnung dringend für meine Tochter Gigi Großhaupt.

Unterschrift der kündigenden Partei:

Franz Großhaupt

Beschluss des Gerichtes:
Dem Kündigungsgegner wird bei sonstiger Exekution aufgetragen, den in der Kündigung bezeichneten Bestandgegenstand binnen 14 Tagen nach dem dort genannten Kündigungstermin geräumt von seinen Fährnissen zu übergeben oder gegen die Aufkündigung Einwendungen binnen 28 Tagen nach Zustellung dieses Beschlusses mündlich oder schriftlich bei diesem Gerichte anzubringen.
Nach Ablauf dieser Frist angebrachte Einwendungen werden von Amts wegen zurückgewiesen.
Dieser Beschluss ist auch gegen die aufkündigende Partei vollstreckbar.
ZUR NACHRICHT: Der Kündigende hat für das Gericht und jeden Kündigungsgegner je ein Formular, ferner zu seiner Benachrichtigung ein Kündigungsformular auszufüllen und bei Gericht zu überreichen. Das für das Gericht bestimmte Formular ist zu stempeln.
Wenn der Kündigende im Ausland wohnt, hat er einen im Sprengel des zuständigen Bezirksgerichtes wohnenden Zustellungsbevollmächtigten zu bestellen und dessen Namen und Wohnort in der Aufkündigung anzugeben. Die geltenden Räumungsvorschriften sind an der Amtstafel des Bezirksgerichtes angeschlagen.
Einwendungen müssen innerhalb der im Beschluss des Gerichtes angegebenen Frist erhoben werden. In den mit Schriftsatz oder zu Protokoll gegebenen Einwendungen können neben der Bestreitung des (der) Kündigungsgrundes (Kündigungsgründe) auch formale Bestreitungen wie insbesondere der Mangel der Aktivlegitimation (wenn der Kündigende nicht Vermieter ist) oder der Passivlegitimation (wenn der Kündigungsgegner überhaupt nicht oder nicht der alleinige Mieter des aufgekündigten Objektes ist), unrichtige Bezeichnung des Bestandgegenstandes, Nichteinhaltung der vereinbarten oder gesetzlichen Kündigungsfrist bzw. verspätete Zustellung der Kündigung, Einbringung der Kündigung zu einem unrichtigen Termin, Verzicht des Vermieters auf eine Kündigung etc. geltend gemacht werden.

Franz Großhaupt bezieht sich auf den zuletzt genannten Kündigungsgrund der Ziff. 8 des § 30 MRG (siehe Seite 27). Wenn Franz Großhaupt sonst an einem wichtigen Interesse Schaden litte, wäre ein »wichtiger Grund« (**Generalklausel**) ebenfalls gegeben. Man hüte sich daher als Mieter, dem Hauseigentümer (Hausverwalter) einen »wichtigen Grund« zu liefern; denn dieser Grund kann – selbst wenn er nicht im Mietrechtsgesetz steht – zum Verlust des Wohnrechts führen.

Eine erhebliche **Belästigung** des Vermieters oder der Mitmieter durch den Mieter kommt z. B. durch häufiges ruhestörendes Verhalten, durch Klavierspielen, Koloratursingen oder nächtliches Feiern vor und kann unter Umständen, wenn es Tag für Tag praktiziert wird, sehr leicht einen Kündigungsgrund bilden.

Hausordnung

Besondere Bedeutung kommt der **Hausordnung** zu. Ihr Inhalt muss den Mietern zugänglich gemacht werden. Es genügt **Kenntnismöglichkeit** der verschiedenen Punkte einer Hausordnung, während Kenntnisnahme nicht gefordert wird. Die in der Praxis sehr detaillierten Punkte einer Hausordnung entsprechen einesteils den bestehenden Gesundheits- und Baupolizeivorschriften, andernteils betreffen sie Maßregeln für die Aufrechterhaltung der Ordnung, Ruhe, Sicherheit und Reinlichkeit im Haus, die die Grundlage eines angenehmen Wohnverhältnisses bilden.

☛ Für den Umfang des Mietrechts ist zunächst der Inhalt des (formfreien) Vertrages maßgebend; als solcher erscheint jedoch auch die Hausordnung, wenn sie dem Mieter bei Vertragsabschluss vorgelegt worden ist oder er es schuldhaft verabsäumt hat, sich über ihren genauen Inhalt zu unterrichten. Da sie somit **Vertragsbestandteil** ist, kann sie später vom Vermieter nicht einseitig zum Nachteil des Mieters abgeändert werden. Überdies unterliegen die Bestimmungen der Hausordnung der **richterlichen Überprüfung** darauf, ob sie nicht wegen Verstoßes gegen die guten Sitten der Unwirksamkeit verfallen. Ein solcher Verstoß ist dann anzunehmen, wenn der Mieter ungebührlich beschränkt wird, ohne dass ein schützenswertes Interesse des Vermieters an solcher Beschränkung erkennbar ist. Z. B. wird das absolute Verbot der Hausordnung, Tiere zu halten, nicht die Verwendung eines Blindenhundes durch einen blinden Mieter hindern. Umgekehrt kann ein durch die Hausordnung **ausdrücklich gewährleistetes Recht** nicht eingeschränkt werden. Sieht z. B. die betreffende Hausordnung vor, dass von 7 bis 11 Uhr geklopft werden darf, dann kann der Mieter eben in dieser Zeit Teppiche, Polstermöbel, Mäntel und dergleichen ausklopfen, selbst wenn dadurch schlafende Nachbarn gestört werden.

Hausbesorger

Der Hauseigentümer bzw. die Hausverwaltung beauftragt den **Hausbesorger**, für die Einhaltung der Hausordnung zu sorgen. Nach dem **Hausbesorgergesetz** hat der Hausbesorger die Pflicht, das Interesse des Hauseigentümers bezüglich des seiner Obhut anvertrauten Hauses mit Umsicht, Sorgfalt und Redlichkeit wahrzunehmen. Ihm obliegt die Sorge für die regelmäßige Reinigung der gesamten zum Haus gehörigen Räume, für die Beleuchtung des Hauses, die Wartung der Wasserleitung, das Zusperren und Öffnen des Haustores, die Reinigung der Gehsteige und deren Bestreuen bei Glatteis. Dafür erhält der Hausbesorger ein angemessenes Entgelt.

Gesetzliche Mietzinsbildung

Wie schon erwähnt, ist die gesetzlich vorgeschriebene Bildung des Mietzinses einer der beiden Grundgedanken des Mieterschutzes. Der Mietzins setzt sich zusammen aus:

1. dem Hauptmietzins;
2. dem auf den Mietgegenstand entfallenden Anteil an den Betriebskosten und den von der Liegenschaft zu entrichtenden laufenden öffentlichen Abgaben;
3. dem auf den Mietgegenstand entfallenden Anteil für besondere Aufwendungen;
4. dem Entgelt für mitvermietete Einrichtungsgegenstände oder sonstige Leistungen, die der Vermieter über die Überlassung des Mietgegenstandes hinaus erbringt.

§§ Unterliegt der Mietgegenstand den Beschränkungen über die Höhe des Mietzinses, darf die Vereinbarung zwischen Mieter und Vermieter für eine in Hauptmiete gemietete Wohnung folgende Beträge je Quadratmeter Nutzfläche und Monat nicht übersteigen:

1. **Ausstattungskategorie A** (Wohnung, deren Nutzfläche mindestens 30 m^2 beträgt, in der die entsprechenden Nebenräume mit einer zeitgemäßen Ausstattung [Küche, Vorraum, WC, Bad], Zentralheizung oder Etagenheizung und Warmwasseraufbereitung vorhanden sind): € 2,64;
2. **Ausstattungskategorie B** (hier muss neben Zimmer, Küche, WC nur eine zeitgemäße Bademöglichkeit vorhanden sein): € 1,98;
3. **Ausstattungskategorie C** (Wasserleitung und WC innerhalb der Wohnung): € 1,32;
4. **Ausstattungskategorie D**, »Substandard« (wenn entweder keine Wasserleitung oder kein WC innerhalb der Wohnung vorhanden ist): € 0,66.

Diese Beträge werden gemäß § 16 Abs. 6 MRG jeweils bei Veränderungen des Verbraucherpreisindex 2000 valorisiert. Änderungen sind so lange nicht zu berücksichtigen, bis sie 5 Prozent dieser Indexzahl nicht übersteigen.

Richtwertsystem

Bei der Neuvermietung von Altwohnungen (das sind Eigentumswohnungen, die in vor 1945 erbauten Gebäuden liegen, sowie Mietwohnungen, die vor 1953 errichtet wurden) ab dem **1. März 1994** gilt dort, wo nicht eine Vereinbarung zwischen Vermieter und Mieter über einen »angemessenen« Hauptmietzins zulässig ist, das so genannte **Richtwertsystem**, das bei Wohnungen der Kategorien A, B und C auf eine »mietrechtliche Normwohnung« abstellt und je nach Lage der bestimmten Wohnung Zu- oder Abschläge bei der Mietzinsgestaltung vorsieht. Je schlechter die Lage und der Ausstattungszustand der Wohnung, umso geringer der Zins, der dafür verlangt werden darf (Richtwertgesetz in Verbindung mit § 16 MRG). Die Richtwerte sind bundesländerweise verschieden und betragen seit 1. April 2003 monatlich pro Quadratmeter Nutzfläche:

— im Burgenland	€ 3,94
— in Kärnten	€ 5,05
— in Niederösterreich	€ 4,43
— in Oberösterreich	€ 4,68
— in Salzburg	€ 5,96
— in der Steiermark	€ 5,96
— in Tirol	€ 5,27
— in Vorarlberg	€ 6,63
— in Wien	€ 4,32

Für Wohnungen der Kategorie D dürfen derzeit € 1,32 monatlich pro Quadratmeter Nutzfläche verlangt werden, wenn sie sich in brauchbarem Zustand befinden, ansonsten nur der oben erwähnte Betrag von € 0,66. Ab 1. April 2004 erfolgen neue Anhebungen.

Pacht und Wertsicherung

Karl Jedermann entdeckt bei einem Ausflug ein kleines Gartengrundstück. Zyprian Kastner, der Eigentümer, ist bereit, das Gartengrundstück zu verpachten. Bei der Besprechung des Pachtzinses meint er: »Ich will nicht viel, das aber will ich sicher haben.«

Wertsicherungsklausel

☛ Wer bei Erbringung einer Leistung sichergehen will, dass die spätere Gegenleistung nicht entwertet wird, muss überlegen, ob und welche **Wertsicherungsklauseln** gesetzlich zulässig sind. Nur soweit der Gesetzgeber Wertsicherungsklauseln ausdrücklich verboten hat, ist die Vereinbarung einer Wertsicherungsklausel unzulässig. Das gilt von der Goldklausel, die in einer Reihe von Gesetzen untersagt wurde (ist aber neben der Goldklausel ein anderer Wertsicherungsmaßstab vereinbart worden, wird dieser angewendet); ebenso sind Valutaklauseln nach dem Devisengesetz grundsätzlich nicht gestattet. Ein allgemeines, ausnahmsloses Verbot von Wertsicherungsklauseln besteht nur bei Versicherungsverträgen. Im Großen und Ganzen neigt die Rechtsordnung zur grundsätzlichen Anerkennung der Zulässigkeit einschlägiger Wertsicherungsklauseln. Bei **Pachtverträgen** gilt es nämlich, denjenigen, der eine oft sein einziges Gut bildende Sache gegen periodisch zu leistende Geldzahlungen bestimmter Höhe hingibt, davor zu bewahren, dass eine etwa eintretende Änderung des Geldwertes sich in manchmal geradezu katastrophaler Weise gegen ihn auswirkt. Häufig werden Wertsicherungsklauseln auf den **Verbraucherpreisindex** abgestellt; bei Errechnung der Geldwertänderung wird der Wert am Tag des Vertragsabschlusses mit dem am Fälligkeitstag bekannt gegebenen Wert verglichen.

Der Schrebergarten

Das Bundesgesetz über die **Regelung des Kleingartenwesens** (BGBl. Nr. 6/1959) gilt für Schrebergärten, die »der nicht erwerbsmäßigen Nutzung oder der Erholung« dienen und ein gewisses Ausmaß (mehr als 120 m^2 und höchstens 650 m^2) aufweisen. Es nimmt darauf Rücksicht, dass in der Regel zuerst ein Generalpachtvertrag über das Kleingartengelände abgeschlossen wird und die einzelnen Kleingärten dann unterverpachtet werden. Der Generalpachtvertrag darf bei sonstiger Nichtigkeit nur mit Gebietskörperschaften, Kleingartenvereinigungen oder Unternehmern für ihre Betriebsangehörigen abgeschlossen werden. Sowohl für die General- wie für die Unter(Einzel)pachtverträge sind Zinsbeschränkungen und Kündigungsschutz vorgesehen; übermäßige Ablösen sind rückforderbar.

Die Gartenpacht und die Hoffnung, doch bald zu einer Wohnung in einer besseren Gegend zu kommen, veranlassen Karl Jedermann, nach einer Zwischenlösung zu suchen, die ihm billiger kommt als die durch Eigenbedarf gefährdete Hauptmiete bei Franz Großhaupt.

Untermiete

Karl Jedermann findet bei der Witwe Karola Weihmann ein lichtes und erschwingliches Untermietzimmer und zieht dort ein.

Grundsätzlich genießt Karl Jedermann auch als Untermieter Mieterschutz, jedoch ermöglicht es das Mietrechtsgesetz, in zahlreichen Fällen den Mieterschutz für Untermietverhältnisse zu durchbrechen. Juristisch ist es nicht schlecht um den Untermieter bestellt, praktisch kommt es aber häufig zu lästigen Einschränkungen durch Verhaltensvorschriften seitens des Hauptmieters.

Es teilt der Untermieter das rechtliche Schicksal des Hauptmieters. Wenn also der **Hauptmietvertrag endet**, endet auch die Untermiete, wird aber der Untervermieter Eigentümer des Bestandgegenstandes, so verwandelt sich das Untermietverhältnis nicht etwa in einen Hauptmietvertrag, sondern wird hinfällig.

Ungebetene Gäste

Bittleihe

Wenn Frau Weihmann nur aus Gefälligkeit einwilligt, Karl Jedermann »gegen jederzeitigen Widerruf« bei sich aufzunehmen, und dafür auch kein Entgelt verlangt, dann liegt kein Mietvertrag vor. Karl Jedermann ist nur Gast und hat keinen Schutz gegenüber einer plötzlichen Sinnesänderung der Witwe. Es handelt sich hier um eine **unverbindliche Bittleihe**. Es muss aber **Unentgeltlichkeit** vorliegen. Unverbindlich ist die Bittleihe für Frau Weihmann, weil sie das Recht hat, jederzeit die Räumung des von Karl Jedermann benützten Wohnraums zu fordern. Es bedarf keiner Kündigung, um ein solches Verhältnis aufzulösen.

Keine Bittleihe würde z. B. vorliegen, wenn die Witwe Weihmann an Karl Jedermann einen Raum zur Benützung überlässt, damit dieser ihr abends aus Büchern und Zeitschriften vorlese – sein Vorlesen ist dann eben **Entgelt**.

Anerkennungszins, Pauschalersatz

Die Vermutung spricht nicht für eine Bittleihe, wenn jemand längere Zeit in einem fremden Haus wohnt; die unentgeltliche Aufnahme eines Obdachlosen wird aber in der Regel Bittleihe sein. Auch wenn ein wirtschaftlich nicht ins Gewicht fallender **Anerkennungszins** (er dient zur Anerkennung des Eigentums des Verleihers und verhindert eine Ersitzung durch den gutgläubigen Benützer) gezahlt wird, liegt Bittleihe vor. Ebenso wenn kein Zins, sondern nur die auf die Wohnung entfallenden **Betriebskosten** bezahlt werden. Es handelt sich dann um keinen Mietvertrag. Wird ein Raum ohne Bindung für die Zukunft (z. B. bis zur bevorstehenden Auswanderung) überlassen, so verwandelt nach der Judikatur auch die Annahme eines **Pauschalersatzes der Auslagen** (z. B. € 50,– pro Person und Monat) die Bittleihe nicht in einen Mietvertrag, es sei denn, dass die Vereinbarung zur Umgehung des Mietrechtsgesetzes geschlossen wurde. Wenn sich der Vermieter nicht jederzeitigen Widerruf ausbedungen hat, ist die Überlassung weiterer Räume oder des Gartens zur ausschließlichen Benützung nicht mehr Bittleihe, sondern bereits Miete.

☛ In diesem Zusammenhang sei eine Warnung ausgesprochen: Man nehme von **ungebetenen Gästen**, die ihren Aufenthalt immer wieder verlängern, trotz allem **nie Geld** an, auch wenn sie es für die »Abnützung« oder als Spesenersatz aufdrängen wollen! Leicht kann in der bloßen Geldannahme (oder in anderen Gegenleistungen) der stillschweigende Abschluss eines Bestandvertrags liegen und die Gäste behaupten dann vor Gericht mit Erfolg ihr Mietrecht. Entgeltliche Gebrauchsüberlassung begründet nämlich in der Regel – selbst gegen den Willen der Parteien – einen **Mietvertrag**. Ausnahmen bilden lediglich der Räumungsaufschub nach Beendigung des Bestandverhältnisses und die öffentlich-rechtlich aufgezwungene Benützung.

Die Wohngemeinschaft zwischen Familienangehörigen ist weder Miete noch Bittleihe. Die Benützung der Ehewohnung durch die Frau darf nicht als Bittleihe betrachtet werden. Solange der vom Ehemann abgeschlossene Mietvertrag aufrecht ist, verfügt die Ehefrau gegenüber dem Hauseigentümer über einen **Benützungstitel** und kann nicht auf Räumung geklagt werden. Gattin und minderjährige Kinder leiten ihr Wohnrecht aus **familienrechtlichen** Bestimmungen ab. Zwischen Eltern und volljährigen Kindern kann auch dann ein familienrechtliches Wohnverhältnis angenommen werden, wenn die Kinder einen Beitrag zum Haushalt leisten.

Empfang von Besuchen

Karl Jedermann findet in guter Lage eine geräumige Wohnung, die er mietet. Er ist Hauptmieter und nimmt gleich zwei Untermieter, Flamm und Pröll, auf. Dabei will Karl Jedermann in seiner Wohnung auf Ordnung sehen und keine »schlampigen Verhältnisse« dulden.

Er darf Untermietverhältnisse begründen, wenn ihm dies nicht bei Abschluss des Hauptmietvertrags ausdrücklich untersagt wurde.

Als Vermieter hat er gegenüber dem Untermieter kein Recht, z. B. nach 22 Uhr dessen Damenbesuch aus Sittlichkeitsgründen hinauszuweisen.

Karl Jedermann kann sich gegen eine **Belästigung** durch Besucher insofern wehren, als er nicht dulden muss, dass z. B. ein ausländischer Untermieter zahlreiche seiner in der Stadt lebenden Landsleute empfängt, heftige politische Debatten führt oder seinen Untermietraum zum Schauplatz dunkler Geschäfte macht. Dagegen liegt wohl keine Belästigung vor, wenn z. B. die Verlobte des Untermieters häufig zu Besuch kommt. Ein ständiges Verweilen der Verlobten braucht der Vermieter freilich nicht zu gestatten, denn er hat ja nur an den Untermieter vermietet. Karl Jedermann wird häufig wechselnden Damen-/Herrenbesuch nicht zu dulden brauchen. Aber umgekehrt können auch die Untermieter von Karl Jedermann verlangen, dass sie nicht durch seinen leichtfertigen Lebenswandel belästigt werden (insbesondere wenn der Untermieter selbst Familie hat und die Kinder durch das schlechte Beispiel gefährdet wären).

Vertraglich (durch mündliche oder schriftliche Vereinbarung) kann das Recht des Besuchsempfanges beliebig **eingeschränkt** werden. Trotz einer solchen Bedingung etwa, keine Besucher des anderen Geschlechts zu empfangen, wird dem Untermieter aber nicht untersagt werden können, seine Mutter, den Vater oder sonstige nahe Angehörige zu empfangen.

Selbst wenn eine klare Verletzung des Untermietvertrags oder eine eindeutige Belästigung vorliegen sollte, so gibt solches dem betroffenen Vertragsteil noch kein Recht zum eigenmächtigen Einschreiten. Man muss vielmehr die zuständigen Behörden anrufen, auf Unterlassung klagen (bei Verschulden eventuell auch auf Schadenersatz) oder kündigen oder, wenn keine Kündigung erforderlich ist, sogleich die zwangsweise Räumung begehren.

Hauptmieter und Untermieter leben zusammen

Zusammenfassend können wir feststellen, dass der Untermieter einerseits seinen Raum grundsätzlich genauso benützen darf, als wenn er für dieses Zimmer Hauptmieter wäre; andererseits aber verpflichtet auch das gedrängte Zusammenleben zu erhöhter Rücksichtnahme im Interesse aller Beteiligten.

Gemeinsame Nutzung der Einrichtung

Zwischen Hauptmiete und Untermiete bleiben aber wesentliche Unterschiede bestehen. So kann dem Untermieter, dem keine Küchenbenützung eingeräumt wurde, sogar der Gebrauch eines **Elektrokochers** in seinem Untermietraum wirksam untersagt werden. Hingegen darf der Hauptmieter in der Küche eine **Waschmaschine** selbst dann aufstellen und in Betrieb nehmen, wenn sich im betreffenden Haus eine modern eingerichtete Waschküche befindet.

Einleiten eines Telefons

Unter den heutigen Verhältnissen ist die Benützung des Telefons als der Übung des Verkehrs entsprechend anzusehen. Darum wird der Vermieter die **Einleitung eines Telefons** durch den Untermieter nur dann untersagen können, wenn besonders schutzwürdige Interessen verletzt würden (z. B. wenn durch die Installation die Stuckarbeiten in einer unter Denkmalschutz stehenden Wohnung der Innenstadt beschädigt würden). Nach Beendigung des Untermietverhältnisses muss aber auf Verlangen die Telefonanlage auf Kosten des Untermieters wieder entfernt werden.

Die Anbringung einer Tafel »Praktischer Arzt Dr. med. univ. ...« an der Wohnungstür kann dem zur Ausübung der ärztlichen Praxis berechtigten Untermieter durch den Hauptmieter nicht untersagt werden, ebenso nicht durch den Hauseigentümer (Hausverwalter).

Mitbenützung von Nebenräumen

Wenn der Vermieter dem Untermieter die im Mietvertrag vereinbarte **Mitbenützung eines Nebenraumes** (z. B. Badezimmer) später untersagt, handelt es sich um einen Eingriff in das Mietrecht des Untermieters. Dieser kann den Hauptmieter entweder darauf klagen, den Nebenraum wieder zugänglich zu machen, oder eine angemessene (der Gebrauchseinschränkung entsprechende) **Minderung des Untermietzinses** (§ 1105 ABGB) verlangen.

Wieweit der Untermieter berechtigt ist, Änderungen innerhalb des untergemieteten Wohn- bzw. Geschäftsraumes vorzunehmen, ist entweder nach dem geschlossenen Vertrag oder nach der Verkehrssitte zu beurteilen. Danach darf ein gemieteter Wohnraum nicht seinem ursprünglichen Zweck entfremdet werden. Ein Vermieter braucht sich nicht damit einverstanden zu erklären, dass der Untermieter die gemieteten Räume dazu benützt, um einen **Gewerbebetrieb** zu errichten. Die Einwilligung des Hauptmieters ist hierzu erforderlich.

☛ Im Gesetz ist nur ausdrücklich angeordnet, dass der Bestandnehmer für das **Verschulden des Untermieters haftet** (§ 1111 ABGB). Der rechtspolitische Grund ist ein Interessenausgleich: Da Untervermietung ohne Zustimmung des Bestandgebers gestattet ist, darf durch sie die Lage des Bestandgebers (Eigentümers) nicht verschlechtert werden und der Bestandnehmer muss für die Personen einstehen, denen er den Gebrauch überlassen hat. Dagegen ist im Gesetz nicht gesagt, ob der Bestandnehmer auch für das **Verschulden seiner Hausgenossen, Dienstpersonen und Gäste** einzustehen habe. Die Lehre nimmt an, es hafte der Mieter einer Wohnung für das Verschulden aller Hausgenossen und Gäste, aber auch für jenes der von ihm bestellten Handwerker und Lieferanten; der Ladenmieter haftet für das Verschulden seiner Angestellten und Kunden, nicht aber für Beschädigungen bei einer Plünderung. Der Untermieter haftet seinem Vermieter für alle Schäden, die seine Besucher verschulden, auch für Beschädigungen durch Handwerker, die im Untermietraum eine Arbeit verrichten. Allerdings muss die Beschädigung bei der handwerklichen Tätigkeit schuldhaft verursacht worden sein.

Eigenmacht ist verboten

Bei seinen beiden Untermietern geht Karl Jedermann von Zeit zu Zeit eigenmächtig in deren Räume, um »nach dem Rechten zu sehen«.

Ein solches Recht steht ihm nicht zu. Eine Ausnahme gilt dann, wenn der Untermieter in unverantwortlicher Weise lärmt und durch ein trunkenes Gebaren das Zimmer und seine Einrichtung gefährdet. Hier wäre ein Eingreifen des Vermieters durch Notwehr oder Notstand gerechtfertigt. Auch wenn es im Untermietzimmer brennt, kann Karl Jedermann eindringen. Es liegt dann keine verbotene Eigenmacht vor.

Können sich die Untermieter Flamm und Pröll untereinander über die Benützung der gemeinsamen Küche, des Bades, der Böden und Kellerräume nicht einigen, dürfen sie darum **vermeintliche Ansprüche nicht selbstständig durchsetzen**. Vielmehr herrscht auch hier der Grundsatz, dass man bei Streitigkeiten die Gerichte oder Verwaltungsbehörden anzurufen hat.

Widerspenstige Untermieter

Karl Jedermann hat mit seinen Untermietern kein Glück. Flamm z. B. benützt im Übermaß elektrische Geräte, von der Beleuchtung über die Stereoanlage bis zum

Radiator. Da der gesamte Stromverbrauch in der Wohnung Karl Jedermanns über einen gemeinsamen Zähler läuft, verteilt dieser die Stromkosten gefühlsmäßig auf alle Benützer der Wohnung mit einem Löwenanteil des Flamm.

Soweit nicht eine offenbar willkürliche Fehlbelastung vorliegt, wird man dem Vermieter ein Recht zur angemessenen Entscheidung einräumen müssen. Niemals darf jedoch der Vermieter eigenmächtig dem Untermieter die Stromzufuhr abschalten.

Während Flamm bereitwillig am Anfang des Monats, das heißt bis zum 3. eines jeden Monats, seinen Mietzins entrichtet, zahlt Pröll erst am Ende des Monats. Der Untermietvertrag zwischen ihm und Karl Jedermann kam seinerzeit ganz formlos durch das einverständliche Verhalten der beiden zustande.

Der Jurist nennt ein solches Verhalten, aus dem man den gemeinsamen Willen zum Vertragsabschluss herleitet, ein konkludentes oder schlüssiges Verhalten. Aus einem solchen Vertrag ist über den Zeitpunkt der Zinszahlung nichts zu entnehmen. Da die Parteien keine besonderen Abreden über die Art und Weise der Mietentrichtung getroffen haben, gilt das Gesetz. Dieses sieht aber im § 1100 ABGB Folgendes vor: Der Zins ist **im Nachhinein**, bei einer Bestandzeit von einem oder mehreren Jahren **halbjährlich**, sonst am **Ende der Bestandzeit** zu entrichten.

Die gesetzliche Vorschrift scheint Pröll also Recht zu geben. Sieht man aber genauer hin, dann wird die Regel des Gesetzes durch den **entgegenstehenden Ortsgebrauch** zurückgedrängt. In der Frage des Zeitpunkts der Zinsentrichtung entscheidet also das Gewohnheitsrecht und aus ihm ergibt sich, dass (trotz § 1100 ABGB) der Zins regelmäßig **im Vorhinein** zu entrichten ist. Das ist der Grund, warum Pröll doch nicht berechtigt sein kann, erst am Ende des Monats zu zahlen.

Im Geltungsbereich des Mietrechtsgesetzes (§ 15 Abs. 3 MRG) hat der Mieter den Mietzins, sofern kein anderer Zahlungstermin vereinbart ist, am 1. eines jeden Kalendermonats im Vorhinein zu entrichten.

Mietzinsklage

Wenn Pröll keinen Zins zahlt, steht Karl Jedermann der Kündigungsgrund wegen Zinsrückstand (§ 30 Abs. 2 Ziff. 1 MRG) zur Verfügung. Voraussetzung für die Geltendmachung dieses Kündigungsgrundes ist ein Zinsrückstand von **mindestens acht Tagen nach Fälligkeit** des Mietzinses. Weiter muss eine mündliche oder schriftliche **Mahnung** vorausgegangen sein. Manchmal wird die vom Mietrechtsgesetz geforderte Mahnung sogar unterbleiben können, z. B. wenn sich der Untermieter seit längerer Zeit nicht mehr in der Wohnung gezeigt hat, ohne aber seine Untermieträume aufgegeben zu haben, und sein Aufenthalt dem Vermieter nicht bekannt ist. Hier müsste erst ein Kurator für den Untermieter bestellt werden, um die Mahnung zuzustellen. Das ist zu umständlich.

Will Karl Jedermann nicht aufkündigen, wird er wahrscheinlich die **Mietzinsklage** bei dem Gericht einbringen, in dessen Sprengel der Bestandgegenstand liegt. Zuständig ist hierbei immer das Bezirksgericht, gleichgültig, wie hoch der eingeklagte Zinsbetrag ist (§ 49 Abs. 2 Z. 5 Jurisdiktionsnorm). Es wird sich daher auch bei einem Untermietverhältnis stets nur um einen bezirksgerichtlichen Rechtsstreit handeln, bei dem eine Vertretung durch einen Rechtsanwalt nicht zwingend vorgeschrieben ist, außer der **Streitwert** übersteigt den Betrag von € 4.000,–. Beim Landesgericht besteht jedoch **Anwaltspflicht**.

Mit einer Mietzinsklage können immer nur die am Klagstag schon fällig gewordenen Mietzinsleistungen eingeklagt werden. Wenn während der Prozessdauer noch weitere Zinszahlungen fällig werden können, wird der Kläger bei der Streitverhandlung erklären, dass er das **Klagebegehren** auf die seit dem Tag der Klagseinbringung fällig gewordenen weiteren Zinsbeträge **erweitere**. Das Gericht wird wahrscheinlich diese Klagserweiterung zulassen, selbst wenn ihr der Beklagte nicht zustimmt.

Das Vermieterpfandrecht

Pröll hat ordnungsgemäß gekündigt und seinem Vermieter Karl Jedermann erklärt, das Untermietzimmer am 31. Mai um 12 Uhr mittags geräumt zu übergeben. Als er mit seinen Koffern die Wohnung verlassen will und wegen eines Restzinsbetrages Karl Jedermann auf einen späteren Zeitpunkt vertröstet, verlangt dieser, dass ein Koffer im Haus verbleibt.

Hierzu ist Karl Jedermann nach § 1101 ABGB berechtigt, da er an den Sachen das Vermieterpfandrecht kraft Gesetzes hat. Wie dem Hauseigentümer gegen den Mieter, so steht auch dem Hauptmieter gegen den Untermieter ein gesetzliches Pfandrecht zu. Danach haftet Pröll mit seinen Einrichtungsgegenständen und seiner sonstigen Habe (z. B. Kunstgegenständen, Schmuck usw.) für die Mietzinsforderung Karl Jedermanns.

Das einzige gesetzliche Pfandrecht, das unser ABGB kennt, besteht nur für **Mietzinsforderungen**, nicht aber für eine Schadenersatzforderung, beispielsweise wegen Beschädigung des mitvermieteten Sofas. Die Rechtsprechung gewährt allerdings auch ein Pfandrecht für die vom Untermieter zu zahlende **Entschädigung** für **Gas und Strom**.

Sperrrecht

Will der Untermieter bei Nacht und Nebel ausziehen, ohne den Mietzinsrückstand zu bezahlen, kann der Vermieter ein so genanntes **Sperrrecht** ausüben. Diese **Sperre** ist ein **Akt erlaubter Selbsthilfe** und soll eine Verschleppung der dem Vermieterpfandrecht unterliegenden Sachen verhindern. Was dem gewöhnlichen Lebensbedarf und den Erfordernissen eines ordnungsgemäßen Geschäftsbetriebes entspricht, darf vom Vermieter jedoch **nicht gesperrt** werden.

Karl Jedermann kann seinem weichenden Untermieter notfalls mit Gewalt den Koffer abnehmen und ihn bei sich einstellen. Allerdings darf er nur so viel an Werten zurückbehalten, dass seine Zinsforderung gedeckt ist. Bei Ausübung des Sperrrechts handelt der Vermieter stets »auf eigene Gefahr«. Er wird also ohne Rücksicht auf Verschulden schadenersatzpflichtig, wenn sich die Maßnahme nachträglich als ungerechtfertigt herausstellt.

Pfandweise Beschreibung

Der Vermieter darf solche dem Untermieter abgenommenen Fahrnisse nur drei Tage eigenmächtig zurückhalten. Hat er innerhalb von drei Tagen nicht beim örtlich zuständigen Bezirksgericht um **pfandweise Beschreibung** des Koffers angesucht, muss er ihn dem rückfordernden Untermieter herausgeben.

Die pfandweise Beschreibung besteht darin, dass die in den Untermieträumen befindlichen oder vom Vermieter zurückgehaltenen Fahrnisse des Untermieters auf richterliche Anordnung durch den Vollstreckungsbeamten des Gerichts in ein Verzeichnis (Pfändungsprotokoll) eingetragen werden. Die Verwertung der pfandweise beschriebenen Fahrnisse erfolgt dann über Antrag und nach den Vorschriften der Exekutionsordnung.

Der Untermieter hat die Möglichkeit, die Zurückhaltung seiner Sachen dadurch abzuwenden, dass er in gleicher Höhe eine geeignete **Sicherheit** leistet, z. B. zugunsten des Vermieters ein Schmuckstück bei Gericht hinterlegt oder einen tauglichen Bürgen stellt. Die Sicherstellung muss den geschuldeten Mietzins decken, auch dann, wenn der Wert der Fahrnisse geringer sein sollte.

Kaufleute und Handwerker

Unverlangte Sendungen ins Haus

Karl Jedermann hat seine neue Wohnung bezogen. Er muss eine große Anzahl von Anschaffungen machen. Zum Teil werden ihm auch unbestellte Waren zur Ansicht zugesendet. So schickt ihm eine Firma Rasierklingen ins Haus mit folgendem Begleitschreiben: »Falls Sie nicht binnen 8 Tagen unsere Probesendung zurückschicken, nehmen wir an, dass sie Ihren Beifall gefunden hat, und erlauben uns, den Betrag mittels Postauftrag einzuziehen.« Karl Jedermann hat für die Rasierklingen keinen Bedarf. Die Klingen geraten in Vergessenheit. Karl Jedermann wird an diese Angelegenheit erst wieder erinnert, als der Briefträger 14 Tage später einen Postauftrag zur Zahlung vorlegt.

Karl Jedermann muss den Postauftrag nicht einlösen und hat auch keinen Schadenersatz für die verdorbenen Klingen zu leisten.

Die Lieferfirma hätte einen Anspruch auf Bezahlung der Klingen nur dann, wenn zwischen ihr und Karl Jedermann ein Kaufvertrag zustande gekommen wäre. Ein Vertrag setzt aber den Austausch von übereinstimmenden Erklärungen voraus, die zum Ausdruck bringen, dass beide Parteien dasselbe wollen.

Soweit nicht das Gesetz für diese Erklärungen eine besondere Form vorschreibt, können sie mündlich erfolgen oder durch ein Verhalten ausgedrückt werden, das den Willen eindeutig erkennen lässt, z. B. Kopfnicken, wortloses Hinlegen des Geldes für Milch, Zigaretten etc.

In unserem Fall liegt nur ein Vertragsangebot (**Offerte**) der Firma vor, nicht aber auch eine **Annahmeerklärung** des Empfängers der Klingen. Sein Schweigen ist keine solche Erklärung. Nur ganz ausnahmsweise kennt das Gesetz die Umdeutung eines Schweigens als Zustimmung. So gelten z. B. die Allgemeinen Geschäftsbedingungen im Transportgewerbe, im Bankwesen und bei Versicherungsverträgen stillschweigend auch dann als vereinbart, wenn auf sie nicht ausdrücklich Bezug genommen wird. Dies ist aber eine besondere Ausnahme, weil allgemein bekannt ist, dass in diesen Gewerbezweigen massenhaft Verträge zustande kommen und deshalb mit Allgemeinen Geschäftsbedingungen gearbeitet wird.

Wenn zwischen Karl Jedermann und der Rasierklingenfirma eine **ständige Geschäftsverbindung** bestünde, könnte wohl Stillschweigen als Annahme gelten. In unserem Fall mit den Rasierklingen ist es aber anders. Da kein Kaufvertrag zustande gekommen ist, hat die Firma also keinen Anspruch auf den Kaufpreis.

Wie verfährt man mit unverlangten Sendungen?

Im neu geschaffenen § 864 Abs. 2 ABGB heißt es wörtlich:

§§ Das Behalten, Verwenden oder Verbrauchen einer Sache, die dem Empfänger ohne seine Veranlassung übersandt worden ist, gilt nicht als Annahme eines Antrags. Der Empfänger ist nicht verpflichtet, die Sache zu verwahren oder zurückzuleiten, er darf sich ihrer auch entledigen.

Das heißt also, eine unbestellte Ware braucht man weder aufzuheben noch an den Absender zurückzuschicken, sondern man kann sie guten Gewissens wegwerfen. Selbst die Verwendung der Sache löst nicht die Pflicht zur Zahlung des oft überhöhten Preises aus, sondern allenfalls zum Ersatz der messbaren Bereicherung.

Der Jurist spricht bei der unerwünschten Zusendung von Waren von einem so genannten **Belästigungsverkehr**. Der Geschäftsmann, der die unbestellten Waren geschickt hat, kann Karl Jedermann auch nicht dadurch zur Rücksendung der Ware zwingen, dass er ihm einen Geldbetrag für Porto und sonstige Unkosten der Rücksendung übermittelt.

Der Möbelkauf

Karl Jedermann hat Möbel gekauft. Der Einbauschrank ist aber infolge eines Konstruktionsfehlers der Belastung durch das Geschirr nicht gewachsen. Ein Brett bricht aus und ein großer Teil des Geschirrs geht in Scherben.

Gewährleistung

Wegen des Konstruktionsmangels kann Karl Jedermann Gewährleistungsansprüche geltend machen. Unter **Gewährleistung** versteht man die **Haftung des Veräußerers** einer Sache **für Mängel**. Bei den Mängeln kann es sich wiederum um Sachmängel oder um Rechtsmängel handeln. In unserem Fall handelt es sich um einen **Sachmangel**. Die Gewährleistung ist seit dem Konsumentenschutzgesetz (KSchG) zwingendes Recht.

Der Veräußerer haftet nach § 922 ABGB dafür, dass die Sache dem Vertrag entspricht. Er haftet also dafür, dass die Sache die bedungenen oder gewöhnlich vorausgesetzten Eigenschaften hat, dass sie seiner Beschreibung, einer Probe oder einem Muster entspricht und dass sie der Natur des Geschäftes oder getroffenen Verabredung gemäß verwendet werden kann. Ob die Sache dem Vertrag entspricht, ist auch danach zu beurteilen, was der Übernehmer aufgrund der über sie gemachten öffentlichen Äußerungen des Übergebers oder des Herstellers, vor allem in der Werbung und in den der Sache beigefügten Angaben, erwarten kann. Was Karl Jedermann aus dem Titel der Gewährleistung vom Verkäufer verlangen kann, bestimmt § 932 ABGB:

§§ **Rechte aus der Gewährleistung**

§ 932. (1) Der Übernehmer kann wegen eines Mangels die Verbesserung (Nachbesserung oder Nachtrag des Fehlenden), den Austausch der Sache, eine angemessene Minderung des Entgelts (Preisminderung) oder die Aufhebung des Vertrags (Wandlung) fordern.

(2) Zunächst kann der Übernehmer nur die Verbesserung oder den Austausch der Sache verlangen, es sei denn, dass die Verbesserung oder der Austausch unmöglich ist oder für den Übergeber, verglichen mit der anderen Abhilfe, mit einem unverhältnismäßig hohen Aufwand verbunden wäre. Ob dies der Fall ist, richtet sich auch nach dem Wert der mangelfreien Sache, der Schwere des Mangels und den mit der anderen Abhilfe für den Übernehmer verbundenen Unannehmlichkeiten.

(3) Die Verbesserung oder der Austausch ist in angemessener Frist und mit möglichst geringen Unannehmlichkeiten für den Übernehmer zu bewirken, wobei die Art der Sache und der mit ihr verfolgte Zweck zu berücksichtigen sind.

(4) Sind sowohl die Verbesserung als auch der Austausch unmöglich oder für den Übergeber mit einem unverhältnismäßig hohen Aufwand verbunden, so hat der Übernehmer das Recht auf Preisminderung oder, sofern es sich nicht um einen geringfügigen Mangel handelt, das Recht auf Wandlung. Dasselbe gilt, wenn der Übergeber die Verbesserung oder den Austausch verweigert oder nicht in angemessener Frist vornimmt, wenn diese Abhilfen für den Übernehmer mit erheblichen Unannehmlichkeiten verbunden wären oder wenn sie ihm aus triftigen, in der Person des Übergebers liegenden Gründen unzumutbar sind.

Garantiefrist

In unserem Rechtsfall war das Ausbrechen des Bretts auf einen Konstruktionsfehler des Einbauschranks zurückzuführen. Es besteht (was eventuell durch Sachverständige zu beweisen ist) aller Wahrscheinlichkeit nach ein **wesentlicher und unbehebbarer Mangel**. Karl Jedermann ist daher berechtigt, den Einbauschrank dem Verkäufer zurückzugeben und den Kaufpreis hierfür zurückzuverlangen. Er kann die Wandlung binnen einer **Frist von zwei Jahren** nach Ablieferung des Möbelstücks verlangen, falls keine längere Garantie vereinbart ist. Zeigt sich der Mangel erst nach zwei Jahren oder nach Ablauf der **vereinbarten Garantiefrist**, so hat Karl Jedermann keine Gewährleistungsansprüche mehr. Zeigt jedoch der Erwerber innerhalb der erwähnten Frist dem Möbelhersteller den Mangel an (so genannte Mängelrüge), so kann er nach § 933 ABGB die Gewährleistung durch **Einrede** auch weiterhin geltend machen. Zur Mängelrüge genügt es, dass der Erwerber dem Veräußerer vom entdeckten Mangel **mündlich oder schriftlich Mitteilung** macht. Es bedarf keiner gerichtlichen Anzeige. Der Übergeber leistet Gewähr für Mängel, die bei der Übergabe vorhanden sind. Dies wird bis zum Beweis des Gegenteils vermutet, wenn der Mangel innerhalb von sechs Monaten nach der Übergabe hervorkommt. Die Vermutung tritt nicht ein, wenn sie mit der Art der Sache oder des Mangels unvereinbar ist (§ 924 ABGB).

Gewährleistungs-/Schadenersatzanspruch

Der Gewährleistungsanspruch hat mit einem Verschulden des Veräußerers ganz und gar nichts zu tun. Karl Jedermann möchte gern Schadenersatz für das zerbrochene Geschirr verlangen. Für einen Schadenersatzanspruch ist aber meistens ein **Verschulden** erforderlich. Ausdrücklich wird im § 933a ABGB hinzugefügt, dass der Übergeber in allen Fällen für den verschuldeten Schaden haftet. Die verschuldete Schadenszufügung kann also **weitergehende Ansprüche** auslösen. Es kommt ganz darauf an, ob unseren Verkäufer bei der Lieferung des fehlerhaften Einbauschrankes ein Verschulden trifft. Auch die geltende Rechtsprechung betont ausdrücklich, dass Schadenersatzansprüche bei Verschulden durch die Gewährleistung nicht ausgeschlossen sind.

Karl Jedermann wird nicht nur Wandlung, sondern darüber hinaus auch einen Schadenersatzanspruch geltend machen, für den eine **dreijährige Verjährungsfrist** laut § 1489 ABGB gilt. Ein Verschulden des Verkäufers liegt vor allem dann vor, wenn dieser den Mangel des Einbauschranks gekannt, aber arglistig verschwiegen hat. Wenn **List** im Spiel ist, hat Karl Jedermann sogar eine noch längere Frist zur Verfügung: Er kann **30 Jahre** hindurch gegen den Verkäufer, der ihn hinters Licht geführt hat, vorgehen. Der Verkäufer haftet aber auch dann, wenn er fahrlässigerweise den Mangel nicht erkannt hat, obwohl schon mehrere Beanstandungen der Type erfolgt sind. Trifft ihn keinerlei Verschulden, so ist Karl Jedermann auf die oben erwähnten Gewährleistungsansprüche (Wandlung, Preisminderung, Verbesserung oder Nachtrag des Fehlenden) je nach Art des Mangels beschränkt.

Die Produkthaftung

Im **Produkthaftungsgesetz** ist die »verschuldensunabhängige Haftung« der Unternehmer für Schäden, die durch das Inverkehrbringen von fehlerhaften Produkten entstehen, geregelt (z. B. durch den infolge eines Materialfehlers explodierenden Druckkochtopf wird die Kücheneinrichtung beschädigt und die Hausfrau verletzt; ein Kind erleidet eine Gesundheitsschädigung durch ein mit giftigen Farben bemaltes Hutschpferd).

Hier haftet der **Hersteller oder Importeur** einer Ware, ob ihn nun ein Verschulden trifft oder nicht. Er hat für alle Schäden aufzukommen, die den Betrag von € 500,– übersteigen. Die Position des Konsumenten wird nicht zuletzt dadurch gestärkt, dass er sich auch an den **Händler** wenden kann, der ihm das fehlerhafte Produkt verkauft hat. Nennt dieser Händler den Namen des Herstellers oder Importeurs nicht, so haftet er **im gleichen Umfang**. Die Ersatzpflicht nach dem Produkthaftungsgesetz kann im Voraus weder ausgeschlossen noch beschränkt werden (§ 9 PHG).

Das Konsumentenschutzgesetz (KSchG)

Einen Teil der Möbel hat Karl Jedermann auf Raten angeschafft.

Das KSchG enthält nicht nur Bestimmungen über das **Abzahlungsgeschäft**, sondern regelt überhaupt die Rechtsbeziehungen zwischen Verbrauchern und Unternehmern.

Im Umgang zwischen Geschäftspartnern haben sich für die wirtschaftlich bedeutenderen Massengeschäfte Vertragsschablonen (Allgemeine Geschäftsbedingungen) entwickelt, die der Unternehmer für diese Vielzahl von Geschäften vorweg entwirft. Diese Vertragsschablonen haben sich grundsätzlich als sinnvolles Mittel zur Rationalisierung des rechtsgeschäftlichen Massenverkehrs erwiesen, vor allem bei den sich immer mehr entwickelnden Typen von Verträgen, die im Gesetz nicht hinreichend geregelt sind; sie werden aber von ihrem Aufsteller zum Teil auch dazu missbraucht, seine Rechtslage in unangemessener Weise zulasten des anderen Vertragspartners zu verbessern.

Die manchmal übertriebene Aggressivität der Vertriebsmethoden führt überdies oft dazu, dass Geschäfte geschlossen werden, die der Erwerber nicht geschlossen hätte, wenn er Zeit und Ruhe zum Überlegen gehabt hätte.

Vertragsfreiheit

Diese Entwicklung hat zu einer typischen **Beeinträchtigung der Vertragsfreiheit**, vor allem der Freiheit zur inhaltlichen Gestaltung des Vertrages, auf Seiten des schwächeren Vertragspartners, des Konsumenten, geführt: die Vertragsfreiheit wurde Mittel zur einseitigen Gestaltung des Vertragsinhaltes; sie kann in diesen Fällen ihre Funktion, einen den Bedürfnissen der Geschäftspartner bestmöglich entsprechenden Ausgleich ihrer Belange herbeizuführen, nicht mehr erfüllen.

Auf dem Gebiet des Privatrechts hat sich also – neben anderen Rechtsgebieten, wie vor allem beim Gewerberecht – ein Bedürfnis nach einem verstärkten, über das allgemeine Zivilrecht hinausgehenden Schutz des Konsumenten ergeben. Das KSchG soll den privatrechtlichen Schutz des Verbrauchers möglichst vollständig umfassen und widmet überdies einen besonderen Schwerpunkt dem Schutz vor Überrumpelung und vor unlauteren Allgemeinen Geschäftsbedingungen. Das Gesetz ist wie folgt gegliedert:

§§ **1. Allgemeiner Verbraucherschutz:**

a) Zustandekommen des Vertrages: Rücktrittsrecht bei »Haustürgeschäften« und bei Vertragsabschlüssen im Fernabsatz (Teleshopping), Folgen des Rücktritts, Kostenvoranschläge, unzulässige Vertragsbestandteile, Wirksamkeit mündlicher Nebenabreden, Verhinderung von Umgehungen;

b) Schutz vor unlauteren Allgemeinen Geschäftsbedingungen: Generalklausel, Aufzählung bestimmter verbotener Nebenabreden, Verbandsklage (wegen ihrer allgemeinen Geltung als II. Hauptstück gereiht);

c) stärkere Verbindung zum öffentlichen Recht in der Form, dass die Verletzung öffentlich-rechtlicher Vorschriften (weitergehend als bisher) zivilrechtlich wirksam wird: Erweiterung der Irrtumsanfechtung, Bindung an gesetzliche Höchst- oder Mindestpreise und eine Sonderbestimmung für Kreditvermittlungsaufträge.

2. Sonderregeln für bestimmte Vertragstypen: Dauerverträge, Abzahlungsgeschäfte, Buch- und Zeitschriftenabonnements sowie Reiseveranstaltungsverträge.

3. Ergänzende verfahrensrechtliche Regeln: Schutz des Verbrauchers vor Gerichtsstandsvereinbarungen, die ihm die Prozessführung erschweren, Lockerung der Säumnisfolgen zum Schutz vor unbilligen Versäumungsurteilen, Aufhebung der Eventualmaxime und Vereinheitlichung der Fristen im Auftragsverfahren sowie Erweiterung der Wiederaufnahmsklage auf Zahlungsaufträge und dergleichen.

Rücktrittsrecht

Hat der Verbraucher seine Vertragserklärung weder in den vom Unternehmen für seine geschäftlichen Zwecke dauernd benützten Räumen noch bei einem von diesem dafür auf einer Messe oder Markt benützten Stand abgegeben, so kann er vom Vertrag zurücktreten. Das Rücktrittsrecht ist jedoch binnen einer Woche auszuüben. Der Rücktritt bedarf der **Schriftform** (§ 3 Abs. 4 KSchG). Die Frist beginnt mit der Ausfolgung einer Urkunde, die zumindest den Namen und die Anschrift des Unternehmens sowie eine Belehrung über das Rücktrittsrecht enthält, an den Verbraucher – frühestens jedoch mit dem Zustandekommen des Vertrages. Handelt es sich nicht um ein Abzahlungsgeschäft und ist dem Verbraucher der Name und die Anschrift des Unternehmens bekannt gegeben worden, so **erlischt** das Rücktrittsrecht spätestens einen Monat nach dem Zustandekommen des Vertrages.

Das Rücktrittsrecht besteht auch dann, wenn der Unternehmer oder ein mit ihm zusammenwirkender Dritter den Verbraucher im Rahmen einer **Werbefahrt**, Ausflugsfahrt oder einer ähnlichen Veranstaltung oder durch persönliches, individuelles Ansprechen auf der Straße in die vom Unternehmer für seine geschäftlichen Zwecke benützten Räume gebracht hat.

Das Rücktrittsrecht steht dem Verbraucher **nicht** zu, wenn er selbst die geschäftliche Verbindung mit dem Unternehmer angebahnt hat, wenn keine geschäftlichen Besprechungen vorangegangen sind und schließlich bei Verträgen, bei denen die beiderseitigen Leistungen sofort zu erbringen sind, wenn sie üblicherweise vom Unternehmer außerhalb seiner Geschäftsräume geschlossen werden und das vereinbarte Entgelt € 15,–, oder wenn das Unternehmen nach seiner Natur nicht in ständigen Geschäftsräumen betrieben wird (Taxi) und das Entgelt € 45,– nicht übersteigt.

Beim **Rücktritt vom Vertrag** sind Zug um Zug vom Unternehmer alle empfangenen Leistungen samt gesetzlichen Zinsen zurückzuerstatten und der vom Verbraucher auf die Sache gemachte notwendige und nützliche Aufwand zu ersetzen; vom Verbraucher hingegen sind die empfangenen Leistungen zurückzustellen und dem Unternehmer ein angemessenes **Entgelt für die Benützung**, einschließlich einer Entschädigung für eine damit verbundene Minderung des gemeinen Wertes der Leistung zu zahlen; dabei ist die Übernahme der Leistungen in den Gewahrsam des Verbrauchers für sich allein noch nicht als Wertminderung anzusehen.

Kostenvoranschlag

Für die Erstellung eines **Kostenvoranschlags** durch den Unternehmer hat der Verbraucher ein Entgelt nur dann zu bezahlen, wenn er vorher auf diese Zahlungspflicht hingewiesen worden ist. Die Richtigkeit des Kostenvoranschlags gilt als gewährleistet, wenn nicht das Gegenteil ausdrücklich erklärt ist.

Unzulässige Vereinbarungen

Unzulässig ist:

- die unangemessen lange oder nicht hinreichend bestimmte Überlegungsfrist für den Unternehmer bezüglich der Annahme des Vertrages, während der Verbraucher an den Vertrag gebunden ist;
- zu vereinbaren, dass ein bestimmtes Verhalten des Verbrauchers als Abgabe oder Nichtabgabe einer Erklärung gilt (außer der Verbraucher wird bei Beginn der hierfür vorgesehenen Frist auf die Bedeutung seines Verhaltens besonders hingewiesen und hat zur Abgabe einer ausdrücklichen Erklärung eine angemessene Frist).

Unzulässig ist auch die Vertragsbestimmung, wonach eine für den Verbraucher rechtlich bedeutsame Erklärung des Unternehmers, die jenem nicht zugegangen ist, als ihm zugegangen gilt – sofern es sich nicht um die Wirksamkeit einer an die zuletzt bekannt gegebene Anschrift des Verbrauchers gesandten Erklärung für den Fall handelt, dass der Verbraucher dem Unternehmer eine Änderung seiner Anschrift nicht bekannt gegeben hat. Weiters ist unzulässig, zu vereinbaren, dass eine vom Verbraucher dem Unternehmer oder einem Dritten abzugebende Anzeige oder

Erklärung einer strengeren Form als der Schriftform oder besonderen Zugangserfordernissen (insbesondere »Eingeschrieben«) zu genügen hat. Die Vereinbarung, dass dem Unternehmer auf sein Verlangen für seine Leistung ein höheres als das bei der Vertragsschließung bestimmte Entgelt zusteht, ist ebenfalls unzulässig (außer für den Fall, dass die maßgebenden Umstände für die Erhöhung im Vertrag umschrieben sind und ihr Eintritt nicht vom Willen des Unternehmers abhängt).

Zurückbehaltungsrecht

Unzulässig ist eine Vereinbarung, wonach der Verbraucher die Leistung erbringen muss, auch wenn der Unternehmer seine Leistung nicht vertragsgemäß erbringt. Ein gesetzliches **Zurückbehaltungsrecht** des Verbrauchers darf nicht ausgeschlossen oder eingeschränkt werden. Die Pflicht des Unternehmers zum Schadenersatz darf nicht ausgeschlossen werden für Vorsatz oder grobe Fahrlässigkeit.

Es darf auch nicht vereinbart werden, dass der Unternehmer oder eine seinem Einflussbereich unterliegende Stelle oder Person bindende Erklärungen für den Verbraucher darüber abgibt, dass die vom Unternehmer erbrachten Leistungen vereinbarungsgemäß sind. Gesetzliche Beweislastregeln dürfen zuungunsten des Verbrauchers nicht umgedreht werden, und Rechte des Verbrauchers auf eine Sache, die der Unternehmer zur Bearbeitung übernommen hat, dürfen nicht in unangemessen kurzer Frist verfallen. Verzugszinsen dürfen nicht mehr als 5 Prozent jährlich über den vereinbarten Vertragszinsen liegen.

☛ Andere Vertragsbestimmungen sind nur zulässig, wenn der Unternehmer beweist, dass sie im Einzelnen ausgehandelt worden sind, so der Rücktritt des Unternehmers vom Vertrag ohne sachliche Rechtfertigung; Übertragung der Pflichten des Unternehmers mit schuldbefreiender Wirkung an einen Dritten, der im Vertrag nicht namentlich genannt ist; die einseitige Abänderung der zu erbringenden Leistung durch den Unternehmer; schließlich der Ausschluss des Schadenersatzes an einer zur Bearbeitung übernommenen Sache durch den Unternehmer.

Ist der Verbraucher zur Zahlung eines Reuegeldes (**Stornogebühr**) verpflichtet, so kann es der Richter mäßigen.

Ort der Gewährleistung

Gewährleistung hat der Unternehmer an dem Ort zu erbringen, an dem die Sache übergeben worden ist; bei Beförderung oder Versendung an einen im Inland gelegenen Ort kann der Verbraucher verlangen, dass die Gewährleistung durch den Unternehmer am Übergabeort erfolgt. Wenn die Beförderung zum Unternehmer für den Verbraucher nicht zumutbar ist, besonders weil die Sache sperrig, gewichtig oder durch Einbau unbeweglich geworden ist, so ist die Gewährleistung durch den Unternehmer an dem Ort zu erbringen, an dem sich die Sache gewöhnlich befindet, sofern dieser im Inland gelegen ist. Wenn es für den Verbraucher tunlich ist, die Sache dem Unternehmer zu senden, so kann dieser die Übersendung verlangen, er hat jedoch die Gefahr der Übersendung zu tragen (§ 8 KSchG).

Gewährleistungsrechte des Verbrauchers (§§ 922 bis 933 ABGB) können vor Kenntnis des Mangels nicht ausgeschlossen oder eingeschränkt werden. Die Vereinbarung einer kürzeren als der gesetzlichen Gewährleistungsfrist ist unwirksam, doch kann bei der Veräußerung gebrauchter beweglicher Sachen die Gewährleistungsfrist auf ein Jahr verkürzt werden, sofern dies im Einzelnen ausgehandelt wird. Bei Kraftfahrzeugen ist eine solche Verkürzung nur dann wirksam, wenn seit dem Tag der ersten Zulassung mehr als ein Jahr verstrichen ist (§ 9 Abs. 1 KSchG).

Die **Vollmacht eines Vertreters** erstreckt sich auf alle Handlungen, die derartige Geschäfte gewöhnlich mit sich bringen. Eine Beschränkung dieser Vollmacht ist dem Verbraucher gegenüber nur wirksam, wenn sie ihm bewusst war.

Sicherung der Forderungen

Wird zur **Sicherung der Forderungen** des Unternehmers vom Verbraucher eine Wechselverbindlichkeit eingeräumt, muss der Wechsel die Worte »Nicht an Order« oder einen gleichbedeutenden Vermerk enthalten, sonst ist der Unternehmer schadenersatzpflichtig. Eine **Lohn- oder Gehaltsforderung** des Verbrauchers darf dem Unternehmer nicht zur Sicherung oder Befriedigung seiner noch nicht fälligen Forderungen abgetreten werden.

Terminsverlust

Hat der Verbraucher seine Schuld in Raten zu zahlen und hat sich der Unternehmer für den Fall der Nichtzahlung von Teilbeträgen oder Nebenforderungen das Recht vorbehalten, die sofortige Entrichtung der gesamten noch offenen Schuld zu fordern (**Terminsverlust**), so darf er dieses Recht nur ausüben, wenn er selbst seine Leistungen bereits erbracht hat, zumindest eine rückständige Leistung des Verbrauchers seit mindestens sechs Wochen fällig ist und wenn der Unternehmer den Verbraucher unter Androhung des Terminsverlustes sowie unter Setzung einer Nachfrist von mindestens zwei Wochen erfolglos gemahnt hat.

Der Verbraucher, der im Inland seinen Wohnsitz oder gewöhnlichen Aufenthalt hat oder der im Inland beschäftigt ist, ist grundsätzlich bei dem Gericht zu klagen, in dessen Sprengel sein Wohnsitz, der gewöhnliche Aufenthalt oder der Ort der Beschäftigung liegt.

Verträge über wiederkehrende Leistungen, Kündigungsrecht

Dies liegt etwa vor bei Zeitschriftenabonnements, Beitrittserklärungen zu Buch- und Schallplattengemeinschaften, bei Serviceverträgen usw. Hier muss der für ein ganzes Jahr zu bezahlende Preis angegeben sein. Bei dieser Art von Verträgen steht dem Verbraucher ein **Kündigungsrecht** zu. Derartige Verträge können unter Einhaltung einer zweimonatigen Kündigungsfrist zum Ablauf des ersten Jahres, danach mit der gleichen Kündigungsfrist zum Ablauf jeweils eines halben Jahres aufgekündigt werden.

☛ Vertraglich (Text im Bestellschein beachten!) kann die Kündigungsfrist allerdings bis zu sechs Monate verlängert werden. Besteht die bestellte Ware (etwa ein mehrbändiges Lexikon) ihrer Art nach in einer unteilbaren Leistung, so kann darüber hinaus vertraglich bestimmt werden, dass eine Kündigung erstmals zum Ablauf des zweiten Jahres möglich ist. Sondervorschriften bestehen hinsichtlich der Kündbarkeit von Verträgen, deren Erfüllung dem Unternehmer erhebliche Kosten verursacht, wie dies etwa bei einem Bezugsvertrag über Fernwärme oder andere Energiearten der Fall ist.

Die Kündigung soll aus Beweisgründen unbedingt schriftlich erfolgen, und zwar mit eingeschriebenem Brief. Zu beachten ist auch, dass die Kündigung nur dann rechtzeitig erfolgt ist, wenn sie spätestens zum **Kündigungstermin** beim Unternehmer einlangt. Es kommt also hier nicht auf das Datum des Aufgabetages an.

Wenn etwa ein Zeitschriftenabonnement am 1. Jänner eines Jahres begonnen hat, so ist der 31. Dezember desselben Jahres der erstmögliche Kündigungstermin. Das heißt bei einer zweimonatigen Kündigungsfrist, dass die schriftliche Kündigung spätestens am 31. Oktober bei der Firma eingelangt sein muss. Weiß man den genauen Termin nicht, so ist es ratsam, die Kündigung »zum ehestmöglichen Termin« auszusprechen und um eine schriftliche Bestätigung des Erhalts des Kündigungsschreibens zu ersuchen. Jedenfalls ist, wie bei jedem wichtigen Schriftverkehr, eine Kopie des Briefes aufzubewahren. Eine nicht fristgerecht ausgesprochene Kündigung wird aber jedenfalls zum nächstmöglichen Kündigungstermin wirksam.

Ratenkauf

Auch die **Rechte und Pflichten des Konsumenten** (Verbrauchers) beim **Ratenkauf** sind im KSchG ausführlich festgelegt. Seine einschlägigen Bestimmungen (§§ 16 bis 25 KSchG) gelten für alle Kaufverträge über bewegliche körperliche Sachen, bei denen der Gesamtpreis nicht höher als € 25.000,– ist und für die neben einer Anzahlung zumindest zwei Teilzahlungen vereinbart wurden. Zum Schutz des Konsumenten gegen unüberlegt hohe Ratenkäufe verlangt der Gesetzgeber, dass bei Geschäften über € 220,– eine 20-prozentige **Anzahlung** zu leisten ist. Liegt der Gesamtpreis unter € 220,–, so genügt eine Anzahlung von 10 Prozent. Wichtig ist auch die Beschränkung der **Laufzeit** derartiger Geschäfte auf fünf Jahre (60 Monate). Ist an dem Ratenkauf (auch Abzahlungsgeschäft genannt) über Veranlassung und Mitwirkung des Verkäufers eine Bank (z. B. durch Gewährung des Kredites) beteiligt, so kann der Ratenkäufer in bestimmten Fällen sogar gegenüber dieser Bank alle jene Einwendungen geltend machen, die er auch dem Verkäufer entgegensetzen könnte. Dies kann den Ratenkäufer im Einzelfall sogar dazu berechtigen, die Rückzahlung der Darlehensschuld gegenüber der Bank einzustellen.

Drittfinanzierung

Wenn man sich z. B. entschließt, einen Videorecorder auf Raten zu kaufen, und dann im Elektrofachgeschäft einen Kreditantrag bei einer Bank unterschreibt, so liegt eine so genannte **Drittfinanzierung** vor. Der Elektrohändler bekommt sein Geld sofort von der Bank und der Käufer zahlt die monatlichen Raten direkt an das Kreditinstitut. Da man in einem solchen Fall davon ausgehen kann, dass die Bank und das Elektrofachgeschäft in dauernder Geschäftsverbindung stehen, könnte der Käufer, etwa im Fall von Mängeln am Videorecorder, bis zu deren Behebung die Zahlungen an die Bank einstellen. Vor einem derartigen Schritt ist es aber ratsam, sich über die rechtliche Seite zu informieren.

Über ein Abzahlungsgeschäft muss ein schriftlicher Vertrag, der sogenannte Ratenbrief, errichtet werden.

☛ Der Ratenbrief hat alle wesentlichen Merkmale eines Abzahlungsgeschäftes zu enthalten:

1. den Vor- und Familiennamen (die Firma), den Beruf (Gegenstand des Unternehmens) und den gewöhnlichen Aufenthalt (Sitz) der Vertragsteile;
2. den Tag und den Ort des Vertragsantrags beziehungsweise der Vertragsannahme des Verbrauchers;
3. den Gegenstand des Abzahlungsgeschäfts;
4. den Kaufpreis, der bei sofortiger Barzahlung zu entrichten wäre;
5. das Gesamtentgelt und die Höhe des sich daraus ergebenden effektiven Jahreszinssatzes;
6. die Höhe der Anzahlung;
7. die Zahl, die Höhe und die Fälligkeit der Teilzahlungen;
8. den Tag der Übergabe der Ware;

9. die Erklärung, ob zur Sicherung der aushaftenden Teilzahlungsforderungen Wechsel (und wie viele) ausgestellt oder sonstige Sicherungsmittel, einschließlich eines allfälligen Eigentumsvorbehaltes, vereinbart worden sind;
10. den Wortlaut des § 3 KSchG samt Überschrift, betreffend das Rücktrittsrecht des Verbrauchers, wenn es sich bei dem Ratenkauf um ein sogenanntes »Haustürgeschäft« handelt.

Personalkreditvermittler sind verpflichtet, spätestens bei Zuzählung des vermittelten Kredites dem Kreditwerber Name und Anschrift des Kreditgebers mitzuteilen.

Nach dem zweiten Hauptstück des KSchG (§§ 28 bis 30) kann derjenige, der **Geschäftsbedingungen** und **Formblätter für Verträge** auflegt, die gegen ein gesetzliches Verbot oder gegen die guten Sitten verstoßen, von der Wirtschaftskammer Österreich, der Bundesarbeitskammer, dem Österreichischen Landarbeiterkammertag, der Präsidentenkonferenz der Landwirtschaftskammern Österreichs, dem Österreichischen Gewerkschaftsbund, dem Verein für Konsumenteninformation und dem Österreichischen Seniorenrat durch so genannte Verbandsklage auf Unterlassung geklagt werden.

Vertreterwort gilt

Es kommt vor, dass der Vertreter die Sache, die er verkaufen will, als so gut und preiswert schildert, dass man das Gefühl hat, ganz einfach zugreifen zu müssen. Bei der Lieferung stellt sich dann heraus, dass die Sache nicht nur einen, sondern etliche Haken hat. Einiges hat der Vertreter verschwiegen, in anderen Punkten waren seine Zusicherungen entweder überhaupt unrichtig oder zumindest wesentlich übertrieben. Wenn man daraufhin bei der Firma reklamiert, meint der Unternehmer mit kühlem Lächeln: »Ich richte mich nach dem schriftlichen Vertrag. Was meine Vertreter so daherreden, dafür kann ich nichts.« Diese Ausrede braucht man nicht anzuerkennen. Denn im § 10 Abs. 3 KSchG heißt es wörtlich:

§§ Die Rechtswirksamkeit formloser Erklärungen des Unternehmers oder seiner Vertreter kann zum Nachteil des Verbrauchers vertraglich nicht ausgeschlossen werden.

Ein Firmeninhaber kann sich also gegenüber dem Käufer oder Besteller einer Ware nicht darauf berufen, dass sein Vertreter zu den Zusagen, die er gemacht hat, gar nicht befugt gewesen sei. Vertreterwort gilt also, auch für den Unternehmer!

So hat auch das OLG Wien in einer Entscheidung Folgendes festgehalten: Die Klausel »Mündliche Nebenabreden vor, anlässlich oder nach Abschluss gegenständlicher Vereinbarungen haben keine Gültigkeit und werden durch diese Vereinbarung ersetzt« verstößt gegen § 10 Abs. 3 KSchG und ist daher rechtsunwirksam.

Allgemein gilt, dass eine Vollmacht, die ein Unternehmer erteilt hat, sich im Verkehr mit Verbrauchern auf alle Rechtshandlungen erstreckt, die derartige Geschäfte gewöhnlich mit sich bringen, wobei auf die objektive Erforderlichkeit und nicht etwa auf eine Praxis abzustellen ist, die dieses Ausmaß der Vollmacht einschränkt. Besondere gesetzliche Regeln über den Umfang der Vollmacht bleiben davon unberührt. Eine Beschränkung dieser Vollmacht ist dem Verbraucher gegenüber nur wirksam, wenn sie ihm bewusst war (§ 10 Abs. 1 KSchG).

Ketten- und Pyramidenspiele

Kettenspiele funktionieren nach folgendem System: Ein Teilnehmer setzt seinen Namen an die unterste Stelle einer Liste mit mehreren Namen. Gleichzeitig zahlt er seinen Einsatz an die in der Liste an erster Stelle angeführte Person. Außerdem müssen weitere Teilnehmer gefunden werden, die bereit sind, in dieses System zu investieren. Das Ziel ist, durch Anwerbung neuer Mitglieder auf Rang eins der Liste aufzusteigen und von den Einsätzen der nachfolgenden Teilnehmer überhäuft zu werden.

Die Praxis zeigt jedoch, dass der von den Veranstaltern versprochene Erfolg, innerhalb weniger Wochen zum Millionär zu werden, nicht eintritt. Zumeist sind nur wenige der Teilnehmer, und zwar jene, die das Kettenspiel in Gang bringen, die Gewinner des Spiels. Bevor andere Teilnehmer Gewinne realisieren können, ist das System aufgrund des exponentiellen Wachstums meist wieder zusammengebrochen und das eingesetzte Kapital verloren. Die Chancen, bei einem Kettenspiel schnell reich zu werden, sind minimal. Mathematischen Berechnungen zufolge würden, auch wenn die gesamte Erdbevölkerung mitspielen würde, bei Beendigung des Kettenspiels höchstens 13 Prozent der Teilnehmer gewonnen haben.

Bildlich dargestellt ist ein Kettenspiel eine Pyramide (breite, quadratische Basis, nach oben spitz zulaufende Kanten). Daher spricht man auch von **Pyramidenspielen**. Sie stellen ein neues Phänomen sozialschädlicher Kriminalität dar und stehen daher nunmehr auch unter Strafsanktionen (§ 168a StGB). Strafrechtlich konnte die Veranstaltung solcher Spiele allerdings mangels eines spielerischen Moments nicht dem Glücksspielparagraphen (§ 168 StGB) unterstellt werden. Eine Verfolgung wegen Betrugs wiederum setzte den mitunter schwierigen Nachweis von Täuschungshandlungen voraus. Zweck der Bestimmung des § 168a StGB war daher die Sanktionierung der Veranstaltung solcher Spiele schon in einem frühen Stadium.

Das Ersatzrad

Karl Jedermann kauft sich ein Fahrrad. Bei der zweiten Fahrt mit dem erstandenen Fahrrad bemerkt er, dass der Rennlenker an zwei Stellen beschädigt ist. Er zeigt diesen Mangel dem Verkäufer an und erklärt, dass er dieses Rad nicht behalten wolle. Einige Tage später wird ihm ein gebrauchtes Fahrrad günstig angeboten und er erwirbt es auf der Stelle. Als er nach Hause kommt, findet er einen Boten des Verkäufers mit einem neuen Fahrrad vom gleichen Typ wie das beanstandete vor. Der Bote erklärt, dass der Verkäufer dieses Rad als Ersatz für das beanstandete schicke und dass er das beanstandete zurückholen solle. Karl Jedermann will aber kein Rad mehr von dem Verkäufer haben; er stellt das mangelhafte Rad zur Verfügung und verlangt sein Geld zurück.

Es kommt in diesem Fall ganz auf die Art des **Mangels** an, genauer auf dessen »Behebbarkeit«. Bei der Lenkstange wird kein Zweifel sein, dass an ihr selbst ein unbehebbarer Mangel vorliegt.

Wichtig ist für unseren Fall folgender Standpunkt der Rechtslehre: Nur der **Erwerber**, nicht etwa der Veräußerer kann einen Mangel als unbehebbar betrachten, wenn die Behebbarkeit unwahrscheinlich ist. Hat aber Karl Jedermann objektiv einen Wandlungsanspruch, da der Mangel des Rades wesentlich und unbehebbar ist, wird der Vertrag aufgehoben. Daher ist er nicht verpflichtet, anstelle des mangelhaften Fahrrades ein Ersatzrad um das vereinbarte Entgelt zu übernehmen.

Angenommen, Karl Jedermann hätte das Fahrrad nach seinen eigenen Angaben im Werk bestellt, wo es für ihn eigens hergestellt wurde. Dann liegt kein Kaufvertrag, sondern ein **Werkvertrag** (siehe Seite 64 f.) über ein Fahrrad vor. Für Werkverträge gelten die allgemeinen Gewährleistungsvorschriften (§ 1167 ABGB). Karl Jedermann kann selbst dann Wandlung des Vertrages verlangen, wenn der Mangel behebbar wäre. Da es also auf die Unbehebbarkeit nicht ankommt und sicher ein wesentlicher Mangel vorliegt, wird Karl Jedermann auf Aufhebung des Vertrages bestehen.

Das Transportrisiko

Karl Jedermann hat ein schönes Bild gesehen, es gekauft und mit dem Händler Kurt Mahler vereinbart, dass ihm das Bild zugeschickt wird. Der Händler gibt das Bild einem ihm als zuverlässig bekannten Geschäftsmann namens Groß mit. Infolge einer Unvorsichtigkeit stößt Groß mit einem anderen Auto zusammen, wobei das Bild zerstört wird. Der Verkäufer Mahler verlangt nun Bezahlung des Bildes. Karl Jedermann weigert sich und verlangt seinerseits, dass Mahler ihm ein anderes Bild ähnlicher Art und im gleichen Wert aus seinen Vorräten liefere.

Karl Jedermann kann das zweite Bild nicht verlangen. Er hat lediglich einen Kaufvertrag über das erste Bild geschlossen. Aufgrund des Vertrags war der Verkäufer verpflichtet, dieses Bild zu übergeben (§ 1061 ABGB).

☛ Meistens erfolgt die **Übergabe** der Kaufsache zwischen den Partnern des Kaufvertrags unmittelbar. Sie kann aber auch durch eine Zwischenperson stattfinden. Vielfach ist der **Erfüllungsort** verschieden von dem Ort, an dem sich der Kaufgegenstand im Zeitpunkt des Kaufabschlusses befindet. In diesem Fall gehört zur Übergabe auch die Versendung an den Erfüllungsort. Zur Weiterversendung des Kaufgegenstandes vom Erfüllungsort weg zum Wohnort des Käufers ist der Verkäufer gesetzlich nicht verpflichtet. Allerdings kann der Verkäufer diese Versendung als Nebenverpflichtung übernehmen oder es könnte ein diesbezüglicher Handelsbrauch bestehen. Aber auch in einem solchen Fall erfolgt die Weiterversendung auf **Gefahr und Kosten des Käufers**.
Unter **Versendungskäufen** versteht man solche Käufe, bei denen der Verkäufer die Verpflichtung übernimmt, die Sache an einen anderen Ort zu versenden. Hier gilt die Sache erst mit der Übertragung in den Gewahrsam des Käufers oder mit der Einhändigung der Frachtdokumente als übergeben. Hat aber der Käufer die **Übersendungsart selbst bestimmt**, gilt die Sache schon mit der Übergabe an den Spediteur, die Bahn oder die Post als dem Käufer übertragen (§ 429 ABGB). Man spricht dann auch von einer **fingierten Tradition**.

In unserem Fall hat der Verkäufer nur entgegenkommenderweise versprochen, das Bild nach einem von Karl Jedermann bezeichneten Bestimmungsort zu schicken. Das bedeutet nicht, dass der Verkäufer damit die Verantwortung für den Transport übernommen hat. Ein fehlerhaftes Verhalten des Transporteurs hat er nicht zu vertreten. Damit, dass er einem ihm zuverlässig erscheinenden Transporteur das Bild zur Beförderung aushändigte, hat er alles getan, was man billigerweise von ihm verlangen konnte. Geht das Bild auf dem Transport zugrunde, so ist der Verkäufer damit von seiner **Pflicht zur Übergabe** des Bildes frei geworden. Er braucht weder ein Ersatzstück zu liefern noch Schadenersatz zu leisten. Ob er aus Kulanzgründen, etwa um sich einen guten Kunden zu erhalten, Ersatz leistet, steht völlig in seinem Belieben.

Umgekehrt besteht nach wie vor Karl Jedermanns Pflicht, den Kaufpreis für das untergegangene Bild zu bezahlen, obwohl er das Bild nie in die Hand bekommen hat. Das ist also eine Gefahr. Beim Kaufvertrag geht es bei der Gefahr der Sache darum, welches Schicksal die Verpflichtung des Käufers zur Bezahlung des Kaufpreises erfährt, wenn der Kaufgegenstand durch einen Zufall vernichtet wird.

☛ Der Gesetzgeber hat die Gefahrtragung folgendermaßen geregelt: Wird für die Kaufsache ein **bestimmter Zeitpunkt der Übergabe** festgesetzt, geht nach § 1048 ABGB die Gefahr mit diesem Zeitpunkt auf den Erwerber über. Fehlt eine Festsetzung des Zeitpunkts für die Übergabe, geht nach § 1051 ABGB die Gefahr **mit der Übergabe** selbst auf den Erwerber über.

Erfüllungsort

Den Geschäftsfreund Groß traf jedoch ein Verschulden am Autounfall. Groß, der das Bild zu Karl Jedermann transportieren sollte, wird für die Zerstörung bzw. Beschädigung des Bildes schadenersatzpflichtig. Karl Jedermann kann sich direkt an ihn halten. Hätte allerdings der Bilderhändler das Bild an den vertragsgemäßen **Erfüllungsort** gesandt, dann – und nur dann – trägt der Verkäufer die Transportgefahr. Übernimmt der Verkäufer bloß die Zahlung der Kosten oder Auslagen der Versendung, folgt daraus allein noch keineswegs, dass es sich um einen Transport zum Erfüllungsort handelt. Man muss sich also unbedingt über den Erfüllungsort einig sein, um in der Frage des Transportrisikos eine richtige Entscheidung treffen zu können.

Versendungskauf

Ist der Verkäufer Kaufmann, gelten für die Gefahrtragung beim Versendungskauf besondere Bestimmungen (Art. 8 Nr. 20 der 4. EinfVO zum HGB). Ein Versendungskauf liegt vor, wenn die Ware an einen anderen Ort als den Erfüllungsort zu versenden ist. Wird z. B. in Wien ein Kühlschrank gekauft und wäre der Kühlschrank in Wien zuzustellen (**Erfüllungsort**), verlangt aber der mittlerweile nach Salzburg übersiedelte Käufer die Zustellung dorthin (**Bestimmungsort**), so geht die Gefahr auf den Käufer bereits dann über, wenn der Verkäufer die Ware dem Spediteur, Frachtführer, der Bahn etc. übergeben hat. Hat aber der Käufer eine besondere Anweisung über die Art der Versendung gegeben und weicht der Verkäufer ohne zwingenden Grund davon ab, so haftet er dem Käufer für den daraus entstehenden Schaden.

Bestimmungsort

Das Gleiche gilt, wenn **Beschädigungen** der Ware auf ein Verschulden des Verkäufers zurückgehen (z. B. mangelhafte Verpackung). Im Allgemeinen ist daher zu empfehlen, auf die Notwendigkeit der Versendung einer Sache von vornherein Bedacht zu nehmen und den **Bestimmungsort** ausdrücklich als **Erfüllungsort zu vereinbaren**. Dies ist auch deswegen von Bedeutung, weil im Allgemeinen die Kosten der Übergabe des Kaufgegenstandes den Verkäufer treffen, während die Kosten der Versendung der Sache an einen anderen Bestimmungsort als den Erfüllungsort dem Käufer angelastet werden können.

Verschiedene kleine Käufe

Auf einer Urlaubsreise sieht Karl Jedermann in der Bahnhofsbuchhandlung ein Buch mit dem Titel »Was ein junges Mädchen von der Ehe wissen muss«. Karl Jedermann ersteht dieses Buch als Reiselektüre. Als er es während der Fahrt aufschlägt und zu lesen beginnt, stellt er fest, dass er ein Kochbuch erworben hat.

Das Buch kann nicht einfach zurückgegeben werden. Seiner ganzen Aufmachung nach versprach das Buch eine pikante Reiselektüre zu werden. Karl Jedermann hatte aber eine unrichtige Vorstellung von der Wirklichkeit. Er befand sich in einem **Irrtum**. Der Kaufvertrag könnte nun von Karl Jedermann wegen Irrtums angefochten werden. Das wird aber nur unter ganz bestimmten Voraussetzungen Erfolg haben.

☛ Ein **Irrtum über die Hauptsache** oder über eine wesentliche Beschaffenheit derselben berechtigt nach § 871 ABGB zur Anfechtung, wenn:
— der andere Teil (Verkäufer) den Irrtum veranlasst hat;
— oder wenn er diesem aus den Umständen offenbar hätte auffallen müssen;
— oder wenn er vom irrenden Käufer noch rechtzeitig aufgeklärt wurde.
Ein Irrtum eines Teiles über einen Umstand, über den der andere nach geltenden Rechtsvorschriften aufzuklären gehabt hätte, gilt immer als Irrtum über den Inhalt des Vertrages und nicht bloß als solcher über den Beweggrund oder Endzweck.
Als Irrtum in der Person gilt jedenfalls der Irrtum über das Vorhandensein einer erforderlichen verwaltungsrechtlichen Befugnis zur Erbringung der Leistung (z. B. der Handwerker hatte keine Gewerbeberechtigung).

Irrtumsanfechtung

In unserem Beispiel kann bewusste oder unbewusste Irreführung vorliegen; die anderen Fälle werden kaum in Betracht kommen. Hat die **Irrtumsanfechtung** (innerhalb von drei Jahren, bei List innerhalb von 30 Jahren) Erfolg, wird das Rechtsgeschäft für ungültig erklärt und jeder stellt zurück, was er aus dem Vertrag erhalten hat.

Ein anderes Beispiel: Berechnet ein Vertragspartner dem anderen für eine Reparatur einen günstigen Sonderpreis (z. B. € 100,– statt € 200,–) in der irrigen Annahme, dass der andere das reparierte Gerät (z. B. eine Eismaschine) direkt bei ihm gekauft habe, so liegt ein Geschäftsirrtum vor, der unter den angeführten gesetzlichen Voraussetzungen (§ 871 ABGB) zur Anfechtung berechtigt.

Kauf auf Probe

Karl Jedermann hat sich eine Anzahl Lampen zur Auswahl senden lassen, um in seiner Wohnung die passendste auszusuchen. Er stellt eine, die ihm besonders gefällt, beiseite und verpackt die anderen zur Rücksendung. Durch Explosion eines Ölofens werden jedoch sämtliche Lampen vernichtet. Das Lampengeschäft verlangt den Kaufpreis für sämtliche Lampen.

Hier liegt ein **Kauf auf Probe** vor, der auch Kauf »auf Besicht« genannt wird. Kaufgegenstand und Preis sind zwar bestimmt, aber es besteht nur eine einseitige Bindung des Verkäufers (§ 1080 ABGB). Die Gebundenheit des Verkäufers endet jedoch, wenn der Käufer bis zum Ablauf der Probezeit die Genehmigung nicht erteilt.

Kurz gesagt ist beim Kauf auf Probe der Verkäufer sofort und unbedingt, der **Käufer** dagegen zunächst bedingt und erst nach der Genehmigung unbedingt verpflichtet.

Auch ein **Kauf mit Umtauschvorbehalt** ist Kauf auf Probe, doch steht es hier dem Verkäufer frei, den Kauf auf jeden Fall durch Lieferung des Umtauschgegenstandes aufrechtzuerhalten. Der Käufer kann den ihm zum Bezug einer anderen Ware gutgeschriebenen Kaufpreis zunächst nicht zurückverlangen; lehnt der Verkäufer den Umtausch ab, so kann der Käufer zurücktreten.

Die **Probezeit** beträgt mangels einer Vereinbarung bei beweglichen Sachen drei Tage, bei unbeweglichen Sachen (z. B. beim Kauf eines Unternehmens auf Probe) ein Jahr.

Regel im österreichischen bürgerlichen Recht ist: Schweigen gilt nicht als Zustimmung. Hier, beim Kauf auf Probe, finden wir aber eine wichtige Ausnahme von dieser Regel. Wurden nämlich die Lampen dem Käufer zur Besichtigung übergeben, so gilt das **Stillschweigen** Karl Jedermanns bis zum Ablauf der Probezeit als **Genehmigung** (§ 1081 ABGB). Wenn also die Probezeit noch nicht verstrichen ist und Karl Jedermann noch nicht genehmigt hat, ist auch der Lampenkauf noch nicht perfekt. Solange aber der Kauf noch nicht unbedingt zustande gekommen ist, so lange trifft auch den Käufer keine Gefahr des zufälligen Untergangs der Lampen.

☛ Wir merken uns also: trotz Übergabe der Sache an den Käufer verbleibt die Gefahr beim Verkäufer, solange keine Perfektion des Kaufs erfolgt ist. Keine Bedeutung hat es, dass Karl Jedermann bereits für sich Lampen ausgewählt und beiseite gestellt hat. Dem Lampenverkäufer gegenüber hat er dadurch den Kaufvertrag noch nicht genehmigt. Die Probefrist ist auch nicht stillschweigend abgelaufen. Demnach ist Karl Jedermann zu keiner Zahlung verpflichtet, denn an der Explosion des Ölofens trifft ihn kein Verschulden. Durch den zufälligen Untergang der Sache wird er von der Leistung (Zahlung) frei. Ist jedoch die Explosion des Ofens auf sein Verschulden oder das seiner Leute zurückzuführen, so wird er schadenersatzpflichtig.

Übergabe/Zustellung

Der Junggeselle Karl Jedermann kauft bei einem Lebensmittelgeschäft immer eine Menge Lebensmittel ein. Da Karl Jedermann die gekauften Waren nicht auf einmal tragen kann, stellt sie der Geschäftsinhaber aus Gefälligkeit zu. Der Kaufmann verwendet dabei einen Lehrling. Eines Tages aber ist dieser unterwegs gestürzt und übergibt später Karl Jedermann in dessen Wohnung einen Karton mit gesprungenen Konservengläsern und zerbrochenen Eiern.

Die Übergabe der Lebensmittel ist nicht erst in der Wohnung durch den Lehrling erfolgt, sondern schon früher, nämlich im Geschäft des Lebensmittelhändlers. Der Kaufmann hat dort die bestellten und ausgewählten Waren vor Karl Jedermann aufgeschichtet, hierauf den Kassenzettel getippt, sämtliche Posten noch einmal verglichen und dann die gekauften Waren auf dem Verkaufspult dem Käufer zugeschoben. Mit dieser **Übergabe** ist die Gefahr und auch das Eigentum (siehe unten) an Karl Jedermann übergegangen. Die Zahlung des Kaufpreises ist für den Eigentumsübergang nicht entscheidend. Die **Zustellung** an Karl Jedermann erfolgt nicht aus Rechtspflicht, sondern aus reiner Gefälligkeit und auf Gefahr des Käufers.

Daher haftet der Geschäftsinhaber für das Malheur nicht, er braucht keine neuen Lebensmittel zu schicken und den Kaufpreis nicht zurückzugeben. Es ist darum auch nicht notwendig, zu untersuchen, ob der Sturz des Lehrlings zufällig erfolgte oder auf ein Verschulden zurückzuführen ist. Für ein **Verschulden** seines Lehrlings würde der Händler nur haften, wenn es sich um seinen Erfüllungsgehilfen (§ 1313a ABGB) handelte oder wenn er wusste, dass er einen untüchtigen oder gefährlichen Besorgungsgehilfen (§ 1315 ABGB) verwendet.

Das zurückgelegte Kleid

Karl Jedermanns Freundin hat sich im Sommerschlussverkauf ein preiswertes Baumwollkleid ausgesucht und beiseite legen lassen. Sie geht nach Hause, um das Geld für den Kaufpreis zu holen. Auf dem Rückweg sieht sie in einem anderen Modegeschäft das gleiche Kleid um € 50,– billiger ausgestellt. Kurzerhand erwirbt sie dieses und lässt sich in dem ersten Geschäft nicht mehr sehen. Der Inhaber dieses Geschäfts kennt sie jedoch und verlangt nunmehr Abnahme des zurückgelegten Kleides.

Elfriede Fließ muss das Kleid abnehmen und bezahlen. Sie kann sich nicht damit herausreden, dass sie es ja noch nicht »gekauft«, noch gar nichts bezahlt und auch das Kleid noch nicht mitgenommen habe. Der **Kaufvertrag** ist in dem Augenblick zustande gekommen, als sie dem Verkäufer sagte, dass sie dieses Kleid haben wolle, und als dieser erklärte, er wolle es zurücklegen, bis sie das Geld bringe.

Einigung über Ware und Preis

Mit der **Einigung über Ware und Preis** kommt ein Kauf zustande. Von einem Vertrag kann man sich nicht einseitig lossagen. Auch dann nicht, wenn man woanders preisgünstiger einkaufen könnte. Elfriede Fließ kann auch nicht den Kaufvertrag wegen Irrtums anfechten, da der Irrtum über die Preiswürdigkeit unbeachtlich ist. Zum vorliegenden Fall ist also zu sagen, dass ein Vertrag zwischen dem Inhaber des Geschäfts und Elfriede Fließ bereits zustande gekommen war. Elfriede hatte erklärt, dass sie ein Kleid kaufen wolle; der Verkäufer hat diesen Antrag (die »Offerte«) dadurch angenommen, dass er das Kleid von der Stange genommen und beiseite gelegt hat. Aus diesem Vertrag kann nun der Verkäufer Rechte herleiten und auf Zahlung des Kaufpreises bestehen, gegebenenfalls Exekution betreiben. Gleichzeitig hat er natürlich die Pflicht, das Kleid ins Eigentum zu übertragen (§ 1061 ABGB). Dies geschieht in der Form, dass er das Kleid nimmt und Elfriede Fließ übergibt.

☛ Besitz (siehe Seite 175 ff.) und damit **Eigentum** an einer Sache werden durch **Übergabe** erworben. Diese geschieht bei beweglichen Sachen von Hand zu Hand oder in der Herstellung einer solchen Sachlage, dass die Gewalt über die Sache ausgeübt werden kann.
Manchmal, etwa beim Entlehnen eines Buches, besteht diese Sachlage schon; dann ist zum Besitzerwerb nur die Erklärung über den Besitzübergang erforderlich (**Übergabe kurzer Hand**). Wird diese Sachlage unmittelbar vom Veräußerer hergestellt, dann ist ebenfalls nur der Wille des Erwerbers und keine eigene Ergreifungshandlung nötig, so z. B. beim Abladen von bestellter Kohle im Hof des Erwerbers (**Übergabe langer Hand**). Eine Übergabe durch Zeichen (Symbole) ist dort zulässig, wo eine körperliche Übergabe nicht möglich ist. Übergabe von Schlüsseln z. B. überträgt den Besitz am Inhalt eines Speichers.

Kaufantrag unter Anwesenden

Wenn ein Käufer telefonisch ein Buch bestellt, z. B. in einem Versandbuchhandel, dann wird das juristisch wie ein **Antrag unter Anwesenden** beurteilt (§ 862 ABGB). Hier müsste die Annahme sogleich erfolgen, sonst ist der Antragsteller nicht länger gebunden. Allerdings wird in solchen Fällen anlässlich des Gesprächs häufig eine längere Frist ausbedungen, die dann maßgebend ist.

Kaufantrag unter Abwesenden

Handelt es sich um Kaufanträge, die **unter Abwesenden** gestellt werden, dann setzt sich die Gebundenheitsfrist des Antragstellers (Offerenten) aus drei Zeiträumen zusammen:

1. Postlauf des Antrags zum Empfänger;
2. angemessene Überlegungsfrist des Empfängers;
3. Postlauf der Antwort zum Antragsteller.

Erhält der Offerent bis zum Ablauf dieser Gesamtzeit keine Antwort, so ist sein Antrag erloschen. Wird z. B. brieflich ein Personalcomputer zum Kauf offeriert (Ort: Wien) und das Offert am Montag, dem 16. September, zur Post gegeben, darf der Offerent annehmen, dass sein Brief am 17. September zugestellt und am Donnerstag, dem 19. September, beantwortet wird. Seine Bindung dauert daher bis Freitag, den 20. September, 24 Uhr.

Ein **Offert** muss die wesentlichen Geschäftsmerkmale enthalten, sodass der Empfänger den Vertrag durch bloße Bejahung zustande bringen kann. Die Übersendung von Preislisten oder Prospekten ist kein Offert, sondern stellt nur eine Aufforderung zu einem Antrag des anderen dar.

Als Ort des Vertragsabschlusses durch Korrespondenz gilt der Wohnsitz des **Offerenten** (Anbietenden).

Versandhandel – vom Katalog zum Internet

Die neuen Formen des Fernabsatzes bieten viele Vorteile für Konsumenten, wie etwa die bessere Darstellungsmöglichkeit der Produkte oder eine raschere und bequemere Bestellung. Ein Knopfdruck am Computer oder ein Griff zum Telefonhörer genügt oft schon. Auch erhöht sich die Vielfalt der Produktgruppen im Fernabsatz rasant. Die Möglichkeit, überall auf dem Erdball Waren per Internet bestellen zu können, führen zu einer Vielzahl neuer Unternehmen und Produkte bzw. Dienstleistungen im Bereich des Fernabsatzes. Rechtsgrundlage ist das Fernabsatzgesetz.

Fernabsatzgesetz

Die Entwicklung und Einführung des **Internethandels** ging mit einer Geschwindigkeit vor sich, mit der der Gesetzgeber nicht ganz Schritt halten konnte. So müssen, um nur ein Beispiel zu nennen, Regelungen darüber getroffen werden, welches Gericht für Streitigkeiten im Internethandel zuständig ist. Da sich der Fernabsatz oft über Staatsgrenzen hinweg abspielt, ist es auch ein Erfordernis, Konsumentenschutzstandards und Rechtsnormen im europäischen Kontext zu gestalten.

Verbraucherschützer raten zur Vorsicht beim Bezahlen, denn die Klagen geprellter Kunden häufen sich. Es wird empfohlen, zunächst Produkte und Preise zu vergleichen und auf eine ausreichende Anbieterkennzeichnung zu achten, damit es im Zweifel für eine rechtliche Gegenwehr einen Adressaten gibt: Eine Postfachnummer reicht dazu in der Regel nicht. Abgeraten wird auch von der Zahlungsweise »Vorauskassa«, denn damit verlieren Verbraucher ihr wichtigstes Druckmittel.

Durch das **Fernabsatzgesetz** erfolgten mit 1.6.2000 wichtige Änderungen und Ergänzungen im Konsumentenschutzgesetz (KSchG), insbesondere eine wesentliche Erweiterung des Rücktrittsrechts von Verbrauchern.

Rücktrittsrecht im Fernabsatz

Als Vertragsabschlüsse im Fernabsatz gelten laut §§ 5a–5j sowie § 31a KSchG jene Verträge, die unter ausschließlicher Verwendung eines oder mehrerer Fernkommunikationsmittel geschlossen werden, sofern sich der Unternehmer zumindest zum Teil eines für den Fernabsatz organisierten Vertriebs- oder Dienstleistungssystems bedient. In diesen Fällen soll der Konsument vor Gefahren geschützt werden, die darin liegen, dass er die Ware vor Vertragsabschluss nicht in natura sieht.

☛ Fernkommunikationsmittel in diesem Sinn sind Kommunikationsmittel, die zum Abschluss eines Vertrages ohne gleichzeitige körperliche Anwesenheit der Parteien verwendet werden können. Dazu gehören insbesondere

— Drucksachen mit oder ohne Anschrift
— Kataloge
— Pressewerbungen mit Bestellschein
— vorgefertigte Standardbriefe
— Ferngespräche mit Personen oder Automaten als Gesprächspartnern
— Hörfunk
— Bildtelefon
— Telekopie
— Teleshopping
— öffentlich zugängliche elektronische Medien, die eine individuelle Kommunikation ermöglichen, wie etwa die elektronische Post.

Der Verbraucher muss bereits vor Abgabe der Bestellung klar und verständlich über folgende Punkte informiert werden:

— Name (Firma) und Anschrift des Unternehmens
— wesentliche Eigenschaften der Ware oder Dienstleistung
— Höhe des Preises inklusive Steuern
— allfällige Lieferkosten
— Einzelheiten der Zahlung und Lieferung
— zusätzliche Kosten des Fernkommunikationsmittels (z. B. kostenpflichtige Bestellhotline)
— die Gültigkeitsdauer des Angebots
— die Mindestlaufzeit des Vertrages bei dauernden oder wiederkehrenden Leistungen
— das Bestehen des Rücktrittsrechts des Verbrauchers

Diese Informationen sind spätestens bis zum Zeitpunkt der Lieferung schriftlich oder auf einem dauerhaften Datenträger (z. B. per E-Mail) mit folgenden weiteren Informationen zu bestätigen:

— Bedingungen und Einzelheiten der Ausübung des Rücktrittsrechts
— Anschrift der Niederlassung des Unternehmens, wo Beanstandungen vorgebracht werden können
— Kundendienst und Garantiebedingungen
— allfällige Kündigungsbedingungen bei längerer Vertragsdauer

Sollte das Unternehmen diese umfassenden Informationspflichten nicht eingehalten haben, so steht dem Verbraucher ein Rücktrittsrecht drei Monate lang zu.

Ansonsten gilt bezüglich des Rücktrittsrechts:

KonsumentInnen können jedenfalls innerhalb von sieben Werktagen (= Werktage außer Samstage) ab Eingang der Lieferung (bzw. bei Dienstleistungen ab Vertragsabschluss) ohne weitere Begründung und ohne Stornozahlung vom Vertrag wieder zurücktreten. Das bedeutet, dass man die Ware zurücksenden kann und den Kaufpreis nicht bezahlen muss bzw. diesen, falls er bereits bezahlt wurde, zurückerhält. Es reicht, wenn die Rücktrittserklärung innerhalb der genannten Frist abgesendet wird.

Im Gegensatz zum Rücktrittsrecht nach einem »Haustürgeschäft« steht bei Geschäften im Fernabsatz dem Verbraucher das Rücktrittsrecht sogar dann zu, wenn er das Geschäft selbst angebahnt hat oder dem Vertrag Besprechungen vorangegangen sind, wobei von einer »Überrumpelung« oder von »aggressiven Verkaufsmethoden« keine Rede sein kann.

☛ Das **zwingende Rücktrittsrecht** gilt aber nicht für alle Geschäfte. Ausgenommen von der Regelung sind vor allem:

- Audio- oder Videoaufzeichnungen oder Software, soweit die gelieferten Sachen entsiegelt wurden;
- Waren, die nach Kundenspezifikationen (also nach den Angaben des Verbrauchers) angefertigt oder ausschließlich auf die persönlichen Bedürfnisse des Konsumenten zugeschnitten sind;
- Waren, die auf Grund ihrer Beschaffenheit nicht für eine Rücksendung geeignet sind, die schnell verderben können oder deren Verfallsdatum überschritten wird (z. B. Hauslieferung von Lebensmitteln u. dgl.);
- Dienstleistungen, die innerhalb von sieben Werktagen nach Vertragsabschluss begonnen wurden;
- Verträge betreffend Immobilien (z. B. Grundstücke, Häuser), ausgenommen Mietverträge;
- Finanzdienstleistungen (z. B. Wertpapier-, Bank-, Versicherungsgeschäfte), ihre Einbeziehung in das Rücktrittsrecht ist aber vorgesehen;
- Zeitungen, Zeitschriften und Illustrierte mit Ausnahme von Verträgen über periodische Druckschriften;
- Wett- und Lotteriespiele;
- Freizeit-Dienstleistungen, wenn sich der Unternehmer bei Vertragsabschluss verpflichtet, die Dienstleistungen zu einem bestimmten Zeitpunkt oder innerhalb eines genau angegebenen Zeitraums zu erbringen. Das gilt etwa für die Bestellung von Pauschalreisen, Hotelreservierungen, Karten für kulturelle und sportliche Veranstaltungen (Karten für eine Theateraufführung oder ein Fußballspiel).

Dagegen besteht das Rücktrittsrecht bei jenen Verträgen, die den Unternehmer in seinen Dispositionen durch die dem Verbraucher freigestellte Wahl des Zeitpunkts nicht beeinträchtigen, wie etwa ein Fitness-Studio, oder für Verträge, nach denen dem Verbraucher innerhalb eines Zeitraums eine bestimmte Anzahl von »Vorschlägen« gemacht wird, wie es etwa im Partnervermittlungsgeschäft praktiziert wird.

Das Geschenk

Onkel Gustav kommt auf die Idee, sich nach den Verbindlichkeiten Karl Jedermanns zu erkundigen. Als er hört, dass sein Neffe durch die Abzahlungen für die neue Wohnung außerordentlich belastet ist, setzt er sich hin und schreibt an ihn: »Ich schicke dir demnächst € 3.000,–, damit du aus deinen Schulden herauskommst.« Nach einiger Zeit tritt Karl Jedermann diese »Forderung« an einen Gläubiger ab, der nunmehr Bezahlung von Onkel Gustav fordert. Dieser, der inzwischen einige geschäftliche Einbußen erlitten hat, weigert sich zu zahlen.

Schenkungsversprechen

Der Gläubiger macht hier eine angebliche Forderung geltend, die ihn ursprünglich nicht betroffen hat, sondern die in der Person seines Rechtsvorgängers Karl Jedermann entstanden und auf ihn dann durch die Abtretung übergegangen sein soll. Der

Brief an Karl Jedermann hat aber keinen Anspruch gegen seinen Onkel Gustav begründet. Das Schenkungsversprechen verlangt einen **Notariatsakt** (§ 1 Abs. 1 lit. d Notariatszwangsgesetz) zur Gültigkeit. Ein einfaches Schreiben (Schriftform) genügt also nicht, um ein wirksames Schenkungsversprechen zu erzeugen.

Daran ändert auch die Tatsache nichts, dass Karl Jedermann diese angebliche Forderung an seinen Gläubiger abgetreten hat. Da er keine Forderung hatte, konnte er sie auch nicht auf einen anderen übertragen. Für das Recht der **Forderungsabtretung** (Zession) gilt der Satz: »Niemand kann mehr Recht übertragen, als er selber hat.« Onkel Gustav schuldet also die versprochene Summe nicht.

Handschenkung

Wenn er allerdings den brieflich versprochenen Betrag an Karl Jedermann geleistet hätte, so spielte das Fehlen des Notariatsaktes keine Rolle. Es tritt dann so genannte **Konvaleszenz** des Formmangels ein. Bei der »**Handschenkung**« wird eine etwa fehlende Form des vorausgegangenen Schenkungsversprechens geheilt.

Karl Jedermann erhält aus Anlass seiner neuen Wohnung viele Besuche und Geschenke. Darunter befindet sich auch ein gebrauchter Elektrokocher. Als er ihn ausprobiert, glüht ein Draht durch und versengt das Tischtuch.

Karl Jedermann hat keine Ansprüche an den Schenker.

☛ Die Schenkung ist ein unentgeltlicher Vertrag. Gewährleistungsansprüche bestehen aber nur bei entgeltlichen Rechtsgeschäften. Aus dem Titel der Gewährleistung kann also ein Schenker nicht für Mängel der geschenkten Sache herangezogen werden. Doch trifft den Schenker nach allgemeinen Grundsätzen (§§ 1293 ff. ABGB) eine Ersatzpflicht für Schäden, die er **schuldhaft** herbeigeführt hat. Also beispielsweise dann, wenn er einen technischen Fehler des Elektrokochers fahrlässig verschweigt; oder dann, wenn Lebensmittel verschenkt werden, die nicht mehr zum Genuss taugen, ohne dass dies dem Beschenkten mitgeteilt wird. Die Haftung für **böse Absicht** des Schenkers besteht auf alle Fälle. Sie kann auch nicht vertraglich ausgeschlossen werden.

Widerruf der Schenkung

Ein Freund, der Karl Jedermann eine wertvolle Briefmarkensammlung geschenkt hat, erfährt, dass Karl Jedermann anderen Personen gegenüber schlecht über ihn redet.

Eine Schenkung kann – wie jeder andere Vertrag – grundsätzlich nicht einseitig rückgängig gemacht werden. Das ist die Regel (§ 946 ABGB), von der das Gesetz ausgeht. Es sind aber wohl soziale Erwägungen, denen das ABGB Raum gibt, wenn es unter bestimmten Voraussetzungen einen **Widerruf** von Schenkungen zulässt. Ausnahmsweise können Schenkungsverträge widerrufen werden:

- Wegen **Dürftigkeit** des Schenkers (§ 947 ABGB):
  Gerät der Geschenkgeber nach der Schenkung in solche Not, dass es ihm am nötigen Unterhalt mangelt, kann er die gesetzlichen Zinsen vom geschenkten Betrag zurückfordern.
- Wegen **groben Undanks** (§ 948 ABGB):
  Es muss sich dabei um eine Verletzung am Leibe, an der Ehre, Freiheit oder am Vermögen des Wohltäters handeln, die nach dem **Strafgesetz** geahndet werden kann, und zwar ohne Unterschied, ob von Amts wegen oder nur auf Verlangen des Verletzten (so z. B. bei Ehrenbeleidigungen). Die Rechtsprechung sagt dazu: Auch wenn die strafbare Handlung nicht zu einer Verurteilung geführt hat, muss

sie doch einen »tadelnswerten Mangel an dankbarer Gesinnung« erkennen lassen. Wenn dies bei Karl Jedermann zutrifft, kann der Schenker seine Schenkung widerrufen. Fügt sich der Beschenkte dem Widerruf nicht freiwillig, so muss der Schenker die **Widerrufungsklage** (§ 949 ABGB) erheben. Zurückverlangt kann nur werden, was noch von dem Geschenk in natura oder Wert vorhanden ist. Das Widerrufsrecht besteht auch für die Erben des Schenkers und gegen die Erben des Beschenkten (aktiv und passiv vererblich), aber nur, soweit der Erblasser nicht verziehen hat.

Verjährung

Das Recht zum Widerruf **verjährt in drei Jahren** nach erlangter Kenntnis vom Undank des Beschenkten. Weitere Widerrufsgründe wären: Verkürzung des schuldigen Unterhalts (§ 950 ABGB), des Pflichtteils (siehe das Kapitel »Karl Jedermann und seine Erben«, Seite 383 ff.), der Gläubiger (nach § 29 Konkursordnung und § 3 Anfechtungsordnung) und wegen nachgeborener Kinder (§ 954 ABGB).

Die Leihe

Karl Jedermann hat seinem Freund Paul ein Buch geliehen. Als er diesen nach drei Wochen anruft und ihn bittet, ihm das Buch zurückzubringen, erwidert Paul, dass er es noch nicht ausgelesen habe. Karl möge sich das Buch in etwa zwei Wochen abholen. Karl Jedermann ist mit Recht über diese Antwort empört.

Bei der Verleihung eines Buches pflegt man regelmäßig keine Frist zu vereinbaren. Die Dauer der Leihe ergibt sich dann aus dem Zweck des Vertrags; bei einem Buch sind also Umfang und Inhalt für die Dauer maßgebend. Drei Wochen dürften aber wohl bei jedem zur Unterhaltung dienenden Buch ausreichend sein; anders vielleicht bei einem umfangreichen wissenschaftlichen Werk. Jedenfalls darf der Entlehner nach § 973 ABGB nicht zögern und hat die Sache **so bald als möglich** zurückzustellen. Bestimmender Grundsatz ist, dass der Leihvertrag im **Interesse des Entlehners** liegt. Daher kann dieser auch bei einer ausgemachten Vertragszeit die Sache **vorzeitig** zurückstellen (§ 977 ABGB), außer die vorzeitige Rücknahme ist dem Verleiher nachteilig (sie verursacht z. B. Verwahrungskosten). Umgekehrt darf der Verleiher die Sache nicht zurückfordern, selbst wenn sie ihm unentbehrlich werden sollte (§ 976 ABGB). Im Fall der Überschreitung des vertragsmäßigen oder ordnungsmäßigen Gebrauchs und bei eigenmächtiger Überlassung der Sache an einen Dritten ist der Verleiher jedoch berechtigt, die Sache sogleich zurückzufordern.

Bringschuld

Die Verpflichtung des Entlehners zur Rückstellung ist bei beweglichen Sachen im Zweifel eine **Bringschuld**. Die Sache wird also an den Ort zurückzustellen sein, von dem sie ausgeliehen wurde. Der Entlehner Paul ist daher verpflichtet, das Buch in die Wohnung von Karl Jedermann zurückzubringen.

☛ Im Alltag wird das Wort »Leihe« oft in unrichtiger Bedeutung gebraucht. Wenn sich eine Hausfrau von ihrer Nachbarin etwas Zucker »leiht«, so ist dies in Wirklichkeit ein Darlehen und keine Leihe. Denn bei einer Leihe muss dieselbe Sache, die man ausgehändigt bekommen hat, zurückgegeben werden, bei einem Darlehen dagegen eine Sache gleicher Art und Güte. Die Hausfrau will aber gerade den »entliehenen« Zucker verbrauchen und lediglich die gleiche Menge und die gleiche Qualität zurückstellen. Ebenso ist die Bezeichnung »Leihbücherei« falsch, denn die Leihe ist wesentlich **unentgeltlich**. Die »Leihbüchereien« verlangen aber eine Entlehngebühr und sind also in Wirklichkeit **Mietbüchereien**.

Die wichtigste Rolle im praktischen Wirtschaftsleben spielt die Leihe als Nebenleistung und Nebenvereinbarung bei entgeltlichen Verträgen, wie z. B. Sackleihe beim Kauf von Getreide, Leihe von Bierflaschen und Bierfässern, Leihe der Barrels bei Lieferung von Petroleum etc. Der Kunde ist nicht ohne weiteres berechtigt, die als Nebenleistung erhaltenen Gegenstände unter Verzicht auf den als Kaution gezahlten Geldbetrag (Einsatz) zu behalten. Deshalb findet man in Bierfässern häufig den Vermerk »Unverkäufliches Brauereieigentum« eingepresst.

Auch Grundstücke können verliehen werden. Man kann jemandem ein Stück Gartenland zum Sonnenbaden zur Verfügung stellen. Verletzt sich der Benützer an einer herumliegenden Glasscherbe, kann er keinen Schadenersatz verlangen, es sei denn, dass der Verleiher schuldhaft gehandelt hat. Dass der Verleiher verpflichtet ist, dem Entlehner allen **schuldhafterweise** verursachten Schaden zu ersetzen, ergibt sich schon aus den allgemeinen Grundsätzen unseres Schadenersatzrechtes.

Den Sonderfall, dass der Entlehner die Sache verliert, sie ersetzt und dann wieder findet, regelt § 980 ABGB: der Verleiher kann gegen Rückstellung des empfangenen Ersatzes auf Rückgabe der Sache, die sein Eigentum geblieben ist, bestehen.

Darlehen und Sicherungsübereignung

Darlehensvertrag

Der **Darlehensvertrag** ist die im beiderseitigen Einverständnis vorgenommene Übertragung vertretbarer Sachen (meist Geld) in das Eigentum des Empfängers, verbunden mit dessen Verpflichtung zur Rückstellung der gleichen Summe in der gleichen Währung.

Eine besondere Bedeutung kommt dem **Darlehensvorvertrag** zu, das heißt der Vereinbarung, künftig ein Darlehen zu geben (Geldgebevertrag, Darlehensabrede). Wenn z. B. einem Realbesitzer eine Hypothek gekündigt wird und er das erforderliche Geld zur Rückzahlung nicht hat, muss er sich noch vor Ablauf der Kündigungsfrist dieses Geld sichern. Er nimmt aber ein dazu nötiges Darlehen noch nicht auf – um für die Zwischenzeit keine Zinsen zahlen zu müssen –, sondern lässt sich z. B. bei einem Kreditinstitut einen Kredit eröffnen (**Krediteröffnungsvertrag**). Ein solcher Vertrag kann einseitig verbindlich sein (zumeist für den Kreditgeber) oder aber für beide Teile. Wird der Kreditgeber einseitig gebunden, so pflegt in der Regel ein Höchstbetrag festgesetzt zu werden. Dem Kreditnehmer bleibt es dann überlassen, ob und in welcher Höhe er den Kredit in Anspruch nehmen will. Der aus einem Darlehensvertrag entstandene Anspruch auf Auszahlung eines Darlehens ist grundsätzlich nicht abtretbar, weil die Gewährung eines Kredits Vertrauenssache ist. Er kann deshalb auch nicht gepfändet werden.

Verzinsliches/unverzinsliches Darlehen

Das Darlehen zeigt die verschiedensten Formen und dient mancherlei wirtschaftlichen Zwecken. Man unterscheidet das **unverzinsliche** Freundschaftsdarlehen und **verzinsliche** Darlehen, die vor allem von Geldinstituten gewährt werden. Besonders wichtig und entscheidend für den Inhalt der Verabredung ist der Umstand, ob es sich um einen kurzfristigen Kredit (Umlaufkredit) handelt oder um einen für längere Zeit gewährten

Anlagekredit. Ein Lohn- oder Gehaltsvorschuss ist zwar Kredit, aber nicht Darlehen; vielmehr wird eine erst später fällige oder entstehende Schuld im Voraus bezahlt.

Bringschuld

Im Zweifel ist das Darlehen als **Bringschuld** anzusehen und dementsprechend die Rückerstattung vorzunehmen. Der Zeitpunkt der Rückstellung richtet sich nach der ausdrücklichen oder stillschweigenden Vereinbarung. Fehlt eine solche Vereinbarung – was häufig vorkommt –, so kann das Darlehen nach allgemeinen Grundsätzen »ohne unnötigen Aufschub« zurückgefordert werden. Für die Frage, was als unnötiger Aufschub gelten kann, wird der dem Gläubiger bekannte Zweck des Darlehens von entscheidender Bedeutung sein. Sie darf aber nicht vom Belieben des Schuldners allein abhängen. Eine gesetzliche Kündigungsfrist kennt das ABGB nicht, auch die Bezeichnung »Kündigung« ist nicht vorgeschrieben.

Verpfändung

Um den Umzug in eine andere Wohnung zu ermöglichen, muss Karl Jedermann ein Darlehen von € 5.000,– aufnehmen. Der Darlehensgeber macht die Hingabe des Darlehens davon abhängig, dass ihm eine ausreichende Sicherheit gegeben wird.

Eine wichtige Art der Sicherung einer Geldschuld ist die **Verpfändung** von Sachen; dafür kommen auch bebaute und unbebaute Grundstücke in Betracht. Das **Pfandrecht** an Grundstücken ist die Hypothek. Karl Jedermann hat aber noch kein Grundstück. Ihm gehören nur eine Anzahl Möbel und eine Stereoanlage. Diese Werte würden der Höhe nach ausreichen, um den Geldgeber zu sichern.

Nach unserem ABGB kann aber ein Pfandrecht an beweglichen Sachen nur dadurch bestellt werden, dass dem Gläubiger die Sachen in Verwahrung gegeben werden (**Faustpfandprinzip**, § 451 ABGB). Die Judikatur gestattet die Verpfändung auch durch Hinterlegung bei einem Dritten, nicht aber bei einem Angestellten des Verpfänders. Der Pfandgläubiger soll wirklich die Herrschaftsgewalt an der Sache erhalten. Er muss sie also aus der Wohnung Karl Jedermanns entfernen. Eine bloß »symbolische« Besitzergreifung, z. B. durch einmaliges Berühren der Gegenstände, reicht nicht aus.

Sicherungsübereignung

Karl Jedermann kann andererseits nicht gut auf den Besitz der Möbel verzichten und vor allem möchte er die Stereoanlage nicht gern aus der Hand geben.

Die geschäftliche Praxis hat daher als Ersatz für die Pfandbestellung die sogenannte »**Sicherungsübereignung**« entwickelt. Danach werden die zur Sicherheit vorgesehenen beweglichen Sachen nicht verpfändet, sondern übereignet. Eine Übereignung kann man nämlich nach geltendem Recht nicht nur dadurch bewirken, dass man dem neuen Eigentümer die Sachen körperlich übergibt, sondern der Veräußerer kann auch statt der körperlichen Übergabe (§ 426 ABGB) einfach in einer »erweislichen Art« seinen Willen erklären, die Sache künftig nicht mehr als Eigentümer, sondern im Namen des Erwerbers innezuhaben. Man spricht bei dieser Form der Übergabe durch Erklärung (§ 428 ABGB) von einem **Besitzkonstitut** oder von der Besitzauftragung.

Unter »erweislicher Art« ist zu verstehen, dass der Übertragungswille außer Zweifel stehen muss. Dagegen braucht der Eigentumsübergang für Dritte nicht unbedingt erkennbar zu sein. Es lässt sich nach dem Gesagten auch vereinbaren, dass der

Der Kaufmann Otto Trunk, Rebengasse 34, 1090 Wien, und
der kaufmännische Angestellte Karl Jedermann, Opernring 72,
1010 Wien,
schließen folgenden

VERTRAG:

I

Herr Trunk stellt Herrn Jedermann ein Darlehen zu banküblichen Zinsen in Höhe von € 5.000,– zur Verfügung. Das Darlehen ist rückzahlbar in monatlichen Raten à € 250,–, beginnend am 1. . . . . Bleibt Herr Jedermann mit zwei aufeinander folgenden Raten im Rückstand, so ist der Gesamtbetrag sofort fällig (Terminsverlust).

II

Zur Sicherung für dieses Darlehen übereignet Herr Jedermann an Herrn Trunk

1. eine Stereoanlage, Fabrikat Polyhymnia, Type GW 153, Fabrik-Nr. 328176,
2. einen Bücherschrank mit Glasschiebefenstern.

III

Die Übergabe der im Punkt II genannten Gegenstände wird durch die Vereinbarung ersetzt, dass die Stereoanlage und der Bücherschrank leihweise im Besitz von Karl Jedermann verbleiben. Bleibt Herr Jedermann mit einer Rate länger als fünf Tage im Rückstand, so sind die zur Sicherung übereigneten Gegenstände sofort an Herrn Trunk herauszugeben.

IV

Herr Trunk verpflichtet sich, das Sicherungseigentum auf Herrn Jedermann wieder zu übertragen, sobald das Darlehen in voller Höhe zusätzlich der Zinsen zurückgezahlt worden ist.

V

Herr Jedermann verpflichtet sich, die im Punkt II benannten Gegenstände schonend zu behandeln und sich jeder Verfügung zu enthalten. Falls von dritter Seite her irgendwelche Ansprüche an die Gegenstände gestellt werden, so wird er Herrn Trunk unverzüglich unterrichten.
Etwa notwendig werdende Interventionskosten trägt Herr Jedermann.

VI

Als Gerichtsstand wird Wien vereinbart.

Wien, ...

Karl Jedermann   Otto Trunk

bisherige Eigentümer die Sachen für den neuen Eigentümer nur noch als Inhaber in bloßer Verwahrung behält. Der Geldgeber hat nun mehr an Rechten erlangt, als er benötigt. Er will und soll ja gar nicht die Sachen wie ein Eigentum besitzen, beispielsweise soll er sie nicht weiterveräußern dürfen. Deshalb muss er sich Karl Jedermann gegenüber verpflichten, von seiner Eigentümerstellung nur so viel Gebrauch zu machen, als es zum Zweck der Sicherung seiner Forderung notwendig ist. Das bedeutet etwa, dass er nach Fälligkeit des Darlehens mithilfe des Gerichts die Herausgabe der ihm gehörenden Sachen von Karl Jedermann verlangen kann und diese verwerten darf, um die geliehene Summe wiederzuerhalten, wenn der Schuldner nicht zahlen sollte. Erzielt er bei der Verwertung dieser Sachen einen darüber hinausgehenden Betrag, so muss er ihn Karl Jedermann zurückerstatten.

☛ Bei der Begründung eines derartigen Sicherungseigentums ist nun vor allem darauf zu achten, dass die zu übereignenden Sachen genau bezeichnet werden. Es genügt also nicht, dass die beiden Parteien einfach die Vereinbarung treffen, dass sämtliche Möbel des Schuldners sicherungsübereignet werden. Die Möbelstücke müssen einzeln aufgeführt werden. Das Gleiche gilt für den häufig vorkommenden Fall, dass ein Geschäftsmann sein Warenlager einem Gläubiger zur Sicherung übereignen will. Es ist demnach wohl unvermeidbar, dass man einen solchen Sicherungsübereignungsvertrag schriftlich abschließt und die einzelnen Sachen im Text des Vertrages oder zweckmäßigerweise in einer Anlage zum Vertrag aufführt. Außerdem muss ausdrücklich und deutlich die Art des Vertragsverhältnisses, z. B. Verwahrung oder Leihe, vereinbart werden (vergleiche dazu den auf der vorhergehenden Seite wiedergegebenen Darlehensvertrag).

Trotz Konzipierung eines solchen Vertrages bleibt es fraglich, ob der hier vereinbarten Sicherungsübereignung im Fall eines Rechtsstreites vom Gericht Gültigkeit zuerkannt wird. Das ABGB selbst kennt nämlich keine Sicherungsübereignung mit Belassung der übereigneten Sache im Gewahrsam des bisherigen Eigentümers. Daher müsste ein diesbezüglicher Vertrag nach seiner »wahren Beschaffenheit« beurteilt werden. Zweck der Sicherungsübereignung ist vor allem die Gewährung von Sicherheit. Nun besteht zwar der Grundsatz der Vertragsfreiheit, trotzdem behält vor Gericht nicht jede Vereinbarung der Parteien Gültigkeit, sondern nur eine solche Abmachung, die dem Gesetz nicht widerspricht und die **nicht zur Umgehung des Gesetzes** dient.

☛ In Deutschland hat sich die Sicherungsübereignung durchgesetzt. In Österreich verlangen dagegen Lehre und Praxis zur Übertragung des Sicherungseigentums – da es wirtschaftlich nichts anderes verfolge als Pfandsicherung – immer noch dieselben Formen der Übergabe, wie sie zur Pfandbestellung nötig sind (also körperliche Übergabe bzw. Übergabe durch Zeichen). Damit wird die Sicherungsübereignung uninteressant. Die Gültigkeit des Eigentumsvorbehaltes – sozusagen das Gegenstück zur Sicherungsübereignung – ist hingegen unbestritten. Darin liegt eine gewisse Inkonsequenz, weil auch durch den Eigentumsvorbehalt als Nebenabrede beim Kauf das Faustpfandprinzip umgangen wird.

Zinsen, Schuldschein und Quittung

Unter Zinsen versteht man das Entgelt für die Überlassung oder Weiterbelassung der Nutzung eines Kapitals, berechnet nach einem bestimmten Zeitraum in Sachen gleicher Art und ausgedrückt in einem Hundertsatz der Hauptschuld. Ihre praktische Bedeutung liegt auf dem Gebiet der Geldschuld. Häufig beinhalten Zinsen zugleich eine Prämie für die mit der Kreditgewährung verbundene Gefahr eines wirtschaftlichen Verlustes. Schon aus dem Begriff der Zinsen ergibt sich, dass sie eine Hauptschuld voraussetzen und eines besonderen Rechtsgrundes bedürfen.

Terminverlust

Sehr häufig ist die Vereinbarung, dass das Kapital **zur Gänze fällig** wird, wenn die Zinszahlung nicht pünktlich erfolgt (Terminsverlust). Bei Anlegung von Geldern Pflegebefohlener ist die Aufnahme der Terminsverlustklausel in den Vertrag sogar gesetzlich vorgeschrieben. Nimmt der Gläubiger die verspätete Terminzahlung vorbehaltlos an, so ist darin ein Verzicht auf die Geltendmachung des Terminsverlustes für diesen Fall zu erblicken. Im Zweifel tritt Terminsverlust nur wegen verschuldeter Verspätung ein. Seine Geltendmachung wegen ganz geringfügiger Teilbeträge könnte einen Verstoß gegen die guten Sitten darstellen.

Wenn die rückständigen, nicht eingeklagten Zinsen die Höhe der geschuldeten Summe erreichen, hört nach § 1335 ABGB der weitere Zinsenlauf auf, sofern es sich nicht um Geldforderungen gegen einen Unternehmer aus unternehmerischen Geschäften handelt. Vom Tag der Streitanhängigkeit an können jedoch neuerdings Zinsen verlangt werden.

Schuldschein

Der **Schuldschein** ist nur eine **Beweisurkunde** über die aus dem Darlehensvertrag erfließende Verpflichtung des Schuldners. Er hat deshalb große praktische Bedeutung und muss auch über den Rechtsgrund Auskunft geben, also darüber, dass es sich um eine »Darlehensschuld« handelt, weil das abstrakte Schuldversprechen nach dem Allgemeinen Bürgerlichen Gesetzbuch ungültig wäre.

☛ Die wesentlichen Merkmale eines Schuldscheins zählt § 1001 ABGB auf. Die **Unterschrift des Schuldners** ist dort nicht genannt, ihre Notwendigkeit ergibt sich aber aus den Vorschriften der Zivilprozessordnung; die Unterschrift des Darlehensgebers ist hingegen nicht erforderlich. Der Schuldschein ist kein Beweis über das Bestehen der Schuld, sondern ist vom Richter frei zu würdigen. Daraus folgt die Zulässigkeit eines Gegenbeweises gegen den Inhalt des Schuldscheins.

Quittung

Der Zahler ist berechtigt, vom Befriedigten eine **Quittung**, das ist ein schriftliches Zeugnis der erfüllten Verbindlichkeit, zu verlangen. In der Quittung muss der Name des Schuldners und des Gläubigers sowie Ort, Zeit und Gegenstand der getilgten Schuld ausgedrückt und vom Gläubiger oder dessen Machthaber unterschrieben werden. Mangels anderer Vereinbarung hat der **Gläubiger** die Kosten der Quittung zu tragen. Eine Quittung über das bezahlte Kapital begründet auch die Vermutung, dass die Zinsen bezahlt sind.

Rückgabe des Schuldscheins

Der Gläubiger ist bei Empfangnahme des Schuldbetrages außer zur Ausstellung der Quittung auch zur **Rückgabe des Schuldscheins** verpflichtet, den er etwa besitzt. Der zurückgegebene Schuldschein ohne die entsprechende Quittung begründet zwar die Vermutung der geleisteten Zahlung, doch ist der Gegenbeweis zulässig. Ist der Schuldschein in Verlust geraten, kann der Zahlende eine entsprechende Sicherstellung einfordern.

€ Die Rechtsgeschäftsgebühr für Darlehensverträge und ebenso für darüber errichtete Urkunden (wie Schuldscheine, Schuldbriefe, Schulderklärungen) beträgt 0,8 v. H. der Darlehenssumme (§ 33 TP 8 GebG).

Wucher und Ausbeutung Kreditsuchender

Verzugszinsen

Die Sicherungsübereignung und die sicherungsweise Forderungsabtretung gewähren, trotz ihres Namens, dem Gläubiger nicht immer volle Sicherheit. Das kann dazu führen, dass übermäßig hohe Zinsen gefordert werden. Während für gesetzliche **Verzugszinsen** eine bestimmte Höhe legal vorgeschrieben ist (4 Prozent im Zivilrecht, 5 Prozent im Handelsrecht, 6 Prozent im Scheck- und Wechselrecht), gibt es keine ziffernmäßigen Grenzen für die **vereinbarten Zinsen**. Daher kann es auch zu übermäßig hohen Zinsenvereinbarungen kommen. Werden dadurch die Grenzen der Vertragsfreiheit wucherisch überschritten, tritt Nichtigkeit des ganzen Geschäfts ein.

Der Tatbestand des **Wuchers** wird im § 1 des Wuchergesetzes 1949 und gleichlautend im § 879 Abs. 2 Z. 4 ABGB dann als gegeben betrachtet,

§§ »wenn jemand den Leichtsinn, die Zwangslage, Verstandesschwäche, Unerfahrenheit oder Gemütsaufregung eines anderen dadurch ausbeutet, dass er sich oder einem Dritten für eine Leistung eine Gegenleistung versprechen oder gewähren lässt, deren Vermögenswert zu dem Werte der Leistung in auffallendem Missverhältnis steht«.

Wucher setzt also voraus:

— unwirtschaftliche Eigenschaften des Bewucherten,
— Unverhältnismäßigkeit von Leistung und Gegenleistung,
— Ausbeutung durch den Wucherer.

Der Werkvertrag

Karl Jedermann hat bei seinem Schneider zwei Maßanzüge bestellt: einen Sportanzug und für die bevorstehende Hochzeit seines Vetters einen Smoking. Er hat dem Schneider auch ausdrücklich mitgeteilt, dass er den Smoking für die Hochzeit am 20. Mai braucht. Der Schneider Max Scholz liefert nun zwar umgehend den Sportanzug, dieser sitzt jedoch nicht einwandfrei; den Smoking, der gut passt, liefert er dagegen erst am 21. Mai.

Hier handelt es sich um Werkverträge, also entgeltliche Verpflichtung des Unternehmers zur Herstellung eines Werkes für den Besteller. Der Besteller eines Werkes hat, wenn das Entgelt nicht von vornherein vereinbart war, den fakturierten Preis zu bezahlen – es sei denn, dieser wäre unangemessen hoch (Sachverständigengutachten!).

Karl Jedermann ist über den Schneider Scholz empört und will von beiden Verträgen zurücktreten.

Seit 1. Jänner 2002 enthält das ABGB in § 1167 keine gesonderten Vorschriften für die **Gewährleistung bei Werkverträgen**, sondern bestimmt nur mehr allgemein:

§§ Bei Mängeln des Werkes kommen die für entgeltliche Verträge überhaupt geltenden Bestimmungen (§§ 922 bis 933b) zur Anwendung.

Im konkreten Fall kommt § 932 Abs. 1 ABGB zur Anwendung. Danach kann Karl Jedermann als Übernehmer wegen eines Mangels die Verbesserung (Nachbesserung oder Nachtrag des Fehlenden), den Austausch der Sache, eine angemessene

Minderung des Entgelts (Preisminderung) oder die Aufhebung des Vertrags (Wandlung) fordern.

Fixgeschäft

Wegen der nicht rechtzeitigen Anfertigung des für die Hochzeit bestimmten Smokings kann Karl Jedermann ebenfalls vom Vertrag zurücktreten, da es sich offenbar um ein so genanntes **Fixgeschäft** handelt. Bei einem Fixgeschäft muss die Erfüllung zur festgesetzten Zeit bei sonstigem Rücktritt ausdrücklich bedungen oder aus der Natur des Geschäftes oder aus einem dem Lieferer bekannten Zweck erkennbar sein. Sind die Mängel des Sportanzugs somit wesentlich und war die Bestellung des Smokings ein Fixgeschäft, so kann Karl Jedermann aus den angegebenen Gründen von beiden Verträgen zurücktreten.

Gewährleistungsanspruch

Karl Jedermann hat vom Elektrounternehmen Walter Lampe einen Luster im Wohnzimmer montieren lassen. Nach einem halben Jahr stürzt dieser aber plötzlich herab und beschädigt den Tisch sowie eine Vase. Es stellt sich heraus, dass der Luster durch einen Angestellten des Elektromeisters unsachgemäß befestigt worden ist. Dennoch weigert sich dieser, den Luster wieder anzubringen, und lehnt einen Schadenersatz für die beschädigten Gegenstände ab.

Tatsächlich muss auch ein **Gewährleistungsanspruch** innerhalb bestimmter Frist geltend gemacht werden. Diese Frist beträgt nach § 933 ABGB bei unbeweglichen Sachen drei Jahre, bei beweglichen Sachen, um die es sich in diesem Fall handelt, zwei Jahre. Die Frist läuft bei **Sachmängeln** ab dem Tag der Ablieferung der Sache, das ist in unserem Fall wohl vom Moment der Unterschrift Karl Jedermanns auf dem Stundenzettel des Elektrikers. Da seit damals nicht mehr als zwei Jahre verstrichen sind, kann der Mangel geltend gemacht werden.

Gleiches gilt für den von Seiten des Elektrounternehmens verschuldeten Schaden, der an sich nicht an die Gewährleistungsfristen gebunden ist. Lampe muss den durch den Erfüllungsgehilfen verursachten Schaden, wenn der Elektriker tatsächlich unsachgemäß gearbeitet hat, ersetzen und Karl Jedermann die Beschädigung der Einrichtungsgegenstände vergüten. Für diesen Anspruch gelten an sich die allgemeinen Verjährungsfristen (siehe Seite 158 ff.).

Das Inkassobüro

Nachdem Karl Jedermann die Zahlung für die Anzüge verweigert, möchte Max Scholz ein Institut mit der Eintreibung der Schuld beauftragen. Die Spesen betragen zwischen 10 und 15 Prozent vom jeweils eingebrachten Betrag bei nicht ausgeklagten Forderungen, zahlbar durch den Auftraggeber als Erfolgsprovision; die fixe Auftragsgebühr beträgt bis zu 6 Prozent des Forderungsbetrages.

Die **Interventionskosten** bestehen aus Bearbeitungs-, Kommissions- und Mahngebühren sowie Evidenzkosten; diese trägt der **Schuldner**, ohne dass gegen ihn ein eigener Klagstitel bestünde. So wird der Schuldner häufig als Kunde erhalten, da bei einer Klage die Prozess- und Exekutionskosten beträchtlich höher wären.

Der zornige Max Scholz übersieht die Möglichkeiten des Inkassobüros. Er besteht auf **Klage**, da er an einer weiteren Geschäftsverbindung mit Karl Jedermann nicht mehr interessiert ist. Eine Klage könnte im Rahmen der bestehenden Richtlinien über das Inkassobüro (dem Scholz Vollmacht erteilen müsste) eingebracht werden.

☛ Ein auffällig gekennzeichnetes Fahrzeug im Außendienst des Inkassobüros einzusetzen, mag einen gewissen psychologischen Druck auf den säumigen Schuldner ausüben, ist aber nach Ansicht des OGH weder eine Erpressung (verlangt Willensbeugung!), noch bedeutet es einen Verstoß gegen die guten Sitten; doch kommt ein solches Verhalten einer Standeswidrigkeit nahe.

Der Winkelschreiber

Max Scholz geht lieber zu Franz Winkler, der sich in einem nahe gelegenen Kaffeehaus erbötig gemacht hat, für Interessenten gerichtliche Eingaben in Prozesssachen gegen »Spesenersatz« zu verfassen und außerdem eine allgemeine Rechtsberatung durchzuführen.

Inzwischen wurde Winkler aber wegen **Winkelschreiberei** angezeigt und hat Bestrafung zu erwarten.

Das Verhalten Franz Winklers ist nicht bloß eine **Verwaltungsübertretung** nach Artikel IX Abs. 1 Ziff. 1 des Einführungsgesetzes zu den Verwaltungsverfahrensgesetzen (EGVG), die mit Geldstrafe bis zu € 218,– zu ahnden ist, sondern fällt unter Umständen sogar in die Strafgewalt der Gerichte aufgrund der Ministerialverordnung RGBl. Nr. 114 aus 1857. Wer eine solche Winkelschreiberei begeht, kann vom Gericht mit einer Geldstrafe bis zu € 4.500,– oder mit Arrest bis zu sechs Wochen bestraft werden.

Der Prozess

Der Zahlungsbefehl

Karl Jedermann hat, wie wir schon wissen, die Zahlung verweigert. Der Schneidermeister will nun den Rechtsweg beschreiten. Er rechnet damit, dass Jedermann sofort bezahlen wird, wenn er es »mit dem Gericht zu tun bekommt«. Max Scholz bedient sich des so genannten **Mahnverfahrens** (mit Zahlungsbefehl).

Dieses Verfahren, grundsätzlich neu gefasst durch die Zivilverfahrens-Novelle 1983, ist für Geldleistungsansprüche bis zu € 30.000 zwingend vorgeschrieben. Das Mahnverfahren ist in den §§ 244 bis 251 sowie 448 der Zivilprozessordnung (ZPO) geregelt und wurde bereits zur Gänze auf die automationsunterstützte Datenverarbeitung (ADV) umgestellt. Für Mahnklagen bis zu € 10.000 ist das Bezirksgericht, zwischen € 10.000 und € 30.000 das Landesgericht zuständig.

Die ZPO führt dazu aus:

§§ In Rechtsstreitigkeiten über Klagen, mit denen ausschließlich die Zahlung eines € 30.000 nicht übersteigenden Geldbetrages begehrt wird, hat das Gericht ohne vorhergehende mündliche Verhandlung und ohne Vernehmung des Beklagten einen durch die Unterlassung des Einspruchs bedingten Zahlungsbefehl zu erlassen, sofern nicht ein Zahlungsauftrag zu erlassen ist (§§ 548 bis 559).

Langt eine solche Mahnklage bei Gericht ein (Formblatt), die nicht offenkundige entscheidende Mängel aufweist (etwa kein klagbarer Anspruch oder noch nicht fällige Forderung), dann erlässt das Gericht einen Zahlungsbefehl, der dem Beklagten zugestellt wird.

☛ Dieser **Zahlungsbefehl**, der als solcher bezeichnet sein muss, enthält:
- den Auftrag an den Beklagten, binnen 14 Tagen nach Zustellung des Zahlungsbefehls bei sonstiger Exekution die Forderung samt Zinsen und die vom Gericht bestimmten Kosten zu zahlen oder, wenn er die geltend gemachten Ansprüche bestreitet, gegen den Zahlungsbefehl Einspruch zu erheben;
- den Beisatz, dass der Zahlungsbefehl nur durch rechtzeitige Erhebung des Einspruchs außer Kraft gesetzt werden kann;
- den Hinweis, dass durch den Einspruch das ordentliche Verfahren über die Klage eingeleitet wird (das heißt, der Richter beraumt eine Verhandlung an, zu der beide Streitteile, Kläger und Beklagter, geladen werden und in der dann über die Klagsbehauptungen und die Einwendungen verhandelt wird).

Wird die **Erlassung eines Zahlungsbefehls** durch unrichtige oder unvollständige Angaben in der Klage erschlichen oder zu erschleichen versucht, so kann eine Mutwillensstrafe von mindestens € 70,– verhängt werden (§ 245 Abs. 1 ZPO).

Der Zahlungsbefehl trägt Karl Jedermann also auf, die Forderung von Max Scholz binnen 14 Tagen samt 4 Prozent **Zinsen und Kosten** bei sonstiger Exekution zu bezahlen. Bei einem Handelsgeschäft zwischen Kaufleuten könnte der Kläger 5 Prozent verlangen. Die Zinsen sind von dem Zeitpunkt an zu zahlen, an dem sich der Schuldner im Verzug befindet, das heißt ab Fälligkeit oder ab der Mahnung. Wenn die Forderung zwar fällig ist, der Schuldner aber nicht gemahnt wurde, so befindet sich der Schuldner erst mit dem Tag der Zustellung des Zahlungsbefehls oder der Klage im Verzug. In diesem Fall könnten also erst von diesem Zeitpunkt an Verzugszinsen verlangt werden.

Einspruch

Im Zahlungsbefehl wird Karl Jedermann gleichzeitig belehrt, dass er dagegen **Einspruch** einlegen könne, falls er gegen die geltend gemachte Forderung irgendwelche Einwendungen zu erheben habe. Im **ADV-Mahnverfahren** wird dem Beklagten mit dem Zahlungsbefehl ein individuell für ihn vorbereitetes Formular für den Einspruch zugestellt. Der Beklagte kann aber statt dieses Formulars einen selbst erstellten Schriftsatz verwenden, der aber nicht notwendigerweise alle Formerfordernisse des § 75 ZPO erfüllen muss.

Mündliche Streitverhandlung

Der Einspruch löst die Anberaumung einer Tagsatzung zur mündlichen **Streitverhandlung** aus und verursacht hierdurch weitere Kosten, die schließlich derjenige tragen muss, der den Prozess verliert. Wer also eine Forderung (z. B. die Schneiderrechnung) grundsätzlich anerkennt, soll nicht widersprechen, sondern lieber sofort zahlen oder sich mit dem Gläubiger wegen einer Abzahlung der Schuld in Raten einigen. Wer zahlt, darf das Geld nur an seinen Gläubiger, nicht aber an das Gericht überweisen.

Annahmeverzug

Da Karl Jedermann der Meinung ist, dass allenfalls ein Arbeitslohn von € 320,–, keinesfalls aber ein Betrag von € 400,– gerechtfertigt ist, unternimmt er den Versuch, an seinen Gläubiger € 320,– mittels Postanweisung zu zahlen. Der Schneidermeister verweigert jedoch die Annahme dieses herabgesetzten Betrages, weil er fürchtet, hierdurch zu erkennen zu geben, dass er sich mit der Herabsetzung einverstanden erkläre. Karl Jedermann erhält das Geld zurück und glaubt nunmehr, dass sich der Meister im Annahmeverzug befinde.

Dies trifft aber nicht zu. Der **Annahmeverzug** setzt voraus, dass die ganze Leistung angeboten wird. Mit Teilzahlungen braucht sich ein Gläubiger (außer bei Zahlungen gegen Wechsel) nicht einverstanden zu erklären. Nimmt jedoch der Gläubiger freiwillig eine angebotene Teilleistung an, wird sein Schuldner im Rahmen dieser Teilleistung von der Verpflichtung befreit.

Die erfolglose Hinterlegung

*Karl Jedermann hat gehört, dass man durch **Hinterlegung bei Gericht** von seinen Verpflichtungen frei werden könne. Er beschließt, den Betrag von € 320,– zu hinterlegen. Dadurch möchte er Prozesskosten sparen.*

Er geht also zum Bezirksgericht, gibt dort seinen Antrag zu Protokoll und begründet die Hinterlegung damit, dass sich der Meister im Annahmeverzug befinde. Mit der weiteren Erklärung, dass er auf die Rückzahlung verzichte, glaubt er alles erledigt zu haben und meint, dass ihm nun nichts mehr geschehen könne, zumindest nicht in Höhe der hinterlegten € 320,–.

Würde Scholz nur € 320,– geltend machen, so hätte Karl Jedermann Recht. Voraussetzung für eine Befreiung von der Zahlungspflicht ist nämlich, dass sich der Gläubiger in Annahmeverzug befindet. Das ist hier aber nicht der Fall. Karl Jedermann könnte ferner mit schuldbefreiender Wirkung gerichtlich hinterlegen, wenn er z. B. nicht wüsste, welchem Gläubiger die Forderung zusteht. Dies kommt hin und wieder dann vor, wenn eine Forderung abgetreten worden ist und der Schuldner von mehreren Personen in Anspruch genommen wird. Wenn er dann nicht Klarheit schaffen kann, wem die Forderung nunmehr tatsächlich zusteht, so wird er durch Hinterlegung frei.

Erlagsanzeige

Das Recht der Hinterlegung ist im § 1425 ABGB und hinsichtlich der technischen Durchführung in der Geschäftsordnung der Gerichte (Geo) geregelt. Die Empfangnahme eines nach den Bestimmungen des bürgerlichen Rechts gemachten Erlages kann von keinem ordentlichen Gericht aus dem Grund der Unzuständigkeit zurückgewiesen werden. Der Erlag ist ohne weitere Untersuchung der Rechtmäßigkeit anzunehmen, doch muss ein den Erlag rechtfertigender Tatbestand (z. B. Unklarheit der Rechtslage) in der **Erlagsanzeige** zumindest **behauptet** werden.

Mietzinserlag

Beim Erlag des Mietzinses durch längere Zeit ist für jede Mietzinsperiode die Erlagsanzeige separat vorzunehmen. Schuldbefreiende Wirkung ist nicht gegeben, wenn die Fälligkeit der Schuld erst nach dem Zeitpunkt des Erlages eintritt (wichtig bei Geldwertänderung).

☛ Der Schuldner muss den oder die Gläubiger über die erfolgte Hinterlegung **verständigen**. Ergibt sich für ihn die Notwendigkeit, dass er selbst wieder das Hinterlegte zurückfordern muss, so muss er eine schriftliche Erklärung derjenigen Person über seine Rücknahmeberechtigung beibringen, zu deren Gunsten er die Hinterlegung vorgenommen hat. In unserem Fall würde die Erklärung folgenden Wortlaut haben:

Max Scholz

Schneidermeister
Stoffgasse 26
1070 Wien

Wien, den ...

An das
Bezirksgericht
Innere Stadt Wien
City Tower Vienna
Marxergasse 1a
1030 Wien

Der Angestellte Karl Jedermann, Wien ..., hat zur Zahl ... den Betrag von € 320,– zu meinen Gunsten unter Verzicht auf das Recht zur Rücknahme hinterlegt. Ich erkläre mich hiermit ausdrücklich damit einverstanden, dass dieser Betrag an Karl Jedermann zurückgezahlt wird, nachdem ich eine Forderung an ihn nicht mehr habe.

Max Scholz

Das Gericht kann verlangen, dass die Unterschrift beglaubigt wird. Etwa entstehende Kosten für die Beglaubigung der Unterschrift muss Karl Jedermann tragen.

Zur Hinterlegung muss vermerkt werden, dass nur Geld, Wertpapiere, andere Urkunden und Kostbarkeiten hinterlegt werden können. Im Fall von Tieren kann der Schuldner einen Gerichtsbeschluss erwirken, womit ein Verwahrer für diese Sachen bestellt wird. Die Kosten des Verwahrens hat zunächst der Hinterleger zu tragen, der sie, falls die Hinterlegung zu Recht erfolgt ist, vom Gläubiger zurückfordern kann.

Der Einspruch

Um zu verhindern, dass Max Scholz beim Bezirksgericht die Erlassung einer Exekutionsbewilligung beantragt und somit die Möglichkeit erhält, aufgrund dieser Exekutionsbewilligung die Zwangsvollstreckung zu betreiben, erhebt Karl Jedermann gegen den Zahlungsbefehl Einspruch. Dieser Einspruch wird dem Beklagten als Computerformular zugestellt; er ist von ihm entsprechend auszufüllen und an das Bezirksgericht zurückzusenden. In unserem Fall würde das etwa wie folgt aussehen:

An das
Bezirksgericht
City Tower Vienna
Marxergasse 1a
1030 Wien

32 C 324/ ...,

Nur vom Gericht auszufüllen
Eingangsstampiglie

Kläger:

Max Scholz
Schneidermeister
Stoffgasse 26
1060 Wien

Beklagter:

Karl Jedermann
Angestellter
Opernring 72
1010 Wien

Ich erhebe gegen den Zahlungsbefehl vom ..., Gesch.-Zahl 32 C 324/0 ...,

Einspruch.

Gründe für den Einspruch:

Es trifft zu, dass ich bei dem Kläger einen Anzug anfertigen ließ. Der Anzug passte zunächst gar nicht und musste erst verbessert werden. Die mir vom Kläger ausgestellte Rechnung ist aber wesentlich überhöht; außer dem üblichen Arbeitslohn scheint der Kläger auch noch alle weiteren Kosten in Ansatz gebracht zu haben, die ihm durch die Verbesserung entstanden sind. Hierfür habe ich aber nicht einzustehen. Selbst wenn der Kläger diese Kosten nicht in Rechnung gestellt hätte, so würde hieraus folgen, dass der geltend gemachte Anspruch umso mehr der Höhe nach ungerechtfertigt ist. Der Arbeitslohn für einen Anzug, wie er vom Kläger geliefert worden ist, dürfte höchstens € 320,– betragen.
Da ich bereit bin, den Betrag von € 320,– zu zahlen, habe ich heute diese Summe beim Bezirksgericht Innere Stadt Wien mit dem Verzicht auf Rücknahme erlegt, nachdem der Kläger die Annahme dieser Summe verweigert hat.

Beweis (Zeugen mit Name und Adresse, Urkunden, Parteienvernehmung usw.): ...
1) der Einzahlungsbeleg vom 4. August ..., den ich als Kopie beifüge und dessen Original ich bei der Verhandlung vorlegen werde;
2) beizuziehender Sachverständiger aus der Bekleidungsbranche: ...

Datum: ... Unterschrift: Karl Jedermann

Mündliche Streitverhandlung am ... Nur vom Gericht auszufüllen
Beginn: Ort:
Voraussichtliches Ende:

LAD A4/A5 an KV/KL, BV/BK

Grundsätzlich ist bei Prozessen jeder **Schriftsatz**, der eigenhändig zu unterzeichnen ist, **mit einer Kopie** einzureichen. Auch Abschriften von Urkunden, die zum Beweis einer Tatsache wichtig erscheinen, sind doppelt einzureichen. Das Doppel übersendet das Gericht nämlich dem Prozessgegner zur Stellungnahme. Originale von Urkunden soll man grundsätzlich erst bei der Verhandlung vorlegen, damit sie nicht verloren gehen.

Schriftsätze sollen möglichst klar den wahren Sachverhalt herausstellen. Paragraphen brauchen nicht angeführt zu werden. Welche Rechtsvorschrift zur Anwendung gelangt, prüft das Gericht, das seine Entscheidung ja in rechtlicher Hinsicht begründen muss.

Die Exekutionsbewilligung

Hätte Karl Jedermann gegen den Zahlungsbefehl keinen Einspruch erhoben, so müsste der Schneidermeister beim Bezirksgericht den Antrag stellen, nunmehr eine **Exekutionsbewilligung** zu erlassen. Erst mithilfe dieser Exekutionsbewilligung ist er in der Lage, durch einen Vollstreckungsbeamten die Zwangsvollstreckung bzw. die Pfändung betreiben zu lassen. Der Antrag auf Erlass einer Exekutionsbewilligung darf frühestens nach Ablauf der im Zahlungsbefehl dem Schuldner Karl Jedermann eingeräumten Leistungsfrist gestellt werden.

Für den Antrag auf Erlassung einer Fahrnisexekution kauft Scholz in einer Trafik bzw. in einem Papierfachgeschäft die entsprechenden Formulare und füllt diese ordnungsgemäß aus. Er verwendet für das Gericht eine vierseitige Ausfertigung, für den Verpflichteten Karl Jedermann eine zweiseitige und für sich selbst als betreibende Partei ebenfalls eine zweiseitige Ausfertigung.

Das Gericht erteilt seine Bewilligung durch folgenden Stampiglienaufdruck:

> Das Gericht bewilligt die beantragte Exekution.
> Die Kosten der betreibenden Partei werden mit € ... bestimmt.
>
> Bezirksgericht Innere Stadt
> City Tower Vienna
> Marxergasse 1a 1030 Wien
>
> Wien, den ...

Gegen diese Exekutionsbewilligung kann der Schuldner nichts mehr vorbringen, was er im bisherigen Verfahren bereits einwenden hätte können. Er könnte nur mit Klage Tatsachen geltend machen, die erst **nach Erlass des Zahlungsbefehls** eingetreten sind, z. B. die in der Zwischenzeit erfolgte gänzliche Bezahlung. Bringt er eine solche Klage ein, kann er auch die Aufschiebung der Exekution beantragen, bis über die Klage rechtskräftig entschieden ist. Dadurch würde die Versteigerung so lange verhindert werden.

☛ Durch die Erhebung des Einspruchs ist das Verfahren, das wir bisher »Mahnverfahren« genannt haben, erledigt. Es handelt sich jetzt um einen normalen Prozess, sodass der Akt beim Gericht ein anderes **Aktenzeichen** erhält (siehe Seite 70). Die zuerst stehende Ziffer 32 bedeutet, dass der Akt bei der Geschäftsabteilung 32 des Bezirksgerichts gelaufen ist; die weiteren Zahlen besagen, dass die Sache unter der Nummer 324 im Jahre 2004 im Register der Geschäftsabteilung eingetragen ist. Nunmehr ist die Sache beim Prozessgericht anhängig. Prozesssachen erhalten den Buchstaben C oder Cg (am Landesgericht). Die Zahlen haben die gleiche Bedeutung.

Nachdem der Einspruch beim Bezirksgericht eingelangt ist, muss der Rechtsstreit nun zur mündlichen Verhandlung kommen, weil mit der rechtzeitigen Erhebung des Einspruchs der Zahlungsbefehl außer Kraft tritt. Das Zahlungsbefehlformular enthält mit dem Antrag auf Erlass des Zahlungsbefehls gleichzeitig einen Antrag auf Fällung des Urteils für den Fall, dass der Schuldner Einspruch erhebt.

Das Gericht setzt den Kläger nunmehr davon in Kenntnis, dass Karl Jedermann Einspruch erhoben hat, und lädt ihn gleichzeitig für die Tagsatzung zur mündlichen Verhandlung. Dem Kläger wird die von Karl Jedermann eingereichte Abschrift des Einspruchs mit Begründung zur Stellungnahme bei der Verhandlung zugestellt.

Die Verhandlung

Nach Aufruf des Saaldieners: »Scholz gegen Jedermann!« betreten die beiden korrekt gekleideten Verhandlungsgegner den Verhandlungssaal, wenn sie nicht Gefahr laufen wollen, dass ihnen Nachteile entstehen. Erscheint nämlich einer der Beteiligten nicht oder lässt er sich nicht durch einen anderen mit schriftlicher Vollmacht Versehenen vertreten, so ist der Gegner in der Lage, ein **Versäumungsurteil** zu beantragen.

Vollmacht

Im Verfahren vor dem Bezirksgericht ist es bis zu einem Streitwert von € 4.000,– nicht erforderlich, einen Rechtsanwalt zu bevollmächtigen. Man kann auch jeden anderen mit Vollmacht zur Verhandlung schicken. Max Scholz könnte also seine Ehefrau oder einen Freund mit Vollmacht zur Verhandlung entsenden. Die **Vollmacht**, die Meister Scholz seiner Frau erteilt, müsste folgenden Wortlaut haben:

VOLLMACHT

In Sachen Scholz gegen Jedermann, Geschäftszahl 32 C 324/........, erteile ich hiermit meiner Ehefrau Liselotte Scholz, geb. Müller, wohnhaft Stoffgasse 26, 1060 Wien, Vollmacht, mich bei der am .... vor dem Bezirksgericht Innere Stadt Wien stattfindenden Verhandlung zu vertreten.

Wien, ...

Max Scholz

Soll die Vollmacht nicht auf den Termin beschränkt bleiben und für den ganzen Rechtsstreit Gültigkeit haben, so stellt Max Scholz seiner Ehefrau Liselotte die folgende Vollmacht aus:

PROZESSVOLLMACHT

Hiermit bevollmächtige ich meine Ehefrau Liselotte Scholz, geb. Müller, wohnhaft Stoffgasse 26, 1060 Wien, mich in dem vor dem Bezirksgericht Innere Stadt Wien anhängigen Rechtsstreit

Scholz gegen Jedermann, GZ. 32 C 324/......,

zu vertreten.

Wien, ... Max Scholz

In unserem Fall sind aber Max Scholz und Karl Jedermann persönlich erschienen. Sie betreten den Verhandlungssaal und warten, bis der Richter nochmals ihre Namen ruft. Dann treten sie an den Richtertisch.

Der Vergleich

Der Richter macht zunächst einen Versuch zur gütlichen Einigung. Häufig wird man schon zu diesem Zeitpunkt übersehen können, welche Erfolgsaussichten gegeben sind. Wenn man erkannt hat, dass man sich mit seiner Ansicht doch nicht im Recht befindet, so ist es besser, sich entsprechend dem Vorschlag des Richters zu vergleichen, die Klage zurückzunehmen oder die Forderung anzuerkennen, weil man dann Kosten sparen kann. Auch wird es bei einem **Vergleich** (halbe Kosten!) immer möglich sein, die Bezahlung der Klageforderung in angemessenen Raten zu erreichen.

*Meister Scholz und Karl Jedermann wollen sich nicht vergleichen. Es wird nunmehr »streitig« verhandelt, das heißt, der Meister trägt zunächst alles vor, was eventuell die Begründung seiner Klage untermauert. Er wird das Schwergewicht darauf legen, die verschiedenen Besprechungen mit Karl Jedermann zu schildern und dass Karl Jedermann mit dem Arbeitslohn in Höhe von € 400,– einverstanden war. Er wird hierzu die **Vernehmung** seines Gesellen Emser beantragen, dessen Vor- und Zunamen, Beruf und Adresse er dem Gericht bekannt geben muss, damit jener als Zeuge geladen werden kann. Auch wird er die Kopie der Rechnung vorlegen, der Karl Jedermann bisher niemals widersprochen hat.*
Karl Jedermann bestreitet, dass jemals über einen Betrag von € 400,– gesprochen worden ist. Auch stellt er einige Ungenauigkeiten der Schilderung des Meisters über den Gang der Besprechungen richtig. Dann legt er den Zahlungsbeleg über € 320,– vor. Er beantragt ferner, das Gutachten eines Sachverständigen einzuholen. Scholz hingegen erklärt mit Recht, die Hinterlegung interessiere ihn nicht, weil er sich nicht im Annahmeverzug befinde.
Der Richter nimmt die Erklärung entgegen, protokolliert das beiderseitige Vorbringen zunächst, soweit es übereinstimmt, und sodann die gegenteiligen Behauptungen der Parteien samt den Beweisanträgen.

Der Beweisbeschluss

Nunmehr verkündet der Richter den Beweisbeschluss. Er gibt bekannt, über welche Umstände er welche Beweismittel zulässt.

In unserem Fall würde er etwa lauten:

Beweisbeschluss auf Zulassung des Beweises
1. darüber, dass zwischen den Parteien ein Arbeitslohn in der Höhe von € 400,– vereinbart wurde, durch Einvernahme des Zeugen Emser;
2. über die Angemessenheit des vom Kläger verrechneten Arbeitslohnes durch Einvernahme eines Sachverständigen aus der Schneiderbranche.

Der Sachverständige

Das Gericht darf den **Sachverständigen** erst dann bestellen, wenn die dadurch auflaufenden Kosten gedeckt sind. Es wird daher Karl Jedermann auftragen, binnen einer bestimmten Frist einen Sachverständigen-Kostenvorschuss in der Höhe von € 150,– zu erlegen. Schließlich wird die Tagsatzung auf unbestimmte Zeit erstreckt, da das Gericht abwarten muss, ob Karl Jedermann den aufgetragenen Kostenvorschuss erlegt. Karl Jedermann zahlt mit Erlagschein den Betrag von € 150,– auf das Postsparkassenkonto des Bezirksgerichts ein. Er vergisst auch nicht, in der Rubrik »Verwendungszweck« zu vermerken: Kostenvorschuss in Sachen Scholz gg. Karl Jedermann, GZ. 32 C 324/.... Seinen Namen und seine Adresse vermerkt er deutlich in der Rubrik »Auftraggeber/Einzahler«.

Das Gericht bestellt nun den Schneidermeister Emil Nadler als Sachverständigen, erteilt ihm den Auftrag, binnen drei Wochen ein schriftliches Gutachten über die Angemessenheit des Arbeitslohnes zu erstatten, und setzt die nächste Tagsatzung an. Es lädt dazu auch die Parteien und den Zeugen Emser.

Zur Verhandlung erscheinen bei Aufruf Max Scholz (die seiner Frau erteilte Prozessvollmacht hindert ihn nicht, zu jeder Zeit die Sache wieder selbst in die Hand zu nehmen), der Zeuge Emser, Karl Jedermann sowie der Sachverständige Emil Nadler.

Die Zeugenvernehmung

Anspruch auf Auslagenersatz

Wenn Emser nach der Einvernahme Anspruch auf Auslagenersatz erheben will, benötigt er hierzu seine Ladung als Zeuge.

Zeugnispflicht

☛ Die **Zeugnispflicht** setzt sich aus drei Verpflichtungen zusammen:

1. Verpflichtung zum Erscheinen in der Tagsatzung. Ausnahmen bestehen nur für Kranke oder aus ähnlichen Gründen verhinderte Personen und für Personen, denen kraft Völkerrecht Immunität zukommt (z. B. Konsuln).
2. Verpflichtung zur Aussage von Wahrnehmungsurteilen über Tatsachen (siehe aber die Ausführungen zum Zeugnisverweigerungsrecht auf Seite 75).

3. Pflicht zur Beeidigung der Aussage. Ausnahmen: Verbot der Vereidigung von Personen, bei denen trotz ihrer Anhörungsfähigkeit sich die Befürchtung eines dolosen Eides ergibt (wegen Falschaussage bestrafte Personen) oder die Befürchtung des Mangels eines Einblicks in die Bedeutung des Eides, endlich Unterlassung der Beeidigung zufolge des (das Gericht nicht bindenden) Eidesverzichts beider Parteien. Auch Zeugen unter 14 Jahren dürfen nicht beeidet werden.

Recht auf Zeugnisverweigerung

Der Richter fragt zunächst nach den Personalien und danach, ob der Zeuge mit dem Kläger oder Beklagten verwandt oder verschwägert ist. Wäre dies der Fall, so könnte Emser vom Zeugnisverweigerungsrecht Gebrauch machen.

Dieses **Zeugnisverweigerungsrecht** ist in den §§ 320 und 321 ZPO geregelt. Die Bestimmungen über »Unzulässigkeit und Verweigerung des Zeugnisses« lauten:

§§ **§ 320.** Als Zeugen dürfen nicht vernommen werden:

1. Personen, welche zur Mitteilung ihrer Wahrnehmungen unfähig sind, oder welche zur Zeit, auf welche sich ihre Aussage beziehen soll, zur Wahrnehmung der zu beweisenden Tatsache unfähig waren;
2. Geistliche in Ansehung dessen, was ihnen in der Beichte oder sonst unter dem Siegel geistlicher Amtsverschwiegenheit anvertraut wurde;
3. Staatsbeamte, wenn sie durch ihre Aussage das ihnen obliegende Amtsgeheimnis verletzen würden, insofern sie der Pflicht zur Geheimhaltung nicht durch ihre Vorgesetzten entbunden sind;
4. eingetragene Mediatoren nach dem Zivilrechts-Mediations-Gesetz, BGBl. I Nr. 29/2003, in Ansehung dessen, was ihnen im Rahmen der Mediation anvertraut oder sonst bekannt wurde.

Aussageverweigerungsrecht

§§ **§ 321.** Die Aussage darf von einem Zeugen verweigert werden:

1. über Fragen, deren Beantwortung dem Zeugen, seinem Ehegatten oder einer Person, mit welcher der Zeuge in gerader Linie oder in der Seitenlinie bis zum zweiten Grade verwandt oder verschwägert, oder mit welcher er durch Adoption verbunden ist, ferner seinen Pflegeeltern und Pflegekindern sowie seinem Vormunde oder Mündel zur Schande gereichen oder die Gefahr strafgerichtlicher Verfolgung zuziehen würde;
2. über Fragen, deren Beantwortung dem Zeugen oder einer der in Z. 1 bezeichneten Personen einen unmittelbaren vermögensrechtlichen Nachteil zuziehen würde;
3. in Bezug auf Tatsachen, über welche der Zeuge nicht würde aussagen können, ohne eine ihm obliegende staatlich anerkannte Pflicht zur Verschwiegenheit zu verletzen, insofern er hievon nicht gültig entbunden wurde;
4. in Ansehung desjenigen, was dem Zeugen in seiner Eigenschaft als Rechtsanwalt von seiner Partei anvertraut wurde;

4a. in Ansehung dessen, was dem Zeugen in seiner Eigenschaft als Funktionär oder Arbeitnehmer einer gesetzlichen Interessenvertretung oder freiwilligen kollektivvertragsfähigen Berufsvereinigung von seiner Partei in einer Arbeits- oder Sozialrechtssache anvertraut wurde;

5. über Fragen, welche der Zeuge nicht würde beantworten können, ohne ein Kunst- oder Geschäftsgeheimnis zu offenbaren;
6. über die Frage, wie der Zeuge sein Wahlrecht oder Stimmrecht ausgeübt hat, wenn dessen Ausübung gesetzlich für geheim erklärt ist. Die Aussage kann in den unter Z. 1 und 2 angegebenen Fällen mit Rücksicht auf die daselbst bezeichneten Angehörigen auch dann verweigert werden, wenn das eheliche Verhältnis, welches die Angehörigkeit begründet, nicht mehr besteht.

Vom **Aussageverweigerungsrecht** gibt es allerdings verschiedene **Ausnahmen**. So darf etwa die Zeugenaussage wegen eines zu befürchtenden vermögensrechtlichen Nachteils nicht verweigert werden »über Errichtung und Inhalt von Rechtsgeschäften, bei welchen der Zeuge als Urkundsperson beigezogen worden ist« oder »über Tatsachen, welche die durch das Ehe- oder Familienverhältnis bedingten Vermögensangelegenheiten betreffen« (§ 322 ZPO).

Nachdem festgestellt wurde, dass Emser nicht verwandt oder verschwägert und zur Aussage bereit ist, belehrt ihn der Richter dahin, dass er die reine Wahrheit sagen, nichts hinzusetzen und nichts verschweigen dürfe und dass er seine Aussage so einrichten müsse, dass er sie jederzeit beschwören könne. Der Richter weist darauf hin, dass eine falsche Aussage schwere Strafen nach sich ziehen kann.

Auch wenn ein Zeuge nicht beeidet wird, kann seine Aussage strafbar sein, wenn sie nicht der Wahrheit gerecht wird (Freiheitsstrafe bis zu drei Jahren, bei Beeidigung von sechs Monaten bis zu fünf Jahren; in der Regel Geldstrafe).

Wären mehrere Zeugen geladen, so würden sie gleichzeitig belehrt worden sein und müssten jetzt den Verhandlungssaal verlassen und draußen warten, bis sie erneut aufgerufen werden. Nur bereits vernommene Zeugen können im Saal verbleiben.

Emser schildert nun den Hergang des Besuches von Karl Jedermann. Obwohl er seinem Meister gern geholfen hätte, kann er sich beim besten Willen nicht besinnen, ob über die Höhe des Arbeitslohnes gesprochen worden ist. Auf eine Frage erklärt er noch, dass ein Lohn von € 400,– nach seiner Kenntnis des Betriebes durchaus üblich wäre. Mehr kann er nicht sagen. Nachdem niemand mehr an den Zeugen eine Frage zu richten hat, wird Emser entlassen. Er kann nach Hause gehen.

In ähnlicher Weise wie der Zeuge wird anschließend der Sachverständige einvernommen. Er wird an den von ihm schon früher abgelegten Sachverständigeneid erinnert. Sodann verliest der Richter das vom Sachverständigen schriftlich erstattete Gutachten, wonach der Arbeitslohn zwischen € 350,– und € 450,– schwankt und ein Preis, wie ihn der Scholz verlangt, durchaus üblich und angemessen sei. Selbst wenn Scholz mit Karl Jedermann keine ausdrückliche Preisvereinbarung getroffen hätte, wäre ihm der eingeklagte Betrag zugesprochen worden, denn er besitzt jedenfalls Anspruch auf angemessenes Entgelt.

Sachverständigenhonorar

Nach Schluss der Befragung fordert der Richter den Sachverständigen auf, seinen **Honoraranspruch** bekannt zu geben. Der Sachverständige beziffert ihn mit € 100,–. Da beide Parteien gegen diesen Betrag keinen Einwand erheben, bestimmt der Richter mit Beschluss die Gebühren des Sachverständigen in dieser Höhe.

Wenn Karl Jedermann nun vernünftig wäre, so würde er unmittelbar nach der Einvernahme des Sachverständigen, also vor der weiteren streitigen Verhandlung über das Ergebnis der Beweisaufnahme, sich bereit erklären, die Forderung im Wege des Vergleichs anzuerkennen, und gleichzeitig Ratenzahlungen erbitten. Er würde dann bei der Aussichtslosigkeit, den Prozess noch zu gewinnen, Gerichtsgebühren sparen, und zwar die Protokollgebühr für die weitere Verhandlung und die Urteilsgebühr. Die Kosten für das Gutachten und die Gerichtskosten muss er freilich tragen.

Karl Jedermann ist leider halsstarrig. Es wird daher wieder in die mündliche Verhandlung eingetreten und über das Ergebnis der Beweisaufnahme verhandelt. Nach der Erörterung der Ergebnisse des Beweisverfahrens schließt der Richter die Verhandlung, fordert beide Parteien auf, die ihnen durch den Prozess erwachsenen Kosten zu verzeichnen, und verkündet entweder sofort das Urteil oder behält die Fällung des Urteils der schriftlichen Ausfertigung vor.

Das Urteil

Das Gericht hat ein Urteil gefällt und Karl Jedermann entsprechend dem Antrag von Meister Max Scholz verurteilt.

Karl Jedermann könnte gegen dieses Urteil **Berufung** einlegen. Die Berufung ist binnen einer Frist von vier Wochen ab Zustellung des Urteils an Karl Jedermann durch einen Rechtsanwalt einzubringen. Da der Streitwert im vorliegenden Fall € 2.000,– nicht übersteigt, kann der Anwalt das Urteil nur wegen Nichtigkeit und unrichtiger rechtlicher Beurteilung der Sache anfechten, nicht aber beispielsweise wegen unrichtiger Beweiswürdigung (§ 501 ZPO).

Kosten des Verfahrens

Damit Max Scholz auch die ihm entstandenen **Kosten des Verfahrens** durch Karl Jedermann ersetzt erhalten kann, muss er sie bei Schluss der Verhandlung verzeichnen. Im Urteil bestimmt nun der Richter, welche Kosten Karl Jedermann Herrn Scholz ersetzen muss.

Anwaltskosten

Nach § 41 ZPO hat die unterliegende Partei ihrem Gegner alle durch die Prozessführung verursachten, zur zweckentsprechenden Rechtsverfolgung notwendigen Kosten zu ersetzen. Dazu gehören etwa die Fahrtauslagen, die Max Scholz bei seinen Fahrten zur und von der Verhandlung hatte, oder die Postgebühren, die der Briefträger bei den verschiedenen Zustellungen eingehoben hat. Ebenso muss Karl Jedermann für den durch die Zeitversäumnis entstandenen Schaden Ersatz leisten. Hätte sich Scholz durch einen Rechtsanwalt vertreten lassen, müsste Jedermann auch dessen Kosten begleichen. Die **Höhe der Anwaltskosten** richtet sich nach einem vom Bundesministerium für Justiz mit Verordnung erlassenen Tarif (Normalkostentarif und Rechtsanwaltstarifgesetz). Für seine persönlichen Bemühungen könnte Scholz keine Vergütung verlangen.

Die Verfahrenshilfe

Viele Prozesse werden mit Verfahrenshilfe geführt, weil die Parteien nicht in der Lage sind, die Gerichtsgebühren, Sachverständigenkosten und bei Anwaltspflicht die Kosten eines Rechtsanwalts aufzubringen. Der **Antrag auf Bewilligung der Verfahrenshilfe** wird zweckmäßig in der Klageschrift gestellt; bei nachträglicher Antragstellung muss selbst im Fall der Bewilligung der Verfahrenshilfe für die Klageschrift die Eingabengebühr beigebracht werden. Alle Eingaben einer Partei, die Verfahrenshilfe genießt, sind auf dem ersten Bogen an der Stelle, wo sonst die Gerichtskostenmarken angebracht werden, mit dem Vermerk »Verfahrenshilfe« zu bezeichnen.

Vermögensbekenntnis

Wer um Verfahrenshilfe ansucht, muss ein nicht mehr als vier Wochen altes Bekenntnis über seine Vermögens-, Einkommens- und Familienverhältnisse vorlegen und, soweit zumutbar, entsprechende Belege beibringen. In diesem **Vermögensbekenntnis** (für das es ein amtliches Formblatt gibt) sind auch die finanziellen Belastungen anzugeben, weiter die Unterhaltspflichten und deren Ausmaß sowie, ob man umgekehrt Unterhaltsansprüche gegen andere Personen hat.

Über den Antrag auf Verfahrenshilfe hat der Richter auf der Grundlage dieses Vermögensbekenntnisses zu entscheiden. Hat er hinsichtlich dessen Richtigkeit oder Vollständigkeit Bedenken, so hat er es zu überprüfen. Er bewilligt die Verfahrenshilfe, sofern die der Partei in der betreffenden Rechtssache erwachsenden Kosten den für sie und ihre Familie erforderlichen notdürftigen Unterhalt beeinträchtigen würden.

Er muss außerdem überprüfen, ob die Prozessführung nicht als offenbar mutwillig oder aussichtslos erscheint.

Bei juristischen Personen und »Parteien kraft Amtes« (z. B. Konkurs- oder Zwangsverwalter) ist erforderlich, dass die zur Führung des Prozesses notwendigen Mittel weder von der juristischen Person oder aus der verwalteten Vermögensmasse noch von den an der Führung des Prozesses wirtschaftlich Beteiligten aufgebracht werden können. Unter diesen Voraussetzungen kann der Richter die Verfahrenshilfe mit Beschluss bewilligen. Gegen die Versagung ist Rekurs möglich, der stets protokollarisch erhoben werden kann, wenn die Partei keinen Rechtsanwalt hat.

☛ Durch die **Bewilligung der Verfahrenshilfe** erlangt die Partei für den Prozess (§ 64 ZPO):

1. die einstweilige Befreiung von der Entrichtung der Gerichtsgebühren und Stempelmarken;
2. die Befreiung von der Sicherheitsleistung für die Prozesskosten;
3. sofern eine gesetzliche Verpflichtung zur Vertretung durch einen Rechtsanwalt besteht oder es nach der Lage des Falles erforderlich erscheint, die vorläufig unentgeltliche Beigebung eines Rechtsanwalts; dieser bedarf keiner Prozessvollmacht, jedoch der Zustimmung der Partei zu einem Anerkenntnis, Verzicht oder Vergleich;
4. bei einer Prozessführung außerhalb des Wohnsitzes der Partei das Recht, die Klage beim Bezirksgericht ihres Wohnsitzes zu Protokoll zu geben. Dieses Protokoll wird sodann dem zuständigen Gericht übersandt und von diesem ein Vertreter für die Partei bestellt. Hierfür kommen vor allem Gerichtsbeamte in Betracht.
5. Schließlich wird die Partei befreit, Gebühren von Zeugen und Sachverständigen, von Vollstreckungsorganen, von notwendigen Verlautbarungen und dergleichen mehr zu entrichten. Diese Gebühren und Auslagen werden vorläufig aus Amtsgeldern entrichtet.

Erlöschen der Verfahrenshilfe

Kommt die Partei später zu Vermögen oder wird der Prozess aussichtslos, dann kann das Gericht die Verfahrenshilfe für erloschen erklären. Wer durch unrichtige oder unvollständige Angaben im Vermögensbekenntnis die Verfahrenshilfe erschleicht, muss vom Prozessgericht mit einer **Mutwillensstrafe** belegt werden (§ 69 ZPO). Die Höhe der Mutwillensstrafe beträgt € 2.900,– (§ 220 ZPO). Außerdem schuldet der Betreffende die Gerichtsgebühren in zweifacher Höhe.

Wird der Partei ein Rechtsanwalt beigegeben, so ist es dessen Berufspflicht, sie unentgeltlich nach bestem Wissen und Gewissen zu vertreten. Eine Nachlässigkeit könnte den Anwalt schadenersatzpflichtig machen und außerdem ein Disziplinarvergehen bedeuten, das sehr streng geahndet wird. Der Rechtsanwalt erhält für eine Vertretung in Verfahrenshilfe von seiner Partei keine Kosten ersetzt. Der Staat zahlt für derartige Vertretungen alljährlich einen Pauschalbetrag an die Rechtsanwaltskammern, die diesen Betrag für soziale Zwecke verwenden.

Gewinnt die in Verfahrenshilfe stehende Partei den Prozess, so kann der Rechtsanwalt die Kosten beim Gegner eintreiben; dies selbst dann, wenn auch der Gegner mit Verfahrenshilfe prozessiert hat. Die Bewilligung der Verfahrenshilfe befreit nämlich nicht von der Tragung der **Prozesskosten**, wenn man den Prozess verloren hat.

Die Anwaltspflicht

Der zur Partei im Honorarvertrag stehende Rechtsanwalt ist nicht bloß Parteienvertreter, sondern Inhaber eines öffentlichen Amts (wenn auch nicht Beamter) und daher Organ der Rechtspflege, weil der Staat von ihm erwartet, dass er die Parteienvertretung nur nach Maßgabe der Rechtsordnung (Gelöbnis!) führen wird. In wichtigeren Rechtsstreitigkeiten (**Anwaltsprozessen**) betrachtet das Prozessrecht die Beteiligung von Rechtsanwälten als unumgänglich erforderlich, um ein den Bedürfnissen der Rechtspflege und den Bedürfnissen der daran Beteiligten (Gericht und Parteien) entsprechendes Verfahren zu erzielen. Würde eine Partei bei einem Anwaltsprozess ohne Rechtsanwalt vor Gericht verhandeln wollen, so müsste der Richter so vorgehen, als ob die Partei überhaupt nicht erschienen wäre.

Absolute/relative Anwaltspflicht

Vor den Bezirksgerichten besteht keine Notwendigkeit, einen Rechtsanwalt als Prozessbevollmächtigten hinzuzuziehen (**absolute Anwaltspflicht**), ausgenommen jene Fälle, deren Streitwert an Geld oder Geldeswert € 4.000,– übersteigt. Als Anwaltsprozess erscheint hingegen jedes Verfahren vor dem Landesgericht einschließlich der das Verfahren einleitenden und fortführenden Schriftsätze. Im Eheverfahren (also vor allem für Scheidungsprozesse) kann die Partei – wenn sie den Prozess nicht selbst führen will – nur durch einen Rechtsanwalt, aber nicht durch jemand anderen vertreten werden (**relative Anwaltspflicht**), sofern an dem betreffenden Ort wenigstens zwei Rechtsanwälte ihren Sitz haben.

Rechtsanwaltstarif

Die **Entlohnung des Rechtsanwalts** bemisst sich zunächst in gewissen typischen Sachen nach dem Rechtsanwaltstarif. Sie erfolgt nicht im Bausch, vielmehr für einzelne Schritte, außer dass gewisse manipulative Akte (Verfassen von Briefen, Besprechungen, Inlandspostgebühren) mit einem Einheitssatz vergolten werden.

Bestreitet die Partei die vom Rechtsanwalt aufgestellte Verdienst- und Auslagenberechnung, können beide Teile die friedensrichterliche Tätigkeit des Kammerausschusses anrufen.

Rechtsanwalts- und Notariatskammern

Der **Österreichische Rechtsanwaltskammertag** – Generalsekretariat ist in 1010 Wien, Tuchlauben 12 beheimatet und wie folgt erreichbar: Tel. (01) 535 12 75-0, Fax (01) 535 12 75-13, e-Mail: rechtsanwaelte@oerak.at, Internet: http://www.rechtsanwaelte.at; in den österreichischen Landeshauptstädten befinden sich die Rechtsanwaltskammern der Länder.

Die Landesstellen der Notariatskammern sind für die Bundesländer
- Niederösterreich, Wien und Burgenland,
- Salzburg,
- Oberösterreich,
- Steiermark,
- Tirol und Vorarlberg,
- Kärnten

zusammengefasst.

Das zuständige Gericht

In Österreich gibt es zahlreiche Bezirksgerichte, 20 Gerichtshöfe erster Instanz (das sind die Landesgerichte, das Handelsgericht sowie das Arbeits- und Sozialgericht Wien), vier Oberlandesgerichte (Wien, Graz, Innsbruck, Linz) und einen Obersten Gerichtshof. Als allgemeine Regel bei der Wahl eines Bezirks- oder Landesgerichts kann gelten, dass immer das Gericht örtlich zuständig ist, in dessen Sprengel der **Beklagte** seinen Wohnsitz oder seinen gewöhnlichen Aufenthalt hat. § 66 Jurisdiktionsnorm (JN) bestimmt:

§§ Der Wohnsitz einer Person ist an dem Orte begründet, an welchem sie sich in der erweislichen oder aus den Umständen hervorgehenden Absicht niedergelassen hat, daselbst ihren bleibenden Aufenthalt zu nehmen.

Würde jemand verhaftet werden, so behält er seinen bisherigen Wohnsitz; sein Aufenthalt ist nun das Gefängnis. Der Wohnsitz ist also dort, wo man wohnt, und nicht dort, wo man sich im Augenblick gerade aufhält.

Wenn aber der Gegner in einem Rechtsstreit keinen Wohnsitz hat, dann muss bei jenem Gericht geklagt werden, in dessen Sprengel er sich aufhält. Ist auch sein Aufenthaltsort nicht ausfindig zu machen, so richtet sich die Zuständigkeit des Gerichts nach dem **letzten Wohnsitz** oder dem letzten Aufenthalt, den der Beklagte im Inland gehabt hat. Gedacht ist vor allem daran, dass jemand im Inland Verbindlichkeiten eingegangen ist und sodann Österreich verlassen hat. In diesem Fall ist bei jenem Gericht zu klagen, in dessen Sprengel sich der Schuldner zuletzt aufgehalten hat. Bei Militärpersonen wäre jenes Gericht zuständig, in dessen Sprengel die Garnison gelegen ist.

Sind sich zwei Gerichte nicht darüber einig, welches von ihnen für einen bestimmten Prozess zuständig ist, entscheidet über diesen Zuständigkeitsstreit (**Kompetenzkonflikt**) das den beiden Gerichten übergeordnete Gericht.

Die Vollstreckung

Fahrnisexekution

Hat Karl Jedermann gegen das Urteil keine Berufung eingebracht, so wird es binnen vier Wochen ab Zustellung rechtskräftig und vollstreckbar. Meister Scholz kann nun die Fahrnisexekution gegen Karl Jedermann beantragen (siehe das Formular auf der folgenden Seite).

EXEKUTIONSANTRAG

Nur vom Gericht auszufüllen

AZ

A
- 21 FORDERUNGSEXEKUTION NACH § 294a EO
- 23 FORDERUNGSEXEKUTION NACH § 294 EO
- 10 FAHRNISEXEKUTION
- 71 ZWANGSWEISE PFANDRECHTSBEGRÜNDUNG - GRUNDBUCHSACHE
- 73 ZWANGSVERSTEIGERUNG - GRUNDBUCHSACHE
- 42 RÄUMUNGSEXEKUTION
- S SONSTIGE EXEKUTION SIEHE FELDGRUPPE 6 UNTEN

Angaben zum AEV/Gerichtskostenmarken oder Freistempelabdruck

Gebühreneinzug	von Konto im Anschriftscode	
	von folgendem anderen Konto	
PSK-Nummer	Girokonto-Nummer	
Gebührenfrei gem. §		
Verfahrenshilfe		

01 An das Bezirksgericht

Eingangsvermerk des Gerichts

Bitte bei allen Geldbeträgen unbedingt die Währung angeben!

PARTEIEN UND DEREN VERTRETER Zutreffendes ankreuzen ☒

02

☒ Betreibende Partei		Code
Familienname, Vorname, Titel und Beschäftigung ODER Firma usw.		
Straße, Hausnummer, Stiege, Türnummer		
PLZ	Ort	
Sonstige Angaben		

Betreibende Partei / Betreibendenvertreter	Verpflichteter / Verpflichtetenvertreter	Code
Familienname, Vorname, Titel und Beschäftigung ODER Firma usw.		
Straße, Hausnummer, Stiege, Türnummer		
PLZ	Ort	
Sonstige Angaben (bei Antrag nach § 294a EO hier Geburtsdatum d. Verpfl. angeben)		

Betreibende Partei / Betreibendenvertreter	Verpflichteter / Verpflichtetenvertreter	Code
Familienname, Vorname, Titel und Beschäftigung ODER Firma usw.		
Straße, Hausnummer, Stiege, Türnummer		
PLZ	Ort	
Sonstige Angaben (bei Antrag nach § 294a EO hier Geburtsdatum d. Verpfl. angeben)		

Betreibende Partei / Betreibendenvertreter	Verpflichteter / Verpflichtetenvertreter	Code
Familienname, Vorname, Titel und Beschäftigung ODER Firma usw.		
Straße, Hausnummer, Stiege, Türnummer		
PLZ	Ort	
Sonstige Angaben (bei Antrag nach § 294a EO hier Geburtsdatum d. Verpfl. angeben)		

WEGEN

Betriebener Anspruch/Streitwert, Währung

zuzüglich Nebengebühren

Gilt bei Rechtsanwalt oder Notar: Vollmacht wurde erteilt; einschließlich der Vollmacht, den hereinzubringenden Betrag entgegenzunehmen. Gemäß § 19a RAO wird die Bezahlung der Kosten zu Handen des Betreibendenvertreters begehrt.

PSK-Nummer	Girokonto-Nummer

Unterschrift(en) und Zeichen der (des) betreibenden Partei(en)/Vertreters

Nur vom Gericht auszufüllen!

Als Exekutionsgericht hat das unter Feldgruppe 01 bezeichnete Gericht einzuschreiten.

E Antr 1 Erl. 12.838/15 - I 5/99

Eine drohende Fahrnisexekution soll der Verpflichtete nicht auf die leichte Schulter nehmen. Die Vollstreckungsorgane sind nämlich nicht nur zur Taschenpfändung, sondern gegebenenfalls sogar befugt, im Zuge der Exekution verschlossene Behältnisse (Wandsafe, Schreibtischladen, Handkassen) selbst in Abwesenheit des Verpflichteten – aber unter Zuziehung von zwei Zeugen – öffnen zu lassen (§ 26 EO); sie müssen jedoch dafür sorgen, dass daraus für Dritte (z. B. Hauseigentümer) kein erheblicher Schaden erwächst. Lässt sich die Wohnung selbst mithilfe eines Schlossers nicht öffnen, kann der betreibende Gläubiger beantragen, dass der Schuldner ein **Vermögensverzeichnis** vorlegen muss (siehe Seite 87 f.).

Seit 1.1.2004 schränkt die neue Bestimmung des § 26a EO die in § 26 Abs. 1 dem Gerichtsvollzieher eingeräumte Befugnis, verschlossene Haus- und Wohnungstüren zu öffnen, ein. Diese neue Bestimmung der EO-Novelle 2003 lautet:

§§ Öffnen der verschlossenen Haus- und Wohnungstüren

§ 26a. (1) Verschlossene Haus- und Wohnungstüren dürfen geöffnet werden, wenn diese

1. bei einem Vollzugsversuch, der bei Unternehmen zur Geschäftszeit, sonst an Samstagen, Sonntagen und gesetzlichen Feiertagen sowie zur Nachtzeit durchgeführt wurde, versperrt waren oder
2. wahrscheinlich über vier Monate versperrt sein werden oder
3. bei der dem Verpflichteten bekannt gegebenen Vollzugszeit versperrt sind oder
4. die am Vollzugsort anwesende Person nicht öffnet und der betreibende Gläubiger nicht auf eine Öffnung verzichtet hat.

(2) Das Vollstreckungsorgan hat den betreibenden Gläubiger zum Erlag eines Kostenvorschusses aufzufordern. Dieser kann auch die zur Öffnung erforderlichen Arbeitskräfte bereitstellen, wenn er dies während der zum Erlag des Kostenvorschusses offen stehenden Frist bekannt gibt.

(3) Die Kosten des Schlossers sind einstweilen vom betreibenden Gläubiger und bei Vorhandensein mehrerer betreibender Gläubiger von allen nach dem Verhältnis der vollstreckbaren Forderungen zu tragen.

Rekursfrist

In Exekutionssachen beträgt die **Rekursfrist 14 Tage**. Bei Bezirksgerichten können Rekurse von Parteien, die nicht durch einen Rechtsanwalt vertreten sind, auch mündlich zu Protokoll gebracht werden; schriftliche Rekurse müssen mit der Unterschrift eines Rechtsanwalts versehen sein.

Zwangsvollstreckung

Karl Jedermann zahlt nicht, und zwar aus Ärger über den nach seiner Meinung zu Unrecht verlorenen Prozess und aus Mangel an barem Geld. Auch ist er der Überzeugung, dass eine Pfändung fruchtlos ausfallen würde. Hinsichtlich seines Eigentums hat er sogar richtig gedacht, denn sein Hab und Gut ist gering und somit der Zwangsvollstreckung entzogen.

Die für die **Zwangsvollstreckung** in Betracht kommenden sozialen Paragraphen der Exekutionsordnung (EO) lauten wie folgt:

§§ Unpfändbare Sachen

§ 250. (1) Unpfändbar sind

1. die dem persönlichen Gebrauch oder dem Haushalt dienenden Gegenstände, soweit sie einer bescheidenen Lebensführung des Verpflichteten und der mit ihm im gemeinsamen

Haushalt lebenden Familienmitglieder entsprechen oder wenn ohne weiteres ersichtlich ist, dass durch deren Verwertung nur ein Erlös erzielt werden würde, der zum Wert außer allem Verhältnis steht;

2. bei Personen, die aus persönlichen Leistungen ihren Erwerb ziehen, sowie bei Kleingewerbetreibenden und Kleinlandwirten die zur Berufsausübung bzw. persönlichen Fortsetzung der Erwerbstätigkeit erforderlichen Gegenstände sowie nach Wahl des Verpflichteten bis zum Wert von 750 Euro die zur Aufarbeitung bestimmten Rohmaterialien;
3. die für den Verpflichteten und die mit ihm im gemeinsamen Haushalt lebenden Familienmitglieder auf vier Wochen erforderlichen Nahrungsmittel und Heizstoffe;
4. nicht zur Veräußerung bestimmte Haustiere, zu denen eine gefühlsmäßige Bindung besteht, bis zum Wert von 750 Euro sowie eine Milchkuh oder nach Wahl des Verpflichteten zwei Schweine, Ziegen oder Schafe, wenn diese Tiere für die Ernährung des Verpflichteten oder der mit ihm im gemeinsamen Haushalt lebenden Familienmitglieder erforderlich sind, ferner die Futter- und Streuvorräte auf vier Wochen;
5. bei Personen, deren Geldbezug durch Gesetz unpfändbar oder beschränkt pfändbar ist, der Teil des vorgefundenen Bargelds, der dem unpfändbaren, auf die Zeit von der Vornahme der Pfändung bis zum nächsten Zahlungstermin des Bezugs entfallenden Einkommen entspricht;
6. die zur Vorbereitung eines Berufs erforderlichen Gegenstände sowie die Lernbehelfe, die zum Gebrauch des Verpflichteten und seiner im gemeinsamen Haushalt mit ihm lebenden Familienmitglieder in der Schule bestimmt sind;
7. die zum Betrieb einer Apotheke unentbehrlichen Geräte, Gefäße und Warenvorräte, unbeschadet der Zulässigkeit der Zwangsverwaltung dieses Betriebs;
8. Hilfsmittel zum Ausgleich einer körperlichen, geistigen oder psychischen Behinderung oder einer Sinnesbehinderung und Hilfsmittel zur Pflege des Verpflichteten oder der mit ihm im gemeinsamen Haushalt lebenden Familienmitglieder sowie Therapeutika und Hilfsgeräte, die im Rahmen einer medizinischen Therapie benötigt werden;
9. Familienbilder mit Ausnahme der Rahmen, Briefe und andere Schriften sowie der Ehering des Verpflichteten.

(2) Das Vollstreckungsorgan hat Gegenstände geringen Werts auch dann nicht zu pfänden, wenn offenkundig ist, dass die Fortsetzung oder Durchführung der Exekution einen die Kosten dieser Exekution übersteigenden Ertrag nicht ergeben wird.

Weitere unpfändbare Sachen

§ 251. (1) Unpfändbar sind weiters

1. Gegenstände, die zur Ausübung des Gottesdienstes einer gesetzlich anerkannten Kirche oder Religionsgesellschaft verwendet werden,
2. Kreuzpartikel und Reliquien mit Ausnahme ihrer Fassung.

(2) Bei einer Exekution auf die Fassung von Kreuzpartikeln und Reliquien darf die Authentika nicht verletzt werden.

Hat Karl Jedermann Gegenstände, die ihm gehören und die der Pfändung unterliegen, beiseite geschafft, so hat er sich zumindest des **Verstrickungsbruches** nach § 271 Abs. 1 StGB schuldig gemacht, der mit Freiheitsstrafe bis zu sechs Monaten oder mit Geldstrafe bis zu 360 Tagessätzen bedroht ist.

Hätte der Vollstrecker einen Gegenstand vorgefunden, der der Pfändung unterliegt, und ihn gepfändet, so würde er im Wege der **Versteigerung** verwertet werden. Soweit der Erlös die Forderung des Gläubigers und die entstehenden Kosten übersteigt, wird er an den Schuldner ausgezahlt. So jedoch benachrichtigt das Gericht Max Scholz von der Ergebnislosigkeit der Exekution und hebt die Zustellungs- und Zwangsvollstreckungskosten ein. Diese Kosten kann Scholz ebenfalls von Karl Jedermann verlangen, falls eine erneute Vollstreckung Erfolg hat.

Die Lohnpfändung

Schneidermeister Scholz möchte bei Karl Jedermann eine Lohnpfändung betreiben.

Er muss sich damit an das **Exekutionsgericht** wenden. Das Exekutionsgericht ist immer dasjenige Bezirksgericht, in dessen Bezirk der Schuldner seinen Wohnsitz hat. Da Karl Jedermann seinen Wohnsitz in Wien I. hat, ist wohl das Bezirksgericht Innere Stadt Wien (City Tower Vienna, 1030 Wien, Marxergasse 1a) zuständig. Wäre Karl Jedermann inzwischen nach Linz verzogen, so müsste Scholz an das Bezirksgericht Linz schreiben.

Drei **Arten der Exekution** sind möglich:

☛
- **Realexekution:** Zwangsversteigerung oder Zwangsverwaltung von Liegenschaften, die dem Verpflichteten gehören; dazu zählen Grundstücke, Häuser und Eigentumswohnungen;
- **Fahrnisexekution:** Pfändung der beweglichen Sachen des Verpflichteten, wie etwa Bargeld, Wertpapiere, Sparbücher, Einrichtungsgegenstände, Kraftfahrzeuge usw.;
- Exekution auf Bezüge aus einem Dienst- oder Arbeitsverhältnis, kurz **Lohnpfändung** oder Gehaltsexekution genannt.

Die Lohnpfändung bzw. Gehaltsexekution von Dienstbezügen ist heute die gebräuchlichste Exekutionsart, denn sie geht im Allgemeinen wesentlich einfacher und müheloser vonstatten als die »Fahrnispfändung« auf Bargeld, Möbel, Schmuck und dergleichen. Und Grundbesitz (Liegenschaften, Häuser, Eigentumswohnungen usw.), auf den eine Realexekution geführt werden kann, hat ja schließlich nicht jeder.

Um die **Zustellung** des Pfändungs- und Überweisungsbeschlusses an den Schuldner Karl Jedermann und an die Firma Fritz Huckental & Co., bei der Karl Jedermann beschäftigt ist, braucht sich Max Scholz nicht zu kümmern; das Gericht sorgt hierfür selbst.

Meister Scholz erhält nach einigen Tagen vom Bezirksgericht eine **Beschlussausfertigung**. Gleichzeitig sendet ihm das Gericht die vollstreckbare Ausfertigung des Urteils zurück. Das Gericht hat inzwischen je eine Ausfertigung des Beschlusses, die für Karl Jedermann bzw. die Firma Huckental & Co. bestimmt sind, zwecks Zustellung mit Rückschein zur Post gegeben. Der Briefträger stellt die Beschlussausfertigungen zu und sendet die von Karl Jedermann bzw. vom geschäftsführenden Gesellschafter der Firma Huckental & Co. eigenhändig unterschriebenen Rückscheine an das Gericht zurück. Die Zustellung kann im Übrigen auch unter Einschaltung des Vollstreckers erfolgen. Mit der Zustellung des Verbots an die Firma Huckental & Co., an den Verpflichteten zu bezahlen, ist die Pfändung als bewirkt anzusehen (§ 294 EO).

Drittschuldner

Die Firma Huckental & Co. wird in dem Beschluss als **Drittschuldnerin** bezeichnet, während Max Scholz als Gläubiger und Karl Jedermann als verpflichtete Partei vermerkt sind. Die Firma Huckental & Co. steht an sich nicht in vertraglichen Beziehungen zum Gläubiger Scholz und hat auch mit dem Verhältnis von Max Scholz zu Karl Jedermann bisher nichts zu tun gehabt, sie ist also »Dritter«. Aus diesem Grunde heißt sie **Drittschuldnerin**, weil sie bis zur Zustellung des Beschlusses nur Karl Jedermann gegenüber Schuldnerin war.

☛ Der Gläubiger kann bei seinem Antrag übrigens wählen, ob er sich die gepfändete Geldforderung zur Einziehung oder an Zahlungs statt zum Nennwert überweisen lässt. Im letzteren Fall geht die Forderung auf den Gläubiger mit der Wirkung über, dass er, soweit die Forderung besteht, als befriedigt anzusehen ist (§ 316 EO). Im Allgemeinen ist es aber zweckmäßig, sich die Forderung nur zur Einziehung überweisen zu lassen. Man gilt dann so lange nicht als befriedigt, solange man das Geld noch nicht in Händen hat. Die Überweisung an Zahlungs statt bringt nicht unbedingt bares Geld, denn trotz Bestehens der Forderung braucht der Drittschuldner noch lange nicht zahlungsfähig zu sein.

Die in dem Beschluss ausgesprochene Überweisung ersetzt die förmlichen Erklärungen des Schuldners Karl Jedermann, die er nach den Vorschriften des ABGB abgeben müsste, um unseren Meister Scholz als Gläubiger zur Einziehung der Firma Huckental & Co. gegenüber berechtigt erscheinen zu lassen.

Einbehaltene Bezüge

Welche **Bezüge** der Arbeitgeber von Karl Jedermann nunmehr **einbehalten** und an Max Scholz abführen muss, ergibt sich aus den Bestimmungen der §§ 290 bis 292 Exekutionsordnung (EO). Diese Bestimmungen beziehen sich nicht nur auf Einkünfte aus einem privat- oder öffentlich-rechtlichen Arbeitsverhältnis, einem Lehr- oder sonstigen Ausbildungverhältnis und auf die gesetzlichen Leistungen an Präsenz- und Zivildienstleistende, sondern etwa auch auf Pensionen aus der gesetzlichen Sozialversicherung (einschließlich der Ausgleichszulagen), auf Leistungen, die für die Dauer der Arbeitslosigkeit zu gewähren sind (Arbeitslosengeld, Notstandshilfe, Überbrückungshilfe usw.) sowie auf gesetzliche Unterhaltsleistungen.

Berechnungsgrundlage

Berechnungsgrundlage bei der Lohnpfändung ist der **Nettobezug** des Verpflichteten, der sich wie folgt berechnet: Man nehme den Bruttomonatsbezug (einschließlich Überstunden, Prämien, Zulagen usw.) und ziehe folgende Beträge ab:

- Sozialversicherung,
- Lohnsteuer,
- unpfändbare Forderungen (z. B. Aufwandsentschädigungen),
- Betriebsratsumlage,
- Gewerkschaftsbeitrag.

Existenzminimum

Der Betrag der Berechnungsgrundlage ist auf einen durch 20 (bei Auszahlung für Monate) bzw. 5 (bei Auszahlung für Wochen) bzw. 1 (bei Auszahlung für Tage) teilbaren Betrag abzurunden. Von diesem Betrag wird das **Existenzminimum** ermittelt, das dem Verpflichteten verbleibt.

Das **pfändungsfreie Existenzminimum** hängt davon ab, ob und für wie viele Personen der Schuldner gesetzlich unterhaltspflichtig ist. Die Betonung liegt auf dem Wort »gesetzlich«: freiwillige Unterhaltsleistungen, etwa zwischen Lebensgefährten oder Geschwistern, werden nicht berücksichtigt.

Seit dem 1. Jänner 2002 entspricht bei monatlicher Leistung (Lohn bzw. Gehalt) die **Bemessungsgrundlage für das pfändungsfreie Existenzminimum** dem Ausgleichszulagenrichtsatz für alleinstehende Personen (§ 293 Abs. 1 lit. a ASVG). Dieser **Richtsatz** beträgt für das Jahr 2004 € 653,– monatlich (allgemeiner Grundbetrag). Das macht bei täglicher Leistung € 21,–, bei wöchentlicher Leistung € 152,–.

Erhält der Verpflichtete keine Sonderzahlungen (13. und 14. Monatsbezug und dergleichen), so erhöht sich der unpfändbare Freibetrag um ein Sechstel auf € 762,– (erhöhter allgemeiner Grundbetrag). Ferner erhöht er sich um 20 Prozent für jede Person, der der Verpflichtete gesetzlichen Unterhalt gewährt (Unterhaltsgrundbetrag), höchstens jedoch auf das Doppelte. Die monatliche Erhöhung macht daher für jeden Unterhaltsberechtigten € 130,– aus, die maximale Erhöhung € 653,–.

Übersteigt die Berechnungsgrundlage die genannten Beträge (allgemeiner und erhöhter allgemeiner Grundbetrag sowie Unterhaltsgrundbetrag), müssen dem Verpflichteten 30 Prozent des Mehrbetrages (allgemeiner Steigerungsbetrag) verbleiben sowie 10 Prozent des Mehrbetrags für jede Person, der der Verpflichtete gesetzlichen Unterhalt gewährt, höchstens jedoch 50 Prozent (Unterhaltssteigerungsbetrag).

Der Teil der Berechnungsgrundlage, der das Vierfache des Ausgleichszulagenrichtsatzes, also monatlich € 2.600,– übersteigt, ist jedenfalls zur Gänze pfändbar (§ 291a EO).

Pfändung zugunsten von Unterhaltsansprüchen

Für Personen, denen gegenüber der Schuldner eine gesetzliche Sorgepflicht hat, erhöht sich für ihn der unpfändbare allgemeine (oder erhöhte allgemeine) Grundbetrag um den Unterhaltsgrundbetrag und den Unterhaltssteigerungsbetrag. Umgekehrtes gilt, wenn der Lohn bzw. das Gehalt zur Durchsetzung von Unterhaltsansprüchen der Kinder oder der (allenfalls auch geschiedenen) Ehefrau usw. gepfändet wird. Für die **Pfändung zugunsten von Unterhaltsansprüchen** gelten nämlich Sonderregelungen, die eine **erweiterte Pfändbarkeit** sicherstellen sollen, und das in drei Punkten:

- Zunächst einmal verbleiben bei Exekutionen wegen eines gesetzlichen Unterhaltsanspruchs dem Verpflichteten nur 75 Prozent, also drei Viertel des unpfändbaren Freibetrages (Existenzminimum).
- Selbst dieser Betrag kann angemessen herabgesetzt werden – allerdings nur auf Antrag des Unterhaltsberechtigten, also des Gläubigers –, wenn laufende gesetzliche Unterhaltsforderungen durch die Exekution nicht zur Gänze hereingebracht werden können.
- Für jene Personen, die Exekution wegen ihres Unterhalts führen, gebührt dem Verpflichteten weder ein Unterhaltsgrundbetrag noch ein Unterhaltssteigerungsbetrag (§ 291b Abs. 2 EO).

☛ Beispiel: Ein uneheliches Kind führt wegen seiner Alimente durch den Jugendwohlfahrtsträger gegen den Unterhaltsschuldner Lohnpfändung. Der dem Verpflichteten an und für sich für dieses Kind gebührende Unterhaltsgrundbetrag wird ihm in diesem Fall nicht gewährt, ebenso wenig ein Unterhaltssteigerungsbetrag. Das sind sicherlich harte Bestimmungen, zum Schutz gesetzlicher Unterhaltsansprüche von Frauen und Kindern aber offenbar notwendig.

In Buchhandlungen ist eine **Lohnpfändungstabelle** erhältlich, aus der das Existenzminimum und das Unterhaltsexistenzminimum hervorgeht. Die in Abständen von rund einem Jahr der Inflationsrate angepasste Tabelle gibt den Betrag an, der dem Verpflichteten bei monatlicher Zahlung und vierzehn Bezügen jährlich zu verbleiben hat. Die Differenz, um die die Berechnungsgrundlage höher ist als der in der Tabelle angegebene Betrag, wird gepfändet.

Gewisse **Einkünfte** sind nach § 290 Abs. 1 der EO (zuletzt novelliert durch die EO-Novelle 2003, BGBl. I Nr. 31/2003) von vornherein **unpfändbar**. Dazu gehören unter anderem:

§§ — Aufwandsentschädigungen, soweit sie den in Ausübung der Berufstätigkeit tatsächlich erwachsenden Mehraufwand abgelten, insbesondere für auswärtige Arbeiten, für Arbeitsmaterial und Arbeitsgerät, das vom Arbeitnehmer selbst beigestellt wird, sowie für Kauf und Reinigen typischer Arbeitskleidung;
— gesetzliche Beihilfen und Zulagen, die zur Abdeckung des Mehraufwands wegen körperlicher oder geistiger Behinderung, Hilflosigkeit oder Pflegebedürftigkeit zu gewähren sind, wie z. B. das Pflegegeld;
— Beiträge für Bestattungskosten;
— Rückersätze und Kostenvergütungen für Sachleistungsansprüche sowie Kostenersätze aus der gesetzlichen Sozialversicherung und Entschädigungen für aufgewendete Heilungskosten;
— Leistungen aus dem Unterstützungsfonds und besondere Unterstützungen nach den Sozialversicherungsgesetzen;
— gesetzliche Beihilfen zur Zahlung des Mietzinses oder zur Deckung des sonstigen Wohnungsaufwands;
— gesetzliche Familienbeihilfe einschließlich Familienzuschlag und Schulfahrtbeihilfe sowie der Unterhaltsabsetzbetrag;
— das Kinderbetreuungsgeld, das Karenzurlaubsgeld, die Karenzurlaubshilfe, die Teilzeitbeihilfe, die Sondernotstandshilfe und das Sonderkarenzurlaubsgeld sowie die Geburtenbeihilfe und die Sonderzahlung zur Geburtenbeihilfe;
— Beihilfen und Stipendien für Schüler und Studenten;
— Ansprüche auf die Arbeitsvergütung nach dem Strafvollzugsgesetz;
— Beiträge nach dem Betrieblichen Mitarbeitervorsorgegesetz.

Wenn man den Arbeitgeber des Schuldners nicht kennt, braucht man ihn im Exekutionsantrag auch nicht anzugeben. Und wer nicht weiß, was der Schuldner verdient, kann die Höhe seines Verdienstes einfach auslassen, er wird automatisch ausgeforscht. Was die betreibende Partei im **Exekutionsantrag** aber unbedingt angeben muss, ist das **Geburtsdatum des Verpflichteten**, also des Schuldners. Und das erfährt der Gläubiger beim zuständigen **Meldeamt**, heißt es doch in § 294a Abs. 3 EO:

§§ »Die Meldebehörden haben Personen, die ihnen eine Ausfertigung eines Exekutionstitels oder eine Ablichtung hievon vorlegen, aus dem Melderegister Auskunft über das Geburtsdatum des im Exekutionstitel genannten Schuldners zu erteilen.«

Um alles andere kümmert sich das Exekutionsgericht. Es ersucht nach der **Bewilligung der Exekution** den Hauptverband der österreichischen Sozialversicherungsträger um Bekanntgabe, ob der Verpflichtete in einem Arbeitsverhältnis steht, wenn ja, wie sein Dienstgeber heißt und wo er stationiert ist (Firmenadresse). Um welche Art von Unternehmen es sich handelt, ist dabei gleichgültig. Die Sozialversicherungsträger und deren Hauptverband sind verpflichtet, diese Daten den Gerichten bekannt zu geben.

Das Vermögensverzeichnis

Es kann natürlich vorkommen, dass eine Anfrage nach der Firmenadresse ergebnislos bleibt, weil der Verpflichtete in keinem oder jedenfalls in keinem offiziellen Arbeitsverhältnis steht. Dann gibt es ein anderes Mittel: Man kann als Gläubiger beantragen, dass der Schuldner ein **Vermögensverzeichnis** vorlegen muss. Dieses Verzeichnis ist an die Stelle des Offenbarungseids getreten. Das Vermögensverzeichnis hat der Verpflichtete (so heißt der Schuldner im Exekutionsverfahren) dem Gericht – und zwar auch ohne Antrag eines betreibenden Gläubigers – vorzulegen, wenn gegen ihn geführte Exekutionen erfolglos geblieben sind. In diesem Verzeichnis (§ 47 EO) hat der Verpflichtete unter Angabe seines Geburtsdatums nicht nur anzuführen, was er an Vermögen besitzt, sondern auch, wo sich die einzelnen Vermögensstücke befinden. Bei Forderungen, die ihm zustehen, ist darüber hinaus der Rechtsgrund zu bezeichnen (z. B. aus einem Arbeitsverhältnis bei der Firma XY).

Das Vermögensverzeichnis muss der Verpflichtete unterfertigen und dadurch bestätigen, dass seine **Angaben richtig und vollständig** sind. Wer ein falsches oder unvollständiges Vermögensverzeichnis vorlegt und dadurch die Befriedigung seines Gläubigers gefährdet, macht sich nach § 292a StGB strafbar (Freiheitsstrafe bis zu sechs Monaten oder Geldstrafe bis zu 360 Tagsätzen).

Kleine und große Gefälligkeiten

Bei der Einweihungsfeier in Karl Jedermanns Wohnung wird einer der Gäste von der Haushälterin, die bei dem kleinen Fest bei Tisch bedient, fahrlässig mit Rotwein begossen. Er verlangt von Karl Jedermann Schadenersatz für den völlig verdorbenen Anzug, da von der vermögenslosen Haushälterin wohl kaum etwas zu erlangen ist.

Schadenersatz

Der Gast hat hier jedoch keinen Schadenersatzanspruch gegen Karl Jedermann. Ein Verpflichteter muss für ein Verschulden seines Erfüllungsgehilfen einstehen. Dies setzt aber voraus, dass Karl Jedermann dem Gast etwas schuldet und sich zur Erfüllung dieser Leistungspflicht seiner Haushälterin bedient hat. Karl Jedermann war aber kein Schuldner seines Gastes.

Eine **Einladung** zu einer Feier ist kein Vertrag, durch den man dem Eingeladenen gegenüber besondere Verpflichtungen übernimmt. Solche Einladungen sind reine Gefälligkeiten. Man kann daher die Einladung jederzeit wieder rückgängig machen, ohne dem anderen Teil für entstandene Auslagen, z. B. Blumen, ersatzpflichtig zu sein. Da Karl Jedermann durch die Einladung nicht Schuldner seiner Gäste wurde, war die Haushälterin auch nicht seine Erfüllungsgehilfin, denn es bestand keine direkte Leistungspflicht, die durch sie zu erfüllen war. Der Gast kann sich demnach nur an die Haushälterin halten. Immerhin hat die Haushälterin die Bedienung der Festgäste besorgt. Somit war sie zwar nicht mit einer Erfüllungshandlung befasst, wohl aber **Besorgungsgehilfin**.

Wer sich eines andern zur Besorgung seiner Angelegenheiten bedient, hat für das Vorhandensein der dazu erforderlichen Eigenschaften einzustehen. Der Auftraggeber haftet daher für Schäden, die infolge der **Untüchtigkeit** des Verwendeten für andere entstehen. »Untüchtigkeit« ist aber in der Rechtssprache nicht gleichbedeutend mit »Unachtsamkeit«. Ein bloß einmaliges Versehen begründet also noch keine Untüchtigkeit, es muss sich vielmehr um einen **habituellen Hang** zur Missachtung von Obliegenheiten handeln.

Karl Jedermann wird also als Dienstgeber nicht haften, wenn seine Haushälterin bisher klaglos ihren Dienst verrichtet, an diesem Abend aber fahrlässigerweise Rotwein vergossen hat. Besitzt hingegen die Haushälterin die für ihre Arbeit erforderlichen Kenntnisse überhaupt nicht oder ist ihre Unachtsamkeit eine typische Eigenschaft geworden, dann muss Karl Jedermann den Gästen gegenüber für den schuldhaft angerichteten Schaden zunächst aufkommen. Er kann sich aber später an der Haushälterin schadlos halten. Etwa so, dass er ihr kleine Geldbeträge vom monatlichen Lohn abzieht, bis der für den verdorbenen Anzug ausgelegte Betrag wieder hereingebracht ist.

☛ Möglicherweise könnte aber bei der Haushälterin **Gefährlichkeit** in körperlicher, geistiger oder sittlicher Hinsicht vorliegen. Gefährlichkeit einer Person wird durch das Vorhandensein gewisser Charaktereigenschaften begründet (z. B. Trunksucht, Hang zur Nichtbeachtung von Vorschriften). Dadurch wird sie gefährlich, auch wenn sie an sich die für eine bestimmte Tätigkeit erforderlichen Voraussetzungen besitzt. Karl Jedermann haftet aber als Dienstgeber nur bei **Kenntnis** von dieser Gefährlichkeit. Hat er also wissentlich eine gefährliche Haushälterin zum Bedienen bei Tisch verwendet, muss er für den infolge dieser Gefährlichkeit dem Gast zugefügten Schaden aufkommen.

Nur durch das Handeln einer untüchtigen Haushälterin oder bei wissentlicher Verwendung einer gefährlichen Person zur Bedienung seiner Gäste kann Karl Jedermann nach § 1315 ABGB zur Schadenersatzleistung herangezogen werden.

Das Mitnehmen mit dem Auto

An der Abendgesellschaft nimmt auch Fritz Lustig teil. Er stellt plötzlich fest, dass er eiligst zum Bahnhof muss. Ein Freund des Hauses, Otto Biermann macht sich erbötig, Fritz Lustig zur Bahn zu bringen. Fritz nimmt Otto Biermanns Angebot an. Otto, der ein wenig angetrunken ist, fährt aber leider so unvernünftig schnell, dass der Wagen in einer Kurve ins Schleudern gerät und an einem Laternenmast nicht mehr vorbeikommt. Fritz Lustig wird erheblich verletzt. Als Lustig nach seiner Genesung Schadenersatz verlangt, verweigert Biermann jede Zahlung mit der Begründung, dass man bei einer Gefälligkeit nicht haftbar gemacht werden könne.

Im Gegensatz zu den oben angeführten reinen Gefälligkeiten liegt hier ein so genannter **Gefälligkeitsvertrag** vor. Ein derartiger Vertrag ist immer dann gegeben, wenn aus den Umständen hervorgeht, dass nicht nur eine gesellschaftliche Höflichkeit erwiesen wird, sondern auch eine verbindliche Verpflichtung eingegangen werden sollte. Man macht sich dies am besten an folgender Gegenüberstellung klar: Wenn jemand mit seinem Pkw einem bestimmten Ziel entgegenfährt und unterwegs einen Bekannten zusteigen lässt, der zufällig den gleichen Weg hat, so liegt eine reine Gefälligkeit vor. Der Fahrer kann also, wenn er sich plötzlich anders besinnt, den Bekannten bitten auszusteigen, weil er sein Fahrziel ändern muss. Denn eine Verpflichtung, den anderen zum Ziel zu bringen, besteht ja nicht.

In unserem Fall muss Otto Biermann den Freund Fritz Lustig aufgrund einer übernommenen Vertragsverpflichtung zum Bahnhof fahren. Lustig wollte aus geschäftlichen Gründen seinen Zug erreichen und so kam für ihn das Angebot Otto Biermanns gerade im richtigen Moment. Durch die Annahme des Antrags brachte er einen **Beförderungsvertrag** zum Abschluss. Beförderungsverträge sind ihrem Wesen nach Werkverträge (siehe dazu Seite 64 f.). Wie die Dinge liegen, wird Otto Biermann für die Fahrlässigkeit bei der Erfüllung des Werkvertrags zu haften haben.

Handeln auf eigene Gefahr

Ein genereller Ausschluss für jegliches Verschulden lässt sich in unserem Fall nicht annehmen. Ein solcher allgemeiner Ausschluss der Haftung unter dem Gesichtspunkt des »Handelns auf eigene Gefahr« ist nur zu vermuten, wenn der Mitfahrer bei Fahrtantritt erkennt, dass es sich um eine ausgesprochen gefährliche Fahrt handelt; wenn er beispielsweise an einer Wettfahrt als Beifahrer teilnimmt oder wenn er sieht, dass es sich um ein ganz und gar verkehrsuntüchtiges Fahrzeug handelt.

☛ Ein Lastwagen älteren Baujahrs fuhr voll beladen und in der Führerkabine mit drei Personen besetzt dahin. Auf einmal tauchte ein Freund des Fahrers an der Straße auf, brachte das Lastauto durch Winken zum Stehen und bat den Lenker, ihn mitzunehmen. Der Fahrer wies darauf hin, dass leider nirgends Platz sei, wie sich sein Freund überzeugen könne. Dieser gab aber nicht nach. Er sagte, dass er unbedingt mitfahren wolle; wenn das Lastauto hoch beladen und auf der Führerbank nicht der geringste Platz mehr sei, fahre er einfach auf dem Trittbrett mit. Das sei verboten, antwortete der Fahrer, und viel zu gefährlich. Darauf erklärte der Freund, er sei kein Kind und wisse schon für sich zu sorgen. Alles ginge auf seine Gefahr! Der Freund wurde in einer Kurve vom Trittbrett geschleudert und schwer verletzt. Das Gericht hat eine Haftung des Fahrers verneint; er habe seinem erwachsenen und zurechnungsfähigen Freund gegenüber alles Nötige vorgekehrt. Es liegt hier also ein typisches **Handeln auf eigene Gefahr** des eigensinnigen Freundes vor.

Umgekehrt ist auch die Mitnahme eines Betrunkenen im Auto nicht ungefährlich. Eine einzige alkoholisierte Person im Fahrzeug legt über sämtliche Insassen eine »Alkoholglocke«, gegen die kein Öffnen der Wagenfenster nützt und die auch den vollkommen nüchternen Fahrer so stark benebeln kann, dass seine Reaktionsfähigkeit beträchtlich vermindert wird.

Der Revers

Um bei Gefälligkeitsfahrten Haftung wirksam auszuschließen, können sich Fahrzeughalter bei Fahrtantritt einen Zettel folgenden Inhalts unterschreiben lassen:

> Ich fahre in dem Kraftfahrzeug ... (polizeiliches Kennzeichen) auf eigenes Risiko mit und verzichte auch für den Fall auf Schadenersatz, dass mir aufgrund eines leicht oder grob fahrlässigen Verhaltens des Fahrers etwas zustoßen sollte.

Ein solcher Revers kommt auf den verschiedensten Gebieten vor und ist juristisch nur beachtlich, wenn er nicht die Haftung für Vorsatz ausschließen soll oder wenn sein Inhalt nicht gesetz- oder sittenwidrig ist.

Personen- und Sachschäden, die durch einen Unfall beim Betrieb eines Kraftfahrzeuges entstehen, sind – soweit sie nicht durch Verschulden verursacht und daher nach dem ABGB zu beurteilen sind – nach dem **Eisenbahn- und Kraftfahrzeughaftpflichtgesetz** (EKHG) zu ersetzen. Für Gefälligkeitsbeförderungen (unentgeltlich und im überwiegenden wirtschaftlichen Interesse des Mitgenommenen) wird die Erfolgshaftung nach dem EKHG nicht wirksam. Die Verschuldenshaftung nach ABGB kann jedoch nach der Spruchpraxis des OGH auch durch eine Verzichtserklärung **nicht ausgeschlossen** werden, wenn eine qualifizierte Fahrlässigkeit oder gar böse Absicht zum Unfall geführt hat. Diese liegt aber schon vor, wenn eine strafgerichtliche

Verurteilung des Fahrers erfolgt; Verzichtserklärungen werden in solchen Fällen als sittenwidrig angesehen. Von entgeltlich beförderten Personen abgegebene Verzichtserklärungen sind sogar hinsichtlich der Erfolgshaftung **rechtsunwirksam** und bieten daher dem Beförderer keinen Schutz.

Unversperrter Wagen und Schwarzfahrt

Angenommen, Otto Biermann hat ein wenig zu tief ins Glas geschaut, bringt den eiligen Gast sicher zum Bahnhof und kehrt dann zum Wohnhaus Karl Jedermanns zurück, in dessen Nähe er den Wagen unter einer Laterne parkt. Er lässt die Wagentür unversperrt und zieht bloß den Zündschlüssel ab. Nach drei Stunden will Biermann nach Hause fahren, findet aber keinen Wagen mehr vor. Das Auto ist gestohlen worden und der Dieb verschuldet damit einen Unfall. Haftet Biermann dafür?

☛ Nach dem EKHG ist der **Halter** eines Kraftfahrzeugs verpflichtet, wenn durch einen Unfall beim Betrieb des Kraftfahrzeugs ein Mensch getötet, an seinem Körper oder an seiner Gesundheit verletzt oder eine Sache beschädigt wird, den hieraus entstehenden Schaden zu ersetzen. Benützt jedoch jemand zur Zeit des Unfalls das Fahrzeug ohne Wissen und Willen des Halters (Schwarzfahrt), so haftet der **Schwarzfahrer** anstelle des Halters. Dagegen haften **Schwarzfahrer und Halter** nebeneinander, wenn der Halter die Schwarzfahrt durch sein oder seines Betriebsgehilfen Verschulden ermöglicht hat. Nach dem EKHG haftet der **Halter** allein für die Schwarzfahrt seines Betriebsgehilfen oder dessen, dem er das Fahrzeug anvertraut hat; in diesen Fällen haftet der Schwarzfahrer nur nach den Bestimmungen des ABGB und wird haftungsfrei, wenn er beweist, dass der Schaden nicht durch sein Verschulden verursacht wurde.

Die einschlägigen gesetzlichen Bestimmungen suchen zu verhindern, dass ein abgestellter Wagen missbräuchlich in Betrieb genommen wird (Schwarzfahrt). Otto Biermann hat nur den Zündschlüssel abgezogen und die Autotür zugeworfen. Nach Ansicht des OGH genügt meistens das **Abziehen des Zündschlüssels**. Nicht wesentlich ist, dass die Autotüren, bevor sich der Lenker vom Wagen entfernt, verriegelt bzw. mit dem Schlüssel abgesperrt werden. Trotzdem wäre Otto Biermann zu empfehlen gewesen, **die Autotüren zu versperren**, besonders dann, wenn sein Zündschlüssel so geartet ist, dass er leicht durch ein anderes Behelfsmittel (z. B. einen gebogenen Draht) ersetzt werden kann. Biermann wird jedenfalls für die Schwarzfahrt haften, wenn er jemanden über das Auto verfügen lässt, den er als vertrauensunwürdig und besonders unzuverlässig kennt.

Otto Biermann wird hingegen Schäden, die sein Fahrzeug in der Garage erleidet, entweder durch die eigene Versicherung oder – bei gemieteten Garagen – durch die Haftung des Garageninhabers ersetzt erhalten.

Laternengarage

Wenn sich Otto Biermann über Nacht das Garagieren ersparen will, indem er auf der Straße parkt, dann gibt es für ihn nur zwei Möglichkeiten: entweder er muss Stadtlichter und rückwärtige Begrenzungslichter brennen lassen oder er stellt den Wagen in der Nähe eines die ganze Nacht hindurch brennenden, ausreichend hellen Beleuchtungskörpers der Straßenbeleuchtung ab. In diesem letzteren Fall spricht man vom »**Laternengaragieren**«.

Nach der Straßenverkehrsordnung 1960 darf eine Beleuchtung des Fahrzeugs unterbleiben, wenn es stillsteht und die sonstige Beleuchtung ausreicht, um es aus einer Entfernung von ungefähr 50 Meter zu erkennen (§ 60 Abs. 3). Die Beleuchtung des Fahrzeugs durch eine andere Lichtquelle ist dann ausreichend, wenn die Gefahr eines Zusammenstoßes bei sorgfältiger Prüfung als nicht gegeben angesehen werden kann. Bei **außergewöhnlicher Sichtbehinderung** durch Nebel, Regen, Schnee oder große Dunkelheit kann die unbeleuchtete Aufstellung des Fahrzeugs selbst bei einer im Allgemeinen ausreichenden Lichtquelle unzulässig sein.

☛ Die Straßenverkehrsordnung 1960 (StVO) kennt verschiedene **Hinweiszeichen**, die auf verkehrswichtige Umstände hinweisen. Das Zeichen »Laternen, die nicht die ganze Nacht über leuchten« (breiter Rotstreifen zwischen weißen Balken) an einer Straßenlaterne weist darauf hin, dass sie noch während der Dunkelheit abgeschaltet wird. Auch wenn sich kein solches Zeichen findet, geht das Risiko auf den Fahrzeuglenker über, wenn er, um sich eine eigene Beleuchtung zu ersparen, sein Fahrzeug an einem durch die öffentliche Straßenbeleuchtung erhellten Ort abgestellt hat; er muss jedenfalls mit der Möglichkeit des Versagens der Straßenbeleuchtung rechnen.

Die Auslobung und ihre Gefahren

Raubmord! Hohe Belohnung!

Für die Ergreifung des geflüchteten Raubmörders Ferdinand Bucher – auch Schlitzer-Ferdl genannt – wird eine Belohnung von € 2.000,– ausgesetzt. Die Verteilung erfolgt unter Ausschluss des Rechtsweges. Polizeibeamte sind von der Auslobung ausgeschlossen.

Bundespolizeidirektion Wien

Karl Jedermann liest diesen Anschlag an der Litfaßsäule.

Es handelt sich bei dem Anschlag um eine **Auslobung**. Darunter versteht man eine öffentlich gemachte **Zusage einer Belohnung** für eine Leistung oder einen Erfolg (§ 860 ABGB).

Karl Jedermann fällt auf, dass bei der im Plakat gemachten Zusage der Rechtsweg ausgeschlossen sein soll.

Karl Jedermann geht davon aus, dass er die Möglichkeit haben muss, vor dem zuständigen Gericht Klage zu erheben, wenn er sich in seinen Rechten verletzt wähnt. Grundsätzlich ist diese Auffassung richtig. Wenn jemand glaubt, von einem anderen etwas verlangen zu können, so kann er klagen. Streit zwischen einzelnen Bürgern soll vor den »ordentlichen Gerichten« (Bezirksgericht, Landesgericht, Oberlandesgericht, Oberster Gerichtshof) ausgetragen werden. Ihre Auseinandersetzungen sind »bürgerliche Rechtsstreitigkeiten«.

Die Organe der öffentlichen Hand werden gewöhnlich **hoheitsrechtlich** tätig, das heißt, sie befehlen und üben Zwangsgewalt aus. Wenn im vorliegenden Fall in der Auslobung eine hoheitliche Maßnahme der Sicherheitsdirektion zu sehen wäre, dann bestünde überhaupt nicht die Möglichkeit, ordentliche Gerichte anzurufen. Nun ist es aber nicht so, dass der Staat, der seinen Staatsbürgern gegenübertritt, dies immer und in jedem Fall hoheitlich tut. Nicht immer besteht die strenge Über- und Unterordnung. Die öffentliche Hand hat vielmehr auch die Möglichkeit, mit dem Staatsbürger als Gleichberechtigtem zu verkehren. Man spricht dann von einer **fiskalischen Tätigkeit des Staates**. Wenn z. B. eine Stadtverwaltung ihr Rathaus restaurieren lässt, so vergibt sie einen Bauauftrag an eine Baufirma. Mit dieser Firma schließt sie einen Werkvertrag, tritt also zu ihr in bürgerlich-rechtliche Beziehungen. Kommt es zum Streit, so kann die Baufirma ihre Forderungen vor den ordentlichen Gerichten geltend machen.

Wenn man also in dem Anschlag an der Litfaßsäule eine solche fiskalische Tätigkeit des Staates (Polizeiverwaltung) sehen kann, so bestehen keine Bedenken gegen die grundsätzliche Möglichkeit zur Anrufung der ordentlichen Gerichte. Man kann hier allerdings zweifeln, ob die Sicherheitsdirektion hoheitlich oder fiskalisch handelt. Sie gebraucht zwar das Wort Auslobung, aber sie verfolgt damit den Zweck, die hoheitliche Strafverfolgung gegen Ferdl Bucher weiterzutreiben. Nun hat die Sicherheitsdirektion ausdrücklich in ihrer »Auslobung« den Rechtsweg ausgeschlossen. Es ist sehr zweifelhaft, ob eine solche Bestimmung gültig ist, denn die Zivilprozessordnung kennt als einzigen Ausschluss der ordentlichen Gerichte die Vereinbarung eines Schiedsgerichts.

Durch die Bestimmung, dass nur die Polizeibehörde die ausgesetzte Belohnung zu verteilen habe, kann das Klagerecht nicht ausgeschlossen werden. Die Auslobung ist ein **einseitiges Rechtsgeschäft**; es kommt nicht auf einen Vertrag (zwischen Auslobendem und Publikum) an, sondern das Versprechen der Belohnung ist hier Verpflichtungsgrund.

Darum könnte an und für sich auch ein Polizeibeamter, der in Ausübung seiner Dienstpflicht die Ergreifung des Schlitzer-Ferdl vornimmt, die Belohnung erlangen. Die uns vorliegende Auslobung nimmt aber eine Einschränkung der Anspruchsberechtigten vor, indem Polizeibeamte ausdrücklich ausgeschlossen werden.

Der ehrliche Finder

Karl Jedermann findet eine Brosche. Nachdem er sie bei der Behörde abgeliefert hat, liest er in der Zeitung, dass für die von ihm gefundene Brosche eine erhebliche Belohnung ausgesetzt ist. Als er sich zu der angegebenen Adresse begibt, um die Belohnung zu verlangen, weigert sich die Verlustträgerin mit dem Hinweis, dass ja Karl Jedermann das Fundstück bereits abgeliefert habe, bevor er von der Auslobung Kenntnis hatte.

Diese Auffassung ist unrichtig. Wer die Leistung, für die eine Belohnung ausgesetzt ist, erbringt, hat auch dann auf die Belohnung Anspruch, wenn er von der Auslobung nichts gewusst hat. Bei der Auslobung kommt es auf die Zusage der Belohnung (§ 860 ABGB) an.

Finden ist eine **Rechtshandlung**, aber kein Rechtsgeschäft. Der Fund einer Sache löst eine Reihe von **Pflichten und Rechten** für den Finder aus.

Durch eine Novelle zum Sicherheitspolizeigesetz (SPG) wurden die Bestimmungen über den Fund geändert. Hier die wichtigsten Neuerungen:

- Der Fund vergessener und verlegter Sachen wird dem Fund verlorener Sachen rechtlich (weitgehend) gleichgestellt. Eine Unterscheidung ergibt sich allerdings aus der Höhe des Finderlohnes. Er beträgt bei verlorenen Sachen 10 % des gemeinen Wertes, bei vergessenen Sachen nur 5 %. Übersteigt der gemeine Wert der Fundsache € 2.000,–, so beträgt der Finderlohn bezüglich des Übermaßes die Hälfte dieser Prozentsätze (§ 393 Abs 1 ABGB).

- Neu ist auch die Bestimmung, wonach bei »unschätzbaren« Sachen und bei solchen, deren Wiedererlangung für den Verlustträger von erheblicher Bedeutung ist, der Finderlohn nach billigem Ermessen festzulegen ist. Dabei ist auf die dem Finder entstandene Mühe und auf den dem Verlustträger durch die Wiedererlangung der gefundenen Sache verschafften Vorteil Bedacht zu nehmen (§ 393 Abs. 2 ABGB). Im Streitfall hätte hierüber – wie auch sonst bei Meinungsverschiedenheiten über die Höhe des Finderlohns – das Gericht zu entscheiden.
- Zuständig für Fundsachen ist nun die jeweilige Gemeinde (Bürgermeister). In größeren Orten gibt es eigene Fundämter. Für Wien etwa ist das das Magistratische Fundamt in 1180 Wien, Bastiengasse 36, Telefon (01) 4000–8091.
- Abgeben muss man eine Sache bei der Fundbehörde dann, wenn sie mehr als 10 € wert ist.
- Der Finder erwirbt das Eigentum an der Fundsache, wenn sich kein Verlierer meldet, bereits nach einem Jahr (früher: nach drei Jahren).

Ein Polizist hat keinen Anspruch auf Finderlohn, wenn er eine von einem Einbrecher auf der Flucht weggeworfene Sache oder den aus dem brennenden Haus zwecks Sicherstellung geworfenen Gegenstand »findet«. Ein Anspruch auf Finderlohn besteht gemäß § 394 ABGB unter anderem dann nicht, wenn »die Sache von einer Person im Rahmen ihrer privat- oder öffentlich-rechtlichen, die Rettung der Sache umfassenden Pflicht gefunden worden ist«. Wenn aber ein Sicherheitsbeamter keine eigens darauf gerichtete Amtshandlung vornimmt, aber dennoch eine verlorene Sache findet, hat er nach der Rechtsprechung Anspruch auf den Finderlohn.

☛ Bei Fund eines Versatzzettels bezieht sich das Benützungsrecht auf das Pfandstück oder dessen Wert. Bei Obligationen, die auf einen bestimmten (wenn auch erdichteten) Namen lauten, hat der Finder weder Anspruch auf den Genuss der Interessen noch auf Finderlohn; er kann nur Ersatz der allenfalls aufgewendeten Kosten vom Eigentümer fordern (Hofdekret Justizgesetzsammlung 1410/1818). Das Eigentum am Fund oder dem Erlös erlangt der Finder erst nach Ablauf der **Verjährungsfrist**. Wer also das bloße Benützungsrecht am gefundenen Geld erlangt hat, muss damit rechnen, dass der Verlierer von ihm die Sache herausverlangen kann.

Aufwendungen durch Fundsachen

Manche gefundenen Sachen verlangen **Aufwendungen**. Ein Tier z. B. muss gefüttert und notfalls tierärztlich behandelt werden. Derartige Aufwendungen, die der Finder den Umständen nach für erforderlich halten musste, kann er von dem Empfangsberechtigten ersetzt verlangen. Man kann jedoch nicht unter allen Umständen damit rechnen, dass diese Aufwendungen ersetzt werden. Der Verlierer hat nämlich die Möglichkeit, einfach auf die verlorene Sache zu verzichten, und es ist dann Sache des Finders, sich durch Verwertung der gefundenen Sache sein Geld zu verschaffen.

Bergelohn

Bei einem Spaziergang entdeckte Karl Jedermann, dass sich die Bremse eines am Ufer der Donau abgestellten Fahrzeugs gelöst hatte. Das Fahrzeug bewegte sich immer schneller dem Strom zu und wäre im Wasser gelandet, wenn Karl Jedermann nicht im letzten Moment ein Holzscheit vor die Räder geworfen und das Fahrzeug zum Stehen gebracht hätte.

Hier liegt Rettung einer fremden Sache vor und Karl Jedermann hat nach § 403 ABGB Anspruch auf Ersatz des Aufwandes sowie auf **Bergelohn**. Die Höhe eines solchen Bergelohns wird verhältnismäßig ermittelt, darf höchstens 10 Prozent vom Verkehrswert betragen und setzt eine geglückte Rettung voraus. Juristisch zeigt die Rettung einer fremden Sache große Verwandtschaft mit dem Fund.

Angenommen, das Fahrzeug wäre zuerst gestohlen und dann vom Dieb einfach am Ufer abgestellt worden. Dort entdeckt es Karl Jedermann, er schöpft Verdacht und erstattet Anzeige. Was kann er verlangen? Karl Jedermann hat Anspruch auf Finderlohn. Die Rechtsprechung erklärt ausdrücklich, dass für gestohlene und vom Dieb an allgemein zugänglichen Orten gelassene Sachen (z. B. ein bis zum letzten Tropfen Benzin ausgefahrener Pkw) Finderlohn zu entrichten ist.

☛ Die zuvor dargestellten Fundvorschriften gelten nicht, wenn z. B. Sachen in **Eisenbahnwaggons** durch den visitierenden Bahnbediensteten aufgefunden werden, ebenso in den Geschäftsräumen einer öffentlichen Behörde. Hier geht man davon aus, dass diese Sachen durch die Kontroll- und Reinigungsorgane sowieso aufgefunden würden. Daher sind dort gefundene Sachen an einen Behördenangestellten auszuliefern, ohne dass man dafür etwas erwarten kann.

Nicht ohne weiteres lässt sich dieser in der Rechtsprechung vertretene Gedanke z. B. auf **Banken** und **Hotels** ausdehnen. Man wird jedoch bei einem Gastraum davon ausgehen können, dass eine dort liegen gelassene Sache nicht verloren gegangen ist, weil sie dann im Gewahrsam des Gastwirts steht. Das Gleiche gilt, wenn man ein **Taxi** besteigt und dort eine Brieftasche findet, die der letzte Fahrgast liegen gelassen hat. Hier hat der Taxifahrer Gewahrsam an der vergessenen Sache erlangt. Ihm ist sie daher auszuhändigen. Dieser wiederum ist auch nicht Finder, da er aufgrund der Nebenpflichten aus dem Beförderungsvertrag verhalten ist, sie seinem Fahrgast wieder zuzustellen, und zwar ohne einen juristischen Anspruch auf Finderlohn. Besondere Regelungen bringt die **Eisenbahnverkehrsordnung** für im Bereich der Eisenbahn verlorene oder zurückgelassene Gegenstände. Danach hat der Finder die Wahl, die gefundene Sache entweder der Eisenbahn zu übergeben, ohne dass er sich um deren Wert bekümmern muss, oder er geht nach den Bestimmungen des ABGB vor.

Mitfinder

Entdecken mehrere Personen durch Zufall eine Sache zur gleichen Zeit, so sind sie **Mitfinder**. Es können also auch mehrere Personen die Rechtsstellung des Finders erlangen, wenn eine verlorene Sache gemeinsam von ihnen gefunden wird. Gleichgestellt wird durch § 394 ABGB der Fall, dass zwar nur einer die verlorene Sache entdeckt und danach gestrebt hat, der andere ihm jedoch zuvorgekommen ist. Entdecken ohne Ergreiferhandlung gewährt **keine Finderrechte**. Es genügt aber, wenn einer der Mitfinder die Vorschriften über Kundmachung und Anzeige befolgt. Auch ein Kind kann finden, ebenso ein Geisteskranker. Zum Finden ist eben kein rechtsgeschäftlicher Wille erforderlich, sondern es genügt der natürliche Entschluss, die gewahrsamsfreie Sache an sich zu nehmen und aufzubewahren.

Fund verborgener Sachen

Rechtliche Schwierigkeiten kann der Fund **verborgener Sachen** auslösen. Darunter versteht man mit Absicht versteckte Sachen. Vielfach wurden gegen Ende des Zweiten Weltkriegs wertvolle Sachen vergraben, eingemauert oder in einem Geheimfach verschlossen, um sie vor dem Zugriff anderer zu schützen. Angenommen, Karl Jedermann stößt beim Umgraben im gepachteten Blumengarten auf eine Kassette mit Juwelen, die möglicherweise im Jahre 1945 dort vergraben worden ist. In der Kassette befindet sich auch eine Uhr, in deren Sprungdeckel der Name des Eigentümers eingraviert ist.

Wenn der ermittelte Eigentümer einer verborgenen Sache beweisen kann, dass ihm das **Versteck** wohl **bekannt** war, besteht für ihn keine Verpflichtung zur Zahlung des Finderlohns. War ihm dagegen das Versteck nicht bekannt, dann hat der Finder bzw. Entdecker Anspruch auf Finderlohn und auf Ersatz seiner notwendig und zweckmäßig gemachten Aufwendungen.

Schatzfund

Besondere Vorschriften gelten für den so genannten **Schatzfund**. Wer im Flusssand alte römische oder griechische Münzen entdeckt oder beim Umstechen eines gepachteten Gartens auf einen kostbaren Grabrest stößt, ist Schatzfinder. Vom Fund eines Schatzes kann man nach § 398 ABGB nur sprechen, wenn eine wertvolle Sache schon lange Zeit verborgen war und daher der vorige Eigentümer nicht mehr zu ermitteln ist. Der Finder eines Schatzes erwirbt das Eigentum an der gefundenen Sache zur Hälfte. Die andere Hälfte gebührt dem Eigentümer des Grundstücks (wenn die Sache z. B. vergraben war). Diese Teilung zwischen Finder und Eigentümer findet in natura und nicht nach dem Schätzwert oder dem Verkaufspreis statt.

Der Finder verliert seinen halben Anteil an dem Schatz, wenn er den Schatz auf fremdem Grund und Boden ohne Wissen und Willen des Eigentümers aufgesucht hat, wenn er ihn verheimlicht oder wenn er sich beim Aufsuchen des Schatzes einer unerlaubten Handlung schuldig gemacht hat.

Archäologische Funde

Bei **archäologischen** und **numismatischen Funden**, die für Kunst und Wissenschaft von Bedeutung sein können, haben die Verwaltungsbehörden dem Bundesdenkmalamt Anzeige zu erstatten. Bei Funden, die dem Denkmalschutzgesetz unterliegen, ist der Finder und – wenn er Kenntnis vom Schatzfund hat – auch der Grundbesitzer zur **Anzeige an die Verwaltungsbehörde** verpflichtet.

Auftrag, Vollmacht und Ermächtigung

Karl Jedermann stellt fest, dass ein durch seinen Kellerraum laufendes Heizungsrohr schadhaft ist. Er zeigt den Schaden sofort dem Hauseigentümer (oder dem Hausverwalter) an. Dieser erklärt, er sei im Augenblick nicht abkömmlich und könne sich nicht darum kümmern. Als ihn Karl Jedermann fragt, ob er dann selbst einen Installateur verständigen könne, da doch Gefahr im Verzug sei, nennt ihm der Hauseigentümer eine Installationsfirma, die immer für ihn arbeitet. Karl Jedermann ruft diesen an, schildert dort die Sachlage, insbesondere seine Rücksprache mit dem Hauseigentümer, und veranlasst so, dass die Reparatur rasch durchgeführt wird. Als die Installationsfirma dem Hausherrn die Rechnung präsentieren will, wird sie von diesem an Karl Jedermann weiterverwiesen mit dem Bemerken, er habe die Reparatur gar nicht bestellt.

Der Hausherr ist aber im Unrecht. Die Installationsfirma hat einen Anspruch auf Werklohn gegenüber dem Hausherrn. Zwischen beiden ist ein **Werkvertrag** zustande gekommen. Die Vertragsofferte wurde vom Hauseigentümer – vertreten durch Karl Jedermann – abgegeben. Nach den Regeln über die **direkte Stellvertretung** kann eine Willenserklärung im Namen eines anderen durch einen Vertreter mit der Wirkung abgegeben werden, dass sie so behandelt wird, als hätte der Vertretene selbst gehandelt.

Vertretungsvollmacht

Dies setzt voraus, dass derjenige, der für einen anderen handelt, auch die erforderliche Vertretungsmacht hat. Es gibt Personen, die eine solche Vertretungsmacht kraft Gesetzes haben, z. B. der Vater oder die Mutter für das minderjährige Kind, der Vormund für das Mündel, die Ehefrau im Rahmen ihrer Schlüsselgewalt für den Ehemann. Man kann aber eine Vertretungsmacht auch dadurch bekommen, dass man von einem andern bevollmächtigt wird. Diese so genannte rechtsgeschäftliche Vertretungsmacht nennt man auch **Vollmacht**. Die Bevollmächtigung bedarf keiner Form, wenn sie auch aus Zweckmäßigkeitsgründen häufig schriftlich fixiert oder notariell beurkundet wird.

Karl Jedermann hat hier von seinem Hausherrn eine solche Bevollmächtigung erhalten. Wenn auch der Hauseigentümer nicht ausdrücklich erklärte: »Ich bevollmächtige Sie hiermit, die Reparatur in meinem Namen zu bestellen«, so konnte doch die Art und Weise seines Verhaltens nach Treu und Glauben nur in diesem Sinn verstanden werden.

☛ Die Juristen sprechen insoweit von einem konkludenten oder **schlüssigen Verhalten**. Willenserklärungen werden immer so ausgelegt, wie sie ein unbefangener Dritter nach Treu und Glauben mit Rücksicht auf die Verkehrssitte verstehen darf, wie es eben der Übung des redlichen Verkehrs entspricht (§ 914 ABGB). Damit die Wirkungen einer Willenserklärung des Vertreters nun aber auch in der Person des Vertretenen eintreten, ist es erforderlich, dass er dem betreffenden Geschäftspartner zu erkennen gibt, dass er im Namen eines anderen auftritt. Man nennt das in der Fachsprache »**Handeln mit offener Vollmacht**«.

Wäre also Karl Jedermann nur zu der Installationsfirma mit dem Bemerken hingegangen, dass er eine Reparatur in seinem Keller wünsche, so wäre er selbst Auftraggeber gewesen. Da er aber den Hergang schilderte, wie es zu dem Auftrag gekommen ist, so konnte wiederum bei einer objektiven Auslegung seiner Erklärung dies nur bedeuten, dass er im Namen des Hauseigentümers handelt. Die Installationsfirma muss also den Hausherrn auf Zahlung der Reparaturkosten klagen; gegen Karl Jedermann hat sie keinen Anspruch.

Zwischen Karl Jedermann und seinem Hausherrn ist ein **Auftrag** zustande gekommen. In der Erklärung des Hauseigentümers lag demnach zweierlei, einmal die Bevollmächtigung: »Du kannst in meinem Namen einen Vertrag mit der Installationsfirma schließen«, zweitens der Auftrag: »Du bist **verpflichtet**, die Gespräche mit der Installationsfirma zu führen, um das Nötige zu veranlassen.« Dieser Auftrag löst gegenseitige Rechte und Pflichten aus. In erster Linie bestehen nur Pflichten des Beauftragten, also von Karl Jedermann. Er hat seine Pflichten erfüllt, indem er die Reparatur in Auftrag gegeben hat. Eine Gegenleistung ist bei einem Auftrag meist nicht vorgesehen.

Auslagenersatz

Der Auftrag ist also kein gegenseitiger Vertrag, wie z. B. der Kauf oder die Miete, wo immer beide Teile etwas leisten müssen. Trotzdem können aber auch Pflichten für den Auftraggeber entstehen. Der Auftraggeber ist nämlich verpflichtet, dem Beauftragten solche Aufwendungen zu ersetzen, die er im Interesse der Ausführung des Auftrags gemacht hat. Derartige Aufwendungen sind etwa Telefonspesen oder allenfalls Fahrgeld. Karl Jedermann kann demnach vom Hausherrn Ersatz für Aufwendungen verlangen, die er getätigt hat, um den Reparaturauftrag zu erteilen.

☛ Der Jurist nennt Verträge dieser Art, die zwar keine Gegenleistung kennen, aber unter Umständen derartige Verpflichtungen mit sich bringen, unvollkommen zweiseitige Verträge. Eine **Entlohnung** erhält der Beauftragte also nur, wenn sie ausdrücklich oder stillschweigend vereinbart wurde, sonst nicht. Die Entgeltlichkeit beim Auftrag oder, wie man auch sagt, Mandat kann sich aber schon aus der Person des Mandatars (Beauftragten) ergeben, wenn dieser einem Stand angehört, dessen Mitglieder ihren Erwerb in der Besorgung fremder Rechtsgeschäfte finden (z. B. Rechtsanwälte, Notare).

Der Handelsagent, der gleichfalls Geschäfte für fremde Rechnung vermittelt oder in fremdem Namen schließt (Agent im technischen Sinn), ist selbstständiger Gewerbetreibender. Da er aber vom Geschäftsherrn ständig mit seiner Vertretung betraut ist, trifft das Handelsvertretergesetz (HVertrG, BGBl. Nr. 88/1993) eine dem Angestelltengesetz ähnliche Regelung.

Der Auftrag

Das Wort »Auftrag« wird im Alltag oft falsch gebraucht. Man spricht etwa davon, dass man die Hausgehilfin beauftragt, zum Kaufmann zu gehen usw. Hier liegt aber kein Auftragsvertrag vor, sondern nur eine Anordnung innerhalb des Dienstvertrags, den Hausgehilfin und Arbeitgeber miteinander geschlossen haben.

Ermächtigung

Aber noch ein Begriff spielt bei den so häufigen Geschäftsbesorgungen durch andere eine Rolle, nämlich die **Ermächtigung**. Hätte der Hausherr zu Karl Jedermann bloß gesagt: »Wenn Sie bei der Installationsfirma vorbeikommen, dann veranlassen Sie vielleicht gleich, dass der Schaden am Heizungsrohr behoben wird«, und nimmt Karl Jedermann in dieser Sache keinerlei Verpflichtung auf sich, dann ist er bloß zur Vornahme eines Rechtsgeschäftes ermächtigt und nicht – wie oben erklärt – beauftragt worden.

☛ Auf eine ganz kurze Merkformel gebracht, kann man die drei typischen Seiten der Geschäftsbesorgung am besten so unterscheiden:

1. **Vollmacht** meint das rechtliche **Können** (es vermag der Bevollmächtigte für den Vollmachtgeber tätig zu werden) und bezieht sich immer auf das Außenverhältnis;
2. **Auftrag** bedeutet ein rechtliches **Sollen** (der Beauftragte ist verpflichtet, für den Auftraggeber tätig zu werden) und betrifft nur das Innenverhältnis;
3. **Ermächtigung** ist ein rechtliches **Dürfen** (der Ermächtigte darf zwar für den Ermächtigenden tätig werden, hat sich aber zu nichts verpflichtet) und bezieht sich ebenfalls nur auf das Innenverhältnis.

Der im Punkt 1 genannte Begriff bezeichnet zugleich die **direkte Stellvertretung** – Handeln im fremden Namen und auf fremde Rechnung. Rechtsgeschäftliche Wirkungen treten unmittelbar in der Person des Vertretenen ein. Die in den Punkten 2 und 3 genannten Begriffe bezeichnen nur Fälle der **indirekten Stellvertretung** – Handeln im eigenen Namen, aber auf fremde Rechnung. Rechtsgeschäftliche Wirkungen treten zuerst in der Person des Vertreters ein und müssen dann auf den Vertretenen übertragen werden.

Vollmachtstypen

Karl Jedermanns Hauseigentümer, Otto Klock, lässt die Mieten durch den im Haus wohnenden Hausbesorger einziehen. In der Hausbesorgerwohnung hängt ein von Klock unterzeichneter Aushang: »Die Miete bitte ich stets an unseren Hausbesorger zu entrichten.« Klock stellt als neuen Hausbesorger Erwin List ein, der eine Anzahl guter Zeugnisse vorweisen kann. List kassiert in den nächsten zwei Monaten die Miete, behält die eingezogenen Gelder aber für sich und wird flüchtig. Der empörte Klock verlangt von seinen Mietern nochmalige Zahlung.

Vertretungsvollmacht

Das Verlangen ist ungerechtfertigt. Unser Recht kennt die Möglichkeit, rechtsgeschäftliche Handlungen durch einen Vertreter vornehmen zu lassen. Wer eine **Vertretungsmacht** hat, kann also rechtsgeschäftliche Handlungen so vornehmen, wie wenn sie der Vertretene selbst vorgenommen hätte. Eine durch eine Bevollmächtigung erlangte Vertretungsmacht nennt man – wie wir schon wissen – **Vollmacht**. Sie bedarf keiner bestimmten Form.

In unserem Fall ist die Bevollmächtigung des Erwin List dadurch erfolgt, dass ihm Klock bei seiner Anstellung als Hausbesorger eröffnete, dass er die Mieten zu kassieren habe. Die Bevollmächtigung ist nicht identisch mit dem Anstellungsvertrag. Erwin List erhielt seine Vollmacht zur Einziehung des Mietzinses durch eine Bevollmächtigung bei der Anstellung.

Hausverwaltungsvollmacht

Wer sich den vollständigen Wortlaut einer **Hausverwaltungsvollmacht** ersparen will (sie unterscheidet sich wesentlich von der Generalvollmacht für einen Rechtsanwalt), verwendet z. B. ein im Handel erhältliches Formular und streicht einfach die nicht gewünschten Befugnisse durch. Das Recht, einen anderen Stellvertreter nach seiner Wahl zu bestellen, nennt man auch die Befugnis zur **Substitution**. Wurde eine solche Substitutionsklausel nicht durchgestrichen, könnte der Hausverwalter auf die Vollmacht auch die Worte »Für mich mit gleichen Rechten und Pflichten an ... [Name]« setzen, unterschreiben und auf solche Weise eine **Untervollmacht** zugunsten und zulasten einer anderen Person einräumen.

Postmortale Vollmacht

Es kann auch ausdrücklich oder konkludent von vornherein oder nachträglich bestimmt werden, dass die Vollmacht durch den Tod des Vollmachtgebers nicht erlischt. Wer also der Vollmacht den Charakter einer **postmortalen Vollmacht** geben will, wird in den Text hineinschreiben, dass die Erklärung über den Tod des Vollmachtgebers hinaus wirkt. Dabei ist zu beachten, dass die für letztwillige Verfügungen bestehenden Vorschriften nicht umgangen werden dürfen. Eine solche Vollmacht kann folgendermaßen aussehen:

Generalvollmacht

Ich, der unterfertigte Kaufmann Karl Jedermann, 1010 Wien, Opernring 72, bevollmächtige meine Ehefrau Anna Jedermann, geborene Hofer, ebenda, mich in allen Angelegenheiten geschäftlicher und persönlicher Art zu vertreten. Sie ist insbesondere auch bevollmächtigt, Erklärungen gegenüber Gerichten und sonstigen Behörden abzugeben. Diese Vollmacht soll auch über meinen Tod hinaus Gültigkeit haben.

Wien, den .... Unterschrift ....

Beglaubigung der Unterschrift durch Gericht oder Notar ist zweckmäßig.

Wenn wir eine Einteilung der Vollmachten vornehmen, so lassen sich unterscheiden:

- Generalvollmachten
- Sondervollmachten

Die Einteilung der Sondervollmachten ist noch zu verfeinern:

1. **Gattungsvollmachten** sind notwendig:
   — für jede entgeltliche Veräußerung oder Erwerbung,
   — für den Abschluss von Darlehensgeschäften,
   — zur Behebung von Geld oder Geldeswert,
   — zur Prozessführung,
   — zum Abschluss von Vergleichen.
2. **Spezialvollmachten** sind erforderlich:
   — zur unbedingten Antretung oder Ausschlagung einer Erbschaft,
   — zur Errichtung von Gesellschaftsverträgen,
   — zur Gewährung von Schenkungen,
   — zur Wahl eines Schiedsrichters,
   — zur unentgeltlichen Aufgabe von Rechten.

Grundbücherliche Einverleibung

Eine **bücherliche Einverleibung** (über das Grundbuch siehe Seite 189 ff.) gegen den Vollmachtgeber kann nach dem Grundbuchsgesetz nur aufgrund einer Spezialvollmacht oder einer Gattungsvollmacht, die **nicht älter als drei Jahre** sein darf, bewilligt werden. Zum Ansuchen um eine Eintragung im Vollmachtsnamen desjenigen, dem sie zum Vorteil dient, genügt schon eine Generalvollmacht.

Stillschweigende Bevöllmächtigung

Auch **stillschweigende Bevollmächtigungen** kommen vor und spielen im praktischen Wirtschaftsleben eine überaus wichtige Rolle. Sie wirken namentlich zugunsten gutgläubiger Dritter (z. B. der Gläubiger) und bedeuten dann eine Erscheinungsform des Vertrauens auf den äußeren Tatbestand der Vertretungsmacht. So wird vermutet (§ 1030 ABGB), dass die von einem Handelsmann oder Gewerbetreibenden mit dem Verkauf von Waren betrauten Angestellten oder Lehrlinge auch bevollmächtigt seien, die Bezahlung dafür zu empfangen und Quittungen darüber auszustellen.

Allerdings erstreckt sich diese Verkaufsvollmacht nicht auf das Recht, im Namen des Eigentümers Waren einzukaufen (§ 1031 ABGB). Dienstgeber und »Familienhäupter« sind auch nicht verpflichtet, Ware zu bezahlen, die von Dienstnehmern oder Hausgenossen auf Borg bzw. Lieferschein genommen wird (§ 1032 ABGB), es sei denn, der Borgnehmer kann eine entsprechende Vollmacht vorweisen.

Unwiderruflichkeit

Was die Widerruflichkeit einer unwiderruflich ausgestellten Hausverwaltervollmacht anbelangt, so geht die Judikatur des OGH dahin, dass die **Unwiderruflichkeit auf Zeit** wirksam vereinbart werden kann, wenn damit ein über das zu besorgende Geschäft hinausgehender Zweck erreicht werden soll. Dennoch ist aus wichtigen Gründen ein Widerruf möglich. Ist aber die Vollmacht von mehreren **Miteigentümern** erteilt worden, so kann sie nicht von jedem Einzelnen, sondern nur gemeinsam widerrufen werden. Kommt keine Einigkeit über den Widerruf zustande, muss der Widerrufswillige die anderen auf Zustimmung zum Widerruf der Vollmacht klagen. Die **Gebührenpflicht** für Vollmachten ist mit 1. Jänner 2002 **entfallen**.

Geschäftsführung ohne Auftrag

Franz Binder, der Cousin Karl Jedermanns, hat während eines längeren Auslandsaufenthaltes sein Motorrad bei seinem Freund Roland Sutter in dessen Garage eingestellt. Als nun Roland Sutter in finanzielle Schwierigkeiten gerät und gezwungen ist, seine Wohnung samt Garage zu verkaufen, besteht der neue Eigentümer darauf, dass das Motorrad aus der Garage entfernt wird. Da Sutter den Aufenthaltsort seines Freundes Franz im Ausland nicht genau kennt, kann er sich auch nicht mit ihm in Verbindung setzen und klären, was nun mit dem Motorrad geschehen soll. Um zu verhindern, dass das Motorrad mangels einer anderen Einstellmöglichkeit vielleicht gestohlen wird, verkauft er es an Hans Honda, dem er die Sachlage schildert und händigt es ihm aus. Karl Jedermanns Cousin kommt nach einem halben Jahr nach Hause und verlangt nunmehr von Hans Honda die Herausgabe des Motorrads. Dieser weigert sich mit der Begründung, Roland Sutter habe als »Geschäftsführer ohne Auftrag« gehandelt und sei als solcher in der Lage gewesen, ihm das Eigentum an dem Motorrad zu übertragen. Franz Binder solle sich an seinen Freund Roland halten.

Hans Honda hatte Unrecht. Er musste das Motorrad herausgeben.

☛ Die Frage, ob der Käufer Eigentum erworben hat, beantwortet sich ausschließlich nach den §§ 380 ff. ABGB. Hier ist geregelt, durch welchen Titel und mit welcher rechtlichen Erwerbungsart man das Eigentum an beweglichen Sachen erwerben kann. Die Vorschriften über die so genannte »Geschäftsführung ohne Auftrag« (§§ 1035 ff. ABGB) behandeln genau genommen die **Geschäftsführung ohne Ermächtigung**. Sie haben aber mit unserer Frage nichts zu tun, sondern geben höchstens Auskunft, ob in der rechtlichen Beziehung zwischen Hans Honda und Franz Binder Schadenersatz, Ersatz der Aufwendungen usw. verlangt werden kann.

Die Voraussetzungen eines gültigen Eigentumserwerbes durch Hans Honda liegen im Prinzip schon deshalb nicht vor, weil Roland Sutter nicht Eigentümer des Motorrades war. Nun kann man zwar nach § 367 ABGB auch von einem Nichteigentümer das Eigentum an einer beweglichen Sache erwerben, dies aber nur unter ganz bestimmten Voraussetzungen (siehe darüber ausführlich Seite 196 f.). In unserem Fall waren sich Roland Sutter und Hans Honda zwar einig, dass die Sache in das Eigentum des Erwerbers übergehen soll; es wurde auch der Besitz am Motorrad, das bei Roland eingestellt war, auf Hans Honda übertragen. Aber als allerwichtigstes Erfordernis verlangt der § 367 ABGB, dass der Erwerber **gutgläubig** ist, das heißt, der Erwerber muss glauben, dass derjenige, der ihm die Sache veräußert, deren Eigentümer ist. Die etwa unrichtige Vorstellung von der Wirklichkeit darf nicht auf einem Verschulden beruhen. Da Hans Honda beim seinerzeitigen Erwerb nicht an das Eigentum glaubte, sondern an eine in Wirklichkeit nicht vorhandene Verfügungsbefugnis, war er nicht Eigentümer geworden und musste das Motorrad an Franz Binder herausgeben. Etwas anderes wäre es gewesen, wenn Roland Sutter sich als Eigentümer des Motorrades ausgegeben hätte. Dann könnte man Hans Honda möglicherweise die im § 367 ABGB geforderte Gutgläubigkeit zubilligen. Aber auch das nur eingeschränkt, denn es hätte ihm auffallen müssen, dass die Zulassungspapiere nicht auf Sutters Namen lauteten.

Der Cousin Karl Jedermanns brauchte einige Zeit, um das Motorrad wiederzubekommen, und hatte für die Zeit, in der er das Fahrzeug entbehrte, finanzielle Nachteile. Er verlangte daher von seinem Freund Roland Schadenersatz wegen der Fortgabe des Motorrades. Man wird diesen Anspruch grundsätzlich bejahen müssen. Roland Sutter hat ja zweifellos den Verwahrungsvertrag verletzt, indem er das Motorrad eigenmächtig veräußerte. Der Verwahrer haftet für **jedes Verschulden**. Auch bei der hier vorliegenden **unentgeltlichen** Verwahrung wird die Sorgfaltspflicht nicht verringert. Das ABGB kennt keine Privilegierung des Nachlässigen!

Aber liegt denn hier eine Nachlässigkeit vor? Im Gegenteil, Sutter war in einem besonderen Grad um das Geschick des Motorrades besorgt und nahm diese eigenmächtige Geschäftsführungshandlung vor, um die drohende dringende Gefahr eines Diebstahls abzuwenden. Deshalb wäre eine Schadenersatzklage Franz Binders wahrscheinlich **schikanöse Rechtsausübung** und darum nicht von Erfolg begleitet.

Hans Honda kann keinerlei Schadenersatzansprüche gegen Roland Sutter stellen. Zwar hat sich dieser durch Kaufvertrag verpflichtet, seinem Arbeitskollegen das Eigentum an dem Motorrad zu verschaffen. Dieser Kaufvertrag ist auch gültig, denn man kann sich verpflichten, Sachen, die einem nicht gehören, einem andern zu übereignen. Hans Honda wusste aber, dass der Verkäufer nicht Eigentümer war. Er wusste auch, dass dieser die Veräußerungsbefugnis von Tatsachen ableitete, die er, der Käufer, selbst kannte. Infolgedessen haftet ihm Roland Sutter nicht.

Aufwandersatz

Eine Geschäftsführung ohne Auftrag wird häufig **Aufwendungen** des Geschäftsführers mit sich bringen, die er natürlich erstattet haben will.

Karl Jedermann sieht einen Mann im Wasser untergehen. Er springt ihm nach und schafft ihn an Land. Die Wiederbelebungsversuche sind erfolgreich. Karl hat sich bei der Rettung den Anzug verdorben, seine Brieftasche ist ihm aus dem abgeworfenen Rock gestohlen worden und er hat sich beim Sprung ins Wasser an einem verborgenen Balken erheblich verletzt. Der Gerettete jedoch lehnt jeden Schadenersatz ab. Er habe Karl Jedermann nicht um Rettung gebeten, der Bademeister hätte ihn wohl auch ohne sein Eingreifen gerettet. Karl meint, dass im Hilferuf des Ertrinkenden ein Auftrag gelegen habe, dem er nachgekommen sei.

Karl Jedermann kann den ihm entstandenen Schaden ersetzt verlangen. Zwar besteht zwischen dem Ertrinkenden und ihm kein Auftrag. Der Hilferuf kann nicht als Auftragsangebot angesehen werden, sondern ist lediglich ein Reflexschrei, den die Angst ausgelöst hat. Es liegt aber – wie das Gesetz sagt – ein Fall von »Geschäftsführung ohne Auftrag im Notfalle« (§ 1036 ABGB) vor. Dem Geschäftsführer im Notfall wurde gewissermaßen eine **gesetzliche Vollmacht** erteilt.

Das Gesetz gewährt einen Anspruch des Geschäftsführers auf Ersatz seiner Aufwendungen, soweit sie notwendig waren oder er sie nach den Umständen für **zweckmäßig** halten durfte. Eine Vergütung für Zeitverlust kann der Geschäftsführer nur begehren, wenn darin zugleich ein Verdienstentgang durch das Versäumen einer Erwerbstätigkeit gelegen ist. Nach allgemeiner Ansicht soll es darauf ankommen, ob der Geschäftsführer die Tätigkeit in Ausübung seines Berufes oder Gewerbes gesetzt hat. Danach hätte z. B. wohl ein Arzt, der an einem Bewusstlosen Wiederbelebungsversuche vornimmt, einen Entgeltanspruch, nicht aber ein Medizinstudent.

Pflicht zur Hilfeleistung

Dagegen ist bei einer Rettung von Menschen **keine Belohnung** vorgesehen. In Österreich besteht außerdem eine gesetzliche Pflicht zur Hilfeleistung, sofern sich jemand in der Gefahr des Todes oder einer beträchtlichen Körperverletzung oder Gesundheitsschädigung befindet. Das **Unterlassen der Hilfeleistung** ist nach § 95 StGB **strafbar**, sofern die Hilfeleistung zumutbar ist. Unzumutbar ist sie insbesondere dann, wenn sie nur unter Gefahr für das eigene Leben möglich wäre. Bei Feuersbrünsten besteht nach den geltenden Feuerlöschordnungen eine gesetzliche Pflicht zur Hilfeleistung, die durch kein privates Verbot aufgehoben werden kann. Wurden bei einem **Verkehrsunfall** Personen verletzt, so haben nach der Straßenverkehrsordnung (§ 4 Abs. 1 StVO) alle Personen, deren Verhalten am Unfallort mit dem Verkehrsunfall in ursächlichem Zusammenhang steht, Hilfe zu leisten bzw. unverzüglich für fremde Hilfe zu sorgen (Strafsanktion!).

Unbefugte Geschäftsführung

Wenn kein wahrer Notfall vorliegt, wird eine Geschäftsführung ohne Auftrag vom Gesetz nicht begünstigt. **Unbefugte Geschäftsführung** wäre eine **Anmaßung** (§ 1035 ABGB), die für alle Folgen verantwortlich macht.

Bei einer »Geschäftsführung ohne Auftrag zum Nutzen des anderen« (§ 1037 ABGB) besteht nur dann ein Ersatzanspruch, wenn das Geschäft zu einem klaren und überwiegenden Vorteil geführt hat. Ob ein solcher Vorteil vorliegt, muss der Geschäftsführer beweisen. Er haftet für jede Schädigung des Geschäftsherrn.

Erfolgt die Geschäftsführung gar »gegen den Willen des anderen« (§ 1040 ABGB), dann ist der Vorgang rechtswidrig und der Geschäftsführer **verliert** den von ihm gemachten **Aufwand**, sofern dieser nicht in natura zurückgenommen werden kann (Zurücknahmerecht). Der unbefugte Geschäftsführer haftet auch für den Zufall und die nachteiligen Folgen einer durch seine Einmengung herbeigeführten Behinderung befugter Personen. Also: keine »Gschaftlhuberei«!

Im Hotel zu Gast

Als Überrest des alten Gastrechts ist die grundsätzliche Verpflichtung geblieben, dass der Herbergswirt (Hotelier) keine Fremden abweisen dürfe. Man spricht vom so genannten **Kontrahierungszwang**.

Karl Jedermann unternimmt eine Reise. Er schickt ein Fax an das Hotel »Goldene Gans«, um ein Zimmer für zwei Wochen zu reservieren. Die »Goldene Gans« antwortet nicht, da sie auf Monate hinaus belegt ist. Karl Jedermann, der als sicher angenommen hat, dass ihm aufgrund seines Fax ein Zimmer reserviert wurde, wird bei seiner Ankunft vom Portier abgewiesen und muss sich ein weit teureres Quartier in einem anderen Hotel suchen. Er verlangt von der »Goldenen Gans« Schadenersatz.

☛ Der § 1003 ABGB scheint ihm Recht zu geben. Nach dieser Bestimmung haben diejenigen Personen, die zur Besorgung bestimmter Geschäfte öffentlich (also dem Publikum gegenüber) bestellt wurden, eine besondere Verpflichtung: Sie müssen sich **ohne Zögern** gegenüber dem Auftraggeber äußern, ob sie den Auftrag annehmen oder nicht. Zu diesen besonders verpflichteten Personen zählen vor allem Rechtsanwälte und Notare. Wenn gewissen Berufsgruppen die Pflicht zur Beantwortung von Vertragsanträgen auferlegt wird, so ist der Grund wohl darin gelegen, dass der Antragsteller bei Nichtbeantwortung mit Ausführung seines Antrags rechnen und durch diesen Irrtum zu Schaden kommen könnte. Wie überall im Rechtsverkehr, so besteht aber auch hier eine wichtige Schranke: Unmögliches kann von niemandem verlangt werden! Man wird also in der Festspiel- oder Festwochenzeit, zur Hauptsaison und dergleichen diese Äußerungspflicht entfallen lassen.

Kann aber nicht vielleicht Karl Jedermann das **Schweigen** der »Goldenen Gans« als **Annahme** betrachten? Das wäre nur für Personen zutreffend, zwischen denen eine **Geschäftsverbindung** besteht. Hier im Schweigen eine Zustimmung zu erblicken, entspricht den Grundsätzen von Treu und Glauben, weil zwischen den beiden Geschäftsleuten bereits rechtliche Beziehungen bestehen, die sie zu **besonderer Sorgfalt** verpflichten. Der Bestellung von Zimmern beim Hotelier, von Losen beim Kollekteur, der Warenbestellung aufgrund zugesandter Preislisten und Kataloge etc., allen diesen Fällen ist eines gemeinsam: Der Antragsteller kann schon aus der Berufstätigkeit des Empfängers oder aus seinem früheren Verhalten erwarten, dass dieser zum Abschluss eines solchen Vertrages ohne weiteres bereit sein wird.

Annahme durch Erfüllungshandlung

Wenn nach Erhalt des Fax die Hotelleitung eine Zimmerreservierung für Karl Jedermann vornimmt und auf dem Zimmerverzeichnis einen entsprechenden Vermerk anbringt, so muss ihm das reservierte Zimmer auch freigehalten werden. Hier kommt also der Vertrag (Beherbergungsvertrag) bereits dadurch zustande, dass die Hotelleitung ihren Willen kundtut, Karl Jedermann bei sich aufzunehmen.

☛ Grundsätzlich kommt nach unserem geltenden Recht ein Vertrag nur zustande, wenn die Annahmeerklärung dem Antragsteller rechtzeitig zugekommen ist (§ 862a ABGB). Nach § 864 ABGB besteht jedoch eine **Ausnahme** für die Fälle, in denen nach der Natur des Geschäftes oder der Verkehrssitte eine ausdrückliche Erklärung der Annahme **nicht zu erwarten** ist. Wer per Fax für den nächsten Tag ein Zimmer bestellt, erwartet nicht mehr, dass er eine Antwort erhält. Wer ein Lotterielos kurz vor der Ziehung bestellt, erwartet keine Bestätigung der Lotterie-Geschäftsstelle. Notiert diese das Los für den Besteller und entfällt auf das Los ein

Gewinn, so ist der Gewinn dem Besteller auszuzahlen. Man spricht von einer Annahme durch **Erfüllungshandlung**, wenn dem Antrag tatsächlich (realiter) entsprochen worden ist. Hier ist in der Praxis allerdings vieles Beweisfrage, da ein unehrlicher Geschäftsmann nachträglich einfach die Annahme der Bestellung leugnen wird.

Eingebrachte Sachen kommen abhanden

Karl Jedermann steigt in einem Hotel ab und stellt das von seinem Freund geborgte Motorrad, mit dem er die Reise unternommen hat, in der Garage des Hotels ab. Das Motorrad wird nachts von Unbekannten gestohlen; gleichzeitig kommen Karl Jedermann einige Wäschestücke, eine teure Armbanduhr und (in einer Brieftasche verwahrte) € 400,– abhanden. Der Hotelier weigert sich, Schadenersatz zu leisten, da ihn und sein Personal kein Verschulden treffe. Außerdem befänden sich überall im Hotel Anschläge, aus denen ersichtlich sei, dass er die Haftung für abhanden gekommene Sachen ablehne.

Die Ablehnung der Haftung durch den vom Hotelier angebrachten Anschlag ist für die Hotelgäste ohne jede Bedeutung (§ 970a ABGB). Die strenge Haftung der Gastwirte ist dadurch begründet, dass sich der ortsfremde Gast bei Abschluss seines Beherbergungsvertrags meist in einer **Zwangslage** befindet und an **Zeitnot** leidet. Außerdem besteht im Hotel, in dem so viele Leute ein und aus gehen, die »Gefahr der offenen Tür«, für die der Hotelier einzustehen hat. Der Hotelier muss also Schadenersatz leisten. Er haftet zwar nicht aus Vertragsverletzung, da weder ihn noch seine Erfüllungsgehilfen ein Verschulden trifft. Er haftet aber kraft ausdrücklicher Vorschrift des § 970 ABGB aus der Gastaufnahme für die eingebrachten Sachen seiner Gäste. Hat allerdings bei der Schadensentstehung ein Verschulden des Geschädigten mitgewirkt, entscheidet der Richter nach **Ermessen**, ob und in welcher Höhe ein Ersatz für die abhanden gekommenen Sachen gebührt.

Beim Motorrad spielt es keine Rolle, dass Karl Jedermann durch dessen Verlust persönlich keinen Schaden hat. Der Schaden trifft seinen Freund. Die Rechtsprechung lässt den Wirt haften, auch wenn die verlorenen Sachen nicht Eigentum des Gastes, sondern z. B. von diesem nur entlehnt sind.

Gesonderte Verwahrung

Beim Geld ist darauf zu achten, dass der Gastwirt dem einzelnen Gast nur bis zur Höhe von € 550,– haftet. Das Gleiche gilt für die teure Uhr, für **Kostbarkeiten** und **Wertpapiere**. Für andere Sachen (außer Geld, Kostbarkeiten und Wertpapieren) ist die Haftung der Gastwirte und Badeanstaltenbesitzer auf einen Höchstbetrag von € 1.100,– beschränkt. Keine Haftungsbeschränkung ist aber dann gegeben, wenn die Sachen den genannten Unternehmern besonders zur Aufbewahrung übergeben worden sind oder wenn der Schaden von ihnen selbst oder von ihren Leuten verschuldet worden ist. Bei Kostbarkeiten ist mithin die Höchstsumme niedriger, um den Gast zu veranlassen, sie dem Wirt **eigens in Verwahrung** zu geben.

☛ Der OGH versuchte eine Definition der **Kostbarkeiten** und versteht darunter alles, was bei kleinem Rauminhalt und geringem Gewicht sehr hohen Wert hat und nach der Rechtsüberzeugung des Volkes als Kostbarkeit (Wertsache) angesehen wird.

Welche Unternehmer haften nach § 970 ABGB aus dem Titel der Gastaufnahme:

§§ 1. **Gastwirte, die Fremde beherbergen** (also Zimmerwirte im Gegensatz zu den bloßen Speisenwirten): für den Verlust oder die Beschädigung der eingebrachten Sachen, die sie oder ihre Leute verschuldet haben; oder für den Schaden, den fremde, in dem Haus aus und ein gehende Personen verursacht haben. Für den gewaltsamen Einbruch haftet der Herbergswirt also nicht, denn das geht über das bloße »Einundausgehen« hinaus.
2. **Unternehmer, die Stallungen und Aufbewahrungsräume haben** (dazu zählen Garagen, Park- und Campingplätze): nur für die eingestellten Tiere, Fahrzeuge und die darauf befindlichen Sachen.
3. **Besitzer von Badeanstalten**: nur für Sachen, die üblicherweise bei der Benützung solcher Anstalten mitgebracht werden (also das Badezeug vor allem). Dazu gehört aber auch die Taschen- oder Armbanduhr.

Ebenso besteht die beschriebene Haftung aus der Gastaufnahme für **Pensionen**, ausgenommen sind kleine, ganz familiäre und nur Dauermietverhältnissen dienende Pensionen.

Von der Rechtsprechung wurde ebenso die Haftung für eine Privatkuranstalt und für ein Freudenhaus (ohne Übernachtung) anerkannt, dagegen für Theater, Fitnessclubs, Schlafwagen und Schiffskabinen verneint. Auf möblierte Zimmer finden die Vorschriften des § 970 ABGB keine Anwendung. Ebenso ist ein dauernder Mietvertrag in einem Gasthaus (z. B. als Folge der Wohnungsnot) keine Gastaufnahme, weshalb auch die besondere Haftung daraus entfällt.

Von der Rechtslehre wird mit einer Analogie zur Haftung der Badeanstaltenbesitzer gearbeitet, wenn der Benützer gezwungen ist, seine Kleider im Umkleideraum zurückzulassen (wie z. B. auf Sportplätzen, in Fitnessclubs, Schulen, Laboratorien und ärztlichen Behandlungsräumen).

Wichtig ist für die Geltendmachung der Gastwirtehaftung, dass der Gast nach erlangter Kenntnis unverzüglich dem Wirt den Schaden anzeigt.

Besuch im Hotelrestaurant

Karl Jedermann trifft sich nachmittags mit einem Bekannten im Restaurant des Hotels. Dort werden Karl Jedermann und seinem Bekannten die Mäntel gestohlen, die sie auf einen Haken gehängt hatten.

Der Wirt haftet Karl Jedermann als Verwahrer aus der Gastaufnahme für Verlust und Beschädigung der eingebrachten Sachen. Auch Sachen, die ein Gast am Leibe trägt, sind eingebracht, solange er sich in den Räumen des Gasthofes aufhält. Die Überkleidung ist wohl **eingebrachte** Sache. Spielt es aber eine Rolle, dass Karl Jedermann den Mantel abgelegt und auf einen Haken gehängt hat?

Die Rechtsprechung neigt hier eher dazu, sich gegen die Haftung des Gastwirts von abgelegten Sachen auszusprechen. So hat sie z. B. einmal für einen im Lesezimmer des Hotels aufgehängten Überrock den Wirt nicht haften lassen. Aus einer Aufschrift oder aus der Verkehrsauffassung ist zu beurteilen, ob Karl Jedermann in unserem Fall gegen den Hotelier seinen Schadenersatzanspruch mit Erfolg wird geltend machen können.

Der Bekannte Karl Jedermanns ist vom Hotelier nicht zur Beherbergung aufgenommen worden. Ihm gegenüber hat also der Wirt nur die Stellung eines **Schank- oder Speisenwirtes**, der nicht unter § 970 ABGB fällt (siehe oben).

Der Bekannte von Karl kann sich auch nicht darauf berufen, dass er mit dem Wirt einen eigenen **Verwahrungsvertrag** geschlossen habe, der diesen zu einer besonderen Aufsicht verpflichtete. Das Aufstellen von Kleiderständern oder das Anbringen von Kleiderrechen ist eine Bequemlichkeit für die Gäste, nicht aber ein besonderer Vertragsschluss über die Verwahrung der Sache. Schilder, die vor Taschen- oder Kleiderdieben warnen, sind juristisch überflüssige Vorsichtsmaßregeln. Das Gleiche gilt auch für einen Arzt oder Rechtsanwalt, der im Wartezimmer Kleiderhaken angebracht hat. Bei Abhandenkommen von Garderobe tritt also keine Haftung ein.

Wenn allerdings eine besondere Garderobenablage in einem besonderen Raum eingerichtet ist oder sogar Zwang zur Garderobenabgabe besteht, so kommt bei Abgabe der Garderobe ein besonderer Verwahrungsvertrag zustande. Der Gastwirt muss dann für jedes eigene Verschulden oder das seiner Erfüllungsgehilfen einstehen. Der Inhaber eines Hotelrestaurants haftet auch für das in einem **unbeaufsichtigten** Garderobenraum abgelegte Kleidungsstück eines Speisegastes, selbst wenn dieses (wie z. B. ein Nerzmantel) wertvoll ist und wenn keine Garderobenmarken ausgegeben werden.

Wann beginnt die Haftung?

Eingebracht sind auch Sachen, die dem Personal des Hotels auf dem Bahnhof oder vor dem Hotel übergeben werden. Wenn also der Hoteldiener den ihm auf dem Bahnhof ausgehändigten Gepäckschein verliert und dadurch das Abhandenkommen des Gepäcks bewirkt, so haftet der Hotelwirt dem Gast für den hierdurch entstandenen Schaden. Dabei ist es gleichgültig, ob der Gast im Hotel überhaupt Aufnahme findet. Stellt sich bei seiner Ankunft im Hotel heraus, dass sämtliche Zimmer gerade besetzt sind, so haftet der Hotelwirt dennoch, da die Entgegennahme der Sachen durch den Hoteldiener eine **vorläufige Einbringung** ist.

Hat sich aber jemand **fälschlich** für einen der Leute des Wirts ausgegeben und die Gepäckstücke übernommen, dann besteht keine Haftung des Gastwirtes nach § 970 ABGB.

Die Anmeldung beim Empfang

Wer in einem Beherbergungsbetrieb (Gasthof, Hotel, Pension und dergleichen) Unterkunft nimmt, ist **ohne Rücksicht auf die Unterkunftsdauer** unverzüglich, jedenfalls aber innerhalb von 24 Stunden nach seinem Eintreffen durch Eintragung in ein Gästeblatt anzumelden (§ 5 Abs. 1 Meldegesetz). Alle Inhaber gewerblicher Beherbergungsbetriebe haben **Gästeblätter** zu führen. Beträgt die Unterkunftsdauer in einem Beherbergungsbetrieb mehr als zwei Monate, so ist der Unterkunftnehmer außerdem bei der Meldebehörde anzumelden (§ 5 Abs. 4 Meldegesetz). Die entsprechenden Formulare sind vollständig und wahrheitsgemäß auszufüllen. Für die Richtigkeit der Angaben ist grundsätzlich der Gast verantwortlich. Der Hotelwirt wäre nur dann wegen Mitschuld strafbar, wenn er im Einverständnis mit dem Gast vorsätzlich die Eintragung falscher Angaben **unterstützen oder dulden** würde.

Meldevorschriften

Johannes Mach nimmt es auf seinen Geschäftsreisen mit den Meldevorschriften nicht so genau. Ohne Wissen seiner Ehefrau, die zuhause die vier Kinder versorgt, trifft er sich unterwegs ab und zu mit seiner Freundin Felizitas Teuer und steigt mit ihr in Pensionen und Hotels ab, wobei er sie als seine Ehefrau ausgibt und dies auch auf das Gästeblatt schreibt.

Mach hat sich damit einer Verwaltungsübertretung schuldig gemacht. Das falsche Ausfüllen des Formulars ist ein **Verstoß gegen die Meldevorschriften** und wird mit Geldstrafe bis zu € 726,–, im Wiederholungsfall bis zu € 2.180,– bestraft.

Karl Jedermann auf Reisen

Karl Jedermann bucht in einem Reisebüro eine Flugpauschalreise in einem an einer herrlichen Badebucht gelegenen Hotel, Zimmer mit Meerblick. Als er ankommt, entpuppt sich das Hotel als Baustelle, vom nicht vorhandenen Meerblick ganz zu schweigen. Nach seiner Rückkehr begehrt er vom Reisebüro Schadenersatz für entgangene Urlaubsfreude.

Ersatz für entgangene Urlaubsfreude

Aufgrund einer Entscheidung des Europäischen Gerichtshofs (EuGH) wurde mit dem Zivilrechts-Änderungsgesetz 2004 (ZivRÄG 2004) im Bereich des Konsumentenschutzgesetzes (KSchG) unter anderem der Ersatz für entgangene Urlaubsfreude bei Reiseveranstaltungsverträgen vorgeschrieben. Der neue § 31e Abs. 3 KSchG lautet:

§§ Wenn der Reiseveranstalter einen erheblichen Teil der vertraglich vereinbarten Leistungen nicht erbracht hat und dies auf einem dem Reiseveranstalter zurechenbaren Verschulden beruht, hat der Reisende auch Anspruch auf angemessenen Ersatz der entgangenen Urlaubsfreude. Bei der Bemessung dieses Ersatzanspruchs ist insbesondere auf die Schwere und Dauer des Mangels, den Grad des Verschuldens, den vereinbarten Zweck der Reise sowie die Höhe des Reisepreises Bedacht zu nehmen.

Der Ersatzanspruch nach § 31e Abs. 3 KSchG ist allerdings vom Vorliegen zweier Voraussetzungen abhängig:

1. Der Veranstalter hat einen erheblichen Teil der vertraglich geschuldeten Leistung nicht erbracht, sei es, dass die Reise überhaupt nicht stattgefunden hat, sei es, dass erhebliche Reisemängel aufgetreten sind.
2. Weiters hat der Verbraucher einen Anspruch auf Ersatz wegen der entgangenen Reisefreude nur dann, wenn der Veranstalter oder seine Erfüllungsgehilfen den erheblichen Mangel verschuldet haben. Es besteht also kein verschuldensunabhängiger Schadenersatzanspruch, wohl aber ein solcher nicht nur bei Vorsatz und grober Fahrlässigkeit, sondern auch bei leichter Fahrlässigkeit gemäß § 1313a ABGB.

Die Höhe des Ersatzes für die entgangene Urlaubsfreude sollte in einem angemessenen Verhältnis zu den von der Rechtsprechung festgelegten Schmerzensgeldbeträgen (siehe Seite 145 f.) stehen. Ansprüche auf Ersatz anderer Nachteile werden durch die Neuregelung im Übrigen nicht berührt.

Prospektwahrheit

Die Angaben im Reisekatalog (Reiseprospekt) sind verbindlich. Man darf sich darauf verlassen, dass z. B. die im Katalog genannte Entfernung zum Meer stimmt, die Ausstattung des Hotels den Angaben entspricht und »ruhige Lage« nicht bedeuten kann, dass das Zimmer an der Wand zur Disko liegt. Es gelten die Grundsätze der Prospektwahrheit, der Prospektklarheit und der Prospektvollständigkeit.

Um sich Probleme und Missverständnisse zu ersparen, ist es wichtig, den Katalog aufzubewahren. Ein Vergleich von Katalog und Reisepapieren lohnt sich, um Ungereimtheiten noch vor der Abreise klären zu können. Der an den Urlaubsort mitgebrachte Reisekatalog kann helfen, an Ort und Stelle die Ansprüche durchzusetzen.

Für mindere oder nicht erhaltene Leistungen steht den Reisenden ein Anspruch auf Gewährleistung zu. Um die Entschädigungsansprüche auch sicher durchzusetzen, ist es wichtig, die Beweise zu sichern. Dazu zählen Bestätigungen des Hotels, des Reisebüros usw. über nicht oder nur mangelhaft erhaltene Leistung (z. B. drei Nächte vereinbarungswidrig in einem Zimmer ohne Meerblick).

Eine schriftliche Beschwerde soll die kritisierten Punkte möglichst exakt beschreiben. Vorhandene Bestätigungen und/oder Beweismittel in Kopie beifügen.

Die Entschädigungsansprüche für mangelhafte Leistung sind nach Beendigung der Reise an den Veranstalter, üblicherweise unter Einschaltung des vermittelnden Reisebüros, zu stellen. Allenfalls kann man vorher den Verein für Konsumenteninformation (VKI), 1061 Wien, Mariahilfer Straße 81, Tel. (01) 588 77-0, e-Mail: konsument@vki.or.at, Internet: http://www.konsument.at oder die Konsumentenberatungsstelle bei den Kammern für Arbeiter und Angestellte in den einzelnen Bundesländern heranziehen.

Preisminderungsansprüche

Frankfurter Tabelle

Als Hilfe für die Bemessung der Preisminderungsansprüche bei Mängeln im Urlaubsquartier (Unterkunft, Verpflegung, Sonstiges) und dem Transport dorthin kann nach der Rechtsprechung der österreichischen Gerichte auch in Österreich die so genannte **»Frankfurter Tabelle«** herangezogen werden.

Dabei ist allerdings zu beachten:

- Geringfügige Beeinträchtigungen bleiben außer Betracht.
- Die Höhe des Prozentsatzes richtet sich bei Rahmensätzen nach der Intensität der Beeinträchtigung.
- Der Prozentsatz wird grundsätzlich vom Gesamtpreis (also einschließlich Transportkosten) erhoben. Dabei werden die vom Reisenden gezahlten Beträge für Versicherungen und Zuschläge für erhöhten Flugkomfort abgezogen.
- Soweit Beeinträchtigungen während der Reisedauer nur zeitweilig auftreten, wird für die Minderung der auf die entsprechende Zeit umgelegte Gesamtpreis zugrunde gelegt.
- Bei Vorliegen mehrerer Mängelpositionen werden die Prozentsätze addiert. Es gibt jedoch Höchstprozentsätze.

Der Reiseveranstalter geht in Konkurs

Allgemeines

Aufgrund der Pauschalreisen-Richtlinie der Europäischen Union wurde in Österreich die Reisebüro-Sicherungsverordnung (RSV) erlassen, die ein spezielles Sicherungssystem für Kundengelder für den Fall der Insolvenz eines Reiseveranstalters vorsieht. Dieses Sicherungssystem gilt allerdings nur für Pauschalreisen. Das sind Reisen, bei denen der Veranstalter mindestens zwei Reiseleistungen (z. B. Beförderung und Unterbringung) zu einem Gesamtpreis anbietet.

Für Pauschalreisende soll sichergestellt werden, dass sie im Fall der Insolvenz des Reiseveranstalters bezahlte Beträge rückerstattet bekommen und dass für ihre Rückreise gesorgt ist. Das Sicherungssystem bezieht sich nur auf die Insolvenz eines österreichischen Reiseveranstalters.

Die Insolvenz des Reiseveranstalters ist anzunehmen, wenn die Zahlungsunfähigkeit erklärt oder ein Konkurs- oder Ausgleichsverfahren über ihn eröffnet wird bzw. die Konkurseröffnung mangels ausreichenden Vermögens abgelehnt wird.

Die RSV regelt nur die Insolvenz des Reiseveranstalters.

Geht dagegen ein Reisevermittler (Reisebüro) in Konkurs, dann ist grundsätzlich davon auszugehen, dass der Reiseveranstalter die in seinem Namen vom Reisebüro kassierten Beträge anerkennen muss. Der Reiseveranstalter ist in diesem Fall für die ordnungsgemäße Durchführung der Reise verantwortlich und kann sich nicht hinter der Zahlungsunfähigkeit des Reisevermittlers verstecken. Die Zahlung an den Reisevermittler wirkt so, als hätte der Reisende direkt an den Reiseveranstalter gezahlt.

Abdeckung des Insolvenzrisikos bei Reiseveranstaltern

Die RSV verpflichtet die Reiseveranstalter, Versicherungen (bzw. Bankgarantien oder Garantien einer Körperschaft öffentlichen Rechts) abzuschließen, um das Risiko der Insolvenz gegenüber den Reisenden abzudecken.

Im Fall der Insolvenz werden den Reisenden erstattet:

- die bereits entrichteten Zahlungen (Rückerstattung der Anzahlung), soweit die Reiseleistungen gänzlich oder teilweise infolge Insolvenz des Veranstalters nicht erbracht wurden und
- die notwendigen Aufwendungen für die Rückreise (Kosten des Rücktransports und des Hotels, falls diese nochmals bezahlt werden müssen; Telefonkosten usw.), die infolge Insolvenz des Veranstalters entstanden sind.
- Der Veranstalter hat weiters sicherzustellen, dass den Reisenden ein Abwickler, d. h. eine rund um die Uhr erreichbare Stelle in Österreich, die die Schadensabwicklung besorgt, zur Verfügung steht.

Veranstalterverzeichnis

Das Veranstalterverzeichnis dient zur Kontrolle über die Abdeckung des Insolvenzrisikos von Reiseveranstaltern. Es wird vom Bundesministerium für Wirtschaft und Arbeit, Reiseveranstaltungsregister, 1010 Wien, Stubenring 1, Tel. (01) 711 00-5379, 5817, Internet: http://www.bmwa.gv.at/unternehmen/unt.fs.htm geführt.

Die Gesellschafter nach ABGB

Karl Jedermann ist stellungslos und sieht sich nach einem neuen Erwerb um. Ein Bekannter von ihm betreibt einen Spirituosenhandel und braucht einen Teilhaber. Karl Jedermann will sich mit einer angemessenen Geldeinlage und mit seiner Arbeitskraft beteiligen.

In einem solchen Fall muss zwischen Karl Jedermann und seinem Bekannten ein **Gesellschaftsvertrag** (§ 1175 ABGB) geschlossen werden. Der angestrebte Zweck muss erlaubt, braucht aber nicht rein vermögensrechtlicher Natur zu sein. Die Gesellschaft nach bürgerlichem Recht kann auch künstlerischen oder wohltätigen Zwecken dienen.

Die bürgerlich-rechtliche Gesellschaft wird nicht in das Firmenbuch eingetragen. Sie kann nicht unter ihrem Namen klagen oder geklagt werden, sondern es müssen immer sämtliche Gesellschafter als Kläger oder Beklagte auftreten. Auch beim Abschluss von Verträgen oder bei sonstigen Rechtsgeschäften müssen die Gesellschafter alle insgesamt auftreten, soweit sie nicht ausdrücklich einem oder einzelnen Gesellschaftern Vertretungsvollmacht erteilen.

Die bürgerlich-rechtliche Gesellschaft ist also schwerfälliger als die entsprechenden Gesellschaften des Handelsrechts (siehe Seite 269 ff.). Will man sie für einen zufrieden stellenden Gesellschaftsbetrieb nützen, so ist ihr durch entsprechende Bestimmungen im Gesellschaftsvertrag die notwendige Beweglichkeit zu verschaffen.

Tatsache ist, dass der Gesellschaft bürgerlichen Rechts im Wirtschaftsleben eine außerordentliche Bedeutung zukommt. Es werden sehr mächtige organisatorische Zusammenschlüsse auf dieser Rechtsform aufgebaut. Auch die so genannten **Gründerkonsortien** für die künftige Bildung von Aktiengesellschaften (siehe Seite 283 ff.) sowie die Gesellschaften mit beschränkter Haftung (siehe Seite 279 ff.) bedienen sich vorerst dieser Grundlage.

€ Die Gesellschaft bürgerlichen Rechts ist in steuerlicher Hinsicht eine Personengesellschaft. Umsatzsteuer zahlt die Gesellschaft als solche. Jeder einzelne Gesellschafter ist mit dem ihm zufließenden Gewinnanteil einkommensteuerpflichtig.

Verschiedene Gemeinschaften

Gemeinschaft der Beteiligten

Es ist denkbar, dass Personen in eine länger andauernde Rechtsbeziehung geraten, ohne dass sie diese bewusst herbeigeführt haben. Wenn zwei Spaziergänger im gleichen Augenblick eine verlorene Sache finden, so stehen beide dem Verlierer gemeinschaftlich als Finder gegenüber. Da eine solche Gemeinschaft die Beteiligten nicht zur Erreichung eines bestimmten Zieles vereinigt, kann sich jeder Einzelne beliebig aus ihr lösen.

Wo die Verfolgung eines gemeinsamen Zieles nicht auf einer Vereinbarung beruht, sondern durch zufällige, beide gemeinsam betreffende Ereignisse bewirkt wird oder durch Gesetz oder eine letzte Willenserklärung zustande kommt (§ 825 ABGB), ist naturgemäß das Einzelinteresse stark betont.

Bruchteilgemeinschaft

Anders und enger ist schon die **Bruchteilgemeinschaft** bei Liegenschaften beschaffen. Nach österreichischem Recht hat jeder Miteigentümer einen Anteil, der in einem Bruchteil (einer Quote) besteht. Die Verfügung über die Sache selbst, Besitz, Verwaltung und Nutzung stehen allen Miteigentümern gemeinsam zu. Gewöhnliche Verwaltungsakte werden mit Stimmenmehrheit beschlossen. Die Mehrheit wird nach Anteilen berechnet, die Minderheit muss sich fügen; außerordentliche Verwaltungsakte verlangen jedoch die Zustimmung aller Miteigentümer. Ist weder Einstimmigkeit noch die Einigung auf Entscheidung durch einen Schiedsmann oder durch das Los zu erzielen, entscheidet der Richter.

Über seinen Anteil verfügt jeder Miteigentümer selbstständig; er kann ihn veräußern und belasten (§ 829 ABGB). Jeder Miteigentümer kann endlich verlangen, dass die **Gemeinschaft aufgelöst** werde, nur darf dieser Anspruch nicht zur Unzeit erhoben werden.

Gesamthand

Die Gesamthand stellt die engste Bindung eines gemeinschaftlichen Vermögens dar und unterscheidet sich vom Miteigentum dadurch, dass eine Verfügung der Teilhaber über ihre Anteile unzulässig ist, die Verfügung über das ganze Recht aber nur der Gesamtheit der Teilhaber zusteht. Eine Aufhebung der Gemeinschaft durch Teilungsklage ist ausgeschlossen. Im österreichischen Recht haben wir nur einzelne Fälle einer solchen Gesamthandschaft, etwa die offene Handelsgesellschaft (OHG) (siehe Seite 269 ff.) und die Kommanditgesellschaft (KG) (siehe Seite 240 und 273).

Die Verwahrung

Ein **Verwahrungsvertrag** ist die im beiderseitigen Einverständnis erfolgte Hingabe und Übernahme einer Sache in die Obsorge des Verwahrers (§ 957 ABGB). Man nennt einen solchen Vertrag, bei dem es auf die Hingabe und spätere Rückgabe einer Sache ankommt, auch Realvertrag. Der Verwahrer hat dabei eine ausgesprochene Vertrauensstellung. Er wird bloßer Inhaber einer Sache mit der **Verpflichtung zur Obsorge** und zur **unversehrten Rückstellung** am Ende der Verwahrung.

Eine Cousine Karl Jedermanns hatte vor ihrer Flucht aus der DDR in den Westen wertvollen Schmuck aus ihrer Dresdener Wohnung zu einem befreundeten Ehepaar nach Ost-Berlin gebracht, um ihn vor der Beschlagnahme durch die dortigen Behörden zu schützen. Als sich auch das Ehepaar zur Flucht in den Westen gezwungen sah, stand es vor der Frage, was es mitnehmen solle. Da dies nur sehr wenig sein konnte und die eigenen Schmuckstücke nicht so wertvoll waren, nahmen sie den Schmuck der Cousine Karl Jedermanns mit. Nach der gelungenen Flucht wurden sie in Österreich von der Cousine ausfindig gemacht und zur Herausgabe des Schmucks aufgefordert. Dies lehnte das Ehepaar mit der Begründung ab, dass es ja nicht verpflichtet gewesen sei, den Schmuck mitzunehmen, da sie bei der überstürzten Abreise ja nicht einmal ihr eigen Hab und Gut hätten retten können.

Nach österreichischem Recht müssen sie der Cousine Karl Jedermanns den Schmuck herausgeben, denn dieser ist nach wie vor deren Eigentum. Dafür besitzt das Ehepaar die Rechte des Verwahrers:

1. auf **Entlohnung**, wenn eine solche ausdrücklich oder stillschweigend vereinbart wurde;
2. auf **Schadenersatz**, wenn ihm z. B. feuergefährliche Stoffe übergeben wurden und er dadurch zu Schaden kommt, vorausgesetzt, dass der Verwahrer nicht von der Feuergefährlichkeit der ihm übergebenen Stücke in Kenntnis gesetzt wurde;
3. auf **Aufwandersatz**, wenn es sich um einen berechtigten Aufwand handelt. Berechtigt ist ein Aufwand, soweit er dem Zweck der Verwahrung entspricht.

In unserem Beispiel kann man im Verzicht auf die Mitnahme eigener Sachen **Aufwendungen** sehen, die das Ehepaar den Umständen nach für erforderlich halten durfte. Man wird also feststellen müssen, was es anstelle des fremden Schmucks an eigenen Werten hätte mitnehmen können. Den Wert dieser Gegenstände muss die Cousine dem Verwahrer ersetzen.

Das ist vielleicht sehr schwierig festzustellen. In diesem Fall hilft uns noch folgende Überlegung weiter: Trotz Obsorgepflicht braucht der Verwahrer die eigene, wenn auch geringerwertige Sache für die Rettung der fremden Sache nicht aufzuopfern. Das Ehepaar hat aber tatsächlich eigene Sachen zurückgelassen und damit aufgeopfert. Es kann dafür **angemessenen Ersatz** nach § 967 ABGB verlangen, hat aber keinen Anspruch auf Bergelohn (siehe Seite 94).

Befristung der Ansprüche

Sehr wichtig ist die **Befristung** der Ansprüche. Der Anspruch der Cousine auf Rückstellung des Schmucks verjährt erst in **30 Jahren**. Dagegen muss das Ehepaar seine Ersatzansprüche in einer sehr kurzen Frist von **30 Tagen** ab Rückstellung der Sache geltend machen. Um diese Frist zu wahren, genügt nach der Praxis allerdings die außergerichtliche Geltendmachung des Anspruchs.

Spiel- und Wettschulden

Wette und Spiel gehören zu den Glücksverträgen (gewagte Verträge), bei denen der Zufall über Gewinn und Verlust entscheidet. Wenn sie keinem wirtschaftlichen Zweck dienen, sind sie in der Regel erlaubt.

Wette

Eine **Wette** liegt vor, wenn zur Bewährung einer Behauptung in einem Meinungsstreit vereinbart wird, dass derjenige, dessen Behauptung sich als unrichtig erweist, etwas leisten soll. Wesentlich ist, dass die Entscheidung beiden Teilen unbekannt ist oder doch von dem, der sie kennt, nicht verheimlicht wird. Unredliche Wetten und Wetten mit unsittlichem Inhalt, z. B. darüber, ob jemand ein Verbrechen zu begehen imstande ist, sind nichtig.

Spiel

Beim **Spiel** handelt es sich nicht um Bewährung einer Behauptung, sondern um Unterhaltung, Aufregung und dergleichen. Die Parteien können zur Herbeiführung der Entscheidung Handlungen vornehmen, z. B. Kartenspiel, oder die Entscheidung von einem ihnen an sich gleichgültigen Ereignis abhängig machen. Zahlreiche Spiele sind wegen ihrer Gefährlichkeit für das Vermögen der Spieler vom Gesetz verboten (Hasardspiele, wie z. B. »Stoß«).

Spielschulden sind Ehrenschulden

Karl Jedermann spielt mit einigen Freunden regelmäßig Tarock. Freund Fritz hat mehrmals verloren und versprochen, in Kürze seine Spielschuld zu bezahlen. Er tut dies aber nicht.

Der Vertrag ist nur dann verbindlich, wenn der vereinbarte Gewinn (Preis) nicht bloß versprochen, sondern wirklich **gezahlt** oder bei einem Dritten **hinterlegt** worden ist. Andernfalls ist die Verpflichtung unklagbar.

Das Gericht soll also mit solchen Geschäften nichts zu tun bekommen, denn sowohl die gerichtliche Rückforderung eines schon bezahlten Gewinns als auch eine Forderung auf Auszahlung eines nicht bereits erlegten Gewinns sind unzulässig. Es liegt mit anderen Worten eine »natürliche Verbindlichkeit« vor, die zwar freiwillig bezahlt, deren Erfüllung aber nicht erzwungen werden kann (derartige Schulden sind »zahlbar, aber nicht klagbar«).

Verbotenes Spiel

Eine nicht klagbare Spielschuld kann nicht in eine Darlehensschuld umgewandelt werden. Sie kann auch nicht durch Zahlungsversprechen oder Bürgschaft gesichert oder durch Anerkenntnis in eine klagbare Schuld verwandelt werden. Stellt der Verlierer allerdings über die Schuldsumme einen Wechsel aus und gibt ihn der Gewinner an einen eigenen Gläubiger weiter, so kann dieser den Wechsel geltend machen. Die Rückforderung eines Darlehens, das zum Zweck eines **verbotenen** Spiels gegeben wurde, ist nach ABGB unzulässig.

Die Frage, ob auch der Spielverlust in einem verbotenen Spiel nicht zurückgefordert werden kann, wird in der Rechtslehre unterschiedlich beantwortet. Stellt man darauf ab, dass der Spielverlust in einem verbotenen Spiel zu einem unerlaubten Zweck hingegeben wurde, so folgt die Unzulässigkeit der Rückforderung aus dem allgemeinen Grundsatz, dass niemand sich auf seine eigene Unredlichkeit berufen dürfe. Hat jedoch der Gewinner falsch gespielt (gezinkte Karten), dann kann der Verlust jedenfalls zurückgefordert werden, weil dafür ein besonderer Rechtsgrund vorliegt.

Preisausschreiben und psychologischer Kaufzwang

Karl Jedermann sieht in einer Illustrierten das Preisausschreiben eines Versandhauses. Die Lösung der Rätselfrage ist auf einem vorgedruckten Schein einzutragen. Alle Teilnehmer, die eine richtige Lösung einsenden, erhalten eine Gutschrift über 2.000 Punkte. In einem Begleitschreiben wird jeder Teilnehmer aufgefordert, eine Warenbestellung laut beigefügter Angebotsliste aufzugeben, damit er weitere 900 Punkte erhalte.
An der Auslosung dieses Wettbewerbs könnten nur Kunden mit 3.000 Punkten teilnehmen; über die Zuerkennung der letzten 100 Punkte werde eine Jury entscheiden. Die Teilnehmer könnten die bestellten Waren umtauschen oder gegen Geldrückgabe zurückstellen und behielten in diesem Fall trotzdem ihre 900 Punkte.

Hier handelt es sich um eine Form der Werbung, die darin besteht, die Trägheit des durch die verschiedensten Formen der Werbung übersättigten Publikums zu überwinden, indem zunächst seine Neugier geweckt und ihm für die Mühe, die mit einer Probebestellung verbunden ist, ein zusätzlicher Anreiz durch die Gewinnchance gegeben wird. Karl Jedermann hat das Gefühl, dass ein solcher Wettbewerb im Hinblick auf die damit verbundene **Warenbestellung** unzulässig sei. Sein Gefühl trügt ihn nicht! Ein Werbepreisausschreiben, bei dem die Teilnahme von einer Warenbestellung unter Nachnahme des Kaufpreises abhängig ist, ist wohl als unzulässig anzusehen, mag dem Teilnehmer auch die Möglichkeit eines Umtauschs oder einer Rückgabe der Ware gegen Rückerstattung des Kaufpreises geboten werden.

☛ Dadurch soll verhindert werden, dass die Spielsucht, das heißt das Bestreben, durch Zufall zu gewinnen, zum Antrieb für die Deckung des Bedarfs gemacht wird. Die zugebilligte Möglichkeit eines Umtauschs oder der Geldrückgabe einschließlich des Rückportos gewährleistet nicht jene volle Freizügigkeit des Bestellers, die das Gesetz im wirtschaftlichen Verkehr gewahrt wissen will. Vor allem ist der Anreiz, eine Ware zu behalten, dann bedeutend größer, wenn man sie bereits bezahlt hat und wenn sie sich bereits im Gewahrsam des Käufers befindet.

Ein **psychologischer Kaufzwang** ist ferner gegeben, wenn sich der Teilnehmer seinen Gewinn im Geschäftslokal des Veranstalters abholen muss oder wenn die Verlosung im Geschäftslokal stattfindet oder die Gewinne am Packtisch abzuholen sind, ja unter Umständen allein schon beim Vorhandensein von übermäßig hohen und wertvollen Preisen, die den Kunden zu unwirtschaftlichen Abschlüssen verleiten können.

Gemeinsamer Totogewinn

Gewinnansprüche im Sporttoto bestehen nur aufgrund der richtigen Tipps auf dem Original des Totoscheins bzw. der damit übereinstimmenden Eintragungen auf der Kopie.

Karl Jedermann setzt sich abends mit einem Bekannten und dessen Freundin zusammen und füllt den Wettschein unter Abwägung der ihm von den andern erteilten Ratschläge aus. Der Tipp kommt mit einigen hundert Euro Gewinn heraus.

Ob Karl Jedermann den Gewinn abgeben muss, hängt von Folgendem ab: Man muss aus den Umständen entnehmen, ob ein Vertrag, und zwar ein **Gesellschaftsvertrag** (siehe Seite 111), vorliegt oder nicht. Das Hauptargument hierfür wird die Beteiligung am Geldeinsatz sein. Hat jeder der Beteiligten den gleichen Betrag für den Einsatz zugezahlt, so muss man auf das Vorliegen eines Gesellschaftsvertrags mit gleicher Gewinnbeteiligung schließen. Werden einem Tipper von dritter Seite lediglich ein paar Ratschläge gegeben, so wird man hierin nur eine freundschaftliche Gefälligkeit erblicken können, die keinerlei Ansprüche auslöst. Das gilt ebenso für das gemeinsame Spielen eines Lotterieloses.

€ Spielgewinne, Lotteriegewinne und Gewinne aus Rennwetten unterliegen nicht der Einkommensteuerpflicht.

Spekulationen

Auch der Handel mit Wertpapieren, das so genannte **Spekulieren**, ist Spiel. Oft kommt es gar nicht auf die Anschaffung der Papiere an, sondern auf die Auszahlung der Differenz zwischen den beiden Kaufvertragssummen. Deshalb wird diese Art Geschäft auch **Differenzgeschäft** genannt. Man muss immer abwarten, welche Börsenkurse am Termin des Rückkaufs vorliegen. Die Gefährlichkeit solcher Zeitgeschäfte hat dazu geführt, dass sie nur in beschränktem Maße zulässig sind. Als Spekulationsgeschäfte gelten jene Veräußerungsgeschäfte, bei denen der Zeitraum zwischen Anschaffung und Veräußerung, wenn es sich um Grundstücke (ebenso Erbbaurecht, Erbpachtrecht, Mineralgewinnungsrecht) handelt, nicht mehr als zehn Jahre, und wenn es sich um bewegliche Wirtschaftsgüter handelt, nicht mehr als ein Jahr beträgt.

€ Einkünfte aus Spekulationsgeschäften sind sonstige Einkünfte im Sinne des § 2 Abs. 3 Z. 7 Einkommensteuergesetz (EStG). Sie sind nur dann steuerfrei, wenn sie den Betrag von € 440,– im Jahr nicht überschreiten.

Bürgschaft und Garantievertrag

Das Geschäft des Lebensmittelhändlers Fridolin Knapp befindet sich in Schwierigkeiten und die Lieferanten wollen nicht mehr auf Kredit Waren liefern. Als Knapp dringend auf eine Lieferung angewiesen ist, sagt die Ehefrau Knapp zu dem Lieferanten Groß: »Wenn Sie meinem Mann die erbetene Warenlieferung gewähren, stehe ich für die Zahlung dieser Schuld ein.« Frau Knapp hat etwas eigenes Vermögen, sodass der Lieferant dadurch veranlasst wird, dem Ehemann Knapp Waren im Wert von € 8.000,– auf Kredit zu liefern. Knapp kann aber nur € 2.000,– bezahlen und gerät dann in Konkurs. Nunmehr fordert Groß die restlichen € 6.000,– von Frau Knapp.

Bürgschaftserklärung

Der Gläubiger glaubt, gegen Frau Knapp aus dem Titel der Bürgschaft vorgehen zu können. Dies scheitert aber daran, dass nach § 1346 Abs. 2 ABGB die Bürgschaftserklärung **schriftlich** abgegeben werden muss. Nur ein **Vollkaufmann** kann nach § 350 HGB auch eine mündliche Bürgschaftserklärung verbindlich abgeben. Frau Knapp ist aber kein Kaufmann, geschweige denn ein Vollkaufmann.

Kumulative Schuldübernahme

Es besteht jedoch die Möglichkeit, in der Erklärung der Frau Knapp eine so genannte **kumulative Schuldübernahme** zu sehen. Diese bedarf nicht der Form des § 1346 ABGB, sondern ist auch mündlich wirksam. Diese so genannte »Mitschuldübernahme« liegt vor, wenn ein Dritter durch Vereinbarung mit dem Gläubiger sich verpflichtet, die Schuld eines andern zu erfüllen. Aus einer solchen kumulativen Schuldübernahme erlangt der Gläubiger das Recht auf Befriedigung gegenüber demjenigen, der das Versprechen geleistet hat. Die Verpflichtung des Schuldners bleibt dem Gläubiger gegenüber bestehen (§ 1406 ABGB).

In unserem Fall besteht bei Frau Knapp sogar ein eigenes wirtschaftliches Interesse daran, dass ihrem Mann das Darlehen gewährt wird. Nicht nur ihr Unterhaltsanspruch gegen ihren Ehemann hängt vom Fortbestand des Geschäfts ab; sie ist auch deswegen unmittelbar an dem Fortbestand des Geschäfts interessiert, weil sie im Fall des Todes ihres Gatten als dessen Erbin Inhaberin des Geschäfts werden würde. Es wird daher eine kumulative Schuldübernahme vorliegen und deshalb kann Frau Knapp zur Zahlung der € 6.000,– an den Lieferanten Groß verurteilt werden.

Bürgschaftsvertrag

Der **Bürgschaftsvertrag** wird zwischen **Bürge** und **Gläubiger** abgeschlossen. Praktisch muss sich freilich meist der Schuldner darum bemühen, einen tauglichen Bürgen zu finden. Das Rechtsverhältnis zwischen Schuldner und endlich gefundenem Bürgen wird meist ein Auftrag sein.

€ Die Rechtsgeschäftsgebühr für die Bürgschaftserklärung beträgt 1 v. H. des Wertes der verbürgten Verbindlichkeit. Ist die Verbindlichkeit nicht in Geld schätzbar, wird von jedem Bogen der Bürgschaftserklärung eine feste Gebühr von € 13,– erhoben (§ 33 TP 7 GebührenG).

Garantievertrag

Keine Bürgschaft ist der so genannte **Garantievertrag**. Hier muss das Einstehen für einen Erfolg unzweideutig aus der Vereinbarung hervorgehen. Garantieversprechen kommen verhältnismäßig selten vor und verpflichten den Versprechenden, wenn die Leistung des Dritten ausbleibt, zur vollen Genugtuung. Für ein solches Versprechen gilt **nicht** die Formvorschrift der Schriftlichkeit. Beim Einstehen für einen Erfolg verbürgt sich der Versprechende dem Empfänger des Versprechens dafür, dass ein anderer eine Leistung vornimmt. Trotzdem handelt es sich beim Garantieversprechen keineswegs um eine Bürgschaft, und zwar deshalb, weil eine Hauptschuld, das ist eine Schuld des Dritten, überhaupt noch nicht besteht. Als Beispiel folgender Fall:

Die Segelfliegergruppe »Möwe« bittet eine Luftfahrtgesellschaft, sie möge doch ihren großen Airbus einmal in Salzburg landen lassen, damit die Bevölkerung die Maschine aus der Nähe betrachten könne. Die Luftfahrtgesellschaft macht geltend, dass eine solche Landung Unkosten von etwa € 6.000,– verursachen würde. Daraufhin erklärt die Segelfliegergruppe, dass dieser Betrag ja durch eine Besichtigungsgebühr der Besucher des Flugzeugs sicher hereinkommen werde. Für eine etwaige Differenz stehe die Segelfliegergruppe ein. Damit ist die Luftfahrtgesellschaft einverstanden. Am Tag der Landung findet jedoch ein Fußballmatch statt, das überaus großes Interesse – besonders bei der Jugend – findet, sodass nur wenige Besucher das Düsenflugzeug besichtigen. Die Luftfahrtgesellschaft nimmt die Segelfliegergruppe für den Ausfall von € 5.000,– in Anspruch.

Sie tut dies mit Recht, da der mit der Segelfliegergruppe geschlossene Garantievertrag **formlos** gültig ist.

Umfang der Bürgenhaftung

Für den Umfang der Schuld des Bürgen ist die **Hauptschuld** maßgebend. Wenn sich also Karl Jedermann für eine Schuld seines Freundes Fritz Lustig in der Höhe von € 700,– verbürgt, so ist er noch nicht sicher, dass es bei der Summe von € 700,– bleibt. Erfüllt Lustig seine Schuld nicht rechtzeitig, so hat der Gläubiger Anspruch auf

Verzugszinsen; möglicherweise hat er wegen dieses Verzuges auch Schadenersatzansprüche, aufgrund deren er nicht mehr € 700,–, sondern beispielsweise € 1.000,– zu fordern hat.

Volle Verbürgung

Grundsatz ist, dass der Bürge niemals für mehr haften kann, als der Hauptschuldner zu leisten verpflichtet ist, und dass er nur in der gleichen Art in Anspruch genommen werden kann wie dieser. Der Bürge haftet aber nicht schlechthin für die Verpflichtung des Hauptschuldners nach ihrem vollen jeweiligen Umfang. Das wäre nur bei der so genannten **vollen Verbürgung** der Fall. Liegt keine volle Verbürgung vor, haftet also jetzt Karl Jedermann nicht einfach für € 1.000,–, sondern nur insoweit, als sein erkennbarer Parteiwille reicht. Wer sich für die Zahlung eines bestimmten Schuldbetrages (z. B. für € 700,–) verbürgt, haftet nicht ohne weiteres auch für die Verzugszinsen, in der Regel auch nicht für Mahnspesen, Prozess- und Exekutionskosten oder andere Nebengebühren. Er haftet auch nicht für eine allfällige Vertragsstrafe, die der Hauptschuldner zu leisten hat. Dagegen steht der Bürge für den Anspruch auf **Schadenersatz wegen Nichterfüllung** ein, weil dieser Anspruch an die Stelle des ursprünglichen Leistungsanspruches tritt.

Subsidiaritätsgrundsatz

Grundsätzlich kann der Bürge erst dann in Anspruch genommen werden, wenn der Gläubiger den Hauptschuldner gerichtlich oder außergerichtlich gemahnt hat. Eine vorherige Klage ist somit nicht erforderlich. Voraussetzung für die Inanspruchnahme des Bürgen ist nur die **erfolglose**, wenn auch außergerichtliche Mahnung des Schuldners (§ 1355 ABGB). Man nennt das den Grundsatz der **Subsidiarität**. Handelt es sich um die Bürgschaft für eine Geldforderung, so braucht nicht erst Fahrnisexekution vergeblich versucht worden zu sein. Es muss auch keine wirkungslos gebliebene Gehalts- oder Lohnpfändung vorausgegangen sein. Weiters braucht der Gläubiger keine Zwangsvollstreckung in ein Grundstück des Schuldners versucht zu haben.

☛ Das Gesagte gilt aber nur für die gewöhnliche Bürgschaft. Für besondere Bürgschaftsformen gilt etwas anderes. Solche wichtigen Spezialfälle sind:

- **Haftung als Bürge und Zahler:**
  Bei dieser selbstschuldnerischen Bürgschaft (§ 1357 ABGB) hängt es vom Willen des Gläubigers ab, ob er zuerst den Hauptschuldner oder den Bürgen oder beide zugleich belangen will.
- Ebenfalls **keine Subsidiarität** und daher die Möglichkeit, ohne Mahnung des Hauptschuldners sogleich an den Bürgen heranzutreten, besteht nach § 1356 ABGB, wenn:
  1. der Aufenthalt des Hauptschuldners zur Zeit der Fälligkeit der Schuld unbekannt ist;
  2. ein Konkurs über das Vermögen des Hauptschuldners eröffnet wurde.
- Dagegen ist bei der **Ausfallsbürgschaft** die **Vorausklage** gegen den Schuldner erforderlich.

Schadlosbürgschaft

Die zuletzt genannte Bürgschaftsform heißt auch **Schadlosbürgschaft**. Hier verbürgt sich der Nachschuldner ausdrücklich nur für das, was der Hauptschuldner nicht zu zahlen vermag. In einem solchen Fall kann der Gläubiger den Bürgen erst dann belangen, wenn er seine Forderung beim Hauptschuldner nicht hereingebracht und dadurch Schaden erlitten hat. Ein Ausfall kann ja erst festgestellt werden, sobald der

Gläubiger den Hauptschuldner vergeblich geklagt und gegen ihn fruchtlos Exekution geführt hat. Man nennt das auch kurz »Ausklagen« des Hauptschuldners als Voraussetzung für die Inanspruchnahme des Schadlos- oder Ausfallsbürgen.

Rückgriff und Pfand

Hat der Bürge an den Gläubiger gezahlt, so kann er seinerseits vom Schuldner die Rückerstattung des von ihm gezahlten Betrages verlangen. Dieses Problem soll uns der nachfolgende Fall erläutern:

Karl Jedermann verbürgt sich für die Schuld seines Freundes Fritz Lustig in Höhe von € 1.000,– gegenüber dem Gläubiger Franz Glatt. Gleichzeitig verpfändet ein gemeinsamer Bekannter, Bernd Hoch, für diese Schuld dem Glatt ein Gemälde. Als der Fälligkeitstag herangekommen ist, zahlt Karl Jedermann, weil Fritz Lustig kein Geld hat.

Forderungsübergang

Durch diese Zahlung geht einmal die Forderung des Gläubigers Glatt gegen Lustig gesetzlich auf Karl Jedermann über. Dies hat ferner die Wirkung, dass ihm nunmehr das Pfandrecht Glatts am Gemälde von Bernd Hoch zusteht. Karl Jedermann wird daher mithilfe dieses Pfandstückes wohl zu seinem Geld kommen.

Der Bekannte Bernd Hoch wäre auch nicht schlechter dran, wenn er anstelle Karl Jedermanns den Gläubiger befriedigt. Denn wer eine fremde Schuld bezahlt, heißt es im § 1358 ABGB, für die er »persönlich oder mit bestimmten Vermögensstücken haftet, tritt in die Rechte des Gläubigers und ist befugt, von dem Schuldner den Ersatz der bezahlten Schuld zu fordern«. Es liegt hier ein gesetzlicher **Forderungsübergang** vor (über Forderungsabtretungen siehe Seite 126 ff.).

Vollregress

In unserem Beispiel haben zwei Personen eine **fremde Schuld** bezahlt: Karl Jedermann eine Schuld, für die er sich verbürgt hat; Bernd Hoch eine Schuld, für die er ein Gemälde verpfändet hat. In beiden Fällen treten sie in die Rechte des befriedigten Gläubigers Franz Glatt ein und verlangen Ersatz von Fritz Lustig.

Die Bestimmung des § 1358 ABGB ermöglicht also den **Vollregress** und ist für das praktische Rechtsleben von außerordentlicher Bedeutung. Eine teilweise Einlösung der Forderung hat auch nur ihren teilweisen Übergang auf den Bürgen bzw. auf den Pfandbesteller zur Folge.

Sorgfaltspflicht des Gläubigers

Besondere Vorschriften gelten, wenn Bürgschaft und Pfand zusammentreffen. Wurde vor Abschluss des Bürgschaftsvertrags oder wenigstens gleichzeitig mit diesem zur Forderungssicherung auch ein Pfand bestellt, so darf der Gläubiger nicht zum Nachteil des Bürgen das Pfand aufgeben (§ 1360 ABGB) und dadurch den Rückgriff des Bürgen beeinträchtigen. Wohlgemerkt: Franz Glatt könnte zwar den Bürgen Karl Jedermann wie sonst in Anspruch nehmen und er könnte dann auch auf das Pfandrecht am Gemälde zugunsten von Bernd Hoch verzichten, aber er darf es **nicht**

zum Nachteil des Bürgen Karl Jedermann tun. Diese Bestimmung hat ihren Grund in der gesetzlich anerkannten **Sorgfaltspflicht des Gläubigers** gegenüber dem Bürgen.

Vertrag zugunsten und zulasten Dritter

Niemand kann durch Vereinbarungen mit einem anderen einen Dritten verpflichten, ohne zu dessen Vertretung befugt zu sein. Verträge zulasten Dritter würden das Recht der Persönlichkeit des Dritten verletzen und würden nichtig oder zumindest anfechtbar sein. Verträge **zugunsten Dritter** sind hingegen zulässig (§ 881 ABGB), doch muss man unterscheiden:

Keine Berechtigung des Dritten (unechter Vertrag zugunsten Dritter)

Oft handelt es sich einfach um eine Vereinbarung, bei der ein Vertragsteil sich vom andern eine Leistung an einen Dritten versprechen lässt. Etwa wenn Karl Jedermann an der Theaterkasse eine Eintrittskarte kauft und für seine Freundin zurücklegen lässt. Die Freundin war in keiner Weise an diesem abgeschlossenen Theaterbesuchsvertrag beteiligt und hat auch kein Recht daraus erworben. Sie kann nicht auf Ausfolgung der Karte klagen, selbst wenn diese auf ihren Namen lautet.

Unmittelbare Berechtigung des Dritten (echter Vertrag zugunsten Dritter)

Hier handelt es sich um Vereinbarungen, aus denen der Dritte ein Recht auf Leistung gegen denjenigen erwirbt, der einem andern die Leistung an ihn versprochen hat. Der Dritte kann die **Leistungsklage** erheben. Selbstverständlich kann auch derjenige Vertragsteil, dem die Leistung an den Dritten versprochen wurde, die Erfüllung des Versprechens einfordern.

Der Dritte erwirbt nun ein Recht auf Leistung aufgrund eines fremden Rechtsgeschäftes entweder durch **ausdrückliche Vereinbarung** zwischen den Vertragsteilen oder dann, wenn die Leistung **hauptsächlicher Vorteil des Dritten** ist. Als Beispiele lassen sich denken: Übergabe eines Wertpapiers an einen andern mit dem Auftrag, es nach dem Tod des Gebers einem Dritten auszufolgen, oder der Abschluss eines Versicherungsvertrages auf den Ablebensfall zugunsten eines Dritten.

Arzt und Transportunternehmen

Die Frau des Bauern Sebastian Grundner ist schwer erkrankt. Grundner ruft den in der benachbarten Stadt wohnenden Arzt an und bittet ihn, sofort zu kommen. Als dieser erklärt, sein Wagen sei beim Service und er habe zu so später Stunde keine Fahrgelegenheit mehr, erwidert Grundner, er werde für eine Fahrgelegenheit sorgen. Grundner setzt sich mit seinem Nachbarn, dem Transportunternehmer Schnell, in Verbindung und vereinbart mit ihm, dass der Arzt sofort geholt werde. Schnell schickt einen seiner Lieferwagen mit Fahrer in die Stadt, um den Arzt zu holen. Auf der Fahrt zurück zum Hof Grundners schläft der übermüdete Fahrer ein, der Wagen gerät in einen Graben und stürzt um. Der Arzt wird erheblich verletzt.

In erster Linie kann der Arzt von Grundner Schadenersatz verlangen. Mit ihm hat er einen Werkvertrag (siehe Seite 64 f.) zur Behandlung der Ehefrau geschlossen (Behandlungsvertrag). Die Erklärung des Bauern, er werde für eine Beförderungsmöglichkeit des Arztes sorgen, ist eine ausdrücklich übernommene Nebenpflicht zum Behandlungsvertrag. Grundner hat sich allerdings nicht verpflichtet, selbst die Beförderung durchzuführen, sondern er hat lediglich die Verpflichtung übernommen, eine Beförderungsmöglichkeit ausfindig zu machen. Seine Verantwortung bestand darin, einen geeigneten Transportunternehmer zu suchen, und das hat er getan. Insofern trifft ihn auch nicht das geringste Verschulden.

Erfüllungsgehilfe

Darauf kommt es allerdings gar nicht an. Er haftet nämlich für fremdes Verschulden wie für sein eigenes, und zwar für das Verschulden des Erfüllungsgehilfen (§ 1313a ABGB). **Erfüllungsgehilfe** des Bauern war dem Arzt gegenüber das Transportunternehmen bzw. der übermüdete Fahrer.

Gegen den Fahrer hat zwar der Arzt einen Anspruch aus unerlaubter Handlung, weil dieser durch sein fahrlässiges Verhalten den Unfall verursachte; der Schadenersatzanspruch gegen ihn ist aber praktisch bedeutungslos, weil er wohl kaum genügend Einkommen oder Vermögen haben wird, um zahlen zu können.

Prüfen wir noch der Vollständigkeit halber, ob sich der Arzt an das Transportunternehmen halten kann.

Haftung der Fuhrleute

Ein Anspruch aus unerlaubter Handlung ist nicht gegeben, da den Fuhrunternehmer kein Verschulden trifft. Das ist hier aber nicht die entscheidende Frage. Der § 1316 ABGB setzt eine **Haftung der Fuhrleute** für ihre Dienstpersonen fest. Ein Verschulden des Dienstgebers wird nicht gefordert, wohl aber ein Verschulden der Leute, die er verwendet.

An einem Verschulden des Fahrers ist nicht zu zweifeln. Der Fahrer war übermüdet und darf sich daher nicht mehr ans Steuer setzen. Dass er dennoch fährt, macht seine Fahrlässigkeit aus. Er gefährdet damit sich und andere. Hätte der Fahrer unter Hinweis auf seine Müdigkeit eine weitere Fahrt abgelehnt und wäre er von seinem Dienstgeber vielleicht genötigt worden, trotzdem den Arzt zu fahren, dann läge ein Mitverschulden des Transportunternehmers vor.

Wenn der Fahrer untüchtig ist oder wenn der Transportunternehmer wusste, dass sein Fahrer eine gefährliche Person ist, haftet Schnell dem Arzt aus dem Titel der **Besorgungsgehilfenhaftung** nach § 1315 ABGB.

☛ Anders wäre es, wenn zwischen dem Arzt und Schnell ein Vertrag bestünde. Denn dann wäre der Fahrer **Erfüllungsgehilfe** des Transportunternehmers innerhalb eines Vertrages mit dem Arzt. In diesem Fall müsste Schnell nach § 1313a ABGB das Verschulden des Fahrers als Erfüllungsgehilfen wie eigenes Verschulden gegen sich gelten lassen.

Vertrag zugunsten Dritter

Ob nun eine solche vertragliche Beziehung zwischen Schnell und dem Arzt besteht, hängt davon ab, ob man die Vereinbarungen zwischen dem Bauern Grundner und dem Transportunternehmer Schnell als einen Vertrag zugunsten des Arztes ansehen kann. Dies setzt voraus, dass Schnell mit seiner Erklärung, den Arzt abzuholen, sich auch dem Arzt gegenüber verpflichten wollte.

Bejaht man dies, so liegt ein echter **Vertrag zugunsten Dritter** vor. Dann hat der Arzt einen eigenen Anspruch auf die ordnungsgemäße Erledigung der Beförderung und Schnell muss für seinen Fahrer einstehen. Kann man dagegen einen solchen Verpflichtungswillen des Transportunternehmers nicht annehmen, so besteht eine Verpflichtung Schnells nur dem Bauern Grundner, nicht aber auch dem Arzt gegenüber.

Die Reihenfolge der Ansprüche aus dem Unfall des Arztes sieht schematisch so aus:

	Behandlungsvertrag		Beförderungsvertrag		Dienstvertrag	
verletzter Arzt	→	Bauer Grundner	→	Transportunternehmer Schnell	→	übermüdeter Fahrer
	§ 1313a ABGB		§ 1313a ABGB		§§ 1293 ff. ABGB	

Erklärung: Der Arzt verlangt wegen der Körperverletzung Ersatz der Heilungskosten, Verdienstentgang und Schmerzensgeld. Diese Ansprüche erhebt er gegen den Bauern Grundner, mit dem er den Behandlungsvertrag abgeschlossen hat, und beruft sich dabei auf die Erfüllungsgehilfenhaftung. Grundner muss zahlen. Im Regressweg fordert er seinerseits Ersatz von Schnell, mit dem er einen Beförderungsvertrag abgeschlossen hat, und beruft sich ebenfalls auf die Erfüllungsgehilfenhaftung. Schnell muss zahlen. Im Regressweg fordert seinerseits Schnell Ersatz vom Fahrer, mit dem er einen Dienstvertrag abgeschlossen hat, und beruft sich dabei auf die Verletzung des Dienstvertrags bzw. auf die Bestimmungen des Schadenersatzrechts.

Der arme Mann und seine reiche Frau

Elisabeth Schoder ist erkrankt. Der Ehemann ruft den Arzt. Dieser behandelt die hoch fiebernde Kranke bis zur völligen Genesung. Als Frau Schoder wieder gesund ist, nimmt sie eine gut bezahlte Stellung im Modesalon »Rimini« an. Ihr Gatte hingegen, der den Arzt seinerzeit gerufen hat, muss sein bislang betriebenes kleines Unternehmen liquidieren und wird dadurch einkommenslos. Als der Arzt sein Honorar nicht erhält, klagt er die nunmehr gut verdienende Frau Schoder.

Der Arzt wird mit seiner Klage wenig Erfolg haben. Ein vertraglicher Anspruch besteht nicht, da er lediglich mit dem Ehemann Schoder einen **Behandlungsvertrag** zugunsten dessen Ehefrau geschlossen hat. Aus diesem Vertrag zugunsten Dritter wurde die Ehefrau zwar berechtigt, die ärztlichen Handlungen entgegenzunehmen, nicht aber auch verpflichtet, sie zu honorieren. Diese Verpflichtung hatte vielmehr nur der Ehemann. Man kann auch nicht sagen, dass die Ehefrau selbst einen neuen Vertrag geschlossen hat, als sie die Behandlung entgegennahm. Zunächst war sie ja infolge ihres Fiebers unfähig, ihren Willen kundzutun. Und später, als sie fieberfrei war, wollte sie lediglich die Leistungen entgegennehmen, zu denen sich der Arzt dem Ehemann gegenüber verpflichtet hatte.

Frau Schoder würde jedoch selbst haften, wenn sie vermögend ist und ihr vermögensloser Mann zu ihrer Behandlung den Arzt kommen lässt, den er dann nicht bezahlen kann. Falls sie nun den Arzt an ihren zahlungsunfähigen Ehemann verweist, handelt sie arglistig. Sie wusste nämlich von vornherein, dass der Arzt bei ihrem Mann nicht zu seinem Geld kommen kann, während der Arzt nicht übersehen konnte, wie sich die Vermögensverhältnisse innerhalb des Haushalts gestalten.

Das Stiegenhaus und seine Benützer

Beim **Vertrag zugunsten Dritter** betreibt die Rechtspraxis, wie es in der Fachsprache heißt, erweiternde Auslegung. Am besten wird das an einem variierten Beispiel klar:

Über den schlecht gelegten Teppich im Stiegenhaus stürzen:

1. der Sohn des Mieters,
2. ein Besucher des Mieters.

Der Sohn des Mieters hat einen **Schadenersatzanspruch** gegen den Hauseigentümer. Da der Sohn des Mieters über diesen mit dem Hausherrn in einer Rechtsbeziehung steht, ist das Teppichlegen ihm gegenüber eine **Erfüllungshandlung** des Vermieters durch das Hauspersonal (Hausbesorger) als Erfüllungsgehilfen. Das Verschulden seines Personals wird dem Hauseigentümer zugerechnet. Die Nachlässigkeit des Hausbesorgers ist so anzusehen, als träfe den Vermieter selbst ein Verschulden. Der Besucher hingegen steht zum Hauseigentümer in keinerlei vertraglicher Beziehung, auch nicht als Berechtigter aus einem Vertrag zugunsten Dritter. Das Teppichlegen kann also dem Besucher gegenüber keine Erfüllungshandlung im Rahmen eines Vertrages sein. Der Hausherr haftet ihm für seine Angestellten (Hausbesorger, Gärtner, Heizer usw.) höchstens als Besorgungsgehilfen nach § 1315 ABGB, was aber schwierige Beweise nötig macht. Der Besucher müsste die Untüchtigkeit des Angestellten darlegen oder beweisen, dass der Dienstgeber um die Gefährlichkeit seines Verrichtungsgehilfen wusste.

Glatter Gehsteig und verletzter Passant

Ein Straßenpassant namens Gottfried Pech stürzt im Winter auf dem eisglatten, nicht gestreuten Gehsteig vor einem Haus und zieht sich Verletzungen zu.

Pech könnte nun eine **Schadenersatzklage** gegen den Hausbesorger richten, der seiner Streupflicht nicht nachgekommen ist. Damit würde er auch Erfolg haben, doch steht der Durchsetzung seines Anspruchs die Vermögenslosigkeit des Hausbesorgers entgegen.

☛ Nach der **Straßenverkehrsordnung 1960** haben die Eigentümer von Liegenschaften in Ortsgebieten dafür zu sorgen, dass die dem öffentlichen Verkehr dienenden Gehsteige und Gehwege einschließlich der in ihrem Zuge befindlichen Stiegenanlagen entlang der ganzen Liegenschaft in der Zeit von 6 bis 22 Uhr von Schnee und Verunreinigungen **gesäubert** sowie bei Schnee und Glatteis bestreut sind. Ist kein Gehsteig (Gehweg) vorhanden, so wird der Straßenrand in der Breite von einem Meter zu säubern und zu bestreuen sein. Dabei muss es sich nach einer Entscheidung des OGH um ein **wirksames** Streumittel handeln (Sägespäne z. B. genügen nicht). Ferner müssen die Liegenschaftseigentümer dafür sorgen, dass Schneewächten oder Eisbildungen von den Dächern ihrer an der Straße gelegenen Gebäude entfernt werden (§ 93 Abs. 1 und 2 StVO). Vorsorglich ordnet die Straßenverkehrsordnung noch an, dass andere Rechtsvorschriften wie z. B. das schon erwähnte **Hausbesorgergesetz** von diesen Bestimmungen nicht berührt werden, also bezüglich der Säuberungs- und Streupflicht ebenfalls gelten. Ferner wurde vorgesehen, dass diese Pflichten der Anrainer auch denjenigen treffen, dem sie der Anrainer durch Rechtsgeschäft (z. B. Dienst- oder Bestandvertrag) übertragen hat.

Wer entgegen den geschilderten Pflichten nicht für die Säuberung oder Bestreuung der Straße sorgt, wird mit einer **Geldstrafe** bis zu € 72,– oder bei deren Uneinbringlichkeit mit Arrest bis zu 48 Stunden zu belegen sein (§ 99 Abs. 4 lit. h StVO). Zur Erfüllung der durch diese Vorschriften auferlegten Pflichten bedient sich nun der Hausherr meist eines Hausbesorgers und haftet dann für dessen Verschulden wie für sein eigenes. **Erfüllungspflicht** besteht aber, wie wir wissen, nur den Mietern, ihren Familienangehörigen und dem Dienstpersonal gegenüber. Was aber, wenn ein fremder Passant verletzt wurde? Ihm gegenüber besteht jedenfalls keine Erfüllungspflicht des Hauseigentümers. Nach Ansicht des OGH muss jedermann zugemutet werden, bei schwierigen Verkehrsverhältnissen **besonders vorsichtig** zu sein.

Die Rechtslehre möchte allerdings dem armen Passanten helfen und billigt ihm einen **Ersatzanspruch** gegen den Hauseigentümer zu, indem sie behauptet, die Pflicht des Hauseigentümers zur Bestreuung bei Glatteis bestehe im Interesse aller, die den Gehsteig dort betreten; alle hätten daher ein **subjektives Recht** auf diese Bestreuung. Daher haftet der Hauseigentümer für das Verschulden seines Verrichtungsgehilfen auch dem fremden Passanten gegenüber.

Der Hauseigentümer wird wahrscheinlich nicht aus dem Titel der Erfüllungsgehilfenhaftung nach § 1313a ABGB, vielleicht aber wegen der Besorgungsgehilfenhaftung nach § 1315 ABGB in Anspruch genommen werden können. Vorsichtige Hauseigentümer werden sich schützen und auf alle Fälle eine freiwillige Haftpflichtversicherung eingehen, die sich sowohl für sie selbst als auch für die von einem Unfall betroffenen Personen günstig auswirken kann.

Aufrechnung

Es kann sein, dass sich Forderungen zweier Personen gegenüberstehen. Dann kann eine gegenseitige Tilgung der beiderseitigen Verpflichtungen geltend gemacht werden. Diese gegenseitige Aufhebung der Verbindlichkeiten (§ 1438 ABGB) heißt Aufrechnung oder Kompensation.

Schadenszufügung und Arbeitslohn

Onkel Ottos Hausgehilfin Irma Rupp zerbricht aus Versehen die große Kanne des Augarten-Kaffeeservices. Als Onkel Otto sie deswegen erbost zur Rede stellt und fragt, wie sie das denn gemacht habe, antwortet sie schnippisch: »So!« und kippt ihm das restliche Geschirr vom Tablett vor die Füße. Onkel Otto will der Hausgehilfin so lange keinen Barlohn bezahlen, bis er den Wert des zerbrochenen Geschirrs wieder hereingebracht hat. Irma Rupp erklärt, dies sei nicht möglich, da sie ja dann keinerlei Bargeld habe, um ihr Leben bestreiten zu können

Gewiss können Geldforderungen unter gewissen Voraussetzungen gegeneinander aufgerechnet werden. Diese Voraussetzungen wären **Gegenseitigkeit, Gleichartigkeit, Richtigkeit** und **Fälligkeit** der Forderungen. Der Schadenersatz erstrebt, dass beim Geschädigten der Zustand wiederhergestellt wird, der ohne die eingetretene

Schädigung bestehen würde. Darum geht § 1323 ABGB vom Ersatz in natura aus. Nur wenn der Naturalersatz nicht möglich ist, wird der Schätzwert vergütet, also Ersatz in Geld geleistet.

Naturalersatz/Geldersatz

Das Kaffeeservice ist wahrscheinlich ein Serienprodukt und daher in natura zu ersetzen. Bei solchen vertretbaren Sachen kann ein Ersatz auch durch Leistung von Sachen gleicher Art erfolgen. Nun ist aber die **Aufrechnung** einer Geldforderung (der Hausgehilfin auf Arbeitslohn) gegen die Forderung auf Naturalersatz (des Onkels für erlittenen Schaden) nach der Rechtsprechung **unzulässig**.

Nehmen wir an, beim zerbrochenen Service handelt es sich um ein einmaliges Stück. Dann spricht man von einer Speziessache und der Ersatz wäre in Geld zu leisten, da ein Naturalersatz unmöglich ist. Jetzt stünde also Geldforderung gegen Geldforderung. Dennoch hat es mit der Kompensation einen Haken. Nach den Bestimmungen der Exekutionsordnung (§ 293 EO) muss die Aufrechnung mit einer unpfändbaren Forderung als ungültig erachtet werden. Diese Bestimmung will ein Umgehen der Exekutionsfreiheit verhindern und betrifft in erster Linie Dienstbezüge.

Der Barlohn einer Hausangestellten liegt aber häufig unter der pfändungsfreien Lohngrenze des § 291a EO (siehe Seite 85 f.). Demnach wäre also eine Aufrechnung durch Onkel Otto nicht möglich. Dieses Aufrechnungsverbot ist eine Schutzbestimmung für den meist wirtschaftlich schwächeren Arbeitnehmer. Einen solchen Schutz verdient aber nicht, wer sich – gegen alle guten Sitten verstoßend – über die Rechtsordnung eigenmächtig hinwegsetzt, wie es Irma Rupp getan hat, als sie ihrem Arbeitgeber das kostbare Geschirr vor die Füße warf. Mit einem solchen Tun verwirkt sie ihr Recht, sich auf Schutzbestimmungen der Rechtsordnung zu berufen.

☛ Auch das **Hausgehilfen- und Hausangestelltengesetz 1962** bestimmt ausdrücklich, dass der Dienstnehmer (bei uns also die Hausgehilfin Rupp) die seiner (ihrer) Obsorge anvertrauten Personen und Sachen **pflichtgemäß zu behandeln** hat; im Rahmen des Dienstverhältnisses sind die Interessen des Dienstgebers wahrzunehmen und auch die Gebote der Sittlichkeit zu beachten (§ 2 Abs. 3 HGAG). Andererseits ist zu beachten, dass während des Dienstverhältnisses nicht wirksam auf Entgeltansprüche verzichtet werden kann. Desgleichen ist gemäß § 20 HGAG eine innerhalb einer Woche nach Auflösung des Dienstverhältnisses vom Dienstnehmer abgegebene Erklärung über Entgeltansprüche rechtsunwirksam. Nach Ablauf dieser Woche kann auf das Entgelt grundsätzlich rechtswirksam verzichtet werden. Das Urlaubsentgelt und die Abfindung sind der Exekution entzogen, soweit diese nicht die Unterhaltsansprüche (beispielsweise der Mutter von Irma Rupp) betrifft.

Unpfändbare Forderungen

Unzulässigkeit der Aufrechnung gegen unpfändbare Forderungen ist nur ein Prinzip. Von jedem Prinzip gibt es aber Ausnahmen. Auch in unserem Fall ist eine Ausnahme im § 293 Abs. 3 EO gegeben. Diese Bestimmung gestattet die Aufrechnung von Gegenforderungen als Ersatz für vom Gläubiger der exekutionsfreien Forderung **vorsätzlich zugefügte Schäden**. Demnach braucht Onkel Otto seiner Hausgehilfin so lange keinen Lohn zu zahlen, bis der Wert des absichtlich vom Tablett gekippten Geschirrs ersetzt ist.

Dienstnehmerhaftung

Anders verhält es sich mit der Kanne des Services, die Irma Rupp **unabsichtlich** zerbrochen hat – nehmen wir an, ihr sei beim Geschirrabwaschen das Malheur passiert. Der Onkel wird auch hier Schadenersatz verlangen. Will er aber die Schadenssumme von Irma Rupps Lohn abziehen, so kann diese innerhalb von 14 Tagen **widersprechen** und ihren Arbeitgeber damit zwingen, vor dem Arbeits- und Sozialgericht seinen Schaden geltend zu machen. Nach den Bestimmungen des Gesetzes über die **Dienstnehmerhaftung** (BGBl. Nr. 80/1965) kann der Richter in Fällen eines minderen Versehens die Schadenersatzverpflichtung des Dienstnehmers mäßigen oder ganz nachsehen. Er hat dabei neben dem Grad des Verschuldens auch den Ausbildungsstand des Dienstnehmers und vor allem die Höhe seiner Lohnbezüge zu berücksichtigen. Für eine entschuldbare Fehlleistung haftet der Dienstnehmer auf keinen Fall.

Noch ein Wort über die **Höhe** des zu leistenden Geldersatzes. Bei **vorsätzlicher** Schädigung wird volle Genugtuung geleistet (§ 1323 ABGB), das heißt, es ist nicht nur der wirkliche Schaden, sondern auch der entgangene Gewinn zu ersetzen und die verursachte Beleidigung zu tilgen.

Wurde ein Schaden aus Mutwillen und Schadenfreude herbeigeführt, so kann sogar der **Wert der besonderen Vorliebe** gefordert werden (§ 1331 ABGB). »Mutwillen« ist dabei nicht in dem harmlosen, gewöhnlichen Wortsinn zu verstehen; es bedeutet im Schadenersatzrecht **boshafte Freude an der Schädigung**. Da diese besondere Färbung der absichtlichen Schadenszufügung bei der Hausgehilfin bestanden hat, ersetzt sie beim Augarten-Service mit Ausnahme der Kanne den außerordentlichen Wert, bei der Kanne hingegen bloß den gemeinen Wert.

Vorsätzlich zugefügter Schaden muss ersetzt werden

Karl Jedermanns Berufskollege Walter Löwe hat seit langem vergeblich versucht, eine Geldforderung von € 1.000,– gegen seinen Schuldner Willi Zeisig durchzusetzen. Sämtliche Pfändungen sind bisher erfolglos verlaufen. Zeisig ist aber immer gut angezogen und lebt fröhlich dahin. Eines Tages lauert ihm Walter Löwe auf, zerfetzt Zeisigs Anzug, bricht ihm einen kleinen Finger und sagt: »Ein Anzug, das macht etwa 400 Euro, ein gebrochener Finger, der kostet vielleicht 600 Euro Schmerzensgeld, das macht zusammen tausend Euro. Nun sind wir quitt.«

Löwe irrt sich. Er hat vorsätzlich eine **Sachbeschädigung** und **Körperverletzung** begangen und sich damit einerseits strafbar, andererseits schadenersatzpflichtig gemacht. Walter Löwe muss volle Genugtuung leisten. Eine Verurteilung und die anschließende Vollstreckung kann er nicht dadurch verhindern, dass er sich auf seine Gegenforderung beruft. Willi Zeisig hingegen kann aufrechnen.

Abtretung (Zession)

Unter Abtretung verstehen wir die Umänderung einer Verbindlichkeit durch Gläubigerwechsel. Der Zession im weiteren Sinn – das ist der Übergang einer Forderung auf einen neuen Gläubiger ohne Mitwirkung des Schuldners (Gläubigerwechsel schlechthin) – steht die Zession im engeren Sinn (rechtsgeschäftliche, insbesondere vertragsmäßige Übertragung) gegenüber. § 1392 ABGB sagt:

§§ Wenn eine Forderung von einer Person an die andere übertragen und von dieser angenommen wird, so entsteht die Umänderung des Rechtes mit Hinzukunft eines neuen Gläubigers.

Gläubigerwechsel

Wir unterscheiden folgende wichtige Fälle des Gläubigerwechsels:

- Gläubigerwechsel **kraft Gesetzes**, z. B. nach § 1358 ABGB (wenn der Bürge zahlt, tritt er in die Rechte des Gläubigers ein).
- Gläubigerwechsel durch **richterliche Überweisung**; diese spielt vor allem im Exekutionsrecht eine große Rolle als Überweisung zur Einziehung oder als Überweisung an Zahlungs statt (§§ 308 ff. EO).
- Gläubigerwechsel durch **gutgläubigen Forderungserwerb**, z. B. an Wertpapieren oder an Hypotheken.
- Die **rechtsgeschäftliche Abtretung** als wichtigster Fall des Gläubigerwechsels. Sie wird in den §§ 1392 ff. ABGB behandelt.

Als **Rechtsgrund** für eine Abtretung kommt unter anderem in Betracht: Kauf, Tausch, Schenkung, Übergabe zu Heiratsgut. Eine Abtretung kann aber auch zahlungshalber oder an Zahlungs statt erfolgen. Bei Abtretung an Zahlungs statt gilt der Neugläubiger mit der Abtretung als befriedigt.

Unübertragbare Forderungen

§ 1393 ABGB sagt, dass alle veräußerlichen Rechte Gegenstand der Abtretung sind. Das gilt aber nur mit Ausnahmen.

Unübertragbar sind jedenfalls:

1. Höchstpersönliche Rechte, das sind Rechte, deren Inhalt durch die Person des Berechtigten bestimmt ist, und zwar deshalb, weil sie von keinem anderen ausgeübt oder weil sie nicht ohne Änderung des zu Leistenden übertragen werden können. Dazu zählen der Unterhaltsanspruch, der Anspruch des Mannes aus dem Mitgiftversprechen, das dem Gesellschafter zustehende Recht auf Bucheinsicht und Bilanzvorlage.
2. Forderungen, deren Übertragung durch gesetzliches oder richterliches Verbot für unzulässig erklärt wurde. Dies ist vor allem im Rahmen des Exekutionsrechts von Bedeutung.
3. Öffentliche Rechte (z. B. das Wahlrecht), sofern es sich nicht um rein vermögensrechtliche Ansprüche gegen eine öffentliche Körperschaft handelt.
4. Nicht bestehende Forderungen (ungültige und erloschene Forderungen). Wohl aber sind künftige Forderungen und Naturalobligationen abtretbar.
5. Ein Teil einer unteilbaren Forderung. Nur relativ abtretbar, das heißt nur an eine bestimmte Person abtretbar ist z. B. der Anspruch aus einer vereinbarten Konkurrenzklausel, und zwar nur an den Geschäftsnachfolger.

Die Scheinabtretung

Karl Jedermanns Nachbar Walter Rohrer lernte vor Jahren den Drogendealer Hermann Fuchs kennen, von dem er ab und zu etwas Haschisch kaufte. Diesen traf er einige Jahre später wieder und wurde von ihm um ein Darlehen gebeten. Als Walter Rohrer die Darlehensgewährung ablehnte, verlangte Fuchs einen Schuldschein über

€ 1.000,–, wobei er versprach, diesen niemals geltend zu machen. Er wolle ihn lediglich seinen Gläubigern vorweisen, damit diese sehen könnten, dass er nicht ganz mittellos sei, und ihn dann weniger bedrängten. Als Rohrer auch das ablehnte, drohte Fuchs, ihn wegen des seinerzeitigen Kaufs von Haschisch anzuzeigen.
Walter Rohrer wollte allen Unannehmlichkeiten aus dem Weg gehen und stellte den Schuldschein aus, wobei er sich nochmals versprechen ließ, dass Fuchs diesen nicht weitergeben würde. Der zwielichtige Hermann Fuchs tat dies natürlich dennoch. Er trat die im Schuldschein verbriefte angebliche Forderung von € 1.000,– an Karl Wohlgemut ab, der daraufhin Walter Rohrer klagte. Fuchs hatte jedoch keine Forderung gegen Rohrer.

Der von Karl Jedermanns Nachbar unterschriebene Schuldschein konnte eine Verpflichtung des Walter Rohrer nicht begründen, da beide Vertragsparteien ausdrücklich vereinbart hatten, dass der Schuldschein nur zum Schein ausgestellt sei.

☛ Von einem **Scheingeschäft** spricht man, wenn im Einverständnis beider Vertragsteile Willenserklärungen abgegeben werden, die den Schein eines Geschäftsabschlusses bestimmter Art vortäuschen sollen. Nach § 916 ABGB sind solche Willenserklärungen mit Nichtigkeit bedroht. Das Scheingeschäft (auch Simulation genannt) ist also nichtig. Ob ein Fall des **gutgläubigen Eigentumserwerbs** nach § 367 ABGB (siehe Seite 196 f.) auch bei der Abtretung von Forderungen vorliegt, ist fraglich. Der § 367 ABGB spricht nämlich von »beweglichen Sachen« und ist nach herrschender Lehre auf Forderungen nicht anwendbar.

Für unser Beispiel trifft jedoch die Ausnahmebestimmung des § 916 ABGB zu. Das zwischen Walter Rohrer und dem Drogenhändler Fuchs abgeschlossene Scheingeschäft sollte ja nur zum Täuschen dritter Personen (nämlich der Gläubiger des Hermann Fuchs) dienen. Diese Gläubiger, darunter Karl Wohlgemut, dürfen aber nicht geschädigt werden. Daher bestimmt § 916 ABGB, dass einem Dritten, der im Vertrauen auf die erfolgten Willenserklärungen Rechte erworben hat, die Einrede des Scheingeschäfts nicht entgegengesetzt werden darf.

Für Karl Wohlgemut ist es also gleichgültig, dass Rohrer und Fuchs überhaupt kein Geschäft miteinander abschließen wollten. Walter Rohrer kann sich Wohlgemut gegenüber nicht darauf berufen, dass der Schuldschein nur zum Schein ausgestellt sei. Nur wenn der neue Gläubiger wusste, dass die Parteien die Verpflichtung nicht ernst gemeint haben, kann ihm die Nichtigkeit wegen des Scheingeschäfts entgegengehalten werden. Da Wohlgemut offensichtlich von der Vereinbarung zwischen Fuchs und Rohrer nichts wusste, so hat er demnach die Forderung gegen Karl Jedermanns Nachbarn erworben. Dieser müsste ihm also € 1.000,– zahlen.

Walter Rohrer hat sich nur deshalb zur Hingabe des Schuldscheins entschlossen, weil ihm Fuchs gedroht hatte, er werde ihn sonst wegen des früheren Kaufs von Haschisch anzeigen. Wer aber zur Abgabe einer Willenserklärung durch **Drohung** gezwungen worden ist, kann das Rechtsgeschäft nach § 870 ABGB anfechten. Der Fall ist dann so zu beurteilen, als ob es überhaupt nicht zu einem Vertrag gekommen wäre. Auf alle Fälle kann der Geschädigte bei ungerechter Drohung nach § 874 ABGB von demjenigen, der ihn ungerecht bedroht hat, **volle Genugtuung** verlangen.

Somit ergibt sich für unser Beispiel folgende Situation:

1. Wusste Wohlgemut von der Simulation, kann er von Walter Rohrer kein Geld aufgrund der Abtretung verlangen. Wohlgemut hat aber nach wie vor seine alte Forderung gegen Fuchs und kann sich nur an diesen halten.

2. Wusste Wohlgemut nichts von der Simulation und vertraute er auf die angebliche Abtretung, dann verlangt er als gutgläubiger Zessionar € 1.000,– von Rohrer. Wird dieser zur Zahlung an Wohlgemut verurteilt, erleidet er einen Nachteil. Rohrer verlangt nicht nur Wiedergutmachung des erlittenen Schadens, sondern auch Ersatz für den entgangenen Gewinn von Fuchs, da ihn dieser durch ungerechte Drohung mit einer Strafanzeige zur Ausstellung des Schuldscheins gezwungen hat.

Abtretung einer pfandgesicherten Forderung

Karl Jedermann hat ein Darlehen von € 2.000,– aufgenommen und hierfür dem Geldgeber Ignaz Supper eine ererbte alte Standuhr verpfändet, die ungefähr € 4.000,– wert ist. Supper veruntreut diese Uhr, indem er sie an einen Unbekannten für € 3.000,– veräußert. Außerdem tritt er die Darlehensforderung von € 2.000,– gegen Karl Jedermann an Gustav Pichler ab. Als Pichler Zahlung verlangt, weigert sich Karl Jedermann, da er nur gegen Rückgabe seiner Uhr zu zahlen bereit sei.

Zwar hat Pichler die Darlehensforderung infolge der Abtretung erworben, trotzdem braucht Karl Jedermann an ihn ohne Rückgabe des Pfandes diese Summe nicht zu bezahlen. Die Rückstellung des Pfandes hat Zug um Zug mit der Zahlung der gesicherten Forderung zu erfolgen. Der Pfandschuldner braucht also nichts zu leisten, bevor ihm das Pfand zurückgegeben wird.

Karl Jedermann kann von Ignaz Supper **Schadenersatz** verlangen, weil dieser seine vertraglichen Pflichten verletzt und eine unerlaubte Handlung begangen hat. Die Uhr selbst wird für ihn allerdings verloren sein, da der unbekannte Käufer daran gutgläubig Eigentum erworben hat.

Abtretung dem Schuldner mitteilen

Kilian Schmell, ein Freund Karl Jedermanns, schuldet Gotthard Moser € 5.000,–. Moser tritt diese Forderung an Günter Mann ab, teilt dies jedoch Kilian Schmell nicht mit. Am Fälligkeitstag zahlt daher Schmell an Gotthard Moser. Als Günter Mann zwei Tage später von Schmell Zahlung verlangt, lehnt dieser die Zahlung ab.

Er tut dies mit Recht. Zwar ist infolge der Abtretung Günter Mann Gläubiger Schmells geworden. An und für sich kann ein Schuldner nur an den Gläubiger und nicht an einen anderen mit befreiender Wirkung zahlen (§ 1424 ABGB). Solange aber der Schuldner keine Kenntnis von der Abtretung hat, wird er in seinem Vertrauen auf den Bestand der Forderung des bisherigen Gläubigers geschützt. Schmell weiß nichts von der Abtretung; er kann daher an den Zedenten Gotthard Moser **mit befreiender Wirkung** zahlen (§ 1395 ABGB).

Verwendungsklage

Benachteiligt mag bei unserer Annahme Günter Mann sein, an den die Forderung wahrscheinlich als Gegenleistung abgetreten wurde und der nunmehr leer ausgeht. Er muss versuchen, sein Geld von Gotthard Moser zu erhalten. Moser ist nämlich nicht berechtigt, das Empfangene zu behalten, denn infolge der Abtretung an Günter

Mann stand ihm die Forderung nicht mehr zu. Er muss das an ihn gezahlte Geld an Günter Mann herausgeben. Weigert sich Moser, wird Mann eine so genannte **Verwendungsklage** gegen Gotthard Moser einbringen und diese auf § 1041 ABGB stützen.

☛ Die Verständigung des Schuldners durch den früheren Gläubiger oder gar seine Zustimmung ist zwar für das Zustandekommen der Abtretung unerheblich. Die Bedeutung der Verständigung liegt einzig und allein darin, dass der Schuldner ab Verständigung nicht mehr mit schuldbefreiender Wirkung an den Altgläubiger zahlen kann. Gerade darum soll die Abtretung dem Schuldner ehestens mitgeteilt werden.

Haftung des Zedenten

Wer eine Forderung verschenkt, haftet nicht für dieselbe (§ 1397 ABGB). Anders ist es bei einer **entgeltlichen Zession**. Hier haftet der Überträger

1. immer für die Richtigkeit (entspricht der Rechtsmängelhaftung) und
2. nur im Moment der Abtretung für die Einbringlichkeit (entspricht der Sachmängelhaftung).

Haftungsbeschränkung

Allerdings ist seine Haftung doppelt begrenzt, denn er haftet einerseits nur bis zur Höhe des Schadens und andererseits bis zur Höhe des Entgelts (Zessionsvaluta). Das sind wichtige **Haftungsbeschränkungen**.

Weitere Haftungsbeschränkungen enthält § 1398 ABGB. Der Zedent haftet nicht für Einbringlichkeit, wenn es sich entweder um eine Hypothekarforderung handelt (Grundbuch) oder um eine zur Zeit der Abtretung einbringliche und durch einen bloßen Zufall oder durch Versehen des Übernehmers uneinbringlich gewordene Forderung. Ein Versehen dieser Art begeht der Übernehmer, wenn er die Forderung zu der Zeit, da sie aufgekündigt werden kann, nicht aufkündigt oder nach verfallener Zahlungsfrist nicht eintreibt; wenn er dem Schuldner nachsieht; wenn er versäumt, sich die noch mögliche Sicherheit zur rechten Zeit zu verschaffen oder es unterlässt, die gerichtliche Exekution zu betreiben.

Sowohl auf die Haftung für Richtigkeit als auch für Einbringlichkeit kann verzichtet werden; dies gilt insbesondere, wenn die Forderung als dubios übernommen wurde.

€ Unentgeltliche Zessionen werden steuerlich wie Schenkungen behandelt. Entgeltliche Zessionen unterliegen gewöhnlich einer Rechtsgeschäftsgebühr von 0,8 v. H. (§ 33 TP 21 GebG). Bei Abtretung von Anteilen an einer Ges.m.b.H. beträgt die Gebühr 2 v. H.

Inhaberpapiere und Inhaberzeichen

Das Inhaberpapier ist ein Wertpapier. Unter einem **Wertpapier** versteht man eine Urkunde über ein Privatrecht, das durch Innehabung der Urkunde verwertet werden kann. »Das Recht aus dem Papier folgt dem Recht am Papier!«

Namenspapier

Wenn nur der im Papier Genannte berechtigt sein soll, das Wertpapierrecht geltend zu machen, liegt ein **Namenspapier** vor. Eine Mittelstellung zwischen Inhaber- und Namenspapieren nehmen die so genannten **Legitimationspapiere** ein.

Die im täglichen Leben vorkommenden Karten und Marken (Theater- und Kinokarten, Fahrkarten, Garderobenmarken und dergleichen) werden verschieden beurteilt. Sind sie übertragbar, handelt es sich um Inhaberpapiere; sind sie nicht übertragbar, handelt es sich um Legitimationspapiere. Wertzeichen, wie z. B. Briefmarken, sind überhaupt keine Wertpapiere, weil sich an sie kein bestimmtes Recht knüpft.

Die Inhaberschuldverschreibung

Karl Jedermann besucht eine Theatervorstellung. Er erhält an der Garderobe für seinen Mantel einen kleinen grünen Zettel mit der Nummer 307. Der Zettel ist von einem Block abgerissen, wie man ihn jederzeit in einem Papiergeschäft erwerben kann. Karl Jedermann zerknüllt den Schein irrtümlich während der Pause und wirft ihn in die Toilette. Als er nach Schluss der Vorstellung seinen Mantel herausverlangt, erklärt die Garderobiere, dass sie ohne Schein kein Garderobestück herausgeben könne. Auch der Garderobenpächter lehnt die Herausgabe ab, obwohl Karl Jedermann seinen Führerschein als Legitimation vorweist. Patzak meint, bei einer Inhaberschuldverschreibung verpflichte man sich, nur an den jeweiligen Inhaber des Scheins zu leisten.

Patzak hat Unrecht und muss Karl Jedermann den Mantel herausgeben. Die Garderobenmarke ist keine Inhaberschuldverschreibung.

☛ Eine **Inhaberschuldverschreibung** ist eine Urkunde, in der im vollen Text der Aussteller dem jeweiligen Inhaber eine Leistung verspricht. Zu ihrer Gültigkeit ist erforderlich, dass die Inhaberschuldverschreibung staatlich genehmigt ist (Genehmigung durch das Bundesministerium für Finanzen), wenn sie auf eine Geldsumme lautet. Daher können derartige Schuldscheine von privater Hand überhaupt nicht ausgegeben werden. Sie begegnen uns nur als Schuldverschreibungen des Staates, wie etwa Energie- oder Investitionsanleihen. Auch die Hypothekarpfandbriefe der Hypothekenbanken fallen darunter, ebenso Kommunal- und Industrieobligationen.

Inhaberzeichen

Nun gibt es allerdings auch Abwandlungen dieser Inhaberschuldverschreibungen in Gestalt von so genannten **Inhaberzeichen**. Dies sind Marken, Karten, Eintrittskarten oder sonstige Scheine, bei denen man aus den Umständen ihrer Ausgabe auf den Willen des Ausstellers schließen kann, dem Inhaber eines derartigen Scheines verpflichtet sein zu wollen. Solche Scheine kann jede Privatperson ohne staatliche Genehmigung ausstellen. Auf einen derartigen Willen des Ausstellers kann man aber im praktischen Leben nur dann schließen, wenn es sich um eine geringwertige, in Massen zu erstellende Leistung handelt. Denken wir uns eine Getränkemarke. Sie verkörpert den Wert eines Glases Bier oder Wein, das der Wirt bei einer Veranstaltung dem jeweiligen Inhaber auszuschenken sich verpflichtet. Verliert man eine solche Getränkemarke, ist es nicht möglich, das für diese Marke vorgesehene Glas Bier oder Wein von dem Wirt zu erlangen.

Individueller Herausgabeanspruch

Anders ist es jedoch bei der **Garderobenmarke**. Sie betrifft nicht eine verhältnismäßig geringwertige Massenleistung; sie verbrieft vielmehr den **individuellen Herausgabeanspruch** des Hinterlegers auf ein Bekleidungsstück, das gerade für ihn von Bedeutung ist und meist einen erheblichen Wert verkörpert. Die Garderobiere kann also gar nicht die Vorstellung haben, dass ein anderer als der Berechtigte den Herausgabeanspruch geltend machen wird. Es kann vorkommen, dass jemand eine Handvoll Briefmarken an andere verschenkt, nicht aber seine Garderobenmarke. Andererseits will und kann die Garderobiere am Theater bei dem Massenandrang nach Vorstellungsschluss nicht jeden, der den Schein vorlegt, daraufhin prüfen, ob er Hinterleger ist. Sie kann sich auch nicht alle Gesichter merken. Schließlich holt häufig nach Ende der Vorstellung einer für mehrere die hinterlegten Stücke an der Garderobe ab, damit sich nicht alle Besucher dort drängen müssen.

Legitimationszeichen

Aus diesem Grunde muss man auf den Willen des Garderobeninhabers schließen, dass er zwar nicht an jeden Inhaber leisten will, aber durch die Leistung an ihn dem Berechtigten gegenüber befreit wird. Die Garderobenmarke legitimiert also den Vorlegenden dergestalt, dass die Garderobiere an ihn leisten kann, ohne befürchten zu müssen, noch einmal vom Hinterleger in Anspruch genommen zu werden. Wegen dieser so genannten Legitimationswirkung nennt der Jurist derartige Scheine und Karten auch »Legitimationszeichen«.

Der Anspruch steht also immer demjenigen zu, der den Verwahrungsvertrag geschlossen hat. Dies ist hier Karl Jedermann. Dieser kann demnach, wenn die Garderobenmarke verloren gegangen ist, anderweitig nachweisen, dass der herausverlangte Mantel von ihm hinterlegt worden ist. Wenn er sich ausweist, wird dies meist schon als ausreichend angesehen werden, da die Garderobiere ja Namen, Anschrift und Ausweis notieren kann. Eine Frage nach dem Inhalt der Manteltaschen oder dem eingenähten Firmenschild wird meist weitere Gewissheit geben.

Entsprechendes gilt für den **Gepäckschein** und die meisten **Reparaturscheine**.

Falsche Garderobenmarken

Karl Jedermanns Begleiterin, Gerda Zopp, ist verzweifelt. Sie hat Garderobennummer 308. Als sie ihren Fuchspelz abholen will, stellt sich heraus, dass kurz zuvor ein Herr diesen Mantel bereits abgeholt hat, indem er ebenfalls die Nummer 308 vorgelegt hat. Tatsächlich war der Abholende ein Betrüger, der sich in einem Papiergeschäft einen Abreißblock der gleichen Farbe gekauft und aus ihm die Nummer 308, die völlig gleichartig aussah, an der Garderobe vorgelegt hatte. Gerda Zopp verlangt das Geld für einen neuen Pelzmantel. Garderobenpächter Patzak lehnt ab. Er meint, er sei von seiner Leistung frei geworden, da er ja auf die Garderobennummer 308 den Mantel ausgehändigt habe. Auch sei es bei anderen Theatern und Kinos üblich, solche Blocks zu verwenden.

Patzak hat auch in diesem Fall Unrecht. Auf die früher behandelte Legitimationswirkung kann er sich nicht berufen, weil er nur frei wird, wenn er auf die von ihm ausgegebene Garderobenmarke leistet, und die hat ja Gerda Zopp in ihrem Besitz. Die Unmöglichkeit beruht auf seinem Verschulden. Die Garderobiere kann zwar nichts dafür, wenn sie nicht erkannte, dass es nicht die von ihr ausgegebene Marke war. Dies aber hat seinen Grund darin, dass Patzak einen ganz ungeeigneten Schein als Garderobenmarke verwenden ließ, den sich jeder in gleicher Art besorgen konnte. Er hat insofern fahrlässig gehandelt, als er die im Verkehr erforderliche Sorgfalt außer Acht gelassen hat.

Der wichtige Übernahmeschein

Anders ist die Rechtslage, wenn sich Karl Jedermann etwa in der Putzerei durch Übernahme eines Scheins mit gewissen **Übernahme- und Lieferbedingungen** einverstanden erklärt. Ein solcher Übernahmeschein ist dann nach den (meist auf der Rückseite des Scheins abgedruckten) Bedingungen zu beurteilen und er kann Wertpapiercharakter annehmen. Er mag dann Inhaberpapier sein, was bedeutet, dass das Recht auf Ausfolgung der gereinigten Kleidungsstücke von Karl Jedermann ohne Schein nicht geltend gemacht werden kann. Gerät der Schein in Verlust, müsste erst seine **Amortisation** betrieben werden, bevor man die geputzten Sachen ausgefolgt bekommt.

Im folgenden **Muster** solcher Übernahme- und Lieferbedingungen einer chemischen Reinigungsanstalt sei der rechtlich interessante Inhalt zum Studium empfohlen – was

ÜBERNAHME- UND LIEFERBEDINGUNGEN

1. Die zum Putzen oder Färben übernommenen Gegenstände werden **fachgemäß** und **mit größter Sorgfalt** bearbeitet. Die **Art der Behandlung** bleibt dem fachmännischen Gutachten des Unternehmers überlassen.

2. Wenngleich sorgfältigste Bearbeitung der Gegenstände zugesichert wird, muss eine **Schadenshaftung** abgelehnt werden:
a) für Mängel, die erst während der Bearbeitung auftreten oder in der Beschaffenheit der Gegenstände begründet sind;
b) für das Einlaufen (Eingehen) von Gegenständen;
c) für verschossene, von der Sonne gebleichte oder Gegenstände mit verputzten oder mürben Stellen oder solche aus weißen Stoffen mit Schwefelstreifen;
d) für beschwerte Seide sowie Acetatseide, ferner Spitzen, Tülle und ähnliche Gewebe, ebenso Fenstervorhänge aller Art, besonders wenn sie der Sonne stark ausgesetzt waren, ferner für bereits stark abgetragene und defekte Gegenstände;
e) für das Ausgehen unechter Farben, ungenügende Festigkeit, Auseinandergehen von Nähten und Durchlöcherung von Schweißrändern.

3. **Farbmuster** werden nach Möglichkeit berücksichtigt. Für völlige Übereinstimmung der Färbung mit dem Muster kann jedoch keine Gewähr übernommen werden.

4. Das Unternehmen ist befugt, von übernommenen Aufträgen **zurückzutreten** und die Gegenstände in dem jeweiligen Zustand zurückzugeben, wenn sich bei der Bearbeitung ergibt, dass der Auftrag nicht ausführbar ist. In diesem Fall steht dem Besteller, abgesehen von seinem Anspruch auf Rückgabe dieser Gegenstände, keinerlei weiterer Anspruch gegenüber dem Unternehmen zu.

5. Die **Liefertermine** werden nach Möglichkeit eingehalten, jedoch können Ersatzansprüche irgendwelcher Art aus verspäteter Lieferung nicht abgeleitet werden.

6. Etwaige **Beanstandungen** werden nur innerhalb 24 Stunden nach Lieferung des Gegenstandes berücksichtigt. Wurden die abgeholten Gegenstände jedoch inzwischen getragen oder verarbeitet, muss jegliche Haftung bereits vom Zeitpunkt der Lieferung abgelehnt werden.

7. Für **Einbruchsdiebstahl** wird die Haftung abgelehnt.

8. Im Übrigen wird bei **Verlust** oder **Beschädigung** nur für grobe Fahrlässigkeit gehaftet und der gemeine Wert des Gegenstandes im Zustand der Übergabe, jedoch höchstens der fünffache Putzereipreis des betreffenden Gegenstandes vergütet.

9. Abholung des übergebenen Gegenstandes bzw. bei Weiß-, Putz- oder Buntwäsche der übergebenen Lieferpost durch den Kunden hat **innerhalb Monatsfrist nach Übergabe** zur Bearbeitung zu erfolgen. Ist ein übergebener Gegenstand (eine übergebene Lieferpost) durch **mehr als Monatsfrist nicht abgeholt** worden, so wird zunächst für **zwei** weitere **Monate** eine Aufbewahrungsgebühr von je € 5,– per Stück (Lieferpost) ohne Rücksicht auf Wert oder Werklohn eingehoben. **Nach** Ablauf der **drei** Monate wird vom Unternehmer jegliche **weitere Haftung abgelehnt,** sodass von da ab der Besteller jegliche Gefahr trägt. Nach Verstreichen eines weiteren Monats, insgesamt also vier Monate nach Übergabe, steht dem Unternehmen das Recht zu, zur Hereinbringung des Werklohns den Gegenstand (Lieferpost) zum Schätzwert zu veräußern bzw. bei Unveräußerlichkeit sich durch Selbstbehalt zu befriedigen. Von dem erzielten Veräußerungserlös werden zunächst der Werklohn zuzüglich der Aufbewahrungsgebühren, weiters die Kosten der Schätzung und Veräußerung in Abzug gebracht, der Rest gerichtlich hinterlegt.

10. Die **Ausfolgung** der bearbeiteten Gegenstände erfolgt nur gegen Rückgabe des Übernahmescheins und Barzahlung. Der Überbringer des Übernahmescheins gilt als empfangsberechtigt.

11. Die übergebenen Gegenstände haften sowohl für den Bearbeitungslohn des gegenständlichen Auftrags als auch für etwaige unberechnete Gebühren aus früheren Aufträgen.

12. Als ausschließlicher **Gerichtsstand** gilt der Ort der Hauptniederlassung des Unternehmens.

viel Ärger ersparen kann –, wobei auf den in unserem Zusammenhang wichtigen Punkt 10 besonders hingewiesen werden soll.

Die Kinokarte ging verloren

Georg Flimm kauft sich eine Kinokarte für die Reihe 13, Sitz Nummer 13. Er verliert sie. Als er zur Vorstellung kommt, stellt er fest, dass sein Platz von einem Herrn Schließer eingenommen worden ist. Dieser hat die Karte gefunden und sich ihrer bedient. Schließer weigert sich, den Platz zu räumen, und der Kinobesitzer Licht lehnt ein Vorgehen gegen ihn ab. Schließer sei als Inhaber der Karte berechtigt und woher er die Karte habe, gehe ihn – den Kinobesitzer – nichts an. Flimm fragt nicht viel, ergreift den kleinen, schmächtigen Schließer und stößt ihn vom Platz. Für den erlittenen Schaden verlangt Adam Schließer Ersatz.

Inhaberzeichen

Georg Flimm braucht allem Anschein nach Herrn Schließer keinen Ersatz zu leisten: Die Kinokarte ist ein so genanntes Inhaberzeichen. Das besagt aber nicht, dass jeder, der die Karte in Händen hat, der Berechtigte aus der Karte ist. Die Inhaberschaft bedeutet lediglich, dass eine Vermutung dafür spricht, dass der Inhaber auch Berechtigung hat. Das heißt, er braucht sein Recht nicht zu beweisen, sondern derjenige, der ihm dieses Recht abstreitet, muss den Gegenbeweis liefern.

Nehmen wir an, Kinobesitzer Licht hätte gewusst, dass Flimm die Karte für Reihe 13, Sitz 13 erworben hat, und nun sieht er Herrn Schließer mit dieser Karte kommen. Dann kann Licht nicht verlangen, dass Schließer ihm nachweist, dass er die Karte zu Recht besitzt. Wenn der Kinobesitzer Herrn Schließer die Vorstellung nicht besuchen lassen will, so müsste er ihm beweisen, dass er die Karte gestohlen oder gefunden hat oder sonst zu Unrecht benutzt. Licht wird aber nicht daran denken, sich in solche Schwierigkeiten zu bringen. Denn durch Leistung an den Inhaber der Karte – auch wenn dieser nicht berechtigt ist – wird er von seiner Leistungspflicht frei. Der Inhaber ist insoweit legitimiert, dass der Schuldner Licht ihn für den Berechtigten halten darf, ohne bei jedem Besucher erst Überlegungen anstellen zu müssen, wie dieser in den Besitz der Karte gekommen ist.

Georg Flimm hat aber einen Anspruch gegen Adam Schließer, dass dieser ihm den eingenommenen Platz einräumt. Schließer war Finder. Aufgrund der Fundvorschriften hatte er die gefundene Karte aufzubewahren, durfte sie aber nicht für sich verwenden (siehe Seite 93 ff.). Flimm hat gegen ihn einen Anspruch auf Herausgabe und auf Schadenersatz, weil Schließer als Finder seine Pflichten verletzt hat.

Eigenmacht

Nun darf grundsätzlich niemand einen Anspruch eigenmächtig durchsetzen, sondern muss hierfür das Gericht anrufen. Flimm, der ja einen Film sehen will, würde aber die Vorstellung, die er besuchen will, entgehen. Flimm kann Herrn Schließer »mit angemessener Gewalt« von seinem zu Unrecht behaupteten Sitzplatz vertreiben. Es liegt in diesem Fall keine eigenmächtige Selbsthilfe vor. Sollte Adam Schließer durch seine Widerspenstigkeit zu Schaden kommen, so hat er diesen selbst zu tragen.

Gesetz- und Sittenwidrigkeit

§§ Ein Vertrag, der gegen ein gesetzliches Verbot oder gegen die guten Sitten verstößt, ist nichtig. (§ 879 Abs. 1 ABGB)

Die Ungültigkeit eines Vertrages wegen Gesetz- oder Sittenwidrigkeit ist nämlich jederzeit von Amts wegen zu beachten; die Geltendmachung bleibt also keineswegs dem Gutdünken der Beteiligten überlassen. Wenn aber eine Vertragsbestimmung einem gesetzlichen Verbot widerspricht, muss nicht unbedingt der ganze Vertrag nichtig sein (teilweise Nichtigkeit).

Ein Verstoß gegen ausländische Gesetze, etwa ein Schmuggel, der ausländische Zollvorschriften verletzt, ist nicht dem Verstoß gegen inländische Vorschriften gleichzuhalten. Ein derartiges Geschäft kann jedoch als sittenwidrig erklärt werden.

Die Frage, was unter »Verstoß gegen die guten Sitten« zu verstehen ist, wird unterschiedlich beantwortet. Nach maßgebender Auffassung lautet die Definition: Gegen die guten Sitten verstößt, was offenbar widerrechtlich ist, ohne gegen ein ausdrückliches gesetzliches Verbot zu verstoßen. Der Begriff des Sittenverstoßes wird dem der Widerrechtlichkeit untergeordnet und nicht auf dem Gebiet der Moral gesucht; trotzdem besteht ein Zusammenhang zwischen den guten Sitten und der Moral.

Unerlaubtes im Wirtschaftskampf

Die Rechtsordnung lässt dem Wirtschaftskampf bis zu einem gewissen Grad zwar freies Spiel, sie überwacht und regelt ihn aber und duldet keine Auswüchse. Dazu dient ein großer Komplex von Verboten und – wo nicht ausdrückliche Gesetzesvorschriften bestehen – eine reich ausgebildete Rechtsprechung über den Begriff der guten Sitten im Wirtschaftskampf. Daraus ergeben sich folgende Grundsätze:

Der Wirtschafts**kampf** ist nicht verboten, wenn nur seine Mittel und seine Ziele nicht unerlaubt sind. Unerlaubt sind unanständige und nicht maßvolle Mittel, das sind solche, die dem verfolgten Interesse nicht angemessen sind. Unerlaubt ist es daher, wirtschaftliche Maßnahmen zu Überzeugungszwang, sei es aus politischem, religiösem oder nationalem, zu missbrauchen; unerlaubt ist weiters der Missbrauch wirtschaftlicher Vormachtstellung zum Zweck der Ausbeutung; unerlaubt ist schließlich eine so schwere Schädigung des Gegners, dass sie zum erstrebten Vorteil in keinem Verhältnis steht, insbesondere die völlige Vernichtung seiner Existenz oder die zu große Einschränkung seiner Selbstständigkeit (Knebelung). Nach § 22 Kartellgesetz 1988 sind Kartellverträge unwirksam, soweit ihre Durchführung verboten ist.

Ausdrücklich verbotene Verträge

☛ § 879 ABGB führt einzelne Verträge an, die gesetz- und sittenwidrig, also verboten und deshalb zur Gänze ungültig sind. Dazu zählt

— die Vereinbarung einer Entlohnung für die Unterhandlung eines Ehevertrags. Ungültig ist auch das Versprechen eines Entgelts für die Vermittlung eines Bräutigams (einer Braut) oder für das Zustandekommen einer Ehe mit der vom Vermittler namhaft gemachten Person und für die Erwirkung der Zustimmung des Vaters (der Eltern) zur Eheschließung.

Durch dieses Gesetz soll unlauteren Geschäften mit dritten Personen, die bei einer Eheschließung vorkommen können, vorgebeugt werden.

- Die Ehevermittlung ist an sich nicht unerlaubt, sie wird es erst durch die Verknüpfung mit einem Entgelt. Trotzdem entfalten die gewerbsmäßig betriebenen »Eheinstitute« keine gesetzwidrige (aber manchmal eine recht schönfärberische) Tätigkeit. Diese Institute vermitteln nämlich nicht etwa Ehen, sondern stellen lediglich ehewilligen Personen geeignetes Adressenmaterial gegen Entgelt zur Verfügung.

— Verboten ist weiters, »wenn etwas für die Vermittlung einer medizinisch unterstützten Fortpflanzung bedungen wird« (Fortpflanzungsmedizingesetz, BGBl. Nr. 275/1992).

— Zum Schutz der Klienten vor übermäßiger Ausnützung durch den Rechtsanwalt untersagt das Gesetz weiters das »Ansichlösen« und die »Streitanteilvereinbarung«. Verboten ist demnach die Übertragung der Streitsache oder die Zession des streitigen Anspruchs sowie jeder Akt, durch den der Rechtsanwalt Teilhaber der Streitsache (z. B. eines prozessverfangenen Hauses) wird; unerlaubt ist ferner eine Beteiligung des Rechtsfreundes z. B. an zu erstreitenden Unterhaltsbeträgen. Hingegen ist die Vereinbarung eines nicht nach Anteilen vom Erfolg, sondern ziffernmäßig fest bestimmten oder bestimmbaren **Erfolgshonorars** zulässig, sofern auch für den Fall des Misserfolgs ein bestimmter, wenngleich niedrigerer Betrag festgesetzt ist.

— Verboten ist die Veräußerung einer erhofften Erbschaft oder eines erhofften Vermächtnisses zu Lebzeiten des Erblassers. Die Gründe dieser Norm sind ethischer und wirtschaftlicher Natur: keine Unterstützung der Erbschleicherei und der Erbe soll davor bewahrt werden, auf die Erbschaft Schulden zu machen, ehe er sie erhält. Verboten sind schließlich der Wucher (siehe Seite 64 f.) und Verträge, die gegen das KSchG verstoßen (siehe Seite 41 ff.).

Ungerechtfertigte Bereicherung

Die Grundlage des Bereicherungsanspruchs liegt im Ausgleich zwischen dem formellen und materiellen Recht im Sinne sozialer Gerechtigkeit. Die Voraussetzungen des Bereicherungsanspruchs sind:

1. eine unmittelbare Vermögensverschiebung aus dem Vermögensbereich des einen in jenen des anderen;
2. ein ursächlicher Zusammenhang zwischen der Bereicherung des einen und dem Schaden des anderen;
3. der Mangel eines rechtlichen Grundes für die Aufrechterhaltung der ungerechtfertigten Bereicherung.

Das Ziel des Bereicherungsanspruchs ist bei Redlichkeit beider Teile die Wiederherstellung des früheren Zustands auf beiden Seiten.

Irrtümliche Zahlung einer Nichtschuld

Eine Erscheinungsform der Bereicherungsansprüche ist irrtümliche **Zahlung einer Nichtschuld** (§ 1431 ABGB), das heißt, wenn der Hauptschuldner seine Schuld an den Gläubiger bereits bezahlt hat, der Gläubiger aber später die Zahlung vom Bürgen verlangt und dieser ohne Kenntnis der Zahlung des Hauptschuldners auch seinerseits die Zahlung leistet.

Niemand darf sich also ungerechtfertigt zum Nachteil des Verkürzten bereichern. Hier kennt das ABGB keine allgemeine Bereicherungsklage, sondern lediglich einzelne Fälle von Bereicherungsansprüchen; darum ist hier das meiste der Rechtslehre und Rechtspraxis überlassen.

Die Herausgabepflichten nach Anfechtung

Karl Jedermann verkauft an Willi Brumm ein geschenktes Bild für € 200,–, ohne zu wissen, dass es einen Wert von € 2.000,– hat, weil es von dem namhaften Maler Salvador Weigl stammt. Als Karl Jedermann vom wahren Wert des Bildes erfährt, fordert er von Brumm die Herausgabe des Bildes.

Irrtumsanfechtung

Zwischen Willi Brumm und Karl Jedermann wurde zuerst ein Kaufvertrag geschlossen, aufgrund dessen Karl Jedermann Brumm das Bild und dieser ihm € 200,– übereignete. Der Kaufvertrag kann von Karl Jedermann gemäß § 871 ABGB **angefochten** werden, da er sich über eine **wesentliche Eigenschaft** des Bildes, nämlich dass es von einem bekannten Maler stammt, geirrt hat. Angenommen, die Aufklärung dieses Irrtums erfolgt rechtzeitig, dann wird auch die Anfechtung des Rechtsgeschäfts erfolgreich sein. Die **Irrtumsanfechtung** bewirkt Ungültigkeit des zwischen Brumm und Jedermann geschlossenen Kaufvertrags. Es sind daher die aus diesem Geschäft erlangten Vorteile derart zurückzustellen, dass kein Teil aus dem Nachteil des anderen einen Gewinn zieht (§ 877 ABGB). Demnach wäre Willi Brumm verpflichtet, das Bild an Karl Jedermann zurückzugeben, und zwar Zug um Zug gegen Rückzahlung der € 200,–.

Das Surrogationsprinzip

Die bloße Weggabe des Gegenstands der Bereicherung beseitigt die Bereicherung für den Empfänger noch nicht, wenn dieser dafür andere Vorteile erlangt hat. Aus vernünftigen Erwägungen wird gefolgert: der Empfänger muss herausgeben, was er an Wert noch besitzt; also etwa einen Rest des ursprünglichen Gegenstands oder einen Vermögenswert, den er durch die Weitergabe erhalten hat. Das nennt man Surrogation (Ersatz durch ein anderes Stück). Ist der Gegenstand vernichtet und dafür eine Versicherungssumme ausbezahlt worden, so wird diese vom Bereicherten dem Verkürzten herauszugeben sein.

Das versicherte Pferd

Der Reitstallbesitzer Werner Ritter kauft von seinem Nachbarn Bernhard Flimm ein Pferd für € 8.000,–. Bevor es dieser jedoch zur Erfüllung des Kaufvertrags liefert und bevor der Kaufpreis bezahlt ist, bricht sich das Pferd ein Bein und muss getötet werden. Bernhard Flimm war gegen den Verlust des Pferdes mit € 10.000,– versichert.

Ersatzloser Untergang

Ritter kann mit dem Untergang des Pferdes den ganzen Fall für erledigt ansehen. Handelt es sich bei dem Pferd um eine so genannte Speziessache, also um ein ganz bestimmtes, durch individuelle Merkmale gekennzeichnetes Tier, dann gilt ja § 1447 ABGB. Danach hebt der zufällige gänzliche Untergang einer Speziessache jede Verbindlichkeit auf. Die Juristen sprechen dann vom **ersatzlosen Untergang der Stückschuld**. Die schuldrechtlichen Beziehungen zwischen den Parteien wären damit automatisch erledigt. Es könnte sich aber auch um eine Gattungssache handeln und dann würde diese Regelung nicht gelten; es müsste auch beim zufälligen Untergang eine andere Sache geliefert werden.

Jedenfalls ist aber über das Pferd ein **Versicherungsvertrag** abgeschlossen worden, aufgrund dessen die Versicherungsgesellschaft verpflichtet ist, an Flimm € 10.000,– zu zahlen. Das sind also € 2.000,– mehr, als Ritter für das Pferd zu zahlen verpflichtet gewesen wäre. Ritter wird daher von Flimm das **Surrogat** für das untergegangene Pferd verlangen; das heißt, er kann das herausverlangen, was Flimm anstelle des toten Pferdes erlangt hat, und das ist der Anspruch an die Versicherungsgesellschaft auf € 10.000,–. Flimm muss also diesen Anspruch an Ritter auf dessen Verlangen abtreten. Dafür kann er aber als Gegenleistung die Bezahlung des Kaufpreises in Höhe von € 8.000,– verlangen. Im Ergebnis wird also Ritter € 2.000,– erhalten.

Losgewinn und Auftrag

Der Schuhmachermeister Johann Knieriem schickt seinen Gesellen Günter Schuster mit € 35,– zum Einkaufen von Material für die Schuhreparatur. Schuster kauft stattdessen ein Achtellos der Klassenlotterie, das am nächsten Tag gezogen wird und mit einem Gewinn von € 1.000,– herauskommt. Knieriem verlangt von ihm die Herausgabe von € 1.000,– mit der Begründung, dass dieser Betrag ja mithilfe seiner € 35,– gewonnen worden sei.

Eine Lösung des Falls ist nicht einfach. Zunächst scheint Johann Knieriem aus mehreren Gründen berechtigt zu sein, die € 1.000,– zu verlangen. Günter Schuster schuldet seinem Meister aufgrund des Auftrags die Beschaffung des Materials bzw. die Rückzahlung der € 35,–. Diese Leistung hat Schuster dadurch unmöglich gemacht, dass er dafür ein Los gekauft hat. Also wäre er verpflichtet, Knieriem das Los herauszugeben. Da an die Stelle des Loses der Gewinn getreten ist, müsste er diesen herausgeben. Auch ist derjenige, der unredlicherweise das Geschäft eines anderen für sich führt, zur Herausgabe des Erlangten verpflichtet. Wer fremdes Geld im eigenen Interesse ausgibt, führt damit unredlicherweise ein fremdes Geschäft im eigenen Interesse. Demnach müsste der Geselle seinem Chef die € 1.000,– herausgeben.

Der unverhoffte Glücksfall des Gesellen käme hier Meister Knieriem jedoch ganz unverdient zugute. Man wird daher aus dem Sinn des ABGB (der »Ratio legis«) zu dem Ergebnis kommen müssen, dass nur solche Surrogate herausverlangt werden können, die in einem der Lebenserfahrung angepassten Verhältnis zu der verhinderten Leistung stehen. Surrogate, die auf so außergewöhnlichen Umständen wie dem persönlichen Glückstreffer von Günter Schuster beruhen, können nicht herausverlangt werden. Johann Knieriem kann lediglich den Betrag von € 35,– zurückverlangen.

Unerlaubte Handlung und Gefährdung

Unerlaubte Handlungen verpflichten zum Schadenersatz. Unter **Schaden** ist jeder Nachteil zu verstehen, der jemand »an Vermögen, Rechten oder seiner Person zugefügt worden ist« (§ 1293 ABGB). Die Schadenersatzbestimmungen sind im Laufe der technischen Entwicklung und des zunehmenden Verkehrs immer komplizierter geworden. Sie finden sich darum nicht nur im ABGB, sondern auch in einer Reihe von Nebengesetzen (z. B. Atomhaftpflichtgesetz 1964, Eisenbahn- und Kraftfahrzeughaftpflichtgesetz). Ein allgemeines Prinzip ist jedoch überall erkennbar: Der Schadensstifter soll den Schaden, den er angerichtet hat, wieder gutmachen.

Voraussetzungen des Schadenersatzes

Jeder Schadenersatzanspruch gründet sich entweder auf ein bereits bestehendes Schuldverhältnis (z. B. einen Kaufvertrag, der nicht erfüllt wird) oder ein Delikt (z. B. jemand fährt mit seinem Auto so unvorsichtig rückwärts, dass ein Passant am Gehsteig umgestoßen wird). Wird ein Schadenersatzanspruch von jemandem behauptet, müssen jeweils folgende Voraussetzungen geprüft werden:

1. **Eintritt eines Schadens**: Einbezogen ist auch ein Schaden an der Ehre, an der Freiheit oder am Recht auf den Namen und den Stand.
2. **Kausalität**: Darunter versteht man eine Beziehung zwischen dem schädigenden Ereignis und dem eingetretenen Schaden.
3. **Rechtswidrigkeit**: Sie besteht in einem Verstoß gegen die bestehenden Vorschriften (Gesetzwidrigkeit) oder gegen die guten Sitten (Sittenwidrigkeit).
4. **Verschulden**: Das ist entweder bewusste Rechtswidrigkeit (Vorsatz) oder Unterlassung der nötigen Vorsicht und Voraussicht (Fahrlässigkeit).

Verschuldenshaftung

Die **Verschuldenshaftung** reicht aber nicht aus, um auch nur die gröbsten Schäden im menschlichen Zusammenleben gerecht auszugleichen. Daher wird neben die Verschuldenshaftung für die typischen Gefahrenquellen der Technik (Fabriken und Verkehrsmittel) die so genannte Gefährdungshaftung gestellt, nämlich die Verantwortlichkeit dessen, der die betreffende Anlage betreibt, des »Halters«. Das muss nicht immer der Eigentümer sein.

Gefährdungshaftung

Diese **Gefährdungshaftung** für typische Betriebswagnisse ist fast ausschließlich in modernen **Haftpflichtgesetzen** (z. B. der Eisenbahn-, Kraftfahrzeug-, Luftverkehrs- und Atomhaftung) geordnet. In zweiter Linie gilt das ABGB. Die bei Haftpflichtfällen häufig vorkommenden so genannten Rechts- oder Versicherungsneurosen (siehe Seite 146 f.) der Beschädigten stellen ein besonders schwieriges Problem dar.

Schuldgrad

Das Maß der Haftung richtet sich in der Regel nach dem **Schuldgrad**. Bei vorsätzlicher und grob fahrlässiger Vermögensbeschädigung ist volle Genugtuung, bei leichtem Versehen nur Schadloshaltung – und kein Gewinnentgang – zu leisten.

Bei Personenschäden spielen die Verschuldensgrade keine Rolle; es ist immer erlittener Schaden und entgangener Gewinn zusammen zu ersetzen. Überdies besteht Anspruch auf Ersatz des ideellen Schadens (z. B. Schmerzen).

Radfahrer stößt Passanten nieder

Willi Eilig fährt mit seinem Fahrrad in großer Geschwindigkeit eine Bergstraße hinunter. Klingel und Bremsen sind in schlechtem Zustand. Der Kaufmann Kühne gerät Eilig in den Weg, kann nicht mehr ausweichen und wird zu Boden gerissen. Anstatt sich bei ihm zu entschuldigen und sich zum Ersatz jeglichen Schadens bereit zu erklären, beschimpft ihn der Radfahrer noch.

In einem solchen Fall ist Kühne zu raten, eine **polizeiliche Anzeige** gegen Eilig zu erstatten. Kühne begibt sich zu diesem Zweck zu der dem Unfallort nächstgelegenen Polizei- oder Gendarmeriedienststelle und schildert dort den Hergang der Ereignisse. Es wird eine Niederschrift angefertigt, die Kühne an der entsprechenden Stelle (unter den Buchstaben »vgg« = vorgelesen, gesehen, genehmigt) nur dann unterschreibt, wenn die Schilderung dem tatsächlichen Sachverhalt entspricht. Er rügt Abweichungen von seiner Schilderung und lässt die eventuell erforderlichen Korrekturen des Textes durch den Beamten sogleich vornehmen; erst dann unterfertigt Kühne als durch den Radunfall Betroffener die Niederschrift.

Nach Durchführung der nötigen Erhebungen wird gegen Willi Eilig unter Umständen die Strafanzeige (an die Staatsanwaltschaft bzw. an den Bezirksanwalt) erstattet werden. Jedenfalls hat Eilig durch sein **verkehrswidriges Verhalten** mit einem nicht ordnungsgemäß instand gehaltenen Fahrrad gegen die Straßenverkehrsvorschriften verstoßen.

Vorschriften für den Verkehr mit Fahrrädern

Durch die Straßenverkehrsordnung (StVO) und ihre Novellen wird das österreichische Verkehrsrecht den modernen Anschauungen auf dem Gebiet des Straßenverkehrs angepasst und mit den Erfordernissen der Verkehrssicherheit abgestimmt. Für unseren Fall interessieren die besonderen **Vorschriften für den Verkehr mit Fahrrädern** (§§ 65 ff. StVO).

Das **Mindestalter** zur Lenkung eines Fahrrads beträgt zwölf Jahre. Kinder, die jedoch mindestens zehn Jahre alt sind, dürfen **mit behördlicher Bewilligung** oder **unter Aufsicht** einer Person, die das 16. Lebensjahr vollendet hat, Rad fahren. Die Verwaltungsbehörde (Bezirkshauptmannschaft, Magistrat, Bezirkspolizeikommissariat) hat auf Antrag des gesetzlichen Vertreters des Kindes (Eltern usw.) eine solche Bewilligung zu erteilen, wenn anzunehmen ist, dass es die erforderliche körperliche und geistige Eignung (eventuell amtsärztliche Eignungsuntersuchung) sowie Kenntnisse der straßenpolizeilichen Vorschriften besitzt.

Die Bewilligung gilt für das ganze Bundesgebiet, sofern nicht der gesetzliche Vertreter des Kindes eine örtlich eingeschränkte Geltung beantragt hat. Sie ist unter Bedingungen und mit Auflagen zu erteilen, wenn die Verkehrssicherheit dies erfordert. Die Behörde kann die Bewilligung widerrufen, wenn sich die Verkehrsverhältnisse seit der Erteilung geändert haben oder wenn nachträglich zutage tritt, dass das Kind die erforderliche körperliche oder geistige Eignung nicht besitzt.

Die allgemeinen Bestimmungen zur **technischen Beschaffenheit** von Fahrrädern und Fahrradanhängern regelt § 66 StVO, der durch Verordnungen, die auf den ständigen Wandel der technischen Entwicklung rascher reagieren können, ergänzt wird:

§§ **§ 66 Beschaffenheit von Fahrrädern, Fahrradanhängern und Kindersitzen**
(1) Fahrräder müssen der Größe des Benützers entsprechen. Fahrräder, Fahrradanhänger und Kindersitze müssen in einem Zustand erhalten werden, der den Anforderungen der Produktsicherheitsbestimmungen für Fahrräder (§ 104 Abs. 8) entspricht.
(2) Der Bundesminister für Wissenschaft und Verkehr [jetzt: Bundesminister für Verkehr, Innovation und Technologie] hat unter Bedachtnahme auf die Verkehrssicherheit und den Stand der Technik durch Verordnung festzulegen:
1. unter welchen Voraussetzungen bestimmte Teile der Ausrüstung von Fahrrädern oder Fahrradanhängern entfallen können;
2. unter welchen Voraussetzungen die Beförderung von Kindern in Kindersitzen oder Personen mit Fahrradanhängern und mehrspurigen Fahrrädern zulässig ist;
3. das Ladegewicht, das bei der Beförderung von Lasten oder Personen mit Fahrrädern oder mit Fahrradanhängern nicht überschritten werden darf.

Verhalten der Radfahrer

Radfahrer dürfen nur auf Radwegen und in Wohnstraßen sowie auf sonstigen Straßen mit öffentlichem Verkehr bei Trainingsfahrten mit Rennfahrrädern nebeneinander fahren, ansonsten jedoch dürfen Fahrräder nicht einmal nebeneinander geschoben werden. Auf Gehsteigen und Gehwegen ist das Radfahren in der Längsrichtung verboten (ausgenommen sind nur Kinderfahrräder); das Schieben eines Fahrrads ist erlaubt.

Ausdrücklich **verboten** ist gemäß § 68 Abs. 3 StVO:

- auf einem Fahrrad freihändig zu fahren (das Loslassen der einen Hälfte der Lenkstange mit einer Hand und das Festhalten der Lenkstange mit der anderen Hand fällt nicht darunter) oder die Füße während der Fahrt von den Treteinrichtungen zu entfernen;
- sich mit einem Fahrrad an ein Fahrzeug anzuhängen, um sich ziehen zu lassen;
- Fahrräder in einer nicht verkehrsgemäßen Art zu gebrauchen, z. B. Karussellfahren, Wettfahren und dergleichen;
- beim Radfahren andere Fahrzeuge oder Kleinfahrzeuge mitzuführen.

Verwaltungsübertretung

Fahrräder sind schließlich so aufzustellen, dass sie nicht umfallen oder den Verkehr behindern können. Zunächst hätte Willi Eilig durch sein vorschriftswidriges Verhalten im Straßenverkehr nur eine **Verwaltungsübertretung** begangen. Darüber hinaus machte er sich aber einer **fahrlässigen Körperverletzung** nach dem Strafgesetzbuch (§ 88) schuldig, weil der Passant Kühne, als er zu Boden gerissen wurde, leichte Verletzungen (nämlich Prellungen) erlitten hatte und einen Arzt aufsuchen musste. Eine bloße Gefährdung von Herrn Kühne (ohne Verletzung) hätte Willi Eilig nicht strafbar gemacht.

Schadenersatz bei Strafverfahren

Wird ein **Strafverfahren** gegen Eilig durchgeführt, so hat dies für den Verletzten folgenden Vorteil: Ohne dass er sein eigenes Geld riskiert, klären Staatsanwaltschaft und Gericht für ihn die Sach- und Rechtslage. Wird der Täter in diesem Strafverfahren verurteilt, so ist es für den Verletzten nunmehr sehr einfach, den **Schadenersatzprozess** vor dem Zivilgericht durchzuführen. Es könnte sogar sein, dass Kühne, der sich dem Strafprozess als **Privatbeteiligter** angeschlossen hat, schon im Strafurteil den Schadenersatz zugesprochen erhält. Meistens wird aber der Privatbeteiligte mit seinen Ansprüchen auf den **Zivilrechtsweg** verwiesen.

Strafrechtliche/zivilrechtliche Schuld

Ergibt sich im Strafprozess die Unschuld des angeklagten Eilig, könnte Kühne trotzdem noch immer einen Schadenersatzprozess führen. Die Erfolgsaussichten werden vielleicht nicht sehr groß sein, aber strafrechtliche Schuld und zivilrechtliche Schuld werden nach verschiedenen Maßstäben beurteilt. Auch wenn es gar nicht zur Einleitung eines Strafverfahrens gegen Eilig kommt, muss Kühne sich entscheiden, ob er eine Schadenersatzklage gegen Eilig anstreben will oder nicht. Wenn ja, wird er in der Klagserzählung den Unfallhergang schildern und auf seine polizeiliche Anzeige verweisen.

Eilig hat dadurch, dass er den Kaufmann Kühne angefahren hat, eine **unerlaubte Handlung** begangen. Eine solche liegt vor, wenn jemand das Leben, den Körper, die Gesundheit, das Eigentum oder ein sonstiges Recht eines anderen rechtswidrig und schuldhaft verletzt. Kühne ist an Gesundheit und Körper durch Eilig verletzt worden. Eilig handelte rechtswidrig, weil er **keinen** besonderen **Rechtfertigungsgrund** hatte, und **fahrlässig**, weil sein zu schnelles Fahren mit dem verkehrsuntüchtigen Fahrzeug gegen die im Verkehr erforderliche Sorgfalt verstieß. Kühnes Schadenersatzanspruch ist also begründet.

Das Mitverschulden

Es ist möglich, dass Kühne an dem Unfall nicht ganz schuldlos war. Ist er z. B. unachtsam über die Straße gegangen, so trifft ihn ebenfalls ein Vorwurf schuldhaften Verhaltens. Der Gesetzgeber trägt einem solchen **Mitverschulden** im § 1304 ABGB Rechnung. Trifft den Geschädigten ein Mitverschulden, so wird der Schaden verhältnismäßig geteilt. Es kann dann dem Geschädigten der Ersatz eines kleineren oder größeren Teils des Schadens zugesprochen werden. Nur wenn sich das Ausmaß der Schuld nicht bestimmen lässt, trägt jeder den gleichen Teil. Kommt also das Gericht zu dem Ergebnis, dass auch Kühne schuldhaft gehandelt hat, lassen sich aber die Verschuldensanteile beim schließlich eingetretenen Verkehrsunfall auch mithilfe der Sachverständigen nicht feststellen, so braucht Eilig bloß 50 Prozent des Kühne entstandenen Schadens zu ersetzen.

Gebrechliche und Behinderte im Verkehr

Die Gerichtspraxis geht davon aus, dass von den **Gebrechlichen** (Schwerhörigen, Schwachsichtigen) eine **besondere Aufmerksamkeit** zum Schutz der eigenen Person verlangt werden muss. Ein Fußgänger, dessen Hörvermögen beeinträchtigt ist, ist im Straßenverkehr verpflichtet, in umso höherem Maße von seinem Sehvermögen Gebrauch zu machen. Wird aber ein am Rand des Gehsteigs stehender Fußgänger durch ein knapp anfahrendes Fahrzeug verletzt, ist kein Mitverschulden anzunehmen. Wenn Herr Kühne **geistig behindert** wäre, hätte er sich noch so unvorsichtig verhalten können, er wäre trotzdem nicht mitschuldig geworden. Es ist nämlich auch beim **Mitverschulden** – wie schon der Name sagt – ein Verschulden erforderlich. Ein geistig Behinderter ist aber schuldunfähig.

☛ Die Fahrbahn ist vorzugsweise für den Fahrverkehr bestimmt; **Fußgänger**, die mangels eines Gehsteigs genötigt sind, die Fahrbahn zu benützen, haben in erster Linie selbst auf den Verkehr zu achten und sich gegen seine Gefahren zu schützen. Das **Nebeneinandergehen** zweier Fußgänger am äußersten Fahrbahnrand einer Straße ohne Gehwege wäre an sich zulässig. Voraussetzung hierfür ist aber, dass dadurch weder der Verkehr behindert noch andere Straßenbenützer gefährdet werden. Das Nebeneinandergehen dreier Fußgänger in der Dunkelheit stellt schon an und für sich eine grobe Fahrlässigkeit und eine Gefährdung anderer Straßenbenützer dar. Auf **Freilandstraßen** haben Fußgänger am **linken Fahrbahnrand** zu gehen, sofern dies nicht (z. B. wegen Baustellen, absturzgefährliches Gebiet ohne Geländer) unzumutbar ist.

Vertrauensgrundsatz

Bemerkt ein Autolenker, dass der Fußgänger besonders unvorsichtig und unbeholfen ist, muss er die dadurch vergrößerte Wahrscheinlichkeit eines Unfalls zu vermeiden trachten. Er muss früher abbremsen und seine Geschwindigkeit rascher vermindern, als dies im Regelfall geboten wäre. Der **Vertrauensgrundsatz** besagt, dass niemand im Vorhinein damit zu rechnen braucht, dass sich ein Straßenbenützer vorschriftswidrig verhalten wird; er kann vielmehr ein **vernünftiges, diszipliniertes Verhalten** anderer Verkehrsteilnehmer annehmen (§ 3 StVO 1960). Wenn jedoch, wie in unserer Annahme, das unrichtige Verhalten anderer Verkehrsteilnehmer bereits erkennbar ist, kommt das Vertrauensprinzip nicht mehr in Betracht!

Verdienstentgang und Verunstaltung

Ist Kühne körperlich verletzt, so kann er außer dem Ersatz der Heilungskosten – das ist all das, was zur Beseitigung oder Minderung der Verletzungsfolgen aufgewendet wurde – noch die Kosten einer unfallbedingten Vermehrung seiner Bedürfnisse und **Verdienstentgang** geltend machen. Dieser Verdienstentgang für die Zeit der Behandlung und auch für die Zukunft darf nicht mit dem entgangenen Gewinn verwechselt werden. Verdienstentgang ist nicht als entgangener Gewinn, sondern als **wirklicher Schaden** einzuschätzen.

Verdienstentgang kann z. B. durch Verunstaltung eintreten (§ 1326 ABGB); dies nicht nur wegen verminderter Heiratsaussichten, sondern z. B. auch bei Schauspielern, Fotomodellen und dergleichen. Sogar beim Kaufmann Kühne wäre bei Bemessung des Ersatzes zu berücksichtigen, dass er durch eine Entstellung vielleicht viele Kunden, Geschäftspartner usw. abstößt und dadurch wirklichen Schaden erleidet.

Die moderne Rechtsprechung hat folgende Gedanken klar herausgearbeitet: Die Verunstaltung verhindert das bessere Fortkommen schon durch die Beeinträchtigung des Aussehens. Von einer etwaigen Minderung der Leistungsfähigkeit kann ganz abgesehen werden. Die Verunstaltung muss nicht Abscheu erregend und nicht Mitleid erweckend sein. Wäre Kühne nicht Selbstständiger, sondern Arbeitnehmer, dann wäre zu beachten, dass ihm als Verletztem bei Vorliegen eines dauernden Körperschadens auch dann ein Ersatzanspruch wegen Verdienstentgangs zusteht, wenn er trotz der Beschädigung zunächst keinen Ausfall am Verdienst erleidet.

Es muss nach der Ansicht des OGH berücksichtigt werden, dass der Verletzte zur Erzielung seines Arbeitseinkommens unter Umständen mehr Anstrengungen nötig hat als ein gesunder Arbeiter, dass ihm zufolge seines Körperschadens gewisse Aufstiegsmöglichkeiten verschlossen sein können und dass er im Falle eines künftig etwa auftretenden Arbeitsmangels bei den für ihn ungünstigen Konkurrenzverhältnissen mit gesunden Arbeitern eher in Gefahr ist, seine Stellung zu verlieren, als ein körperlich unversehrter Arbeitnehmer.

Angemessenes Schmerzensgeld

Schließlich hat der verletzte Kaufmann Kühne einen Anspruch auf **Schmerzensgeld**, das, wie es in § 1325 ABGB heißt, »den erhobenen Umständen angemessen« sein soll. Das Schmerzensgeld ist die Genugtuung für alles Ungemach, das der Verletzte infolge der Verletzung erduldet. Es soll den Gesamtkomplex der Schmerzempfindung abgelten, die durch die Schmerzen entstandenen Unlustgefühle ausgleichen und den Verletzten in die Lage versetzen, sich als Ausgleich für Leiden und statt der ihm entzogenen Lebensfreude gewisse Annehmlichkeiten und Erleichterungen zu verschaffen. Schmerzensgeld wird auch gewährt, wenn keine äußere Körperverletzung vorliegt. Es wird aber von der Rechtsprechung für bloßen Schrecken nicht gewährt.

Schmerzensgeld für seelische Leiden

Die Judikatur neigt allerdings dazu, auch für **seelische Leiden** als Folge einer körperlichen Beschädigung ein Schmerzensgeld zu gewähren. So bei dem niederdrückenden Gefühl, ein Krüppel geworden zu sein, und bei Beeinträchtigung des Allgemeinbefindens durch Schlaflosigkeit. Ebenso kann für eine **Fehlgeburt** Schmerzensgeld gebühren.

Für die Bemessung des Schmerzensgeldes sind die Dauer und die Intensität der Schmerzen nach deren Gesamtbild, die Schwere der Verletzung sowie schwere Beeinträchtigung des Gesundheitszustandes maßgebend. Zu einer hohen Bewertung neigt die Judikatur bei Schmerzen von **Kindern** und beachtet auch die Auswirkungen auf die schulische Ausbildung. Zwei Extremwerte an Schmerzensgeldzuspruch durch den OGH in den letzten Jahren: ATS 25.000,– (ca. € 1.817,–) für eine Amputation des rechten Mittelfingerglieds bei einem 15 Monate alten Buben und ATS 1,750.000,– (ca. € 127.177,–) für die in einem Krankenhaus hervorgerufene, infolge Sauerstoffmangels beim Geburtsvorgang irreparable Hirnschädigung bei einem Säugling.

Übersicht über Schmerzensgeldsätze einiger österreichischer Gerichte (in € pro Tag)

	Schmerzen			
	leichte	**mittlere**	**starke**	**qualvolle**
OLG Graz	110	150–200	250–300	350–400
OLG Wien	100	200	300	
LG Eisenstadt	90	180	270	
LG Feldkirch	100	175	250	
LG ZRS Graz	110	150	190	
LG Innsbruck	90–110	130–180	180–250	
LG Klagenfurt	100–110	200–220	300–330	
LG Linz	100	200	350	
LG Salzburg	90–100	150–200	200–300	
LG St. Pölten	100	200	300	
LG ZRS Wien	90–110	150	220	
LG Korneuburg	100	200	300	

	Schmerzen			
	leichte	mittlere	starke	qualvolle
LG Krems	100–120	150–200	230–270	300
LG Leoben	110	150–160	190–210	
LG Ried i. I.	120	200	300	
LG Steyr	100–120	200	300	
LG Wels	80–100	190–200	300–330	
LG Wr. Neustadt	100	200	300	

Quelle: Dr. Franz Hartl in: Österreichischen Richterzeitung 04/03.

Beachte: Diese Schmerzensgeldtabelle stellt bloß eine **Bemessungshilfe** und **keine Berechnungsmethode** dar.

Das Schmerzensgeld soll nicht tageweise oder monatlich, sondern mit einer Gesamtsumme bestimmt werden. Es kann z. B. auch ein gerichtlicher Vergleich folgenden Inhalts geschlossen werden:

> »Mit der Zahlung von € ... sind alle wie immer gearteten Ansprüche des beschädigten Kaufmanns Kühne ein für allemal abgegolten.«

In diesem Fall bleibt eine spätere Kaufkraftänderung der Währung außer Betracht. Nicht zu berücksichtigen sind ferner der Grad des Verschuldens des Beschädigers, die Vermögensverhältnisse und Kulturbedürfnisse des Beschädigten und seine besondere Empfindlichkeit.

Verschiedene Neurosen

Mitunter wird durch die Verletzung eine so genannte **Rechts- oder Versicherungsneurose** ausgelöst. Das ist eine auf ein Unfallgeschehen zurückgehende psychogene Fehlentwicklung (bei entsprechender Persönlichkeitsdisposition), die den Verletzten hindert, einem Verdienst nachzugehen, auch wenn die Wunde selbst schon geheilt ist. Auch deswegen können Ansprüche gestellt werden.

Davon unterscheidet sich die bloße **Begehrungsneurose**, eine Begehrenshaltung im Sinne einer einfachen psychogenen, also seelisch bedingten Fehlentwicklung. Das krankhafte Begehren nach Entschädigung bewirkt für die Zeit dieser Neurose ebenfalls eine Arbeitsunfähigkeit. Wurde ein solcher Seelenzustand erst nachträglich, also ohne ursächlichen Zusammenhang mit der Verletzung durch eine später erlangte Kenntnis der Möglichkeit eines Schadenersatzes ausgelöst, so vermag sie grundsätzlich **keinen Anspruch** zu begründen. In letzter Zeit ist die Rechtsprechung in solchen Fällen allerdings weitherziger geworden und hat auch für Begehrungsneurosen Schmerzensgeld zugebilligt.

Unfälle beim Wintersport

Pistenregeln

Obwohl sich auf Österreichs Pisten jährlich einige Millionen Skifahrer und Snowboarder im Schnee tummeln, sind die Pistenregeln weitgehend unbekannt. Rund hunderttausend Pistenbenützer werden voraussichtlich Verletzungen erleiden, davon liegt laut Aussage der Grazer Universitätsklinik die Ursache bei 97 % der Unfälle »in Fahrfehlern, bedingt durch Selbstüberschätzung, mangelnde Fitness, Übermüdung oder Unkenntnis des neuen Materials«.

Die häufigsten Unfallverletzungen beim Wintersport sind:

— beim Skifahren: Kniebandverletzung, Unterschenkelbruch, Gehirnerschütterung, Finger;

— beim Snowboarden: Unterarmbruch, Handgelenksbruch, Schlüsselbeinbruch, Gehirnerschütterung.

Kollisionsunfälle

Jener Unfalltyp, der die Gerichte am meisten beschäftigt, sind **Kollisionsunfälle.** Dies deshalb, weil der Kollisionsunfall in der Regel durch die Rechtswidrigkeit des Verhaltens eines oder beider Beteiligter herbeigeführt wird. Nur in seltenen Fällen sind solche Zusammenstöße beim Skilauf auf mangelnde Fahrtechnik zurückzuführen. Die weitaus überwiegende Zahl der Kollisionen wird von guten und sehr guten Skifahrern oder Snowboardern verursacht, deren sportliches Können durchaus ausreichend ist. Die Hauptursache liegt vielmehr im unkontrollierten Fahren einerseits und in Beobachtungs- und Aufmerksamkeitsfehlern andererseits. Viele Pistenbenützer fahren für die gegebenen Bedingungen zu schnell. Sie fahren auch nicht immer auf Sicht, wie dies in der Straßenverkehrsordnung festgelegt ist.

Schon vor seiner Abreise in den Winterurlaub hat sich Karl Jedermann die Feststellung eines bekannten Skijuristen zu Herzen genommen: »Wer heute Ski fährt, ohne eine Haftpflichtversicherung abgeschlossen zu haben, dem ist einfach nicht zu helfen.« Und er hat sich dafür interessiert, welches Recht, welche Regeln heute auf den österreichischen Skipisten und Langlaufloipen herrschen.

☛ **Die FIS-Regeln für den alpinen Skifahrer**

Das Skifahren bringt wie jeder Sport für den Ausübenden Risken, aber auch Verantwortung zivilrechtlicher wie strafrechtlicher Art mit sich.

1. **Rücksicht auf die anderen:** Jeder Skifahrer muss sich stets so verhalten, dass er keinen anderen gefährdet oder schädigt.
2. **Beherrschung der Geschwindigkeit und der Fahrweise:** Jeder Skifahrer muss Geschwindigkeit und Fahrweise seinem Können und den Gelände- und Witterungsverhältnissen anpassen.
3. **Wahl der Fahrspur:** Der von hinten kommende Skifahrer muss seine Fahrspur so wählen, dass er vor ihm fahrende Skifahrer nicht gefährdet.
4. **Überholen:** Überholt werden darf von oben oder unten, von rechts oder links, aber immer nur mit einem Abstand, der dem überholten Skifahrer für alle seine Bewegungen genügend Raum lässt.
5. **Pflichten des unteren und des querenden Skifahrers:** Jeder Skifahrer, der in eine Abfahrtsstrecke einfahren oder ein Skigelände queren (traversieren) will, muss sich zuvor

nach oben und unten vergewissern, dass er dies ohne Gefahr für sich und andere tun kann. Dasselbe gilt auch nach jedem Anhalten.

6. **Verweilen auf der Abfahrt:** Jeder Skifahrer muss es vermeiden, sich ohne Not an engen oder unübersichtlichen Stellen einer Abfahrtsstrecke aufzuhalten. Ein gestürzter Skifahrer muss eine solche Stelle so schnell wie möglich wieder freimachen.
7. **Aufstieg:** Der aufsteigende Skifahrer darf nur den Rand einer Abfahrtsstrecke benützen; er muss auch diesen bei schlechten Sichtverhältnissen verlassen. Dasselbe gilt für den Skifahrer, der zu Fuß absteigt.
8. **Beachten der Zeichen:** Jeder Skifahrer muss die Zeichen (Markierungen und Hinweisschilder) auf den Abfahrtsstrecken beachten.
9. **Verhalten bei Unfällen:** Bei Unfällen ist jeder zur Hilfeleistung verpflichtet.
10. **Ausweispflicht bei Unfällen:** Jeder, ob Zeuge oder Beteiligter, ob verantwortlich oder nicht, muss bei einem Unfall seine Personalien angeben.

☛ **Verhaltensregeln für Langläufer**

1. **Rücksicht auf die anderen:** Jeder Langläufer muss sich so verhalten, dass er keinen anderen gefährdet oder schädigt.
2. **Signalisation und Laufrichtung:** Markierungen und Signale sind zu beachten, auf Loipen ist in der angegebenen Richtung zu laufen.
3. **Wahl der Spur:** Auf Doppel- und Mehrfachspuren darf in jeder freien Spur gelaufen werden.
4. **Überholen:** Überholt werden darf rechts oder links in einer freien Spur oder außerhalb der Spuren. Der vordere Läufer braucht die Spur nicht freizugeben.
5. **Gegenverkehr:** Bei Begegnungen hat jeder nach rechts auszuweichen. In Gefällstrecken mit nur einer Spur hat der aufsteigende dem abfahrenden Langläufer die Spur freizugeben.
6. **Stockführung:** Beim Überholen, Überholtwerden und bei Begegnungen sind die Stöcke eng am Körper zu führen.
7. **Anpassung der Geschwindigkeit an die Verhältnisse:** Jeder Langläufer muss, vor allem auf Gefällstrecken, Geschwindigkeit und Verhalten seinem Können, den Geländeverhältnissen, der Verkehrsdichte und der Sichtweite anpassen. Er muss einen genügenden Sicherheitsabstand zum vorderen Läufer einhalten. Notfalls muss er sich fallen lassen, um einen Zusammenstoß zu verhindern.
8. **Freihalten der Loipen:** Wer stehen bleibt, tritt aus der Spur. Ein gestürzter Langläufer hat die Spur möglichst rasch frei zu machen.
9. **Hilfeleistung:** Bei Unfällen ist jeder zur Hilfeleistung verpflichtet.
10. **Ausweispflicht bei Unfällen:** Jeder, ob Zeuge oder Beteiligter, ob verantwortlich oder nicht, muss im Fall eines Unfalls seine Personalien angeben.

Diese vom Juristischen Komitee der FIS zusammen mit dem Juristischen Beirat des Deutschen Skiverbandes erarbeiteten Regeln haben gemeinsam mit einem vom österreichischen »Kuratorium für Sicherung von Berggefahren« erstellten Modellentwurf einer Pistenordnung inzwischen weitgehend normähnliche Effektivität erlangt und werden bei der Rechtsprechung zugrunde gelegt. Sie sind den Bestimmungen der Straßenverkehrsordnung wesensähnlich, was sich wiederholt in Entscheidungen des Obersten Gerichtshofs gezeigt hat.

☛ **Die Regeln der Österreichischen Pistenordnung**

§ 1 Geltungsbereich: Dieses Gesetz gilt für Skipisten. Als solche gelten Abfahrtsstrecken und Übungshänge, die allgemein und regelmäßig von zahlreichen Skifahrern benützt werden.

§ 2 Skiausrüstung: Der Skifahrer hat sich so auszurüsten, dass er andere nicht mehr als gewöhnlich gefährdet.

§ 3 Wahl der Skipiste: Der Skifahrer hat bei der Wahl der Skipiste sein Können so zu berücksichtigen, dass er andere weder behindert noch gefährdet.

§ 4 Beobachtungs- und Wartepflicht des anfahrenden oder in die Skipiste einfahrenden Skifahrers: Den anfahrenden oder in eine Skipiste einfahrenden Skifahrer trifft gegenüber den abfahrenden Skifahrern die Beobachtungs- und Wartepflicht; er hat sich auch davon zu überzeugen, dass er ohne Gefährdung Nachkommender den Lauf beginnen oder fortsetzen kann.

§ 5 Kontrolliertes Fahren: Der Skifahrer hat so kontrolliert zu fahren, dass er jedem Hindernis ausweichen oder vor diesem anhalten kann; er hat insbesondere die Fahrgeschwindigkeit seinem Können, dem Gelände, der Schneebeschaffenheit und dem Vorhandensein anderer Personen anzupassen.

§ 6 Fahren auf Sicht: Der Skifahrer hat während der Fahrt das Gelände und die anderen Personen vor sich ständig genau zu beobachten, alle möglichen Hindernisse zu berücksichtigen und auf Sicht zu fahren.

§ 7 Notsturz: Falls dem Skifahrer rechtzeitiges Anhalten oder Ausweichen nicht möglich ist, hat er sich hinzuwerfen, um einen drohenden Zusammenstoß mit einem anderen zu vermeiden oder die Wucht des Aufpralls zu verringern, wenn dies zumutbar und unter den gegebenen Verhältnissen zur Gefahrminderung zweckmäßig erscheint.

§ 8 Vorrang des vorderen, langsameren Skifahrers: Der hintere, schnellere Skifahrer hat seine Fahrweise dem vorderen, langsameren Skifahrer anzupassen; dieser hat Vorrang gegenüber dem hinteren Fahrer. Der Skifahrer ist nicht verpflichtet, während der Fahrt die Läufer hinter sich zu beobachten, jedoch hat der die Piste querende Skiläufer auch nach oben zu beobachten und auf von oben kommende Läufer Rücksicht zu nehmen.

§ 9 Sicherheitsabstand: Der hintere Skifahrer hat gegenüber dem vorderen Skifahrer, der überholende oder vorbeifahrende Skifahrer gegenüber den vor ihm fahrenden oder stehenden Personen einen angemessenen Sicherheitsabstand einzuhalten.

§ 10 Vorrang des geschleppten Skifahrers: Der vom Skilift geschleppte Skifahrer hat Vorrang gegenüber den die Lifttrasse querenden Personen.

§ 11 Verweilen auf der Skipiste: Der Skifahrer darf an einer unübersichtlichen oder engen Stelle einer Skipiste nicht unnötig verweilen; dies gilt auch für den gestürzten Skifahrer.

§ 12 Aufsteigende Skifahrer und Fußgänger: Aufsteigende Skifahrer und Fußgänger dürfen im Allgemeinen nur den Rand einer Skipiste benützen.

§ 13 Beachtung der Zeichen: Jedermann hat die Zeichen an den Skipisten zu beachten.

§ 14 Benützung der Skipisten: Skipisten dürfen nur mit Skiern und solchen Wintersportgeräten benützt werden, die eine besondere Gefährdung anderer Benützer nicht herbeiführen.

§ 15 Tiere auf Skipisten: Niemand darf während des Skibetriebes Tiere auf der Skipiste frei herumlaufen lassen.

§ 16 Verhalten bei Unfällen: Alle an einem Skiunfall beteiligten Personen haben anzuhalten, einander ihre Namen und Anschriften bekannt zu geben und den verletzten Personen die erforderliche und zumutbare Hilfe zu leisten.

§ 17 Andere Skipistenbenützer: Die für Skifahrer erlassenen Bestimmungen gelten auch für die Benützer anderer Wintersportgeräte auf Skipisten.

Ähnlich dem Verkehrsrecht wird z. B. auch mit einer **Freiheitsstrafe** bis zu zwei Jahren bestraft, wer einen anderen schwer verletzt, nachdem er sich vor der Tat – wenn auch nur fahrlässig – durch den Genuss von Alkohol oder den Gebrauch eines anderen berauschenden Mittels in einen die Zurechnungsfähigkeit beeinträchtigenden **Rauschzustand** versetzt hat. Voraussetzung ist allerdings, dass er vorausgesehen hat oder vorhersehen hätte können, dass ihm eine Tätigkeit bevorsteht, die – in diesem Zustand ausgeübt – geeignet ist, eine Gefahr für das Leben und die

Gesundheit oder die körperliche Sicherheit eines anderen herbeizuführen. Der alkoholisierte Pistenbenützer wird daher für sich selbst und anderen zur Gefahr.

Der kluge Skifahrer genießt nicht nur seine eigene Freiheit, sondern nimmt auch Rücksicht auf die Freiheit der anderen. Er richtet sein Fahrverhalten – so wie Richter und Staatsanwälte ihren Schuldspruch, wenn beim Skifahren jemand verletzt oder fremdes Eigentum beschädigt wurde – nach den so genannten **Pistenregeln**.

Die Erfolgshaftung

Karl Jedermanns kleiner Neffe Andi geht mit seiner Mutter Elvira Schlick in die Stadt. Anstatt das Kind an der Hand zu nehmen, lässt die Mutter Andi an einer verkehrsreichen Straße herumlaufen. Andi springt plötzlich auf die Fahrbahn und wird von dem Autofahrer Hans Auer, der ihn zu spät entdeckt, angefahren. Andi erleidet eine Verletzung an der Hand, wodurch ein Schaden von € 500,– entsteht. Statt mit dem Kind zu einem Arzt zu gehen, verarztet Elvira selbst die Hand des Kleinen. Dadurch verschlimmert sich die Sache so, dass eine Operation notwendig wird, die Kosten von € 2.000,– verursacht.
Hans Auer lehnt jeden Schadenersatz mit der Begründung ab, Andi sei selbst durch sein unvorsichtiges Umherlaufen an dem Unfall schuld. Er müsse sich auch die Unachtsamkeit seiner Mutter anrechnen lassen. Für die Erhöhung des Schadens um € 2.000,– könne er, Auer, schon gar nichts. Im Übrigen habe er keine Schuld an dem Unfall.

Im vorliegenden Fall gehen wir nicht wie im Beispiel des von einem Radfahrer niedergestoßenen Kaufmanns Kühne (siehe Seite 141 ff.) vom ABGB aus, sondern vom **Eisenbahn- und Kraftfahrzeughaftpflichtgesetz** (EKHG).

Gesetzlich verpflichtende Kfz-Haftpflichtversicherung

Danach haftet der **Halter eines Kraftfahrzeugs** für den beim Betrieb des Fahrzeugs verursachten Schaden, auch wenn er keine Schuld trägt. Man spricht von einer **Erfolgshaftung**, manchmal auch von einer Gefährdungshaftung. Auf ein Verschulden des Halters kommt es hierbei nicht an. Der Gesetzgeber trägt damit der Tatsache Rechnung, dass der Betrieb eines Kraftfahrzeugs immer typische Gefahren mit sich bringt, deren finanzielles Risiko der Halter des Kraftwagens, Motorrades oder Motorfahrrades auf sich nehmen muss. Aus diesem Grund ist auch jeder Halter eines Kraftfahrzeugs gesetzlich verpflichtet, eine **Haftpflichtversicherung** abzuschließen.

Würde keine solche Versicherungspflicht bestehen, bedeutete dies, dass ein in beschränkten Vermögensverhältnissen lebender Kraftfahrzeughalter durch den Betrieb seines Kraftwagens für einen dabei entstandenen Schaden zwar verantwortlich wäre, aber nicht die Mittel für den Ersatz des Schadens hätte.

Angenommen, Hans Auer ist selbst Halter (wahrscheinlich auch Eigentümer) des von ihm gesteuerten Fahrzeugs, dann haftet er Andi für die entstandene Verletzung. Im § 7 EKHG wird aber für den Fall, dass bei der Entstehung des Schadens ein Verschulden des Geschädigten mitgewirkt hat, auf das ABGB verwiesen. Danach muss, wenn bei einer Beschädigung zugleich ein Verschulden des Beschädigten vorliegt, dieser mit dem Beschädiger den Schaden verhältnismäßig tragen.

☛ Der kleine Andi ist zwar durch sein eigenes unvorsichtiges Verhalten verletzt worden, ein Kind unter sieben Jahren kann aber nicht schuldhaft handeln. Weder kann es eine unerlaubte Handlung gegenüber Dritten begehen, noch kann in seinem kindlich unvernünftigen Tun ein mitwirkendes Verschulden im Sinne des § 1304 ABGB gesehen werden. Erst vom vollendeten 14. Lebensjahr an ist der Mensch deliktsfähig. Dann kann er für den angerichteten Schaden verantwortlich gemacht werden. Zwischen dem 7. und dem 14. Lebensjahr besteht eine Schadenersatzpflicht nur unter den ganz seltenen Voraussetzungen des § 1310 ABGB (siehe Seite 153 f.) und auch dann nur nach Ermessen des Richters.

Andis Unvorsichtigkeit kann also die Verantwortlichkeit des Autofahrers nicht ausschließen. Der Halter des Fahrzeugs kann sich auch nicht darauf berufen, dass der Unfall durch ein unabwendbares Ereignis hervorgerufen worden sei, das nicht auf der Beschaffenheit des Fahrzeugs beruhe.

Die Unberechenbarkeit des kindlichen Verhaltens im Straßenverkehr ist zwar ein schwer vorauszusehender Umstand; die höchstrichterliche Rechtsprechung hat aber – offenbar in dem Bestreben, den Kindern so weit wie möglich Schutz zu gewähren – ständig die Ansicht vertreten, dass der **Kraftfahrzeugführer** mit den kindlichen **Unarten** rechnen muss. Dies hat praktisch die Konsequenz, dass jeder Fahrer sich darauf einstellen muss, dass ein Kind plötzlich hinter einem parkenden Auto hervorspringt und vor sein Kraftfahrzeug läuft. Ebenso muss der Kraftfahrer damit rechnen, dass ein Pferd plötzlich scheut.

Mithin entfällt weder Andi Schlicks Schadenersatzanspruch, noch mindert er sich nach § 1304 ABGB (Mitverschulden des Geschädigten). Für den Schaden in Höhe von € 500,–, der zunächst entstanden war, ist es auch ohne Einfluss, dass Mutter Elvira Schlick sich nicht um das Kind gekümmert und dadurch den Unfall nicht verhindert hat.

Adäquate/äquivalente Verursachung

Anders ist es mit dem weiteren Schaden von € 2.000,–. Zwar ist auch dieser Schaden zunächst auf den Unfall zurückzuführen. Der Jurist spricht insofern von einer **adäquaten Verursachung** des Schadens. Darunter versteht man, dass nur ein solcher Schaden für einen eventuellen Schadenersatz in Betracht kommt, der mit dem Schaden stiftenden Ereignis in einem Zusammenhang steht, der der Lebenserfahrung entspricht. Im Gegensatz dazu steht die so genannte **äquivalente Verursachung**. Darunter versteht man, dass für einen eingetretenen Erfolg jede Handlung kausal ist, die man nicht hinwegdenken kann, ohne dass dann auch der Erfolg entfiele.

☛ Stellen wir uns Folgendes vor: Ein Motorradfahrer streift mit seiner Maschine einen Passanten. Dieser Passant ist Bluter. Infolge der Verletzung, die an sich geringfügig ist, stirbt er. Nach der Äquivalenztheorie würde man die Schlussfolgerung zu ziehen haben, dass der Motorradfahrer ursächlich für den Tod des Bluters verantwortlich ist, denn man kann ja sein Anfahren nicht hinwegdenken, ohne das der Bluter noch leben würde. Eine derart außergewöhnliche Verknüpfung zwischen Handlung und Erfolg würde jedoch zu dem unbilligen Ergebnis führen, dass der Motorradfahrer den Angehörigen des verstorbenen Bluters den Lebensunterhalt gewähren müsste, den sie bisher vom Bluter erhalten haben. Dies ist aber untragbar, weshalb die Rechtsprechung in Zivilsachen einmütig die **Adäquanztheorie** zugrunde legt. Aufgrund dieser Adäquanztheorie käme man dann zu dem Ergebnis, dass es nicht der Lebenserfahrung entspricht, dass eine so geringfügige Verletzung den Tod eines Menschen herbeiführt. Infolgedessen würde man den Tod des Bluters nicht als durch den Motorradfahrer verursacht ansehen. Eine Schadenersatzpflicht könnte daher nicht bestehen. Andererseits ist die Rechtsprechung mit dem Begriff der **Lebenserfahrung** ziemlich großzügig. So wird z. B. adäquate Kausalität bejaht, wenn ein Motorradfahrer einen Passanten anfährt, dieser daraufhin ins Krankenhaus gebracht wird, sich dort an einer Grippe infiziert und stirbt. Nur dann ist eine Kausalität abzulehnen, wenn die Verknüpfung zwischen Handlung und Erfolg wirklich außerhalb jeder Lebenserfahrung liegt.

Diese Überlegungen, auf unseren Fall übertragen, bedeuten: Die Verschlimmerung einer Wunde durch nachträgliche schlechte Behandlung liegt durchaus im Bereich der Lebenserfahrung. Das schädigende Verhalten des Autofahrers Hans Auer war somit kausal für den von Andi Schlick erlittenen Schaden in der Höhe von insgesamt € 2.500,–. Die Kausalität hat jedoch ganz und gar nichts mit dem Verschulden zu tun. An der Erhöhung des Schadens durch die notwendig gewordene Operation war aber Elvira Schlick durch ihre unsachgemäße Behandlung schuld. Angenommen, dass ohne dieses Verschulden der Mutter der Schaden auf € 500,– beschränkt geblieben wäre, kann Andi Schlick jetzt nur € 500,– von Hans Auer ersetzt verlangen.

Die gekränkte Ehre

Wilhelm Schneider hasst alle Konkurrenten. Als er merkt, dass es Dieter Hofmeister gelingt, seinen Kundenkreis zu erweitern, verbreitet er in der Stadt das Gerücht, dass Hofmeister eine Schwindelfirma betreibe und schon mehrfach wegen Betrugs und unlauteren Wettbewerbs vorbestraft sei. Durch dieses Gerede hat Hofmeister den Verlust vieler Kunden zu beklagen. Er verlangt von Schneider Schadenersatz.

Für die Geltendmachung dieses Schadenersatzanspruches gibt es mehrfache Grundlagen im Gesetz. Die strafrechtliche Seite scheidet aus unserer Betrachtung aus. Im § 1330 ABGB wird zuerst bestimmt, dass eine **Beleidigung** Schadenersatzfolgen nach sich zieht. Sodann ist von **Kreditgefährdung** die Rede. Schadenersatzpflicht besteht, wenn jemand Dinge behauptet, die den Kredit, den Erwerb oder das Fortkommen eines anderen gefährden. Der Täter wusste dabei oder musste wissen, dass sie unwahr sind. Nicht verlangt wird, dass eine tatsächliche Schädigung eingetreten ist, sondern es genügt die bloße Gefährdung.

Generalklausel des Schadenersatzrechts

Da Wilhelm Schneider **schuldhaft** vorgegangen ist und **unwahre Behauptungen** verbreitet hat, haftet er für den daraus entstandenen Schaden. Dieter Hofmeister kann auch nach § 1330 Abs. 2 ABGB den **Widerruf** und dessen **Veröffentlichung** verlangen. Schließlich ergibt sich der Schadenersatzanspruch Dieter Hofmeisters aus § 1295 Abs. 2 ABGB, wonach jeder schadenersatzpflichtig ist, der in einer gegen die guten Sitten verstoßenden Weise absichtlich Schaden zufügt. Wir haben es hier mit einer wichtigen **Generalklausel** des Schadenersatzrechts zu tun: Wer vorsätzlich darauf ausgeht, einen anderen sittenwidrig zu schädigen, muss ihm Schadenersatz leisten. Die im **guten Glauben** erstattete Anzeige macht nicht ersatzpflichtig. Trotzdem hüte man sich vor einer leichtfertigen Anzeige!

Alkohol und Rauferei

Karl Jedermann spricht in einer fröhlichen Gesellschaft dem Alkohol tüchtig zu. Schließlich ist er so angeheitert, dass er mit einem harmlosen Passanten Streit anfängt und ihn schließlich niederboxt. Als dieser Schadenersatz verlangt, wendet Karl Jedermann ein, dass er ja nichts dafür könne, weil er sich an nichts erinnere. Nicht er habe etwas getan, sondern der Alkohol.

Selbstverschuldete Unzurechnungsfähigkeit

Karl Jedermann ist schadenersatzpflichtig. Zwar hat er sich tatsächlich bei der Rempelei mit dem Passanten in einem Zustand vorübergehender Sinnesverwirrung befunden und konnte seine Handlungen nicht mehr kontrollieren; doch haftet er für den im Zustand **selbstverschuldeter Unzurechnungsfähigkeit** verursachten Schaden (§ 1307 ABGB).

Etwas anderes wäre es, wenn Karl Jedermann **ohne sein Verschulden** in den Zustand der Trunkenheit geraten wäre. Hätten ihm z. B. seine Trinkkumpane heimlich hochprozentigen Schnaps in das Bier gegossen und wäre Karl Jedermann dadurch, ohne etwas dafür zu können, in schwere Trunkenheit geraten, so wäre er nicht nach § 1307 ABGB schadenersatzpflichtig. Der Verletzte würde dann aber wohl Anspruch gegen die Zechrunde haben, denn wer jemanden in hochgradige Trunkenheit versetzt, muss damit rechnen, dass der Betrunkene schädigende Handlungen vornimmt.

Billigkeit

Schließlich gibt es vielleicht einen Ausgleich nach **Billigkeit**, wenn jemand für die im Zustand der Trunkenheit begangene Tat gemäß § 1310 ABGB nicht verantwortlich ist. Diese wichtige Bestimmung gewährt die Möglichkeit, gegen den schuldunfähigen Täter selbst einen **Schadenersatzanspruch** geltend zu machen. Dies unter folgenden Bedingungen:

1. wenn den Schadensstifter, obgleich er »gewöhnlich seines Verstandes nicht mächtig ist«, in dem bestimmten Fall dennoch ein Verschulden trifft (so z. B., wenn der frühreife Knabe chemische Experimente macht, bei denen das halbe Haus in die Luft fliegt);
2. wenn der Beschädigte aus Schonung des Beschädigers die gerechtfertigte Verteidigung unterlassen hat;
3. wenn es mit Rücksicht auf das Vermögen des Schädigers und des Beschädigten gerechtfertigt ist, dass der Schädiger einen Ersatz zu leisten hat.

Gerade letzterem Fall liegt eine wichtige soziale Überlegung zugrunde, die eine Vermögensabwägung erfordert. Der Richter kann, gestützt auf § 1310 ABGB, dem schwerreichen schuldunfähigen Verletzer sogar eine volle Entschädigungspflicht auferlegen, wenn der Verletzte in kargen Verhältnissen lebt. Ist der Vermögensunterschied nicht so krass, wird der Richter nur einen angemessenen Ersatz vorschreiben.

Mit dem Schirm gegen den Hund

Erich Schäfer ist Eigentümer und Halter eines Schäferhundes. Das Tier, das bisher immer gutmütig war, fällt plötzlich aus nicht ersichtlichem Grund den Spaziergänger Waldemar Wieser an. Der Hund beißt Wieser ins Bein. In seiner Bedrängnis entreißt

Wieser der vorbeigehenden Frau Klein den Schirm und schlägt damit kräftig auf den Hund ein. Dabei geht der Schirm kaputt und der Hund wird so schwer verletzt, dass er eingeschläfert werden muss.

Wenn Wieser den Hund gereizt hätte und daraufhin zu Schaden gekommen wäre, wäre er selbst dafür verantwortlich. Auch der Menageriebesitzer haftet z. B. nicht, wenn jemand die Hand in den Bärenkäfig hineinstreckt, um den Bären zu kitzeln, und dann von diesem verletzt wird. Hat Waldemar Wieser den Hund nicht gereizt, kann er von Erich Schäfer Ersatz des ihm entstandenen Schadens verlangen. Er beruft sich dabei auf die Haftung des Tierhalters (§ 1320 ABGB).

Tierhalter

Tierhalter ist nicht der, bei dem das Tier räumlich untergebracht ist, sondern derjenige, der (persönlich oder durch Bedienstete) die **tatsächliche Herrschaft** über das Verhalten des Tiers ausübt. Das muss nicht der Eigentümer sein. Nicht die Eigentumsverhältnisse sind also für die Haltereigenschaft entscheidend. Wer z. B. einen entlaufenen Hund aufnimmt, wird damit zum verantwortlichen Tierhalter.

Beweislastumkehr

Kann Erich Schäfer nicht beweisen, dass er für die erforderliche Verwahrung oder Beaufsichtigung des Schäferhundes gesorgt hat oder hat er gar das Tier zu dem Angriff angetrieben, haftet er als Tierhalter für den eingetretenen Schaden. Nach der Praxis der Gerichte beruht die Haftung des Tierhalters auf Verschulden unter Beweislast des Beklagten (**Beweislastumkehr**). Erich Schäfer muss also beweisen, dass er für die erforderliche Verwahrung oder Beaufsichtigung Sorge getragen hat. Auch als gutartiges Tier benötigt der Schäferhund nach den Umständen eine entsprechende Verwahrung und allenfalls Beaufsichtigung. Wenn eine Hündin z. B. kurz vorher geworfen hat, also wild ist, darf sie nicht frei in Hof oder Garten herumlaufen, wo Menschen hinkommen.

Notwehr

Erich Schäfer hat seinerseits wegen der Verletzung seines Hundes keinerlei Schadenersatzansprüche gegen Waldemar Wieser. Zwar hat Wieser durch das Zuschlagen mit dem Schirm den Hund letzten Endes getötet, er handelte dabei jedoch nicht widerrechtlich. Seine Verteidigungsmaßnahme richtete sich gegen die Angriffsquelle, von der Gefahr drohte. Dabei ist es gleichgültig, ob diese Angriffsquelle ein zurechnungsfähiger Mensch, ein unzurechnungsfähiger Mensch, ein Tier oder eine leblose Sache ist. Diese Abwehr ist nach maßgebender Ansicht ein Fall der **Notwehr**.

Vorteilsausgleichung

Die Verletzung des Hundes erfolgte nicht rechtswidrig. Hätte Wieser den Hund rechtswidrig und schuldhaft verletzt, so könnte Schäfer deswegen Ersatz verlangen. Nachdem aber der Hund tot ist, könnte Erich Schäfer z. B. das Hundefell verkaufen und müsste sich den Erlös auf den durch den Tod des Hundes entstandenen Schaden anrechnen lassen. Man nennt das **Vorteilsausgleichung**.

Notstand

Um einer drohenden Gefahr zu entgehen, werden bisweilen rechtliche Interessen eines Dritten, also nicht desjenigen, von dem der Angriff ausgeht, verletzt. Dieser Fall wird **Notstand** genannt. In unserem Beispiel erfolgte der Griff nach dem Schirm von Frau Klein in Notstandssituation. Bei der Notstandshandlung kommt es aber darauf an, ob das durch die Handlung verletzte rechtliche Interesse wertvoller ist als das durch sie geschützte oder nicht.

Waldemar Wieser war genötigt, Abwehrhandlungen vorzunehmen, um einen unmittelbar drohenden Schaden von sich abzuwehren, und dadurch in Kauf zu nehmen, jemanden zu schädigen. Frau Klein beklagt den Verlust ihres Schirms; Wieser hingegen drohte Gefahr für seine Gesundheit oder sogar für sein Leben – also ein verhältnismäßig größerer Schaden, als er sich aus der Vernichtung des Schirms ergibt. Die Notstandshandlung Wiesers war somit erlaubt. Muss er Frau Klein den Schirm ersetzen?

Ersatz nach gebundenem Ermessen

Wird im Notstand Schaden verursacht, so hat der Richter **nach gebundenem Ermessen** zu erkennen, ob überhaupt ein Ersatz zu leisten ist, und wenn ja, ob zur Gänze oder nur zum Teil. Sein Ermessen ist durch die im § 1306a ABGB vorgeschriebene Berücksichtigung dreier Umstände gebunden:

1. ob der Beschädigte die Abwehr aus Rücksicht auf die dem Schädiger drohende Gefahr unterlassen hat;
2. das Verhältnis zwischen der Größe der Beschädigung und der drohenden Gefahr;
3. die Vermögensverhältnisse des Beschädigers und des Beschädigten.

Von größtem praktischem Interesse ist hier die **Vermögensvergleichung**, die aus Erwägung der sozialen Gerechtigkeit vom ABGB vorgeschrieben wird. Wenn Frau Klein nur von einer kleinen Rente kärglich lebte, erhielte sie wohl den vollen Ersatz für den demolierten Schirm.

Der Grundgedanke, dass man zunächst einmal fremde Rechtsgüter opfern darf, um andere, höherwertige zu retten, ist im Recht schon seit langem verankert. Selbst wenn Waldemar Wieser den Schirm von Frau Klein bezahlen muss, ist damit unsere Rechtssache noch nicht zu Ende. Wieser wird trachten, die bezahlte Summe von Erich Schäfer wieder zurückzubekommen; dieser ist ja verpflichtet, ihm allen aus der Tierhaltung entstandenen Schaden zu ersetzen.

☛ Für die Bestreitung der Heilungskosten bei vermögenslosen, von **wutkranken** Hunden beschädigten Personen gelten die Vorschriften des **Epidemiegesetzes 1950**. Wer z. B. an seinem ausländischen Urlaubsort mit wutverdächtigen Tieren zu tun bekommen hat, wird sich nach der Rückkehr vorsorglich impfen lassen (in Wien am zweckmäßigsten bei der Bundesstaatlichen bakteriologisch-serologischen Untersuchungsanstalt, 1090 Wien, Währinger Straße 25a).

Eisenbahn und wild gewordener Stier

Der Bauer Grundner gibt seinem Nachbarn Seppl Gut einen Stier für den Viehmarkt ins Nachbardorf mit. Gut treibt die von ihm geleiteten Tiere an einer Bahnlinie entlang. Der Lokomotivführer lässt in der Nähe eines Bahnübergangs die Pfeife schrillen, als der Zug soeben auf der Höhe des Viehtransports ist. Grundners Stier erschrickt und bricht aus. Er überrennt dabei den Urlauber Jens Hansen, der gerade mit Karl Jedermann einen Spaziergang macht. Hansen will wissen, wer ihm den erheblichen Schaden ersetzt, den er bei dem Fall erlitten hat.

Jens Hansen kann zunächst von der Bahn **Schadenersatz** verlangen. Aufgrund der §§ 1 und 9 EKHG aus dem Jahre 1959 haftet die Eisenbahn, wenn bei ihrem Betrieb ein Mensch körperlich verletzt wird, soweit dieser Unfall nicht auf höherer Gewalt beruht. Ein solcher Fall liegt hier nicht vor. Zum Betrieb einer Eisenbahn gehört das Bedienen der Warnpfeife. Dieses Pfeifen ist adäquat kausal (siehe Seite 151) dafür, dass der Stier wild wird und Hansen dadurch verletzt. Eine solche Wirkung beruht auch nicht auf höherer Gewalt, sondern der Ablauf des Geschehnisses entspricht durchaus der allgemeinen Lebenserfahrung. Allerdings kann Hansen von der Bahn **kein Schmerzensgeld** verlangen, da dies im EKHG nicht vorgesehen ist. Schmerzensgeld müsste nach dem ABGB gesondert eingeklagt werden.

Erforderliche Sorgfalt

Hansen könnte aber Schadenersatz vom Bauern Grundner verlangen, da dieser Halter des Tieres ist, auch wenn es sich auf dem Transport zum Markt befindet. Allerdings hat Grundner die Möglichkeit, sich von der Ersatzpflicht frei zu machen, wenn er bei der Beaufsichtigung der Tiere nachweislich die **erforderliche Sorgfalt** beobachtet hat (§ 1320 ABGB).

Ob Grundner hier die erforderliche Sorgfalt beobachtet hat, hängt davon ab, ob er einen zuverlässigen Viehtreiber ausgesucht und ihm die nötigen Anweisungen gegeben hat. Tatfrage ist auch, ob Seppl Gut **schuldhaft** gehandelt hat. Auf alle Fälle trifft beim Stier die Verwahrungspflicht den Bauern Grundner, der nach der Rechtsprechung für den durch seine Bediensteten (gemäß § 1313a ABGB) und auch für den durch das Tier mittelbar verursachten Schaden aufzukommen hat.

Sollten alle drei, die Eisenbahn, der Tierhalter und der Viehtreiber, verpflichtet sein, Jens Hansen Schadenersatz zu leisten, so haften sie als **Gesamtschuldner**, das heißt: einer für alle, alle für einen; jeder für das Ganze und nicht nur für einen Teil. Im Innenverhältnis sind die drei Gesamtschuldner zum Ausgleich verpflichtet, und zwar werden sich die Eisenbahn und Grundner untereinander je zur Hälfte ausgleichen. Der Viehtreiber Seppl Gut ist im Falle eines Verschuldens den anderen Schuldnern ersatzpflichtig.

Eine Schneelawine rutscht vom Dach

Als Karl Jedermann an der Villa von Ludwig Reich vorbeigeht, löst sich der auf dem Dach angesammelte Schnee, poltert herab und verletzt Karl Jedermann erheblich an Kopf und Nacken. Er verlangt Schadenersatz von Reich.

Nach § 93 Abs. 2 StVO haben die Eigentümer von Liegenschaften dafür zu sorgen, dass Schneewächten oder Eisbildungen von den Dächern ihrer an der Straße gelegenen Gebäude entfernt werden. Kommt ein Hauseigentümer dieser Verpflichtung nicht nach, so ist er zumindest nach den allgemeinen Bestimmungen der §§ 1295 ff. ABGB schadenersatzpflichtig. »Zumindest« deshalb, weil etliche Rechtslehrer meinen, dass auch § 1319 ABGB sinngemäß auf Dachlawinen anwendbar sei. Dieser Paragraph befasst sich damit, dass jemand »durch Einsturz oder Ablösung von Teilen eines Gebäudes oder eines anderen auf einem Grundstück aufgeführten Werkes« verletzt wird oder sonst zu Schaden kommt.

Der Unterschied liegt in Folgendem: Grundsätzlich muss jemand, der einen Schaden erlitten hat, nachweisen, dass der von ihm auf Schadenersatz Geklagte diesen Schaden vorsätzlich oder fahrlässig verursacht hat. Beim § 1319 ABGB ist es umgekehrt: hier muss der Schädiger den **Entlastungsbeweis** erbringen, also nachweisen, »dass er alle zur Abwendung der Gefahr erforderliche Sorgfalt angewendet habe«. Die Auffassung, dass der durch eine Dachlawine zu Schaden Gekommene auch nach § 1319 ABGB klagen kann, ist also für den Betroffenen die günstigere. Vom Obersten Gerichtshof wird sie allerdings meist nicht geteilt.

Aber auch nach den allgemeinen Schadenersatzbestimmungen hat Karl Jedermann gute Aussichten, zu einem Schadenersatz zu kommen, wenn der Hauseigentümer gegen den erwähnten § 93 Abs. 2 StVO verstoßen, also das Dach vorschriftswidrig nicht von Eis und Schnee geräumt hat.

Der Blumentopf fliegt durchs Fenster

Wird jemand durch Herauswerfen oder Herausgießen aus einer Wohnung beschädigt, so haftet nach § 1318, 2. Fall ABGB derjenige, aus dessen Wohnung geworfen oder gegossen wurde. Hier liegt eine bloße **Erfolgshaftung** vor, die keinerlei Verschulden des Wohnungsinhabers voraussetzt.

Die praktische Überlegung ist dabei folgende: Wird jemand durch Wurf oder Guss beschädigt, soll er nicht erst große Beweisschwierigkeiten zu überwinden haben, sondern sich sogleich an den leicht zu ermittelnden Wohnungsinhaber halten können. Der Wohnungsinhaber mag seinerseits nach § 1313 ABGB Regress nehmen und Rückersatz vom Schuldtragenden verlangen, wenn sich ein solcher ermitteln lässt. Der Ausdruck »Herausgießen« darf hier nicht wörtlich genommen werden. Es haftet vielmehr der Wohnungsinhaber z. B. auch für den Schaden durch schlechten Verschluss des Wasserhahns oder wenn der Ausflusshahn offen gelassen wird. Ein »Herauswerfen« liegt auch vor, wenn ein Tier die Sache herauswirft. Es muss sich um eine **Sache** handeln.

Ein zahmer Schimpanse spielt vorerst munter im Zimmer. Auf einmal wird der Affe übermütig und wirft einen auf dem Fensterbrett stehenden Blumentopf zum Fenster hinaus. Der Geranientopf kracht unmittelbar neben einem unten vorbeigehenden alten Herrn auf das Pflaster. Der kränkelnde Pensionist erschrickt so sehr, dass er auf der Stelle einen Herzinfarkt erleidet und in die Intensivstation gebracht werden muss.

Es haftet der **Wohnungsinhaber**; wird der Raum von einer Familie bewohnt, haftet der **Haushaltungsvorstand**. Haftbar ist jedoch nur derjenige, dem die tatsächliche Verfügung über den betreffenden Wohnraum zusteht, also regelmäßig der Mieter, aber auch der Untermieter, in dessen Wirtschaft und Hauswesen sich der Vermieter ja nicht einmengen darf.

Ein vorübergehender Besuch oder der Hauseigentümer als solcher haftet nicht. Wer nach § 1318, 2. Fall ABGB haftbar gemacht wird, kann nicht sagen: »Ich bin nicht schuld an der übermütigen Laune des Affen«, denn die Haftung des Wohnungsinhabers bzw. der vorhin genannten Personen besteht ohne Rücksicht auf ein Verschulden.

Der Selbstmörder stürzt auf die Straße

Ein Selbstmordkandidat besucht seinen Freund. Als sich dieser für kurze Zeit aus der Wohnung entfernt, befestigt der Selbstmörder einen Strick am Fensterkreuz, um sich zu erhängen. Der Strick reißt und der verhinderte Selbstmörder fällt auf die Straße, wo er einen Passanten verletzt und selbst unverletzt bleibt.

Fällt hingegen jemand aus dem Fenster auf die Straße, so haftet der Wohnungsinhaber für den daraus entstandenen Schaden nicht.

Der Freund haftet daher nicht für den entstandenen Schaden, denn aus seiner Wohnung wurde ja keine Sache geworfen – es stürzte ein **Mensch** herab. Für den angerichteten Schaden muss der verhinderte Selbstmordkandidat aufkommen. Was aber, wenn der Strick hält, der Tod eintritt und der Körper des Toten, der durch einen Windstoß auf die Straße geschleudert wird, dort einen Passanten verletzt? Der Freund haftet dann als Wohnungsinhaber nach § 1318 ABGB, da jetzt eine **Sache** (im Rechtssinn) herabfällt und einen Schaden anrichtet. Der Freund könnte sich theoretisch später am Nachlass des so tragisch Verstorbenen regressieren.

Verjährung und Ersitzung

Die **Verjährung** ist der Verlust eines Rechts, das während der vom Gesetz bestimmten Zeit nicht ausgeübt worden ist (§ 1451 ABGB). Da jede Ersitzung die Folge einer Verjährung ist, werden beide mit den vorgeschriebenen Erfordernissen **in einem Zeitraum** vollendet (§ 1478 ABGB).

Zur eigentlichen Verjährung aber ist der bloße **Nichtgebrauch** eines Rechts, das an sich ohne weiteres hätte ausgeübt werden können, durch **dreißig Jahre** hinreichend (**ordentliche Verjährungszeit**). Forderungen an rückständigen jährlichen Leistungen, insbesondere Zinsen, Renten, Unterhaltsbeiträgen, Ausgedingsleistungen sowie zur Kapitaltilgung vereinbarte Annuitäten erlöschen in **drei Jahren**, das Recht selbst in dreißig Jahren. Der Verjährung kann weder im Voraus entsagt werden, noch kann eine längere als die durch das Gesetz bestimmte Verjährungsfrist ausbedungen werden. Wird das verjährte Recht vermöge des gesetzlichen Besitzes zugleich auf jemand anderen übertragen, so heißt es ein **ersessenes Recht** und die Erwerbsart **Ersitzung** (§ 1452 ABGB).

Verjährung und Ersitzung kann gegen alle Privatpersonen, die selbst ihre Rechte auszuüben fähig sind, stattfinden. Gegen Personen, die ihre Rechte selbst zu verwalten unfähig sind, wie gegen Minderjährige oder geistig Behinderte, kann die Ersitzungs- oder Verjährungszeit nicht beginnen, wenn für sie kein gesetzlicher Vertreter bzw. Sachwalter bestimmt ist. Die einmal begonnene Verjährungs- und Ersitzungszeit läuft in einem solchen Fall zwar fort, sie kann aber erst zwei Jahre nach Behebung des Hindernisses beendet werden (§ 1494 ABGB).

Unveräußerliche Sachen und Sachen, die man nicht besitzen kann, sind kein Gegenstand der Ersitzung. Zur Ersitzung wird gefordert, dass jemand die Sache oder das Recht wirklich besitzt, dass der Besitz rechtmäßig, redlich und echt ist sowie durch die ganze vom Gesetz bestimmte Zeit fortgesetzt wird. Verpfändete, geliehene, in Verwahrung oder zur Fruchtnießung gegebene Sachen können vom Inhaber mangels eines rechtmäßigen Titels niemals ersessen werden.

Ersitzung und Verjährung dienen dem Zweck der Sicherung und Erhaltung lange bestehender Zustände, deren Rechtmäßigkeit zu erweisen mit Rücksicht auf den Zeitablauf Schwierigkeiten bereiten kann.

Die Behandlung von verjährten Forderungen

Für die Verjährung von Forderungen gelten zunächst die allgemeinen Vorschriften über die Verjährung, die in den §§ 1451 ff. ABGB enthalten sind. Angesichts der Tatsache, dass Forderungen aus Geschäften des täglichen Lebens schon in drei Jahren verjähren, ist es wohl wissenswert, wie verjährte Forderungen juristisch behandelt werden. Die Verjährung ist nicht von Amts wegen zu beachten. Das hat zur Folge, dass verjährte Forderungen eingeklagt werden können.

Wendet aber der Gegner die Verjährung ein, wird es zur Abweisung der Klage kommen. Die verjährte Schuld kann also wirksam gezahlt und die Zahlung auch dann nicht zurückgefordert werden, wenn sie in Unkenntnis der Verjährung geleistet worden ist.

☛ Aus Gründen aufrechter Geschäftsmoral werden verjährte Schulden sehr häufig anstandslos bezahlt. **Anerkennung einer verjährten Schuld** ist deshalb möglich, weil die Verjährung nur auf Einwendung des Schuldners beachtet wird und die Anerkennung nichts anderes als den Verzicht auf diese Einwendung bedeutet. Das setzt allerdings voraus, dass der anerkennende Schuldner von der Verjährung Kenntnis hat, weshalb die Anerkennung (anders als die Zahlung) wegen Irrtums in diesem Punkt angefochten werden kann.

Karl Jedermann stellt fest, dass er von seinem früheren Arbeitgeber noch Geld zu bekommen hat. Dies ist ihm bei der seinerzeitigen plötzlichen Lösung des Dienstverhältnisses entgangen. Das Ausscheiden aus dem Dienstvertrag liegt genau drei Jahre zurück. Karl Jedermann mahnt mehrfach den seinerzeitigen Arbeitgeber, die Firma Fritz Huckental & Co., ohne etwas zu erreichen. Schließlich erhebt er Klage. Huckental behauptet im Prozess, dass die Ansprüche Karl Jedermanns bereits verjährt seien. Demgegenüber behauptet Karl Jedermann, dass seine Mahnschreiben jegliche Verjährung unterbrochen hätten.

Im Ergebnis hat Huckental Recht: Forderungen der Dienstnehmer wegen des Entgelts und des Auslagenersatzes aus den Dienstverträgen verjähren nach § 1486 Zif. 5 ABGB in drei Jahren. Doch muss man genau unterscheiden: Bei den Ansprüchen auf **Entgelt** beginnt die Verjährung mit dessen **Fälligkeit** zu laufen; Ansprüche auf **Auslagenersatz** können meist sofort geltend gemacht werden und verjähren daher vom Zeitpunkt ihrer **Entstehung** an.

Unterbrechung der Verjährung

Die von Karl Jedermann abgesandten **Mahnschreiben** haben den Eintritt der **Verjährung nicht verhindert**. Es ist ein Irrtum, zu glauben, dass die Mahnung die Verjährung unterbricht. Das Gesetz verlangt zur **Unterbrechung der Verjährung** nach § 1497 ABGB Anerkennung seitens des Schuldners oder Klage seitens des Gläubigers. Die Unterbrechung der Verjährung erfolgt also durch die **eingebrachte**

Klage und nicht durch ein Fristgesuch zur Einbringung einer Klage, durch Ediktalaufforderungen, durch Anmeldung einer Forderung zur Verlassenschaftsabhandlung und dergleichen. Die Klage muss den dafür geltenden Vorschriften entsprechen und gehörig fortgesetzt werden, das heißt zu einem gerichtlichen Urteil führen. Eine stillschweigende Hinnahme periodisch wiederkehrender außergerichtlicher Mahnungen unterbricht die Verjährung nicht. Die **Verjährung beginnt** vom Eintritt der Unterbrechung an **neu zu laufen**, ist also keine bloße Fortsetzung der früher abgelaufenen Verjährungszeit.

Kurze Verjährungsfristen

Das Eigentumsrecht wird an **beweglichen Sachen** grundsätzlich in **drei Jahren**, gegen begünstigte Personen (z. B. Fiskus, Verwalter der Kirchengüter, Gemeinden) erst in **sechs Jahren** ersessen. Bei **unbeweglichen Sachen** beträgt die Ersitzungszeit grundsätzlich **30 Jahre**, gegen begünstigte Personen aber **40 Jahre**.

Neben der ordentlichen Verjährungszeit von 30 bzw. 40 Jahren gibt es auch viel kürzere Verjährungsfristen. So verjähren z. B.:

- in **zehn Jahren:** Ersatzansprüche aus dem Amtshaftungsgesetz, wenn der Schaden dem Geschädigten nicht bekannt geworden oder aus einer gerichtlich strafbaren Handlung entstanden ist, die nur vorsätzlich begangen werden kann und mit mehr als einjähriger Freiheitsstrafe bedroht ist; Ansprüche auf Rückforderung verbotener Ablösen nach § 27 MRG;
- in **fünf Jahren:** Ersatzansprüche gegen die Geschäftsführer bzw. die Gesellschafter der Gesellschaft m.b.H., gegen die Vorstands- und Aufsichtsratsmitglieder einer Aktiengesellschaft und gegen offene Handelsgesellschafter;
- in **drei Jahren:** Unterlassungsansprüche wegen unlauteren Wettbewerbs (ohne Rücksicht auf die Kenntnis), wechselmäßige Ansprüche gegen den Akzeptanten, Schadenersatzansprüche nach dem EKHG, ebenso die so genannten Forderungen aus Geschäften des täglichen Lebens nach § 1486 ABGB (darunter Entgeltforderungen für Sachlieferungen und Verpflegung, Miet- und Pachtzinse, Entgeltforderungen von allen Privatbediensteten). Zu beachten ist: die Rückforderung eines gewährten Darlehens ist keine »Forderung des täglichen Lebens« und verjährt daher in **30 Jahren**.
  Weiters verjähren in drei Jahren: Ersatzansprüche für strafgerichtliche Anhaltung (Haft) und Verurteilung, Ansprüche aus Versicherungsverträgen (§ 12 Abs. 1 VersVG) sowie Rückforderungsansprüche nach dem Mietrechtsgesetz;
- in **einem Jahr:** Ersatzklagen gegen den Spediteur, Lagerhalter und Frachtführer sowie Ansprüche des Wechselinhabers gegen Indossanten und Aussteller;
- in **sechs Monaten:** Ersatzansprüche gegen die Post, Rückersatzansprüche des Rechtsträgers gegen das Organ nach dem Amtshaftungsgesetz; Ansprüche des einlösenden Wechselindossanten gegen andere Indossanten und gegen den Aussteller.

Ausschlussfristen/Präklusivfristen

Wohl zu unterscheiden von den eben behandelten Verjährungsfristen sind die **Ausschlussfristen/Präklusivfristen**. Präklusivfristen sind von Amts wegen zu berücksichtigen; für sie gelten die Bestimmungen über Hemmung und Unterbrechung der

Verjährung nicht. Eine Ausschlussfrist von **sechs Monaten** besteht z. B. für Ansprüche des Dienstnehmers oder Dienstgebers wegen vorzeitiger Entlassung oder Austritts (§ 1162d ABGB und viele Sondergesetze, so z. B. § 34 Abs. 1 Angestelltengesetz). Somit müssen derartige Ansprüche innerhalb von sechs Monaten geltend gemacht werden. Diese Frist ist relativ zwingend und kann weder durch Einzelvertrag noch durch Kollektivvertrag zuungunsten des Dienstnehmers verkürzt werden.

Auch die **Gewährleistungsfristen** (zwei Jahre bei beweglichen, drei Jahre bei unbeweglichen Sachen) sind **seit 1. Jänner 2002 Präklusivfristen** (§ 933 ABGB).

Karl Jedermann fährt mit der Eisenbahn

Das verwirrende und oft unüberschaubar scheinende Geschehen bei der Eisenbahn ist durch Gesetze, Verordnungen und Vorschriften streng geregelt. Die Grundlage dafür bildet das »Bundesgesetz über die Beförderung von Personen, Reisegepäck und Gütern mit der Eisenbahn«, kurz **Eisenbahnbeförderungsgesetz** (EBG), das laufend novelliert wird.

Die Beförderungspflicht hat Grenzen

Die Eisenbahn ist, wie jedes andere öffentliche oder dem öffentlichen Verkehr dienende Verkehrsunternehmen (Verkehrsmittel), zur Beförderung verpflichtet. Bei Nichtbeförderung wäre die Bahn schadenersatzpflichtig. Diese Beförderungspflicht besteht allerdings nur unter den Voraussetzungen, dass die Beförderung den Rechtsvorschriften entspricht, mit den normalen Beförderungsmitteln möglich ist und nicht durch höhere Macht (z. B. Naturkatastrophen) verhindert wird.

Weitere Beförderungsbestimmungen (§ 3 Abs. 2 EBG) sehen vor, dass die Eisenbahn die Beförderung von Personen, von Reisegepäck und Gütern vorübergehend ganz oder teilweise einstellen darf, wenn besondere Verkehrs- oder Betriebsverhältnisse dies erfordern. Eine vorübergehende Beförderungssperre gilt frühestens ab dem Zeitpunkt ihrer Verlautbarung, die in den Bahnhöfen durch Aushang und gegebenenfalls im Rundfunk und in den Zeitungen erfolgen muss.

Dazu kommen noch weitere Bestimmungen über die Personenbeförderung, wonach die Eisenbahn berechtigt ist, Personen, die die vorgeschriebene Ordnung nicht beachten oder den Anordnungen der Bediensteten nicht Folge leisten, ferner jene, die durch ihren Zustand oder ihr Verhalten den Anstand verletzen, von der Beförderung auszuschließen. Personen, die infolge Krankheit oder aus anderen Gründen den Mitreisenden offensichtlich lästig fallen würden, müssen nur dann befördert werden, wenn ihnen ein eigenes Abteil zur Verfügung gestellt werden kann. Zu bemerken wäre, dass betrunkene Personen somit nicht von vornherein für einen Ausschluss in Frage kommen, sondern erst, wenn sie gegen diese Vorschriften verstoßen.

Die Verspätung

Karl Jedermann tritt die Rückreise vom Urlaub mit der Eisenbahn an. Nach dem Lösen der Fahrkarte stellt er fest, dass der Zug erhebliche Verspätung hat.

Die Bahn ist verpflichtet (§ 24 Abs. 4 EBG), Zugsverspätungen von mehr als zehn Minuten, den Ausfall von Zügen oder sonstige Betriebsstörungen **in geeigneter Weise** bekannt zu machen.

Kein Anspruch auf Schadenersatz

Zwar wird durch das Lösen der Fahrkarte mit dem Eisenbahnunternehmer – gleichgültig, ob es die Bundesbahn, eine Landesbahn oder eine Privatbahn ist – ein Beförderungsvertrag geschlossen. Durch diesen Vertrag verpflichtet sich allerdings der Eisenbahnunternehmer, den Fahrgast fahrplanmäßig ans Ziel zu bringen. Jedoch sind die Bestimmungen des bürgerlichen Rechts über die Auswirkungen dieses Vertrages weitestgehend durch das erwähnte Eisenbahnbeförderungsgesetz abgeändert. Obwohl der Fahrplan einen Teil des Antrags (Offerte) zum Beförderungsvertrag bildet, stellt das EBG im § 24 Abs. 1 ausdrücklich fest, dass bei Verspätung oder beim Ausfallen eines Zuges **kein Anspruch auf Schadenersatz** für den Reisenden besteht. Wird aber infolge einer Zugsverspätung der Anschluss an einen anderen Zug versäumt oder fällt ein Anschlusszug aus, so hat der Reisende nach § 24 Abs. 2 EBG ein dreifaches Wahlrecht. Entweder:

— er verzichtet auf die Weiterfahrt und verlangt den Unterschiedsbetrag (zwischen gezahltem Fahrpreis plus gezahlter Gepäckfracht und Fahrpreis plus Gepäckfracht für die durchfahrene Strecke), oder
— er verzichtet auf die Weiterfahrt und verlangt kostenfreie Rückbeförderung sowie den gezahlten Fahrpreis plus Gepäckfracht ohne Abzug zurück, oder
— er setzt seine Reise fort, wobei die Eisenbahn verpflichtet ist, ihn mit seinem Reisegepäck ohne besonderes Beförderungsentgelt möglichst mit dem nächsten Zug über dieselbe oder eine andere Strecke zu befördern.

Zur Wahrung der geschilderten Ansprüche muss sich aber der Reisende den Sachverhalt im Fahrausweis vom Aufsichtsbeamten (Fahrdienstleiter) bescheinigen lassen. Alle Ansprüche auf **Fahrpreiserstattung** müssen binnen sechs Monaten nach Ablauf der Geltungsdauer des Fahrausweises geltend gemacht werden, sonst erlöschen sie.

Die Fahrkarte

Für den Erwerb eines gültigen Fahrausweises (§ 15 EBG) ist die Bahn verpflichtet, mit der Ausgabe entsprechend den örtlichen Verkehrserfordernissen, zumindest aber eine Viertelstunde vor Abfahrt des Zuges zu beginnen. Bei Entgegennahme des Fahrausweises hat sich der Reisende zu vergewissern, dass die Fahrkarte seinen Angaben entspricht. Die Verpflichtung der Eisenbahn zur rechtzeitigen Fahrkartenausgabe erlischt fünf Minuten vor Abfahrt des Zuges.

Fahrkarte beim Schaffner

Die Eisenbahn ist berechtigt, Bahnhöfe (Haltestellen) mit geringer Frequenz nicht mit Bahnbediensteten zu besetzen. Beginnt die Eisenbahnfahrt in solch einer unbesetzten Verkehrsstelle, kann die Fahrkarte **ohne Aufzahlung** im Zug beim Schaffner gelöst werden. Ist es in einem besetzten Bahnhof nicht möglich, eine Fahrkarte zu lösen (weil der Reisende sonst den Zug versäumen würde), kann beim Nachlösen im Zug ein Betrag zum Fahrpreis angerechnet werden. Dieser Betrag ist laut gültigem

Tarif mit € 3,– festgesetzt. Bei Zusteigen in bestimmten, örtlich verlautbarten Zügen bzw. Streckenabschnitten erhebt die Eisenbahn neben dem Fahrpreis bzw. dem Fahrpreis der Fahrradkarte anstelle der Abfertigungsgebühr von € 3,– eine besondere Abfertigungsgebühr von € 10,–.

Der Sitzplatz

Verlangt der Reisende, dass ihm ein Platz angewiesen werde, hat der Schaffner diesem Verlangen nachzukommen. Wenn in der dem Fahrausweis entsprechenden Wagenklasse kein Sitzplatz zur Verfügung steht, so ist dem Verlangen nach einem Sitzplatz in einer höheren Klasse möglichst nachzukommen. Der Platz in der höheren Klasse, der vom Schaffner angewiesen werden muss, bleibt dem Reisenden so lange überlassen, bis in der Klasse seines Fahrausweises ein Sitzplatz frei wird. Den Sitzplatz der höheren Klasse müsste er auch dann freigeben, wenn durch Zusteigen von Fahrgästen der höheren Klasse Platzmangel entstehen würde. Widersetzt sich aber der Reisende der Aufforderung des Schaffners nach Räumung des Platzes einer höheren Klasse, so hat er den Unterschiedsbetrag ab dem letzten Anhaltebahnhof aufzuzahlen.

Erstattung des Fahrpreises

Laut den allgemeinen Beförderungsbestimmungen hat der Reisende Anspruch auf **Erstattung des Unterschiedsbetrages** zwischen dem gezahlten Fahrpreis und dem Fahrpreis für die benützte Wagenklasse, wenn ihm infolge Platzmangels in der seinem Fahrausweis entsprechenden Wagenklasse ein Platz in der niedrigeren Wagenklasse angewiesen worden ist. Verzichtet der Reisende im Fahrtantrittsbahnhof auf die Fahrt, ist ihm der volle Fahrpreis zu erstatten.

Der **Sitzplatz** ist beim vorübergehenden Verlassen deutlich erkennbar zu belegen. Es wird verlangt, dass das Belegen nicht nur mit Zeitschriften oder Zeitungen geschieht, die auch als zurückgelassen angesehen werden können. Das Hinlegen einer Zeitung genügt auch dann nicht, wenn man seinen Namen darauf schreibt. Es ist deshalb ratsam, sich seinen Platz durch Belegen mit einem Kleidungs- oder Gepäckstück zu sichern. Bei Diebstählen haftet die Eisenbahn nicht, daher Vorsicht! Man sollte daher unbedingt persönliche Wertgegenstände, Dokumente (Reisepass) und Schlüssel mitnehmen, wenn man den Platz verlässt.

Der § 26 Abs. 6 EBG besagt, dass der Reisende verpflichtet ist, alle Gegenstände, die er mit sich führt oder an sich trägt, selbst zu beaufsichtigen. Die Eisenbahn **haftet** für Schäden an derartigen Gegenständen nur bei **Verschulden**.

Sollten Meinungsverschiedenheiten in einer Beförderungsangelegenheit zwischen dem Benützer und einem Bahnbediensteten entstehen, so entscheidet darüber im fahrenden Zug der Zugsführer und im Bahnhof der Aufsichtsbeamte. Wer sich aber genötigt fühlt, eine **schriftliche Beschwerde** einzubringen, der kann damit rechnen, dass diese entsprechend den gesetzlichen Vorschriften ohne unnötigen Aufschub ebenfalls schriftlich beantwortet wird, spätestens aber innerhalb von sechs Monaten nach deren Einlangen beantwortet werden muss.

Kinder und Hunde in der Bahn

Bei den Bestimmungen über Fahrpreise und Fahrpreisermäßigungen behandelt das EBG auch die **Mitnahme von Kindern**. § 16 Abs. 2 EBG gestattet einer Begleitperson die freie Mitnahme von höchstens **zwei Kindern** unter sechs Jahren. Die solcherart mitfahrenden Kinder haben allerdings kein Recht auf einen Sitzplatz. Kinder von sechs Jahren bis zum Tag vor dem 15. Geburtstag müssen einen Fahrausweis besitzen, der gegenüber dem Tarif für Erwachsene die Hälfte kostet, und haben Anspruch auf einen Sitzplatz.

Ein **Hund** darf im Personenwagen mitgenommen werden. Er muss aber nach § 27 EBG auf dem Schoß getragen oder am Wagenboden kurz an der Leine gehalten werden und einen bisssicheren Maulkorb tragen. **Andere lebende Tiere** dürfen im Personenwagen nur dann mitgenommen werden, wenn sie in geeigneten Behältnissen, wie Käfigen, Körben, Kisten, Steigen etc. untergebracht sind. Diese Behältnisse müssen auf dem Schoß getragen oder wie Handgepäck untergebracht werden können. Sie müssen so beschaffen sein, dass eine Verletzung von Personen und eine Verunreinigung sowie Beschädigung des Handgepäcks und des Wagens ausgeschlossen sind. Die in Personenwagen mitgenommenen Tiere müssen vom Reisenden selbst beaufsichtigt werden. **Gefährliche Tiere** dürfen nicht im Personenwagen mitgeführt werden, auch nicht in Behältnissen.

Die **Beförderungspreise** von lebenden Tieren sind im Tarif geregelt.

Die Abfahrt wird versäumt

Sehr peinlich für Karl Jedermann war es, als er – die aus dem Bahnhofsrestaurant geholten heißen Würstl endlich in der Hand haltend – nur noch die Schlusslichter seines ausfahrenden Zuges verschwinden sah. Er ärgerte sich zuerst und beschloss dann, Schadenersatz zu fordern.

Aus dem Versäumen der Abfahrt steht dem Reisenden nach § 23 EBG jedoch kein **Anspruch auf Entschädigung** zu. Will Karl Jedermann einen späteren Zug benützen, für den seine Fahrkarte nicht ohne weiteres gilt, muss er dem Aufsichtsbeamten seinen Fahrausweis zur Gültigschreibung vorlegen. Dabei kann auch die Geltungsdauer der Fahrkarte um maximal 24 Stunden verlängert werden. Bei Benützung eines Zuges mit höheren Fahrpreisen oder der ersten Wagenklasse wäre Karl Jedermann verpflichtet, den Unterschiedsbetrag zu bezahlen.

Erstattung und Nachzahlung

Angenommen, Karl Jedermann verschiebt seine Reise, weil ihm der Zug vor der Nase abgefahren ist, auf den nächsten Tag. Da aber trifft er zufällig einen Geschäftsfreund, der ihn im Auto mitnimmt. Hier kann Karl Jedermann die nicht benützte oder nur teilweise benützte Fahrkarten zurückgeben.

Nicht benützte Fahrkarten können innerhalb der Geltungsdauer an jedem Bahnschalter zur **Rückerstattung** eingereicht werden. Das EBG gibt im § 29 weitere Auskunft über die Rückerstattungsmöglichkeiten. Nach Ablauf der Geltungsdauer einer Karte muss die Nichtbenützung nachgewiesen werden. Beweisbelege werden zusammen mit der nicht benützten Fahrkarte beim nächsten Bahnhof eingereicht.

Wird eine Fahrkarte nur teilweise benützt, weil die Fahrt unterwegs abgebrochen oder die Rückfahrt nicht angetreten wird, besteht ein **Anspruch auf Erstattung** des Teilbetrages für die nicht ausgenützte Strecke. Dabei muss man in dem Bahnhof, in dem die Fahrt abgebrochen wird oder der der Ausgangsbahnhof für die Rückreise gewesen wäre, eine so genannte **Nichtbenützungsbescheinigung** einholen.

Bei **ermäßigten Fahrkarten** gibt es keine Teilrückerstattung. Diese Fahrkarten werden von der Bahn nur dann zurückgenommen, wenn die Fahrt nicht angetreten wurde.

Vorteilscard

Für Vielfahrer bieten die Bundesbahnen im Personenverkehr die **VORTEILScard** an und gewähren deren Inhabern eine 45-prozentige Ermäßigung vom Standardpreis. Die normale VORTEILScard Classic kostet im Jahr 2004 € 99,90, für Senioren € 26,90, für Familien und Jugendliche bis 26 Jahre € 19,90. Die mit Foto und Unterschrift versehene Karte gilt ein Jahr ab Ausstellung und kann (nur am Bahnschalter) auch mit Zahlungsfunktion ausgestattet werden. Die Karte gilt auf allen Strecken der ÖBB sowie bei den meisten Privatbahnen, ausgenommen Autofrachten in Autoreisezügen. Für Internetbucher (http://www.oebb.at), beim Ticketkauf am Automaten, von Handy-Tickets und bei trafiknet-Trafiken gibt es mit dem Online-Vorteilsticket einen Zusatzbonus von weiteren 5 Prozent. Die mit der VORTEILScard gekauften und über das Internet gebuchten Fahrkarten haben allerdings den Nachteil, dass sie bei Nichtantritt der Fahrt nicht zurückgegeben werden können.

Der Wartesaal ist zu

Karl Jedermann entscheidet sich, am Bahnhof zu bleiben und mit dem nächstmöglichen Zug die Reise anzutreten. Da sein Mantel im davongefahrenen Zug geblieben ist, beschließt er, einstweilen in den Wartesaal zu gehen. Doch dieser ist versperrt.

Die Bestimmungen über das Öffnen und Schließen der Warteräume finden sich in § 12 EBG. Die Eisenbahn hat die Warteräume in besetzten Bahnhöfen mit geringem Verkehr spätestens eine halbe Stunde, in besetzten Bahnhöfen mit starkem Verkehr spätestens eine Stunde vor der fahrplanmäßigen Abfahrt eines Zuges zu öffnen. In Anschlussbahnhöfen kann sich der Reisende bis zur Abfahrt des Anschlusszuges im Warteraum aufhalten. Trifft das zu und kommt die Eisenbahn der **Verpflichtung zum Offenhalten** nicht nach, so haftet sie für den daraus entstehenden Schaden. Wenn also Karl Jedermann im Freien verweilen muss und Schaden an seiner Gesundheit erleidet, wird er, gestützt auf § 12 Abs. 2 EBG, Ersatzansprüche stellen und damit Erfolg haben.

Was den im davongefahrenen Zug zurückgelassenen Mantel angeht, kann Karl Jedermann den Aufsichtsbeamten (Fahrdienstleiter) ersuchen, im nächsten Bahnhof oder in seinem Zielbahnhof anzurufen, damit man dort den Mantel aus dem Zug holt, ihn verwahrt oder dem frierenden Besitzer zurückschickt. Sollte der Mantel bei dieser unfreiwilligen Reise verloren gehen, besteht gegen die Bahn **kein Ersatzanspruch**:

laut § 26 Abs. 6 EBG ist der Reisende verpflichtet, alle Gegenstände, die er mit sich führt, selbst zu beaufsichtigen. Als aufgegebenes Gut kann der Mantel auch nicht behandelt werden, denn dafür fehlt der Beförderungsvertrag (Frachtbrief).

Das Nichtraucherabteil

Karl Jedermann sitzt nun endlich gemütlich im Zug. Er befindet sich in einem Nichtraucherabteil. Zur Entspannung beschließt er, eine Zigarre zu rauchen. Er denkt: »Da ich allein im Abteil bin, kann der Rauch keinen Menschen stören. Daher kann ich auch im Nichtraucherabteil rauchen.« Kaum brennt die Zigarre, ersucht ihn der eben vorbeigehende Schaffner, die Nichtrauchervorschrift für dieses Abteil zu beachten und das Rauchen einzustellen. Karl Jedermann weigert sich jedoch.

Die Eisenbahn muss in jeder Wagenklasse eine angemessene Anzahl von Wagen oder Abteilen für Nichtraucher bestimmen und als solche kenntlich machen. Nach § 13 EBG darf in solchen Nichtraucherwagen oder Nichtraucherabteilen keinesfalls geraucht werden, nicht einmal mit Zustimmung der Mitreisenden. Weiters ist die Eisenbahn berechtigt, im Nahverkehr ausschließlich Wagen für Nichtraucher zu führen. Die Bahn darf nach § 13 EBG von Reisenden, die im Nichtraucherabteil rauchen, einen Betrag einheben. Dieser richtet sich nach den jeweils gültigen Tarifbestimmungen und beträgt derzeit € 15,–.

Die Notbremsung

Nach einiger Zeit betritt ein zweiter Fahrgast das Abteil, in dem es sich Karl Jedermann gemütlich gemacht hat und nimmt den noch freien Fensterplatz gegenüber von Karl Jedermann für sich in Anspruch. Bevor er sich setzt, öffnet er das Wagenfenster. Dies ist Karl Jedermann unangenehm und er schließt das Fenster wieder. Dieser Vorgang wiederholt sich noch einige Male, bis sich zwischen dem Fahrgast und Karl Jedermann ein heftiger Streit entwickelt.

Das EBG bestimmt in § 25 Abs. 3: »Können sich Reisende über die Benützung der für sie vorgesehenen Einrichtungen nicht einigen, entscheidet das Zugpersonal.«

Der Streit zwischen dem Fahrgast und Karl Jedermann nimmt bedenkliche Formen an. Karl Jedermann sieht das Kästchen mit der Aufschrift »Notbremse« und überlegt, ob er diese betätigen und den Fahrgast zum Verlassen des Zuges auffordern soll. Dazu sagt das EBG in § 25 Abs. 2, dass Reisende die **Notbremse** nur im Fall der Gefahr für ihre Sicherheit, die Sicherheit des Zuges, der Mitreisenden oder anderer Personen betätigen dürfen. Reisende, die **unberechtigt** die Notbremse ziehen oder durch ihr Verhalten das unberechtigte Betätigen der Notbremse durch andere im Zug befindliche Personen verursachen, müssen damit rechnen, dass die Bahn von ihnen einen Betrag einhebt. Dieser beläuft sich derzeit auf € 73,–, allerdings nur, wenn der Zug nicht zum Stehen kommt. Muss beispielsweise der Intercity auf der Strecke Wien–Salzburg für einige Minuten anhalten, so können sich die dabei anfallenden Gebühren auf € 300,– oder 400,– summieren.

Gepäck kommt abhanden

Beim Aussteigen bemerkt Karl Jedermann, dass ihm während der Fahrt ein Gepäckstück aus der Gepäckablage abhanden gekommen ist.

Nach § 26 Abs. 7 EBG ist der Reisende verpflichtet, sein Gepäck selbst zu beaufsichtigen. Die Eisenbahn haftet für Schäden an Handgepäck, das in Personenwagen mitgenommen wurde, und an Gegenständen, die der Reisende an sich trägt, nur bei Verschulden. Ein solches Verschulden müsste der Reisende aber beweisen (§ 26 Abs. 7 EBG).

Handgepäck

Unter Handgepäck versteht man leicht tragbare Gegenstände, zu deren Unterbringung nur der Raum über und unter dem Sitzplatz zur Verfügung steht. Über das Handgepäck wird kein eigener Beförderungsvertrag abgeschlossen; es wird unentgeltlich mitbefördert.

Anders beim **Reisegepäck**. Reisegepäck im bisherigen Sinn – Aufgabe bei einem Schalter am Abfahrtsbahnhof, Entgegennahme beim Zielbahnhof – gibt es bei den Bundesbahnen (leider) nicht mehr. Abgelöst wurde es durch eine neue Einrichtung, das so genannte **Haus-Haus-Gepäck PLUS**. Worum handelt es sich dabei und womit werben die ÖBB dafür?

- Koffer, Fahrräder, Kinderwagen, Skier werden von Haus zu Haus transportiert – pro Buchung bis zu drei Gepäckstücke mit je maximal 25 kg, Rollstühle und Krankengeräte bis 90 kg. Einfache Buchung am Bahnhof, in den Reisebüros am Bahnhof und in allen Reisebüros mit Fahrkartenverkauf oder telefonisch im MobilitätsCallCenter.
- Kundenfreundliche Zustell- und Abholzeiten mit Früh-, Spät- und Samstagterminen, in Wien auch an Sonn- und Feiertagen.
- Verbessertes Service, Versicherung inklusive, Benachrichtigung bei Verspätung, Servicenummer zum Ortstarif.
- Ermäßigung für VORTEILScard-Besitzer.
- Beförderung auch nach/von Deutschland, Schweiz, Italien, Frankreich, Belgien, Dänemark und den Niederlanden.

Das Zugunglück

Seit dem Eisenbahn- und Kraftfahrzeughaftpflichtgesetz (EKHG) bestehen für alle Verkehrsunfälle einheitliche Haftpflichtvorschriften bezüglich der wichtigsten Landverkehrsmittel. Das EKHG ist 1959 an die Stelle der bis dahin für die Eisenbahn geltenden Bestimmungen des Reichshaftpflichtgesetzes (1871) getreten und hat zur Gänze das ebenfalls für Eisenbahnen und Straßenbahnen maßgebende Sachschadenhaftpflichtgesetz aus dem Jahr 1940 ersetzt.

Die durch einen Unfall beim Betrieb einer Eisenbahn entstandenen Personenschäden und Sachschäden sind – soweit sie nicht durch Verschulden verursacht und daher nach dem ABGB zu beurteilen sind – nach den Bestimmungen des EKHG zu ersetzen. Als »Eisenbahn« gelten alle dem Eisenbahngesetz 1957 unterliegenden Betriebe, also auch die Straßenbahnen, Haupt- und Nebenseilbahnen und die Obusbetriebe; das EKHG gilt auch für Schlepplifte.

Die **Ersatzpflicht** nach den Grundsätzen der Erfolgshaftung wird **ausgeschlossen**, wenn der Unfall durch ein unabwendbares Ereignis verursacht wurde, das weder auf einem Fehler in der Beschaffenheit noch auf einem Versagen der Vorrichtungen der Eisenbahn beruhte (z. B. ein Erdbeben).

Als »unabwendbar« gilt ein Ereignis insbesondere dann, wenn:

1. das Ereignis auf das Verhalten des Geschädigten, eines nicht beim Betrieb tätigen Dritten oder eines Tieres zurückzuführen ist;
2. sowohl der Betriebsunternehmer als auch die mit seinem Willen beim Betrieb tätigen Personen jede nach den Umständen des Falles gebotene Sorgfalt beachtet haben;
3. der Unfall nicht unmittelbar auf die durch das Verhalten eines nicht beim Betrieb tätigen Dritten oder eines Tieres ausgelöste »außergewöhnliche Betriebsgefahr« zurückzuführen ist.

Für die Haftungsbefreiung müssen alle drei Momente gemeinsam gegeben sein. Bei einem **Eisenbahnunglück** ergeben sich für den Betroffenen folgende Ansprüche, sofern er im Besitz eines gültigen Fahrausweises ist und die Beförderung nicht gegen den Willen der Eisenbahn (des Beförderungsunternehmens) erfolgte:

- Im Falle der **Tötung** sind die Kosten einer versuchten Heilung und die Kosten einer angemessenen Bestattung zu ersetzen. Darüber hinaus gebührt dritten Personen, die gegen den Getöteten gesetzliche Unterhaltsansprüche geltend machen können, ein entsprechend abzuschätzender Schadenersatz.
- Im Falle der **Verletzung** sind die Kosten der Heilung, der Vermögensnachteil durch Verlust der Erwerbsfähigkeit und die Kosten aus einer Vermehrung der Bedürfnisse zu ersetzen. Schmerzensgeld gebührt nur nach bürgerlichem Recht, wenn ein Verschulden des Haftungspflichtigen vorliegt.
- **Sachschäden** an beförderten Sachen sind in der tatsächlich eingetretenen Schadenshöhe zu vergüten; doch wird das EKHG nur insoweit wirksam, als der Fahrgast diese Sachen entweder (z. B. als Kleidung) an sich getragen oder als Handgepäck mit sich geführt hat (§ 4 Abs. 1 EKHG).
  Die im Falle der Erfolgshaftung geltenden **Haftungshöchstbeträge** betragen jetzt:
  — bei der Tötung oder Verletzung von Menschen: ein Kapitalbetrag von € 292.000,– oder ein jährlicher Rentenbetrag von € 17.520,– für jeden einzelnen Verletzten,
  — bei der Beschädigung von Sachen: € 145.000,–.
  — Für Schäden an Liegenschaften durch einen Unfall aus dem Betrieb einer Eisenbahn gelten die genannten Haftungsbegrenzungen bei Sachschäden nicht.
- Bei **Schäden aus Verschulden** gelten keine Haftungshöchstbeträge. Der Ersatzberechtigte verliert den **Ersatzanspruch**, wenn er nicht innerhalb von **drei Monaten** ab Kenntnis vom Schaden den Unfall anzeigt. Der Ersatzanspruch selbst verjährt in drei Jahren von dem Zeitpunkt an, in dem der Ersatzberechtigte vom Schaden und von der Person des Ersatzpflichtigen Kenntnis erlangt, längstens jedoch innerhalb von 30 Jahren ab Unfall.

Karl Jedermann fährt mit dem Taxi

In seiner Heimatstadt eingetroffen, will Karl Jedermann seine Reise auf angenehme Art beenden und mit dem Taxi zu seiner Wohnung fahren. Er geht auf die Reihe der vor dem Bahnhof wartenden Taxis zu, überlegt kurz und steigt dann in den fünften Wagen der Reihe, einen nagelneuen Mercedes, ein. Die Lenker der ersten vier Wagen murren und schimpfen zwar, doch Karl Jedermann handelt richtig.

Richtig nämlich im Sinne der Gesetze, die den »nichtlinienmäßigen Personenverkehr« regeln, zu dem das Taxi laut Amtssprache zählt. Grundlage ist die Verordnung des Bundesministeriums für öffentliche Wirtschaft und Verkehr vom 30. Dezember 1993, BGBl. Nr. 951/1993, mit der Bezeichnung »Betriebsverordnung für den nichtlinienmäßigen Personenverkehr«, weiters einige Paragraphen aus dem Kraftfahrgesetz (KFG 1967) und aus der Straßenverkehrsordnung (StVO 1960). Diese Bestimmungen gelten für das gesamte Bundesgebiet.

Beförderungspflicht und Ausnahmen

Die Tarife des nichtlinienmäßigen Personenverkehrs werden jeweils durch Verordnung des Landeshauptmanns festgesetzt. Für das Taxigewerbe besteht innerhalb der Standortgemeinde Beförderungspflicht.

Diese Beförderungspflicht hat aber auch ihre Grenzen. So hat beispielsweise der Fahrgast alles zu vermeiden, was die Sicherheit gefährden könnte. Der § 21 untersagt insbesondere:

— mit dem Lenker während der Fahrt mehr als nötig zu sprechen,
— den Lenker bei der Führung des Fahrzeugs zu behindern,
— die Außentüren während der Fahrt eigenmächtig zu öffnen.

Weitere Ausschließungsgründe gibt der § 22 Abs. 1 an: Personen mit Gepäckstücken, die den Verkehr oder den Betrieb behindern oder gefährden, das Fahrzeug beschmutzen oder beschädigen könnten, sowie Personen mit bösartigen oder beschmutzten Tieren können von der Beförderung ausgeschlossen werden, ebenso Hunde, die keinen Maulkorb tragen; Tiere dürfen nicht auf Sitzplätzen untergebracht werden.

Der § 22 Abs. 2 besagt, dass Personen, die die Sicherheit und Ordnung des Betriebes oder die Mitfahrenden gefährden, von der Beförderung ausgeschlossen werden können. Insbesondere sind das:

— Betrunkene und Personen mit fieberhaften Infektionskrankheiten,
— Personen, die erkennbar gefährliche Gegenstände oder Stoffe mit sich führen (ausgenommen: Beamte, z. B. Polizei- oder Gendarmeriebeamte),
— Personen, die den Lenker beschimpfen, im Fahrzeug randalieren oder das Fahrzeug beschmutzen oder beschädigen.

Rechte und Pflichten des Taxilenkers

Hierzu ein Auszug aus der Wiener Landesbetriebsordnung für Taxis (ihr entsprechen die einschlägigen Verordnungen der anderen Landeshauptleute weitgehend):

§§ Der Lenker darf im Fahrdienst während der Fahrt nicht rauchen. Zu bemerken wäre dazu, dass der Lenker dem Fahrgast das Rauchen grundsätzlich nicht untersagen darf. Für die Mitnahme des üblichen Reisegepäcks muss ein geeigneter Platz vorhanden sein. Der Lenker hat dem Fahrgast beim Auf- und Abladen des Gepäcks behilflich zu sein. Und schließlich kann der Fahrgast einen beliebigen Wagen aus der Reihe wählen.

Karl Jedermann sitzt bereits im Fond des Wagens, als der Lenker einsteigt. Dieser schaltet den beleuchteten ***Fahrpreisanzeiger*** *ein und fragt den Fahrgast um das Fahrziel. Karl Jedermann will den schönen Abend noch genießen und gedenkt eine kleine Spazierfahrt zu machen, bevor er sich nach Hause fahren lässt. Er gibt dem Taxifahrer daher ein Fahrziel an, das weit außerhalb der Stadtgrenze in einer schönen, doch gottverlassenen Waldgegend liegt. Der freundliche Fahrer zeigt sich überrascht und lehnt sehr entschieden diese Fahrt ab.*

Gemäß der Wiener Betriebsordnung, § 24 Abs. 2, darf er das. Hat der Lenker bei Erhalt seines Fahrauftrages oder während der Fahrt hinsichtlich der Sicherheit, etwa im Hinblick auf die Tageszeit, das Fahrziel oder die Fahrstrecke Bedenken, so kann er die **Beförderung** oder Weiterbeförderung ausschließen.

Aus dem § 25 erfahren wir, dass der Lenker den **kürzestmöglichen** Weg zum Fahrziel zu wählen hat, wenn nicht der Fahrgast etwas anderes bestimmt.

Der § 29 besagt, dass der Fahrpreisanzeiger im Tarifgebiet während einer Beförderung ununterbrochen eingeschaltet und bei Dunkelheit beleuchtet sein muss.

Karl Jedermann als Spitalspatient

Karl Jedermann muss sich wegen eines lästigen Leidens einige Tage in Spitalsbehandlung begeben. Vorher informiert er sich nicht nur über seine medizinische, sondern auch über seine rechtliche Situation.

Der Broschüre »Patientenrechte und Arzneimittel«, die von der niederösterreichischen Patienten- und Pflegeanwaltschaft und der Gesundheits- und Patientenanwaltschaft Burgenland herausgegeben wurde, entnehmen wir auszugsweise folgende Informationen:

Die Rechte des Spitalspatienten

Patientenanwaltschaften

- In jedem Bundesland sind Patientenanwaltschaften eingerichtet.
- Sie sind unabhängige, weisungsfreie Einrichtungen zur Sicherung der Rechte und Interessen der Patienten und pflegebedürftigen Menschen.
- Die Patientenanwaltschaften sind in ganz Österreich für Krankenanstalten (Spitäler) zuständig, in einigen Bundesländern erstreckt sich diese Zuständigkeit auch auf niedergelassene Ärzte, Pflegeheime und alle anderen Einrichtungen im Gesundheits und Sozialwesen.
- Die jeweilige Patientenanwaltschaft ist für die Gesundheitseinrichtungen in ihrem Bundesland zuständig. Es kommt also nicht darauf an, wo der Patient seinen Wohnsitz hat, sondern in welchem Bundesland die Gesundheitseinrichtung liegt, gegen die er eine Beschwerde hat.

- Die Patientenanwaltschaften informieren über Patientenrechte und vermitteln bei Streitfällen, klären Mängel und Missstände auf und unterstützen beim Versuch außergerichtlicher Schadensbereinigung nach Behandlungsfehlern.
- Die Dienstleistungen sind kostenlos.
- Die Patientenanwaltschaften sind allerdings nicht berechtigt, bei Streitigkeiten vor Gericht die Vertretung zu übernehmen.

Arbeiterkammer

- Die Arbeiterkammer vertritt die Interessen der Versicherten/Angehörigen auch im Bereich der Sozialversicherung.
- Bei Problemen oder rechtlichen Unklarheiten besteht die Möglichkeit, sich von der Arbeiterkammer beraten zu lassen.
- Die Arbeiterkammer berät in sozialrechtlichen Angelegenheiten und vertritt auch vor Gericht.

Patientenrechte

Patientenrechte schützen und unterstützen den Patienten im Verlauf einer Behandlung in einer Krankenanstalt, bei einem niedergelassenen Arzt (Arzt für Allgemeinmedizin, Facharzt oder Zahnarzt) oder einer sonstigen Einrichtung des Gesundheitswesens (z. B. Betreuung durch einen Rettungsdienst, Apotheke, Physiotherapeuten etc.). Die wichtigsten Patientenrechte sind

- das Recht auf Selbstbestimmung
- das Recht auf Information
- das Recht auf Achtung der Würde und Integrität
- das Recht auf Behandlung und Pflege.

Recht auf Selbstbestimmung

Jede volljährige Person hat das Recht, über ihren Körper selbst zu bestimmen. Der Arzt hat kein Behandlungsrecht! Der Patient hat das Recht, jede Behandlung abzulehnen, selbst wenn eine solche Entscheidung aus medizinischer Sicht als unvernünftig erscheint.

Es bestehen jedoch Ausnahmen im Bereich der Psychiatrie, bei der Bekämpfung von Epidemien und für Personen, die ihre Angelegenheiten nicht selbst besorgen können.

Bei volljährigen Patienten haben Verwandte oder Angehörige kein Recht auf Mitbestimmung. Es zählt alleine das, was der betroffene Patient will und wie er entscheidet.

Wenn der Patient nicht selbst entscheiden kann (z. B. weil er bewusstlos ist), hat der Arzt nach dem mutmaßlichen Willen des betroffenen Patienten vorzugehen. Also auch in diesem Fall haben die Verwandten kein Recht zu bestimmen, ob eine Behandlung durchgeführt werden soll.

Patientenverfügung

Mit einer Patientenverfügung kann der Patient für den Fall vorsorgen, dass er selbst über seine Behandlung nicht mehr entscheiden kann (z. B. wegen Bewusstlosigkeit). Der Arzt braucht dann nicht nach dem mutmaßlichen Patientenwillen zu forschen, sondern er hat den schriftlichen Willen des Patienten vor sich. In einer Patientenverfügung ist festgehalten, ob und wie der Patient behandelt werden will.

Patientenrechte von Kindern und Jugendlichen

Die Rechte von Kindern und Jugendlichen, und damit die Bestimmung über die medizinische Behandlung, gehen sehr weit. Wenn das Kind oder der Jugendliche für diese konkrete Behandlung die Einsichts- und Urteilsfähigkeit hat (also Wesen und Bedeutung dieser Behandlung einsieht und sich nach dieser Einsicht verhalten kann, das heißt also die entsprechende Reife hat), entscheidet das Kind bzw. der Jugendliche allein. Bei mündigen Minderjährigen (Jugendliche ab dem vollendeten 14. bis zum vollendeten 18. Lebensjahr) wird diese Einsichts- und Urteilsfähigkeit vom Gesetzgeber vermutet.

Eine Ausnahme besteht nur bei schweren Behandlungen, dort haben die Eltern (die Personen, die mit Pflege und Erziehung betraut sind) ein Zustimmungsrecht.

Revers

Ein Patient, der das Krankenhaus verlassen will, darf daran nicht gehindert werden (Ausnahmen gibt es im Bereich der Psychiatrie und der Epidemiebekämpfung). Er ist aber im Vorhinein genau zu informieren, welche Gefahren er aus medizinischer Sicht auf sich nimmt. Diese Information muss dokumentiert werden und der Patient unterschreibt das entsprechende Schriftstück, das **Revers** genannt wird, d. h., dass Entscheidungen, die aus medizinischer Sicht als unvernünftig gelten, von den Ärzten zu akzeptieren sind.

Organentnahme

In Österreich dürfen bei einem Verstorbenen dann keine Organe entnommen werden, wenn dieser zu Lebzeiten einen Widerspruch gegen eine Entnahme erklärt hat. Die Zustimmung der Verwandten ist nicht erforderlich, sie können eine Organentnahme auch nicht verhindern. Wenn also den Ärzten kein solcher Widerspruch des Verstorbenen vorliegt, dürfen dem Verstorbenen Organe entnommen werden. Es müssen selbstverständlich noch weitere strenge rechtliche Voraussetzungen erfüllt sein; insbesondere, dass der Tod zweifelsfrei eingetreten ist und die Organe für die Gesundheit oder Lebensrettung eines anderen Menschen notwendig sind.

Recht des Patienten auf Information

Jeder Patient hat das Recht, wahrheitsgemäß und vollständig sowie in einer Sprache, die er versteht, über seinen Gesundheits- bzw. Krankheitszustand informiert zu werden. Erst mit einer solchen Information kann der Patient sein Recht auf Selbstbestimmung wahrnehmen und auch den Arzt in seiner Behandlung effektiv unterstützen.

Der Patient muss im Vorhinein über mögliche Diagnose- und Behandlungsarten sowie deren Risiken und Folgen aufgeklärt werden. Dies betrifft auch seinen Gesundheitszustand, die erforderliche Mitwirkung bei der Behandlung sowie eine allenfalls notwendige Änderung des Lebensstils, welche die Therapie unterstützen soll (z. B. in Hinblick auf Ernährung und Bewegung).

Diese Informationspflicht bezieht sich auch auf die Kosten, die der Patient voraussichtlich zu tragen haben wird.

Jedoch muss ein Patient, der seinem Arzt vollständig vertraut und keine Information haben möchte, nicht aufgeklärt werden. Jeder Patient kann auf die Information oder Aufklärung verzichten. Sie ist ein Patientenrecht und keine Patientenpflicht.

Information an Angehörige

Aus der Angehörigen- oder Verwandteneigenschaft erwächst kein Recht auf Information, sodass auch Verwandte eigentlich nicht informiert werden dürften. Trotzdem ist es zu empfehlen, ausdrücklich dem Personal (Arzt oder Pflege) bekannt zu geben (dies wird auch in der Krankengeschichte dokumentiert), dass an Angehörige keine Informationen weitergegeben werden dürfen. Die Patienten können beim Krankenhauspersonal eine Vertrauensperson angeben. Sie erhält dann alle Informationen wie der Patient selbst.

Telefonische Auskünfte sind nur zulässig, wenn die Identität des Anrufers zweifelsfrei feststeht. Das kann dadurch erreicht werden, dass mit dem Personal des Krankenhauses eine Kennung (Codewort oder Ähnliches) vereinbart wird.

Achtung der Würde und Integrität

In Zeiten des Krankseins brauchen die betroffenen Menschen und ihre Angehörigen besonders viel Verständnis und Zuwendung. Die Achtung der Würde hat daher in solchen Ausnahmesituationen des Lebens, die oft mit einer existentiellen Bedrohung einhergehen, einen besonders großen Stellenwert.

Privatsphäre des Patienten

Der Patient hat ein Recht darauf, dass seine Privatsphäre geachtet wird. Bei der Aufnahme oder der Behandlung mehrerer Patienten in einem Raum ist durch angemessene bauliche Maßnahmen sicherzustellen, dass ihre Intimsphäre gewahrt wird.

Die Behandlungs- und Pflegeabläufe sind so weit wie möglich dem allgemein üblichen Lebensrhythmus anzupassen.

Klinische Prüfungen von Arzneimitteln sowie die Anwendung neuer medizinischer Methoden (das sind solche, die noch nicht zu den Standardtherapien gehören) dürfen nur mit Zustimmung und eingehender Aufklärung der Patienten und erst nach eingehender ethischer Beurteilung vorgenommen werden.

Weiters muss die religiöse Betreuung stationär aufgenommener Patienten ermöglicht werden.

Patienten dürfen weiters Besuche empfangen und sonstige Kontakte pflegen.

Verschwiegenheit und Geheimhaltung

Die Patienten haben das Recht auf Datenschutz (siehe Seite 535) sowie auf Verschwiegenheit und Geheimhaltung.

Jeder Arzt und auch die anderen Therapeuten sind an die sehr strengen Verschwiegenheitspflichten (z. B. darf die Weitergabe von Gesundheitsdaten an die Krankenkasse nur für Abrechnungszwecke erfolgen) gebunden.

Der Arzt darf nur mit Zustimmung des Patienten an andere Personen Informationen weitergeben. **Ausnahmen** sind im Bereich der **Bekämpfung von Epidemien** gesetzlich geregelt. Wenn die Gefahr besteht, dass durch eine ansteckende Krankheit eine Epidemie ausbricht, besteht für den behandelnden Arzt eine Anzeigepflicht bei den Gesundheitsbehörden.

Recht auf Sterben in Würde und Schmerztherapie

Jeder hat das Recht auf ein Sterben in Würde und eine auch in diesem letzten Lebensabschnitt bestmögliche medizinische und pflegerische Behandlung, die durchaus auch aus der bestmöglichen Schmerztherapie bestehen kann. Dies umfasst auch das Recht auf seelsorgerische Betreuung und die Sterbebegleitung durch Angehörige oder andere Vertrauenspersonen. In vielen Krankenanstalten wird der Hospizgedanke bereits umgesetzt und versucht, den Patienten gerade in diesem letzten Lebensabschnitt eine qualitätsvolle und an ihren Bedürfnissen orientierte Betreuung anzubieten.

Recht auf Behandlung und Pflege

Jeder Patient hat ein Recht auf die zweckmäßigen und angemessenen Leistungen auf dem Gebiet des Gesundheitswesens. Dies gilt ohne Unterschied des Alters, des Geschlechts, der Herkunft, des Vermögens oder des Religionsbekenntnisses.

Diese Leistungen für die Patienten sind durch Krankenanstalten, Ambulanzen, extramurale Dienste (z. B. Hauskrankenpflege), freiberuflich tätige Angehörige der Gesundheitsberufe (z. B. Physiotherapeuten) und Apotheken sicherzustellen. Auch die medizinisch gebotene, nach den Umständen des Einzelfalles mögliche notärztliche Versorgung sowie Rettung und Transport sind sicherzustellen.

Die Diagnostik, Behandlung und Pflege hat nach dem aktuellen Stand der medizinischen Wissenschaft zu erfolgen, einschließlich der bestmöglichen Schmerztherapie.

Wenn eine Krankenanstalt die Versorgung eines Patienten nach dem jeweiligen Stand der Medizin nicht gewährleisten kann, ist der Patient in eine geeignete andere Krankenanstalt zu überstellen.

Die ärztliche Betreuung in Krankenanstalten hat grundsätzlich auf fachärztlichem Niveau zu erfolgen.

Recht auf freie Arztwahl

Im Bereich der niedergelassenen Ärzte (Ärzte für Allgemeinmedizin, Fachärzte und Zahnärzte) hat der Patient in Österreich das Recht auf freie Arztwahl (bei Ärzten, die privat bezahlt werden, auf jeden Fall, bei Kassenvertragsärzten zumindest in jedem neuen Quartal eines Jahres). Im Bereich der öffentlichen Krankenanstalten gibt es derzeit grundsätzlich kein Recht auf freie Arztwahl.

Karl Jedermann und seine Sachwerte

Innehabung, Besitz, Eigentum

Begriffsbestimmung

Karl Jedermann geht ins Theater und gibt seinen Mantel in der Theatergarderobe ab. Während der Aufführung macht die Garderobenfrau ein kleines Schläfchen, was ein Dieb ausnützt und ausgerechnet den Mantel von Karl Jedermann stiehlt.

Karl Jedermann hat den Mantel gekauft, juristisch ausgedrückt hat er einen Kaufvertrag abgeschlossen und den Mantel übergeben erhalten. Er wurde damit **Eigentümer** des Mantels. Als er ihn in der Garderobe des Theaters abgab, wurde das Theater, vertreten durch die Garderobenfrau, **Inhaber**. Der Dieb hingegen nahm den Mantel an sich, bei ihm kommt aber noch der Wille dazu, die Sache für sich zu haben – der Jurist bezeichnet ihn daher als **Besitzer**.

☛ Wir sehen also: Das bloße Haben einer Sache ist Innehabung. Das Haben einer Sache mit dem Willen, diese – gleichgültig, ob berechtigt oder nicht – für sich zu haben, ist Besitz. Das Vollrecht an einer Sache endlich, unabhängig von der Innehabung, ist Eigentum.

Der **Eigentümer** ist nach dem Gesetz berechtigt, über die Sache frei zu verfügen. Beschränkungen ergeben sich lediglich aus öffentlich-rechtlichen Bestimmungen (z. B. Beschränkungen für den Verkehr mit Lebensmitteln, Arzneien, Giften, Edelmetallen, Waffen, Beschränkungen aus den Bauordnungen, durch die Grundverkehrsgesetze und dergleichen) sowie dadurch, dass es untersagt ist, bei der Ausübung des Eigentumsrechtes in die Rechte anderer Personen einzugreifen.

Andererseits hat der Eigentümer das Recht, seine ihm vorenthaltene Sache von jedem anderen mit gerichtlicher Klage zu fordern. Dabei muss er sein Eigentumsrecht, d. h. den ordnungsgemäßen Erwerb, nachweisen. Und er muss auch beweisen, dass sein Gegner, der Beklagte, die Sache innehat. Sehen wir uns Folgendes an:

Werner Danzer schließt mit Waldemar Wieser einen Kaufvertrag über eine Gitarre und bezahlt den Kaufpreis von € 900,–, Wieser lässt aber mit der Lieferung auf sich warten. Danzer nimmt daraufhin eines Tages, als er Wieser wieder einmal aufgesucht hat, die Gitarre kurzerhand von der Wand und bringt sie mit nach Hause. Wieser wird jetzt tätig und verlangt Rückgabe.

Verbotene Eigenmacht

Wiesers Verlangen besteht zu Recht. Durch das Ansichnehmen der Gitarre übte Werner Danzer eine **verbotene Eigenmacht** aus. Die Tatsache, dass er aus dem Kaufvertrag einen Anspruch auf Lieferung des Instruments hat, berechtigt nicht zum eigenmächtigen Vorgehen eines Gläubigers. Dieser muss sich zur Durchsetzung seines Anspruchs an die Gerichte wenden. Aufgrund eines erstrittenen Urteils kann er dann mit Hilfe eines Vollstreckers die Herausgabe der Gitarre erwirken.

Da Danzer sich eigenmächtig den Besitz verschafft hat, ist sein Besitz fehlerhaft. Wieser hätte sich mit angemessener Gewalt wehren können (§ 344 ABGB). Dem auf frischer Tat betroffenen Danzer hätte er auch die Gitarre wieder wegnehmen dürfen.

Besitzstörung

Wieser kann also nunmehr gemäß § 339 ABGB wegen **Besitzstörung** klagen und die Wiederherstellung des früheren Besitzstandes fordern, das heißt die Rückgabe der Gitarre. Gegenüber dieser Klage kann sich Danzer nicht auf den Kaufvertrag berufen. Er muss vielmehr seinerseits die erforderliche Klage einbringen. Dies sieht auf den ersten Blick sehr formaljuristisch aus, ist aber das einzige Mittel, um derartige Eigenmächtigkeiten zu unterbinden. Ein anderer Fall:

Willi Zeisig hat von Michael Zeiger eine extravagante Armbanduhr gekauft und bezahlt. Zeiger zögert die Lieferung der Uhr hinaus und bereitet inzwischen seine Auswanderung vor. Zeisig trifft ihn gerade, als er mit einer Anzahl Koffer den Bahnhof betreten will, um den Zug nach Rotterdam zu erreichen. Zeisig stellt Michael Zeiger heftig zur Rede und reißt ihm schließlich die Armbanduhr vom Handgelenk. Zeiger beauftragt in Rotterdam einen dortigen Rechtsanwalt, eine Klage gegen Willi Zeisig auf Rückgabe der Uhr einzubringen.

Selbsthilfe

Diese Klage hat keine Aussicht auf Erfolg. Die Wegnahme der Uhr erfolgt zwar gegen den Willen Michael Zeigers, aber Willi Zeisig begeht trotzdem keine verbotene Eigenmacht. Gemäß § 19 ABGB darf man zum Zweck der **Selbsthilfe** eine Sache, auf die man einen Anspruch hat, wegnehmen, wenn obrigkeitliche Hilfe nicht rechtzeitig erlangt werden kann und die Gefahr besteht, dass die Verwirklichung des Anspruchs erschwert oder schließlich vereitelt werde. Diese Voraussetzungen liegen hier vor.

Einstweilige Verfügung

Zeisig muss aber Folgendes beachten: Er hat alsbald nach seiner eigenmächtigen Handlung eine **einstweilige Verfügung** beim Bezirksgericht zu erwirken. Hierzu muss er seinen Anspruch nachweisen: dass er die Uhr gekauft hat, ferner muss er glaubhaft machen, dass Zeiger im Begriff stand auszuwandern, sodass Zeisig – wenn er Michael Zeiger die Uhr nicht abgenommen hätte – ein Exekutionsverfahren im Ausland hätte einleiten müssen.

Gerichtliche Verwahrung

Gelingt die Glaubhaftmachung, so erlässt das Bezirksgericht eine einstweilige Verfügung, mit der die **gerichtliche Verwahrung** der Uhr angeordnet wird. Eine solche einstweilige Verfügung wird immer nur für bestimmte Zeit erlassen. Außerdem wird dem Antragsteller eine Frist gesetzt, innerhalb derer er die Einbringung der Klage gegen den Antragsgegner dem Bezirksgericht nachweisen muss; ansonsten wird die einstweilige Verfügung aufgehoben, wodurch Michael Zeiger wieder die Uhr erhält. Zeiger hätte die Möglichkeit, gegen die Klage Zeisigs Rekurs oder Einspruch einzulegen; allerdings wird er bei dieser Sachlage kaum Aussicht auf Erfolg haben.

Der weite Sachbegriff des ABGB

☛ Der Sachbegriff unserer Rechtsordnung ist im § 285 ABGB geregelt: »Alles, was von der Person unterschieden ist, und zum Gebrauche der Menschen dient, wird im rechtlichen Sinne eine Sache genannt.« (Einzige Ausnahme: Tiere gelten gemäß § 285a ABGB nicht als Sachen.)
»Sachen« sind daher nicht nur Gegenstände, sondern etwa auch die Dampfkraft, der elektrische Strom und nicht zuletzt auch Rechte.

Der Rechtserwerb an Grundstücken

Übergabe

Bei beweglichen Sachen ist die technische Durchführung einer **Übergabe** relativ einfach. Ganz anders liegen die Dinge bei **Grundstücken, Häusern oder Eigentumswohnungen**, die einen beachtlichen Wert darstellen und außerdem in vielen Fällen mit Hypotheken belastet sind. Hier hat das Gesetz ein besonderes Recht geschaffen und den Eigentumsübergang oder Belastungen welcher Art immer (vom einzuräumenden Wegerecht bis zur Hypothek) an feste Formen gebunden. Der Staat hat sich bei einzelnen Rechtsvorgängen seine Mitwirkung vorbehalten. So hat er in erster Linie die einzelnen Grundstücke in einem Grundkataster erfasst und bei den Bezirksgerichten Grundbücher angelegt.

Grundbuch

Durch das Grundbuchsumstellungsgesetz 1980 ist inzwischen in ganz Österreich das Grundbuch auf automationsunterstützte Datenverarbeitung (ADV) umgestellt worden. Um **Einsicht in das Grundbuch** zu erhalten, gibt es heute folgende Möglichkeiten:

1. Der Interessent wendet sich an einen Rechtsanwalt oder Notar, der über Internet Zugang zum Grundbuch hat.
2. Der Interessent wendet sich direkt an die Grundbuchstelle und erbittet eine Auskunft. Kleinere Auskünfte, etwa wer der Besitzer eines bestimmten Grundstücks ist, erteilt der Grundbuchsführer kostenlos mündlich. Bei ausführlicheren Auskünften, etwa über hypothekarische Belastungen, muss ein Grundbuchsauszug bestellt werden, der umgehend geliefert wird.

Zum Grundbuch gehören verschiedene Hilfsverzeichnisse:

- das **Grundstücksverzeichnis**: es enthält die Einlagezahlen und Grundstücksnummern der Liegenschaften und ihre Fläche in Quadratmetern;
- das **Adressenverzeichnis**: es enthält sämtliche Grundstücksanschriften für jede politische Gemeinde, gegliedert nach Straßen- bzw. Ortschaftsnamen und nach Orientierungs- bzw. Hausnummern; hier ist bei jeder einzelnen Liegenschaft nicht nur das Grundbuch angegeben, zu dem sie gehört, sondern auch das zuständige Grundbuchsgericht und Vermessungsamt;
- das **Personenverzeichnis**: in ihm finden sich die Namen aller Liegenschaftseigentümer, auch der bloßen Miteigentümer sowie der Bauberechtigten, nicht dagegen die Namen von Pfandgläubigern und Servitutsberechtigten.

Die für einen Grundbuchsauszug anfallende Gebühr beträgt seit 1. Jänner 2002 € 8,– für 850 Zeilen.

Der Kaufvertrag

Karl Jedermann hat von einem reichen Onkel einen größeren Geldbetrag erhalten und beschließt, ein kleines Haus mit Grundstück anzuschaffen.

Bestandteile des Kaufvertrags

In dem zu schließenden Kaufvertrag hat der Verkäufer seine ausdrückliche Zustimmung zu erklären, dass aufgrund dieses Vertrages der Käufer des Grundstücks als Eigentümer in das Grundbuch eingetragen werden darf. Die Juristen nennen diese Erklärung **Aufsandungserklärung**.

In einem derartigen Vertrag müssen die **Unterschriften** und die Geburtsdaten des Verkäufers wie des Käufers notariell oder gerichtlich **beglaubigt** werden. Auch muss der Vertrag binnen acht Tagen dem zuständigen Finanzamt für Gebühren und Verkehrssteuern zur **Gebührenbemessung** angezeigt werden.

Ein **Kaufvertrag über eine Liegenschaft** würde ungefähr so aussehen, wie dies auf der folgenden Seite wiedergegeben ist.

Übergang des Eigentums

Mit der **Umschreibung im Grundbuch** geht das Eigentum an dem Grundstück auf Karl Jedermann über. Um die erforderlichen behördlichen Genehmigungen braucht sich Karl Jedermann dann nicht zu kümmern, wenn er einen Notar mit der grundbücherlichen Durchführung beauftragt hat. Zu diesen Genehmigungen gehört vor allem die **Zustimmung der Grundverkehrskommission**, wenn es sich um eine Liegenschaft handelt, die den Grundverkehrsgesetzen (bundesländerweise verschieden) unterliegt. Ferner muss eine **Unbedenklichkeitsbescheinigung** des Finanzamts für Gebühren und Verkehrssteuern beschafft werden, wonach der grundbücherlichen Durchführung des Kaufvertrags keine steuerlichen Bedenken entgegenstehen.

Karl Jedermann bzw. der von ihm mit der Vertragsabwicklung beauftragte Notar wird nun das auf der übernächsten Seite abgedruckte Gesuch beim Grundbuchsgericht einbringen.

Steuerliche Behandlung des Grundstückskaufs

Gegenstand der **Grunderwerbsteuer** ist laut Grunderwerbsteuergesetz vom 2. Juli 1987, BGBl. Nr. 309/1987, der entgeltliche Erwerb inländischer Grundstücke, denen auch Baurechte und Gebäude auf fremdem Boden gleichstehen. Zahlungspflichtig sind die am Erwerb beteiligten Vertragsteile.

€ Die Steuer beträgt beim Erwerb:

- durch den Ehegatten, einen Elternteil, ein Kind, ein Enkelkind, ein Stiefkind, ein Wahlkind oder ein Schwiegerkind des Übergebers 2 v. H.;
- durch einen Ehegatten von dem anderen Ehegatten bei Aufteilung ehelichen Gebrauchsvermögens und ehelicher Ersparnisse anlässlich der Scheidung, Aufhebung oder Nichtigerklärung der Ehe 2 v. H.;
- durch andere Personen 3,5 v. H.

Grunderwerb durch Ausländer

Ausländern gegenüber unterliegt der Grunderwerb gewissen Beschränkungen. So bedarf nach den länderweise verschiedenen Grundverkehrsgesetzen der Grunderwerb durch Ausländer (ebenso die Einräumung des Fruchtnießungsrechts, des

KAUFVERTRAG

abgeschlossen am .... zwischen Josef Lustig, geb. am 8. Juni 1940, Pensionist, Lehnergasse 22, 1090 Wien, als Verkäufer einerseits und Karl Jedermann, geb. am 18. Februar 19 ..., kaufmännischer Angestellter, Opernring 72, 1010 Wien, als Käufer andererseits.

I.

Herr Josef Lustig als Verkäufer verkauft und übergibt und Herr Karl Jedermann als Käufer kauft und übernimmt die Liegenschaft Einlagezahl 534, Grundbuch Josefstadt, GSt.-Nr. 387, um den vereinbarten und hiermit quittierten Kaufpreis von € 300.000,–.

II.

Der Käufer hat die Liegenschaft eingehend besichtigt. Der Verkäufer leistet demnach keine Gewähr für eine bestimmte Beschaffenheit oder ein bestimmtes Ausmaß der Liegenschaft mit Ausnahme der hiermit zugesicherten Lastenfreiheit.

III.

Sämtliche Rechte und Pflichten bezüglich der Liegenschaft gehen mit .... auf den Erwerber über.

IV.

Auf die Anfechtung des Vertrages wegen Verletzung über die Hälfte des wahren Wertes wird ausdrücklich verzichtet.

V.

(Aufsandung)
Der Verkäufer Josef Lustig erteilt hiermit seine ausdrückliche Einwilligung, dass aufgrund dieses Vertrages ohne sein weiteres Einvernehmen das Eigentumsrecht des Käufers Karl Jedermann an der Liegenschaft EZ 534, Grundbuch Josefstadt, einverleibt werde.

VI.

Sämtliche Kosten und Gebühren dieses Vertrages trägt der Käufer.

Vorstehende Unterschriften des Herrn Josef Lustig und des Herrn Karl Jedermann, die mir persönlich bekannt sind, wurden heute vor mir geleistet.

Wien, den ....

Öffentlicher Notar

GRUNDBUCHSEINGABE

An das
Bezirksgericht Josefstadt
Florianigasse 8
1010 Wien

Einschreiter:	Karl Jedermann, kaufmännischer Angestellter, Opernring 72, 1010 Wien
Liegenschaft:	EZ 534, Grundbuch Josefstadt
Gegenstand:	Einverleibung des Eigentumsrechtes
Beilagen:	A- Kaufvertrag in Ur- und Abschrift B- Unbedenklichkeitsbescheinigung in Urschrift

Ich beantrage die Erlassung des nachstehenden Beschlusses:

Beschluss

I. Grundbuchstand: EZ 534 Grundbuch Josefstadt
Gst.-Nr. 387 Baufläche, Tigergasse 72
Eigentümer: Josef Lustig, geb. 8. 6. 1940, allein

II. Eintragungsgrundlagen:
Blg. A: Kaufvertrag vom ....
Blg. B: Unbedenklichkeitsbescheinigung des Finanzamts für Gebühren und Verkehrssteuern in Wien vom ...., BRP. 14.991/02

III. Ob der in Punkt I. bezeichneten Liegenschaft wird folgende Eintragung bewilligt:
die Einverleibung des Eigentumsrechts für Karl Jedermann, geb. 18. 2. 19...

IV. Zustellung:
1. Herr Karl Jedermann, kaufmännischer Angestellter, Opernring 72, 1010 Wien, mit Blg. A
2. Herr Josef Lustig, Pensionist, Lehnergasse 22, 1090 Wien
3. Finanzamt für den 8., 16. und 17. Bezirk
4. Magistratsabteilung 40, Zentrale Liegenschaftsevidenz

Wien, ... Karl Jedermann

Im Beschluss muss angegeben werden, wer von der Eintragung im Grundbuch benachrichtigt wird.

Baurechts und die Bestandgabe eines Grundstücks) der Zustimmung der Grundverkehrsbehörde; sie wird nur erteilt, wenn nicht aus kulturellen, volkswirtschaftlichen, sozialpolitischen oder sonstigen öffentlichen Interessen Bedenken bestehen. Die Detailregelungen obliegen den einzelnen Bundesländern.

Auch nach Inkrafttreten des Vertrages mit der **Europäischen Union (EU)** hängen die Errichtung und der Erwerb von Zweitwohnsitzen in Österreich durch Angehörige der EU-Mitgliedstaaten von den Raumordnungs- bzw. Grundverkehrsgesetzen der einzelnen Bundesländer ab.

Die Hypothek

Nach einiger Zeit muss Karl Jedermann feststellen, dass seine finanziellen Mittel für den geplanten Umbau des neu erworbenen Hauses nicht ausreichen. Er braucht Geld. Also nimmt er vom früheren Besitzer seines Hauses, dem Pensionisten Josef Lustig, ein Darlehen in Höhe von € 20.000,– auf und will dafür dem Darlehensgeber eine hypothekarische Sicherheit an seinem Grundstück geben.

Karl Jedermann wird nun einen Darlehens- und Hypothekarvertrag entwerfen, der ungefähr den unten wiedergegebenen Inhalt hat:

DARLEHENS- UND HYPOTHEKARVERTRAG

1. Herr Karl Jedermann, geb. am 18. Februar 19..., kaufmännischer Angestellter, Opernring 72, 1010 Wien, anerkennt hiermit, heute von Herrn Josef Lustig, geb. am 8. Juni 1940, Pensionist, Lehnergasse 22, 1090 Wien, ein Darlehen in der Höhe von € 20.000,–, in Worten: zwanzigtausend Euro, zugezählt erhalten zu haben und dieses Darlehen aufrecht zu schulden.
2. Dieses Darlehen ist mit ... % pro Jahr zu verzinsen und in folgender Art zurückzuzahlen: ...
3. Zur Sicherung der Rückzahlung bestellt hiermit Karl Jedermann zugunsten des Herrn Josef Lustig eine Hypothek an der ihm eigentümlich gehörigen Liegenschaft EZ 534, Grundbuch Josefstadt, über den Betrag von € 20.000,– samt ...% Zinsen und € 2.000,– Nebengebührensicherstellung. Er erteilt seine ausdrückliche Einwilligung zur Einverleibung dieser Hypothek.
4. Die Kosten und Gebühren dieses Vertrages trägt Herr Karl Jedermann.

Wien, den ...

Josef Lustig Karl Jedermann

Diesen Vertrag reicht Josef Lustig nach Beglaubigung der Unterschriften bei jenem Bezirksgericht ein, das als Grundbuchsgericht für die Liegenschaft zuständig ist.

Sicherstellung im Grundbuch

Eines Tages möchte Karl Jedermann an sein Haus einen Wintergarten anbauen lassen. Dazu braucht er noch mehr Geld. Von einem gewissen Ferdl Schmitz erhält er schließlich die Zusage, ihm gleichfalls ein Darlehen von € 20.000,– zu gewähren, wenn er eine Hypothek zu dessen Gunsten im Grundbuch eintragen lässt. Das Grundbuchsgericht nimmt die Eintragung einer Hypothek für Schmitz in Höhe von € 20.000,– vor, ohne zu prüfen, ob Karl Jedermann das betreffende Darlehen bereits erhalten hat.

Es genügt also die einseitige Bewilligung des Grundstückseigentümers. Solange Karl Jedermann das Darlehen von Ferdl Schmitz nicht bekommen hat, ist er allerdings nicht Schuldner und wird sich auch mit Schmitz nicht dahingehend einigen, dass diesem die Hypothek schon zustehen soll. Kommt es also nicht zur Darlehensgewährung, so ist die Eintragung im Grundbuch unrichtig. Karl Jedermann kann in diesem Fall von Ferdl Schmitz die Zustimmung zur **Berichtigung** des Grundbuchs dahingehend verlangen, dass die Hypothekeneintragung gelöscht wird.

Abtretung einer Hypothekarforderung

Schmitz hat aber nun inzwischen die für ihn eingetragene Hypothek weiter an einen Geschäftsfreund übertragen, Georg Reder, der ihm dafür € 15.000,– gezahlt hat. Die Umschreibung der Hypothek auf Georg Reder ist aufgrund des folgenden Vertrages und eines beim Grundbuchsgericht eingereichten Antrags bereits erfolgt.

Ich, der unterzeichnete Ferdl Schmitz, geb. am 4. November 1958, Laubenstraße 68, 1100 Wien, habe eine Darlehensforderung von € 20.000,– gegen den kaufmännischen Angestellten Karl Jedermann, geb. am 18. Februar 19..., Opernring 72, 1010 Wien. Diese Forderung ist durch eine Hypothek an dem Grundstück des Darlehensschuldners, eingetragen in EZ 534, Grundbuch Josefstadt, gesichert.
Die vorstehende hypothekarisch gesicherte Forderung trete ich hiermit an den Gastwirt Georg Reder, geb. ..., Wien ..., ab und bewillige die Einverleibung dieser Abtretung im Grundbuch.

Wien, den ...

FERDL SCHMITZ

Wenn Georg Reder zu Unrecht im Grundbuch eingetragen wäre, könnte Karl Jedermann die Zustimmung zur Berichtigung dahingehend verlangen, dass die Hypothekeneintragung gelöscht wird. Reder kann die Hypothek nur von Ferdl Schmitz erworben haben. Zur Übertragung einer Hypothek ist es erforderlich, dass der Übertragende die der Hypothek zugrunde liegende Forderung auf den Erwerber überträgt. Handelt es sich – wie wir für unseren Fall unterstellen wollen – um eine eingetragene Hypothek, so muss die Forderung nicht nur durch eine entsprechende Erklärung abgetreten, sondern der Übergang der Hypothek auch im Grundbuch eingetragen werden. Diese Umschreibung erfolgt aufgrund einer Bewilligung des Ferdl Schmitz, dessen Unterschrift wiederum beglaubigt sein muss.

Nun war aber Ferdl Schmitz gar nicht Gläubiger des Karl Jedermann. Er hatte also keine Forderung, die er an Georg Reder abtreten konnte, und auch keine Hypothek. Man müsste demnach der Meinung sein, dass auch eine Rechtsübertragung auf Reder nicht stattgefunden haben kann, denn wer kein Recht hat, kann ein solches ja auch nicht übertragen.

Vertrauensgrundsatz

Dieser Grundsatz erleidet aber Ausnahmen zugunsten desjenigen, der auf die **Richtigkeit einer Grundbuchseintragung vertraut**. Der Inhalt des Grundbuchs gilt zugunsten desjenigen als richtig, der ein Recht an einem Grundstück durch Rechtsgeschäft erwirbt, es sei denn, dass die Unrichtigkeit dem Erwerber bekannt ist. Dies ist hier nicht der Fall. Georg Reder hat nichts davon gewusst, dass Ferdl Schmitz das Darlehen noch nicht gewährt hatte, und konnte sich auf die Richtigkeit der Grundbuchseintragung verlassen. Er wird vom Gesetz also so behandelt, als habe er die Hypothek von demjenigen erworben, dem sie auch zustand. Demnach hat also Georg Reder von dem nichtberechtigten Ferdl Schmitz die Hypothek erworben und Karl Jedermann kann von ihm nicht die Löschung der Hypothek verlangen.

Karl Jedermann bleibt nur die Möglichkeit, sich an Ferdl Schmitz zu halten. Dieser ist verpflichtet, die € 15.000,–, die er von Georg Reder erhalten hat, an Karl Jedermann herauszugeben. Schmitz ist Karl Jedermann außerdem schadenersatzpflichtig wegen der von ihm begangenen unerlaubten und betrügerischen Handlung.

Anmerkung der Rangordnung

Um nicht in diese missliche Lage zu geraten, hätte Karl Jedermann im Grundbuch die **Anmerkung der Rangordnung** für die beabsichtigte Belastung mit einer Hypothek von € 20.000,– eintragen lassen müssen. Er kann dies mit einem einfachen Antrag beim Grundbuchsgericht – und zwar auch zu Protokoll – erreichen. Ist diese Anmerkung im Grundbuch eingetragen, so erhält er hierüber vom Grundbuchsgericht einen so genannten **Rangordnungsbeschluss**, der nur in einer einzigen Ausfertigung ausgestellt wird. Würde Karl Jedermann diesen Beschluss verlieren, wäre die angemerkte Rangordnung unwirksam; er müsste das gleiche Verfahren nochmals durchführen, worauf er im neuen Rang einen neuen Rangordnungsbeschluss bekäme.

Für einen Gläubiger hat eine Rangordnungsanmerkung große Bedeutung: sie gibt ihm die Gewissheit, dass niemand vor ihm im Grundbuch eingetragen werden kann, wenn er den Rangordnungsbeschluss in Händen hat. Andererseits hat Karl Jedermann die Möglichkeit, diesen Beschluss erst dann an seinen Gläubiger zu übergeben, wenn ihm dieser das Darlehen ausbezahlt.

Legt nun der Gläubiger oder Karl Jedermann selbst den Rangordnungsbeschluss gleichzeitig mit dem Gesuch um Einverleibung der Hypothek beim Grundbuchsgericht vor, so wird die Hypothek im Range dieser Anmerkung einverleibt. Hätte in der Zwischenzeit Karl Jedermann andere Gläubiger mit Hypotheken eintragen lassen, stünden sie im Range **nach** dieser Hypothek. Eine Anmerkung der Rangordnung wirkt jeweils für **ein Jahr** ab dem Tag ihrer Bewilligung. Wir sehen also, dass Karl Jedermann sehr wohl die Möglichkeit gehabt hätte, sich vor den dunklen Geschäften des Ferdl Schmitz zu sichern.

Hypothek für fremdes Darlehen

Karl Jedermann ist gefällig. Als ein guter Freund um Hilfe bittet, benützt Karl Jedermann sein Grundstück als Kreditgrundlage für ihn. Oskar Seltsam nimmt ein Darlehen von € 12.000,– bei Dieter Wohlgemut auf und Karl Jedermann lässt für dieses Darlehen auf sein Grundstück eine Hypothek eintragen. Wohlgemut überträgt kurze Zeit später die Hypothek an das Bankhaus Lautner. Nunmehr stellt sich heraus, dass Oskar Seltsam seit längerem geisteskrank ist und die € 12.000,– für unnütze Dinge vergeudet hat. Das Bankhaus Lautner möchte wissen, wie es zu seinem Geld kommt.

Lautner macht eine Hypothek geltend, die nicht in seiner eigenen Person, sondern in der Person des Dieter Wohlgemut entstanden und von diesem auf die Bank übergegangen ist. Es muss daher zunächst festgestellt werden, ob zugunsten des

Dieter Wohlgemut überhaupt eine Hypothek entstanden war. Dazu ist erforderlich, dass eine Forderung vorliegt, für die nach Einigung zwischen Karl Jedermann und Dieter Wohlgemut die Hypothek im Grundbuch eingetragen worden ist.

Karl Jedermann und Dieter Wohlgemut haben sich über das Entstehen einer solchen Hypothek geeinigt. Sie ist auch im Grundbuch eingetragen worden. Diese Eintragung erfolgte aufgrund einer Bewilligung Karl Jedermanns. Weitere Voraussetzung ist, dass die Forderung, für die diese Hypothek begründet werden sollte, auch entstanden ist. Sie ist **akzessorisch**, das soll heißen: Wenn keine Forderung vorhanden ist, dann kann auch keine Hypothek zugunsten von Dieter Wohlgemut entstehen. Karl Jedermann kann nicht für Wohlgemut eine Sicherung bestellen, wenn nichts da ist, was gesichert werden soll.

Darlehensforderung

In unserem Fall soll die Hypothek eine Darlehensforderung von Dieter Wohlgemut an Oskar Seltsam sichern. Eine solche Forderung ist aber niemals entstanden. Eine **Darlehensforderung** entsteht nämlich dadurch, dass der Darlehensgeber dem Darlehensnehmer das Geld übergibt und beide vereinbaren, dass dieses Geld als rückzahlbares Darlehen gewährt ist. Hieran fehlt es aber.

Die Vereinbarung zwischen Wohlgemut und Seltsam ist anscheinend ein **Vertrag**, das heißt ein Austausch von Willenserklärungen. Ein Geisteskranker kann aber Willenserklärungen nicht wirksam abgeben. Daran scheitert auch die Übereignung der Darlehenssumme an Oskar Seltsam. Infolgedessen ist kein Darlehensvertrag zwischen Wohlgemut und Seltsam zustande gekommen und es besteht auch keine Darlehensforderung des Wohlgemut.

Dieter Wohlgemut hat allerdings gegen Oskar Seltsam einen Anspruch auf Rückzahlung der Geldsumme, die er ihm gegeben hat. Jedoch hat Karl Jedermann die Hypothek für die Darlehensforderung bestellt und nicht für die Forderung auf Rückzahlung. Aus diesem Grund ist keine Hypothek des Dieter Wohlgemut entstanden. Er hatte somit **kein Verwertungsrecht** am Grundstück des Karl Jedermann.

Da Wohlgemut keine Hypothek erworben hat, konnte das Bankhaus Lautner auch nicht die Rechte an dieser Hypothek von ihm erwerben. Es bestünde jedoch für Lautner die Möglichkeit – wie vorher bereits erörtert –, die Hypothek von dem nichtberechtigten Wohlgemut zu erwerben, wenn Lautner gutgläubig ist, das heißt, wenn er auf die Richtigkeit der Grundbuchseintragung vertraut. Diese Redlichkeit des Lautner kann angenommen werden. Lautner hat also am Grundstück des Karl Jedermann eine Hypothek erworben und kann daraufhin versuchen, durch die Zwangsversteigerung des Grundstücks diese Hypothek zu verwerten.

Dagegen hat Lautner keine Forderung gegen Oskar Seltsam erworben, weil Dieter Wohlgemut eine solche Forderung nicht besaß. Hier gibt es auch keine Möglichkeit des Erwerbs vom Nichtberechtigten, denn Forderungen kann man – von ganz wenigen Ausnahmen abgesehen – nur vom Berechtigten erwerben.

Forderung auf Rückzahlung

Dieter Wohlgemut hat nun zwar eine **Forderung auf Rückzahlung** gegen Oskar Seltsam; er hat aber nicht diese an Lautner abgetreten, sondern die angebliche Darlehensforderung. Infolgedessen hat Lautner keinerlei Forderungen gegen Seltsam erlangt. Karl Jedermann wiederum ist dadurch benachteiligt worden, dass

Wohlgemut, der keinerlei Rechte am Grundstück des Karl Jedermann hatte, durch das Rechtsgeschäft mit Lautner nunmehr eine Belastung des Grundstücks von Karl Jedermann herbeigeführt hat. Diese Verfügung des nichtberechtigten Dieter Wohlgemut über das Grundstück von Karl Jedermann stellt sich also als wirksam dar.

Ein Käufer ist noch kein Eigentümer

Leopold Ehrlich hat ein Grundstück von Karl Bösch gekauft. Bei Abschluss des notariellen Vertrages hat er den Kaufpreis bar erlegt. Die Umschreibung des Eigentümers im Grundbuch zieht sich durch die Einholung der erforderlichen behördlichen Genehmigungen immer länger hin. Inzwischen gerät Bösch in finanzielle Schwierigkeiten. Unehrlicherweise veräußert er vor einem anderen Notar das Grundstück an Egon Wagner. Wagner weiß von dem ersten Vertrag mit Ehrlich, lässt sich aber von Bösch einreden, dass Ehrlich keinen Wert mehr auf das Grundstück lege und daher vom Vertrag zurücktreten werde.

Verzögerte Grundbuchseintragung

Es gelingt Egon Wagner, durch Beziehungen zu Mitgliedern der Grundverkehrskommission die erforderliche Genehmigung schneller zu erhalten als Ehrlich. Er erreicht so eine **Eintragung im Grundbuch**. Karl Bösch ist inzwischen völlig vermögenslos geworden. Leopold Ehrlich verlangt nunmehr von Egon Wagner Umschreibung des Grundbuchs auf seinen Namen. Sein Verlangen ist nicht gerechtfertigt. Aus dem Kaufvertrag hat er lediglich einen Anspruch gegen Karl Bösch. Obwohl nunmehr Wagner im Grundbuch als Eigentümer eingetragen ist und den Besitz am Grundstück erlangt hat, kann Ehrlich seinen Anspruch keineswegs auf ihn erstrecken.

Leopold Ehrlichs Anspruch gegen Karl Bösch auf Übereignung und Übergabe des Grundstücks ist nicht mehr realisierbar, denn Bösch hat sein Eigentum an Egon Wagner verkauft. Als Wagner durch die Eintragung im Grundbuch in Verbindung mit der mit Bösch getroffenen Einigung Eigentümer wurde, hat er dieses Eigentum von Bösch als Berechtigtem erworben. Denn Karl Bösch war trotz des zuvor mit Egon Wagner abgeschlossenen Vertrages immer noch Eigentümer des Grundstücks. Erst mit der Umschreibung im Grundbuch wäre gemäß § 431 ABGB das Eigentum auf Leopold Ehrlich übergegangen. Der Umstand, dass Wagner von der vorangegangenen Absprache zwischen Bösch und Ehrlich gewusst hat, ändert nichts an der Rechtslage. Nur wenn Wagner durch den Einbruch in die Beziehungen Bösch – Ehrlich ein Verhalten zeigt, das vorsätzlich gegen die guten Sitten verstößt, kann Ehrlich mit Erfolg gemäß § 1295 ABGB **Schadenersatz** verlangen.

Naturalrestitution

Nur wenn der neue Käufer den Verkäufer arglistig zur Vertragsuntreue gegenüber dem früheren Vertragspartner überredet hat, kann man den Tatbestand des § 1295 ABGB als erfüllt ansehen. Der frühere Vertragspartner hätte dann einen Schadenersatzanspruch gegen den neuen Käufer.

Dieser Anspruch würde – nach dem Grundsatz der **Naturalrestitution** – dahin gehen, dass der neue Käufer dem früheren Vertragspartner die erworbene Sache herausgeben müsste. Denn er müsste ihn so stellen, wie dieser gestanden hätte, wenn der Neuerwerber nicht arglistig in den alten Vertrag eingebrochen wäre. Dann hätte der frühere Vertrag seine Erfüllung gefunden und der erste Käufer Eigentum erworben. Da im vorliegenden Fall von einem solchen Verhalten Egon Wagners nicht gesprochen werden kann, hat Leopold Ehrlich keinerlei Ansprüche gegen Wagner.

Schutz des Käufers

Am zweckmäßigsten wäre es gewesen, wenn Ehrlich darauf gedrungen hätte, dass Bösch eine **Anmerkung der Rangordnung** für die beabsichtigte Veräußerung im Grundbuch hätte eintragen lassen. Das Verfahren und die Wirkung sind ähnlich wie bei der früher besprochenen Rangordnungsanmerkung für eine beabsichtigte Verpfändung. Durch die Eintragung einer Anmerkung der Rangordnung wäre der Erfüllungsanspruch Ehrlichs aus dem Kaufvertrag so gesichert gewesen, dass alle weiteren Übereignungen durch Bösch unwirksam geblieben wären (§ 53 Grundbuchsgesetz).

Das ererbte Grundstück

Balthasar Pöschl ist Erbe eines Grundstücks nach seinem Onkel. Infolge eines fehlerhaft geführten Verlassenschaftsverfahrens wird jedoch sein Vetter Herbert in der Einantwortungsurkunde als Erbe ausgewiesen und im Grundbuch als Eigentümer eingetragen. Pöschl bringt nun genügend Beweismaterial zusammen, aus dem zweifelsfrei hervorgeht, dass er der wahre Erbe ist. Er fürchtet mit Recht, dass Herbert, sobald dieser an dem für ihn ungünstigen Ausgang des Rechtsstreites keinen Zweifel mehr hat, das Grundstück kurzerhand an einen beliebigen Interessenten veräußern würde.

Streitanmerkung

Pöschl muss gegen seinen Vetter Herbert eine Klage einbringen, mit der er ein Urteil begehrt, wonach Herbert schuldig erkannt werden soll, der Eintragung des Balthasar Pöschl als Eigentümer zuzustimmen. Gleichzeitig mit der Einbringung dieser Klage wird er eine Anmerkung im Grundbuch beantragen, mit der auf diesen Rechtsstreit hingewiesen wird (Streitanmerkung). Mit einer derartigen Anmerkung erreicht Pöschl, dass das Urteil gegen jeden wirkt, der nach Eintragung dieser Anmerkung Rechte im Grundbuch erworben haben sollte. Der gute Glaube würde durch eine solche Streitanmerkung ausgeschlossen werden.

Das Wohnungseigentum

Mehrere Familien wollen ein Haus, das ihnen gemeinsam gehört, in der Weise aufteilen, dass jeder Familie ein Stockwerk gehören soll. Sie glauben, dass sie dies durch das so genannte Wohnungseigentum erreichen könnten. Das ist aber nicht richtig. Nach dem ABGB gibt es nur ein **Miteigentum nach ideellen Bruchteilen**. Das heißt: beim gleichzeitigen Eigentum mehrerer Personen an derselben Sache ist das Recht daran geteilt, jedoch nicht die Sache selbst. Jeder Miteigentümer besitzt somit einen gedachten, **ideellen Anteil** des Hauses (z. B. die Hälfte, ein Viertel), nicht jedoch einen fest umrissenen Teil, wie ein bestimmtes Stockwerk oder Ähnliches.

Ausschließliche Benützung nach WEG

Das **Wohnungseigentumsgesetz 2002** (WEG 2002) bestimmt: Wenn mehrere Personen Miteigentümer einer Liegenschaft sind, so können sie untereinander vereinbaren – und diese Vereinbarung muss auch in das Grundbuch eingetragen werden –, dass jedem Miteigentümer ein seinem Grundanteil entsprechender Anteil der Wohnfläche des Hauses zur **ausschließlichen Benützung** zustehen soll. Dieses Recht ist für die Miteigentümer vererbbar und veräußerlich. Da solche Miteigentümer des Hauses keine Mieter sind (sie sind selbst Hauseigentümer, also steht ihnen kein Hauseigentümer als Vermieter gegenüber), so haben sie auch keinen Mietzins zu bezahlen. Wohl aber müssen sie nach dem Verhältnis ihres Miteigentums die auf die Liegenschaft und das Haus entfallenden Steuern und Betriebskosten bezahlen. Ebenso müssen sie an der Erhaltung des Hauses mitwirken und auch hierfür Zahlung leisten.

Äußerlich besteht deshalb zwischen einem Mieter und einem Wohnungseigentümer kein sehr großer Unterschied. Der so genannte Wohnungseigentümer, der in Wirklichkeit Miteigentümer des Hauses ist, unterscheidet sich aber vom Mieter dadurch, dass er über sein Miteigentum und die damit verbundenen Rechte viel weitgehender verfügen kann. Zeigt er sich allerdings als ein unverträglicher Störenfried, so können ihn die anderen Miteigentümer aus der Gemeinschaft entfernen.

Eigentümerpartnerschaft

Während bis zum 30. Juni 2002 nur Ehepartner (im Verhältnis 50:50) gemeinsam Wohnungseigentum erwerben konnten (Ehegattenwohnungseigentum), ist das seit Inkrafttreten des WEG 2002 am 1. Juli 2002 zwei beliebigen natürlichen Personen möglich, ohne dass ein Angehörigenverhältnis oder eine Lebensgemeinschaft der Partner erforderlich ist (**Eigentümerpartnerschaft**). Es können also beispielsweise zwei Geschwister, zwei Geschäftspartner oder zwei gleichgeschlechtliche (natürlich auch zwei verschiedengeschlechtliche) Gefährten Wohnungseigentum erwerben bzw. besitzen, in jedem Fall aber nur im gleichteiligen Verhältnis 50:50.

Die persönliche Dienstbarkeit

Der Inhaber der Diskothek »Dorado« im Hause Karl Jedermanns befürchtet, dass sich in der Nachbarschaft Konkurrenzunternehmen niederlassen könnten; er möchte mit den Eigentümern der Nachbargrundstücke Vereinbarungen treffen, solche Konkurrenzunternehmen nicht auf ihren Grundstücken ansässig zu machen. Welche Möglichkeit hat die Diskothek hierzu?

Vertrag mit Nachbareigentümer

»Dorado« könnte aufgrund der Vertragsfreiheit einen **Vertrag** mit den jeweiligen Nachbareigentümern dahin schließen, dass sich diese verpflichten, keinen Konkurrenzbetrieb bei sich aufzunehmen. Gegen ein angemessenes Entgelt werden sie vielleicht dazu bereit sein. Wird ein solcher Vertrag zwischen »Dorado« und dem **Nachbareigentümer** Johannes Erb geschlossen, so erzeugt er lediglich eine Bindung zwischen den beiden Vertragspartnern. Das bedeutet, dass ein neuer Eigentümer des Nachbargrundstücks – falls er nicht der Erbe ist – an den Vertrag zwischen Johannes Erb und »Dorado« nicht mehr gebunden ist.

Grundbucheintragung

Deshalb muss sich der Inhaber der Diskothek am Grundstück von Johannes Erb eine **persönliche Dienstbarkeit** mit dem Inhalt bestellen lassen, dass auf diesem Grundstück kein gleichartiger Betrieb errichtet werden darf. Das ist – auch zugunsten einer juristischen Person, wie beispielsweise für eine Gemeinde – möglich, weil eine solche Belastung Gegenstand einer **beschränkt persönlichen Dienstbarkeit** sein kann. Eine solche wird auf Antrag von Johannes Erb im Grundbuch eingetragen und bindet sämtliche späteren Eigentümer.

Allerdings hat diese beschränkt persönliche Dienstbarkeit den Nachteil, dass sie nur zugunsten des Inhabers der Diskothek »Dorado« bestellt werden kann und nicht übertragbar ist. Sie erlischt mit seinem Tode. Um diesem Nachteil zu entgehen, wäre es zweckmäßig, den »Dorado«-Betrieb in eine juristische Person umzuwandeln. Ist z. B. eine Gesellschaft m.b.H. Inhaber des »Dorado«-Betriebes, so besteht die beschränkt persönliche Dienstbarkeit so lange, wie die GmbH besteht.

Die Grunddienstbarkeit

Wäre der Inhaber der Diskothek gleichzeitig **Eigentümer** des Hauses, in dem sich der »Dorado«-Betrieb befindet, so wäre die Sachlage eine andere. In diesem Fall würde er wohl nicht eine beschränkt persönliche Dienstbarkeit auf das Nachbargrundstück (»herrschendes Grundstück«) des Johannes Erb eintragen lassen, sondern eine Grunddienstbarkeit. Unter einer **Grunddienstbarkeit** versteht man die Eintragung eines Rechtes derart, dass nicht eine bestimmte Person (z. B. der Inhaber des »Dorado«-Betriebes) der Berechtigte wird, sondern der jeweilige Eigentümer des »Dorado«-**Grundstücks** (»herrschendes Grundstück«). Diese Regelung hat zur Folge, dass das eingetragene Recht auf den Grundstückseigentümer übergeht, wenn es verkauft oder vererbt wird.

Wegerecht

Eine andere Grunddienstbarkeit könnte z. B. auch darin bestehen, dass der Eigentümer eines herrschenden Grundstücks eine bestimmte Menge Wasser auf dem dienenden Grundstück schöpfen darf; oder er dürfte z. B. über die dienende Liegenschaft gehen, fahren oder reiten (**Wegerecht**).

Das Ausgedinge

Der Bauer Paul Grundner hat sein landwirtschaftliches Anwesen zu Lebzeiten an seinen Sohn Leopold übertragen. Um für sein Alter gesichert zu sein, hat er sich ausbedungen, dass er bis an sein Lebensende drei möblierte Räume im ersten Stock des Bauernhauses bewohnen darf. Aus den Erträgnissen der Landwirtschaft soll er jährlich folgende Leistungen erhalten: 3 Zentner Kartoffeln, 2 Zentner Weizenmehl, 1 Schwein, 2 Gänse, 10 Hühner, 200 Eier und € 12.000,–, letztere zahlbar in gleich hohen monatlichen Raten.

Natural-, Geld- und Arbeitsleistungen

Die für Paul Grundner vorgesehenen Leistungen können nicht ohne weiteres als einheitliches **dingliches Recht** in das Grundbuch eingetragen werden. Man spricht zwar in der Praxis zusammenfassend von einem »Ausgedinge« und versteht darunter eine auf einem Bauerngut ruhende dingliche Verpflichtung zu Natural-, Geld- und Arbeitsleistungen zum Zweck des Unterhalts des früheren Eigentümers; doch muss man bei jedem solchen Ausgedinge die einzelnen Bestandteile rechtlich unterscheiden.

Das lebenslängliche Wohnrecht stellt sich als **persönliche Dienstbarkeit** dar. Es ist also auf die Lebenszeit von Paul Grundner beschränkt und erlischt mit seinem Tod. Die an Paul Grundner jährlich zu leistenden Naturalien und der Geldbetrag können nicht als Dienstbarkeit bestellt werden. Ein Grundstück kann dergestalt belastet werden, dass an den Berechtigten wiederkehrende Leistungen aus dem Grundstück zu entrichten sind. Es sind alle Arten von Leistungen denkbar, die mit dem Grundstück irgendwie in Beziehung stehen. Dies trifft für die Naturalabgaben ohne weiteres zu. Denkbar sind auch solche wiederkehrenden Leistungen wie Stromlieferungen, Instandhaltung einer Brücke usw., ebenso aber Begräbniskosten. Auch eine wiederkehrende Geldrente kann als Inhalt einer Reallast vereinbart werden.

Reallast

Bei der **Reallast** handelt es sich also um ein Recht, das eine Forderung an ein fremdes Grundstück darstellt. Der Eigentümer hat häufig selbst keine Verpflichtung für seine Person übernommen. Doch haftet er als Eigentümer des Grundstücks für die während der Dauer seines Eigentums fällig werdenden Abgaben.

Da sowohl die Dienstbarkeit (Wohnrecht) als auch die Reallast (übrige Leistungen) im Grundbuch einzutragen sind, ist es gleichgültig, ob man in der Vereinbarung über die Bestellung des Ausgedinges diese Aufspaltung vornimmt. Es wäre aber der Wahrheit dienlich.

Ein Übergabs- und Ausgedingsvertrag ist auf den folgenden Seiten abgedruckt.

Das Grundbuch

Die Eintragung

Das **Einlangen eines Gesuches** beim Grundbuchsgericht wird nach Datum und Uhrzeit vermerkt. Dann bekommt das Gesuch eine fortlaufende Zahl, die Tagebuchzahl, mit der auch sämtliche Beilagen versehen werden. Nunmehr muss festgestellt werden, ob die Angaben im Gesuch mit den bisherigen Eintragungen im Grundbuch übereinstimmen. Die im Gesuch erbetene **Eintragung** darf das Grundbuchsgericht nur bewilligen, wenn sie durch die vorgelegten Urkunden voll gedeckt ist und wenn keine Mängel in der persönlichen Fähigkeit der Gesuchsteller bekannt sind. Wüsste das Grundbuchsgericht z. B., dass einer der Antragsteller minderjährig ist, so dürfte es eine Eintragung nur bewilligen, wenn der gesetzliche Vertreter den Antrag stellt und eine Genehmigung des Pflegschaftsgerichts für das betreffende Geschäft nachweist. Der Grundbuchsrichter muss über das Gesuch endgültig entscheiden. Er kann es entweder bewilligen oder ablehnen. Wird der Antrag bewilligt, dann muss er den Text der vorgesehenen Grundbuchseintragung in seinem **Beschluss** festlegen.

ÜBERGABS- UND AUSGEDINGSVERTRAG

1. Die Eheleute Rudolf und Anna Berger sind je zur Hälfte Eigentümer folgender Liegenschaften:
EZ. 27 Haus mit Garten, GSt-Nr. 627,
EZ. 28 Baufläche,
EZ. 30 Acker,
EZ. 47 Acker,
EZ. 83 Wiese,
EZ. 102 Wald,
sämtliche Grundbuch Laabrunn, inliegend im Grundbuch des Bezirksgerichtes ... Sie übergeben diese Liegenschaften samt allem rechtlichen und tatsächlichen Zugehör an ihren Sohn Paul Berger und dessen Ehegattin Karoline Berger, geb. Müller, gegen Bezahlung eines Abtretungspreises von € ... Dieser Betrag wurde heute bar bezahlt. Die körperliche Übergabe ist heute erfolgt.

2. Die Übergeber behalten sich hierbei folgendes Ausgedinge vor, das im Falle des Ablebens eines Teiles von ihnen auf den überlebenden Teil ungeschmälert übergehen soll:

a) Das freie und ausschließliche Wohnrecht im Ausgedingsgebäude mit der Befugnis, den dazugehörigen Kuhstall für die Unterbringung von zwei Kühen zu benützen. Ferner erhalten sie die Berechtigung, den gemeinsamen Hof für die benötigten Zu- und Abfahrten sowie Zu- und Abgänge frei zu benützen. Schließlich sind sie berechtigt, das Wasser aus dem Hofbrunnen in unbeschränkter Menge zu beziehen sowie Jauche aus der dafür bestimmten Anlage zum Düngen des ihnen überlassenen Gartenanteils zu entnehmen.

b) Die Berechtigung, die beiden von ihnen gehaltenen Kühe gemeinsam mit den Kühen der Übernehmer auf die Weide zu schicken, wobei die Übernehmer für die Beaufsichtigung sorgen werden.

c) Den Fruchtgenuss folgender Liegenschaften: den ganzen Acker EZ. 30 sowie den halben Acker EZ. 47, und zwar hier die an den Feldweg angrenzende Hälfte. Die Übernehmer sind verpflichtet, die üblichen Feldarbeiten wie Ackern, Säen, Eggen, Düngen und Ernten für die Übergeber mit zu besorgen. Sie werden die Ernte für die Übergeber einbringen, sie in der übergebenen Scheune abgesondert verwahren und das Dreschen und Putzen über Verlangen der Übergeber besorgen.

d) Die Übernehmer verpflichten sich, die von den Übergebern benötigten Wirtschaftsfuhren, insbesondere die Verführung des Ausgedingsgetreides, sowie von Kohle und Holz unentgeltlich zu leisten. Hierzu gehören auch die Fahrten um den Geistlichen und den Arzt.

e) Die Übernehmer sind verpflichtet, das Ausgedingsgebäude samt allen Nebenräumen in gutem Zustand zu erhalten und die Innenwände längstens alle drei Jahre neu weißen zu lassen.

f) Die Übergeber haben ferner folgende Leistungen zu erhalten: jährlich zu Georgi und Martini je ein frisch geschlachtetes Schwein im Mindestgewicht von je 100 kg; jährlich 300 kg Erdäpfel längstens bis 15. Sept. eines jeden Jahres; jährlich spätestens zu Martini ein Fass eingelegtes Sauerkraut, mindestens 80

Liter; jährlich 200 frisch gelegte Eier, und zwar 100 in der Woche nach Ostern und 100 in der Woche nach Pfingsten; jährlich 18 kg frische Butter, und zwar zu jedem Monatsersten 1 kg und am 15. ein halbes kg; täglich 1 Liter frisch gemolkene Milch; jährlich ein Fass Most von mindestens 300 Liter Inhalt.

3. Die Übergeber erteilen sohin ihre Einwilligung, dass ob den Liegenschaften EZ. 27 Haus mit Garten, GSt-Nr. 627, EZ. 28 Baufläche, EZ. 30 Acker, EZ. 47 Acker, EZ. 83 Wiese, EZ. 102 Wald, sämtliche Grundbuch Laabrunn, inliegend im Grundbuch des Bezirksgerichtes ..., das Eigentumsrecht für Paul Berger und Karoline Berger, geb. Müller, je zur Hälfte, ferner das Ausgedingsrecht nach Punkt 2 dieses Vertrages für die Eheleute Rudolf und Anna Berger einverleibt werde.

Laabrunn, am ...

Rudolf Berger   Paul Berger   Karoline Berger   Anna Berger

Die Unterschriften sind notariell zu beglaubigen.

Benachrichtigung aller Beteiligten

Sämtliche Beteiligten, also die Antragsteller, dann alle Personen, deren Rechte durch die Eintragung irgendwie berührt werden, schließlich das Finanzamt und die Gemeindebehörden müssen durch Übersendung einer Ausfertigung des Beschlusses von der Eintragung **benachrichtigt** werden. Jenem Teil, dessen Rechte durch die Eintragung aufgehoben, abgeändert oder beschränkt werden, muss der Beschluss zu eigenen Handen mit blauem Rückschein zugestellt werden, sodass ihn nicht einmal ein Postbevollmächtigter in Empfang nehmen könnte. Im Grundbuchsbeschluss muss angeführt werden, an wen Ausfertigungen des Beschlusses zuzustellen sind (siehe das Muster einer Eingabe auf Seite 180).

Rekurs gegen die Abweisung im Grundbuch

Wird ein Gesuch abgewiesen, so ist zu beachten, dass die **Abweisung** im Grundbuch angemerkt werden muss und der Abgewiesene ein Rechtsmittel, nämlich den **Rekurs** gegen die Abweisung, einbringen kann. Für Inländer ist die Rekursfrist 30 Tage ab Zustellung des Beschlusses. Bestätigt die zweite Instanz die Entscheidung des Grundbuchsgerichts, so ist die Sache grundsätzlich erledigt. Ist jedoch die zweite Instanz anderer Ansicht als das Grundbuchsgericht, könnte von jenem Teil, der nicht Recht bekommen hat, ein Rekurs an die dritte Instanz eingebracht werden.

Grundbuchsgericht ist das jeweilige Bezirksgericht; Gerichte zweiter Instanz sind die Landesgerichte, dritte Instanz ist immer der Oberste Gerichtshof.

Wenngleich beim Grundbuchsgericht die Beiziehung eines Rechtsanwalts nicht vorgeschrieben ist, so empfiehlt es sich doch, in schwierigen Fällen zumindest den Rat eines in Grundbuchsangelegenheiten erfahrenen Juristen einzuholen.

Das automationsunterstützte Grundbuch

Das Grundbuch wird durch folgende Gesetze geregelt: Allgemeines Grundbuchsanlegungsgesetz 1930, Grundbuchsgesetz 1955 und das Grundbuchsumstellungsgesetz 1980 in der jeweils geltenden Fassung.

Sämtliche Grundbuchseintragungen werden zentral in einer elektronischen Datenverarbeitungsanlage (**Grundstücksdatenbank**) gespeichert. Diese Speicherung ist **Eintragung** im Rechtssinn und ersetzt das Hauptbuch in seiner früheren Form. Bei den Grundbuchsgerichten sind Datenendstationen eingerichtet, die aus einem Bildschirmgerät mit angeschlossenem Ausgabegerät (Drucker) bestehen und durch Datenübertragungsleitungen mit der Datenverarbeitungszentrale verbunden sind. Sie ermöglichen die Abfrage und Änderung der gespeicherten Grundbuchseintragungen im Dialogbetrieb.

Gestaltung des Grundbuchswesens

Im Übrigen ist die **Gestaltung** des Grundbuchwesens beibehalten worden. Das heißt, dass

- die sachliche und örtliche Zuständigkeit der Gerichte in Grundbuchssachen unverändert geblieben ist;
- die Entscheidung in Grundbuchssachen nach wie vor beim Richter oder Rechtspfleger liegt und die automationsunterstützte Datenverarbeitung ihn bloß bei der Vorbereitung der Entscheidung unterstützt;
- daher auch im Grundbuchsverfahren keine grundlegende Änderung eingetreten ist;
- die Urkundensammlung nicht gespeichert wird und in der bisherigen Form weiter bestehen bleibt.

Die **Änderungen** beschränken sich grundsätzlich auf die Behandlung des Hauptbuchs, insbesondere den Vollzug von Eintragungen einschließlich ihrer Gestaltung und Ordnung sowie die Einsicht in das Hauptbuch einschließlich der Herstellung von Grundbuchsauszügen und -abschriften.

Die nun möglich gewordene Beseitigung der Doppelführung eines umfangreichen Datenstocks bei den Grundbuchsgerichten und den Vermessungsbehörden ist eine bedeutende Verwaltungsvereinfachung. In der Grundstücksdatenbank gespeicherte Daten können – unter Wahrung datenschutzrechtlicher Bestimmungen – Stellen, die an diesen Daten interessiert sind, in maschinell lesbarer Form zur Verfügung gestellt und von ihnen, allenfalls nach Ergänzung durch eigene Daten, mit eigenen Programmen ausgewertet werden.

Das Baurecht

Der Kaufmann Robert Wohner sucht eine geeignete Baustelle für ein Einfamilienhaus und möchte ein Grundstück kaufen, jedoch findet er nur zur Pacht oder zur Miete angebotene Liegenschaften. Wohner will aber sein Haus nicht auf einem gemieteten oder gepachteten Grundstück errichten, denn dann würde er die beim Bau verwendeten Materialien durch ihre Verbindung mit dem Grund und Boden in fremdes Eigentum bringen (siehe Seite 203 f.).

Nach dem Baurechtsgesetz von 1912 (in der Fassung der Novelle von 1990) können Grundstückseigentümer an ihren Liegenschaften für einen Zeitraum von mindestens zehn und höchstens hundert Jahren ein **Baurecht** bestellen. Der Grundgedanke des Baurechts ist, dass der Liegenschaftsbesitzer das Eigentum an seinem unbebauten Grundstück behält. Zugunsten Robert Wohners wird ein Baurecht an dem Grundstück bestellt. Die Bestellung erfolgt durch Vertrag zwischen dem Grundeigentümer und Wohner und durch Eintragung im Grundbuch.

Baurechtseinlage

In der so genannten **Baurechtseinlage** wird fingiert, dass das Baurecht selbst ein Grundstück sei. Wenn Robert Wohner nun sein Einfamilienhaus errichtet, baut er gewissermaßen nicht auf einem fremden Grundstück, sondern auf seinem wie ein Grundstück behandelten Baurecht. Das Baurechtsgesetz bezeichnet daher das von Wohner errichtete Bauwerk als Zugehör des Baurechts und nicht des Grundstücks. Dies hat die rechtliche Wirkung, dass das Bauwerk zunächst nicht in das Eigentum des Grundbesitzers fällt, sondern in das von Robert Wohner.

Hypothek an Baurecht

Wohner hat nicht mehr genügend Geld, um den Bau zu Ende zu finanzieren. Er nimmt daher ein Darlehen von € 20.000,– auf und sichert es durch eine Hypothek zugunsten des Gläubigers an seinem Baurecht – wohlgemerkt, nicht am Grundstück wird die Hypothek bestellt, sondern am Baurecht.

Wertsicherungsvereinbarung

Als besonderer Inhalt des Baurechts kann vertraglich vereinbart werden, dass eine **Weiterveräußerung** des Baurechts nur mit Zustimmung des Grundstückseigentümers erfolgen darf. Ebenso können Belastungen von der Zustimmung des Grundstückseigentümers abhängig gemacht werden. Auch **Wertsicherungsvereinbarungen** sind seit dem Jahr 1990 zulässig, sofern das Ausmaß des Bauzinses nicht durch die Bezugnahme auf den Wert von Grund und Boden bestimmt wird. Der Bauberechtigte ist nicht befugt, nach **Ablauf der Bauberechtigung** das Bauwerk wegzunehmen oder sich Bestandteile anzueignen. Vielmehr wird das Bauwerk nun wesentlicher Bestandteil des Grundstücks und fällt damit dem Grundstückseigentümer zu.

Zwangsversteigerung und Zwangsverwaltung

Die Zwangsversteigerung wird durch die Exekutionsordnung (EO) geregelt, deren letzte Novelle 2003 u. a. mit Wirkung vom 1.1.2004 Änderungen im Bereich der Liegenschaftsexekution und vor allem im Bereich der Fahrnisexekution gebracht haben.

An der Liegenschaft des Josef Fröhlich ist eine Hypothek zugunsten von Karl Jedermann einverleibt. Nach ordnungsgemäßer Ankündigung verlangt Karl Jedermann die Bezahlung der zugrunde liegenden Schuld. Fröhlich zahlt nicht. Karl Jedermann klagt Fröhlich nun mit Hypothekarklage und lässt die Klage im Grundbuch anmerken.

Verkehrswert

Nach Rechtskraft des Urteils schreitet er zur **Zwangsversteigerung**. Er stellt beim Grundbuchsgericht den Antrag auf Bewilligung der Zwangsversteigerung der Josef Fröhlich gehörigen Liegenschaft. Das Gericht bewilligt diesen Antrag und ordnet die **Anmerkung** der Bewilligung der Zwangsversteigerung im Grundbuch an. Sodann wird die Liegenschaft durch einen amtlich bestellten beeideten Sachverständigen geschätzt. Die **Schätzung** erfolgt nach dem Liegenschaftsbewertungsgesetz BGBl. Nr. 150/1992, wobei grundsätzlich vom **Verkehrswert** des Objekts auszugehen ist. Der für die Schätzung maßgebliche Stichtag ist der Tag der Befundaufnahme (§ 141 EO).

Versteigerungsbedingungen, Versteigerungstermin, Vadium

Nunmehr muss der die Zwangsversteigerung betreibende Gläubiger dem Gericht einen Entwurf der **Versteigerungsbedingungen** vorlegen. Darin muss festgelegt werden, um welchen Betrag die Versteigerung erfolgen soll, wie hoch das Mindestgebot sein muss, unter dem eine Versteigerung nicht erfolgt, ob auf der Liegenschaft eingetragene Hypotheken vom Ersteher der Liegenschaft übernommen werden müssen und noch einiges mehr.

Nach Vorlage und Genehmigung der Versteigerungsbedingungen durch das Gericht setzt dieses den Versteigerungstermin fest, worüber wiederum eine Anmerkung im Grundbuch erfolgt. Der Versteigerungstermin wird in den Zeitungen verlautbart.

Beim **Versteigerungstermin** darf mitbieten, wer ein so genanntes Vadium (in der Regel ein Zehntel des Mindestgebots) bei Gericht erlegt. Wer das höchste Angebot stellt, erhält den Zuschlag. Diese Zuschlagserteilung wird wiederum im Grundbuch angemerkt. Wenn der Ersteher alle seine Verpflichtungen, insbesondere die Bezahlung seines Gebots, erfüllt hat und als Eigentümer einverleibt wird, wird er bereits ab dem Tag der Zuschlagserteilung als Eigentümer betrachtet.

Meistbot

Nach der Bezahlung des **Meistbotes** durch den Ersteher erfolgt die Verteilung des Meistbotes. Die Liegenschaft wird in der Zwischenzeit von einem gerichtlich bestellten Verwalter verwaltet, um eine Misswirtschaft des bisherigen Eigentümers zu vermeiden. Das Gericht ordnet eine Tagsatzung an und fasst sodann den Meistbotverteilungsbeschluss. Aus dem Meistbot werden vor allem die Kosten der Zwangsversteigerung, der Verwaltung der Liegenschaft, Steuern und Abgaben von der Liegenschaft, Hypothekarzinsen und im Range vorgehende Hypotheken bezahlt. Wurde auch der betreibende Gläubiger (in unserem Fall Karl Jedermann) befriedigt, so wird ein allenfalls verbleibender Rest des Meistbotes an den Schuldner ausgefolgt.

Übernahmsprinzip

Der Ersteher der Liegenschaft (Ersteigerer) muss sich vor Augen halten, dass es mit der Bezahlung seines Gebots in der Regel nicht getan ist. Die ihm im Range vorgehenden Hypotheken muss er nach dem so genannten **Übernahmsprinzip** übernehmen, soweit diese Hypotheken im Meistbot Deckung finden. Nur dann, wenn der betreffende Hypothekargläubiger ausdrücklich die Barzahlung verlangt, darf er diesen Gläubiger auszahlen. Sollte ihn allerdings eine Hypothek mit einem höheren Zinssatz als 5 Prozent belasten, kann sie der Ersteher vorzeitig kündigen.

Zwangsverwalter

Anstelle der Zwangsversteigerung kann der Gläubiger auch die **Zwangsverwaltung** wählen. Dies hat vor allem Sinn, wenn das Grundstück einen nicht allzu hohen Veräußerungswert hat, aber monatlich laufende Einnahmen abwirft (z. B. eine Ziegelei oder ein Mietshaus, das wegen seiner Baufälligkeit niemand kaufen will). Dann bestellt das Gericht einen **Zwangsverwalter**, der die Eingänge verwaltet, die Unkosten der Verwaltung einbehält und Überschüsse an den Gläubiger abführt. Nachdem eine Zwangsversteigerung zur Verschleuderung des Grundstücks führen kann, begünstigt das Gesetz die Zwangsverwaltung und bringt dies auch dadurch zum Ausdruck, dass man eine Zwangsversteigerung jederzeit in eine Zwangsverwaltung überführen kann. Das Recht des nunmehr die Zwangsverwaltung betreibenden Gläubigers richtet sich dann nach dem für die Zwangsversteigerung erworbenen Rang.

Rechte an beweglichen Sachen

Kaufrecht

Der Eigentumserwerb an beweglichen Sachen geht unkomplizierter, formloser und schneller vor sich als der Eigentumserwerb an Grundstücken. Und was für den Eigentumserwerb gilt, findet auch für den Erwerb sonstiger Rechte an beweglichen Sachen, insbesondere eines Nießbrauchs und eines Pfandrechts, Anwendung. Auch ist die Zahl der dinglichen Rechte, die man an einer beweglichen Sache bestellen kann, bei weitem geringer als bei einem Grundstück.

Hier zusammenfassend ein paar Beispiele:

Kaufvertrag

Irene und Martina, zwei Studentinnen der Germanistik, bewohnen ein gemeinsames Zimmer im Studentenheim. Irene schuldet Martina aus einem Kaufvertrag noch die Werkausgabe der »Gedichte« von Johann Wolfgang Goethe.

Irene muss, um den Vertrag zu erfüllen, das Buch Martina übergeben (§ 426 ABGB). Dies wird dadurch geschehen, dass Irene Martina das Buch übergibt, sodass diese jetzt die tatsächliche Herrschaft über das Buch ausübt. Es genügt nicht, dass Martina einfach das Buch berührt oder zur Kenntnis nimmt, dass dieses Buch jetzt ihr gehören soll. Sie muss es aus dem Herrschaftsbereich Irenes herauslösen und in den eigenen überführen, beispielsweise in ihren Koffer legen oder in ihr Regal stellen.

Eigentumsübertragung langer/kurzer Hand

Anstelle einer solchen **tatsächlichen Übergabe** kennt das Gesetz noch andere Möglichkeiten einer Besitzverschaffung. Nehmen wir an, ein Waldbesitzer will einen Stapel Holz an einen Aufkäufer übergeben; er braucht dazu nicht mit dem Erwerber an den Ort und die Stelle zu gehen, wo das Holz lagert, um es dort zu übergeben. Hier genügt es, dass der Waldbesitzer dem Erwerber sagt, wo das Holz aufgestapelt ist, und beide sich einig sind, dass von diesem Augenblick ab der Erwerber Eigentümer sein soll. Man nennt das eine »traditio longa manu«, eine **Eigentumsübertragung langer Hand**. Gewissermaßen muss man sich vorstellen, dass jede der

Parteien einen immer länger werdenden Arm aus dem Fenster herausstößt, bis beide Hände den Holzstapel im Wald berühren und die Hand des Waldbesitzers diesen Stapel der Hand des Erwerbers zuschiebt. Das heißt also, wenn eine Sache irgendwo im Freien liegt, sodass man jederzeit an sie heran kann, braucht man den Besitz nicht durch eine reale Übergabehandlung zu übertragen, sondern sich nur einig zu sein, dass der Erwerber Herr der Sache sein soll.

Der Gegensatz zur »traditio longa manu« ist die »traditio brevi manu«, die **Übergabe kurzer Hand**.

Stellen wir uns vor, dass Martina Irene ein Buch geliehen hat, das dieser so gut gefällt, dass sie es käuflich erwerben möchte.

Hier braucht nicht etwa Irene ihrer Freundin Martina das Buch zurückzugeben, worauf diese ihr das Buch zum Zweck der Übereignung übergibt; vielmehr bedarf es hier überhaupt keiner Übergabe des Buches mehr, weil Irene ja schon im natürlichen Besitz des Buches ist. Gewissermaßen hält sie bereits das Buch mit der Hand an sich – daher die Bezeichnung »traditio brevi manu«, eben: Übergabe kurzer Hand (§ 428 ABGB).

Besitzauftragung

Man kann auch eine Übereignung dergestalt vornehmen, dass die Sache im Gewahrsam des Veräußerers bleibt. Nehmen wir an, dass Irene eine Vase von Martina erwerben will, die diese noch einen Monat bei sich zu Hause stehen lassen möchte. Dann kann die reale Übergabe durch die Vereinbarung ersetzt werden, dass Martina die Vase noch einen Monat als von Irene geliehen betrachten soll. Man nennt die Verabredung einer solchen Leihe oder Verwahrung die Vereinbarung eines Besitzkonstituts (§ 428 ABGB), weil die tatsächliche Übergabe durch ein übliches Rechtsverhältnis ersetzt ist, in dem man sich als Verwalter der Sache für einen anderen betrachten kann (**Besitzauftragung**).

Besitzanweisung

Martina hat ihr Fahrrad an Christl verliehen. Irene will das Fahrrad käuflich erwerben und schließt einen Kaufvertrag mit Martina.

Hier ist es zur Erfüllung des Kaufvertrags nicht notwendig, dass Martina sich das Fahrrad von Christl herausgeben lässt und es dann an Irene weitergibt. Es genügt vielmehr, dass Martina ihren Anspruch auf Herausgabe des Fahrrads, den sie gegen Christl hat, an Irene abtritt (**Besitzanweisung**).

Eigentumserwerb vom Nichteigentümer

Gutgläubigkeit

Karl Jedermann sieht bei einem Bekannten, Theo Koch, ein wertvolles Buch. Koch ist sofort bereit, das Exemplar an Jedermann zu verkaufen. Karl Jedermann bezahlt den Kaufpreis und nimmt das Buch mit. Bald stellt sich aber heraus, dass es dem Sammler Oswald Klein gehört, der es Theo Koch geliehen hat. Oswald Klein verlangt das Buch von Karl Jedermann.

Karl Jedermann kann das Buch behalten. § 367 ABGB sieht die Möglichkeit vor, dass man vom Nichteigentümer **kraft Gutgläubigkeit** Eigentum an der Sache eines Dritten erwerben kann.

Hier müssen folgende Voraussetzungen vorliegen: Zunächst muss Karl Jedermann das Buch **entgeltlich** erworben haben. Ferner müssen Theo Koch und Karl Jedermann vereinbart haben, dass dieser Eigentümer des Buches werden soll. Karl Jedermann muss hinsichtlich des Eigentums von Theo Koch **gutgläubig** sein. Nicht mehr gutgläubig ist, wer weiß, dass der Veräußerer nicht Eigentümer ist. Hätte Karl Jedermann beim Durchblättern des Buches ein Exlibris mit dem Namen von Oswald Klein gesehen, dann wäre sein guter Glaube ausgeschlossen. (»Ex libris« heißt wörtlich: aus den Büchern; hier kennzeichnet das Exlibris Kleins Eigentum.) Dann hätte Karl Jedermann seinen Bekannten Theo Koch um Aufklärung bitten müssen. Hier sind solche Umstände nicht vorgelegen, weshalb man Karl Jedermann keinen Vorwurf daraus machen kann, dass er Theo Koch für den Eigentümer gehalten hat.

Vertrauensmann

Doch soll nur ein solcher Eigentümer riskieren müssen, das Eigentum durch den gutgläubigen Erwerb eines Dritten zu verlieren, der die Sache freiwillig aus seiner Hand gegeben hat. Denn durch dieses Aus-der-Hand-Geben erweckt er ja in anderen Personen den Glauben, dass die Sache demjenigen gehört, der sie jetzt in Händen hat. Oswald Klein hat das Buch an Theo Koch verliehen. Karl Jedermann konnte daher aufgrund seines guten Glaubens das Eigentum an dem Buch vom so genannten **Vertrauensmann** erwerben. Er braucht es nicht an Oswald Klein herauszugeben. Klein muss sich an Theo Koch halten. Dieser ist ihm schadenersatzpflichtig wegen der Verletzung des Leihvertrags und der durch die Veruntreuung begangenen unerlaubten Handlung.

Öffentliche Versteigerung/Eigentumserwerb »kraft Rechtens«

Eine ähnliche Regelung gilt auch noch für zwei andere Fälle:

Hat Karl Jedermann ein Buch bei einer **öffentlichen Versteigerung** erworben, so hat er selbst dann Eigentum daran, wenn weder die Versteigerungsanstalt noch jener, der das Buch zur Versteigerung gegeben hat, Eigentümer des Buches waren. Das Gleiche ist der Fall, wenn Karl Jedermann das Buch bei einem Buchhändler – das Gesetz spricht von einem »zu diesem Verkehre befugten Gewerbsmanne« – gekauft hat. Auch wenn der Buchhändler nicht Eigentümer war, könnte er doch Karl Jedermann durch den Kaufvertrag und die Übergabe des Buches Eigentum daran verschaffen. Man spricht hier von **Eigentumserwerb »kraft Rechtens«**. Das Gesetz behandelt diese Fälle im § 367 ABGB.

Etwas anders ist dieser gutgläubige Eigentumserwerb vom Nichteigentümer im Handelsrecht, und zwar im § 366 HGB, geregelt. Die für den Eigentumserwerb günstigeren Vorschriften des ABGB gelten jedenfalls.

Originärer Eigentumserwerb

In den vorangegangenen Kapiteln haben wir den Eigentumserwerb an beweglichen Sachen in solchen Fällen betrachtet, in denen der Eigentümer seine Rechtsstellung auf einen anderen zu übertragen sucht. Man stellt sich also gewissermaßen vor, dass die Eigentumsposition von dem bisherigen Eigentümer auf den neuen Eigentümer überspringt. Diese Art Eigentumserwerb nennt der Jurist derivativen oder **abgeleiteten** Eigentumserwerb.

Es besteht aber nach unserem Recht auch die Möglichkeit, das Eigentum an einer Sache zu erwerben, ohne dass man es sich von einem Vorgänger übertragen lässt. Häufig ist ein solcher Vorgänger überhaupt nicht vorhanden, weil die Sache niemandem gehört. Einen solchen Erwerb ohne Ableitung von einem Rechtsvorgänger nennt man einen **ursprünglichen** oder originären Eigentumserwerb. Bei unbeweglichen Sachen (Grundstücken, Grunddienstbarkeiten) spielt dies praktisch keine Rolle, da es kaum herrenlosen Grund und Boden geben wird. Bei beweglichen Sachen hingegen ist der originäre Eigentumserwerb in seinen verschiedenen Spielarten durchaus bedeutungsvoll.

Herausgabe

Maler Klecksel hat in seiner Frühzeit ein Bild »Badende Venus« gemalt. Da es ihm nicht gefiel, warf er es in den Papiercontainer des Hauses. Der Altpapiersammler Michael Grün klaubte es aus dem Container heraus und ließ es bei sich zu Hause herumliegen. Nach mehreren Jahren liest Michael Grün in der Zeitung, dass Klecksel ein berühmter Künstler geworden ist. Er entsinnt sich der »Badenden Venus« und schickt das Bild zu einer Ausstellung. Klecksel ist schockiert und fürchtet, dass sein Anfängerwerk seinen frischen Ruhm beeinträchtigen könnte. Er betrachtet sich noch als Eigentümer des Bildes und verlangt von Michael Grün dessen Herausgabe. Auch fordert er die sofortige Entfernung der »Badenden Venus« aus der Ausstellung.

Klecksel kann nicht **Herausgabe** des Bildes verlangen, da er nicht Eigentümer des Bildes ist; dies ist vielmehr Michael Grün. Als Klecksel sein Werk in den Papiercontainer beförderte, ging sein Eigentum daran unter, denn man kann diese Handlung nur dahin auslegen, dass er sein Eigentum an dem Bild aufgeben wollte. Gemäß § 362 ABGB verliert also ein Eigentümer das Eigentum an einer beweglichen Sache, wenn er den Besitz (die tatsächliche Herrschaft) an der Sache mit dem Willen aufgibt, das Eigentum daran untergehen zu lassen. Eine solche herrenlose Sache kann sich jeder aneignen, soweit nicht das Aneignungsrecht Dritter entgegensteht. Infolgedessen ist es niemandem verwehrt, sich aus einem an der Straße oder im Hof stehenden Abfallbehälter etwas anzueignen.

Gemäß § 382 ABGB ist Michael Grün Eigentümer der »Badenden Venus« geworden. Klecksel kann auch nicht etwa die Eigentumsaufgabe wegen Irrtums anfechten, da er sich nicht über eine wesentliche Eigenschaft des Bildes geirrt hat. (Hier ist allerdings vieles umstritten.) Wenn nun Klecksel zwar nicht das Bild wegen Verlustes seines Eigentums von Michael Grün herausverlangen kann, so ist er doch berechtigt, ihm das Ausstellen des Bildes zu untersagen. An sich kann ein jeder Eigentümer mit seiner Sache machen, was er will, also sie auch ausstellen, z. B. einen Terrier beim Schönheitswettbewerb für Hunde. Dies findet seine Grenze aber darin, dass man bei der Auswertung seines Eigentums nicht die Rechte Dritter verletzen darf.

Urheberrecht

Nach dem **Urheberrechtsgesetz** steht allein dem Urheber eines Kunstwerks das Recht zu, sein Werk zu verbreiten. Darunter fällt die Befugnis, das Bild anderen Personen durch Ausstellung zugänglich zu machen. Dieses Recht geht dem Urheber auch dadurch nicht verloren, dass er das Bild einem anderen übereignet; das Urheberrecht bleibt bei ihm. Bricht also der Eigentümer Michael Grün durch das Ausstellen des Bildes in die weiter bestehende Urhebersphäre des Malers Klecksel ein, so kann er auf Unterlassung geklagt werden. Dies ist notwendig, um Künstler vor missbräuchlicher Verwertung ihres geistigen Eigentums zu schützen.

Die AKM und andere Verwertungsgesellschaften im Medienbereich

Für Komponisten war und ist es besonders schwierig, das zu erhalten, was ihnen aufgrund der Erfolge ihrer Musikstücke zusteht. Es musste eine große Organisation aufgezogen werden, die darüber zu wachen hat, dass Komponist und Textdichter (Librettist) eines Musikstücks zu den ihnen zustehenden Honoraren kommen. Bei dieser Organisation handelt es sich um die im Jahre 1897 gegründete AKM (**Gesellschaft der Autoren, Komponisten und Musikverleger**), eine der ersten Urheberrechtsgesellschaften der Welt. Wie schon der Name dieser Gesellschaft sagt, vertritt sie außer den Interessen der Komponisten und Textautoren auch jene der Musikverleger.

Weitere Verwertungsgesellschaften sind:

— die Austro-Mechana (Gesellschaft zur Verwaltung und Auswertung mechanisch-musikalischer Urheberrechte),
— die LSG (Wahrnehmung von Leistungsschutzrechten GesmbH),
— die Literar-Mechana (Wahrnehmungsgesellschaft für Urheberrechte GesmbH),
— die LVG (Literarische Verwertungsgesellschaft),
— die Musikedition (Gesellschaft zur Wahrnehmung von Rechten und Ansprüchen aus Musik-Editionen),
— die OESTIG (Österreichische Interpretengesellschaft),
— die VAM (Verwertungsgesellschaft für audiovisuelle Medien),
— die VBK (Verwertungsgesellschaft bildender Künstler),
— die VDFS (Verwertungsgesellschaft Dachverband Filmschaffender),
— die vbt (Verwertungsgesellschaft für Bild und Ton) und
— die VGR (Verwertungsgesellschaft Rundfunk).

Die rechtliche Grundlage für ihre Tätigkeit bilden das Urheberrechtsgesetz und besonders das Verwertungsgesellschaftengesetz. Letzteres verlangt für die AKM wie für die derzeit 15 österreichischen Mitglieder der »International Federation of Phonographic Industry« (IFPI) eine besondere Genehmigung durch den Bundeskanzler und sieht den Abschluss von Gesamtverträgen und Satzungen (Einzelverträgen) zwischen Verwertungsgesellschaften und Veranstaltern öffentlicher Vorträge und konzertmäßiger Aufführungen vor.

Die beiden Haupteinnahmequellen der AKM sind Entgelte aus öffentlichen Aufführungen und Rundfunksendungen geschützter Werke ihres Repertoires. Es bestehen zwei Gesamtverträge, einer mit dem KLVB (Verband der Konzertlokalbesitzer und aller Veranstalter Österreichs) und einer mit dem Fachverband der Lichtspieltheater. Der Gesamtvertrag in seiner jeweils geltenden Fassung ist Inhalt jedes mit einem Veranstalter geschlossenen Einzelvertrags. Die Gesellschaft zieht von ihren rund 60.000 Vertragspartnern in Österreich (Gastwirte, Ballveranstalter, Kaufhäuser mit Hintergrundmusik, Diskotheken, Kinos usw., bei denen ein Musikprogramm geboten wird) Gebühren ein, die je nach Größe und Umfang des Betriebes errechnet werden. Die Musikgruppen der Vertragspartner sind verpflichtet, eine Liste aller dargebotenen Musikstücke anzulegen und laufend zu führen. Der Kapellmeister oder Bandleader reicht monatlich an die AKM die Liste ein, in der er die Musikstücke anführt, die er im Vormonat gespielt hat. Am Jahresende errechnet die AKM die Einnahmen und schüttet an Komponisten, Textdichter und Verleger jene Beträge aus, die ihnen je nach Anzahl der Aufführungen ihrer Musikstücke zustehen. Auch der ORF führt Tantiemen an die AKM ab. Das Gleiche gilt für die Tonträgerindustrie.

Es kommt also darauf an, ob eine Veranstaltung, bei der Musikstücke live von einer Gruppe oder von einem Tonträger abgespielt werden, in Privaträumen oder in einem öffentlichen Lokal stattfindet, denn im letzteren Fall sind Abgaben an die AKM zu entrichten. Es ist im Übrigen auch nicht zulässig und kann Zahlungsverpflichtungen nach sich ziehen, wenn sich ein Amateurpianist in gehobener Stimmung an das Klavier eines Lokals setzt, um Schlager zu spielen. Er gibt nämlich dann Kompositionen **in der Öffentlichkeit** wieder, wodurch Ansprüche der Textdichter, Komponisten und Musikverleger entstehen, die von der AKM realisiert werden. Die Gesellschaft beschäftigt auch Kontrollorgane und es muss immer damit gerechnet werden, dass sie von solchen improvisierten Darbietungen erfährt. Der Lokalinhaber aber muss gewärtigen, dass er zur Bezahlung der Autorenhonorare und der Abgaben herangezogen wird.

Gerätevergütung nach dem Urheberrechtsgesetz

In Rundfunkstudios, Konzertsälen und Veranstaltungslokalen fallen Tantiemen an, die an die AKM abgeführt werden müssen. Komponisten und Autoren sollen aber auch dann zu ihrem Recht und ihrem Honorar kommen, wenn ihr geistiges Eigentum von Kassetten oder CDs überspielt bzw. aus Zeitschriften, Büchern usw. kopiert wird. Um das Eintreiben derartiger Honorare administrierbar zu machen, wurde mit der 1996 beschlossenen Novelle des Urheberrechtsgesetzes die so genannte »Gerätevergütung« ersonnen: Jeder Käufer eines Vervielfältigungsgeräts hat eine Gebühr zu bezahlen, die sich nach der Leistungsfähigkeit des Gerätes richtet. Die entsprechende Passage des Urheberrechtsgesetzes (novelliert durch BGBl. Nr. 151/1996) lautet:

§§ **§ 42b.** (1) Ist von einem Werk, das durch Rundfunk gesendet oder auf einem zu Handelszwecken hergestellten Bild- oder Schallträger festgehalten worden ist, seiner Art nach zu erwarten, dass es durch Festhalten auf einem Bild- oder Schallträger zum eigenen Gebrauch vervielfältigt wird, so hat der Urheber Anspruch auf eine angemessene Vergütung (Leerkassettenvergütung), wenn Trägermaterial im Inland gewerbsmäßig entgeltlich in den Verkehr kommt; als Trägermaterial gelten unbespielte Bild- oder Schallträger, die für solche Vervielfältigungen geeignet sind, oder andere Bild- oder Schallträger, die hiefür bestimmt sind.

(2) Ist von einem Werk seiner Art nach zu erwarten, dass es mit Hilfe reprographischer oder ähnlicher Verfahren zum eigenen Gebrauch vervielfältigt wird, so hat der Urheber Anspruch auf eine angemessene Vergütung (Reprographievergütung),

1. wenn ein Gerät, das seiner Art nach zur Vornahme solcher Vervielfältigungen bestimmt ist (Vervielfältigungsgerät), im Inland gewerbsmäßig entgeltlich in den Verkehr kommt (Gerätevergütung) und
2. wenn ein Vervielfältigungsgerät in Schulen, Hochschulen, Einrichtungen der Berufsbildung oder der sonstigen Aus- und Weiterbildung, Forschungseinrichtungen, öffentlichen Bibliotheken oder in Einrichtungen betrieben wird, die Vervielfältigungsgeräte entgeltlich bereithalten (Betreibervergütung).

Das wilde Tier

Helmut Förster findet im Wald ein verlassenes Rehkitz. Er nimmt es mit nach Hause, um es großzuziehen.

Hier ist Förster nicht Eigentümer geworden. Zwar ist ein Rehkitz so lange herrenlos, wie es sich in Freiheit befindet. Trotzdem kann Helmut Förster an diesem Tier dadurch, dass er es in Besitz nimmt, kein Eigentum erwerben. Denn hier steht dem allgemeinen Aneignungsrecht das Jagdrecht des jeweiligen Jagdberechtigten entgegen.

Jagdrecht

Das **Jagdrecht** ist ein aus dem Eigentum an Grund und Boden fließendes Privatrecht. Die einzelnen Bundesländer sind berechtigt, seine **Ausübung** zu regeln und dabei aus jagdwirtschaftlichen und jagdpolizeilichen Gründen Einschränkungen zu machen, insbesondere hinsichtlich der Größe des Grundbesitzes, die den Eigentümer zur Ausübung der Jagd berechtigt. Die **Jagdkarten** werden von der zuständigen Bezirksverwaltungsbehörde als amtliche, mit einem Lichtbild versehene Ausweise für ein bestimmtes Gebiet (als Landesjagdkarten mit Gültigkeit für das ganze Land, als Bezirksjagdkarten mit Gültigkeit für den Bezirk, als Jagdgastkarten an die Jagdgäste des Ausübungsberechtigten) ausgestellt; sie dürfen nur an Personen ausgegeben werden, die einen gültigen **Waffenpass** besitzen, eine **Jagdhaftpflichtversicherung** eingegangen sind und sich über ihre jagdliche Eignung durch Ablegung einer Prüfung ausgewiesen haben.

Aber auch wenn Helmut Förster einen aus dem Nest gefallenen Kolkraben finden würde, dürfte er sich diesen nicht aneignen. Der Kolkrabe ist zwar kein jagdbares Tier, doch genießt er als seltener Vogel den Schutz des Gesetzes.

Wilde, zahme, gezähmte Tiere

Der Gesetzgeber unterscheidet zwischen wilden Tieren, zahmen Tieren und gezähmten Tieren. Wilde Tiere sind jene, die in Freiheit leben oder durch Menschen in Gefangenschaft gehalten werden. Zahme Tiere sind Haustiere wie Hund, Katze, Rind, Pferd, Taube, Huhn. An ihnen verliert man sein Eigentum nur durch Dereliktion (Aufgabe). Anders dagegen bei gezähmten Tieren. Wer ein Reh, einen Raben oder ein anderes früher frei lebendes Tier gezähmt hat, verliert das Eigentum an diesem Tier, sobald es wieder in Freiheit gelangt ist und die Gewohnheit abgelegt hat, zu den Menschen zurückzukehren.

Preisgegebene Sachen kann man sich aneignen

Nach herrschender juristischer Lehrmeinung ist es möglich, dass eine Sache **in niemandes Eigentum** steht: sie ist herrenlos oder freistehend. Hierher gehören in erster Linie Sachen, die sich nie jemand angeeignet hat, weiters Sachen, an denen das Eigentum aufgegeben worden ist. Der Eigentümer kann nämlich kraft seines Verfügungsrechtes die ihm gehörige Sache auch preisgeben (derelinquieren). Damit aber von einer **Preisgabe** gesprochen werden kann, müssen zwei Voraussetzungen gegeben sein:

— der Wille, das Eigentum an der Sache aufzugeben, und
— die tatsächliche Aufgabe des Besitzes.

Die Preisgabe ist demnach ein einseitiges Rechtsgeschäft. Daher ist zu ihrer Wirksamkeit Handlungsfähigkeit erforderlich; weiters kann sie wegen Irrtums oder anderer Willensmängel (z. B. Zwang) angefochten werden. Der Dereliktionswille muss nicht ausdrücklich erklärt, er kann auch aus Umständen angenommen werden, z. B. wenn eine liegen gebliebene Sache durch längere Zeit nicht abgeholt wird. Ob das schon ausreicht, hängt freilich von den Umständen des Falls ab.

Im Zweifel kann nicht vermutet werden, dass jemand sein Eigentum aufgeben wollte; es muss also die Absicht des Eigentümers, sich seiner Sache zu begeben, ausdrücklich (z. B. durch Auswerfen von Geldstücken bei Festlichkeiten) oder stillschweigend erklärt worden sein, das heißt durch solche Handlungen, die keinen Zweifel übrig lassen. Dies ist jedoch keineswegs der Fall, wenn die Entäußerung im Fall der Not (z. B. auf der Flucht, während einer Feuers- oder Wassergefahr) oder durch Gewalt der Elemente (z. B. beim Stranden eines Schiffes) herbeigeführt wurde.

Das ABGB kennt keine **ursprünglich** herrenlosen Sachen. Wenn niemand anderem, gehören die Sachen dem Staat. Das gilt z. B. für unokkupiertes Land (unproduktives Gelände, namentlich in den Alpen). An ihm ist die Aneignung durch Private ausgeschlossen. **Preisgegebene** bewegliche Sachen sind dagegen herrenlos und deshalb Gegenstand der freien Aneignung durch Private, sei es durch irgendjemand, sei es durch besondere Aneignungsberechtigte (Jagdrecht, Bergerecht, Schatzfund usw.).

Auch **Miteigentumsanteile** können wohl preisgegeben werden, doch wird dies von manchen Rechtslehrern bestritten. Dann wächst der preisgegebene Anteil nicht den übrigen Miteigentümern zu, sondern wird herrenlos.

Andererseits sind Gegenstände, die an bestimmten Orten für den Gebrauch eines Personenkreises bereitgestellt sind (z. B. Salzstreuer, Aschenbecher, Senfgläser und dergleichen in Lokalen für deren Gäste), nicht preisgegeben. Die Verwendung ist nur zu dem vom Eigentümer bestimmten Zweck gestattet; Mitnahme zur Bildung eines Vorrats wäre unerlaubt und strafbar.

Wem gehört der Müll?

Beim Müll handelt es sich zumeist um Sachen geringsten Wertes, an denen das **Eigentum aufgegeben** worden ist. Wenn Müll von handlungsfähigen Personen in die Müllcontainer bzw. Abfallkörbe befördert wird, so muss darin in der Regel die Absicht des Eigentümers erblickt werden, sich einer Sache zu entledigen. Diese Absicht wird **stillschweigend** durch solche Handlungen erklärt, die mit Überlegung aller Umstände keinen vernünftigen Grund zum Zweifeln übrig lassen.

Wer also Müll oder Mist aus Müllcontainern bzw. Abfallkörben wieder entnimmt, macht zunächst nur vom Recht der freien Aneignung preisgegebener Sachen Gebrauch.

Anders steht es, sobald der Müll oder Mist in die Abfuhrwagen der Gemeinde **verladen** wird. Die heutige Rechtsprechung geht nämlich dahin: der Mist in den Müllcontainern gehört nicht der Gemeinde; wohl aber ist die Gemeinde von dem Zeitpunkt, in dem sie durch ihren Abholdienst den Mist aus den Containern auf ihre Wagen verlädt, bis zu dem Moment, in dem der Müll planiert wird, dessen Eigentümer.

☛ Beachte aber: Nach einigen Landesgesetzen (so z. B. in Wien) ist der Mist in den Müllcontainern oder Coloniakübeln bereits im **Eigentum der Gemeinde**. Manche Landesgesetze (z. B. in Oberösterreich und Tirol) verbieten das Durchsuchen von Müllsammelgefäßen.

Ist der Ablagerungsplatz Privatgrund und wird er nicht nur vom Abfuhrdienst der Gemeinde, sondern auch von privater Seite direkt zur Müllablagerung verwendet, so erscheint mangels Trennbarkeit ein strafrechtlich zu ahndender Diebstahl von »Gemeindemüll« **nicht** gegeben, wenn jemand Sachen bzw. Sachteile aus dem Mist an sich nimmt. Das Gesagte bezieht sich nur auf die **strafrechtliche** Beurteilung. Verwaltungsvorschriften (Magistratskundmachungen) dagegen verbieten schon das Durchwühlen der Müllgefäße unter Androhung von administrativen Unrechtsfolgen.

Eigentum durch feste Verbindung mit Grund und Boden

Der Grundstückseigentümer Werner Wagner beschließt, auf seinem Grundstück zu bauen, obwohl er nicht die nötigen finanziellen Mittel dazu hat. Kurzerhand gibt er dem Bauunternehmer Damm den Auftrag, ein Einfamilienhaus für ihn zu errichten. Damm, der Werner Wagner für zahlungsfähig hält, stellt den Bau halb fertig, ehe er merkt, dass die zögernden Zahlungen ein Zeichen finanzieller Schwäche sind. Er tritt schließlich vom Bauvertrag zurück und will das halbfertige Haus wieder einreißen, um die Baumaterialien an anderer Stelle zu verwenden.

Dieses Vorgehen von Baumeister Damm ist nicht gerechtfertigt. Gemäß § 417 ABGB wird eine bewegliche Sache, die in ein fremdes Grundstück eingebaut ist, Eigentum des Grundstückseigentümers. Mit dem Einbau ist also Damms Eigentum untergegangen. Er kann auch nicht etwa unter dem Gesichtspunkt einer ungerechtfertigten Bereicherung die eingebauten Materialien wieder herausverlangen. Nach § 417 ABGB kann Damm lediglich eine **Vergütung** in Geld im Wert der eingebauten Materialien verlangen. Er ist also in einer außerordentlich ungünstigen Lage. Wenn z. B. der Grundstückseigentümer in Konkurs geraten ist, dann muss er sich mit der Konkursquote abspeisen lassen. Da der Bauunternehmer auch kein gesetzliches Pfandrecht an dem Grundstück hat, auf dem seine Materialien eingebaut sind, muss er mit ansehen, wie seine Werte anderen Gläubigern zugute kommen. Aus diesem Grund sollte jeder Bauunternehmer, wenn er nicht von der Zahlungsfähigkeit seines Auftraggebers fest überzeugt ist, sich vor Baubeginn durch Eintragung einer **Sicherungshypothek** genügend decken.

Auch im folgenden Fall kommen die Bestimmungen des § 417 ABGB zur Anwendung:

Der Parzelleneigentümer Bück stiehlt von einem nahe gelegenen Firmengelände das gesamte Baumaterial für sein kleines Haus. Nach Fertigstellung des Hauses erfährt die Firmenleitung von den Diebstählen, verlangt Abriss des Hauses und Herausgabe des Materials. Bück behauptet, er sei Eigentümer durch Einbau geworden und brauche die Firma höchstens in Geld zu entschädigen.

Bück hat Recht. Allerdings muss er, da er als **unredlicher** Bauführer zu behandeln ist, die verbauten Materialien nach dem **höchsten Preis** bezahlen und überdies noch allen **anderweitigen Schaden ersetzen**. Das kann ihn sehr teuer zu stehen kommen, wahrscheinlich teurer als der normale Materialeinkauf.

Eigentum durch Verarbeitung

Der Mechaniker Schnell baut in seiner Freizeit für Interessenten Motorräder aus alten Materialien zusammen; zum Teil stiehlt er diese. Auch bei den von ihm durchgeführten Reparaturen verwendet er Bestandteile aus alten Maschinen. Unter anderem baut er Herrn Sparr anlässlich einer Reparatur eine Getriebekette ein, die er dem Kunden Öhler gestohlen hat. Öhler verlangt von Sparr Herausgabe der Kette.

Das Gesetz bestimmt in den §§ 414 ff. ABGB, dass man durch die Verarbeitung fremder Sachen noch **keinen Anspruch** auf das fremde Eigentum erhält. Können verarbeitete Sachen in ihren vorigen Stand zurückgebracht werden, so wird dem Eigentümer das Seinige zurückgestellt. Ist diese Zurückstellung nicht möglich, kommt die Sache in das gemeinsame Eigentum beider Teile. Dem schuldlosen Teil steht nun das Wahlrecht zu, ob er die Sache behalten und dem anderen seinen Anteil ersetzen oder ihm die ganze Sache gegen Ersatzleistung überlassen will. Werden aber fremde Materialien nur zur Ausbessserung einer Sache verwendet, so fällt die fremde Materie dem Eigentümer der Hauptsache zu und dieser ist verpflichtet, dem anderen den Wert der verbrauchten Materialien zu bezahlen. Öhler wird von Sparr wohl lediglich Entschädigung durch Geld in Höhe des Wertes der Kette verlangen können.

Verpfändung als Sicherheit

Karl Jedermann benötigt Geld und will seine Briefmarkensammlung als Sicherstellung für ein Darlehen verpfänden. Er findet auch einen Bekannten, der bereit und in der Lage ist, ihm € 2.000,– als Darlehen zu geben und der die Briefmarkensammlung für wertvoll genug hält, um diesen Betrag zu sichern.

Der Geldgeber, Paul Novak, legt also Karl Jedermann vier Fünfhundert-Euro-Scheine hin und lässt sich von ihm versprechen, dass er dieselbe Summe nebst 8 Prozent Zinsen am 1. Dezember zurückerhalten wird. Karl Jedermann händigt ihm dabei die Briefmarkensammlung aus und beide sind sich darüber einig, dass diese nun das Pfand für die Darlehensschuld von € 2.000,– sein soll.

Das vorstehend Geschilderte genügt tatsächlich, um einen **Darlehensvertrag** und das dafür vorgesehene **Pfandrecht** an der Briefmarkensammlung wirksam zu begründen. Für den Darlehensvertrag ist **keine Form** vorgesehen, es genügt also die mündliche Absprache über die Bedingungen und die Hingabe des Geldes. Zur Bestellung des Pfandrechts für die Darlehensforderung an der Briefmarkensammlung ist es gemäß § 451 ABGB erforderlich, dass Karl Jedermann seine Briefmarkensammlung an Paul Novak übergibt (das ist hier geschehen) und dass sich beide darüber einig geworden sind, dass Novak ein Pfandrecht für die Darlehensforderung an der übergebenen Briefmarkensammlung haben soll. Diese Voraussetzung ist auch gegeben. Die Verpfändung der Briefmarkensammlung gleicht also sehr dem Vorgang bei der Übereignung einer beweglichen Sache, wo ebenfalls ein Titel und die Übergabe erforderlich sind.

Faustpfandrecht

Es ist jedoch bei der Bestellung des Pfandrechts nicht möglich, dass anstelle der Übergabe der Sache eine Vereinbarung zwischen den Beteiligten treten kann, wonach der Übereigner die Sache weiterhin in seinen Händen behält, und zwar aufgrund einer vereinbarten Verwahrung, Leihe, Miete usw. (siehe Seite 195 f.). Das Pfandrecht an beweglichen Sachen ist ein **Faustpfandrecht**, das heißt, der Gläubiger muss bei der Pfandrechtsbestellung das Pfandstück auch wirklich in seine unmittelbare Verfügungsgewalt bekommen. Hätte also in unserem Fall Karl Jedermann nach Empfang der € 2.000,– auf die auf dem Tisch liegende Briefmarkensammlung gedeutet und gesagt: »Dies ist nunmehr Ihr Pfand« und Paul Novak hätte sich damit zufrieden gegeben, so wäre kein Pfandrecht entstanden.

Wenn es nun auch – wie dargelegt – genügt, den Darlehensvertrag und die Pfandbestellung so formlos abzuschließen, wie es Karl Jedermann und Paul Novak getan haben, so empfiehlt sich doch, zur Vermeidung späteren Streites anders vorzugehen. Novak lässt sich folgenden Schuldschein ausstellen:

Karl Jedermann
Opernring 72
1010 Wien

Wien, den ...

SCHULDANERKENNTNIS

Ich erkenne hiermit an, von Herrn Paul Novak, Ländereiengasse 17, 1120 Wien, ein Darlehen von
€ 2.000,– (in Worten: Euro zweitausend)
erhalten zu haben.
Das Darlehen ist mit 8 Prozent verzinslich und am 1. Dezember d. J. zurückzuzahlen.
Das Darlehen wird durch die Bestellung eines Pfandrechts an einer Altösterreich-Briefmarkensammlung (nach Schaubeck-Album, fast komplett) gesichert.

Karl Jedermann

Wegen des Faustpfandprinzips können Kaufleute, die ihre **Warenlager** als Kreditunterlage verwenden wollen, diese Warenlager nicht verpfänden, denn dann müssten sie einzelne Stücke davon dem Geldgeber aushändigen.

Von dem Grundsatz, dass nur eine bewegliche Sache als Faustpfand verwendet werden kann, kennt das Recht einige wenige Durchbrechungen, z. B. im **Mastkreditgesetz** vom Jahre 1932. Bei Gewährung von Mastkrediten für Rindvieh hat der Bauer die Möglichkeit, sein Vieh als Kreditunterlage benützen zu können, ohne es aus der Hand geben zu müssen. Das verpfändete Vieh wird hier durch die Anbringung eines Brandzeichens als Pfändungszeichen gekennzeichnet. Die Veräußerung des Viehs kann nur dann erfolgen, wenn dieses Zeichen getilgt ist.

Man kann auch ein Pfandrecht an einer beweglichen Sache nicht dadurch gewähren, dass man dem Gläubiger ein Mitverfügungsrecht einräumt. Es genügt also nicht, dass man dem Gläubiger den jederzeitigen Zutritt zu der Sache ermöglicht, wenn man selbst noch den Besitz behält. Nur wenn man die Form des **Tresorprinzips**, des

Mitverschlusses wählt, genügt dies. Dann muss der Pfandbesteller die Sache so unter Verschluss setzen, dass er und der Pfandgläubiger nur gemeinsam, z. B. beim Tresor über zwei verschiedene Schlösser oder Schlüssel, an die Sache herankönnen.

Nun übergibt Karl Jedermann die Briefmarkensammlung auch nicht so einfach wie ein billiges Buch, denn er will sich ja schließlich dagegen sichern, dass irgendwelche der wertvollen Briefmarken verloren gehen, während das Album bei Novak ist. Auch wenn Novak persönlich ehrlich ist, so besteht doch die Gefahr, dass dritte Personen Marken entwenden oder austauschen, was nachher nur schwer zu beweisen und aufzuklären wäre. Aus diesem Grund wird Karl Jedermann die in seiner Gegenwart noch einmal von Paul Novak durchgesehene Briefmarkensammlung in dessen Beisein verpacken, versiegeln und sie ihm übergeben. Dann legt er dem Darlehensgeber folgenden Pfandschein zur Unterschrift vor:

Paul Novak
Ländereiengasse 17
1120 Wien

Wien, den ...

PFANDSCHEIN

Ich habe heute von Herrn Karl Jedermann, Opernring 72, 1010 Wien, als Pfand für ein von mir gewährtes Darlehen in Höhe von € 2.000,– eine Altösterreich-Briefmarkensammlung in einem in meiner Gegenwart versiegelten Umschlag übergeben erhalten.

Paul Novak

Die Wahrscheinlichkeit, dass aus dem Darlehen und dem damit verbundenen Pfandrecht ein Streit entsteht, ist durch den Austausch der beiden Schriftstücke wesentlich geringer geworden.

Sollte eine Flaute am Briefmarkenmarkt eintreten und die Preise für Altösterreich-Marken stark fallen, wäre Paul Novak berechtigt, von Karl Jedermann eine andere Sicherheit zu verlangen, und er kann ihm die Rückgabe der verpfändeten Briefmarkensammlung anbieten.

Rückzahlung

Nehmen wir aber an, dass Paul Novak die Briefmarkensammlung behalten hat und der Fälligkeitstag des Darlehens herangekommen ist. Wenn Karl Jedermann zur **Rückzahlung** in der Lage ist, so wird er das Darlehen Zug um Zug gegen Rückgabe der Briefmarkensammlung zurückzahlen. Damit wären dann die Rechtsbeziehungen zwischen den beiden erloschen.

Für den Fall, dass Karl Jedermann gerade nicht zahlen kann, ist Paul Novak berechtigt, seine Befriedigung aus dem Verkauf der Briefmarkensammlung zu suchen. Er kann aber nicht einfach den versiegelten Umschlag aufreißen und die Briefmarkensammlung zum nächsten Händler tragen, sondern hat folgenden Weg einzuschlagen: Paul Novak muss ein **Urteil** gegen Karl Jedermann erwirken, in dem dieser als Beklagter für schuldig erkannt wird, den Darlehensbetrag an ihn zurückzuzahlen. Sodann kann er gegen Karl Jedermann **Exekution** durch Pfändung beweglicher körperlicher Sachen einleiten und dabei den Antrag stellen, dass die bei ihm selbst aufbewahrte Briefmarkensammlung in Exekution gezogen werde.

Der Vollstrecker wird nun die bei Novak hinterlegte Briefmarkensammlung pfänden und zur **Versteigerung** bringen. Kommt es zur gerichtlichen Versteigerung, so darf diese nur derart durchgeführt werden, dass der Käufer den Kaufpreis sofort bar zu entrichten hat. Paul Novak könnte bei der Versteigerung als Bieter mit auftreten, nicht aber Karl Jedermann. Sollte Novak durch den Erlös aus der Sammlung keine volle Deckung erhalten, so kann er auch noch auf das übrige Vermögen seines Schuldners zurückgreifen.

Nehmen wir einmal an, Karl Jedermann wäre in der Zwischenzeit auf die Idee gekommen, die bei Paul Novak liegende Briefmarkensammlung zu veräußern. Er ruft deshalb Novak an, dieser möge ihm doch für 24 Stunden die verpfändete Briefmarkensammlung schicken, damit er sie dem Interessenten zeigen könne. Dies sollte Paul Novak auf keinen Fall tun. Gibt er nämlich freiwillig die Sache zurück, die er als Pfandstück in Händen hat – gleichgültig aus welchem Grund –, so **erlischt** sein Pfandrecht. Dabei ist es unerheblich, ob Novak und Jedermann erwarten, dass das Pfandrecht trotzdem weiter bestehen soll; allenfalls wäre ein ausdrücklicher **Vorbehalt** möglich (§ 467 ABGB).

Vermieterpfandrecht

Schließlich wäre es auch noch denkbar, dass an einer Sache schon ein Pfandrecht besteht. Wenn Karl Jedermann z. B. nicht im eigenen Haus wohnt, sondern in einer Mietwohnung, dann unterliegt die in diese Wohnung eingebrachte Briefmarkensammlung dem gesetzlichen **Pfandrecht des Vermieters**. Gesetzt den Fall, dass Karl Jedermanns Hausherr von diesem Vermieterpfandrecht Gebrauch machen wollte, weil Karl Jedermann Mietzinsrückstände hat und ihm die anderen eingebrachten Sachen nicht gehören, ist das Vermieterpfandrecht erloschen, weil sich die Briefmarkensammlung bei Paul Novak befindet, also aus Karl Jedermanns Wohnung entfernt wurde.

Verpfändung von fremdem Eigentum

Ein Bekannter Karl Jedermanns versteht es, mit Hilfe von Verpfändungen zahlreiche Darlehen aufzunehmen. Allerdings verpfändet Erich Zwinkler nicht seine eigenen Sachen, sondern die fremder Leute. Er kauft Stereoanlagen, Staubsauger und Fahrräder auf Raten, entrichtet die Anzahlung und verpfändet diese Gegenstände sofort an Bekannte, die ihm daraufhin bereitwilligst Geld geben. Wie es sich bei einer Pfandrechtsbestellung gehört, übergibt er ihnen die Sachen.

Nachdem Herr Zwinkler die fällig werdenden Raten nicht bezahlt, kommen die Geschäftsleute bald auf seine Schliche. Sie ermitteln, wo sich die von ihnen gelieferten Geräte befinden, und verlangen von deren jetzigen Inhabern die **Herausgabe**. Dieses Verlangen ist **nicht gerechtfertigt**, da die Geldgeber gemäß § 456 ABGB kraft ihres guten Glaubens ein Pfandrecht an den Sachen erworben haben. Ebenso wie man von einem Nichteigentümer kraft guten Glaubens Eigentum erwerben kann (siehe Seite 196 f.), kann man auch ein Pfandrecht erwerben.

Das Sparkassenbuch

Ein anderer Bekannter Karl Jedermanns, Ludwig Karner, nimmt bei einem Freund, Alfred Pikl, ein Darlehen von € 3.000,– auf. Dieser hat sich jedoch zur Hingabe des Darlehens nur unter der Voraussetzung bereit erklärt, dass Karl Jedermann »irgendwie mit einspringt«. Da Karl Jedermann nicht als Bürge auftreten will, zieht er am Stammtisch sein Sparbuch aus der Tasche, auf dem gerade € 3.000,– eingezahlt sind, und schiebt es Alfred Pikl mit den Worten zu: »Dann nimm das hier als Pfand.« Als Karner am Fälligkeitstag die Darlehensschuld nicht zurückzahlen kann, will Pikl aus dem Sparbuch seine Befriedigung suchen. Nunmehr bestreitet Karl Jedermann auf einmal, dass überhaupt ein Pfandrecht entstanden sei.

Es ist tatsächlich keines entstanden. Ein Sparbuch kann man nämlich nicht nach den Regeln der Verpfändung einer beweglichen Sache verpfänden. Der Substanzwert des Sparbuchs beträgt kaum einige Cent. Mit diesem Wert kann man nichts sichern. Was interessiert, ist die Geldforderung gegen die Sparkasse, die in dem Sparbuch verbrieft ist. Es handelt sich hier also nicht um eine bewegliche Sache, sondern um eine Geldforderung. Forderungen kann man aber nicht wie körperliche, bewegliche Sachen verpfänden. Man verpfändet sie so, wie man eine Forderung abtritt, nur dass man sich nicht dahin einigt, dass die Forderung übergehen soll, sondern dass an ihr ein Pfandrecht entsteht.

Nachbarrechte

Das ABGB enthält eine Reihe von Bestimmungen, um die Interessen von Grundstücksnachbarn zu ordnen. Über die Abgrenzung zwischen zwei Grundstücken trifft das Gesetz folgende Bestimmungen: Der Grundeigentümer ist verpflichtet, auf der rechten Seite seines Haupteinganges einen Zaun als Abgrenzung gegenüber dem Nachbarn zu errichten. Welche Seite rechts vom Haupteingang gelegen ist, beurteilt man danach, was rechts von einem gelegen ist, wenn man vor seinem Grundstück auf der Straße steht und zum Grundstück hinblickt. Droht der errichtete Zaun oder eine Grenzmauer zu verfallen, dann muss man sie wieder herrichten lassen, wenn sonst dem Nachbarn ein Schaden durch die Öffnung erwachsen könnte. Nach der Rechtsprechung des Obersten Gerichtshofes ist es hierbei gleichgültig, wer die Mauer oder den Zaun seinerzeit errichtet hat.

Kann nicht mehr festgestellt werden, wer die Abgrenzung zwischen den benachbarten Grundstücken errichtet hat, dann wird diese als gemeinschaftliches Eigentum behandelt. Jeder Teil kann die gemeinschaftliche Mauer auf seiner Seite nach Belieben benützen, doch darf er den Nachbarn weder gefährden noch behindern.

Der »böse Nachbar«

Der Grundstückseigentümer Matthias Main lebt in einer kleinen Villa an einem See. Auf dem Nachbargrundstück lässt sich als Pächter ein FKK-Verein nieder. Main fühlt sich durch das Treiben der Vereinsmitglieder in seiner Stellung als Eigentümer des ihm gehörigen Grundstücks beeinträchtigt und klagt auf Abstellung des Nacktbadebetriebes.

Mains Klage hat keinerlei Aussicht auf Erfolg. Der Eigentümer ist nach § 354 ABGB berechtigt, gegen jeden Störer seiner Eigentumssphäre vorzugehen, soweit er nicht aus besonderen Gründen diese Einwirkungen dulden muss. Störer ist aber nur derjenige, der irgendwie in die Eigentumssphäre hineinwirkt. Wer beispielsweise eigenmächtig über fremden Grund und Boden geht, Müll auf dem Nachbargrundstück ablagert, Lautsprechermusik hinüberdröhnen lässt, stört fremdes Eigentum.

Ortsüblicher Lärm

Aber auch hier gibt es Grenzen. **Ortsüblichen Lärm** muss man dulden. Wer auf dem Land wohnt, muss frühes Krähen der Hähne, Wiehern der Pferde usw. in Kauf nehmen. In der Stadt muss man das Getöse der Baumaschinen, das Rattern der Straßenbahn, das Dröhnen der Autos und Motorräder hinnehmen. Dasselbe gilt für ortsübliche Gerüche. Wer in einem Industrieviertel wohnt, muss mehr Lärm und schlechte Luft erdulden als die Bewohner eines Villenvorortes oder eines Kur- bzw. Klinikviertels.

Aber alle diese Beeinträchtigungen durch Immissionen betreffen nur so genannte **Imponderabilien**, das heißt Unwägbares, wie Geräusche, Hitze oder Gerüche. Man sagt: »Ein wenig Schall, Rauch oder Ruß ein jeder Nachbar dulden muss.« Insoweit wird also das Eigentum an einem Grundstück durch die so genannten »Nachbarrechte« eingeschränkt (§ 364 ABGB). Dagegen braucht der Eigentümer die Einwirkung von »Ponderabilien«, z. B. Steinsplitter, nicht zu dulden.

Die Besitzstörung und ihre Folgen

Karl Jedermann hat eine ebenerdige Wohnung als Mieter bezogen. Eines Tages bringt der Hauseigentümer Josef Tüchler an der Außenseite des Hauses einen Schaukasten an. Karl Jedermann ist der Meinung, dass auch die Außenwand seiner Wohnung von ihm gemietet sei, und entfernt kurzerhand den Schaukasten. Der Hauseigentümer verlangt die Wiederherstellung des früheren Zustands, also die Anbringung des Schaukastens durch Karl Jedermann. Dieser lehnt ab.

Der Hauseigentümer ist jedoch berechtigt, diese Forderung zu stellen. Josef Tüchler wurde durch die Anbringung des Schaukastens Besitzer des Rechts, den Schaukasten an dieser Stelle zu halten. Hätte Karl Jedermann dagegen rechtliche Einwendungen, stünde es ihm frei, seine Rechtsansprüche im Klageweg gegen den Hauseigentümer geltend zu machen. Er ist aber keineswegs berechtigt, eigenmächtig den Schaukasten zu entfernen (siehe die Ausführungen über Innehabung, Besitz und Eigentum auf Seite 175 ff.). Ohne auf die Rechtsfrage eingehen zu müssen, kann nunmehr Josef Tüchler von Karl Jedermann mittels Klage **Wiederherstellung** des letzten Besitzstandes fordern. In diesem Verfahren wird nicht geprüft, ob Tüchler oder Jedermann im Recht ist, sondern es wird lediglich festgestellt, wer Besitzer war. Karl Jedermann könnte der Klage nur entgegenhalten, dass Tüchler sich den Besitz mit Gewalt, heimlich oder durch Missbrauch einer Bittleihe verschafft hätte. Vermag Karl Jedermann dies zu beweisen, wird die Klage abgewiesen, ansonsten muss sie Erfolg haben.

Besitzstörungsverfahren

Den Prozess über eine solche Klage, die eine Besitzstörung zum Gegenstand hat, nennt man **Besitzstörungsverfahren**. Die Klage muss binnen **30 Tagen**, von jenem

Tag an gerechnet, an dem der Kläger von der Störung Kenntnis erlangt hat, bei Gericht anhängig gemacht werden. Zuständig hierfür ist das Bezirksgericht. Das Gericht soll derartige Verfahren mit besonderer Dringlichkeit erledigen. Als Beweismittel kann Josef Tüchler Urkunden, Zeugen, eventuell Sachverständige anbieten und die Vornahme eines Augenscheins verlangen. Ebenso ist auch die Einvernahme der Parteien zulässig. Wenn es zur Abwendung einer Gefahr erforderlich ist, kann der Richter während des Verfahrens einstweilige Vorkehrungen anordnen.

Sobald der letzte Besitzstand festgestellt ist, hat das Gericht mit Beschluss zu entscheiden. Ein solcher Beschluss wird als **Endbeschluss** bezeichnet (§ 459 ZPO). Der Richter trifft hier lediglich eine einstweilige Entscheidung, für die der tatsächliche Besitzstand maßgebend ist. Er wird also in unserem Fall Karl Jedermann auftragen, den Schaukasten auf eigene Kosten wieder anzubringen. Die Frist für diese Wiederanbringung hat der Richter entsprechend der für die Arbeit erforderlichen Zeit zu bestimmen. Karl Jedermann könnte gegen den Endbeschluss, der ihn zur Wiederherstellung verpflichtet, **Rekurs** erheben. Bei der geschilderten Sachlage wird dieser Rekurs allerdings keinen Erfolg haben. Der Endbeschluss hindert weder Karl Jedermann noch Josef Tüchler, nunmehr in einem Zivilprozess die Rechtsfrage entscheiden zu lassen, ob der Hauseigentümer berechtigt ist, an der Außenwand des Hauses einen Schaukasten anbringen zu lassen oder nicht bzw. ob sich der Mieter eine solche Anbringung gefallen lassen muss.

Das Besitzstörungsverfahren ist in den §§ 454 bis 459 ZPO geregelt.

Der Funkenflug

An dem Grundstück des Schrebergärtners Ludwig Luft führt eine alte Bahnlinie entlang, auf der im Sommer – ganz nostalgisch – fallweise Fahrten mit der Dampflokomotive arrangiert werden. Diese Dampflokomotive wirft häufig Funken, die das Gartenhäuschen von Ludwig Luft gefährden könnten. Luft möchte erreichen, dass diese Gefahr beseitigt wird.

Die Einstellung des Dampflokbetriebes kann er nicht verlangen; der Funkenflug könnte jedoch nur dadurch abgestellt werden. Wollte man jedem Anrainer dieses Recht zusprechen, falls er durch den Funkenflug in seinem Eigentumsrecht verletzt wird, so liefe dies praktisch auf ein völliges Erliegen des Dampfbetriebes hinaus. Hier muss der Eigentümer diese Einwirkungen auf sein Grundstück ertragen. Allerdings wird eine Aufopferung seiner Eigentümerstellung von ihm nicht entschädigungslos verlangt. Gegebenenfalls kann er einen **angemessenen Ersatz** für den ihm entstandenen Schaden verlangen (§ 364a ABGB).

Ähnlich liegt das Recht in solchen Fällen, wo im öffentlichen Interesse eine gefährliche Situation geschaffen wird und durch sie schließlich ein Schaden eintritt. Wenn die Munition auf einem Truppenübungsplatz des Bundesheeres explodiert und dadurch in der Umgebung Häuser beschädigt werden, so können die Betroffenen Schadenersatz verlangen. Die Entschädigungsansprüche gegen den Fiskus sind vor jenem Gericht geltend zu machen, in dessen Sprengel die **Finanzprokuratur** ihren Sitz hat. Die Klage kann auch in der Landeshauptstadt jenes Bundeslandes eingebracht werden, in dem der Kläger seinen Wohnsitz hat (Erleichterung für den Kläger).

☛ Zur Vertretung des Bundes vor den Zivilgerichten ist die **Finanzprokuratur in Wien** berufen. Die Beamten dieser Behörde können als Rechtsanwälte des Staates bezeichnet werden. Da somit der Fiskus durch einen Rechtsanwalt vertreten ist, empfiehlt es sich, als Kläger ebenfalls einen Rechtsanwalt beizuziehen. Dieser wird auch klären, welche Behörde für den Bereich der geltend gemachten Schadenersatzansprüche zuständig ist.

Amtshaftungsansprüche

Derartige Ansprüche sind allerdings nicht mit **Amtshaftungsansprüchen** zu verwechseln. Das Amtshaftungsgesetz sieht vor, dass die Gebietskörperschaften, wie der Bund, die Länder, die Gemeinden und noch einige andere juristische Personen, für jenen Schaden haften und Ersatz leisten müssen, den die als ihre Organe handelnden Personen in Ausübung ihrer Amtstätigkeit schuldhaft zugefügt haben.

Bricht etwa eines Tages tatsächlich durch Funkenflug ein Brand am Schrebergartenhäuschen von Ludwig Luft aus, so wird die Eisenbahn für den gesamten Schaden aufzukommen haben, wobei zu beachten ist, dass die angegebenen Haftungshöchstbeträge für Sachschäden (siehe Seite 167) in unserem Fall vermutlich nicht gelten, da die Bahn für Schäden an **Liegenschaften uneingeschränkt** haften muss.

Der Baum an der Grenze

Knorr und Rupp haben nebeneinander liegende Gärten. In Rupps Garten, dicht an der Grenze, steht ein Apfelbaum, dessen Äste allmählich in Knorrs Garten hineingewachsen sind und dessen Wurzeln gleichfalls die Gartengrenze überschritten haben.

Im § 421 ABGB wird bestimmt, wie die Rechtslage hinsichtlich eines so genannten Grenzbaumes ist. Dann gebühren die Früchte den Nachbarn zu gleichen Teilen. Jeder Nachbar kann die Beseitigung des Baumes verlangen und der gefällte Baum gebührt dann auch beiden zu gleichen Teilen. Lehnt jedoch ein Nachbar die Mitwirkung an der Beseitigung ab, so kann der andere Nachbar die Beseitigung nur auf eigene Kosten durchführen. Mit dieser Trennung erwirbt er dann Alleineigentum an dem Baum.

Die Wurzeln kann Knorr, soweit sie in sein Grundstück hineingewachsen sind, einfach abschneiden und sich aneignen (§ 422 ABGB). Die überhängenden Zweige kann er ebenso ohne weiteres abschneiden oder abreißen. Rupp hingegen ist nicht dazu verpflichtet. Es wird hier von einem **Überhangsrecht** gesprochen.

§ 422 ABGB besagt, dass jeder Grundeigentümer die Wurzeln eines fremden Baumes aus seinem Boden reißen, und die über seinem Luftraum hängenden Äste abschneiden oder selbst benützen kann.

Jedoch gibt es nach dem neuen Nachbarrecht eine Einschränkung: Der Grundeigentümer muss bei einer solchen Maßnahme »sachgerecht vorgehen und das fremde Gewächs möglichst schonen«. Und außerdem muss er sich bei der Ausübung dieses Selbsthilferechts an die bundes- und landesgesetzlichen Bestimmungen über den Wald-, Flur-, Feld-, Natur- und Baumschutz halten.

An einem überhängenden Zweig hängt ein Apfel. Obwohl dieser Apfel also im Luftraum von Knorrs Garten hängt, steht er in Rupps Eigentum, solange er mit Ast und Baum verbunden ist. Fällt der Apfel ab und auf den Boden in Knorrs Garten, so wird er dadurch noch nicht Knorrs Eigentum. Rupp kann die Herausgabe verlangen.

Fallen Früchte auf einen öffentlichen Weg, so bleiben sie ebenfalls Eigentum des Grundstückseigentümers, auf dessen Grundstück der Baum steht.

Gewohnheitsrechtliche Bestimmungen

Daneben gibt es noch viele gewohnheitsrechtliche Bestimmungen, die das Eigentumsrecht beschränken können. So gilt vielerorts als so genanntes **Wenderecht** die Befugnis eines Bauern beim Ackern, die vorgespannten Pferde auf das Nachbargrundstück übertreten zu lassen, damit der Pflug jeden Winkel des Ackers erfasst. Das **Hammerschlags-** oder **Leiterrecht** sieht vor, dass man bei einem dicht an der Grundstücksgrenze stehenden Gebäude die Leiter schräg an die Hauswand lehnen darf, auch wenn man ihren Fuß dabei auf das Nachbargrundstück stellt. Wie sollten sonst wohl Ausbesserungen vorgenommen werden können?

So sehen wir denn, dass das Eigentum kein schrankenloses Recht ist. Die Lebensinteressen der Mitmenschen – vor allem der Nachbarn von Grundstücken – verlangen, dass man sich bei der Nutzung seines Eigentums beschränkt.

Dies wird noch drastischer in folgendem Fall: Wenn eine Industrieanlage **behördlich** genehmigt ist, dann kann der Eigentümer des Nachbargrundstücks nicht auf Unterlassung störender Einwirkungen, z. B. übermäßiger Gerüche oder Rauchentwicklung, klagen. Falls diesen Störungen nicht durch besondere Anlagen begegnet werden kann, muss der Nachbar die Einwirkungen dulden; er kann allerdings für seine Nachteile Entschädigung in Geld verlangen (§ 364a ABGB).

Neuerungen im Nachbarrecht

Schon jetzt kann der Eigentümer eines Grundstücks dem Nachbarn die von dessen Grund ausgehenden Einwirkungen durch Abwässer, Rauch, Gase, Wärme, Geruch, Geräusch, Erschütterung und ähnliche insoweit untersagen, als sie das nach den örtlichen Verhältnissen gewöhnliche Maß überschreiten und die ortsübliche Benutzung des Grundstücks wesentlich beeinträchtigen (§ 34 Abs. 2 ABGB). Ab 1. Juli 2004 enthält diese Gesetzesstelle folgenden Zusatz:

§§ Das Gleiche gilt für Einwirkungen durch den Entzug von Luft, Licht, Grundwasser und dergleichen.

Das bedeutet, dass nunmehr nicht nur »Einwirkungen«, sondern auch »negative Immissionen« im Sinne des § 364 Abs. 2 ABGB anerkannt werden. Entzug von Luft, Licht, Grundwasser und dergleichen gelten ebenfalls als abwehrfähige Immissionen, gegen die eine Unterlassungsklage beim zuständigen Bezirksgericht eingebracht werden kann, wenn sie eben das nach den örtlichen Verhältnissen gewöhnliche Maß überschreiten und die ortsübliche Benutzung des Grundstücks wesentlich beeinträchtigen.

Der bauende Nachbar

Als ein Nachbar auf seinem Grundstück einen Anbau an das bestehende Wohnhaus vornehmen lassen will, ist Karl Jedermann besorgt, da er eine Beeinträchtigung seiner Lebensqualität durch Lärm und andere Unannehmlichkeiten befürchtet. Er informiert sich daher, welche Rechte er als Nachbar hat, dagegen einzuschreiten.

Es gibt viele Paragraphen, die für **ganz Österreich einheitlich** gelten, und das ist auch beim Nachbarrecht so. Die Bestimmungen des Allgemeinen Bürgerlichen Gesetzbuches (ABGB) gelten im gesamten Bundesgebiet, ob es sich nun um Einwirkungen (Immissionen) vom Nachbargrund oder um Besitzstörung, um das nachbarliche »Überhangsrecht«, um den gemeinsamen Zaun oder um Servituten (Dienstbarkeiten) wie etwa Wegerechte handelt. Bundeseinheitlich sind auch die Vorschriften der Gewerbeordnung (GewO), an denen vom nachbarlichen Standpunkt aus vor allem die Bestimmungen über das gewerbliche Betriebsanlagengenehmigungsverfahren interessieren.

Dann gibt es aber auch Bestimmungen, die **von Bundesland zu Bundesland verschieden** sind. Dazu gehören beispielsweise die Landes-Polizeistrafgesetze, die das ungebührliche Erregen von störendem Lärm (im Burgenland auch von belästigendem Geruch) als Verwaltungsübertretung mit Geld- oder Arreststrafe bedrohen.

Bauordnungen sind Kompetenz der Bundesländer

Noch wichtiger sind aber die von Bundesland zu Bundesland unterschiedlichen **Bauordnungen**, deren es daher insgesamt neun gibt. Soweit nämlich eine Angelegenheit nicht ausdrücklich durch die Bundesverfassung der Gesetzgebung oder auch der Vollziehung des Bundes übertragen ist, verbleibt sie im selbstständigen Wirkungsbereich der Länder (Art. 15 Abs. 1 B-VG). Dabei sind die örtliche Baupolizei, die örtliche Feuerpolizei und die örtliche Raumplanung den Gemeinden zur Besorgung im eigenen Wirkungsbereich zugewiesen (Art. 118 Abs. 3 Z 9 B-VG).

Somit hat der **Landesgesetzgeber** zu entscheiden, wie das Bauverfahren konkret ausgestaltet wird und welche Personen in einem Baubewilligungsverfahren als Parteien, welche als Beteiligte und welche überhaupt nicht daran teilnehmen dürfen. Es gibt somit im Baurecht **keinen österreichweit einheitlich definierten Nachbarschaftsbegriff**, sondern es muss konkret in der jeweiligen Bauordnung ermittelt werden, wer Nachbar ist und welche Rechte dem Nachbarn zustehen. Ist geklärt, wer Nachbar ist und welche Rechte er nach den landesgesetzlichen Bestimmungen hat, ergeben sich seine prozessualen Rechte aus den Bestimmungen des Allgemeinen Verwaltungsverfahrensgesetzes (AVG).

Ein Beispiel für eine klare und gründliche Definition des **Parteien- und Nachbarbegriffes** enthält die **Tiroler Bauordnung** 2001 in ihrem § 25, dessen erste beide Absätze lauten:

§§ Parteien im Bauverfahren sind der Bauwerber und die Nachbarn.
Nachbarn sind die Eigentümer der Grundstücke, die unmittelbar an den Bauplatz angrenzen oder deren Grenzen zumindest in einem Punkt innerhalb eines Abstandes von 15 m zu einem Punkt der Bauplatzgrenze liegen. Nachbarn sind weiters jene Personen, denen an einem solchen Grundstück ein Baurecht zukommt.

Und dann findet sich noch eine Bestimmung, die so oder ähnlich in allen Bauordnungen enthalten ist, und die sich mit den **privatrechtlichen Einwendungen** eines Nachbarn in der Bauverhandlung gegen die Erteilung der beantragten Baubewilligung befasst. Von privatrechtlichen Einwendungen spricht man dann, wenn das Recht, dessen Verletzung der Nachbar behauptet, dem Privatrecht und nicht dem öffentlichen Recht angehört, also etwa die Geltendmachung von Servitutsrechten oder ganz allgemein die Verletzung von Verträgen. Hierzu bestimmt etwa der § 25 Abs. 5 der Tiroler Bauordnung:

§§ Werden in der Bauverhandlung privatrechtliche Einwendungen erhoben, so hat die Behörde möglichst auf eine Einigung hinzuwirken. Kommt eine Einigung zustande, so ist diese in der Verhandlungsschrift zu beurkunden. Kommt eine Einigung nicht zustande, so ist der Nachbar mit seinen Einwendungen auf den ordentlichen Rechtsweg zu verweisen.

Das heisst, der Nachbar kann sein Recht nicht bei der Baubehörde suchen, sondern nur beim **ordentlichen Gericht** (das wird meistens das örtlich zuständige Bezirksgericht sein), sofern nicht in der **Bauverhandlung** eine Einigung mit dem Bauwerber erfolgt.

Dass die Baubehörde darüber nicht entscheiden kann und darf, geht auf das Einführungsgesetz zur Zivilprozessordnung vom 1. August 1895 zurück, das folgenden Wortlaut hat:

§§ Die dem Besitzer einer unbeweglichen Sache oder eines dinglichen Rechtes gemäß §§ 340 bis 342 ABGB zustehende Berechtigung, das Verbot einer beabsichtigten Bauführung vor Gericht zu fordern, hat nicht mehr statt, wenn der Bauführer nach Inhalt der für die Bauführungen geltenden Vorschriften das Begehren um Erteilung der Baubewilligung gestellt hat, der angeblich gefährdete, zur Baukommission [heute: Bauverhandlung] gehörig und rechtzeitig geladene Besitzer jedoch bei derselben nicht erschienen ist oder gegen die begehrte Baubewilligung keine Einwendungen erhoben hat. (EGZPO Artikel XXXVII)

Im Klartext: Wer als Nachbar des Häuslbauers entweder zur Bauverhandlung gar nicht kommt oder sich dort mit seinen Einwendungen gegen die Bauführung nicht zu Wort meldet, richtet später bei Gericht auch nichts aus. Seine Klage würde sofort zurückgewiesen werden.

Wie man seine Rechte wahrt, wenn der Nachbar baut

☛ Wenn man erfährt, dass in der Umgebung gebaut werden soll, empfiehlt es sich, die Augen offen zu halten. Auch wenn man zu österreichischen Behörden (z. B. Baubehörden) durchaus Vertrauen haben kann, kann doch richtig verstandene Privatinitiative durch nichts ersetzt werden.

- Man stelle durch Vorsprache beim örtlich zuständigen **Bauamt** fest, ob die »Baumeldung« der Wahrheit entspricht. Wenn ja, dann eruiere man, ob man als **Nachbar** des betreffenden Bauwerbers anzusehen ist. Ist man Eigentümer eines unmittelbar angrenzenden Grundstücks, dann gilt man auf jeden Fall als Nachbar (mit allen daraus resultierenden Rechten).
- Nicht nur die **Bauordnungen** der einzelnen Bundesländer sind voneinander verschieden, sondern auch der darin enthaltene Nachbarbegriff. Lassen Sie sich darüber vom Bauamt informieren. Wenn man als Nachbar im Sinn der jeweiligen Bauordnung anzusehen ist, muss man jedenfalls zur **Bauverhandlung** geladen werden, in deren Verlauf ein Augenschein an Ort und Stelle vorzunehmen ist.
- Als Nachbar hat man im Verfahren **Parteistellung** und kann bei der Bauverhandlung Einwendungen gegen das Vorhaben des Bauwerbers erheben.
- **Öffentlich-rechtliche Einwendungen** wären etwa, dass die vorgeschriebene Bauhöhe überschritten wird, der Abstand zum Nachbargrund zu klein ist – das sind allerdings meist Dinge, um die sich schon die Baubehörde kümmert.
- **Privatrechtliche Einwendungen** können beispielsweise das Geltendmachen von Servitutsrechten (Dienstbarkeiten) oder allgemein die Verletzung von Verträgen sein. Solche Einwendungen können aber nicht zu einer Versagung des Bauvorhabens führen, sondern nur dazu, dass der Einspruchswerber auf den Zivilrechtsweg verwiesen wird. Dennoch muss man solche Einwendungen unbedingt bei der Bauverhandlung erheben, weil sie

Voraussetzung für den Gang zu Gericht sind. Grundsatz ist daher, **Einwendungen immer bei der Bauverhandlung erheben**, danach ist es zu spät.

- Nur wenn man als Nachbar »übergangen«, also zur Bauverhandlung gar nicht geladen wurde, kann man auch nachträglich eine **Zustellung des Bescheids**, mit dem die Baubewilligung erteilt wurde, und eine Entscheidung über die Parteistellung verlangen.

Der Ärger mit den Handymasten

Karl Jedermann ist besorgt, weil in der Nähe seines Hauses einige neue Handymasten aufgestellt wurden. Er fürchtet um die Gesundheit seiner Familie.

Überall erreichbar sein – das ist der Wunsch jedes Handybesitzers. Und groß ist der Ärger, wenn dem nicht so ist. Neben einem Sendemast wohnen oder arbeiten dagegen will keiner – wer weiß, ob die nicht gesundheitsschädlich sind. Antworten auf brennende Fragen – etwa ob die von Handymasten ausgesandten Strahlen nun gesundheitsschädlich sind oder nicht bzw. welche Grenzwerte zulässig sind –, gibt es (noch) keine. Weder sind sich die Mediziner einig, noch können die Rechtsexperten verbindliche Grenzwerte nennen.

Die nüchternen Zahlen: Derzeit stehen in Österreich mehr als 14.000 Sendeanlagen und es gibt rund 7 Millionen Handybenützer, Tendenz steigend. Mit der neuen Handy-Technologie UMTS (Universal Mobile Telecommunication Systems) kann man über MMS (Multimedia Messaging Service, Nachfolger der SMS-Kurznachricht) Bilder und Töne verschicken. UMTS-Kernnetze mit einigen hundert Sendeanlagen sind vorderhand in Wien, Graz, Linz und Innsbruck installiert worden.

Die **Bewilligung von Sendemasten** regelt das Telekommunikationsgesetz (TKG), dessen § 67 Abs. 2 bestimmt:

§§ Bei der Errichtung und dem Betrieb von Funkanlagen und Endgeräten müssen der Schutz des Lebens und der Gesundheit von Menschen sowie der ungestörte Betrieb anderer Funkanlagen und Endgeräte gewährleistet sein. Bei der Gestaltung von Funkanlagen und Endgeräten ist unter Beachtung der wirtschaftlichen Zumutbarkeit auch auf die Erfordernisse des Umweltschutzes, insbesondere auch im Hinblick auf eine fachgerechte Entsorgung, Bedacht zu nehmen.

Konkreter wurde da schon das Land Steiermark: Mit Landesgesetz vom 11. Dezember 2001 beschloss der Steiermärkische Landtag, dass in den Baulandkategorien Reines Wohngebiet, Allgemeines Wohngebiet, Kern-, Büro- und Geschäftsgebiet alle Grundeigentümer im Umkreis von 30 m die Planungsunterlagen zur Errichtung von Antennen- und Funkanlagenmasten mitunterzeichnen müssen. Geschieht das nicht, wird ein Baubewilligungsverfahren eingeleitet, bei dem alle Grundeigentümer, die bis zu 30 m von den Bauplatzgrenzen liegen, einbezogen werden und Gelegenheit erhalten, binnen zwei Wochen zum Vorhaben Stellung zu nehmen (**Anhörungsrecht**). Die angehörten Grundeigentümer müssen über das Ergebnis des Baubewilligungsverfahrens schriftlich informiert werden.

Für Anrainer von Handymasten bedeutet dies eine Verbesserung ihrer Rechtsposition. Nach der früheren Rechtslage in der Steiermark waren Antennen und Funkanlagen unter 5 m Höhe bewilligungsfrei, höhere Anlagen nur anzeigepflichtig, eine Beteiligung der Nachbarn nicht vorgesehen.

Was tun gegen den Handymast?

Allein kann man wahrscheinlich nur wenig ausrichten, wenn man finanziell nicht so potent ist wie die Betreiberfirma. Es ist sinnvoll, sich in der Nachbarschaft andere Betroffene als Verbündete zu suchen und eine **Unterschriftenliste** an die Behörden (Bürgermeister, Stadtrat, Bezirksvorsteher) zu schicken. Man kann auch mit dem Handymastbetreiber Kontakt aufnehmen und ihm allenfalls mit einer **Schadenersatzklage** wegen Wertminderung des eigenen Grundstücks drohen. Mobilfunkbetreiber scheuen langwierige Auseinandersetzungen – schon aus wirtschaftlichen Gründen. Vielleicht sucht sich die Firma dann einen anderen Standort.

Wenn nun der Handymast auf dem Dach des Hauses, in dem man Mieter oder Wohnungseigentümer ist, aufgestellt werden soll, gibt es laut einer **Entscheidung des OGH** aus dem Jahr 2000 wenig Hoffnung:

§§ Die Entscheidung betrifft einen oberösterreichischen Fall. Erste Instanz war das Bezirksgericht Vöcklabruck, zweite Instanz das Landesgericht Wels.
Auf dem Flachdach eines Eigentumswohnhauses sollte eine Mobilfunkanlage mit vier Antennen errichtet werden. Die Mehrheit der Wohnungseigentümer war dafür – wohl auch wegen der finanziellen Vorteile –, der Eigentümer der unmittelbar unter diesem Flachdach liegenden Wohnung jedoch dagegen. Sein Widerstand verstärkte sich, als durch das Anbohren der Dachhaut beim Fixieren des Antennenmastes Wasser in seinen Wohnbereich eindrang und an der Wohnzimmerwand herunterrann. Als es daraufhin zu einem Mehrheitsbeschluss zugunsten der Aufstellung der Anlage kam, focht der einsame Kämpfer diesen bei Gericht an, wobei er auch drohende Gesundheitsschädigung und grobe optische Beeinträchtigung des Hauses geltend machte. In erster Instanz hatte er damit Erfolg, in den höheren Instanzen jedoch nicht.
In den Begründungen der Rechtsmittelinstanzen hieß es, dass wohl jeder Wohnungseigentümer im Rahmen des die Gemeinschaft verbindenden besonderen Schuldverhältnisses einerseits die Pflicht habe, auf schutzwürdige Interessen der anderen Eigentümer Rücksicht zu nehmen, andererseits aber auch selbst ein zumutbares Maß an Toleranz von den anderen Teilgenossen erwarten dürfe. Übertrage man diese Grundsätze auf den vorliegenden Fall, so könne von einer übermäßigen Beeinträchtigung des Antragstellers nicht die Rede sein. Angesichts der Ausführung der Antennenanlage und ihrer verhältnismäßig geringen Größe bzw. Höhe sei sie keine unzumutbare optische Beeinträchtigung im Sinne einer ins Auge fallenden, allgemein störenden Geschmacklosigkeit.

Gefahr von Gesundheitsschäden

Was die Gefahr von Gesundheitsschäden betrifft, relativieren die Gerichte auch hier. In der maßgeblichen Entscheidung heißt es:

§§ Tatsache sei, dass derzeit eine rege Diskussion über allfällige Gesundheitsgefahren von Mobilfunkanlagen geführt werde, die auch in den Medien breiten Niederschlag finde. Dies könne eine gewisse Furcht vor diesen Anlagen, zumindest eine reservierte Haltung auslösen. Angesichts des weiteren Umstandes, dass auch in der Vergangenheit manche Gefahren technischer Neuerung vorerst verkannt worden seien, mögen auch nicht nur besonders leichtgläubige oder ängstliche Menschen Befürchtungen hegen. Dennoch sei allein eine – wenn auch nicht völlig unverständliche – in ihrer sachlichen Rechtfertigung aber nicht erweisliche, subjektive Furcht vor Umweltgefahren noch keine beachtliche Beeinträchtigung.

Der »Salzburger Vorsorgewert«

Der flächendeckende Ausbau der Mobilfunknetze in Österreich und die damit verbundenen gesundheits-, konsumenten-, arbeitnehmer-, jugend-, umwelt-, wirtschafts- und rechtspolitischen Fragen haben im November 1999 zu einer »Mobilfunk-Petition« geführt, die zahlreiche ebenso prominente wie umweltbewusste Unterstützer gefunden hat. Forderungen der Petition sind unter anderem:

☛
- **Parteistellung** im Telekommunikationsgesetz und Information der Anrainer bei Errichtung von Mobilfunk-Sendeanlagen,
- bundesweite gesetzliche Verankerung des **Gesundheits-Vorsorgegrenzwertes** von 1 mW/m^2 Leistungsflussdichte für die Gesamtsumme der GSM-Immissionen (»Salzburger Vorsorgewert«),
- Erfassung aller Mobilfunk-Sendeanlagen in einem Emissions- und Immissionskataster,
- laufende betreiberunabhängige **Kontrolle** über die Einhaltung der Gesundheits-Vorsorgegrenzwerte im Umfeld der jeweiligen Mobilfunk-Sendeanlagen samt Auskunftspflicht gegenüber der Bevölkerung,
- Verpflichtung, gesundheitliche Beschwerden von Personen im Umfeld von Mobilfunk-Sendeanlagen zu untersuchen und abzuklären,
- Verpflichtung, die Bevölkerung über bestehende und mögliche Risiken der Mobilfunk-Technologie zu informieren.

Eine wissenschaftliche Erhebung im Zusammenhang mit Mobilfunk-Sendeanlagen wurde im Juni 2001 in Kärnten vorgestellt. Das Ergebnis der von Univ.-Prof. Dr. Michael Kundi (Universität Wien) und Dr. Maria-Luise Mathiaschitz (Umweltmedizinerin des Landes Kärnten) erarbeiteten Untersuchung: »Nachteilige gesundheitliche Auswirkungen einer langdauernden, auch sehr niedrigen Immission von Mobilfunk-Basisstationen können jedenfalls nicht ausgeschlossen werden.«

Ratschläge für den umweltbewussten Nachbarn

☛
- Wenn man von einem Projekt in Ihrer Umgebung eine Schädigung der Umwelt (Wasser, Luft, Boden, Tier- und Pflanzenwelt, Lärmbelastung usw.) befürchtet, hat man das Recht, sich darüber von den zuständigen Behörden (Bezirksverwaltungsbehörden) informieren zu lassen. Man braucht dazu keinen Rechtsanspruch nachzuweisen und die Information kostet auch nichts. Gesetzliche Grundlage hierfür ist das **Umweltinformationsgesetz 1993** (UIG).
- Für bestimmte Projekte, bei denen aufgrund ihrer Größe, ihres Standorts oder ihrer Art mit erheblichen Auswirkungen auf die Umwelt zu rechnen ist, ist nach dem **Umweltverträglichkeitsprüfungsgesetz 2000** (UVP-G) eine **Umweltverträglichkeitsprüfung** obligatorisch. Viele Fälle können allerdings im Rahmen eines »vereinfachten Verfahrens« erledigt werden.
- Bevor es zur eigentlichen Verhandlung über den Antrag des Projektwerbers kommt, hat man ein **Mitwirkungsrecht**, wenn Gefahr besteht, dass man durch die Errichtung, den Betrieb oder den Bestand des Vorhabens in seinen Rechten gefährdet wird. Während der Antrag in der Gemeinde sechs Wochen hindurch zur Einsicht aufliegt, kann man eine **schriftliche Stellungnahme** abgeben.
- Bei der Verhandlung selbst hat man als gefährdeter Nachbar **Parteistellung**.
- Oder man schließt sich einer **Bürgerinitiative** an, dann kann man gegen eine Genehmigung des umstrittenen Projekts auch Rechtsmittel ergreifen und Beschwerde an den Verwaltungs- und den Verfassungsgerichtshof einlegen.

Karl Jedermann als Dienstnehmer

Arbeitsrecht und Arbeitsverträge

Über die Bedeutung des Arbeitsrechts kann kein Zweifel bestehen, wenn man bedenkt, dass dieses Rechtsgebiet mit jenem Lebensbereich zu tun hat, der die materielle Existenzgrundlage des weitaus überwiegenden Teils der Bevölkerung eines modernen Industriestaates bildet.

Das 26. Hauptstück des ABGB (§§ 1151 bis 1174) handelt von »Verträgen über Dienstleistungen« und ist in seiner durch die III. Teilnovelle (1916) besorgten Fassung noch immer von grundlegender oder zumindest ergänzender Bedeutung.

Als unmittelbar geltendes Recht kommt das ABGB für den so genannten freien Dienstvertrag in Betracht (z. B. wenn ein Patient bei einem Arzt in Dauerbehandlung steht, ein Schüler fortlaufend Privatstunden erhält). Die Verträge über Arbeitsleistungen (als heutiger Oberbegriff) sind untereinander recht verschiedenartig und die Materialien zur III. Teilnovelle zum ABGB bemühen sich vor allem, eine **Unterscheidung zwischen Dienst- und Werkvertrag** (siehe auch Seite 64 f.) vorzunehmen.

Für diese Unterscheidung ist der Gegensatz der wirtschaftlichen Bedingungen und Zwecke in folgenden Punkten charakteristisch:

- Beim **Dienstvertrag (Arbeitsvertrag)**:
  - — dauerndes Verpflichtungsverhältnis zwischen Arbeitnehmer und Arbeitgeber;
  - — Arbeit unter der Leitung und Verfügung und
  - — mit den Arbeitsmitteln des Arbeitgebers;
  - — persönliche Arbeitspflicht und persönlicher Anspruch auf die Arbeit;
  - — Haftung des Arbeitnehmers für Diligenz (Sorgfaltspflicht des Arbeitnehmers; Haftung für Sorgfalt), im Übrigen aber
  - — Erfolg wie Misserfolg auf Rechnung des Arbeitgebers; alles in allem also
  - — persönliche und wirtschaftliche Unterordnung des Arbeitnehmers in die Unternehmensorganisation des Arbeitgebers.

- Beim **Werkvertrag** hingegen:
  - — Verpflichtung zu einer Leistung, deren Erfolg
  - — nach eigenem Plan zu bewerkstelligen ist und
  - — mit eigenen Mitteln, auch
  - — durch Gehilfen und Substituten, aber
  - — Haftung des Unternehmers für Diligenz, im Übrigen aber für
  - — Mängel der Arbeit und
  - — Übernahme der Gefahr des Misslingens, kurz:
  - — das Geschäft eines selbstständigen Unternehmers.

Projizieren wir diese Merkmale auf zwei konkrete, ebenfalls den Materialien entnommene **Beispiele**, so zeigt sich:

Beim Vertrag mit dem **Dienstmädchen**:

— Arbeit unter fremder Leitung und Verfügung,
— mit fremden Arbeitsmitteln,
— mit persönlicher Arbeitspflicht,

— Haftung für Sorgfalt, nicht für Erfolg,
— organisatorische, persönliche, wirtschaftliche Abhängigkeit,
— in fremder Organisation tätig,
— Dauerschuldverhältnis.

Mithin liegt ein **Dienstvertrag (Arbeitsvertrag)** vor.

Beim Vertrag mit dem **Baumeister**:

— Arbeit nach eigenem Plan,
— mit eigenen Arbeitsmitteln,
— mit Gehilfen und Substituten,
— Haftung für Erfolg,
— organisatorische, persönliche, wirtschaftliche Unabhängigkeit,
— selbstständiger Unternehmer,
— Zielschuldverhältnis.

Mithin liegt ein **Werkvertrag** vor.

Die Vorschriften des ABGB über den Dienstvertrag betreffen nur den **Einzelarbeitsvertrag**. Sie wurden aber für die wichtigsten Arbeitsverhältnisse durch zahlreiche **Sondergesetze** zurückgedrängt.

☛ Die wesentlichsten Arbeiter- und Angestelltengesetze sind: Gewerbeordnung für gewerbliche Arbeiter und Lehrlinge; Angestelltengesetz für Personen, die kaufmännische oder höhere nichtkaufmännische oder Kanzleidienste leisten; Handelsvertretergesetz; Gehaltsklassengesetz für angestellte Apotheker; Gutsangestelltengesetz; Landarbeitsgesetz (Bundesgrundsatzgesetz) und Landeslandarbeitsordnungen; Journalistengesetz; Schauspielergesetz; Hausgehilfen- und Hausangestelltengesetz; Privatkraftwagenführergesetz; Hausbesorgergesetz; Heimarbeitsgesetz; Gesetz für Vertragsbedienstete des Bundes; das öffentlich-rechtliche Dienstrecht der Beamten und Angestellten des Bundes und der Gebietskörperschaften sowie das Dienst-, Lohn- und Besoldungsrecht der Bundesbahn.

Außerdem schlossen seit dem Ersten Weltkrieg die Gewerkschaften mit Unternehmern oder Unternehmerverbänden zahlreiche **Kollektiv(Tarif)verträge**, die die wesentlichen Bestimmungen des Arbeitsverhältnisses generell und mit zwingender Wirkung für die Einzelarbeitsverhältnisse festlegen. So entwickelte sich ein fortschrittliches kollektives Arbeitsrecht. Heute stellt das Arbeitsrecht eine dem Mutterboden des ABGB entwachsende selbstständige Rechtsdisziplin dar, die nicht nur dem Privatrecht, sondern auch dem öffentlichen Recht zuzuordnen ist.

Die Bewerbung

Karl Jedermann liest in seiner Tageszeitung eine Anzeige, in der ein tüchtiger Verkäufer gesucht wird. In der Anzeige wird gebeten, Bewerbungen unter einem Kennwort an die Verwaltung der Zeitung zu richten. Interessenten für den Verkäuferposten werden aufgefordert, ihrem Bewerbungsschreiben einen Lebenslauf sowie Ausbildungs- und Verwendungsnachweise beizuschließen und Gehaltsansprüche bekannt zu geben. Karl Jedermann schreibt folgende Bewerbung und legt die erforderlichen Unterlagen bei:

Karl Jedermann
Opernring 72
1010 Wien

Wien, 2. August ...

Kennwort: Textilien 8116

Bezugnehmend auf Ihre Anzeige in der heutigen Ausgabe der Zeitung ... erlaube ich mir, mich um die ausgeschriebene Stelle als Verkäufer zu bewerben. Ich bin am 18. Februar 19... als Sohn des Angestellten Otto Jedermann und seiner Frau Anna, geb. Reich, in Wien geboren. Nach der vierklassigen Volksschule besuchte ich vier Klassen AHS, zwei Jahre Handelsschule und trat im Alter von 17 Jahren als kaufmännischer Lehrling in die Dienste der Firma Zwirn & Faden. Nach Ablegung der Kaufmannsgehilfenprüfung wollte ich mich verändern und fand eine Anstellung im Warenhaus Preis & Wert, bei dem ich mich noch heute in ungekündigter Stellung befinde. Hier hatte ich Gelegenheit, meine Kenntnisse auch über die Textilabteilung hinaus zu erweitern, da ich in den verschiedensten Abteilungen beschäftigt wurde.

Aus persönlichen Gründen möchte ich mich nun wieder verändern und bitte Sie – mit Rücksicht auf meine ungekündigte Anstellung –, dieses Bewerbungsschreiben vorerst vertraulich zu behandeln. Ich bin ledig, gesund und habe das Bestreben, jeden Arbeitsplatz voll auszufüllen. Für die Möglichkeit einer persönlichen Vorstellung wäre ich Ihnen dankbar.

Mit besten Empfehlungen

Karl Jedermann

4 Beilagen in Kopie:
Jahreszeugnis der AHS
Abschlusszeugnis der Handelsschule Graz
Verwendungszeugnis der Firma Zwirn & Faden
Zeugnis über Kaufmannsgehilfenprüfung

Etwa eine Woche, nachdem er dieses Bewerbungsschreiben abgesandt hat, erhält Karl Jedermann den Anruf des Personalleiters der Franz Tuch Ges.m.b.H. mit der Bitte, sich zu einem persönlichen Vorstellungsgespräch einzufinden. Dabei wird Karl Jedermann als Verkäufer eingestellt.

Der Arbeitsvertrag

Der Arbeitsvertrag regelt die Rechte und Pflichten von Arbeitnehmer und Arbeitgeber, soweit Gesetz oder Kollektivvertrag diese Rechte nicht zwingend festlegen. Bevor er einen Arbeitsvertrag abschließt, sollte jeder Arbeitnehmer über die wichtigsten diesbezüglichen gesetzlichen Bestimmungen informiert sein.

Von einem **Arbeitsvertrag** spricht man dann, wenn sich jemand zu einer Arbeitsleistung für einen anderen verpflichtet. Derjenige, der sich zur Arbeitsleistung verpflichtet, ist der **Arbeitnehmer**, sein Vertragspartner ist der **Arbeitgeber**. Der wesentliche Inhalt des Arbeitsvertrags ist für den Arbeitnehmer die Erbringung der Arbeitsleistung und für den Arbeitgeber die Bezahlung des Entgelts (Lohn, Gehalt). Der Arbeitsvertrag entsteht durch Willensübereinstimmung über die Art der Arbeitsleistung. Er ist **zweiseitig verbindlich**, weil daraus für jeden Vertragspartner Berechtigungen und

Verpflichtungen erwachsen. **Schriftliche Arbeitsverträge** sind zumeist vom Arbeitgeber bereits vorbereitet und werden dem Arbeitnehmer zur Unterschrift vorgelegt. In diesem Fall ist es unbedingt notwendig, den Vertrag vor der Unterschriftsleistung **genau durchzulesen** und sich bei Unklarheit über die Bedeutung einzelner Regelungen Bedenkzeit zu nehmen, um sich bei der Arbeiterkammer oder der Gewerkschaft diesbezüglich beraten zu lassen.

Vor allem muss auf folgende Vereinbarungen geachtet werden, weil sie für den Arbeitnehmer **Nachteile** bringen:

- jederzeitige Versetzbarkeit sowohl hinsichtlich der Arbeitsverwendung als auch des Arbeitsortes;
- Regelung der Überstundenleistung:
  - nicht ausdrücklich angeordnete Überstunden werden nicht bezahlt (rechtswidrig),
  - Überstunden, die der Arbeitnehmer nicht rechtzeitig meldet, gelten als nicht geleistet,
  - Verfallsfristen von Überstundenleistungen,
  - Überstunden, die bis zur Höhe einer etwaigen Überzahlung zu leisten sind, werden nicht abgegolten,
  - Überstundenpauschalen, die von vornherein zu niedrig angesetzt werden;
- Erweiterung der Kündigungsmöglichkeiten bei Angestellten (normalerweise zum Quartalsende) zu jedem 15. oder Letzten des Monats, das heißt statt viermal 24-mal pro Jahr;
- Erhöhung der Kündigungsfrist des Angestellten von nur einem Monat auf die Zeiten, die der Arbeitgeber einzuhalten hat (sechs Wochen bis fünf Monate),
- Vereinbarung einer Probezeit (jederzeitige Lösbarkeit),
- Vereinbarung eines befristeten Dienstverhältnisses (keine Kündigungsfrist),
- Vereinbarung einer Konkurrenzklausel (Verpflichtung des Arbeitnehmers, bis zu einem Jahr nicht in dem gleichen Geschäftszweig zu arbeiten, wenn das Dienstverhältnis gelöst wird),
- Vereinbarung einer Konventionalstrafe,
- Vereinbarung der Rückzahlungsverpflichtung von Ausbildungskosten,
- Verfall oder Verjährung von Ansprüchen zu einem früheren Zeitpunkt, als der Kollektivvertrag oder das Gesetz dies vorsieht (die gesetzliche Verjährungsfrist ist drei Jahre).

Dienstzettel

Dem Angestellten ist bei Abschluss des Dienstvertrags vom Dienstgeber eine schriftliche Aufzeichnung über die wesentlichen Rechte und Pflichten aus dem Dienstvertrag auszuhändigen (§ 6 Abs. 3 Angestelltengesetz). Der Inhalt dieses so genannten »Dienstzettels« (der übrigens gebührenfrei ist) richtet sich seit dem Inkrafttreten des Europäischen Wirtschaftsraumes (EWR) am 1. Jänner 1994 nach den Bestimmungen des § 2 **Arbeitsvertragsrechts-Anpassungsgesetz** (AVRAG). Danach muss der Dienstzettel unverzüglich nach Beginn des Arbeitsverhältnisses ausgestellt werden und folgende Angaben enthalten:

- Name und Anschrift des Arbeitgebers,
- Name und Anschrift des Arbeitnehmers,
- Beginn des Arbeitsverhältnisses,
- bei Arbeitsverhältnissen auf bestimmte Zeit das Ende des Arbeitsverhältnisses,

— Dauer der Kündigungsfrist, Kündigungstermin,
— gewöhnlicher Arbeits-(Einsatz-)ort, erforderlichenfalls Hinweis auf wechselnde Arbeits-(Einsatz-)orte,
— allfällige Einstufung in ein generelles Schema,
— vorgesehene Verwendung,
— Anfangsbezug (Grundgehalt, Grundlohn und weitere Entgeltbestandteile wie z. B. Sonderzahlungen),
— Fälligkeit des Entgelts,
— Ausmaß des jährlichen Erholungsurlaubs,
— vereinbarte tägliche oder wöchentliche Normalarbeitszeit des Arbeitnehmers, sofern es sich nicht um Arbeitsverhältnisse handelt, auf die das Hausbesorgergesetz, BGBl. Nr. 16/1970, anzuwenden ist, und
— Bezeichnung der auf den Arbeitsvertrag allenfalls anzuwendenden Normen der kollektiven Rechtsgestaltung (Kollektivvertrag, Satzung, Mindestlohntarif, festgesetzte Lehrlingsentschädigung, Betriebsvereinbarung) und Hinweis auf den Raum im Betrieb, in dem diese zur Einsichtnahme aufliegen,
— Name und Anschrift der Mitarbeitervorsorgekasse (MV-Kasse) des Arbeitnehmers oder für Arbeitnehmer, die dem Bauarbeiter-Urlaubs- und Abfertigungsgesetz unterliegen, Name und Anschrift der Bauarbeiter-Urlaubs- und Abfertigungskasse.

Nach der Anstellung Karl Jedermanns als Verkäufer ergeben sich zwischen ihm und dem Geschäftsinhaber ständig Differenzen. Er ist der Meinung, dass der Arbeitgeber ihm einerseits zu viele Vorschriften mache, wie er sich bei seiner Tätigkeit zu verhalten habe, andererseits ihn häufig zu Überstunden heranziehe und ihm bei der Urlaubsgewährung Schwierigkeiten bereite.

Hier liegt eine unrichtige Auffassung vor. Der Umfang der Arbeitsleistung Karl Jedermanns ist im Rahmen des Dienstvertrags, soweit dieser nicht dem Kollektivvertrag oder zwingenden Rechtsvorschriften zuwiderläuft, vom Dienstgeber zu bestimmen. Soweit sich seine Anweisungen nicht als bloße Nörgelei darstellen, muss Karl Jedermann sie befolgen.

Gemäß § 27 Z. 4 Angestelltengesetz kann der Dienstgeber den Angestellten entlassen, wenn dieser ohne einen rechtmäßigen Hinderungsgrund während einer den Umständen nach erheblichen Zeit die Dienstleistung unterlässt oder sich beharrlich weigert, seine Dienste zu leisten oder sich den durch den Gegenstand der Dienstleistung gerechtfertigten Anordnungen des Dienstgebers zu fügen, oder wenn er andere Bedienstete zum Ungehorsam gegen den Dienstgeber zu verleiten sucht.

Die Arbeitszeit

Das Arbeitszeitgesetz gilt grundsätzlich für alle Beschäftigten in der Privatwirtschaft über 18 Jahre. Ausgenommen von einer Arbeitszeitregelung sind unter anderem leitende Angestellte, denen maßgebliche Führungsaufgaben selbstverantwortlich übertragen wurden, sowie der Großteil der im öffentlichen Dienst Beschäftigten.

- **Arbeitszeit** ist die Zeit vom Beginn bis zum Ende der Arbeit mit Ausnahme der Ruhepausen.
- **Tagesarbeitszeit** ist die Arbeitszeit innerhalb eines Zeitraums von 24 Stunden.

- **Wochenarbeitszeit** ist die Arbeitszeit innerhalb eines Zeitraums von Montag bis einschließlich Sonntag.
- **Normalarbeitszeit** ist nach dem **Gesetz** eine Tagesarbeitszeit von acht Stunden und eine Wochenarbeitszeit von 40 Stunden (tägliche bzw. wöchentliche Normalarbeitszeit). Durch Kollektivverträge ist in vielen Branchen die Wochenarbeitszeit bereits verkürzt.

Die Wochenarbeitszeit kann auch **abweichend** von der sonst zulässigen Tagesarbeitszeit (acht Stunden) verteilt werden. Die wichtigsten Fälle sind:

- Um eine längere zusammenhängende Freizeit zu erreichen (z. B. verlängertes Wochenende), kann die tägliche Normalarbeitszeit von acht Stunden auf das Höchstausmaß von neun Stunden pro Tag ausgedehnt werden und
- »Einbringen« in Verbindung mit Feiertagen; hierbei kann die ausfallende Arbeitszeit innerhalb von sieben Wochen, die Feiertage eingeschlossen, eingearbeitet werden, wobei die tägliche Normalarbeitszeit von zehn Stunden nicht überschritten werden darf.
- Der Einarbeitungszeitraum von sieben Wochen kann durch Betriebsvereinbarung bis auf 13 Wochen verlängert werden. Eine weitere Verlängerung ist nur dann möglich, wenn dies der Kollektivvertrag vorsieht oder die Betriebsvereinbarung dazu ermächtigt. Dabei darf in beiden Fällen die tägliche Normalarbeitszeit neun Stunden nicht überschreiten.

Kollektivvertragliche Regelungen

Der Kollektivvertrag kann zulassen: bei einer täglichen Normalarbeitszeit von neun Stunden, dass in einzelnen Wochen eines **Gesamt-Durchrechnungszeitraums** von bis zu 52 Wochen die Normalarbeitszeit

— bei einem Durchrechnungszeitraum von bis zu acht Wochen auf höchstens 50 Stunden,

— bei einem längeren Durchrechnungszeitraum auf höchstens 48 Stunden ausgedehnt wird, wenn sie innerhalb dieses Zeitraums im Durchschnitt die wöchentliche Normalarbeitszeit nicht überschreitet.

Weiters kann der Kollektivvertrag zulassen, dass der **Gesamt-Durchrechnungszeitraum** auch 52 Wochen übersteigen kann, wenn die zum Zeitausgleich erforderliche Freizeit in mehrwöchig zusammenhängenden Zeiträumen verbraucht werden kann.

Der Kollektivvertrag kann ebenso zulassen, dass die tägliche Normalarbeitszeit auf zehn Stunden ausgedehnt werden kann,

— wenn die Wochenarbeitszeit auf vier zusammenhängende Tage aufgeteilt wird;

— wenn – bei Gesamt-Durchrechnung der Normalarbeitszeit bis zu 52 Wochen – der Zeitausgleich in mehrtägigen, zusammenhängenden Zeiträumen verbraucht wird;

— wenn – bei Gesamt-Durchrechnung der Normalarbeitszeit von **mehr als 52 Wochen** – der Zeitausgleich in mehrwöchigen, zusammenhängenden Zeiträumen verbraucht wird.

Der Kollektivvertrag kann auch die Betriebsvereinbarung dazu ermächtigen, die oben angeführten Vereinbarungen abzuschließen. In Betrieben ohne Kollektivvertrag – mangels Kollektivvertragsfähigkeit der Arbeitgeber – können diese Vereinbarungen auch durch Betriebsvereinbarung abgeschlossen werden. Dazu ist es aber notwendig, die Betriebsvereinbarung der zuständigen kollektivvertraglichen Körperschaft auf Arbeitnehmerseite (ÖGB) zu übermitteln.

Die wöchentliche Normalarbeitszeit von Arbeitnehmern, die an Verkaufsstellen im **Handel** beschäftigt sind, kann in einzelnen Wochen eines Durchrechnungszeitraums von vier Wochen auf 44 Stunden ausgedehnt werden, wenn innerhalb dieses Zeitraums die Normalarbeitszeit nicht überschritten wird. Der Kollektivvertrag kann eine Verlängerung des Durchrechnungszeitraums zulassen oder die Betriebsvereinbarung dazu ermächtigen. Die tägliche Normalarbeitszeit darf neun Stunden nicht überschreiten.

Schichtarbeit

Bei mehrschichtiger Arbeitsweise ist ein Schichtplan zu erstellen. Innerhalb des Schichtturnus darf die wöchentliche Normalarbeitszeit von 40 Stunden nicht überschritten werden, die tägliche Normalarbeitszeit darf neun Stunden nicht überschreiten. Durch Kollektivvertrag kann bei Festlegung eines Durchrechnungszeitraums die wöchentliche Normalarbeitszeit bis auf 48 Stunden (bzw. 50 Stunden bei höchstens achtwöchiger Durchrechnung) verlängert werden, wenn innerhalb dieses Zeitraums im Durchschnitt die wöchentliche Normalarbeitszeit von 40 Stunden nicht überschritten wird. Bei durchgehender Schichtarbeit oder wenn dies mit einem Schichtwechsel in Verbindung steht, kann die tägliche Normalarbeitszeit bis auf 12 Stunden am Wochenende (Beginn der Nachtschicht am Samstag bis zum Ende der Nachtschicht am Montag) durch Betriebsvereinbarung ausgedehnt werden.

Der Kollektivvertrag kann zulassen, dass die Normalarbeitszeit in einzelnen Wochen auf 56 Stunden ausgedehnt wird.

Gleitende Arbeitszeit

Gleitende Arbeitszeit ist nur dann möglich, wenn der Arbeitnehmer innerhalb eines vereinbarten zeitlichen Rahmens Beginn und Ende seiner täglichen Normalarbeitszeit selbst bestimmen kann. Die gleitende Arbeitszeit muss durch Betriebsvereinbarung, in Betrieben ohne Betriebsrat durch schriftliche Gleitzeitvereinbarung geregelt werden. Die Gleitzeitvereinbarung hat

— die Dauer der Gleitzeitperiode,

— den Gleitzeitrahmen,

— das Höchstausmaß der Übertragung von Zeitguthaben und Zeitschulden in die nächste Gleitzeitperiode und

— die Dauer und Lage der fiktiven Normalarbeitszeit zu enthalten.

Die tägliche Normalarbeitszeit darf neun Stunden nicht überschreiten. Der Kollektivvertrag kann eine Verlängerung der täglichen Normalarbeitszeit auf zehn Stunden zulassen oder die Betriebsvereinbarung zur Verlängerung ermächtigen. Die wöchentliche Normalarbeitszeit darf innerhalb der Gleitzeitperiode nur dann überschritten werden, wenn Übertragungsmöglichkeiten von Zeitguthaben vorgesehen sind.

Überstundenarbeit

Überstundenarbeit liegt vor, wenn entweder die Grenzen der gesetzlich zulässigen wöchentlichen oder täglichen Normalarbeitszeit überschritten wird (z. B. acht Stunden pro Tag bzw. 40 Stunden pro Woche). Gleitzeitguthaben, die übertragen werden können, sowie Zeitguthaben, die in die nächste Durchrechnungsperiode übertragen werden können, gelten nicht als Überstunden. Bei Arbeitsbereitschaft kann die Tagesarbeitszeit auf 13 Stunden ausgedehnt werden.

Bei Einführung einer Viertagewoche kann durch Kollektivvertrag oder Betriebsvereinbarung die Tagesarbeitszeit bis zu 12 Stunden ausgedehnt werden. Arbeitnehmer dürfen zur Überstundenarbeit nur dann herangezogen werden, wenn diese nach dem Gesetz zugelassen ist und berücksichtigungswürdige Interessen des Arbeitnehmers nicht verletzen.

Grenzen der Überstundenleistung

Bei Vorliegen eines erhöhten Arbeitsbedarfs können fünf Überstunden wöchentlich vereinbart werden. Darüber hinaus können weitere fünf Überstunden wöchentlich (insgesamt also zehn Überstunden wöchentlich), diese jedoch nur in einem jährlichen Höchstausmaß von 60 Stunden, ohne Zustimmung des Arbeitsinspektorats vereinbart werden. Kollektivverträge können auch noch ein höheres zulässiges Ausmaß vorsehen. Darüber hinaus kann aber nur das Arbeitsinspektorat bei Nachweis eines dringenden Bedürfnisses auf Antrag des Arbeitgebers Überstunden bewilligen.

Überstundenvergütung

Für Überstunden gebührt ein Zuschlag von 50 Prozent oder eine Abgeltung durch Zeitausgleich. Der Überstundenzuschlag ist bei der Bemessung des Zeitausgleichs zu berücksichtigen oder gesondert auszuzahlen.

In vielen Kollektivverträgen sind für Nacht-, Feiertags- und Sonntagsarbeit 100-prozentige Zuschläge vorgesehen. Der Berechnung des Zuschlags ist die Normalstundenentlohnung zugrunde zu legen, wobei der Kollektivvertrag auch eine günstigere Berechnungsart vorsehen kann.

Eine Vereinbarung, Überstunden nur im Verhältnis 1:1 abzugelten, ist nicht zulässig; vorenthaltene Zuschläge können unter Berücksichtigung allfälliger Verjährungs- und Verfallsbestimmungen nachgefordert werden.

Quelle: Arbeitnehmerrechte, herausgegeben von der Kammer für Arbeiter und Angestellte für Wien, aktualisierte Auflage, Stand: Jänner 2003

Die Sozialversicherung

Karl Jedermann erkrankt während des Bestandes des Dienstverhältnisses und muss ärztliche Hilfe in Anspruch nehmen. Die Auslagen, die damit verbunden sind, belasten ihn jedoch nicht, da er als Dienstnehmer sozialversichert ist.

Sein Dienstgeber ist verpflichtet, ihn binnen drei Tagen bei der Krankenkasse mittels eines entsprechenden Formulars anzumelden und später jede Änderung des Arbeitsverdienstes dem Sozialversicherungsträger mitzuteilen. Aufgrund dieser vom Gesetz vorgeschriebenen Anmeldung zur Versicherung genießt Karl Jedermann **Kranken-, Unfall-, Arbeitslosen- und Pensionsversicherungsschutz** (siehe Seite 589 ff.).

Wenn Karl Jedermann **während des Urlaubs** erkrankt oder verunglückt, sind die Tage der Erkrankung auf das Urlaubsausmaß **nicht anzurechnen**, wenn die dadurch entstandene Arbeitsunfähigkeit mehr als **drei Kalendertage** andauert. Eine Erkrankung bis zu drei Tagen ist dem Urlaub anzurechnen.

Der Arbeitnehmer hat allerdings dem Arbeitgeber die Erkrankung (Unglücksfall) nach drei Tagen unverzüglich zu melden und nach Wiederantritt des Dienstes ein ärztliches Zeugnis vorzuweisen.

Erkrankung im Ausland

Bei einer **Erkrankung im Ausland** muss neben dem ärztlichen Zeugnis auch eine behördliche Bestätigung beigebracht werden, aus der hervorgeht, dass dieses ärztliche Zeugnis von einer zum Arztberuf zugelassenen Person ausgestellt wurde. Diese Bestätigung ist bei einer Behandlung in einer Krankenanstalt, sei es stationär oder ambulant, nicht notwendig.

Dienstverhinderung durch Krankheit

Karl Jedermann hat als Angestellter nach § 8 Angestelltengesetz im Fall der **Dienstverhinderung durch Krankheit** oder Unglücksfall Anspruch auf Weiterzahlung des Gehalts, und zwar für mindestens sechs Wochen volles Entgelt und vier Wochen halbes Entgelt. Dieser Anspruch steigt auf bis zu zwölf Wochen volles Entgelt (nach 25 Jahren ununterbrochener Dienstzeit) und vier Wochen halbes Entgelt.

Wäre Karl Jedermann Arbeiter, so richteten sich bei einer durch Krankheit oder Unfall bedingten Dienstverhinderung seine Ansprüche auf das Krankenentgelt gegenüber dem Dienstgeber nach § 2 des Entgeltfortzahlungsgesetzes 1974. Danach behält ein Arbeitnehmer in diesem Fall seinen Anspruch auf das Entgelt, sofern das Arbeitsverhältnis bereits 14 Tage gedauert hat, bis zur Dauer von sechs Wochen. Der Anspruch auf das Entgelt erhöht sich auf die Dauer von acht Wochen, wenn das Arbeitsverhältnis fünf Jahre, von zehn Wochen, wenn es 15 Jahre, und von zwölf Wochen, wenn es 25 Jahre ununterbrochen gedauert hat.

Würde sich Karl Jedermann eines Tages selbstständig machen (siehe Seite 233 ff.), wäre im Pensionsversicherungsschutz keine Unterbrechung gegeben, da seit dem Jahr 1978 eine gewerbliche Sozialversicherung besteht und nach den Vorschriften des Gewerbliche Selbstständigen-Pensionsversicherungsgesetzes (GSPVG) eine Zusammenrechnung aller bei den verschiedenen Versicherungsträgern zurückgelegten Zeiten erfolgt.

Der Urlaubsanspruch

Dem Arbeitnehmer gebührt für jedes Arbeitsjahr ein ununterbrochener, bezahlter **Urlaub im Ausmaß von fünf Wochen** (30 Werktage bzw. 25 Arbeitstage). Dieser Anspruch erhöht sich nach einer Dienstzeit von 25 Jahren auf **sechs Wochen** (36 Werktage bzw. 30 Arbeitstage). Das Urlaubsausmaß wird im Gesetz in Werktagen und nicht in Arbeitstagen angegeben. **Werktage** sind alle Kalendertage mit Ausnahme der Sonntage und der gesetzlichen Feiertage. Daher werden als Urlaubstage auch an sich betrieblich arbeitsfreie Werktage (z. B. Samstage) berechnet; umgekehrt zählt ein Samstag-Feiertag, der in den Urlaub fällt, nicht als Urlaubstag.

Beginn des Anspruchs auf Urlaub

Im AVRAG ist auch das **Urlaubsrecht** neu geregelt. War der Arbeitnehmer sechs Monate und einen Tag beschäftigt, bekam er früher auch bei Selbstkündigung ab diesem Zeitpunkt den gesamten Jahresurlaub abgegolten. Jetzt fällt schon im ersten halben Jahr der Urlaubsanspruch aliquot an.

Der **Anspruch auf Urlaub** entsteht

— in den ersten sechs Monaten des ersten Arbeitsjahres im Verhältnis zu der im Arbeitsjahr zurückgelegten Dienstzeit (aliquot),
— nach Zurücklegung von sechs Monaten in voller Höhe;
— ab dem zweiten Arbeitsjahr entsteht der gesamte Urlaubsanspruch mit Beginn des Arbeitsjahres (voll).

Das **Urlaubsjahr** beginnt grundsätzlich mit dem jeweiligen **Eintrittstag**. Eine rechtsverbindliche Umstellung des Anspruchszeitraumes auf das Kalenderjahr oder einen anderen Zeitpunkt ist daher nur durch Kollektivvertrag oder Betriebsvereinbarung, nicht aber durch Einzelvereinbarung möglich. Alle Zeiten, die der Arbeitnehmer in unmittelbar vorausgegangenen Arbeits- oder Lehrverhältnissen beim selben Arbeitgeber zurückgelegt hat, gelten nach Erfüllung der sechsmonatigen Wartefrist im ersten Arbeitsjahr für die Bemessung des Urlaubsausmaßes und die Berechnung des Urlaubsjahres als **Dienstzeiten**. Für das Urlaubsausmaß sind auch Dienstzeiten bei demselben Arbeitgeber, die keine längere Unterbrechung als jeweils drei Monate aufweisen, zusammenzurechnen. Diese **Zusammenrechnung von Dienstzeiten** entfällt, wenn der Arbeitnehmer das Arbeitsverhältnis selbst aufkündigt, aus seinem Verschulden entlassen wird oder ohne wichtigen Grund vorzeitig austritt.

Urlaubsabgeltung

Im Urlaubsrecht gilt der Grundsatz, dass der Urlaub **nur einmal geteilt** werden kann, wobei ein Urlaubsteil mindestens eine Woche betragen muss (Erholungsmöglichkeit). Das Urlaubsgesetz verbietet bei aufrechtem Arbeitsverhältnis Vereinbarungen, die anstelle des Urlaubsverbrauchs in natura eine **Abgeltung des Urlaubs in Geld** vorsehen. Der Urlaub sollte möglichst bis zum Ende jenes Urlaubsjahres verbraucht werden, in dem der Anspruch entstanden ist. Ist dies nicht möglich, wird ein offener Urlaubsanspruch in das folgende Jahr übertragen. Zu einer **Urlaubsverjährung** kann es erst dann kommen, wenn sich Ansprüche in Höhe von drei Urlauben angesammelt haben (z. B. 15 Wochen) und ein vierter Urlaubsanspruch entstehen würde. Mit jedem Urlaub wird zunächst der älteste noch offene Urlaub aufgebraucht.

Der Arbeitsschutz

In der modernen Industriegesellschaft kommt dem **technischen Arbeitsschutz** große Bedeutung zu. Der Dienstgeber ist vor allem nach dem Arbeitnehmerschutzgesetz und der Allgemeinen Arbeitnehmerschutzverordnung verpflichtet, zum Schutz des Lebens und der Gesundheit der Arbeitnehmer die entsprechenden Vorkehrungen zu treffen und zu erhalten. Die grundlegenden Vorschriften enthält das ArbeitnehmerInnenschutzgesetz (ASchG). Es verpflichtet alle Arbeitgeber, für Sicherheit und Gesundheitsschutz der Arbeitnehmer in allen die Arbeit betreffenden Aspekten zu sorgen, wobei die Kosten dafür auf keinen Fall zulasten der Arbeitnehmer gehen dürfen. Auch sind die Arbeitgeber verpflichtet, die für die Sicherheit und Gesundheit der Arbeitnehmer bestehenden Gefahren zu ermitteln und zu berücksichtigen.

☛ Der Arbeitgeber ist verpflichtet, auf seine Kosten an einer für die Arbeitnehmer leicht zugänglichen Stelle die aushangpflichtigen Rechtsvorschriften aufzulegen.

Dabei sind insbesondere zu berücksichtigen:
- die Gestaltung und die Einrichtung der Arbeitsstätte,
- die Gestaltung und der Einsatz von Arbeitsmitteln,
- die Verwendung von Arbeitsstoffen,
- die Gestaltung der Arbeitsplätze,
- die Gestaltung der Arbeitsverfahren und Arbeitsvorgänge und deren Zusammenwirken,
- der Stand der Ausbildung und Unterweisung der Arbeitnehmer.

Sicherheitspersonen

Außerdem sind von den Arbeitgebern **Sicherheitspersonen** in ausreichender Anzahl zu bestellen. Diese haben die Arbeitnehmer in allen Fragen der Sicherheit und des Gesundheitsschutzes zu informieren, zu beraten und zu unterstützen, und sie haben die Arbeitgeber bei der Durchführung der gebotenen Schutzmaßnahmen zu beraten.

Das ASchG gilt für Arbeitnehmer, die im Rahmen eines Beschäftigungs- oder Ausbildungsverhältnisses in Arbeitsstätten, auf auswärtigen Arbeitsstellen und auf Baustellen tätig sind.

Der Betriebsrat

Nach dem Arbeitsverfassungsgesetz ist in jedem Betrieb mit mindestens fünf Dienstnehmern ein **Betriebsrat** zu wählen, wobei die Zahl der Betriebsräte mit der Zahl der Beschäftigten steigt. In Betrieben mit 51 bis 100 Dienstnehmern beispielsweise besteht der Betriebsrat aus vier Mitgliedern.

Der Betriebsrat hat die dienstrechtlichen, sozialen, wirtschaftlichen und sittlichen **Interessen der Dienstnehmer** zu schützen, auf die Einhaltung der diesbezüglichen Vorschriften zu achten und diese notfalls gegenüber dem Dienstgeber durchzusetzen. Die **Betriebsratsmitglieder** werden durch unmittelbare geheime Wahl für die Dauer von vier Jahren gewählt, und zwar getrennt für Arbeiter und Angestellte – dies allerdings nur dann, wenn sowohl der Gruppe der Arbeiter als auch jener der Angestellten dauernd mindestens fünf stimmberechtigte Arbeitnehmer angehören. Die Betriebsratsmitglieder genießen **Kündigungs- und Entlassungsschutz**, weil dies für die Durchführung ihrer Aufgaben zur Unabhängigkeit vom Dienstgeber notwendig ist.

Die Kündigung

Infolge einer plötzlich eintretenden Konjunkturveränderung (Verschlechterung) kündigt der Geschäftsinhaber einigen Angestellten, darunter auch Karl Jedermann.

Nach dem Arbeitsverfassungsgesetz (ArbVG), § 105, ist der Dienstgeber in Betrieben, in denen Betriebsräte gewählt sind, verpflichtet, eine beabsichtigte Kündigung vorher dem **Betriebsrat mitzuteilen**, ansonsten ist die Kündigung rechtsunwirksam. Wenn der Betriebsrat gegen die Kündigung Einspruch erhebt, kann diese zwar ausgesprochen werden, doch können Betriebsrat oder Dienstnehmer die Kündigung beim Arbeits- und Sozialgericht anfechten.

Anfechtung

Eine solche **Anfechtung** ist möglich, wenn die Kündigung z. B. wegen gewerkschaftlicher Tätigkeit des Dienstnehmers oder wegen der Kandidatur für den Betriebsrat erfolgt. Dauert das Dienstverhältnis mindestens sechs Monate, kann eine Kündigung auch wegen sozialer Härte angefochten werden, wenn sie in den Betriebsverhältnissen nicht begründet ist. Die Kündigung ist rechtsunwirksam, wenn das Arbeits- und Sozialgericht der Anfechtung stattgibt.

Kündigungsfrist

Die einzuhaltende **Kündigungsfrist** wird durch § 20 Angestelltengesetz geregelt und beträgt zwischen sechs Wochen und fünf Monaten. Arbeiter haben grundsätzlich eine 14-tägige Kündigungsfrist, die jedoch einvernehmlich zwischen Dienstgeber und Dienstnehmer oder durch Kollektivvertrag, Betriebsvereinbarung oder Arbeitsvertrag abgeändert werden kann.

Die Abfertigung

Da Karl Jedermann sieht, dass er es an seinem alten Arbeitsplatz nicht mehr recht weit bringen wird, versucht er unter Verzicht auf eine etwaige Anfechtung der Kündigung zu einer einvernehmlichen Auflösung des Dienstverhältnisses zu kommen. Dies gelingt auch und Karl Jedermann scheidet unter Empfang einer Abfertigung aus dem Dienstverhältnis.

Angestellte haben gemäß § 23 Angestelltengesetz einen **Abfertigungsanspruch**. Dieser entsteht erst nach einer Tätigkeit von mindestens drei Jahren und beträgt dann das Zweifache des letzten Monatsentgelts. Die Abfertigung erhöht sich nach fünf Dienstjahren auf das Dreifache, nach zehn Dienstjahren auf das Vierfache, nach 15 Dienstjahren auf das Sechsfache, nach 20 Dienstjahren auf das Neunfache und nach 25 Dienstjahren auf das Zwölffache des monatlichen Entgelts.

Bei der **Berechnung der Abfertigung** sind alle Zeiten zu berücksichtigen, die der Angestellte in unmittelbar vorausgegangenen Dienstverhältnissen als Arbeiter oder Lehrling beim selben Dienstgeber absolviert hat, Zeiten eines Lehrverhältnisses jedoch nur dann, wenn das Dienstverhältnis einschließlich der Lehrzeit mindestens sieben Jahre ununterbrochen gedauert hat.

Nach § 23 Abs. 7 Angestelltengesetz besteht **kein Anspruch auf Abfertigung**, wenn der Angestellte kündigt, wenn er ohne wichtigen Grund vorzeitig austritt oder wenn ihn ein Verschulden an der vorzeitigen Entlassung trifft.

Die **Ausnahmen** von dieser Regelung legt § 23a Angestelltengesetz fest. Danach besteht auch dann ein **Anspruch auf Abfertigung**, wenn das Dienstverhältnis mindestens **zehn Jahre** ununterbrochen gedauert hat und

— bei Männern nach Vollendung des 65. Lebensjahres, bei Frauen nach Vollendung des 60. Lebensjahres oder

— wegen Inanspruchnahme der vorzeitigen Alterspension bei langer Versicherungsdauer oder
— wegen Inanspruchnahme einer Gleitpension oder
— wegen Inanspruchnahme einer Pension durch geminderte Arbeitsfähigkeit durch **Kündigung seitens des Dienstnehmers** endet.

Arbeiter erhalten Abfertigungen nach Maßgabe des Arbeiterabfertigungsgesetzes 1979.

»Abfertigung neu«

Eine Verbesserung der Abfertigungsbestimmungen trat am 1. Jänner 2003 durch das Betriebliche Mitarbeitervorsorgegesetz – BMVG, BGBl. I Nr. 100/2002, in Kraft.

Die wichtigsten Eckpunkte der neuen Regelung

☛ Seit 1. Jänner 2003 erwerben alle Arbeitnehmerinnen und Arbeitnehmer mit neuen Dienstverhältnissen Anspruch auf eine Abfertigung.
Arbeitgeber haben seit 1.1.2003 für alle ArbeitnehmerInnen, für die das neue Recht gilt, Abfertigungsbeiträge an eine Mitarbeitervorsorge-Kasse (MV-Kasse) zu zahlen. Der Ausschluss von Saisonbeschäftigten und unter 3-jährig beschäftigten findet damit ein Ende.

Die Höhe der künftigen Abfertigungen errechnet sich aus der Summe der eingezahlten Beiträge und aus den Veranlagungserträgen. Das sprunghafte Ansteigen des Anspruchs zu bestimmten Stichtagen gehört damit der Vergangenheit an.
Bei Selbstkündigung bleiben die erworbenen Abfertigungsanwartschaften erhalten. Der Verlust der Abfertigung bei Selbstkündigung eines Arbeitsverhältnisses ist im neuen Recht ausgeschlossen.
Saisonarbeitskräfte, vor allem in den Fremdenverkehrsberufen, erhalten erstmals eine Abfertigung. Lehrzeiten werden berücksichtigt. Wer öfter den Job wechselt, verliert ebenso nichts wie Arbeitnehmer für Präsenz- oder Zivildienst.
Beiträge zur Abfertigung für Eltern in Karenz zahlt der Familienlastenausgleichsfonds.
Die Arbeitnehmer entscheiden, ob sie die Abfertigung bar ausgezahlt oder als Zusatzpension haben wollen.
Das neue Recht gilt zwingend für alle Arbeitsverhältnisse, die seit 1.1.2003 neu beginnen.
Für Arbeitnehmer in aufrechten Arbeitsverhältnissen gibt es Übertrittsmöglichkeiten vom alten in das neue Recht, gebunden an eine Zustimmung der einzelnen ArbeitnehmerInnen und des jeweiligen Arbeitgebers.
Für die Abfertigung der Bauarbeiter wird auch in Zukunft die Bauarbeiter-Urlaubs- und Abfertigungskasse (BUAG) zuständig sein.

Für wen und ab wann gilt die »Abfertigung neu«?

Die Abfertigung neu gilt uneingeschränkt für alle Arbeitsverhältnisse, die nach dem 31. Dezember 2002 abgeschlossen werden. Ausgenommen von der »Abfertigung neu« sind u. a. Vertragsbedienstete der Länder und Gemeinden sowie freie Dienstnehmer.

Was geschieht mit bereits bestehenden Arbeitsverhältnissen?

Arbeitsverhältnisse, die am 31. Dezember 2002 bereits bestehen, unterliegen grundsätzlich dem alten Abfertigungsrecht, das bedeutet, dass wie bisher ein Abfertigungsanspruch erst bei einer ununterbrochenen dreijährigen Dienstdauer zusteht und auch bei Eigenkündigung des Arbeitnehmers (oder verschuldeter Entlassung bzw. unbegründetem Austritt) verloren geht.

Vorteile der »Abfertigung neu«

Für den Arbeitgeber	Für den Arbeitnehmer
— Liquiditätsengpässe durch Abfertigungszahlungen werden vermieden	— Abfertigungsbeiträge werden auf persönliche Abfertigungskonten eingezahlt.
— Kein Verwaltungsaufwand für »Abfertigung neu«	— Der Abfertigungsanspruch verfällt auch bei einem Wechsel des Arbeitgebers nicht (Rucksackprinzip).
— Verbesserte Eigenkapitalsituation der Betriebe	— Bei Pensionsantritt besteht Wahlmöglichkeit zwischen Kapital- und Rentenzahlung.
— Rückstellungen und Wertpapierdeckung nicht erforderlich	— Begünstigte Besteuerung, 6 % auf Kapitalauszahlungen, Rentenzahlungen sind steuerfrei.
— Erhöhte Kostenwahrheit durch Zeitgleichheit von Arbeits- und Beitragleistung	— In den Genuss von Ansprüchen kommen ab jetzt auch alle kurz dauernden Beschäftigungsverhältnisse.

Quelle: BAWAG

Das Zeugnis

Karl Jedermann bekommt von seinem Dienstgeber ein schriftliches Zeugnis über die Dauer und Art der Dienstleistung.

Er hat darauf nach § 1163 ABGB und nach § 39 Angestelltengesetz Anspruch. Eintragungen und Anmerkungen im Zeugnis, durch die dem Dienstnehmer das Erlangen einer neuen Stellung erschwert wird, sind unzulässig.

Gebührenpflichtige Zeugnisse sind Schriften, durch die persönliche Eigenschaften oder Fähigkeiten oder tatsächliche Umstände bekundet werden. Darunter versteht das Gesetz eine Erklärung (Bescheinigung, Bestätigung) über persönliche Eigenschaften oder Fähigkeiten oder tatsächliche Umstände, sofern aus dem Inhalt der Schrift hervorgeht, dass diese Erklärung dazu bestimmt ist, dem Ausstellungswerber gegenüber einem von vornherein nicht begrenzten Kreis von Personen zum Ausweis zu dienen oder einen Beweis zu erbringen.

Ein gebührenpflichtiges Zeugnis liegt nicht vor, wenn eine Erklärung (Bescheinigung, Bestätigung) über persönliche Eigenschaften oder Fähigkeiten oder tatsächliche Umstände an eine bestimmte, vom Ausstellungswerber verschiedene (physische oder juristische) Person adressiert wird und sich aus der Adressierung im Zusammenhang mit dem sonstigen Inhalt der Schrift ergibt, dass es sich nur um eine an eine bestimmte Person gerichtete Mitteilung handelt. Das Gleiche gilt auch dann, wenn eine derartige Erklärung (Bescheinigung, Bestätigung) auf ein Schreiben gesetzt wird, das von vornherein an eine bestimmte Person gerichtet ist.

Ebenso liegt kein gebührenpflichtiges Zeugnis, sondern eine **gebührenfreie Mitteilung** vor, wenn zwar eine Adressierung fehlt, aus dem Inhalt der Schrift jedoch hervorgeht, dass die darin enthaltene Erklärung (Bescheinigung, Bestätigung) über persönliche Eigenschaften oder Fähigkeiten oder tatsächliche Umstände an eine bestimmte physische oder juristische Person gerichtet ist.

Eine allgemeine Zweckangabe allein, z. B. »Zum Zwecke der Geltendmachung eines Schadenersatzanspruchs wird bestätigt ...«, schließt die Gebührenpflicht eines

Zeugnisses jedoch grundsätzlich nicht aus. Es ist daher vor allem bei Gehaltsbestätigungen für bestimmte Zwecke oder bei Krankmeldungen darauf zu achten, dass – soll die Gebührenpflicht vermieden werden – sie als **Mitteilungen** und nicht als Zeugnis abgefasst werden.

Die Arbeitsbescheinigung

Der Arbeitgeber ist nach § 46 Abs. 4 Arbeitslosenversicherungsgesetz (AlVG) verpflichtet, dem Arbeitnehmer bei Beendigung des Arbeitsverhältnisses eine **Arbeitsbescheinigung** auszustellen; das ist ein eigenes Formular für die Beantragung des Arbeitslosengeldes. Erhält ein Arbeitnehmer diese Arbeitsbescheinigung nicht, obliegt es grundsätzlich dem Arbeitsmarktservice (AMS), dem Arbeitslosen bei der Beschaffung der Arbeitsbescheinigung behilflich zu sein. Der Arbeitgeber ist in solchen Fällen vom Arbeitsamt auf seine gesetzliche Verpflichtung aufmerksam zu machen. Erforderlichenfalls hat das Arbeitsmarktservice, wenn der Arbeitgeber die Ausstellung der Arbeitsbescheinigung grundlos verweigert, das Strafverfahren nach § 71 Abs. 1 ALVG bei der Bezirksverwaltungsbehörde einzuleiten. Auf jeden Fall ist der Betroffene aber berechtigt, bei der Bezirksverwaltungsbehörde einen **Strafantrag** zu stellen. Bei Verweigerung der Arbeitsbescheinigung kann eine Ersatzarbeitsbescheinigung für den Anspruch auf Arbeitslosengeld beantragt werden.

Der **Arbeitslosenanspruch** kann nur durch **persönliche Vorsprache** des Arbeitslosen selbst geltend gemacht werden. Rückwirkend wird eine Geltendmachung nicht anerkannt; daher muss der Antrag sofort nach Beendigung des Arbeitsverhältnisses gestellt werden, auch wenn noch keine Arbeitsbescheinigung ausgefolgt wurde.

Karl Jedermann als Geschäftsmann

Das Unternehmen

*Bis jetzt haben wir dem Erwerbsleben der Mitglieder der Familie Jedermann, soweit es sich um **selbstständige Erwerbstätigkeit** handelt, noch nicht die nötige Beachtung geschenkt. Gerade hier wirken sich aber Fehler besonders schwer aus, weil sie zu wirtschaftlicher Schädigung führen können. Da fast alle selbstständigen Berufe in unserer Rechtsordnung **Sonderregelungen** genießen, ist hier rechtliche Kenntnis von besonderer Bedeutung.*

Für Ärzte, Rechtsanwälte, Wirtschaftstreuhänder und eine Reihe anderer freiberuflicher Tätigkeiten sehen gesetzliche Bestimmungen eine zum Teil langwierige Ausbildung vor, um den Angehörigen dieser Berufe das nötige Spezialwissen zu vermitteln. Auch für den Gewerbetreibenden ist in fast allen Fällen die Erbringung eines **Befähigungsnachweises** aufgrund der **Gewerbeordnung** 1973, zuletzt geändert durch die Gewerberechtsnovelle 2000 (wichtigste Inhalte: Vermeidung und Verminderung der Umweltverschmutzung, Bezirksverwaltungsbehörde [Bezirkshauptmannschaft bzw. Magistrat] ist für alle gewerblichen Betriebsanlagen als Anlagenbehörde eingerichtet, Unabhängiger Verwaltungssenat [UVS] wurde generell als Berufungsbehörde installiert) sowie die Gewerbeordnungsnovelle 2002 (Entfall der Befähigungsnachweispflicht für das Handelsgewerbe, Wegfall des Konkurses als Gewerbeausschluss- bzw. Entziehungsgrund, Systematisierung und Liberalisierung des Befähigungsnachweissystems und Erweiterung und Liberalisierung der Nebenrechte der Gewerbetreibenden) vorgesehen.

Zulassungsvoraussetzungen

Karl Jedermann hat seinerzeit die Handelsschule besucht und später die Kaufmannsgehilfenprüfung abgelegt. Er war auch einige Jahre in einer Textilfirma als kaufmännischer Angestellter tätig und hat bei seinem Chef manches gelernt. Deshalb fasst er den Mut, sich als selbstständiger Kaufmann zu betätigen. Als geeignetes Lokal findet Karl Jedermann in der Stoffstraße 20 in Wien zwei Parterreräume. Er schließt hierüber einen Mietvertrag auf unbestimmte Zeit mit dem Hausherrn Xaver Huber ab (über Mietverträge siehe Seite 20 ff.). Dann schaltet er in einer viel gelesenen Tageszeitung eine Anzeige ein, wonach er eine Angestellte und ein Lehrmädchen sucht.

Gewerbeanmeldung

Karl Jedermann begibt sich zum Magistratischen Bezirksamt für den Bezirk, in dem seine neuen Geschäftslokalitäten liegen. Wäre es nicht in Wien, so ginge er zur zuständigen Bezirkshauptmannschaft oder zum Magistrat seiner Heimatstadt, wenn dies eine Stadt mit eigenem Statut ist (Eisenstadt, Graz, Innsbruck, Klagenfurt, Krems, Linz, Rust, Salzburg, St. Pölten, Steyr, Villach, Waidhofen an der Ybbs, Wiener Neustadt). Dort nimmt er die **Gewerbeanmeldung** vor. Diese hat zu enthalten:

— persönliche Angaben (Name, Geburtsdatum, Wohnort, Staatsangehörigkeit),

— die genaue Bezeichnung des Gewerbes,
— die Angabe des für die Gewerbeausübung in Aussicht genommenen Standortes.

Beim **Einzelunternehmen:**
— Geburtsurkunde
— Staatsbürgerschaftsnachweis (falls nötig Aufenthaltstitel)
— Meldezettel
— allenfalls Heirats- bzw. Scheidungsurkunde
— allenfalls Unterlagen über akademische Grade
— Erklärung über Nichtvorliegen von Gewerbeausschlussgründen
— NEUFÖG-Bestätigung der Wirtschaftskammer im Falle einer Neugründung bzw. einer Betriebsübernahme durch Neugründer
— allenfalls Befähigungsnachweis (z. B. Zeugnisse)

Bei **Gesellschaften:**
— Firmenbuchauszug der Erwerbsgesellschaft bzw. der GmbH – nicht älter als drei Monate – oder
— Gesellschaftsvertrag bei Personengesellschaften des Handelsrechts
— Erklärung für den Gewerbeanmelder im Fall der Bestellung eines gewerberechtlichen Geschäftsführers

Wird ein **gewerberechtlicher Geschäftsführer** bestellt:
— Gewerbeurkunde
— Staatsbürgerschaftsnachweis (falls nötig Aufenthaltstitel)
— Meldezettel
— allenfalls Heirats- bzw. Scheidungsurkunde
— Bestätigung der Gebietskrankenkasse bei Anstellung des gewerberechtlichen Geschäftsführers
— allenfalls Befähigungsnachweise (z. B. Zeugnisse)
— Geschäftsführererklärung (Erklärung über Betätigung und über Nichtvorliegen von Gewerbeausschlussgründen)

Wer ein Gewerbe anmeldet, muss Mitglied der **Wirtschaftskammer** sein (Zwangsmitgliedschaft). Die Wirtschaftskammer ist bundesländerweise organisiert. Da sein Unternehmen den Handel mit Textilien zum Gegenstand hat, gehört Karl Jedermann der Sektion Handel an. Neben der Sektion Handel bestehen die Sektionen Bank und Versicherung, Gewerbe, Handwerk, Dienstleistung, Industrie, Tourismus und Freizeitwirtschaft, Transport, Verkehr, Telekommunikation.

Durch die Gewerbeordnungsnovelle 2002 wurden sämtliche Gewerbe, für die ein Befähigungsnachweis (Prüfung, Schule etc.) erforderlich ist, zu den **reglementierten Gewerben** zusammengefasst (82 reglementierte Gewerbe). In wenigen Fällen ist eine Zuverlässigkeitsprüfung erforderlich. Seit der Gewerberechtsnovelle 1997 gibt es auch eine Anzahl so genannter **Teilgewerbe**, für die eine einfachere Befähigung nachzuweisen ist (Lehrabschlussprüfung, fachliche Tätigkeit oder einschlägige Schule bzw. Lehrgang gemäß § 31 GewO.

Außerdem gibt es **freie Gewerbe**, die keines Befähigungsnachweises bedürfen. »Freie Gewerbe« sind Tätigkeiten, die weder von der »Kerntätigkeit« eines reglementierten Gewerbes erfasst sind, noch deren fachgemäße Ausübung den sonst vorgeschriebenen Befähigungsnachweis erfordern. Sie können daher ohne Nachweis einer speziellen Ausbildung bei der Gewerbebehörde angemeldet werden. Mit der Gewerbeordnungsnovelle 2002 wurde auch das Handelsgewerbe und Handelsagentengewerbe ein freies Gewerbe [also auch der Textilhandel von Karl Jedermann].

Wann braucht man einen Gewerbeschein?

Für jede gewerbliche Tätigkeit benötigt man eine Gewerbeberechtigung, die die Gewerbebehörde ausstellt. Gewerbsmäßigkeit ist gegeben, wenn man eine Tätigkeit selbstständig, regelmäßig und in Ertragsabsicht durchführen will.

Als »selbstständig« gilt eine Tätigkeit dann, wenn sie auf eigene Rechnung und Gefahr ausgeübt wird. Als »regelmäßig ausgeübt« gilt eine Tätigkeit dann, wenn angenommen werden kann, dass die Tätigkeit wiederholt wird oder die Tätigkeit üblicherweise längere Zeit in Anspruch nimmt.

Welche Gewerbeberechtigung erforderlich ist, hängt von der ausgeübten Tätigkeit ab. Wer etwa typische handwerkliche Tätigkeiten verrichtet, benötigt eine Gewerbeberechtigung in einem reglementierten Gewerbe (Handwerk) (z. B. Auto reparieren = Kraftfahrzeugtechnik, Möbelerzeugung = Tischler). Es gibt aber auch einzelne Tätigkeiten, die man nicht so einfach zuordnen kann, bei denen erst zu prüfen sein wird, welche Gewerbeberechtigung erforderlich ist.

Vom Anwendungsbereich der Gewerbeordnung ausdrücklich ausgenommen sind nur selbstständige Berufe, die meist ohnehin durch andere Gesetze geregelt sind (z. B. Ärzte, Apotheker, Notare, Landwirte usw.) bzw. die »Neuen Selbstständigen« (z. B. Psycho- und Physiotherapeuten, Vortragende usw.).

Reglementierte Gewerbe (§ 94 GewO)

a) **Handwerk:** erfolgreich abgelegte Meisterprüfung oder der Abschluss einer für das betreffende Handwerk einschlägigen Schule (z. B. Uni, HTL, FH, Fachakademie, WMS etc.) gekoppelt mit unterschiedlich langen Praxiszeiten.

b) **Sonstige reglementierte Gewerbe:** nach Gewerbe unterschiedliche Befähigungsnachweise erforderlich. Es können Praxiszeiten, Ausbildungen, bestimmte Prüfungen oder Kombinationen durchaus vorgeschrieben werden.

c) **Rechtskraftgewerbe:** zum jeweiligen Befähigungsnachweis ist zusätzlich die Erteilung eines rechtskräftigen Bescheides über die Zuverlässigkeit erforderlich.

Tätigkeiten, die nicht als reglementierte Gewerbe oder Teilgewerbe ausdrücklich angeführt sind, sind freie Gewerbe (§ 5 Abs 2 GewO).

Bei reglementierten Gewerben, die Rechtskraftgewerbe sind (z. B. Baumeister, Vermögensberatung), wird das Gewerbe auch bei der Gewerbebehörde (BH, Magistrat) angemeldet. Die Gewerbebehörde überprüft in diesen Fällen noch die Zuverlässigkeit des Gewerbeanmelders und erlässt darüber einen Bescheid. Erst mit Rechtskraft dieses Bescheides darf das Gewerbe ausgeübt werden.

Hingegen können freie Gewerbe, Teilgewerbe und andere reglementierte Gewerbe kurzfristiger agieren. Man darf, falls man die Voraussetzungen erfüllt, die Tätigkeit mit der Anmeldung bei der Behörde aufnehmen, man muss also nicht auf einen Bescheid warten.

Art des Gewerbes	Ausübungsbeginn
Freie Gewerbe Teilgewerbe reglementierte Gewerbe	mit Gewerbeanmeldung
reglementierte Gewerbe (Rechtskraftgewerbe)	mit Erteilung des rechtskräftigen Bescheides der Gewerbebehörde

Wie kommt man zu einem Gewerbeschein?

Folgende allgemeine Voraussetzungen sind zu erfüllen:

- Österreichische Staatsbürgerschaft oder EWR/EU-Bürger bzw. Gleichstellung samt Aufenthaltsbewilligung
- Eigenberechtigung (vollendetes 18. Lebensjahr)
- Keine Ausschließungsgründe (z. B. Finanzstrafdelikte, gerichtliche Verurteilungen, Abweisung eines Konkurses mangels Masse)
- Geeigneter Standort

Diese allgemeinen Voraussetzungen sind auch für die Ausübung eines freien Gewerbes nachzuweisen.

Antrittsvoraussetzungen

Welche Befähigungen sind nachzuweisen?

Je nach Art des Gewerbes sind neben den allgemeinen Voraussetzungen auch besondere Voraussetzungen zu erfüllen. Man muss daher überprüfen, ob man über die vorgeschriebenen fachlichen und kaufmännischen Fähigkeiten verfügt und die entsprechenden darauf Bezug nehmenden Belege (Fachschulzeugnisse, Meister- bzw. Befähigungszeugnis oder andere in der jeweiligen Befähigungsnachweis-Verordnung genannten Nachweise wie Verwendungszeiten u. a.) vorlegen kann.

Was tun bei fehlendem Befähigungsnachweis?

Personen, die die formal erforderliche Befähigung für das angestrebte Gewerbe nicht voll erfüllen, können

- unter bestimmten Voraussetzungen um eine Nachsicht vom Befähigungsnachweis ansuchen;
- einen gewerberechtlichen Geschäftsführer bestellen.

Die **Gewerbebehörde kann die individuelle Befähigung feststellen**, wenn keine Gewerbeausschlussgründe vorliegen und durch die beigebrachten Beweismittel die für die jeweilige Gewerbeausübung erforderlichen Kenntnisse, Fähigkeiten und Erfahrungen nachgewiesen werden.

Die Begründung soll Folgendes enthalten:

- den persönlichen Lebenslauf,
- den beruflichen bzw. schulischen Werdegang,
- den beabsichtigten Standort,
- eine Erklärung, ob es sich um eine Übernahme oder um die Neugründung eines Betrieb handelt,
- die Beschreibung der geplanten Tätigkeit,
- den Hinweis auf besuchte Weiterbildungskurse, allenfalls bereits abgelegte andere Prüfungen als jene, die auf den Befähigungsnachweis anzurechnen waren.

Um die Feststellung der individuellen Befähigung kann gesondert oder in Verbindung mit der Gewerbeanmeldung bei der Gewerbebehörde (BH, Magistrat) angesucht werden. Das Gewerbe kann jedoch erst nach Rechtskraft des Feststellungsbescheides ausgeübt werden.

Wer muss die allgemeinen und besonderen Voraussetzungen erfüllen?

Ein Einzelunternehmer muss grundsätzlich in seiner Person die Voraussetzungen für den Gewerbeantritt (die Gewerbeausübung) erfüllen.

Soll das Gewerbe von einer Gesellschaft ausgeübt werden, müssen die Voraussetzungen von einem der Gesellschaft bestellten gewerberechtlichen Geschäftsführer nachgewiesen werden. Als solcher kann bei Personengesellschaften des Handelsrechts (Offene Handelsgesellschaft/OHG, Kommanditgesellschaft/KG, Offene Erwerbsgesellschaft/OEG, Kommandit-Er-

werbsgesellschaft/KEG), wenn für die Ausübung des Gewerbes ein Befähigungsnachweis erforderlich ist, ein solcherart befähigter persönlich haftender Gesellschafter, der nach dem Gesellschaftsvertrag zur Geschäftsführung und Vertretung der Gesellschaft berechtigt ist, oder ein solcherart befähigter mindestens zur Hälfte der wöchentlichen Normalarbeitszeit im Betrieb beschäftigter voll sozialversicherungspflichtiger Arbeitnehmer bestellt werden; der Geschäftsführer ist der Gewerbebehörde anzuzeigen. Die Gewerbeberechtigung, um die die Gesellschaft nach vollzogener Eintragung ins Firmenbuch ansucht, lautet dann auch auf die Gesellschaft.
Wenn man die Voraussetzungen zur Ausübung eines Gewerbes nicht erfüllt, weil man den Befähigungsnachweis nicht erbringen und eine individuelle Befähigung nicht nachgewiesen werden kann, besteht die Möglichkeit, den fehlenden Befähigungsnachweis durch einen gewerberechtlichen Geschäftsführer ersetzen zu lassen, wobei der Geschäftsführer den fehlenden Befähigungsnachweis besitzen muss.

Der gewerberechtliche Geschäftsführer

Der gewerberechtliche Geschäftsführer muss den für die Ausübung des betreffenden Gewerbes vorgeschriebenen persönlichen und – wenn nötig – besonderen Voraussetzungen entsprechen und in der Lage sein, sich im Betrieb entsprechend zu betätigen; er ist dem Gewerbeinhaber gegenüber für die fachlich einwandfreie Ausübung des Gewerbes und der Behörde gegenüber für die Einhaltung der gewerberechtlichen Vorschriften verantwortlich. Deshalb muss er die diesen Verpflichtungen entsprechende selbstverantwortliche Anordnungsbefugnis besitzen. Auch muss er der Erteilung der Anordnungsbefugnis und seiner Bestellung nachweislich zugestimmt haben. Der gewerberechtliche Geschäftsführer, der in einem reglementierten Gewerbe tätig werden soll, muss auch dann den allenfalls für die Gewerbeausübung erforderlichen Befähigungsnachweis erbringen, wenn der Betriebs-(Gewerbe-)inhaber gleichfalls diesen Befähigungsnachweis besitzt. Denn jeder Gewerbetreibende ist berechtigt, für die Ausübung seines Gewerbes einen Geschäftsführer zu bestellen, um etwa die Überwachung der ordentlichen Durchführung der Gewerbeausübung nicht selbst vornehmen zu müssen.
Der Gewerbetreibende hat die Bestellung und das Ausscheiden sowie die Neubestellung eines Geschäftsführers der Gewerbebehörde anzuzeigen und dieser Anzeige die zum Nachweis der gesetzlichen Voraussetzungen für die Tätigkeit, die Gegenstand der Anzeige ist, erforderlichen Belege anzuschließen; es sind dies die gleichen Belege, die der Gewerbetreibende selbst der Gewerbeanmeldung anzuschließen hat.

Wer gibt Auskunft zu gewerberechtlichen Fragen?

Zu allen gewerberechtlichen Fragen, z. B. welche Gewerbeberechtigung für die geplante Tätigkeit erforderlich ist und welche Voraussetzungen – sei es in der Gewerbeordnung oder in sonstigen Gesetzen und einschlägigen Verordnungen (etwa Befähigungsnachweisverordnung) – zu beachten sind, erhält man detaillierte Auskunft bei der nächstgelegenen Bezirksstelle der Wirtschaftskammer, dem Gründer-Service, allenfalls der Fachgruppe oder der Rechtspolitischen Abteilung in der Wirtschaftskammer des Bundeslandes.
Die Gewerbeberechtigung verleiht eine Reihe in der Gewerbeordnung enthaltene Rechte, und zwar allgemeine Rechte, die für alle Inhaber einer Gewerbeberechtigung gelten, und besondere Rechte, die in dem einzelnen Gewerbe ihre Grundlage haben (z. B. Berechtigungsumfang). Sie verbindet aber mit dem Recht zur Gewerbeausübung auch bestimmte Pflichten, deren Nichtbeachtung unter Androhung von Geldstrafen in bestimmter, nach den einzelnen Übertretungen unterschiedlicher Höhe geahndet wird.

Niederlassungs- und Dienstleistungsfreiheit

Mit Inkrafttreten des EWR-Vertrages kommen in Österreich die EU-Regeln über die Niederlassungs- und Dienstleistungsfreiheit zum Tragen.

Die **Niederlassungsfreiheit** ermöglicht Gewerbetreibenden, in jedem anderen EWR/EU-Mitgliedsstaat ein Unternehmen oder eine Gesellschaft zu gründen und zu betreiben.
Die **Dienstleistungsfreiheit** eröffnet Gewerbetreibenden die Möglichkeit, ihre Tätigkeit auch nur vorübergehend »über die Grenze«, in anderen Mitgliedsstaaten zu verrichten.
Angehörige von EWR/EU-Staaten, die sich in Österreich zwecks Ausübung einer gewerblichen Tätigkeit niederlassen oder bestellte gewerbliche Arbeiten ausführen wollen, sind Österreichern im Hinblick auf die Staatsbürgerschaft gleichgestellt.
Angehörige von EWR/EU-Staaten haben aber die für die jeweilige Gewerbeausübung in Österreich erforderlichen einschlägigen Berechtigungen zu erwerben.

Quelle: Auszug aus »Leitfaden für Gründer und Gründerinnen«, 8. Aufl., herausgegeben vom Gründer-Service der Wirtschaftskammern Österreichs.

Karl Jedermann hat vor der Anmeldung seines Gewerbes bei der Wirtschaftskammer Wien die Einverleibungsgebühr bezahlt, wodurch er Mitglied der Kammer wurde. Den Nachweis über den Erlag der Einverleibungsgebühr muss er bei der Gewerbeanmeldung erbringen, da dies eine Voraussetzung für die Ausstellung eines Gewerbescheins ist.

Kammerumlage

Den (Landes-)Wirtschaftskammern ist jeweils ein **Wirtschaftsförderungsinstitut** angeschlossen. Diesem obliegt unter anderem die Aus- und Weiterbildung der Angehörigen der verschiedenen Berufsstände. Angelegenheiten der gewerblichen Wirtschaft auf Bundesebene werden von der **Bundeswirtschaftskammer** in Wien wahrgenommen. Zur Deckung ihres Aufwandes heben die Kammern von ihren Mitgliedern eine jährliche **Kammerumlage** ein. Den Pensionsversicherungsbeitrag hebt seit Inkrafttreten des Gewerblichen Sozialversicherungsgesetzes (siehe Seite 226) die Sozialversicherungsanstalt der gewerblichen Wirtschaft in Wien bzw. eine ihrer Landesstellen ein.

Steuernummer

Gleichzeitig mit der Aufnahme des Gewerbebetriebes muss Karl Jedermann dem für den Betriebsort zuständigen **Finanzamt** mitteilen, an welchem Tag er seinen Betrieb aufgenommen hat. Aufgrund dieser Anzeige wird ihm eine **Steuernummer** erteilt. In Erledigung dieser Mitteilung und dieses Ersuchens erhält er vom Finanzamt einen Fragebogen. In diesem Formular ist vor allem die Frage nach dem voraussichtlichen **Betriebsgewinn** wichtig. Aufgrund der Angaben Karl Jedermanns in diesem Fragebogen wird das Finanzamt die entsprechenden **Vorauszahlungen an Einkommensteuer** festsetzen.

Sowohl die Meldung an das Finanzamt als auch an die Sozialversicherung kann nunmehr der Gewerbetreibende bei der Bezirksverwaltungsbehörde als Gewerbebehörde einbringen, die diese an die erwähnten Stellen weiterzuleiten hat.

Auf die in einer viel gelesenen Tageszeitung platzierte Anzeige haben sich einige Bewerber gemeldet, und zwar sowohl für den Posten eines Angestellten als auch für die Lehrstelle. Karl Jedermann schließt mit zweien von ihnen die entsprechenden Arbeitsverträge aufgrund der geltenden Kollektivvertragsbestimmungen ab (siehe Seite 220 ff.).

Von einer Tischlerei lässt er sich Wandregale machen und kauft in einem Büroeinrichtungsgeschäft Tische und Verkaufspulte gegen Ratenzahlung, dazu einen Personalcomputer, einen Anrufbeantworter und ein Telefaxgerät.

Zum Ankauf des nötigen Warenlagers nimmt er Kredite auf, die er mit Zustimmung seiner Frau durch Hypotheken an den ihm und seiner Frau gemeinsam gehörenden Grundstücken sichert (siehe Seite 181 f.).

Ein großzügiger Textilfabrikant liefert ihm, allerdings unter Eigentumsvorbehalt, Waren auf Kredit. Schließlich inseriert Karl Jedermann in einem Fachblatt und in einer Tageszeitung und gibt die Eröffnung seines Textilgeschäftes bekannt.

Auch verschickt er an Bekannte und Freunde effektvolle Geschäftskarten, die er in einer guten Druckerei herstellen ließ und die neben Namen und Anschrift den Geschäftszweig sowie Angaben über Telefon, Telefax, P.S.K.- und Bankkonto etc. enthalten.

Da Karl Jedermann nicht nur der Gewerbeordnung und den allgemeinen rechtlichen Bestimmungen unterliegt, sondern für ihn als Kaufmann das Handelsgesetzbuch gilt, hat er noch einiges mehr zu bedenken.

Wer ist Kaufmann?

Kaufmann ist, wer ein **Handelsgewerbe** betreibt. Nach § 1 Abs. 2 Z. 1 HGB gilt als Handelsgewerbe jeder Gewerbebetrieb, der die Anschaffung und Weiterveräußerung von beweglichen Sachen (Waren) oder Wertpapieren zum Gegenstand hat, ohne Unterschied, ob die Waren unverändert oder nach einer Bearbeitung oder Verarbeitung weiterveräußert werden.

Karl Jedermann will Stoffe von Fabriken kaufen und an Wiederverkäufer oder Verbraucher weiterverkaufen. Der An- und Verkauf von Waren ist der typische Fall kaufmännischer Tätigkeit, nimmt doch das Wort **Kauf**mann geradezu auf das Kaufen als gewerbliches Tun Bezug. Demnach gehören hierher die so genannten **Waren**handwerker, wie Fleischhauer und Bäcker, ferner Gastwirte, denn sie kaufen Waren ein, verarbeiten sie und verkaufen sie wieder weiter.

Auch in den Fällen, in denen die Gewerbeordnung einen Befähigungsnachweis für den Antritt eines Gewerbes vorsieht, wird dennoch die Kaufmannseigenschaft (im Sinne des Handelsrechts) unabhängig davon erworben. Die Gewerbeberechtigung hat mit der Kaufmannseigenschaft jedoch nichts zu tun und umgekehrt.

Vollkaufmann/Minderkaufmann

Wer Kaufmann (Vollkaufmann, siehe Seite 240) ist, auf den finden die besonderen Vorschriften des Handelsgesetzbuches Anwendung, z. B. dass er seine Firma zum **Firmenbuch** anmelden muss, dass er eine kaufmännische **Buchführung** haben muss, dass er sich **formlos verbürgen** kann und dass bei seinen Verträgen **gesetzliche Zinsen** nicht 4 Prozent, sondern 5 Prozent betragen.

Firmenbuch

Die zuerst erwähnte Pflicht des Kaufmanns ist in § 29 HGB festgelegt. Karl Jedermann muss seine Firma zum Firmenbuch beim Handelsgericht nicht anmelden, denn einige Vorschriften des HGB, die den Kaufleuten bestimmte Pflichten und Lasten vorschreiben oder sonst rechtlich gefährlich sind, finden auf eine gewisse Gruppe der Kaufleute, die so genannten **Minderkaufleute**, keine Anwendung. Für sie bestimmt der § 4 Abs. 1 HGB:

§§ Die Vorschriften über die Firma, die Prokura und die Rechnungslegung sind auf Personen nicht anzuwenden, deren Gewerbebetrieb nach Art oder Umfang einen in kaufmännischer Weise eingerichteten Geschäftsbetrieb nicht erfordert.

Solche Gewerbetreibende sind also Kaufleute, aber nicht mit den vollen Lasten und Pflichten.

☛ Wohlgemerkt, **Handwerker**, die erst gar nicht unter § 1 HGB fallen, wie die Flickschuster und kleinen Schneiderbetriebe oder sonstige **Kleingewerbetreibende**, z. B. eine kleine Wäscherei, können nicht Minderkaufleute sein. Denn da sie überhaupt **kein Handelsgewerbe** im Sinne des Handelsgesetzbuchs betreiben, sind sie keine Kaufleute; auf sie finden daher die Vorschriften des HGB keine Anwendung.

Wenn Karl Jedermann sein Textilgeschäft in einem so kleinen Umfang aufzieht, dass er selbst die ganze technische Seite des Betriebes in eigener Person mitbetreibt, z. B. die Aufzeichnungen für die Steuer macht, selbst im Laden mitverkauft, die Schaufenster dekoriert usw., dann ist er ein Kaufmann, der ein Kleingewerbe betreibt, also ein Minderkaufmann. Er führt dann keine »Firma«, das heißt keinen besonderen kaufmännischen Namen, und braucht und kann einen solchen auch nicht zum Firmenbuch anmelden. Mit der ordnungsgemäßen Gewerbeanmeldung hat er seine Pflicht erfüllt. Die Etablissementbezeichnung »Textilien für jedermann – Karl Jedermann« ist nicht Firma im Rechtssinn.

Für die Unterscheidung zwischen **Vollkaufmann** und **Minderkaufmann** ist es bedeutungslos, ob Großhandel oder Einzelhandel betrieben wird. Ein Spirituosengroßhändler, der mit seinem Bruder und einem Freund arbeitet, also die Auslieferung mit einem kleinen Lieferwagen persönlich besorgt und auch selbst den ganzen technischen Teil des Betriebes mitbetreibt, ist Minderkaufmann. Er kann daher auch mit seinem Bruder keine offene Handelsgesellschaft gründen, um das Spirituosengeschäft zu betreiben, denn die OHG und die Kommanditgesellschaft sind solchen Kleingewerbetreibenden (Minderkaufleuten) durch § 4 Abs. 2 HGB verschlossen. Sie können aber den Betrieb als **Gesellschaft bürgerlichen Rechts** betreiben.

Umgekehrt kann ein Detailgeschäft durchaus über den Rahmen eines Kleingewerbes hinausgehen. Man denke an ein Warenhaus, das von einem Einzelinhaber betrieben wird. Der Inhaber eines solchen Geschäfts ist also Vollkaufmann.

Der Firmenname

Karl Jedermanns Textilgeschäft entwickelt sich innerhalb eines halben Jahres so günstig, dass er es erweitern muss. Nicht nur neue Verkäufer werden eingestellt, ein Buchhalter wird erforderlich und zwei Lieferwagen müssen angeschafft werden, um die Kundschaft außerhalb Wiens direkt versorgen zu können. Karl Jedermann nimmt nur noch die Leitung des Geschäftes wahr.

Firmenwahrheit

Nunmehr hat sein Betrieb einen solchen Umfang angenommen, dass Karl Jedermann **Vollkaufmann** geworden ist. Er unterliegt damit sämtlichen Vorschriften des

HGB. Hier interessiert vor allem die Bestimmung über die Firma. Die »Firma« ist der **Name** eines Vollkaufmanns, unter dem er seine Handelsgeschäfte betreibt und seine Unterschrift abgibt. Unter seiner Firma kann er klagen und geklagt werden. Nach dem Handelsrecht besteht für die Auswahl dieses Namens das Prinzip der **Firmenwahrheit**, das heißt, ein Einzelkaufmann muss als Firma seinen Familiennamen und einen ausgeschriebenen Vornamen führen. Zusätze sind erlaubt, dürfen aber nicht täuschend wirken. Karl Jedermann hatte schon an seinem Laden – aus Werbungsgründen – »Textilien für jedermann« stehen. Er kann sich dies jetzt zunutze machen und seine Firma wie folgt nennen: Karl Jedermann, Textilien für jedermann.

Nicht zulässig wäre z. B. der Zusatz »Internationale Textilzentrale«, denn das würde ein Haus von Weltruf vortäuschen, was Karl Jedermann von seinem Betrieb wirklich nicht sagen kann. Ebenso ist die Führung eines Zusatzes unzulässig, der ein Gesellschaftsverhältnis andeutet, wie z. B. die Abkürzung »& Co.«. Titel, die dem Inhaber zustehen, darf dieser jedoch führen.

Karl Jedermann meldet nun diese seine Firma zum **Firmenbuch** an:

An das
Handelsgericht Wien
City Tower Vienna
Marxergasse 1a
1030 Wien
Firmenbuch

Wien, ...

Betrifft: Eintragung einer Einzelfirma

Ich betreibe in 1200 Wien, Stoffstraße 20, den Einzelhandel mit Textilien. Da dieses Unternehmen über den Umfang des Kleingewerbes hinausgeht, beantrage ich die Eintragung in das Firmenbuch wie folgt:

1. Firma: Karl Jedermann, Textilien für jedermann
2. Sitz: Wien
3. Inhaber: Karl Jedermann, Kaufmann in Wien
4. Geschäftsanschrift: 1200 Wien, Stoffstraße 20
5. Betriebsgegenstand: Handel mit Textilien aller Art

Ich werde meine Firma durch Niederschrift derselben zeichnen wie folgt:

Karl Jedermann Textilien für jedermann
Karl Jedermann

G. Z. 938/...
Vorstehende Unterschrift des Herrn Karl Jedermann, Kaufmann in 1200 Wien, Stoffstraße 20, sowie die von ihm beigesetzte Firmenzeichnung »Karl Jedermann, Textilien für jedermann« sind echt.

Wien, den ...

Dr. Franz Wichtig

Amtssiegel. öffentl. Notar

Das Firmenbuchgericht stützt sich bei der Protokollierung auf ein Gutachten der zuständigen Berufsvertretung über die Vollkaufmannseigenschaft. Zwei Wege sind in der Praxis möglich:

— direkte Einreichung beim Landes- als Handelsgericht bzw. beim Handelsgericht Wien, das dann seinerseits von der zuständigen Kammer ein Gutachten anfordert;
— der Protokollierungswerber fordert vor Einreichung beim Firmenbuchgericht selbst das Gutachten bei der Wirtschaftskammer an, um es dann der Firmenbuchanmeldung beizuschließen.

Aufgrund der Anmeldung wird Karl Jedermanns Firma nunmehr in das Firmenbuch eingetragen und die Eintragung öffentlich kundgemacht.

☛ In das **Firmenbuch** (Hauptbuch) werden eingetragen: Einzelkaufleute, offene Handelsgesellschaften, Kommanditgesellschaften, offene Erwerbsgesellschaften, Kommandit-Erwerbsgesellschaften, Aktiengesellschaften, Gesellschaften mit beschränkter Haftung, Erwerbs- und Wirtschaftsgenossenschaften, Versicherungsvereine auf Gegenseitigkeit, Sparkassen, Privatstiftungen und sonstige Rechtsträger, deren Eintragung gesetzlich vorgesehen ist. In das Firmenbuch kann jeder Einsicht nehmen. Von den Eintragungen können Auszüge (Ausdrucke) angefordert werden. Auf Verlangen werden diese Auszüge bzw. Ausdrucke vom Firmenbuchgericht beglaubigt. Durch einen beglaubigten Firmenbuchauszug kann man gegenüber Gerichten und Behörden den erforderlichen Nachweis führen, wer der Inhaber der Firma ist, wer die Prokura hat usw.

Auswahl der Firma

Bei der **Auswahl der Firma** für Karl Jedermann hatten wir es insofern einfach, als es sich um die Neueröffnung eines Betriebes handelte und kein Interesse an einem anderen Namen als Karl Jedermann bestand. Der Gesetzgeber trägt aber entgegenstehenden Interessen unter gewissen Voraussetzungen Rechnung und **durchbricht** daher in solchen Fällen das Prinzip der **Firmenwahrheit**. Wenn z. B. die Inhaberin eines Handelsgewerbes heiratet, bei der Eheschließung ihren bisherigen Namen aufgibt und den Namen des Ehemannes annimmt (siehe Seite 293), kann sie nicht gezwungen werden, bei der Fortführung ihres Geschäfts im kaufmännischen Leben nunmehr den neuen Familiennamen zu verwenden. Wenn ihr **Mädchenname** für den Betrieb überall gut eingeführt ist, kann sie gemäß § 21 HGB ihre alte Firma fortführen.

Bei Veräußerung oder Vererbung wäre es im höchsten Maße nachteilig für die neuen Inhaber, wenn sie nicht die alte Firma fortführen dürften, denn der so genannte »Goodwill« eines Unternehmens, das heißt der hohe Ruf des Namens, ist vielfach unbezahlbar. Man denke beispielsweise an Firmen wie Mannesmann, Opel, Oetker oder Billa. Daher kann der neue Inhaber des Handelsgeschäfts die alte Firma fortführen, wenn der bisherige Inhaber ausdrücklich darin einwilligt oder wenn dies seine Erben tun.

Haftung bei Fortführung

Die Fortführung eines Handelsgeschäfts unter der bisherigen Firma kann für den neuen Inhaber allerdings äußerst gefährlich sein, da er gemäß § 25 HGB den bisherigen **Geschäftsgläubigern** für die im Zeitpunkt der Geschäftsübernahme bestehenden Verbindlichkeiten zusätzlich neben dem bisherigen Inhaber haftet. Es ist dabei gleichgültig, ob er der übernommenen Firma einen Nachfolgezusatz beifügt oder nicht. Will der Käufer eines Handelsgeschäfts, der die Firma fortzuführen beabsichtigt, dieser **Haftung** entgehen, so muss er mit dem Veräußerer vereinbaren, dass er nicht für die bisherigen Verbindlichkeiten haftet und – denn das bisher

Vorgekehrte allein genügt noch nicht – diesen **Haftungsausschluss** in das **Firmenbuch** eintragen und bekannt machen lassen.

☛ Wer beispielsweise ein Handelsgewerbe erbt, hat niemand, mit dem er eine solche die Haftung ausschließende Vereinbarung treffen kann. Dafür hat er gemäß § 27 HGB die Möglichkeit, binnen **drei Monaten** den Geschäftsbetrieb einzustellen. Diese Frist läuft ab der Einantwortung des Nachlasses oder, wenn dem Erben die Besorgung und Benützung der Verlassenschaft überlassen wurde (§ 810 ABGB), von der Erlassung dieser Anordnung. Dann entfällt die gesetzliche Mithaftung.

Unterscheidbarkeit

Wenn es das Missgeschick will und in Wien bereits eine Firma Karl Jedermann, z. B. ein Cousin unseres Karl, existiert, dann muss sich die Firma unseres Karl Jedermann deutlich von der anderen unterscheiden. Ist die andere Firma keine Textilfirma, so genügt der von Karl Jedermann gewählte Zusatz, aus dem klar hervorgeht, dass es sich um ein Textilgeschäft handelt. Betreibt der andere Karl Jedermann jedoch auch ein Textilgeschäft, so muss unser Karl Jedermann einen deutlich **unterscheidenden Zusatz** wählen, z. B. einen weiteren Vornamen hinzufügen oder die Straßenbezeichnung in den Firmenwortlaut einfügen.

Durch das Verbot des gleichen Namens für zwei an demselben Ort ansässige Firmen gemäß § 30 HGB wollte der Gesetzgeber verhindern, dass im Geschäftsverkehr Verwechslungen vorkommen; vor allem soll der gute Name einer eingeführten Firma einer neu beginnenden Konkurrenz nicht zugute kommen.

Wenn eine Firma, die in ganz Österreich bekannt ist, plötzlich erlebt, dass ein Geschäftsbetrieb gleicher Art unter demselben Namen in einer anderen Stadt aufgezogen wird, kann man im Prinzip nichts unternehmen. Der Möglichkeit eines Namensmissbrauchs ist jedoch eine Grenze gesetzt. Wird z. B. in einer Gesellschafterfirma ein Mitgesellschafter überhaupt nur aus dem Grund aufgenommen, weil er zufälligerweise den gleichen Namen wie eine bekannte Konkurrenzfirma hat, um mithilfe seines Namens eine Verwechslung herbeizuführen, so kann das neue Unternehmen nach dem Gesetz gegen den unlauteren Wettbewerb (UWG) auf Unterlassung der Führung dieses Firmennamens und unter Umständen auf Schadenersatz geklagt werden.

Der Wettbewerb

Gesunder Wettbewerb entspricht unserem Wirtschaftssystem und daraus folgende Schäden begründen keine Ersatzpflicht, doch muss der **unlautere Wettbewerb** bekämpft werden. Es gilt das **Gesetz über den unlauteren Wettbewerb** (UWG) aus dem Jahre 1923, das 1984 wiederverlautbart wurde. Die UWG-Novelle 1988 regelt die vergleichende Preiswerbung, die unter bestimmten Bedingungen jedenfalls zulässig ist. Tief greifende Veränderungen ergaben sich durch das seit 1. April 1992 geltende Wettbewerbs-Deregulierungsgesetz, durch das nicht nur das UWG geändert, sondern auch das Rabattgesetz, das Zugabengesetz und das Ausverkaufsgesetz aufgehoben wurden. Eine weitere Novelle aus dem Jahr 1993 betrifft § 9 UWG über unentgeltliche Zugaben bzw. Prämien.

Generalklausel des UWG

Das UWG stellt an die Spitze die **Generalklausel**, dass sittenwidriges Handeln zu Zwecken des Wettbewerbs im geschäftlichen Verkehr zu Unterlassung und Schadenersatz verpflichtet, wobei Schadenersatz den Ersatz des erlittenen Schadens und des entgangenen Gewinns bedeutet.

§§ Außerdem kann das Gericht einen angemessenen Geldbetrag als Vergütung für erlittene Kränkungen oder andere persönliche Nachteile zusprechen, wenn dies in den besonderen Umständen des Falles begründet ist. (§ 16 Abs. 2 UWG)

Spezialtatbestände sind: wahrheitswidrige Anpreisung des eigenen Unternehmens oder Produktes; das Inverkehrsetzen von »Mogelpackungen«; Herabsetzung eines fremden Unternehmens oder Produktes; Missbrauch von Unternehmenskennzeichen; Bestechung von Bediensteten oder Beauftragten; Verletzung von Geschäfts- oder Betriebsgeheimnissen; Missbrauch anvertrauter Vorlagen. Die Tatbestände machen **ersatzpflichtig und strafbar**.

Anspruch auf Unterlassung

Was den **Anspruch auf Unterlassung** betrifft, so ist er unabhängig vom Verschulden gegeben und rechtfertigt auch einstweilige Verfügungen. Die Ersatzpflicht trifft den Unternehmer, auch wenn die Handlung von einer anderen Person in seinem Betrieb begangen wurde. Die Ansprüche **verjähren** binnen sechs Monaten ab Kenntnis vom betreffenden Wettbewerbsfall, sonst binnen drei Jahren.

Die Prokura

Karl Jedermann hat in seinem wachsenden Unternehmen allmählich nicht mehr genügend Zeit, die erforderlichen Verträge selbst zu schließen, Anträge bei den Gerichten selbst einzubringen und Verhandlungen selbst zu führen. Unter seinen Angestellten ist ihm schon seit längerem der 30 Jahre alte Eberhard Probst als besonders tüchtig und arbeitsfreudig aufgefallen. Diesem erteilt Karl Jedermann jetzt die Prokura.

Diese **Prokura** ist nichts anderes als ein besonderer Fall der rechtsgeschäftlich erteilten Vertretungsmacht (Vollmacht). Ihre Besonderheit im Verhältnis zu den sonstigen Vollmachten besteht darin, dass sie einen ganz bestimmten, vom Gesetz festgelegten Umfang hat. Die Prokura ermächtigt zu allen Arten von gerichtlichen und außergerichtlichen Geschäften und Rechtshandlungen, die der Betrieb eines Handelsgewerbes mit sich bringt. Lediglich zur Veräußerung und Belastung von Grundstücken ist der Prokurist nur dann ermächtigt, wenn ihm diese Befugnis eigens erteilt wird. Der Umfang seiner Vertretungsmacht kann auch nicht mit Wirkung gegenüber Geschäftsfreunden eingeschränkt werden.

Widerruf der Prokura

☛ Nehmen wir einmal an, Karl Jedermann gäbe seinem Prokuristen die ausdrückliche Anweisung, auf keinen Fall Bankdarlehen von mehr als € 6.000,– aufzunehmen. Probst nimmt dennoch ein Darlehen in Höhe von € 10.000,– auf. Dann ist ein wirksamer Darlehensvertrag zwischen der Bank und Karl Jedermann zustande gekommen, denn dieses Geschäft bewegt sich ja innerhalb des Rahmens, den das Gesetz für die Prokura festgelegt hat. Dadurch aber, dass Probst die Anweisung seines Chefs missachtet hat, hat er seinen Dienstvertrag ihm gegenüber verletzt. Karl Jedermann kann von ihm Schadenersatz verlangen und er kann den Dienstvertrag mit Probst fristlos beenden. Er kann ihn auch weiterhin im Angestelltenverhältnis belassen, ihm aber die Prokura **durch Widerruf entziehen**, denn die Prokura ist jederzeit frei widerruflich, ohne dass hierfür ein Grund vorzuliegen braucht.

Für die Erteilung der Prokura ist keine Form vorgeschrieben, aber die entstandene Prokura ist vom Inhaber des Geschäfts (Vollkaufmann) **zum Firmenbuch anzumelden**.

Vorschriftsmäßig schreibt Karl Jedermann an das Firmenbuchgericht:

An das
Handelsgericht Wien
City Tower Vienna
Marxergasse 1a
1030 Wien
Firmenbuch

Wien, ...

Betrifft: Eintragung einer Prokura für Eberhard Probst

Als Inhaber der Firma Karl Jedermann, Textilien für jedermann, in 1200 Wien, Stoffstraße 20, habe ich mit Wirkung vom ... Herrn Eberhard Probst, geb. am ..., die Einzelprokura erteilt. Derselbe wird zeichnen wie folgt:

Karl Jedermann
Textilien für jedermann

ppa. Probst

Die Eintragung dieser Prokura in das Firmenbuch wird beantragt.

Karl Jedermann Textilien für Jedermann
Karl Jedermann

Auch in diesem Fall werden Unterschrift und Firmenzeichnung vor dem Notar vorzunehmen sein, der sie beglaubigt, wenn nicht der Notar selbst die Eingabe an das Firmenbuch verfasst (siehe Eintragung der Firma selbst, Seite 241).

Entlassung eines Dienstnehmers

Eberhard Probst ist allzu tüchtig. Die Darlehensgeschichte mit den eigenmächtig aufgenommenen € 10.000,– hat ihm Karl Jedermann verziehen. Als er sich aber wiederum eine grobe Eigenmächtigkeit erlaubt, verliert er das Vertrauen seines Chefs und Karl Jedermann ***entlässt*** *ihn* ***fristlos*** *aufgrund der einschlägigen Bestimmungen des Angestelltengesetzes.*

Im § 27 Angestelltengesetz sind wichtige Gründe angeführt, aus denen der Dienstgeber einen Angestellten entlassen kann: z. B. beharrliche Dienstverweigerung trotz vorheriger Verwarnung, längere, meistens 14 Tage übersteigende Freiheitsstrafe, erhebliche Ehrverletzung.

Karl Jedermann sucht nun über eine Anzeige in einer Tageszeitung einen vertrauenswürdigen neuen Mitarbeiter und findet ihn in der Person eines Angestellten namens Hans Rüst. Karl Jedermann meldet die Erteilung der Prokura für Hans Rüst zum Firmenbuch an. Nun erhält er nach einiger Zeit die Aufforderung des Bankhauses

Dollberg & Co., eine Darlehenssumme von € 7.500,– zurückzuzahlen, die sein Prokurist Probst einige Monate zuvor kurzfristig im Namen der Firma aufgenommen habe. Karl Jedermann schreibt entrüstet zurück, dass Eberhard Probst seit einem Vierteljahr nicht mehr bei ihm im Betrieb sei, keine Prokura mehr habe und das Darlehen ihn, Jedermann, daher auch nichts anginge. Dollberg & Co. drohen Klage an.

Erlöschen der Prokura

Karl Jedermann muss jedoch die € 7.500,– nebst Zinsen unverzüglich an Dollberg & Co. zahlen, da er das **Erlöschen der Prokura** nicht zum Firmenbuch angemeldet hat. Hier kommt eine äußerst wichtige Bestimmung zum Tragen. Im § 15 HGB heißt es:

§§ Solange eine in das Firmenbuch einzutragende Tatsache nicht eingetragen und bekannt gemacht ist, kann sie von demjenigen, in dessen Angelegenheiten sie einzutragen war, einem Dritten nicht entgegengesetzt werden, es sei denn, dass sie diesem bekannt war.

In unserem Fall geht es um eine **aufhebende** Tatsache, die Entziehung der Prokura. Da das Erlöschen der Prokura von Eberhard Probst nicht angezeigt wurde, durfte sich das Bankhaus Dollberg & Co. darauf verlassen, dass Probst nach wie vor Prokurist der Firma Karl Jedermann sei. Rechtlich gesehen hat also Karl Jedermann, vertreten durch Probst, mit Dollberg & Co. einen wirksamen Darlehensvertrag geschlossen. Karl Jedermann muss daher die Untreue seines früheren Prokuristen und seine eigene Unkenntnis der einschlägigen Gesetzesbestimmung teuer bezahlen. Er hat selbstverständlich gegen Probst Schadenersatzansprüche aus widerrechtlicher Handlung (§§ 1295, 1331 ABGB), doch werden diese wohl kaum realisierbar sein.

Karl Jedermann holt nunmehr die versäumte Löschung im Firmenbuch nach:

An das
Handelsgericht Wien
City Tower Vienna
Marxergasse 1a
1030 Wien
Firmenbuch

Wien, ...

Betrifft: Löschung einer Einzelprokura

Als Inhaber der Firma Karl Jedermann, Textilien für jedermann, in 1200 Wien, Stoffstraße 20, beantrage ich die Löschung der Prokura des Eberhard Probst für mein Unternehmen.

Karl Jedermann
Textilien für jedermann

Karl Jedermann

Die Handlungsvollmacht

Wer, ohne Prokurist zu sein, zur Vornahme bestimmter Geschäfte oder einer bestimmten Art von Geschäften bevollmächtigt ist, dessen **Vollmacht** erstreckt sich auf alle Geschäfte und Rechtshandlungen, die ein derartiges Handelsgewerbe mit sich bringt. Das Bemerkenswerte ist, dass demnach die Bevollmächtigung für einen gewissen engen Rahmen eine weitreichende Vertretungsmacht auslöst, die allerdings nicht die Veräußerung oder Belastung von Grundstücken, das Eingehen von Wechselverbindlichkeiten, die Aufnahme von Darlehen und die Befugnis zur Prozessführung umfasst. Nur wenn der Dritte die Beschränkung der Bevollmächtigung der Handlungsvollmacht auf den engeren Rahmen kennt oder kennen muss, hat er diese Beschränkung gegen sich gelten zu lassen (§ 54 HGB).

Karl Jedermann hat seiner Verkäuferin Ilse Model ausdrücklich verboten zu kassieren. Sie tut dies trotzdem. Einige Tage vor Beendigung ihres Dienstverhältnisses, als sie allein im Laden ist, kauft ein Kunde mehrere Stoffe und bezahlt auch gleich noch eine alte Rechnung. Den Betrag von insgesamt € 450,– nimmt Ilse Model entgegen und behält ihn für sich. Als Karl Jedermann den Schaden entdeckt, verlangt er von dem Kunden die nochmalige Bezahlung der € 450,–.

Karl Jedermann ist aus den eben erörterten Gründen im Unrecht und muss sehen, dass er das Geld nach und nach von Ilse Model wiederbekommt.

☛ Um sich zu schützen, muss Karl Jedermann in seinem Laden eine Kasse aufstellen und eine besonders vertrauenswürdige Angestellte oder auch seine Ehefrau an die Kasse setzen. Dann sieht jeder Kunde, dass die Zahlung über die Kasse zu erfolgen hat, und kann nicht mit befreiender Wirkung an eine Verkäuferin zahlen. Wenn Karl Jedermann absolut sichergehen will, bringt er Schilder im Ladenraum an: »Zahlungen nur an der Kasse.«

Generalhandlungsvollmacht

Hat ein Angestellter zwar keine Prokura, aber eine sonst umfassende Bevollmächtigung, so nennt man ihn Generalhandlungsbevollmächtigter. Dieser Disponent zeichnet die Korrespondenz, um sich vom Prokuristen zu unterscheiden, durch Beisetzung von »i. V.« (»in Vertretung«) oder »für« zwischen Unterschrift und Firmenwortlaut.

Der Handlungsreisende

Die Handlungsvollmacht spielt eine besondere Rolle für die Handlungsreisenden, wenn sie nicht am Ort der Geschäftsniederlassung Geschäfte tätigen, sondern zu diesem Zweck an andere Orte reisen. Nach § 55 Abs. 2 HGB sind solche Handlungsreisende ermächtigt, den Kaufpreis aus den von ihnen abgeschlossenen Verkäufen einzuziehen bzw. dafür Zahlungsfristen zu bewilligen. Ihnen gegenüber können die Käufer auch Mängel der Ware rügen, Ware wieder zur Verfügung stellen usw. Will also Karl Jedermann erreichen, dass sein Handlungsreisender Fritz Spatz den Kaufpreis für die von ihm getätigten Stoffverkäufe einzieht, so muss er seine Kunden besonders benachrichtigen, dass Spatz die Geldbeträge einkassieren darf. Die Kunden werden davon am besten durch einen Aufdruck auf dem Auftragsschein informiert.

Der Handlungsreisende, wie wir ihn hier geschildert haben, ist ein Angestellter, mit dem ein **Dienstvertrag** nach folgendem Muster geschlossen wird:

VERTRAG

abgeschlossen zwischen der Firma Karl Jedermann, Textilien für jedermann, 1200 Wien, Stoffstraße 20, und Herrn Fritz Spatz, 3100 St. Pölten, Handelsstraße 11.

1. Die Firma Karl Jedermann stellt Herrn Fritz Spatz als Handlungsreisenden an. Herr Spatz wird insbesondere die Bundesländer Niederösterreich und Burgenland bearbeiten und im Rahmen der Allgemeinen Geschäftsbedingungen der Firma Karl Jedermann, soweit diese auf den Auftragsformularen vermerkt sind, Textilien absetzen. Der Verkauf darf nur an Wiederverkäufer, nicht an Letztverbraucher erfolgen.
2. Herr Spatz verpflichtet sich, bei Abschluss der Lieferverträge die von Herrn Jedermann gegebenen Anweisungen bestens einzuhalten; insbesondere ist Herr Jedermann berechtigt, Herrn Spatz die jeweilige Tour und Kundschaft vorzuschreiben. Herr Spatz verpflichtet sich weiters, seine volle Arbeitskraft dem Unternehmen des Herrn Karl Jedermann zu widmen, sodass eine gleichzeitige Vertretung eines anderen Hauses sowie die Mitnahme anderer Artikel untersagt bleibt. Für den Fall, dass Herr Spatz in Hinkunft mit dem Inkasso betraut werden sollte, hat er eine Kaution in Höhe von € 2.000,– zu leisten, die ihm mit 4 Prozent jährlich verzinst wird.
3. Herr Spatz erhält für seine Dienstleistungen ein monatliches Gehalt von € 1.500,–, wobei einvernehmlich festgestellt wird, dass dieser Betrag den kollektivvertraglichen Mindestbezug nach dem Kollektivvertrag für Handelsangestellte um etwa 25 Prozent überschreitet. Das Gehalt des Herrn Spatz ist jeweils zum Monatsende zahlbar.
4. Außer dem genannten fixen Monatsgehalt erhält Herr Spatz jeweils Tagesdiäten von € 50,– für nachweisbare Reisetage und schließlich eine Provision von 2 Prozent für die von ihm zustande gebrachten Geschäfte. Die Abrechnung der Tagesdiäten erfolgt monatlich im Nachhinein, die Abrechnung der Provision halbjährlich für jene Fakturenbeträge, die bis dahin eingegangen sind.
5. Herr Spatz hat Abschlussvollmacht, jedoch derzeit keine Inkassovollmacht; diese ist aber für die nächste Zeit vorgesehen.
6. Die Auflösung des Dienstverhältnisses, das auf unbestimmte Zeit eingegangen wird, erfolgt durch schriftliche Kündigung, die zum 15. oder Letzten jedes Kalendermonats unter Einhaltung der jeweiligen gesetzlichen Kündigungsfrist (§ 20 Angestelltengesetz) ergehen kann.

Wien, ...

Karl Jedermann Fritz Spatz

Fritz Spatz, der aufgrund dieses Vertrages für Karl Jedermann tätig wird, ist kaufmännischer Angestellter. Der Kundschaft gegenüber tritt Fritz Spatz nicht als selbstständiger Kaufmann auf, sondern als **Handlungsreisender** Karl Jedermanns. Er benötigt für seine Tätigkeit keinen eigenen Gewerbeschein, sondern erhält eine Legitimation. Diese Legitimation wird im Sinne des § 62 Gewerbeordnung von der Gewerbebehörde I. Instanz ausgestellt (Bezirksverwaltungsbehörde).

Die Gültigkeit der Legitimation für Handels- und Handlungsreisende endet fünf Jahre nach dem Tag der Ausstellung und ist auf Antrag um jeweils weitere fünf Jahre zu verlängern (§ 62 Abs. 5 GewO).

Der Handelsvertreter

Mit einem im Dienstverhältnis stehenden Handlungsreisenden darf man nicht den meist als »Handelsagenten« bezeichneten Handelsvertreter verwechseln, der vom Geschäftsherrn mit der Vermittlung von Rechtsgeschäften in dessen Namen und für dessen Rechnung betraut ist und der diese Tätigkeit **selbstständig** und **gewerbsmäßig** ausübt. Für einen solchen Handelsagenten gilt das **Handelsvertretergesetz** (HVertrG, BGBl. I Nr. 88/1993).

§§ Nach § 1 HVertrG ist **Handelsvertreter**, wer von einem anderen (Unternehmer) mit der Vermittlung oder dem Abschluss von Geschäften über bewegliche Sachen (also z. B. nicht über Grundstücke – das Handelsvertretergesetz findet auf Realitätenvermittler keine Anwendung) im Namen und auf Rechnung des Unternehmers ständig betraut ist und diese Tätigkeit selbstständig (also nicht als Dienstnehmer) und gewerbsmäßig ausübt. Man könnte auch sagen: der Handelsvertreter ist der von einem anderen oder mehreren Geschäftsherren ständig betraute, selbstständig und gewerbsmäßig tätige Geschäftsvermittler oder abschlussberechtigte Vertreter hinsichtlich der im § 1 HVertrG bezeichneten Geschäfte, und zwar im Namen und auf Rechnung des jeweiligen Geschäftsherrn.

Bezüglich der Tätigkeit des Handelsvertreters verlangt § 1 HVertrG, dass sie **selbstständig** (das heißt nicht im Rahmen eines Dienstverhältnisses) und **gewerbsmäßig** (das heißt auf Dauer angelegt und in Gewinnabsicht) erfolgt. Wenn ein Vertreter bei Zutreffen aller angeführten Merkmale auf seine geschäftliche Tätigkeit es unterlässt, eine **Gewerbeberechtigung** für die Ausübung des Handelsvertretergewerbes zu erwerben, so ändert das nichts daran, dass das HVertrG zur Anwendung kommt. Es liegt in solchen Fällen eine unbefugte Gewerbeausübung vor. Auch wenn ein Vertretervertrag zunächst nur befristet abgeschlossen wurde, unterliegt er den Bestimmungen des HVertrG bzw. besteht die Verpflichtung, eine Gewerbeberechtigung (bei Warenhandelsgeschäften als gebundenes Gewerbe, sonst als freies Gewerbe) zu erwirken.

Der Verkauf **periodischer Druckschriften** auf der Straße und an anderen öffentlichen Orten (Kolportage) sowie die Kolportage von Haus zu Haus werden nach dem Mediengesetz 1981 (§§ 47 und 48) beurteilt. Das Sammeln von Bestellungen auf Druckwerke bei Privatpersonen unterliegt den Bestimmungen der Gewerbeordnung (§ 58). Das Sammeln solcher Bestellungen auf der Straße ist verboten.

Musskaufmann

In der Alltagssprache werden sowohl der Handelsvertreter als auch der Handlungsreisende als »Vertreter« bezeichnet. Dabei ist jedoch als wesentlicher Unterschied festzuhalten, dass der Handelsvertreter, der seine Geschäftsunkosten selbst trägt, einen Gewerbeschein besitzen muss und unter die »Musskaufleute« (siehe Seite 250) fällt. Da der Handelsvertreter nicht dem Wettbewerbsverbot unterliegt, kann er auch für mehrere Unternehmen tätig sein. Streitigkeiten gehören vor die je nach Streitwert zuständigen Gerichte (bis zu einem Streitwert von € 13.000,– das Bezirksgericht, bei einem darüber hinausgehenden Streitwert das Landesgericht) und nicht vor das Arbeits- und Sozialgericht.

Der Handelsvertreter ist zum Abschluss des Geschäfts für seinen Auftraggeber nur dann berechtigt, wenn er hierzu besonders ermächtigt ist. Ansonsten wird er bloß die Vermittlung durchführen. Der Geschäftsherr hat jedoch auch in diesem Fall den

Abschluss genehmigt, wenn er nicht sofort nach Kenntnis dem Dritten gegenüber das Geschäft ablehnt.

Provision

Der Handelsvertreter hat Anspruch auf **Provision** für jene Geschäfte, die durch seine Tätigkeit zustande gekommen sind. Im Zweifel gebührt dem Handelsvertreter eine Provision auch für solche Geschäfte, die ohne seine unmittelbare Mitwirkung während der Dauer des Vertragsverhältnisses zwischen der ihm zugewiesenen oder von ihm zugeführten Kundschaft und dem Unternehmer geschlossen worden sind.

Zum Schutz des Handelsvertreters bestehen zwei wichtige Entschädigungs- bzw. Ausgleichsansprüche (§§ 12 und 24 HVertrG):

— Der **Anspruch auf angemessene Entschädigung** nach § 12 HVertrG setzt voraus, dass ein Handelsvertreter vom Unternehmer vertragswidrig gehindert wurde, Provisionen in dem vereinbarten oder in dem nach den getroffenen Vereinbarungen zu erwartenden Umfang zu verdienen. Solche Ansprüche können nur für die Zeit der Vertragsdauer entstehen. Ihre Höhe bestimmt sich nach der Differenz zwischen jenem Betrag, den der Handelsvertreter voraussichtlich verdient hätte, wenn er nicht vom Unternehmer vertragswidrig am Verdienen gehindert worden wäre, und den tatsächlich verdienten Provisionen.

— Der **Ausgleichsanspruch** nach § 24 HVertrG (grundsätzlich höchstens eine Jahresvergütung) besteht nach Beendigung des Vertragsverhältnisses, soweit es der Billigkeit entspricht, wenn und soweit der Handelsvertreter dem Unternehmer neue Kunden zugeführt oder bereits bestehende Geschäftsverbindungen wesentlich erweitert hat bzw. wenn zu erwarten ist, dass der Unternehmer oder dessen Rechtsnachfolger aus diesen Geschäftsverbindungen auch noch nach Auflösung des Vertragsverhältnisses erhebliche Vorteile ziehen kann.

Muss-, Soll-, Kann- und Formkaufleute

Karl Jedermann besitzt Kaufmannseigenschaft allein aufgrund der Tatsache, dass er ein so genanntes **Grundhandelsgewerbe** nach § 1 HGB (Anschaffung und Weiterveräußerung von beweglichen Sachen) betreibt. Da Karl Jedermann durch diese Tätigkeit jedenfalls Kaufmann ist, müssen wir ihn der Gruppe der **Musskaufleute** zuzählen.

Es gibt aber auch Gewerbetreibende, die auf andere Art und Weise die Kaufmannseigenschaft erwerben:

Stellen wir uns einmal den Zirkus Picco-Bello vor. Die zirzensischen Darbietungen sind weder auf Ankauf noch auf Verkauf von Waren gerichtet, noch sind sie eine der sonstigen in § 1 HGB aufgezählten Tätigkeiten. Aber auch ein solches Unternehmen verlangt ständig einen Geschäftsbetrieb mit kaufmännischen Einrichtungen. Aus diesem Grund schreibt das HGB in § 2 vor, dass ein gewerbliches Unternehmen, das nach Art und Umfang einen in kaufmännischer Weise eingerichteten Geschäftsbetrieb erfordert, sich in das Firmenbuch eintragen lassen soll, wodurch die Kaufmannseigenschaft erworben wird (**Sollkaufleute**). Die Eintragung eines solchen Betriebes in das Firmenbuch kann durch Ordnungsstrafen erzwungen werden und vermittelt erst die Kaufmannseigenschaft.

Betriebe der **Land- und Forstwirtschaft** sind an sich niemals Handelsgewerbe. Mit ihnen sind jedoch bisweilen Brennereien, Sägewerke, Ziegeleien etc. als **Nebenbetriebe** verbunden, die ebenfalls wieder nach Art und Umfang kaufmännische Einrichtungen erfordern. Hier besteht kein Zwang, diese zum Firmenbuch anzumelden, aber das HGB gibt in § 3 das Recht dazu. Der Inhaber kann einen solchen Betrieb zum Firmenbuch anmelden und erlangt dadurch Kaufmannseigenschaft (**Kannkaufleute**).

Aktiengesellschaften und **Gesellschaften mit beschränkter Haftung** sind immer Kaufleute, gleichgültig, welchen Gegenstand ihr Unternehmen hat. Da hier die Rechtsform des Unternehmens für die Kaufmannseigenschaft bedeutsam ist, nennt man diese Kaufleute **Formkaufleute**.

Die täglichen Geschäfte

Karl Jedermann hat bei der Textilfabrik Binder & Co. sechs Ballen Kammgarn, reine Wolle, Kauf nach Probe, bestellt. Die sechs Ballen kommen pünktlich an und werden nach und nach als Meterware verkauft. Nach vier Monaten wird ein Ballen angeschnitten, bei dem sich herausstellt, dass Zellwolle eingewebt ist. Nunmehr schreibt Karl Jedermann einen Brief an die Firma Binder & Co., in dem er den Mangel kundtut und Rücknahme des Ballens gegen Gutschrift oder Lieferung einwandfreier Ware verlangt.

Die Firma Binder & Co. lehnt dies mit Hinweis auf die inzwischen verstrichene Frist energisch ab. Karl Jedermann ist der Meinung, dass ein Käufer binnen zwei Jahren ab Lieferung der gekauften Sache gemäß § 993 ABGB Mängel derselben geltend machen könne (siehe die Ausführungen über den Kaufvertrag, Seite 38 ff.).

☛ An dieser Stelle wollen wir eine Bemerkung über das Handelsgesetzbuch einfügen. Wer im Handelsgesetzbuch liest, ohne vorher die einschlägigen Bestimmungen des Allgemeinen Bürgerlichen Gesetzbuches zu kennen, wird die Bestimmungen des HGB kaum begreifen. Sie sind als Ergänzungen zu dem gedacht, was im ABGB steht. Im ABGB steht tatsächlich, dass ein Käufer zwei Jahre Zeit hat, um einen **Mangel** an einer gekauften Sache zu entdecken und diesen dem Verkäufer gegenüber mit der Forderung nach **Wandlung** oder **Minderung** geltend zu machen. Der Sinn dieser Bestimmung ist der, dass der Durchschnittsbürger nicht gezwungen werden soll, bei jedem kleinen Alltagseinkauf genaue Untersuchungen und Prüfungen vorzunehmen. Er soll die gekaufte Sache benützen und was er innerhalb von zwei Jahren an Mängeln entdeckt, das soll er dem Verkäufer gegenüber innerhalb dieser Frist geltend machen können. Wenn aber ein Kaufmann von einem anderen Kaufmann Ware bezieht, so ist die Situation eine etwas andere. Hier stehen sich gewandte und erfahrene Personen gegenüber, von denen man erwarten kann, dass sie eine Ware nicht nur einfach hinnehmen, sondern ihre Beschaffenheit sofort nach Eintreffen einer genauen Prüfung unterziehen.

Für einen Kaufmann, der für seinen Gewerbebetrieb von einem anderen Kaufmann etwas einkauft, besteht Untersuchungs- bzw. Rügepflicht. § 377 HGB bestimmt:

§§ Ist der Kauf für beide Teile ein Handelsgeschäft, so hat der Käufer die Ware unverzüglich nach der Ablieferung durch den Verkäufer, soweit dies nach ordnungsmäßigem Geschäftsgang tunlich ist, zu untersuchen, und wenn sich ein Mangel zeigt, dem Verkäufer unverzüglich Anzeige zu machen. Unterlässt der Käufer die Anzeige, so gilt die Ware als genehmigt, es sei denn, dass es sich um einen Mangel handelt, der bei der Untersuchung nicht erkennbar war.

Beanstandung

Die sechs Ballen hätten also in diesem Fall von Karl Jedermann selbst oder einem versierten Angestellten **unverzüglich**, das heißt ohne schuldhaftes Verzögern, auf ihre Qualität und etwaige fehlerhafte Stellen untersucht werden müssen. Allfällige Mängel hätten der Firma Binder & Co. mitgeteilt werden müssen, denn eine Lieferfirma will umgehend Klarheit haben, ob ein Geschäft in Ordnung geht oder nicht. Bei manchen anderen Waren ist jedoch die Überprüfung nicht so einfach. Bisweilen werden **Stichproben** genügen. Was für die Beschaffenheit einer Ware gilt, gilt auch für deren Menge. Wer statt sechs Ballen Stoff versehentlich sieben Ballen geliefert bekommt, muss die **Mehrlieferung** unverzüglich beanstanden, sonst gilt der Kauf über die sieben Ballen anstelle der sechs als zustande gekommen. Wenn die Mehrlieferung allerdings so groß ist, dass der Verkäufer nicht mit einer Genehmigung rechnen konnte, so kommt diese Bestimmung nicht zum Zuge. Das gilt übrigens auch für den Fall, dass eine andere Ware als die bestellte geliefert worden ist. Hat z. B. ein Spirituosengeschäft Steinhäger bestellt und bekommt stattdessen Aquavit geliefert, so muss unverzüglich eine **Beanstandung** erfolgen, sonst gilt die Lieferung des Aquavits als genehmigt.

All diese Vorschriften gelten nicht bei **arglistigem Verhalten** des Verkäufers, wenn er etwa bewusst einen alten Ladenhüter in die Lieferung einschmuggelt; doch wird dies meist schwer zu beweisen sein.

Hat der Käufer mit Recht eine Lieferung beanstandet und will die beanstandete Ware nicht bei sich aufbewahren, so kann er sie in einem Lagerhaus einstellen und die damit verbundenen Kosten dem Lieferanten anrechnen. Geraten die Sachen dort, wo sie aufbewahrt sind, in Verlust, so trägt dieses Risiko der Verkäufer.

Sonderbestimmungen laut HGB

Das Handelsgesetzbuch kennt aber auch andere **Sonderbestimmungen**. So kann ein Kaufmann Bürgschaften und Schuldversprechen mündlich abgeben (§ 350 HGB). Eine Vertragsstrafe, zu der sich ein Kaufmann verpflichtet hat, kann nicht herabgesetzt werden, wenn sie unangemessen hoch erscheint (kein richterliches Mäßigungsrecht). Diesen Nachteilen des Kaufmannsrechts unterliegen allerdings nicht die Minderkaufleute (über diesen Begriff siehe Seite 239 f.).

Der Kommissionsvertrag

Karl Jedermann hat einem kleinen Geschäftsmann im Dorf Sulzberg Waren in Kommission gegeben. Vorher hat er durch seinen Handlungsreisenden Erkundigungen über diesen Geschäftsmann eingezogen, die recht günstig lauteten. Vorsorglich schließt er jedoch mit Daniel Gramm einen schriftlichen Vertrag, wie er auf der gegenüberliegenden Seite wiedergegeben ist.

Allerdings war die Auskunft über Herrn Gramm leider falsch. Gleich den ersten mit € 2.000,– bewerteten Warenposten verwendet Karl Jedermanns Geschäftspartner nicht vertragsgemäß. Einen Teil der Ware im Wert von € 1.200,– verkauft er gegen Barzahlung und benützt das ganze Geld, um eigene Verbindlichkeiten abzudecken. Den Rest im Wert von € 800,– verkauft er auf Kredit und tritt die Kaufpreisforderungen gegen die Dorfbewohner Müller, Maier, Berger und noch einige andere an den Darlehensgeber Oswald Braun zur Deckung von Schulden ab.

KOMMISSIONSVERTRAG

Die Firma Karl Jedermann in 1200 Wien, Stoffstraße 20, und Herr Daniel Gramm, Inhaber eines Nahversorgergeschäftes in 6934 Sulzberg 86, schließen nachstehenden Kommissionsvertrag:

1. Die Firma Jedermann übergibt Herrn Gramm die in beiliegendem Verzeichnis aufgeführten Stoffe im Gesamtwert von € 2.000,– zum kommissionsweisen Verkauf in seinem Geschäft in Sulzberg. Die Ware bleibt Eigentum der Firma Jedermann, doch ist Herr Gramm ermächtigt, sie im eigenen Namen zu den von der Firma Karl Jedermann festgesetzten Preisen zu verkaufen.
2. Herr Gramm wird über die aufgrund dieses Vertrages vorgenommenen Verkäufe gesondert Buch führen. Die aus diesen Verkäufen eingehenden Beträge wird er sofort nach Eingang auf das Postsparkassenkonto der Firma Karl Jedermann einzahlen. Diese Beträge gehen aber schon vor Einzahlung in den Besitz der Firma Karl Jedermann über. Herr Gramm ist hingegen berechtigt, 10 Prozent von den eingehenden Beträgen als Provision für sich zu behalten. Über diese Provision hinaus hat Herr Gramm keinerlei Anspruch auf Spesenersatz. Er ist auch nicht berechtigt, die von der Firma Karl Jedermann gelieferten Stoffe gegen Ziel oder auf Raten zu verkaufen.
3. Auf Wunsch der Firma Karl Jedermann wird Herr Gramm alle oder einen Teil der gelieferten Stoffe mit der Bezeichnung »Kommissionsware von der Firma Karl Jedermann, Wien« versehen.
4. Wenn Herr Gramm Stoffe im Wert von € 1.000,– oder mehr verkauft und die entsprechenden Beträge einbezahlt hat, erhält er Nachlieferung im gleichen Wert nach seiner Wahl. Das in diesem Kommissionsvertrag Vereinbarte gilt für alle Nachlieferungen.
5. Für die Auflösung dieses Vertrages wird eine einmonatige Kündigungsfrist vereinbart. Mit Ablauf dieser Kündigungsfrist hat Herr Gramm die zu diesem Zeitpunkt bei ihm lagernden Stoffe an die Firma Karl Jedermann, Wien, zurückzusenden.

Datum Karl Jedermann Daniel Gramm

€ Kommissionsverträge sind nach einer Entscheidung des Verwaltungsgerichtshofes vom 23. März 1955, Zahl 2293/53/3, den Werkverträgen zuzurechnen und deshalb nicht gebührenpflichtig.

Pflichten des Kommissionärs

Als Karl Jedermann den Schaden entdeckt, versucht er zu retten, was zu retten ist. Bezüglich der eingezogenen und verbrauchten € 1.200,– kann er von Daniel Gramm Schadenersatz verlangen, und zwar wegen Verletzung des Kommissionsvertrags und aus **unerlaubter Handlung**. Gramm hat zunächst gegen die in § 384 HGB festgelegte Pflicht des **Kommissionärs** verstoßen, die Interessen Karl Jedermanns mit der Sorgfalt eines ordentlichen Kaufmanns wahrzunehmen, ihm über die Geschäfte Rechnung zu legen und das erlangte Geld herauszugeben. Er hat sich aber auch strafbar gemacht, weil die für die Stoffe kassierten Beträge für ihn fremdes Geld waren.

Karl Jedermann tut besser daran, wenn er nicht gleich eine Strafanzeige an die Polizei oder die Staatsanwaltschaft abschickt, sondern sie vorerst nur in Aussicht stellt. Er schreibt Daniel Gramm also wie folgt:

Karl Jedermann
Textilien für jedermann

Einschreiben

Herrn
Daniel Gramm
6934 Sulzberg 86

Im Zuge einer Überprüfung Ihrer Geschäftsgebarung musste ich feststellen, dass Sie Ihre Kommissionärstellung missbraucht haben. Sie haben mich dadurch geschädigt, dass Sie die eingezogenen Gelder für sich verwendeten, statt sie an mich abzuführen. Der mir entstandene Schaden beläuft sich auf mindestens € 1.200,–.

Ich fordere Sie hiermit auf, mir binnen drei Tagen annehmbare Vorschläge zu unterbreiten, wie Sie mir den oben bezifferten Schaden zu ersetzen gedenken.

Falls Sie die Angelegenheit nicht innerhalb der festgesetzten Frist bereinigen können, bin ich genötigt, gerichtliche Schritte gegen Sie einzuleiten.

Karl Jedermann

Derartige Schreiben haben oft den Erfolg, dass wenigstens eine angemessene Ratenzahlung, verbunden mit der Sicherung durch Bürgschaft, zu erreichen ist.

Komplizierter, aber für Karl Jedermann günstiger ist die Rechtslage hinsichtlich der von Gramm an Oswald Braun abgetretenen Kaufpreisforderungen. Daniel Gramm ist beim Verkauf der Stoffe nicht als Vertreter Karl Jedermanns aufgetreten, sondern im eigenen Namen; das heißt, er wurde aus dem Kaufvertrag der allein Berechtigte und Verpflichtete. Das ist gerade die Eigentümlichkeit der Kommission. Der verpflichtende Kaufvertrag (siehe Seite 53 f.) trifft also nie den hinter dem Kommissionär Daniel Gramm stehenden **Kommittenten** Karl Jedermann. Demnach steht die Kaufpreisforderung nur Gramm zu; er sollte sie ja auch einziehen.

Im Vertrag zwischen Gramm und Jedermann hätte ebenso gut vereinbart werden können, dass er diese Forderung nicht einziehen dürfe, sondern sogleich an Karl Jedermann abtreten müsse. Ja, es hätte sogar vereinbart werden können, dass diese Forderungen in dem Augenblick, in dem sie in der Person Gramms entstanden, sofort automatisch auf Karl Jedermann übergehen sollten. Dies war im Vertrag zwischen Jedermann und Gramm nicht vorgesehen, obwohl es empfehlenswert gewesen wäre. Karl Jedermann kommt hier aber die überaus wichtige Bestimmung des § 392 HGB zugute. Danach gelten Forderungen eines Kommissionärs, wie hier die von

Daniel Gramm an einige Dorfbewohner, im Verhältnis zu den Gläubigern des Kommissionärs als die Forderungen des Kommittenten – in unserem Fall als Forderungen Karl Jedermanns –, ohne dass es einer Abtretung bedarf. Demzufolge muss sich Oswald Braun so behandeln lassen, als seien die an ihn abgetretenen Forderungen gegen die Dorfbewohner damals schon Forderungen Karl Jedermanns gewesen. Solche konnte ihm aber Daniel Gramm nicht abtreten. Karl Jedermann stehen also dieselben Befugnisse zu, als habe der Kommissionär die Abtretung nicht vorgenommen. Er kann verlangen, dass Gramm ihm diese Forderung überlässt, und er kann sie dann gegen die Dorfbewohner geltend machen.

Klage auf Feststellung

Sollte Oswald Braun in Verkennung der Rechtslage behaupten, dass ihm die abgetretenen Forderungen dennoch zustünden, dann könnte Karl Jedermann gegen ihn auf Feststellung klagen, dass Braun die Forderungen nicht zustehen.

In einer solchen **Feststellungsklage** wird der Kläger, in unserem Fall Karl Jedermann, eine ausführliche Klagserzählung zur Darstellung des Sachverhaltes bringen. Aufgrund dieser Klagserzählung wird er die Erlassung eines Urteils wie folgt begehren:

URTEIL

Es wird festgestellt, dass dem Beklagten Oswald Braun eine Forderung gegen die Drittschuldner Müller, Maier und Berger aus dem Titel einer Abtretung von Kaufpreisforderungen des Daniel Gramm nicht zusteht. Der Beklagte ist schuldig, die gerichtlich zu bestimmenden Kosten dieses Verfahrens binnen 14 Tagen bei Exekution zu bezahlen.

Diese Klage nach § 228 ZPO geht somit auf ein **negatives Feststellungsbegehren**.

Der Frachtvertrag

Karl Jedermann hat einige Ballen Stoff auf Lager, die in Wien nicht gehen. Ein Geschäftsfreund aus Linz, Leopold Huber, kauft sie ihm ab und schickt eine Akontozahlung. Darauf sendet ihm Karl Jedermann die Ware durch den Spediteur Anton Sauer zu. Der Lkw Sauers verunglückt beim Transport der Ballen nach Linz und die Ware ist so beschmutzt, dass Huber sie nicht gebrauchen kann. Er und Jedermann möchten wissen, wie sie sich richtig zu verhalten haben.

Schadenersatzanspruch aus Frachtvertrag

Fest steht, dass der Käufer Leopold Huber den Kaufpreis an Karl Jedermann bezahlen muss, obwohl die Ware bei ihm in unbrauchbarem Zustand angekommen ist. Hat Leopold Huber gegen den Spediteur Anton Sauer einen **Schadenersatzanspruch** aus dem Frachtvertrag?

Wir sprechen hier von einem Frachtvertrag, obwohl Anton Sauer Spediteur ist. Hier tritt aber Sauer als Frachtführer im Sinne der §§ 425 ff. HGB auf. Hier gelten die **Allgemeinen Österreichischen Spediteurbedingungen** (AÖSp), denen sich jeder Auftraggeber stillschweigend unterwirft. In seiner Eigenschaft als Frachtführer ist Anton Sauer berechtigt, vom Auftraggeber die Ausstellung eines **Frachtbriefes** zu verlangen, während er umgekehrt dem Auftraggeber einen so genannten **Ladeschein** geben kann.

Der einfachste Fall des Frachtführers ist der Dienstmann, der z. B. einen Koffer zum Auto trägt. Für ihn gelten allerdings die Bestimmungen über Frachtschein und Ladeschein nicht, da sie infolge der Verkehrssitte entfallen.

Aus dem erwähnten Frachtvertrag ist aber nur Karl Jedermann berechtigt. Gemäß der ausdrücklichen Vorschrift des § 435 HGB hat der Empfänger der Sendung, Leopold Huber, erst Ansprüche aus dem Vertrag, wenn das beförderte Gut am **Ort der Ablieferung** eingetroffen ist. Da sich der Unfall jedoch schon vor dem Eintreffen der Ballen in Linz ereignete, stehen die Ansprüche aus dem Vertrag noch dem Absender zu. Huber muss sich also erst die Schadenersatzansprüche von Karl Jedermann abtreten lassen, ehe er gegen Anton Sauer vorgehen kann.

Der Wechsel

Der Wechsel begegnet uns in zwei Erscheinungsformen. Die einfachere Form ist der eigene (trockene) Wechsel. In ihm verspricht der **Aussteller** selbst, an einem bestimmten Tag oder bei Vorlage eine bestimmte Geldsumme an den im Wechsel genannten Gläubiger zu zahlen. Hier, beim **eigenen Wechsel**, gibt es also nur zwei Personen: den die Zahlung versprechenden Aussteller und den Berechtigten, den man **Remittent** (lat. »der Zurückgebende«) nennt. Das soll heißen, nachdem die Summe vom Aussteller an den Berechtigten (Remittenten) bezahlt ist, gibt er den Wechsel dem Aussteller zurück, damit dieser ihn vernichten kann.

Im Wirtschaftsleben kommt auch die Form des so genannten **gezogenen Wechsels** vor, der drei Personen kennt: den **Aussteller**, der eine Aufforderung zur Zahlung an einen anderen, den so genannten **Bezogenen**, richtet, eine bestimmte Geldsumme an eine dritte Person, den **Remittenten**, zu zahlen. Die zuletzt genannte Form des Wechsels nennt man auch **Tratte** (lat. »trahere«, ziehen).

Wechselprotest

Der **Protest** ist eine Urkunde, die ein **Notar** oder ein **Gerichtsbeamter** darüber aufnimmt, dass der Akzeptant trotz Aufforderung nicht bezahlt hat. Dieser Vermerk, den der Beamte unterschreibt, wird entweder – wenn noch Platz ist – auf die Rückseite des Wechsels gesetzt oder auf einen Anhang, der an den Wechsel angeklebt wird. Da der Wechsel hierdurch eine längere Form bekommt, nennt man diesen Anhang auch **Allonge**. Für den **Wechselprotest** ist unabhängig von der Höhe der Wechselsumme eine **Gebühr** von € 13,– zu entrichten; ferner hat der Protest die Protokollnummer aufzuweisen, unter der er in das vom Notar oder vom Gerichtsbeamten laufend zu führende Protokollbuch eingetragen wurde.

Prolongation

Ein vernünftiger Schuldner wird sich rechtzeitig mit dem Wechselgläubiger in Verbindung setzen und um **Stundung** bitten. Wird die erbetene Stundung bewilligt – meist für einen Monat –, so nennt man diesen Vorgang eine **Prolongation** des Wechsels. Dies soll bedeuten, dass die Verfallszeit des Wechsels hinausgeschoben, die Zahlungsfrist also verlängert wird.

Banken nehmen meist nur Wechsel zur Diskontierung an, die eine Laufzeit von drei Monaten haben. Daher ist es üblich, ein **Dreimonatsakzept** zu geben.

€ Die Wechselgebühr beträgt für im Inland oder im Ausland ausgestellte, gezogene und eigene Wechsel 1/8 Prozent der Wechselsumme. Für im Ausland ausgestellte und ausschließlich im Ausland zahlbar gestellte Wechsel beträgt die Gebühr 1/16 Prozent der Wechselsumme. Alle Vervielfältigungen und alle Prolongationen unterliegen denselben Gebühren.

Gefahren des Wechsels

Der Wechsel ist also für den Schuldner ein in vieler Hinsicht gefährliches Papier. Wer einen Wechsel als Akzeptant oder auch als Aussteller unterschreibt, soll sich daher stets vorher gut überlegen, ob er an dem im Wechsel vorgesehenen Zahlungstermin (Verfallstag) auch wirklich das nötige Geld bereit haben kann. Wer leichtsinnig Wechsel ausstellt und hinterher zu Protest gehen lässt, nur um auf diese Art und Weise irgendwelche Waren geliefert zu bekommen, ist ein so genannter »**Wechselreiter**«. In vielen Fällen wird er dadurch sogar den Tatbestand des **Betruges** erfüllen. Wenn nämlich im Strafverfahren festgestellt wird, dass er finanziell schon so schwach war, dass er gar nicht damit rechnen konnte, am Verfallstag die nötige Summe aufzubringen, dann hat er seinen Vertragspartner getäuscht und in Schädigungsabsicht gehandelt.

Der Scheck

Scheck und Wechsel haben eines gemeinsam: dass sie in Geld eingelöst werden sollen. Aber in Folgendem unterscheiden sie sich: der Wechsel ist ein **Kreditpapier**, das heißt, der Schuldner, der jetzt nicht zahlen kann, gibt dem Gläubiger durch Wechselakzept für einen bestimmten zukünftigen Zeitpunkt eine rasch durchsetzbare Forderung in die Hand. Der Scheck dagegen dient der sofortigen **Bezahlung** und kennt daher kein Akzept wie der Wechsel.

Inhaberscheck

In Österreich wird der Scheck in der Regel nicht als indossables Papier ausgestellt, sondern als **Inhaberscheck**. Dies ergibt sich aus Art. 5 Abs. 2 Scheckgesetz, weil die Banken in ihren Formularen den Zusatz vorgedruckt haben: »oder **Überbringer**«. Das soll bedeuten, dass nicht nur der im Scheck namentlich Genannte berechtigt ist, die Einlösung zu fordern, sondern jeder, der den Scheck in Händen hat. Nach den Bankbedingungen macht das Durchstreichen dieses Zusatzes den ganzen Scheck nichtig. Daher kann ein Scheck auch durch einfache **Übergabe** und **Einigung**, dass der neue Inhaber Berechtigter sein soll, weiter übertragen werden. Doch wird der neue Berechtigte Wert darauf legen, dass sein Vorgänger ein Indossament auf den Scheck setzt, weil dieser dann mit für die Einlösung des Schecks haftet, gegebenenfalls also auch bei ihm **Regress** genommen werden kann (Art. 20 Scheckgesetz).

Man kann nur auf einen Bankier (Kreditinstitut) einen Scheck ziehen, bei dem man ein Guthaben hat und mit dem man eine Vereinbarung getroffen hat, dass man über sein Guthaben mit einem Scheck verfügen kann (Art. 3 Scheckgesetz). Die Tatsache, dass man ein Bankkonto hat, bedeutet noch nicht, dass man darüber mit Scheck verfügen kann. Wenn man einen besonderen Scheckvertrag bezüglich seines Bankkontos wünscht, muss man sich ein auf den Namen der Bank lautendes Scheckheft aushändigen lassen und die Formulare von Fall zu Fall verwenden. Nachdem mit 1. Jänner 2002 die Garantie zur Einlösung der euro-cheques weggefallen ist, wird in Österreich immer weniger vom Scheck Gebrauch gemacht. Interessant ist er nach wie vor für Großkunden, die Scheckformulare beispielsweise auch auf Endlosausdrucken beziehen und so ihre Verbindlichkeiten bezahlen können.

Die Vorlagefristen, innerhalb derer der Empfänger den Scheck seiner Bank zur Einlösung übergeben sollte, sind:
— im Inland acht Tage,
— innerhalb Europas 21 Tage,
— in Übersee 70 Tage.

Platzen des Schecks

Der Scheckempfänger kann für den Fall, dass die Bank sich weigert zu zahlen, überhaupt nichts machen. Denn ihm gegenüber besteht keinerlei Verpflichtung der Bank. Umgekehrt kann der Scheckempfänger, wenn die Bank den Scheck nicht einlöst, **Rückgriff** beim Aussteller nehmen. Hier bedarf es keines Protests mangels Zahlung. Der naheliegendste Grund, weshalb eine Bank einen vorgelegten Scheck nicht einlöst, ist der, dass der Scheck **nicht gedeckt** ist, das heißt, dass das Bankkonto des Ausstellers zur Zeit der Scheckvorlage kein ausreichendes Guthaben aufweist. Dies kann jedem Kaufmann einmal passieren, wenn er z. B. am Tag der Ausstellung damit rechnen konnte, dass am nächsten Tag auf diesem Konto eine größere Zahlung von einem sicheren Schuldner eingehen würde. Er wird dann schleunigst dafür sorgen, dass der Scheckberechtigte anderweitig zu seinem Geld kommt. Immerhin ist auch schon das einmalige »**Platzen**« eines Schecks ein Nachteil. Zum einen verliert man dadurch das Ansehen, zum anderen kommt der Aussteller bei einer Zentralstelle der Banken auf eine schwarze Liste und muss befürchten, dass – ebenso wie im Fall eines geplatzten Wechsels auf ihn gezogene Wechsel nicht mehr diskontiert, das heißt von den Banken nicht mehr gutgeschrieben werden – die Bank den Scheckvertrag mit ihm kündigt. Leichtfertig oder böswillig ausgestellte Schecks, für die keine Deckung da ist, erfüllen den Tatbestand des **Betruges** nach § 146 StGB und der Aussteller muss im Fall einer Anzeige mit Strafe rechnen.

Die Bankomatkarte

Wer bei einer Bank ein Konto eröffnet, bekommt eine **Servicekarte** ausgestellt, mit der der Kontostand abgefragt oder der Kontoauszugdrucker benutzt werden kann. Nicht zuletzt seit der Einführung des Euro mit seinen vielen kleinen Münzen gewinnt aber die **Bankomatkarte** immer mehr an Bedeutung. Mit ihr kann auch außerhalb der Dienstzeiten einer Bank Geld behoben werden, im In- und Ausland, wo immer das Bankomat-Zeichen zu sehen ist. Bargeldlos, mit Karte und Unterschrift, kann überall dort bezahlt werden, wo das »Easy Pay«-Zeichen zu sehen ist. Wo hingegen das »Quick«-Zeichen zu sehen ist – in Österreich gibt es rund 50.000 Terminals, so in allen Supermärkten und vielen kleineren Geschäften –, kann ohne Unterschrift mit der **Elektronischen Geldbörse** bezahlt werden. Dieses System wurde speziell für die bargeldlose Bezahlung von Kleinstbeträgen entwickelt. Die Elektronische Geldbörse muss vor der Verwendung mit (elektronischem) Geld ausgestattet werden; sie kann bei Bankomaten oder am Bankschalter mit bis zu € 400,– beladen werden.

Die Kreditkarte

Eine andere Möglichkeit des bargeldlosen Zahlungsverkehrs sind die **Kreditkarten** (z. B. MasterCard, Visa, American Express, Diners Club). Mit diesen Karten kann rund um die Uhr nahezu überall Bargeld behoben werden. Die meisten Karten sind zusätzlich mit Versicherungsschutz ausgestattet (z. B. Reiseunfallversicherung, Reise-Privathaftpflicht-Versicherung und Reisegepäckversicherung). Dazu kommen vielfach zusätzliche Servicefunktionen: Hotels und Tickets reservieren, Mietwagen ohne Kaution bzw. verbilligt zu erhalten oder auch Ermäßigungen in verschiedenen Clubs.

Der Ausgleich

*Karl Jedermanns Geschäfte gehen schlecht. Es kommt hinzu, dass mehrere seiner Kunden ihre Zahlungen einstellen; auch hat er großen Schaden durch Scheck- und Wechselbetrüger. Er versucht sich eine Zeit lang mit Darlehen weiterzubehelfen, kann diese aber am Fälligkeitstag nicht mehr zurückzahlen. Den drohenden Ruin vor Augen, versucht er einen Ausweg zu finden. Karl Jedermann wird von der einzigen Möglichkeit Gebrauch machen, die ihn vor dem Konkursverfahren retten kann: Er wird beim Handelsgericht Wien einen Antrag auf Eröffnung des **Ausgleichsverfahrens** stellen.*

Karl Jedermann stellt gemäß § 1 der Ausgleichsordnung (AO) den Antrag in zweifacher Ausfertigung, wie auf der folgenden Seite wiedergegeben.

Aufgrund dieses Ausgleichsantrages eröffnet das Gericht das Ausgleichsverfahren, das durch ein **Edikt** öffentlich bekannt gemacht wird. Das Edikt enthält unter anderem Firma und Wohnort des Schuldners, Sitz des Unternehmens, den Namen des Ausgleichsverwalters, Zeit und Ort der **Ausgleichstagsatzung** sowie die Aufforderung an die Gläubiger, ihre Forderungen anzumelden.

Ausgleichsverwalter

Das Ausgleichsgericht leitet und überwacht den **Ausgleichsverwalter**. Dieser überprüft die Wirtschaftslage Karl Jedermanns, seine Geschäftsgebarung, die Ursachen des Vermögensverfalls, die Einbringlichkeit der Außenstände und den Stand der Schulden. Der Ausgleichsverwalter stellt dabei die Angemessenheit des Ausgleichsangebotes fest. Er überwacht die weitere Geschäftsführung sowie die Kosten der Lebensführung des Ausgleichsschuldners. Karl Jedermann hat für gewisse Geschäftsabwicklungen die Zustimmung des Ausgleichsverwalters einzuholen. Der Ausgleichsverwalter muss vom Schuldner und der Gläubigerversammlung unabhängig sein. Er darf kein naher Angehöriger und kein Konkurrent des Schuldners sein (§ 29b AO).

Die **Eröffnung des Ausgleichsverfahrens** ist unzulässig:
- wenn der Schuldner flüchtig ist;
- wenn er nach Eintritt der Zahlungsunfähigkeit rechtskräftig wegen betrügerischer Krida verurteilt wurde;
- wenn innerhalb der letzten fünf Jahre ein Ausgleichs- oder Konkursverfahren gegen ihn gelaufen ist oder die Eröffnung eines solchen Verfahrens mangels hinreichenden Vermögens rechtskräftig abgelehnt worden ist;

An das
Handelsgericht Wien
City Tower Vienna
Marxergasse 1a
1030 Wien

Wien, ...

Antragsteller: Karl Jedermann, prot. Firma in 1200 Wien, Stoffstraße 20

Antrag auf Eröffnung des Ausgleichsverfahrens
2fach
Beilagen:
Vermögensverzeichnis
Bilanzen der letzten 3 Geschäftsjahre

Ich bin Inhaber der prot. Firma Karl Jedermann, Textilien für jedermann, mit Sitz in 1200 Wien, Stoffstraße 20. Gegenstand meines Unternehmens ist der Handel mit Textilien aller Art.
Die wirtschaftliche Entwicklung verlief bis zum Jahre 1999 zufrieden stellend. Erstmals im Jahre 2000 musste ich erhebliche Umsatzeinbußen verzeichnen, die sich in den Folgejahren fortsetzten. Meine wirtschaftliche Lage wurde auch durch Wechsel- und Scheckbetrügereien meiner Schuldner verschärft.
Meine Vermögensbilanz zum heutigen Datum liegt bei und zeigt eine Überschuldung von € 150.000,–.
Ich beabsichtige, mit meinen Gläubigern einen Ausgleich abzuschließen. Die Gläubiger sollen auf ihre Forderungen eine Quote von 40% erhalten.
Ich erkläre, dass innerhalb der letzten fünf Jahre vor der Stellung dieses Antrags über mein Vermögen weder ein Konkursverfahren noch ein Ausgleichsverfahren eröffnet, noch mangels hinreichenden Vermögens die Eröffnung eines Konkursverfahrens oder Ausgleichsverfahrens rechtskräftig abgelehnt worden ist.
Ich unterbreite meinen Gläubigern sohin folgenden

Ausgleichsvorschlag:

1. Die Ansprüche der Aussonderungsberechtigten oder der Absonderungsberechtigten werden durch den Ausgleich nicht berührt.
2. Gläubiger, deren Forderungen ein Vorrecht genießen, werden voll befriedigt.
3. Alle anderen Gläubiger erhalten eine 40-%ige Quote, zahlbar binnen einer Frist von vier Monaten. Es macht keinen Unterschied, ob die Forderungen offene Buchforderungen sind oder aus Wechseln herrühren. Die Gläubiger sind verpflichtet, jene Wechsel, auf denen ich als Verpflichteter aufscheine, zurückzustellen.

Karl Jedermann

— bei gesetzwidriger Gläubigerbegünstigung und
— wenn nicht mindestens **40 Prozent** binnen zwei Jahren geboten werden (§ 3 Abs. 1 Z. 3 Ausgleichsordnung).

Die Erfüllungsfrist läuft jeweils vom Tag der Annahme des Ausgleichsvorschlages. Für den Zwangsausgleich kann die Erfüllungsfrist vom Tag der Aufhebung des Konkurses an festgelegt werden.

Ausgleichstagsatzung

In der **Ausgleichstagsatzung**, die auf längstens **acht Wochen** anzuordnen ist (§ 4 Abs. 3 AO), stimmen die Gläubiger über den vorgeschlagenen Ausgleich ab. Der Vorschlag gilt als angenommen, wenn die **einfache Mehrheit** der anwesenden stimmberechtigten Ausgleichsgläubiger dem Antrag zustimmt und die Gesamtsumme der Forderungen der zustimmenden Gläubiger wenigstens drei Viertel der Gesamtsumme der Forderungen der bei der Tagsatzung anwesenden stimmberechtigten Gläubiger beträgt (§ 42 Abs. 1 AO). Der Ausgleich bekommt seine Wirksamkeit durch die **gerichtliche Bestätigung**. Die Annahme des Ausgleichsantrags ist öffentlich bekannt zu machen.

Während des Ausgleichsverfahrens, das grundsätzlich innerhalb von 90 Tagen abgeschlossen sein muss, kann Karl Jedermann nicht in Konkurs geraten; Zwangsvollstreckungen, die gegen ihn laufen, werden einstweilen eingestellt. Die Erfüllung zweiseitiger Verträge, die noch nicht abgewickelt sind, kann Karl Jedermann mit Ermächtigung des Ausgleichsgerichts ablehnen. Während des Ausgleichsverfahrens hat der Schuldner die Pflicht zur bescheidenen Lebensführung. Das Gericht kann ein allgemeines **Veräußerungsverbot** verhängen, sodass Verfügungen des Schuldners über sein Vermögen seinen Gläubigern gegenüber unwirksam sind.

Durch den bestätigten Ausgleich werden alle, auch die überstimmten Gläubiger gebunden. Sie können jetzt nur noch die vom Ausgleichsschuldner angebotenen und im Ausgleich angenommenen Prozentsätze ihrer Forderungen geltend machen.

Der Konkurs

Wird dem Ausgleich Karl Jedermanns die Bestätigung durch das Ausgleichsgericht versagt, so hat das Ausgleichsgericht von Amts wegen darüber zu entscheiden, ob das **Konkursverfahren** zu eröffnen ist. Dieses Konkursverfahren war hier jedoch nicht zu vermeiden, denn im Ausgleichsverfahren wird ja von den Beteiligten geprüft, ob es nicht zweckmäßig sei, den Schuldner in seiner Existenz zu erhalten und dadurch wenigstens einen größeren Prozentsatz für die Gläubiger zu retten.

Hätte Karl Jedermann nicht das Ausgleichsverfahren beantragt, so hätte er selbst oder einer seiner Gläubiger den **Konkursantrag** stellen müssen (siehe folgende Seite). Karl Jedermann hat also durchaus vernünftig gehandelt, als er den Versuch machte, mithilfe des Ausgleichsantrages ein Konkursverfahren zu vermeiden.

Voraussetzung für Konkursverfahren

Voraussetzung für ein Konkursverfahren ist, dass der Gemeinschuldner **zahlungsunfähig** ist. Dies ist nicht gleichbedeutend mit überschuldet. Ein Firmeninhaber kann überschuldet sein, aber kraft seiner Persönlichkeit und seiner Zukunftsaussichten so

An das
Handelsgericht Wien
City Tower Vienna
Marxergasse 1a
1030 Wien

Wien, …

Antragsteller: Hans Maier
Kaufmann
1150 Wien, Spiegelgasse 10

Antragsgegner: Karl Jedermann
Kaufmann
1200 Wien, Stoffstraße 20

Antrag gemäß § 70 KO auf Eröffnung des Konkurses über das Vermögen des Antragsgegners.

2fach
1 Rubrik

Der Antragsgegner schuldet mir aus dem vollstreckbaren Urteil dieses Gerichtes vom .... zu 3 Cg 827/… den Betrag von € 3.760,– samt 6% Zinsen seit .... und an Prozesskosten den Betrag von € 520,–.

Bescheinigungsmittel: Akt 3 Cg 827/01.

Der Antragsteller ist zahlungsunfähig. Seit etwa sechs Monaten sind die Rechnungen von ihm nur noch zögernd bezahlt worden und seit zwei Monaten hat er seine Zahlungen vollkommen eingestellt. Mahnungen beantwortet er überhaupt nicht mehr; es sind beim Exekutionsgericht gegen ihn nicht weniger als zehn Exekutionen anhängig. Zuletzt geführte Exekutionen sind fruchtlos geblieben.

Bescheinigungsmittel: das Pfändungsprotokoll des Bezirksgerichts Leopoldstadt zu E 849/…

Ich stelle daher den

Antrag

auf Anberaumung einer Einvernehmungstagsatzung, Herbeischaffung der oben genannten Bescheinigungsmittel und sohin auf Eröffnung des Konkurses über das Vermögen des Antragsgegners.

Hans Maier

Eine Kopie für das Gericht beifügen, eine für die eigenen Akten zurückbehalten. Der Antrag ist an den Gerichtshof I. Instanz (Landesgericht), in dessen Sprengel der Schuldner sein Unternehmen betreibt, zu richten. Hat ein Schuldner kein Unternehmen, so ist sein Wohnsitz maßgebend. Für Wien ist das Handelsgericht Wien zuständig.

viel Kreditmöglichkeit haben, dass er seinen Zahlungsverpflichtungen immer noch nachkommen kann. Bei Handelsgesellschaften, bei denen kein persönlich haftender Gesellschafter eine natürliche Person ist (z. B. GesmbH & Co. KG), findet das Konkursverfahren bereits bei **Überschuldung** statt. Die verantwortlichen Organe solcher Gesellschaften sind verpflichtet, den Konkursantrag zu stellen, sobald die Überschuldung festgestellt ist, sonst machen sie sich strafbar und schadenersatzpflichtig. In unserem Beispiel hat ein **Gläubiger** den Konkursantrag gestellt. Dies hätte aber – wie bereits festgestellt – auch der Schuldner selbst tun können.

Der Gläubiger muss sich darüber im klaren sein, dass ihm ein solcher Antrag weitere Kosten verursacht. Da in unserem Fall die Firma Hans Maier eine Forderung von € 3.760,– geltend macht, berechnet sich die Gebühr für den Antrag auf Eröffnung des Konkursverfahrens nach diesem Wert. Es ist daher immer zweckmäßig, sich vorher zu vergewissern, ob der Schuldner wenigstens noch einige Werte hat, sodass im Konkursverfahren zunächst die Kosten eingetrieben werden können, die der Gläubiger vorerst aufzubringen hat.

Der Konkurs erfasst das gesamte Vermögen Karl Jedermanns, nicht etwa nur sein Firmenvermögen. Nur bei der **offenen Handelsgesellschaft** gibt es ein besonderes Konkursverfahren über das Gesellschaftsvermögen, wobei die Gesellschafter aber für den Ausfall haften.

Konkurseröffnung

Ergeben die Ermittlungen des Gerichts, insbesondere die Angaben des Gemeinschuldners, hier also Karl Jedermanns, dass er zahlungsunfähig ist, so beschließt das Gericht die **Konkurseröffnung**. Liegt nach Auffassung des Gerichts jedoch so wenig Vermögen des Schuldners vor, dass nicht einmal die Kosten des Verfahrens gedeckt sind, wird der Antrag auf Konkurseröffnung **»mangels Kostendeckung« abgelehnt**. Das Gericht führt ein Verzeichnis derartiger Schuldner, bei denen der Konkursantrag mangels Kostendeckung abgelehnt worden ist. Das Verzeichnis kann von jedem eingesehen werden. Nach Ablauf von fünf Jahren wird der Name des Schuldners gelöscht.

Der **Eröffnungsbeschluss** enthält unter anderem das Gericht, die Firma, den Sitz des Unternehmens, den Namen des **Masseverwalters** sowie Angaben über Ort, Zeit und Gegenstand der Gläubigerversammlung und der Prüfungstagsatzung, ferner die Aufforderung an die Gläubiger, ihre Forderungen anzumelden.

Es ist Aufgabe des bestellten Masseverwalters, alle Vermögenswerte des **Gemeinschuldners** – so wird Karl Jedermann jetzt bezeichnet – zusammenzufassen und zu Geld zu machen. Selbstverständlich kann er nur solche Vermögenswerte erfassen, die der Pfändung unterworfen sind; also z. B. nicht das notwendige Mobiliar und die Kleidungsstücke des Schuldners. Mit Genehmigung des Gläubigerausschusses kann der Masseverwalter Karl Jedermann und seiner Familie auch weiterhin einen **notwendigen Unterhalt** aus der Masse gewähren, wenn dies nach den Umständen angemessen erscheint. Seit 1. Jänner 1995 hat das Konkursgericht dem Gemeinschuldner auch die Miet- und sonstigen Nutzungsrechte an Wohnungen zur freien Verfügung zu überlassen, wenn sie Wohnräume betreffen, die für den Gemeinschuldner und die mit ihm im gemeinsamen Haushalt lebenden Familienangehörigen unentbehrlich sind (§ 5 Abs. 4 Konkursordnung).

Konkursmasse

Damit der Masseverwalter seine Tätigkeit ungestört ausüben kann, verliert Karl Jedermann mit Eröffnung des Konkurses die Befugnis, über sein zur **Konkursmasse** gehöriges Vermögen zu verfügen oder es zu verwalten. Der Masseverwalter nimmt die Sachen in Besitz, im **Grundbuch** wird die Eröffnung des Konkursverfahrens eingetragen. Wer als Schuldner jetzt noch etwas an Karl Jedermann zahlt, wird von seiner Schuld nicht befreit, sondern kann vom Masseverwalter noch einmal in Anspruch genommen werden.

Unter den Dingen, die der Masseverwalter in den Geschäftsräumen Karl Jedermanns vorgefunden hat, befinden sich auch einige Designermöbel, die im Bürohaus Klein auf Abzahlung unter ***Eigentumsvorbehalt*** *gekauft worden sind.*

Das Bürohaus Klein kann aufgrund seines vorbehaltenen Eigentums, da Karl Jedermann noch nicht alle Raten bezahlt hat, die Einrichtung herausverlangen, also aus der Masse **aussondern**. Dann steht dem Masseverwalter nur ein Anspruch auf Rückzahlung der geleisteten Raten, aber abzüglich eines angemessenen Betrages für die Abnutzung zu. Wenn allerdings nur noch eine oder zwei kleinere Raten offen sind, wird es der Masseverwalter vorziehen, diese Raten aus der Konkursmasse zu bezahlen, um den größeren Wert für die Verwertung zugunsten der Gläubiger zu erhalten. Bei beiderseits noch nicht abgewickelten Verträgen hat nämlich der Masseverwalter ein **Wahlrecht**, ob er den Vertrag erfüllen will oder nicht. Lehnt er die Erfüllung ab, so hat der andere Vertragsteil lediglich einen Schadenersatzanspruch, den er als Konkursforderung geltend machen kann.

Unser Masseverwalter stellt bei der Zusammenfassung der ***Aktivwerte****, die zu Geld gemacht werden sollen, Folgendes fest: Karl Jedermann hat vor fünf Monaten seinem Kegelverein, um dort zu imponieren, das Bild einer Seelandschaft geschenkt, das einen Wert von € 12.000,– darstellt. Zur gleichen Zeit hat er seiner Frau einen Pelz und Schmuck im Wert von insgesamt € 8.500,– gekauft. Auch hat er ihr zu sehr günstigen Bedingungen ein kleines Grundstück verkauft. Seine wertvolle Briefmarkensammlung hat er seinem Sohn Otto mit der Begründung übergeben, dass Otto ihm in den letzten Jahren mehrfach mit Rat und Tat zur Seite gestanden habe, ohne hierfür bezahlt worden zu sein.*

Der Kegelverein, Frau Jedermann und der Sohn Otto müssen das Erlangte dem Masseverwalter herausgeben. Der Masseverwalter kann nämlich diese vor der Konkurseröffnung Karl Jedermanns liegenden Geschäfte **anfechten**.

☛ Die Schenkung des Bildes an den Kegelklub ist gemäß § 29 Z. 1 KO anfechtbar, weil sie in den letzten zwei Jahren vor der Konkurseröffnung erfolgte und aufgrund ihres hohen Wertes nicht eine gebräuchliche Gelegenheitsschenkung darstellt. Die der Ehefrau Anna gemachten Schenkungen sind aus den gleichen Gründen anfechtbar. Das Grundstück ist zwar nicht verschenkt, sondern verkauft worden, aber offenbar zu einer so geringen Gegenleistung, dass die Gläubiger benachteiligt wurden. Auch dieses Geschäft kann also der Masseverwalter anfechten, wenn nicht Anna Jedermann beweisen kann, dass ihr von der bösen Absicht Karl Jedermanns weder etwas bekannt war noch bekannt sein musste (§ 28 Z. 3 KO). Die Übereignung der Briefmarkensammlung an den Sohn Otto ist ein frisiertes Geschäft, um die Gläubiger zu benachteiligen, und kann daher gemäß § 28 KO angefochten werden.

Rangordnung, Aussonderung, Absonderung

Nachdem der Masseverwalter alles zu Geld gemacht hat, geht es an die Verteilung der Masse. An und für sich sollen nun alle am Konkursverfahren beteiligten Gläubiger gleichmäßig befriedigt werden. Es muss dabei aber doch eine gewisse **Rangordnung** eingehalten werden.

Verliehene, vermietete, verpfändete, in Verwahrung oder zur Bearbeitung übernommene Gegenstände sowie Kommissionswaren und unter Eigentumsvorbehalt übergebene Sachen, kurzum alle Dinge, an denen einem Dritten Eigentum zukommt, werden an diesen in natura zurückgegeben (**Aussonderungsansprüche**).

Pfandgläubiger können die gesonderte Verwertung der Pfandgegenstände verlangen; das bedeutet, dass aus diesen Gegenständen vorerst die Forderungen der einzelnen Pfandgläubiger befriedigt werden, dass Überschüsse (Mehrerlöse) in die Konkursmasse fallen und Ausfälle (Mindererlöse) als einfache Konkursforderungen weiter gelten. Zur Erreichung solcher **Absonderungsansprüche** müssen richterliche Pfandrechte jedoch älter als 60 Tage (gerechnet bis zur Konkurseröffnung) sein.

Masseforderung, Konkursforderung

Schließlich werden auch die so genannten **Masseforderungen** vorerst bezahlt. Es sind dies die Kosten des Masseverwalters, die Gerichtsgebühren, ferner alle Kosten, die durch die Abwicklung, durch Sachverständige, Aufräumefrauen, eine Bürokraft usw. erwachsen, kurzum alle jene Forderungen, die **nach Konkurseröffnung** entstehen. Erst dann kommen die **Konkursforderungen** zum Zuge, das sind jene Forderungen, die **vor Konkurseröffnung** entstanden sind und für die weder Aussonderungs- noch Absonderungsansprüche bestehen.

Insolvenz-Entgeltsicherung

Existenzwichtig können bei Insolvenzen die gesetzlichen Möglichkeiten werden, die sich für einen **Dienstnehmer** aus der Eröffnung des Konkursverfahrens über seinen Dienstgeber bieten. Hier erhält der Dienstnehmer nach dem **Insolvenz-Entgeltsicherungsgesetz** von der IAF-Service GmbH (sie hat das früher zuständige Bundessozialamt abgelöst, siehe Seite 266) seine Forderungen erfüllt.

Für Arbeitsverträge gilt im Übrigen § 25 KO mit folgendem Wortlaut:

§§ **§ 25.** (1) Ist der Gemeinschuldner Arbeitgeber und ist das Arbeitsverhältnis bereits angetreten worden, so kann es

1. im Schuldenregulierungsverfahren innerhalb eines Monats nach Konkurseröffnung,
2. sonst innerhalb eines Monats nach

a) öffentlicher Bekanntmachung des Beschlusses, mit dem die Schließung des Unternehmens oder eines Unternehmensbereichs angeordnet, bewilligt oder festgestellt wird, oder

b) der Berichtstagsatzung, es sei denn, das Gericht hat dort die Fortführung des Unternehmens auf einstweilen unbestimmte Zeit beschlossen,

vom Arbeitnehmer durch vorzeitigen Austritt, wobei die Konkurseröfffnung als wichtiger Grund gilt, und vom Masseverwalter unter Einhaltung der gesetzlichen, kollektivvertraglichen oder der zulässigerweise vereinbarten kürzeren Kündigungsfrist unter Bedachtnahme auf die gesetzlichen Kündigungsbeschränkungen gelöst werden.

(1a) Bei Arbeitnehmern mit besonderem gesetzlichem Kündigungsschutz ist die Frist des Abs. 1 gewahrt, wenn die Klage bzw. der Antrag auf Zustimmung zur Kündigung durch den Masseverwalter fristgerecht eingebracht worden ist. Gleiches gilt auch für die Anzeigeverpflichtung nach § 45a AMFG [Arbeitsmarktförderungsgesetz].

(1b) Wurde nicht die Schließung des gesamten Unternehmens, sondern nur eines Unternehmensbereichs angeordnet, bewilligt oder festgestellt, so stehen das Austrittsrecht und das Kündigungsrecht nach Abs. 1 nur den Arbeitnehmern bzw. nur in Bezug auf die Arbeitnehmer zu, die in dem betroffenen Unternehmensbereich beschäftigt sind. Hat das Gericht in der Berichtstagsatzung die Fortführung des Unternehmens auf einstweilen unbestimmte Zeit beschlossen, so kann der Masseverwalter nur Arbeitnehmer, die in einzuschränkenden Bereichen beschäftigt sind, innerhalb eines Monats nach der Berichtstagsatzung nach Abs. 1 kündigen.
(2) Wird das Arbeitsverhältnis nach Abs. 1 gelöst, so kann der Arbeitnehmer den Ersatz des verursachten Schadens als Konkursforderung verlangen.
(3) Bestimmungen besonderer Gesetze über den Einfluss der Konkurseröffnung auf das Arbeitsverhältnis bleiben unberührt.

Die Forderungen der Arbeitnehmer (arbeitnehmerähnlicher Personen) auf laufendes Entgelt, einschließlich Sonderzahlungen für die Zeit nach der Konkurseröffnung, stellen nun bevorrangte **Masseforderungen** (§ 46 Abs. 1 Z. 3 KO) dar. Scheidet dagegen ein Dienstnehmer nach § 25 KO aus, so sind seine Entgeltansprüche, einschließlich der Abfertigung, nur als **Konkursforderungen** zu behandeln, die aber durch das Insolvenz-Entgeltsicherungsgesetz abgesichert sind.

Insolvenz-Ausfallgeld

Das **Insolvenz-Entgeltsicherungsgesetz** sieht vor, dass ein Arbeitnehmer, der an den zahlungsunfähigen, im Ausgleich oder Konkurs befindlichen Arbeitgeber offene Forderungen aus dem Arbeitsverhältnis hat, innerhalb von sechs Monaten einen Antrag auf Insolvenz-Ausfallgeld stellen kann. Dieser Antrag ist bei der **Insolvenz-Ausfallgeld-Service GmbH** (kurz: IAF-Service GmbH) mit Firmensitz in Wien und Außenstellen in den Bundesländern schriftlich einzubringen. Dabei kann sich der Arbeitnehmer von einer Person oder Institution seines Vertrauens (Gewerkschaft, Arbeiterkammer) vertreten lassen. Anspruchsberechtigt sind aktive Arbeiter und Angestellte, aber auch ehemalige Arbeitnehmer, gleichgültig, ob sie inzwischen in Pension, anderswo beschäftigt oder arbeitslos sind. **Nicht anspruchsberechtigt** sind arbeitnehmerähnliche Personen, also etwa **freie Mitarbeiter**. Im Regelfall gilt, dass eine Firma Abgaben an die IAF-Service GmbH geleistet haben muss, um eine Anspruchsberechtigung ihrer Beschäftigten zu schaffen. Das Wiener IAF-Service befindet sich in 1040 Wien, Operngasse 17–21, Tel. 01/205 12 12-0, Fax 01/205 12 12-499.

Klassenloser Konkurs

Im Sinne des Prinzips der Gläubigergleichbehandlung gibt es eine einzige, gemeinschaftliche Konkursmasse, womit der »**klassenlose Konkurs**« verwirklicht ist. Das Konkursvermögen bildet, soweit es nicht zur Befriedigung der Masseforderungen und der Ansprüche der Absonderungsberechtigten verwendet wird, eine **gemeinschaftliche Konkursmasse**, aus der die Konkursforderungen nach dem Verhältnis ihrer Beträge zu befriedigen sind.

Schlussverteilung

Nach der **Schlussverteilung** wird der Konkurs durch Beschluss aufgehoben, wobei der unbezahlte Rest der Forderungen weiterhin geschuldet wird. Jene Gläubiger, deren Forderungen nicht zur Gänze befriedigt wurden, können nun gegen Gebühr ein Inkassobüro mit der eventuellen weiteren Überwachung des Schuldners beauftragen. Bevor es jedoch so weit kommt, springt für Karl Jedermann sein Sohn Otto ein, der nicht will, dass sein Vater für die Zukunft mit derartigen Schulden belastet bleibt. Dadurch ermöglicht er die Durchführung eines Zwangsausgleichs.

Zwangsausgleich

Eine Beendigung des Konkurses durch **Zwangsausgleich** ist in vielen Fällen die zweckmäßigste Art der Regelung. Voraussetzung ist, dass der Gemeinschuldner während des Konkursverfahrens einen diesbezüglichen Antrag stellt und dass er die Bezahlung von mindestens 20 Prozent für die Konkursgläubiger innerhalb von zwei Jahren gewährleisten kann. Die Gläubiger stimmen in der **Ausgleichstagsatzung** über den Vorschlag ab; dabei muss die Mehrheit der anwesenden stimmberechtigten Gläubiger dem Antrag zustimmen und die Gesamtsumme der Forderungen der zustimmenden Konkursgläubiger wenigstens drei Viertel der Gesamtsumme der Forderungen der bei der Tagsatzung anwesenden stimmberechtigten Konkursgläubiger betragen (§ 147 Abs. 1 KO). Die übrigen Gläubiger müssen sich dem Beschluss unterwerfen. Der Antrag auf Zwangsausgleich darf nicht Verschleppungszwecken dienen.

Der Privatkonkurs

Nicht nur ein Unternehmen, sondern auch eine Privatperson kann in Konkurs gehen – allerdings unter den eher strengen Bedingungen, die für Handelsunternehmen und Gesellschaften gelten. Das Gesetz (§§ 181–216 KO) räumt überschuldeten Privatpersonen (»natürlichen Personen«) die Möglichkeit des Privatkonkurses ein, ein Verfahren, das immer öfter wahrgenommen wird. Ein solcher **Privatkonkurs** ist nicht wie »normale« Konkurse vom Landes- bzw. Handelsgericht abzuwickeln, sondern vom zuständigen **Bezirksgericht**.

Voraussetzungen

Zunächst muss der Schuldner einen **außergerichtlichen Ausgleich** anstreben, insbesondere vor einer bevorrechteten Schuldnerberatungsstelle oder einem Gläubigerschutzverband (etwa dem Alpenländischen Kreditorenverband oder dem Kreditschutzverband von 1870). Nur wenn ein solcher außergerichtlicher Ausgleich scheitert und der Schuldner das bescheinigt, beginnt das eigentliche Verfahren. Der Schuldner muss ein **Vermögensverzeichnis** vorlegen, in das die einzelnen Vermögensstücke und Verbindlichkeiten unter Anführung ihres Betrages oder Wertes aufzunehmen sind (ähnlich also dem Vermögensverzeichnis nach § 47 Exekutionsordnung, siehe Seite 87 f.) sowie einen **Zahlungsplan**. In diesem Plan muss der Schuldner den Konkursgläubigern mindestens eine Quote anbieten, die seiner Einkommenslage in den folgenden fünf Jahren entspricht. Die Zahlungsfrist darf sieben Jahre nicht übersteigen. Der Antrag auf Annahme eines Zahlungsplans ist unter anderem dann unzulässig, wenn der Schuldner trotz Auftrag das Vermögensverzeichnis nicht vorgelegt hat oder wenn er flüchtig ist.

Abschöpfungsverfahren

Letztes Fangnetz für private »Pleitiers« ist dann das **Abschöpfungsverfahren** mit **Restschuldbefreiung**. Vorher hat der Schuldner allerdings die Erklärung abzugeben, dass seine Einkünfte für sieben Jahre bis auf das Existenzminimum gepfändet bzw. einem vom Gericht zu bestellenden Treuhänder abgetreten werden.

Das Abschöpfungsverfahren ist vom Gericht für beendet zu erklären, wenn
- drei Jahre der Laufzeit der Abtretungserklärung verstrichen sind und die Konkursgläubiger während des Konkurs- und Abschöpfungsverfahrens zumindest 50 Prozent ihrer Forderungen erhalten haben oder
- die Laufzeit der Abtretungserklärung abgelaufen ist und die Konkursgläubiger zumindest 10 Prozent der Forderungen erhalten haben.

Das Abschöpfungsverfahren darf nur einmal innerhalb von 20 Jahren in Anspruch genommen werden. Das Gesetz macht deutlich, dass Schuldnern nur in berücksichtigungswürdigen Fällen das Privileg der Restschuldbefreiung eingeräumt wird. Voraussetzung ist jedenfalls die Verwertung des gesamten Vermögens im Konkurs (Zwangsausgleich) sowie eine hohe Anspannung im Abschöpfungsverfahren, verbunden mit der Bereitschaft, sieben Jahre am Existenzminimum zu leben.

Hier eine schematische Darstellung des **Verfahrensablaufs im Privatkonkurs**:

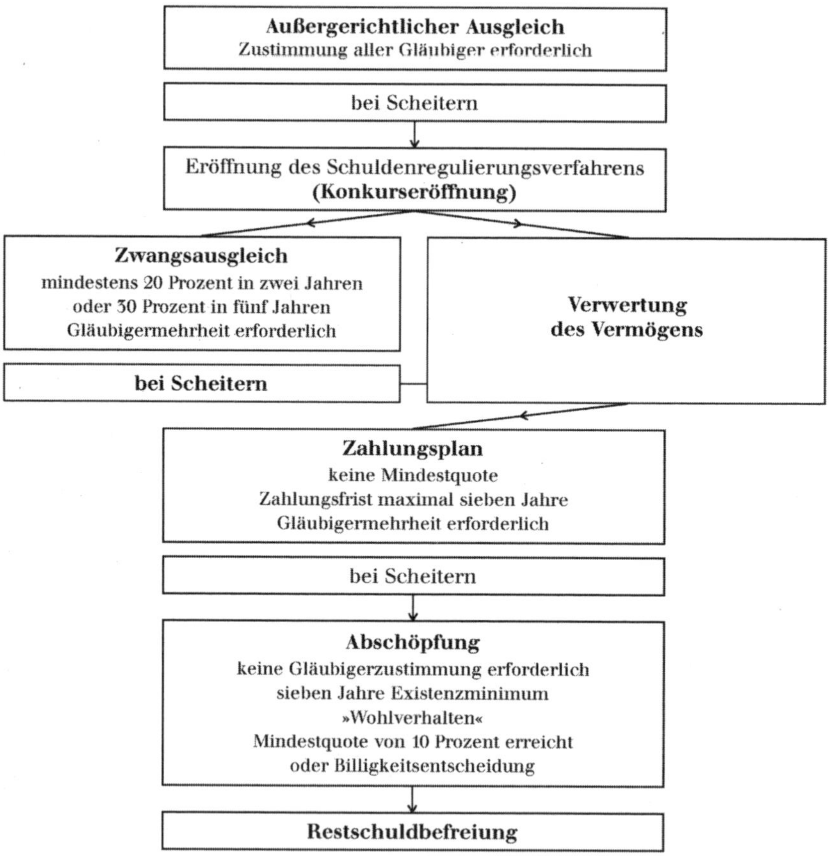

Lehnen die Gläubiger den Zahlungsplan ab, so kann das Verfahren trotzdem auf Antrag des Schuldners fortgesetzt werden, wenn dieser spätestens in der Zahlungsplantagsatzung einen verbesserten Zahlungsplan vorlegt, in dem er bescheinigt, dass seine Einkünfte die Kosten des Verfahrens voraussichtlich decken werden und innerhalb von zwei Jahren eine Verbesserung seiner Einkommenslage zu erwarten ist. Das ist insbesondere anzunehmen, wenn der Schuldner derzeit auf Karenz ist oder den Präsenzdienst bzw. Zivildienst leistet, wenn der Abschluss einer beruflichen (Zusatz-)Ausbildung durch den Schuldner bevorsteht oder ein arbeitsloser Schuldner die Voraussetzungen für einen Pensionsbezug erwirbt (§ 195a KO).

Verschiedene Gesellschaftsformen

Die offene Handelsgesellschaft (OHG)

Karl Jedermann hat aus den Sorgen, die er als Alleininhaber der Firma »Karl Jedermann, Textilien für jedermann« hatte, die Folgerung gezogen, dass es besser sei, die Chancen von Gewinn und Verlust bei einem solchen Unternehmen mit einem anderen zu teilen. Sein Sohn Otto ist auch bereit, ihm ein Darlehen von € 45.000,– für den neuen Start zur Verfügung zu stellen. Der Mietvertrag über den günstig gelegenen Laden läuft noch weiter und der Firmenname ist gut eingeführt. Karl Jedermann findet als Interessenten Hans Burzinski, der sich mit € 18.000,– beteiligen will. Die beiden schließen folgenden Vertrag:

GESELLSCHAFTSVERTRAG

welcher am unten angesetzten Tage zwischen Herrn Karl Jedermann, Kaufmann in 1200 Wien, Stoffstraße 20, und Herrn Hans Burzinski, Kaufmann in 1020 Wien, Gartengasse 2, abgeschlossen und errichtet wurde, wie folgt:

I.

Herr Karl Jedermann und Herr Hans Burzinski errichten mit heutigem Tage die offene Handelsgesellschaft unter der Firma »Karl Jedermann & Co., Textilien für jedermann« mit dem Sitz in 1200 Wien, Stoffstraße 20.

II.

Gegenstand des Unternehmens ist der Handel mit Textilien aller Art.

III.

Die Gesellschaft ist auf unbestimmte Zeit errichtet. Jedem Gesellschafter steht jedoch das Recht der Aufkündigung zu, die er mindestens sechs Monate vor Ablauf des Geschäftsjahres dem anderen Gesellschafter schriftlich mitzuteilen hat. Dies schließt den einverständlichen Austritt eines Gesellschafters ohne Einhaltung der Kündigungsfrist nicht aus.
Stirbt einer der Gesellschafter, so können seine Erben – falls sein Tod nicht die Auflösung der Gesellschaft im Sinne des Punktes XII dieses Vertrages zur Folge hat – als Kommanditisten in die Gesellschaft eintreten.

IV.

Das erste Geschäftsjahr beginnt mit dem heutigen Tag und endet mit 31. Dezember dieses Jahres. Die weiteren Geschäftsjahre decken sich mit dem jeweiligen Kalenderjahr.

V.

Herr Karl Jedermann bringt in die Gesellschaft eine Bareinlage von € 45.000,– (fünfundvierzigtausend Euro) ein. Herr Jedermann wird die ihm aufgrund des Gewerbescheines Zahl ... vom ... zustehende Berechtigung zum Handel mit Tex-

tilien aller Art zugunsten der Gesellschaft dieses Vertrages unter der Bedingung zurücklegen, dass dieser ein Gewerbeschein gleichen Umfangs ausgestellt wird. Weiters bringt Herr Karl Jedermann die ihm aufgrund des Mietvertrags vom ..., abgeschlossen mit der Hausverwaltung des Gebäudes 1200 Wien, Stoffstraße 20, zustehenden Mietrechte in die Gesellschaft ein.
Herr Hans Burzinski bringt in die Gesellschaft eine Bareinlage von € 18.000,– (achtzehntausend Euro) ein und übernimmt die Kosten der Renovierung des Verkaufslokals im Standort 1200 Wien, Stoffstraße 20.

VI.

Die Gesellschaft wird durch jeden der Gesellschafter einzeln vertreten. Die Zeichnung erfolgt, indem der Gesellschafter dem von wem immer vorgeschriebenen oder vorgedruckten Firmenwortlaut seinen Namen eigenhändig zusetzt.

VII.

Die Gesellschafter sind verpflichtet, in allen Angelegenheiten der Gesellschaft jene Sorgfalt anzuwenden, die sie in ihren eigenen Angelegenheiten anzuwenden pflegen. Sie haften der Gesellschaft für den ihr durch ihr Verschulden verursachten Schaden. Eine Vorteilsausgleichung findet nicht statt.

VIII.

Keiner der Gesellschafter darf ohne Einverständnis des anderen Gesellschafters im Handelszweig der Gesellschaft für eigene Rechnung oder für Rechnung eines Dritten Geschäfte machen noch an einer anderen, gleichartigen Handelsgesellschaft als offener Handelsgesellschafter oder auch nur kapitalmäßig teilnehmen. Im Übertretungsfall hat der schuldhafte Gesellschafter dem anderen Gesellschafter einen etwaigen Gewinn herauszugeben und eine sofort fällige – dem richterlichen Mäßigungsrecht nicht unterliegende – Vertragsstrafe von € 3.000,– (dreitausend Euro) zu bezahlen.

IX.

Für die Aufnahme eines oder mehrerer Gesellschafter ist das Einverständnis beider Gesellschafter notwendig, ebenso für die Erteilung einer Prokura. Den Widerruf einer Prokura kann jeder Gesellschafter allein aussprechen.

X.

Jeder Gesellschafter ist berechtigt, monatlich € 2.000,– (zweitausend Euro) den laufenden Einnahmen zu entnehmen; Herr Karl Jedermann kann darüber hinaus zu Beginn eines jeden Jahresviertels weitere € 6.000,– (sechstausend Euro) entnehmen. Die entnommenen Beträge werden vom Jahresgewinn des betreffenden Gesellschafters abgezogen. Solange nicht mit Sicherheit ein Gewinn angenommen werden kann, dürfen Entnahmen nicht erfolgen.

XI.

Am Schluss eines jeden Geschäftsjahres ist ein Inventar aufzunehmen und der Wert der vorhandenen Gegenstände unter Berücksichtigung der gesetzlichen Abschreibungen festzulegen. Ferner ist am Ende eines jeden Geschäftsjahres eine Bilanz aufzustellen und der Gewinn oder Verlust des vorhergegangenen Geschäftsjahres zu berechnen.

Der Gesellschafter Karl Jedermann ist am Gewinn und Verlust mit zwei Dritteln und der Gesellschafter Hans Burzinski mit einem Drittel beteiligt. In diesem Verhältnis teilt sich der Gewinn beziehungsweise ist ein etwaiger Verlust der Stammeinlage entsprechend anzulasten. Kein Gesellschafter darf ohne Einverständnis des anderen Gesellschafters seine Einlage vermindern oder erhöhen.

XII.

Die Auflösung der Gesellschaft h a t zu erfolgen:
a) durch die Eröffnung des Konkurses der Gesellschaft,
b) durch Übereinkunft der Gesellschafter.

Die Auflösung der Gesellschaft k a n n erfolgen:
a) durch den Tod eines der Gesellschafter,
b) durch die Eröffnung des Konkurses über das Vermögen eines der Gesellschafter,
c) durch die Aufkündigung eines Gesellschafters oder des Privatgläubigers eines Gesellschafters oder bei Austritt.

In den letztgenannten drei Fällen kann jedoch der andere Gesellschafter durch Ausfolgung des reinen Anteils des betreffenden Gesellschafters am Gesellschaftsvermögen das Unternehmen mit derselben Firma als Alleininhaber weiterführen.

XIII.

Wird die Gesellschaft aufgelöst, so haben beide Gesellschafter als Liquidatoren die Liquidation durchzuführen. Stirbt einer der Gesellschafter während der Liquidation, so führt sie der andere Gesellschafter zu Ende. Nach Beendigung der Liquidation sind die Bücher und Schriften der Gesellschaft bei einem der Gesellschafter aufzubewahren.

XIV.

Die mit der Errichtung dieses Gesellschaftsvertrags verbundenen Kosten, Stempel und Gebühren sowie die Kosten und Gebühren der Eintragung in das Firmenbuch trägt die Gesellschaft.

XV.

Dieser Vertrag wird in einem Exemplar ausgefertigt, das der Gesellschaft gehört. Jedem der Gesellschafter steht Einsicht- und Abschriftnahme jederzeit frei.

Wien, ...

Karl Jedermann Hans Burzinski

Dieser Gesellschaftsvertrag bedarf keiner notariellen oder gerichtlichen Beurkundung. Anders liegt der Fall, wenn ein Gesellschafter Grundstücke einbringt.

Da Karl Jedermanns Firma sich durch den Gesellschaftsvertrag geändert hat, muss dies zum **Firmenbuch** angemeldet werden. Die **Anmeldung** sieht wie folgt aus:

An das
Handelsgericht Wien
City Tower Vienna
Marxergasse 1a
1030 Wien
Firmenbuch

Wien, ...

1. Karl Jedermann, Kaufmann in 1200 Wien, Stoffstraße 20
2. Hans Burzinski, Kaufmann in 1020 Wien, Gartengasse 2

Eintragung der Firma Karl Jedermann & Co., Textilien für jedermann. einfach.

Wir haben uns zu einer offenen Handelsgesellschaft zusammengeschlossen, indem der unterzeichnete Kaufmann Karl Jedermann in sein Einzelhandelsgeschäft Karl Jedermann, Textilien für jedermann, den Gesellschafter Hans Burzinski aufgenommen hat.

Die offene Handelsgesellschaft hat am ... ihren Geschäftsbetrieb unter der Firma Karl Jedermann & Co., Textilien für jedermann, in den Geschäftsräumen 1200 Wien, Stoffstraße 20, begonnen.

Vertretungsbefugt ist jeder Gesellschafter selbstständig, die Firmenzeichnung erfolgt wie nachstehend:

1. durch mich, Karl Jedermann, geb. 18. Februar 19...

2. durch mich, Hans Burzinski, geb. ...

Da das Unternehmen über den Umfang des Kleingewerbes hinausgeht, beantragen wir, Firma, Sitz, Rechtsform, Gesellschafter, Vertretungsbefugnis und Gegenstand wie oben angeführt in das Firmenbuch einzutragen.

Die Firmenzeichnung und die Unterschriften sind notariell oder gerichtlich beglaubigen zu lassen. Bei der notariellen oder gerichtlichen Beglaubigung ist der Firmenwortlaut von jedem Gesellschafter **handschriftlich** vor seine Unterschrift zu setzen.

Hans Burzinski ist hier in ein Geschäft eingetreten, bei dem infolge des zuvor geschlossenen Ausgleichs keine Verbindlichkeiten aus der bisherigen Geschäftstätigkeit bestanden haben. In vielen Fällen besteht aber für einen neu eintretenden Gesellschafter die Gefahr, dass er durch seinen Eintritt in ein laufendes Geschäft für die bereits entstandenen Verbindlichkeiten haftet. Ist dies zu befürchten und soll eine solche Haftung ausgeschlossen werden, so muss in den OHG-Vertrag ein zusätzlicher Punkt etwa folgenden Inhalts aufgenommen werden:

> Der Gesellschafter Hans Burzinski haftet nicht für die bisher in dem Einzelunternehmen »Karl Jedermann, Textilien für jedermann« entstandenen Verbindlichkeiten.

Es genügt aber nicht allein, dass man dies in den Vertrag hineinschreibt, es muss dies auch zum Firmenbuch angemeldet und bekannt gemacht werden. Erst dann ist der neu eintretende Gesellschafter sicher, dass er von den Gläubigern des bisherigen Geschäftsinhabers nicht in Anspruch genommen werden kann. Der Anmeldung zum Firmenbuch ist also folgender Satz hinzuzufügen:

> Herr Hans Burzinski haftet nicht für die im Geschäft Karl Jedermann entstandenen Verbindlichkeiten des bisherigen Alleininhabers. Wir beantragen, diesen **Haftungsausschluss** im Firmenbuch einzutragen und bekannt zu machen.

Die Kommanditgesellschaft (KG)

Im vorstehenden Vertragsbeispiel ist vorgesehen, dass die Erben als **Kommanditisten** der Gesellschaft angehören sollen. Unter einem Kommanditisten versteht man einen Gesellschafter, der nicht mit seinem ganzen Vermögen für die Geschäftsverbindlichkeiten haftet, sondern nur mit einer vertraglich festgelegten Einlage.

Bei einer **Kommanditgesellschaft** muss aber immer ein Gesellschafter vorhanden sein, der mit seinem ganzen Vermögen haftet. Ihn nennt man im Gegensatz zum Kommanditisten **Komplementär**. Am Firmennamen kann man oft nicht erkennen, ob es sich um eine offene Handelsgesellschaft oder um eine Kommanditgesellschaft handelt. Die OHG muss den Familiennamen eines der Gesellschafter und einen Zusatz enthalten, dass ein Gesellschaftsverhältnis vorliegt, etwa »Jedermann & Co.«, »Jedermann & Burzinski«, »Burzinski & Co.« usw. Auch »Jedermann OHG« wäre möglich.

Auch Namen und Geburtsdaten der Kommanditisten, gegebenenfalls ihre Firmenbuchnummern sowie die Höhe ihrer Vermögenseinlagen sind in das Firmenbuch einzutragen (§ 4 Z. 6 Firmenbuchgesetz, FBG).

☛ Wer in das Wesen und die juristischen Feinheiten von OHG und KG eindringen will, muss sich zunächst mit der Gesellschaft bürgerlichen Rechts vertraut machen (siehe Seite 111); dann werden ihm die Besonderheiten verständlich werden.

Die Vertretungsmacht der Gesellschafter

Die Geschäfte der offenen Handelsgesellschaft Karl Jedermann & Co. sind angelaufen. Es ist Herbst geworden und Karl Jedermann will für die Beheizung der Firmenlokale vom Brennstoffhändler möglichst billiges Heizöl beziehen. Preiswerter Brennstoff ist zurzeit aber nicht lieferbar und der Brennstoffhändler kann nur wesentlich teureres Heizöl anbieten. Karl Jedermanns Mitgesellschafter widerspricht dem Ankauf des teuren Heizöls und meint, man solle sich eben vorerst in der Beheizung etwas einschränken; die politische Lage werde sich bald entspannen und die Ölpreise würden damit wieder fallen.

Karl Jedermann bestellt trotzdem die für die nächsten Jahre benötigten 20.000 Liter Heizöl beim Brennstoffhändler Schwarz. Noch bevor Max Schwarz liefert, erhält die Firma Karl Jedermann & Co. von einem anderen Brennstoffhändler ein Angebot über billigeres Heizöl. Da Hans Burzinski dem Ankauf des teuren Heizöls bei Schwarz widersprochen hat, ist er der Meinung, dass zwischen der OHG und dem Brennstoffhändler kein gültiger Kaufvertrag zustande gekommen sei.

Max Schwarz jedoch erhebt auf die Weigerung von Karl Jedermann & Co., ihm den Kaufpreis zu zahlen und das bestellte Heizöl abzunehmen, die auf der gegenüberliegenden Seite wiedergegebene **Klage**.

☛ Die OHG ist Trägerin des Gewerberechts, kann unter ihrer Firma klagen und geklagt werden und kommt somit einer juristischen Person nahe, obwohl sie sich von einer solchen in nicht unwesentlichen Punkten unterscheidet.
Es ist richtig und sehr wichtig, dass der Kläger Max Schwarz nicht nur die OHG, sondern auch die Gesellschafter Karl Jedermann und Hans Burzinski mitklagt. Wenn nämlich eine Schuld der OHG feststeht, dann haften für diese automatisch die Gesellschafter mit ihrem **Privatvermögen**, und zwar als Gesamtschuldner. Eine entgegenstehende Vereinbarung ist Dritten gegenüber unwirksam (§ 128 HGB). Wenn man allein die OHG klagt, so bekommt man auch nur ein Urteil gegen diese und kann lediglich in das Betriebsvermögen vollstrecken, das unter dem Namen der OHG verwaltet wird.

Eine OHG kann unter ihrer Firma Rechte erwerben und Verpflichtungen eingehen, also durch einen **Kaufvertrag** zur Zahlung des Kaufpreises verpflichtet sein. Dieser Kaufvertrag ist hier durch Vereinbarungen zwischen dem Brennstoffhändler Schwarz und Karl Jedermann zustande gekommen, denn Karl Jedermann handelte als Vertreter der OHG. Während bei einer bürgerlichrechtlichen Gesellschaft stets sämtliche Gesellschafter auftreten müssen, um Gesellschaftsverpflichtungen einzugehen, ist bei der OHG jeder der Gesellschafter allein vertretungsbefugt (§ 125 HGB).

Haftungsausschluss, Vertretungsbeschränkung

Man kann diese Vertretungsmacht eines Gesellschafters durch den Gesellschaftsvertrag ausschließen; dann gehört der Betreffende nicht mehr zu den **geschäftsführenden** Gesellschaftern. Man kann ferner festlegen, dass mehrere Gesellschafter nur gemeinsam oder zusammen mit einem Prokuristen Vertretungsmacht haben sollen. Diese **Haftungsausschlüsse** oder **Beschränkungen** sind Dritten gegenüber aber nur wirksam, wenn sie im Firmenbuch eingetragen und bekannt gemacht sind oder wenn der Dritte sie kennt. Es besteht eine **Verpflichtung**, sie zur Eintragung anzumelden.

Da in unserem Fall weder ein Haftungsausschluss noch eine im Firmenbuch eingetragene Vertretungsbeschränkung vorliegt, hat Karl Jedermann die nötige Vertretungsmacht, um den Kaufvertrag mit Wirkung für die OHG abzuschließen.

An das
Bezirksgericht für Handelssachen
City Tower Vienna
Marxergasse 1a
1030 Wien

Wien, ...

Klagende Partei: Max Schwarz
Brennstoffhandel
1030 Wien, Kohlstraße 10
vertreten durch: Dr. Anton Pfiffig, Rechtsanwalt, 1010 Wien, Kupferplatz 8

Beklagte Parteien:
1. Karl Jedermann & Co.
»Textilien für jedermann«
1200 Wien, Stoffstraße 20
2. Karl Jedermann
Kaufmann
1200 Wien, Stoffstraße 20
3. Hans Burzinski
Kaufmann
1200 Wien, Stoffstraße 20

wegen € 8.356,– inkl. MWSt s. A.

KLAGE

Der Zweitbeklagte Karl Jedermann hat in seiner Eigenschaft als Gesellschafter der Firma Karl Jedermann & Co. am ... mündlich mit dem Kläger einen Kaufvertrag über die Lieferung von 20.000 Liter Heizöl abgeschlossen.

Beweis: Fritz Träger, Anschrift des Klägers,
Parteienvernehmung.

Nunmehr verweigern die Firma Karl Jedermann & Co. und ihre Gesellschafter mit dem Hinweis darauf, sie hätten sich in der Zwischenzeit anderswo billiger eingedeckt, die Abnahme des Heizöls.

Beweis: vorzulegende Korrespondenz, Zeuge wie oben,
Parteienvernehmung.

Die klagende Partei begehrt daher die Erlassung folgenden Urteils:
Die Beklagten sind zur ungeteilten Hand schuldig, den Betrag von € 8.356,– samt 5% Zinsen ab Klagstag gegen die Zug um Zug zu bewirkende Gegenleistung, das ist Lieferung von 20.000 Liter Heizöl, sowie die Kosten des Verfahrens binnen 14 Tagen bei Exekution zu bezahlen.

Max Schwarz

Drei Kopien herstellen, eine zurückbehalten, zwei dem Original beifügen, damit jeder der beklagten Gesellschafter ein Exemplar bekommen kann.

☛ An der Vertretungsmacht, die Karl Jedermann im Namen der OHG nach außen ausübt, ändert auch die Tatsache nichts, dass Hans Burzinski dem Abschluss des Kaufvertrags widersprochen hat. Zwar **durfte** Karl Jedermann daraufhin dieses Rechtsgeschäft nicht mehr vornehmen; aber dieses **Nichtdürfen** bedeutet juristisch nur, dass er seine Verpflichtungen gegenüber Hans Burzinski verletzt, wenn er trotzdem einen solchen Vertrag abschließt. Seine Vertretungsmacht besteht unberührt weiter.

Der Brennstoffhändler Max Schwarz wird demnach den Prozess gewinnen. Den durch dieses ungünstige Geschäft entstandenen Vermögensnachteil muss allerdings Karl Jedermann allein tragen. Hans Burzinski kann verlangen, dass sein Partner die Differenz zwischen dem überhöhten und dem gewöhnlichen Heizölpreis aus seinem Privatvermögen der Gesellschaft zurückerstattet.

Sollte Karl Jedermann sich öfter solche Eigenmächtigkeiten und Ungeschicklichkeiten zuschulden kommen lassen, so wird er damit zu einer Gefahr für die Zukunft der Gesellschaft. In diesem Fall sehen die §§ 117 und 127 HGB für Hans Burzinski die Möglichkeit vor, dem Mitgesellschafter Karl Jedermann die **Geschäftsführungsbefugnis** und die damit verbundene Vertretungsmacht durch das Gericht **entziehen** zu lassen. Da eine derartige Klage fast immer vor dem Handelsgericht zu erheben ist (außerhalb Wiens vor dem Landes- als Handelsgericht), muss sich Hans Burzinski durch einen Rechtsanwalt vertreten lassen. Zu diesem Zweck kann er seinem Anwalt eine Prozessvollmacht oder aber eine Generalvollmacht erteilen.

Die Auflösung der Gesellschaft

Führt ein solches Vorgehen Hans Burzinskis zu keiner annehmbaren Lösung, weil Karl Jedermann nach wie vor seine Vertragspflichten verletzt, so kann nach § 133 HGB Hans Burzinski vor Ablauf der vorgesehenen Zeit durch Gerichtsentscheid die **Auflösung der Gesellschaft** betreiben.

Davon zu unterscheiden ist die **Kündigung** durch einen der Gesellschafter bei Gesellschaftsverhältnissen auf unbestimmte Zeit, die aber nur für den Schluss eines Geschäftsjahres bei Einhaltung einer sechsmonatigen Frist erfolgen kann.

Die Auflösung der Gesellschaft hat für Hans Burzinski jedoch den Nachteil, dass er zwar die Zusammenarbeit mit Karl Jedermann losgeworden ist, aber der Firmenbestandteil »Karl Jedermann«, an dessen Bekanntwerden er mitgearbeitet hat, ausschließlich Karl Jedermann zur weiteren Verwendung zur Verfügung steht, denn der Firmenname ist ja mit dessen Familiennamen identisch. Dieser wird also unter diesem bekannten Namen erneut ein Geschäft aufmachen und so wäre letzten Endes der Gesellschafter Hans Burzinski doch der Benachteiligte.

Um diese ungerechte Folge auszuschließen, gibt ihm das Gesetz in den §§ 140 und 142 HGB die Möglichkeit, die **Übernahme des Geschäfts ohne Liquidation** mit Aktiven und Passiven zu verlangen. Auch dies muss im Weg der Klage geschehen. Hans Burzinski wird also darauf klagen, dass er zur Übernahme des Geschäfts für berechtigt erklärt wird. Karl Jedermann wird entsprechend dem Wert seines derzeitigen Gesellschaftsanteils mit Geld abgefunden. Hans Burzinski kann somit den Firmennamen Karl Jedermann fortführen. Er muss aber einen Zusatz machen, also unter »Karl Jedermann & Co., Inhaber Hans Burzinski« firmieren, um nicht gegen den Begriff der Firmenwahrheit zu verstoßen.

Die Erwerbsgesellschaft

Die Gesellschaftsform der **eingetragenen Erwerbsgesellschaft** kann entweder eine offene Erwerbsgesellschaft (vergleichbar der OHG) oder eine Kommandit-Erwerbsgesellschaft (vergleichbar der KG) sein (geregelt im Erwerbsgesellschaftengesetz – EGG):

Eine Gesellschaft, die auf einen gemeinschaftlichen Erwerb oder auf die Nutzung und Verwaltung eigenen Vermögens unter gemeinsamer Firma gerichtet ist, zu deren Zweck jedoch eine offene Handelsgesellschaft oder eine Kommanditgesellschaft nicht gegründet werden kann, ist

1. eine **offene Erwerbsgesellschaft**, wenn bei keinem der Gesellschafter die Haftung gegenüber den Gesellschaftsgläubigern beschränkt ist, oder
2. eine **Kommandit-Erwerbsgesellschaft**, wenn bei einem oder bei einigen der Gesellschafter die Haftung gegenüber den Gesellschaftsgläubigern auf den Betrag einer bestimmten Vermögenseinlage beschränkt ist (Kommanditisten), während bei dem anderen Teil der Gesellschafter eine Beschränkung der Haftung nicht stattfindet (persönlich haftende Gesellschafter).

Die **Firma** der offenen Erwerbsgesellschaft hat die Bezeichnung »offene Erwerbsgesellschaft« (OEG), die Firma der Kommandit-Erwerbsgesellschaft hat die Bezeichnung »Kommandit-Erwerbsgesellschaft« (KEG) zu enthalten.

Erwerbsgesellschaften sind zur **Eintragung in das Firmenbuch** anzumelden. Vor der Eintragung bestehen sie als solche nicht. Auf eingetragene Erwerbsgesellschaften sind die Vorschriften des Handelsgesetzbuchs und der Vierten Einführungsverordnung zum Handelsgesetzbuch über die offene Handelsgesellschaft und die Kommanditgesellschaft sowie die für diese Gesellschaften geltenden Vorschriften über die Firma anzuwenden.

Zur Führung von Handelsbüchern sind eingetragene Erwerbsgesellschaften als solche nicht verpflichtet.

Ist Zweck einer eingetragenen Erwerbsgesellschaft die Ausübung eines **freien Berufs** (z. B. eines Rechtsanwalts), so darf diese Berufsausübung nur im Einklang mit den berufsrechtlichen Vorschriften erfolgen. Soweit diese Vorschriften nichts anderes vorsehen, hat die Firma einen Hinweis auf den ausgeübten freien Beruf zu enthalten. An die Stelle der Bezeichnung »offene Erwerbsgesellschaft« kann die Bezeichnung »**Partnerschaft**« oder – sofern die Firma nicht die Namen aller Gesellschafter enthält – der Zusatz »und (&) Partner«, an die Stelle der Bezeichnung »Kommandit-Erwerbsgesellschaft« kann die Bezeichnung »Kommandit-Partnerschaft« treten.

Die stille Gesellschaft

Karl Jedermann ist es leid geworden, sich weiterhin selbstständig kaufmännisch zu betätigen. Die ihm von Hans Burzinski als Gesellschaftsanteil ausbezahlten € 50.000,– möchte er aber gewinnbringend anlegen. Er erhält den Tip, beim Computer-Software-Händler Richard Luchs, der sich vergrößern will, als ***stiller Gesellschafter*** *einzutreten. Dann habe er, was er suche: Geschäftsgewinn ohne Arbeit.*

Karl Jedermann folgt diesem Rat und schließt mit Richard Luchs zweckmäßigerweise einen schriftlichen **Vertrag** wie folgt:

VERTRAG

1. Herr Richard Luchs ist Alleininhaber der protokollierten Firma Richard Luchs, Einzelhandel mit Standard-Software in Wien. Er nimmt Herrn Karl Jedermann, Kaufmann in Wien, als stillen Gesellschafter in sein unter der genannten Firma bestehendes Handelsgewerbe auf. Herr Jedermann tritt als stiller Gesellschafter diesem Unternehmen bei.

2. Herr Karl Jedermann beteiligt sich in dieser Eigenschaft gegen Anteil an Gewinn und Verlust mit einer Einlage von € 40.000,– (vierzigtausend Euro). Er hat diese Einlage bereits in bar geleistet. Herr Richard Luchs bestätigt deren bare Einzahlung.

3. Die Geschäftsführung ist ausschließlich Angelegenheit des Firmeninhabers Richard Luchs. Er hat jedoch vor außerordentlichen Geschäftshandlungen die Zustimmung des stillen Gesellschafters Karl Jedermann einzuholen. Dieser braucht andernfalls diese Geschäfte nicht gegen sich gelten zu lassen.

4. Der stille Gesellschafter Karl Jedermann ist am Gewinn des jeweiligen Geschäftsjahres mit 20 Prozent beteiligt. In gleicher Höhe nimmt er am jährlichen Verlust teil. Jedenfalls aber nimmt er am Verlust nur bis zum Betrag seiner Einlage teil. Solange diese durch Verluste vermindert ist, dient der jährliche Gewinn zur Auffüllung der Einlage.

5. Bei Errechnung des Gewinns gebührt Herrn Richard Luchs eine monatliche Vorwegentnahme für seine Geschäftsführertätigkeit von € 2.500,–. Die Abrechnung selbst hat bis spätestens 10. März des folgenden Kalenderjahres zu erfolgen.

6. Herr Karl Jedermann ist jederzeit berechtigt, in die Handelsbücher, Korrespondenzen und Fakturen Einsicht zu nehmen, bei der alljährlich aufzunehmenden Inventur zu intervenieren und vom Geschäftsinhaber Auskünfte und Aufklärungen zu verlangen.

7. Der Vertrag geht beiderseits auf die Erben über, kann jedoch von jedem Vertragsteil nach vorausgegangener halbjähriger Kündigung aufgelöst werden. Im Fall der Auflösung dieses Vertragsverhältnisses hat Herr Richard Luchs die Liquidation der noch schwebenden Geschäfte zu besorgen, sodass die Auseinandersetzung zwischen den Gesellschaftern binnen 3 Monaten nach Auflösung des Vertragsverhältnisses erfolgen kann.

8. Während der Dauer der stillen Gesellschaft verpflichten sich beide Gesellschafter, außerhalb der vorliegenden Gesellschaft keine Geschäfte im Computer-Software-Handel oder in einer ähnlichen Branche zu tätigen.

9. Für Streitigkeiten, die sich aus diesem Gesellschaftsvertrag ergeben könnten, wird durch besonderen Vertrag ein Schiedsgericht vereinbart werden.

Wien, …

Karl Jedermann Richard Luchs

Von einem derartigen Vertrag werden zwei Exemplare erstellt und beide unterschrieben. Jeder Vertragspartner erhält ein Exemplar.

Dieser Vertrag unterscheidet sich dadurch von jenem zur Gründung einer OHG, dass nach außen als Inhaber der Firma »Richard Luchs, Software-Haus« nur Richard Luchs auftritt. Aus allen Geschäften, die er für das Unternehmen mit dritten Personen schließt, wird er allein berechtigt und verpflichtet (§ 178 Abs. 2 HGB). Eine Klage der dritten Person gegen den stillen Gesellschafter ist also nicht möglich. Und dennoch ist seine Einlage mehr als ein Darlehen. Bei einem Darlehen begibt man sich völlig in die Hand des Darlehensnehmers, hier jedoch überwacht der stille Gesellschafter die Arbeit seines Geldes.

Typischer/nichttypischer stiller Gesellschafter

In unserem Beispiel ist Karl Jedermann ein »**typischer stiller Gesellschafter**«. Er ist an Gewinn und Verlust beteiligt und hat bei seinem Ausscheiden nur Anspruch auf Rückzahlung seiner Einlage. Sein Gewinn fällt steuerlich unter »Einkünfte aus Kapitalvermögen« (§ 27 Einkommensteuergesetz). Anders wäre die Sachlage, wenn Karl Jedermann außer an Gewinn und Verlust auch an einer Steigerung der Sachwerte und des Firmenwerts beteiligt wäre. Er könnte dann bei einem allfälligen Ausscheiden neben seiner Einlage auch den verhältnismäßigen Anteil an der Steigerung von Sach- und Firmenwert beanspruchen, stünde also praktisch wie ein Unternehmer da. In diesem Fall wird er als »**nichttypischer stiller Gesellschafter**« bezeichnet. Als solcher hat er »Einkünfte aus Gewerbebetrieb« zu versteuern (§ 23 EStG).

Die Gesellschaft m.b.H.

Otto Jedermanns Briefmarkenhandel hat inzwischen Formen angenommen, die es ihm unmöglich machen, allein der Lage Herr zu werden. Am Beispiel seines Vaters hat er gesehen, dass die Alleininhaberschaft – ebenso wie die Teilhaberschaft an einer OHG – Gefahren in sich birgt. Also sucht er nach einem Weg, der ihn vor der Gefahr schützt, unter Umständen sein ganzes Vermögen zu verlieren. Da Otto Jedermann weiß, dass der Alleininhaber eines kaufmännischen Unternehmens stets mit seinem ganzen Vermögen haftet, beschließt er nach reiflicher Erwägung die Gründung einer Gesellschaft mit beschränkter Haftung (Ges.m.b.H.).

Otto Jedermann findet als interessierten Teilhaber den Philatelisten Sokrates Stempel und gründet mit ihm die »Otto Jedermann Gesellschaft m.b.H.«. Diese Firma enthält den Namen eines Gesellschafters, wir nennen sie deshalb **Personenfirma**. Die Gesellschaft m.b.H. könnte aber zum Unterschied von OHG und KG auch eine Sachfirma führen, z. B. »Briefmarkenhandels-Gesellschaft m.b.H.«.

In allen Fällen, auch für abgeleitete Firmen, ist der Zusatz »Gesellschaft m.b.H.« erforderlich, wobei das Wort »Gesellschaft« ausgeschrieben werden muss – dies, um Verwechslungen mit der »Genossenschaft« zu vermeiden. Wenn wir weiterhin dennoch von der »Ges.m.b.H.« sprechen, dann dient dies nur der Übersichtlichkeit des Textes.

Im Gegensatz zu den bisherigen Gesellschaftsverträgen kann der **Ges.m.b.H.-Vertrag** nicht formlos von den Vertragspartnern geschlossen werden, sondern bedarf der **Beurkundung** durch einen Notariatsakt. Der Vertrag kann wie folgt aussehen:

Vor mir, Dr. Hans Rust, öffentlicher Notar mit dem Amtssitz in Wien, Innere Stadt, sind heute in meiner Amtskanzlei erschienen:

1. der mir persönlich bekannte Herr Otto Jedermann, geb. am ..., Kaufmann in 1010 Wien, Opernring 72,
2. Herr Sokrates Stempel, geb. am ..., Kaufmann in 1040 Wien, Markenstraße 20, Identität nachgewiesen durch Reisepass Nummer ...

und haben vor mir errichtet und zu Akt gegeben nachstehenden

GESELLSCHAFTSVERTRAG:

1. Die Herren Otto Jedermann und Sokrates Stempel errichten mit heutigem Tag eine Gesellschaft mit beschränkter Haftung unter der Firma »Otto Jedermann, Gesellschaft mit beschränkter Haftung«.

2. Gegenstand des Unternehmens ist der Briefmarkenhandel.

3. Das Stammkapital der Gesellschaft beträgt € 50.000,– (fünfzigtausend Euro). Hievon übernehmen Stammeinlagen:
Herr Otto Jedermann € 40.000,– (vierzigtausend Euro),
Herr Sokrates Stempel € 10.000,– (zehntausend Euro).
Das Stammkapital ist zur Gänze bar eingezahlt.

4. Die Dauer der Gesellschaft ist nicht auf eine bestimmte Zeit beschränkt. Die Gesellschaft beginnt mit dem Tag der handelsgerichtlichen Registrierung.

5. Das erste Geschäftsjahr der Gesellschaft beginnt mit der Eintragung im Firmenbuch und endet mit dem 31. Dezember des Jahres der Eintragung. Von da ab fällt das Geschäftsjahr mit dem Kalenderjahr zusammen.

6. Geschäftsführer der Gesellschaft m.b.H. ist Herr Otto Jedermann, der die Gesellschaft nach außen vertritt. Herr Sokrates Stempel erhält Handlungsvollmacht.

7. Die Bekanntmachungen der Gesellschaft erfolgen durch Übersendung rekommandierter Briefe an die einzelnen Gesellschafter unter der der Gesellschaft zwecks Eintragung in das Anteilsbuch zuletzt bekannt gegebenen Adresse.

8. Insofern durch diesen Vertrag oder dessen gültige Abänderung oder durch gültige Generalversammlungsbeschlüsse nichts anderes bestimmt ist, gelten die Bestimmungen des Gesetzes über die Gesellschaft mit beschränkter Haftung und ergänzend die der übrigen Gesetze.

Dieser von mir aufgenommene Notariatsakt wurde den Erschienenen vorgelesen, von denselben als ihrem Willen entsprechend genehmigt und sohin von ihnen mit der Bestimmung zur Herausgabe wiederholter Ausfertigungen an die gegenwärtigen und zukünftigen Gesellschafter, an die Gesellschaft selbst sowie an deren Geschäftsführer und seinerzeitige Liquidatoren vor mir, Notar, unterschrieben.

Wien, am ... Otto Jedermann Sokrates Stempel

Rundsiegel, Unterschrift des Notars

Der Text dieses Vertragsmusters lehnt sich an ein im Buch »Gesellschaft mit beschränkter Haftung – Ein Handbuch für die Praxis« von Dr. Hans Graschopf verwendetes Beispiel an.

Die Gründung der Ges.m.b.H. ist von ihrem Geschäftsführer Otto Jedermann wie folgt anzumelden:

An das
Handelsgericht Wien
City Tower Vienna
Marxergasse 1a
1030 Wien

Wien, ...

Firmenbuch

Betrifft: Eintragung in das Firmenbuch

Otto Jedermann, geb. am ..., Kaufmann in 1010 Wien, Opernring 72, und
Sokrates Stempel, geb. am ..., Kaufmann in 1040 Wien, Markenstraße 20,

haben sich zu einer Gesellschaft m.b.H. unter der Firma »Otto Jedermann, Gesellschaft mit beschränkter Haftung« mit dem Betriebsgegenstand Handel mit Briefmarken vereinigt.

Unter Vorlage:
1. einer Ausfertigung des notariellen Gesellschaftsvertrages vom ...,
2. der Gesellschafterliste,
3. der Geschäftsführerliste,
4. der Unbedenklichkeitsbescheinigung des Finanzamts für Gebühren und Verkehrssteuern,
5. der gutachtlichen Äußerung der Wirtschaftskammer für Wien über die Zulässigkeit der Firma

beantrage ich, in das Firmenbuch einzutragen:

1. Firma: Otto Jedermann, Gesellschaft mit beschränkter Haftung
2. Sitz und für Zustellungen maßgebliche Geschäftsanschrift: 1010 Wien, Opernring 72
3. Betriebsgegenstand: Handel mit Briefmarken
4. Stammkapital: € 50.000,–
5. Geschäftsführer: Otto Jedermann, geb. am ..., Kaufmann, Wien
6. Rechtsform: Gesellschaft m. b. H.

Der Gesellschaftsvertrag ist am ... abgeschlossen worden. Vertretungsbefugt: der Geschäftsführer Otto Jedermann.

Der Geschäftsführer wird zeichnen, indem er der Firma seine Unterschrift wie folgt beifügt:

Otto Jedermann Gesellschaft m.b.H.
Otto Jedermann

Unterschrift und Firmenzeichnung des Geschäftsführers sind notariell zu beglaubigen.

Eine Ges.m.b.H. kann nur gegründet werden, wenn mindestens ein **Stammkapital von € 35.000,–** aufgebracht wird. Die einzelnen Ges.m.b.H.-Gesellschafter müssen mindestens eine Stammeinlage von € 70,– leisten. Vor der Anmeldung zum Firmenbuch müssen sie ein Viertel des übernommenen Betrages ihrer Stammeinlage dem Geschäftsführer zur Verfügung stellen.

Die Ges.m.b.H. ist **juristische Person**. Sie erwirbt also selbst Rechte und wird selbst verpflichtet. Demgemäß können die Gläubiger sich auch nur an das Betriebsvermögen der Ges.m.b.H. selbst halten. Wenn sie zusammenbricht und nicht genügend Vermögen zur Befriedigung sämtlicher Gläubiger vorhanden ist, so besteht für diese keine Möglichkeit, sich an das Privatvermögen der einzelnen Gesellschafter zu halten.

Es gibt allerdings auch Gesellschaften m.b.H., die eine **Nachschusspflicht** der Gesellschafter vorsehen. Dies sind recht gefährliche Vereinbarungen.

Abtretung von Gesellschaftsanteilen

Da Otto Jedermann über 50 Prozent der Geschäftsanteile der Ges.m.b.H. besitzt, beherrscht er diese praktisch, weil er seinen Mitgesellschafter Stempel immer überstimmen kann. Bis zur Grenze der Sittenwidrigkeit kann er also in seinem eigenen Interesse handeln. Sokrates Stempel ist deswegen bald unzufrieden und will aus der Ges.m.b.H. ausscheiden. Dies kann er ganz einfach dadurch tun, dass er seinen **Geschäftsanteil** an einen anderen **überträgt**. Diese Abtretung muss aber in Form eines **Notariatsaktes** erfolgen.

☛ Im Gesellschaftsvertrag kann vorgesehen sein, dass die **Abtretung von Geschäftsanteilen** nur mit Zustimmung der in der Ges.m.b.H. verbleibenden Gesellschafter erfolgen darf. Eine solche Vereinbarung hat den Zweck, dass den verbleibenden Gesellschaftern nicht jemand als Mitgesellschafter aufgezwungen werden kann, der ihnen nicht genehm ist. Besonders bei so genannten Familien-Gesellschaften, deren Anteile oft durch Generationen in derselben Familie bleiben, werden derartige Vereinbarungen getroffen, um die Tradition zu wahren.

Ein-Mann-Ges.m.b.H.

Otto Jedermann schlägt Sokrates Stempel vor, seinen Anteil an ihn, Otto Jedermann, zu veräußern und bietet ihm mehr, als ein Dritter für diesen Anteil bezahlen würde. Sokrates Stempel greift bei diesem verlockenden Angebot zu.

Damit ist Otto Jedermann Inhaber sämtlicher Anteile der Ges.m.b.H. Alle Geschäfte, die nun – von ihm natürlich – im Namen der Ges.m.b.H. getätigt werden, verpflichten also nur diese, nicht etwa Otto Jedermann persönlich. Über diese so genannte »**Ein-Mann-Ges.m.b.H.**« ist nun also erreicht worden, was ein Einzelkaufmann nicht erreichen könnte, nämlich dass er für seine Geschäfte nur mit dem Gesellschaftsvermögen haftet, nicht aber mit dem, was er darüber hinaus an eigenem Vermögen besitzt.

Durch das **EU-Gesellschaftsrechtsänderungsgesetz**, BGBl. Nr. 304/1996, kann eine Ges.m.b.H. nunmehr auch durch bloß einen einzigen Gründer errichtet werden, womit die davor nötige Einschaltung eines »Gründungshelfers« entbehrlich wird.

Die Aktiengesellschaft

Auch als Ges.m.b.H. floriert Otto Jedermanns Briefmarkenhandel. Das Unternehmen wirft hohe Beträge ab, die Otto Jedermann Gewinn bringend anlegen möchte. Als guter Beobachter der wirtschaftlichen Entwicklung hat er festgestellt, dass mit Aktien immer wieder ein vorzügliches Geschäft zu machen ist.

Die **Aktiengesellschaft** (AG) ist ein Zusammenschluss einer Anzahl von Personen, die ihr Geld zusammenwerfen, um mithilfe dieses Geldes einen Geschäftsbetrieb zu ermöglichen. Die Aktiengesellschaft ist **juristische Person**, die Gesellschafter sind bloß mit Einlagen auf das in **Aktien** zerlegte Grundkapital beteiligt, ohne persönlich für die Schulden der Gesellschaft zu haften. Während aber die Ges.m.b.H. meist nur dafür gedacht ist, geringere Kapitalien (€ 35.000,–) aufzubringen, soll die Gründung einer Aktiengesellschaft dazu dienen, größere Kapitalien zu bilden, die in die Millionen gehen.

Es gibt in der Volkswirtschaft gewisse **anlageintensive Betriebe**, die zur Errichtung ungeheures Kapital brauchen. Wenn sie aber eingerichtet sind und den Betrieb aufgenommen haben, dann ist zu erwarten, dass sie einen Gewinn abwerfen, der das aufgewendete Kapital entsprechend verzinst. Es gibt nun zwei Möglichkeiten, derartige Riesenkapitalien aufzubringen:

Simultan- oder Einheitsgründung

Bei der **Simultan- oder Einheitsgründung** übernehmen die Gründer selbst alle Aktien, das heißt, sie bringen die erforderlichen Kapitalien aus ihrer eigenen Tasche auf. Dazu müssen sie allerdings über große Geldmittel verfügen, beläuft sich doch der Mindestbetrag für das **Grundkapital** einer Aktiengesellschaft derzeit auf € 70.000,– (§ 7 Aktiengesetz).

Zur Gründung genügt es nach dem Aktiengesetz 1965, BGBl. Nr. 98/1965, dass sich mindestens zwei Personen an der Festlegung der Satzung beteiligen und die Aktien übernehmen. Die Gründer legen die Satzung fest, in der Zweck, Firma, Sitz etc. der neu zu gründenden Aktiengesellschaft angeführt werden. Die Satzung muss notariell beurkundet werden. Nach Gründungsprüfung und Übernahme der Aktien durch die Gründer wird die Aktiengesellschaft zum Firmenbuch angemeldet.

Suzkessiv- oder Stufengründung

Komplizierter ist die so genannte **Sukzessiv- oder Stufengründung**. Bei ihr übernehmen die Gründer nicht von sich aus die Aktien, sondern bieten sie durch Emissionsbanken dem Publikum zur Zeichnung an. Die Interessenten füllen bei den Banken Zeichnungsscheine aus und werden dadurch Gesellschafter der AG, so genannte **Aktionäre**. Hier wählen dann nicht die Gründer, sondern die Aktionäre in der Hauptversammlung den Aufsichtsrat.

Grundkapital

Das Grundkapital ist in Aktien zerlegt, deren **Nominale** (Nennbetrag) auf einen Euro oder ein Vielfaches hievon zu lauten hat. Wenn also ein Grundkapital von € 70.000,– aufgebracht werden soll, so kann dieses beispielsweise in 1.000 Aktien à € 70,– gestückelt werden, wobei die einzelnen Gründer erklären, wie viel jeder von ihnen übernimmt. Der kapitalstärkste Anleger wird vielleicht versuchen, mehr als 50 Prozent der Aktien zu bekommen, weil er damit die **absolute Mehrheit** erreicht hat und dadurch in der Aktiengesellschaft dominiert.

Manche Aktien lauten nicht auf den Namen des Inhabers, sondern (nach der Satzung) auf den einer bestimmten Person (Namensaktien). Dann sind sie so genannte **Orderpapiere** und werden wie ein Wechsel durch Indossament übertragen (siehe Seite 256 f.).

Wenn das Grundkapital einer Aktiengesellschaft € 70.000,– beträgt, so ersieht man aus dieser Angabe nur, dass bei der Gründung diese Summe aufgebracht wurde. Nehmen wir an, dieser Betrag sei am Gründungstag tatsächlich in den Tresoren der Aktiengesellschaft gelegen. Schon am nächsten Tag könnte er ja nicht mehr voll dagewesen sein, weil davon die laufenden Ausgaben gedeckt werden mussten. Die Summe von € 70.000,– wäre also etwas kleiner geworden, das Grundkapital der Aktiengesellschaft und der auf den Aktien ersichtliche Nennwert wären aber gleich geblieben. Auf der anderen Seite hat die Aktiengesellschaft, die nun ihren Geschäftsbetrieb aufgenommen hat, auch Einnahmen zu erwarten. So könnte sie beispielsweise schon im ersten Geschäftsjahr so erfolgreich gearbeitet haben, dass sie einen Gewinn von € 70.000,– macht. Auch in diesem Fall bleiben Grundkapital und Nennwert gleich hoch wie am Gründungstag. Der **Kurswert** der einzelnen Aktie würde nun aber auf den doppelten Nennwertbetrag steigen. Denn wenn sich die Aktiengesellschaft jetzt auflöst, dann bekommt jeder Aktionär einen doppelt so hohen Betrag wie den, den er seinerzeit eingezahlt hat.

Deshalb ist es auch erklärlich, dass Interessenten bereit sind, für eine Aktie, deren Nennwert € 70,– beträgt, weit mehr zu bezahlen. Ebenso erklärt es sich aber auch, dass der Kurswert von Aktien einer Aktiengesellschaft, die in ihrem Geschäftsbetrieb dauernd Verluste erleidet, weit – manchmal sogar sehr weit – unter den Nennwert sinkt.

Aufsichtsrat und Vorstand

Nach der Errichtung der AG durch die Übernahme der Aktien wählen die Gründer einen **Aufsichtsrat**. Dieser bestellt nunmehr den **Vorstand**, der in Zukunft unter eigener Verantwortung die Gesellschaft so zu leiten hat.

Der Vorstand der Aktiengesellschaft hat jetzt ein Viertel der Beträge, die die Gründer übernommen haben, einzuziehen und einen **Gründungsbericht** zu verfassen. Dieser Gründungsbericht wird durch besondere Prüfer (Wirtschaftsprüfer, Treuhandgesellschaften) auf seine Ordnungsmäßigkeit hin überprüft. Dann erfolgt die Anmeldung zum Firmenbuch. Bevor das Gericht aufgrund dieser Anmeldung die Eintragung und Bekanntmachung vornimmt, hat es noch einmal zu prüfen, ob alles seinen richtigen Weg gegangen ist.

Stammaktie/Vorzugsaktie

Aufgrund seines Aktienbesitzes ist Otto Jedermann Gesellschafter der AG, also Aktionär geworden. Das Hauptrecht eines Aktionärs ist es, in der Hauptversammlung über die grundlegenden Fragen der AG mitzubestimmen – vorausgesetzt, er hält eine Stammaktie in seinem Besitz. Die **Stammaktie** gewährt das Stimmrecht, während die **Vorzugsaktie** ohne Stimmrecht ausgegeben werden kann (§ 12 AktG), dafür aber mehr Dividende abwirft. Hat also Otto Jedermann zehn Stammaktien, so hat er zehn Stimmen. Er kann dieses Stimmrecht selbst in der Hauptversammlung ausüben oder sich durch einen Bevollmächtigten vertreten lassen. Für die **Vollmacht** ist schriftliche Form erforderlich.

Wenn die Aktiengesellschaft einen Gewinn gemacht hat, so verteilt sie ihn nach Ablauf des Geschäftsjahres anteilmäßig an die Aktionäre. Dieser anteilmäßige Gewinn heißt **Dividende**. Ihr gilt Otto Jedermanns Hauptinteresse.

€ Die Aktiengesellschaft ist – ebenso wie die Gesellschaft m.b.H. – eine Körperschaft (juristische Person). Sie unterliegt der Umsatzsteuer und der Körperschaftsteuer. Die Körperschaftsteuer bildet keine abzugsfähige Betriebsausgabe und mindert nicht den Gewinn der Gesellschaft, wie er sich aus den Büchern ergibt. Wegen des Entfalls der Gewerbesteuer und der Vermögensteuer wurde der ***Körperschaftsteuersatz*** ab 1. Jänner 1994 von 30 Prozent auf 34 Prozent erhöht. Für Körperschaften beträgt die Mindestkörperschaftsteuer-Vorauszahlung € 3.500,– jährlich (bei einer AG) bzw. € 1.750,– jährlich (bei einer Ges.m.b.H.).
Gewinnausschüttungen aus Beteiligungen, insbesondere Dividenden aus Aktien und Ges.m.b.H.-Anteilen unterliegen dem Steuerabzug vom Kapitalertrag (Kapitalertragsteuer). Die ***Kapitalertragsteuer (KESt)*** beträgt einheitlich 25 Prozent. Mit der Kapitalertragsteuer ist bei Bankeinlagen und festverzinslichen Wertpapieren die Einkommensteuer und Erbschaftssteuer, nicht aber die Schenkungssteuer abgegolten, bei Aktien und Ges.m.b.H.-Anteilen nur die Einkommensteuer (Endbesteuerung).

Die Genossenschaft

Karl Jedermann beschließt, preisbewusster zu leben. Hierzu wird er durch einen Prospekt der »Mittelstands-Wirtschafts-Vereinigung Gen.m.b.H.« angeregt, der ihm eines Tages in den Briefkasten flattert.

Die **Gen.m.b.H.** (Genossenschaft mit beschränkter Haftung) unterscheidet sich ganz wesentlich von der Ges.m.b.H. (Gesellschaft mit beschränkter Haftung), die auf die Erzielung von Gewinn aus gewerblicher Tätigkeit abzielt. Die Gesellschafter wollen durch ihren Kapitaleinsatz verdienen und gleichzeitig nur beschränkt haften. Die Genossenschaft hingegen verfolgt ganz andere Ziele. Sie will für sich als Genossenschaft vorerst keinen Gewinn erzielen, sondern unter Ausschaltung eigenen Gewinns Erwerb und Wirtschaft der Genossenschafter fördern (z. B. Raiffeisen, Konsumgenossenschaften).

Unser geltendes Genossenschaftsrecht (Gesetz über Erwerbs- und Wirtschaftsgenossenschaften aus dem Jahr 1873, GenG) gilt für Vereine von nicht geschlossener Mitgliederzahl, die im Wesentlichen der Förderung des Erwerbs oder der Wirtschaft ihrer Mitglieder dienen (Genossenschaften), wie für Kredit-, Einkaufs-, Verkaufs-, Konsum-, Verwertungs-, Nutzungs-, Bau-, Wohnungs- und Siedlungsgenossenschaften. Bei der »Mittelstands-Wirtschafts-Vereinigung« handelt es sich um eine **Konsumgenossenschaft**, die für ihre Mitglieder Haushaltswaren und Lebensmittel im Großen und dafür billiger einkauft und daher auch billiger an diese weiterverkaufen kann.

Karl Jedermann tritt der Genossenschaft bei, nachdem er das Genossenschaftsstatut sorgfältig durchgelesen hat. Er entnimmt daraus, dass eine Einlage von € 60,– vorgesehen ist und dass er bis zum Betrag von € 300,– haftet. Auf seine Frage, was dies bedeute, sagt ihm ein Angestellter der Genossenschaft, er solle unbedenklich seine Einlage von € 60,– leisten; die in den Statuten vorgesehene Haftung werde in Anbetracht der soliden Geschäftsführung der Genossenschaft ja doch niemals aktuell werden. Karl Jedermann gibt also auf einem dazu vorgesehenen Formular seine Beitrittserklärung ab und zahlt die € 60,– auf das Konto der Genossenschaft ein.

In § 2 Abs. 3 des Genossenschaftsgesetzes wird bestimmt:

§§ Bei Erwerbs- und Wirtschaftsgenossenschaften, welche die gemeinschaftliche Beschaffung von Lebensmitteln und anderen Waren für den Haushalt im Großen und deren Absatz im Kleinen zum Zwecke haben (Konsumvereine), kann die Haftung auf den Geschäftsanteil beschränkt werden, wenn dieser mindestens einen Euro beträgt und wenn die Abgabe von Waren sowie, falls der Konsumverein Spareinlagen übernimmt, auch die Übernahme solcher statutenmäßig auf die Mitglieder beschränkt ist.

Karl Jedermann und seine Frau Anna kaufen nunmehr für ihren Haushalt preiswert in dem Ladengeschäft der »MWV« ein. Nach einiger Zeit stellt Karl Jedermann jedoch fest, dass manche der gekauften Waren von schlechter Qualität sind. Während andere Genossenschaften für den gleichen Preis erstklassige Produkte verkaufen, lässt die »MWV« sichtlich nach. Verärgert beschließt Karl Jedermann, aus seiner Genossenschaft auszutreten. In der Satzung liest er dazu: »Der Austritt eines Genossenschafters kann nicht vor Ablauf des Geschäftsjahres erfolgen. Die Kündigungsfrist beträgt zwei Monate (Kündigung mittels eingeschriebenen Briefes).«

Eine solche Bestimmung in der Satzung ist möglich. Zwar kann der Austritt nicht verboten werden, doch sieht § 77 Genossenschaftsgesetz für Genossenschaften mit beschränkter Haftung folgende Regelung vor:

§§ Der Austritt eines Genossenschafters darf nicht vor Ablauf des Geschäftsjahres und nur nach vorausgegangener, mindestens vierwöchentlicher Kündigung geschehen. Ebenso wird die Kündigung eines oder mehrerer Geschäftsanteile, ohne gleichzeitigen Austritt eines Genossenschafters, welcher mit anderen Geschäftsanteilen in der Genossenschaft verbleibt, nicht vor Ablauf des Geschäftsjahres wirksam und muss mindestens vier Wochen vorher erfolgen. Jede Kündigung ist sogleich in das nach § 14 zu führende Register der Mitglieder einzutragen.

Karl Jedermann erklärt also am 3. September mittels eingeschriebenen Briefes seinen **Austritt** aus der »MWV«. Um seinen Anteil von € 60,– kümmert er sich vorerst noch nicht. Im August des folgenden Jahres liest er in seiner Tageszeitung, dass die »MWV« in Konkurs gegangen ist. »Ja, ja«, sagt er beim Morgenkaffee zu Anna, »wie gut, dass man als umsichtiger Kaufmann auch ein bisschen was vom Genossenschaftsrecht versteht und beizeiten ausgetreten ist«. Ende September erhält Karl Jedermann den auf der nächsten Seite abgedruckten Brief.

»Das ist ja allerhand«, sagt Karl Jedermann zu seiner Frau. »Das muss ja ein schöner Betrieb sein, wenn der Masseverwalter nicht einmal weiß, dass ich schon längst nicht mehr der Genossenschaft angehöre. Nur gut, dass ich den Rückschein und den Durchschlag der Kündigung aufgehoben habe.« Er fährt am nächsten Tag zum Masseverwalter und legt ihm die Belege vor. Trotzdem beharrt dieser darauf, dass Karl Jedermann die geforderten € 240,– zu zahlen habe.

Dr. jur. Konrad Stock
Rechtsanwalt
Burgring 10
1010 Wien

Wien, ...

Sehr geehrter Herr Jedermann!

Als Masseverwalter im Konkurs der »Mittelstands-Wirtschafts-Vereinigung Gen. m. b. H.« mit dem Sitz in Wien teile ich Ihnen Folgendes mit:
Da das vorhandene Vermögen der Genossenschaft zur Befriedigung der Gläubiger nicht ausreicht, müssen die Genossenschafter zur Haftung herangezogen werden.
Ich fordere Sie daher auf, die restliche Haftungssumme von € 240,– umgehend auf das Postsparkassenkonto Nr. ... einzuzahlen. Einen Erlagschein lege ich zu Ihrer gefl. Bedienung bei.

Hochachtungsvoll

Dr. Stock

Deckungspflicht

Gemäß § 78 Genossenschaftsgesetz verjähren die Forderungen an einen Genossenschafter aus seiner **Deckungspflicht** nach drei Jahren. Diese Frist beginnt im Falle des vorherigen Ausscheidens des Genossenschafters mit der Eintragung des Ausscheidens in das von der Genossenschaft zu führende Register der Mitglieder.

Eine weitere Bestimmung des Genossenschaftsgesetzes besagt, dass der Geschäftsanteil des ausgeschiedenen Genossenschafters und das ihm sonst aufgrund des Genossenschaftsverhältnisses gebührende Guthaben erst ein Jahr nach Ablauf jenes Geschäftsjahres ausbezahlt werden darf, in dem der Genossenschafter ausgeschieden ist (§ 79 GenG).

Sollte der Konkurs der Genossenschaft durch unredliche Manipulationen des Vorstands verursacht worden sein, könnte sich Karl Jedermann wohl an diesem schadlos halten. Hier ist aber zu bedenken, dass die Mitglieder dieses Vorstands unter Umständen im Gefängnis sitzen und dass einige hundert, wenn nicht tausend Genossenschafter in der gleichen Lage sind wie Karl Jedermann. Derart große Summen könnte ein Vorstandsmitglied niemals aus Privatmitteln aufbringen.

Konkurs der Genossenschaft, Nachschusspflicht

Karl Jedermann hat aber noch Folgendes zu beachten: Bei **Konkurs** einer **Genossenschaft** ist zur Deckung des Abganges zunächst die Volleinzahlung der Geschäftsanteile zu bewirken. Reichen diese Beträge nicht aus, so sind die Genossenschafter im Verhältnis ihrer Geschäftsanteile bis zur vollen Höhe ihrer Haftung heranzuziehen.

Nachschusspflichtig sind jene Genossenschafter, deren Haftung zur Zeit der Auflösung der Genossenschaft noch nicht erloschen war. Genossenschafter, die durch Übertragung ihrer Geschäftsanteile ganz oder teilweise ausgeschieden sind,

sind überdies nur insoweit nachschusspflichtig, als der auf sie entfallende Nachschussbetrag vom Erwerber des Geschäftsanteils nicht hereingebracht werden kann.

Revisionspflicht

Zur Überwachung der Genossenschaften ist die Mitgliedschaft in einem **Revisionsverband** zwingend vorgesehen. Dadurch wird die Gefahr einer unredlichen Geschäftsgebarung des Vorstands im Allgemeinen wesentlich verringert. Genossenschaften sind durch einen unabhängigen und weisungsfreien Revisor mindestens in jedem zweiten Geschäftsjahr auf die Rechtmäßigkeit, Ordnungsmäßigkeit und Zweckmäßigkeit ihrer Einrichtungen, ihrer Rechnungslegung, ihrer Geschäftsführung, insbesondere auf die Erfüllung des Förderungsauftrages und die Wirtschaftlichkeit, sowie auf Zweckmäßigkeit, Stand und Entwicklung ihrer Vermögens-, Finanz- und Ertragslage zu prüfen (§ 1 Abs. 1 Genossenschaftsrevisionsgesetz, GenRevG). Das restliche Risiko muss um der Vorteile willen, die die Mitgliedschaft in der Genossenschaft mit sich bringt, in Kauf genommen werden.

Der Revisor ist zur gewissenhaften und unparteiischen Revision verpflichtet. Verletzt er diese Pflicht, so ist er der Genossenschaft oder einem allenfalls sonst geschädigten Unternehmen gegenüber schadenersatzpflichtig. Diese Ersatzpflicht kann durch Vertrag weder ausgeschlossen noch beschränkt werden. Sie reicht bei leichter Fahrlässigkeit bis zu € 350.000,– und bei grober Fahrlässigkeit bis zu € 1,750.000,– und verjährt in fünf Jahren ab Schadenseintritt (§ 10 GenRevG 1997).

Karl Jedermann und seine Familie

Die Verlobung

Karl Jedermann möchte heiraten. Seit längerem kennt er die Tochter des Fleischhauers Fließ, mit der er Tennis spielt und manchmal ins Kino geht. Nach dem nächsten Kinobesuch suchen sie gemeinsam ein nettes Lokal auf. Dort hebt Karl Jedermann das Glas und sagt zu seiner Begleiterin: »Es wäre doch eigentlich sehr schön, wenn wir den weiteren Lebensweg gemeinsam gehen würden. Willst du nicht meine Frau werden?« Elfriede erwidert ihm erfreut: »Daran habe ich auch schon so manches Mal gedacht. Ich will gerne deine Frau werden!« Karl Jedermann meint, sie seien nunmehr verlobt, Elfriede aber glaubt, das sei nicht richtig, denn vorerst müssten Ringe gewechselt und Verlobungskarten verschickt werden. Wegen der Meinungsverschiedenheit etwas verstimmt, gehen beide heim.

Verlöbnis

Ein **Verlöbnis** ist nach herrschender Lehre ein Vertrag, der dadurch zustande kommt, dass zwei Personen verschiedenen Geschlechts übereinstimmend ihren ernsthaften Willen erklären, Mann und Frau zu werden, das heißt die Ehe miteinander einzugehen. Solche Erklärungen haben Karl und Elfriede bei einem Glas Wein ganz unter sich abgegeben. Die üblichen gesellschaftlichen Förmlichkeiten wie Ringtausch, Verlobungsanzeigen, Verlobungsfeier usw. haben mit der Wirksamkeit des geschlossenen Vertrages nichts zu tun.

Den übereinstimmenden und ernsthaften Willen kann man bei Verlobten aus verschiedenen Umständen wie Briefwechsel und ständiges gemeinsames Auftreten im Bekanntenkreis als Verlobte ermitteln, vor allem wenn sich dieses Auftreten mit Handlungen verbindet, die auf die baldige Einrichtung eines gemeinsamen Haushalts schließen lassen, z. B. gemeinsamer Kauf von Möbeln, Wohnungssuche und Ähnliches. Die bloße Zusicherung »ewiger Treue« ist hingegen noch kein Heiratsversprechen. Es muss das **Versprechen, einander künftig zu ehelichen**, vorliegen.

Verlöbnisvertrag

☛ Das Verlöbnis ist laut Gesetz nicht etwa nur eine juristische Tatsache, sondern ein Vertrag. Es handelt sich genauer um einen **familienrechtlichen Vertrag**, der nicht nur vermögensrechtlich betrachtet werden darf. Zwar kann aus diesem Vertrag nicht auf das Eingehen der Ehe geklagt werden; trotzdem ist das Verlöbnis rechtlich nicht bedeutungslos, schon weil es den Brautstand begründet; die maßgebenden Vorschriften finden sich in den §§ 45 und 46 ABGB.

Das durch ein Verlöbnis begründete **familienrechtliche** Verhältnis hat nach österreichischem Recht geringe Bedeutung. Es besteht kein Zeugnisentschlagungsrecht, außer die Brautleute sind bereits eine Lebensgemeinschaft miteinander eingegangen.

Rechtliche Wirkungen

Aus dem Verlöbnisvertrag ergeben sich jedoch folgende **rechtliche Wirkungen**: Brautleute können unter der Bedingung, dass die Ehe später zwischen ihnen zustande kommt, einen Ehepakte abschließen; ebenso können sie Erbverträge eingehen.

Weiters entstehen für Brautleute gewisse Ansprüche gegen ihre Eltern bzw. Großeltern: bei der Braut auf Bestellung eines Heiratsgutes (§ 1220 ABGB), wenn sie selbst vermögenslos ist; beim Bräutigam der Anspruch auf Ausstattung (§ 1231 ABGB) (siehe Seite 308 ff.).

Wäre Elfriede Fließ noch nicht volljährig (also 18 Jahre alt), bedürfte sie zu Verträgen, die ihr nicht bloß einen rechtlichen Vorteil bringen, der **Zustimmung ihres gesetzlichen Vertreters** (§ 865 ABGB). Ein Verlöbnis ist aber kein Vertrag, der Elfriede lediglich rechtliche Vorteile bringt; denn sie nimmt ja als junge Braut ihrerseits die Verpflichtung auf sich, mit Karl Jedermann die Ehe einzugehen. Elfriedes Verlöbnisvertrag ist auch ohne die Zustimmung der Eltern wirksam, weil sie volljährig ist.

Zur Vorbereitung des gemeinsamen Hausstands machen Elfriede und Karl die verschiedensten Anschaffungen; auch kaufen Elfriedes Eltern bereits die Möbel für den Hausstand der beiden und Elfriede kündigt ihre gut bezahlte Stellung als Sekretärin in einer Reisebuchhandlung. Karl Jedermann ist während dieser Zeit ständig Gast bei Elfriedes Eltern und kann so manchen Euro sparen.

Nach einiger Zeit wird die Verlobungsfeier abgehalten. Das verlobte Paar bekommt viele Geschenke von Verwandten und Bekannten. Doch trotz all dieser guten Vorzeichen hat das Verlöbnis keinen Bestand.

Entlobung

Karl Jedermann kann sich noch immer nicht seine Junggesellenmanieren abgewöhnen. Elfriede sieht ein, dass es besser ist, dieses Verlöbnis nicht aufrechtzuerhalten. Sie schreibt Karl einen Brief, dass sie ihn nicht mehr wiedersehen wolle und schickt ihm den Verlobungsring zurück.

Diesen **Rücktritt** hätte Elfriede auch erklären können, wenn sie noch minderjährig gewesen wäre. Sie hätte hierzu nicht der Zustimmung der Eltern bedurft. Karl Jedermann, der einen Teil der Geschenke in seiner Wohnung stehen hat, schreibt zurück, dass er mit der Lösung einverstanden sei und damit die Angelegenheit als erledigt ansehe.

Diese Auffassung von Karl Jedermann, dass er einen Teil der Geschenke behalten könne, ist allerdings unrichtig. Das Verlöbnis ist, juristisch gesehen, ein seltsamer Vertrag. Die Verlobten haben sich gegenseitig verpflichtet, die Ehe einzugehen, doch kann keiner von ihnen auf Erfüllung klagen. Das ABGB lehnt eine Klage auf Eingehung der Ehe unbedingt ab, denn die Ehe soll auf **gegenseitiger Zuneigung** aufgebaut sein und diese wird durch gerichtlichen Zwang zweifellos nicht gefördert und wäre auch nicht vollstreckbar. Der Gesetzgeber respektiert den **freien Eheentschluss** (daher kann das Verlöbnis durch Angeld, Reuegeld, Konventionalstrafe, Bürgschaft und dergleichen nicht gesichert werden) und sagt sich: lieber Rücktritt vom Verlöbnis als eine unglückliche Ehe.

Die Verbindlichkeit des Verlöbnisvertrags zeigt sich aber in den Auswirkungen, wenn das Verlöbnis zerbricht. Wird das Verlöbnis in beiderseitigem Einvernehmen gelöst, so entsteht keine gesetzliche Schadenersatzpflicht; ebenso wenn beide Verlobte Grund zum Rücktritt gegeben haben. Das Gesetz spricht von Schadenersatz nur beim Rücktritt eines Teils wider den Willen des anderen.

Schadenersatz

Ersatzpflichtig ist bei unbegründetem Rücktritt der Zurücktretende, bei begründetem der, der zum Rücktritt den »Grund« oder die »Ursache« gegeben hat. Forderungsberechtigt ist grundsätzlich nur der andere Verlobte, nach der Rechtsübung jedoch auch Eltern und sonstige Verwandte, wenn sie durch den Rücktritt geschädigt wurden. Ein Verschulden ist hierbei nicht Voraussetzung. Ersetzt wird nur der »wirkliche Schaden«, das heißt der für die beabsichtigte Ehe fruchtlos gemachte Aufwand (z. B. durch Wohnungsmiete, Übersiedlung, Aufgeben der Stellung). Es ist kein Ersatz für den wegen des Verlöbnisses abgelehnten Heiratsantrag eines Dritten zu leisten, wohl aber für abgelehnte Jobangebote. Außer Betracht bleibt auch der Ersatz des Schadens, der erst durch den Rücktritt vom Verlöbnis zu entstehen beginnt (z. B. Kosten der Kur in einer Nervenheilanstalt). Die Entschädigungsklage verjährt nach drei Jahren.

Rückerstattung von Geschenken

Geschenke, die sich die Verlobten untereinander machen (Brautgeschenke) oder die sie von dritter Seite mit Rücksicht auf die künftige Ehe erhalten (Hochzeitsgeschenke), werden zwecklos und stellen eine ungerechtfertigte Bereicherung dar. Sie können zurückgefordert werden, wenn den Schenker selbst kein Verschulden am Unterbleiben der Ehe trifft. Der Verlobte, der grundlos zurücktritt oder den Rücktritt des anderen verschuldet, kann seine Geschenke daher nicht zurückfordern; wohl aber kann der andere Verlobte zurückfordern, wenn er schuldlos ist. Es mag also vorkommen, dass der eine Teil seine Geschenke zurückerhält, die erhaltenen aber nicht herauszugeben braucht.

Karl Jedermann ist Elfriede und ihren Eltern zum Schadenersatz verpflichtet. Elfriede hat dadurch einen Schaden, dass sie eine ausbaufähige Stellung aufgegeben hat. Sie wird sich voraussichtlich zunächst mit einer geringer bezahlten Stellung begnügen müssen und kann die Differenz von Karl Jedermann ersetzt verlangen. Elfriedes Eltern können von Karl Jedermann auch den Schaden ersetzt verlangen, der ihnen durch die Aufwendungen für die Verlobungsfeier, die Anzeigen in der Zeitung und die Anschaffung der Möbel entstanden ist. Diese Möbel müssten notfalls versteigert werden, dann hätte Karl Jedermann den Differenzbetrag zu bezahlen. Auch muss Karl Jedermann Elfriedes Vater die ständigen Zuwendungen an ihn ersetzen, die darin bestanden haben, dass er dauernd unentgeltlich verpflegt wurde.

☛ Während nach der Judikatur **Mahlzeiten** (von den künftigen Schwiegereltern gereicht) an sich schon »Geschenk« sind, ist das in der Theorie anders. So lassen Rechtslehrer der Universität, was Einladungen zu Mahlzeiten angeht, später keine Rückforderungen zu. Die Rückforderung der Brautgeschenke bzw. Hochzeitsgeschenke setzt voraus, dass die Schenkung »mit Rücksicht auf die künftige Ehe« erfolgte. Es muss sich also um Gegenstände von einem gewissen bleibenden Wert handeln (z. B. Familienschmuck, Einrichtungsgegenstände, Teppiche, Geschirr für den künftigen Haushalt), nicht aber um Aufmerksamkeiten zum Geburtstag oder zu Weihnachten. Z. B. kann Elfriede Karls Perlenring behalten, da er offenbar ihr allein zugedacht war.

Einverständlicher Rücktritt

Wenn man nun im Verhalten von Karl Jedermann und Elfriede Fließ einen **einverständlichen Rücktritt** vom Verlöbnis erblickt, dann entsteht keine gesetzliche Schadenersatzpflicht. In diesem Fall können beide die gegebenen Brautgeschenke zurückfordern. Auch die Verlöbniszeichen (Ringe), Briefe und Bilder sind nun hinfällig und auf Verlangen zurückzustellen.

Für den Fall, dass das Verlöbnis durch den **Tod** gelöst wird, trifft das Gesetz keine Regelung. Es wird dann wohl zur gegenseitigen Rückgabe der Geschenke kommen. Aus dem Nachlass wird dem überlebenden Partner sein Teil zurückerstattet und dieser gibt die empfangenen Geschenke an die Verlassenschaft zurück.

Wir wollen heiraten

Karl Jedermann ist trotz seines Missgeschicks mit der ersten Verlobung des Alleinseins müde. Als er bei einem Betriebsausflug die unverheiratete Kollegin Anna Hofer näher kennen lernt, beschließen beide, sofort die nötigen Schritte für die Eheschließung zu unternehmen.

Standesamt

Heute kann man das **Standesamt**, vor dem man in den Stand der Ehe treten will, frei wählen. Wenn also beispielsweise beide Brautleute in Wien wohnen, die Eltern der Braut hingegen außerhalb von Wien ein gutgehendes Gasthaus betreiben, wo auch die Hochzeitstafel stattfinden soll, so können die Verlobten ohne weiteres bei dem für diesen Ort zuständigen Standesamt heiraten, ohne dass es hierfür einer besonderen Genehmigung bedarf.

Ehefähigkeit

Die **Ermittlung der Ehefähigkeit** obliegt allerdings weiterhin jenem Standesamt, in dessen Bereich einer der beiden Verlobten seinen festen Wohnsitz hat. Dafür sind erforderlich:

In allen Fällen für beide Brautleute:

- Nachweis der Geburt:
  - für Österreicher: beglaubigte Abschrift aus dem Geburtenbuch (nicht älter als sechs Monate);
  - für Ausländer: Abstammungsnachweis oder Geburtsurkunde;
- Nachweis der Staatsbürgerschaft:
  - für Österreicher: Staatsbürgerschaftsnachweis;
  - für Ausländer: Staatsangehörigkeitsausweis, Heimatschein, Pass etc.;
- Meldebestätigung (Meldezettel) über den gegenwärtigen Wohnsitz, bei Antrag auf Ausfertigung eines Ehefähigkeitszeugnisses zusätzlich eine Bestätigung über den letzten Wohnsitz in Österreich.

Für Brautleute, die schon verheiratet waren:

- Heiratsurkunden aller früheren Ehen;
- Nachweis der Auflösung aller früheren Ehen (das sind Sterbeurkunden, Todeserklärungen, Scheidungsurteile oder -beschlüsse, Aufhebungs- oder Nichtigkeitsurteile, alle mit Bestätigung der Rechtskraft).

Bei ausländischen Entscheidungen in Ehesachen (Scheidung bzw. Nichtigerklärung der Ehe) ist deren Anerkennung für den österreichischen Rechtsbereich durch das zuständige Bezirksgericht erforderlich, außer es hat ein Gericht (eine Behörde) des Staates entschieden, dem beide Ehegatten im Zeitpunkt der Entscheidung ausschließlich angehört haben.

Für Ausländer/innen zusätzlich:

- Zeugnis der zuständigen inneren Behörde des Heimatstaates (Standesamt etc.) oder dessen Vertretungsbehörde in Österreich über Nichtvorliegen von Ehehindernissen.

Bei den bisherigen Ausführungen handelt es sich zwar um wichtige Richtlinien, doch sollte man sich vor der Anmeldung beim Standesamt zumindest telefonisch erkundigen, welche Urkunden man im Einzelnen zur Eheschließung wirklich braucht. Das gilt vor allem für Ausländer/innen, weil die in Österreich wohnhaften ausländischen Staatsbürger/innen von mannigfaltiger Nationalität sind und von Land zu Land **verschiedene Voraussetzungen** bestehen können.

Familienname

Bei der Eheschließung wird ins Ehebuch auch eingetragen, welchen **Familiennamen** die Ehegatten zu führen haben. Gemäß § 93 ABGB können die Ehegatten den **gleichen Familiennamen** führen; es bleibt ihnen überlassen, ob sie den Namen des Mannes oder den der Frau als gemeinsamen Familiennamen führen wollen. Sie müssen dies jedenfalls vor oder bei der Eheschließung in einer öffentlichen oder öffentlich beglaubigten Urkunde bestimmen.

Seit 1. Mai 1995 kann auch jeder der beiden Ehegatten seinen bisherigen Familiennamen weiterführen; in diesem Fall haben die Ehegatten eben **verschiedene Familiennamen**. Einer der beiden Namen muss als Familienname der aus der Ehe stammenden Kinder bestimmt werden. Ohne eine solche Bestimmung erhält das Kind den Familiennamen des Vaters (§ 139 Abs. 3 ABGB).

Ehehindernisse

Eine Ehe darf nicht geschlossen werden zwischen **Blutsverwandten** gerader Linie (z. B. Großvater und Enkelin) oder zwischen voll- oder halbbürtigen Geschwistern. Dies gilt auch dann, wenn die Blutsverwandtschaft auf unehelicher Geburt beruht (§ 6 EheG). Eine dennoch geschlossene Ehe ist nichtig (§ 25 EheG).

Eheverbot

Man darf auch nicht als Adoptivvater oder Adoptivmutter ein adoptiertes Kind (Wahlkind) heiraten (§ 10 EheG). Auch die Abkömmlinge des adoptierten Kindes sollen nicht von Adoptiveltern geheiratet werden. Eine trotzdem geschlossene Ehe ist aber weder aufhebbar noch nichtig (schlichtes Eheverbot). Das Adoptivverhältnis kann vor wie nach verbotswidriger Eheschließung nur durch Widerruf der Adoptionsbewilligung oder Aufhebung gemäß §§ 184 und 184a ABGB beseitigt werden. Ein rückwirkender Wegfall des Adoptionsverhältnisses ist für die verbotswidrig geschlossene Ehe freilich ohne Belang, weil diese vom Trauungsverbot ohnehin nicht beeinflusst wird (Schwimann, ABGB I § 10 EheG Rz 2).

Einehe

Der **Grundsatz der Einehe** wird in allen christlichen Kulturstaaten ausnahmslos als Regel anerkannt; mehrfache Eheschließung wird streng bestraft. Die Bigamie ist in Österreich verboten (§ 192 StGB), das heißt, niemand darf eine Ehe eingehen, solange er noch in einer anderen Ehe lebt. Es ist dabei unbeachtlich, ob ein tatsächliches Zusammenleben zwischen Eheleuten vorliegt. Entscheidend ist lediglich, dass die in Betracht kommende Ehe noch nicht geschieden, für nichtig erklärt oder durch den Tod eines der Gatten aufgelöst ist (§ 8 EheG).

Doppelehe

Wenn die erste Ehe zwar bei Abschluss der zweiten noch bestanden hat, aber später durch Tod, Aufhebung oder Scheidung wegfällt, bevor die zweite als **Doppelehe** für ungültig erklärt ist, heilt dadurch die zweite Ehe nicht. Das Ehegesetz stellt nämlich auf den Zeitpunkt ab, in dem die zweite Ehe geschlossen wurde (§ 24 EheG). Die zweite Ehe müsste also nach Wegfall des Hindernisses (bestehendes Eheband der ersten Ehe zur Zeit der zweiten Eheschließung) nochmals geschlossen werden, sonst bleibt sie ungültig. Ein Anwendungsfall des alten Rechtsspruches: Was anfangs an einem rechtlich erheblichen Fehler krankte, kann im Laufe der Zeit nicht gesunden!

Die Eheschließung

Die Eheschließung ist ein Vertrag, und zwar ein **Vertrag des Familienrechts**. Diese »Einung«, wie sie in der Rechtslehre auch genannt wird, unterliegt den allgemeinen Grundsätzen eines jeden Vertrages. Wer geschäftsunfähig ist, z. B. ein Geisteskranker, kann diesen Vertrag nicht schließen. Ein Minderjähriger bedarf zum Abschluss dieses Vertrages der Einwilligung der Eltern bzw. seines gesetzlichen Vertreters.

Ehemündigkeit

Ehemündig wird man mit der Vollendung des 18. Lebensjahres, also mit Eintritt der allgemeinen Volljährigkeit. Das Gericht hat aber eine Person (gleichgültig ob männlichen oder weiblichen Geschlechts), die das 16. Lebensjahr vollendet hat, auf ihren Antrag für ehemündig zu erklären, wenn der/die künftige Ehegatte/Ehegattin volljährig (also 18 Jahre alt) ist und er/sie für diese Ehe reif erscheint (§ 1 EheG).

Da eine minderjährige Person (unter 18 Jahren) nach § 3 EheG zur Eheschließung der Zustimmung ihres gesetzlichen Vertreters bedarf, besteht hier die Gefahr, dass dieser aus Unvernunft oder Zorn die **Einwilligung versagt**. Hier kann die/der Minderjährige beim Bezirksgericht den Antrag stellen, dass dieses die erforderliche Einwilligung des gesetzlichen Vertreters durch einen **rechtskräftigen Beschluss** ersetzt. Der Antrag kann schriftlich eingereicht werden, man kann aber auch zum Bezirksgericht gehen und dort den Antrag zu Protokoll geben.

Trauung

Die Bedeutung und die weitgehenden Wirkungen der Eheschließung machen es notwendig, dass der Austausch der Erklärungen der Verlobten, die Ehe eingehen zu wollen, unter Beachtung bestimmter Förmlichkeiten vor sich zu gehen hat. Die Erklärungen müssen vor dem **Standesbeamten** ausgetauscht werden, die **kirchliche Trauung** ist für die Gültigkeit der Ehe ohne Bedeutung.

Bei der Eheschließung ist die Vertretung durch einen Bevollmächtigten – wie bei anderen Verträgen – nicht möglich. Beide Verlobte müssen zum Austausch ihrer Erklärungen **gleichzeitig persönlich anwesend** sein. Die Ehe kommt nur zwischen den beiden Personen zustande, die vor dem Standesbeamten die Erklärungen austauschen.

Die zeremonielle Tätigkeit des Standesbeamten bei der **Trauung** dient der Würde des Vorgangs und besteht darin, dass er beide Ehewerber einzeln und nacheinander in Gegenwart von **zwei Zeugen** befragt, ob sie die Ehe miteinander eingehen wollen, ihr Jawort abwartet und sie als **rechtmäßig verbundene Eheleute** erklärt (Trauungsspruch).

Ehebuch

Die **Zeugen** müssen mindestens 18 Jahre alt sein, sie müssen die Sprache verstehen, in der die Trauung stattfindet, und sie dürfen nicht nach ihrer Körper- oder Geistesbeschaffenheit unvermögend sein, ein Zeugnis abzulegen (Schwachsinnige, Taubstumme, Volltrunkene usw.). Nach dem Trauungsspruch wird die Eheschließung in das **Ehebuch** eingetragen. Die Eheleute unterschreiben vorher ein Protokoll über den Vorgang der Eheschließung.

Nichtige Ehe, Nichtehe

Wurde zwar der Ehewille vor einem Standesbeamten erklärt, geschah das aber nicht persönlich, nicht bei gleichzeitiger Anwesenheit oder bedingt oder befristet, so kommt die Ehe dem äußeren Schein nach zustande, ist aber **nichtig**. Damit ist nicht gesagt, dass eine »nichtige Ehe« nichts bedeute. Sie hat vielmehr wegen ihres äußeren Scheins zunächst die Wirkungen einer gültigen Ehe, kann jedoch auf gerichtlichem Weg rückwirkend beseitigt werden. Davon unterscheidet sich eine »**Nichtehe**« (z. B. bei einer Faschingsveranstaltung im Heiratszelt oder »im Himmel geschlossen«), die nicht einmal dem Rechtsschein nach zustande gekommen ist und darum auch keiner Vernichtung bedarf.

Eheliche Lebensgemeinschaft

Ehepflichten

Die Rechte und Pflichten der Ehegatten gegeneinander sind grundsätzlich gleich: Sie sind einander zur umfassenden Lebensgemeinschaft, besonders zum gemeinsamen Wohnen sowie zur Treue, zur anständigen Begegnung und zum Beistand verpflichtet. Unser ABGB bezeichnet an vielen Stellen die Ehe als eine grundsätzlich auf Lebenszeit eingegangene Verbindung, die sich auf die Kinder (solange sie im Haus leben) erstreckt. Die **Pflichten** der Gatten während der Dauer dieser Vereinigung werden vom Gesetz nicht erschöpfend aufgezählt. Sie ergeben sich aus dem Wesen der Ehe als umfassende, das persönliche Leben ihrer Glieder ergreifende, daher insbesondere auch Wohnung und Haushalt in sich schließende Gemeinschaft.

In den §§ 89 bis 100 ABGB werden nur die wichtigsten dieser Pflichten der Ehegatten genannt. So verlangt das Gesetz von den Partnern liebevollen Umgang, der – vom Gemeinschaftssinn getragen – sich namentlich in gegenseitiger Rücksichtnahme und Bedachtnahme auf das Kindeswohl sowie in »anständiger Begegnung« (§ 90 ABGB), also in anständigem Benehmen äußert. Anständiges Benehmen gebietet jedenfalls die Vermeidung wörtlicher und tätlicher Beleidigungen, die Aufrechterhaltung eines Minimums an persönlichem (verbalem) Kontakt und eines Vertrauensverhältnisses, das auch den gegenseitigen Einblick in die private und berufliche Tätigkeit mit umfasst; dazu gehört auch, den Ehegatten vor längerer Abwesenheit über den jeweiligen Aufenthalt zu informieren, sowie jenes Maß an Höflichkeit, das dem gesellschaftlichen Umfeld und der Persönlichkeitsstruktur der Partner angemessen ist.

Eheverfehlungen

Was im Einzelnen eine **Eheverfehlung** darstellt, wird im allfälligen Scheidungsprozess vom Gericht beurteilt. Jedoch ist die Tatsache, dass der eine Ehepartner sich Eheverfehlungen zuschulden kommen lässt, kein Freibrief für den hiervon betroffenen anderen Gatten.

Hat ein Ehegatte aus gerechtfertigten Gründen die Verlegung der **gemeinsamen Wohnung** verlangt, so hat der andere diesem Ansuchen nachzukommen, es sei denn, er hat gerechtfertigte Gründe von zumindest gleichem Gewicht, nicht mitzuziehen. Die so genannte »Folgepflicht« der Ehegattin existiert nicht mehr. Ist ein Ehegatte über die Wohnung, die auch der Befriedigung eines dringenden Wohnbedürfnisses des anderen Ehegatten dient, verfügungsberechtigt, so hat dieser einen Anspruch darauf, dass der verfügungsberechtigte Ehegatte alles unterläßt und vorkehrt, damit der auf die Wohnung angewiesene Ehegatte die Wohnung nicht verliert. Dies gilt nur dann nicht, wenn die Handlungsweise des verfügungsberechtigten Ehegatten durch äußere Umstände erzwungen wird (§§ 92 und 97 ABGB).

Die Haushaltsführung

Wie sieht es nun mit der **Verpflichtung zur Haushaltsführung** aus? Auch hier lässt sich das Gesetz vom partnerschaftlichen Grundgedanken leiten. § 95 ABGB besagt:

§§ Die Ehegatten haben an der Führung des gemeinsamen Haushalts nach ihren persönlichen Verhältnissen, besonders unter Berücksichtigung ihrer beruflichen Belastung, mitzuwirken. Ist jedoch ein Ehegatte nicht erwerbstätig, so obliegt diesem die Haushaltsführung; der andere ist nach Maßgabe des § 91 zur Mithilfe verpflichtet.

Gemeinsame Besorgung des Haushalts

Bekennt man sich zu dem grundsätzlichen Recht jedes Ehegatten auf Erwerbstätigkeit, so gebietet der Grundsatz der Partnerschaft in der Ehe eine Regelung, nach der die Ehegatten in diesem Fall den **Haushalt gemeinsam zu besorgen** haben. Das Verhältnis, nach dem die Ehegatten bei der Haushaltsführung mitzuwirken haben, muss allerdings kein gleichteiliges sein. Maßgebend sollen die persönlichen Verhältnisse des Einzelfalls, etwa das körperliche Leistungsvermögen eines Ehegatten, aber auch seine Fähigkeit zu bestimmten Tätigkeiten im Rahmen der Haushaltsführung und die Belastung durch eine Erwerbstätigkeit sein.

Ist nur einer der Ehegatten erwerbstätig, so obliegt nach dem Gesetz dem nicht erwerbstätigen Ehegatten die Haushaltsführung, wobei aber der andere zur Mithilfe verpflichtet sein kann. Nach dem **Eherechts-Änderungsgesetz** ist nämlich bei der **Mithilfe im Haushalt** auf die jeweiligen Belastungen aus der Haushaltsführung und allfälliger Kinderbetreuung des nicht Erwerbstätigen auf der einen Seite und aus der Berufstätigkeit des anderen auf der anderen Seite Bedacht zu nehmen. Das bedeutet etwa, dass der beruflich nicht ausgelastete Ehemann seiner durch Haushaltsführung und Kinderbetreuung überlasteten Ehegattin allenfalls im Haushalt behilflich sein muss.

Rechte und Pflichten der Ehegatten

Unter dem Motto »Grundgedanke Partnerschaft« geht das Gesetz von der grundsätzlichen Gleichberechtigung der Ehegatten aus. Dieses Prinzip bringt am klarsten das **ABGB** zum Ausdruck:

§§ **§ 91.** (1) Die Ehegatten sollen ihre eheliche Lebensgemeinschaft, besonders die Haushaltsführung, die Erwerbstätigkeit, die Leistung des Beistandes und die Obsorge, unter Rücksichtnahme aufeinander und auf das Wohl der Kinder mit dem Ziel voller Ausgewogenheit ihrer Beiträge einvernehmlich gestalten.

(2) Von einer einvernehmlichen Gestaltung kann ein Ehegatte abgehen, wenn dem nicht ein wichtiges Anliegen des anderen oder der Kinder entgegensteht oder, auch wenn ein solches Anliegen vorliegt, persönliche Gründe des Ehegatten, besonders sein Wunsch nach Aufnahme einer Erwerbstätigkeit, als gewichtiger anzusehen sind. In diesen Fällen haben sich die Ehegatten um ein Einvernehmen über die Neugestaltung der ehelichen Lebensgemeinschaft zu bemühen.

Gegenseitiges Einvernehmen

Die Aussage dieser Bestimmung drückt zum einen die Pflicht der Ehegatten aus, bei der Gestaltung der ehelichen Lebensverhältnisse im Sinne des Partnerschaftsdenkens das **gegenseitige Einvernehmen** zu suchen; zum anderen ergibt sich – zumindest indirekt – daraus, dass die Ehegatten ihre Lebensgemeinschaft innerhalb der Grenzen des gesetzlich und sittlich Erlaubten **frei gestalten** dürfen. Damit soll der Vielfalt der Erscheinungsformen in der Ehewirklichkeit von heute Rechnung getragen werden und den Ehegatten die Möglichkeit eröffnet werden, die Aufgaben in der Ehe nach dem von ihnen gewählten Ehebild in grundsätzlicher Willenseinigung zu verteilen.

Eine spätere Neugestaltung der ehelichen Lebensverhältnisse ist also möglich, wobei aber auch hier wieder die Rücksichtnahme der beiden Partner aufeinander und das Wohl der Kinder die maßgebende Leitlinie bleibt (**Umstandsklausel**).

Als Mittel der gemeinschaftlichen Willensbildung in einer Gemeinschaft zweier gleichrangiger Partner kommen das **gegenseitige Überzeugen** und die **wechselseitige Anerkennung** des Standpunkts des anderen in Betracht. Daher legt das Gesetz den Ehegatten nahe, dabei einvernehmlich vorzugehen. Die vorsichtige Fassung des § 91 Abs 1 ABGB »sollen ... einvernehmlich gestalten« will vermeiden, dass jeder Fall der Nichteinigung der Ehegatten über eine ihre Gemeinschaft betreffende Frage zu einer Rechtsfrage werden könnte.

Ehewidriges Verhalten

Die Anleitung, die das Gesetz den Ehegatten für den Fall der Nichteinigung gibt, lautet vielmehr, dass sie aufeinander und auf die Familie, also auf das Wohl der Kinder, Rücksicht zu nehmen haben. Diese Richtschnur begrenzt das Verhalten der beiden Partner; überschreitet einer von ihnen diese Grenze, so handelt er ehewidrig.

§ 90 ABGB gibt darauf Antwort, wozu das Gesetz die Ehegatten verpflichtet:

§§ Die Ehegatten sind einander zur umfassenden ehelichen Lebensgemeinschaft, besonders zum gemeinsamen Wohnen, sowie zur Treue, zur anständigen Begegnung und zum Beistand verpflichtet. Im Erwerb des anderen hat ein Ehegatte mitzuwirken, soweit ihm dies zumutbar, es nach den Lebensverhältnissen der Ehegatten üblich und nicht anderes vereinbart ist.

Eine selbstständige gerichtliche Durchsetzung dieser Verpflichtung ist allerdings nicht möglich, können doch Dinge wie »anständige Begegnung« und »gegenseitiger

Beistand« der Natur der Sache wegen nicht im Rechtsweg erzwungen werden. Es kann nur ein krass ehewidriges Verhalten zum Anlass für eine Scheidungsklage genommen werden.

Materielle und immaterielle Pflichten

Die **Treuepflicht** besteht in der Unterlassung jeglicher Verletzung des durch die Eheschließung begründeten innigen Vertrauensverhältnisses (nicht bloß Unterlassung von ehewidrigen geschlechtlichen Beziehungen). Eine etwa vereinbarte Sexualfreiheit wäre sittenwidrig und nichtig. **Anständige Begegnung** ist die Vermeidung wörtlicher und tätlicher Beleidigungen, aber auch die Vermeidung jeder Verletzung der üblichen Anstandsformen. Unter dem Begriff **Beistand** ist nicht etwas Materielles (Unterhalt usw.) gemeint, sondern etwas Ideell-Immaterielles, also Fürsorge für den Partner, Unterstützung mit Rat und Tat, Hilfe im weitesten Sinn.

Materieller Natur ist hingegen die Verpflichtung zur **Mitwirkung im Erwerb** des anderen Ehegatten. Dieser Beistand ist in manchen Bevölkerungskreisen von großer Bedeutung. Die Mitarbeit des Ehepartners gehört zur wirtschaftlichen Grundlage vieler gewerblicher und bäuerlicher Klein- und Mittelbetriebe; vor allem in der Landwirtschaft spielt sie eine nicht zu unterschätzende Rolle.

Die Verbindlichkeit zur **ehelichen Pflicht** (also zum ehelichen Verkehr), wie sie das Gesetz früher einmal kannte, ist nicht ausdrücklich festgelegt, sie ist aber in der »umfassenden ehelichen Lebensgemeinschaft« zweifellos enthalten.

Vergewaltigung in der Ehe oder Lebensgemeinschaft

Vergewaltigung in der Ehe ist als Sexualdelikt **strafbar**. Die einschlägigen Paragraphen des Strafgesetzbuches lauten:

§§ **§ 201 Vergewaltigung**

(1) Wer eine Person mit schwerer, gegen sie gerichteter Gewalt oder durch eine gegen sie gerichtete Drohung mit gegenwärtiger schwerer Gefahr für Leib oder Leben zur Vornahme oder Duldung des Beischlafes oder einer dem Beischlaf gleichzusetzenden geschlechtlichen Handlung nötigt, ist mit Freiheitsstrafe von einem bis zu zehn Jahren zu bestrafen. Als schwere Gewalt ist auch eine Betäubung anzusehen.

(2) Wer außer dem Fall des Abs. 1 eine Person mit Gewalt, durch Entziehung der persönlichen Freiheit oder durch Drohung mit gegenwärtiger Gefahr für Leib oder Leben zur Vornahme oder Duldung des Beischlafes oder einer dem Beischlaf gleichzusetzenden geschlechtlichen Handlung nötigt, ist mit Freiheitsstrafe von sechs Monaten bis zu fünf Jahren zu bestrafen.

(3) Hat die Tat eine schwere Körperverletzung (§ 84 Abs. 1) zur Folge oder wird die vergewaltigte Person durch die Tat längere Zeit hindurch in einen qualvollen Zustand versetzt oder in besonderer Weise erniedrigt, so ist der Täter im Fall des Abs. 1 mit Freiheitsstrafe von fünf bis zu fünfzehn Jahren, im Fall des Abs. 2 mit Freiheitsstrafe von einem bis zu zehn Jahren zu bestrafen. Hat die Tat den Tod der vergewaltigten Person zur Folge, so ist der Täter im Fall des Abs. 1 mit Freiheitsstrafe von zehn bis zu zwanzig Jahren oder mit lebenslanger Freiheitsstrafe, im Fall des Abs. 2 mit Freiheitsstrafe von fünf bis zu fünfzehn Jahren zu bestrafen.

§ 202 Geschlechtliche Nötigung

(1) Wer außer den Fällen des § 201 eine Person mit Gewalt oder durch gefährliche Drohung zur Vornahme oder Duldung einer geschlechtlichen Handlung nötigt, ist mit Freiheitsstrafe bis zu drei Jahren zu bestrafen.

(2) Hat die Tat eine schwere Körperverletzung (§ 84 Abs. 1) zur Folge oder wird die genötigte Person durch die Tat längere Zeit hindurch in einen qualvollen Zustand versetzt oder in besonderer Weise erniedrigt, so ist der Täter mit Freiheitsstrafe von sechs Monaten bis zu

fünf Jahren, hat die Tat aber den Tod der genötigten Person zur Folge, mit Freiheitsstrafe von einem bis zu zehn Jahren zu bestrafen.

Seit der Novelle zum Sexualstrafrecht wird die Vergewaltigung in der Ehe (und Lebensgemeinschaft) der außerehelichen Vergewaltigung gleichgestellt, das heißt, dass kein Antrag des Opfers auf Strafverfolgung mehr gestellt werden muss.

Schadenersatzansprüche unter Ehegatten

Das Zusammenleben der Ehegatten bringt auch die Gefahr mit sich, dass sie einander Schaden zufügen. Der betrunken nach Hause kommende Ehemann zerbricht die von der Ehefrau eingebrachte kostbare Vase. Die Ehefrau vernichtet beim Saubermachen auf dem Schreibtisch ihres philatelistisch interessierten Ehemannes eine seltene Briefmarke.

Sachbeschädigung

Es handelt sich in diesen Fällen um **Sachbeschädigungen**. Unter Sachbeschädigung versteht man jede verschuldete Verletzung, Vernichtung oder Verschlechterung einer Sache. Es entsteht die Pflicht zur Wiederherstellung in natura oder zum Ersatz des Schadens in Geld. Bei leichtem Versehen ist der gemeine Wert, bei grober Fahrlässigkeit oder Vorsatz auch der entgangene Gewinn zu ersetzen. Wurde der Schaden durch eine strafbare Handlung, aus Mutwillen oder Schadenfreude verursacht, dann ist sogar der Wert der besonderen Vorliebe zu ersetzen.

Wiedergutmachung

Ehegatten machen ihre Schadenersatzansprüche gegeneinander nach dem 30. Hauptstück des Zweiten Teils des ABGB geltend (§§ 1293 ff.). Der Schadenersatzprozess bezweckt die **Wiedergutmachung des Schadens**, der auf Seiten des Geschädigten entstanden ist. Deshalb ist in erster Linie die »Zurückversetzung in den vorigen Stand«, also Ersatz in natura anzustreben (§ 1323 ABGB). **Naturalersatz** mag zwar oft im Bereich der Möglichkeit liegen, würde aber für den Ersatzpflichtigen mit unverhältnismäßigen Schwierigkeiten und mit größeren Nachteilen verbunden sein, als es der Schädigung entspricht. Deshalb bestimmt § 1323 ABGB, dass in derartigen Fällen der Schätzwert zu vergüten ist.

Wenn der Ehegatte z. B. durch eine im Schlaf gemachte Bewegung eine kostbare Kristallvase zu Boden wirft, wird er für eine solche **unwillkürliche Handlung** zumeist nicht haften. Eine Ersatzpflicht für ihn könnte höchstens unter den seltenen Voraussetzungen des § 1310 ABGB **nach Billigkeit** abgeleitet werden.

Im Fall der **Trunkenheit** handelt es sich aber um eine selbstverschuldete Unzurechnungsfähigkeit. Wenn sich der betrunken heimkehrende Ehemann durch eigene Schuld in den Zustand einer vorübergehenden Unzurechnungsfähigkeit versetzt hat, haftet er für den in diesem Zustand verursachten Schaden (§ 1307 ABGB). Anders, wenn ihm z. B. ein Freund heimlich Schnaps in sein harmloses Bier gegossen hätte. Dann hat eine dritte Person schuldhaft den betrunkenen Zustand unseres Schädigers herbeigeführt und wird dafür selbst haftbar.

Unterhaltspflicht

Die Unterhaltspflicht stellt sich als eine der wichtigsten Auswirkungen der Ehe und eine der wichtigsten Pflichten der Ehegatten dar.

Unterhaltsanspruch

Der **Unterhalt** umfasst nach § 672 ABGB Nahrung, Kleidung, Wohnung und sonstige leibliche und geistige Bedürfnisse (also z. B. Heilmittel, ärztliche Hilfe, Schulgeld). Auf den **Unterhaltsanspruch** an sich kann im Voraus **nicht verzichtet** werden (§ 94 Abs. 3 ABGB). Der Unterhalt ist bei gemeinsamem Haushalt grundsätzlich in **Naturalform** zu leisten, also durch Bezahlung von Mietzins, Gas, Strom, Beheizung, Bekleidung, Lebensmitteln usw.; nach Aufhebung der Ehegemeinschaft besteht Anspruch auf Unterhalt in Form einer **Geldrente**.

Seit **1. Jänner 2002** ist auf Verlangen des unterhaltsberechtigten Ehegatten der Unterhalt auch bei aufrechter Haushaltsgemeinschaft ganz oder zum Teil in Geld zu leisten, soweit nicht ein solches Verlangen, insbesondere im Hinblick auf die zur Deckung der Bedürfnisse zur Verfügung stehenden Mittel, unbillig wäre.

Das sich aus § 94 ABGB ergebende Recht des Ehepartners, im Rahmen des anständigen Unterhalts vom anderen Ehepartner das Wohnen in der gemeinsamen ehelichen Wohnung verlangen zu können, ist ein familienrechtlicher Anspruch gegenüber dem Ehegatten; ein Ehepartner kann ihn daher nur dem anderen gegenüber geltend machen, ohne aber einen Anspruch auf eine bestimmte Wohnung zu haben. Zwar ist das **Mitbenützungsrecht an der Ehewohnung** mit dem Wesen der Lebensgemeinschaft untrennbar verbunden; es bedeutet jedoch nur eine Regelung im Innenverhältnis, nicht aber gegenüber dem Hauseigentümer. Für diesen ist nach wie vor nur jene Person Bestandnehmer, mit der er einen Bestandvertrag abgeschlossen hat.

Die Ehegatten haben nach ihren Kräften und entsprechend der Gestaltung ihrer ehelichen Lebensgemeinschaft gemeinsam zur Deckung jener Bedürfnisse beizutragen, die ihren Lebensverhältnissen angemessen sind. Der Ehegatte, der den gemeinsamen Haushalt führt, leistet schon dadurch seinen Beitrag, und deshalb hat er dem anderen gegenüber einen **Anspruch auf Unterhalt**. Selbstverständlich sind eigene Einkünfte entsprechend zu berücksichtigen. Ein Unterhaltsanspruch steht dem Ehegatten selbst dann zu, wenn er nicht in der Lage ist, einen Beitrag zu leisten.

Auch nach Aufhebung des gemeinsamen Haushalts steht der Unterhaltsanspruch dem bisher Unterhaltsberechtigten weiter zu. Wenn jedoch die Gründe, die zur Aufhebung des gemeinsamen Haushalts geführt haben, vom Unterhaltsberechtigten verursacht wurden, könnte die Geltendmachung eines weiteren Unterhaltsanspruchs einen **Missbrauch dieses Rechts** darstellen.

Die Unterhaltspflicht des Ehepartners erstreckt sich nur auf den anderen Ehepartner, nicht aber auch auf jene Personen (z. B. Schwiegereltern), denen gegenüber der Ehepartner unterhaltspflichtig ist. Die nicht berufstätige Ehefrau (»Nur-Hausfrau«) hat einen Unterhaltsanspruch von etwa 33 Prozent des Nettoeinkommens des Ehemanns, wobei für jedes unterhaltsberechtigte Kind des Verpflichteten etwa 3 bis 4 Prozent abgezogen werden. Die selbst, aber weniger als der Ehemann verdienende Ehefrau hat einen Unterhaltsanspruch, der sich wie folgt errechnet: 40 Prozent des Nettoeinkommens beider Ehegatten (Familieneinkommen) abzüglich des eigenen Nettoeinkommens. Auch hier werden etwa 4 Prozent für jedes unterhaltsberechtigte Kind abgezogen.

Familien- und Partnerberatung

In Österreich gibt es mehr als 300 Beratungsstellen für Familien- und Partnerberatung. Jeder Ratsuchende, unabhängig von Alter und Geschlecht, jeder, der Probleme hat, Lösungen sucht und sich aussprechen will über Themen wie

— Fragen der Familienplanung bzw. Empfängnisregelung,
— wirtschaftliche und soziale Belange, die werdende Mütter betreffen,
— Fragen, die alleinstehende Mütter haben,
— Beratung bei Konflikten durch eine ungewollte Schwangerschaft,
— rechtliche und soziale Fragen, die in einer Familie auftreten können,
— sexuelle Fragen und Partnerschaftsbeziehungen,
— psychische Schwierigkeiten,
— Generationskonflikte

ist willkommen.

Ein Team von Spezialisten steht in jeder Beratungsstelle zur Verfügung: Ärzte, Sozialarbeiter, Juristen und Psychologen. Die **Beratung ist kostenlos** und jeder Besucher hat das Recht, anonym zu bleiben. Alle Berater sind zur strengsten Verschwiegenheit verpflichtet. Die Zeiten für Besuche oder Anrufe sind in den meisten Beratungsstellen so angesetzt, dass sich auch Berufstätige an sie wenden können.

Die Adressen aller vom Bundesministerium für soziale Sicherheit, Generationen und Konsumentenschutz geförderten Familienberatungsstellen erfahren Sie beim **Familienservice** dieses Ministeriums unter der Telefonnummer 01/711 00-3262 bzw. unter der Hotline 8000/24 02 62, Internet: http://www.bmsg.gv.at (Anschrift: 1010 Wien, Franz-Josefs-Kai 51).

Vermögensaufstellung

Auch in der besten Ehe kann es zu finanziellen Auseinandersetzungen kommen – von solchen anlässlich der Scheidung einmal ganz abgesehen. Daher ist es durchaus zweckmäßig, wenn man »in guten Tagen« eine Aufstellung über alle Besitz- und Vermögenswerte macht und dabei auch im Einzelnen festhält, wem sie gehören oder von wem sie angeschafft wurden.

Eine solche Aufstellung (**Inventar**) kann sich aus den verschiedensten Gründen als recht praktisch erweisen. Ist man versichert und tritt ein Schadensfall (Brand, Einbruch usw.) ein, so hat man eine Basis dafür, was fehlt oder zerstört wurde und von der Versicherung zu ersetzen ist. Macht einer der Ehepartner Schulden und wird gegen ihn wegen seiner Verbindlichkeiten Klage und Exekution geführt, dann ist damit eine gewisse Abgrenzung geschaffen, woran sich der Gläubiger halten kann und was seinem Zugriff entzogen ist. Denn grundsätzlich haftet im zivilen Bereich ein Ehepartner nicht für die Schulden des anderen. Ausnahme: wenn er sich als Mitschuldner oder Bürge mitverpflichtet hat und wenn die Frau Anschaffungen für den Haushalt im üblichen Rahmen tätigt, so ist der Mann kraft der so genannten »Schlüsselgewalt« zur Zahlung verpflichtet.

Auch im Falle des Todes eines Ehegatten ist eine Vermögensaufstellung hilfreich, um den Nachlass des Verstorbenen regeln zu können.

Welche Regelungen Ehepartner untereinander treffen und in welcher Form sie das tun, hängt natürlich vor allem davon ab, ob Vermögen vorhanden ist und wenn ja, in welcher Form und in welcher Höhe. Je wertvoller und umfangreicher der Besitz ist, desto eher empfiehlt es sich, einen **Rechtsanwalt** oder Notar beizuziehen, um den Besitz nicht durch einen juristischen Fehler in falsche Hände fallen zu lassen. Das gilt für wechselseitige Testamente von Ehegatten ebenso wie für den Abschluss von »Ehepakten« (siehe Seite 303).

Die ehelichen Güterstände

Beim ehelichen Güterrecht handelt es sich um die Regelung der vermögensrechtlichen Beziehungen der Ehegatten zueinander. Wenn eine Ehe gesund ist, bedarf es nicht vieler Einzelregelungen. Wenn aber zwischen den Partnern fortwährend um Gut und Geld gestritten wird, dann ist die Ehe ohnedies zerrüttet. Auch sind Jahre zuvor getroffene Regelungen meist durch die tatsächlichen Verhältnisse überholt.

Systeme des ehelichen Güterrechts

Drei grundsätzliche Systeme des ehelichen Güterrechts sind jedenfalls denkbar, und zwar:

1. **System der Gütertrennung:** Die Ehe bringt nach dem Gesetz in den Vermögensverhältnissen der Ehegatten keine Änderung mit sich. Jeder bleibt Eigentümer seines Vermögens und seiner Einkünfte, doch können die Eheleute durch Vereinbarung besondere Rechtsverhältnisse schaffen (etwa durch Bestellung eines Heiratsgutes).
2. **System der Verwaltungsgemeinschaft:** Das Vermögen beider Ehegatten wird zwar nicht dem Eigentum, wohl aber der Verwaltung nach eine Einheit in der Hand des Mannes. Der Mann hat die Verwaltung des Vermögens der Frau inne und besitzt daran auch das Nutzungsrecht.
3. **System der Gütergemeinschaft:** Hier ist nicht nur die Verwaltung, sondern auch das Eigentum am beiderseitigen Vermögen in der Hand des Mannes vereinigt.

Gütertrennung

In **Österreich** gilt das **System der Gütertrennung**. § 1237 ABGB legt fest:

§§ Haben Eheleute über die Verwendung ihres Vermögens keine besondere Übereinkunft getroffen, so behält jeder Ehegatte sein voriges Eigentumsrecht, und auf das, was ein jeder Teil während der Ehe erwirbt, und auf was immer für eine Art überkommt, hat der andere keinen Anspruch.

Was ein Ehegatte in die Ehe einbringt oder während der Ehe erwirbt (durch Kauf mit eigenem Geld, Schenkung, Erbschaft usw.), bleibt oder wird also sein Eigentum. Anders ausgedrückt: Durch die Eheschließung ändert sich an den persönlichen Einkommens- und Vermögensverhältnissen der Ehegatten nichts.

Gütergemeinschaft

Eine **Gütergemeinschaft** oder eine Verwaltungsgemeinschaft zwischen den Ehegatten ist möglich und muss ausdrücklich vertraglich in Form eines Notariatsaktes vereinbart werden. Nach geltendem Gesetz gilt uneingeschränkt das System der Gütertrennung. Der Güterstand der Gütertrennung ist nur eine von mehreren Formen. Man kann vertraglich auch andere Güterstände vereinbaren, kann sich dabei jedoch nicht ein beliebiges Gemisch konstruieren, sondern ist auf bestimmte, im Gesetzbuch festgelegte Vertragstypen beschränkt.

Ehepakte

Will man den gesetzlichen Güterstand nicht haben oder später, nach Eingehung der Ehe, abändern, so muss dies im Weg eines formgebundenen Vertrags geschehen. Das Gesetz bezeichnet solche Vereinbarungen als »Ehe**pakte**«, weil das ABGB unter »Ehe**vertrag**« nur die Schließung der Ehe versteht.

Ehepakte sind jene Verträge, die zwischen Ehegatten (Verlobten) oder mit diesen »in Absicht auf die eheliche Verbindung über das Vermögen geschlossen werden« (§ 1217 ABGB). Ein solcher Ehepakt kann nur mithilfe eines Notariatsaktes durch die **Verlobten** oder die **Eheleute** geschlossen werden, wird bei Verlobten allerdings erst nach der Eheschließung rechtswirksam. Von großer praktischer Bedeutung kann der Ehepakt als **Nebenvertrag** sein. Darunter versteht man eine besondere Vereinbarung bei grundsätzlicher Beibehaltung des gesetzlichen Güterstandes. In Betracht kommen vor allem Heiratsgut, Ausstattung und Aussteuer (siehe Seite 308 ff.).

Formzwang

☛ Der **Formzwang**, den das Notariatszwangsgesetz einführte, war gut gemeint: Die Partner sollen vor übereilten Entschlüssen bei Eingehung lebenswichtiger, ihr Vermögen berührender Rechtsgeschäfte bewahrt werden; bei dem innigen Verhältnis, das gerade vor oder bald nach Eingehen der Ehe besteht, trifft man doch oft Entscheidungen, die man dann später bereut. Das Recht des ABGB hat die Wichtigkeit, dem Geschäftspartner Einblick in die eheliche Güterordnung seines Kontrahenten zu geben, nicht erkannt. Wir haben kein eigenes öffentliches Güterrechtsregister; nur das Firmenbuch fungiert als solches. Zum Schutz der Handelsgläubiger eines Vollkaufmanns ist die Eintragung der Ehepakte in das Firmenbuch vorgeschrieben; sonst gilt Dritten gegenüber, die von dieser Vereinbarung nichts wissen, die Rechtslage so, als bestünde der gesetzliche Güterstand der Gütertrennung.

Die eben besprochenen Ehepakte sind in der österreichischen Praxis selten. Nur bei Bauern und ländlichen Gewerbetreibenden wird häufig Gütergemeinschaft vereinbart.

Allgemeine Gütergemeinschaft

Gütergemeinschaft auf den Todesfall/unter Lebenden

Zu unterscheiden ist die Gütergemeinschaft unter Lebenden und jene auf den Todesfall. Nach dem Gesetz wird im Zweifel Gütergemeinschaft **auf den Todesfall** angenommen, obwohl eine solche keineswegs üblich ist. Jedenfalls muss aus der Vereinbarung hervorgehen, dass es sich um eine Gütergemeinschaft unter Lebenden handelt. Weiters müssen wir unterscheiden zwischen der **allgemeinen** (vollkommenen oder randlosen) Gütergemeinschaft und der **besonderen** (beschränkten) Gütergemeinschaft.

Der Güterstand der **allgemeinen Gütergemeinschaft** ist wohl dem Wesen der Ehe am meisten entsprechend. Wer eine echte, von Vertrauen getragene und dauerhafte Ehe führt, der kann getrost zu diesem Güterstand greifen. Wer sich seines Ehepartners, was Zuverlässigkeit, Rechtschaffenheit und Charakter betrifft, nicht ganz sicher ist, der soll den Güterstand der allgemeinen Gütergemeinschaft lieber meiden.

Soll die allgemeine Gütergemeinschaft das ganze eingebrachte und das während der Ehe wie immer erlangte Vermögen umfassen, so muss im Vertrag **ausdrücklich** das gegenwärtige, alles künftige und insbesondere auch das zu ererbende Vermögen beider Gatten als gemeinschaftlich erklärt werden. Eine auf das ganze Vermögen lautende Gemeinschaftserklärung bezieht sich nämlich nur auf das **gegenwärtige** Vermögen, und eine Gemeinschaftserklärung auf das künftige Vermögen bezieht sich nicht auf das zu ererbende, »außer es wäre beides ausdrücklich bedungen worden« (§§ 1177 und 1233 ABGB).

Zu erwerbendes/zu ererbendes Vermögen, Sondergut

Unter dem zu **erwerbenden** Vermögen ist auch das durch Schenkung und Glücksfälle (z. B. Lotto- oder Totogewinn) zu verstehen; unter dem zu **ererbenden** Vermögen auch das durch Vermächtnisse und diesen gleichstehende Schenkungen auf den Todesfall erlangte. Unveräußerliche Sachen (z. B. Ausgedinge, Fruchtgenuss) bleiben **Sondergut**. Durch Vereinbarung können gewisse Güter von der allgemeinen Gütergemeinschaft ausgenommen sein.

Gesamtgut, gemeinsame Nutzung

Die **wesentlichen Merkmale** der allgemeinen Gütergemeinschaft bestehen darin, dass, so wie das ganze Leben des Ehepaares etwas Einheitliches werden soll, dies auch mit dem Vermögen beider Gatten zu geschehen hat. Dieses so genannte **Gesamtgut**, das sozusagen in einen »Gesamttopf« geworfen wird, steht von nun ab im gemeinschaftlichen Eigentum beider Ehegatten, und zwar in engster Bindung. Dies ist so zu verstehen, dass die einzelnen Gegenstände nicht etwa zur linken oder rechten Hälfte dem einen oder anderen Ehegatten gehören, sondern dass sich die Eigentumsausübung in der **gemeinsamen Nutzung** erschöpft. Das Gesamtgut ist für den Zweck der Ehe gebunden. Keiner der Ehegatten darf seinen Anteil veräußern, auch nicht einen gedachten Anteil an einzelnen Gegenständen.

☛ Hier ist eine genauere Erklärung nötig, und zwar deshalb, weil dem österreichischen Recht ein Eigentum zur gesamten Hand, wie es das deutsche Recht kennt, fremd ist. Bei uns werden die Ehegatten **Miteigentümer** je zur Hälfte; sie sind zur Aufrechterhaltung des Miteigentums so lange verpflichtet, wie die Gütergemeinschaft besteht. Bis dahin darf keiner von beiden Teilung verlangen oder seinen Miteigentumsanteil veräußern. Diese Unterlassungspflicht entbehrt aber der dinglichen Wirkung. Hat also ein Ehegatte seinen Anteil eigenmächtig (ohne Zustimmung des anderen) veräußert, so kann die Veräußerung dem dritten Erwerber gegenüber grundsätzlich nicht angefochten werden. Dieser Erwerber könnte ohne weiteres Teilung verlangen, da er durch den Ehepakt nicht gebunden ist. Auf diese Weise wird auch eine allgemeine Gütergemeinschaft wieder gesprengt. Es gibt aber eine Möglichkeit, die allgemeine Gütergemeinschaft in ihrem engen Verhältnis stärker zu sichern. Dieses Mittel ist das Grundbuch. Die **Beschränkung des Eigentums** durch die Gütergemeinschaft müsste **im Grundbuch einverleibt** werden; sie wirkt dann gegen Dritte. Auf diese Weise kann bei uns nahezu die Wirkung des Eigentums »zur gesamten Hand«, wie es das deutsche Recht kennt, hervorgerufen werden.

Verwaltung des gemeinsamen Vermögens

Damit es den Zwecken des Ehelebens nutzbar gemacht werden kann, muss das Gesamtgut zuerst gebildet werden. Bei den Aktiven hat jeder Ehegatte ein Recht auf Einräumung des Miteigentums. Bei unbeweglichen Sachen und bücherlichen Rechten (z. B. Hypotheken) kann jeder der beiden Gatten Einverleibung der Übertragung verlangen. Bei beweglichen Sachen genügt Übergabe durch Erklärung. Hierauf muss das Gesamtgut ordnungsgemäß verwaltet werden. Die **Verwaltung des gemeinschaftlichen Vermögens** stand früher, solange die Frau nicht Widerspruch erhob, dem **Ehemann** zu. Erhob die Frau Widerspruch, so trat gemeinschaftliche Verwaltung ein. Seit der Familienrechtsreform 1978 ist dies nicht mehr der Fall, wodurch die Gütertrennung verschärft wurde. Die Bestellung eines besonderen Verwalters für das gemeinsame Vermögen durch das Gericht ist ausgeschlossen, da dies einer »Entmündigung« (heute: einer Sachwalterschaft) gleichkäme.

☛ Vergegenwärtigen wir uns noch einmal, dass beim Güterstand der allgemeinen Gütergemeinschaft ein Grundstück, das vor der Ehe der Ehefrau oder dem Ehemann allein gehörte, durch die Eheschließung das Eigentum beider Ehegatten geworden ist. Der Ehemann verwaltet nunmehr dieses Grundstück, kann es jedoch ohne Zustimmung seiner Ehefrau weder veräußern noch belasten. Schenkungen aus dem Gesamtgut wird er deshalb nicht ohne Zustimmung der Ehefrau vornehmen dürfen, weil sich dadurch auch der Wertanteil der Ehefrau mindern würde, denn es fließt ja keine Gegenleistung in das Gesamtgut. Geringfügige Anstandsschenkungen allerdings, z. B. eine Rose aus dem Garten vor dem Haus, »darf« der Ehemann aber machen.

Höchstpersönliche Rechte

Nehmen wir an, der Ehemann hatte, als er die Ehe einging, einen **Fruchtgenuss** (persönliche Dienstbarkeit) an einem benachbarten Grundstück und die Ehefrau hatte an einem anderen Grundstück ein **Ausgedinge** (Reallast). Derartige Rechte dürfen nicht in das Gesamtgut übertragen werden; sie sind als so genannte **höchstpersönliche Rechte** untrennbar mit der Person des Berechtigten verbunden und erlöschen mit dem Tod.

☛ Wir stellen nun neben den Gesamtgutstopf zwei kleinere Töpfchen, die wir mit **Sondergut** bezeichnen. In diese Töpfe geben wir solche Güter, deren Übertragung verboten ist. Wir sehen, dass der Fruchtgenuss im Sondergutstopf des Mannes ab und zu in den Gesamtgutstopf hineinspuckt, denn die **Nutzungen**, die der Fruchtgenuss abwirft, z. B. die Ernte von Kartoffeln oder Getreide, der Pachtzins für eine verpachtete Wiese, die zum genutzten Grundstück gehört, können ja übertragen werden und sollen wiederum beiden Ehegatten kraft Ehepaktes zugute kommen. Dasselbe gilt sinngemäß für das Ausgedinge der Frau.

Vorbehaltsgut

Neben diesen drei Gütermassen in diesem Güterstand, dem **Gesamtgut**, dem **Sondergut des Mannes** und dem **Sondergut der Frau**, müssen wir noch das **Vorbehaltsgut** berücksichtigen, das Dinge enthält, die der jeweilige Ehegatte für sich allein haben will. Derartiges Vorbehaltsgut kann dadurch entstehen, dass der Ehevertrag solches bestimmt, z. B. ein Damenfahrrad zum Vorbehaltsgut der Frau macht, oder dass dritte Personen bei geschenkweisen Zuwendungen oder durch Testament bestimmen, dass ein Gegenstand Vorbehaltsgut des einen Ehegatten werden soll. Somit haben wir bei diesem Güterstand insgesamt fünf Gütermassen.

Schulden in der Ehe

Für die **Schulden** haften die beiden Ehegatten grundsätzlich zur gesamten Hand, also **solidarisch**. Das heißt: einer für alle, alle für einen, jeder für das Ganze und nicht nur für einen Teil. Doch ist folgende Unterscheidung zu beachten:

- Haben sich die Ehegatten **gemeinsam verpflichtet**, dann haften beide auch **unbeschränkt**. Ebenso wenn der Mann die Schuld als Verwalter des gemeinsamen Vermögens oder zu dessen Nutzen begründet hat.

- Wenn die Schulden nur **einen** Ehegatten persönlich angehen, haftet das ganze gemeinschaftliche Vermögen. Den anderen Ehegatten trifft jedoch insoweit eine **beschränkte Haftung**, als er nur zur Zahlung »bei sonstiger Exekution in das gütergemeinschaftliche Vermögen« verurteilt werden kann. Auf Vorbehaltsgut des unbeteiligten Gatten erstreckt sich diese Haftung aber nicht. Die Exekutionsführung in die dem anderen Eheteil zugeschriebene Hälfte ist nur mit eigenem Exekutionstitel möglich.

Der Ehemann nimmt z. B. Darlehen für seinen persönlichen Bedarf auf und verprasst das Geld. Die Gläubiger klagen ihn auf Rückzahlung der Darlehensbeträge. Aber auch die Ehegattin kann im Rahmen des gütergemeinschaftlichen Vermögens zur Zahlung herangezogen werden. Das bedeutet in letzter Konsequenz, dass ein Ehepartner, der einen verschuldeten Partner heiratet, mit ansehen muss, wie seine Gläubiger triumphierend über die Werte herfallen, die in von ihm die Ehe mit eingebracht wurden. Am Ende bleibt nur das Vorbehaltsgut dem Zugriff der Gläubiger entzogen.

Aufhebung der allgemeinen Gütergemeinschaft

Wird die Ehe aufgelöst oder vereinbaren die Ehegatten die **Aufhebung der allgemeinen Gütergemeinschaft**, so müssen sie sich hinsichtlich des Gesamtgutes auseinandersetzen. Grundsätzlich findet eine **Halbteilung** statt, das heißt, der Überschuss, der nach Zahlung der Verbindlichkeiten verbleibt, wird in gleiche Hälften geteilt – gleichgültig, ob einer der beiden Gatten mehr in das Gesamtgut eingebracht hat als der andere.

Aufgriffsrecht

Das **Aufgriffsrecht** ist nichts der Gütergemeinschaft Eigentümliches, aber im Fall des Vorhandenseins von Kindern aus einer früheren Ehe wird es in Ehepakten über die allgemeine Gütergemeinschaft sehr häufig vereinbart. Dem Aufgriffsrecht liegt derselbe Gedanke zugrunde wie der nach dem Tode eines Gatten vom Überlebenden mit den Kindern **fortgesetzten Gütergemeinschaft**; diese währt so lange, bis der Gatte stirbt oder sich wieder verheiratet oder bis die Abkömmlinge volljährig werden. Es soll damit eine wertzerstörende vorzeitige Aufteilung, also Auseinandersetzung, vermieden werden. Die Festsetzungen in den Gütergemeinschafts-Ehepakten, dass der Überlebende die Verwaltung auch der anderen, ihm nicht kraft Teilung zufallenden Hälfte bis zur Volljährigkeit der Kinder oder auf Lebenszeit haben soll (»Vorhausung«, »Bewirtschaftungsrecht« genannt), sind eine unter Lebenden getroffene Vereinbarung.

Mitarbeit der Ehefrau

Der Bäcker Willi Klawitta hat eine arbeitsame und sparsame Ehefrau. Ein eigenes Grundstück ist der Traum des Ehepaars. Frau Klawitta begnügt sich mit einer Bedienerin, obwohl sie eine Hausgehilfin brauchen könnte; vor allem aber steht sie mehrere Stunden täglich im Geschäft und hilft tüchtig mit. Es gelingt nun auch bald, so viel zusammenzusparen, dass mithilfe einer Hypothek ein kleines Hausgrundstück angeschafft werden kann. Stolz legt Willi Klawitta seiner Frau den Grundbuchsauszug vor, in dem er als Eigentümer des Grundstücks eingetragen ist. Drei Jahre später zerbricht die Ehe.

Angemessene Abgeltung

Hat nun Frau Klawitta ein Anrecht an dem Hausgrundstück? Miteigentümerin ist sie jedenfalls nicht. Hilft die Frau im Erwerbsbetrieb des Mannes mit, hat sie, auch ohne besondere Vereinbarung, Anspruch auf **angemessene Abgeltung** ihrer Mitwirkung (§ 98 ABGB). Dieser Anspruch verjährt in sechs Jahren vom Ende des Monats, in dem die Leistung erbracht worden ist (§ 1486a ABGB). Er bezieht sich auf Mitwirkung im selbstständigen oder unselbstständigen Erwerb des Ehepartners. Es ist aber auch nicht ausgeschlossen, dass die Gatten zueinander in geschäftliche Beziehungen treten und etwa einen **Gesellschaftsvertrag** miteinander schließen. In unserem Fall mag es innerhalb der Ehe zu einem solchen Gesellschaftsverhältnis gekommen sein, bei dem beide zur Erreichung des Hausankaufs Beiträge geleistet haben.

Beim Umfang der **Wertbeteiligung** darf man allerdings die Mitarbeit der Ehefrau nicht so bewerten, als wenn sie nur die Dienste einer Angestellten geleistet hätte. Eine Ehefrau ist in solchen Betrieben meist die Seele des Hauses und sie hat ein eigenes Interesse am Aufblühen des Geschäfts.

Wenn man außerdem berücksichtigt, dass der **Kapitalwert** des Geschäfts vom Ehemann zur Verfügung gestellt worden ist (häufig wird er allerdings mit Kredit angefangen haben), so erscheint es angemessen, der Ehefrau eine Wertbeteiligung zuzusprechen. Dies wird besonders dann gelten müssen, wenn der Ehemann eingebrachtes Vermögen der Frau mit zum Aufbau des Geschäfts verwendet hat.

Dienstverhältnis zwischen Verwandten

Zwischen Verwandten (Kindern und Eltern) kann auch ein reguläres **Dienstverhältnis** bestehen; dies freilich nur dann, wenn die Beschäftigung auf dem Grundsatz entgeltlicher Leistung und Gegenleistung aufgebaut ist. Ein Dienstverhältnis besteht nicht, wenn die Leistung aufgrund des sittlichen Familienbandes erbracht wird, sondern nur freiwillig aufgrund sittlicher Pflicht zur Sicherstellung einer den Bedürfnissen des Familienmitgliedes und dem Gesamtinteresse der Familie entsprechenden Lebenshaltung.

Fahrnisgemeinschaft

Umfasst die eheliche Gütergemeinschaft nicht bloß die »Errungenschaft«, wozu auch erworbene Liegenschaften gehören, sondern dazu noch alle Fahrnisse schlechthin, also auch das eingebrachte bewegliche Vermögen, so liegt eine **Fahrnisgemeinschaft** vor. Das bedeutet Gemeinschaft des beweglichen Vermögens und der Errungenschaft. Hier soll also in den Gesamtgutstopf alles das hineinkommen, was die Ehegatten als **bewegliche Habe** bei Eingehung der Ehe besitzen, und alle Güter, die sie nach Eingehung der Ehe durch ihre Arbeitstätigkeit erwerben, also auch **Grundstücke**.

Eintragung im Grundbuch

Sobald im Wortlaut der grundbücherlichen Eintragung die **eheliche Gütergemeinschaft als Rechtsgrundlage** des gemeinschaftlichen Eigentums zum Ausdruck gebracht wird, ersieht auch der Nichtjurist, dass es sich um ein viel weiter reichendes Rechtsverhältnis handelt, eben um eheliche Gütergemeinschaft. Darum bedarf es zur Aufhebung des Gemeinschaftsbandes nach den Grundsätzen des Grundbuchsgesetzes der **Zustimmung des bücherlichen Vormannes**. Es ist also zur Übertragung des Anteils die Zustimmung auch des anderen Ehegatten erforderlich.

Echte Verwaltungsgemeinschaft

Die Frau kann die Verwaltung ihres Vermögens dem Mann im Wege eines Ehepaktes (Notariatsaktes) übertragen (wie umgekehrt auch der Mann seiner Ehegattin). Dann hat der Mann ein **vertragsmäßiges Recht** auf diese Verwaltung. Durch Ehepakt wird die Frau dem Mann auch den **Fruchtgenuss** ihres Vermögens während der Ehe einräumen können. Der Umfang des dem Mann vertragsmäßig eingeräumten Verwaltungsrechtes richtet sich nach der Vereinbarung. Ein einseitiger Widerruf durch die Frau ist dann entsprechend der Vertragsnatur nicht möglich. Zum Schutz der Frau kann aber dem Mann diese Verwaltung in dringenden Fällen oder bei Gefahr eines Nachteils für die Frau abgenommen werden. Auch eine einstweilige Verfügung (nach den Bestimmungen der Exekutionsordnung) wird zulässig sein. Es gelten die allgemeinen Vorschriften über die **Bevollmächtigung** (siehe Seite 96 ff.).

Heiratsgut, Ausstattung und Aussteuer

Aussteuer – Ausstattung

In der Regel geben die Eltern ihren Töchtern eine **Aussteuer** mit. Diese besteht aus Möbeln, Wäsche, Kücheneinrichtung und dergleichen. Dem Mann sollen daran keine Rechte gewährt werden. Juristisch bezeichnet das Wort »Aussteuer« im Gegensatz zum »Heiratsgut« die ausschließliche Berechtigung des Empfängers dieses Gutes. Wie die Braut einen Anspruch auf Bestellung eines Heiratsgutes, so hat der Bräutigam einen Anspruch auf **Ausstattung**. Unser ABGB (§ 1231) gewährt also merkwürdigerweise die Ausstattung einem **Mann**, und zwar dem Bräutigam.

Heiratsgut

Zunächst spricht das Gesetz (§ 1218 ABGB) vom **Heiratsgut**. Dieses wird entweder von der Frau oder für sie von einem Dritten zur Erleichterung des mit der Ehe verbundenen Aufwands durch eine Vereinbarung mit dem Mann bestellt. Die Vereinbarung enthält entweder bloß die verbindliche Zusicherung oder umfasst auch die Übergabe des Heiratsgutes. Gegenstand einer solchen Dotierung kann alles sein, was Wert besitzt und veräußert werden kann. Dem Mann gebührt für die Dauer der ehelichen Gemeinschaft der **Fruchtgenuss** des Heiratsgutes; das **Eigentum** am Heiratsgut erlangt er, wenn es in Geld oder anderen verbrauchbaren Sachen besteht (§§ 1227 ABGB) mit der Verpflichtung, den Wert gegebenenfalls zurückzustellen.

§ 1220 ABGB verpflichtet zur Bestellung eines Heiratsgutes in erster Linie die Eltern der Braut, in zweiter Linie die Großeltern. Die Verpflichtung des (Groß-)Vaters geht nun nicht mehr jener der (Groß-)Mutter vor, maßgebend ist vielmehr die Leistungsfähigkeit. Diese »Verpflichtung« besteht aber nur, wenn die Braut kein eigenes, für ein angemessenes Heiratsgut hinreichendes Vermögen besitzt.

Es ist indessen nicht ganz zutreffend, von einer **Verpflichtung** zur Bestellung eines Heiratsgutes zu sprechen. Denn der Ehepakt des Heiratsgutes wird mit dem Mann abgeschlossen, und dem Mann gegenüber besteht keine Verpflichtung der Eltern, sondern nur der Tochter gegenüber, wenn diese vermögenslos ist. Der Mann kann die Ausfolgung eines Heiratsgutes nur aufgrund einer Zusicherung fordern, die im Wege einer Vereinbarung (Notariatsakt!) erfolgt ist. Der Anspruch der Tochter gegen ihre Eltern auf Bestellung eines Heiratsgutes ist höchstpersönlich und kann daher nicht abgetreten werden. Der Anspruch auf ein Heiratsgut setzt voraus, dass die Eltern (im oben erwähnten Sinn) über ein Vermögen oder über ein entsprechendes Einkommen verfügen, ferner, dass der Bestellungspflichtige in der Lage ist, die ihm auferlegte Belastung ohne empfindliche Einschränkung zu tragen.

Verwirkung des Anspruchs

Eine Tochter **verwirkt den Anspruch** auf Gewährung eines Heiratsgutes gegenüber ihren Eltern, wenn sie sich gegen den Willen ihrer Eltern verheiratet und das Gericht im außerstreitigen Verfahren die Missbilligung der Eltern begründet findet (§ 1222 ABGB). Es muss sich um triftige Gründe handeln. So wird z. B. »Mangel an Lebenserfahrung« bei einer geplanten Studentenehe kein triftiger Grund für eine Missbilligung der Ehe sein, wohl aber Leidenschaften, die eine Gefahr für Ehe und Kinder bedeuten: Trunksucht, Spiellust, geschlechtliche Ausschweifungen des Bräutigams und dergleichen.

Im Fall einer **Eheschließung ohne Wissen der Eltern** braucht der Dotationspflichtige nur nachzuweisen, dass er zureichende Gründe gehabt hätte, die Ehe zu missbilligen. Die Tatsache allein, dass der Schwiegersohn ein geschiedener Mann ist, wird dessen Ablehnung nicht rechtfertigen. Es kommt auf die Gründe der Ehescheidung und die näheren Umstände an, und vor allem auf das Vorleben des Ehemannes der Tochter.

Angemessene Sicherstellung

Der Besteller eines Heiratsgutes kann bei der Übergabe vom Mann eine **angemessene Sicherstellung** verlangen. Später ist ein solches Verlangen nur im Fall der Gefahr berechtigt und bei Weigerung mit Klage geltend zu machen. Der Sachwalter einer pflegebefohlenen Frau etwa muss spätestens bei der Übergabe des Heiratsgutes dessen Sicherstellung verlangen. Das Gleiche gilt nach den Grundsätzen unseres Familienrechts auch für den Vater einer minderjährigen Tochter. Die Sicherstellung des Heiratsgutes verlangt ebenfalls einen Notariatsakt. Und auch für die Bestätigung über den Empfang des Heiratsgutes ist ein Notariatsakt vorgeschrieben, um Streitigkeiten vorzubeugen.

Gegenstand des Heiratsgutes kann alles sein, was sich veräußern oder nutzen lässt (§ 1227 ABGB): körperliche Sachen, Fruchtgenuss und Wohnrechte, Bargeld, abgetretene Forderungen, angefallene Erbschaften und dergleichen.

In der Bestellung des Heiratsgutes liegt **keine Schenkung** an den Mann, denn das Heiratsgut ist zweckbestimmt und dient zur Erleichterung des ehelichen Aufwands. Eine ganz andere Frage ist es, ob die Zuwendung eine Schenkung an die Frau ist. Verspricht ihr nämlich ein Dritter, etwa ein Onkel, eine Ausstattung, so ist dies eine Schenkung, wenn der Dritte hierzu nicht verpflichtet war.

Eine wiederholte Verpflichtung zur Bestellung des Heiratsgutes besteht für die Eltern nicht (§ 1223 ABGB).

Nach Auflösung der Ehe ist grundsätzlich das **Heiratsgut** an die Frau oder ihre Erben **zurückzustellen**, da es seinen Zweck erfüllt hat. Und zwar nicht nur wenn die Frau die Bestellerin war, sondern auch wenn es von einem Dritten bestellt worden ist, weil das Heiratsgut im Zweifel auch Versorgung der Frau sein soll.

Wenn während des Bestandes der Ehe über das Vermögen des Mannes der Konkurs eröffnet wird, so kann die Ehefrau – wenn sie nicht Eigentümerin des Heiratsgutes ist – ihre Heiratsgutforderung nur als Konkursgläubigerin geltend machen.

Ausstattung/Heiratsgut

Die Begriffe »Ausstattung« und »Heiratsgut« fallen wegen der Verschiedenheit der Empfangsberechtigten, wegen der Verschiedenheit ihres Inhalts und wegen der Verschiedenheit ihrer wirtschaftlichen Bestimmung auseinander. Der Mann hat ein Recht, von Eltern und Großeltern aus Anlass der bevorstehenden Ehe ausgestattet zu werden – dies ohne Rücksicht darauf, ob ihm seitens der Gattin oder Dritter ein Heiratsgut zugesagt worden ist. Inhaltlich handelt es sich bei dieser **Ausstattung**, die das Gesetz dem Sohn zuspricht (§ 1231 ABGB), um eine Leistung, die nur zur ersten Einrichtung des Haushalts dienen soll, also im Wesen um eine »Aussteuer« (wie oben bei der Frau).

Das **Heiratsgut** beansprucht die vermögenslose **Tochter** (§ 1220 ABGB). Am Heiratsgut erlangt grundsätzlich die Frau das Eigentum und den Rückforderungsanspruch. Die Ausstattung gehört und bleibt dem Mann. Er ist allein darüber verfügungsberechtigt. Solange er nicht anderweitig verfügt und die Ausstattung im Haushalt belässt, kann die Frau nur einen Gebrauch daran ausüben (z. B. den Fernsehapparat einschalten), ein Recht auf den Gebrauch dieser Gegenstände hat sie nicht.

Das Heiratsgut dient der dauernden Erleichterung des ehelichen Aufwands. Die Ausstattung soll nur die erste Einrichtung eines selbstständigen Haushalts ermöglichen. Was also Eltern über die Einrichtung hinaus dem Sohn zuwenden, ist Schenkung, so wenn sie ihm als »Ausstattung« ein Haus geben.

€ Aufgrund des Erbschafts- und Schenkungssteuergesetzes gilt eine Ausstattung oder ein Heiratsgut, das Kindern oder Enkelkindern zur Einrichtung eines den Vermögensverhältnissen und der Lebensstellung der Beteiligten angemessenen Haushalts gewährt wird, nicht als Schenkung, sofern zur Zeit der Zuwendung ein Anlass für eine Ausstattung oder ein Heiratsgut gegeben ist und der Zweck der Zuwendung innerhalb von zwei Jahren erfüllt wird (§ 3 Abs. 5 ErbStG). Als »außergewöhnliche Belastung« bei der Lohn- bzw. Einkommensteuer ist das Heiratsgut nicht mehr absetzbar.

Ausstattungszusagen sind **keine Ehepakte**. Parteien sind die Eltern oder Großeltern einerseits, der Sohn oder Enkel andererseits. Für das Ausmaß der Ausstattung maßgebend ist in erster Linie das Vermögen der Verpflichteten im Zeitpunkt der Verehelichung des Berechtigten, in zweiter Linie der soziale Stand des Berechtigten. Die Zusage einer Ausstattung bedarf nur insoweit der Form eines Notariatsaktes, als darin eine Schenkung liegt. Formfrei ist die unmittelbare Verwirklichung der Übergabe.

Im Allgemeinen wird das Heiratsgut mit etwa 25 bis 30 Prozent des Jahreseinkommens des Zahlungspflichtigen bemessen. Heute ist es allgemein Sitte, dass die Braut eine Aussteuer erhält; der Vater bestimmt die Mitgift innerhalb eines weiten Rahmens. Was offenbar darüber hinausgeht, gilt als Schenkung; nur wenn das Mindestmaß nicht erreicht wird, kann das Gericht angerufen werden.

Unterlassung der Geltendmachung ist kein Verzicht

Unterlassung der **Geltendmachung** des Dotierungsanspruchs durch noch so lange Zeit während des Bestandes der Ehe bedeutet grundsätzlich keinen Verzicht, außer wenn besondere Umstände auf einen Rechtsverzicht schließen lassen. Jedenfalls erlischt der bei Lebzeiten des Dotierungspflichtigen nicht geltend gemachte Dotierungsanspruch mit dem Tod des Dotierungspflichtigen und wird durch die erbrechtlichen Ansprüche ersetzt. Auch nach der Scheidung der Ehe kann der Heiratsgutanspruch nicht mehr geltend gemacht werden, da er den aufrechten Bestand der Ehe voraussetzt.

Karls und Annas Kinder

Nach einem Jahr tritt im Hause Jedermann ein freudiges Ereignis ein, und zwar gleich doppelt: Ein Bub und ein Mädchen werden geboren.

Mutterschutz

Die Geburt der Zwillinge löst sofort eine Reihe von Pflichten aus. Schwangerschaft und Geburt sind nicht nur privat von Bedeutung, sondern auch im Rahmen eines Dienstverhältnisses. Nach den Bestimmungen des **Mutterschutzgesetzes** dürfen Frauen aus Anlass einer Schwangerschaft oder der erfolgten Niederkunft weder entlassen noch gekündigt werden.

Nur in wenigen vom Gesetz gestatteten Fällen, und dann nur nach einer vorher erteilten Genehmigung des Arbeits- und Sozialgerichtes, kann ein Dienstgeber eine schwangere Dienstnehmerin kündigen. Der **Kündigungsschutz** erstreckt sich bis zum Ablauf von vier Monaten nach der Entbindung. Wird von der Dienstnehmerin **Karenzurlaub** beansprucht, so verlängert sich der Kündigungsschutz bis zu vier Wochen nach Ablauf des Karenzurlaubs.

Frauen dürfen vor und nach der Entbindung nicht zu schweren und gesundheitsschädlichen Arbeiten herangezogen werden. Innerhalb eines Zeitraums von acht Wochen vor der Entbindung und acht oder zwölf Wochen nachher sind sie von jeder Arbeit freizustellen. Während dieser Zeit gebührt ihnen **Wochengeld** aus der gesetzlichen Krankenversicherung. Voraussetzung dafür ist die Übermittlung einer ärztlichen Bestätigung und einer Arbeits- und Entgeltbestätigung des Arbeitgebers an die Krankenkasse.

Geburtstermin

Der **Geburtstermin** lässt sich folgendermaßen leicht berechnen: erster Tag der letzten Menstruation plus sieben Tage, minus drei Kalendermonate (z. B. 25. August + 7 Tage = 1. September; 1. September – 3 Monate = 1. Juni).

Geburtsanzeige

Wenn jemand die Geburt eines Kindes anzeigen will, so ist damit die sachliche Zuständigkeit festgestellt. Ein Personenstandsfall muss bei jenem Standesbeamten beurkundet werden, in dessen Bezirk er sich ereignet hat. Die örtliche Zuständigkeit ist erst dann gegeben, wenn der Anzeigende erklärt, dass das Kind im Standesamtsbezirk geboren wurde. Es ist auch nur ein bestimmter Personenkreis dazu berechtigt, eine **Geburtsanzeige** zu erstatten. Bei Geburten in Krankenanstalten ist dies in erster Linie der Leiter der Anstalt oder der hierzu ermächtigte Beamte; ein Gleiches gilt für Heil- und Pflegeanstalten, Gefängnisse usw. In diesem Fall genügt die **schriftliche** Anzeige, der aber die erforderlichen Urkunden beigeschlossen sein müssen. **Verpflichtet** zur Anzeige ist vor allem der Arzt oder die Hebamme, die bei der Geburt zugegen waren, sowie der Vater oder die Mutter, sobald sie dazu imstande ist, aber auch sonstige Personen, die von der Geburt aufgrund eigener Wahrnehmung Kenntnis haben. Diese Reihenfolge ist wichtig; die Verpflichtung besteht nämlich nur für die Person, die in der Reihe jeweils an erster Stelle in Betracht kommt, wenn sie nicht etwa entschuldigt verhindert ist. Wenn jedoch eine der dem Kreis angehörigen Personen die Anzeige erstattet hat, sind die anderen von ihrer Verpflichtung befreit.

In unserem Fall wird Karl Jedermann als ehelicher Vater die Geburtsanzeige **binnen einer Woche** nach der Geburt der Zwillinge in der Regel **mündlich** erstatten. Die Anzeige hat, soweit der Anzeigepflichtige dazu in der Lage ist, alle Angaben zu enthalten, die für die Eintragung im Geburtenbuch benötigt werden. Dazu sind folgende **Urkunden** vorzulegen:

- die Heiratsurkunde der Eltern des ehelichen oder die Geburtsurkunde (gegebenenfalls auch die Heiratsurkunde) der Mutter des unehelichen Kindes; gegebenenfalls der Nachweis der Auflösung oder Nichtigerklärung der Ehe;
- der Nachweis der Staatsangehörigkeit der Eltern (der Mutter);
- der Nachweis des ordentlichen Wohnsitzes der Eltern (der Mutter);
- die Erklärung über die Vornamensgebung;
- die Geburtsbestätigung, wenn die Geburt nicht vom Leiter einer Krankenanstalt angezeigt worden ist.

Wenn diese Urkunden zur ordnungsgemäßen Beurkundung der Geburt nicht ausreichen, hat der Standesbeamte weitere Urkunden zu verlangen. Werden fehlende Urkunden nicht innerhalb angemessener Frist nachgereicht, so hat die Personenstandsbehörde die Eltern oder andere in Betracht kommende Personen zur Vorlage der Urkunden aufzufordern. Jeder Anzeigende kann zum Zweck der Taufe gebührenfrei eine Bescheinigung über die Eintragung des Geburtsfalles verlangen.

Das Namensrecht

Personenstandsmerkmale

Geburtsstunde, Geburtstag, -monat und -jahr sowie der Geburtsort, eheliche oder uneheliche Geburt, Zugehörigkeit zu einer bestimmten Familie, männliches oder weibliches Geschlecht, Zugehörigkeit zu einem bestimmten Staat, Familienstand (ledig, verheiratet, verwitwet oder geschieden), Religionszugehörigkeit, Beruf und Wohnanschrift sind die wichtigsten Personenstandsmerkmale. In ihrer Gesamtheit bilden sie den **Personenstand** eines Menschen.

Jedes Kind ist durch die Geburt ein Mensch und damit Person geworden. Jeder Mensch hat nämlich »angeborene, schon durch die Vernunft einleuchtende Rechte und ist daher als eine Person zu betrachten« (§ 16 ABGB). Darunter versteht man rechtlich, dass der Mensch Träger von Rechten und Pflichten geworden ist.

Name

Zu diesen Rechten gehört zunächst einmal der **Name**. Als eheliche Kinder tragen die Zwillinge der Familie Jedermann den Familiennamen der Eltern. Uneheliche Kinder erhalten den Familiennamen der Mutter. Der oder die **Vornamen** werden für das Neugeborene durch den obsorgeberechtigten gesetzlichen Vertreter bestimmt.

Der Vorname bezeichnet vor allem das Geschlecht. Zumindest der erste Vorname muss dem Geschlecht des Kindes entsprechen; ein Bub kann also beispielsweise Carl Maria genannt werden. Bezeichnungen, die nicht als Vornamen gebräuchlich oder dem Wohl des Kindes abträglich sind, dürfen nicht eingetragen werden (§ 21 Abs. 2 Personenstandsgesetz).

Die Zwillinge in unserem Beispiel sind verschiedenen Geschlechts. Ob ein Kind als Knabe oder als Mädchen geboren wurde, ist für die Eltern und das Kind nicht nur von großer tatsächlicher, sondern auch von entscheidender rechtlicher Bedeutung. Dem männlichen Geschlecht sind sowohl durch die Natur als auch durch das Gesetz andere Aufgaben zugewiesen als dem weiblichen (z. B. Wehrpflicht). Zwitter gibt es im Personenstandsrecht nicht, sondern die betreffenden Kinder werden nach den **überwiegenden Geschlechtsmerkmalen** dem männlichen oder dem weiblichen Geschlecht zugezählt.

Geburtenbuch

Im Normalfall werden auf die Anzeige hin die Namen des Kindes, sein Geschlecht, Ort, Tag und Stunde der Geburt, Vor- und Familiennamen der Eltern, ihre Geburtsdaten, Wohnort sowie ihr religiöses Bekenntnis im **Geburtenbuch** eingetragen. Aufgrund dieser Eintragung kann dann jederzeit für das Kind eine **Geburtsurkunde** angefordert werden. Die Ausstellung einer solchen Geburtsurkunde darf jeder verlangen. Ist ein Kind tot geboren, so wird es mit dem Wortlaut einer Geburtseintragung nur im **Sterbebuch** verzeichnet. Einsicht in die standesamtlich geführten Bücher kann nur von den betroffenen Personen oder solchen dritten Personen verlangt werden, die ein berechtigtes Interesse glaubhaft machen können.

Karl Jedermann und seine Frau Anna haben sich für folgende Vornamen entschieden: für den Knaben Otto Johannes und für das Mädchen Ulrike Gertrud. Sobald der oder die Vornamen im Geburtenbuch des Standesamtes eingetragen sind, liegen nunmehr Vor- und Familiennamen grundsätzlich unveränderlich fest. Eine eigenmächtige Änderung dieser Namen ist verboten. Der Gebrauch eines falschen Namens gegenüber Behörden macht den Betreffenden strafbar.

Namensänderung

Um dem Träger eines lästigen oder anstößigen Namens (etwa Dickwanst oder Mondkalb) Gelegenheit zu geben, diesen nicht länger tragen zu müssen, ist durch das so genannte **Namensänderungsgesetz** vom 22. März 1988 die Möglichkeit der Änderung vorgesehen. Voraussetzung ist, dass ein **Grund für die Änderung des Familiennamens** vorliegt. Die Änderung bewilligt die Bezirksverwaltungsbehörde, in deren örtlichem Wirkungsbereich der Antragsteller seinen Wohnsitz oder seinen gewöhnlichen Aufenthalt hat. Bezirksverwaltungsbehörde ist die Bezirkshauptmannschaft, in Städten mit eigenem Statut der Magistrat. Aus den gleichen Gründen kann die Bezirksverwaltungsbehörde auch die Änderung eines gewählten **Vornamens** bewilligen.

Durch das Gesetz vom 3. April 1919, StGBl. Nr. 211, ist der Adel in Österreich aufgehoben, die Führung von Adelsbezeichnungen untersagt. Adelstitel dürfen also bei uns nicht verwendet werden, wenn es sich um amtlichen Gebrauch handelt. Ausgenommen vom Verbot des Führens von Adelsbezeichnungen sind ausländische Adelstitel, wozu auch die nach deutschem Reichsrecht verliehenen Titel (z. B. eines Reichsgrafen) gehören.

Schutz des Namens

Der im Geburtenbuch eingetragene Name ist **gesetzlich geschützt** (§ 43 ABGB), und zwar in doppelter Weise: zum einen gegen ungerechtfertigte Bestreitung des

Rechts, einen bestimmten Namen zu führen; zum anderen gegen unbefugten Gebrauch, also gegen **Missbrauch** fremden Namens. Geklagt wird auf Unterlassung und bei Verschulden auch auf Schadenersatz. Voraussetzung für die Unterlassungsklage ist, dass der Dritte entweder selbst den Namen führt oder für einen Dritten diesen Namen gebraucht. Beispiel: Ein Ehemann hat sich von seiner Ehefrau getrennt und lässt seine Freundin als seine Ehefrau auftreten, er meldet sie z. B. als solche polizeilich an.

Eine Klage auf Führung eines bestimmten Namens ist nicht möglich. So kann ein geschiedener Mann seine frühere Frau, die wieder ihren Mädchennamen angenommen hat, nicht auf Führung seines Familiennamens klagen; wohl aber kann er aus triftigen Gründen verhindern, dass sie seinen Namen weiterführt.

Geringer als der bürgerliche Name ist das so genannte **Pseudonym** geschützt. Für einen anerkannten Künstler kann zwar dieses Pseudonym wichtiger sein als sein bürgerlicher Name; trotzdem wird der Deckname (Pseudonym) nicht doppelt, sondern nur einfach geschützt, und zwar gegen **Missbrauch**. Begründet wird das so: Zur Führung eines Pseudonyms bedarf es keines besonderen Rechtsgrundes, daher ist auch eine Bestreitung bedeutungslos. Das Gleiche gilt vom **Spitznamen** (Übernamen, Vulgonamen).

Eheliche Kinder

Wir wollen nun die Stellung von Karl und Anna Jedermann zu ihren Kindern betrachten. Die Zwillinge Otto und Ulrike sind ehelich geboren. Nach dem Gesetz ist ein Kind ehelich geboren, das »nach der Eheschließung und vor Ablauf des 300. Tages nach der Auflösung oder Nichtigerklärung der Ehe seiner Mutter geboren« wird (§ 138 ABGB). Man kann auch so sagen: Ein Kind ist ehelich, wenn die Eltern zwischen der Zeugung und der Geburt wenigstens vorübergehend miteinander verheiratet waren. Demnach wird das Kind ehelich sein, wenn es vor oder während der Ehe vom Mann gezeugt und während oder nach der Ehe geboren wurde. Alle anderen Kinder sind zunächst unehelich.

Durch das Fortpflanzungsmedizingesetz, BGBl. Nr. 275/1992, wurden auch die neuen biologischen Möglichkeiten der **künstlichen Befruchtung** berücksichtigt und die entsprechenden Paragraphen des ABGB neu gefasst bzw. ergänzt.

Der **§ 163 ABGB (Vermutung der Vaterschaft)** lautet jetzt:

§§ (1) Hat ein Mann der Mutter eines unehelichen Kindes innerhalb eines Zeitraums von nicht mehr als 300 und nicht weniger als 180 Tagen vor der Entbindung beigewohnt, so wird vermutet, dass er das Kind gezeugt hat. Ist an der Mutter eine medizinisch unterstützte Fortpflanzung innerhalb dieses Zeitraums durchgeführt worden, so wird vermutet, dass der Mann, dessen Samen verwendet worden ist, der Vater des Kindes ist.

(2) Der Mann, auf den eine Vermutung nach Abs. 1 zutrifft, kann sie durch den Beweis einer solchen Unwahrscheinlichkeit der Vaterschaft entkräften, die unter Würdigung aller Umstände gegen die Annahme spricht, dass er das Kind gezeugt hat; weiters durch den Beweis, dass seine Vaterschaft unwahrscheinlicher als die eines anderen Mannes ist, für den eine Vermutung nach Abs. 1 gleichfalls gilt.

(3) Ist an der Mutter eine medizinisch unterstützte Fortpflanzung mit dem Samen eines Dritten durchgeführt worden, so wird vermutet, dass der Mann, der dieser medizinisch unterstützten Fortpflanzung in Form eines gerichtlichen Protokolls oder eines Notariatsakts zugestimmt hat, der Vater des Kindes ist, es sei denn, er weist nach, dass das Kind nicht durch diese medizinisch unterstützte Fortpflanzung gezeugt worden ist.

(4) Ein Dritter, dessen Samen für eine medizinisch unterstützte Fortpflanzung verwendet wird, kann nicht als Vater des mit seinem Samen gezeugten Kindes festgestellt werden.

Ehelichkeitsvermutung

Der durch das Gesetz abgesteckten so genannten »kritischen Zeit« liegen die durchschnittlich äußersten Grenzen einer Empfängniszeit zugrunde, in seltenen Ausnahmefällen kommen schon nach 230 und noch nach 310 Tagen **reife Kinder** zur Welt. Die durchschnittliche Schwangerschaftsdauer des Menschen beträgt 273 Tage.

Seit der Familienrechtsverordnung vom 6. Februar 1943 gilt die **Ehelichkeitsvermutung** des § 138 ABGB. Es spricht die Vermutung für die Ehelichkeit des Kindes **ab Eheschließung**.

Die **Unehelichkeit** eines Kindes, für das die Vermutung der ehelichen Geburt spricht, kann nur geltend gemacht werden, wenn sie rechtskräftig festgestellt ist. Demnach müsste der Ehemann, der glaubt, dass ein von seiner Frau geborenes Kind nicht von ihm stammt, dessen **Ehelichkeit bestreiten**. Der Gesetzgeber geht davon aus, dass die Ehefrau in der kritischen Zeit mit ihrem Ehemann und nicht mit einem anderen Mann Geschlechtsverkehr gehabt hat.

Sehen wir uns folgendes Beispiel an:

Wanda Fischer, geborene Kemp, ist mit dem Soziologiestudenten Norbert Fischer verheiratet. Kaum hat dieser seinen Magistertitel gemacht, geht er mit Freunden und einer hochseetüchtigen Jacht auf Weltreise und bleibt auf einer wunderschönen Insel in der Südsee »hängen«. Obwohl Wanda wusste, dass ihr Norbert lebte, denn er schrieb ja fallweise aus seinem pazifischen Eldorado, begann sie ein Liebesverhältnis mit dem Studenten Willi Sommer, das nicht ohne Folgen blieb. Nach der Geburt des Kindes ging Wanda zum Standesamt und meldete dieses Kind naiv und wahrheitsgemäß als Kind des Willi Sommer an.
Der Standesbeamte lehnte es ab, das Kind als ***uneheliches Kind*** *einzutragen, und erklärte, dass er dieses Kind als eheliches Kind des Ehepaares Fischer eintragen werde. Wanda glaubte, er habe sie nicht richtig verstanden, und legte noch einmal dar, dass der abwesende Norbert beim besten Willen nicht das Kind gezeugt haben konnte. Der Standesbeamte blieb mit Recht abweisend.*

Wandas Kind ist zunächst einmal als **ehelich geborenes Kind** des Gatten einzutragen. Die Unehelichkeit wurde ja nicht rechtskräftig festgestellt. Wanda gibt sich damit zufrieden und das Kind heißt nunmehr Ernst Fischer.

Nicht zufrieden gibt sich Norbert Fischer, der höchst erstaunt ist, bei der Rückkehr von seinem ausgedehnten Weltenbummel die Familie größer vorzufinden, als er sie verlassen hat. Er sagt zu Wanda: »Dir will ich ja verzeihen, aber das Kind geht mich nichts an. Für das lass nur Willi Sommer sorgen; er ist ja der Vater. Soll das Kind von ihm die Alimente fordern. Am besten ist, er nimmt es überhaupt zu sich.«

Ehelichkeitsbestreitung

Der kleine Ernst ist zunächst einmal eheliches Kind der Eheleute Fischer und hat als solches nur Beziehungen zu ihnen. Wenn er ehelich ist, kann er nicht die Unterhaltsklage eines unehelichen Kindes gegen den außerehelichen Erzeuger anstrengen.

Norbert Fischer hat aber die Möglichkeit, sich rechtlich von Ernst zu lösen. Gemäß § 159 ABGB muss er eine **Ehelichkeitsbestreitungsklage** gegen Ernst einbringen –

also einen Prozess gegen das Wickelkind führen mit dem Ziel, dass es für unehelich erklärt wird. Diese Klage hat er binnen einer Frist von einem Jahr von dem Zeitpunkt an zu erheben, in dem er Kenntnis von den Umständen erlangte, die für die Unehelichkeit des Kindes sprechen.

☛ Die Ehelichkeitsbestreitungsklage ist ein **höchstpersönliches Recht** des Ehemannes. Hat er die Ehelichkeit des Kindes nicht innerhalb eines Jahres seit der Geburt bestritten oder ist sein Aufenthalt unbekannt sowie nach seinem Tod, kann allerdings der **Staatsanwalt** die Ehelichkeit bestreiten, wenn er dies im öffentlichen Interesse oder im Interesse des Kindes oder seiner Nachkommenschaft für geboten erachtet. Die Klage ist **gegen das Kind** zu richten. Nach dem Tod des Kindes kann nur der Staatsanwalt die Ehelichkeit bestreiten; diese Bestreitung erfolgt durch Antrag auf Feststellung der Unehelichkeit (im Außerstreitverfahren). Über den Antrag entscheidet das Pflegschaftsgericht.

Wie kann man denn überhaupt ein kleines Kind klagen? Das Kind ist ja zunächst in Norbert Fischers Ehe geboren und er ist der gesetzliche Vertreter des Kindes. Da er hier wegen des Interessenwiderspruchs verhindert ist, als der Vertreter des kleinen Ernst aufzutreten, muss ein so genannter **Kollisionskurator** bestellt werden. Norbert Fischer schreibt daher an das zuständige Pflegschaftsgericht (Bezirksgericht) oder erklärt dort persönlich zu Protokoll:

Norbert Fischer
Lebenauer Straße 262
1090 Wien

Datum ...

An das
Bezirksgericht
in ...
Pflegschaftsgericht

Ich beabsichtige, gegen den am ... geborenen, als mein eheliches Kind beim Standesamt ... eingetragenen Ernst Fischer die Ehelichkeitsbestreitungsklage einzubringen.
Deshalb bitte ich, für den minderjährigen Ernst Fischer einen Kollisionskurator zu bestellen, dem die beabsichtigte Klage zugestellt werden kann.

Norbert Fischer

Das Pflegschaftsgericht bestellt daraufhin den Justizinspektor i. R. Werner Zierer zum Kollisionskurator für den minderjährigen Ernst Fischer. Diese Kuratorenbestellung hat aber nichts mit der Frage zu tun, wer der richtige Beklagte ist. In der Fachsprache nennt man das **Passivlegitimation**. Diese Passivlegitimation verbleibt trotz der Bestellung Werner Zierers beim Kind. Ernst Fischer wird also in der Klage als Beklagter aufscheinen. Das Kind ist eben hier im Ehelichkeitsbestreitungsverfahren ebenso Beklagter, wie es im Vaterschaftsprozess (siehe unten) Kläger ist!

Nunmehr begibt sich Norbert Fischer zu einem Rechtsanwalt und erteilt ihm **Prozessvollmacht** zur Durchführung der Ehelichkeitsbestreitungsklage, die beim Bezirksgericht einzubringen ist. Da hier keine Anwaltspflicht besteht, ist die Erhebung der Klage und die Durchführung des Prozesses auch ohne Rechtsanwalt möglich. Wenn Norbert Fischer über geringe finanzielle Mittel verfügt, wird er sich vorher ein

Vermögensbekenntnis verschaffen und mit diesem bei Gericht die Erteilung der **Verfahrenshilfe** begehren (siehe Seite 77 f.).

Sobald das Urteil, das die Unehelichkeit des kleinen Ernst ausspricht, rechtskräftig geworden ist, kann jeder und damit auch Norbert Fischer sich darauf berufen, dass Ernst nicht sein Kind ist, sondern das **uneheliche Kind** seiner Ehefrau. Beim Standesamt wird nunmehr im **Geburtenbuch** richtiggestellt, dass der kleine Ernst das uneheliche Kind der Wanda Fischer, geb. Kemp, ist. Er bekommt den Namen Ernst Kemp.

Das uneheliche Kind

Vaterschaftsprozess

In einzelnen Bundesländern kommt bereits jedes dritte Kind außerhalb der Ehe zur Welt und die Frage, wer sein Vater ist, beschäftigt immer wieder die Gerichte. Unser ABGB nimmt eine »Vermutung der unehelichen Vaterschaft« zur Grundlage, die eine wichtige Verschiebung des Beweisthemas im Vaterschaftsprozess nach sich zieht. Wer nämlich der Mutter zu einem Zeitpunkt beigewohnt hat, von dem bis zur Entbindung nicht weniger als 180 und nicht mehr als 300 Tage verstrichen sind, von dem wird nach § 163 ABGB vermutet, dass er das Kind gezeugt habe (**Vaterschaftsvermutung**). Zu beweisen ist also die Beiwohnung in der kritischen Zeit, nicht die Zeugung, da das praktisch fast unmöglich wäre. Als Beweis der Beiwohnung genügt der Nachweis der Vereinigung der beiderseitigen Geschlechtsteile, gleichgültig ob ein Schutzmittel gebraucht wurde oder nicht. **Kläger** im Vaterschaftsprozess ist das nichteheliche Kind, während das Jugendamt im Rahmen einer Pflegschaft die Rechte des Kindes wahrnimmt und gegebenenfalls Klage auf Feststellung der Vaterschaft erhebt. Der vermutete Vater (in den Akten KV genannt) ist Beklagter, während die Mutter (in den Akten KM genannt) als Zeugin vernommen wird.

Unterhaltsverpflichtung

Die Vaterschaftsklage ist keine bloße Feststellungsklage. Es handelt sich vielmehr um eine **Statusklage**. Während es nach dem alten Recht vor allem um den Unterhalt des Kindes ging (»Zahlvater«) und darum, ob ein Mann als Vater eines Kindes gilt, steht jetzt im Vordergrund, dass jedes Kind einen Anspruch darauf hat, zu erfahren, wer sein Vater ist. Im Fall der Klagsstattgebung wird der Urteilsspruch dahin formuliert, dass der Beklagte als Vater des klägerischen Kindes »anzusehen« sei. Aus der Feststellung der Vaterschaft ergibt sich dann erst sekundär die Unterhaltsverpflichtung. Es wird die Verwandtschaft zwischen dem nichtehelichen Kind und seinem Vater bejaht, woraus sich familien- und erbrechtliche Konsequenzen ergeben. Zuständig für den Vaterschaftsprozess ist, ebenso wie für den vorhin geschilderten Ehelichkeitsbestreitungsprozess, das **Bezirksgericht**.

Zweifel an der Vaterschaft

Wenn der Beweis der Beiwohnung seitens des vermuteten Kindesvaters während des kritischen Zeitraums gelingt und damit die Zeugung des Kindes durch ihn vermutet werden kann, wird der Klage stattgegeben. Wenn dagegen die **Unmöglichkeit der Zeugung** erwiesen wird, kommt es zur Abweisung der Klage; ebenso dann, wenn der Mann, auf den die Vaterschaftsvermutung an und für sich zutrifft, diese durch den Beweis einer solchen Unwahrscheinlichkeit der Vaterschaft entkräftet, die unter Würdigung aller Umstände gegen die Annahme spricht, dass er das Kind gezeugt hat; weiters durch den Beweis, dass seine Vaterschaft unwahrscheinlicher als die eines anderen Mannes ist, für den die Vermutung gleichfalls gilt.

Gründe für schwerwiegende **Zweifel an der Vaterschaft** eines Mannes oder ihre offenbare Unmöglichkeit können sein:

- Geschlechtsverkehr mit der Kindesmutter nur außerhalb der gesetzlichen Empfängniszeit,
- Ausschluss durch Blutgruppenbefund oder Ähnlichkeitsuntersuchung,
- Zeugungsunfähigkeit.

Man kann nach dem derzeitigen Stand des Wissens um die Dauer der Schwangerschaft, die Zeugungsfähigkeit und die erblichen, serologisch fassbaren Blutkörperchenmerkmale – wenige Fälle ausgenommen – die Vaterschaft durch Ausschluss- oder Ähnlichkeitskriterien feststellen. Folgende Untersuchungen können zur **Klärung einer Abstammung** beitragen:

- Blutgruppenbestimmungen,
- Ähnlichkeitsuntersuchungen,
- Untersuchung auf Zeugungsfähigkeit des vermuteten Vaters,
- Berücksichtigung der Tragzeit,
- Chromosomenanalysen,
- DNA-Analysen.

Um die »Unmöglichkeit der Zeugung« durch den vermuteten Kindesvater abzuklären, gibt das Gericht ein **serologisches Gutachten** »nach dem Stand der Wissenschaft« in Auftrag. Das Kind soll zur Blutabnahme etwa sechs Monate alt sein, da die zu untersuchenden Merkmale vorher noch nicht alle mit Sicherheit ausgebildet sind; eine etwaige Bluttransfusion muss jedenfalls drei Monate zurückliegen. Die Blutproben, die zu einem Fall gehören, können zu verschiedenen Zeiten entnommen werden, da die Proben einzeln untersucht werden können. Ein Blutgruppengutachten kann daher jederzeit durch die Einbeziehung weiterer Personen (z. B. Mehrverkehrszeugen) ergänzt werden.

Denken wir uns zum Thema **Vaterschaftsprozess** ein praktisches Beispiel:

Bei einer Studienfahrt kommt Willi Sommer durch Zufall mit Egon Gruber ins Gespräch, der beiläufig erzählt, dass er mit Wanda Fischer, geborene Kemp, gut befreundet gewesen sei. Er war oft bei ihr, da sich Wanda des Nachts sehr fürchtete. Egon beruhigte sie dann auf seine Weise. Willi Sommer wird hellhörig und erfährt zu seinem größten Erstaunen, dass er offenbar nicht der Einzige war, der während der Empfängniszeit mit Wanda Geschlechtsverkehr gehabt hat.

Zahlvater

Der Rechtsanwalt Willi Sommers verfasst eine Eingabe bzw. stellt einen entsprechenden Beweisantrag, wenn bereits ein Verfahren anhängig ist. Es ergeht dann ein gerichtlicher Beweisbeschluss und die Parteien und Zeugen werden für einen bestimmten Tag zur Beweiserhebung geladen. Am Termin bestreitet die Kindesmutter, mit Egon Gruber geschlechtlich verkehrt zu haben, und auch Egon Gruber kann sich auf einmal nur noch daran erinnern, dass es zu Küssen gekommen ist, aber nie zu mehr. Was er unter dem Einfluss des Weins dem Willi Sommer erzählt habe, sei pure Aufschneiderei gewesen. Trotzdem darf Sommer nicht nachgeben! Es ist möglich, dass die Kindesmutter und Egon Gruber falsche Zeugenaussagen riskieren. Das ist zwar strafbar, aber vielleicht vertrauen sie beide darauf, dass ihnen niemand das Gegenteil nachweisen könne. Heute ist jedoch die medizinische Wissenschaft sehr weit und eine solche Zeugenaussage ist schnell widerlegt.

Willi Sommer gibt entweder gleich beim Termin zu Protokoll oder stellt schriftlich den Antrag, ein serologisches Gutachten einzuholen. Wenn er Glück hat, so ergibt die Blutuntersuchung – bei der ihm, der Kindesmutter, Egon Gruber und dem kleinen Ernst je zwei Milliliter Blut abgenommen werden –, dass seine Vaterschaft »sehr unwahrscheinlich« ist. In unserer Variante hat Willi Sommer dank dieses Gutachtens den Prozess gewonnen und der Kläger wird mit der Klage abgewiesen. Der kleine Ernst muss sich dann wegen des Unterhalts an Egon Gruber halten.

Vielfach wird behauptet, die Einwendung des Verkehrs mit anderen Männern sei bei uns überhaupt unzulässig. Haben nämlich mehrere Männer der Mutter im kritischen Zeitraum beigewohnt, so gilt nach dem Wortlaut des Gesetzes jeder von ihnen als Vater. Dessen Pflichten stünden also allen gemeinsam zu. Lehre und Rechtsprechung sind aber dagegen, weil ein Kind nicht mehrere Väter haben kann (keine »Aktienkinder«). Nach einem Lehrbuch des österreichischen Familienrechts wäre dann so vorzugehen:

☛ Bleiben mehrere (beiwohnende) Männer im Bereich der Möglichkeit, so werden sie nicht insgesamt als Zahlväter herangezogen, es wird aber auch nicht der herausgegriffen, der unter ihnen am wahrscheinlichsten der Vater ist, sondern der, den die **Mutter angegeben** hat und der den Gegenbeweis (auf Unmöglichkeit der Zeugung) zu führen nicht imstande ist.

Richtig wird es sein, die Einwendung des Mehrverkehrs zuzulassen, wenn nachgewiesen wird, dass zur Zeit der Beiwohnung seitens des beklagten Kindesvaters die Mutter des Kindes **bereits schwanger** war oder wenn der Beweis durch Blutuntersuchung die **Unmöglichkeit der Zeugung** durch den Beklagten ergibt. Letzteres war bei unserem Beispiel der Fall. Für die Glaubhaftmachung bzw. den Beweis des Verkehrs der Kindesmutter mit Egon Gruber konnte das serologische Gutachten eine wirksame Bestätigung liefern. Demnach wird die Klage gegen Willi Sommer kostenpflichtig abgewiesen. Wäre Willi Sommer zunächst zur Bezahlung des Unterhalts verurteilt worden, besäße er – falls später bekannt wird, dass die Kindesmutter wissentlich unrichtige Angaben über den Mehrverkehr gemacht hat – ein Rückforderungsrecht bezüglich des geleisteten Unterhalts und der Prozesskosten.

§§ Zusammenfassend kann gemäß § 163 Abs. 2 ABGB jeder Mann, auf den die Vaterschaftsvermutung an und für sich zutrifft, diese »durch den Beweis einer solchen **Unwahrscheinlichkeit der Vaterschaft** entkräften, die unter Würdigung aller Umstände gegen die Annahme spricht, dass er das Kind gezeugt hat; weiters durch den Beweis, dass seine Vaterschaft unwahrscheinlicher als die eines anderen Mannes ist, für den eine Vermutung nach Abs. 1 gleichfalls gilt«.

Obsorge

Die **Obsorge** für das uneheliche Kind kommt der Mutter allein zu. Leben aber die Eltern des Kindes in häuslicher Gemeinschaft, so können sie vereinbaren, dass in Hinkunft beide Elternteile mit der Obsorge betraut sind. Das Gericht hat die Vereinbarung zu genehmigen, wenn sie dem Wohl des Kindes entspricht (§ 167 Abs. 1 ABGB). Im Übrigen gelten die das eheliche Kind betreffenden Bestimmungen über den **Unterhalt** und die Obsorge (siehe Seite 337 f.) ebenso für das uneheliche Kind (§ 166 ABGB).

Erbrecht

Auch **erbrechtlich** sind eheliche und uneheliche Kinder seit 1. Jänner 1991 völlig gleichgestellt, und zwar sowohl was die Erbfolge nach der Mutter (und ihren Verwandten) als auch nach dem Vater (und dessen Verwandten) betrifft.

Der »dritte Mann«

Die Ehe zwischen Norbert und Wanda hat durch die Geburt des kleinen Ernst sehr gelitten und wird schließlich durch Scheidung gelöst. Bald nach der Scheidung verheiratet sich Wanda abermals und bringt ein Mädchen zur Welt.

Wie steht es mit der Ehelichkeit? Wenn nun zur Zeit der Geburt des Mädchens noch nicht mehr als 300 Tage seit Auflösung der ersten Ehe verstrichen sind, würde die Vermutung der Erzeugung für beide Ehemänner zutreffen. Es wäre also eine doppelte Vaterschaftsvermutung. Doch bestimmt § 138 Abs. 2 ABGB, dass ein solches Kind als eheliches Kind des zweiten Mannes gelte. Dieser kann jedoch bestreiten, dass es sein Kind sei. Wird durch gerichtliche Entscheidung rechtskräftig erkannt, dass der zweite Mann nicht der Vater des Kindes sei, so gilt das Kind nunmehr als eheliches Kind des ersten Mannes.

Wenn aber ein dritter Mann der Vater des Kindes ist, dann bleibt nach § 156 ABGB auch dem ersten Mann das Recht gewahrt, seine eheliche Vaterschaft zu bestreiten. Die einjährige **Frist zur Klageeinbringung** beginnt hier frühestens mit der Rechtskraft der Entscheidung, mit der bekannt wird, dass das kleine Mädchen kein eheliches Kind des zweiten Mannes sei. Die Vorschriften über die ergänzende Befugnis des Staatsanwaltes (siehe Seite 316) und über die außerstreitige Form der Bestreitung nach dem Tod des Kindes sind sinngemäß anzuwenden.

Findelkinder

Findelkinder, die im Alter unter sechs Monaten im Gebiet der Republik Österreich aufgefunden werden, gelten im Verein mit dem § 8 Staatsbürgerschaftsgesetz (StbG) 1985 als österreichische Staatsbürger. Diese Bestimmung schafft nur eine bis zu einem allfälligen Gegenbeweis wirksame Rechtsvermutung für den Besitz der österreichischen Staatsbürgerschaft. Daraus ergibt sich, dass von Gesetzes wegen der jeweilige Jugendwohlfahrtsträger (das Jugendamt) mit der Obsorge für das Kind betraut ist. Selbstverständlich muss dieser der Abstammung des Kindes nachforschen. Bis zum Beweis des Gegenteils gelten Findelkinder als uneheliche Kinder. Für sie werden Familienname und Vorname vom Landeshauptmann, in dessen Sprengel das Kind aufgefunden wurde, vorläufig bestimmt. Wird sonst eine Person im Bundesgebiet angetroffen, deren Identität nicht festgestellt werden kann, erhält sie ebenfalls vorläufige Namen.

Geregelt wird die Rechtsstellung der Findelkinder nach § 20 PStG. Danach hat die Personenstandsbehörde das wahrscheinliche Alter und das Geschlecht einer Person, deren Herkunft nicht feststellbar ist, dem Landeshauptmann mitzuteilen.

Die Schulpflicht

Otto und Ulrike haben das sechste Lebensjahr vollendet; ihr Eintritt in die Volksschule steht bevor.

In diesem Zusammenhang treffen wir auf eine ganze Reihe von Rechtsvorschriften und -einrichtungen. Mit den 1962 beschlossenen Schulgesetzen hat eine groß angelegte Reform des österreichischen Schulwesens eingesetzt. Den Kern bildet das bereits mehrfach novellierte **Schulorganisationsgesetz**, BGBl. Nr. 242/1962, das erstmals in der Geschichte des österreichischen Schulwesens eine umfassende Darstellung und aufeinander abgestimmte Regelung aller Schularten in einer systematischen, klaren Gliederung enthält. Es sieht vor allem unter modifizierter Beibehaltung wesentlicher Strukturelemente der seinerzeitigen Schulrechtsordnung die Verlängerung der Schuldauer um ein Jahr vor; von praktischer Bedeutung ist dies bei der in erster Linie für das neunte Jahr der Schulpflicht bestimmten polytechnischen Schule. Völlig neu geordnet wurde weiters die Ausbildung der Volksschullehrer durch Einführung der pädagogischen Akademien. Charakteristisch ist endlich der dem Schulorganisationsgesetz eigene Grundsatz der so genannten Brücken und Übergänge, das heißt der bestmöglichen Erreichbarkeit höherer Schulbildung durch begabte Schüler, sowie der Grundsatz einer größtmöglichen Breitenwirkung der allgemeinen Schulbildung überhaupt. Hier die wichtigsten Grundsätze:

Allgemeine Schulpflicht

Für alle Kinder, die sich in Österreich dauernd aufhalten, besteht die allgemeine Schulpflicht. Sie beginnt mit dem auf die Vollendung des sechsten Lebensjahres folgenden 1. September und dauert neun Schuljahre. Die allgemeine Schulpflicht wird durch den Besuch folgender Schularten erfüllt:

— in den ersten vier Schuljahren durch den Besuch der Grundschule (Volksschule) oder Sonderschule;

— im 5. bis 8. Schuljahr durch den Besuch der Hauptschule, der allgemein bildenden höheren Schule, der Volksschul- oder einer Sonderschuloberstufe;

— im 9. Schuljahr durch den Besuch der polytechnischen Schule, den Weiterbesuch einer Volks-, Haupt- oder Sonderschule oder durch den Besuch einer mittleren bzw. höheren Schule.

Verwaltung des Kindesvermögens

Die Eltern haben sich nicht nur um die Person ihrer Kinder und deren Wohlergehen, sondern auch um deren Vermögen zu bemühen. Beide Elternteile sind hierzu gleichermaßen berechtigt und verpflichtet; sie sollen dabei einvernehmlich vorgehen (§ 144 ABGB). Erben die Kinder von einer Großmutter oder einem Onkel etwas oder bekommen sie Werte geschenkt, so haben die Eltern dieses Vermögen gewissenhaft zu verwalten und müssen die zu diesem Zweck erforderlichen Maßnahmen treffen. Damit sie die eventuell erforderlichen Verträge schließen und sonstige rechtsgeschäftliche Erklärungen abgeben können, hat sie der Gesetzgeber zum gesetzlichen Vertreter ihrer Kinder gemacht. Sie können demnach im Namen ihrer Kinder handeln und Verfügungen über deren Vermögen treffen.

Kurator/Sachwalter

Das ABGB beschränkt die Eltern auf die Verwaltung des Vermögens des Kindes. Sie haben kein Fruchtgenussrecht, sondern die rechtliche Stellung eines **Kurators/ Sachwalters** (§ 282 ABGB).

Die Eltern haben dem Gericht grundsätzlich jährlich Rechnung zu legen. Hierzu gibt es aber verschiedene Ausnahmen. Beispielsweise bezieht sich die Rechnungslegungspflicht auf Erträgnisse nur insoweit, als diese nicht für den Unterhalt des Kindes verwendet werden. Die Eltern können durch das Gericht von der Rechnungslegungspflicht befreit werden, wenn keine Bedenken bestehen, dass sie das Vermögen ordentlich verwalten (§ 150 ABGB).

Anlegen von Mündelgeld

Bei der Verwaltung des Kindesvermögens haben die Eltern mit der Sorgfalt »ordentlicher Eltern« (§ 149 ABGB) vorzugehen. Das Kindesvermögen soll dadurch in seinem Bestand erhalten und nach Möglichkeit vermehrt werden. Bei der Anlegung von Geld, worunter auch Bankguthaben zu verstehen sind, gelten die besonderen Regeln über die **Anlegung von Mündelgeld** (§§ 230 ff. ABGB). Demnach ist Geld sicher und möglichst fruchtbringend anzulegen. Solche Möglichkeiten sind Spareinlagen, Wertpapiere, Gewährung von Darlehen und der Erwerb von Liegenschaften.

Spareinlagen müssen auf den Namen des Kindes lauten und überdies die Bezeichnung »Mündelgeld« tragen. Darlehen sind als Geldanlage nur geeignet, wenn sie durch eine Hypothek sichergestellt sind und die Liegenschaft feuerversichert ist. Für eine andere als die vom Gesetz vorgesehene Anlegung von Mündelgeld ist eine gerichtliche Genehmigung einzuholen.

Als Verwalter haben die Eltern die Befugnis zur Durchführung jener Geschäfte, die zum **ordentlichen Wirtschaftsbetrieb** gehören. Die Eltern sollen bei der Verwaltung zwar einvernehmlich vorgehen, doch sind sie jeder für sich vertretungsbefugt (§§ 144 und 154 ABGB). Daher ist die Vertretungshandlung grundsätzlich auch dann gültig, wenn sie der andere Elternteil nicht billigt.

Zustimmung beider Elternteile

Von dieser Regel gibt es zahlreiche Ausnahmen. Für bestimmte, im Gesetz abschließend aufgezählte Fälle (§ 154 Abs. 2 ABGB) muss die **Zustimmung beider Elternteile** vorliegen (z. B. Änderung des Vornamens oder des Familiennamens, der Erwerb einer Staatsangehörigkeit und die vorzeitige Lösung eines Ausbildungs- oder Dienstverhältnisses). Geschäfte von größerer Wichtigkeit, die über den ordentlichen Wirtschaftsbetrieb hinausgehen, bedürfen der Genehmigung durch das Pflegschaftsgericht (§ 154 Abs. 3 ABGB).

Bei Mietverträgen wird es darauf ankommen, ob der Abschluss eines Mietvertrags als ordentliche Verwaltungsmaßnahme angesehen werden kann oder nicht. Letzteres wird der Fall sein, wenn eine Vermietung zum ersten Mal erfolgt und damit eine wichtige Änderung der bisherigen Bewirtschaftung eintritt oder wenn eine außergewöhnliche Kündigungsfrist oder Beschränkung des Kündigungsrechts vereinbart wird.

Genehmigung durch das Pflegschaftsgericht

Besitzen ihre Kinder Grundstücke, so können Karl und Anna Jedermann diese nicht einfach veräußern, sondern bedürfen hierzu ebenfalls der **Genehmigung des Pfleg-**

schaftsgerichts. Auch zu einer Anzahl anderer für das Kindesvermögen schwerwiegender Verfügungen, z. B. zum Erwerb oder zur Veräußerung eines Unternehmens des Kindes, zum Abschluss von Pachtverträgen, zur Aufnahme von Krediten für das Kind, zur Ausstellung von Wechseln und Schuldverschreibungen, zur Eingehung von Bürgschaften und zur Erteilung einer Prokura bedürfen die Eltern stets der Genehmigung des Pflegschaftsgerichts.

Wollen also Karl und Anna Jedermann, weil sie es für zweckmäßig halten, ein ihrer Tochter Ulrike gehöriges **Grundstück** veräußern, so wird der Notar in den Kaufvertrag die Klausel aufnehmen, dass ihre Erklärungen als Vertreter ihrer Tochter vorbehaltlich der noch einzuholenden Genehmigung des Pflegschaftsgerichts abgegeben sind. Karl Jedermann reicht dann eine Ausfertigung des Vertrages beim Pflegschaftsgericht ein und beantragt die Genehmigung des Vertrages unter Darlegung der Gründe, warum die Veräußerung des Grundstücks zweckmäßig sei.

Der kleine Otto Jedermann hat von einer Tante eine pfandrechtlich gesicherte Forderung geerbt, nämlich die Hypothek an dem Grundstück des Darlehensschuldners Oskar Weise. Als die Darlehensforderung fällig wird, kündigt Karl Jedermann in seiner Eigenschaft als gesetzlicher Vertreter diese Hypothek und will sie realisieren. Weise, der nach tausend Mitteln und Wegen sucht, um nicht sofort zahlen zu müssen, behauptet, die Kündigung sei gar nicht wirksam, da die Genehmigung des Pflegschaftsgerichts für die Kündigung fehle.

Weise hat Unrecht. Karl Jedermann braucht zur bloßen **Kündigung** einer Hypothek keine pflegschaftsbehördliche Genehmigung. Die Kündigung ist demnach wirksam und Weise muss zahlen. Die Aufnahme einer Hypothek wäre dagegen genehmigungspflichtig (»Belastung von Liegenschaften«, § 154 ABGB), sofern sie nicht zum ordentlichen Wirtschaftsbetrieb gehört.

Interessenskollision

Karl Jedermann möchte gern eine Parzelle von Ulrikes Grundstück zur Abrundung von Annas Grundstück verwenden, die Parzelle also auf seine Gattin Anna überschreiben. Hier kann er nicht als Vertreter der Tochter Ulrike tätig werden, sondern es liegt wieder eine so genannte **Interessenkollision** vor. In diesem Fall muss ein **Kollisionskurator** bestellt werden, der im Namen des Kindes den Vertrag mit Anna Jedermann schließt, die erforderliche Genehmigung des Pflegschaftsgerichts einholt und so ein Mitwirken Karl Jedermanns überflüssig macht.

Geschäftsfähigkeit

Zu Weihnachten will Karl Jedermann seinen kleinen Kindern Verschiedenes schenken. Otto soll eine elektrische Eisenbahn bekommen, Ulrike ein Puppenhaus. Jubelnd stürzen sich die Kinder auf die unter dem Christbaum stehenden Geschenke, um mit ihnen zu spielen.

Die Frage, wem die Sachen gehören, ist nicht einfach zu beantworten. Man muss Karl Jedermanns Willen erforschen. Bei wertvollen »Geschenken« wollen Eltern nämlich gar nicht, dass Kinder Eigentum erwerben, sondern dass sie diese lediglich zum Spielen benützen dürfen. Dann bleiben die Eltern Eigentümer der von ihnen angeschafften Geschenke. Bei weniger wertvollen Sachen wird man vielleicht auch einem vier- oder fünfjährigen Kind durchaus Eigentum verschaffen wollen. Da das

Kind unter sieben Jahren **geschäftsunfähig** ist, das heißt überhaupt keine Verträge schließen kann, kann ein Eigentumserwerb nur dadurch eintreten, dass Karl Jedermann als Vertreter seiner Kinder seine eigene Schenkung annimmt. Er steht also in doppelter Funktion unter dem Weihnachtsbaum: als schenkender Vater und als gesetzlicher Vertreter der Beschenkten. § 151 Abs. 3 ABGB räumt dem Minderjährigen allerdings ein, solche Rechtsgeschäfte einzugehen, wie sie üblicherweise von Kindern geschlossen werden und geringfügige Angelegenheiten des täglichen Lebens betreffen. So kann der Minderjährige etwa rechtswirksam ein Jausenbrot erstehen.

Vermögensverwendung

Von der beschriebenen Vermögensverwaltung (durch die Eltern) ist stets die **Vermögensverwendung** zu Erziehungszwecken (durch Vater oder Mutter) zu unterscheiden. Ob dem Kind ein ihm gehöriges Kleid oder Schmuckstück, ein Spielzeug, ein Buch oder Sportgerät zum Gebrauch überlassen wird, ist eine erzieherische Frage, die nicht nach Verwaltungsgrundsätzen, sondern nach pädagogischen Gesichtspunkten zu entscheiden ist. Daher muss der Vater hier im Einvernehmen mit der Mutter vorgehen, umgekehrt kann auch die Mutter solche Akte vornehmen. Sie wird beispielsweise kraft ihres Erziehungsrechts dem Kind ein gefährliches Spielzeug wegnehmen.

Jedenfalls muss die Überlassung einer den Eltern gehörigen Sache zum Gebrauch des Kindes nicht immer Eigentumsübertragung an das Kind sein. Die Eltern können daher zu klein gewordene Kleider, Schuhe und nicht mehr geschätzte Spielsachen dem einen Kind wegnehmen, einem anderen geben oder an Dritte veräußern, aber auch an Nachbarskinder verschenken.

Die Obsorge

Unter dem Begriff der **Obsorge** versteht man die Gesamtheit der familienrechtlichen Aufgaben der Eltern oder Großeltern eines minderjährigen Kindes, die neben der Verpflichtung zur Leistung des Unterhalts zu bewältigen sind. Sie umfasst die Pflicht und gibt das Recht, das minderjährige Kind zu pflegen, es zu erziehen, sein Vermögen zu verwalten und es zu vertreten (§ 144 ABGB). Die Obsorge steht aber nicht immer in diesem umfassenden Maß zu; manchmal ist sie auf verschiedene Personen aufgeteilt, denen die eben genannten Pflichten und Rechte dann – entsprechend eingeschränkt – nur für einen Teilbereich zukommen.

Obsorge von Gesetzes wegen

Ohne weiteres ab der Geburt des Kindes zur Obsorge berufen sind die Eltern eines ehelichen Kindes sowie die Mutter eines unehelichen Kindes. Die Eltern des ehelichen Kindes sind dabei gleichberechtigt und sollen nach Möglichkeit einvernehmlich vorgehen. Können sie in einer wichtigen Angelegenheit des Kindes kein Einvernehmen erzielen, so kann von dem einen oder dem anderen Elternteil das **Pflegschaftsgericht** angerufen werden, das die zum Wohl des Kindes erforderlichen Verfügungen zu treffen hat. Solche Verfügungen sind auch dann zu treffen, wenn ein Elternteil durch sein Verhalten das Wohl des Kindes gefährdet; in besonders schwerwiegenden Fällen kommt hier sogar eine gänzliche oder teilweise **Entziehung der Obsorge** durch das Gericht in Betracht, doch darf eine solche Maßnahme nur angeordnet werden, wenn und soweit sich dies als unbedingt notwendig erweist. Ist einem Elternteil, dem die Obsorge gemeinsam mit dem anderen zugekommen ist, auf die eben beschriebene Weise die Obsorge ganz oder teilweise entzogen worden, ist er verstorben, ist sein Aufenthalt seit mindestens sechs Monaten unbekannt oder kann die Verbindung mit ihm nicht oder nur mit unverhältnismäßig großen Schwierigkeiten hergestellt werden, so kommt die Obsorge dem anderen Elternteil insoweit **allein** zu.

Auch die Mutter eines **unehelichen Kindes** ist nunmehr ab der Geburt automatisch zur Obsorge und damit zur gesetzlichen Vertretung für ihr Kind berufen.

Obsorge durch Gerichtsbeschluss

Einer gerichtlichen Übertragung der Obsorge bedarf es zunächst einmal dann, wenn beide Elternteile eines ehelichen Kindes gestorben sind, ihr Aufenthalt seit mindestens sechs Monaten unbekannt ist, die Verbindung mit ihnen nicht oder nur mit unverhältnismäßig großen Schwierigkeiten hergestellt werden kann oder beiden die Obsorge ganz oder teilweise (weil sie durch ihr Verhalten das Wohl des Kindes gefährdet haben) entzogen wurde; außerdem, wenn der schon bisher allein zur Obsorge berufene Elternteil in dieser Weise betroffen ist. In solchen Fällen hat das Gericht unter Beachtung des Wohls des Kindes zu entscheiden, ob die Obsorge ganz oder teilweise dem anderen Elternteil (soweit er nicht selbst ausgefallen ist) oder ob und welchem Großelternpaar bzw. Großelternteil zukommen soll. Kann auf diese Weise nicht zumindest ein Eltern- oder Großelternteil mit der (wenigstens teilweise einen Aspekt der gesetzlichen Vertretung umfassenden) Obsorge betraut werden, so hat das Pflegschaftsgericht den nächsten geeigneten Verwandten – ist ein solcher nicht vorhanden, den Jugendwohlfahrtsträger – zur Obsorge zu berufen.

Alleinige/gemeinsame Obsorge

Eine gerichtliche Regelung der Obsorge hat auch dann zu erfolgen, wenn die Ehe der Eltern eines ehelichen Kindes aufgelöst worden ist. Es muss eine Entscheidung fallen, wem die bisher gemeinsame Obsorge künftig **allein** zukommen soll. Diesbezüglich können die Eltern dem Gericht eine Vereinbarung vorlegen, die von diesem zu genehmigen ist, wenn sie dem Wohl des Kindes entspricht. Kommt innerhalb angemessener Frist eine solche Vereinbarung nicht zustande oder entspricht sie nicht dem Wohl des Kindes, so hat das Gericht eine Entscheidung zu treffen. Eine Entscheidung, wem die Obsorge für das Kind künftig allein zukommen soll, ist – allerdings nur auf Antrag eines Elternteils – auch dann zu fällen, wenn die Eltern zwar nicht geschieden sind, aber doch nicht bloß vorübergehend getrennt leben. Umgekehrt kann das Pflegschaftsgericht auch auf gemeinsamen Antrag der Eltern, die nach der Scheidung der Ehe mitsammen wieder in dauernder Lebensgemeinschaft leben, verfügen, dass ihnen wiederum **gemeinsam** die Obsorge für ihr Kind zukommt.

Ähnlich wie bei den nach Auflösung ihrer Ehe wieder zusammenlebenden Elternteilen eines ehelichen Kindes hat das Pflegschaftsgericht auf gemeinsamen Antrag der Mutter und des Vaters eines **unehelichen Kindes** zu verfügen, dass **beiden** die Obsorge für das Kind zukommen soll, wenn die Eltern mit dem Kind in dauernder häuslicher Gemeinschaft leben und diese Verfügung für das Wohl des Kindes nicht nachteilig ist. Wird nach einer solchen Verfügung die Lebensgemeinschaft nicht bloß vorübergehend aufgehoben, so hat das Pflegschaftsgericht wie nach Auflösung der Ehe der Eltern eines ehelichen Kindes auszusprechen, welchem Elternteil die Obsorge für das Kind künftig **allein** zukommt.

Pflegeeltern

Schließlich kommt eine Übertragung der Obsorge durch Gerichtsbeschluss auch dann in Frage, wenn sich ein Kind bei **Pflegeeltern** befindet. Eine solche Entscheidung ist über Antrag der Pflegeeltern dann zu treffen, wenn zwischen ihnen und dem Kind eine dem Verhältnis zwischen leiblichen Eltern und Kindern nahe kommende Beziehung besteht, wenn das Pflegeverhältnis nicht nur für kurze Zeit beabsichtigt ist und wenn die Übertragung dem Wohl des Kindes entspricht. Vor einer solchen Entscheidung sind unter anderen die Eltern des Kindes zu hören, gegen deren Willen die Übertragung der Obsorge nur in Ausnahmefällen stattfinden kann; außerdem muss das Pflegschaftsgericht unbedingt das betroffene Kind, soweit es bereits zehn Jahre alt ist, befragen (**Anhörung**).

Davon abgesehen, hat das Pflegschaftsgericht auch vor allen anderen Verfügungen, die die Pflege oder die Erziehung eines Kindes betreffen, das Kind möglichst persönlich zu hören; ein noch nicht zehnjähriges Kind kann aber auch durch den Jugendwohlfahrtsträger oder in anderer geeigneter Weise befragt werden. Eine Anhörung entfällt, wenn durch die Befragung oder durch einen Aufschub der Verfügung das Wohl des Kindes gefährdet wäre oder im Hinblick auf die Verständnisfähigkeit des Minderjährigen offenbar eine überlegte Äußerung zum Verfahrensgegenstand nicht zu erwarten ist (neuer § 182b Außerstreitgesetz).

Pflege und Erziehung

Die Broschüre »Eltern und Kinder – Rechte und Pflichten«, herausgegeben vom Bundesministerium für Justiz, informiert uns nicht nur über die Obsorge, sondern auch über die Pflege und Erziehung von Kindern:

☛ Die **Pflege** umfasst besonders die Wahrung des körperlichen Wohls und der Gesundheit sowie die unmittelbare Aufsicht; die **Erziehung** umfasst besonders die Entfaltung der körperlichen, geistigen, seelischen und sittlichen Kräfte, die Förderung der Anlagen, Fähigkeiten, Neigungen und Entwicklungsmöglichkeiten des Kindes sowie dessen Ausbildung in Schule und Beruf. Das minderjährige Kind hat den in Ausübung dieser Aufgaben ergehenden Anordnungen der pflege- und erziehungsberechtigten Person(en) Folge zu leisten. Hat es allerdings bereits das 14. Lebensjahr vollendet, so steht ihm bezüglich Schul- oder Berufswahl insofern die Entscheidung zu, als es bei Nichtberücksichtigung seiner Vorstellungen das Pflegschaftsgericht anrufen kann. Dieses hat dann nach sorgfältiger Abwägung der jeweils angeführten Gründe die zum Wohl des Kindes angemessenen Verfügungen (z. B. Genehmigung eines Schulbesuchs oder eines Lehrvertrags) zu treffen.
Der bzw. den pflege- und erziehungsberechtigten Person(en) steht auch das Recht zu, den **Aufenthalt** des minderjährigen Kindes zu bestimmen. Hält sich das Kind woanders auf, so kann es – notfalls unter Mithilfe der Behörden – zurückgeholt werden. Dieses **Rückholungsrecht** besteht grundsätzlich auch dann, wenn das Kind selbst woanders seinen Aufenthalt nehmen möchte, es sei denn, dass Pflege und Erziehung die Bestimmung des Aufenthaltsortes nicht mehr erfordern. Das wird etwa bei einem bereits knapp 18-jährigen Jugendlichen, der schon weitgehend selbstständig ist, der Fall sein. Auch sonst gilt, dass die pflege- und erziehungsberechtigte(n) Person(en) bei ihren Anordnungen und deren Durchsetzung auf Alter, Entwicklung und Persönlichkeit des Kindes Bedacht zu nehmen hat (haben).

Züchtigungsverbot

☛ Die **Anwendung von Gewalt** und die Zufügung körperlichen oder seelischen Leides sind dabei in jedem Fall **unzulässig**. Leid ist aber mehr als bloßes Unbehagen, sodass Erziehungs-

maßnahmen, die beim Kind ein Unmutsgefühl hervorrufen (z. B. ein Fernseh- oder Ausgehverbot), möglich sind.
Bei Verstoß gegen das **Züchtigungsverbot** oder bei anderen Verfehlungen gegen die aus Pflege und Erziehung erwachsenden Pflichten hat das Pflegschaftsgericht die zur Sicherung des Wohls des Kindes nötigen Verfügungen zu treffen. Es kann dabei von jedermann (von Verwandten, Nachbarn usw.) angerufen werden, im Besonderen ist aber der Jugendwohlfahrtsträger zu einer Antragstellung bei Gericht berufen. Bei Gefahr in Verzug, wenn z. B. ohne sofortiges Einschreiten weitere massive Misshandlungen zu befürchten wären, kann der Jugendwohlfahrtsträger die erforderlichen Maßnahmen der Pflege und Erziehung als Sachwalter vorläufig mit Wirksamkeit bis zur gerichtlichen Entscheidung auch selbst treffen und somit etwa das Kind gegen den Willen der pflege- und erziehungsberechtigten Person(en) aus seiner bisherigen Umgebung entfernen.

Beschränkte Geschäftsfähigkeit

Otto Jedermann hat das siebente Lebensjahr vollendet. Jetzt ist er groß genug, um seine Angelegenheiten in gewissem Umfang selbst wahrzunehmen. Er ist aber nicht reif genug, um ihm einen beliebigen Spielraum für die Wahrnehmung seiner Interessen einräumen zu können.

Vom siebenten bis zum 18. Lebensjahr hat er zwar eine Geschäftsfähigkeit, aber nur eine beschränkte. Solche Geschäfte, die ihm lediglich einen **rechtlichen Vorteil** bringen, kann Otto Jedermann schon selbst vornehmen. Er kann sich von Verwandten oder Bekannten z. B. Geld oder ein Tier schenken lassen. Selbst wenn dieses Tier bösartig ist und daher eine Gefahr für ihn und seine Mitmenschen darstellt, wird er Eigentümer des Tieres. Eigentümer eines Hundes kann er jedoch nicht ohne weiteres werden, weil er als Hundehalter Steuern zahlen müsste. Dass es wirtschaftlich vielleicht kein Vorteil ist, ist unbeachtlich; rechtlich ist der unentgeltliche Erwerb einer beweglichen Sache nur von Vorteil oder, wie man sagt, **lukrativ**.

Dagegen kann sich Otto Jedermann ohne väterliche Zustimmung **kein Grundstück** schenken lassen, denn das Eigentum an einem Grundstück löst sofort eine große Anzahl von rechtlichen Pflichten aus, wie z. B. öffentliche Abgaben, Straßenreinigung und dergleichen mehr.

Freies Vermögen

Betrachten wir nun die Geschäftsfähigkeit in ihren Abstufungen und die Fälle eines **freien Vermögens** des Kindes etwas genauer!

1. Kinder **bis zu sieben Jahren** sind – mit Ausnahme der oben erwähnten, für Kinder »üblichen« Geschäfte – vollkommen **geschäftsunfähig**. Sie können Versprechen weder machen noch annehmen.
2. Kinder **von sieben bis 14 Jahren** (Unmündige) können zwar ein bloß zu ihrem Vorteil gemachtes Versprechen annehmen, sind aber unfähig, sich gültig zu verpflichten. Die Gültigkeit eines Vertrages, bei dem auf beiden Seiten Pflichten begründet werden sollen, hängt davon ab, dass der gesetzliche Vertreter und nötigenfalls das **Gericht** die Genehmigung dazu erteilt (§ 865 ABGB). Man spricht hier von einem »hinkenden Geschäft«.
3. Nach **Erreichen des 14. Lebensjahres** (Mündigkeit) kann ein Kind über Sachen, die ihm zur freien Verfügung überlassen worden sind, und über sein Einkommen

aus eigenem Erwerb so weit verfügen und sich verpflichten, als dadurch nicht die Befriedigung seiner Lebensbedürfnisse gefährdet wird (§ 151 Abs. 2 ABGB). Das gilt nicht nur für den regulären Hauptverdienst, sondern auch für die Einkünfte aus Nebenbeschäftigungen, wie z. B. aus dem Erteilen von Nachhilfestunden für Mitschüler. Auch kann sich ein mündiger Minderjähriger (zwischen 14 und 18 Jahren) selbstständig durch Vertrag zu Dienstleistungen verpflichten, ausgenommen zu Dienstleistungen aufgrund eines Lehr- oder sonstigen Ausbildungsvertrags. Der gesetzliche Vertreter des Kindes kann das durch den Vertrag begründete Rechtsverhältnis aus wichtigen Gründen vorzeitig lösen (§ 152 ABGB).

4. Nach **Erreichen des 18. Lebensjahres** tritt volle Eigenberechtigung ein (Volljährigkeit).

Otto und die Tanzstundenliebe

Im Alter von 16 Jahren ersteht Otto Jedermann bei einem Juwelier einen Ring und verspricht, ihn in den nächsten Tagen zu bezahlen. Den Ring verschenkt er noch am gleichen Tag an seine Tanzstundenbekanntschaft Irmgard Lieb.

In diesem Fall ergibt sich folgende Rechtslage: Ein gültiger Kaufvertrag begründet für beide Vertragspartner Pflichten. Der Verkäufer muss die Sache dem Käufer übergeben (§ 1061 ABGB) und der Käufer hat den vereinbarten Kaufpreis zu entrichten (§ 1062 ABGB). Kann nun der Juwelier von Otto Bezahlung für den verkauften Ring verlangen?

Das kommt ganz darauf an. Über seinen Arbeitserwerb kann Otto frei verfügen, also auch mit dem für seine Arbeit (z. B. Erteilen von Nachhilfestunden) erworbenen Geld einen Ring für Irmgard Lieb erstehen. Auch über Sachen, die Otto nach erreichter Mündigkeit zum freien Gebrauch übergeben worden sind, kann er frei verfügen. Er ist also berechtigt, etwa mit seinem Taschengeld den Ring zu bezahlen. Wenn ihm dagegen Geld zur Anschaffung bestimmter Gegenstände übergeben wurde, fehlt es Otto an der Verfügungsfreiheit. Ebenso z. B. bei Schulsachen, die für den Gebrauch in der Schule bestimmt sind und die nicht vom Kind veräußert werden dürfen.

Gültiger Kaufvertrag

In den aufgezählten Fällen der Verfügungsfreiheit des mündigen Otto kommt ein **gültiger Kaufvertrag** über den Ring zustande; daher kann der Juwelier den Kaufpreis dafür fordern. Im Rahmen des mündelfreien Kindesvermögens ist Otto auch prozessfähig. Er kann selbstständig, ohne die Vertretung durch die Eltern zu benötigen, als Kläger und Beklagter vor Gericht auftreten. Die Klage des Juweliers auf Zahlung des Kaufpreises für einen gelieferten Ring wird also Erfolg haben.

Wie steht es nun mit der **Schenkung** des Ringes an Irmgard Lieb? Auch wenn Otto ihr den Ring versprochen hat, selbst wenn er ihr eine schriftliche Zusage gemacht hat, kann Irmgard den Ring nicht durch Klage von Otto verlangen, wenn darüber kein **Notariatsakt** errichtet wurde: Schenkungen ohne wirkliche Übergabe bedürfen des Notariatsaktes. Hat hingegen Otto sein zuerst gegebenes Versprechen auch ohne Notariatsakt später tatsächlich erfüllt, also den Ring seiner Liebsten übergeben (z. B. ihr an den Finger gesteckt), so kann er ihn später nicht mehr zurückfordern. Der Formmangel ist durch die tatsächliche Erfüllung des Versprechens geheilt.

Wenn Otto hingegen in häuslicher Verpflegung steht, keine Einkünfte aus Arbeitserwerb und kein Taschengeld hat, dann fehlt es ihm an der Verfügungsfreiheit. Otto kann sich also nicht gültig verpflichten, ohne dass sein gesetzlicher Vertreter die Genehmigung dazu erteilt. Nehmen wir an, der Ring sei sehr teuer und die Eltern seien mit dem Ringkauf durch ihren Sohn sogar einverstanden. Dann bedarf es noch immer der pflegschaftsbehördlichen Genehmigung, da eine solche Freigebigkeit über den ordentlichen Wirtschaftsbetrieb hinausgeht (§ 154 ABGB). Hat aber das Pflegschaftsgericht für eine Ottos Pubertätsgefühlen entspringende Entschließung wenig übrig und verweigert die Genehmigung des Kaufvertrags, dann muss Otto eben auf seine Volljährigkeit warten. Dem Juwelier steht kein Rechtsmittel gegen die Verweigerung der pflegschaftsbehördlichen Genehmigung zu.

In unserem Fall verweigern die Eltern die Zustimmung zum Ringkauf bzw. fordern die Aufhebung des Vertrags mit dem Juwelier. Es liegt sodann **kein gültiges Kaufgeschäft** vor; daher ist auch die Schenkung an Irmgard Lieb ungültig. Die Leistungen sind ohne Rechtsgrund erfolgt, weshalb alles wieder **in den vorigen Stand zurückzuversetzen** ist. Der Juwelier kann von Otto keine Bezahlung für den Ring verlangen und muss ihn zurücknehmen. Wurde der Ring bereits bezahlt, sind die Leistungen gegenseitig auszutauschen, das heißt, der Juwelier nimmt den Ring und gibt den vorher erhaltenen Kaufpreis wieder zurück.

☛ Nach dem **Konsumentenschutzgesetz 1979** bestehen für Minderjährige keine besonderen Schutzvorschriften. Sie können daher im Rahmen ihres frei verfügbaren Einkommens (aus Arbeitserwerb oder freier Gebrauchsüberlassung) auch Ratengeschäfte schließen. Voraussetzung für die Verpflichtungsfähigkeit des Minderjährigen ist allerdings, dass die eingegangenen Verpflichtungen in einem angemessenen Verhältnis zu den Bedürfnissen und zur Höhe des Einkommens stehen. In Zweifelsfällen empfiehlt es sich für den Verkäufer, den Ratenvertrag auch mit dem gesetzlichen Vertreter abzuschließen, den Vertrag von diesem und dem minderjährigen Käufer unterfertigen zu lassen sowie die pflegschaftsbehördliche Genehmigung einzuholen.

Ottos Hund

Der 16-jährige Otto Jedermann hat von seinem Vater einen Hund geschenkt bekommen. Nach einiger Zeit zeigt der Hund Unarten und belästigt andere Personen. Trotzdem lässt ihn Otto Jedermann weiterhin ohne Maulkorb und ohne ihn an die Leine zu nehmen herumlaufen. Der Hund beißt den Spaziergänger Sauer.

Tierhalter

Sauer kann von Otto Jedermann Ersatz des ihm durch den Biss entstandenen Schadens verlangen. Die **Haftung** Otto Jedermanns ergibt sich aus der Tatsache, dass er **Tierhalter** (§ 1320 ABGB) ist. Tierhalter ist derjenige, der die tatsächliche Herrschaft über das Tier ausübt und auf das Verhalten des Tieres Einfluss nehmen kann und bei dem das Tier räumlich untergebracht ist. Es kommt nicht darauf an, dass der Halter des Tieres auch zugleich Eigentümer ist.

Haftung ohne Verschulden

Als Tierhalter muss Otto Jedermann beweisen, dass er für die erforderliche **Verwahrung oder Beaufsichtigung** gesorgt hat. Gelingt der Beweis, so haftet er nicht und Sauer muss den Schaden aus Eigenem tragen. Misslingt der Beweis, so haftet Otto

Jedermann, auch wenn ihn an der mangelnden Verwahrung oder Beaufsichtigung kein Verschulden trifft. Es kommt also nicht darauf an, ob er vorsätzlich oder fahrlässig gehandelt hat. Insofern liegt hier eine **Haftung ohne Verschulden** vor.

Mit der Anbringung einer Warntafel (»Achtung, bissiger Hund!«) ist der Verwahrungspflicht noch nicht entsprochen. Handelt es sich um ein bösartiges Tier, dann werden größere Anforderungen an die Verwahrung und Beaufsichtigung gestellt werden müssen. Aber auch ein gutartiges Tier benötigt nach den Umständen eine entsprechende Verwahrung und allenfalls auch Beaufsichtigung. Ob und in welcher Weise Tiere verwahrt werden müssen, richtet sich somit nach dem Einzelfall. Dabei ist allerdings darauf Bedacht zu nehmen, welche Vorkehrungen dem Tierhalter **zumutbar** sind. Allgemein und gerichtsbekannt ist beispielsweise, dass Kühe in der Regel nicht geneigt sind, Menschen anzugreifen. Es kann daher keineswegs gesagt werden, dass sie verwahrt werden müssen, um Unfälle zu vermeiden. Vielmehr ist es üblich, dass allgemein zugängliche Wege über Weidegebiete führen, ohne dass Vorkehrungen getroffen würden, die eine Begegnung von Personen mit Kühen verhindern sollen. Nach einhelliger Lehre und Rechtsprechung kann das Gesetz (§ 1320 ABGB) nur so ausgelegt werden, dass eine Verwahrungspflicht lediglich dann besteht, wenn dies mit Rücksicht auf die Eigenschaft des Tieres erforderlich ist.

Das Taschengeld

Der 17-jährige Otto Jedermann spart sich immer etwas von den € 100,– Taschengeld, die er monatlich von seinem Vater erhält. Als er nach und nach genug zusammengespart hat, erwirbt er in der Klassenlotterie ein Los und gewinnt damit € 10.000,–. Mit diesem Geld kauft er sich ein gebrauchtes Segelboot und will damit eine Kreuzfahrt unternehmen. Jetzt kommt sein Vater dahinter und macht Schwierigkeiten. Er verlangt, dass der Verkäufer das Boot zurücknimmt und die € 10.000,– wieder herausgibt. Dieser weigert sich und meint, die € 10.000,– hätten Otto zur freien Verfügung gestanden und jeder Vertrag über das mündelfreie Kindesvermögen sei wirksam.

Der Verkäufer muss dem Verlangen Karl Jedermanns entsprechen, obwohl es richtig ist, dass Verträge voll gültig werden, die der Minderjährige mit seinem Taschengeld – also mit den ihm zur freien Verfügung stehenden Mitteln – erfüllt. Betrachten wir unter diesem Gesichtspunkt den Loskauf, so müssen wir feststellen, dass der Kaufvertrag über das Los durch die Zahlung des Preises vom ersparten Taschengeld wirksam geworden ist, denn dieses Geld war Otto Jedermann zur freien Verfügung überlassen.

Hinkendes Geschäft

Anders ist es jedoch mit den gewonnenen € 10.000,–. Man kann nicht einfach sagen, dass der Lospreis sich durch Ottos Glück eben in € 10.000,– verwandelt habe und ihm nun diese zur freien Verfügung stünden. Karl Jedermann denkt gar nicht daran, seinen Sohn mit einer derart großen Summe frei wirtschaften zu lassen. Und auf seinen Willen kommt es an. Demzufolge ist der Kaufvertrag nicht mit Mitteln erfüllt worden, die Otto zur freien Verfügung gestanden haben. Wiederum handelt es sich um ein hinkendes Geschäft. Da Karl Jedermann gar nicht an eine Einwilligung denkt, erlangt der Vertrag keine Gültigkeit und der Verkäufer ist verpflichtet, das erhaltene Geld Zug um Zug gegen Rückgabe des Segelboots herauszugeben.

Die Nachhilfestunden

Ulrike nützt die Zeit, um einer Schulkollegin Nachhilfestunden zu geben. Der Vater des Mädchens, Erich Tanne, erklärt, er werde Ulrike für jede Stunde € 12,– zahlen. Die Nachhilfestunden haben schönen Erfolg und Miriam Tanne schließt das Schuljahr positiv ab. Erich Tanne ist ganz entsetzt, weil er nun 100 Stunden bezahlen soll, also € 1.200,–. Jetzt meint er, seine Tochter wäre auch ohne die Nachhilfestunden durchgekommen und Ulrike habe bei der Lernerei selbst so manches profitiert. Außerdem könne eine Minderjährige mit ihm keinen Vertrag schließen. Als Ulrike sich bei ihrem Vater über Tannes Verhalten beklagt, lacht dieser sie aus und sagt, dass ihr das gar nicht schade. Er habe sowieso für die dauernde Stubenhockerei nichts übrig und genehmige das ganze Geschäft jedenfalls nicht.

Vertrag zur Dienstleistung

Ein mündiges minderjähriges Kind kann sich nach § 152 ABGB selbstständig durch Vertrag zur **Dienstleistung** verpflichten. Allerdings schließen Sondervorschriften die Verpflichtungsfähigkeit vielfach wieder aus. So bedürfen z. B. Minderjährige zum Abschluss eines Bühnendienstvertrags der Zustimmung ihres gesetzlichen Vertreters (§ 3 Schauspielergesetz). Bei dem Unterrichtsvertrag, den Ulrike mit Erich Tanne zugunsten ihrer Schulkollegin Miriam geschlossen hat, liegt jedoch kein Vertrag vor, der nach dem Schauspielergesetz oder nach anderen Spezialgesetzen genehmigungspflichtig wäre. Sie kann daher Tanne auf Zahlung des Entgelts für die von ihr verrichteten Dienste (Nachhilfestunden) klagen, ohne dass der Vater sie vertreten müsste. Sie selbst tritt als Klägerin vor Gericht auf. Karl Jedermann hätte allerdings das Recht gehabt, ein vom minderjährigen Kind zwischen 14 und 18 Jahren selbstständig eingegangenes **Dienstverhältnis** aus wichtigen Gründen vorzeitig zu lösen. Diese wichtigen Gründe müssen im Interesse des Kindes gelegen sein, da den obersten Grundsatz für die Erziehung immer das Wohl des Kindes zu bilden hat.

Ottos Briefmarkenhandel

Inzwischen hat sich Otto Jedermann überlegt, dass er sich mit den € 10.000,– von der Klassenlotterie kaufmännisch sehr gut betätigen könne, indem er mit dem gewonnenen Geld einen kleinen Briefmarkenhandel beginnt. Da er zwar noch minderjährig ist, meint er, er könne mithilfe eines solchen kleinen Unternehmens sein Universitätsstudium finanzieren. Karl Jedermann ist von der kaufmännischen Begabung und von der Idee seines Sohnes recht angetan und gibt seine Einwilligung dazu, dass Otto die € 10.000,– in diesem Sinne verwendet. Auch besorgt er die ***Genehmigung des Pflegschaftsgerichts****.*

Otto Jedermann kommt gut ins Geschäft. Unter anderem gelingt ihm der Ankauf der wertvollen Altösterreich-Sammlung von dem Erben Emmerich Trost zu günstigen Bedingungen. Als dieser aber erfährt, dass er von anderen Philatelisten mehr für die Sammlung hätte erzielen können, will er vom Kaufvertrag wieder loskommen. Da passt es ihm sehr, zu erfahren, dass Otto noch minderjährig ist. Trost schreibt ihm daher, dass er die Herausgabe der Briefmarkensammlung verweigere, weil der Kaufvertrag unwirksam sei. Otto Jedermann hingegen erhebt vor dem Bezirksgericht Klage auf Erfüllung des Kaufvertrags und gibt den Streitwert des Prozesses mit € 2.000,– an; so viel ist die Sammlung wert. Emmerich Trost verteidigt sich genau so, wie er an Otto geschrieben hat, macht aber außerdem noch geltend, dass ein Minderjähriger überhaupt keine Klage erheben könne.

Prozessfähigkeit

Diesen Prozess wird Emmerich Trost verlieren: Otto Jedermann kann die Klage ohne Mitwirkung seines Vaters erheben. Die Fähigkeit, Klage zu erheben, nennt das Gesetz **Prozessfähigkeit**. Dass im Rahmen des freien Kindesvermögens das Kind aktiv und passiv prozessfähig ist, wurde schon angedeutet. Es kann selbstständig als Kläger oder Beklagter vor Gericht auftreten (§ 2 ZPO). Bis zu einem Streitwert von € 10.000,– ist das Bezirksgericht zuständig. Otto hat mit Zustimmung seines Vaters und mit Genehmigung des Pflegschaftsgerichts ein selbstständiges Unternehmen errichtet. Dadurch ist er für solche Geschäfte, die dieser Betrieb mit sich bringt, voll geschäftsfähig und kann die in seinem Betrieb entstandene Forderung selbst einklagen. Da der Ankauf der Briefmarkensammlung in den Rahmen seines Gewerbebetriebes fällt, ist Otto für dieses Geschäft voll geschäftsfähig; der Vertrag ist wirksam geschlossen, zumal es sich um eine Vermögensangelegenheit handelt, die zum ordentlichen Wirtschaftsbetrieb gehört (§ 154 ABGB).

Die Lehre

Ulrike hat die 5. Klasse einer allgemein bildenden höheren Schule absolviert, als sie plötzlich, angeregt durch das Beispiel einer Freundin, die Lust am weiteren Schulbesuch verliert. Sie will sich nicht länger mit Mathematik herumplagen, sondern lieber etwas Praktisches lernen. Am aussichtsreichsten erscheint es Karl Jedermann, wenn Ulrike später einmal einen kleinen Modesalon eröffnen kann.

Einfluss auf die Berufswahl

Karl Jedermann hat hier ein Wörtchen mitzureden, denn den Eltern wird ein **Einfluss auf die Berufswahl** durch § 147 ABGB eingeräumt. Bei Meinungsverschiedenheiten zwischen den Eltern oder zwischen Eltern und Kind kann das Pflegschaftsgericht angerufen werden. Nach einiger Mühe findet sich für Ulrike eine passende Lehrstelle in der Damenschneiderei.

Lehrverhältnisse können nur in solchen Berufen abgeschlossen werden, die als **Lehrberufe** in der vom Bundesminister für Wirtschaft und Arbeit erlassenen Lehrberufsliste angeführt sind. Für bestimmte Berufe muss die körperliche Eignung des Lehrlings durch ein amtsärztliches Zeugnis bescheinigt werden (z. B. Bäcker). Um die persönliche Eignung für einen bestimmten Lehrberuf zu überprüfen, kann die **Berufsberatung des Arbeitsmarktservice** in Anspruch genommen werden. Diese Inanspruchnahme ist freiwillig und kostenlos; der Berufswunsch des Jugendlichen steht bei der Beratung im Vordergrund.

Lehrling ist, wer

— aufgrund eines Lehrvertrags
— zur Erlernung eines Lehrberufes
— bei einem Lehrberechtigten fachlich ausgebildet und
— im Rahmen dieser Ausbildung verwendet wird.

Der Lehrling muss bei Begründung des Lehrverhältnisses die allgemeine (neunjährige) Schulpflicht beendet haben. Mit Ausländern darf ein Lehrverhältnis nur begründet werden, wenn das zuständige Arbeitsmarktservice eine Beschäftigungsbewilligung oder einen Befreiungsschein erteilt.

Lehrvertrag

Der **Lehrvertrag** ist zwischen dem Lehrberechtigten und dem Lehrling abzuschließen und schriftlich auszufertigen. Bei minderjährigen Lehrlingen ist die Zustimmung des gesetzlichen Vertreters erforderlich. Der wesentliche Inhalt des Lehrvertrags wird durch das **Berufsausbildungsgesetz** (BAG 1969) und durch arbeitsrechtliche Vorschriften bestimmt.

Lehrlingsstelle der Wirtschaftskammer

Der Lehrberechtigte muss den Lehrvertrag in vier Exemplaren ausfertigen und bei der **Lehrlingsstelle der Wirtschaftskammer** binnen drei Wochen nach Beginn des Lehrverhältnisses zur Eintragung anmelden.

Die **Lehrlingsstelle** hat zu prüfen, ob alle Voraussetzungen für die Begründung des Lehrverhältnisses gegeben sind. Sind diese Voraussetzungen erfüllt, ist der Lehrvertrag einzutragen. Nach der Eintragung des Lehrvertrags hat die Lehrlingsstelle je ein Exemplar dem Lehrling (für minderjährige Lehrlinge dem gesetzlichen Vertreter), dem Lehrberechtigten sowie der Kammer für Arbeiter und Angestellte zuzustellen. Ein Exemplar des Lehrvertrags hat die Lehrlingsstelle aufzubewahren.

Liegen behebbare sachliche Mängel vor (fehlen z. B. Unterschriften auf den Lehrverträgen), hat die Lehrlingsstelle den betreffenden Vertragsteil zur Behebung dieser Mängel unter Setzung einer angemessenen Frist aufzufordern. Wenn die zum Abschluss des Lehrvertrags erforderlichen Voraussetzungen nicht erfüllt sind, hat die Lehrlingsstelle die Eintragung des Lehrvertrags mit Bescheid zu verweigern. Dadurch wird das Vertragsverhältnis beendet. Bevor jedoch die Lehrlingsstelle gegen den Antrag eines Lehrlings entscheidet, muss sie vor Erlassung eines Bescheides die zuständige Kammer für Arbeiter und Angestellte verständigen und ihr Gelegenheit zur schriftlichen Stellungnahme geben. Gegen Bescheide der Lehrlingsstelle ist die Berufung an den Landeshauptmann zulässig.

Lehrberechtigte

Lehrberechtigte können natürliche Personen, juristische Personen oder Personengesellschaften des Handelsrechts sein, die entweder Inhaber eines Gewerbes sind (sie dürfen allerdings nur in solchen Lehrberufen ausbilden, zu deren Ausübung sie aufgrund ihrer Gewerbeberechtigung befugt sind) oder sonstige im Berufsausbildungsgesetz genannte Betriebe und Einrichtungen (z. B. Post, Banken, Versicherungen, Ziviltechniker oder Sozialversicherungsträger).

Die **Ausbildung von Lehrlingen** ist nur zulässig,

- wenn der Betrieb oder die Werkstätte so eingerichtet ist und so geführt wird, dass den Lehrlingen die für die Erlernung des betreffenden Lehrberufs nötigen Fertigkeiten und Kenntnisse vermittelt werden können,
- wenn der Lehrberechtigte selbst oder der betraute Ausbilder die erforderlichen Fachkenntnisse zur Ausbildung von Lehrlingen in dem betreffenden Lehrberuf hat,
- wenn der Lehrberechtigte oder der bestellte Ausbilder nicht von einem Verbot der Ausbildung von Lehrlingen betroffen ist und

— wenn der Lehrberechtigte oder der bestellte Ausbilder die für die Lehrlingsausbildung erforderlichen pädagogisch-methodischen Kenntnisse nachweist.

Die Ausbildung bei einem Lehrberechtigten, dessen Betrieb nur saisonmäßig geführt wird, ist nur dann zulässig, wenn für die Erfüllung der **Berufsschulpflicht** und für die Erreichung des Ausbildungsziels vorgesorgt ist.

Die minderjährige Arbeitnehmerin

Nach bestandener ***Gesellenprüfung*** *tritt Ulrike in die Dienste von Frau Elfriede Band, Inhaberin des Modesalons »Cherie«. Bald stellt Ulrike fest, dass sie eine schlechte Arbeitgeberin gefunden hat. Kurzerhand löst sie ihren Dienstvertrag mit Frau Band und schließt einen neuen mit dem »Modesalon des Westens«, Inhaber Omar Gras. Karl Jedermann missbilligt die eigenmächtige Handlung seiner Tochter ausdrücklich. Aus Zorn gibt er ihr, obwohl sie fast 18 Jahre alt ist, eine Ohrfeige.*

Seit der Familienrechtsreform ist dieses Züchtigungsrecht nicht mehr im Gesetz enthalten, seit 1. Juli 1989 statuiert § 146a ABGB den Grundsatz der gewaltfreien Erziehung:

§§ Die Eltern haben bei ihren Anordnungen und deren Durchsetzung auf Alter, Entwicklung und Persönlichkeit des Kindes Bedacht zu nehmen; die Anwendung von Gewalt und die Zufügung körperlichen oder seelischen Leides sind unzulässig.

Strafbar macht sich Karl Jedermann aber durch eine Ohrfeige wohl nicht, sofern sie nicht mit einer Verletzung von Ulrike verbunden ist.

Religiöse Erziehung

Karl und Anna Jedermann bekommen noch einen Sprössling, den sie beide abgöttisch lieben. Wegen des kleinen Klaus kommt es zwischen den Ehegatten allerdings bald zu erheblichen Zerwürfnissen. Karl will, dass der Knabe im evangelischen Religionsbekenntnis erzogen werde, Anna will das Kind katholisch taufen und erziehen lassen. Als Karl auf seinem Willen besteht, nimmt Anna kurzerhand das Kind und flüchtet zu ihrer Mutter, die in Linz wohnt und der sie das Kind überlässt. Der erbitterte Karl will seinen Sohn wiederhaben und er will auch wissen, wer über die religiöse Seite der Erziehung zu bestimmen hat.

Herausgabeanspruch

Karl Jedermann, dem die elterliche Obsorge zusteht und dem die Erziehungsberechtigung nicht entzogen ist, besitzt einen **Herausgabeanspruch** (kindliche Folge). Er kann aber nicht einfach in die Wohnung seiner Schwiegereltern eindringen und das Kind mit Gewalt zurückholen. Dadurch würde er verbotene Eigenmacht üben und müsste damit rechnen, dass man ihn gewaltsam abwehrt. Der Anspruch auf Herausgabe wird auch nicht im Prozessverfahren, sondern im **Verfahren außer Streitsachen** beim Pflegschaftsgericht geltend gemacht und ist vollstreckbar.

Die Vorenthaltung eines Kindes kann, abgesehen von der Pflicht der Herausgabe, noch andere rechtliche Folgen nach sich ziehen, beispielsweise Schadenersatz wegen schuldhafter Verletzung des Herausgabeanspruchs oder strafrechtliche Konsequenzen im Fall der Entführung.

Die Frage der religiösen Erziehung und damit des Bekenntnisses der Kinder hat der Gesetzgeber in einer eigenen Norm festgelegt. Nach dem Bundesgesetz über die religiöse Kindererziehung 1985, BGBl. Nr. 155/1985, entscheidet die freie, jederzeit widerrufbare **Einigung** der Eltern, soweit ihnen die Obsorge über das Kind zusteht. Soll das Kind während des Bestehens der Ehe in einem anderen als in dem zur Zeit der Eheschließung gemeinsamen Bekenntnis oder in einem anderen Bekenntnis als bisher erzogen werden, so bedarf dies der Zustimmung beider Elternteile. Bei Verweigerung einer Zustimmung kann die Vermittlung oder Entscheidung des Pflegschaftsgerichts beantragt werden.

Religionsmündigkeit

Ein **Religionswechsel** des Kindes kann bis zur Vollendung des 10. Lebensjahres ohne weiteres durch die Eltern bestimmt werden; zwischen dem 10. und dem vollendeten 12. Lebensjahr ist das Kind vorher zu hören. Vom 12. bis zum vollendeten 14. Lebensjahr kann ein Religionswechsel gegen den Willen des Kindes nicht mehr erfolgen; das Kind muss also dem geplanten Wechsel des Bekenntnisses zustimmen. Nach dem 14. Lebensjahr ist **Religionsmündigkeit** eingetreten; ab diesem Alter können Kinder ihr Religionsbekenntnis selbst wählen.

Religionsunterricht

Die Verpflichtung zum Besuch des Religionsunterrichts wird durch ein Gesetz vom 13. Juli 1949, BGBl. Nr. 190/1949, geregelt. Der **Religionsunterricht** ist nach diesem inzwischen einige Male novellierten Gesetz für alle einer gesetzlich anerkannten Kirche oder Religionsgemeinschaft angehörenden Schüler an den öffentlichen oder an den mit Öffentlichkeitsrecht ausgestatteten Schulen, einschließlich der berufsbildenden Schulen, **Pflichtgegenstand**. Trotz dieser Festlegung ist jedoch eine Abmeldung von der Teilnahme am Religionsunterricht gestattet. Die **Abmeldung** kann nur zu Beginn eines jeden Schuljahres schriftlich (von Schülern über 14 Jahren selbst, sonst von deren Eltern) bei der Schulleitung erfolgen. Für diese Abmeldung wurde eine Verwaltungsfrist von zehn Tagen festgelegt. Die Schulleitung hat den zuständigen Religionslehrer unverzüglich davon zu informieren. Erfolgt der Eintritt des Schülers erst während des Schuljahres (etwa wegen Auslandsaufenthalt oder Krankheit), so beginnt die zehntägige Frist mit dem Tag des tatsächlichen Schuleintritts. Ein Wechsel der Schule während des Schuljahres gilt nicht als Schuleintritt im obigen Sinn.

Rechte der Eltern

Bisher war immer nur davon die Rede, welche Pflichten und Lasten Karl und Anna Jedermann mit der Erziehung und Förderung ihrer Kinder haben. Eltern haben aber auch Rechte.

Eltern nur Vermögensverwalter

Ulrike Jedermann hat von den Großeltern einigen Grundbesitz geerbt, Otto ein Sparbuch mit einer Einlage von € 2.000,– von einem Onkel angelegt bekommen. Vergessen wir nicht, dass Otto daneben noch ein Geschäftsvermögen von € 10.000,– besitzt. Wie wir schon wissen, besteht **kein Fruchtgenuss** der Eltern am Vermögen ihrer Kinder. Sie müssen daher auch die Einkünfte als fremdes Gut verwalten und verrechnen. Dabei gibt § 150 ABGB Regeln für die Verwendung von Einkünften des Vermögens der Kinder; gemeint sind Erträgnisse, die das Vermögen abwirft, also Natural- und Zivilfrüchte. Solche Erträgnisse wie Mietzins oder der Pachtschilling aus Ulrikes Grundstücken und die Zinsen aus Ottos Sparbuch fließen nicht in Karl Jedermanns Vermögen. Die Eltern sind nur **Vermögensverwalter**.

Sparkonten

Hier sei noch festgehalten, dass die von den Eltern auf den Namen der Kinder errichteten **Sparkonten** gewöhnlich Vermögen der Eltern bleiben. Die Bezeichnung der Kinder auf den Sparkonten hat nach dem Willen der Anlegenden häufig nur die Bedeutung, dass sie hier mit einem bestimmten Zweck sparen, nämlich dieses Geld für das betreffende Kind zu verwenden. Ob sie das später wirklich tun, ist ihre Angelegenheit. Deshalb können auch Gläubiger der Eltern gewöhnlich durchaus mit Erfolg derartige Konten pfänden und es müsste von den Eltern jeweils der Nachweis erbracht werden, dass sie ernsthaft den Willen gehabt haben, durch die Anlegung dieser Sparkonten den Kindern Vermögenswerte zu schaffen.

Einkünfte des Kindes decken Erziehungskosten

In erster Linie sind die **Einkünfte des Kindes** dazu bestimmt, die **Erziehungskosten** zu decken. Soweit Einkünfte vorhanden sind, tritt eben Unterhaltsbedürftigkeit nicht ein. Das gilt auch für die nicht unter der Verwaltung der Eltern stehenden, also freien Einkünfte. Ein Kind, das z. B. ein Arbeitseinkommen als Filmschauspieler oder Schlagersänger hat, darf dieses Arbeitseinkommen nicht für Luxusbedürfnisse vergeuden und für seinen Unterhalt die Unterhaltspflichtigen aufkommen lassen.

Anspruch der Eltern auf Unterhalt

Wenn die **Eltern** in Dürftigkeit verfallen, haben sie einen Anspruch darauf, von ihren Kindern den **anständigen Unterhalt** zu verlangen. Der Anspruch ist unabhängig davon, ob die Eltern seinerzeit den Unterhalt der Kinder aus eigenem Vermögen oder aus dem der Kinder bestritten haben. Die Eltern haben einen solchen Unterhaltsanspruch auch bei selbstverschuldeter Notlage (wenn z. B. Karl Jedermann sein ganzes Vermögen beim Glücksspiel in einem Kasino verlieren würde). Wenn jedoch Eltern ihre Unterhaltspflicht gegenüber dem Kind gröblich vernachlässigt haben, schuldet ihnen das Kind keinen Unterhalt (§ 143 Abs. 1 ABGB).

Der Unterhalt kann in Form von Geldrenten oder, wie es auf dem Land üblich ist, in natura geleistet werden. Falls die Kinder den Unterhalt der in Dürftigkeit verfallenen Eltern nicht freiwillig leisten, ist der Anspruch im Prozessweg – also mit Klage – geltend zu machen.

Mitarbeit der Kinder

Entsprechend seinen Fähigkeiten kann das Kind im Rahmen der Erziehung zu Arbeiten im Haushalt und im Geschäft der Eltern angehalten werden; freilich nur dann, wenn sich das Kind in der Verpflegung der Eltern befindet. Allerdings heißt das nicht, dass die Eltern ihre Kinder körperlich ausbeuten dürfen; auch sie sind den gesetzlichen Vorschriften über die Kinderarbeit unterworfen. Aber von einem kräftigen Sohn, insbesondere wenn er sich den Zwanzigern nähert, kann man wohl Mithilfe auch bei schweren häuslichen Arbeiten verlangen. Ulrike dagegen, die so schön nähen gelernt hat, hat sich nach Anweisung der Mutter bei der Hausschneiderei zu beteiligen.

Der Kindesunterhalt

Normalerweise werden Kinder im Rahmen der Familie verpflegt und bekleidet, haben eine Unterkunft und ein mehr oder minder hohes Taschengeld. Anders wird die Sache, wenn sich ein Paar trennt oder scheiden lässt, der Nachwuchs also nur noch bei einem Elternteil ist, meistens bei der Mutter. Dann muss der Vater das Kind in Form von Bargeld alimentieren.

Bezüglich der Höhe und Dauer der Unterhaltsbeträge ist das Gesetz nicht allzu aufschlussreich, es stellt nur im § 140 des Allgemeinen Bürgerlichen Gesetzbuches (ABGB) einen Grundsatz auf:

§§ Die Eltern haben zur Deckung der ihren Lebensverhältnissen angemessenen Bedürfnisse des Kindes unter Berücksichtigung seiner Anlagen, Fähigkeiten, Neigungen und Entwicklungsmöglichkeiten nach ihren Kräften anteilig beizutragen.

Dies gilt gleichermaßen für den ehelichen wie für den unehelichen Nachwuchs, sagt jedoch nur aus, dass die Höhe des Unterhaltsanspruches des Kindes von den konkreten Umständen des einzelnen Falls abhängt, vor allem von den Bedürfnissen des Kindes und von den Lebensverhältnissen des oder der Unterhaltspflichtigen (also den Einkommens- und Vermögensverhältnissen, anderen Sorgepflichten usw.).

Richtsätze für Unterhalt

In der Rechtsprechung der Gerichte haben sich allerdings Richtsätze entwickelt, die im Wesentlichen festlegen, wie viel Prozent seines monatlichen Nettoeinkommens der Unterhaltspflichtige für sein Kind zu leisten hat. Und diese Richtsätze – die, um es nochmals zu betonen, nicht im Gesetz stehen, sondern nur der ständigen Judikatur der Gerichte entsprechen – sehen so aus:

- für ein Kind bis zu sechs Jahren: 16 Prozent,
- für ein Kind von sechs bis zehn Jahren: 18 Prozent,
- für ein Kind von zehn bis fünfzehn Jahren: 20 Prozent,
- für ein Kind im Alter von über fünfzehn Jahren: 22 Prozent.

Hat der Unterhaltspflichtige außer für das unterhaltsfordernde Kind noch für ein weiteres Kind im Alter von unter zehn Jahren zu sorgen, so vermindern sich diese Sätze um einen Prozentpunkt, bei einer Sorgepflicht für ein weiteres Kind im Alter von über zehn Jahren um zwei Prozentpunkte. Die Sorgepflicht für eine einkommenslose Ehefrau schlägt mit drei Prozentpunkten zu Buche, eine nur teilweise Sorgepflicht für die Gattin mit ein bis zwei Prozentpunkten. Ist der Unterhaltspflichtige gegenüber seiner Frau zu keinerlei finanziellen Leistungen verpflichtet, weil sie annähernd so viel verdient wie er (oder sogar noch mehr), kommen die vollen Sätze zum Tragen.

€ Ein Beispiel: Ein Mann ist für drei Kinder unterhaltspflichtig, und zwar Kinder im Alter von vier, zwölf und 17 Jahren. Die Prozentsätze betragen: für das vierjährige Kind 16 minus 4, also 12 Prozent; für das zwölfjährige Kind 20 minus 3, also 17 Prozent; für das 17-jährige Kind schließlich 22 minus 3, also 19 Prozent. Müsste der Mann darüber hinaus für eine einkommenslose Ehefrau sorgen, so würden sich diese Sätze um jeweils drei Prozentpunkte reduzieren, also beim vierjährigen Kind auf 9 Prozent, beim zwölfjährigen Kind auf 14 Prozent und beim 17-jährigen Kind auf 16 Prozent.

Die Eltern haften für den Unterhalt nicht solidarisch (also nicht beide zur ungeteilten Hand für den gesamten Unterhalt), sondern anteilsmäßig entsprechend ihren finanziellen Verhältnissen. Der Elternteil, der den Haushalt führt, in dem das Kind lebt (also meist die Mutter), leistet bereits durch diese Haushaltsführung und Betreuung des Kindes einen Unterhaltsbeitrag. Darüber hinaus hat er zum Unterhalt des Kindes beizutragen, soweit der andere Elternteil zur vollen Deckung der Bedürfnisse des Kindes nicht imstande ist oder mehr leisten müsste, als es seinen eigenen Lebensverhältnissen angemessen wäre (§ 140 Abs. 2 ABGB).

Der Anspruch auf Unterhalt mindert sich insoweit, als das Kind **eigene Einkünfte** hat oder unter Berücksichtigung seiner Einkünfte selbsterhaltungsfähig ist (§ 140 Abs. 3 ABGB). Dabei ist zu beachten, dass die Familienbeihilfe nicht als eigenes Einkommen des Kindes gilt und nicht dessen Unterhaltsanspruch mindert (§ 12a Familienlastenausgleichsgesetz).

Sind die Eltern zur ausreichenden Unterhaltsgewährung nicht in der Lage, dann müssen hilfsweise die Großeltern einspringen.

Beiträge der Kinder zum Unterhalt

Im Auf und Ab des Lebens ist Karl Jedermann für einige Zeit arbeitslos geworden. Der recht gut verdienende Sohn Otto hat aber keine Neigung, seine vornehmen Angewohnheiten etwas einzuschränken. Er ist gegenüber allen Andeutungen, dass er nun endlich etwas zum gemeinschaftlichen Haushalt beitragen müsse, taub. Auch Ulrike will von ihrem kleinen Anfängergehalt im »Modesalon des Westens« nichts abgeben. Beide meinen, es sei Sache der Eltern, die Kinder zu ernähren, und nicht umgekehrt.

Bedürftigkeit des Kindes

Zunächst ist gar nicht davon die Rede, dass die Kinder die Eltern ernähren sollen; sondern sie sollen ja nur, damit sie selbst im Haushalt weiter mitversorgt werden können, Beiträge leisten. Gemäß § 140 ABGB ist ein Kind gegenüber seinen Vorfahren nur dann unterhaltsberechtigt, wenn Bedürftigkeit gegeben ist. Als **bedürftig** gilt ein Kind dann, wenn es den Unterhalt aus seinen Einkünften nicht bestreiten kann. Nicht bedürftig ist ein Kind, wenn es selbsterhaltungsfähig ist, das heißt, wenn das Kind in der Lage ist, durch Arbeit seinen Unterhalt zu verdienen. Bei Otto ist dies offenbar der Fall, sodass Karl und Anna Jedermann einfach seine Mitversorgung einstellen können, wenn er nicht pariert. Anders ist es bei dem kärglichen Einkommen Ulrikes. Hier könnte nur ein geringer Beitrag für den gemeinsamen Haushalt verlangt werden.

Pflicht zur Unterhaltsgewährung

Karl Jedermanns Arbeitslosigkeit dauert einige Zeit an. Nach Erschöpfung des Arbeitslosengeldbezuges will er, der weiterhin arbeitsfähig und arbeitswillig ist, jedoch keinen geeigneten Arbeitsplatz findet, **Notstandsunterstützung** beziehen. Diese wird ihm verweigert; die vom Gesetz geforderte Notlage liegt nämlich in seinem Fall nicht vor, weil das Einkommen seiner Angehörigen mit berücksichtigt wird. Nunmehr verlangt Karl Jedermann von seinem Sohn Otto eine entsprechende Unterstützung. Otto hat aus dem Briefmarkenhandel ein durchschnittliches Nettoeinkommen von € 1.500,– monatlich und wird daher für den Unterhalt seiner Eltern einspringen müssen. Er kann z. B. durchaus € 300,– monatlich entbehren und lebt dann immer noch »standesgemäß«.

Die **Pflicht zur Unterhaltsgewährung** besteht nur zwischen Vorfahren und Nachkommen. Ein wichtiger Unterschied fällt aber auf: Der Sohn ist den Eltern gegenüber unterhaltspflichtig, die Eltern dagegen haben nur den (bedürftigen) Sohn und nicht auch dessen Gattin zu erhalten. Verwandte in der Seitenlinie sind einander nicht unterhaltspflichtig. Eine verarmte Schwester hat keinerlei Ansprüche gegen ihren reichen Bruder.

Die Versorgungspflicht

Die inzwischen 22-jährige Ulrike will in den Stand der Ehe treten. Sie hat sich mit ihrem Chef, dem Inhaber des »Modesalons des Westens«, Omar Gras, verlobt. Das junge Paar möchte nunmehr das Geschäft weiter ausbauen und Omar meint, dass Ulrikes Vater verpflichtet sei, hierfür seiner Tochter etwas Geld zu geben.

Es dreht sich hier um die so genannte **Versorgungspflicht**. Die Eltern haben nämlich nicht nur die Pflicht zum Unterhalt ihrer Kinder, sondern auch die Pflicht, die Kinder zu versorgen. Sie haben den »Grund für künftige Wohlfahrt« zu legen. Darum besteht gegenüber der Tochter die Verpflichtung, ihr ein Heiratsgut zu geben, aber nur, wenn die Braut kein eigenes, für ein standesgemäßes Heiratsgut hinreichendes Vermögen besitzt (siehe Seite 308 ff.). Gegenüber dem Sohn besteht die Verpflichtung der Eltern zu einer angemessenen **Ausstattung** für die erste Einrichtung seines Hausstands. Dieser Anspruch (z. B. auf Möbel, Betten usw.) ist im außerstreitigen Verfahren geltend zu machen. Darüber hinaus haben nach der Rechtsprechung die Eltern eine Verpflichtung, die Mittel zur **Gründung einer dauernden Existenz** zu schaffen, wenn sie dazu imstande sind.

Der Anspruch auf ein Heiratsgut steht unter den entsprechenden Voraussetzungen nur Ulrike gegen ihre Eltern zu; die Geltendmachung dieses Anspruchs kann aber auch durch ihren Bräutigam Omar Gras erfolgen.

Ende der elterlichen Obsorge

Im Hause Karl Jedermanns spielt sich beim Nachbarmieter inzwischen eine Familientragödie ab. Ein dem Rauschgift verfallener Familienvater, der es nicht nötig hat, einem Beruf nachzugehen, wird immer haltloser und triebhafter. Um seine Rauschgiftsucht befriedigen zu können, vergeudet er nicht nur sein eigenes Geld, sondern auch das seiner Kinder, die von ihrer Großmutter mütterlicherseits ein beträchtliches Vermögen geerbt haben. Die Mutter der Kinder ist nicht in der Lage, dem wüsten

Treiben entgegenzutreten. Eines Tages vergreift sich der Wüstling an seiner ältesten, 13 Jahre alten Tochter. Anna Jedermann, die das Treiben schon seit längerer Zeit mit Aufmerksamkeit verfolgt hat und der das verstörte Wesen des Mädchens aufgefallen ist, bringt durch geschickte Fragen das Kind zum Reden und meldet den Vorfall sofort der Polizei und dem Jugendamt.
Nunmehr greifen die Behörden ein. Die Kriminalpolizei nimmt den Vater, Walter Rohrer, fest. Er kommt in vorläufige Verwahrung der Polizei, muss aber längstens innerhalb 48 Stunden dem Untersuchungsrichter vorgeführt werden. Dieser verhängt entweder die ordentliche Untersuchungshaft oder veranlasst, weil Rohrer möglicherweise unter Einfluss von Rauschgift gestanden hat, seine Einweisung in eine Heil- und Pflegeanstalt.

Blutschande/sexueller Missbrauch/Vergewaltigung

Walter Rohrer steht im dringenden Verdacht, ein mit Freiheitsstrafe bedrohtes Vergehen, nämlich **Blutschande**, begangen zu haben. Die Strafandrohung des § 211 StGB richtet sich bei Blutschande gegen die Blutsvermischung zwischen Verwandten in gerader Linie. Der vollzogene Beischlaf an einem 13-jährigen Mädchen ist außerdem immer das Verbrechen nach § 206 StGB (**schwerer sexueller Missbrauch von Unmündigen**), selbst wenn dieses darin eingewilligt oder dazu aufgefordert hat.

War das Mädchen über 14 Jahre alt und hat der haltlose Vater seine Tochter überwältigt, um sie zum Beischlaf zu missbrauchen, trifft das Vergehen der Blutschande mit der **Vergewaltigung** nach § 201 StGB (siehe Seite 298) zusammen.

Und schließlich hat Rohrer, da er ja verheiratet ist, Ehebruch begangen. Dieser Ehebruch ist zwar nicht mehr gerichtlich strafbar, er kann aber nach wie vor ein Scheidungsgrund sein (schwere Eheverfehlung: § 49 Satz 2 EheG).

Walter Rohrers Kinder sind im Augenblick vor ihrem Vater sicher, da er auf lange Zeit nicht mehr in die Freiheit zurückkehren wird. Seine Frau wäre berechtigt, sich scheiden zu lassen, tut dies aber nicht. Wie steht es jetzt mit der elterlichen Obsorge bei Walter Rohrer? Hat er sie automatisch verwirkt? Dazu § 176 ABGB in der Fassung des Kindschaftsrechts-Änderungs-gesetzes 2001:

§§ (1) Gefährden die Eltern durch ihr Verhalten das Wohl des minderjährigen Kindes, so hat das Gericht, von wem immer es angerufen wird, die zur Sicherung des Wohles des Kindes nötigen Verfügungen zu treffen. Besonders darf das Gericht die Obsorge für das Kind ganz oder teilweise, auch gesetzlich vorgesehene Einwilligungs- und Zustimmungsrechte, entziehen. Im Einzelfall kann das Gericht auch eine gesetzlich erforderliche Einwilligung oder Zustimmung ersetzen, wenn keine gerechtfertigten Gründe für die Weigerung vorliegen.
(2) Solche Verfügungen können von einem Elternteil, etwa wenn die Eltern in einer wichtigen Angelegenheit des Kindes kein Einvernehmen erzielen, den sonstigen Verwandten in gerader aufsteigender Linie, den Pflegeeltern (einem Pflegeelternteil), dem Jugendwohlfahrtsträger und dem mündigen Minderjährigen, von diesem jedoch nur in Angelegenheiten seiner Pflege und Erziehung, beantragt werden. Andere Personen können solche Verfügungen anregen.
(3) Die gänzliche oder teilweise Entziehung der Pflege und Erziehung oder der Verwaltung des Vermögens des Kindes schließt die Entziehung der gesetzlichen Vertretung in dem jeweiligen Bereich mit ein; die gesetzliche Vertretung in diesen Bereichen kann für sich allein entzogen werden, wenn die Eltern oder der betreffende Elternteil ihre übrigen Pflichten erfüllen.
(4) Fordert das Gesetz die Einwilligung oder Zustimmung der mit Pflege und Erziehung betrauten Personen (Erziehungsberechtigten), so ist die Erklärung der mit der gesetzlichen Vertretung in diesem Bereich betrauten Person notwendig, aber auch hinreichend, sofern nicht Abweichendes bestimmt ist.

Positive Hilfstätigkeit des Gerichts

In unserem Fall ist Walter Rohrer seiner Tochter nahegetreten und hat dadurch das Wohl des Kindes krass gefährdet. Begehungsform war geschlechtlicher Missbrauch, doch genügen schon Belästigungen des Kindes zum Entzug der elterlichen Obsorge. Das Gericht hat sich aber nicht auf »Strafverfügungen« zu beschränken, sondern es soll auch eine **positive Hilfstätigkeit** entwickeln. Das Pflegschaftsgericht hat, soweit weder Eltern noch Großeltern oder Pflegeeltern mit der Obsorge betraut sind oder betraut werden können, unter Beachtung des Wohles des Kindes eine andere geeignete Person mit der Obsorge zu betrauen (§ 187 ABGB in der Fassung des Kindschaftsrechts-Änderungsgesetzes).

Das Kindschaftsrechts-Änderungsgesetz 2001

Dieses Bundesgesetz ist am **1. Juli 2001** in Kraft getreten. Als allgemeine Zielsetzung nennt der Entwurf zum neuen Gesetz unter anderem:

§§ Die Rechtsstellung heranwachsender Menschen soll gestärkt werden, insbesondere durch Herabsetzung des Volljährigkeitsalters, durch verstärkte Berücksichtigung ihres Willens in Angelegenheiten der Personensorge sowie durch erweiterte Antragsrechte und selbstständige Verfahrensfähigkeit Minderjähriger über 14 Jahre.

Und im neuen § 146 Abs. 3 ABGB:

§§ Der Wille des Kindes ist umso maßgeblicher, je mehr es den Grund und die Bedeutung einer Maßnahme einzusehen und seinen Willen nach dieser Einsicht zu bestimmen vermag.

Im Einzelnen bedeutet das:

☛
- Senkung des Volljährigkeitsalters auf das vollendete 18. Lebensjahr.
- Ehemündigkeit liegt jetzt einheitlich bei 18 Jahren (vorher 16 bei Frauen, 19 bei Männern).
- Gestaltung des Rechts auf persönlichen Verkehr auch als Recht des Kindes selbst.
- Verbreiterung des Instrumentariums zur Durchsetzung gerichtlicher Entscheidungen über den persönlichen Verkehr einschließlich der Möglichkeit, Kontakte zu einem minderjährigen Kind durch »Besuchsbegleiter« zu erleichtern.
- Minderjährige über 14 Jahren sollen in Pflegschaftsverfahren selbstständig verfahrensfähig sein und Anträge stellen können.
- Klare Regelung der Einwilligung des minderjährigen Kindes in medizinische Behandlungen.
- »Zivilrechtliches Verbot« der Herbeiführung der dauernden Fortpflanzungsunfähigkeit bei minderjährigen Kindern; bei volljährigen geistig behinderten oder psychisch kranken Personen Einschränkung auf Fälle ernster medizinisch-somatischer Gründe.
- Verankerung einer besonderen Vertraulichkeit des Pflegschaftsverfahrens.
- Terminologische Bereinigung durch Ersetzung der Begriffe »Vormundschaft« und »Sachwalterschaft für Minderjährige« durch den der Obsorge.
- Schaffung der Möglichkeit einer Obsorge beider Elternteile nach Scheidung, Aufhebung oder Nichtigerklärung ihrer Ehe auf der Grundlage des Einvernehmens von Vater und Mutter.
- Verstärkung der rechtlichen Position des nicht mit der Obsorge betrauten Elternteils im Fall der Trennung, vor allem durch Ausbau der Informations- und Äußerungsrechte.
- Änderung der Bestimmung über die Pflichtteilsminderung, wenn ein Elternteil und sein Kind »zu keiner Zeit in einem Naheverhältnis« standen.
- Einbeziehung der Mediation als Konfliktregelungsinstrument im Bereich des Kindschaftsrechts. (Die Mediation wurde in Österreich erstmals 1993 als Modellversuch durchgeführt:

»Familienberatung bei Gericht, Mediation und Kinderbegleitung bei Trennung oder Scheidung der Eltern«.)

- Zurückdrängung nicht mehr zeitgemäßer gerichtlicher Eingriffe in die Vermögensverwaltung zugunsten einer stärker auf den Einzelfall bezogenen, flexiblen und effizienten Aufsicht.
- Klarere Regelung der Aufgaben des Gerichts und der gesetzlichen Vertreter im Zusammenhang mit dem Legen der Pflegschaftsrechnung.
- Klare und sachgerechte Neuregelung des Anspruchs gesetzlicher Vertreter, die nicht Eltern, Großeltern oder Pflegeeltern sind, auf Entschädigung sowie Regelung ihrer Haftung.
- Schaffung einer Verordnungsermächtigung, um klare, flexible und gemeinschaftsrechtskonforme Regelungen für das Anlegen von Mündelgeldern zu erlassen.
- Beseitigung von in der Praxis aufgetretenen Regelungsdefiziten im Bereich der Vaterschaftsanerkennung.

Die wichtigsten Neuerungen im Detail

Einwilligungen in medizinische Behandlungen kann das einsichts- und urteilsfähige Kind nun selbst erteilen. Im Zweifel wird das Vorliegen dieser Einsichts- und Urteilsfähigkeit bei mündigen (über 14 Jahre alten) Minderjährigen vermutet (§ 146c ABGB). Weder ein minderjähriges Kind noch die Eltern können in eine medizinische Maßnahme, die eine dauernde Fortpflanzungsunfähigkeit des Kindes zum Ziel hat (z. B. Sterilisation), einwilligen (neuer § 146d ABGB). Da eine solche Einwilligung dem gesetzlichen Vertreter verwehrt ist, kann sie auch nicht durch das Pflegschaftsgericht ersetzt werden.

Das **Besuchsrecht** des nicht mit der Pflege und Erziehung des Kindes betrauten Elternteils (Recht auf persönlichen Verkehr) wird nunmehr primär als **Recht des Kindes** normiert (§ 148 ABGB). Die Ausübung dieses Rechts sollen das Kind und die Eltern gemeinsam regeln. Soweit ein solches Einvernehmen nicht erzielt wird, hat das Gericht auf Antrag des Kindes (es wird sogar als »Erstantragsteller« genannt) oder eines Elternteils die Ausübung dieses Rechts unter Bedachtnahme auf die Bedürfnisse und Wünsche des Kindes in einer dem Wohl des Kindes gemäßen Weise zu regeln. Zuständig ist das jeweilige Bezirksgericht als Pflegschaftsgericht.

Bedarf ein **Rechtsgeschäft** der **Einwilligung des gesetzlichen Vertreters**, der Zustimmung des anderen Elternteils oder der Genehmigung des Pflegschaftsgerichts, so ist bei deren Fehlen das volljährig (also 18 Jahre alt) gewordene Kind nur dann daraus wirksam verpflichtet, wenn es schriftlich erklärt, diese Verpflichtung als rechtswirksam anzuerkennen. Fordert der Gläubiger den volljährig Gewordenen auf, eine solche Erklärung abzugeben, so hat er ihm dafür eine angemessene Frist zu setzen (§ 154 Abs. 4 ABGB). Bereits vollständig erfüllte Geschäfte sind von der Neuregelung nicht betroffen. Die bloße Fortführung einer Kontoverbindung mit einer Firma beispielsweise bedeutet noch nicht die Genehmigung der von dem volljährig Gewordenen mit dieser Firma abgeschlossenen Geschäfte.

Obsorge beider Elternteile

Eines der zentralen Anliegen des Kindschaftsrechts-Änderungsgesetzes 2001 ist die Schaffung der Möglichkeit der **Obsorge beider Elternteile** nach Scheidung, Aufhebung oder Nichtigerklärung ihrer Ehe auf der Grundlage des Einvernehmens von Vater und Mutter. Hiezu bestimmt nunmehr **§ 177 ABGB** wörtlich:

§§ (1) Wird die Ehe der Eltern eines minderjährigen ehelichen Kindes geschieden, aufgehoben oder für nichtig erklärt, so bleibt die Obsorge beider Eltern aufrecht. Sie können jedoch dem Gericht – auch in Abänderung einer bestehenden Regelung – eine Vereinbarung über die Betrauung mit der Obsorge vorlegen, wobei die Betrauung eines Elternteils allein oder beider Eltern vereinbart werden kann. Im Fall der Obsorge beider Eltern kann diejenige eines Elternteils auf bestimmte Angelegenheiten beschränkt sein.
(2) In jedem Fall einer Obsorge beider Eltern haben sie dem Gericht eine Vereinbarung darüber vorzulegen, bei welchem Elternteil sich das Kind hauptsächlich aufhalten soll. Dieser Elternteil muss immer mit der gesamten Obsorge betraut sein.
(3) Das Gericht hat die Vereinbarung der Eltern zu genehmigen, wenn sie dem Wohl des Kindes entspricht.

Diese Bestimmungen sind übrigens nicht nur bei Scheidung usw. der Eltern anzuwenden, sondern auch bei deren nicht bloß vorübergehender Trennung trotz aufrechter Ehe. Allerdings entscheidet das Gericht in einem solchen Fall über die Obsorge nur auf **Antrag eines Elternteils** (§ 177b ABGB).

Die Begriffe »Vormundschaft« und »Sachwalterschaft für Minderjährige« sind im Kindschaftsrecht-Änderungsgesetz durch den Begriff der Obsorge ersetzt worden.

Kommt innerhalb angemessener Frist nach Scheidung usw. der Ehe der Eltern eine Vereinbarung über den hauptsächlichen Aufenthalt des Kindes oder über die **Betrauung mit der Obsorge** nicht zustande oder entspricht sie nicht dem Wohl des Kindes, so hat – wenn keine gütliche Einigung herbeigeführt werden kann – das Gericht zu entscheiden, welcher Elternteil künftig allein mit der Obsorge betraut ist (§ 177a Abs. 1 ABGB). Sind beide Eltern gemäß § 177 ABGB nach Scheidung, Aufhebung oder Nichtigerklärung ihrer Ehe mit der Obsorge betraut und beantragt ein Elternteil die **Aufhebung dieser Obsorge**, so hat, wenn keine gütliche Einigung herbeigeführt werden kann, das Gericht nach Maßgabe des Kindeswohls einen Elternteil allein mit der Obsorge zu betrauen (§ 177a Abs. 2 ABGB).

Die Vereinbarung des **hauptsächlichen Aufenthalts des Kindes** bei einem Elternteil hat auch Auswirkungen auf die Frage, wer Geldunterhalt zu leisten hat. Der den Haushalt des hauptsächlichen Aufenthalts führende Elternteil wird weiterhin als derjenige anzusehen sein, der seine Unterhaltspflicht durch Betreuung des Kindes (§ 140 Abs. 2 ABGB) erfüllt. Hält sich das Kind – vom Einvernehmen der Eltern getragen – häufiger als nach den bisher üblichen Besuchsrechtsregelungen beim anderen Elternteil auf, wird vor allem zu beachten sein, dass durch die vorübergehende Betreuung des Kindes durch den Elternteil, in dessen Haushalt sich das Kind nicht hauptsächlich aufhält, beim anderen nur einzelne Teilbereiche des Unterhalts (zeitlich begrenzt) entfallen (etwa Verköstigung und Reinigung der Wäsche). Andere Aufwendungen (etwa die Bereithaltung von Wohnraum oder die Anschaffung langlebiger Güter, z. B. eines Computers, aber auch von Bekleidung) bleiben davon in der Regel unberührt.

Sachwalterschaft

Das Bundesgesetz vom 2. Februar 1983, BGBl. Nr. 136, über die Sachwalterschaft für behinderte Personen (Sachwaltergesetz) hat mit 1. Juli 1984 das aus dem Jahr 1916 stammende Entmündigungsrecht außer Kraft gesetzt und es durch die **Sachwalterschaft für behinderte Personen** ersetzt.

Um einen psychisch Kranken oder geistig Behinderten vor Nachteilen in rechtlichen Angelegenheiten zu schützen, braucht er nun nicht mehr entmündigt zu werden, sondern das Gericht kann einen **Sachwalter** für ihn bestellen. Durch die individuelle Festlegung der Aufgaben des Sachwalters wird der behinderten Person eine gezielte, ihren tatsächlichen Bedürfnissen entsprechende Hilfestellung gewährt. Durch die Bestellung des Sachwalters werden die psychisch Kranken und geistig Behinderten nicht mehr in der Geschäftsfähigkeit pauschal beschränkt, sondern nur so weit, wie das Wohl des Behinderten es im Einzelfall erfordert.

Aufgaben des Sachwalters

Als **Aufgabe des Sachwalters** betont das Sachwalterrecht besonders die Sorge um die Person des Betroffenen. Das erfordert mehr Zuwendung, mehr persönlichen Kontakt zum psychisch Kranken und geistig Behinderten.

Auch soll das **Verfahren zur Bestellung** des Sachwalters dem Rechtsbedürfnis des psychisch Kranken und geistig Behinderten Rechnung tragen. Die behinderte Person soll nicht Objekt, sondern Subjekt des Verfahrens – mit allen Verfahrensrechten – sein. An die Stelle der den psychisch Kranken und geistig Behinderten diskriminierenden Begriffe der früher geltenden Entmündigungsordnung ist eine zeitgemäße, den Rechtsfürsorgegedanken betonende Ausdrucksweise getreten. So hat sich etwa der Richter

§§ »zunächst vom Betroffenen einen persönlichen Eindruck zu verschaffen« und »ihn über Grund und Zweck des Verfahrens zu unterrichten und hierzu zu hören«. Sowie: »Ist das Erscheinen des Betroffenen vor Gericht unmöglich, untunlich oder seinem Wohl abträglich, so hat ihn der Richter aufzusuchen.«

Voraussetzungen für die Sachwalterschaft

Unter welchen **Voraussetzungen** ist ein Sachwalter zu bestellen? Unter Sachwalterschaft können seit 1. Juli 2001 nur **volljährige Personen** (ab dem vollendeten 18. Lebensjahr) gestellt werden (§ 273 Abs. 1 ABGB); für Minderjährige gibt es die Obsorge (§ 187 ff. ABGB). Ein Sachwalter kann nur für jemanden bestellt werden, der an einer psychischen Krankheit leidet oder geistig behindert ist. Weitere Voraussetzung ist, dass die betreffende Person alle oder einzelne ihrer Angelegenheiten nicht ohne Gefahr eines Nachteils für sich selbst besorgen kann.

Das Gericht hat den Sachwalter **von Amts wegen** oder auf **Antrag** der behinderten Person selbst zu bestellen. Dritte können die Sachwalterbestellung anregen, ein Antragsrecht steht ihnen nicht zu. Es gilt das Subsidiaritätsprinzip: Ein Sachwalter ist nicht zu bestellen, wenn der behinderten Person in anderer Weise ausreichend geholfen wird, etwa im Rahmen der Familie oder durch Einrichtungen der öffentlichen oder privaten Behindertenhilfe.

Bei der **Auswahl des Sachwalters** hat das Gericht auf die zu besorgenden Angelegenheiten, besonders auf die persönlichen Bedürfnisse des psychisch Kranken oder geistig Behinderten, zu achten. In Betracht kommen vor allem eine dem Behinderten nahe stehende Person, also besonders ein geeigneter naher Angehöriger, weiters ein Rechtsanwalt (Rechtsanwaltsanwärter) oder Notar (Notariatskandidat), wenn der Sachwalter vorwiegend Rechtskenntnisse haben soll, oder eine von einem Sachwalterverein namhaft gemachte Person.

Um den Mangel an geeigneten Personen für die rechtliche Betreuung psychisch Kranker und geistig Behinderter zu beseitigen, schafft das Sachwaltergesetz die rechtlichen Voraussetzungen für organisatorische Maßnahmen zur Ausbildung und Bereitstellung von Sachwaltern (Vereinssachwalterschaft).

Aufgaben des Sachwalters

Den **Aufgabenkreis des Sachwalters** hat das Gericht nach den individuellen Bedürfnissen des psychisch Kranken oder geistig Behinderten festzulegen. So kann der Sachwalter mit der Besorgung einer einzelnen Angelegenheit, etwa mit der Durchsetzung eines Sozialversicherungsanspruchs oder mit der Abwicklung eines Rechtsgeschäfts für den Behinderten, oder mit einer Gruppe von Angelegenheiten, etwa der Verwaltung eines Hauses oder des sonstigen Vermögens eines Behinderten, betraut werden. Den Endpunkt dieser differenzierten Skala von Hilfsmaßnahmen bildet die Bestellung eines Sachwalters für alle zu besorgenden Angelegenheiten der behinderten Person. Wesentlich ist, dass das Gericht die jeweils den Bedürfnissen des psychisch Kranken oder geistig Behinderten möglichst angepasste Maßnahme trifft. Wenn das Gericht nichts anderes bestimmt, hat sich der Sachwalter auch um die Person des Behinderten anzunehmen. So hat er insbesondere dafür zu sorgen, dass die behinderte Person die erforderliche ärztliche und soziale Betreuung erhält.

Mitspracherecht

In den Angelegenheiten, die der Sachwalter für die behinderte Person zu besorgen hat, kommt dieser ein **Mitspracherecht** zu. Zwar darf der Sachwalter innerhalb seines Aufgabenbereichs auch selbstständig für den Behinderten handeln; in wichtigen Angelegenheiten muss er jedoch zuvor den Behinderten informieren und dieser kann sich zu allen geplanten Schritten äußern. Der Sachwalter hat auf die Meinung des Behinderten Bedacht zu nehmen, wenn der geäußerte Wunsch des Behinderten dessen Wohl nicht weniger entspricht als die vom Sachwalter beabsichtigte Maßnahme (§ 273a ABGB).

Das Gericht hat die Tätigkeit des Sachwalters zu überwachen; wichtige Vertretungshandlungen des Sachwalters für die behinderte Person bedürfen zu ihrer Gültigkeit der **Genehmigung des Gerichts**. In angemessenen Zeitabständen hat das Gericht zu prüfen, ob die Betreuung durch einen Sachwalter noch erforderlich ist oder ob die Sachwalterschaft nicht aufzuheben oder einzuschränken ist.

Beschränkungen durch Sachwalter

Der psychisch Kranke oder geistig Behinderte wird in seiner rechtlichen Handlungsfähigkeit nicht mehr – wie bei der Entmündigung – pauschal wie ein Kind unter sieben Jahren oder ein mündiger Minderjähriger beschränkt, sondern die Beschränkung geht – wie der Aufgabenkreis des Sachwalters – nicht weiter, als das Wohl des Pflegebefohlenen es erfordert. Durch die Bestellung des Sachwalters wird die behinderte Person innerhalb des Aufgabenkreises des Sachwalters beschränkt geschäftsfähig. Das heißt, die behinderte Person kann grundsätzlich – wenn ihr nicht, wie es im § 865 ABGB heißt, der »Gebrauch der Vernunft« fehlt – auch innerhalb des Aufgabenkreises des Sachwalters selbst rechtlich handeln; diese Rechtshandlungen bedürfen jedoch zu ihrer Wirksamkeit der **Einwilligung des Sachwalters**.

Um möglichst auf die Bedürfnisse und Fähigkeiten des Einzelnen eingehen zu können, sieht das Gesetz vor, dass das Gericht der behinderten Person auch innerhalb des Aufgabenbereichs des Sachwalters hinsichtlich bestimmter Sachen oder Einkünfte das **freie Verfügungsrecht** und die **freie Verpflichtungsfähigkeit** einräumt, wenn dadurch nicht das Wohl der behinderten Person gefährdet wird. Rechtsgeschäfte in geringfügigen Angelegenheiten des täglichen Lebens, die der Behinderte selbst schließt und erfüllt, wie etwa die täglichen Besorgungen für den

Haushalt, sind nach dem Sachwaltergesetz jedenfalls – auch ohne Mitwirkung des Sachwalters – wirksam.

Wer einen Sachwalter hat, kann an sich – wenn ihm nicht die hierfür erforderliche Einsichtsfähigkeit fehlt – mündlich vor Gericht oder einem Notar eine letztwillige Verfügung errichten und auch – mit Einwilligung des Sachwalters – eine Ehe schließen. Festgehalten hat der Gesetzgeber an der schon mit der Entmündigung verbundenen Rechtsfolge des **Ausschlusses vom Wahlrecht** zum Nationalrat: Wer einen Sachwalter hat, kann nicht wählen.

Verfahren zur Bestellung

Das **Verfahren zur Sachwalterbestellung** wird, entweder auf Antrag der behinderten Person selbst oder von Amts wegen eingeleitet; ein Antragsrecht Dritter – seien es die Angehörigen oder der Staatsanwalt – kennt das neue Recht nicht. Das Gericht hat von Amts wegen tätig zu werden, wenn ihm begründete Anhaltspunkte für die Notwendigkeit der Bestellung eines Sachwalters mitgeteilt werden. Zuständig ist das Gericht, in dessen Sprengel sich die behinderte Person gewöhnlich aufhält.

Das Verfahren beginnt damit, dass der Richter mit der behinderten Person ein Gespräch führt, sich von ihr einen persönlichen Eindruck verschafft und sie über Grund und Zweck des Verfahrens informiert. Kommt der Richter dabei zu der Meinung, der Behinderte könne die Hilfe eines Sachwalters brauchen, so hat er dafür zu sorgen, dass dem Behinderten im Verfahren jemand zur Seite steht. Beauftragt der Behinderte nicht selbst jemanden mit der Wahrnehmung seiner Interessen, so bestellt der Richter für ihn einen einstweiligen Sachwalter. Durch diesen wird der Behinderte aber in seinen Rechten im Verfahren nicht beschränkt; er kann selbst Anträge stellen und Rechtsmittel ergreifen. Erfordern dringende Angelegenheiten des Behinderten rasche Hilfe, so kann das Gericht den einstweiligen Sachwalter – noch vor Abschluss des Bestellungsverfahrens – auch mit der Besorgung dieser Angelegenheiten beauftragen.

Über die Sachwalterbestellung ist eine **mündliche Verhandlung** durchzuführen, in der die erforderlichen Beweise aufzunehmen sind. Ein Sachwalter darf nur nach Beiziehung eines Sachverständigen bestellt werden. Das **Gutachten des Sachverständigen** ist in der mündlichen Verhandlung vorzutragen und zu erörtern. Bei der Prüfung der Notwendigkeit eines Sachwalters ist auch das soziale Umfeld des Behinderten zu berücksichtigen; nach Tunlichkeit sind der Verhandlung Personen beizuziehen, die dem Behinderten nahestehen.

Der **Beschluss** über die Bestellung des Sachwalters ist der behinderten Person persönlich **zuzustellen**. Der Richter oder – in dessen Auftrag – der Sachwalter hat dem psychisch Kranken oder geistig Behinderten auf geeignete Weise, erforderlichenfalls unter Beiziehung des behandelnden Arztes, den Inhalt des Beschlusses zu erläutern. **Verständigt** sollen nur diejenigen Personen oder Stellen werden, für die die Sachwalterbestellung nach den Ergebnissen des Verfahrens von Bedeutung ist. Wird etwa ein Sachwalter zur Durchsetzung eines sozialversicherungs-rechtlichen Anspruchs der behinderten Person bestellt, so braucht dies nur dem betreffenden Sozialversicherungsträger mitgeteilt zu werden.

Legitimation und Namensänderung

Otto Jedermann hat inzwischen sein Studium aufgegeben, weil sein immer besser gehendes Briefmarkengeschäft ihn ganz in Anspruch nimmt. Er ist aus seinem Elternhaus ausgezogen und wohnt bei der jungen hübschen Witwe Ursel Traun, geborene Froh, die aus ihrer Ehe ein dreijähriges Töchterchen namens Hanni hat. Dem Zusammenleben der jungen Leute entspringt der Knabe Alfred. Dieses Kind wurde unehelich geboren, erhält daher nicht den Namen Jedermann, sondern den Familiennamen der Kindesmutter, also Traun. Durch die Geburt des Kleinen, den Otto vom ersten Tag an innigst liebt, wird in ihm der Entschluss bestärkt, Ursel nun endlich zu heiraten. An und für sich hatten sie dies schon immer vor, aber mit Rücksicht auf Ursels Witwenrente, auf deren dauernden Bezug sie nicht verzichten wollten, nahmen sie bisher von der Eheschließung Abstand (Lebensgemeinschaft/Rentenkonkubinat).

Ursel und Otto heiraten am 1. August. In ihrem Fall hat die Eheschließung noch die besondere Wirkung, dass der kleine Alfred dadurch die rechtliche Stellung eines ehelichen Kindes erlangt. Man spricht von einer Legitimation des Kindes durch die nachfolgende Ehe. Sie wird im Familienbuch (durch Randvermerk zur Heiratseintragung) vom Standesbeamten eingetragen. Wenn nämlich der uneheliche Vater Otto die Mutter seines Kindes, Ursel, heiratet, dann wird das Kind Alfred nach § 161 ABGB mit dieser Eheschließung am 1. August ehelich. Es bedarf hierzu weder einer Zustimmung des Kindes, noch kommt es auf den Willen des Vaters an. Voraussetzung ist allerdings, dass die Vaterschaft zum Kind **festgestellt** ist.

Stellung eines ehelichen Kindes

Ein uneheliches Kind kann auch noch auf andere Weise die Stellung eines ehelichen erhalten. Aufgrund einer Legitimation durch **Entschließung des Bundespräsidenten** kommt es nach § 162 ABGB zu einer solchen Begünstigung, die sich aber nur zwischen dem Vater und dem Kind (nicht gegenüber den Verwandten des Vaters) auswirkt. Erforderlich ist ein **Gesuch ans Pflegschaftsgericht** und die **Zustimmung des Kindes**, wenn es volljährig ist, sonst die Einwilligung des gesetzlichen Vertreters bzw. Kurators. Das Gericht veranlasst die nötigen Erhebungen über das Gesuch und hat insbesondere festzustellen, warum die Eltern nicht geheiratet haben und ob der Vater seiner Unterhaltspflicht nachgekommen ist. Nach diesen Erhebungen wird das Gesuch dem Gerichtshof I. Instanz, durch diesen dem Oberlandesgericht vorgelegt; von dort geht das Gesuch an das Bundesministerium für Justiz, das es dem Bundespräsidenten unterbreitet. Die Wirkung dieser komplizierten Legitimation durch das Staatsoberhaupt bestimmt sich nach dem Inhalt des präsidentiellen Privilegs, der sich wiederum nach dem Gesuch richtet. Jedenfalls bleibt aber das Kind gegenüber den Verwandten des Vaters unehelich.

Infolge der Legitimation (durch nachfolgende Ehe) heißt der Knabe Alfred Traun nunmehr Alfred Jedermann. Ursels Töchterlein aus erster Ehe führt dagegen den Namen Traun. Auch sie soll nach dem Willen ihrer Mutter jetzt den Familiennamen Jedermann führen.

Es ist aufgrund des **Namensänderungsgesetzes 1988** (NÄG) möglich, dass Ursel Jedermann als gesetzliche Vertreterin ihrer Tochter bei der Bezirksverwaltungsbehörde einen Antrag auf Namensänderung stellt. Ein Grund für die Änderung des Familiennamens liegt nämlich unter anderem vor, wenn ein Kind »den Familiennamen seiner Eltern oder eines Elternteils erhalten will« (§ 2 Abs. 2 Z. 8 NÄG). Irgendwelche rechtlichen Beziehungen zwischen Otto Jedermann und der kleinen Hanni werden hierdurch nicht begründet, insbesondere **kein Erbrecht** zwischen ihnen. Um auch ein solches herbeizuführen, entschließt sich Otto Jedermann schließlich dazu, seine Stieftochter auch zu adoptieren.

Annahme an Kindes statt (Adoption)

Für die so genannte **Wahlkindschaft** gilt das Adoptionsgesetz aus dem Jahr 1960 (Änderungen der §§ 179 ff. ABGB), das von drei Grundsätzen beherrscht wird:

— das künstliche Eltern-Kind-Verhältnis soll das natürliche möglichst nachahmen,
— rechtmäßig soll die Adoption Ersatz für fehlende leibliche Nachkommen bieten,
— die Adoption darf schließlich leibliche Nachkommen nicht benachteiligen.

Verhilft die Adoption Minderjähriger kinderlosen Personen zu Kindern und elternlosen Kindern zu Eltern, ist sie sozial bedeutsam und man spricht von einer **starken Adoption**. Wenn dagegen Volljährige adoptiert werden, kann das zum Kauf klangvoller Namen oder zur Verdeckung unerlaubter Verhältnisse dienen. Die heutige Anschauung missbilligt diese **schwache Adoption** ebenso wie die Namensehe.

Das moderne Adoptionsgesetz hat die Vorschriften des ABGB grundlegend geändert. Es erleichtert die starke Adoption; die schwache Adoption schließt es zwar nicht aus, lässt sie aber nur aus gerechtfertigten Gründen zu.

Eine Adoption setzt zu ihrer Wirksamkeit dreierlei voraus:

1. gewisse Voraussetzungen in der Person des Annehmenden,
2. einen schriftlichen Vertrag,
3. die gerichtliche Bewilligung.

Adoption/Legitimation

☛ Bevor wir diese Voraussetzungen näher betrachten, sei der Unterschied zwischen Adoption und Legitimation kurz festgehalten. Die Legitimation setzt ein natürliches Eltern-Kind-Verhältnis voraus, die Adoption soll ein künstliches schaffen. Die Legitimation betrifft nur eigene, die Adoption in der Regel fremde Kinder, wenn auch die Adoption des eigenen unehelichen Kindes oder eigenen Enkels möglich ist. Die gerichtliche Bewilligung der Adoption ist kein Ermessensakt; die Adoption bedeutet also nicht wie die Legitimation durch den Bundespräsidenten einen Akt der Gnade. Die künstliche Begründung anderer Verwandtschaftsverhältnisse als durch Adoption war zwar im alten deutschen Recht möglich, doch unser Recht kennt sie nicht mehr.

Die persönlichen **Annahmevoraussetzungen** sind folgende:

☛
- Der Annehmende muss eine physische Person und eigenberechtigt, das heißt voll handlungsfähig sein. Er darf nicht eine Ordensperson sein, die den ehelosen Stand feierlich angelobt hat.
- Der annehmende Mann muss das 30. Lebensjahr, die annehmende Frau das 28. Lebensjahr vollendet haben. Nehmen Ehegatten gemeinsam an oder ist das Wahlkind ein leibliches Kind des Ehegatten des Annehmenden, ist eine Unterschreitung dieser Altersgrenze zulässig, wenn zwischen dem Annehmenden und dem Wahlkind bereits eine dem Verhältnis zwischen leiblichen Eltern und Kindern entsprechende Beziehung besteht.

- Der Annehmende muss mindestens 18 Jahre älter sein als das Wahlkind. Geringfügige Unterschreitung wird zugelassen, wenn bereits eine dem Verhältnis zwischen leiblichen Eltern und Kindern entsprechende Beziehung besteht. Ist das Wahlkind mit dem Annehmenden verwandt oder ein leibliches Kind seines Gatten, genügt ein Altersunterschied von 16 Jahren.
- Das frühere Erfordernis, dass der Annehmende keine eigenen ehelichen Kinder habe, ist weggefallen. Man erkannte die Vorteile der Geschwistererziehung, doch ist bei der Bewilligung darauf zu achten, dass leibliche Kinder nicht benachteiligt werden.
- Eheleute dürfen in der Regel nur **gemeinsam adoptieren**. Ein Gatte allein kann nur aus besonders wichtigen Gründen annehmen (z. B. wenn er das eheliche Kind des anderen Gatten adoptiert oder wenn der andere Gatte nicht annehmen kann oder wenn die eheliche Gemeinschaft seit mindestens drei Jahren aufgehoben ist). Lebensgefährten, aber auch Geschwister können nicht gemeinsam annehmen.

Vertrag ist Grundlage der Adoption

Die **Grundlage der Adoption** bildet ein **Vertrag** zwischen dem Annehmenden und dem Angenommenen. Der nicht eigenberechtigte Angenommene (volle Adoption) schließt den Vertrag durch seinen gesetzlichen Vertreter. Verweigert dieser ohne gerechtfertigten Grund die Einwilligung, kann das Gericht sie ersetzen. Das Gesetz verlangt für den Adoptionsvertrag **Schriftform**.

Nach Prüfung der bereits aufgezählten Annahmevoraussetzungen und der Gültigkeit des Adoptionsvertrags hat das Gericht materiell zu beurteilen und zu entscheiden, ob die Adoption zu bewilligen ist. Das Gericht darf nur bewilligen, wenn folgende Personen ihre **Zustimmung** gegeben haben:

1. die Eltern des minderjährigen Wahlkindes,
2. der Ehegatte des Annehmenden,
3. der Ehegatte des Wahlkindes.

Das Zustimmungsrecht einer der eben genannten Personen entfällt, wenn sie als gesetzlicher Vertreter des Wahlkindes den Annahmevertrag geschlossen hat; ferner, wenn sie zu einer verständigen Äußerung nicht nur vorübergehend unfähig oder ihr Aufenthalt seit mindestens sechs Monaten unbekannt ist.

Das Gericht hat die verweigerte Zustimmung auf Antrag eines Vertragsteiles zu ersetzen, wenn keine gerechtfertigten Gründe für die Weigerung vorliegen (§ 181 ABGB). Andere Personen und Behörden müssen zwar der Adoption nicht zustimmen, müssen aber immerhin angehört werden.

Recht auf Anhörung

Ein solches Recht auf Anhörung haben:

1. das nicht eigenberechtigte Wahlkind ab dem vollendeten fünften Lebensjahr, außer es hat bereits seit diesem Zeitpunkt beim Annehmenden gelebt,
2. die Eltern des volljährigen Wahlkindes,
3. die Pflegeeltern oder der Leiter des Heimes, in dem sich das Wahlkind befindet,
4. der Jugendwohlfahrtsträger (Bundesland).

Inkognito-Adoption

Das Anhörungsrecht eines Berechtigten entfällt, wenn er als gesetzlicher Vertreter des Wahlkindes den Annahmevertrag geschlossen hat; ferner, wenn er nicht oder nur mit unverhältnismäßigen Schwierigkeiten gehört werden könnte (§ 181a ABGB).

Mitunter besteht ein Interesse daran, dass die Angehörigen des Wahlkindes nicht erfahren, wer es adoptiert hat, damit sie nicht später in die Adoptionsfamilie störend eingreifen. Bei solchen **Inkognito-Adoptionen** werden beide Vertragsteile übereinstimmend beantragen, die Adoption nur zu bewilligen, wenn alle oder einzelne Zustimmungs-(Anhörungs-)berechtigte auf Mitteilung des Namens und des Wohnortes des Annehmenden und auf Zustellung des Bewilligungsbeschlusses verzichten.

Das Gericht hat zu beurteilen, ob eine dem Verhältnis zwischen leiblichen Eltern und Kindern entsprechende Beziehung besteht oder hergestellt werden soll: bei einem nicht eigenberechtigten Wahlkind, ob die Adoption seinem Wohle dient; beim eigenberechtigten, ob ein gerechtfertigtes Anliegen des Annehmenden oder Angenommenen gegeben ist. Solche Anliegen wären die Fortführung des Familienbetriebes, Pflegebedürftigkeit, unter Umständen auch die Erhaltung des Namens.

Versagen der Bewilligung

Die Bewilligung ist zu **versagen**, wenn ein überwiegendes Anliegen eines leiblichen Kindes des Annehmenden entgegensteht, insbesondere sein Unterhalt oder seine Erziehung gefährdet wären oder die Adoption in der ausschließlichen Absicht geschähe, ein leibliches Kind zu schädigen.

Für unseren Fall bedeutet das, dass infolge der Legitimation des kleinen Alfred durch Ursels und Ottos nachfolgende Ehe bereits ein eheliches Kind Otto Jedermanns vorhanden ist. Unter der Voraussetzung, dass Unterhalt oder Erziehung dieses leiblichen Kindes nicht gefährdet werden, kann nach Maßgabe der wiedergegebenen Bestimmungen des Adoptionsrechts die kleine Hanni von Otto Jedermann adoptiert werden.

Wirkungen der Adoption

Das Problem bei der Adoption besteht darin, dass das Wahlkind zwei Familien hat, nämlich die Wahlfamilie und die leibliche Familie. Hier muss ein Ausgleich gefunden werden, wobei das Interesse des Wahlkindes, das im Vordergrund steht, nicht leiden darf. Zugleich trachtet das Gesetz, das Wahlverhältnis im Interesse von Wahlkind und Wahleltern möglichst fest und störungsfrei zu gestalten.

Die Adoption schafft zwar künstlich eine der ehelichen Verwandtschaft gleiche Beziehung; sie beseitigt aber weder die Blutsverwandtschaft und Schwägerschaft zwischen dem Wahlkind und seiner leiblichen Familie, noch begründet sie eine Blutsverwandtschaft und Schwägerschaft mit der Wahlfamilie. Da das Gesetz die Adoption auch dann zulässt, wenn der Annehmende eheliche Kinder hat, bezieht es auch die Nachkommen des Annehmenden ein. Das Wahlkind steht zu ihnen **wie ein eheliches Kind**. Dagegen schließt das Gesetz weiterhin die Eltern des Annehmenden, dessen Geschwister, Neffen, Nichten usw. aus. In unserem Fall treten demnach Karl und Anna Jedermann in keinerlei verwandtschaftliche Beziehung zu Hanni. Diese hat folglich ihnen gegenüber auch **kein Erbrecht**. Das frühere Recht gab zwar dem Wahlkind das Erbrecht nach dem Annehmenden, nicht aber umgekehrt – offenbar, um Missbräuche auszuschließen. Da das jetzige Bewilligungs-verfahren dagegen genügend Garantie bietet, hat das Adoptionsgesetz die Reziprozität (Wechselseitigkeit) und damit in dem oben angegebenen Kreis die Gleichstellung mit der ehelichen Abstammung hergestellt. Im Anerbenrecht gehen allerdings leibliche Kinder (gleichgültig, ob ehelich oder unehelich) den Wahlkindern vor.

Adoptiert ein Ehepaar, so tritt der Mann in die **Rechte und Pflichten** des ehelichen Vaters, die Frau in die der Mutter. Wenn nur eine Person, etwa eine Frau adoptiert, dann tritt sie in die Rechte der Mutter, der leibliche eheliche Vater des Kindes behält aber die Vaterrechte. Das wird vielfach weder für das Kind zweckmäßig noch vom Adoptierenden gewollt sein. Das Gesetz trägt dem Rechnung und sieht vor, dass der leibliche Elternteil in das Erlöschen seiner Familienrechte einwilligen kann. Das Band der »Ankindung«, wie man die Adoption auch nennt, wird damit zweifellos gefestigt.

Ansprüche aus Adoptivfamilie gehen vor

Die Ansprüche des Wahlkindes auf Unterhalt, Versorgung, Heiratsgut und Ausstattung gegenüber seinen leiblichen Eltern und die **Unterhaltsansprüche** der leiblichen Eltern gegenüber dem Wahlkind bleiben aufrecht, doch gehen ihnen die entsprechenden Ansprüche aus der Adoptivfamilie vor. Aufrecht bleiben auch die gegenseitigen **Erbansprüche** zwischen dem Wahlkind und seiner leiblichen Familie; wieder gehen aber die aus der Adoptivfamilie vor.

Wenn die Wahleltern und deren Nachkommen gestorben sind und das Wahlkind keine Nachkommen hat, besteht freilich die Gefahr, dass das aus der Wahlfamilie stammende Vermögen nicht in sie zurückfällt, sondern auf die leibliche Familie des Wahlkindes übergeht. Ist das Wahlkind nur von einer Person adoptiert worden, wird der Nachlass zwischen dem Annehmenden und dem andersgeschlechtlichen leiblichen Elternteil ebenso geteilt, wie das bei leiblichen Eltern der Fall ist; dies auch dann, wenn der andersgeschlechtliche leibliche Elternteil in das Erlöschen der familienrechtlichen Beziehung eingewilligt hat.

Namensfolge

Der Rechtseffekt, dass das Wahlkind einem ehelichen Kind gleichzuhalten ist, findet in der **Namensfolge** seinen Ausdruck. Das Wahlkind erhält bei Adoption durch ein Ehepaar den Ehenamen; adoptiert ein Mann allein, so seinen Namen; eine Frau allein, so ihren Namen. Wenn das Wahlkind seinen Namen von dem des Ehemannes der Wahlmutter ableitet, z. B. sein eheliches oder sein legitimiertes Kind ist, behält es diesen Namen. Wenn die Rechte des ehelichen Vaters des Kindes neben denen der Wahlmutter bestehen bleiben, behält das Kind den Namen des ehelichen Vaters.

Widerruf und Aufhebung

Da jede aus dem Konsens und der staatlichen Bewilligung zusammengesetzte Adoption ein Dauerverhältnis begründet, ähneln die durch Widerruf und Aufhebung einer Annahme an Kindes statt entstehenden Probleme denen des Eherechts. Wurde nämlich die Bewilligung zu Unrecht erteilt, ist sie mit rückwirkender Kraft zu widerrufen (entspricht der Nichtigerklärung der Ehe); weist dagegen der Konsens Mängel auf, ist die Adoption für die Zukunft aufzuheben (entspricht der Eheaufhebung); dasselbe gilt, wenn das Adoptionsverhältnis im Laufe der Zeit mangelhaft wird (entspricht der Ehescheidung).

Zu den Widerrufsgründen zählen:

1. Mangelnde Eigenberechtigung des Annehmenden, mangelnde Zustimmung des gesetzlichen Vertreters des nicht eigenberechtigten Wahlkindes.
2. Die gemeinsam Adoptierenden waren im Zeitpunkt der Bewilligung nicht Eheleute. Nachträgliche Nichtigerklärung der Ehe beseitigt das Adoptivverhältnis ebenso wenig wie die Ehelichkeit leiblicher Kinder. Wurde ein Wahlkind nacheinander von

nicht verheirateten Personen adoptiert, so sind die nachfolgenden Adoptionen zu widerrufen.
3. Die Adoption dient ausschließlich oder vorwiegend dem Namenserwerb oder soll rechtswidrige Geschlechtsbeziehungen verdecken. Die Adoption zum Erwerb der Staatsbürgerschaft ist – zum Unterschied vom Eherecht – nicht genannt. Ferner trifft die Bestimmung nur jene Adoption, die dem Wahlkind die Namensführung ermöglichen soll, besonders den Namenskauf; nicht aber jene Adoption, die im Interesse des Annehmenden die Fortführung des Familiennamens ermöglichen soll. Andere Fälle von Scheinadoption, z. B. eine Adoption zwecks Erwerb von Mietrechten, sind nicht genannt.
4. Mangel der Schriftform, der jedoch heilt, wenn mehr als fünf Jahre verstrichen sind.

Die **Vernichtungswirkung** bedeutet, dass Leistungen aus dem Adoptionsverhältnis rückzuerstatten sind.

Als **Konsensmängel** nennt das Adoptionsgesetz List (Täuschung), ferner ungerechte und begründete Furcht. Der Irrtum ist nicht angeführt.

Analog dem Ehegesetz muss der Betroffene die Aufhebung binnen Jahresfrist nach Entdeckung der Täuschung oder Wegfall der Zwangslage beantragen.

Als **Mängel im Verlauf des Adoptionsverhältnisses** gelten:

1. Die Aufrechterhaltung würde das Wohl des nicht eigenberechtigten Wahlkindes ernstlich gefährden.
2. Die Ehe der Wahleltern ist durch Tod, Aufhebung, Scheidung gelöst oder für nichtig erklärt worden oder der Annehmende ist gestorben und die Aufhebung des Adoptionsverhältnisses dient dem Wohl des Kindes und widerspricht nicht einem gerechtfertigten Anliegen des Annehmenden, selbst wenn er bereits verstorben ist.
3. Ein auf Aufhebung des Adoptionsverhältnisses gerichteter gemeinsamer Willensentschluss des Annehmenden und Angenommenen, vorausgesetzt, dass das Wahlkind eigenberechtigt ist (also nicht durch den gesetzlichen Vertreter des nicht eigenberechtigten Wahlkindes).

Mit Rechtskraft des **Aufhebungsbeschlusses** entfallen die Wirkungen der Adoption und die Beziehungen zur leiblichen Familie leben wieder auf. Die inzwischen volljährig gewordenen Nachkommen des Wahlkindes behalten jedoch den Namen. Die Widerrufs- und Aufhebungsgründe sind im Gesetz erschöpfend aufgezählt. Es fällt dabei auf, dass Mangel des Adoptivalters und des Altersunterschiedes keinen Widerrufsgrund abgeben.

Offene Fragen des Adoptionsrechts

Wird zwischen dem Annehmenden und dem Wahlkind eine **Ehe** geschlossen, ist diese zwar verboten, aber gültig. Es erhebt sich die Frage, was mit dem Adoptionsverhältnis geschieht. Unter den Aufhebungsgründen scheint dieser Fall nicht auf. Die führende Rechtslehre lässt das Adoptionsverhältnis von selbst enden, da sonst unerträgliche Folgen einträten: der Angenommene wäre zugleich Gatte und Kind des Annehmenden; die der Ehe entspringenden Kinder wären Geschwister und Kinder des Angenommenen, Kinder und Enkel des Annehmenden.

Auch das Zusammentreffen von Adoption und Legitimation wurde vom Gesetzgeber nicht behandelt. Hat beispielsweise der uneheliche Vater sein Kind adoptiert und später die Mutter des Kindes geheiratet, so überdeckt wohl die **Legitimation** die Adoption. Das Kind hat demnach jetzt die Stellung eines ehelichen Kindes auch gegenüber den väterlichen Vorfahren und Seitenverwandten. Wurde hingegen ein uneheliches Kind von dritter Seite adoptiert und später durch nachfolgende Ehe seiner Eltern legitimiert, dürfte die nun einmal bestehende **Adoption** vorgehen; das heißt, die leiblichen Eltern können sich nicht auf die nachträglich entstandenen Rechte ehelicher Eltern berufen.

Pflegekinder, Kostkinder und Stiefkinder

Von der eben ausführlich besprochenen Kindesannahme ist die **Übernahme eines Kindes in die Pflege** (§ 186 ABGB) genau zu unterscheiden.

Ursel und Otto Jedermann wollen uneigennützig einen hübschen Buben mittelloser Eltern in Pflege nehmen. Geht das ohne weiteres?

Pflegeeltern

Eine **gesetzliche Definition der Pflegeeltern** enthält erstmals das Kindschaftsrechts-Änderungsgesetz 2001 (KindRÄG, BGBl. I Nr. 135/2000): Danach sind Pflegeeltern

§§ Personen, die die Pflege und Erziehung des Kindes ganz oder teilweise besorgen und zu denen eine dem Verhältnis zwischen leiblichen Eltern und Kindern nahe kommende Beziehung besteht oder hergestellt werden soll (§ 186 ABGB).

Es hängt also vom Vorliegen dieser gesetzlichen Voraussetzungen ab, ob Ursel und Otto Jedermann einen Buben in Pflege nehmen dürfen. Durch das am 1. Juli 2001 in Kraft getretene Gesetz wurde auch die Rechtsstellung von **Pflegeeltern** verbessert. Ihnen kann durch das Gericht die Obsorge (das ist die Pflege und Erziehung, die Vermögensverwaltung und die gesetzliche Vertretung) für das Pflegekind ganz oder teilweise übertragen werden, wenn:

— das Pflegeverhältnis nicht nur für kurze Zeit beabsichtigt ist und
— die Übertragung dem Wohl des Kindes entspricht (§ 186a ABGB).

Früher war es häufig so, dass sich Pflegeeltern sehr oft als Menschen zweiter Klasse vorgekommen sind, die nur Pflichten, aber praktisch keine Rechte hatten. Sie mussten zwar in ihr Pflegekind viel investieren – nicht zuletzt auch finanziell –, hatten aber vielfach kaum eine Möglichkeit, zu verhindern, dass ihnen dieses Kind wieder weggenommen wurde, wenn dessen leibliche Eltern (oder auch nur ein Elternteil) das verlangten. Pflegeeltern haben nunmehr auch das Recht, in den die Person des Kindes betreffenden Pflegschaftsverfahren Anträge zu stellen.

Kostkinder, Stiefkinder

Die Aufnahme von **Kostkindern** ist keine Übernahme in die Pflege. Hier wird für die Verpflegung und Erziehung des Kindes Entgelt geleistet, und zwar ein in der Regel nach Monatsbeträgen pauschaliertes Kostgeld.

Der Begriff der **Stiefkindschaft** hat sich durch die Entwicklung des Eherechts, aber auch durch die Verbesserung der Rechtslage unehelicher Kinder wesentlich geändert und erweitert. Dieser Entwicklung und dem modernen allgemeinen Sprachgebrauch entsprechend sind daher unter **Stiefkindern** die leiblichen (ehelichen oder unehelichen) Kinder des anderen Ehegatten zu verstehen, gleichgültig von wem sie versorgt und in wessen Hausgemeinschaft sie aufgenommen werden.

Die Kuratel

Als **Kuratel** bezeichnet das Gesetz die Pflegschaft für Personen, die ihre Angelegenheiten nicht selbst besorgen können, die aber weder unter elterlicher noch unter großelterlicher Obsorge stehen. Ein **Kurator** wird vom Pflegschaftsgericht bestellt; auch das Jugendamt kann zum Kurator bestellt werden. Die Bestellung eines Kurators kann aus ganz verschiedenen Gründen erfolgen, ebenso ist der Wirkungskreis des Kurators recht unterschiedlich.

Kollisionskurator

Widerstreiten einander in einer bestimmten Angelegenheit die Interessen einer minderjährigen oder sonst nicht voll handlungsfähigen Person und jene ihres gesetzlichen Vertreters, so hat das Gericht der Person zur Besorgung dieser Angelegenheiten einen besonderen Kurator zu bestellen, den **Kollisionskurator**. Dessen Vertretungsbefugnis ist im § 271 ABGB geregelt.

Widerstreiten einander die Interessen zweier oder mehrerer minderjähriger oder sonst nicht voll handlungsfähiger Personen, die denselben gesetzlichen Vertreter haben, so darf dieser keine der genannten Personen vertreten. Das Gericht hat für jede von ihnen einen Kollisionskurator zu bestellen (§ 272 ABGB).

Für Taubstumme gibt es keine Kuratoren mehr, sondern nur noch **Sachwalter**.

Freiheitsstrafe

Ein Sträfling ist durch die Behinderung, die in der Freiheitsstrafe liegt, genötigt, sich bei gewissen Rechtshandlungen vertreten zu lassen. Zu diesem Zweck erteilt er, wie jeder andere, die entsprechenden Vollmachten. Schriftliche Willenserklärungen kann der Sträfling in der Strafanstalt ungehindert selbst abgeben; hat er aber Rechtshandlungen außerhalb der Strafanstalt vorzunehmen und keinen Sachwalter dazu bestellt, so kann ihm wegen Abwesenheit ein Kurator (nach § 276 ABGB) bestellt werden.

Abwesenheitskurator

Die Bestellung eines Kurators für **Abwesende** sieht § 276 ABGB vor, wenn deren Rechte durch Verzug gefährdet oder die Rechte eines anderen in ihrem Gang gehemmt würden und nicht in anderer Weise, etwa durch die Bestellung eines Kurators in einem bestimmten Verfahren durch das dort zur Entscheidung berufene Gericht, für die Wahrung dieser Rechte Rechnung getragen werden kann. Das gilt besonders für die Fälle eines Rechtsstreites und wird dann durch die Vorschriften der Prozessgerichte näher geregelt. Der für das Prozessverfahren bestellte Kurator ist aber nicht zum Exekutionsverfahren berufen. Die **Erschleichung der Kuratel** für jemanden, dessen Aufenthalt bekannt ist, macht das Verfahren nichtig.

Ist der Aufenthalt eines Volljährigen nicht bekannt, wenn er etwa ins Ausland verzogen ist, so kann für den Abwesenden ein **Abwesenheitskurator** bestellt werden, der seine Interessen am nunmehr brachliegenden Vermögen wahrnimmt. Der entsprechende Antrag ist an das Pflegschaftsgericht zu stellen. Ein Abwesenheitskurator, wie überhaupt jeder Kurator, kann nur **im Interesse** dessen bestellt werden, für den er tätig werden soll.

Schließlich kennt das Gesetz noch Vorschriften für die Wahrnehmung von Rechten und Interessen **Ungeborener**. Im § 274 ABGB ist die Bestellung eines Kurators entweder für die Nachkommenschaft überhaupt oder für eine bereits vorhandene Leibesfrucht vorgesehen. Bei der Pflegschaft für eine **Leibesfrucht** wird für einen Ungeborenen, der bereits gezeugt ist, ein Sachwalter bestellt, damit – wenn Rechtshandlungen notwendig sind – die Rechte des noch ungeborenen Kindes erhalten werden. Dies ist die Erbserklärung (siehe Seite 389 f.) für eine dem Ungeborenen angefallene Erbschaft und die Annahme eines ihm angefallenen Vermächtnisses (siehe Seite 415 ff.). Ohne Feststellung einer Schwangerschaft ist keine solche Kuratorbestellung möglich.

Eine Kuratorbestellung zur Verhinderung einer rechtmäßigen Abtreibung (z. B. im Rahmen der Fristenlösung) ist nicht zulässig, hingegen sehr wohl ein Recht, ohne körperliche Schäden geboren zu werden. Die Kuratel für **Ungezeugte**, also für etwaige Nachkommen, ist genau genommen nicht Pflegschaft, sondern Treuhand.

Die Todeserklärung

Karl Jedermanns Schwester Susanne ist mit dem Völkerkundler Dr. Hans Forschmann verheiratet. Sein Beruf bringt es mit sich, dass er oft auf Reisen ist und an Expeditionen teilnimmt. Als er 1993 von einer mehrmonatigen Expedition in die brasilianischen Regenwälder nicht zurückkehrt, gibt sich seine Frau noch der Hoffnung hin, dass er infolge der dortigen unzulänglichen Verkehrswege länger als erwartet für die Rückreise brauchen würde. Doch die Jahre vergehen und Susanne hört von ihrem Mann nichts mehr. Schließlich wird das Schlimmste befürchtet. Da die Ehe kinderlos war, ist Susanne sehr einsam. Als sie nun den Studienrat Dr. Buchner kennen und im weiteren Umgang schätzen lernt, ist sie geneigt, ihn zu heiraten.

Verschollenheit

Um sich den Weg für die neue Ehe frei zu machen, muss Susanne Forschmann um die **Todeserklärung** ihres Gatten ansuchen. Die Möglichkeit, eine Person für tot zu erklären, die verschollen ist, beurteilt sich nach den Rechtsvorschriften über Verschollenheit und das Verfahren zum Zweck der Todeserklärung und der Beweisführung des Todes. Das derzeit maßgebende Todeserklärungsgesetz 1950, BGBl. Nr. 23/1951, stellt auf die Verschollenheit ab. Auf den Fall des Dr. Forschmann trifft § 3 dieses Gesetzes (allgemeine Verschollenheit) zu.

Verschollen ist, wessen Aufenthalt längere Zeit hindurch unbekannt ist – ohne dass Nachricht darüber vorliegt, ob er in dieser Zeit noch gelebt hat –, wenn sein Fortleben ernstlich bezweifelt werden kann. Man unterscheidet verschiedene Arten der Verschollenheit:

1. allgemeine Verschollenheit,
2. Kriegsverschollenheit,
3. See- und Luftverschollenheit,
4. Gefahrverschollenheit.

Bei der allgemeinen Verschollenheit ist die Todeserklärung zulässig, wenn seit dem Ende des Jahres, in dem der Verschollene nach den vorhandenen Nachrichten noch gelebt hat, zehn Jahre vergangen sind. Wenn der Verschollene zur Zeit der Todeserklärung das 80. Lebensjahr vollendet hätte, genügen fünf Jahre Verschollenheit. Vor dem Ende des Jahres, in dem der Verschollene das 25. Lebensjahr vollendet hätte, darf er nicht für tot erklärt werden. Da Dr. Hans Forschmann seit 1993 verschollen ist – er war damals 35 Jahre alt –, kann seine Frau Susanne also ab dem Jahr 2004 die Todeserklärung beantragen.

Bei See- und Luftverschollenheit und bei besonderer Gefahrverschollenheit sind kürzere Fristen von drei Monaten bis zu einem Jahr abzuwarten.

Beweis des Todes

Zum Beweis des Todes eines Menschen dient die **Sterbeurkunde**, die aufgrund der Totenbeschau des Amtsarztes ausgestellt wird. Falls eine Totenbeschau nicht durchgeführt werden kann, ist ein besonderes Verfahren zum Beweis des Todes erforderlich. So z. B., wenn sich jemand vor den Augen mehrerer Passanten in die Donau stürzt, versinkt und kein Leichnam gefunden wird.

Zuständig zur Todeserklärung eines Verschollenen ist der Gerichtshof erster Instanz (Landesgericht), in dessen Sprengel der Verschollene seinen letzten Wohnsitz oder seinen letzten Aufenthalt hatte. Es entscheidet der Einzelrichter nach den Vorschriften über das gerichtliche Verfahren in Rechtsangelegenheiten außer Streitsachen.

Antragsberechtigt im Todeserklärungsverfahren sind außer dem Ehegatten die ehelichen Abkömmlinge und die Eltern des Verschollenen sowie jeder andere, der ein rechtliches Interesse an der Todeserklärung hat, z. B. ein Verlobter; ferner der gesetzliche Vertreter des Verschollenen und auch die Staatsanwaltschaft. Zur Vertretung des Verschollenen im Verfahren kann ein **Kurator** bestellt werden. Da der verschollene Dr. Hans Forschmann vor seiner letzten Expedition in Salzburg gewohnt hat, stellt seine Frau Susanne folgenden Antrag:

Susanne Forschmann
Luisenstraße 18
5020 Salzburg

Salzburg, 2. Februar 2004

An das
Landesgericht Salzburg

ANTRAG AUF AUSSPRUCH EINER TODESERKLÄRUNG

Ich bin die Ehefrau des Dr. Hans Forschmann, geb. am ..., wohnhaft in Salzburg. Dr. Forschmann ist seit einer Expedition in die brasilianischen Regenwälder 1993 vermisst.
Zur Glaubhaftmachung dieser Behauptung füge ich bei:
1. Schreiben des österreichischen Botschafters in Brasilien vom 15. Dezember 1993 an mich in beglaubigter Kopie.
Ich versichere ferner an Eides statt, dass ich seit jener Zeit keinerlei Nachrichten von meinem vermissten Mann erhalten habe. Ich füge ferner bei:
2. die Heiratsurkunde;
3. eine Mitteilung der Suchkartei des Österreichischen Roten Kreuzes, dass keinerlei Anhaltspunkte für den Verbleib meines Ehemannes gegeben sind.

Susanne Forschmann, geb. Jedermann

Der Antrag braucht nicht beglaubigt zu werden.

Aufgrund dieses Antrages leitet das Gericht nunmehr das **Ediktalverfahren** ein. In dem Edikt ergeht die Aufforderung an den Verschollenen, sich binnen einer Ediktalfrist (mindestens sechs Wochen) zu melden, widrigenfalls er für tot erklärt werden kann. Ferner ergeht die Aufforderung an alle, die Auskunft über den Verschollenen geben können, dem Gericht innerhalb der Ediktalfrist davon Anzeige zu erstatten.

Das Edikt wird in die für Kundmachungen bestimmte amtliche Zeitung (»Wiener Zeitung«) eingeschaltet und außerdem an der Gerichtstafel angeschlagen.

Ergeben sich aufgrund dieser Aufforderung keine Tatsachen, die der Annahme entgegenstehen, dass Dr. Hans Forschmann tot ist, so entscheidet das Gericht auf erneutes Ansuchen über das Begehren um Todeserklärung durch Beschluss. Es spricht die **Todeserklärung** des Dr. Hans Forschmann aus. In dem Beschluss wird als Zeitpunkt des Todes der 31. Dezember 1998 angegeben. Dies deshalb, weil sich für den Zeitpunkt des Todes keinerlei Anhaltspunkte finden lassen und demnach in unserem Fall das Ende des fünften Jahres nach dem letzten Jahr, in dem der Verschollene den vorhandenen Nachrichten zufolge noch gelebt hat, als Todeszeitpunkt angenommen wird (§ 9 TEG). Der Beschluss wird Susanne Forschmann zugestellt und ist nach den gleichen Grundsätzen wie das Edikt öffentlich bekannt zu machen. Gegen den Beschluss kann durch jeden, der an der Aufhebung der Todeserklärung oder der Berichtigung des Zeitpunktes der Todeserklärung ein rechtliches Interesse hat, **Rechtsmittel** eingelegt werden (Rekurs an das zuständige Oberlandesgericht).

Die Todeserklärung begründet die Vermutung, dass Dr. Hans Forschmann zu dem im Gerichtsbeschluss festgestellten Zeitpunkt gestorben ist. Die Todeserklärung wird beim Standesamt in einem besonderen Verzeichnis eingetragen, nicht etwa im Sterbebuch, da der Tod ja nur vermutet wird.

Susanne Forschmann kann nunmehr den Studienrat Dr. Buchner heiraten.

Ob eine Verlobung zwischen Susanne und Dr. Buchner schon vor der Todeserklärung möglich gewesen ist, muss mit Ja und Nein beantwortet werden. Zum einen hat man es mit dem Eheversprechen zu tun, das ist die **Verlobung**. Zum anderen handelt es sich um einen Zustand des Sich-gebunden-Fühlens, das ist das **Verlöbnis**. Verlobungen als Eheversprechen eines noch Verheirateten müssen nichtig sein, da sie gegen das Gesetz und die guten Sitten verstoßen; sie sind mit dem Wesen der Ehe des verheirateten Teils unvereinbar. Anders, wenn ein Verheirateter ein Verlöbnis unter der Bedingung eingeht, dass seine Ehe in absehbarer Zeit aufgelöst wird, z. B. als Folge der beantragten Todeserklärung oder auch für den Fall einer angestrebten Scheidung. In diesen Fällen ist das Verlöbnis als Zustand wirksam begründet. Im Gegensatz zur Ehe und zum Eheversprechen können an das Verlöbnis aufschiebende Bedingungen und Befristungen geknüpft werden.

Es gibt auch eine **kirchliche Todeserklärung**, die für Brautleute wichtig ist, die sich kirchlich trauen lassen wollen. Wenn ein Teil der Brautleute verwitwet ist und ein amtlicher Totenschein (Sterbeurkunde) des verstorbenen Ehegatten nicht beigebracht werden kann, ist die Trauung möglichst zeitig, wenigstens aber **sechs Wochen** vor der beabsichtigten kirchlichen Eheschließung beim zuständigen Pfarramt zu melden. Dadurch kann die in einem solchen Fall notwendige kirchliche Todeserklärung rechtzeitig durchgeführt werden (Anordnung des Erzbischöflichen Ordinariats Wien).

Aufhebung der Todeserklärung

Susanne Forschmann hat Dr. Buchner geheiratet und ist auch in der neuen Ehe recht glücklich. Da geschieht ein Jahr später das Wunder: Ein Telegramm berichtet, dass Dr. Hans Forschmann in Rio de Janeiro eingetroffen ist. Er erwarte sehnsüchtig seine Frau Susanne tags darauf am Flughafen Wien-Schwechat.

Die Todeserklärung, die nur die Vermutung für Dr. Forschmanns Tod erbrachte, hat seine alte Ehe noch nicht aufgelöst. Als aber Susanne aufgrund der Todeserklärung die neue Ehe mit dem Studienrat Dr. Buchner einging, wurde die frühere Ehe aufgelöst. Und sie bleibt es auch dann, wenn die Todeserklärung nunmehr aufgehoben wird (§ 43 EheG). Dr. Forschmann kann nämlich nach § 23 Todeserklärungsgesetz bei dem Gericht, das seinen Tod erklärt hat, den Antrag stellen, die Todeserklärung wieder aufzuheben. Wenn der für tot Erklärte persönlich vor Gericht erscheint und die **Aufhebung** der Todeserklärung verlangt, so hat das Gericht ohne weiteres Verfahren diese Aufhebung auszusprechen. Voraussetzung ist, dass die Identität des Antragstellers mit dem für tot Erklärten unzweifelhaft feststeht.

In unserem Fall gelingt die Aufhebung ohne weiteres. Nun müsste das Standesamtsregister wieder berichtigt werden. Dr. Forschmann kann sein Vermögen zurückverlangen. Ansprüche gegen Personen, die Vermögensstücke erworben haben, sind je nach deren Redlichkeit oder Unredlichkeit zu beurteilen.

Susanne hingegen bleibt mit dem Studienrat Dr. Buchner verheiratet. Sie könnte jedoch nach § 44 EheG die Aufhebung der Ehe mit Buchner im Wege der **Aufhebungsklage** begehren, da sie bei der Eheschließung nicht gewusst hat, dass ihr für tot erklärter erster Ehegatte die Todeserklärung überlebt hat. Sie kann sich diesen Entschluss ein Jahr überlegen, gerechnet ab Erhalt des Telegramms; nach Ablauf dieser Frist ist die Aufhebungsklage nicht mehr möglich.

Wenn die Aufhebung der Ehe mit Dr. Buchner durchgeführt ist, kann Susanne, solange Dr. Forschmann lebt, nur noch die Ehe mit diesem eingehen. Denn sie soll durch die Aufhebung der neuen Ehe nur den Weg zu ihrer alten Ehe freimachen können, sie aber nicht dazu benützen können, einen anderen Mann zu heiraten.

Sollte nach erfolgter Aufhebung der zweiten Ehe die Wiederverheiratung Susannes und Hans Forschmanns scheitern, etwa weil sich dieser inzwischen anderweitig gebunden hat, so wird jetzt durch die gesetzliche Regelung für Susanne ein recht merkwürdiger Rechtszustand geschaffen. Zwar ist es bestimmender Zweck des § 44 EheG, dem zweimal verheirateten Gatten die Rückkehr zu seinem früheren Gatten zu ermöglichen, also diesen neuerlich zu heiraten; trotzdem wird der Aufhebungsklage auch dann stattgegeben, wenn diese Wiedervereinigung aus tatsächlichen oder rechtlichen Gründen nicht möglich ist.

Was, wenn z. B. der heimgekehrte Völkerkundler nach Überwindung des ersten Schmerzes selbst wieder geheiratet hätte oder wenn er geisteskrank wäre? Susanne kann auch dann ihre Ehe mit Dr. Buchner zur Aufhebung bringen. Die Ehe des Zurückgekehrten könnte ja wieder aufgelöst werden, seine Geisteskrankheit ist vielleicht zu heilen. Zu Lebzeiten des Heimkehrers ist es Susanne verboten, einen anderen Mann als diesen zu heiraten; eine Befreiung wird **nicht** erteilt.

Lebensgemeinschaft

Lebensgefährten: Partner ohne Rechte

Im Bekanntenkreis von Karl Jedermann spielt sich ein trauriger Fall ab: Sie hatten beide gescheiterte Ehen hinter sich. Ihre war kinderlos geblieben und aus dem Verschulden des Mannes geschieden worden, er hatte einen Sohn aus erster Ehe, die wegen ständiger Reibereien auseinandergegangen war. Auf einem Betriebsfest lernten sie einander kennen. Aus der Freundschaft wurde eine Lebensgemeinschaft. Die Gemeinschaft dauerte zehn Jahre. Dann geschah es: Der Mann kehrte von einer Dienstfahrt nicht mehr zurück. Er war auf der Autobahn gegen einen Lkw geprallt. Zurück blieb die Lebensgefährtin. Und kein Testament.
Die Frau wandte sie sich wegen ihrer Ansprüche an das Nachlassgericht. Man konnte ihr aber nichts anderes sagen, als dass sie keinerlei Erb- oder sonstige Ansprüche habe. Als Lebensgefährtin sei sie praktisch rechtlos, gewissermaßen ein Mensch zweiter Klasse. Das ganze Vermögen des Verstorbenen erbte sein Sohn, mit dem der Mann kaum Kontakt gehabt und der sich auch nie um den Vater gekümmert hatte.

Die Lebensgemeinschaft wird trotz ihrer großen Verbreitung und praktischen Bedeutung in keinem der Paragraphen des ABGB erwähnt. Wenn dort von Lebensgemeinschaft die Rede ist, dann ist damit die eheliche gemeint.

Was ist überhaupt eine Lebensgemeinschaft?

Der Oberste Gerichtshof hat sich wiederholt um eine einschlägige Definition bemüht.

§§ »Eine Lebensgemeinschaft setzt im allgemeinen eine Geschlechts-, Wohn- und Wirtschaftsgemeinschaft voraus«, doziert er in den Ehe- und familienrechtlichen Entscheidungen (EFSlg); dabei kann allerdings »auch das eine oder andere Merkmal weniger ausgeprägt sein oder ganz fehlen; regelmäßig kommt es auf die Umstände des Einzelfalles an«.
Aber: »Eine bloße Geschlechtsgemeinschaft, gemeinsame Wochenendausflüge und häufiger Aufenthalt des Mannes in der Wohnung einer Frau erfüllen nicht die Voraussetzung einer Lebensgemeinschaft.«

Mit anderen Worten: Das, was der Wiener ein »Pantscherl« nennt, ist noch keine Lebensgemeinschaft.
Das Höchstgericht hat die Lebensgemeinschaft folgendermaßen definiert,

§§ daß die beiden Partner Freud und Leid miteinander teilen, einander Beistand und Dienste leisten und einander an den zur Bestreitung des Unterhaltes, der Zerstreuung und der Erholung dienenden gemeinsamen Gütern teilnehmen lassen; es handelt sich um eine aus einer seelischen Gemeinschaft und dem Zusammengehörigkeitsgefühl entstandene Bindung und ihren äußeren Ausdruck.

Welche Rechte haben die Lebensgefährten?

Untereinander besteht zwischen Lebensgefährten **kein gesetzlicher Erbanspruch**, ganz gleich, wie lange die Gemeinschaft zwischen ihnen gedauert hat und wie gut sie funktioniert hat. Es bleibt nur die Möglichkeit, sich gegenseitig **testamentarisch zu Erben einzusetzen**. Das macht bei Unverheirateten – sieht man von den zu wahrenden Pflichtteilsansprüchen allenfalls vorhandener Kinder ab – auch keine Schwierigkeiten.

Anders sieht die Sache dann aus, wenn zumindest einer der Partner verheiratet ist. Denn für diesen (oder diese) Verheiratete(n) ist ja die Lebensgemeinschaft mit einem anderen Partner sozusagen ein permanenter Ehebruch und da heißt es, an die Bestimmung des § 543 ABGB zu denken, wonach

§§ Personen, welche des Ehebruchs gerichtlich geständig oder überwiesen sind, unter sich von dem Erbrecht aus einer Erklärung des letzten Willens ausgeschlossen werden.

In einem solchen Fall – etwa bei gerichtlicher Feststellung des Ehebruchs in einem Scheidungsprozess – gilt also das »Geliebtentestament« nicht.

Hier stehen immerhin Gesetzesparagraphen zur Verfügung, selbst wenn die Worte »Lebensgefährte« oder »Lebensgefährtin« darin gar nicht vorkommen. Ansonsten aber lässt das Gesetz Lebensgefährten ganz einfach dadurch im Stich, dass es über ihre rechtlichen Beziehungen zueinander gar nichts sagt. Was bleibt da übrig, als »Ersatz für das Gesetz« zu suchen und zu finden, und zwar in – zweckmäßigerweise schriftlich zu treffenden – Vereinbarungen.

Vermögensaufstellung

Das beginnt mit einer **Vermögensaufstellung**. Die kann zwar auch unter Ehepartnern durchaus zweckmäßig sein, bei Lebensgefährten ist sie aber oft pure Notwendigkeit. Man muss sich eines vor Augen halten: Eine Ehe wird immerhin vor dem Standesbeamten geschlossen und kann – auch bei Einvernehmlichkeit über die Scheidung – nur durch den Scheidungsrichter wieder getrennt werden. Eine »bloße« Lebensgemeinschaft ist hingegen jederzeit auflösbar, und zwar ohne dass es der Anrufung einer staatlichen Behörde oder sonst einer Förmlichkeit bedarf. Und nicht nur dann, wenn beide Partner die Auflösung wollen, sondern faktisch auch dann, wenn das nur einer wünscht und die Trennung ganz einfach vollzieht. Kommt es zwischen Lebensgefährten zu »quasi-ehelichen« Auseinandersetzungen, haben sie mit einer solchen Vermögensaufstellung eine Grundlage für die unvermeidliche finanzielle Regelung. Bei (ehemaligen) Ehegatten gibt es Paragraphen für eine solche Auseinandersetzung, nämlich für die Aufteilung der ehelichen Ersparnisse und des ehelichen Gebrauchsvermögens (§§ 81–98 EheG). Bei (ehemaligen) Lebensgefährten gibt es solche Paragraphen nicht, die Aufteilung spielt sich mehr oder minder im rechtsfreien Raum ab, eine Vermögensaufstellung ist dann sehr hilfreich.

Unterhaltsanspruch

Lebensgefährten, vor allem die Gefährtin gegen den Gefährten, haben **keinen** gesetzlichen Unterhaltsanspruch. Diesen gibt es nur zwischen Kindern und Eltern (hilfsweise auch zwischen Enkeln und Großeltern) einerseits und zwischen Ehegatten (nicht nur in aufrechter Ehe lebenden, sondern unter Umständen auch geschiedenen) andererseits. Alle übrigen Unterhaltsleistungen, seien es solche zwischen Geschwistern oder eben zwischen Lebensgefährten, beruhen vielleicht auf einer moralischen, keineswegs aber auf einer gesetzlichen Verpflichtung.

Ein wichtiges Recht haben Lebensgefährten allerdings doch, und zwar im Bereich des Wohnungswesens. Nach dem Tod eines Hauptmieters ist nämlich auch seine Lebensgefährtin (und umgekehrt) berechtigt, in die **Hauptmietrechte** einzutreten, wenn sie schon bisher mindestens drei Jahre im gemeinsamen Haushalt mit ihm in dieser Wohnung gelebt hat. Diese Frist fällt weg, wenn die Wohnung von beiden

Partnern gemeinsam bezogen wurde (§ 14 Mietrechtsgesetz) Voraussetzung des Eintrittsrechts ist aber jedenfalls immer ein dringendes **Wohnbedürfnis**.

Welche Rechte haben die Kinder?

Kinder aus einer Lebensgemeinschaft gelten als **unehelich**. Sie erhalten daher den **Familiennamen der Mutter**. Auch mit der Obsorge für das uneheliche Kind (Pflege und Erziehung, Vermögensverwaltung und gesetzliche Vertretung) ist die Mutter allein betraut (§ 166 erster Satz ABGB).

Ansonsten jedoch gibt es heutzutage fast keine Unterschiede in der rechtlichen Stellung von ehelichen und unehelichen Kindern; insbesondere der **Unterhaltsanspruch**, der gegen beide Elternteile besteht (und hilfsweise auch gegen **beide** Großelternpaare), ist der gleiche. Heißt es doch ausdrücklich in § 166 ABGB, dass »die das eheliche Kind betreffenden Bestimmungen über den Unterhalt und die Obsorge auch für das uneheliche Kind« gelten.

Auch **erbrechtlich** sind uneheliche Kinder den ehelichen gleichgestellt: Sie erben nicht nur nach der Mutter und den mütterlichen Verwandten (etwa den Großeltern mütterlicherseits) ebenso wie eheliche Kinder, sondern auch nach dem Vater und seinen Angehörigen (etwa den Großeltern väterlicherseits).

Die Ehescheidung und ihre Folgen

Omar, der Ehemann Ulrikes, unterhält Beziehungen zu einer anderen Frau und geht nach der Geburt des Kindes Konrad seine eigenen Wege. Ulrike beklagt sich häufig bei ihrem Vater und Karl Jedermann sieht, dass der Fortbestand dieser Ehe sie nur unglücklich machen würde. Er rät daher zur Scheidung. Ulrikes Ehe ist allem Anschein nach nicht mehr zu retten. Nach einer informativen Besprechung übernimmt Dr. Rasch Ulrikes rechtsfreundliche Vertretung.

Sachliche und örtliche Zuständigkeit

Nach § 76 Jurisdiktionsnorm ist die sachliche Zuständigkeit (Bezirksgericht) und die örtliche Zuständigkeit wie folgt geregelt:

- Grundsätzlich ist das Bezirksgericht des **gemeinsamen** oder letzten gemeinsamen gewöhnlichen Aufenthalts der Ehegatten im Inland maßgebend, vorausgesetzt, dass noch einer der Gatten im Zeitpunkt der Klage im Sprengel dieses Gerichts wohnt. Für die Begründung eines gewöhnlichen Aufenthalts ist erforderlich, dass dieser eine gewisse Dauer hat und dort auch tatsächlich der Mittelpunkt des ehelichen Lebens liegt.
- Besteht kein gemeinsamer gewöhnlicher Aufenthalt oder wohnt bei Klageerhebung kein Teil mehr im Sprengel des dortigen Gerichts, wird der gewöhnliche Aufenthalt des **Beklagten** entscheiden.
- Besteht auch kein solcher Aufenthalt des Beklagten, ist das Bezirksgericht am gewöhnlichen Aufenthaltsort des Klägers und in letzter Linie das Bezirksgericht Innere Stadt Wien zuständig.

Nicht jede Ehescheidung muss in einen erbitterten Kampf ausarten. Am zweckmäßigsten ist es, wenn beide Parteien die für den Ehescheidungsprozess vorgesehenen Rechtsanwälte veranlassen, sich vorher zu besprechen.

Es ist verständlich, dass Ulrike ein Rachebedürfnis hat und versuchen wird, dass die Ehe wegen der von Omar begangenen Ehebrüche geschieden wird. Sie würde dadurch einmal erreichen, dass im Urteil als **Scheidungsgrund** das Verhältnis mit einer anderen Frau aufscheint. Zur Befriedigung ihrer Rache würde Ulrike in den Ehescheidungsprozess viel Schärfe bringen, was wieder dazu führt, dass Omar sich mit allen Mitteln wehren wird. Da auch Ulrike sicher der eine oder andere Fehler in der Ehe unterlaufen ist (siehe Verpflichtungen in der Ehe, Seite 297 ff) würde Omar seinen Prozessbevollmächtigten veranlassen, alles und jedes vorzutragen, was Ulrike nur irgendwie belasten könnte und dafür auch den Beweis antreten (etwa dass sie zänkisch war, dass sie häufig grundlos Launen hatte, ihm hässliche Szenen vor anderen Leuten gemacht habe und so weiter). Sollte sich auch nur ein Bruchteil all dieser Behauptungen als wahr herausstellen, so würden die Aufregungen und seelischen Verletzungen für Ulrike in diesem Prozess, der sich über Monate, wenn nicht Jahre hinziehen wird, den Erfolg nicht aufwiegen, dass die Ehe schließlich wegen Ehebruchs des Ehemannes geschieden wird.

Auf Anraten von Dr. Rasch ist Ulrike damit einverstanden, dass mit dem Prozessbevollmächtigten des Omar Gras verhandelt wird; Omar wird zugeben, die Ehe dadurch zerrüttet zu haben, dass er sich nicht um seine Gattin gekümmert hat und mit anderen Frauen unerlaubte Beziehungen unterhalten hat. Jetzt kann vor dem Notar gewissenhaft ein **Unterhaltsvertrag** geschlossen werden, wonach z. B. Omar für das Kind Konrad einen monatlichen Unterhalt von € 300,– zu Handen Ulrikes zahlen wird und als Unterhalt für die schuldlos geschiedene Ehefrau monatlich € 600,– zu zahlen hat.

Ehescheidungsklage

Nunmehr bringt Dr. Rasch die **Ehescheidungsklage** ein. Da die Parteien untereinander einig sind, wird er erreichen, dass die Ehe mit der Alleinschuld des beklagten Ehemannes geschieden wird. Wenn der mit dem Scheidungsakt Ulrike gegen Omar Gras befasste Richter Dr. Kluge aus den bisher gewechselten Schriftsätzen ersieht, dass der Rechtsstreit sich mühelos erledigen lassen wird, setzt er einen nahen Termin an. Er wird auf das persönliche Erscheinen der durch ihren Rechtsanwalt vertretenen Prozessparteien Wert legen, wenn nicht wichtige Gründe dagegensprechen. Dazu verpflichtet ihn § 460 Z. 1 ZPO. Da beide Anwälte übereinstimmend auf Rechtsmittel verzichten und dadurch das Urteil sofort rechtskräftig werden lassen, wird der Prozess beim ersten Termin endgültig erledigt.

Allerdings muss das **Urteil** noch **zugestellt** und die Zustellung von den Parteien erlebt werden. Wenn also ein Teil zwischen Verkündung und Zustellung des Urteils sterben sollte, wäre die Ehe nicht durch Scheidung aufgelöst worden.

Ehescheidungsprozess

Lässt sich eine gütliche Einigung nicht erzielen, z. B. weil Omar der Ansicht ist, er werde eine Mitschuld seiner Ehefrau erreichen und dadurch von jeder Unterhaltsverpflichtung ihr gegenüber enthoben, so muss Ulrike den dornenvollen Weg einer durchkämpften Ehescheidung gehen und ihrem Anwalt alles an Tatsachen vortragen, was ihrer Meinung nach ihrem Ehemann als **Eheverfehlung** angelastet werden kann. Sie soll ihrem Anwalt ruhig auch solche Tatsachen mitteilen, die schon einige Jahre zurückliegen. Zwar ist es an und für sich richtig, dass in einem Ehescheidungsprozess nur solche ehewidrigen Tatsachen interessieren, die nach dem letzten ehelichen

Verkehr liegen. Zur Illustrierung und Verdeutlichung solcher Eheverfehlungen können jedoch auch weiter zurückliegende Tatsachen herangezogen werden.

Verfahrensvorschriften

Grundsätzlich sind auf das Eheverfahren die **Vorschriften der Zivilprozessordnung** (ZPO) anzuwenden, jedoch mit gewissen Ausnahmen: Vergleiche, Anerkenntnis- und Verzichtsurteile sind in »reinen« Ehesachen (bei denen es also nicht um Geld oder sonstige Vermögenswerte geht) unzulässig. Die Ehescheidungsklage kann auch **zu Protokoll gegeben** werden. Im Protokoll sind die Geburtsdaten der Parteien, Anzahl und Alter ihrer Kinder und der Zeitpunkt der Eheschließung festzuhalten; weiters, ob Ehepakte errichtet worden sind. Es besteht **relative Anwaltspflicht**, das heißt, es bedarf keiner Vertretung im Prozess; wird aber ein Vertreter bestellt, dann ist ein Anwalt zu bestellen, sofern in dem betreffenden Ort wenigstens zwei Rechtsanwälte ihren Sitz haben. Ein Abwesenheitskurator kann zwar die beklagte Partei vertreten, ist aber nicht zur Erhebung einer Klage im Eheverfahren befugt.

Das Gericht hat die Parteien zum persönlichen Erscheinen aufzufordern, wenn nicht wichtige Gründe dagegen sprechen. Auch zur vorbereitenden Tagsatzung (§ 258 ZPO) hat die Partei – Kläger bzw. Beklagter – selbst zu erscheinen.

Im Scheidungsverfahren hat das Gericht am Beginn der mündlichen Streitverhandlung zunächst eine Versöhnung der Ehegatten anzustreben (**Versöhnungsversuch**) und überdies in jeder Lage des Verfahrens, soweit tunlich, auf eine Versöhnung hinzuwirken.

Möchte der eine Partner dem anderen nach Einbringen der Klage noch eine Chance geben, so kann er das Verfahren jederzeit »**ruhen**« lassen. Das bedeutet, dass innerhalb der nächsten drei Monate keine gerichtlichen Schritte gesetzt werden können und danach auch nur, wenn einer der beiden Streitteile einen so genannten »Fortsetzungsantrag« stellt.

Die Verhandlung in Ehesachen ist **nicht öffentlich**. Es handelt sich um eine jener in der Verfassung vorgesehenen Ausnahmen von der Öffentlichkeit der Gerichtsverhandlungen. Allerdings gilt der Ausschluss der Öffentlichkeit nicht für die Verkündung des Urteilsspruches, wohl aber für die Gründe. Das Urteil wird wohl nach Herstellung der Öffentlichkeit verkündet, doch werden dabei nicht die Gründe verlesen, sondern nur der so genannte Urteilstenor, also ungefähr: »Die zwischen den Streitteilen am ... vor dem Standesamt ... geschlossene Ehe wird mit der Wirkung geschieden, dass sie mit Rechtskraft des Urteils als aufgelöst gilt. Das Verschulden trifft die beklagte Partei. Die beklagte Partei ist schuldig, der klagenden Partei die mit € ... bestimmten Prozesskosten binnen 14 Tagen bei Exekution zu bezahlen.«

Verfahrenshilfe bei Ehescheidungen

Viele Ehescheidungen werden heute mit **Verfahrenshilfe** durchgeführt (Voraussetzungen für ihre Gewährung siehe Seite 77 f.). Die Verfahrenshilfe wird vom Gericht nur bewilligt, wenn die Klage Aussicht auf Erfolg verspricht und die wirtschaftlichen Voraussetzungen vorliegen. Es darf sich nicht um eine mutwillige Prozessführung handeln. Das ist bei Ulrike auch nicht der Fall, weshalb ihr die Verfahrenshilfe bewilligt werden wird.

Die Tendenz des Eheverfahrens geht dahin, bei Scheidungen und Aufhebungen die amtliche Wahrheitsforschung auf die ehefreundlichen Tatsachen einzuschränken.

Gründe, die gegen die Aufrechterhaltung der Ehe sprechen, werden nicht von Amts wegen erforscht. Will das Gericht eine nicht vorgebrachte ehefeindliche Tatsache berücksichtigen, so muss es dazu die Zustimmung des Klägers einholen. So groß die grundsätzliche Bedeutung dieser Vorschrift ist, so gering ist ihre praktische. Die Partei, die eine Lösung der Ehe erstrebt, wird ohnedies zur Durchsetzung ihres Standpunkts alle verwertbaren Umstände in weit größerem Maße heranziehen als dies dem Gericht praktisch möglich wäre. Im Nichtigkeitsverfahren und im Verfahren zur Feststellung des Bestehens oder Nichtbestehens einer Ehe wird dagegen nicht zwischen ehefreundlichen und ehefeindlichen Tatsachen unterschieden. Hier gilt der Grundsatz der amtlichen Wahrheitsforschung uneingeschränkt.

Gerichtsgebühren

Die **Gerichtsgebühr** für eine Scheidungsklage beträgt € 191,–. Ebenso hoch ist die Pauschalgebühr für einen Antrag auf Aufteilung des ehelichen Gebrauchsvermögens und der ehelichen Ersparnisse (§§ 81–96 EheG).

Ehescheidungsgründe

Wenn ein reguläres Scheidungsverfahren in Gang kommt, wird die ganze schmutzige Wäsche der Gras-Ehe gewaschen. Ulrike bringt sämtliche Verfehlungen vor, die sich ihr Ehemann in den vergangenen Jahren zuschulden kommen ließ. Omar wiederum kann sich gegen die von Ulrike über ihren Rechtsanwalt eingebrachte Klage mit Einreden verteidigen; oder er kann auch seinerseits eine **Gegen**- oder **Widerklage** erheben, über die das Gericht im selben Verfahren entscheiden wird.

Einvernehmliche/streitige Scheidung

Wir kennen somit zwei Arten der Scheidung in Österreich, nämlich die einvernehmliche und die streitige Scheidung. Erstere ist auch die weitaus häufigere: Von den in Österreich ausgesprochenen Scheidungen erfolgen fast 90 Prozent einvernehmlich nach § 55a EheG.

Verschuldensprinzip

Sofern die Scheidung nicht einvernehmlich erfolgt, ist ein **Scheidungsgrund** die Voraussetzung hierfür. Die Scheidungsgründe müssen nach der Eheschließung entstanden sein; sie sind im Ehegesetz abschließend aufgezählt. Diese Gründe sind so umgrenzt, dass sie einen gewissen Spielraum lassen und dadurch der Vielfalt des Lebens entsprechen. Zwei Grundsätze, das Verschulden und die Zerrüttung, standen dabei dem Gesetzgeber zur Wahl. Das Ehegesetz hat zwischen dem persönlichen Prinzip des **Verschuldens** und dem sachlichen Grundsatz der **Zerrüttung** einen Mittelweg gewählt. Dadurch ergibt sich folgende Einteilung der Scheidungsmöglichkeiten nach dem derzeit geltenden Eherecht:

Scheidung wegen Verschuldens

Anstelle der besonderen Scheidungsgründe der §§ 47 und 48 EheG (Ehebruch und Verweigerung der Fortpflanzung ohne triftigen Grund) tritt ein neuer Satz im § 49 EheG (schwere Eheverfehlungen), der als Scheidungsgrund körperliche Gewalt oder die Zufügung seelischen Leides definiert. Gerichtlich strafbar ist der Ehebruch nicht mehr. Hier der volle Wortlaut des nunmehr als einzige Gesetzesstelle die Scheidung wegen Verschuldens (Eheverfehlung) behandelnden **§ 49 EheG**:

§§ Ein Ehegatte kann Scheidung begehren, wenn der andere durch eine schwere Eheverfehlung oder durch ehrloses oder unsittliches Verhalten die Ehe schuldhaft so tief zerrüttet hat, dass die Wiederherstellung einer ihrem Wesen entsprechenden Lebensgemeinschaft nicht erwartet werden kann. Eine schwere Eheverfehlung liegt insbesondere vor, wenn ein Ehegatte die Ehe gebrochen oder dem anderen körperliche Gewalt oder schweres seelisches Leid zugefügt hat. Wer selbst eine Verfehlung begangen hat, kann die Scheidung nicht begehren, wenn nach der Art seiner Verfehlung, insbesondere wegen des Zusammenhangs der Verfehlung des anderen Ehegatten mit seinem eigenen Verschulden sein Scheidungsbegehren bei richtiger Würdigung des Wesens der Ehe sittlich nicht gerechtfertigt ist.

Eheverfehlungen

Eheverfehlung ist jede Verletzung einer ehelichen Pflicht (Treuepflicht, Fürsorgepflicht, Achtungspflicht, Hingabepflicht, Pflicht zur häuslichen Gemeinschaft). Jeder Ehegatte ist verpflichtet, dem anderen nicht nur die Ausübung der ehelichen Rechte zu gestatten und möglich zu machen, sondern auch die Erfüllung der ehelichen Pflichten zu ermöglichen. Die eheliche Gemeinschaft verpflichtet zur gegenseitigen Achtung, Rücksichtnahme und zum ehrlichen Bemühen, dem anderen Ehepartner das Zusammenleben erträglich zu machen.

Schwere Eheverfehlung

Um **Scheidungsgrund** zu sein, muss die Eheverfehlung schwer sein und die Ehe so tief zerrüttet haben, dass die Wiederherstellung der Lebensgemeinschaft nicht zu erwarten ist.

☛ Die Wiederholung oder lang anhaltende Dauer einer Verfehlung kann eine an sich leichte Verfehlung zu einer schweren machen. Es kann aber auch ohne Wiederholung einzelner Verfehlungen gleichsam durch eine Häufung verschiedener Verfehlungen unterschiedlicher Art das Gesamtverhalten eines Ehegatten als schwere Eheverfehlung beurteilt werden. Ein solches Gesamtverhalten verliert auch nicht dadurch den Charakter einer schweren Verfehlung, dass die ersten Verfehlungen verziehen sind. Leichte Verfehlungen können das Fass zum Überlaufen bringen, besonders wenn schwere Verfehlungen vorangegangen sind. Verfehlungen eines Ehegatten, dem schon viel verziehen wurde, wiegen schwerer als erste Verfehlungen. Im Allgemeinen übernimmt aber der Ehegatte, der eine schwere Verfehlung verzeiht, damit die Pflicht, seinerseits die Ehe so gut als möglich zu gestalten.

Schwere Eheverfehlungen sind Diebstahl und Betrug, sofern der andere Ehegatte nicht daran teilgenommen und sie nicht gebilligt hat; Ausübung eines schimpflichen Gewerbes (Zuhälter, Prostituierte), lasterhafter Lebenswandel (Rauschgiftsucht) und unzüchtiges Verhalten (Perversitäten, gleichgeschlechtliche Beziehungen, gewohnheitsmäßige Onanie); Liebesbeziehungen des Ehegatten zu einer anderen Person, aber auch das grundlose Aufsuchen einer andersgeschlechtlichen Person in deren Wohnung durch einen Ehegatten gegen den ausgesprochenen Willen des anderen Ehegatten. Schwere Eheverfehlungen sind weiters die Mitteilung intimer Vorgänge des Ehelebens an Dritte, eine zu starke geschlechtliche Inanspruchnahme des anderen Ehegatten oder beleidigende Hinweise auf verminderte sexuelle Leistungsfähigkeit. Auch andauerndes liebloses und geradezu feindseliges Verhalten stellt sich als eine schwere Eheverfehlung dar. Als schwere Eheverfehlungen besonders hervorgehoben sind im Gesetz der Ehebruch sowie die Zufügung körperlicher Gewalt und schweren seelischen Leides gegenüber dem Ehepartner. Der Ehegatte muss darauf bedacht sein, alles zu vermeiden, was geeignet ist, Zweifel an seiner ehelichen Treue zu erwecken, sodass ein objektiv berechtigter Verdacht nicht entstehen kann.

☛ **Schwere Eheverfehlungen** sind ferner Misshandlungen des Ehepartners, Misshandlung der Kinder, ständige Streitigkeiten, Zanksucht, Eifersuchtsszenen und schwere Beschimpfungen, die nicht durch das Verhalten des anderen Teils ausgelöst werden, Bedrohungen des Ehepartners, Vernachlässigung der Unterhaltspflicht, arge und durch längere Zeit anhaltende und auf Böswilligkeit beruhende Vernachlässigung des Haushalts, freundschaftlich vertrauter Verkehr mit einer Person des anderen Geschlechts, wenn er gegen den ausdrücklichen oder erkennbar gezeigten Willen des anderen Gatten fortgesetzt wird, Kleinlichkeit bei der Hingabe des Haushaltsgeldes, eigenmächtige Verfügung über Hausrat, Einbeziehung von Kindern in eheliche Streitigkeiten, eigenmächtige Aufhebung der Ehegemeinschaft ohne besonderen Grund, Vernachlässigung der Kindererziehung, Trunkenheitsexzesse, Arbeitsunwilligkeit einer Jungbäuerin, Nichtmitwirkung im bäuerlichen Betrieb.

Als **Eheverfehlungen** werden des Weiteren angesehen: der ungerechtfertigte Vorwurf eines blutschänderischen Verhältnisses, die Entwendung von Filmen und das Öffnen der Post, Alkoholisierung und damit verbunden eine Verunreinigung der Wohnung, Erstatten von unbegründeten Anzeigen, gewaltsames Aufbrechen einer Lade und Ansichnehmen der Korrespondenz des Ehepartners, Aufhetzen der Kinder gegen den anderen Elternteil, das eigenmächtige Wegbringen der Kinder; die Verweigerung des ehelichen Verkehrs, sofern nicht berechtigte Gründe dafür vorliegen; die völlige Vernachlässigung der Familie in der Weise, dass der Mann seine Freizeit grundsätzlich nicht mit Frau und Kind verbringt; eine einmalige Misshandlung, wenn sie in Gegenwart von Außenstehenden begangen wurde und damit eine Demütigung darstellt; bewusste zynische Kränkung des anderen Ehegatten, länger dauerndes beharrliches Schweigen, berufsschädigende Kritik vor dritten Personen, Szenen am Arbeitsplatz, das Installieren einer Abhöranlage; Szenen, wenn der Ehemann zu Sitzungen geht; ständige Rechthaberei und Nörgelei, eigenmächtiges Abheben von Spareinlagen, das Verschweigen des Einkommens.

Keine Eheverfehlung ist ein Selbstmordversuch, der ein durch den Ehepartner veranlasster Verzweiflungsakt war. Keine Eheverfehlung ist weiters die gerechtfertigte Geltendmachung von Unterhaltsansprüchen; ebenso eine tätliche Beleidigung ohne jede Folge, die vom anderen Ehegatten provoziert wurde. Keine schweren Eheverfehlungen sind Anzeigen, die aus Besorgnis um die eigene Sicherheit erstattet werden; auch milieubedingte Entgleisungen besitzen nicht das Gewicht von schweren Eheverfehlungen.

Ehezerrüttung

Nicht jede Eheverfehlung ist auch ehezerrüttend. Zerrüttung der Ehe liegt vor, wenn die sittlichen Grundlagen der Ehe zerstört sind, wenn also die geistig-seelisch-körperliche Gemeinschaft zwischen den Ehegatten wenigstens auf einer Seite auch subjektiv zu bestehen aufgehört hat. Es kommt entscheidend darauf an, ob das Verhalten des schuldigen Teils geeignet war, dem anderen Gatten die Fortsetzung der Ehe unerträglich zu machen, und ob es auch diese Wirkung gehabt hat.

Die Bereitwilligkeit des schuldigen Ehegatten zur Fortsetzung der Ehe und seine Zusicherung, sich zu ändern, sind für die Beurteilung der Ehezerrüttung **unerheblich**. Einer zufolge der Jugend der Streitteile auf Überempfindlichkeit und trotzige Unnachgiebigkeit zurückgehenden Überbewertung von Vorfällen fehlt die Eignung, eine

Ehe unheilbar zu zerrütten. Die Ehezerrüttung braucht **nicht sofort und auf einmal** eingetreten zu sein. Nach § 59 Abs. 2 EheG können auch verjährte Eheverfehlungen unterstützungsweise geltend gemacht werden, wenn nur eine neue Pflichtverletzung hinzugekommen ist, die nicht schwer zu sein braucht.

Die **Ehezerrüttung** ist ein in der Psyche des Klägers eingetretener Zustand, der seinen Ausdruck in dem unwiederbringlichen Verlust der ehelichen Gesinnung findet. Es handelt sich dabei um einen inneren, dem Seelen- und Empfindungsleben angehörenden Vorgang, der nicht die Geschäftsfähigkeit des verletzten Ehegatten voraussetzt. Das eheliche Gefühl muss beim Kläger zerstört sein, sodass ihm der Wille, die Ehe fortzusetzen, verloren gegangen ist. Die bei ihm eingetretene Entfremdung muss derart sein, dass es ihm nicht mehr möglich ist, seinem Ehegatten die ihm nach dem Wesen der Ehe geschuldete Liebe und Achtung entgegenzubringen. Diese Abkehr kann sich unbewusst und vom Willen des betroffenen Ehegatten unbeeinflusst als Folge der ihm zugefügten Kränkung ergeben, sie kann aber auch mit auf einem Willensentschluss beruhen. Diese Abkehr muss aber Ausdruck des eigenen Wesens und der subjektiven Einstellung und Empfindung des verletzten Ehegatten sein (also nicht etwa unter Einfluss der Eltern).

Die Tiefe der Zerrüttung hängt davon ab, wie stark die Verletzung vom klagenden Ehegatten empfunden worden ist; entscheidend ist die sittliche Wertung des Verhaltens des schuldigen Teils durch den Kläger. Nach dem Grad der Zerrüttung ist zu beurteilen, ob Aussichten für eine **Wiederherstellung** der ehelichen Gemeinschaft gegeben sind. Die berechtigte Annahme, dass die häusliche Gemeinschaft aufrechterhalten oder wieder aufgenommen wird, reicht allerdings nicht ohne weiteres aus, da die Fortsetzung oder Wiederherstellung der häuslichen Gemeinschaft häufig von Zweckmäßigkeitserwägungen und nicht von der inneren Einstellung der Ehegatten abhängig sein kann. Jedenfalls muss der **Verlust der ehelichen Gesinnung** objektiv eingetreten sein; die bloße Tatsache, dass der gekränkte Ehegatte die Scheidungsklage eingebracht hat, berechtigt nicht zu der Annahme, dass die Ehe in seiner Person unheilbar zerrüttet ist.

Zerrüttungsprinzip

In der Regierungsvorlage zum Eherechts-Änderungesetz 1999 heißt es diesbezüglich:

§§ Künftig soll das **Zerrüttungsprinzip** insofern **stärker in den Vordergrund** gerückt werden, als künftig jeder schuldhafte Verstoß gegen die aus den persönlichen Rechtswirkungen der Ehe erfließenden Pflichten nur dann als Scheidungsgrund (schwere Eheverfehlung) in Betracht kommt, wenn dadurch die Ehe so tief zerrüttet wurde, dass die Wiederherstellung einer ihrem Wesen entsprechenden Lebensgemeinschaft nicht erwartet werden kann. In concreto ist dies das Abgehen von der gesetzlichen Anerkennung so genannter **absoluter Scheidungsgründe**, die ein darauf gestütztes Scheidungsbegehren jedenfalls, also unabhängig von der Frage der ehezerrüttenden Wirkung des geltend gemachten Verhaltens, rechtfertigen. Schließlich kann auch – wie die Rechtsprechung zeigt – nicht generell, also losgelöst vom jeweiligen Einzelfall, davon ausgegangen werden, dass einem Ehebruch jedenfalls größeres ehezerstörendes Gewicht zugeschrieben werden muss als anderen gravierenden Eheverfehlungen. Dies wird auch an dem zweiten, in § 49 EheG exemplarisch als Scheidungsgrund genannten Fehlverhalten (nämlich der **Zufügung körperlicher Gewalt oder schweren seelischen Leides**) deutlich, das ja bisher schon wegen seiner Häufigkeit als Scheidungsgrund in der forensischen Praxis hohe Bedeutung hatte. Zusammenfassend zu diesem Punkt lässt sich also sagen, dass der Ehebruch durch seine Einordnung in die relativen Scheidungsgründe keineswegs als Eheverfehlung bagatellisiert wird, dass aber die Frage des absoluten Charakters nichts mit dem Gewicht zu tun hat, das dem Ehebruch in einem konkreten Fall bei der Verschuldensabwägung zukommt.

Hinderungsgründe

Die **Scheidung wegen Verschuldens** (schwere Eheverfehlungen) ist in zwei Fällen nicht möglich:

— zum einen dann, wenn sich aus dem Verhalten des betroffenen Ehegatten ergibt, dass er die Verfehlung des anderen verziehen oder sie nicht als ehestörend empfunden hat (Verzeihung), wobei aber Verbleiben im Haushalt und Gestattung des ehelichen Verkehrs nicht unbedingt eine solche Verzeihung darstellen muss;

— zum anderen dann, wenn der betreffende Ehegatte die Scheidungsklage nicht innerhalb von sechs Monaten ab Kenntnis des Scheidungsgrundes einbringt (Fristablauf). Die Frist läuft jedoch so lange nicht, als die häusliche Gemeinschaft der Ehegatten aufgehoben ist. Überhaupt **nicht mehr zulässig** ist die Scheidung, wenn seit dem Eintritt des Scheidungsgrundes zehn Jahre verstrichen sind (absolute Verjährung).

Scheidung aus anderen Gründen

Auf geistiger Störung beruhendes Verhalten

§§ **§ 50.** Ein Ehegatte kann Scheidung begehren, wenn die Ehe infolge eines Verhaltens des anderen Ehegatten, das nicht als Eheverfehlung betrachtet werden kann, weil es auf einer geistigen Störung beruht, so tief zerrüttet ist, dass die Wiederherstellung einer dem Wesen der Ehe entsprechenden Lebensgemeinschaft nicht erwartet werden kann.

☛ § 50 EheG gibt dem einen Ehegatten in den Fällen das Recht auf Scheidung, in denen der andere Ehegatte ein ehebrecherisches oder ehewidriges Verhalten an den Tag legt, das zwar ein rechtes eheliches Zusammenleben unmöglich macht, das aber zu einer Scheidung nach § 49 EheG nicht führen kann, weil der andere Ehegatte wegen einer dauernden krankhaften geistigen Veranlagung nicht oder zumindest nicht voll verantwortlich zu machen ist. § 50 EheG entspricht also in objektiver Beziehung dem § 49 Satz 1 EheG, fordert aber im Gegensatz dazu in subjektiver Beziehung kein Verschulden des Beklagten hinsichtlich seines Verhaltens und der dadurch entstandenen Ehezerrüttung.

Scheidungsgrund des § 50 EheG ist nicht die geistige Störung an sich, sondern die Tatsache, dass die Ehe durch ein objektiv schwer ehewidriges Verhalten, für das der beklagte Ehegatte nicht oder nicht voll verantwortlich gemacht werden kann, unheilbar zerrüttet ist. Im Fall des § 50 EheG wird die Ehe geschieden wegen des Verhaltens (Dauerzustand, nicht einmaliges Ereignis) des beklagten Ehegatten und dessen Auswirkung auf die Ehe trotz des Bestehens der geistigen Störung, während im Fall des § 51 EheG die Ehe wegen der geistigen Erkrankung und ihrer Auswirkung auf die Ehe geschieden wird. Scheidungsgrund im Fall des § 51 EheG ist das Bestehen der geistigen Erkrankung, das dazu geführt hat, dass die geistige Gemeinschaft der Ehegatten auf immer aufgehoben ist. Es wird nicht verlangt, dass der beklagte Ehegatte sich ehewidrig verhält oder dass die Ehe unheilbar zerrüttet ist.

Ein Geisteskranker ist **prozessunfähig**. Das Gericht hat auch von Amts wegen darauf zu achten, den Prozess nicht mit dem Beklagten selbst und mit dessen frei gewähltem Vertreter, sondern mit einem gesetzlichen Vertreter des Beklagten abzuführen.

Geisteskrankheit

§§ **§ 51.** Ein Ehegatte kann Scheidung begehren, wenn der andere geisteskrank ist, die Krankheit einen solchen Grad erreicht hat, dass die geistige Gemeinschaft zwischen den Ehegatten aufgehoben ist, und eine Wiederherstellung dieser Gemeinschaft nicht erwartet werden kann.

☛ Nach § 51 EheG ist die Geisteskrankheit (nicht Geistesschwäche) als solche der Scheidungsgrund, ohne dass es darauf ankommt, ob der Kranke besondere (objektive) Ehewidrigkeiten begangen hat. Die Geisteskrankheit im Sinne des § 51 EheG setzt eine schwere Regelwidrigkeit des Geisteszustandes voraus, ohne dass die medizinischen Begriffsbestimmungen maßgebend sind. Das Gericht hat aber die Pflicht, einen Sachverständigenbeweis über den Geisteszustand des Beklagten aufzunehmen.

Zur **geistigen Gemeinschaft** gehört einmal das Bewusstsein beider Ehegatten, dass ihre Ehe ein auf sittlichen Rechten und Pflichten beruhendes Lebensverhältnis ist, ferner die sich daraus ergebende Anteilnahme am geistigen Leben des anderen, an seinem und der gemeinsamen Kinder körperlichen und geistigen Wohl und schließlich die Bestätigung dieser Anteilnahme in Gefühlsäußerungen und Handlungen, die ein Ausdruck gemeinsamen Denkens und Fühlens sind. Die geistige Gemeinschaft ist aufgehoben, wenn dieses Verhältnis zerstört ist, wenn der kranke Ehegatte unfähig ist, an dem Lebens- und Gedankenkreis des anderen teilzunehmen, oder wenn seine krankhafte geistige Verfassung dem anderen ein gemeinsames, dem Wesen der Ehe entsprechendes Denken, Empfinden und darauf beruhendes Handeln unmöglich macht. Die Scheidung kann nur dann verlangt werden, wenn eine Wiederherstellung der geistigen Gemeinschaft nicht erwartet werden kann. Ist der gesunde Ehegatte durch sein Verhalten in der Lage, die geistige Gemeinschaft wiederherzustellen, wird ihm ein derartiges Verhalten zur Pflicht gemacht und sein Klagebegehren ist abzuweisen. **Ausgeschlossen** ist die Scheidung unter dem Gesichtspunkt der **Härteklausel** des § 54 EheG.

Ansteckende oder ekelerregende Krankheit

§§ **§ 52.** Ein Ehegatte kann Scheidung begehren, wenn der andere an einer schweren ansteckenden oder ekelerregenden Krankheit leidet und ihre Heilung oder die Beseitigung der Ansteckungsgefahr in absehbarer Zeit nicht erwartet werden kann.

☛ Beim Vorliegen der in § 52 EheG bezeichneten Krankheiten, die ansteckend oder ekelerregend, schwer und von Dauer sind, ist ein rechtes eheliches Zusammenleben nicht möglich, sodass ohne Rücksicht auf eine Zerrüttung oder ein Verschulden des so erkrankten Ehegatten die Scheidung verlangt werden kann. Die schwere Krankheit muss ansteckend sein, Ansteckungsmöglichkeit genügt nicht. Die ekelerregende Krankheit muss schwer sein. Als ekelerregend im Sinne des § 52 EheG kann eine Krankheit nur dann angesehen werden, wenn der Ekel allein in der körperlichen Beschaffenheit des leidenden Teils seine Ursache hat, nicht aber wenn die mit der Krankheit verbundenen ekelerregenden Umstände sich aus dem Mangel an der gewöhnlichen oder notwendigen Pflege ergeben.

Das Tatbestandsmerkmal der Dauer ist vom Gesetz negativ umschrieben: Die Heilung oder die Beseitigung der Ansteckungsgefahr darf in absehbarer Zeit nicht erwartet werden können. Sowohl die Krankheit als auch die Ansteckungsgefahr muss bei ansteckender Krankheit beseitigt werden können. Ist die Heilung der Krankheit nicht unwahrscheinlich, bleibt der ehemals Kranke aber mit großer Wahrscheinlichkeit Bazillenausscheider, wird die Scheidung dadurch nicht ausgeschlossen, da die

Ansteckungsgefahr fortbesteht. Das Gesetz verlangt nicht die objektive Unmöglichkeit der Heilung oder Beseitigung der Ansteckungsgefahr; die Unwahrscheinlichkeit nach den Erkenntnissen der ärztlichen Wissenschaft ist ausreichend. Die Härteklausel des § 54 EheG kommt auch hier zur Anwendung.

Vermeidung von Härten

§§ **§ 54.** In den Fällen der §§ 50 bis 52 darf die Ehe nicht geschieden werden, wenn das Scheidungsbegehren sittlich nicht gerechtfertigt ist. Dies ist in der Regel dann anzunehmen, wenn die Auflösung der Ehe den anderen Ehegatten außergewöhnlich hart treffen würde. Ob dies der Fall ist, richtet sich nach den Umständen, namentlich auch nach der Dauer der Ehe, dem Lebensalter der Ehegatten und dem Anlass der Erkrankung.

☛ Ob eine Scheidung gerechtfertigt ist, hängt von der Dauer der Ehe, vom Lebensalter der Ehegatten, vom Anlass der Erkrankung und von sonstigen Umständen ab, die für die Aufrechterhaltung der Ehe bzw. für die Scheidung der Ehe sprechen.

Wird die Scheidung der Ehe wegen eines auf **geistiger Störung** beruhenden Verhaltens (§ 50 EheG) angestrebt, wird unter dem Gesichtspunkt der Prüfung der sittlichen Rechtfertigung die Scheidung verweigert werden müssen, wenn den Scheidungskläger ein Verschulden an der geistigen Störung des Beklagten trifft. So könnte etwa die geistige Störung durch eine Verletzung erfolgt sein, die der Kläger dem Beklagten zugefügt hat. Es kann aber auch sein, dass die geistige Störung durch ein schuldhaftes Verhalten des Klägers verursacht oder mitverursacht wurde. Geht die geistige Störung des Beklagten auf sein eigenes Verschulden zurück, spricht dieser Umstand nicht gegen die sittliche Rechtfertigung des Scheidungsbegehrens. Ist die geistige Störung darauf zurückzuführen, dass sich der Beklagte in besonderer Weise für den Kläger oder für die Kinder eingesetzt hat (z. B. Schockwirkung), wird die sittliche Rechtfertigung des Scheidungsbegehrens zu verneinen sein. Liegt die Ursache einer geistigen Erkrankung ausschließlich in der Geburt des Kindes, fehlt dem Scheidungsbegehren die sittliche Rechtfertigung, wenn sich die Beklagte gegen die Mutterschaft zur Wehr gesetzt, diese aber dennoch auf sich genommen hat.

In den Fällen des § 51 EheG besteht schon tatbestandsmäßig die **geistige Gemeinschaft** zwischen den Gatten nicht mehr, sodass eine Reihe von psychischen Elementen für die Beurteilung der sittlichen Rechtfertigung der Scheidung wegfallen. Es bleibt noch der Gesichtspunkt, ob durch die Scheidung und die oft erfolgende Wiederverheiratung des gesunden Ehegatten in der Unterbringung und Versorgung des Kranken eine Verschlechterung eintreten könnte. In jenen Fällen, in denen kein völliges Erlöschen der Persönlichkeit des Kranken eingetreten ist, ist auch seine Einstellung zur Ehe, sein Festhalten an ihr und sein Bekenntnis zur Beistandspflicht von Bedeutung. Eine wirtschaftliche Verschlechterung durch Beschränkung des Unterhalts auf das Ausmaß des § 69 Abs. 2 EheG ist die Folge jeder derartigen Scheidung und kann, wenn nicht besondere Umstände vorliegen, eine außerordentliche Härte nicht begründen.

☛ Die Tatsache, dass der Kläger der Beklagten während des Bestandes der Ehe nicht den ausreichenden Unterhalt gewährt hat, führt nicht zur Ablehnung des Scheidungsbegehrens mangels sittlicher Rechtfertigung, sondern nur zur Prüfung der Frage, ob dem Kläger ein Verschulden anzulasten ist.

Bei der Scheidung nach **§ 52 EheG** ist davon auszugehen, dass die Ehe ihrem Wesen nach eine Lebens- und Schicksalsgemeinschaft ist, die den beiden Gatten in gleicher Weise die Verpflichtung auferlegt, in guten und bösen Tagen miteinander auszuharren. Trifft den einen Ehegatten der Schicksalsschlag einer schweren **ansteckenden oder ekelerregenden Krankheit**, ist es grundsätzlich die Pflicht des anderen Gatten, in der Ehe auszuharren, wenn natürlich auch nicht von ihm verlangt werden kann, dass er sich einer ständigen Ansteckungsgefahr aussetzt. Dieser Gesichtspunkt führt zu dem Ergebnis, dass in den Fällen des § 52 EheG die sittliche Rechtfertigung der Scheidung grundsätzlich nicht gegeben ist, und es ist zu prüfen, ob sie nicht doch im Einzelfall ausnahmsweise vorliegen kann.

Auflösung der häuslichen Gemeinschaft:

§§ **§ 55.** (1) Ist die häusliche Gemeinschaft der Ehegatten seit drei Jahren aufgehoben, so kann jeder Ehegatte wegen tiefgreifender unheilbarer Zerrüttung der Ehe deren Scheidung begehren. Dem Scheidungsbegehren ist nicht stattzugeben, wenn das Gericht zur Überzeugung gelangt, dass die Wiederherstellung einer dem Wesen der Ehe entsprechenden Lebensgemeinschaft zu erwarten ist.
(2) Dem Scheidungsbegehren ist auf Verlangen des beklagten Ehegatten auch dann nicht stattzugeben, wenn der Ehegatte, der die Scheidung begehrt, die Zerrüttung allein oder überwiegend verschuldet hat und den beklagten Ehegatten die Scheidung härter träfe als den klagenden Ehegatten die Abweisung des Scheidungsbegehrens. Bei dieser Abwägung ist auf alle Umstände des Falles, besonders auf die Dauer der ehelichen Lebensgemeinschaft, das Alter und die Gesundheit der Ehegatten, das Wohl der Kinder sowie auch auf die Dauer der häuslichen Gemeinschaft, Bedacht zu nehmen.
(3) Dem Scheidungsbegehren ist jedenfalls stattzugeben, wenn die häusliche Gemeinschaft der Ehegatten seit sechs Jahren aufgehoben ist.

☛ Dieser Ehescheidungsgrund ist nach jenem der »sonstigen schweren Eheverfehlungen« (§ 49 EheG) der praktisch und zahlenmäßig bedeutendste. Er wurde im Zuge der Familienrechtsreform wesentlich geändert, und zwar wurde die Scheidbarkeit von Ehen, die wohl dem Namen nach aufrecht sind, bei denen aber die Partner bereits seit längerer Zeit getrennt leben und wirtschaften (so genannte »Papierehen«), wesentlich erleichtert. Dieser Paragraph legt die dreijährige Auflösung der häuslichen Gemeinschaft als eigenen Scheidungsgrund fest. Nach der durch die Familienrechtsreform geschaffenen Rechtslage kann nun jeder Ehegatte wegen tiefgreifender unheilbarer Zerrüttung der Ehe eine Scheidungsklage einbringen, wenn die häusliche Gemeinschaft seit drei Jahren aufgehoben ist.
Allerdings ist die Klage abzuweisen, wenn das Gericht meint, dass eine Wiederherstellung der Ehegemeinschaft doch noch möglich ist. Der andere Ehepartner kann der Scheidung widersprechen, wenn der Kläger die Zerrüttung der Ehe ganz oder zumindest zum überwiegenden Teil verschuldet hat. Nun ist zu prüfen: Trifft den Kläger die Abweisung der Klage härter oder den Beklagten die Scheidung? Es findet also eine **Interessenabwägung** statt. Dabei kommt es vor allem darauf an, wie lange die Ehe schon gedauert hat, wie alt und wie gesund die Ehegatten sind, ob und in welchem Alter Kinder vorhanden sind usw. Diese Interessenabwägung entfällt jedoch dann, wenn die Ehegatten seit mindestens sechs Jahren getrennt leben. In diesem Fall wird die Ehe auf jeden Fall geschieden. Trifft den Kläger die Schuld an der Zerrüttung, so ist das aber auch in diesem Fall im Urteil auszusprechen. Es sollen also Ehen, die praktisch keine mehr sind, nicht um jeden Preis aufrechterhalten werden; doch muss die schuldlos gegen ihren Willen geschiedene Frau materiell entsprechend abgesichert werden. Dies erfolgt durch ihre Besserstellung beim Unterhaltsanspruch und bei der Witwenpension.

Scheidung im Einvernehmen

§§ **§ 55a.** (1) Ist die eheliche Lebensgemeinschaft der Ehegatten seit mindestens einem halben Jahr aufgehoben, gestehen beide die unheilbare Zerrüttung des ehelichen Verhältnisses zu und besteht zwischen ihnen Einvernehmen über die Scheidung, so können sie die Scheidung gemeinsam begehren.
(2) Die Ehe darf nur geschieden werden, wenn die Ehegatten eine schriftliche Vereinbarung über den hauptsächlichen Aufenthalt der Kinder oder die Obsorge, die Ausübung des Rechtes auf persönlichen Verkehr und die Unterhaltspflicht hinsichtlich ihrer gemeinsamen Kinder sowie ihre unterhaltsrechtlichen Beziehungen und die gesetzlichen vermögensrechtlichen Ansprüche im Verhältnis zueinander für den Fall der Scheidung dem Gericht unterbreiten oder vor Gericht schließen. Hinsichtlich des Rechtes auf persönlichen Verkehr mit gemeinsamen Kindern können die Ehegatten vereinbaren, dass sie sich die Regelung vorbehalten.
(3) Einer Vereinbarung nach Abs. 2 bedarf es nicht, soweit über diese Gegenstände bereits eine rechtskräftige gerichtliche Entscheidung vorliegt. Dass die für eine solche Vereinbarung allenfalls erforderliche gerichtliche Genehmigung noch nicht vorliegt, ist für den Ausspruch der Scheidung nicht zu beachten.

Die **einvernehmliche Scheidung** wird durch einen **gemeinsamen Antrag** beider Ehegatten beim zuständigen Bezirksgericht eingeleitet. Der Antrag kann schriftlich gestellt oder bei Gericht zu Protokoll gegeben werden. **Vorzulegen** sind die Heiratsurkunde, der Staatsbürgerschaftsnachweis, der Meldezettel, weiters die erforderlichen Urkunden bezüglich der Auflösung früherer Ehen (Scheidungsurteil bzw. Sterbeurkunde des früheren Partners), die Geburtsurkunden ehelicher Kinder sowie ein amtlicher Lichtbildausweis zwecks Identitätsfeststellung. Die Beiziehung eines Rechtsanwalts ist nicht vorgeschrieben; auch einen Grund für die einvernehmliche Scheidung braucht man nicht anzugeben.

Voraussetzungen für eine solche Scheidung sind aber:

- Aufhebung der ehelichen Lebensgemeinschaft seit mindestens einem halben Jahr (muss nicht getrenntes Leben und Wohnen bedeuten);
- Einigung über die Scheidungsfolgen, und zwar sowohl über die Beziehung zu den gemeinsamen minderjährigen Kindern (Unterhaltspflicht usw.) wie auch über die finanziellen Ansprüche der Ehegatten gegeneinander (Vermögensauseinandersetzung, Alimente usw.).

Die diesbezügliche **Vereinbarung** muss entweder dem Gericht bereits schriftlich vorgelegt oder bei Gericht abgeschlossen werden. Sie kann auch darin bestehen, dass etwa die Ehegatten erklären, wechselseitig auf Unterhalt zu verzichten. Hinsichtlich des Rechts auf persönlichen Verkehr mit den gemeinsamen Kindern (Besuchsrecht usw.) können sich die Ehegatten die Regelung auch vorbehalten (sie bedarf ohnehin der pflegschaftsbehördlichen Genehmigung). Sind alle Voraussetzungen erfüllt, so erlässt das Gericht den auf der gegenüberliegenden Seite wiedergegebenen Beschluss.

Ausschluss des Scheidungsrechts

Verzeihung

§§ **§ 56.** Das Recht auf Scheidung wegen Verschuldens besteht nicht, wenn sich aus dem Verhalten des verletzten Ehegatten ergibt, dass er die Verfehlung des anderen verziehen oder sie als ehezerstörend nicht empfunden hat.

BESCHLUSS über die **Scheidung im Einvernehmen**
(§ 55a Ehegesetz)

Erstantragsteller
Vor- und Familienname
Geschlechtsname
Geburtstag
Geburtsort
Staatsangehörigkeit
Beruf
Wohnort
vertreten durch:

Zweitantragsteller
Vor- und Familienname
Geschlechtsname
Geburtstag
Geburtsort
Staatsangehörigkeit
Beruf
Wohnort
vertreten durch:

Spruch

Die zwischen den Antragstellern am .... vor .... geschlossene Ehe, eingetragen im Familienbuch unter Nr. ...., wird mit der Wirkung geschieden, dass sie mit Eintritt der Rechtskraft dieses Beschlusses aufgelöst ist.

Begründung

Diese Ehe ist für den Erstantragsteller die ., für den Zweitantragsteller die . Ehe.

Der Ehe entstammen – keine – folgende – Kinder: ....

Der – letzte – gemeinsame gewöhnliche Aufenthalt der Antragsteller – ist – war – in .... – Der derzeitige gewöhnliche Aufenthalt des Erstantragstellers ist in .... – Die örtliche Zuständigkeit dieses Gerichtes ist daher nach den §§ 114a, 76 Abs. 1 JN gegeben.

Die eheliche Gemeinschaft der Antragsteller ist seit .... aufgehoben. Beide haben die unheilbare Zerrüttung des ehelichen Verhältnisses zugestanden. Zwischen ihnen besteht Einvernehmen über die Scheidung.

Die Antragsteller haben im Sinn des Abs. 2 des § 55a Ehegesetz – dem Gericht eine schriftliche Vereinbarung unterbreitet – vor Gericht eine schriftliche Vereinbarung geschlossen –.

Da keine Aussicht auf Wiederherstellung der ehelichen Lebensgemeinschaft der Antragsteller besteht, war antragsgemäß die Scheidung auszusprechen.

Die Verzeihung ist kein Rechtsgeschäft, insbesondere keine auf Rechtsfolge gerichtete Willenserklärung. Es gehört zu ihr nicht der Wille, auf das Scheidungsrecht zu verzichten. Die Verzeihung ist eine **Rechtshandlung** und wird so verstanden, dass sie ein rechtlich erhebliches Verhalten des verletzten Ehegatten bezeichnet, das Rechtsfolgen auslöst unabhängig davon, ob der Ehegatte die Rechtsfolgen will oder überhaupt mit ihnen rechnet. Auf die Verzeihung sind die für die Rechtsgeschäfte geltenden Vorschriften des bürgerlichen Rechts nicht anzuwenden. Die Verzeihung bewirkt, dass der Scheidungsanspruch erlischt oder, wenn die verziehene Verfehlung erst später zur unheilbaren Zerrüttung der Ehe geführt oder beigetragen hat, nicht entsteht.

Die dem anderen Teil gewährte Verzeihung hat zur Folge, dass das Scheidungsrecht im Hinblick auf diese Verfehlung endgültig **erlischt**.

Die Verzeihung kann ausdrücklich erklärt werden, sie kann sich aber auch aus dem **Verhalten des Verletzten** ergeben. Erforderlich ist, dass die innere Einstellung und Bereitschaft des gekränkten Ehegatten nach außen so hervorgetreten ist, dass daraus auf eine persönliche Gesinnung des Ehegatten und seine Bereitwilligkeit, die Ehe fortzusetzen, geschlossen werden kann. Abgesehen von den Fällen des geheimen Vorbehalts oder ähnlichen Sachverhalten muss dem äußeren Verhalten eine entsprechende Einstellung und Bereitschaft wirklich zugrunde liegen. Der rechtsgeschäftliche Grundsatz, dass jeder seine Erklärungen so gegen sich gelten zu lassen habe, wie der andere sie nach Treu und Glauben habe verstehen müssen, gilt nicht; es kommt vielmehr darauf an, ob der wirkliche Wille in dem Verhalten seinen Ausdruck gefunden hat. Es ist für die Verzeihung nicht von Belang, ob der Verletzte weiß, dass ihm ein Scheidungsrecht zusteht oder dass er dieses Recht durch sein Verhalten verliert. Die Wirksamkeit der Verzeihung hängt auch nicht davon ab, ob der schuldige Teil von ihr Kenntnis hatte.

Liegt keine ausdrückliche Verzeihung vor, muss sich aus dem Gesamtverhalten oder aus einzelnen Handlungen des verletzten Ehegatten ergeben, dass er die Verfehlung des anderen verziehen hat. Das Gericht hat das Verhalten des Verletzten objektiv zu würdigen. Es ist nicht entscheidend, wie der andere Ehegatte das Verhalten des Verletzten auffasst. In der Regel werden die noch auf längere Zeit fortgesetzte häusliche Gemeinschaft ohne Geschlechtsverkehr zwischen den Ehegatten oder die Tatsache, dass die Scheidungsklage nicht alsbald erhoben wird, noch keine ausreichenden Anzeichen für eine Verzeihung sein. Die Fortsetzung des Geschlechtsverkehrs in Kenntnis der Eheverfehlungen wird dann allgemein als Ausdruck der Verzeihung angesehen, wenn der Geschlechtsverkehr der wirkliche Ausdruck beginnender Lebensgemeinschaft und nicht etwa der Ausfluss körperlicher oder sinnlicher Bedürfnisse war. Der erzwungene, erschlichene oder auf andere Weise nicht freiwillig gewährte oder der zur Befriedigung einer augenfälligen sinnlichen Lust einmal ausgeübte Geschlechtsverkehr ist keine Verzeihung. Eine Verzeihung ist nur möglich, solange die Ehe nicht rechtskräftig geschieden ist.

Regelmäßig ist die Annahme, dass der verletzte Ehegatte durch sein Verhalten zu erkennen gegeben habe, er wolle über die Verfehlung des anderen hinwegsehen und die Ehe fortsetzen, nur berechtigt, wenn er sichere Kenntnis von der Verfehlung hatte. Ausnahmsweise kann in der Handlung des verletzten Ehegatten eine Verzeihung auch solcher Ehebrüche oder Eheverfehlungen ihren Ausdruck gefunden haben, von denen der Verzeihende keine sichere Kenntnis hatte, hinsichtlich derer er aber einen mehr oder weniger bestimmten Verdacht hegte. Die Verzeihung muss dann in dem

Sinn gewährt worden sein, dass sie auf jeden Fall, wie es sich auch mit der Verfehlung verhalten möge, gegeben werde. Wer die ehelichen Beziehungen zunächst unter Zurückstellung des Verdachts fortsetzt, hat nicht verziehen.

Der Umstand, dass ein Ehegatte eine Verfehlung des anderen nicht als ehezerstörend empfunden hat, bewirkt nur, dass er auf diese Tatsache die Scheidungsklage nicht stützen kann, nicht aber, dass darauf bei der Verschuldensabwägung nicht Bedacht zu nehmen ist.

Fristablauf

§§ **§ 57.** (1) Das Recht auf Scheidung wegen Verschuldens erlischt, wenn der Ehegatte nicht binnen sechs Monaten die Klage erhebt. Die Frist beginnt mit der Kenntnis des Scheidungsgrundes. Sie läuft nicht, solange die häusliche Gemeinschaft der Ehegatten aufgehoben ist. Fordert der schuldige Ehegatte den anderen auf, die Gemeinschaft herzustellen oder die Klage auf Scheidung zu erheben, so läuft die Frist vom Empfang der Aufforderung an.
(2) Die Scheidung ist nicht mehr zulässig, wenn seit dem Eintritt des Scheidungsgrundes zehn Jahre verstrichen sind.
[3] aufgehoben.
(4) Für die Sechs- und die Dreimonatsfrist gilt § 40 Abs. 3 und 4 entsprechend.

Nachträgliche Geltendmachung von Scheidungsgründen bei Scheidung wegen Verschuldens

§§ **§ 59.** (1) Nach Ablauf der in § 57 bezeichneten Fristen kann während eines Scheidungsstreites ein Scheidungsgrund noch geltend gemacht werden, wenn die Frist bei der Klageerhebung noch nicht verstrichen war.
(2) Eheverfehlungen, auf die eine Scheidungsklage nicht mehr gegründet werden kann, können nach Ablauf der Fristen des § 57 zur Unterstützung einer auf andere Eheverfehlungen gegründeten Scheidungsklage geltend gemacht werden.

Schuldausspruch

Bei Scheidung wegen Verschuldens

§§ **§ 60.** (1) Wird die Ehe wegen Verschuldens des Beklagten geschieden, so ist dies im Urteil auszusprechen.
(2) Hat der Beklagte Widerklage erhoben und wird die Ehe wegen Verschuldens beider Ehegatten geschieden, so sind beide für schuldig zu erklären. Ist das Verschulden des einen Ehegatten erheblich schwerer als das des anderen, so ist zugleich auszusprechen, dass seine Schuld überwiegt.
(3) Auch ohne Erhebung einer Widerklage ist auf Antrag des Beklagten die Mitschuld des Klägers auszusprechen, wenn die Ehe wegen einer Verfehlung des Beklagten geschieden wird und dieser zur Zeit der Erhebung der Klage oder später auf Scheidung wegen Verschuldens hätte klagen können. Hatte der Beklagte bei der Klageerhebung das Recht, die Scheidung wegen Verschuldens des Klägers zu begehren, bereits verloren, so ist dem Antrag gleichwohl stattzugeben, wenn dies der Billigkeit entspricht. Abs. 2 Satz 2 gelten entsprechend.

Der Ausspruch, dass die Schuld des einen Ehegatten überwiege, kann auch durch **Mitschuldantrag** herbeigeführt werden. Mit dem Mitschuldantrag kann aber nie die Ehescheidung erreicht werden, sondern bloß die Feststellung eines Mitverschuldens des Klägers, wenn dessen Klagebegehren Erfolg hat. Der Mitschuldantrag ist zulässig, wenn der beklagte Ehegatte zu diesem Zeitpunkt auf Scheidung wegen Verschuldens, also aufgrund des § 49 EheG hätte klagen können. Das Vorbringen von Verfehlungen, die allein einen Scheidungsgrund nicht rechtfertigen würden, genügt nur, wenn sie im Zusammenhang mit Eheverfehlungen, die nach § 59 Abs. 2 EheG unterstützend herangezogen werden können, zur Scheidung ausreichen würden.

Wird der Antrag des Beklagten, die Mitschuld des Klägers auszusprechen, abgewiesen, erfolgt der Schuldausspruch nach § 60 Abs. 1 EheG. Wird dem Antrag stattgegeben, besteht die Wahl zwischen zwei Möglichkeiten: Der Kläger kann ohne weiteren Ausspruch für mitschuldig erklärt werden und damit wird dasselbe Ergebnis wie im Fall des § 60 Abs. 2 Satz 1 EheG erreicht. Die Fassung des Schuldausspruchs kann so erfolgen, dass beide Ehegatten schuldig sind; der Schuldausspruch kann aber nicht dahin lauten, dass die Ehe wegen Verschuldens beider Ehegatten geschieden wird. Die zweite Möglichkeit ergibt sich aus § 60 Abs. 3 Satz 3 EheG, der die Vorschrift über den Ausspruch der überwiegenden Schuld (Abs. 2 Satz 2 EheG) ausdrücklich für anwendbar erklärt.

Bei Scheidung aus anderen Gründen

§§ **§ 61.** (1) Wird die Ehe auf Klage und Widerklage geschieden und trifft nur einen Ehegatten ein Verschulden, so ist dies im Urteil auszusprechen.
(2) Wird die Ehe lediglich auf Grund der Vorschriften der §§ 50 bis 52 geschieden und hätte der Beklagte zur Zeit der Erhebung der Klage oder später auf Scheidung wegen Verschuldens des Klägers klagen können, so ist auch ohne Erhebung einer Widerklage auf Antrag des Beklagten auszusprechen, dass den Kläger ein Verschulden trifft. Hatte der Beklagte bei der Klageerhebung das Recht, die Scheidung wegen Verschuldens des Klägers zu begehren, bereits verloren, so ist dem Antrag gleichwohl stattzugeben, wenn dies der Billigkeit entspricht.
(3) Wird die Ehe nach § 55 geschieden und hat der Kläger die Zerrüttung allein oder überwiegend verschuldet, so ist dies auf Antrag des Beklagten im Urteil auszusprechen.

☛ Für die Beurteilung des Verschuldens an der Zerrüttung im Sinne des Abs. 3 ist das Gesamtverhalten der Ehegatten während der ganzen Dauer der Ehe entscheidend (EFSlg 57.241 u. a.).

Wirkungen der Ehescheidung

Die Scheidung der Eheleute Omar und Ulrike Gras hat etliche Wirkungen.

Der Name

Grundsätzlich behält ein Ehepartner nach der Scheidung weiterhin den Familiennamen, den er in der Ehe geführt hat. Er kann aber auch durch beglaubigte Erklärung vor dem Standesbeamten seinen früheren Familiennamen wieder annehmen. Das kann etwa der Mädchenname der Frau sein, aber auch der Name aus einer früheren Ehe, wenn aus dieser Ehe Kinder vorhanden sind.

Unterhalt

Unterhaltspflicht bei Scheidung wegen Verschuldens

§§ **§ 66.** Der allein oder überwiegend schuldige Ehegatte hat dem anderen, soweit dessen Einkünfte aus Vermögen und die Erträgnisse einer Erwerbstätigkeit, die von ihm den Umständen nach erwartet werden kann, nicht ausreichen, den nach den Lebensverhältnissen der Ehegatten angemessenen Unterhalt zu gewähren.

☛ Eine **Lebensgemeinschaft** der unterhaltsberechtigten Person führt zum Ruhen des Unterhaltsanspruchs. Für eine Lebensgemeinschaft ist der Bestand einer Geschlechts-, Wohnungs- und Wirtschaftsgemeinschaft wesentlich. Wie bei einer Ehe kann dabei die Gemeinschaft in einer dieser Richtungen fehlen; es kommt auf die Verhältnisse des Einzelfalles an. Geschlechtliche Beziehungen des geschiedenen Gatten zu einer andersgeschlechtlichen Person sind für den Unterhaltsanspruch ohne Bedeutung. Wenn der Ehegatte die Unterhaltsverpflichtung in Kenntnis einer bestehenden Lebensgemeinschaft der Gattin eingeht, kann er sich nicht auf die Unsittlichkeit dieser Vereinbarung berufen.

Gefährdung des eigenen angemessenen Unterhalts

§§ **§ 67.** (1) Würde der allein oder überwiegend schuldige Ehegatte durch Gewährung des im § 66 bestimmten Unterhalts bei Berücksichtigung seiner sonstigen Verpflichtungen den eigenen angemessenen Unterhalt gefährden, so braucht er nur so viel zu leisten, als es mit Rücksicht auf die Bedürfnisse und die Vermögens- und Erwerbsverhältnisse der geschiedenen Ehegatten der Billigkeit entspricht. Hat der Verpflichtete einem minderjährigen unverheirateten Kinde oder bei Wiederverheiratung dem neuen Ehegatten Unterhalt zu gewähren, so sind auch die Bedürfnisse und die wirtschaftlichen Verhältnisse dieser Personen zu berücksichtigen.
(2) Ein Ehegatte ist unter den Voraussetzungen des Abs. 1 von der Unterhaltspflicht ganz befreit, wenn der andere den Unterhalt aus dem Stamm seines Vermögens bestreiten kann.

☛ Es muss unterschieden werden zwischen den Voraussetzungen der Billigkeitsregelung und der Festsetzung der Unterhaltspflicht nach Billigkeitsgrundsätzen:
Die **Unterhaltspflicht** gegenüber dem geschiedenen Ehegatten bestimmt sich für den Unterhaltsanspruch beider Ehegatten nach § 66 Abs. 1 EheG. Sonstige Verpflichtungen haben Berücksichtigung zu finden und stehen der Unterhaltspflicht im Range nicht nach. Das Zusammentreffen der Unterhaltspflicht gegenüber dem geschiedenen Ehegatten mit den sonstigen Verpflichtungen muss die Ursache für die Gefährdung des eigenen angemessenen Unterhalts des Verpflichteten bilden, wobei diese Gefährdung bereits eingetreten sein oder unmittelbar bevorstehen muss. Die Angemessenheit des Unterhalts bestimmt sich nicht nach dem Zeitpunkt der Scheidung, sondern nach den gegenwärtigen Verhältnissen unter Berücksichtigung der voraussehbaren Entwicklung.
Für die Festsetzung der Unterhaltspflicht nach Billigkeit sind die Bedürfnisse sowie die Vermögens- und Erwerbsverhältnisse beider Ehegatten maßgebend. Zunächst sind die beiderseitigen Bedürfnisse gegeneinander abzuwägen. Die Grundlage bildet der notwendige Lebensbedarf. Erhöhte Bedürfnisse können durch Krankheit oder Gebrechen gerechtfertigt sein. Dringende Bedürfnisse haben den Vorrang vor minder dringenden. In erster Linie muss der notwendige Bedarf zur Erhaltung der Arbeitskraft des Unterhaltspflichtigen gedeckt werden. Verpflichtungen des Unterhaltsberechtigten sind bei seinem Bedarf zu berücksichtigen.
Die Heranziehung des **Vermögens** des unterhaltsberechtigten Ehegatten ergibt sich aus § 67 Abs. 2 EheG. Während nach § 66 Abs. 1 EheG das Vermögen des Unterhaltspflichtigen unangetastet bleibt, ist ihm bei der nach § 67 EheG vorausgesetzten Lage ein Rückgriff auf den Stamm des Vermögens zuzumuten.

Von jedem Gatten ist bei der Erwerbsmöglichkeit die volle **Ausnutzung seiner Arbeitskraft** zu verlangen. Insbesondere muss der unterhaltsberechtigte Gatte, soweit er arbeitsfähig ist, eine ihm nach § 66 EheG zumutbare Tätigkeit übernehmen. Unter Abwägung aller maßgebenden Umstände ist nach Lage der gegenwärtigen Verhältnisse unter Berücksichtigung der voraussehbaren Entwicklung ein billiger Ausgleich zwischen dem Unterhaltsbedarf und der Leistungsfähigkeit zu schaffen. Dabei ist die Frage nach der Schuld an der Scheidung außer Acht zu lassen.

Billigkeitserwägungen können dazu führen, dass die Leistungspflicht – wenigstens auf Zeit – aufgehoben wird. Hat der Verpflichtete einem minderjährigen unverheirateten Kind oder bei Wiederverheiratung dem neuen Ehegatten Unterhalt zu gewähren, so sind auch die Bedürfnisse und die wirtschaftlichen Verhältnisse (Vermögens- und Einkommensverhältnisse) dieser Personen zu berücksichtigen. Wenn der unterhaltsberechtigte Ehegatte seinen Unterhalt aus dem Stamm seines Vermögens bestreiten kann, ist der Unterhaltsverpflichtete bei Vorliegen der Voraussetzungen des § 67 EheG von der Unterhaltspflicht befreit. Die Bestimmung bildet eine Ausnahme von § 66 Abs. 1 EheG, der nur die Anrechnung der Einkünfte aus dem Vermögen vorschreibt.

Beiderseitige Schuld

§§ **§ 68.** Sind beide Ehegatten schuld an der Scheidung, trägt aber keiner die überwiegende Schuld, so kann dem Ehegatten, der sich nicht selbst unterhalten kann, ein Beitrag zu seinem Unterhalt zugebilligt werden, wenn und soweit dies mit Rücksicht auf die Bedürfnisse und die Vermögens- und Erwerbsverhältnisse des anderen Ehegatten der Billigkeit entspricht. Die Beitragspflicht kann zeitlich beschränkt werden. § 67 Abs. 1 Satz 2 findet entsprechende Anwendung.

☛ § 68 EheG kommt in Betracht, wenn die Scheidung der Ehe erfolgt ist und beide Ehegatten für schuldig erklärt sind, ohne dass zugleich einer von ihnen überwiegend für schuldig erklärt ist. Im Fall der Aufhebung der Ehe gilt § 68 EheG, wenn beide Ehegatten als schuldig anzusehen sind (§§ 17 und 18 1. DVEheG). Bei Nichtigerklärung der Ehe ist die Vorschrift nicht anzuwenden, da der gleichen Schuld die beiderseitige Kenntnis der Nichtigkeit entsprechen würde, in diesem Fall aber nicht die vermögensrechtlichen Folgen der Scheidung eintreten, sondern stets die Nichtigkeitsfolgen.

Voraussetzung dafür, dass dem einen Ehegatten die Leistung eines Unterhalts an den anderen auferlegt werden kann, ist die **Bedürftigkeit** des Empfängers. Nur derjenige kann einen Unterhalt verlangen, der weder Vermögen noch Einkommen besitzt, aus dem er seinen Unterhalt bestreiten könnte, und der außerdem nicht in der Lage ist, sich seinen Unterhalt durch Ausübung einer Erwerbstätigkeit zu verdienen.

Für die Frage, ob, in welcher Höhe und für welche Zeit ein Beitrag zum Unterhalt zu leisten ist, sind ausschließlich **Billigkeitserwägungen** maßgebend. Dabei sollen die Bedürfnisse und die Vermögens- und Einkommensverhältnisse des Ehegatten, von dem der Beitrag verlangt wird, berücksichtigt werden.

Selbsterhaltungsfähigkeit

§§ **§ 68a.** (1) Soweit und solange einem geschiedenen Ehegatten auf Grund der Pflege und Erziehung eines gemeinsamen Kindes unter Berücksichtigung dessen Wohles nicht zugemutet werden kann, sich selbst zu erhalten, hat ihm der andere unabhängig vom Verschulden an der Scheidung Unterhalt nach dessen Lebensbedarf zu gewähren. Die Unzumutbarkeit der Selbsterhaltung wird vermutet, solange das Kind das fünfte Lebensjahr noch nicht vollendet hat. Wird der Unterhaltsanspruch gerichtlich festgesetzt, so ist er jeweils entsprechend zu befristen, über das fünfte Lebensjahr des jüngsten Kindes hinaus jeweils auf längstens drei Jahre. Ist auf Grund der besonderen Umstände des Falles, insbesondere einer besonderen Betreuungsbedürftigkeit des Kindes, nicht abzusehen, wann der geschiedene Ehegatte in der Lage sein wird, sich selbst zu erhalten, so kann das Gericht von einer Befristung absehen.
(2) Hat sich ein Ehegatte während der Ehe auf Grund der einvernehmlichen Gestaltung der ehelichen Lebensgemeinschaft der Haushaltsführung sowie gegebenenfalls der Pflege und Erziehung eines gemeinsamen Kindes oder der Betreuung eines Angehörigen eines der Ehegatten gewidmet und kann ihm auf Grund des dadurch bedingten Mangels an Erwerbsmöglich-

keiten, etwa wegen mangelnder beruflicher Aus- oder Fortbildung, der Dauer der ehelichen Lebensgemeinschaft, seines Alters oder seiner Gesundheit, nicht zugemutet werden, sich ganz oder zum Teil selbst zu erhalten, so hat ihm insoweit der andere Ehegatte unabhängig vom Verschulden an der Scheidung den Unterhalt nach dessen Lebensbedarf zu gewähren. Wird der Unterhaltsanspruch gerichtlich festgesetzt, so hat ihn das Gericht jeweils auf längstens drei Jahre zu befristen, wenn erwartet werden kann, dass der geschiedene Ehegatte danach in der Lage sein wird, seinen Unterhalt, insbesondere durch eine zumutbare Erwerbstätigkeit, zu sichern.
(3) Der Unterhaltsanspruch nach Abs. 1 oder 2 vermindert sich oder besteht nicht, soweit die Gewährung des Unterhalts unbillig wäre, weil der Bedürftige einseitig besonders schwerwiegende Eheverfehlungen begangen oder seine Bedürftigkeit grob schuldhaft herbeigeführt hat oder ein gleich schwerwiegender Grund vorliegt, im Fall des Abs. 2 auch, weil die Ehe nur kurz gedauert hat. Je gewichtiger diese Gründe sind, desto eher ist vom Bedürftigen zu verlagen, seinen Unterhalt durch die Erträgnisse einer anderen als einer zumutbaren Erwerbstätigkeit oder aus dem Stamm seines Vermögens zu decken.
(4) § 67 Abs. 1 findet entsprechende Anwendung.

Der allein oder überwiegend schuldige Ehegatte hat nach der Scheidung weiterhin dem anderen, soweit dessen Einkünfte aus Vermögen und die Erträgnisse einer Erwerbstätigkeit, die von ihm den Umständen nach erwartet werden kann, nicht ausreichen, den nach den Lebensverhältnissen der Ehegatten angemessenen Unterhalt zu gewähren (**§ 66 EheG**). In Zukunft wird es aber Ausnahmen von diesem rein verschuldensabhängigen Unterhaltsanspruch geben.

Die (komplizierte und kasuistische) Neuregelung des **§ 68a EheG** sieht auch Fälle vor, in denen einem allein oder überwiegend schuldig geschiedenen Ehegatten ein solcher Unterhaltsanspruch zusteht, wobei es insbesondere um die Versorgung schuldig geschiedener, aber einkommens- und vermögensloser Hausfrauen und Kindesmütter geht. Selbst wenn es auch »Hausmänner« gibt, sind diese gegenüber den »Hausfrauen« doch eindeutig in der Minderzahl. Obwohl § 68a EheG geschlechtsneutral gehalten ist, wird im Folgenden doch vom Unterhaltsanspruch der geschiedenen Frau ausgegangen, weil er in der Praxis bei weitem dominiert. Die Ausführungen gelten aber auch entsprechend für den Unterhaltsanspruch von (etwa arbeitslosen) Männern.

Grundgedanke ist, dass dem Umstand Rechnung getragen werden soll, dass sich ein Ehegatte voll der Haushaltsführung und Kindererziehung gewidmet hat und ihm nun nicht zugemutet werden kann, den erforderlichen Unterhalt aus eigenen Mitteln aufzubringen. § 68a EheG nennt dabei zwei Fallgruppen einer solchen Unzumutbarkeit:

- Der bisher haushaltsführende Ehegatte hat derzeit (also nach der Scheidung) für die Pflege und Erziehung der ehelichen Kinder zu sorgen (§ 68a Abs. 1 EheG).
- Dem haushaltsführenden Ehegatten ist aufgrund des familienbedingten Ausstiegs aus dem Berufsleben – wegen der Haushaltsführung bzw. Betreuung von gemeinsamen Kindern oder Angehörigen – die (Wieder-)Aufnahme einer Erwerbstätigkeit aufgrund der mangelnden beruflichen Aus- oder Fortbildung, der Dauer der ehelichen Lebensgemeinschaft, des Alters oder der Gesundheit nicht zumutbar (§ 68a Abs. 2 EheG).

Es sind aber auch Mischtypen dieser beiden Fallkonstellationen denkbar – etwa Haushaltsführung während aufrechter Ehe und aktuelle Kinderbetreuungsnotwendigkeit. In beiden Fällen soll im Fall gerichtlicher Festlegung der Unterhaltsanspruch entsprechend befristet werden.

Im Fall des § 68a Abs. 1 EheG wird bis zur Vollendung des fünften Lebensjahres des Kindes die **Unzumutbarkeit der Selbsterhaltung** vermutet, über das fünfte Lebensjahr des jüngsten Kindes ist der Unterhaltsanspruch jeweils auf längstens drei Jahre zu befristen. Bei besonderen Umständen kann aber von der Befristung auch abgesehen werden (etwa besondere Betreuungsbedürftigkeit des Kindes).

Im Fall des § 68a Abs. 2 EheG hat das Gericht den Unterhaltsanspruch jeweils auf längstens drei Jahre zu befristen, wenn erwartet werden kann, dass der geschiedene Ehegatte danach in der Lage sein wird, seinen Unterhalt, insbesondere durch eine zumutbare Erwerbstätigkeit, zu sichern.

Der Unterhaltsanspruch nach § 68a EheG vermindert sich oder entfällt überhaupt, soweit die Gewährung des Unterhalts unbillig wäre, weil der Bedürftige einerseits besonders schwere Eheverfehlungen (etwa Ehebruch oder Körperverletzung am anderen Partner, ohne dass dieser selbst Eheverfehlungen begangen hätte) begangen oder seine Bedürftigkeit grob schuldhaft herbeigeführt hat oder ein gleich schwerwiegender Grund vorliegt. Im Fall des § 68a Abs. 2 EheG könnte auch bloß nach kurzer Dauer der Ehe eine solche Unbilligkeit vorliegen.

Schuldausspruch und Unterhalt

§§ **§ 69.** (1) Ist die Ehe allein aus einem der in den §§ 50 bis 52 bezeichneten Gründe geschieden und enthält das Urteil einen Schuldausspruch, so finden die Vorschriften der §§ 66 und 67 entsprechende Anwendung.

(2) Ist die Ehe nach § 55 geschieden worden und enthält das Urteil den Ausspruch nach § 61 Abs. 3, so gilt für den Unterhaltsanspruch des beklagten Ehegatten auch nach der Scheidung der § 94 ABGB. Der Unterhaltsanspruch umfasst jedenfalls auch den Ersatz der Beiträge zur freiwilligen Versicherung der beklagten Ehegatten in der gesetzlichen Krankenversicherung. Bei der Bemessung des Unterhaltsanspruchs ist die Unterhaltspflicht des Verpflichteten für einen neuen Ehegatten nicht zu berücksichtigen, es sei denn, dies ist bei Abwägung aller Umstände, besonders des Lebensalters und der Gesundheit des geschiedenen und des neuen Ehegatten, der Dauer ihres gemeinsamen Haushalts mit dem Verpflichteten und des Wohles ihrer Kinder, aus Gründen der Billigkeit geboten.

(3) Enthält das Urteil keinen Schuldausspruch, so hat der Ehegatte, der die Scheidung verlangt hat, dem anderen Unterhalt zu gewähren, wenn und soweit dies mit Rücksicht auf die Bedürfnisse und die Vermögens- und Erwerbsverhältnisse der geschiedenen Ehegatten und der nach § 71 unterhaltspflichtigen Verwandten des Berechtigten der Billigkeit entspricht. § 67 Abs. 1 Satz 2 und Abs. 2 findet entsprechende Anwendung.

§ 69a. (1) Der auf Grund einer Vereinbarung nach § 55a Abs. 2 geschuldete Unterhalt ist einem gesetzlichen Unterhalt gleichzuhalten, soweit er den Lebensverhältnissen der Ehegatten angemessen ist.

(2) Mangels einer rechtswirksamen Vereinbarung über die unterhaltsrechtlichen Beziehungen der Ehegatten im Fall einer Scheidung im Einvernehmen hat ein Ehegatte dem anderen Unterhalt zu gewähren, soweit dies mit Rücksicht auf die Bedürfnisse und die Vermögens- und Erwerbsverhältnisse der geschiedenen Ehegatten und der nach § 71 unterhaltspflichtigen Verwandten des Berechtigten der Billigkeit entspricht; § 67 Abs. 1 Satz 2 und Abs. 2 findet entsprechende Anwendung.

§ 69b. § 68a ist entsprechend anzuwenden, wenn die Ehe aus einem der in den §§ 50 bis 52 und 55 bezeichneten Gründe geschieden worden ist oder es im Fall einer Scheidung im Einvernehmen an einer wirksamen Vereinbarung über die unterhaltsrechtlichen Beziehungen der Ehegatten fehlt.

Form des Unterhalts

§§ **§ 70.** Der Unterhalt ist durch Zahlung einer Geldrente zu gewähren. Die Rente ist monatlich im voraus zu entrichten. Der Verpflichtete hat Sicherheit zu leisten, wenn die Gefahr besteht, daß er sich seiner Unterhaltspflicht zu entziehen sucht. Die Art der Sicherheitsleistung bestimmt sich nach den Umständen.

Eine solche **Sicherheitsleistung**, die in der Praxis sehr selten vorkommt, kann etwa durch das Aufnehmen von Hypotheken oder das Hinterlegen von Geld oder Wertpapieren erfolgen (SZ 39/185).

Statt der Unterhaltsrente kann die geschiedene Frau »eine Abfindung in Kapital verlangen, wenn ein wichtiger Grund vorliegt und der Verpflichtete dadurch nicht unbillig belastet wird« (§ 70 Abs. 2 EheG). Als Grund hierfür wird von Juristen etwa ein einmaliger Kapitalbedarf, weil die geschiedene Frau auswandern will, genannt. Oder umgekehrt: Wenn der geschiedene Mann auswandern will und dadurch die Gefahr besteht, dass der monatliche Unterhalt der Exfrau verloren geht oder zumindest nur mit größten Schwierigkeiten durchgesetzt werden kann.

Die Höhe der **Kapitalabfindung** richtet sich nach Dauer und Umfang der bisherigen Unterhaltsrente in Zusammenhang mit dem Alter, der Lebenserwartung und den Bedürfnissen des Berechtigten einerseits sowie der Leistungsfähigkeit des Verpflichteten andererseits.

Durch die Kapitalabfindung ist die **Unterhaltspflicht** grundsätzlich für immer beendet, daher sollte man sich einen solchen Schritt gut überlegen.

Zeitpunkt des Unterhalts

Die Verpflichtung zur Unterhaltsleistung beginnt mit dem **ersten Tag nach Rechtskraft** des Scheidungsurteils. Und für den Fall der Fälle enthält § 70 EheG noch eine klärende Regelung: »Der Verpflichtete schuldet den vollen Monatsbetrag auch dann, wenn der Berechtigte im Lauf des Monats stirbt.« Das heißt, dass er ihn nicht von den Erben zurückverlangen kann.

Vererblichkeit des Unterhalts

Der Unterhaltsanspruch erlischt mit dem Tod des Berechtigten, ist also aktiv unvererblich. Nur soweit er auf Erfüllung oder Schadenersatz wegen Nichterfüllung für die Vergangenheit gerichtet ist oder sich auf Beträge bezieht, die beim Tod des Berechtigten fällig sind, bleibt er auch nachher bestehen (§ 77 EheG).
Dagegen ist der Unterhaltsanspruch passiv vererblich, geht also mit dem Tod des Verpflichteten auf die Erben als Nachlaßverbindlichkeit über (§ 78 EheG). Nur die Beitragspflicht zum Unterhalt nach § 68 EheG erlischt mit dem Tod des Verpflichteten.

Ehe, Scheidung, Zukunftsmusik

Nun gibt es ein bekanntes Klassikerzitat, das lautet: »Die gute Einsicht muss der bess'ren weichen.« Was ins Juristische übersetzt in etwa heißt: Es gibt immer noch bessere rechtliche Lösungen. So auch im Bereich des Scheidungsrechts. Justizminister Dr. Dieter Böhmdorfer hiezu im Original: »Nach der einvernehmlichen Scheidung herrscht oft Ruhe. Es scheint alles Wonne und Waschtrog zu sein. Aber schon in einigen Monaten kann das böse Erwachen kommen. Die Frau, die auf ihren Unterhalt verzichtet hat, verliert ihren Job. Oder der Mann, der sich zum Unterhalt verpflichtet hat, will wieder heiraten. Die Scheidung wird zum Riesenproblem.« (Kronen-Zeitung vom 4.3.2003)

Daher schlägt der Justizminister – nicht unumstritten – vor:

- Eheverträge vor der Heirat, worin alle vermögensrechtlichen Verhältnisse bereits geregelt werden; solche Verträge könnten vor einem Notar, aber auch vor einem Rechtsanwalt abgeschlossen werden;
- Anwaltspflicht bei einvernehmlichen Scheidungen, damit nicht der »wirtschaftlich gewandtere Ehepartner den weniger versierten über den Tisch ziehen kann«. Dadurch würden allerdings Anwaltskosten von etwa 700 bis 1.000 € entstehen.

Im Koalitionsübereinkommen ist von diesen Dingen bereits im Kapitel Justiz unter dem Titel »Eherecht« die Rede. Etwa davon, »wie Ehegatten im Scheidungsverfahren vor Übervorteilung geschützt« werden können. Oder davon, dass »rechtsverbindliche Eheverträge für vermögensrechtliche Vereinbarungen« forciert werden sollen.

Um eine noch viel grundsätzlichere Reform, von der bereits seit Jahrzehnten die Rede ist, geht es im »Reformpakt Außerstreitverfahren«. Dieses soll mit Jahresbeginn 2005 Gesetz werden. Worum geht es im Außerstreitverfahren, das jetzt noch in einem Gesetz aus der Zeit der absoluten Monarchie, nämlich im »Außerstreitpatent« von 1854 geregelt ist? Die meisten Probleme des Familienrechts gehören in diesen Bereich, also die Rechtsbeziehungen, die sehr häufig den engsten Lebensbereich des einzelnen berühren: Pflegschaftsverfahren und Fragen der Obsorge für minderjährige Kinder, Besuchsrecht und Unterhaltsansprüche, Eheangelegenheiten (einvernehmliche Scheidungen, Vermögensaufteilungen, Ansprüche für Mitwirkung im Betrieb des anderen Ehegatten). Da soll eines der Hauptziele des neuen Gesetzes sein, den Grundsätzen eines modernen, fairen Verfahrens in hilfsorientierter, friedensrichterlicher Art Rechnung zu tragen. Ein flexibles Gesetz soll es dem Richter erlauben, mit Verantwortungsbewußtsein, aber auch mit Fantasie zukünftige Rechtsbeziehungen zu gestalten. Richterliche Anleitungs- und Belehrungspflichten werden deutlich gemacht, selbstverantwortliche Lösungen zwischen den Parteien werden forciert (Stichwort: Mediation).

Karl Jedermann und seine Erben

Die gesetzliche Erbfolge

Karl Jedermann stirbt ganz plötzlich. Sein Tod kommt für alle überraschend. Er hatte zwar schon in den letzten Monaten mehrfach davon gesprochen, ein Testament machen zu wollen. Da er aber seinen Tod noch fern glaubte, ist es bei guten Vorsätzen geblieben.

Nachdem er nun weder eine letztwillige Verfügung hinterlassen noch seinerzeit einen Ehepakt nach § 1217 ABGB geschlossen hat, tritt über sein Vermögen – den so genannten Nachlass – die **gesetzliche Erbfolge** ein, die Berufung zum Erben **kraft Gesetzes** (§§ 727 ff. ABGB).

Grundsätze der Erbfolge

Der erste Grundgedanke der gesetzlichen Verwandtenerbfolge ist, dass die Nähe der Verwandtschaft nach **Linien** bestimmt wird. Eine Linie besteht aus dem Stammhaupt mit allen seinen Nachkommen. Stammhäupter sind der Erblasser und seine Vorfahren. Es »rinnt das Gut wie das Blut«. Das bedeutet: Solange irgendeine erbfähige Person aus der näheren Linie vorhanden ist, sind sämtliche Angehörigen der entfernteren Linien ausgeschlossen.

Der zweite Grundsatz der Erbfolgeordnung ist das **Eintrittsrecht**. Es heißt auch Repräsentationsrecht und bedeutet: Lebende Glieder einer Linie schließen ihre Nachkommen aus, verstorbene Glieder werden durch die für sie eintretenden Nachkommen vertreten.

Der dritte Grundgedanke des Erbfolgerechts ist die **Teilung nach Stämmen**. Das meint Folgendes: Nur gleich nahe Erben gleichen Grades teilen nach Köpfen; eintretende Nachkommen erhalten zusammen immer den Teil, der auf den durch sie vertretenen Vorfahren entfallen wäre.

Endlich haben wir ein gesetzliches Erbrecht des überlebenden Ehegatten. Der Ehegatte (gleichgültig ob Mann oder Frau) erhält außer dem Erbteil als so genanntes **Vorausvermächtnis** die zum ehelichen Haushalt gehörenden beweglichen Sachen gemäß § 758 ABGB. Außerdem erhält er das Recht, in der **Ehewohnung** weiter zu wohnen.

Die Familie Jedermann bestand beim Tode Karls aus folgenden Personen: der Ehefrau Anna, dem erfolgreichen Geschäftsmann Otto, der geschiedenen Ulrike und dem Nachkömmling Klaus, der gerade mit dem Studium begonnen hat. An Schulden hinterlässt Karl Jedermann € 10.000,– an seinen Sohn Otto; dieser hat ihm seinerzeit das Darlehen für die Geschäftsgründung gewährt, auf das noch keine Rückzahlungen erfolgt sind. Im Nachlass befindet sich auch eine Lebensversicherungspolizze zugunsten Annas in Höhe von € 60.000,–. Der Nachlass Karl Jedermanns besteht ferner aus folgenden Aktiven:

1. *zwei Grundstücken mit den beiden Kleinhäusern im Wert von zusammen . . . . € 420.000,–*
2. *einem Aktienpaket im Wert von . . . . € 18.000,–*

3. einem Bankkonto mit einem Guthaben von . . . . € 8.500,–
4. einem Barbetrag von . . . . € 1.320,–
5. Möbeln im Wert von . . . . € 45.000,–
6. Schmuck im Wert von . . . . € 4.000,–
7. Kleidung im Wert von . . . . € 4.000,–

Summe: € 500.820,–

Bei der Auseinandersetzung über den Nachlass ergeben sich zwischen den Hinterbliebenen bald Differenzen. Anna ist der Meinung, dass ihr mindestens die Hälfte des Nachlasses zustehen müsse; die Kinder wiederum verlangen, dass die Lebensversicherung mit in den Nachlass einbezogen werde. Anna will ferner bei der Auseinandersetzung das eine von den beiden Häusern zugesprochen bekommen, in dem sie als Ehefrau mit Karl gelebt hat. Otto meint, der Herrenschmuck gebühre dem ältesten Sohn des Hauses sowieso.

Gesetzliche Erben

Hier gehen die Ansichten wie Kraut und Rüben durcheinander. Aufgrund der gesetzlichen Bestimmungen gilt Folgendes:

Die drei Kinder Karls sind **gesetzliche Erben** der ersten Linie. Sie erben zu gleichen Teilen. Anna ist als überlebender Ehegatte neben ihnen zu einem Drittel als gesetzliche Erbin berufen. Anna bekommt also ein Drittel des Nachlasses und die Ansprüche aus der Lebensversicherung, denn diese haben mit dem Nachlass überhaupt nichts zu tun, sondern sind eine Forderung aus einem **Vertrag zugunsten Dritter** gegen die Lebensversicherungsgesellschaft. Weiters erhält Anna nach § 758 ABGB ein Vorausvermächtnis. Man spricht vom so genannten **Voraus** und versteht darunter jene beweglichen Sachen des ehelichen Haushalts, die der überlebende Gatte für seinen Bedarf braucht, also Mobiliar und Geschirr, die zur Wohnungsausstattung gehörenden Teppiche, Bilder, Radio- und Fernsehgeräte usw. Es handelt sich dabei weniger um eine materielle Erhöhung des Anteils; mehr kommt es auf die **ideellen Interessen** des überlebenden Ehegatten an. Er soll soweit wie möglich im Besitz der Gegenstände bleiben, mit denen ihn ein gewisses persönliches Verhältnis aus der Zeit der ehelichen Gemeinschaft verbindet. Das Ausmaß des gesetzlichen Vorausvermächtnisses des überlebenden Ehegatten ist unabhängig davon, ob Kinder vorhanden sind oder nicht.

Die Kinder erhalten zwei Drittel des Nachlasses und da sie sich darin zu gleichen Portionen teilen müssen, erhält jedes ein Drittel der verbleibenden zwei Drittel (also jedes Kind zwei Neuntel des Gesamtnachlasses).

Erbengemeinschaft

Wenn ein Nachlass an mehrere Erben fällt, entsteht zwischen diesen die **Erbengemeinschaft** nach ABGB §§ 825 ff. Wenn den Miterben der Nachlass während der Zeit der Abhandlung zur Verwaltung überlassen ist, verwalten sie ihn wie ein anvertrautes fremdes Gut. Erst durch die **Einantwortung** geht der Nachlass in das Vermögen der Erben über. Man versteht darunter den Beschluss des Abhandlungsgerichts auf »Übergabe in den rechtlichen Besitz« (§ 797 ABGB), auch Einantwortungsurkunde genannt, womit das Verlassenschaftsverfahren geschlossen wird.

Zunächst haben die Miterben aus dem Nachlass die **Nachlassverbindlichkeiten** zu begleichen. Dazu gehören einmal die oben angeführten € 10.000,– Schulden an Otto. Insoweit ist dieser ja einfach Gläubiger des Verstorbenen wie jeder andere Gläubiger auch. Weiters rechnet § 549 ABGB zu den an einer Erbschaft haftenden Lasten die Kosten für ein angemessenes Begräbnis des Erblassers. Sie sollen aus dem im Nachlass vorhandenen Geld bestritten werden. Wer immer diese Kosten entrichtet, hat Anspruch auf Ersatz aus dem Nachlass. Nur wer den Erblasser getötet hat, kann begreiflicherweise diese Kosten nicht aus dem Nachlass ersetzt verlangen.

Setzen wir nun die Begräbniskosten mit € 4.100,– ein, so ergibt sich mit den an Otto zu zahlenden € 10.000,– ein Betrag von insgesamt € 14.100,–, der aus der Nachlassmasse zu entnehmen ist. Es bleibt dann ein Nachlasswert von € 486.720,– auf dem Papier. Davon entfällt auf jeden der vier Erben der oben genannte Anteil.

Berechnung der Erbschaftssteuer

Die **Berechnung der Erbschaftssteuer** wird in § 8 Abs. 1 ErbStG wie folgt festgelegt:

€ Die Steuer beträgt bei Erwerben bis einschließlich in der Steuerklasse

Euro	I	II	III	IV	V
7.300	2	4	6	8	14
14.600	2,5	5	7,5	10	16
29.200	3	6	9	12	18
43.800	3,5	7	10,5	14	20
58.400	4	8	12	16	22
73.000	5	10	15	20	26
109.500	6	12	18	24	30
146.000	6	14	21	28	34
219.000	7	16	24	32	38
365.000	9	18	27	36	42
730.000	10	20	30	40	46
1,095.000	11	21	32	42	48
2,460.000	12	22	34	44	51
2,920.000	13	23	36	46	54
4,380.000	14	24	38	48	57
und darüber	15	25	40	50	60

v. H. des Erwerbes.

Beim Erwerb von **Grundstücken** tritt eine Erhöhung dieser Steuersätze um einen bestimmten Prozentsatz des Wertes der durch die Zuwendung erworbenen Grundstücke ein, und zwar um 2 Prozent bei der Zuwendung an den Ehegatten, einen Elternteil, ein Kind, ein Enkelkind, ein Stiefkind, ein Wahlkind, ein Schwiegerkind oder ein vom Zuwendenden in Erziehung genommenes Kind; 4 Prozent bei Zuwendung an andere Personen.

Die Steuer beträgt ohne Rücksicht auf die Höhe der Zuwendungen 2,5 v. H.:

a) von Zuwendungen an solche inländische juristische Personen, die ausschließlich gemeinnützige, mildtätige oder kirchliche Zwecke verfolgen, sowie an gesetzlich anerkannte Kirchen und Religionsgesellschaften selbst, und
b) von Zuwendungen an Privatstiftungen durch den Stifter selbst. Werden zugewendetes Vermögen oder an dessen Stelle getretene Vermögenswerte innerhalb von zehn Jahren, ausgenommen zurück an den Stifter oder zur satzungsgemäßen Erfüllung von angemessenen Unterhaltsleistungen, unentgeltlich veräußert, so ist die Differenz auf die Steuer nach Abs. 1 nachzuerheben.

€ Zur Steuerklasse I gehören der Ehegatte und die Kinder, auch Stiefkinder und Wahlkinder. Zur Steuerklasse II gehören die Abkömmlinge der in der Steuerklasse I Genannten, die Abkömmlinge der an Kindes statt angenommenen Personen (Wahlkinder) jedoch nur dann, wenn sich die Wirkungen der Annahme an Kindes statt auch auf die Abkömmlinge erstrecken. Zur Steuerklasse III gehören die Eltern, Großeltern und weiteren Voreltern, die Stiefeltern sowie die voll- und halbbürtigen Geschwister. Die Steuerklasse IV umfasst die Schwiegerkinder, die Schwiegereltern, die Abkömmlinge ersten Grades von Geschwistern. Zur Steuerklasse V zählen alle übrigen Erwerber und die Zweckzuwendungen.

Befreiungen und Ermäßigungen werden in § 14 ErbStG geregelt. Bei der Berechnung der Steuer nach § 8 Abs. 1 oder Abs. 3 bleibt bei jedem Erwerb steuerfrei:
1. für Personen der Steuerklasse I oder II ein Betrag von € 2.200,–,
2. für Personen der Steuerklasse III oder IV ein Betrag von € 440,–,
3. für Personen der Steuerklasse V ein Betrag von € 110,–.

€ Bei Bankeinlagen und festverzinslichen Wertpapieren ist durch die 25%-ige Kapitalertragsteuer (KESt), die von der Bank automatisch einbehalten wird, die Einkommensteuer und Erbschaftssteuer abgegolten.

Aufteilung der Erbschaft

Karl Jedermanns Erben – Frau und Kinder – fallen alle in die Steuerklasse I. Wenn der Nachlass von € 486.720,– in Gestalt von Bargeld greifbar wäre, so könnte eine Aufteilung ohne Schwierigkeiten in den vorstehenden Beträgen erfolgen. Es lässt sich aber nicht gut eine wirklich gerechte Zerteilung von Schmuck vornehmen und ein Haus kann man schon gar nicht in Stücke teilen. Am vernünftigsten ist es daher, wenn sich die Erben über eine entsprechende **Aufteilung der Erbschaft** einigen.

☛ Nehmen wir an, dass jedes der beiden hinterlassenen Kleinhäuser einen Wert von € 210.000,– hat, dann könnte man sehr gut eines davon Anna ins Alleineigentum übertragen und den Wertausgleich dadurch vornehmen, dass sie für die drei übrigen Erben ein Schuldversprechen über je € 16.224,– ausstellt (€ 486.720,– : 3 = € 162.240,– für Anna; Differenz zu den € 210.000,– für ein Haus: € 47.760,–, aufgeteilt auf drei Kinder = € 16.224,–) und dieses Versprechen auch noch hypothekarisch an ihrem Grundstück sichert. Die Kinder könnten sich derart auseinandersetzen, dass Klaus und Ulrike zusammen Eigentümer des anderen Häuschens werden, der tüchtige Otto die übrigen Werte erhält und etwaige kleinere Differenzen durch Hypotheken an dem Haus ausgeglichen werden. Besondere Erinnerungsstücke nimmt Otto in Verwahrung mit der Abmachung, dass die anderen sich diese Dinge jeweils eine Zeit lang ausleihen können.

Erbteilung im Außerstreitverfahren/gerichtliche Genehmigung

Jeder Miterbe kann vor oder nach der Einantwortung die Erbteilung verlangen, doch tritt die schon vor der Einantwortung vereinbarte Teilung erst im Augenblick der Einantwortung in Kraft. Meist wartet das Gericht mit der Einantwortung nicht bis zur Erbteilung, selbst wenn es die Miterben verlangen. Eigenberechtigte Erben können, wenn sie wollen, dem Gericht eine fertige Teilungsurkunde zur Bestätigung, das heißt zur Beglaubigung vorlegen. Oder sie verlangen die Anordnung einer Tagsatzung, um sich unter Leitung des Richters über die Teilung zu einigen. Aber auch eine im **Außerstreitverfahren** vereinbarte Teilung bleibt ein privates Rechtsgeschäft. Sie kann angefochten werden und ist nicht als Exekutionstitel zu behandeln.

In dem oben skizzierten Teilungsplan wurde nicht weiter berücksichtigt, dass Klaus noch minderjährig ist. Sind aber Pflegebefohlene an einer Erbauseinandersetzung beteiligt, so verlangt die Teilung auf jeden Fall eine **gerichtliche Genehmigung**.

Abfindung

Oft übernimmt ein Erbe gegen eine **Abfindung** den gesamten Nachlass oder einzelne Nachlassstücke, z. B. eine Liegenschaft oder ein Unternehmen. Die Übernahme beruht entweder auf freier Vereinbarung oder der Übernehmer hat ein Recht darauf. Solche **Aufgriffsrechte**, wie sie in Erbverträgen geregelt sind, kommen häufig bei kleineren Landwirtschaften vor. Der Übernehmer des ganzen Nachlasses veranlasst die weichenden Erben durch eine Abfindung, die Erbschaft auszuschlagen, und erwirbt infolgedessen ihre Teile (kraft Anwachsung). Werden einem Miterben bei der Erbteilung bestimmte Sachen als Alleineigentum zugewiesen, dann haben die anderen Erben gegen ihn den Anspruch auf eine Ausgleichung.

Wie dies so häufig der Fall ist, können sich auch Karl Jedermanns Erben nicht einigen. Sie zerstreiten sich, weil der eine nicht auf den Schmuck verzichten will, der andere nicht auf das Haus.

☛ Wenn eine einhellige Teilung nicht zu erzielen ist, dann fällt nach § 841 ABGB die Entscheidung dem Richter zu. Sie wird einzuholen sein, wenn die Teilhaber zwar über die Aufhebung der Gemeinschaft durch Naturalteilung miteinander einverstanden sind, sich aber über die Art der Durchführung dieser Teilung nicht einigen können. Der Richter kann auch dann angerufen werden, wenn ein Teil der gemeinschaftlichen Sache außergerichtlich geteilt wurde, jedoch über den Rest keine Einigung zustande gekommen ist. Die Anrufung des Richters nach § 841 ABGB geschieht (zum Unterschied von der oben erwähnten außerstreitigen Teilung) durch **Klage**. Ihr Gegenstand ist je nach Umfang des Streits entweder bloß das Begehren nach Teilung oder auch jenes nach Aufhebung der Gemeinschaft. Die Klage ist Rechtsgestaltungsklage; das Teilungsurteil führt zur Zwangsvollstreckung nach der Exekutionsordnung.

Realteilung

Die **Realteilung** einer gemeinschaftlichen Sache besteht in der Zerlegung der gemeinschaftlichen Sache in Teile von annähernd gleicher Beschaffenheit (ohne Notwendigkeit eines unverhältnismäßig großen Wertausgleichs in Geld), in der Zerlegung in Werte, die zusammen dem Wert der ungeteilten Sache gleichkommen. Demnach sind nur solche Sachen real teilbar, die ohne Zerstörung ihres Wesens und ohne beträchtliche Wertminderung so in Teile zerlegt werden können, dass der Wert des Ganzen in den Teilen erhalten bleibt. Bei der **Teilung von Liegenschaften** ist auf die Lage der einzelnen Teilstücke, auf die Eignung des verbleibenden Teils für eine weitere gewerbliche Nutzung usw. Bedacht zu nehmen.

Die Teilung zweier gemeinschaftlicher Häuser durch Zuweisung je eines von ihnen an jeden der beiden Miteigentümer hat der OGH für unzulässig erklärt. In unserem Fall müsste es also zu einer **Verwertung** (Versilberung) der Grundstücke, des Schmucks und der Möbel kommen. Der Erlös wird dann unter den vier Erben aufgeteilt. Es bedarf keiner weiteren Ausführungen, dass die Erben bei einer solchen Lösung nur Nachteile hätten. Allfällige Versteigerungen werden nicht die wahren Werte der Nachlassgegenstände einbringen und die Verwertung selbst verursacht auch Unkosten. Den Vorteil haben also dritte Personen.

Es sei an dieser Stelle gesagt, dass Karl Jedermann in einem Testament Bestimmungen über die Art und Weise der Auseinandersetzung hätte treffen können. Er hätte es also ruhig, bei der gesetzlichen Erbfolge belassen können, jedoch dafür wenigstens eine Verteilung der einzelnen Nachlasswerte, z. B. im Sinne des eben erörterten Verteilungsvorschlags, anordnen können.

Teilungsanordnung

Schon dadurch hätte er seine uneinsichtigen Erben vor Schaden bewahrt. Eine solche **Teilungsanordnung** verpflichtet die Miterben untereinander.

Ganz uneinsichtig zeigt sich nunmehr Anna, die einfach erklärt, sie gehe überhaupt keine Auseinandersetzung ein, dann solle lieber die Erbengemeinschaft für ewig zusammenbleiben.

Diese Auffassung ist unrichtig. Wie bei jeder Gemeinschaft steht auch bei der Erbengemeinschaft jedem Teilhaber der **Anspruch auf Teilung** zu. Die Erben müssen die Gemeinschaft nicht fortsetzen, wenn sie es nicht wollen. Sie können eine solche Teilung vor oder nach der Einantwortung vornehmen, wirksam ist sie aber immer erst ab der Einantwortung.

☛ Die Einstellung des österreichischen Rechts ist kurz gesagt die: Sind alle Miterben volljährig, so sorgt das Gericht von sich aus nicht weiter für eine Erbteilung; ist dagegen auch nur ein Miterbe pflegebefohlen, muss eine vom Gericht zu genehmigende Erbteilung stattfinden. Diese braucht aber nur eine ziffernmäßige Ausweisung des Wertes zu sein. Eine reale Teilung muss nicht stattfinden. Manchmal ist eine Realteilung sogar ausgeschlossen, so z. B. bei einem Los mit Gewinnchancen, das einem Minderjährigen gemeinschaftlich mit anderen Miterben angefallen ist. Die schmalen Wiesen- und Feldstreifen, wie man sie in manchen Gegenden Österreichs findet, sind ein Beispiel für die Auswüchse einer Realteilung unter zahlreichen Miterben.

Anrechnung von Vorausempfängen

Grundsätzlich findet die Erbteilung nach den **Anteilen** statt, die dem einzelnen Miterben am Nachlass zustehen. Eine Abweichung davon tritt ein, wenn Vorausempfänge anzurechnen sind. Eine solche **Anrechnung** müsste aber der Erblasser anordnen. Dies hat zum Zweck, dass bei der gesetzlichen Erbfolge der Kinder die im § 790 ABGB genannten Vorempfänge zu dem Zweck angerechnet werden, die Gleichbehandlung der Kinder herbeizuführen. Diese Anrechnung ist aber nicht zwingendes Recht. Die Eltern können daher einem Kind die Anrechnung auch bei der gesetzlichen Erbfolge erlassen. Bei testamentarischer Erbfolge findet eine Anrechnung überhaupt nur statt, wenn sie der Erblasser anordnet.

Einer Tochter oder Enkelin wird angerechnet, was ihr der Erblasser zu Lebzeiten zum **Heiratsgut** gegeben hat; eine zur ersten Einrichtung des Haushalts gegebene Aussteuer ist **kein** Heiratsgut. Weiters wird dem Sohn oder Enkel angerechnet, was ihm der Erblasser zur Ausstattung oder unmittelbar zum Antritt eines Amtes oder eines Gewerbes gegeben hat. Endlich wird angerechnet, was Eltern zur Bezahlung der **Schulden** eines volljährigen Kindes verwendet haben.

Die rechnungsmäßige Art der Anrechnung ergibt sich aus § 793 ABGB. Der Vorempfang soll wie eine Vorauszahlung aus der Erbschaft behandelt werden. Daher rechnet man die Vorempfänge zuerst einmal dem Nachlass zu und bestimmt davon die Erbteile. Dadurch werden die Erbteile ziffernmäßig größer. Bei der Teilung bekommt dann der Miterbe, der den Vorempfang bereits erhalten hat, eben um diesen Wert weniger, während die anderen Miterben die vergrößerten Erbteile erhalten.

Nehmen wir einmal an, dass Ulrike bei ihrer Eheschließung von ihrem Vater ein Heiratsgut im Wert von € 25.000,– erhalten hat, dann muss sie diesen Betrag nun zur Anrechnung bringen. Dies hat folgendermaßen zu geschehen:

§ 793 ABGB spricht nur von den »Kindern«. Die Ehefrau wird hierdurch überhaupt nicht berührt. Sie bekommt also erst einmal ihre € 162.240,–. Es ist demnach nur unter den drei Kindern der Betrag von € 486.720,– abzüglich Annas € 162.240,–, also € 314.480,– zum Ausgleich zu bringen. Zu diesem Betrag zählen wir die € 25.000,–

hinzu, die Ulrike als Heiratsgut erhalten hat, das ergibt die Summe von € 349.480,–. Wir teilen diese Summe nunmehr durch drei und behalten einen Anteil für jedes der drei Kinder in Höhe von € 116.493,30 übrig. Ulrike hat ja nun auf diesen Anteil schon € 25.000,– erhalten. Sie bekommt also lediglich noch € 91.493,30 ausbezahlt, die von den vorhandenen € 324.480,– genommen werden. Otto und Klaus teilen sich demnach den Rest von € 232.986,70, das heißt, jeder von ihnen bekommt € 116.493,35.

Der ruhende Nachlass

Als die Erben vom Bankkonto, das Karl Jedermann hinterlassen hat, etwas abheben wollen, weigert sich die Bank, diesem Verlangen zu entsprechen, solange ihr nicht nachgewiesen wird, wer die Erben sind. Ist die Bank im Recht?

Der ruhende Nachlass wird vom Gericht treuhändig verwaltet und steht bis zur Einantwortung unter der **Aufsicht des Abhandlungsgerichts**. Nach § 46 AußStreitG hat der Gerichtsabgeordnete, der die Todfallsaufnahme vornimmt, die Aufsicht über die Verlassenschaft und die Besorgung des Hauswesens einstweilen und bis auf weitere Anordnung des Gerichts einem Hausgenossen des Erblassers oder einer anderen Person anzuvertrauen. Das Gericht kann aber auch einen **Verlassenschaftskurator** bestellen. Sind die vermutlichen Erben anwesend, so wird die Verwaltung des Nachlasses meistens ihnen anvertraut. Eine besondere Sicherung des Nachlasses durch Versiegelung der Wohnräume oder Hinterlegen von Bargeld, Einlagebüchern, Kostbarkeiten und dergleichen findet nur selten statt, etwa wenn die Erben abwesend oder unbekannt sind oder ihr Vermögen nicht verwalten können, wenn der Nachlass überschuldet ist und endlich, wenn die Absonderung der Verlassenschaft vom Vermögen der Erben stattfindet.

Erbserklärung

In unserem Fall wurden aber bereits Erbserklärungen abgegeben. Man versteht unter einer **Erbserklärung** den unwiderruflichen Antrag auf Einantwortung, der auf einen der drei Berufungsgründe gestützt wird: Testament, Erbvertrag oder Gesetz. Im geschilderten Rechtsfall wird die Erbfolge aus dem Gesetz in Anspruch genommen (so genannte **Intestaterbfolge**). Wenn die Erben ihr Erbrecht genügend ausgewiesen haben, überlässt ihnen das Gericht die Besorgung und Verwaltung der Verlassenschaft. Der erbserklärte Erbe wird dadurch nur Pfleger des Nachlasses, also Verwalter fremden Vermögens. Wie jeder andere **Nachlasspfleger** darf er nur mit Genehmigung des Gerichts Liegenschaften und Fahrnisse veräußern und verpfänden, Forderungen abtreten oder von den Schuldnern Geld in Empfang nehmen. Will der Erbe den Nachlass nicht selbst verwalten, so muss er die Bestellung eines **Kurators** beantragen (§ 690 ABGB). Führt jedoch der Erbe die Verwaltung des Nachlasses, dann ist nach herrschender Ansicht die Bestellung eines Verlassenschaftskurators unzulässig.

Die Bank muss also entweder an den allenfalls bestellten Verlassenschaftskurator oder an den entsprechend ausgewiesenen erbserklärten Erben die Zahlung aus dem Konto des Verstorbenen leisten.

Liegen mehrere einander nicht widersprechende Erbserklärungen vor, dann ist den Miterben die Verwaltung **gemeinschaftlich** zu überlassen. Einem einzelnen Miterben kann die Verwaltung des Nachlasses nur mit Zustimmung der anderen Miterben übertragen werden. Das Gericht wird einen Miterben davon ausschließen, wenn z. B. seine frühere Kassengebarung als Angestellter des Erblassers keine dem Interesse der Erbengemeinschaft entsprechende Geschäftsführung erwarten lässt.

Beschränkte Erbenhaftung

Zur gleichen Zeit, in der sich diese Vorgänge abspielen, wird der jüngste Sohn, Klaus Jedermann, nochmals Erbe. Eine unverheiratete Schwester von Anna, die den Nachkömmling Klaus wie eine Mutter geliebt hat, macht ihn durch Testament zu ihrem Alleinerben. Anna Jedermann ist zunächst der Meinung, dass sie hier beteiligt sein müsse, da ihre Schwester sie nicht übergehen könne.

Wir wollen schon hier festhalten, dass es unter **Geschwistern keine Pflichtteilsrechte** gibt. Ein reicher Bruder kann sein Millionenvermögen einer wohltätigen Stiftung vermachen und seine Schwester und deren Kinder in Armut belassen. Rechtlich ist dagegen nichts zu machen.

Klaus Jedermann ist naturgemäß über diesen weiteren Gewinnanteil zunächst hoch erfreut. Die Freude schwindet aber, als er zu seiner Überraschung feststellt, dass Tante Olga nicht unerhebliche Schulden hinterlassen hat. Schon in den ersten vier Wochen nach ihrem Tod melden sich nach und nach immer mehr Gläubiger, sodass Klaus befürchtet, es könnten sich mehr Schulden ergeben, als der Nachlass an Aktiven aufweist. Er bespricht sich daher mit seinem Bruder Otto, ob er die Erbschaft ***ausschlagen*** *soll.*

☛ Wir müssen uns vorerst darüber klar werden, wann der Erbe die Erbschaft erwirbt. Gerade darüber herrscht aber Streit. Maßgebend ist für uns die herrschende Lehre und Rechtsprechung. Danach erwirbt der Erbe die Erbschaft erst mit der Einantwortung. Nach der maßgebenden Rechtsansicht wird also Klaus Jedermann nicht automatisch Erbe nach seiner Tante Olga.

Ausschlagung des Erbes

Wenn Klaus einen überschuldeten Nachlass befürchtet, genügt es, entweder keine oder höchstens eine so genannte **bedingte Erbserklärung** abzugeben. Diese Erklärung ist für den Umfang der Haftung des Erben für die Erbschaftsschulden von enormer Bedeutung. Unterlassung der Erbserklärung bedeutet bloß Nichtbeteiligung an der Abhandlung. Einer Person, die keine Erbserklärung abgegeben hat, kann nichts eingeantwortet werden.

Eine darüber hinausgehende Wirkung kommt jedoch der **Ausschlagung** zu. Sie bewirkt, dass der Anfall vernichtet wird. Will also Klaus, dass die ihm zugedachte Erbschaft je nach der Rechtslage an andere Erben fällt, dann schlägt er den Nachlass aus. Daher wird der volljährige Klaus Jedermann nicht bloß die Erbserklärung unterlassen, sondern eine ausdrückliche Erklärung an das Abhandlungsgericht senden:

> **Klaus Jedermann**
> Liebenau 63
> 1210 Wien
>
> Datum ...
>
> An das
> Bezirksgericht in ...
>
> Rechtssache: Olga Hofer, Verlassenschaft;
> Klaus Jedermann in ...
> erklärt Erbverzicht
>
> Am ... ist Frau Olga Hofer in ... verstorben. Sie hat ein Testament hinterlassen, in dem ich als Alleinerbe eingesetzt wurde. Ich gebe jedoch die Erklärung ab, dass ich mich aller Rechte auf den Nachlass begebe.
>
> Klaus Jedermann

Gegenüber Nachkommen des Ausschlagenden wirkt die Ausschlagung wie ein **Erbverzicht**. Erbverzicht bzw. Ausschlagung einer Erbschaft erfordern aber nach § 805 ABGB volle Handlungsfähigkeit. Wenn nun Klaus Jedermann nicht voll handlungsfähig ist, so kann sein gesetzlicher Vertreter für den Pflegebefohlenen jederzeit die bedingte Erbserklärung abgeben. Zu einer Ausschlagung muss jedoch der gesetzliche Vertreter die Genehmigung des Pflegschaftsgerichts einholen.

Da sich Klaus Jedermann aller Rechte auf den Nachlass seiner Tante entäußert hat, scheidet er aus dem weiteren Verfahren vollkommen aus; die Schulden der Erblasserin berühren ihn nicht mehr. Das Verlassenschaftsgericht muss nachforschen, wer nun an seiner Stelle Erbe ist, und diesen benachrichtigen.

Der Weg, den Klaus Jedermann hier eingeschlagen hat, ist aber ein sehr radikaler. Noch bevor er überhaupt wusste, ob die Schulden (Passiven) die Werte (Aktiven) des Nachlasses übersteigen, hat er auf seine Erbenstellung verzichtet. Dabei bestand gar keine Notwendigkeit, so überstürzt zu handeln.

Bedingte Erbserklärung

Klaus Jedermann entschließt sich also in unserer jetzigen Annahme, die angefallene **Erbschaft anzunehmen**. Zunächst geht er daran, Ordnung in den Nachlass zu bringen und sich ein Bild zu machen, wer überhaupt Ansprüche gegen den Nachlass erhebt. Ergeben die vorgefundenen Korrespondenzen und Papiere nicht genügend Übersicht, wem allen Tante Olga verschuldet war, so wird er sich nur zur so genannten **bedingten Erbserklärung** entschließen. Ist er eigenberechtigt, gibt er daher folgende Erklärung ab:

Klaus Jedermann
Liebenau 63
1210 Wien

Datum …

An das
Bezirksgericht in …

Rechtssache: Verlassenschaftsabhandlung nach Olga Hofer in …
Klaus Jedermann erklärt sich bedingt als Erbe.

Am … ist Frau Olga Hofer in … verstorben. Sie hat ein Testament hinterlassen, in dem ich zum Universalerben eingesetzt wurde. Ich erkläre mich bedingt aus dem Testament als Erbe und stelle den Antrag, die Inventaraufnahme anzuordnen.

Klaus Jedermann

Ist Klaus Jedermann noch minderjährig, könnte z. B. Anna als sein gesetzlicher Vertreter ohne pflegschaftsgerichtliche Genehmigung für ihn erklären:

Anna Jedermann

Datum …

An das
Bezirksgericht in …

Rechtssache: Verlassenschaft Olga Hofer in …
Erbserklärung des minderjährigen
Klaus Jedermann in …

Laut Testament vom … ist mein minderjähriger Sohn Klaus Jedermann Alleinerbe nach der am … verstorbenen Olga Hofer. In meiner Eigenschaft als Mutter und gesetzlicher Vertreter gebe ich in seinem Namen die bedingte Erbserklärung aus dem Testament zum Nachlass der Olga Hofer ab.
Das Bezirksgericht wolle die Inventarisierung des Nachlasses anordnen.

Anna Jedermann

Gläubigereinberufung

Wer eine bedingte Erbserklärung abgegeben hat, kann überdies nach § 813 ABGB eine **Gläubigereinberufung**, den so genannten Rechnungsruf, beantragen. Klaus Jedermann, dessen Eigenberechtigung wir annehmen, stellt diesen Antrag:

Klaus Jedermann
Liebenau 63
1210 Wien

Datum ...

An das
Bezirksgericht in ...

Rechtssache: Olga Hofer, gestorben am ...,
Verlassenschaftsabhandlung.
Antrag auf Einberufung der Gläubiger.

Als bedingt erbserklärter Alleinerbe beantrage ich, zur Erforschung des Schuldenstandes ein Edikt zu erlassen, durch das die Gläubiger des Erblassers aufgefordert werden, bis zum ... ihre Forderungen anzumelden und darzutun, widrigenfalls ihnen, wenn die Verlassenschaft durch die Bezahlung der angemeldeten Forderungen erschöpft wird, ein Anspruch an den Nachlass nicht mehr zusteht.

Klaus Jedermann

Die **Einberufung** (auch Konvokation genannt) besteht darin, dass die Gläubiger durch Edikt aufgefordert werden, innerhalb einer vom Gericht festgesetzten angemessenen Frist ihre Forderungen anzumelden und darzutun. Das bewirkt, dass der Erbe am Ende der Einberufungsfrist klar sieht, ob und in welchem Maße der Nachlass überschuldet ist. Stellt sich der Nachlass als nicht überschuldet dar, dann hat der Erbe die angemeldeten oder sonst bekannten Schulden voll zu bezahlen. Wird der Nachlass dadurch erschöpft, so haftet der Erbe später auftauchenden Gläubigern überhaupt nicht. Ist ein Aktivrest übrig geblieben, so haftet der Erbe den Gläubigern nur mit diesem Rest; er hat also die einzelnen Gläubiger nach der Art ihres Auftretens bis zur **Erschöpfung des Nachlasses** voll zu befriedigen.

Es ist nun denkbar, dass sich irgendein Gläubiger im Ediktalverfahren nicht meldet, z. B. weil er erst nach Jahren aus dem Ausland zurückkehrt. Dann braucht Klaus Jedermann an diesen Gläubiger nicht mehr zu leisten, wenn er den Nachlass aufgebraucht hat, um die Gläubiger zu befriedigen, die sich innerhalb der Frist des Edikts gemeldet haben. Ist ihm nach deren Befriedigung noch etwas aus dem Nachlass verblieben, so muss er diese Restwerte nunmehr dem nachgekommenen Gläubiger zur Verfügung stellen, damit dieser sich daran befriedigen kann. Hat Klaus die Werte inzwischen völlig aufgebraucht, so kann dieser Gläubiger nichts mehr verlangen.

Haftungsbeschränkung

Jetzt ist nur noch die **Haftungsbeschränkung** zu erklären, die Klaus Jedermann durch die Inventarserrichtung erreicht. Das Inventar ist die gerichtliche Beurkundung von Bestand und Wert des Nachlasses, also ein genaues und vollständiges Verzeichnis allen beweglichen und unbeweglichen Vermögens, wie es sich am Todestag im Besitz des Erblassers befunden hat. Auch die Bewertung des Vermögens stellt auf den Todestag ab. Das Inventar hat den Hauptzweck, die Nachlassaktiven vollständig zu verzeichnen.

Man ist sich darüber einig geworden, dass es auf den **Zeitpunkt der Einantwortung** ankommt, ob der Erbe, der die Wohltat des Inventars genießt, bloß mit dem Nachlass oder auch mit seinem persönlichen Vermögen haftet. Bis zur Einantwortung haftet der Erbe nur mit den Nachlassgegenständen; eine persönliche Haftung besteht nicht, da ihm der Nachlass noch nicht gehört. Nach der Einantwortung haftet der Erbe allerdings persönlich mit seinem Vermögen, jedoch beschränkt auf den Wert des Nachlasses, wie er sich aus dem Inventar ergibt. Eine Haftung bloß mit den Nachlasssachen kommt schon deshalb nicht in Frage, weil der Nachlass nunmehr kein Sondervermögen mehr bildet, sondern im Vermögen des Erben aufgegangen ist.

☛ Auf eine kurze Merkformel gebracht: vor der Einantwortung haftet ein Erbe, der eine bedingte Erbserklärung abgegeben hat, **gegenständlich beschränkt**, nämlich mit den Nachlassstücken, und persönlich überhaupt nicht. Nach der Einantwortung haftet ein solcher Erbe zwar persönlich, aber **betragsmäßig beschränkt**, nämlich nur bis zum inventarisierten Wert des Nachlasses.

Die Rechtswohltat des Inventars und eine Einberufung der Gläubiger bewahren also Klaus Jedermann hinlänglich vor der Gefahr eines überschuldeten Nachlasses; er braucht nicht eigenes Vermögen anzugreifen, um Erblasserschulden zu bezahlen.

Auch wenn der Nachlass nach Tante Olga wirklich überschuldet ist, besteht für Klaus kein Grund zur Verzweiflung. **Überschuldung** ist das Überwiegen der Passiven über die Aktiven. Der ruhende Nachlass wird als juristische Person behandelt. Bei juristischen Personen genügt schon Überschuldung zur Konkurseröffnung; bei physischen Personen wäre Zahlungsunfähigkeit erforderlich.

Stellt sich in unserem Fall der Nachlass bei Ablauf der Einberufungsfrist als überschuldet dar, dann hat der Erbe die angemeldeten Forderungen nach den Grundsätzen des Konkursrechts zu bezahlen. Ist aber der Nachlass durch volle oder teilweise Befriedigung der angemeldeten Forderungen erschöpft, so haftet der Erbe nicht weiter. Er ist auch nicht verpflichtet, die Konkurseröffnung zu verlangen.

Nachlasskonkurs und Nachlassausgleich

Jeder Gläubiger kann ohne Rücksicht darauf, ob und was für Erbserklärungen abgegeben worden sind, die Eröffnung des Konkurses über den Nachlass beantragen (§ 70 Konkursordnung). In unserer Annahme stellt den Antrag die Hundeschuranstalt »Pudelwohl«, die für mehrfache Pflege der beiden Königspudel Trixi und Truxi eine Forderung von € 500,– geltend macht. Weitere Gläubiger Tante Olgas sind zwei Gemischtwarenhändler, ein Steinmetz, zwei Devotionalienhändler und der Singvogelverband »Tschilp«. Die Forderungen dieser Gläubiger sollen nun nicht nach dem Zuvorkommen (»Wer zuerst kommt, mahlt zuerst«), sondern nach dem **Grundsatz der Gleichbehandlung** (jeder erhält nur eine Quote seiner ursprünglichen Forderung) erfüllt werden.

Konkurseröffnung

Der Erbe, der eine unbedingte Erbserklärung abgibt, haftet den Verlassenschaftsgläubigern und den Vermächtnisnehmern unbeschränkt; er darf sich daher der Einantwortung und der damit verbundenen Haftung mit seinem ganzen Vermögen nicht entziehen. Den Gläubigern jedoch nimmt auch eine unbedingte Erbserklärung nicht das Recht, die Konkurseröffnung zu verlangen. Die Gläubiger werden sich aber einen solchen Antrag wohl überlegen; sie verzichten nämlich damit auf die persönliche Haftung des Erben.

Nach herrschender Ansicht wird durch die **Konkurseröffnung** über den Nachlass das Abhandlungsverfahren erledigt. Erbserklärungen dürfen nicht mehr angenommen werden, eine Einantwortung erfolgt nicht. Wenn der Konkurs durch Masseverteilung an unsere sieben Gläubiger aufgehoben ist, kommt es zu keiner Fortsetzung des Abhandlungsverfahrens. Die leer ausgegangenen Gläubiger können **keine Ansprüche an die Erben** stellen.

Es ist jedoch wichtig zu wissen, dass, wenn später etwa in einem Versteck ein mit Golddukaten gefüllter Strumpf gefunden wird, der Tante Olga gehört hat, die Abhandlung wieder aufzunehmen ist. Bei Mangel eines zur Deckung der Kosten hinreichenden Vermögens wird der **Konkurs aufgehoben** (§ 166 KO); dann tritt erbrechtlich und abhandlungsrechtlich der frühere Zustand wieder ein.

Nachlassausgleich

Die eine Möglichkeit einer Regulierung außerhalb des normalen Abhandlungsverfahrens war also der Nachlasskonkurs. Die zweite Möglichkeit ist der **gerichtliche Ausgleich des Nachlasses**.

☛ Konkurs oder gerichtlicher Ausgleich haben bei der Verlassenschaft die Auslösungstatsache gemeinsam, nämlich die Überschuldung. In ihren Auswirkungen sind sie jedoch verschieden. Der Konkurs bewirkt die Zusammenfassung des gesamten der Exekution zugänglichen Vermögens des Schuldners in einer den Gläubigern rechtlich zur Disposition gestellten Masse und bezweckt die Realisierung der Konkursmasse und ihre Verteilung unter die Gläubiger. Der durch die konkursmäßige Verteilung nicht gedeckte Teil der Verpflichtungen bleibt bestehen. Das gerichtliche Ausgleichsverfahren ist nur der verfahrensrechtliche Rahmen für eine Anpassung des Inhalts der schuldnerischen Verpflichtungen nach Höhe und Fälligkeit an die verringerte Leistungsfähigkeit des Schuldners. Es gibt hier keine Masse und keine Wertzerstörung durch Versilberung einer Masse. Nach Zahlung der Ausgleichsquote und Abschluss eines gerichtlichen Ausgleichs ist der unbeglichene Rest der Schuld erlassen.

Liquidationsausgleich/Sanierungsausgleich

Ein Ausgleichsverfahren kann über einen Nachlass nur auf Antrag des **Nachlasskurators** oder der **Erben** mit Genehmigung des Abhandlungsgerichts eröffnet werden. Der Grund hierfür liegt darin, dass der gerichtliche Ausgleich schuldrechtliche Verpflichtungen schafft bzw. ändert. Die Gläubiger können ein Ausgleichsverfahren nicht beantragen. Hat der Erbe noch vor der Einantwortung die Gläubiger dem Ausgleich gemäß befriedigt und ist dadurch der Nachlass aufgezehrt worden, so spricht man von einem **Liquidationsausgleich**. Hier findet wegen Wegfalls eines Nachlassvermögens keine Einantwortung statt. Sind bloß Quoten zu entrichten und verbleibt den Erben das Nachlassvermögen, so liegt ein **Sanierungsausgleich** vor; hier wird die Abhandlung nach Abschluss des Ausgleichsverfahrens fortgesetzt und der Nachlass den Erben eingeantwortet. Sie haften dann für die Erfüllung des Ausgleichs persönlich und je nach ihrer Erbserklärung: entweder beschränkt (bei bedingter Erbserklärung) oder unbeschränkt (bei unbedingter Erbserklärung).

Einantwortung nach Gläubigerrecht

Außer den soeben im Grundzug besprochenen Konkurs- und Ausgleichsverfahren gibt es aber noch nach dem Außerstreitgesetz eine Liquidierung kleiner überschuldeter Nachlässe durch das Abhandlungsgericht. Diese Art der Erledigung wird in der Praxis **Einantwortung nach Gläubigerrecht** genannt.

Hier lässt das Gericht entweder die Aktiven den Gläubigern selbst an Zahlungs statt oder ein Dritter übernimmt die Aktiven und findet seinerseits die Gläubiger ab. Wenn also Tante Olgas Nachlass geringwertig ist, wird ihn das Gericht den sieben Gläubigern überlassen, die sich dann untereinander einigen mögen. Möglicherweise findet sich auch ein Kuriositätensammler, der über Olgas reichhaltige Nippessammlung so begeistert ist, dass er die ganze Verlassenschaft gegen Berichtigung der Schulden und Auslagen übernimmt. Dies wäre ein Glücksfall für die Gläubiger, die mit den Nippesfiguren wohl kaum etwas anzufangen gewusst hätten.

☞ Betrachten wir die Voraussetzungen der Einantwortung nach Gläubigerrecht näher. Zunächst muss der Nachlass zu **unbedeutend** sein, um darüber weitere gerichtliche Verhandlungen einzuleiten. Das ist der Fall, wenn der Nachlass nicht hinreicht, die Kosten eines Nachlasskonkurses zu decken, so z. B. bei **Spitalseffekten** (Kleidungs- und Wäschestücke Unbemittelter, die in einer Krankenanstalt sterben, werden der Krankenhausverwaltung als Abschlag auf die ausstehenden Verpflegskosten überlassen).
Weiters muss der Nachlass **überschuldet** sein.
Endlich ist das **Einverständnis der Beteiligten** notwendig, in unserem Fall also das Einverständnis der sieben Gläubiger, die sich gemeldet haben oder sonstwie bekannt geworden sind und die nunmehr in dieser Weise befriedigt werden sollen.

Die Einantwortung nach Gläubigerrecht vertritt bei unbedeutenden Nachlässen das Konkursverfahren. Daher sind nach Möglichkeit die Passiven zu ermitteln und nach ihrer Rangordnung zu berücksichtigen. Der den Nachlass gegen Berichtigung der Passiven übernehmende Gläubiger (bei uns z. B. die Hundeschuranstalt) oder der Dritte (bei uns der Kuriositätensammler) haftet nur für die übernommenen, nicht auch für die nachträglich hervorgekommenen Passiven. Dafür haben die Genannten auch nur auf die ihnen zugewiesenen, nicht auch auf nachträglich aufgefundene Aktiven (bei uns auf den mit Gold gefüllten Strickstrumpf) Anspruch. Die Bereinigung der Erblasserschulden sowie der Erbfallschulden bereitet bei manchen Verlassenschaften recht viele Sorgen, die hier nicht alle zerstreut werden können. Wir wollen uns aber eine leichte Merkformel einprägen:

- Bei Überschuldung eines **beträchtlichen** Nachlasses kommt es entweder zum
  - **Konkurs** über Antrag der Gläubiger oder der Erben; er bringt Substanzvernichtung und hat keine befreiende Wirkung; oder es kommt zum
  - **Ausgleich** über Antrag der Erben; er bedeutet Substanzerhaltung und hat befreiende Wirkung.
- Bei Überschuldung eines **geringen** Nachlasses wird die Verlassenschaft den Gläubigern an Zahlungs statt eingeantwortet.

Verschleppungsgefahr und Miterbenhaftung

Den vorgestellten sieben Gläubigern hat das Ableben von Tante Olga Kummer genug gebracht. Ihre Nervosität steigt aber noch, als sie in Erfahrung bringen, dass Klaus Jedermann schon mehrfach alten Granatschmuck, der offenbar von Tante Olga herrührt, beim Juwelier verkauft hat. Einer der Gläubiger, der Steinmetz, verfügt über gewisse juristische Kenntnisse. Daher weiß er, dass ein Erbgang den Erbschaftsgläubigern eine doppelte Gefahr bringen kann:

1. die Gefahr der Verschleppung des Nachlasses;
2. die Gefahr des Zugriffs der Gläubiger des Erben. Der Nachlass steht zwar bis zur Einantwortung unter der Verwaltung des Gerichts; das schließt aber die Gefahr einer Verschleppung von Nachlassgegenständen keinesfalls aus.

Der Verschleppungsgefahr steht die Gefahr gleich, dass der Erbe durch Veräußerung von Nachlassgegenständen (bei uns von Granatschmuck) oder durch Verschuldung die Gläubiger schädigt. In der Regel lässt das Gericht den Nachlass in Verwahrung der mutmaßlichen Erben. Der volljährige Klaus Jedermann hat von der Erbserklärung an sogar einen Anspruch auf Verwaltung des Nachlasses. Eine Versiegelung oder eine gerichtliche Verwahrung von Nachlasssachen erfolgt nur in Ausnahmefällen. Von Amts wegen sorgt das Gericht nicht für die Sicherstellung oder Befriedigung der Erbschaftsgläubiger. Die Initiative ist also diesen überlassen.

Absonderung des Nachlasses

Das Gesetz gibt dem Gläubiger das Recht, **Absonderung des Nachlasses** vom Vermögen des Erben zu begehren. Damit wird sowohl der Verschleppung von Nachlassstücken wie auch der Gefahr des Zugriffs der Gläubiger des Erben auf den Nachlass vorgebeugt. Zur Stellung des Antrags auf Absonderung oder **Separation** nach § 812 ABGB sind alle Erbschaftsgläubiger berechtigt. Separation kann sowohl für Erblasserschulden als auch für Erbfallschulden begehrt werden. Der Antragsteller braucht bloß Tatsachen anzuführen, die in ihm die **Besorgnis** erwecken, dass durch Vermengung des Nachlasses mit dem Vermögen des Erben für seine Forderungen Nachteile entstehen.

Wenn der Antragsteller Zahlung oder Sicherstellung erhält, ist der Antrag auf Absonderung abzuweisen bzw. die bereits bewilligte Absonderung aufzuheben.

Die Absonderung des Nachlasses bewirkt, dass dieser jetzt in **gerichtliche Verwahrung** genommen werden muss, auch wenn die Verwaltung dem Erben bereits überlassen war. Der Nachlass ist zu versiegeln, es wird ein Inventar aufgenommen und ein Nachlassverwalter bestellt. Durch seine Bestellung erlischt das Recht des Erben auf Verwaltung des Nachlasses. Die Vertretungsbefugnis des Absonderungskurators wird in das Firmenbuch eingetragen; er hat ein Verwaltungsmonopol und ist zur Prozessführung, nicht aber zur Liquidierung des Nachlasses berechtigt.

Die Absonderung wirkt nur zugunsten des Gläubigers, der sie begehrt hat. Die Absonderung schafft kein Sondervermögen für alle Nachlassgläubiger, sondern nur ein solches für den Antragsteller.

Bisher sind wir immer davon ausgegangen, dass Klaus Jedermann im Testament seiner Tante Olga zum Alleinerben eingesetzt wurde. Wie aber, wenn er sich in die Erbschaft mit mehreren Miterben zu teilen hätte? Wie steht es dann mit der Haftung der Miterben für Nachlassschulden?

Nach der die gerichtliche Praxis leitenden Ansicht erfolgt der Erwerb erst mit der Einantwortung. Daher haften die Miterben bis zur Einantwortung nur mit dem **Erbvermögen** und nicht als persönliche Schuldner mit ihrem eigenen Vermögen. Erst mit der Einantwortung tritt an die Stelle der sachlichen Haftung des Nachlasses die persönliche Haftung des Miterben. Das Ausmaß dieser persönlichen Miterbenhaftung wird sich wieder danach richten, ob unbedingte oder bedingte Erbserklärungen abgegeben wurden.

Fälle der gesetzlichen Erbfolge

Karl Jedermann ist ohne Hinterlassung eines Testaments gestorben. Wer sein Erbe ist, bestimmt das Gesetz in den §§ 730 ff. ABGB. Man spricht insoweit von der gesetzlichen Erbfolge oder vom Intestaterbrecht. Beim Erbfall Karl Jedermann haben wir es mit Erben der ersten Linie zu tun. Darunter versteht man alle Abkömmlinge eines Erblassers.

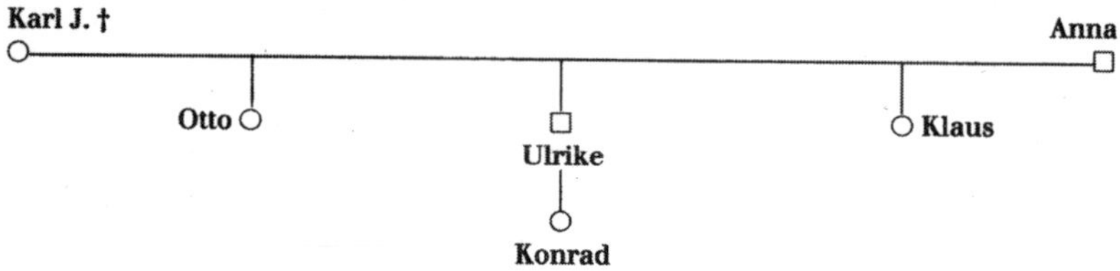

Dieses Schema stellt die Erben der ersten Linie im Zusammentreffen mit der Ehefrau des Erblassers dar. Bei der Verteilung des Nachlasses wird der kleine Konrad, der Sohn von Ulrike, überhaupt nicht berücksichtigt. Solange seine Mutter Ulrike lebt, ist er von einer Erbschaft nach Karl Jedermann ausgeschlossen. Es erben also immer die ganzen Stämme der Abkömmlinge, repräsentiert durch den dem Erblasser am nächsten stehenden Abkömmling. Wir haben hier die Stämme Otto, Ulrike und Klaus. Wäre Ulrike vor ihrem Vater Karl Jedermann gestorben, dann könnte sie ihren Stamm nicht mehr repräsentieren und ihr Anspruch auf den Nachlass würde auf Konrad fallen.
Stellen wir uns nun einmal vor, Ulrike hätte zwei Kinder gehabt und wäre vor ihrem Vater verstorben. Dann hätten diese beiden Kinder den auf den Stamm Ulrike entfallenden Nachlassanteil geerbt. Sie müssten sich also deren Anteil teilen, sodass jedes von den Kindern die Hälfte von Ulrikes Anteil erhalten würde. Das veranschaulicht dieses Schema:

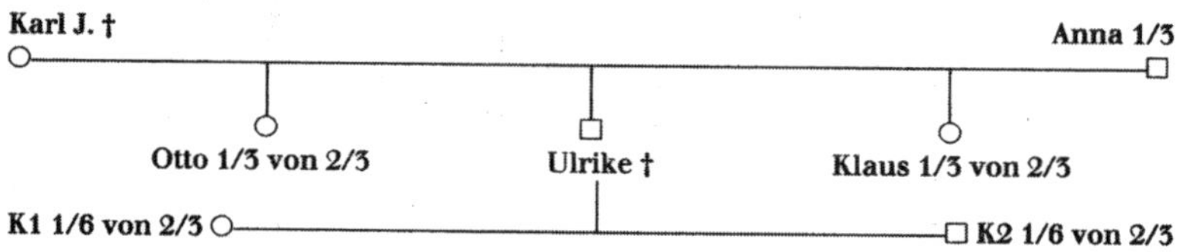

Eheliche/uneheliche Kinder/Adoptivkinder

Wenn wir in diesem Zusammenhang von Kindern gesprochen haben, so waren damit grundsätzlich leibliche Kinder gemeint. **Uneheliche Kinder** haben seit 1. Jänner 1991 ein gesetzliches Erbrecht wie eheliche Kinder. Es besteht also nunmehr erbrechtlich überhaupt kein Unterschied zwischen ehelichen und unehelichen Nachkommen. **Adoptivkinder** (Wahlkinder) haben gleiches Erbrecht wie leibliche Kinder. Sie erben daher doppelt: nach den leiblichen Eltern und nach den Adoptiveltern.

Alle Kinder (das sind nach der Legaldefinition des § 42 ABGB alle Verwandten in der absteigenden Linie, also auch Enkel usw.) sind hinsichtlich der gesetzlichen Erbfolge also nicht nur nach der Mutter und deren Verwandten (z. B. den mütterlichen Großeltern), sondern auch nach dem Vater und dessen Verwandten (z. B. den väterlichen Großeltern) **gleichberechtigt**, ob sie nun ehelich, legitimiert (sei es durch nachfolgende Eheschließung der Kindeseltern oder durch Gnadenakt des Bundespräsidenten) oder unehelich sind. Sie erben – mangels einer entgegenstehenden letztwilligen Verfügung – also auch nach dem Vater und den väterlichen Verwandten zu gleichen Teilen.

Voraussetzung für ein solches gesetzliches Erbrecht ist allerdings, dass die Abstammung zu Lebzeiten des Erblassers und der die Verwandtschaft vermittelnden Personen feststeht oder zumindest gerichtlich geltend gemacht worden ist. Bei Ungeborenen genügt es, dass die Abstammung binnen Jahresfrist nach ihrer Geburt feststeht oder gerichtlich geltend gemacht wird (§ 730 Abs. 2 ABGB).

☛ Solange Erben der ersten Linie vorhanden sind, entfällt das Erbrecht sämtlicher übrigen Verwandten, die zu den ferneren Linien gehören. Betrachten wir dies einmal auf folgendem Schema:

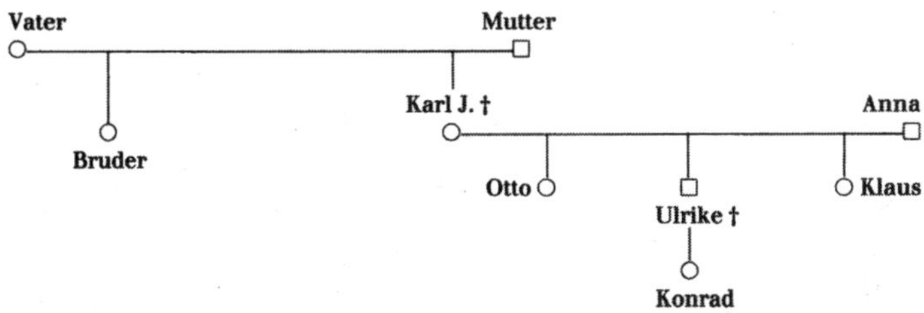

Die Zeichnung veranschaulicht uns, dass die Eltern von Karl Jedermann doch eigentlich in größerer Nähe zu ihm stehen als sein Enkel Konrad, der Sohn der verstorbenen Tochter Ulrike. Trotzdem erben Karl Jedermanns Eltern und sein Bruder nichts. Denn sie gehören zur zweiten Linie der gesetzlichen Erben. Die eigenen Abkömmlinge – auch die Enkel und die Urenkel – stehen dem Erblasser deswegen näher, weil er sie ins Leben gerufen hat und in ihnen die Fortsetzung seines Lebens sieht.

☛ Nehmen wir einmal an, Karl Jedermann sei ein kinderloser Junggeselle gewesen, dann ergäbe sich das folgende Bild:

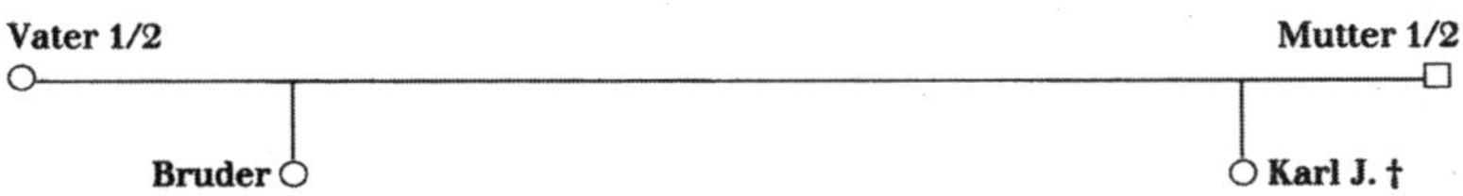

Hier haben wir nur gesetzliche Erben der zweiten Linie, nämlich die Eltern Karl Jedermanns und seinen Bruder. In diesem Fall erben aber lediglich die Eltern, und zwar je zur Hälfte, den Nachlass von Karl Jedermann; der Bruder von Karl Jedermann bekommt nichts. Die lebenden Eltern schließen also ihre übrigen Abkömmlinge von der Beerbung eines ihrer Kinder aus.

☛ Ist der Vater von Karl Jedermann bereits vor ihm gestorben, so ergibt sich folgendes Bild:

In diesem Fall tritt der Bruder von Karl Jedermann an die Stelle des verstorbenen Vaters und bekommt dessen Hälfte. Nehmen wir an, dass der Bruder auch bereits tot ist, aber zwei Kinder hinterlassen hat, so treten sie gemeinsam an seine Stelle, erben also die Hälfte neben Karl Jedermanns Mutter, somit jedes Kind ein Viertel.

☛ War Karl Jedermann das einzige Kind und leben außer seiner Mutter noch die Großeltern väterlicher- und mütterlicherseits, so haben wir folgendes Bild:

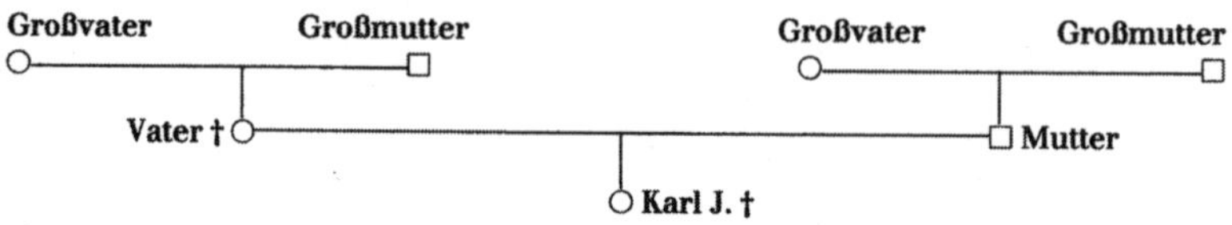

In diesem Fall erbt Karl Jedermanns Mutter allein. Jeder noch lebende Elternteil schließt die entfernteren Vorfahren und deren Abkömmlinge, die Erben der dritten Linie, von der Erbfolge aus. Je weiter wir uns nun vom Erblasser entfernen, umso komplizierter wird die Darstellung des Erbvorganges. So gilt z. B. für die gesetzlichen Erben der dritten Linie, das heißt die Großeltern und deren Abkömmlinge, Folgendes: Leben zur Zeit des Erbanfalls sämtliche Großeltern, so erben sie allein und zu gleichen Teilen. Lebt ein Großelternteil nicht mehr, so treten an dessen Stelle wiederum seine Abkömmlinge. Fehlt einer der vier Stämme gänzlich, so fällt ein Viertel an den nächstverbundenen Stamm derselben Seite. Es erhält also die väterliche Großmutter, wenn der Großvater ohne Nachkommen verstorben ist, die Hälfte der Erbschaft, während der mütterliche Großvater und die mütterliche Großmutter nur je ein Viertel erhalten. Fehlen beide Stämme einer Seite, so fällt deren Hälfte an das andere Großelternpaar oder deren Nachkommen.

☛ Etwas einfacher wird es in der vierten Linie, denn von dieser sind nur mehr die Urgroßeltern berufen. Für sie treten ihre Nachkommen nicht mehr ein. Betrachten wir dazu folgendes Bild:

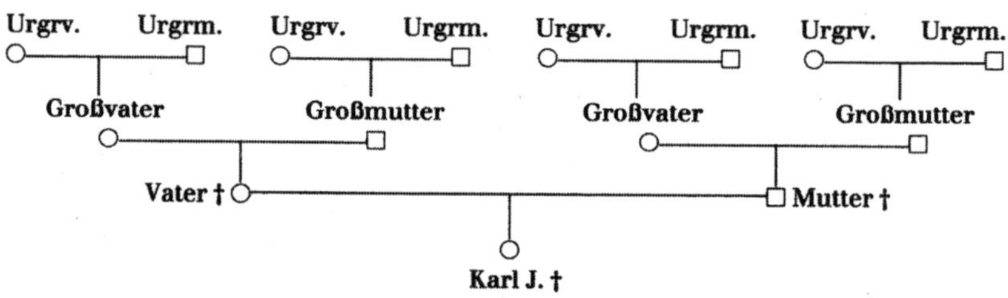

Aber auch in der vierten Linie wird der Nachlass zuerst geteilt. Die eine Hälfte bildet die Hälfte der Großeltern des Vaters des Erblassers, die andere Hälfte bildet die Hälfte der Großeltern der Mutter des Erblassers. In jeder Hälfte tritt wieder die Halbteilung und Vierteilung ein. Jeder der acht Urgroßeltern, der fehlt, überlässt sein Achtel zunächst dem mit ihm verbundenen Eheteil. Fehlt ein Urgroßelternpaar, so fällt sein Viertel auf das Urgroßelternpaar derselben Seite. Fehlt eine Seite gänzlich, so fällt ihre Hälfte auf die andere Seite. Praktisch wird höchstens einer der acht Urgroßelternteile noch am Leben sein, dann erhält dieser die ganze Erbschaft.

Leben überhaupt keine Urgroßeltern mehr, dürfen darüber hinaus keine erbberechtigten Verwandten gesucht werden, denn weitere Linien sind vom Gesetz ausdrücklich ausgeschlossen (§ 751 ABGB). Während das ABGB ursprünglich sechs Linien kannte, verläuft jetzt die Erbrechtsgrenze tiefer, nämlich bei den Stammhäuptern der vierten Linie.

Der erblose Nachlass

Wenn keine zum Nachlass berufenen Erben vorhanden sind oder wenn die berufenen Erben die Erbschaft ausschlagen, spricht man von einem **erblosen Nachlass**. Wenn auch keine Berufung von Vermächtnisnehmern stattfindet, fällt in letzter Hinsicht nach

§ 760 ABGB der Nachlass als erbloses Gut dem Staat anheim (staatliches **Heimfallsrecht** oder Kaduzität).

Damit ist der Staatsschatz, der Fiskus gemeint, wie er durch die Finanzprokuratur vertreten wird. Nach übereinstimmender Lehre und Praxis ist der Staat zwar nicht gesetzlicher Erbe, wohl aber **Gesamtnachfolger**. Infolge seiner Gesamtnachfolge in das erblose Vermögen ist der Staat auch verpflichtet, die auf dem Nachlass ruhenden Schulden und Vermächtnisse zu erfüllen. Doch haftet der Staat dabei nur, soweit der Aktivnachlass reicht. Die Voraussetzung für diese Haftungsbeschränkung ist schon dadurch gegeben, dass das Gericht, wenn die Erben unbekannt sind, von Amts wegen ein Inventar aufnehmen muss. Im Übrigen ergeben sich beim Heimfallsrecht gar manche Schwierigkeiten, so wenn im anheimgefallenen Nachlass ein literarisches oder künstlerisches **Urheberrecht** enthalten ist. Die Übergabe erbloser Verlassenschaften an den Fiskus ist an eine **Ediktalvorladung** der etwaigen gesetzlichen Erben geknüpft (§ 130 AußStreitG). Alle Klagen, die gegen einen Erben angestrengt werden können, treffen auch den Fiskus. In Betracht kommen insbesondere die Erbrechts- und die Erbschaftsklage (siehe Seite 421 f.).

Das Erbrecht der Ehegatten

Wir haben schon gehört, dass Anna nach dem Tode Karl Jedermanns neben ihren Kindern zu einem Drittel erbberechtigt ist. Diese verhältnismäßig starke Einschränkung von Annas Erbrecht fällt fort, je weiter die sonst erbberechtigten Verwandten von dem Erblasser entfernt sind. Wäre Karl Jedermann ohne Hinterlassung von Kindern verstorben, lebten aber seine Eltern oder ein Bruder von ihm, so würde Anna zwei Drittel des Nachlasses erhalten und natürlich den »Voraus«.

Vorausvermächtnis

Zu diesem Vorausvermächtnis zählen bewegliche Sachen, die zum ehelichen Haushalt gehören; Hochzeitsgeschenke nur, soweit sie Haushaltssachen sind. Die Bestimmungen über das Vorausvermächtnis finden leicht eine Rechtfertigung: derartige Gegenstände steigern den Wert des Nachlasses nur unerheblich, können hingegen in der Hand des überlebenden Ehegatten viel besser genutzt werden. Die Praxis zieht den Kreis der zum ehelichen Haushalt gehörenden Gegenstände nicht zu eng; daher wird auch ein von den Ehegatten gemeinsam benützter Pkw als zum gemeinsamen Haushalt gehörig erachtet. Rechte zählen zwar zu den beweglichen Sachen, gehören aber nicht zum ehelichen Haushalt, weil sie sich nicht auf das gegenseitige Zusammenleben beziehen. Der einschlägige § 758 ABGB hat folgenden Wortlaut:

§§ Sofern der Ehegatte nicht rechtmäßig enterbt worden ist, gebühren ihm als gesetzliches Vorausvermächtnis das Recht, in der Ehewohnung weiter zu wohnen, und die zum ehelichen Haushalt gehörenden beweglichen Sachen, soweit sie zu dessen Fortführung entsprechend den bisherigen Lebensverhältnissen erforderlich sind.

Wohnrecht

Das **Wohnrecht** des überlebenden Ehegatten soll sicherstellen, dass der überlebende Partner nicht seine gewohnte Umgebung verliert, weil jemand anderer die Wohnung geerbt hat. Vielmehr sollen ihm seine bisherigen Lebensverhältnisse gesichert werden. Dazu gehört auch ein Wohnrecht in der Ehewohnung (darunter fällt nicht nur eine Miet- oder Eigentumswohnung, sondern etwa auch ein Einfamilienhaus). Dieses Recht, in der Ehewohnung weiter zu wohnen, ist ein Anspruch gegen die Erben. Es besteht, solange der überlebende Ehegatte die Wohnung persönlich beansprucht. Zieht er aus oder stirbt er, so **erlischt** der Anspruch.

Gleichzeitiger Tod

Nehmen wir einmal an, es habe sich eine Katastrophe ereignet. Karl Jedermann fährt mit seinen Kindern und seinem Enkelkind im Auto spazieren und sie verunglücken tödlich. Man findet sie erst nach einigen Stunden und kann also nicht mehr feststellen, ob vielleicht einer der Abkömmlinge länger gelebt hat als Karl Jedermann. Kann nicht bewiesen werden, dass von mehreren Menschen der eine den anderen überlebt hat, so wird vermutet, dass sie gleichzeitig gestorben sind (Kommorientenvermutung des § 11 Todeserklärungsgesetz). Karl Jedermann hat kein Testament gemacht.

Neben Verwandten der 2. Linie (Eltern oder deren Nachkommen) erhält der Ehegatte zwei Drittel des Nachlasses. Es ist dabei gleichgültig, ob die Geschwister, mit denen der Gatte erbt, voll- oder halbbürtig sind. Angenommen also, dass Karl Jedermanns Bruder – als gesetzlicher Erbe der zweiten Linie – noch lebt, so muss Anna alles mit ihm teilen, mit Ausnahme des oben erwähnten gesetzlichen Voraus.

Lässt sich nachweisen, dass z. B. Klaus seinen Vater eine Stunde überlebt hat, besteht eine andere Erbrechtssituation. Klaus hätte im Augenblick des Todes von Karl Jedermann zwei Drittel geerbt und Anna ein Drittel. In dem Augenblick, wo Klaus nun eine Stunde später starb, erbte sein ganzes Vermögen – also auch den angefallenen Zweidrittelnachlass von seinem Vater – nunmehr seine Mutter Anna. Auf diesem Wege hätte Anna den gesamten Nachlass ihres Ehemannes bekommen.

Anwachsungsrecht des Ehegatten

Besondere Bestimmungen trifft § 757 ABGB für das Zusammentreffen mit Verwandten der 3. Linie (Großeltern und deren Nachkommen). Leben von dem Erblasser Karl Jedermann außer seiner Ehefrau Anna nur noch seine Großeltern, so erbt Anna auch neben ihnen zwei Drittel; ist aber ein Großelternteil bereits verstorben, so bekommt Anna auch dessen Anteil. Die Kinder des verstorbenen Großelternteils, also eine Tante oder ein Onkel von Karl Jedermann, müssen hinter dem Erbrecht der Ehefrau Anna zurücktreten. Man spricht von einem **Anwachsungsrecht des Ehegatten**. Voraussetzung dafür ist immer, dass neben Großeltern Nachkommen verstorbener Großeltern vorhanden sind. Sind weder Erben der ersten oder zweiten Linie noch Großeltern vorhanden, so erhält der überlebende Ehegatte den ganzen Nachlass.

Tod während des Ehescheidungsverfahrens

Ein Ehegatte hat nur dann ein Erbrecht, wenn die Ehe im Zeitpunkt des Erbanfalls, also des Todes eines der Ehegatten, noch bestand. Das Ehegattenerbrecht setzt den Bestand einer **gültigen Ehe** zur Zeit des Todes des Erblassers voraus. Geschiedene Ehegatten haben kein Erbrecht gegenüber ihrem früheren Ehegatten. Ausnahmen gibt es nur bei Ehegatten, die nach früherem Recht von Tisch und Bett geschieden wurden.

Karl Jedermanns Nachbar Kasimir Kurz hat seine Frau bei einem Ehebruch ertappt und Ehescheidungsklage gegen sie erhoben. Als sich bei diesem Verfahren herausstellt, dass die Ehefrau Simone noch mehrere Fehltritte begangen hat, regt sich

Kasimir darüber so auf, dass er beim letzten Verhandlungstermin, kurz vor Fällung des ihm unzweifelhaft günstigen Urteils, einen Herzschlag erleidet und tot zusammenbricht. Simone geht an dem Zusammengebrochenen mit den Worten vorbei: »Das kam gerade noch zur richtigen Zeit.«

Simone irrt sich. Zwar war sie noch im Zeitpunkt des Todes Ehefrau des bedauernswerten Kasimir Kurz. Aber schon die **Erhebung** einer Scheidungs- oder Aufhebungsklage wegen Verschuldens hat, wenn sie begründet ist und der Kläger während des Prozesses stirbt, nach § 759 Abs. 2 ABGB die Wirkung, dass der Beklagte das gesetzliche Erbrecht und das Vorausvermächtnis verlieren kann. Die Feststellung des Erbrechts hat in einem vom Erben des Verstorbenen gegen den überlebenden Gatten anzustrengenden Rechtsstreit zu erfolgen.

Das Testament

In allen vorhin behandelten Fällen wurde eine Person Erbe, weil sie in einer nahen Beziehung zu dem Erblasser stand, sei es als Verwandter, sei es als Ehegatte. Sie befand sich also auf einer Sprosse in der Stufenleiter gesetzlich vorgesehener Erbberechtigter. Ein Erblasser ist aber nicht gezwungen, diese **gesetzliche Erbfolge** als unabänderliche Tatsache hinzunehmen. Er kann vielmehr bestimmen, wer sein Erbe sein soll, ohne dass er dabei auf die gesetzliche Erbfolge Rücksicht zu nehmen braucht. Die gesetzliche Erbfolge tritt also nur dann ein, wenn der Erblasser nicht in gehöriger Form einen entgegenstehenden Willen zum Ausdruck gebracht hat.

Diese **Erbseinsetzung** durch den Erblasser kann jedoch nicht durch einfache mündliche oder schriftliche Erklärung erfolgen, sondern dies muss durch eine so genannte **letztwillige Verfügung** (Testament) geschehen, für die das Gesetz gewisse Formen vorschreibt.

Testamentserrichtung

Zur **Testamentserrichtung** muss man jedenfalls das 14. Lebensjahr vollendet haben und man darf auch nicht aus besonderen, im Gesetz festgelegten Gründen (z. B. Geisteskrankheit) hiervon ausgeschlossen sein. Vor Erreichen der Volljährigkeit, also vor Vollendung des 18. Lebensjahres, kann jedoch ein Testament nur mündlich vor Gericht oder vor einem Notar erklärt werden. Gleiches gilt für Personen, denen ein Sachwalter bestellt wurde. Letztwillige Erklärungen, die im Zustand der Trunkenheit oder Geisteskrankheit bzw. Geistesschwäche abgegeben werden, sind jedenfalls ungültig.

Testament/Kodizill

Nicht jede letztwillige Verfügung ist ein Testament im juristischen Sinn. Von einem **Testament** spricht man nur dann, wenn in einer letztwilligen Erklärung jemand als Erbe eingesetzt ist. Der Erbe muss zumindest bestimmbar sein. So wenn der Testator beispielsweise anordnet: »Erbe soll sein, wessen Beileidsschreiben als erstes bei meiner Frau einlangt.« Hier wird es wahrscheinlich Miterben geben, wenn mehrere Beileidsschreiben mit gleicher – erster – Post einlangen.

Enthält eine letztwillige Verfügung nur andere Bestimmungen, z. B. Wünsche für das Leichenbegängnis, die Grabinschrift oder eine Auseinandersetzung von Vermächtnissen und keine Erbseinsetzung, liegt ein **Kodizill** vor.

Private Testamente

Ein privates Testament kann entweder schriftlich (eigenhändig oder fremdhändig) oder mündlich errichtet werden. Für kleinere Vermögen und bei genügend kaufmännischen und juristischen Erfahrungen des Erblassers wird ein Privattestament ausreichen.

Eigenhändiges Testament

Die einfachste Form der Errichtung ist, das Testament eigenhändig mit Handschrift zu schreiben und danach mit Vor- und Zunamen zu unterschreiben (eigenhändiges Testament, § 578 ABGB). Diese **Eigenhändigkeit** des gesamten Errichtungsaktes verbürgt eine hohe Sicherheit, dass nicht andere Personen den Text des Testaments entstellen oder ändern.

Karl Jedermann hätte daher, wenn er Anna besser stellen wollte, als sie mit ihrem Drittel bei gesetzlicher Erbfolge steht, ein sauberes Blatt Papier, eine Füllfeder oder einen Kugelschreiber (möglichst keinen Bleistift, da dieser zu schnell verwischt) nehmen und Folgendes schreiben müssen:

> Mein Testament
>
> Ich, der Kaufmann Karl Jedermann, wohnhaft in Wien, bestimme hiermit als meinen letzten Willen:
>
> Meine Erbin soll meine Ehefrau sein. Meine drei Kinder, denen nach dem Gesetz ein Pflichtteilanspruch zusteht, sollen auf diesen beschränkt sein.
>
> ..., den 2. Jänner ....
>
> Karl Jedermann

Bei der Abfassung eines Testaments sind Ortsangabe und insbesondere Zeitangabe nützlich, zur **Gültigkeit** aber **nicht notwendig**. Am Schluss muss die **Unterschrift** stehen. Es genügt nicht, dass sich die Identität des Verfassers aus einem Aufdruck am Kopf des Briefbogens ergibt. Die Unterschrift soll gewissermaßen durch ihren Abschluss kennzeichnen, dass hier die letztwillige Verfügung endet. Ist nur die erste Seite unterschrieben, so gelten die nachfolgenden Verfügungen nicht. Die Unterschrift ist also der Vollendungsakt des eigenhändigen Testaments.

Die Unterschrift muss **eigenhändig** vom Erblasser geschrieben sein. Die Verwendung einer Namensstampiglie, Typendruck oder eine mechanisch bewirkte Wiedergabe des Namenszuges (Faksimile) sind unwirksam. Nach § 578 ABGB muss der Erblasser »mit seinem Namen« unterfertigen. Unterschrift mit dem **Familiennamen** genügt. Dagegen reicht der bloße Vorname nach dem Gesetz nicht aus, außer wenn sein alleiniger Gebrauch üblich ist, wie z. B. bei Ordenspersonen.

Die Praxis verzichtet aber beinahe völlig auf diese Formvorschrift. So wird in Testamenten, die in Briefen an nahe Verwandte enthalten sind, die Unterschrift mit dem bloßen **Vornamen** dann zugelassen, wenn sich aus dem durch die Unterschrift gedeckten Text die Person des Erblassers unzweifelhaft ergibt. Die Bezeichnung der Familienzugehörigkeit wie »Euer Vater« wird ebenfalls ausreichen, wenn an Identität und Testierwille kein Zweifel besteht.

Nach Verkehrssitte, Ortsgebrauch und des Erblassers eigener Übung genügen auch der Mädchenname einer verheirateten Frau, Vulgärnamen, so genannte Hausnamen, Firmennamen und Künstlernamen.

☛ Wird eine letztwillige Verfügung auf unverbundene Blätter geschrieben, deren letztes nur die Unterschrift enthält, dann ist nach der Rechtsprechung das Testament bei Echtheit und Zusammenhang gültig. Benützt man mehrere Bogen, ist es dennoch zweckmäßig, diese fest miteinander zu verbinden, damit nicht durch lose Blätter Verwirrung entsteht. Zweifel, die hierdurch aufkommen, können zur Ungültigkeit des ganzen Testaments führen.

Die im Beispiel der folgenden Seite gezeigte letztwillige Verfügung enthält eine Erbseinsetzung. Die eigenhändig geschriebene Erklärung ist auch eigenhändig mit Vor- und Zunamen des Testierenden unterschrieben. Es handelt sich daher um ein formgerechtes **eigenhändiges (holographisches) Testament**. Eine Orts- und Zeitangabe auf dem Testament ist zwar nicht gefordert, wird aber vom Gesetz »zur Vermeidung von Streitigkeiten« angeraten. Vor allem ist eine Datierung sehr wichtig für die Frage der Aufhebung durch spätere Anordnungen. Karl Jedermann hat eine Angabe von Zeit und Ort der Errichtung seines eigenschriftlichen Testaments zweckmäßigerweise beigefügt.

Gleichgültig ist der Schreibstoff (etwa Papier), ebenso kommt es auf das Schreibmittel (etwa Kugelschreiber) nicht an. Aufnahme der Stimme auf Tonband (Diktaphon, Kassettenrekorder) wäre jedoch keine Schrift.

Zeugentestament

Dieses maschingeschriebene Testament unterfertigt Karl Jedermann eigenhändig. Unter Punkt I finden wir ein Kodizill, unter Punkt II eine Erbseinsetzung (der Gattin) und eine Enterbung (der Kinder). Über ihre Gültigkeit brauchen wir uns nicht den Kopf zu zerbrechen – diese ganze letztwillige Verfügung ist nämlich **ungültig**. Ein holographisches Testament kann nicht mit Schreibmaschine geschrieben werden. Es ist kein eigenhändiges Testament, auch wenn der Erblasser die Maschine mit eigener

Wien, ...

TESTAMENT

Ich, der Kaufmann Karl Jedermann, wohnhaft in Wien ..., bestimme letztwillig:

I. Mein Leichnam soll im Familiengrab feierlich bestattet werden. Alle Kirchenglocken haben zu läuten. Der Gesangsverein »Harmonie« ist zu verstärken und singt dann an meinem offenen Grab drei Choräle. Daraufhin hat er sich zu entfernen. Ein Leichenschmaus findet nicht statt.

II. Alleinerbin soll meine Ehefrau sein. Unsere Kinder sind Faulpelze und daher bekommen sie auch keine Erbschaft.

Karl Jedermann

Hand bedient hat. Unser im obigen Beispiel gezeigtes Testament wäre nur als Zeugentestament gültig, weil es sich um ein fremdhändiges Testament (§§ 579 bis 581 ABGB) handelt. Als solches müsste es von drei **Testamentszeugen** unterschrieben sein. Die drei Zeugen dürfen aber nicht unter 18 Jahre alt und nicht mit den im Testament Bedachten identisch, verwandt oder verschwägert sein.

Stenographiertes Testament, Korrekturen im Testament

Nach der jetzigen Ansicht der Gerichte ist auch ein **stenographiertes Testament** gültig, vorausgesetzt, dass der Erblasser es eigenhändig geschrieben und zumindest seinen Namen in Vollschrift hinzugesetzt hat.

Wenn die letztwillige Aufzeichnung etwa **Ausbesserungen** enthalten sollte, also offenbar als Konzept gedacht war, ändert das nach heutiger Rechtsprechung nichts an der Vollgültigkeit der rechtlichen Erklärung. Korrekturen beweisen eher, dass die Niederschrift genau überlegt war.

Minderjährige sowie des Schreibens und des Lesens unkundige Personen sind vom Gebrauch des eigenhändigen Testaments **ausgeschlossen**.

Hinterlegung

Das holographische Testament ist höchst einfach herzustellen; es wird leicht geheim gehalten, abgeändert oder widerrufen; ebenso leicht kann es aber vergessen, gefälscht oder unterdrückt werden. Dagegen gewährt die **Hinterlegungsmöglichkeit** einen gewissen Schutz. Der Bedeutung des von ihm verfassten Schriftstücks entsprechend legt es Karl Jedermann in einen Umschlag, verschließt diesen sorgfältig und schreibt auf die Vorderseite: Mein Testament. Er verwahrt es zweckmäßigerweise so, dass es nach seinem Tod bald aufgefunden wird. Falls er befürchten muss, dass interessierte Personen dann versuchen könnten, dieses Testament beiseite zu schaffen, bringt er es beim Gericht oder einem Notar in **amtliche Verwahrung**. Hier ist er sicher, dass es nach seinem Tod ordnungsgemäß eröffnet und erfüllt wird.

Hinterlegt werden kann ein Testament bei jedem Notar, Rechtsanwalt und Bezirksgericht. Die Speicherung erfolgt sodann im **Zentralen Testamentsregister** der Österreichischen Notariatskammer (1010 Wien, Landesgerichtsstraße 20, Tel. 01/402 45 09-0, 407 26 07, Fax 406 34 75).

Öffentliche Testamente

Bei großen Vermögen oder bei wichtigen rechtlichen Bestimmungen in einem Testament ist es zweckmäßig, die Form des öffentlichen Testaments zu wählen. Man versteht unter einer öffentlichen letztwilligen Anordnung eine solche, die vor Gericht oder vor einem Notar errichtet oder ihm übergeben und dadurch in eine **öffentliche Urkunde** umgewandelt worden ist. Das Gericht muss aus zwei eidlich verpflichteten Gerichtspersonen bestehen, doch kann die zweite Gerichtsperson (für gewöhnlich ein Protokollführer) durch zwei Testamentszeugen ersetzt werden. Der amtierende Notar muss einen zweiten Notar oder zwei Zeugen beiziehen.

Schriftliches öffentliches Testament

Die gerichtlichen und die notariellen Testamente können mündlich oder schriftlich errichtet werden (§ 587 ABGB). Das **schriftliche** öffentliche Testament setzt voraus, dass der Erblasser eine fertige schriftliche Willenserklärung dem Gericht oder Notar übergibt, um ihr den etwa noch fehlenden Charakter eines gültigen Testaments zu verschaffen. Dazu ist nötig:

1. persönliche Übergabe des Aufsatzes (Stellvertretung ist nicht zulässig),
2. eigenhändige Unterfertigung des Aufsatzes entweder bei Gericht oder vor dem Notar oder schon vorher oder die eigenhändige Beifügung des Handzeichens (z. B. drei Kreuze) durch den schreibunkundigen Erblasser,
3. Aufnahme eines Protokolls, das sich auf die Überreichung und die Unterfertigung bezieht; das Datum des Protokolls gilt als Datum der letztwilligen Erklärung,
4. Unterzeichnung dieses Protokolls durch die schon bezeichneten Amtspersonen oder Zeugen (§ 589 ABGB).

Die Versiegelung des Aufsatzes durch das Gericht oder den Notar, die Bezeichnung des Umschlags mit dem Testatornamen, die Hinterlegung des Aufsatzes und die Ausfolgung eines Empfangscheines an den Testierenden sind praktisch vorkommende Amtshandlungen, von deren Vornahme die Gültigkeit der Anordnung jedoch nicht mehr abhängt.

Mündliches öffentliches Testament

Das **mündliche** öffentliche Testament wird protokolliert. Die Unterschrift des Testators ist entbehrlich, daher ist nur Folgendes nötig:

1. persönliche Erklärung des letzten Willens vor den schon bezeichneten Amtspersonen oder Zeugen,
2. Aufnahme der Erklärung in ein Protokoll mit Versiegelung und Hinterlegung wie beim schriftlichen Testament,
3. Unterzeichnung des Protokolls wie beim schriftlichen öffentlichen Testament.

Die öffentlichen Testamente sind in Österreich nicht beliebt. Die Notare selbst ziehen oft die Errichtung von Privattestamenten vor. Der Testator kann das private, nicht aber das öffentliche Testament in **eigene Verwahrung** nehmen.

Aufhebung eines Testaments

Ein Erblasser, der ein Testament errichtet hat, ändert oft genug seinen Willen. Er kann jederzeit seinen späteren Willen zur Geltung bringen, indem er sein bisheriges Testament ungültig macht. Hierfür stehen ihm verschiedene Wege offen.

Widerruf

Ein **ausdrücklicher Widerruf** liegt vor, wenn der Erblasser mündlich oder schriftlich erklärt, dass sein letzter Wille aufgehoben sein solle (§ 717 ABGB).

Mein Testament vom 2. Jänner 19...
widerrufe ich hiermit!

Karl Jedermann

Durch diesen in Form einer letztwilligen Anordnung erklärten Widerruf entfällt die Gültigkeit des Testaments. Eine bloße **Randbemerkung** am Testament, wie z. B. »ungültig« oder »in suspenso«, gilt dagegen nicht als Widerruf. Anstatt ein Testament im Ganzen zu vernichten, kann man auch einige Sätze darin durchstreichen und diese Bestimmungen dadurch hinfällig machen. Ein schriftlicher letzter Wille kann auch mündlich, ein gerichtlicher kann auch außergerichtlich widerrufen werden (§ 719 ABGB). **Notarieller Widerruf** ist zulässig in Form eines Notariatsaktes oder eines notariellen Protokolls; er muss in beiden Fällen auf der notariellen Testamentsurkunde angemerkt werden.

Ein **stillschweigender Widerruf** erfolgt durch gewisse Handlungen des Erblassers, aus denen auf seinen Widerrufswillen mit Bestimmtheit geschlossen werden kann. Ein solcher Widerruf liegt etwa in der Zurücknahme einer dem Gericht oder Notar überreichten letztwilligen Erklärung, der die Erfordernisse eines Privattestaments fehlen. Entspricht die letztwillige Verfügung den Anforderungen eines Privattestaments, so nimmt ihr die Zurücknahme aus der öffentlichen Verwahrung nur den Charakter einer öffentlichen Urkunde; als Privaturkunde bleibt sie wirksam.

Neues gültiges Testament

Weiters kann der Testator seinen letzten Willen dadurch aufheben, dass er ein **neues gültiges Testament** errichtet (§ 713 ABGB). Er macht einfach ein neues Testament mit einem anderen Inhalt als das bisherige. Karl Jedermann verfasst also z. B. ein zweites Testament, in dem er schreibt: »Meine Ehefrau Anna soll die Hälfte meines Nachlasses erben, meine Kinder die übrige Hälfte.« Dann gilt der Inhalt dieses neuen Testaments und das frühere ist hinfällig geworden. Aus dem Datum ist ersichtlich, welches das letzte ist. Welche Form für das neue Testament gewählt wird, ist gleichgültig. Man kann also ein früher errichtetes öffentliches Testament durch ein später errichtetes Privattestament hinfällig machen. Doch ist zu beachten, dass ein neues Testament das alte nur **im Zweifel** aufhebt.

Wenn der Erblasser deutlich zu erkennen gibt, dass das frühere Testament ganz oder zum Teil bestehen soll, dann gelten beide Testamente. So etwa, wenn der Erblasser im ersten Testament über vier Fünftel, im zweiten über ein Fünftel verfügt. Durch ein späteres Kodizill wird ein früheres Testament oder **Kodizill** nur so weit abgeändert, als es sich mit dem späteren Kodizill nicht vereinigen lässt (§ 714 ABGB). Ein Kodizill wird durch ein späteres Testament nicht aufgehoben.

Verletzte Testamentsurkunde

Eine nur **zufällig verletzte Testamentsurkunde** ist in der Regel nicht als widerrufen anzusehen; doch muss der Testamentserbe, der sich auf eine solche Urkunde beruft, sowohl ihren Inhalt als auch den Zufall beweisen (§ 722 ABGB); ein solcher Beweis könnte z. B. durch Zeugen erbracht werden. Wenn sich die Wut Karl Jedermanns wieder legt und er die Erbseinsetzung von Anna aufrechterhalten will, soll er nicht bloß die Fetzen des Testaments auflesen und in eine Schublade geben; vorsichtshalber wird er ein zufällig eingerissenes oder sonstwie verletztes Testament erneuern, um es nicht der Gefahr der Ungültigkeit auszusetzen.

Inhalt und Auslegung des Testaments

Erbseinsetzung

Das Testament von Karl Jedermann enthielt die **Erbseinsetzung** von Anna. Die Erbseinsetzung ist in der Tat das wichtigste Element eines Testaments. Der Alleinerbe (Universalerbe) erhält den ganzen Nachlass. Ist jemand testamentarischer Universalerbe, kann er nicht für einen Teil der Erbschaft (z. B. fünf Achtel) die Erbserklärung abgeben und den Rest zugunsten der gesetzlichen Erben ausschlagen. **Alleinerbe** ist nicht nur, wer als solcher deutlich im Testament bezeichnet ist, sondern auch ein Erbe, der als Einziger ohne Anteilsbestimmung eingesetzt wurde. Letzteres war bei Anna im holographischen Testament Karl Jedermanns der Fall.

Mehrere Erben

Nun können aber auch **mehrere Erben** eingesetzt sein. Werden sie ohne Bestimmung der Erbteile eingesetzt, gilt der Grundsatz gleicher Teilung (§ 555 ABGB). Meist kommt es aber zu einer Bestimmung der Erbteile durch den Erblasser. Dabei genügt Bestimmbarkeit, sodass sich im Verhältnis zum ganzen Nachlass eine Quote ergibt. Was aber, wenn der Erblasser ein sehr schlechter Rechner ist? Er wollte über den ganzen Nachlass testamentarisch verfügen, doch ergibt die Summe der Bruchteile infolge eines Irrtums mehr oder weniger als ein Ganzes. Deshalb wird die Verfügung noch nicht widersinnig sein, sondern es ist die Berechnung richtig zu stellen.

Das **Quotenverhältnis** kann auch mittelbar bestimmt werden, und zwar so, dass die einzelnen Erbteile nur untereinander in Wertrelation gestellt werden. Karl Jedermann schrieb z. B.: »Otto soll doppelt so viel erhalten wie Ulrike, Klaus ein Drittel von dem, was Otto erhält.« Ansatz und Lösung einer Gleichung ergeben dann, dass hier Otto sechs Elftel, Ulrike drei Elftel und Klaus zwei Elftel zu erhalten hat. Es können auch zu bestimmten Teilen eingesetzte Erben und solche ohne Teilbestimmung zusammentreffen. Die ohne Quotenbestimmung eingesetzten Erben erhalten den noch unverteilt gebliebenen Rest des Nachlasses. Unter sich teilen sie wieder gleich (§ 557 ABGB).

Testamentarische/gesetzliche Erben

Von großer praktischer Bedeutung ist die Teilung zwischen **testamentarischen und gesetzlichen Erben**. Den Testamentserben fällt nur jener Teil der Erbschaft zu, der ihnen vom Erblasser letztwillig zugedacht und quotenmäßig bestimmt ist. Der freie Rest, über den nicht verfügt wurde, gebührt den gesetzlichen Erben.

Rechtsvorschriften

Der **Inhalt** des Testaments steht im freien Willen des Erblassers, doch darf er weder gegen das Gesetz noch gegen die guten Sitten verstoßen. Näheres über den Testamentswillen bestimmt § 565 ABGB, wo **Rechtsvorschriften** und Ratschläge miteinander vermengt sind. Rechtsvorschriften sind die Erfordernisse der Besonnenheit, der Ernstlichkeit und der Freiheit von Zwang, Betrug und Irrtum; ebenso die Ablehnung bloßer Bejahung eines fremden Vorschlags. **Ratschlag** ist, dass der Wille bestimmt und dass er mit Überlegung erklärt sein müsse.

Wenn sich der Erblasser der **Bitte** oder des **Wunsches** bedient, kann es zweifelhaft sein, ob er damit eine verbindliche Anordnung treffen wollte oder nicht. Der hinterlassene Brief eines Selbstmörders z. B., worin Bitten an die Verwandten geäußert werden, ist nicht ohne weiteres als Testament zu behandeln.

Testamentsauslegung

Für die **Auslegung** von letztwilligen Verfügungen gilt Folgendes: In erster Linie ist die Absicht der Verfügung zu erforschen. Tritt Unvorhergesehenes ein, so ist nach Möglichkeit so vorzugehen, wie es dem Erblasser entspricht. Hat z. B. der Testierende einen Erben nur mittelbar bestimmt – beispielsweise »unsere Haushälterin« –, so können Zweifel entstehen, wenn die Haushälterinnen öfter gewechselt haben. Es wird dann die Person angenommen, auf die eine solche mittelbare Bezeichnung zur Zeit des Todes des Erblassers passt, also die Haushälterin zur Zeit des Erbanfalls.

Wie es auch in der neuesten Rechtsprechung zum Ausdruck kommt, sind bei der Auslegung des Testaments sowohl mündliche Äußerungen als auch im Testament nicht erwähnte Schriftstücke zu beachten. Die Auslegung muss im Testament irgendeinen – und sei es auch noch so geringen – Anhaltspunkt finden und darf dem unzweideutig ausgedrückten Willen nicht gerade zuwiderlaufen.

Pflichtteilsrecht und Enterbung

Grundsätzlich besteht volle Freiheit des Erblassers, über sein ganzes Vermögen zu verfügen. Das bedeutet den Vorrang der testamentarischen Erbfolge vor dem gesetzlichen Erbrecht. Allerdings bestimmt das Gesetz, dass der Erblasser gewisse Personen »in der letzten Anordnung bedenken muss« (§ 762 ABGB). Die berechtigten Personen müssen aber nicht einen Erbteil bekommen; der **Pflichtteilsanspruch** ist nämlich kein Erbrecht, sondern eine Forderung auf Geldabfindung gegen den Erben, bei uns eine Geldforderung der Kinder Karl Jedermanns gegen ihre Mutter Anna.

Pflichtteilsberechtigt sind die Kinder, Eltern und der Ehegatte. Unter Kindern und Eltern werden sämtliche Nachkommen und Vorfahren des Erblassers verstanden; die Vorfahren sind allerdings nur dann pflichtteilsberechtigt, wenn keine Nachkommen vorhanden sind. Der Pflichtteilsberechtigte wird auch Noterbe genannt, ist aber juristisch gesehen kein Erbe.

Pflichtteil

Als **Pflichtteil** erhalten der Ehegatte und Nachkommen die Hälfte dessen, was ihnen nach gesetzlicher Erbfolge zugefallen wäre (§ 765 ABGB); Vorfahren erhalten ein Drittel dessen, was ihnen nach gesetzlicher Erbfolge zugefallen wäre (§ 766 ABGB). Ermittelt werden die angeführten Pflichtteilsportionen vom reinen Wert des Nachlasses. Unter **reinem Nachlass** versteht man den Betrag, der sich aus der Feststellung des Wertes der Aktiven unter Abzug des Wertes der Passiven ergibt.

Nehmen wir an, es beansprucht jemand einen Pflichtteil. Dann muss zuerst festgestellt werden, ob der Betreffende bei gesetzlicher Erbfolge überhaupt zum Zuge kommen würde. Wenn ja, muss in zweiter Linie erst die entsprechende Portionierung (die Hälfte, ein Drittel) vorgenommen werden.

Enterbung

Die Wirkung einer rechtmäßigen ausdrücklichen oder stillschweigenden Enterbung ist der Verlust des Pflichtteilsanspruchs. Enterbt werden kann:

- wer den Erblasser im Notstand hilflos gelassen hat, also z. B. Unterlassung der Krankenpflege und anderer notwendiger Hilfeleistungen,
- wer wegen vorsätzlich begangener Straftaten zu einer lebenslangen oder zwanzigjährigen Freiheitsstrafe verurteilt wurde,
- wer beharrlich eine gegen die öffentliche Sittlichkeit anstößige Lebensart führt,
- der Ehegatte, der seine Beistandspflicht gegenüber dem Erblasser gröblich vernachlässigt hat.

Es ist ein Vorzug unseres Rechts, dass der Erblasser den **Enterbungsgrund** nicht angeben muss. Wenn sich der Enterbte fügt, bleibt also der Grund geheim. Verlangt aber der ausdrücklich Enterbte oder stillschweigend Übergangene den Pflichtteil, so muss der Testamentserbe den Enterbungsgrund angeben und beweisen.

Entziehung des Pflichtteils

Etwas Besonderes ist die so genannte **Entziehung des Pflichtteils in guter Absicht**. Ein sehr verschuldeter oder verschwenderischer Noterbe kann enterbt werden, wenn es wahrscheinlich ist, dass sonst seinen Kindern der Pflichtteil entgehen würde; in diesem Fall muss der Erblasser den Pflichtteil unmittelbar den Kindern des Noterben zuwenden (§ 773 ABGB). Daher gilt auch die Enterbung nur, wenn der Noterbe zur Zeit des Erbfalls Kinder hat. Eine solche Enterbung sollte besser »Enterbung zum Besten der Nachkommen« heißen.

Die rechtmäßige Enterbung hat zur Folge, dass der Enterbte bei Bestimmung des Pflichtteils für andere Berechtigte als nicht vorhanden betrachtet wird. Aber auch ein Enterbter kann noch immer den notwendigen mangelnden **Unterhalt** verlangen (§ 795 ABGB). Er soll nicht der öffentlichen Sozialhilfe zur Last fallen.

Mit Hilfe einer dreifachen Merkformel werden wir dieses für den Laien meist völlig unklare und dabei so wichtige Gebiet deutlich machen:

1. Wer **pflichtteilsberechtigt** ist, kann nur aufgrund einer doppelten Prüfung festgestellt werden. Die Annahme gesetzlicher Erbfolge muss mit einer Zugehörigkeit zur direkten Linie als Abkömmling oder Vorfahre bzw. mit der Eigenschaft als Ehegatte oder Ehegattin zusammentreffen.
2. Wer **nicht pflichtteilsberechtigt** ist, muss nicht enterbt werden. Der Erblasser bedenkt im Testament einfach jemand anderen.
3. Wer **pflichtteilsberechtigt** ist, müsste enterbt werden. Enterbung ist die Beschränkung eines Pflichtteilsberechtigten auf den mangelnden notwendigen Unterhalt aus den gesetzlichen Gründen oder zum Besten der Nachkommen.

Erbunwürdigkeit

Neben den Enterbungsgründen begründet das ABGB noch die **Erbunwürdigkeit** als die Vermutung einer Ausschließung vom Erbrecht durch den Erblasser. Erbunwürdig ist,

- wer gegen den Erblasser eine mit mehr als einjähriger Freiheitsstrafe bedrohte vorsätzliche Straftat begangen hat (§ 540 ABGB),
- wer eine Ordnung der Erbfolge herbeizuführen sucht, die dem Willen des Erblassers widerspricht (§ 542 ABGB). Das ABGB führt z. B. an, dass der Erblasser zur Erklärung des letzten Willens gezwungen oder betrügerisch verleitet worden ist, dass er an der Erklärung oder Abänderung des letzten Willens gehindert wurde, dass ein bereits errichteter letzter Wille unterdrückt werden sollte. Auch die Unterschiebung eines falschen Testaments oder die Verfälschung eines echten Testaments werden als Erbunwürdigkeitsgründe angesehen.
- Eine gröbliche Vernachlässigung der sich aus dem Rechtsverhältnis zwischen Eltern und Kindern ergebenden Pflichten, wie Pflege und Erziehung, stellt sogar einen **Erbunwürdigkeitsgrund** (§ 540 ABGB) dar, der unabhängig von einer letztwilligen Verfügung des Erblassers die Erbfolge verhindert. Es muss also keine testamentarische Enterbung stattfinden, sondern es tritt auch ohne eine ausdrückliche Enterbung ein Ausschluss vom Erbrecht (und damit auch vom Pflichtteil) durch Erbunwürdigkeit ein. Eine Verzeihung – auch stillschweigend – ist allerdings wie bei anderen Erbunwürdigkeitsgründen möglich.
- Endlich findet sich ein auf die **testamentarische Erbfolge** bezogener besonderer Fall der **Erbunfähigkeit** im § 543 ABGB: Personen, die des Ehebruchs oder der Blutschande gerichtlich geständig oder überwiesen sind, werden unter sich vom Erbrecht aus einer letztwilligen Erklärung (Testament) ausgeschlossen. Die Praxis verlangt, dass das gerichtliche Geständnis oder die Überweisung noch zu Lebzeiten des Erblassers stattgefunden hat. Das **gesetzliche Erbrecht** wird durch Ehebruch oder Blutschande nicht berührt.

Ist zur Zeit des Erbanfalls der zur Erbschaft Berufene erbunfähig, so tritt kein Anfall ein und die Erbfolge geht so vor sich, als ob der Erbunfähige vorher gestorben wäre. Die Nachkommen eines Erbunfähigen treten also an dessen Stelle.

Pflichtteilsanspruch

Kehren wir zu unserem Ausgangsbeispiel des formgerechten eigenhändigen Testaments zurück. Karl Jedermann hat darin seine drei Kinder auf den Pflichtteil gesetzt. Das bedeutet, dass sie keinerlei Ansprüche auf einen bestimmten Nachlassgegenstand haben, sondern lediglich einen Geldanspruch gegen die alleinige Erbin Anna.

Und zwar beläuft sich der Geldanspruch auf die Hälfte des Wertes des gesetzlichen Erbteils. Entsinnen wir uns, dass jedem der Kinder als gesetzlicher Erbteil ein Nachlassanteil im Wert von € 116.493,30 zugefallen ist, so steht jedem von ihnen jetzt als **Pflichtteilsanspruch** eine Geldforderung in Höhe von € 58.246,65 zu. Als Pflichtteilsberechtigte stehen die Kinder den Nachlassgläubigern nach, weil ihre Ansprüche vom reinen Nachlass, also erst nach Berücksichtigung der Erbschaftsgläubiger, berechnet werden (§ 786 ABGB). Ein Gläubiger z. B., der Karl Jedermann zu Lebzeiten ein Darlehen gegeben hat, kann daher sein Geld zuerst zurückverlangen; doch kommen die Jedermann-Kinder als Noterben vor eventuellen Vermächtnisnehmern zum Zuge.

Pflichtteilsentzug

Nehmen wir an, Karl Jedermann ist über die Halbstarkenmanieren seines jüngsten Sohnes besorgt. Schließlich wird es Karl Jedermann zu arg und er verfasst ein neues Testament, worin zu lesen ist: »Ich entziehe meinem Sohn Klaus seinen Pflichtteil, da er trotz meiner ständigen Ermahnungen ein ausschweifendes Leben führt, sich nächtelang in schlechter Gesellschaft herumtreibt und sein Studium völlig vernachlässigt.«

Es hätte auch genügt, einfach in das Testament hineinzuschreiben: »Ich entziehe Klaus den Pflichtteil aus den ihm bekannten Gründen«, oder noch kürzer: »Klaus wird enterbt.«

Wie wir schon wissen, braucht nämlich der Erblasser den **Enterbungsgrund** nicht anzuführen. Gedacht hat Karl Jedermann an den letzten im § 768 ABGB angeführten Grund, wonach das Kind »eine gegen die öffentliche Sittlichkeit anstößige Lebensart beharrlich führt«. Vorausgesetzt ist nach der Rechtsprechung kein tatsächliches öffentliches Ärgernis, sondern nur eine nach den allgemeinen Anschauungen gegen die guten Sitten verstoßende Lebensweise. Diese Anschauungen werden in Großstädten andere sein als etwa in rein ländlichen Gebieten. Es ist also durchaus fraglich, ob in unserem Fall der Enterbungsgrund überhaupt gegeben ist. Auf keinen Fall genügt es aber bei der »anstößigen Lebensart«, dass sie im Zeitpunkt der Testamentserrichtung bestanden hat; sie müsste auch noch zur Zeit des Erbanfalls vorhanden sein. Hätte sich Klaus z. B. gewandelt, in der Zwischenzeit seine universitären Prüfungen erfolgreich bestanden und einen besseren Gesellschaftskreis gefunden, so wäre die Enterbung nicht rechtmäßig und damit die Pflichtteilsentziehung hinfällig.

Wenn Ulrike sehr verschwenderisch dahinlebt, wird sie Karl Jedermann vielleicht in guter Absicht enterben und den Pflichtteil direkt ihrem Sohn Konrad zuwenden.

Der Erblasser kann auch seine Eltern enterben, jedoch nicht, weil er früher einmal von ihnen geschlagen worden ist; sonst könnten nämlich Kinder jene zu ihrer Erziehung getroffenen Maßnahmen der Eltern, die ihnen besonders unangenehm waren, später mit Pflichtteilsentziehung quittieren. Ein Entziehungsgrund wäre es jedoch, wenn ein Elternteil gegen den Willen des Kindes beharrlich eine »anstößige Lebensart« an den Tag legt.

Der **Pflichtteilsanspruch verjährt** in kurzer Zeit (§ 1487 ABGB). Der Anspruch soll innerhalb von drei Jahren geltend gemacht werden, gerechnet vom Tag der Kundmachung des Testaments an. Gleichgültig ist, wann der eingesetzte Erbe die Erbschaft angetreten hat.

Wenn der Erblasser den **Nachlass vergeudet** und für Luxusbedürfnisse verwendet, die den Nachlass vermindern oder sogar aufzehren, kann man nichts dagegen tun, denn jeder Mensch kann mit seinem Vermögen machen, was er will. Soweit er allerdings durch eine psychische Krankheit oder geistige Behinderung zur Besorgung seiner Angelegenheiten nicht in der Lage ist, könnte vom Bezirksgericht ein Sachwalter für ihn bestellt werden (§ 273 ABGB).

Unbeachtliche Schenkung

Ein Erblasser könnte seine pflichtteilsberechtigten Angehörigen auch dadurch im Anspruch schmälern, dass er zu Lebzeiten beträchtliche Vermögensteile verschenkt. Hier ist aber für die Nachkommen ein gewisser Schutz durch die Anrechnungsbestimmungen (§ 785 ABGB) vorgesehen. Es werden nämlich auf Verlangen eines pflichtteilsberechtigten Kindes die meisten **Schenkungen** bei Berechnung des Nachlasses in Anschlag gebracht.

☛ Eine Reihe von Schenkungen bleibt freilich bei der Anrechnung unberücksichtigt. Es sind dies:

- Schenkungen, die mehr als zwei Jahre vor dem Tod des Erblassers an nicht pflichtteilsberechtigte Personen erfolgten,
- Pflichtschenkungen, das sind solche, durch die einer sittlichen Pflicht oder Rücksichten des Anstands entsprochen wurde,
- Schenkungen, die den Grundstock des Vermögens nicht schmälerten,
- Schenkungen zu gemeinnützigen Zwecken.

Das Gesetz stellt hier das öffentliche Wohl über die Interessen der Nachkommen. Der Erblasser könnte z. B. sein ganzes Vermögen dem SOS-Kinderdorf schenken, ohne dass seine Nachkommen dies zum Gegenstand eines Anrechnungsanspruches machen dürfen. Diese so genannten »unbeachtlichen Schenkungen« werden also nicht hinzugerechnet. Sonst aber kann von den Kindern (nicht von Vorfahren) eine Erhöhung des Pflichtteils durch Hinzurechnung von Schenkungen zum Nachlass verlangt werden.

☛ Hätte also Karl Jedermann beispielsweise als einzigen Erb- und Pflichtteilsberechtigten seinen Sohn Klaus hinterlassen und hätte Karl Jedermann vor einem Jahr aus einem Nachlass im Wert von € 100.000,– ein Hausgrundstück im Wert von € 80.000,– an eine Freundin als Geschenk übereignet, so ergäbe sich folgende Rechnung: Die Geschenke der letzten zwei Jahre in Höhe von € 80.000,– sind rechnerisch den übrig gebliebenen € 20.000,– hinzuzurechnen. Das ergäbe also wieder € 100.000,–. Der Pflichtteilsanspruch von Klaus beliefe sich demnach auf € 50.000,–. Davon sind € 20.000,– durch den Nachlass gedeckt; € 30.000,– kann also Klaus zur Pflichtteilsergänzung von der früheren Freundin seines Vaters noch verlangen.

Pflichtteilsminderung

Zu beachten ist eine wichtige **Einschränkungsmöglichkeit** hinsichtlich des Pflichtteils, die zwar grundsätzlich alle (ehelichen und unehelichen) Nachkommen und Vorfahren als Pflichtteilsberechtigte betrifft, bei **unehelichen Kindern** aber doch das breiteste Anwendungsgebiet haben wird. Es ist der **§ 773a Abs. 1 ABGB** über die **Pflichtteilsminderung** mit folgendem Wortlaut:

§§ Standen ein Elternteil und sein Kind zu keiner Zeit in einem Naheverhältnis, wie es in der Familie zwischen Eltern und Kindern gewöhnlich besteht, so mindert sich der Pflichtteil dieses Elternteils oder seiner Vorfahren dem Kind und seinen Nachkommen gegenüber und der des Kindes und seiner Nachkommen dem Elternteil und seinen Vorfahren gegenüber, wenn es der Erblasser anordnet, auf die Hälfte.

Der wichtigste Anwendungsfall dieser Bestimmung ist wohl der, dass ein uneheliches Kind praktisch ausschließlich bei der Mutter und in der von ihr eventuell gegründeten Familie (also bei Mutter und Stiefvater) aufwächst und keinerlei Kontakt zum leiblichen, unehelichen Vater hat. Voraussetzung für eine solche Pflichtteilsminderung ist allerdings eine letztwillige Anordnung, das heißt, sie tritt nicht von Gesetzes wegen ein. Aus dem letzten Willen des Erblassers muss sich klar ergeben, dass die Minderung gewollt ist, doch der Grund für die Minderung muss nicht ausdrücklich angeführt sein.

Das am 1. Juli 2001 in Kraft getretene **Kindschaftsrechts-Änderungsgesetz** hat dem § 773a ABGB einen weiteren Absatz hinzugefügt:

§§ (3) Das Recht auf Pflichtteilsminderung steht nicht zu, wenn der Erblasser die Ausübung des Rechts auf persönlichen Verkehr mit dem Pflichtteilsberechtigten grundlos abgelehnt hat.

Welcher Grund immer nun auch angeführt werden mag, auch der geminderte Pflichtteil ist ein Pflichtteil, für den die gesetzlichen Vorschriften über den Pflichtteil im Allgemeinen gelten.

Vermächtnisse und Auflagen

Außer der Erbseinsetzung kann man in einem Testament noch Vermächtnisse und Auflagen festlegen. Karl Jedermann hat davon Gebrauch gemacht und unter anderem in seinem Testament, das seine Frau zur Alleinerbin machte, Folgendes bestimmt: »Meine Wirtschafterin Aloisia Huber, die unserem Haushalt viele Jahre hindurch treu gedient hat, soll in ihrem Alter bis zu ihrem Tod versorgt werden. Der Diener Julius Brav erhält meine goldene Uhr. Das Waldgrundstück, das zu meinem Haus an der Als gehört, soll den Spaziergängern weiterhin ungehindert offen stehen. Für die Singvögel soll im selben Maß wie bisher Futter gestreut und für ausreichende Nistkästen gesorgt werden. Unser Boxerhund Fletscher, an dem ich immer viel Freude gehabt habe, soll gehegt und gepflegt werden und im Fall seines Todes ein würdiges Hundebegräbnis haben.« In dem herausgegriffenen Teil von Karl Jedermanns Testament finden wir Vermächtnisse und Auflagen vor:

- Aloisia Hubers Altersversorgung stellt sich als ein **Vermächtnisanspruch** dar. Es handelt sich um das Vermächtnis des Lebensunterhalts (§ 672 ABGB). Für das Ausmaß des Unterhalts ist zunächst der Wille Karl Jedermanns bestimmend. Maßgebend ist dabei in der Regel die Unterstützung der letzten Zeit. Besteht kein Anhaltspunkt, so richtet sich das Maß der Unterstützung nach dem Stand der Wirtschafterin als Legatar (§ 673 ABGB). Ferner ist auch die Größe des Nachlasses und die Nähe der Beziehungen zu berücksichtigen.

☛ Man spricht hier von einem **Vermächtnis** oder Legat. Darunter ist eine letztwillige Zuwendung zu verstehen, die nicht in einer Erbseinsetzung besteht. Beteiligte Personen sind dabei der Beschwerte (Schuldner) und der Bedachte (Gläubiger). Beschwert sind in der Regel die Erben; bedacht kann nicht nur ein Dritter, sondern auch ein Miterbe sein (z. B. beim schon erwähnten Vorausvermächtnis).

- Julius Brav erhält eine bestimmte Sache (Uhr) zum Vermächtnis. Es handelt sich dabei um eine »kleine Belohnung des Dienstgesindes«. Nach § 685 ABGB können solche besonders begünstigte Vermächtnisse sogleich gefordert werden, während die übrigen Vermächtnisse erst **ein Jahr nach dem Tod** des Erblassers fällig werden.

☛ Vermächtnisse sind dem Willen des Erblassers entsprechend und so auszulegen, dass die Anordnung möglich und gültig sei. Insbesondere ist der **Sprachgebrauch** des Erblassers zu beachten. Wenn also Karl Jedermann seinen wertvollen Weinkeller immer als »meine Bibliothek« bezeichnet hat, dort oft mit dem getreuen Julius zechte und jetzt im Testament anordnet: »Julius Brav, der gute Diener, erhält meine Bibliothek, in der wir oft beschauliche Stunden zusammen verbrachten«, dann kann Julius von den Erben den Weinkeller als Vermächtnis herausverlangen. Die Erben können ihm nicht unter Berufung auf den Wortlaut der letztwilligen Anordnung die ebenfalls vorhandene, aber für ihn geringwertige wirkliche Bibliothek aufzwingen.

- Die letztwilligen Bestimmungen Karl Jedermanns über Waldbenutzung, Singvögel und den Hund sind **Auflagen**.
  Die Auflage ist eine einseitige Anordnung, die der Erblasser an eine Person richtet, die etwas aus dem Nachlass erhält. Eine Auflage kann darum nicht bloß einem Erben, sondern auch einem Vermächtnisnehmer auferlegt werden. Die Auflage unterscheidet sich vom Vermächtnis dadurch, dass dem Beschwerten kein auf die Leistung Berechtigter gegenübersteht. Die Vögel jedenfalls können nicht gut Klage erheben. Dafür können gewisse Personen, die Auflagsberechtigten, auf Erfüllung klagen; sie verlangen freilich die Leistung nicht für sich.

Auflagsberechtigung

Auflagsberechtigt ist, wer berufen ist, das Interesse des Erblassers an der Erfüllung des letzten Willens wahrzunehmen oder für den Zweck einzutreten, dem die Auflage dienen soll. So kann der Testamentsvollstrecker den Erben, ein Miterbe den anderen und jeder Erbe den beschwerten Vermächtnisnehmer belangen. Vor allem aber sorgt das Abhandlungsgericht für die Vollziehung der Auflage und antwortet den Nachlass erst dann ein, wenn sie gesichert ist (§ 817 ABGB).

In unserem Fall ist außerdem die Stadtverwaltung berechtigt, auf Erfüllung der Auflagen zu klagen, weil es sich um Auflagen im **öffentlichen Interesse** handelt. Die Waldbenutzung und die Fürsorge für die Vögel dienen ja der Allgemeinheit. Anders ist die Situation beim Boxerhund. Die Überwachung der lebenslänglichen Verpflegung eines Hundes mag allenfalls einem Testamentsvollstrecker aufgebürdet werden, von Amts wegen soll sich aber das Gericht derartigen Aufgaben nicht unterziehen. § 161a AußStrG bestimmt ausdrücklich, dass das Gericht es ablehnen könne, die Erfüllung oder Sicherstellung von Auflagen zu überwachen, wenn die Überwachung keinem öffentlichen Interesse entspricht. Das Schicksal des Hundes liegt nicht im öffentlichen Interesse.

Erbe/Vermächtnisnehmer

Zwischen einem Erben und einem Vermächtnisnehmer ist in der rechtlichen Stellung ein großer Unterschied. Der Erbe wird Herr des Nachlasses, er wird Eigentümer der Sachen, die zum Nachlass gehören, und Inhaber der dazugehörigen Forderungen und sonstigen Berechtigungen, aber auch der Verpflichtungen. Anders der Vermächtnisnehmer. Er hat lediglich eine Forderung gegen den Erben, ihm einen Geldbetrag zu zahlen, eine bestimmte Sache herauszugeben, ihm etwas zu verschaffen – je nachdem, wie es der Erblasser bestimmt hat. Man kann den Unterschied auch so formulieren: Der **Erbe** ist Gesamtnachfolger, er bekommt entweder den gesamten Nachlass oder einen in Bezug auf das Ganze gesetzten Teil des Nachlasses. Der **Vermächtnisnehmer** ist immer nur Einzelnachfolger und soll Stücke des Nachlasses erhalten.

Es ist nun häufig in einem Testament schwer festzustellen, ob eine Erbseinsetzung vorliegt oder ein Vermächtnis bestimmt ist; denn es sind ja meist keine Juristen, die die Testamente verfassen. Dann kommt es nicht auf den Wortlaut, sondern auf den Sinn des Gewollten an. Hat z. B. ein Erblasser Folgendes geschrieben: »Ich vermache mein Haus und die Wertpapiere meinem Neffen Oskar, alles Übrige soll meine Nichte Alice erhalten«, so darf man nicht von dem Wortlaut ausgehen, sondern muss sehen, was im Nachlass vorhanden ist. Besteht der Nachlass im Wesentlichen aus den Oskar »vermachten« Stücken und bleibt für Alice nur Unbedeutendes übrig, so wird man Oskar als zum Erben eingesetzt sehen können und Alice als Vermächtnisnehmerin. Dass der Erblasser für Oskar das Wort »vermachen« gebraucht hat, spielt dabei keine Rolle. Wenn umgekehrt die für Alice vorgesehenen Nachlasswerte erheblich größer sind als die Oskar überlassenen Stücke, dann ist Alice als Erbin anzusehen und Oskar als Vermächtnisnehmer.

Um die Unterschiede recht deutlich zu machen, sollen weitere Beispiele aus der Praxis angeführt werden. Der besseren Übersicht wegen setzen wir in die linke Spalte den Text der betreffenden letztwilligen Erklärung und bringen in der rechten Spalte die juristische Erläuterung dazu:

»Ich vermache mein Vermögen Anna. Erbe des Hauses soll jedoch Klaus werden.«	Anna wird Alleinerbin. Klaus ist Vermächtnisnehmer. Otto und Ulrike wurden dabei übergangen.
»Anna soll meine Erbin sein. Sie soll aber nur das Haus erhalten. Alles Übrige soll unter die Armen verteilt werden.«	Anna wird Erbin. Ein Vermächtnis liegt nicht vor, doch ist Anna mit einer Auflage belastet. Otto, Ulrike und Klaus wurden übergangen.
»Anna soll meinen ganzen Nachlass übernehmen und an Otto ein Drittel des reinen Nachlasses auszahlen.«	Anna wird Alleinerbin. Otto ist Vermächtnisnehmer. Ulrike und Klaus wurden übergangen.
»Anna soll mein bewegliches, Ulrike mein unbewegliches Vermögen erhalten.«	Anna und Ulrike sind hier Erben, weil ihnen der Erblasser sein ganzes Vermögen unter Ausschließung anderer Rechtsnachfolger zugewendet hat. Die Erbteile werden nach dem Wertverhältnis (bewegliches Vermögen : unbewegliches Vermögen) berechnet.
»Mein ganzes Vermögen besteht aus € 30.000,–. Davon soll Anna € 10.000,– und Ulrike € 20.000,– bekommen.«	Der Erblasser hat über die Hauptbestandteile seines Vermögens nach dem Stand zur Zeit der Testamentserrichtung verfügt. Es gilt daher das eben Gesagte. Sollte sich noch anderweitiges Vermögen vorfinden, so ist es zwischen Anna und Ulrike im Verhältnis 1 : 2 zu verteilen.
»Mein Sparkassenbuch soll Anna erhalten.«	Wenn Karl Jedermann außer den Kleidern am Leibe nur dieses Sparkassenbuch besitzt, dann hat er damit Anna zur Erbin einsetzen wollen. Der Nachlass besteht eben hier nur in dem Sparkassenbuch.
»Klaus soll mein Erbe sein. Anna erhält den Fruchtgenuss des Nachlasses.«	Anna ist wohl Vermächtnisnehmer. Möglich wäre aber auch, dass der Erblasser sie zum Vorerben machen wollte. Dann erhält sie zunächst den Nachlass, muss ihn aber nach einer bestimmten Zeit (z. B. am Volljährigkeitstag) an Klaus herausgeben.

»Ich setze Anna mit Ausnahme des Hauses an der Als zum Erben ein.«

Anna ist Alleinerbin. Das Haus stellt ein Vermächtnis an die gesetzlichen Erben Otto, Ulrike und Klaus dar.

»Alles, wie es liegt und steht, erhalten meine Kinder. Anna bekommt das Klassenlos.«

Otto, Ulrike und Klaus sind Miterben zu je einem Drittel. Anna ist Vermächtnisnehmer. Doch ist genau zu unterscheiden: meint Karl Jedermann »ein Klassenlos« und ist keines im Nachlass vorhanden, dann müssen die Erben eines anschaffen (§ 658 ABGB); meint dagegen Karl Jedermann »eines meiner Klassenlose« und es ist keines im Nachlass vorhanden, dann erhält Anna nichts (§ 657 ABGB).

»Alles soll meiner armen Seele zugute kommen.«

In diesem Fall werden nach einem Hofkanzleidekret aus dem Jahre 1812 ein Drittel des Hinterlassenen für Messen und zwei Drittel für die Armen verwendet.

Mängel eines Testaments

Zwang und Betrug

Die Willensfreiheit des Erblassers wird ausgeschlossen durch **Zwang** und widerrechtlich beeinträchtigt durch **Betrug**. Eine erzwungene letztwillige Verfügung ist unter allen Umständen ungültig, ebenso ein durch Betrug hervorgerufener Irrtum. Ausnützung der Todesnot eines Menschen, seiner Angst vor dem Sterben, macht das Testament nichtig.

Irrtum und Anfechtungsrecht

Auch **Irrtümer** des Erblassers kommen häufig vor. Zwar erklärt § 570 ABGB: »Ein wesentlicher Irrtum des Erblassers macht die Anordnung ungültig.« Doch lässt § 126 AußStreitG in Erkenntnis der Bedürfnisse des Lebens jede in gehöriger Form errichtete und hinsichtlich ihrer Echtheit unbestrittene letzte Willenserklärung vorerst als wirksam gelten. Um die Irrtumswirkung zur Geltung zu bringen, müsste die Erklärung des letzten Willens erst umgestoßen werden. Die auf einem wesentlichen Irrtum beruhende Erklärung kann nicht von jedem, sondern nur von jenen Personen angefochten werden, denen die Aufhebung der Verfügung unmittelbar zustatten kommen würde. Das **Anfechtungsrecht** ist durch eine dreijährige Verjährungsfrist begrenzt (§ 1487 ABGB).

Karl Jedermann hat bekanntlich in seinem Testament der Wirtschafterin Aloisia Huber ein Versorgungsvermächtnis gemacht. Wir sind mit ihm davon ausgegangen, dass Aloisia eine Perle von Haushälterin war. Unterstellen wir nun aber einmal, dass die schillernde Aloisia es verstanden hat, ihre Arbeitgeber in den letzten Jahren zu täuschen; dass sie in Wirklichkeit gestohlen und unterschlagen hat, dass sie über ihre Arbeitgeber verleumderische Gerüchte verbreitet hat – dass sie mit einem Wort unwürdig ist, eine Gabe von Karl Jedermanns Familie zu erhalten.

Karl Jedermann kann nichts mehr dazu tun, sein Testament zu ändern. Hätte er noch bei Lebzeiten erfahren, wie sehr er getäuscht worden ist, so hätte er gewiss das Vermächtnis einfach widerrufen. Nunmehr werden die Hinterbliebenen den letzten Willen korrigieren. Dies geschieht durch eine Anfechtung. Sowohl Anna als auch jedes der Kinder können der Haushälterin gegenüber die Anfechtung erklären. Anna Jedermann richtet also folgendes Schreiben an Aloisia Huber:

> Wir, die Erben meines verstorbenen Mannes Karl Jedermann, mussten feststellen, dass Sie das in Sie gesetzte Vertrauen gröblichst dadurch getäuscht haben, dass Sie in den letzten Jahren über den Erblasser und seine Angehörigen die bösartigsten Gerüchte verbreiteten und erhebliche Werte vorenthalten und sich zugeeignet haben. Wir wollen davon absehen, diesen Sachverhalt der Staatsanwaltschaft zu unterbreiten, haben jedoch keinerlei Veranlassung, Ihnen unter diesen Umständen aus dem Nachlass eine Altersversorgung zu gewähren. Ich erkläre hiermit in meiner Eigenschaft als Erbin Ihnen gegenüber die Anfechtung des im Testament zu Ihren Gunsten gemachten Vermächtnisses.
>
> Anna Jedermann

Einschreiben, Kopie mit Einschreibbeleg für die eigenen Akten aufbewahren.

Die Wirtschafterin wird jetzt scharf überlegen. Es lässt sich ja denken, dass Aloisia Huber durchaus nicht so schlecht ist, wie Anna Jedermann meint, und die Wirtschafterin dies auch beweisen kann. In einem solchen Fall wird Aloisia Huber auch einen Anfechtungsprozess nicht fürchten. Sie wird also ihren Vermächtnisanspruch gegen die Erbin Anna Jedermann geltend machen und Anna mag im Prozess beweisen, dass tatsächlich so schwere Verfehlungen Aloisias vorliegen, von denen Karl Jedermann nichts gewusst hat, und dass anzunehmen ist, dass er bei Kenntnis der Sachlage das Vermächtnis nicht gemacht haben würde.

€ Ein testamentarisches Vermächtnis des Dienstgebers an einen Dienstnehmer unterliegt der Erbschaftssteuer und kann zugleich Gegenstand einer direkten oder indirekten Steuer sein. Nur wenn es sich beim Dienstgebervermächtnis um eine einmalige Zuwendung handelt, wird keine Lohnsteuerpflicht begründet.

Gemäß § 21 Erbschaftssteuergesetz hat der Erwerber Anspruch auf Abzug eines Betrages vom Erbanfall, wenn er nach Vollendung des 15. Lebensjahres im Haushalt oder im Betrieb des Erblassers ohne Barlohn Dienste geleistet und dadurch eine fremde Arbeitskraft erspart hat. Der Abzug dieses Betrages, der der Arbeit und der Dienstzeit angemessen sein muss, erfolgt auf Antrag. Dienste, die früher als drei Jahre vor dem Tod des Erblassers geleistet wurden, werden nicht berücksichtigt.

Anfechtung der Erbseinsetzung

Wichtiger als ein Fall der Anfechtung eines Vermächtnisses ist die **Anfechtung der Erbseinsetzung**. Wenn Anna Jedermann z. B. in den letzten Monaten der Ehe ein Liebesverhältnis mit einem Freund angefangen hat, so können die Kinder die Erbseinsetzung ihrer Mutter anfechten, da anzunehmen ist, dass Karl Jedermann bei Kenntnis dieses Tuns Anna nicht den Löwenanteil seines Vermögens zugewendet hätte, damit sie es jetzt mit ihrem Liebhaber durchbringen kann. War Anna gar erbunwürdig, dann bedarf es nicht erst einer Anfechtungsklage. Es wäre Erbunfähigkeit gegeben und damit ein Anfall der Erbschaft ausgeschlossen.

Erweisung der letzten Treue

Oft wird in Testamenten die Erweisung der letzten Treue behandelt. Der OGH versteht darunter »alle diejenigen Handlungen tätigen Beistandes, die einem Schwerkranken die letzte Zeit seines Lebens und besonders die Sterbestunde erleichtern sollen, allenfalls auch die Obsorge für den Leichnam und die Bestattung«.

Es ist nicht notwendig, dass ein Verwandtschafts- oder Freundschaftsverhältnis besteht. Auch einem völlig Fremden kann die letzte Treue geleistet werden. So hat schon mancher barmherzige Samariter einem Fremden die letzte Treue erwiesen. Auch eine Wirtschafterin kann ihrem Dienstgeber durch die Pflege und Betreuung vor seinem Tod letzte Treue erwiesen haben. Bei Aloisia Huber war das aber keineswegs der Fall, denn Karl Jedermann ist ja ganz plötzlich gestorben. Bevor nicht der Zustand des Pfleglings derart ernst geworden ist, dass unmittelbare Lebensgefahr besteht, kann letzte Treue nicht geleistet werden. Nur dann liegt letzte Treue vor, wenn die Pflege und Betreuung **bis zum Tode fortgesetzt** wurde. Wurde z. B. eine Schwerkranke von ihrer Nachbarin bereits ein Vierteljahr gepflegt, gibt diese dann aber die Pflege aus irgendwelchen Gründen endgültig auf, so hat die Nachbarin nicht die letzte Treue geleistet, selbst wenn die Kranke schon eine Woche später gestorben wäre.

Vermächtnis

Der Erblasser kann nun Personen, die ihm die letzte Treue erweisen, ein **Vermächtnis (Legat)** aussetzen, er kann sie aber auch zu seinen Erben machen. In beiden Fällen ist die Bestimmung der bedachten Person und die Durchführung der Verlassenschaftsabhandlung mit Schwierigkeiten verbunden. Vielfach werden Auskunftspersonen (Haus- oder Wohnungsgenossen) einvernommen, damit festgestellt wird, ob der oder die Betreffende überhaupt Pflegearbeiten geleistet hat.

Gang der Verlassenschaftsabhandlung

Das Verfahren der Verlassenschaftsabhandlung ist hauptsächlich im Außerstreitgesetz geregelt und beginnt mit der **Todfallsaufnahme**. Diese darf nur unterbleiben, wenn ein vermögensloser, in der elterlichen Obsorge stehender Minderjähriger gestorben ist und kein Beteiligter sie verlangt. Nach Durchführung und allfälliger Ergänzung der Todfallsaufnahme kann es unter Umständen zur Abtuung armutshalber (wenn der Verstorbene kein Vermögen hinterlassen hat) oder zur Überlassung an Zahlungs statt kommen.

Verlassenschaftsabhandlung

Von Amts wegen wird nach diesem Verfahren eine regelrechte Verlassenschaftsabhandlung nur eingeleitet, wenn der Bruttonachlass € 3.000,– bzw. für Pflegebefohlene € 1.000,– übersteigt oder wenn eine Liegenschaft dazu gehört. Kommt es zu keiner Verlassenschaftsabhandlung, kann das Gericht die zur Erbschaft Berufenen ermächtigen, die Nachlassrechte geltend zu machen.

Die Verlassenschaftsabhandlung beginnt mit der **Verständigung** der vermutlichen Erben und mit der Aufforderung, die Belege ihres Erbrechts (Erbrechtsausweis) beizubringen und zu erklären, ob sie die Erbschaft annehmen (**Erbserklärung**).

Die **Berufungsgründe zur Erbschaft** sind ihrer Stärke nach geordnet:

1. Erbvertrag;
2. formgerechtes Testament, und zwar das jüngere vor dem älteren;
3. gesetzliches Erbrecht.

Es kann aber auch ein Teil des Vermögens testamentarisch, ein anderer durch Erbvertrag und wieder ein anderer aufgrund des Gesetzes vererbt werden (§ 534 ABGB).

Die Abhandlung endet mit der **Einantwortung**. Ihre Wirkung ist die gerichtliche Übergabe des Nachlasses in den rechtlichen Besitz der festgestellten Erben (§ 797 ABGB).

☛ Das Abhandlungsgericht greift auch in Fällen ein, wo niemand seiner Hilfe bedarf. Daher wurde das Abhandlungssystem oft als lästig empfunden. Seine Vorzüge liegen aber in der Vermeidung von Erbstreitigkeiten, in der Fürsorge für die beteiligten Pflegebefohlenen und in der Ordnung des Grundbuchstandes.

Streit um Erbrecht und Erbschaft

Zum Schutz des Erben stehen zwei wichtige Klagen zur Verfügung, die grundsätzlich zu unterscheiden sind:

Die Erbrechtsklage

Wenn das Erbrecht zwischen mehreren Personen streitig ist, so muss es noch **vor der Einantwortung** im Wege des Zivilprozesses klargestellt werden. Dabei hat die Partei mit dem schwächeren Titel die Klage gegen die Partei mit dem stärkeren Titel zu erheben. Darum war es auch so wichtig, die Erbrechtstitel nach ihrer Stärke anzuordnen (siehe oben). Der entferntere gesetzliche Erbe klagt z. B. den näheren gesetzlichen Erben, der gesetzliche Erbe den Testamentserben, dieser den aus einem Erbvertrag Berechtigten. Das Begehren dient nur der **Bestreitung des Erbrechts** des Beklagten, nicht der Feststellung des Erbrechts des Klägers. Wer den Erbrechtsprozess verloren hat, kann gegen den anderen Streitteil auch nicht mehr mit der Erbschaftsklage die Herausgabe der Erbschaft verlangen. Es steht nämlich – wie man in der Juristensprache sagt – die Rechtskraft entgegen.

Die Erbschaftsklage

Ein Erbschaftsanspruch kann immer erst **nach der Einantwortung** geltend gemacht werden. Der Kläger begehrt Feststellung seiner Erbeneigenschaft und **Ausfolgung der Erbschaft**. Es kann sich ja nach der Einantwortung herausgestellt haben, dass ein der Abhandlung zugrunde gelegtes Testament ungültig ist, dass ein neues Testament aufgefunden wurde oder ein näherer gesetzlicher Erbe aufgetaucht ist. Aufgrund des Ausfolgungsbegehrens gehen mit dem stattgebenden Urteil das Eigentum an beweglichen Nachlassgegenständen, die Erbschaftsforderungen und andere Rechte von selbst auf den Kläger über.

In die grundbücherliche Umschreibung des Eigentums beweglicher Sachen (z. B. Rechte nach § 298 ABGB) muss der Beklagte einwilligen. Er muss Auskunft über die Nachlassgegenstände geben und unter Umständen kann von ihm die Vorlage eines Vermögensverzeichnisses verlangt werden (siehe Seite 87 f.). Das Urteil im Erbschaftsprozess bewirkt, dass der Sieger Gesamtnachfolger des Erblassers, nicht des eingewiesenen Erben wird. Der unterlegene Beklagte muss die Nachlassstücke herausgeben. Eine neue Abhandlung findet nicht statt.

☛ Diese Vorschriften sind dann besonders wichtig, wenn irrtümliche Todeserklärungen erfolgen. Erinnern wir uns an den Fall Dr. Hans Forschmann (siehe Seite 355 ff.). Angenommen, seine Gattin Susanne hat den vermeintlichen Nachlass erhalten. Wenn der Verschollene wieder auftaucht, wird er alles zurückfordern und Auskunft darüber verlangen, was Susanne als Scheinerbin inzwischen mit dem Vermögen angefangen hat. Bei seinen Ansprüchen auf Zurückstellung kommt es darauf an, ob Susanne redlicher oder unredlicher Besitzer war. Dem redlichen Besitzer verbleiben alle Nutzungen und er kann, wenn er den Gegenstand des Besitzes wieder herausgeben muss, den notwendigen Aufwand ersetzt verlangen. Der unredliche Besitzer wird hingegen sehr ungünstig behandelt.
Was aber, wenn Susanne Forschmann aus der vermeintlichen Erbschaft bereits etliche Gegenstände an andere Personen verkauft oder verschenkt hat? Kann der zurückgekehrte Hans Forschmann auch von dritten Personen solche Vermögensstücke zurückverlangen? Das wird nicht gehen, wenn die dritten Personen **gutgläubig** waren. Wer gutgläubig Erbschaftssachen von demjenigen erwirbt, der sie selber aufgrund der gerichtlichen Einantwortung erlangt hat, soll geschützt sein (§ 824 ABGB). Dieser starke Schutz ist deshalb gerechtfertigt, weil der zugrunde liegende äußere Tatbestand von der Behörde durch einen Hoheitsakt gesetzt wurde. Man soll sich eben auf die Einantwortungsurkunde verlassen können und darum wird auch der redliche Erwerb vom Scheinerben vollgültig bleiben. Der Heimkehrer hat das Nachsehen!

Zur Charakterisierung des Erbstreites sei noch gesagt, dass Erbschaftsklagen im Bereich des ABGB recht selten sind. Streitigkeiten über das Erbrecht mit der Erbrechtsklage (vor der Einantwortung) werden hingegen häufig ausgetragen.

Nacherbschaft und Ersatzerbschaft

Otto Jedermann hält das Testament seines Vaters, wonach Anna die Alleinerbin war, für ungerecht und will in seiner Ehe nicht den gleichen Fehler begehen. Andererseits liegt ihm seine Ehefrau Ursel immer wieder in den Ohren und verlangt, dass sie gesichert werde; es genüge doch wohl, dass ihr in die Ehe mitgebrachtes Kind, das Otto sogar adoptieren wollte, und ihr gemeinsamer Sohn Alfred den Pflichtteil bekommen und im Übrigen nach Ursels Tod dasjenige erhalten, was ihre Mutter von Ottos Vermögen übrig lasse. Otto bespricht diesen Fall mit seinem Rechtsanwalt. Dieser meint, dass Ursels Wunsch nach Sicherung wohl verständlich sei und Otto doch auch glauben dürfe, dass Ursel im Falle eines Überlebens nicht sinnlos mit dem Ererbten umgehen würde. Wer garantiere aber, gibt der Anwalt zu bedenken, dass sie nicht an irgendeinen gewissenlosen Mann gerate, der es versteht, das Vermögen an sich zu bringen, dann Ursel verlässt und so Ottos Frau und Kinder aller Werte beraubt? Auf diese Anregung hin errichtet Otto das auf der folgenden Seite abgedruckte Testament.

Da Otto Jedermann keinen Zeitpunkt für den Eintritt des Nacherbfalles vorgeschrieben hat, ist Ursel bis zu ihrem Tod **Vorerbin**. Stirbt sie, so treten die Kinder in ihre Stellung als Erben Otto Jedermanns ein. Das heißt also, sie beerben insoweit nicht etwa Ursel, sondern ihren Vater Otto, setzen also nur die Erbenstellung ihrer Mutter fort.

Der Erblasser kann mehrere Erben so berufen, dass die Erbschaft zuerst dem einen, dann dem anderen zufallen soll. Das ABGB bezeichnete eine solche Anordnung als

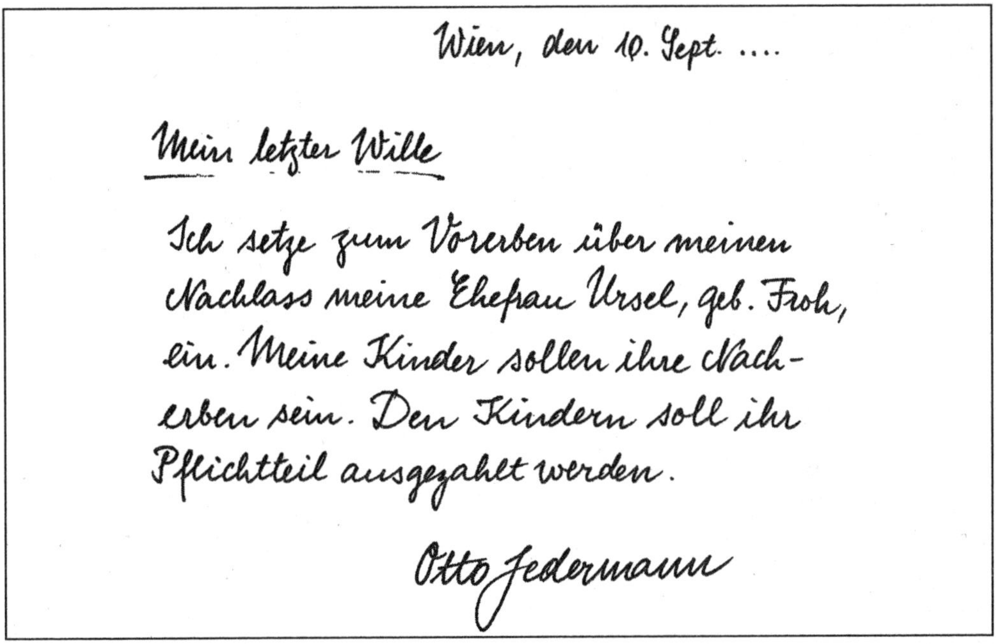

Wien, den 10. Sept. ....

Mein letzter Wille

Ich setze zum Vorerben über meinen Nachlass meine Ehefrau Ursel, geb. Froh, ein. Meine Kinder sollen ihre Nacherben sein. Den Kindern soll ihr Pflichtteil ausgezahlt werden.

Otto Jedermann

»fideikommissarische Substitution« (§ 608 ABGB). Heute wird dafür der Ausdruck **Nacherbschaft** gebraucht. Der Erblasser ordnet hier an, dass die Erbschaft zunächst einem Vorerben (z. B. der Gattin) zufallen soll. Bei Eintritt des Nacherbfalles (etwa durch Zeitablauf) ist aber die Erbschaft dem oder den gleichfalls schon bestimmten Nacherben (beispielsweise den Kindern) auszufolgen.

Der Erblasser kann auch dem Nacherben noch einen weiteren Nacherben setzen. Dann spricht man von einer Nacherbschaft zweiten Grades, wobei der Erblasser in der Anordnung solcher weiteren Grade beschränkt ist. Es soll nämlich nicht zulässig sein, Vermögen auf unabsehbare Zeit zu binden. Wenn daher Personen als Nacherben eingesetzt werden, die nicht Zeitgenossen des Erblassers sind, kann sich die Nacherbschaft bei beweglichem Vermögen bis zum zweiten Grad erstrecken, bei unbeweglichem Vermögen gilt sie nur für den ersten Grad.

Der **Vorerbe** erhält ein eingeschränktes Eigentum mit den Rechten und Verbindlichkeiten eines Fruchtnießers (§ 613 ABGB). Es steht ihm der Genuss des Nachlasses ohne Einschränkung zu, nur muss er die Substanz schonen. Der **Nacherbe** ist Rechtsnachfolger des Erblassers. Er verlangt nach Eintritt des Nacherbfalles die Herausgabe der Erbschaft nicht als Gläubiger des Vorerben, sondern als dinglich Berechtigter.

€ Gemäß § 5 Erbschaftssteuergesetz gilt der Vorerbe als Erbe. Die Nacherben versteuern so, als ob ihr Erwerb vom Vorerben stammen würde. Auf Antrag wird aber ihr direktes Verwandtschaftsverhältnis zum Erblasser berücksichtigt. Wenn also Nacherben mit dem Erblasser näher verwandt sind als mit dem Vorerben (angenommen, es fungiert ein Onkel Ottos als Vorerbe und Ottos Kinder wären als Nacherben eingesetzt), bietet dieser Antrag Vorteile. (In unserem Fall ist er freilich bedeutungslos, da Ursel selbst und ihre Kinder zur Steuerklasse I gehören.)

Der Vorerbe entrichtet nach § 13 Abs. 3 Erbschaftssteuergesetz die durch die Vorerbschaft veranlasste Steuer aus den Mitteln der Vorerbschaft. Die bloße Anwartschaft eines Nacherben auf die Nacherbschaft gehört nicht zu seinem Nachlass (§ 20 Abs. 3 ErbStG). Stirbt der Nacherbe, bleibt daher der Wert dieser Anwartschaft für die Bemessung der Erbschaftssteuer ganz außer Betracht.

Bei uns ist Ursels Tod der Nacherbfall. Daher finden dann **zwei Verlassenschaftsabhandlungen** nebeneinander statt, bei denen verschiedene Vermögen und verschiedene Erben in Betracht kommen. Zum einen kommt es zur Substitutionsabhandlung durch das für Otto Jedermann zuständige Gericht; sie bezweckt die Einantwortung der Vorerbschaft an seine Kinder (als Nacherben). Zum anderen kommt es zur Abhandlung über das sonst vorhandene Vermögen Ursels durch das für ihren Todfall zuständige Gericht; sie bezweckt die Einantwortung dieses Nachlasses an die gesetzlichen oder testamentarischen Erben Ursels.

Substitutionsband

Ursel Jedermann lebt nach Ottos Tod auf großem Fuß. Wie Ottos Anwalt vorausgesehen hat, macht sie die Bekanntschaft eines Mannes, der mehr und mehr Geld von ihr verlangt. Als die Barmittel aufgebraucht sind, will Ursel auf die **Grundstücke** *Geld aufnehmen oder sie veräußern.*

Wir müssen davon ausgehen, dass Ursel im Grundbuch als Eigentümerin eingetragen ist, allerdings mit der Beschränkung auf den Nacherbfall. Dieses so genannte **Substitutionsband** wird im Grundbuch angemerkt. Dadurch ist jeder Käufer oder Geldgeber in Kenntnis gesetzt, dass das Recht Ursels als Vorerbin zeitlich beschränkt ist. Das dessen ungeachtet vom Dritten erworbene Eigentum oder eine Hypothek erlischt mit dem Eintritt des Nacherbfalles. Wenn also Ursel einen Geldgeber findet, kann sie ihn auch durch eine Hypothek sichern.

Die Zulässigkeit von Hypotheken, die durch den Vorerben eingeräumt werden, ist von der Rechtsprechung wiederholt anerkannt worden. Dennoch brauchen Ottos Kinder nicht um die Substanz ihrer künftigen Erbschaft zu bangen. Es ist nämlich trotz der durch ihre Mutter eingeräumten Hypothek **keine Zwangsvollstreckung** in die Grundstücke, sondern nur in die Früchte möglich. Veräußerung und Belastungen der Grundstücke mit voller Wirkung wären nur zulässig, wenn die Nacherben zustimmen. Ottos Kinder denken aber gar nicht daran, ihrer verschwenderischen Mutter eine solche Zustimmung zu geben. Die Grundstücke sind also vor dem Zugriff Ursels weitgehend sicher.

Bewegliche Sachen (dazu zählen auch im Grundbuch eingetragene Rechte) darf der Vorerbe nach herrschender Auffassung weder veräußern noch belasten. Allgemein sind jedoch Veräußerungen zulässig, die sich als Akte der ordentlichen Verwaltung darstellen. Dagegen werden Schenkungen aus dem Nachlass untersagt sein.

Nehmen wir an, Ursel habe ihrem Liebhaber Romeo bereits Ottos goldene Uhr und den Siegelring geschenkt. Damit Verschleppungen des Stammvermögens hintangehalten werden, steht den Kindern gegen Ursel als Vorerben schon vor Eintritt des Nacherbfalles das erforderliche **Überwachungs- und Klagerecht** zu.

Überdies hat das Abhandlungsgericht als Substitutionsbehörde für die **Sicherung der Substitution** zu sorgen. Als Maßnahmen kommen vor allem in Betracht:

- Errichtung eines Inventars über das Substitutionsvermögen,
- Bestellung eines Substitutionskurators für noch nicht geborene Nacherben,
- weiterreichende Sicherstellung bei einer sich äußernden Gefahr (z. B. Verschleppung von weiteren Schmuckstücken).

Nach dem Willen des Gesetzes hätte Ursel Jedermann jedoch wie ein Fruchtnießer die Substanz schonen müssen. Sie sollte von den Zinsbeträgen aus den Mietshäusern und mit den Eingängen aus dem Briefmarkengeschäft ihren Unterhalt bestreiten. Oberste Regel für den Vorerben ist nämlich, die Erbschaft als ein »guter Haushälter« in dem Stand, in dem er sie übernommen hat, zu erhalten (§ 513 ABGB). Ursel Jedermann haftet den Nacherben für jedes Verschulden.

Nacherbschaft auf den Überrest

Anders wäre die Situation, wenn Otto Jedermann bloß eine **Nacherbschaft auf den Überrest** angeordnet hätte. Dann wollte er die Nacherben nur auf das einsetzen, was von der Erbschaft beim Eintritt der Nacherbfolge noch übrig sein wird. Damit ist dem Vorerben im Zweifel die Befugnis eingeräumt, über die Substitutionsmasse frei zu verfügen. Ursel kann dann Erbschaftssachen nach Gutdünken nicht nur verkaufen, sondern auch verschenken. Die Kinder haben weder ein Klage- noch ein Sicherungsrecht. Sie müssen untätig zusehen, wie unter dem Beifall Ursels der unwiderstehliche Romeo die Anzüge ihres Vaters trägt und seine Finger mit dessen Ringen schmückt.

Als Ursel stirbt, ist ihr Sohn Alfred bereits verstorben. Dessen Sohn Siegmund wird jetzt an seiner Stelle Nacherbe. Der Nacherbe braucht im Zweifel nur den Erbfall (Tod Ottos), nicht auch den Nacherbfall (Tod Ursels) zu erleben, um seiner Familie die Nacherbschaft zu erhalten.

Ersatzerbschaft

Ist Ursel vor Otto gestorben, so sind die Kinder gleich Vollerben Ottos. Denn ein Nacherbe ist im Zweifel immer auch **Ersatzerbe**, das heißt, er soll sofort an die Stelle des als Vorerben Vorgesehenen treten, falls dieser den Erbanfall nicht erlebt. Dies ist in unserem Fall nicht sehr bedeutsam, da die Kinder Otto sowieso beerben. Wenn man aber entferntere Verwandte zu Vor- oder Nacherben einsetzt, ist die Auslegungsregel des § 608 ABGB wichtig.

Die eben erwähnte **Ersatzerbschaft** wird im ABGB (§ 615) »gemeine Substitution« genannt. Sie liegt vor, wenn jemand zur Erbschaft für den Fall berufen ist, dass ein zunächst Berufener nicht Erbe werden will oder kann. Dadurch, dass der Erblasser einen Ersatzerben beruft, schließt er die gesetzlichen Erben aus.

Der zuerst Eingesetzte **kann nicht** Erbe sein:

— wenn seine Erbseinsetzung ungültig ist,
— wenn er den Anfall der Erbschaft nicht erlebt,
— wenn er zu dieser Zeit erbunfähig oder erbunwürdig ist.

Der zuerst Eingesetzte **will nicht** Erbe sein:

— wenn er auf die Erbschaft verzichtet hat,
— wenn er sie ausgeschlagen hat,
— wenn er die Erbserklärung innerhalb der ihm vom Gericht gesetzten Frist unterlässt.

Erbverzicht

Ulrike hat nach ihrer Scheidung von Omar Gras noch einmal geheiratet und aus dieser Ehe ein Töchterchen bekommen, Mathilde. Konrad, der inzwischen erwachsen ist, trägt sich mit Auswanderungsplänen. Er braucht dazu ein größeres Kapital, und Ulrike ist auch bereit, ihm aus ihrem Vermögen € 10.000,– zur Verfügung zu stellen. Im Interesse ihres Kindes aus zweiter Ehe soll damit Konrad ein für allemal abgefunden sein. Konrad soll vollkommen als Erbe wegfallen.

Ein solcher **Erbverzicht** ist möglich und verlangt den Abschluss eines Vertrages zwischen Ulrike und Konrad. Dieser Vertrag bedarf zu seiner Gültigkeit der Aufnahme eines Notariatsaktes oder der Beurkundung durch gerichtliches Protokoll (§ 551 ABGB). Begeben sich Mutter und Sohn zu ihrem Notar, dann müssen beim dort zu errichtenden Notariatsakt keine Zeugen beigezogen werden (anders beim Erbvertrag); es genügt jedes gerichtliche Protokoll. Auch ein im Verfahren außer Streitsachen aufgenommener Vergleich kann einen Erbverzicht enthalten.

☛ Seinem Wesen nach ist der Erbverzicht ein Vertrag zwischen dem Erblasser und dem Anwärter, in dem dieser auf sein künftiges Erbrecht, Pflichtteilsrecht oder Vermächtnis ganz oder teilweise verzichtet. Die Wirkung des Erbverzichts äußert sich in der Entkräftung des bestehenden Berufungsgrundes. Der Verzicht auf das gesetzliche Erbrecht enthält auch den Verzicht auf das Noterbrecht. Dagegen enthält der Verzicht auf den Pflichtteil nicht auch den auf das gesetzliche Erbrecht, nur wird dem Verzichtenden bei der gesetzlichen Erbfolge die etwa erhaltene Abfindung (im hier geschilderten Fall € 10.000,–) angerechnet.

Konrad heiratet in San Salvador und hat aus dieser Ehe einen Sohn. Konrad stirbt vor seiner Mutter Ulrike und als diese nun stirbt, verlangt Konrads Sohn als gesetzlicher Erbe erster Linie die Hälfte des Nachlasses seiner Großmutter als Miterbe neben Ulrikes Tochter Mathilde, seiner Tante.

Dies kann er nicht verlangen. Der Verzicht Konrads ist ein so genannter Stammesverzicht, das heißt, Konrads Erben sind durch seinen Verzicht gleichfalls vom gesetzlichen Erbrecht ausgeschlossen. Wenn nichts anderes vereinbart ist, tritt nach § 551 ABGB diese weitergehende Wirkung des Erbverzichts ein.

Das Recht des Anwärters, im Namen seiner Kinder zu verzichten, entspricht einem praktischen Bedürfnis. In der Regel erhält ja der Verzichtende eine Abfindung. Dafür soll er aus dem Kreis der Erbberechtigten ausscheiden. Diese Vereinbarung hätte aber geringen Wert, wenn sie nicht auch die Kinder des Verzichtenden auszuschließen vermag. Gibt es also in unserem Beispiel später Meinungsverschiedenheiten, dann kommt es ganz auf den Wortlaut des Notariatsaktes an. Dem Vertragstext des Erbverzichts wird zu entnehmen sein, ob der Auswanderer Konrad den Verzicht auf seine Person beschränken wollte oder nicht.

Konrad ist durch einen gültigen Erbverzicht aus dem Kreis der gesetzlichen Erben herausgetreten; die Erbschaft wird ihm nicht zum Erwerb angeboten. Trotzdem wäre es denkbar, dass er aus dem Nachlass seiner Mutter etwas erhält. Der Verzichtende erbt nämlich, wenn er später doch als **Testamentserbe** eingesetzt wird.

Ungültiger Erbverzicht

Wenn in unserem Fall der Vertrag zwischen Mutter und Sohn nicht vor dem Notar, sondern vor einem Rechtsanwalt oder völlig formlos abgeschlossen worden wäre, ist der **Erbverzicht ungültig**. Die öffentliche Form wäre dann nämlich nicht gegeben. Ob auch die für den Verzicht gewährte Abfindung hinfällig wird, hängt von den Umständen ab. Es fällt auf, dass der Betrag von € 10.000,– verhältnismäßig gering ist. Darum bleibt er vielleicht als Vorempfang aufrecht; allerdings muss sich Konrad diesen später bei der Pflichtteilsbestimmung anrechnen lassen.

Zur **Aufhebung des Erbverzichts** genügt schon ein formloser Vertrag zwischen dem Erblasser und dem Verzichtenden. Dadurch wird das künftige gesetzliche Erb- und Pflichtteilsrecht wiederhergestellt. Letztwillig bedenken kann aber der Erblasser den Verzichtenden ohne weiteres, auch ohne Aufhebung des Verzichts.

Testamentsvollstrecker und Abhandlungspfleger

Um die Durchsetzung des Erblasserwillens auf jeden Fall zu gewährleisten, kann der Erblasser einen Testamentsvollstrecker einsetzen. Was hat das für eine juristische Bedeutung?

Für einen **Testamentsvollstrecker** ist im österreichischen Recht nur ein geringes Bedürfnis vorhanden, daher widmet ihm das ABGB eine einzige Bestimmung (§ 816 ABGB). Wir haben ja die gerichtliche Abhandlung und die Bindung der Einantwortung an den Nachweis der Erfüllung des Testamentswillens (Testamentsausweis). Darum ist ein eigener Testamentsvollstrecker meist nur dazu da, dass er den vom Erben dem Verlassenschaftsgericht zu erstattenden Testamentsausweis mit unterschreibt.

Anna Jedermann hält einen Testamentsvollstrecker allerdings für notwendig und beruft dazu in ihrem letzten Willen einen langjährigen Freund des Hauses, den Kaufmann Leopold Dachs.

Muss Herr Dachs dieses »Amt« annehmen? Rechtlich gesehen handelt es sich nicht um ein Amt, sondern um einen Auftrag, und der bedarf der Annahme durch den Beauftragten. Es hängt vom Belieben des berufenen Testamentsvollstreckers ab, dieses Geschäft auf sich zu nehmen. Erst durch die Annahme wird er dazu verhalten, die ihm auferlegten Pflichten zu erfüllen. Er kann später nicht einfach durch Aufkündigung den Auftrag beendigen, sondern müsste unter Anführung wichtiger Gründe um Enthebung durch das Abhandlungsgericht ansuchen.

Nach herrschender Ansicht und Praxis ist der Testamentsvollstrecker **nicht zur Nachlassverwaltung** berufen. Er ist auch nicht berufen, die Erben im Abhandlungsverfahren zu vertreten. Trotz der Berufung des Kaufmanns zum Testamentsvollstrecker überlässt das Gericht die Nachlassverwaltung den Erben oder bestellt einen Nachlasskurator. Meist besteht die Aufgabe des Testamentsvollstreckers nur darin, die Erben bei der Erfüllung des Testamentswillens zu überwachen. Leopold Dachs kann also z. B. den Erben Aufträge für Annas Bestattung geben und wohl auch Rechtsmittel gegen Verfügungen des Abhandlungsgerichts ergreifen. Gemeinsam mit den Erben erstattet er den Testamentsausweis. Jedenfalls untersteht der Testamentsvollstrecker wie alle an der Nachlassregulierung beteiligten Personen der Aufsicht des Abhandlungsgerichts. Wenn die Erben schon während der Amtsführung des Testamentsvollstreckers feststellen, dass er unfähig oder unredlich ist, so werden sie davon dem Abhandlungsgericht Mitteilung machen. Dieses kann Leopold Dachs entheben, da in diesem Fall zweifellos wichtige Gründe vorliegen.

Verwaltung des Nachlasses

Nehmen wir an, dass Leopold Dachs nicht bloß Testamentsvollstrecker ist, sondern dass ihm von Anna Jedermann die **Verwaltung des Nachlasses** letztwillig übertragen worden ist. Die Erben müssen sich diesfalls den Ausschluss von der ihnen sonst gebührenden Verwaltung gefallen lassen. Als Verwalter des Nachlasses hat Dachs auch die Vertretung des ruhenden Nachlasses nach außen. Er nimmt die Rechte des Nachlasses gegenüber Dritten wahr und ist in Prozessen als Kläger wie als Beklagter Vertreter des Nachlasses.

Dachs überprüft also vorerst einmal den Nachlass und vergewissert sich über den Vermögensstand. Da der Nachlass umfangreich ist, engagiert er eine Sekretärin. Der Lohnanspruch dieser Sekretärin richtet sich dann nicht etwa gegen den Testamentsvollstrecker persönlich, sondern gegen Anna Jedermanns Erben. Die Bezahlung erfolgt also auch durch den Testamentsvollstrecker aus dem Nachlass.

Rechenschaftsbericht

Dachs stellt fest, dass Anna noch eine Forderung gegen den Schuldner Lau hatte. Er beschließt, diese jetzt einzutreiben. Um sich einen Exekutionstitel zu verschaffen, muss er klagen. Die Klage erhebt er als Nachlassverwalter.
Nachdem er die ausstehenden Beträge für den Nachlass hereingebracht hat, macht er sich daran, die restlichen Schulden zu bezahlen. Unter anderem erfüllt er die Vermächtnisse und Auflagen, die im Testament vorgesehen sind. Er kümmert sich dabei auch nicht um irgendwelche Einsprüche der Erben, soweit er nach seiner pflichtgemäßen Auffassung darin nur egoistische Versuche sieht, Vermächtnisnehmer um ihre Rechte zu bringen.

Er hat nämlich den Willen des Erblassers und nicht den der Erben zu respektieren. Nachdem er den Nachlass so ordnungsgemäß verwaltet hat, gibt er einen **Rechenschaftsbericht**.

Schadenersatz

Beim Überprüfen der Rechnungslegung stellt einer der Erben fest, dass Dachs einige Nachlassverbindlichkeiten falsch ausgezahlt hat. Er stellt Dachs zur Rede und es wird klar, dass der Nachlassverwalter hier Fehler begangen hat. Dachs verspricht daher, die zu viel gezahlten Geldbeträge von den Gläubigern zurückzufordern. Dies misslingt jedoch.

Die Erben können jetzt von Dachs **Schadenersatz** verlangen.

Abhandlungspfleger

Mit dem Testamentsvollstrecker darf ein **Abhandlungspfleger** nicht verwechselt werden. Gewiss ist die Abhandlungspflege Sache des Gerichts; gedacht ist aber hier an die den Erben zufallende Parteientätigkeit in der Verlassenschaftsabhandlung, so z. B. die Verfassung und Überreichung der Erbserklärung, das eidesstattliche Vermögensbekenntnis, die Einberufung der Gläubiger usw. All das will der Abhandlungspfleger für die Erben besorgen, wofür er ein entsprechendes **Entgelt** erhält.

Testamentarische »Abhandlungspfleger« (neben der gerichtlichen Abhandlung oder Erbenbevollmächtigung) kennt das Gesetz nicht. Die Bestellung eines Abhandlungspflegers ist daher nur dann wirksam, wenn er von den Erben aus freiem Willen bevollmächtigt wird.

Gemeinschaftliches Testament

Karl Jedermanns Urenkel, der Sohn des nach San Salvador ausgewanderten Konrad Gras, ist auf den schönen Namen Juan Leporello getauft. Dieser Juan Leporello Gras kehrt nach Erwerb eines ansehnlichen Vermögens nach Österreich zurück und heiratet hier die ebenfalls begüterte Christl Grüp. Und dies wird nun wahrlich eine glückliche Ehe. Beide beschließen daher auch, über ihren jeweiligen Nachlass zugunsten des anderen Ehegatten zu verfügen. Sie wollen ein gemeinschaftliches Testament verfassen.

Wenn die Gatten **ohne Zeugen testieren** wollen, so muss jeder seine Anordnung eigenhändig schreiben und beide müssen die gemeinsame Urkunde gemeinsam unterschreiben:

Salzburg, den 7. Juli ...

Unser letzter Wille

Wir, die Eheleute Juan und Christl Gras, setzen uns hiermit gegenseitig zum alleinigen Erben ein. Nach dem Tode des Überlebenden soll dessen Nachlass unseren Nachkommen zufallen. Falls wir keinerlei Nachkommen haben sollten, fällt der Nachlass des Überlebenden an den Neffen der unterzeichneten Ehefrau, den zur Zeit noch minderjährigen Walter Grüp, wohnhaft in Wien, Alsweg 10.

Wir, die Eheleute Christl und Juan Gras, setzen uns hiermit gegenseitig zum alleinigen Erben ein. Nach dem Tode des Überlebenden soll dessen Nachlass unseren Nachkommen zufallen. Falls wir keinerlei Nachkommen haben sollten, fällt der Nachlass des Überlebenden an den Neffen der unterzeichneten Ehefrau, den zur Zeit noch minderjährigen Walter Grüp, wohnhaft in Wien, Alsweg 10.

Juan Leporello Gras   Christl Gras, geb. Grüp

Nur Ehegatten können auf die eben geschilderte Art ein gültiges **gemeinschaftliches Testament** errichten, ebenso Brautleute für den Fall der Eheschließung. Wenn Geschwister in der geschilderten Form testiert hätten, würde nach dem Tod eines der Geschwisterteile oder beim gleichzeitigen Tod der Geschwister die **gesetzliche Erbfolge** einzutreten haben. Auch Lebensgefährten steht die Form des wechselseitigen Testaments nicht zur Verfügung.

Im Fall des Ehepaares Juan und Christl Gras könnte auch ein Testament auf diese Art errichtet werden:

Unser letzter Wille

Wir, die Eheleute Juan und Christl Gras, setzen uns hiermit gegenseitig zum alleinigen Erben ein. Nach dem Tode des Überlebenden soll dessen Nachlass unseren Nachkommen zufallen. Falls wir keinerlei Nachkommen haben sollten, fällt der Nachlass des Überlebenden an den Neffen der unterzeichneten Ehefrau, den zur Zeit noch minderjährigen Walter Grüp, wohnhaft in Wien, Alsweg 10.

Salzburg, den 7. Juli ... Juan Leporello Gras

Wir, die Eheleute Christl und Juan Gras, setzen uns hiermit gegenseitig zum alleinigen Erben ein. Nach dem Tode des Überlebenden soll dessen Nachlass unseren Nachkommen zufallen. Falls wir keinerlei Nachkommen haben sollten, fällt der Nachlass des Überlebenden an den Neffen der unterzeichneten Ehefrau, den zur Zeit noch minderjährigen Walter Grüp, wohnhaft in Wien, Alsweg 10.

Juan Leporello Gras Christl Gras, geb. Grüp

Hier ist die Testamentserklärung des einen Gatten völlig abgeschlossen, bevor die des anderen begonnen hat. Genau genommen liegt also kein gemeinschaftliches Testament vor, sondern wir haben **zwei gültige Testamente** vor uns.

Wurde das Testament von einem Ehegatten geschrieben und vom anderen Gatten bloß unterschrieben, so handelt es sich **nicht** um ein gültiges gemeinschaftliches Testament. Es könnte sich höchstens um ein gültiges Testament für jenen Gatten handeln, der eigenhändig geschrieben und unterschrieben hat, hier also Juan Leporello Gras. Der OGH hat aber solche Testamente sogar für beide als ungültig erklärt.

Wechselseitigkeit

Worin liegt die Bedeutung eines gültigen gemeinschaftlichen Testaments? Die Errichtung gemeinschaftlicher Testamente entspricht einem alten Gewohnheitsrecht. Insbesondere dort, wo Gütergemeinschaft üblich war, pflegten die Gatten über das gemeinsame Vermögen gemeinsam auf den Todesfall zu verfügen. Setzen die Ehegatten (oder Brautleute) einander gegenseitig zu Erben ein, bestimmen sie also, dass der Überlebende den Vorverstorbenen beerben soll, so bezeichnet man das Testament als **wechselseitiges Testament**. Unter den wechselseitigen Testamenten verdient eine Art besonders hervorgehoben zu werden: die wechselbezüglichen oder korrespektiven Testamente. Hier wird der Bestand der Erbseinsetzung oder auch der gesamte Inhalt der Erklärung vom Bestand (Nichtwiderruf, Gültigkeit) der Erklärung des anderen abhängig gemacht. Das ABGB nimmt eine solche Gültigkeitsverknüpfung (in der Fachsprache Korrespektivität genannt) nicht an. Sie müsste ausdrücklich angeordnet werden.

Hätten die Eheleute Gras Wechselseitigkeit angeordnet, würde sich das auch auf den Fall der Ungültigkeit auswirken. Ist also z. B. Juan geisteskrank und daher seine testamentarische Bestimmung nichtig, so ist umgekehrt auch Christls Verfügung nichtig. Es würde sich also auch um eine Ungültigkeitsverknüpfung handeln.

Widerruf eines Testaments

In unserem Fall haben sich die Eheleute Gras gegenseitig zum alleinigen Erben eingesetzt und ferner bestimmt, dass der Nachlass nach dem Tod des Überlebenden an einen Verwandten der Frau fallen soll. Nach einiger Zeit gefällt Juan das Testament aber nicht mehr und er will es rückgängig machen.

Jeder Ehegatte kann das gemeinschaftliche Testament **widerrufen**, worauf es für seinen Nachlass keinesfalls gilt. Es bleibt jedoch als Testament des anderen Ehegatten wirksam. Das gilt für unseren Fall, denn wir sind davon ausgegangen, dass die Geltung der einen Verfügung nicht von jener der anderen abhängt. Es kann also nicht aus dem Widerruf des einen Teils auf den Widerruf des anderen Teils geschlossen werden (§ 1248 ABGB).

Wechselbezüglichkeit wurde nicht angeordnet. Daher kann der Überlebende, auch wenn er die Erbschaft des Verstorbenen aufgrund des wechselseitigen Testaments angenommen hat, die zugunsten eines Dritten (in unserem Beispiel der Neffe Walter) über seinen eigenen Nachlass getroffene Verfügung widerrufen und dennoch die Erbschaft behalten.

Wäre im wechselseitigen Testament der Eheleute Gras Korrespektivität angeordnet worden, gilt Folgendes: Auch hier kann der Überlebende das Testament jederzeit widerrufen. Er macht aber dadurch zugleich seine eigene Einsetzung hinfällig, sodass er nun den bereits übernommenen Nachlass wieder herausgeben muss.

Noch nicht geborene Kinder

Als Erben des Überlebenden sind die **Kinder** (Nachkommen) der Eheleute Gras vorgesehen. Sie haben zwar noch keine, aber das macht nichts aus; es genügt, dass zum Zeitpunkt des Todes des überlebenden Ehegatten die Kinder geboren sind. Sogar ein Nichtgeborener kann unter Umständen zur Erbschaft berufen sein, doch ist zu unterscheiden: Ist der Berufene zur Zeit des Erbanfalles bereits gezeugt, so wird er als Geborener angesehen (Fiktion des § 22 ABGB).

Wird ein totes Kind geboren, so ist der Erbanfall überhaupt nicht eingetreten. Auch wer noch nicht gezeugt ist, kommt für eine gesetzliche Erbfolge nicht in Betracht. Wohl aber gibt es eine testamentarische Berufung unter der Bedingung der lebenden Geburt. Allerdings ist eine Berufung Ungezeugter für Geldvermögen und bewegliche Sachen nur im ersten und zweiten Grad, für unbewegliche Güter nur im ersten Grad zulässig.

Angenommen, der Erblasser Hauer hat das erstgeborene Kind seiner Lieblingsschwester im Testament zu seinem Alleinerben bestimmt. Als Hauer starb, war – wie eine ärztliche Untersuchung ergab – die Schwester bereits schwanger. Darauf meinten die übrigen Geschwister Hauers, dass nun gesetzliche Erbfolge eintreten müsse, da kein Kind vorhanden sei.

Die Geschwister haben Unrecht und können den Nachlass nicht unter sich teilen. Nach § 22 ABGB wird das Kind, mit dem die Lieblingsschwester schwanger geht, bereits als geboren angesehen, soweit es zu seinen Gunsten ist. In der Fachsprache wird der zwar gezeugte, aber noch nicht geborene Erbe »Nasciturus« genannt.

Bekommt das Ehepaar Gras keine Kinder, so wird Christls Neffe Walter Grüp Erbe, und zwar ist er lediglich Erbe des letztversterbenden Ehegatten. Man nennt ein solches Testament, in dem die Ehegatten sich selbst zu alleinigen Erben einsetzen und Angehörige oder dritte Personen zum Erben des Überlebenden machen, »Berliner Testament«.

Häufig bilden wechselseitige Testamente eine **Ergänzung der Erbverträge**.

Der Erbvertrag

Das Testament ist eine letztwillige Verfügung von Todes wegen und ein einseitiges Rechtsgeschäft. Das besagt, dass ein Erblasser noch auf dem Sterbebett alle bisher getroffenen Anordnungen rückgängig machen kann. Man kann sich aber auch hinsichtlich seiner Verfügung von Todes wegen schon zu Lebzeiten durch einen Erbvertrag in gewissen Grenzen binden, sodass keine einseitigen Abänderungen mehr möglich sind.

Erbverträge haben sich beim Adel und in der Bauernschaft jahrhundertelang erhalten. Wenn aber z. B. Walter Grüp im Alter bei seinem Vetter Weißbach eine Zufluchtsstätte gefunden hat und ihm aus Dankbarkeit die verbindliche Zusage machen will, dass dieser sein Erbe wird, kann er mit ihm keinen Erbvertrag abschließen.

Erbvertrag nur zwischen Ehegatten

Der Erbvertrag ist nach österreichischem Recht **nur zwischen Ehegatten** zulässig (§ 1249 ABGB). Allerdings kann er auch zwischen Brautleuten abgesprochen werden, ist aber bedingt durch den späteren Abschluss der Ehe. Erforderlich ist sowohl der Wille des Erblassers als auch der des berufenen Erben. Der einmal abgeschlossene Erbvertrag kann vom Erblasser einseitig weder abgeändert noch aufgehoben werden. Das ist der wichtigste Unterschied zum Testament.

Das geltende Recht lässt Erbverträge nur für **drei Viertel** des reinen Nachlasses zu (§ 1253 ABGB). Da aber vom reinen Nachlass auch noch der in Frage kommende Pflichtteil abgezogen werden muss, kann sich der Erbvertrag beim Vorhandensein pflichtteilsberechtigter Kinder – wie einmal errechnet wurde – nur auf $^{15}/_{32}$ des reinen Nachlasses erstrecken. Über das vorbehaltene »Viertel« des Nachlasses kann der Erblasser z. B. testamentarisch verfügen. Wenn kein Testament vorliegt, fällt es den gesetzlichen Erben zu.

Für den Erbvertrag als Ehepakt ist die Form des Notariatsaktes vorgeschrieben. Bei pflegebefohlenen Ehegatten ist überdies die pflegschaftsbehördliche Genehmigung erforderlich. Auch der gültige Erbvertrag bewirkt für den Erblasser keine Beschränkung in der Verfügung über sein Vermögen (§ 1252 ABGB). Der Vertragserbe kann ihn nicht daran hindern, Vermögensstücke zu veräußern oder sein Vermögen zu vergeuden oder aufzuzehren. Es kann auch keine Sicherstellung für die künftige Erbschaft verlangt werden.

Ein Erbvertrag kann vom Erblasser, wie gesagt, nicht einseitig widerrufen werden; dagegen wird der Erbvertrag durch beiderseitige Willensübereinstimmung und ebenso in Form eines Erbverzichts aufgehoben. Der Erbvertrag erlischt, wenn die Ehe der Partner für nichtig erklärt, aufgehoben oder geschieden wird.

Die in § 1252 ABGB vorgesehene **bücherliche Eintragung** eines Erbvertrags ist nach dem geltenden Grundbuchsrecht **unzulässig**.

Erbschaftskauf

Wie wir gesehen haben, kann jemand kraft Gesetzes, durch Testament oder endlich durch Erbvertrag zur Erbschaft berufen sein. Man kann sich aber auch die Herrschaft über einen beliebigen Nachlass dadurch verschaffen, dass man einem Erben seine Erbenstellung abkauft. Walter Grüp hätte daher seinem Vetter Weißbach die Erbschaft der Tante Gras verkaufen können.

Gegenstand der Erbschaftsveräußerung ist immer das **Erbrecht** als solches, nicht der Nachlass bzw. die einzelnen Erbschaftsstücke. Die Erbschaft muss aber bereits angefallen sein. Die Veräußerung bzw. der Erwerb einer noch nicht angefallenen Erbschaft ist gesetzlich verboten (§ 879 Abs. 3 ABGB). Das Gesetz verlangt für den Erbschaftskauf die Aufnahme eines Notariatsaktes oder eine Beurkundung durch gerichtliches Protokoll (§ 1278 ABGB).

Nach herrschender Auffassung ist der Erbschaftskäufer **Gesamtnachfolger**. Er wird Erbe anstelle des Veräußerers und tritt nicht allein in die Rechte, sondern auch in die Verbindlichkeiten des Verkäufers als Erbe ein. Die vom Berufenen im Zuge der Verlassenschaftsabhandlung bereits getroffenen Maßnahmen wirken gegen den Käufer, z. B. die Erbserklärung, das Inventar, die Einberufung der Verlassenschaftsgläubiger usw. Hat sich der Veräußerer noch nicht als Erbe erklärt, so ist die Erbserklärung nunmehr Sache des Käufers.

Schutz der Erbschaftsgläubiger

Wichtig ist dem Gesetz der **Schutz der Erbschaftsgläubiger**. Sie sollen davor bewahrt werden, dass der Erbe einen zahlungsunfähigen Strohmann als Erbschaftskäufer vorschiebt. Darum muss der Erbe neben dem Käufer zur ungeteilten Hand haften (§ 1282 ABGB).

Der Erbschaftskauf in Bausch und Bogen ist ein **Glücksvertrag**. Es kann nämlich unsicher sein, was alles zum Nachlass gehört. Daher haftet der veräußernde Erbe dem Erwerber nicht für einzelne Aktiven und Passiven.

Angenommen, der Erbschaftskäufer Weißbach stellt fest, dass eine Geige, die zu dem ihm verkauften Nachlass gehört und die er für eine Stradivari gehalten hat, tatsächlich keine ist. Er kann gegenüber seinem Vetter Walter Grüp keine Ansprüche geltend machen, da der verkaufende Erbe nicht für Fehler einer zur Erbschaft gehörenden Sache einzutreten hat. Der Verkäufer haftet nur für die Richtigkeit seines Erbrechts, nicht für einzelne Stücke des Nachlasses. Walter Grüp hätte allerdings für einen Schaden aufzukommen, den er durch sein Verschulden zugefügt hat, beispielsweise wenn er seinen Vetter über die Beschaffenheit der Geige fahrlässig oder absichtlich irregeführt hat.

Die Privatstiftung

§§ Die Privatstiftung ist ein Rechtsträger, dem vom Stifter ein Vermögen gewidmet ist, um durch dessen Nutzung, Verwaltung und Verwertung der Erfüllung eines erlaubten, vom Stifter bestimmten Zwecks zu dienen; sie genießt Rechtspersönlichkeit und muss ihren Sitz im Inland haben. (§ 1 Abs. 1 Privatstiftungsgesetzes – PSG)

Die Institution der Stiftung hat in Österreich eine lange Tradition. Eine Vielzahl von Stiftungen etwa erinnert an Ereignisse, die die Stifter veranlasst haben, etwas Bleibendes zu schaffen und die Erinnerung an sie zu bewahren.

Vom neuen Privatstiftungsgesetz wurde und wird in relativ vielen Fällen Gebrauch gemacht. Allein bis April 2002 wurden in Österreich 2.239 solcher Privatstiftungen errichtet (ein bekanntes Beispiel: Billa-Boss Karl Wlaschek).

Hier eine Erläuterung der wichtigsten Begriffe, die in diesem Zusammenhang von Bedeutung sind:

☛ **Privatstiftung**: Sie ist eine juristische Person privaten Rechts und hat keine Eigentümer, sondern lediglich Begünstigte. Die wirtschaftliche Basis bildet ein vom Stifter gewidmetes Vermögen. Sie darf selbst keine gewerbsmäßige Tätigkeit ausüben, keine Handelsgesellschaft betreiben oder persönlich haftender Gesellschafter sein.

Stifter können eine oder mehrere natürliche oder juristische Personen sein. Eine Stiftung von Todes wegen wird testamentarisch festgelegt und kann nur einen Stifter haben.

Stiftungszweck ist vom Stifter festzulegen. Darf nicht gesetzwidrig sein oder gegen die guten Sitten verstoßen. Meist ist es die Verwaltung, Sicherung und Vermehrung des Vermögens zur Vornahme von Zuwendungen an Begünstigte.

Stiftungserklärung ist die Willenserklärung des Stifters, die die Schenkung des Vermögens (nach dem seit 1. Jänner 2002 gültigen § 4 des Privatstiftungsgesetzes mindestens € 70.000,–) beinhaltet und die Stiftung begründet. Sie muss neben den Angaben über die Widmung des Vermögens auch Angaben über Stiftungszweck, Begünstigte, Namen des Stifters und Name, Sitz und Dauer der Stiftung enthalten. Weitergehende Regelungen können in einer nicht öffentlich zugänglichen **Stiftungszusatzurkunde** festgehalten werden.

Stiftungsurkunde: Mittels Notariatsakt beurkundete Stiftungserklärung.

Begünstigter: Jeder, der aus einer Stiftung Zuwendungen erhält. Auch der Stifter kann Begünstigter sein.

Stiftungsvorstand: Der **Stiftungsvorstand** muss aus wenigstens drei Mitgliedern bestehen; zwei Mitglieder müssen ihren gewöhnlichen Aufenthalt in einem Mitgliedstaat der Europäischen Union oder in einem Vertragsstaat des Abkommens über die Schaffung eines Europäischen Wirtschaftsraumes haben (so der durch BGBl. Nr. 98/2001 geänderte § 15 Abs. 1 des Privatstiftungsgesetzes).

Beirat: Mögliches Organ der Privatstiftung, in dem Begünstigten Beratungs-, Vorschlags-, Antrags- und Kontrollrechte, aber auch – mit Grenzen – Weisungsrechte zukommen können.

Stiftungsprüfer: Hat den Jahresabschluss und die Buchführung der Stiftung zu prüfen und muss beeideter Wirtschafts- oder Buchprüfer und Steuerberater sein.

Widerruf: Der oder die Stifter können bei entsprechendem Vorbehalt die Stiftungserklärung ändern oder widerrufen.

Auflösung: Die Auflösung der Stiftung erfolgt durch Widerruf, Ablauf, einstimmigen Beschluss des Vorstandes, Konkurs oder wenn der Stiftungszweck erreicht ist bzw. nicht mehr erreicht werden kann. Das Vermögen geht in diesen Fällen an den Letztbegünstigten.

Zitiert nach »DIE PRESSE« vom 29. Juni 1994

Oft liegen Stiftungen allerdings keineswegs ausschließlich familienfreundliche oder philanthropische Motive zugrunde, sondern auch handgreiflich materielle Beweggründe. In Österreich sind nämlich – wie in den meisten anderen Staaten ebenfalls – Stiftungen steuerlich begünstigt. Das gilt vor allem für die Erbschafts- und Schenkungssteuer. In den Stiftungssteuerrichtlinien 2001 des Bundesministeriums für Finanzen heißt es dazu wörtlich:

§§ Grundsätzlich beträgt der Steuersatz für Zuwendungen des Stifters an die Privatstiftung anlässlich der Gründung der Stiftung oder im Wege von Nachstiftungen unabhängig von der Höhe der Zuwendung 5%. Ist der Stifter selber eine Privatstiftung, beträgt der lineare Steuersatz 2,5% (§ 8 Abs. 3 lit. b ErbStG). Für Zustiftungen dritter Personen (§ 3 Abs. 4 PSG) steht der lineare Steuersatz nicht zu.

Verfolgt die Privatstiftung gemeinnützige, mildtätige oder kirchliche Zwecke, ist sowohl für unentgeltliche Zuwendungen des Stifters, als auch für unentgeltliche Zuwendung dritter Personen ein begünstigter Steuersatz von 2,5% anzuwenden (§ 8 Abs. 3 lit. a ErbStG). Werden einer Stiftung, die solche begünstigte Zwecke verfolgt, körperliche bewegliche Sachen oder Geldforderungen unter Lebenden übertragen, sind diese Zuwendungen nach § 15 Abs. 1 Z 14 ErbStG zur Gänze von der Schenkungssteuer befreit (näheres siehe unten).

Bei Zuwendungen des Stifters an eine Familienstiftung im Sinne des § 7 Abs. 2 ErbStG besteht ein Wahlrecht. Nach § 8 Abs. 3 lit. c ErbStG kann für derartige Zuwendungen die Besteuerung nach dem Steuersatz des § 8 Abs. 1 ErbStG erfolgen, wobei für die Einordnung in die Steuerklasse das Verwandtschaftsverhältnis des nach der Stiftungsurkunde entferntest Berechtigten zum Stifter maßgeblich ist. Das Wahlrecht kann bei jeder Zuwendung des Stifters gesondert ausgeübt werden. Bei Anwendung des Wahlrechtes (insbesondere auch für Nachstiftungen) ist auf die Zusammenrechnungsvorschrift des § 11 ErbStG Bedacht zu nehmen. Es sind auch frühere Erwerbe, die mit dem fixen Steuersatz nach § 8 Abs. 3 lit. b ErbStG besteuert wurden, bei der Zusammenrechnung zu berücksichtigen. Bei der Zusammenrechnung außer Ansatz bleiben hingegen frühere Erwerbe, die sachlich nach § 15 ErbStG befreit waren.

Werden der Privatstiftung inländische Grundstücke übertragen, erhöht sich die nach § 8 Abs. 3 ErbStG (bzw. § 8 Abs. 1 ErbStG) berechnete Steuer um 3,5 % des Wertes des durch die Zuwendung erworbenen Grundstückes. Bei Vorliegen einer Familienstiftung im Sinne des § 7 Abs. 2 ErbStG reduziert sich der Zuschlag nach § 8 Abs. 4 ErbStG auf 2 %, wenn alle Begünstigten in einem der nachstehenden Verwandtschaftsverhältnisse zum Stifter stehen: Ehegatte, Elternteil, Kind, Enkelkind, Stiefkind, Wahlkind oder Schwiegerkind. Bei Ausübung des Wahlrechtes und Berechnung der Steuer nach § 8 Abs. 1 ErbStG reduziert sich der Zuschlag nach § 8 Abs. 4 ErbStG dann auf 2 %, wenn alle Begünstigten in einem der nachstehenden Verwandtschaftsverhältnisse zum Stifter stehen: Ehegatte, Elternteil, Kind, Enkelkind, Stiefkind, Wahlkind oder Schwiegerkind.

(PSG = Privatstiftungsgesetz, ErbStG = Erbschafts- und Schenkungssteuergesetz)

Karl Jedermann und das Strafrecht

Unser Gemeinwesen, Staat genannt, ordnet das Zusammenleben durch Normen. Die Einhaltung dieser Normen kann in vielen Fällen sogar mit Gewalt erzwungen werden. Die Zusammenfassung aller Gesetze und Verordnungen, welche Handlungen und Unterlassungen im Interesse des Staates, der Gesellschaft und des einzelnen strafbedroht sind, nennt man **Strafrecht**.

In Österreich gilt seit 1. Jänner 1975 das Strafgesetzbuch (StGB), das 324 Paragraphen umfasst und bereits wiederholt geändert wurde. Weitere wichtige Gesetze sind die Strafprozessordnung 1975 (StPO), das Strafvollzugsgesetz 1969 (StVG) und das Jugendgerichtsgesetz 1988 (JGG).

Die Anzeige

Karl Jedermann betreibt ein Ladengeschäft, in dem seit einigen Wochen ein neuer Lehrling beschäftigt ist. Karl Jedermann bemerkt, dass gewisse Warenvorräte abnehmen, ohne dass diese Artikel besonders stark von Kunden verlangt worden wären. Er möchte den anständigen und netten Lehrling nicht verdächtigen, schließlich haben ja auch andere Leute zum Geschäft Zutritt. Sie alle stehen im so genannten »Gelegenheitsverhältnis«. Karl Jedermann erstattet nach einiger Zeit Anzeige, und zwar gegen unbekannte Täter.

☛ Unter einer **Anzeige** versteht man die an eine Behörde unaufgefordert ergangene Mitteilung über eine Straftat. Sie kann mündlich oder schriftlich erfolgen. Gemäß § 86 StPO hat ein jeder das Recht, eine ihm zur Kenntnis gelangte strafbare Handlung, sofern diese von Amts wegen zu verfolgen ist, anzuzeigen. Man macht sich strafbar, wenn man es in boshafter Weise unterlassen hat, ein Verbrechen zu verhindern.

Karl Jedermann, der einmal spät nachts nach Hause geht, sieht, dass sich jemand am Rollladen eines Juweliers zu schaffen macht.

Wenn er nun vorbeigeht, ohne einen Polizisten zu verständigen, so ist er an sich nicht strafbar. Könnte man ihm jedoch nachweisen, dass er es vorsätzlich unterlassen hat, den Einbruchsdiebstahl anzuzeigen, dessen zufälliger Zeuge er geworden ist, würde er sich strafbar machen (Unterlassung der Verhinderung einer mit Strafe bedrohten Handlung nach § 286 Abs. 1 StGB).

Hilfeleistungspflicht

§ 95 StGB stellt denjenigen unter Strafe, der es bei einem Unglücksfall oder einer Gemeingefahr unterlässt, die ihm zumutbare, zur Rettung eines Menschen aus der Gefahr des Todes oder einer beträchtlichen Körperverletzung oder Gesundheitsschädigung offensichtlich erforderliche Hilfe zu leisten. Angedroht ist Geldstrafe bis zu 360 Tagessätzen oder Freiheitsstrafe bis zu sechs Monaten, beim Tod eines Menschen bis zu einem Jahr.

Entgegennahme

Zur **Entgegennahme der Anzeige** ist nicht nur der Staatsanwalt berufen, sondern auch der Untersuchungsrichter, das Bezirksgericht und die Sicherheitsbehörden (Polizei oder Gendarmerie), die die bei ihnen einlangenden Anzeigen an den Staatsanwalt weiterzuleiten haben. Karl Jedermann erstattet also eine Anzeige, wie sie auf der folgenden Seite wiedergegeben ist. Es empfiehlt sich, die Anzeige unmittelbar bei der Sicherheitsbehörde zu machen, weil diese am besten in der Lage ist, ohne jeden Zeitverlust alles zu veranlassen, was zur Klärung und Feststellung des Sachverhalts notwendig ist.

Offizialdelikte

Die **Sicherheitsbehörde** ist gemäß § 24 StPO verpflichtet, alle an sie gelangenden Anzeigen über Delikte, die von Amts wegen zu verfolgen sind (Offizialdelikte), zu prüfen, alle ihr zur Kenntnis gelangenden Spuren derartiger strafbarer Handlungen zu verfolgen und auch zur Entdeckung unbekannter Täter durch Erforschung aller Verdachtsgründe beizutragen. Bei **Offizialdelikten** handelt es sich um strafbare Taten, die der Staat aus eigenem Interesse zur Aufrechterhaltung von Ruhe und Ordnung im weitesten Sinne verfolgt. Das Recht auf Bestrafung von Rechtsbrechern steht nur dem Staat zu – dies ohne Rücksicht auf das Begehren desjenigen, der durch die strafbare Handlung verletzt wurde.

Privatanklagedelikte

Von den Offizialdelikten zu unterscheiden sind solche Delikte, die nur auf Begehren eines Beteiligten (z. B. des Beleidigten) verfolgt werden können. Strafberechtigter (der Staat) und Anklageberechtigter fallen hier auseinander, doch kann auf Wunsch eines beleidigten Beamten der Staatsanwalt dessen Vertretung übernehmen. Zu diesen **Privatanklagedelikten** gehören unter anderem der Familiendiebstahl und sonstige Vermögensdelikte unter nahen Angehörigen, die meisten Ehrenbeleidigungen, der Vorwurf einer ausgestandenen oder – sei es auch nur bedingt – erlassenen Strafe, Ehetäuschung, Ehenötigung und die Verletzung des Brief- und Schriftengeheimnisses, wenn letztere nicht von einer im öffentlichen Dienst stehenden Person in Ausübung des Amtes oder Dienstes verübt wird.

Verleumdung

Karl Jedermanns Anzeige wird nun von der Sicherheitsbehörde zuerst daraufhin untersucht, ob der in der Anzeige geschilderte Sachverhalt glaubwürdig ist. Es versteht sich von selbst, dass der Anzeiger für die Richtigkeit des Inhalts seiner Anzeige haften muss. Hat er bewusst unwahre Behauptungen aufgestellt und wird ihm dies nachgewiesen, so hat er sich selber strafbar gemacht, und zwar der **Verleumdung** im Sinne des § 297 StGB. Wer nämlich einen anderen dadurch der Gefahr einer behördlichen Verfolgung aussetzt, dass er ihn einer mit Strafe bedrohten Handlung verdächtigt, ist, wenn er weiß, dass die Verdächtigung falsch ist, mit Freiheitsstrafe von sechs Monaten bis zu fünf Jahren zu bestrafen. Nicht zu bestrafen ist, wer freiwillig die Gefahr einer behördlichen Verfolgung beseitigt, bevor eine Behörde etwas zur Verfolgung des Verdächtigten unternommen hat.

Der Tatbestand der Verleumdung wird auch durch eine falsche Verdächtigung wegen der Verletzung einer **Amts- oder Standespflicht** hergestellt. Amtspflichten haben die Amtsträger und Beamten, Standespflichten die Angehörigen dieser Gruppen und da-

Strafanzeige

An das
Bezirks-Polizei-Kommissariat …
Wien …

Wien, …

Anzeiger: Karl Jedermann, Kaufmann,
1200 Wien, Stoffstraße 20

STRAFANZEIGE

gegen: unbekannte Täter
wegen Verdachts des Diebstahls.

Ich sehe mich veranlasst, die Strafanzeige gegen unbekannte Täter zu erstatten.
Der Grund dafür ist folgender Sachverhalt:

Ich betreibe in Wien … ein Wirkwarengeschäft. Seit einigen Wochen musste ich die Wahrnehmung machen, dass gewisse Warenvorräte sich in auffallender Weise verringert haben, obwohl die Nachfrage nach den verschwundenen Artikeln in keiner Weise zugenommen hat. Es handelt sich hierbei hauptsächlich um Herrenhemden, Socken, Krawatten, Damenkombinationen und Büstenhalter. Zu den Geschäftsräumlichkeiten haben außer meiner Frau und mir nur noch der Lehrling Fritz Hurt und die Aufräumefrau Cordula Putzer ungehinderten Zutritt. Frau Putzer ist bei mir schon über 10 Jahre beschäftigt und hat sich als fleißige und ehrliche Person bewährt. Fritz Hurt arbeitet seit drei Monaten in meinem Geschäft. Auch er ist willig und arbeitsam. Er wurde mir von einem langjährigen Freund wärmstens empfohlen. Er entstammt einer Familie, die in geordneten Verhältnissen lebt. Sowohl er als auch Frau Putzer kommen als Täter meiner Meinung nach nicht in Frage. Andere Personen, wie z. B. Lieferanten und Kunden, sind nie allein in den Geschäftsräumen. Trotzdem musste ich heute wieder die Feststellung machen, dass von der erst vor einer Woche gelieferten Sendung Herrenhemden mehr als die Hälfte fehlt.

Ich sehe mich daher gezwungen, die

S t r a f a n z e i g e

gegen unbekannte Täter zu erstatten.

Ich erkläre weiter, dass ich mich dem Strafverfahren als Privatbeteiligter anschließe. Die genaue Höhe meines Schadens werde ich noch bekannt geben.

Karl Jedermann

rüber hinaus überhaupt alle jene Personen, die einem von besonderen Disziplinarbehörden ausgeübten Disziplinargericht unterliegen, wie Ärzte, Rechtsanwälte, Soldaten.

Die Anzeige Karl Jedermanns wurde daher von einem Kriminalbeamten zur Bearbeitung übernommen. Der Beamte beobachtete das Geschäft und die dort ein und aus gehenden Leute. Es fiel ihm auf, dass wiederholt eine Frau in das Geschäft kam und Einkäufe machte, aber immer wünschte, vom Lehrling bedient zu werden. Der Beamte erhob, dass diese Frau die Tante des Lehrlings war. In der Umgebung ihres Wohnortes wurde davon gesprochen, dass man bei ihr Textilwaren zu billigen Preisen kaufen könne. Er beobachtete sie beim nächsten Einkauf und bemerkte, dass ihr der Lehrling zusätzlich zu den verlangten Waren Herrensocken und Damenstrümpfe einpackte. Die Rechnung wurde jedoch nur auf die verlangten Waren ausgestellt. Beim Verlassen des Geschäfts hielt der Beamte die Frau an und ließ das Paket in Gegenwart des Geschäftsinhabers Karl Jedermann und des Lehrlings öffnen. Die Tante, Luise Stiehl, und der Lehrling Fritz Hurt wurden nun aufgefordert, mit auf das Kommissariat zu kommen, wo der Kriminalbeamte Meldung erstattete und den Auftrag erhielt, sowohl bei Frau Stiehl als auch bei Fritz Hurt Hausdurchsuchungen vorzunehmen.

Hausdurchsuchung/Personsdurchsuchung

Die Sicherheitsbehörde kann, wenn gewisse Voraussetzungen vorliegen, auch ohne richterlichen Befehl eine **Hausdurchsuchung** durchführen, etwa dann, wenn jemand auf frischer Tat ertappt wird, wenn Gefahr im Verzug ist oder wenn jemand im Besitz von Sachen angetroffen wird, die darauf schließen lassen, dass er an einer strafbaren Handlung beteiligt sei; sonst nur, wenn ein Vorführungs- oder Haftbefehl vorliegt. Der mit einer Hausdurchsuchung bei Gefahr im Verzug beauftragte Beamte muss mit einer schriftlichen Ermächtigung ausgestattet sein, die er – als Legitimation – im Sinne des Gesetzes zum Schutz des Hausrechts vorzuweisen hat. Wird eine Hausdurchsuchung ohne richterlichen Befehl wegen Gefahr im Verzug oder aus eigener Macht vorgenommen, so ist über die Vornahme der Hausdurchsuchung auf Verlangen sogleich oder binnen der nächsten 24 Stunden eine Bescheinigung auszustellen, die die Gründe für die Vornahme der Hausdurchsuchung zu enthalten hat. Darüber hinaus ist bei jeder Hausdurchsuchung, bei der nichts Verdächtiges ermittelt worden ist, auf Verlangen eine Bestätigung hierüber auszustellen.

☛ Mitunter ist auch die Durchsuchung einer Person angebracht; darunter versteht man die Besichtigung und Absuchung des Körpers und der äußerlich zugänglichen Körperhöhlen sowie der Kleidung. Einer **Personsdurchsuchung** darf nur eine Person unterzogen werden, die mit hoher Wahrscheinlichkeit für eine bestimmte Untersuchung bedeutsame Gegenstände besitzt oder die einer strafbaren Handlung verdächtig oder sonst übel berüchtigt (z. B. wiederholt abgestraft) ist. Diese Einschränkungen gelten nicht gegenüber einem Verhafteten, da es sich in einem solchen Fall um eine durch die Rücksicht auf die öffentliche Ordnung und Sicherheit gebotene reine Verwaltungsmaßregel (z. B. zur Verhütung eines Selbstmords) handelt. Haus- und Personsdurchsuchungen sind stets mit möglichster Schonung des Rufes des Betroffenen vorzunehmen.

Die bei Luise Stiehl durchgeführte Hausdurchsuchung hatte Erfolg. Man fand in ihrer Wohnung eine Menge Textilwaren, die aus Karl Jedermanns Geschäft stammten. Diese werden nun dem Geschäftsinhaber ausgefolgt, und zwar mit ausdrücklicher Zustimmung der beiden verdächtigten Personen.

Ohne eine solche Zustimmung müssten die Sachen sichergestellt und bis zum Ausgang des Strafverfahrens amtlich verwahrt werden. Über die vorgefundenen Gegenstände wird ein Verzeichnis angelegt und der Polizeiakt wird nach Einvernahme aller beteiligten Personen mit einem abschließenden Bericht an die Staatsanwaltschaft weitergeleitet.

Die Einvernahme vor der Polizeibehörde richtet sich nach den Verwaltungsverfahrensgesetzen. Sagt jemand vor der Sicherheitsbehörde als Zeuge falsch aus, so ist dies eine falsche Beweisaussage vor einer Verwaltungsbehörde nach § 289 StGB und wird vom Gericht bestraft, sofern in dieser falschen Angabe vor den Sicherheitsbehörden nicht ein schwereres Delikt (z. B. eine Verleumdung) zu erblicken ist.

Privatbeteiligter im Strafverfahren

Karl Jedermann hat bei seiner Einvernahme vor der Polizei auch die Höhe seines Schadens bekannt gegeben und protokollieren lassen, dass er sich dem Strafverfahren als Privatbeteiligter anschließt.

Privatbeteiligter ist derjenige, der sich einem Strafverfahren wegen privatrechtlicher Ansprüche anschließt. Als durch die strafbare Handlung Geschädigter fordert er Ersatz seines Schadens. Die genaue Angabe der Schadenshöhe ist nicht unbedingt notwendig. Es ist ratsam, die Anschlusserklärung möglichst bald abzugeben; sie kann aber auch noch in der Hauptverhandlung gegen die Täter abgegeben werden.

Die Staatsanwaltschaft

Die Staatsanwaltschaft ist eine Justizverwaltungsbehörde, deren sich der Staat zur Vertretung der öffentlichen Anklage bedient. Bei den Bezirksgerichten amtieren die Bezirksanwälte, doch ist auch hier die Vertretung der öffentlichen Anklage durch einen Staatsanwalt möglich. Die Einrichtung der Staatsanwaltschaft ist aus der Überlegung heraus geschaffen worden, dass nicht der entscheidende Richter selbst die Herbeischaffung und Sicherstellung des Prozessstoffes vornehmen soll, sondern eine andere Institution der Strafrechtspflege, damit das Urteil des Richters vollkommen unvoreingenommen gefällt werden kann. Die Staatsanwaltschaft ist bürokratisch organisiert, das heißt, die staatsanwaltschaftlichen Beamten haben den dienstlichen Anweisungen ihrer Oberbehörde – das ist in letzter Instanz das Bundesministerium für Justiz – nachzukommen. Dies zum Unterschied von den unabhängigen Gerichten, die nur dem Gesetz unterworfen sind.

Nichtigkeit

Die Staatsanwaltschaft ist den Gerichten nebengeordnet, keinesfalls untergeordnet. Der Staatsanwalt hat die Pflicht, die Wahrheit zu erforschen, und muss daher sowohl alles, was den Täter belastet, als auch alles, was ihn entlastet, in gleicher Weise berücksichtigen. Dies geht so weit, dass die beim Obersten Gerichtshof eingerichtete Staatsanwaltschaft – deren Leiter führt den Titel Generalprokurator – die Befugnis hat, eine **Nichtigkeitsbeschwerde zur Wahrung des Gesetzes** zu erheben; damit führt sie ein Erkenntnis des Obersten Gerichtshofes als des höchsten Gerichts herbei. Auf diese Weise wird, unabhängig von jedem Interesse der einzelnen Parteien, im ganzen Bereich der Strafprozessordnung die Gleichmäßigkeit der Rechtsprechung gewahrt und künftigen Fehlern bei der Anwendung der Gesetze vorgebeugt.

Anonyme Anzeige

Im Fall Jedermann überprüft die Staatsanwaltschaft nunmehr die bei ihr eingelangte Anzeige mit dem Erhebungsergebnis der Sicherheitsbehörde. Anonyme oder von einem völlig Unbekannten herrührende Anzeigen würde der Staatsanwalt lediglich dann berücksichtigen, wenn sie glaubwürdige Umstände enthalten; bei deren Erhebung ist aber die Ehre der beschuldigten Person möglichst zu schonen.

Der Strafprozess

Vorerhebung/Voruntersuchung/Anklage

Kommt der Staatsanwalt aus dem vorliegenden Material zur Ansicht, dass genügend Gründe vorhanden sind, um gegen eine oder mehrere bestimmte Personen das Strafverfahren einzuleiten, so stellt er entweder den Antrag auf **Vorerhebungen** oder auf Einleitung der **Voruntersuchung** oder bringt, wenn das Erhebungsergebnis der Sicherheitsbehörde bereits ausreicht, unmittelbar die **Anklageschrift** oder den **Strafantrag** ein. Den Antrag auf Einleitung der Voruntersuchung bringt er nur dann ein, wenn er findet, dass das bisherige Erhebungsergebnis nicht ausreicht und noch weitere Punkte aufklärungsbedürftig sind.

Obligatorische Voruntersuchung

☛ Es gibt Fälle, in denen der Staatsanwalt nur dann eine Anklage erheben kann, wenn eine Voruntersuchung vorausgegangen ist; man spricht dann von einer **obligatorischen Voruntersuchung**. Diese obligatorische Voruntersuchung muss stattfinden,

- wenn die strafbare Handlung von einem Geschworenengericht abzuurteilen ist;
- wenn ein Strafverfahren gegen Abwesende eingeleitet werden soll; dies deshalb, weil man hier den Beschuldigten nicht selbst hören kann.

Wenn ein Antrag auf Einleitung der Voruntersuchung gestellt worden ist, wird der mutmaßliche Täter, der bis dahin »Verdächtigter« genannt wird, in diesem Augenblick zum »Beschuldigten«.

Anklageprinzip

Im österreichischen Strafrecht herrscht der Grundsatz des Anklageprinzips, das heißt, dass ein Strafverfahren nur aufgrund des Antrags eines berechtigten Anklägers eingeleitet wird. Bei allen Offizialdelikten ist das der Staatsanwalt, der stets nach dem Grundsatz der Unparteilichkeit und Unbefangenheit vorzugehen hat. Gibt er die Verfolgung auf, so muss das Gericht das **Verfahren einstellen** oder, falls er dies erst in der Hauptverhandlung tut, den Angeklagten freisprechen. Keinesfalls darf das Gericht den Angeklagten einer Tat für schuldig erklären, auf die die Anklage nicht lautet.

Schadensgutmachung

Im Laufe des polizeilichen und gerichtlichen Verfahrens kommt der Lehrling Fritz Hurt zu Karl Jedermann und bittet ihn, die Anzeige zurückzuziehen. Er habe nur in seinem jugendlichen Unverstand so gehandelt und wolle den ganzen Schaden wieder gutmachen; auch sein Vater sei bereit, einen Betrag für die Schadensgutmachung zur Verfügung zu stellen. Er bereue seine Tat sehr, eine Verurteilung würde für seine Zukunft sehr hinderlich sein. Seine Tante sei an allem schuld, sie habe ihn dazu verleitet; er allein wäre nie auf eine solche Idee gekommen.

Diversion

Seit 1. Jänner 2000 besteht nach § 90a StPO, BGBl. Nr. 55/1999, die Möglichkeit, im Bereich der unteren bis mittleren Kriminalität (wenn also die Tat nicht in die Zuständigkeit des Geschworenen- oder Schöffengerichts fällt oder den Tod eines Menschen zur Folge gehabt hat) ohne Schuldspruch und Strafe vorzugehen und stattdessen dem Beschuldigten eine Geldbuße, eine gemeinnützige Leistung oder sonstige Auflagen aufzuerlegen (**Diversion**).

Der Strafantrag

Wenn unser Fall durch Diversion nicht geregelt werden kann, gilt Folgendes:

Bei allen Delikten, die mit Freiheitsstrafe von höchstens fünf Jahren bedroht sind, wird nicht die förmliche Anklage erhoben, die zu einem Verfahren vor dem Schöffengericht führt, sondern der Staatsanwalt überreicht einen schriftlichen Strafantrag ohne Begründung:

An den
Herrn Einzelrichter

Die Staatsanwaltschaft Wien stellt gegen:

Luise Stiehl, geboren am ... in ...
österr. Staatsb., verwitw., Hausfrau
Wien ... wohnhaft

den

Strafantrag:

Luise Stiehl hat in der Zeit von ... bis ... mit dem abgesondert verfolgten Jugendlichen Fritz Hurt fremde bewegliche Sachen in einem € 2.000,– übersteigenden Wert dem Karl Jedermann mit dem Vorsatz weggenommen, sich oder einen Dritten durch deren Zueignung unrechtmäßig zu bereichern, und zwar:

... Herrenhemden
... Herrensocken
... Krawatten
... Damenkombinationen
... Büstenhalter

Sie hat hiedurch das Vergehen des schweren Diebstahls nach den §§ 127, 128 Abs. 1 Ziff. 4 StGB begangen und wird hiefür nach dem § 128 Abs. 1 StGB zu bestrafen sein.

Anträge:

1. Anordnung einer Hauptverhandlung vor dem Einzelrichter des Landesgerichtes für Strafsachen Wien,
2. Vorladung der Luise Stiehl als Beschuldigte zur Hauptverhandlung,
3. Ladung der Zeugen: Krim.-Beamter ....
Fritz Hurt ....
Karl Jedermann ....
4. Gemäß § 252 vorl. Absatz StPO: Verlesung der Anzeige und polizeilichen Erhebungen sowie der Strafregisterauskunft.

Staatsanwaltschaft Wien
am ....
....
Unterschrift
(Stampiglie)

Jugendstrafsachen

Gegen einen solchen Strafantrag hat der Beschuldigte **kein Einspruchsrecht**. Die Hauptverhandlung und die Entscheidung obliegt in diesem Fall einem Einzelrichter. Ein Jugendlicher wird hingegen vor dem Jugendgericht angeklagt.

Zu Strafrichtern in **Jugendstrafsachen** dürfen nur solche Richter bestellt werden, die über das erforderliche pädagogische Verständnis verfügen. Sie sollen besondere Kenntnisse in Psychologie und Sozialarbeit aufweisen. Damit im Zusammenhang steht die Bestimmung, dass im Strafverfahren wegen einer Jugendstraftat die Lebens- und Familienverhältnisse des Beschuldigten, seine Entwicklung und alle anderen Umstände zu erforschen sind, die zur Beurteilung seiner körperlichen, geistigen und seelischen Eigenart dienen können. In Zweifelsfällen soll er durch einen Arzt oder Psychologen untersucht werden. Mit der Durchführung der Jugenderhebungen werden in der Regel die Organe der Jugendgerichtshilfe betraut.

Der Beschuldigte

Unschuldsvermutung

Das Gegengewicht zur Klagepartei (Staatsanwaltschaft) bildet die Verteidigungspartei. Dem parteilosen Richter steht also neben dem Ankläger der Angeklagte als zweite gleichberechtigte Prozesspartei gegenüber.

Grundsätzlich besteht bis zum Urteilsspruch eine gesetzliche **Vermutung zugunsten der Unschuld** des Beschuldigten; jedoch muss sich der Beschuldigte auf den Prozess einlassen, ob er nun schuldig ist oder nicht. Die Teilnahme des Beschuldigten am Strafverfahren kann durch Vorführung und Verhaftung erzwungen werden. Keinesfalls kann man ihn jedoch zur Ablegung eines Geständnisses zwingen. Wohl wird der Richter den Angeklagten ermahnen, eine wahrheitsgemäße Aussage abzulegen, und ihm versichern, dass ein reumütiges Geständnis der wichtigste Milderungsgrund sei; sagt aber ein Angeklagter nicht die Wahrheit, so gibt es keinerlei Bestimmung, ihn dafür zu bestrafen.

☛ Die ideale Forderung der Gleichberechtigung der Parteien im Strafverfahren hat einige Ausnahmen. So ist beispielsweise im Vorverfahren der Staatsanwalt begünstigt, weil er unbehindert Akteneinsicht hat, die dem Beschuldigten erst nach Mitteilung des Strafantrages zusteht. Der Staatsanwalt untersteht weiters, im Gegensatz zum Beschuldigten, nicht der Disziplinargewalt des Gerichts. Der Richter hat allerdings auch dem Staatsanwalt gegenüber die Möglichkeit, den Ordnungsruf zu erteilen, das heißt, er kann ihm das Wort entziehen und die Verhandlung unterbrechen. In der Hauptverhandlung ist der Beschuldigte im Wesentlichen dem Staatsanwalt gleichgestellt; ihm und seinem Verteidiger gebührt stets das Schlusswort.

Geständnis

Die Verantwortung des Beschuldigten dient in erster Linie seiner **Verteidigung** nach dem Grundsatz, dass beide Teile gehört werden müssen. Sie kann aber auch als Beweismittel dienen. Legt der Beschuldigte ein **Geständnis** ab, so befreit es den erkennenden Richter nicht von der Pflicht, den Sachverhalt so weit als möglich zu überprüfen.

Oft genug kommt es vor, dass **falsche Geständnisse** abgelegt werden, etwa um einen nahen Angehörigen zu decken. Gelegentlich bezichtigen sich Psychopathen aus krankhafter Geltungssucht eines Verbrechens, das sie gar nicht begangen haben. Andere wollen ganz einfach weiteren quälenden Vernehmungen ausweichen. Das Gericht neigt aber praktisch meistens dazu, einem Geständnis mehr zu glauben als einem späteren Widerruf – schon deshalb, weil die vernehmenden Beamten als Zeugen bekunden werden, die Vernehmung nach bestem Wissen und Gewissen, nämlich »ohne jeden Druck«, durchgeführt zu haben.

Beweiswürdigung

☛ An dieser Stelle soll noch einmal darauf hingewiesen werden, dass die Gerichte, der Staatsanwalt und die Sicherheitsbehörde die Verpflichtung haben, alle zur Verteidigung des Beschuldigten dienenden Umstände mit gleicher Sorgfalt zu erheben und zu berücksichtigen wie die ihn belastenden. Ferner hat jede Behörde die Pflicht, den rechtsunkundigen Beschuldigten, auch wenn dies nicht ausdrücklich vorgeschrieben ist, über die ihm zustehenden Rechte zu belehren. Die Strafprozessordnung trägt dem Gericht nicht auf, aus dem Angeklagten entlastende Umstände und die hierfür etwa vorhandenen Beweise erst herauszuholen. Wenn jedoch der Angeklagte einen ihn entlastenden Umstand selbst vorbringt und beispielsweise hinzufügt, er habe Zeugen dafür, dann muss das Gericht den Angeklagten darüber belehren, dass er das Recht habe, die von ihm erwähnten Zeugen namhaft zu machen und deren Einvernahme zu beantragen.

Die Verteidigung

Die Verteidigung des Beschuldigten ist die Abwehr des gegen ihn erhobenen Strafanspruchs. Dieses Recht steht jedoch nicht nur dem Beschuldigten selbst zu, sondern auch seinem gesetzlichen Vertreter und seinen nahen Angehörigen unter bestimmten Voraussetzungen. Es kann beispielsweise der gesetzliche Vertreter (Vater, Mutter, Obsorgeberechtigter) für den minderjährigen oder pflegebefohlenen Beschuldigten, selbst gegen dessen ausdrücklichen Willen, einen **Verteidiger** bestellen.

Verfahrenshilfe

Luise Stiehl, möchte sich bei der Verhandlung durch einen Rechtsanwalt vertreten lassen. Da es ihre finanziellen Mittel nicht erlauben, einen Anwalt zu bezahlen, stellt sie den Antrag, ihr für die Hauptverhandlung einen Verteidiger gemäß § 41 Abs. 2 StPO (Verfahrenshilfe) beizugeben. Dem Antrag wird stattgegeben.

Pflichten und Rechte des Verteidigers

Der Verteidiger ist nicht der Stellvertreter des Beschuldigten, sondern dessen **Beistand** bei der Wahrnehmung seiner Rechte. Seine Aufgabe ist es, Unschuldige vor ungerechter Verurteilung zu schützen und alles hervorzukehren, was die Tat eines schuldigen Rechtsbrechers weniger strafwürdig erscheinen lässt. Es ist nicht immer leicht für das Gericht und die Staatsanwaltschaft, alles, was den Beschuldigten entlastet, richtig zu erkennen und zu würdigen – schon deshalb nicht, weil der Beschuldigte ihnen nicht dasselbe Vertrauen entgegenbringt wie seinem Verteidiger. Dieser kann als Wahrer der Interessen seines Klienten alles zur Verteidigung Brauchbare unumwunden vorbringen. Bei dieser Tätigkeit genießt er eine gewisse **Immunität**.

Bestellung des Verteidigers

In jedem Stadium des Verfahrens hat der Beschuldigte das Recht, sich eines Verteidigers zu bedienen. In einzelnen Fällen ist es allerdings nicht dem Willen des Beschuldigten überlassen, sich seinen Verteidiger zu wählen oder nicht; selbst gegen seinen Willen muss ein **Verteidiger bestellt** werden, wenn

☛
- die Hauptverhandlung vor einem Geschworenengericht stattfindet;
- die Hauptverhandlung vor einem Schöffengericht stattfindet;
- die Hauptverhandlung vor dem Einzelrichter stattfindet, sofern für die Tat (ausgenommen Einbruchsdiebstahl und Hehlerei) eine drei Jahre übersteigende Freiheitsstrafe angedroht ist;
- wenn und solange sich der Beschuldigte in Untersuchungshaft befindet;
- im Verfahren gegen Jugendliche im Gerichtshofverfahren sowie im bezirksgerichtlichen Verfahren, soweit dies im Interesse der Rechtspflege, vor allem zur Wahrung der Rechte des Jugendlichen, notwendig oder zweckmäßig ist.

In all diesen Fällen spricht man von **notwendiger Verteidigung**. Ist der Beschuldigte unbemittelt, dann wird, wie gesagt, ein Verteidiger gemäß § 41 Abs. 2 StPO (Verfahrenshilfe) bestellt. Keinen Anspruch auf Bestellung eines solchen Verteidigers hat der Beschuldigte im bezirksgerichtlichen Verfahren. Wählt sich der Beschuldigte einen Verteidiger, so hat dieser dem Beschuldigten gegenüber, zum Unterschied vom Verteidiger gemäß § 41 Abs. 2 StPO, einen Entlohnungsanspruch.

Jeder in die Liste der Verteidiger Eingetragene kann zum Verteidiger gewählt werden. Jeder eingetragene Rechtsanwalt ist gleichzeitig Verteidiger in Strafsachen. Der Beschuldigte kann auch mehrere Verteidiger zugleich beauftragen, doch darf die Anzahl der Plädoyers in der Hauptverhandlung dadurch nicht vermehrt werden.

Die Wahl des Verteidigers ist jederzeit **widerruflich**. Ein Verteidiger, der selbst als Zeuge im gleichen Verfahren aussagen müsste, kann in diesem Verfahren nicht Verteidiger sein; das Gesetz schließt ihn davon aus.

Rechtsmittel

Der Verteidiger darf niemals gegen den ausgesprochenen Willen des Beschuldigten Rechtsmittel anmelden oder auf sie verzichten. Bei Widersprüchen zwischen dem Verteidiger und dem Verteidigten, etwa beim Stellen von Beweisanträgen oder der Zustimmung zum Verlesen von Aktenstücken, gilt bei der notwendigen Verteidigung der Wille des Verteidigers, sonst immer der des Beschuldigten.

☛ Nach der Europäischen Menschenrechtskonvention, BGBl. Nr. 210/1958, hat jedermann Anspruch darauf, dass seine Sache in billiger Weise öffentlich und innerhalb einer angemessenen Frist gehört wird, und zwar von einem unabhängigen und unparteiischen, auf Gesetz beruhenden Gericht. Bis zum gesetzlichen Nachweis seiner Schuld wird vermutet, dass der wegen einer strafbaren Handlung Angeklagte unschuldig ist. Jeder Angeklagte hat das Recht, sich selbst zu verteidigen oder den Beistand eines Verteidigers seiner Wahl zu erhalten und – falls er nicht über die Mittel zur Bezahlung eines Verteidigers verfügt – unentgeltlich den Beistand eines Pflichtverteidigers zu erhalten, wenn dies im Interesse der Rechtspflege erforderlich ist. Schließlich gebietet die Konvention eine unentgeltliche Beistellung eines Dolmetschers in allen Verfahrenshandlungen, was bedeutsam für die Stellung von Minderheitsangehörigen sein kann (Art. 6).

Als leitender Grundsatz für die Verteidigung des Beschuldigten gilt: Was der Verteidiger sagt, muss wahr sein, aber der Verteidiger braucht nicht alles zu sagen, was wahr ist. Er braucht die den Beschuldigten belastenden Tatsachen nicht zu offenbaren, sondern ist berechtigt und verpflichtet, nur das vom Ankläger und Gericht gesammelte Beweismaterial seiner Verteidigung zugrunde zu legen. Vermag der Verteidiger nach seinem Gewissen zwar nicht für den Freispruch des Beschuldigten einzutreten, so schließt dies doch nicht aus, dass er alle prozessualen Rechte des Beschuldigten wahrnimmt und alle jene Gründe dem Gericht vor Augen führt, die zu einer milderen Bestrafung, allenfalls zu bedingter Strafnachsicht führen können. Sieht er sich jedoch außerstande, auf eine mildere Beurteilung seines Klienten hinzuwirken, so hat er diesem vorher Mitteilung zu machen, damit ihn der Klient allenfalls von der Verteidigung entbindet. Keinesfalls ist der Verteidiger verpflichtet, eine Verteidigungsrede auch dann zu halten, wenn er von der Schuld seines Klienten aufgrund eines nur ihm persönlich abgelegten Geständnisses überzeugt ist.

Die Ladung

Der Tag der Hauptverhandlung kommt heran. Luise Stiehl hat die Vorladung als Beschuldigte mit der angeschlossenen Ausfertigung des Strafantrags erhalten (siehe gegenüberliegende Seite).

Jeder Beschuldigte ist so rechtzeitig zu laden, dass ihm im Gerichtshofverfahren eine Vorbereitungsfrist von drei Tagen, im Geschworenenverfahren von acht Tagen zur Verfügung steht. Beim Bezirksgericht beträgt diese Frist lediglich 24 Stunden.

Die Hauptverhandlung

Zu Beginn der Hauptverhandlung ruft der Schriftführer die Sache auf. Luise Stiehl muss alle ihre Person betreffenden Daten angeben, also Name, Alter, Beruf, Staatsangehörigkeit, Wohnort. Sie wird ermahnt, dem Vortrag des Strafantrags und dem Gang der Verhandlung mit Aufmerksamkeit zu folgen.

Grundsatz der Öffentlichkeit

Jede Hauptverhandlung ist **öffentlich** und darf bei sonstiger Nichtigkeit des Verfahrens nur aus Gründen der öffentlichen Sittlichkeit und Ordnung für geheim erklärt werden. Aber auch in einem solchen Verfahren hat die Urteilsverkündung öffentlich zu erfolgen. Der **Grundsatz der Öffentlichkeit** bei der Strafverhandlung trägt bei allen an ihr mitwirkenden Personen zur genaueren Pflichterfüllung bei, da eine gewisse Kontrolle gegeben ist.

Man unterscheidet die **Volksöffentlichkeit**, das ist die Befugnis eines jeden, auch wenn er an der Strafsache nicht beteiligt ist, einer Gerichtsverhandlung beiwohnen zu können, und die **Parteienöffentlichkeit**, das ist das Recht der Parteien auf Anwesenheit bei Prozesshandlungen des Gerichts.

Presseberichterstattung

Ein wichtiger Vertreter der Öffentlichkeit ist der Presseberichterstatter. Die Teilnahme der Öffentlichkeit an der Rechtspflege hat schon oft zur Aufklärung von Kriminalfällen unter Mitarbeit des Publikums und der Medien beigetragen. Eine verantwortungsbewusste Gerichtssaal-Berichterstattung hat den an einem Strafverfahren Beteiligten oft genützt und manchmal daran mitgewirkt, dass ein unschuldig unter Anklage

Diese Ladung ist mitzubringen! Aktenzeichen 12 b EVr 4107/...
Hv 168/...

Ladung des Beschuldigten zur Hauptverhandlung

Strafsache

gegen	Luise Stiehl
wegen	§§ 127 ff. StGB
Zeit:	... , 9 Uhr
Ort:	1080 Wien, Wickenburggasse 22 Verhandlungssaal 3, Erdgeschoss
Strafantrag	der Staatsanwaltschaft Wien

Sie sollen sich vor diesem Gericht als Beschuldigter verantworten und werden daher ersucht, sich zu der für die oben angeführte Zeit am genannten Ort festgesetzten **Hauptverhandlung** einzufinden. Eine Ausfertigung des Strafantrages ist angeschlossen.

Beachten Sie bitte die Rechtsbelehrung.

Landesgericht für Strafsachen Wien
1080 Wien, Landesgerichtstraße 11
Abt. 12, am ...

Dr. XY.
Für die Richtigkeit der Ausfertigung
Der Leiter der Geschäftsabteilung:

Rechtsbelehrung

1. Es steht ihnen jederzeit frei, eine(n) Rechtsanwalt(-anwältin) oder eine(n) andere(n) Verteidiger(in) zu bestellen, der (die) in der Verteidigerliste eines Oberlandesgerichtes eingetragen ist.

2. Sie können beantragen, dass Ihnen ein(e) Verteidiger(in) beigegeben wird, dessen (deren) Kosten Sie nicht zu tragen haben, wenn Sie außerstande sind, ohne Beeinträchtigung des für Sie und Ihre Familie zu einer einfachen Lebensführung notwendigen Unterhalts die Kosten der Verteidigung selbst zu tragen (Verfahrenshilfe).

3. Sie haben die zu Ihrer Verteidigung dienenden Beweismittel mitzubringen oder dem Gericht so frühzeitig anzuzeigen, dass sie zur Hauptverhandlung noch rechtzeitig herbeigeschafft werden können.

4. Bleiben Sie der Hauptverhandlung fern, so wird entweder in Ihrer Abwesenheit verhandelt und das Urteil gefällt oder Sie werden durch die Polizei bzw. Gendarmerie sofort vorgeführt. Wenn die Hauptverhandlung vertagt werden muss, werden Sie zur nächsten Hauptverhandlung vorgeführt. In diesem Fall haben Sie die Kosten der vereitelten Hauptverhandlung zu ersetzen.

5. Sie können den Ausschluss der Öffentlichkeit bei der Hauptverhandlung verlangen, wenn kein gerichtliches Vorverfahren stattgefunden hat.

StPOForm. Lad 7 (Ladung des/der Beschuldigten zur Hauptverhandlung vor dem/der Einzelrichter/in)
Erl. 611.407/22-II 3/91

stehender Mensch rehabilitiert werden konnte. Leider sind umgekehrte Fälle ebenfalls vorgekommen, doch überwiegen die Vorteile eines öffentlich durchgeführten Verfahrens. Manchmal nicht zu vermeidende Missbräuche dürfen nicht dazu verleiten, die Einrichtung der Presseberichterstattung abzulehnen. Von den Massenmedien kann insbesondere das Fernsehen in der Verbrechensaufklärung nützlich eingesetzt und zur Übung des Rechtsgefühls verwendet werden.

Freilich hat die Öffentlichkeit auch gewisse Schattenseiten, so z. B. die Preisgabe von Geheimnissen der durch die strafbare Handlung Verletzten, die Bloßstellung und Erschwerung des ehrlichen Fortkommens des Beschuldigten sowie die Gefahr, dass der Gerichtssaal bei Sensationsprozessen zur Bühne wird. Allerdings schreibt der im Jahr 1983 festgelegte **Ehrenkodex** für die österreichische Presse vor: »Berichte über die Verfehlungen von Jugendlichen dürfen deren mögliche Wiedereingliederung in die Gesellschaft nicht erschweren oder gar verhindern. Familiennamen sind in solchen Fällen abzukürzen.« Durch die Novelle zum Mediengesetz 1981, BGBl. Nr. 20/1993, wurde ein **Schutz vor Bekanntgabe der Identität** in besonderen Fällen eingeführt (§ 7a). Bei Verletzung schutzwürdiger Interessen von Verdächtigten oder Opfern gerichtlich strafbarer Handlungen durch Medienberichte (insbesondere Bild- oder Namensveröffentlichung) besteht gegen den Medieninhaber (Verleger) ein Anspruch auf **Entschädigung für die erlittene Kränkung** bis zu € 4.535,–.

Ausschluss der Öffentlichkeit

Der Gerichtshof hat vor der Erörterung von Umständen aus dem persönlichen Lebens- oder dem Geheimnisbereich des Angeklagten, eines Zeugen oder eines Dritten bei Überwiegen schutzwürdiger Interessen die **Öffentlichkeit auszuschließen** (§ 229 Abs. 2 StPO). Ebenso sind Fernseh- und Hörfunkaufnahmen, Fernseh- und Hörfunkübertragungen sowie Film- und Fotoaufnahmen von Verhandlungen der Gerichte in Österreich nach wie vor **unzulässig** (§ 228 Abs. 4 StPO).

Zeugen und Sachverständige

Erhält jemand eine Zeugenladung, so ist er verpflichtet – Exterritoriale ausgenommen –, vor Gericht zu erscheinen und wahrheitsgemäß über seine Wahrnehmungen auszusagen.

Vor der **Vernehmung** ist jeder Zeuge zu ermahnen, nach seinem besten Wissen und Gewissen die reine Wahrheit anzugeben, nichts zu verschweigen und seine Aussage so abzulegen, dass er sie erforderlichenfalls auch eidlich bekräftigen könne.

Erscheint ein geladener Zeuge nicht vor Gericht, kann er durch Geldstrafe, Kostenersatzpflicht oder Vorführung gezwungen werden zu erscheinen. Hat ein Zeuge seiner Zeugenpflicht Genüge getan, so haben diese Zwangsmittel, soweit sie noch nicht vollstreckt worden sind, zu entfallen.

Auch der Zeuge wird zuerst über seine persönlichen Verhältnisse befragt und insbesondere über seine Stellung zum Beschuldigten, ob er mit ihm verwandt, verschwägert, befreundet oder verfeindet ist. Dann veranlasst der Richter den Zeugen, alles, was er zum Gegenstand der Vernehmung zu erzählen weiß, im Zusammenhang vorzubringen. Zur Beseitigung von Unklarheiten und Widersprüchen werden weitere Fragen gestellt. Das Fragerecht steht dem Richter und den Gerichtshofmitgliedern, dem Staatsanwalt, dem Verteidiger und dem Beschuldigten zu.

Kostenersatz

☛ Jeder Zeuge hat nach dem Gebührenanspruchsgesetz 1975 Anspruch auf **Ersatz der notwendigen Kosten**, die durch die Reise an den Ort der Vernehmung, durch den Aufenthalt an diesem Ort und durch die Rückreise verursacht wurden; ferner auf Entschädigung für Zeitversäumnis. Diese Entschädigung betrifft beim unselbstständig Erwerbstätigen den tatsächlich entgangenen Verdienst, beim selbstständig Erwerbstätigen das tatsächlich entgangene Einkommen (oder in beiden Fällen die angemessenen Kosten für einen notwendigen Stellvertreter), bei ausschließlich im Haushalt Tätigen die angemessenen Kosten für eine notwendigerweise beizuziehende Hilfskraft.

Ausnahmen von der Zeugnispflicht

Das Gesetz nennt Personen, die als Zeugen überhaupt nicht vernommen werden dürfen. Sie können keine gültige Aussage ablegen und ihre Einvernahme bildet einen Nichtigkeitsgrund. Zu diesen Personen gehören Geistliche in Wahrung ihrer geistlichen Amtsverschwiegenheit; Bundesbeamte in Wahrung des Amtsgeheimnisses, sofern sie nicht durch ihre Vorgesetzten von dieser Pflicht entbunden werden; Personen, die infolge ihrer körperlichen oder geistigen Beschaffenheit zur Zeit der Ablegung des Zeugnisses zur Angabe der Wahrheit nicht fähig sind, z. B. Volltrunkene oder unter der Einwirkung von Rauschgift stehende Personen.

In gewissen Fällen kann das Gericht **nach freiem Ermessen** von der Ablegung des Zeugnisses befreien, und zwar dann, wenn die Aussage oder auch nur die Beantwortung von Einzelfragen für den Zeugen einen unmittelbaren und bedeutenden Vermögensnachteil zur Folge hätte, z. B. durch die Aufdeckung eines Kunst- oder Geschäftsgeheimnisses, oder wenn seine Aussage ihm selbst oder einem seiner Angehörigen Schande oder die Gefahr einer strafgerichtlichen Verfolgung bringen würde.

☛ Unter **Schande** ist nicht nur ein strafbares Verhalten zu verstehen, sondern überhaupt ein Verhalten, das in der öffentlichen Meinung für unsittlich gehalten wird. Hier besteht kein Recht zur Verweigerung der Zeugenaussage. Der Zeuge hat von selbst anzugeben, aus welchen Gründen er seine Aussage nicht ablegen will, und um die Befreiung vom Zeugnis anzusuchen. Jedoch wird in den meisten Fällen der Richter dem rechtsunkundigen Zeugen eine entsprechende Belehrung erteilen. Eine durch eine strafbare Handlung (z. B. eine Vergewaltigung) in ihrer **Geschlechtssphäre** verletzte Person kann die Beantwortung von Fragen nach Umständen aus ihrem höchstpersönlichen Lebensbereich sowie nach Einzelheiten der strafbaren Handlungen, deren Schilderung sie für unzumutbar hält, verweigern.

Ein Zeuge, der wegen seines Alters, wegen Krankheit oder aus sonstigen erheblichen Gründen nicht in der Lage ist, vor Gericht zu erscheinen, kann unter Verwendung technischer Einrichtungen zur Wort- und Bildübertragung vernommen werden (z. B. Videoband).

☛ Von der **Zeugnispflicht befreit** sind:

1. Personen, die sich durch ihre Aussage der Gefahr strafgerichtlicher Verfolgung aussetzen würden oder die im Zusammenhang mit einem gegen sie geführten Strafverfahren Gefahr liefen, sich selbst zu belasten, auch wenn sie bereits verurteilt worden sind;
2. Personen, die im Verfahren gegen einen Angehörigen (§ 72 StGB) aussagen sollen oder deren Aussage die Gefahr strafgerichtlicher Verfolgung eines Angehörigen mit sich brächte, wobei die durch eine Ehe begründete Eigenschaft einer Person als Angehöriger aufrecht bleibt, auch wenn die Ehe nicht mehr besteht;
3. Personen, die zur Zeit ihrer Vernehmung das 14. Lebensjahr noch nicht vollendet haben und durch die dem Beschuldigten zur Last gelegte strafbare Handlung verletzt wurden,

sofern die Parteien Gelegenheit hatten, sich an einer vorausgegangenen gerichtlichen Vernehmung zu beteiligen;
4. Verteidiger, Rechtsanwälte, Notare und Wirtschaftstreuhänder über das, was ihnen in dieser Eigenschaft bekannt geworden ist;
5. Psychiater, Psychotherapeuten, Psychologen, Bewährungshelfer und Mitarbeiter anerkannter Einrichtungen zur psychosozialen Beratung und Betreuung über das, was ihnen in dieser Eigenschaft bekannt geworden ist;
6. jedermann darüber, wie er sein Wahl- oder Stimmrecht ausgeübt hat, wenn dessen Ausübung gesetzlich für geheim erklärt ist.

Zu den Angehörigen im Sinne von Ziffer 2 gehören z. B. Verwandte und Verschwägerte in gerader Linie: Eltern, Kinder, Enkel, Großeltern, Schwiegereltern und Schwiegerkinder, Ehegatten, Lebensgefährten, Geschwister, Neffen, Nichten, Onkel, Tanten, Wahl- und Pflegeeltern, Pflegekinder, Vormund, Mündel usw.

Seit 1. Oktober 1998 können sich **Lebensgefährten** der Zeugenaussage entschlagen, gleichgültig, ob es sich um eine verschiedengeschlechtliche (heterosexuelle) oder eine gleichgeschlechtliche (homosexuelle, lesbische) Partnerschaft handelt.

Zeugenschutz

Der Richter hat die genannten Personen über ihr **Entschlagungsrecht** zu belehren. Hat der Zeuge nicht ausdrücklich auf sein Entschlagungsrecht verzichtet, so ist seine Aussage nichtig.

Ist aufgrund bestimmter Tatsachen zu befürchten, dass der Zeuge sich oder einen Dritten durch die Bekanntgabe des Namens und anderer Angaben zur Person oder durch die Beantwortung von Fragen, die Rückschlüsse darauf zulassen, einer ernsten Gefahr für Leben, Gesundheit, körperliche Unversehrtheit oder Freiheit aussetzen würde, so kann ihm der Vorsitzende gestatten, solche Fragen nicht zu beantworten (**verstärkter Zeugenschutz**, §§ 166a und 250 Abs. 3 StPO).

Vereidigung

Die **Pflicht, vor Gericht zu erscheinen**, besteht auch für den Zeugen, der berechtigt ist, sich der Aussage zu entschlagen. Macht er von seinem Entschlagungsrecht keinen Gebrauch, so ist er zur **vollen Wahrheit** und zum **Eid** verpflichtet. Grundsätzlich soll jeder Zeuge so aussagen, als ob er unter Eid stünde; in der Praxis wird jedoch vielfach auf die Beeidigung verzichtet.

☛ Betrachten wir nun jene Fälle, in denen der **Zeuge nicht beeidigt** werden darf. Es sind dies vor allem:

- Personen, die im Verdacht stehen, die Tat entweder selbst begangen zu haben oder daran beteiligt gewesen zu sein;
- Personen, die wegen einer vorsätzlich begangenen, mit mehr als einjähriger Freiheitsstrafe bedrohten Tat in Untersuchung sind oder eine Strafe abzubüßen haben;
- Personen, die wegen falscher Beweisaussage bereits vorbestraft wurden;
- Personen, die zur Zeit ihrer Vernehmung das 14. Lebensjahr noch nicht vollendet haben (Eidesunmündigkeit);
- Personen, die sichtlich an erheblicher Schwäche des Wahrnehmungsvermögens leiden;
- Personen, die mit dem Beschuldigten in offenkundiger, ihre Glaubwürdigkeit ausschließender Feindschaft leben (hier ist zu bemerken, dass die bloße Abneigung wegen eines Streits nicht genügt; es muss eine tiefgehende, längere Zeit hindurch beobachtbare Gegnerschaft vorliegen, die nach Maßgabe der Persönlichkeit – z. B. rachsüchtiger Charakter – die volle Glaubwürdigkeit ausschließt).

— Personen, die im Verhör wesentliche Umstände angegeben haben, deren Unwahrheit bereits bewiesen ist und die nicht mit bloßem Irrtum entschuldbar sind.

Zeugenbeweis

Obwohl es den frageberechtigten Personen verwehrt ist, so genannte **Suggestivfragen** zu stellen – das sind Fragen, die bereits die von dem Zeugen gewünschte Antwort in Frageform enthalten –, kommen sie in der Praxis immer wieder vor.

Trotz aller Maßnahmen, die das Gesetz getroffen hat, um Fehler bei der Beurteilung von Tatbeständen aufgrund von Zeugenaussagen zu verhindern, ist der **Zeugenbeweis** mit großer Vorsicht aufzunehmen: Zeugen irren sich erstaunlich oft, ihre Erinnerungsbilder haben sich meist in der langen Zeit zwischen Tat und Verhandlung verwischt und verschoben; sie können beim besten Willen nicht mehr unterscheiden zwischen dem, was sie sagen, und dem, was man ihnen soundso viele Male vorgehalten hat. Sehr oft sind sie auch dem Ton des Vorsitzenden, des Staatsanwalts oder des Verteidigers nicht gewachsen oder genieren sich vor der Öffentlichkeit, nicht zutreffende Angaben zurückzunehmen oder zu berichtigen.

Meineid

Auch bei der Wiederholung der Aussage unter Eid gibt es nicht immer Gewissheit dafür, dass tatsächlich nur Wahres bekundet wird. Selbst die Drohung mit bis zu fünfjähriger Strafe (§ 288 Abs. 2 StGB) genügt nicht, wenn der Schuldige überzeugt ist, dass sein **Meineid** nicht aufgedeckt werden wird. Mit besonderer Vorsicht sollte auch die Beurteilung des »persönlichen Eindrucks« von Zeugen und vom Beschuldigten durch den Richter vorgenommen werden.

Sachverständiger

Der **Sachverständige** ist von seiner persönlichen Auffassung des einzelnen Falls ebenso abhängig wie von der grundsätzlichen Auffassung, die die Wissenschaft gerade vertritt. Handelt es sich um eine Begutachtung psychischer Zustände und Entwicklungen, so ist das Gutachten eines Sachverständigen mit Lehrbefugnis (Venia docendi) an einer in- oder ausländischen Universität einzuholen (§ 126 Abs. 2 StPO).

In unserem Fall fragt nunmehr der Einzelrichter die Angeklagte, ob sie sich im Sinne des gegen sie gerichteten Strafantrags für schuldig bekenne oder nicht. Frau Stiehl, die ihre Tat bereut, bekennt sich sofort zu Beginn der Hauptverhandlung schuldig. Sie wird aufgefordert, eine zusammenhängende Schilderung des Sachverhalts zu geben. Danach ruft der Richter den ersten Zeugen, und zwar den erhebenden Kriminalbeamten, in den Saal. Dieser wird an seinen Diensteid erinnert und legt seine Aussage ab, die sich im Wesentlichen mit seinem Bericht an die Staatsanwaltschaft deckt.

Der Lehrling Fritz Hurt, der sich im **Jugendgerichtsverfahren** zu verantworten hätte, wenn keine Diversion angewendet wird, ist in dem Verfahren gegen Luise Stiehl Zeuge.

Fritz Hurt sagt wahrheitsgemäß, aber Frau Stiehl insofern belastend aus, als er behauptet, die Idee zur Ausführung dieser Diebstähle sei von ihr ausgegangen und er sei von ihr angestiftet worden. Darüber ist Luise Stiehl sehr erregt und beschimpft ihren Neffen heftig.

Der Einzelrichter macht die Angeklagte darauf aufmerksam, dass sie wohl ein Fragerecht an den Zeugen habe, ihn aber wegen seiner Aussage nicht beschimpfen dürfe.

In aller Regel wird nun der Angeklagte nicht bei der Erklärung stehen bleiben, die Zeugenaussagen entsprächen nicht den Tatsachen, sondern er wird der Darstellung des Zeugen seine eigene Schilderung des Ereignisablaufs entgegenstellen. Auf diese Art läuft der Beschuldigte allerdings mitunter Gefahr, eine Verleumdung zu begehen – außer in den Fällen, in denen der Widerspruch des Angeklagten gegen die Aussage des Zeugen dahin verstanden werden kann, dass dem Zeugen nur ein Wahrnehmungs- oder Erinnerungsfehler, ein Missverständnis oder eine Verwechslung vorgeworfen werde.

Im folgenden Beispiel wäre eine solche Deutung ausgeschlossen:

Der wegen Raubes Angeklagte widerruft in der Hauptverhandlung sein gegenüber dem Gendarmen abgelegtes Geständnis und behauptet, durch Schläge und Tritte von dem Gendarmen dazu gezwungen worden zu sein.

Kommt das Gericht nach Vernehmung des Gendarmen als Zeugen zu der Überzeugung, dass der Angeklagte bewusst gegen die Wahrheit den Gendarmen belastet hat, ist der Schluss unvermeidlich, dass ihm Verleumdung zur Last fällt.

Disziplinargewalt des Vorsitzenden

Wer vor Gericht vernommen wird oder das Gericht anredet, kann dies seit 1. Jänner 1994 sitzend tun.

Der Vorsitzende, der die Verhandlung leitet, hat Disziplinargewalt über alle im Gerichtssaal anwesenden Personen. Er hat dafür zu sorgen, dass Ruhe, Ordnung und Würde im Gerichtssaal herrschen, und er kann jeden der Anwesenden, sogar den Beschuldigten, falls er sich nicht geziemend benimmt, aus dem Gerichtssaal entfernen lassen.

Ordnungsstrafe

Verletzt der **Verteidiger** die dem Gericht zukommende Achtung, so kann ihn das Gericht zuerst abmahnen und dann über ihn eine Geldstrafe bis zu € 726,– verhängen. Wird das ungeziemende Benehmen fortgesetzt, kann der Vorsitzende dem Verteidiger das Wort entziehen und den Beschuldigten auffordern, einen neuen Anwalt zu wählen. Der Vorsitzende kann auch von Amts wegen einen anderen Verteidiger ernennen. In einem solchen Fall würde der bisherige Verteidiger nicht mehr die gewisse Immunität besitzen, die ihm sonst zusteht. Setzt er jedoch sein ungehöriges Verhalten fort, so gilt er als gewöhnlicher Ruhestörer, der auch verhaftet und zu einer Freiheitsstrafe (bis zu acht Tagen) verurteilt werden kann. Gegen die erwähnten **Ordnungsstrafen** gibt es kein Rechtsmittel, sie sind sofort vollstreckbar.

Diese Maßnahmen können auch über alle **Zuhörer** verhängt werden, die die Verhandlung durch Beifalls- oder Missfallenskundgebungen stören, wenn nicht ihre Entfernung aus dem Verhandlungssaal allein genügt, die Ordnung wiederherzustellen.

Das Plädoyer

Im Verfahren gegen Luise Stiehl wird noch Karl Jedermann über die Höhe seines Schadens einvernommen und sodann das Beweisverfahren für geschlossen erklärt. Der Einzelrichter bittet nun Staatsanwalt und Verteidiger um die Schlussvorträge.

Antrag des Staatsanwalts

Der **Staatsanwalt** fasst in seinem Plädoyer die Ergebnisse der Verhandlung – vor allem die Ergebnisse der Zeugenaussagen – zusammen und begründet damit die Schuld der Angeklagten und die gegen sie anzuwendende Strafbestimmung.

Es ist nicht Aufgabe des Staatsanwalts, einen bestimmten Antrag hinsichtlich der Höhe der Strafe zu stellen. Diese Bestimmung der StPO hat den Zweck, jede wenn auch nur indirekte Beeinflussung des Richters bei der freien Würdigung des strafrechtlichen Sachverhalts, die nach Schluss des Beweisverfahrens spruchreif geworden ist, zu verhindern. Der Staatsanwalt soll aber alle Umstände anführen, die auf das Maß der anzuwendenden Strafe Einfluss haben, insbesondere ob das außerordentliche Strafmilderungs- und Strafumwandlungsrecht anzuwenden ist.

Der Antrag des Staatsanwalts kann nur auf Verurteilung lauten, niemals auf Freispruch. Hält er den Angeklagten für unschuldig, hat er ja Gelegenheit, während der Hauptverhandlung von seiner Anklage zurückzutreten.

Im Fall Luise Stiehl hebt der Staatsanwalt bei seinem Plädoyer als besonders erschwerend hervor, dass die Angeklagte als erwachsene Person einen Jugendlichen auf die schiefe Bahn gebracht habe. Auch seien die Diebstähle wiederholt durchgeführt worden. Ferner habe ihr Benehmen bei der Einvernahme ihres Neffen gezeigt, dass sie nicht einsichtig und reuig sei. Deshalb müsse sie mit der vollen Schärfe des Gesetzes behandelt werden. Die Anwendung eines außerordentlichen Milderungsrechts komme nicht in Frage.

Privatbeteiligter

Nach dem Staatsanwalt erhält der **Privatbeteiligte**, also Karl Jedermann, zur Begründung seiner Ansprüche das Wort. Der Privatbeteiligte hat sich die Höhe seines Schadens schon ausgerechnet und gibt dem Gericht die genaue Summe mit dem Ersuchen bekannt, ihm diesen Betrag zuzusprechen.

Verteidiger

Nun erteilt der Vorsitzende dem **Verteidiger** das Wort. Dieser beginnt sein Plädoyer mit der Schilderung des unglücklichen Lebensweges der angeklagten Luise Stiehl und hebt hervor, dass sie trotz schlechter finanzieller Verhältnisse bis jetzt nie mit dem Strafgesetz in Konflikt geraten sei. Die Angeklagte genieße einen guten Leumund und sei nur durch die günstige Gelegenheit zur Straftat verlockt worden; man müsse ihr zugute halten, dass sie trotz ihrer drückenden Armut bereit sei, den verursachten Schaden wieder gutzumachen. Das Verhalten der Angeklagten sei vor allem auf Unbesonnenheit zurückzuführen und stehe in auffallendem Widerspruch zu ihrem bisherigen Lebenswandel; es möge daher weiter die bedingte Strafnachsicht gewährt werden.

Die bedingte Strafnachsicht

Probezeit

Wird ein Rechtsbrecher zu einer zwei Jahre nicht übersteigenden Freiheitsstrafe oder zu einer Geldstrafe verurteilt, so hat ihm das Gericht die Strafe unter Bestimmung einer **Probezeit** von mindestens einem Jahr und höchstens drei Jahren bedingt nachzusehen,

— wenn anzunehmen ist, dass die bloße Androhung der Vollziehung allein oder in Verbindung mit anderen Maßnahmen (Weisungen oder Bewährungshilfe) genügen werde, um ihn von weiteren strafbaren Handlungen abzuhalten, und

— wenn es nicht der Vollstreckung der Strafe bedarf, um der Begehung strafbarer Handlungen durch andere entgegenzuwirken.

Dabei sind insbesondere die Art der Tat, die Person des Rechtsbrechers, der Grad seiner Schuld, sein Vorleben und sein Verhalten nach der Tat zu berücksichtigen.

Bei Luise Stiehl kann trotz ihres nicht ganz einwandfreien Verhaltens während der Verhandlung, da sie unbescholten und letztlich geständig war, von der **bedingten Strafnachsicht** Gebrauch gemacht werden und die über sie auszusprechende Strafe in der Dauer von sieben Monaten unter Setzung einer Probezeit von zwei Jahren aufgeschoben werden. Sie wird davon mit einer eigenen **Urkunde über die bedingte Strafnachsicht** verständigt (siehe die beiden folgenden Seiten).

Die bedingte Strafnachsicht ist **ausgeschlossen**, wenn die strafbare Handlung mit lebenslanger Freiheitsstrafe oder Freiheitsstrafe von mindestens zehn Jahren bedroht ist. Auch die bedingte Nachsicht eines Teils der Strafe ist möglich, und zwar bei Freiheitsstrafen bis zu drei Jahren und bei Geldstrafen.

Wird die Nachsicht nicht widerrufen, so ist die Strafe endgültig nachzusehen. Dass von der Verhängung der Strafe endgültig abgesehen wird, hat das Gericht mit Beschluss auszusprechen.

Widerruf

Der **Widerruf** kann nur in der Probezeit wegen einer während dieser Zeit begangenen strafbaren Handlung, jedoch auch innerhalb von sechs Monaten nach Ablauf der Probezeit oder nach Beendigung eines bei deren Ablauf gegen den Rechtsbrecher anhängigen Strafverfahrens getroffen werden.

Bedingte Entlassung

Neben der besprochenen bedingten Strafnachsicht gibt es auch die **bedingte Entlassung** aus einer Freiheitsstrafe, wenn der Rechtsbrecher zwei Drittel seiner zeitlichen Freiheitsstrafe, mindestens aber drei Monate verbüßt hat. Der Rest der Strafe wird ihm unter Bestimmung einer **Probezeit** bedingt nachgesehen,

— sofern nicht besondere Gründe befürchten lassen, der Rechtsbrecher werde in der Freiheit weitere strafbare Handlungen begehen, und

— wenn es nicht aus besonderen Gründen der Vollstreckung des Restes der Strafe bedarf, um der Begehung strafbarer Handlungen durch andere entgegenzuwirken (Generalprävention).

Aktenzeichen .... 11 Vr 4107/...
Hv 168/...

Urkunde über die bedingte Strafnachsicht

An Herrn/Frau .... Luise Stiehl ....

in .... 1210 Wien, ... gasse Nr. 17 ....

Mit dem Urteil dieses Gerichtes vom ...., GZ w. o.,

.... rechtskräftig seit ...., ...

sind Sie wegen .... des Vergehens des schweren Diebstahls nach den

.... §§ 127, 128 Abs. 1 Z. 4 StGB ....

Straftat(en)

zu .... einer Freiheitsstrafe von sieben Monaten ....

....

Strafe(n)

verurteilt worden, wobei das Gericht ausgesprochen hat, dass diese ....

.... Freiheitsstrafe ....

bedingt nachgesehene Strafe(n)

sowie der Eintritt der mit der Verurteilung nach dem Gesetz verbundenen Rechtsfolge(n)[1]

....

die im Urteil angeführte(n), nachgesehene(n) Rechtsfolge(n)

unter Bestimmung einer Probezeit bedingt nachgesehen werden.

Die Probezeit ist mit ..2.. Jahr(en) bestimmt worden; diese verlängert sich um Zeiten behördlicher Anhaltung.

Für die Probezeit wurde Ihnen in der Person des (der) Herrn (Frau)

.... Name und Anschrift ....

....

ein Bewährungshelfer bestellt.[2]

Es wurde(n) Ihnen – außerdem – folgende Weisung(en) erteilt:[3]

....

....

Landesgericht für Strafsachen Wien
1080 Wien, Landesgerichtstraße 11
Abt. 12, am ....

1) Streichen, wenn mit der Verurteilung nach dem Gesetz keine Rechtsfolgen verbunden sind oder die damit verbundenen Rechtsfolgen nicht aufgeschoben worden sind.
2) Streichen, wenn keine Bewährungshilfe angeordnet wurde.
3) Streichen, wenn keine Weisungen erteilt wurden.
StPOForm. BedV 1 (Urkunde über die bedingte Strafnachsicht)
Erl. 610.501/22 – II 3/88

Die bedingte Nachsicht bedeutet, dass die Strafe(n) vorläufig nicht vollstreckt wird (werden), weil das Gericht annehmen konnte, dass die bloße Androhung der Vollziehung allein oder in Verbindung mit anderen Maßnahmen genügen werde, um Sie von weiteren strafbaren Handlungen abzuhalten.

Die bedingte Nachsicht würde daher widerrufen und die Strafe vollzogen werden und die Rechtsfolgen eintreten,[1]

1. wenn Sie während der Probezeit eine Weisung des Gerichts trotz förmlicher Mahnung aus bösem Willen nicht befolgen oder sich beharrlich dem Einfluss des etwa bestellten Bewährungshelfers entziehen;

2. wenn Sie wegen einer während der Probezeit begangenen gerichtlich strafbaren Handlung verurteilt werden, außer das Gericht sieht vom Widerruf ab;

3. wenn Sie nachträglich wegen einer anderen vor Fällung des unvollstreckten Urteils begangenen strafbaren Handlung verurteilt werden und die bedingte Nachsicht bei gemeinsamer Aburteilung aller strafbaren Handlungen nicht gewährt worden wäre.

Das Gericht kann seinen Ausspruch darüber, ob und welche Weisungen Ihnen für die Probezeit erteilt werden, ob Ihnen ein Bewährungshelfer und welche Person als Bewährungshelfer bestellt wird, innerhalb der Probezeit abändern oder ergänzen.

Weisungen sind Ihnen zu erteilen, soweit das notwendig oder zweckmäßig ist, um Sie von weiteren strafbaren Handlungen abzuhalten.

Der Bewährungshelfer wird Ihnen bei Ihren Bemühungen, nicht mehr straffällig zu werden, mit Rat und Tat beistehen und Ihnen, soweit nötig, auch helfen, eine geeignete Unterkunft und Arbeit zu finden. Er hat aber auch auf Ihren Lebenswandel und darauf zu achten, dass Sie die Ihnen etwa erteilten Weisungen erfüllen.

1) Streichen, wenn mit der Verurteilung nach dem Gesetz keine Rechtsfolgen verbunden sind oder die damit verbundenen Rechtsfolgen nicht aufgeschoben worden sind.

Schon nach Verbüßung der Hälfte der zeitlichen Freiheitsstrafe ist der Rechtsbrecher unter den gleichen Voraussetzungen **bedingt zu entlassen**, wenn er mindestens drei Monate verbüßt hat und wenn anzunehmen ist, dass es nicht der Vollstreckung des Restes der Strafe bedarf, um ihn von weiteren strafbaren Handlungen abzuhalten. Bei lebenslanger Freiheitsstrafe muss der Rechtsbrecher 15 Jahre verbüßt haben und darf nur dann bedingt entlassen werden, wenn es trotz der Schwere der Tat nicht der weiteren Vollstreckung bedarf, um der Begehung strafbarer Handlungen durch andere entgegenzuwirken, und wenn anzunehmen ist, dass er in der Freiheit keine weiteren strafbaren Handlungen mehr begehen werde.

Die **Probezeiten** bei der bedingten Entlassung aus einer Freiheitsstrafe dauern mindestens ein und höchstens fünf Jahre, bei bedingter Entlassung aus einer lebenslangen Freiheitsstrafe zehn Jahre.

Jugendstrafe

Bei Verurteilung wegen einer **Jugendstraftat** (Nichtvollendung des 18. Lebensjahres im Tatzeitpunkt) hat sich das Gericht nach Maßgabe des Jugendgerichtsgesetzes auf den Schuldspruch zu beschränken, den Ausspruch über die Strafe aber vorläufig für eine mit der Rechtskraft des Urteils beginnende Probezeit von ein bis drei Jahren aufzuschieben (§ 13 JGG). Diese Maßnahme wird als »Schuldspruch unter Vorbehalt der Strafe« bezeichnet. Es handelt sich hier bloß um ein Zwischenurteil über die Schuld. Das Gericht hat den Verurteilten über den Sinn des Schuldspruchs zu belehren. Sobald die Entscheidung darüber rechtskräftig geworden ist, hat es ihm eine Urkunde zuzustellen, die kurz und in einfachen Worten den wesentlichen Inhalt der Entscheidung angibt, weiters die ihm auferlegten Verpflichtungen und die Gründe, derentwegen eine Strafe nachträglich ausgesprochen werden kann.

Neuerliche Verurteilung

Wird der Rechtsbrecher wegen einer vor Ablauf der Probezeit begangenen strafbaren Handlung **neuerlich verurteilt**, so ist die Strafe zu vollziehen, wenn dies in Anbetracht der neuerlichen Verurteilung zusätzlich zu dieser geboten erscheint, um den Rechtsbrecher von weiteren strafbaren Handlungen abzuhalten. Die Strafe kann auch vollzogen werden, wenn der Rechtsbrecher während der Probezeit eine Weisung des Gerichts trotz förmlicher Mahnung aus bösem Willen nicht befolgt oder sich beharrlich dem Einfluss des Bewährungshelfers entzieht.

Ein **nachträglicher Strafausspruch** muss spätestens innerhalb von sechs Monaten nach Ablauf der Probezeit oder nach Beendigung eines bei deren Ablauf gegen den Rechtsbrecher anhängigen Strafverfahrens erfolgen.

Tilgung der Vorstrafen

Nach dem Tilgungsgesetz 1972 erfolgt die Tilgung gerichtlicher Vorstrafen automatisch (durch den Polizeicomputer der Bundespolizeidirektion Wien), und zwar meist nach fünf Jahren, gerechnet ab Verbüßung der Strafe bzw. Bezahlung der Geldstrafe. Die **Tilgungsfrist** erhöht sich um ein Jahr pro weiterer Verurteilung.

Wenn jemand die gesetzliche Tilgungsfrist nicht abwarten will, so hat er die Möglichkeit, vorzeitig im Gnadenwege um die Tilgung seiner Vorstrafe anzusuchen. Es besteht auch die Möglichkeit der vorzeitigen bedingten Entlassung, der Umwandlung von Freiheitsstrafen in Geldstrafen, Umwandlung unbedingter in bedingte Strafen und des Strafnachlasses überhaupt.

Gnadengesuch

Das Gnadenrecht steht nur dem Bundespräsidenten zu. **Gnadengesuche** sind beim Bundesminister für Justiz einzubringen. Bei Gerichten oder anderen Justizbehörden einlangende Gesuche müssen unverzüglich und unmittelbar an den Bundesminister für Justiz weitergeleitet werden. Gnadengesuche haben keine aufschiebende Wirkung, der Bundespräsident kann jedoch zunächst eine Hemmung des Strafvollzugs anordnen (§§ 507 bis 510 StPO).

Verschiedene Diebstähle

Im Strafantrag gegen Luise Stiehl haben wir gelesen, dass ihr vorgeworfen wird, fremde bewegliche Sachen einem anderen mit dem Vorsatz weggenommen zu haben, »sich oder einen Dritten durch deren Zueignung unrechtmäßig zu bereichern«. So lautet die gesetzliche Definition des Diebstahls (§ 127 StGB). Für diesen

einfachen Diebstahl ist Freiheitsstrafe bis zu sechs Monaten oder Geldstrafe bis zu 360 Tagessätzen angedroht; daher ist das **Bezirksgericht** zuständig.

Schwerer Diebstahl (§ 128 StGB) liegt vor und ist mit Freiheitsstrafe bis zu drei Jahren bedroht, wenn der Diebstahl begangen wurde:

☛
- während einer Feuersbrunst, einer Überschwemmung oder einer allgemeinen oder doch dem Bestohlenen zugestoßenen Bedrängnis oder unter Ausnützung eines Zustands des Bestohlenen, der ihn hilflos macht;
- in einem der Religionsausübung dienenden Raum oder an einer Sache, die dem Gottesdienst oder der Verehrung durch eine im Inland bestehende Kirche oder Religionsgesellschaft gewidmet ist;
- an einer Sache von allgemein anerkanntem wissenschaftlichem, volkskundlichem, künstlerischem oder geschichtlichem Wert, die sich in einer allgemein zugänglichen Sammlung oder sonst an einem solchen Ort oder in einem öffentlichen Gebäude befindet;
- an einer Sache, deren Wert € 2.000,– übersteigt.

Wenn der Wert einer Sache, die sich jemand durch schweren Diebstahl angeeignet hat, € 40.000,– übersteigt, ist Freiheitsstrafe von einem Jahr bis zu zehn Jahren angedroht; daher ist das **Schöffengericht** zuständig.

Einbruch

Bei Diebstahl durch **Einbruch** oder mit **Waffen** (§ 129 StGB) ist Freiheitsstrafe von sechs Monaten bis zu fünf Jahren angedroht. Das Gesetz versteht darunter das Einbrechen oder Einsteigen oder Eindringen mit einem nachgemachten oder widerrechtlich erlangten Schlüssel oder einem anderen nicht zum ordnungsgemäßen Öffnen bestimmten Werkzeug, das Aufbrechen eines Behälters oder Öffnen mit einem der oben genannten Mittel oder das Aufbrechen bzw. Öffnen einer Sperrvorrichtung durch eines der genannten Mittel. Schließlich nennt § 129 StGB noch den Diebstahl, bei dem der Täter oder mit seinem Wissen ein anderer Beteiligter eine Waffe oder ein anderes Mittel mit sich führt, um den Widerstand einer Person zu überwinden oder zu verhindern.

Gewerbsmäßiger Diebstahl

Wer einen Diebstahl **gewerbsmäßig** oder als Mitglied einer Bande unter Mitwirkung eines anderen Bandenmitglieds begeht, ist mit Freiheitsstrafe von sechs Monaten bis zu fünf Jahren zu bestrafen. Wer einen schweren Diebstahl oder einen Diebstahl durch Einbruch oder mit Waffen in der Absicht begeht, sich durch die wiederkehrende Begehung der Tat eine fortlaufende Einnahme zu verschaffen, ist mit Freiheitsstrafe von einem Jahr bis zu zehn Jahren zu bestrafen (§ 130 StGB).

Räuberischer Diebstahl

Dieser liegt dann vor, wenn der Täter, der beim Diebstahl auf frischer Tat betreten wird, Gewalt gegen eine Person anwendet oder sie mit einer gegenwärtigen Gefahr für Leib oder Leben bedroht, um sich oder einem Dritten die weggenommene Sache zu erhalten. Räuberischer Diebstahl ist mit Freiheitsstrafe von sechs Monaten bis zu fünf Jahren, wenn die Gewaltanwendung jedoch eine Körperverletzung mit schweren Dauerfolgen oder den Tod eines Menschen zur Folge hat, mit Freiheitsstrafe von fünf bis zu 15 Jahren bedroht (§ 131 StGB).

Objektiver/subjektiver Tatbestand

Der Einzelrichter, der über Luise Stiehl ein Urteil zu fällen hat (siehe die beiden folgenden Seiten), stellt fest, dass sie fremde bewegliche Sachen einem anderen, und zwar gemeinsam mit ihrem Neffen Fritz Hurt, mit dem Vorsatz weggenommen hat, sich oder einen Dritten durch deren Zueignung unrechtmäßig zu bereichern. Diese Feststellung betrifft den »objektiven« Tatbestand; objektiv deshalb, weil man den Ablauf des Geschehens gewissermaßen als Zuschauer sieht.

Als Nächstes untersucht der Richter, ob das Verhalten von Frau Stiehl **rechtswidrig** war. Es gibt nämlich Fälle, in denen man **berechtigt** ist, bewegliche Sachen wegzunehmen. In einem solchen Fall handelt man nicht rechtswidrig, so z. B. der Gerichtsvollzieher, der gepfändete Sachen in die Auktionshalle bringen lässt. Wer z. B. anlässlich eines Besuchs einen Mantel mitnimmt in der Meinung, es sei sein eigener, erfüllt zwar den objektiven Tatbestand des Diebstahls und handelt auch rechtswidrig, erfüllt aber nicht den »subjektiven« Tatbestand oder die strafrechtliche Schuld (innere Einstellung).

Vorsätzlichkeit

Grundsätzlich wird nur bestraft, wer **vorsätzlich**, d. h. bewusst handelt. Um den **Tatbestand des Diebstahls** zu erfüllen, muss man die Absicht haben, auch in Zukunft wie ein Eigentümer über die entzogenen Sachen zu verfügen. Wer z. B. seinem Nachbarn ein Buch fortnimmt mit dem Vorsatz, es nach einer Woche ausgelesen wieder an Ort und Stelle zu legen, hat diese Absicht nicht, kann also auch nicht wegen Diebstahls bestraft werden.

Gebrauchsdiebstahl

Wer sich allerdings das Auto oder Motorrad seines Nachbarn heimlich zu einer Spritztour »ausleiht«, geht nach dem Gesetz nicht straflos aus, sondern wird sich zumindest wegen **Gebrauchsdiebstahls** zu verantworten haben.

Diebstahlsversuch

Ist die Vollendung des Diebstahls nur deshalb unterblieben, weil der Täter zufällig keine für ihn mitnehmenswerten Gegenstände vorgefunden hat, liegt strafbarer **Diebstahlsversuch** (versuchter Einbruchsdiebstahl) vor.

Urteil und Strafe

Luise Stiehl hatte offenbar die Absicht, die Wäschestücke für sich zu behalten bzw. weiterzuverkaufen. Damit ist der Tatbestand des Diebstahls in subjektiver wie in objektiver Hinsicht gegeben. Der Richter fällt demnach sein **Urteil** – wobei wir in dieser Variante einmal davon ausgehen wollen, Luise Stiehl sei nicht zu einer bedingten Freiheitsstrafe, sondern zu einer unbedingten **Geldstrafe** verurteilt worden (um auch das Wesen der in der Praxis häufig vorkommenden Geldstrafe näher kennen zu lernen).

Urteil:
Geschäftszahl 12b EVr 4107/... Hv 168/...

Im Namen der Republik

Der Einzelrichter Dr. XY. des Landesgerichtes für Strafsachen Wien hat über den vom öffentlichen Ankläger gegen Luise Stiehl, ... Jahre, verwitwet, Haushalt,

wegen des Vergehens des schweren Diebstahls nach den §§ 127, 128 Abs. 1 Z. 4 StGB gestellten Strafantrag

nach der am ...
in Anwesenheit des Staatsanwaltes Dr. M.
des Privatbeteiligten Karl Jedermann
der Angeklagten Luise Stiehl
und des Verteidigers ...

durchgeführten Hauptverhandlung

am ... zu Recht erkannt:

Luise Stiehl ist schuldig:

sie hat am ... in Wien mit dem abgesondert verfolgten Jugendlichen Fritz Hurt nachgenannte bewegliche Sachen dem Karl Jedermann mit dem Vorsatz weggenommen, sich oder einen Dritten durch deren Zueignung unrechtmäßig zu bereichern:

... Herrenhemden
... Herrensocken
... Krawatten
... Damenkombinationen
... Büstenhalter

Gesamtwert: € 2.650,–

Sie hat hiedurch begangen das Vergehen des schweren Diebstahls nach den §§ 127, 128 Abs. 1 Z. 4 StGB und wird hiefür nach dem § 128 Abs. 1 StGB unter Anwendung des § 37 Abs. 1 StGB zu einer Geldstrafe von 100 Tagessätzen à € 10,– (= € 1.000,–), für den Fall der Uneinbringlichkeit zu 50 Tagen Ersatzfreiheitsstrafe und gemäß dem § 389 StPO zum Ersatz der Kosten des Strafverfahrens verurteilt.

Gemäß den §§ 365 Abs. 1, 369 Abs. 1 StPO ist sie schuldig, dem Privatbeteiligten Karl Jedermann den Betrag von € 380,– zu bezahlen, dies ist der Wert der infolge Verbringung nicht dem Geschädigten zurückgestellten Sachen.

Entscheidungsgründe:

Aufgrund der Anzeige, der Polizeierhebungen, der Aussagen der Zeugen Kriminalinspektor ..., Karl Jedermann, Anna Jedermann und Fritz Hurt steht im Zusammenhang mit der geständigen Verantwortung der Beschuldigten Luise Stiehl folgender Sachverhalt fest:

Die Beschuldigte Luise Stiehl erschien wiederholt in dem Textilgeschäft des Privatbeteiligten Karl Jedermann. Sie machte kleine Einkäufe und ließ sich von dem Lehrling Fritz Hurt zu den gekauften Sachen eine Reihe von Textilwaren dazupacken. Fritz Hurt, mit dem die Beschuldigte die Durchführung der Diebstähle verabredet hatte, bediente Luise Stiehl immer selber. Der Privatbeteiligte Karl Jedermann schöpfte vorerst keinen Verdacht. Erst als bei wiederholt durchgeführten Kontrollen das Schwinden des Warenvorrats zu auffällig war, schöpfte er Verdacht und erstattete eine Anzeige gegen unbekannte Täter. Im Zuge der polizeilichen Erhebungen wurde festgestellt, dass die Beschuldigte in der Umgebung ihres Wohnortes Textilien, die aus dem Geschäft des Karl Jedermann stammten, zu billigen Preisen weiterverkaufte. Bei einer bei ihr durchgeführten Hausdurchsuchung konnten noch Waren sichergestellt werden. Insgesamt haben die gestohlenen Waren einen Wert von € 2.650,–. Zu diesen Feststellungen gelangt das Gericht aufgrund des durch die Beweisergebnisse überprüften Geständnisses der Beschuldigten.
In rechtlicher Hinsicht war der festgestellte Sachverhalt spruchgemäß zu qualifizieren. Bei der Strafbemessung mildernd waren das Geständnis, die teilweise Schadensgutmachung, die bedrängte wirtschaftliche Lage, die günstige Gelegenheit und der ordentliche Lebenswandel.
Erschwerend waren die wiederholten Angriffe und die Verleitung des Jugendlichen Fritz Hurt.
Im Hinblick auf die Strafzumessungsgründe erscheint die verhängte Geldstrafe, was die Tagessatzanzahl betrifft, dem Verschulden und der Täterpersönlichkeit der Beschuldigten angemessen.
Die Höhe des Tagessatzes bestimmte sich nach ihren persönlichen Verhältnissen und entspricht dem Betrag, der ihr täglich entzogen werden muss, damit sie, auf das Existenzminimum gesetzt, die vom Gesetz als Lebensführungsstrafe angelegte Geldstrafe entsprechend verspürt.
Die übrigen Entscheidungen gründen sich auf die im Spruche bezogenen Gesetzesstellen.

Landesgericht für Strafsachen Wien
Abt. 12, am ...
Dr. XY.

Die Geldstrafe

Prävention

Die **Geldstrafe** spielt nach dem Strafgesetzbuch eine große Rolle, da man die Erfahrung gemacht hat, dass kurzfristige Freiheitsstrafen eher zu einer Kriminalisierung als zu einer Besserung der Täter führen. Das Gesetz sieht daher nach § 37 StGB grundsätzlich die Verhängung von Geldstrafen anstelle von Freiheitsstrafen vor, wenn für die Tat keine strengere Strafe als Freiheitsstrafe bis zu fünf Jahren angedroht ist – dies allerdings nur unter dem weiteren Aspekt, dass es nicht der Verurteilung zu einer Freiheitsstrafe bedarf, um den Täter von weiteren strafbaren Handlungen abzuhalten oder der Begehung strafbarer Handlungen durch andere entgegenzuwirken (**General- und Spezialprävention**).

In diesem Fall ist (zwingend), statt auf eine Freiheitsstrafe von nicht mehr als sechs Monaten, auf eine Geldstrafe von nicht mehr als 360 Tagessätzen zu erkennen.

Das Verhängen einer Geldstrafe ist nach dem § 37 Abs. 2 StGB auch für Taten möglich, für die keine strengere als eine zehnjährige Freiheitsstrafe angedroht ist; jedoch muss aus besonderen Gründen Gewähr dafür gegeben sein, dass der Täter in Hinkunft keine weiteren strafbaren Handlungen mehr begehen werde und auch andere durch die Verurteilung zu einer Geldstrafe genügend abgeschreckt werden.

Bemessung der Geldstrafe

Die **Bemessung der Geldstrafe** erfolgt in zwei Schritten. Zunächst hat der Richter die general- und spezialpräventiven Gründe zu prüfen, ob überhaupt eine Geldstrafe in Frage kommt. Wenn eine Geldstrafe unter Berücksichtigung dieser general- und spezialpräventiven Gründe nach dem Gesetz möglich ist, dann hat er sich zu fragen, wie viel Freiheitsstrafe er über den zu Verurteilenden verhängt hätte, wenn es nur Freiheitsstrafe gäbe. Die so ermittelte Zahl ist mit 2 zu multiplizieren, weil nach § 19 Abs. 1 StGB die Geldstrafe in Tagessätzen zu bemessen ist, mindestens zwei Tagessätze beträgt und nach § 19 Abs. 3 StGB ein Tag Ersatzfreiheitsstrafe zwei Tagessätzen entspricht.

Tagessatz

Der einzelne **Tagessatz** beträgt mindestens € 2,– und höchstens € 327,–, je nach den Einkommens-, Sorge- und Vermögensverhältnissen des zu Bestrafenden. Das Gesetz geht davon aus, dass der zu Bestrafende in seiner Lebensführung derart eingeschränkt wird, dass er auf das **Existenzminimum** gesetzt wird. Dieses Existenzminimum beträgt derzeit € 653,–, wozu noch weitere Beträge für die Sorgepflichten kommen (siehe dazu die Ausführungen über die Lohnpfändung auf Seite 84 ff.). Am Schluss wird dann die Tagessatzanzahl mit der Tagessatzhöhe multipliziert und das ergibt schließlich die über den Beschuldigten verhängte **Geldstrafe**.

Hinsichtlich der Geldstrafe gibt es die Möglichkeit der **Ratenzahlung**, falls die unverzügliche Zahlung den Verurteilten mit besonderer Härte treffen würde. Dabei werden alle aushaftenden Raten sofort fällig, wenn der Verurteilte mit mindestens zwei Raten im Verzug ist.

Bei Uneinbringlichkeit der Geldstrafe wird die Ersatzfreiheitsstrafe vollzogen.

Raub

Wendet derjenige, der sich in den Besitz einer fremden Sache oder Person setzen will, **Gewalt** an, so liegt das Verbrechen des Raubes vor (§ 142 StGB). Auch in einer Drohung kann Gewaltanwendung gelegen sein.

Manchmal ist die Grenze zwischen Diebstahl und Raub schwer zu ziehen. Entreißt beispielsweise jemand blitzschnell einer Frau die Handtasche, so wird wohl nur Diebstahl vorliegen; begleitet er jedoch diese Handlung mit dem Ruf »Geld oder Leben!« oder schwingt er einen Schlagstock, wird das Verbrechen des Raubes gegeben sein. Die Drohung muss nicht ernst gemeint sein, aber ernst gemeint scheinen (z. B. mit ungeladener Schusswaffe). Eine Drohung, die nicht den Charakter der Gewalt aufweist, kann noch immer eine gefährliche Drohung und als Erpressung (siehe Seite 477) strafbar sein. Erreicht die Drohung das Opfer nicht, ist der Raub nur versucht. Zum Raub ist auch gewinnsüchtige Absicht erforderlich.

Laienrichter

Geschworene/Schöffen

Die Gerichte üben die staatliche Gerichtsbarkeit durch Richter aus. Man unterscheidet hier Berufsrichter und Laienrichter (Volksrichter). Der **Berufsrichter** hat nach abgeschlossenem Universitätsstudium und einer mehrjährigen Vorbereitungszeit die Richteramtsprüfung abgelegt und ist durch den Bundespräsidenten (oder aufgrund dessen Ermächtigung durch den Bundesminister für Justiz) zum Richter ernannt worden. Die **Laienrichter** heißen **Geschworene** oder **Schöffen**, je nachdem, ob sie bei einem Geschworenen- oder Schöffengericht ihr Amt ausüben. Das Amt eines Geschworenen oder Schöffen ist ein Ehrenamt. Als Geschworene oder Schöffen sind österreichische Staatsbürger zu berufen, die zu Beginn des ersten Jahres, in dem sie tätig sein sollen, das 25., nicht aber das 65. Lebensjahr vollendet haben.

Vom Amt eines Geschworenen oder Schöffen sind Personen **ausgeschlossen**:

☛
- die infolge ihres körperlichen oder geistigen Zustandes die Pflichten des Amts nicht erfüllen können,
- die der Gerichtssprache nicht so weit mächtig sind, dass sie dem Gang einer Verhandlung verlässlich zu folgen vermögen,
- die gerichtliche Verurteilungen aufweisen, die nicht der beschränkten Auskunft aus dem Strafregister unterliegen (das sind grundsätzlich Verurteilungen zu einer mehr als dreimonatigen Freiheitsstrafe) oder
- gegen die ein Strafverfahren wegen des Verdachts einer gerichtlich strafbaren Handlung anhängig ist, die von Amts wegen zu verfolgen und mit mehr als sechs Monaten Freiheitsstrafe bedroht ist.

Als Geschworene oder Schöffen sind **nicht zu berufen**:

☛
- der Bundespräsident,
- die Mitglieder der Bundesregierung, die Staatssekretäre, die Mitglieder einer Landesregierung sowie der gesetzgebenden Körperschaften des Bundes und der Länder,
- der Präsident und der Vizepräsident des Rechnungshofes sowie die Volksanwälte,
- Geistliche und Ordenspersonen der gesetzlich anerkannten Kirchen und Religionsgesellschaften,
- Richter, Staatsanwälte, Notare, Rechtsanwälte, die Anwärter dieser Berufe, andere in die Verteidigerliste eingetragene Personen und hauptamtlich tätige Bewährungshelfer,
- Bedienstete der Bundesministerien für Inneres und für Justiz sowie deren nachgeordneter Bundesdienststellen und Angehörige eines Gemeindewachkörpers,
- Personen, die keinen ordentlichen Wohnsitz im Inland haben.

Vom Amt eines Geschworenen oder Schöffen sind auf Antrag **für einen Zeitraum von höchstens zwei Jahren zu befreien**:

☛
- Personen, die während der Geltungsdauer der vorangegangenen Jahreslisten ihrer Berufung als Geschworene oder Schöffen nachgekommen sind,
- Personen, bei denen die Erfüllung ihrer Pflicht als Geschworene oder Schöffen mit einer unverhältnismäßigen persönlichen oder wirtschaftlichen Belastung für sie selbst oder Dritte oder mit einer schwerwiegenden und nicht anders abwendbaren Gefährdung öffentlicher Interessen verbunden wäre.

Auswahl der Laienrichter

Die **Auswahl der Laienrichter** erfolgt nach dem Geschworenen- und Schöffengesetz 1990 durch das Zufallsprinzip auf folgender Grundlage: Der Bürgermeister oder eine von ihm bestimmte oder sonst zu seiner Vertretung befugte Person hat jedes zweite Jahr die Namen von fünf (in Wien zehn) von tausend der in der Wählerevidenz eingetragenen Personen durch ein Zufallsverfahren zu ermitteln. Diese Auslosung hat so zu geschehen, dass die Auswahl einer jeden in Betracht kommenden Person mit annähernd gleicher Wahrscheinlichkeit möglich ist. Sie hat entweder durch ein automationsunterstütztes Datenprogramm oder auf eine andere, willkürliche Beeinflussung ausschließende Weise zu erfolgen. Personen unter 25 oder über 65 Jahre sowie solche, die keinen ordentlichen Wohnsitz im Inland haben, sind nicht zu berücksichtigen.

Die Geschworenen und Schöffen sind in der Reihenfolge der Dienstlisten mit der **Ladung** zur ersten Hauptverhandlung zu ihrem Amt zu berufen. Hierbei sind ihnen womöglich auch schon die weiteren Verhandlungstage bekannt zu geben, an denen sie im ersten Jahr zum Dienst herangezogen werden sollen, und eine eingehende **Belehrung** über die mit dem Amt eines Geschworenen oder Schöffen verbundenen Rechte und Pflichten zu erteilen.

Der Laienrichter bringt nicht Rechtskenntnisse, wohl aber sein (bildungsfähiges) Rechtsgefühl zum Nutzen des Entscheidungsergebnisses in das Verfahren ein. Die Mitwirkung von Laienrichtern im Strafverfahren ist geschichtlich bedingt; ihr Wert als Schutzwehr der bürgerlichen Freiheit gegenüber der Staatsgewalt und deren ständig beamteten Richtern hängt von den Zeitverhältnissen ab. Zweifellos hält ein maßvolles Prinzip der Laienbeteiligung nicht allein Verständnis und Interesse der Bevölkerung an der Strafrechtspflege wach, sondern es fördert die Rechtsprechung, da der Laienrichter naturgemäß vorurteilsfreier an eine Strafsache herangeht als ein Berufsrichter. Die Heranziehung von Laien bedeutet ein Korrektiv des Routinebetriebes.

Die Geschworenengerichte

Vor dem Geschworenengericht werden alle **Verbrechen** abgeurteilt, die mit einer strengeren als zehnjährigen Freiheitsstrafe bedroht sind, sofern die Untergrenze nicht weniger als fünf Jahre beträgt; ferner **politische Delikte** wie vor allem Hochverrat, Landesverrat, Herabwürdigung des Staates und seiner Symbole, Angriffe auf oberste Staatsorgane, Störung der Beziehungen zum Ausland, Überlieferung an eine ausländische Macht, staatsfeindliche Verbindungen, Ansammeln von Kampfmitteln.

Beim Geschworenengericht (Schwurgerichtshof) gehen die Berufsrichter und die Laienrichter (Geschworenenbank) bei der Urteilsfindung getrennt vor. Die Geschworenenbank entscheidet über die Schuldfrage des Angeklagten allein, während über die zu verhängende Strafe, über eventuelle Besserungs- und Sicherungsmaßnahmen, privatrechtliche Ansprüche und die Kosten des Strafverfahrens der Schwurgerichtshof gemeinsam mit der Geschworenenbank entscheidet.

Jugendstrafsachen

Auch in **Jugendstrafsachen** entscheidet das Geschworenengericht, wenn die Anklage wegen ihrer politischen Natur vor das Geschworenengericht gehört oder wenn (auch bei nichtpolitischen Delikten) wegen nach Vollendung des 16. Lebensjahres begangener strafbarer Handlungen auf eine mehr als zehnjährige Freiheitsstrafe erkannt werden kann. Über alle anderen Anklagen nichtpolitischer Natur entscheidet jedoch in Jugendstrafsachen das **Schöffengericht**, über Strafanträge der **Einzelrichter**.

Der Einzelrichter in Jugendstrafsachen wurde erst durch das **Jugendgerichtsgesetz 1988** (JGG, BGBl. Nr. 599/1988) eingeführt. Die Strafrichter in Jugendsachen werden nach besonderen Gesichtspunkten ausgewählt. Man verlangt von ihnen pädagogisches Verständnis, womöglich Kenntnisse und Vorstudien in Psychologie, Psychiatrie und Pädagogik. Auch die Laienrichter in Jugendsachen sind nach ähnlichen Gesichtspunkten ausgewählt; bevorzugt werden Personen, die im Lehrberuf oder in der Jugendfürsorge tätig waren.

Den die Gerichtsbarkeit in Jugendstrafsachen ausübenden Gerichten ist auch die Strafgerichtsbarkeit bezüglich **Jugendschutzsachen** übertragen, das sind Vergehen Erwachsener, durch die Unmündige oder Jugendliche verletzt oder gefährdet worden sind. Das gilt für die Delikte nach den §§ 198 und 199 StGB: Verletzung der Unterhaltspflicht, Vernachlässigung der Pflege, Erziehung oder Beaufsichtigung (siehe Seite 472 f.).

Die Schöffengerichte

Alle strafbaren Handlungen, die nicht vor die Geschworenengerichte gehören, nicht vor den Einzelrichter beim Gerichtshof und auch nicht vor das Bezirksgericht, werden vor dem Schöffengericht abgeurteilt. Es setzt sich zusammen aus zwei Berufsrichtern, von denen der eine den Vorsitz führt, und zwei Schöffen.

Beim Schöffengericht bilden im Unterschied zum Geschworenengericht Berufs- und Laienrichter zusammen ein Kollegium, das gemeinsam über die Schuld- und Straffrage zu entscheiden hat.

Ladung zur Verhandlung als Geschworener oder Schöffe

Der als Geschworener oder Schöffe zur Verhandlung Geladene muss pünktlichst erscheinen; bleibt er aus, ohne ein unabwendbares Hindernis bescheinigen zu können, so kann er zum Ersatz der Kosten der vereitelten Verhandlung und zu einer **Ordnungsstrafe** bis zu € 726,– verurteilt werden. Gegen ein solches Erkenntnis kann er binnen 14 Tagen nach Zustellung der Geschworenen- und Schöffenladung Einspruch beim Gerichtshof erheben, gegen dessen endgültige Entscheidung es dann kein Rechtsmittel mehr gibt. Genauso wie der Zeuge hat auch der Geschworene oder Schöffe Anspruch auf Ersatz der notwendigen Reisekosten, des Mehraufwandes für Verpflegung und Nächtigung; für diesen **Gebührenanspruch** gelten dieselben Sätze wie beim Zeugen (siehe Seite 449).

Karl Jedermann hat eine Geschworenen- und Schöffenladung zu eigenen Handen zugestellt erhalten. Es soll über Adolf Unheil, der seine Freundin umgebracht hat, geurteilt werden.
Karl Jedermann folgt mit großer Aufmerksamkeit dem Gang der Verhandlung. Er erfährt, dass der Angeklagte ein außereheliches Kind und der Pflege der Großmutter anvertraut war. Er absolvierte die Volks- und Hauptschule, wo er aber nicht recht mitkam. Verschiedene Dienstposten musste er verlassen, weil er immer wieder kleinere Diebstähle verübte. Er kam in eine Erziehungsanstalt, wo er nach kurzer Zeit durchbrannte. Eine wenige Jahre später übereilt geschlossene Ehe wurde bald

wieder geschieden. Schließlich lernte er Trude Tomaselli kennen und die beiden lebten zusammen. Es kam häufig zu Streitigkeiten, wobei Adolf Unheil seine Lebensgefährtin immer wieder und ohne jede Veranlassung der Untreue bezichtigte. Auch am Tag der Tat überhäufte der Angeklagte Frau Tomaselli mit Vorwürfen. Als sie, zu Hause angelangt, endlich sagte, er solle sie in Ruhe lassen, zog er eine bereitgehaltene Pistole und gab aus zirka eineinhalb Meter Entfernung einen Schuss in den Unterleib ab. Der Angeklagte trat dann auf die Schwerverletzte zu, setzte ihr den Lauf der Pistole an die Schläfe und feuerte einen zweiten Schuss ab. Nun wollte er sich selbst töten, war aber, wie er sagte, zu feige dazu. Tags darauf stellte er sich der Polizei.

Interessant war für Karl Jedermann die Meinung des Sachverständigen. Die geistige Minderwertigkeit des Angeklagten – so hieß es – grenze zwar schon an leichten Schwachsinn, enthebe ihn aber nicht der strafrechtlichen Verantwortlichkeit. Der Angeklagte habe im Zeitpunkt der Tat, als er sich tatsächlich in einer heftigen Gemütsbewegung befand, in einer so genannten Kurzschlussreaktion gehandelt. Eine solche Reaktion laufe, wenn sie einmal begonnen habe, zwangsläufig ab, ohne dass der Täter selbst die Möglichkeit habe, diesen Ablauf zu hemmen.

Endlich wird die Verhandlung geschlossen. An die Geschworenen werden folgende Fragen gestellt:

Hauptfrage: Ist der Angeklagte schuldig, am ... in Wien ... Trude Tomaselli dadurch, dass er gegen Unterleib und Kopf je einen Pistolenschuss abfeuerte, vorsätzlich getötet zu haben?

Zusatzfrage: War der Angeklagte zur Zeit der Tat wegen einer Geisteskrankheit, wegen Schwachsinns oder wegen einer tiefgreifenden Bewusstseinsstörung unfähig, das Unrecht seiner Tat einzusehen oder nach dieser Einsicht zu handeln?

Obmann der Geschworenen

Die Geschworenen begeben sich nun in das für sie bestimmte Beratungszimmer und wählen mit einfacher Stimmenmehrheit einen **Obmann** aus ihrer Mitte. Dort erteilt dann der Vorsitzende des Schwurgerichtshofes die Rechtsbelehrung und überzeugt sich, dass seine Belehrungen von den Geschworenen auch verstanden wurden. Sind Zweifel vorhanden, so beseitigt er sie. Und nun haben die Geschworenen unter dem Vorsitz ihres Obmanns allein über Schuld oder Nichtschuld des Angeklagten ihre Entscheidung zu treffen. Ehe dies geschehen ist, darf keiner das Beratungszimmer verlassen.

Im Fall Adolf Unheil waren die Meinungen sehr geteilt. Der Obmann ließ über die einzelnen Fragen der Reihe nach mündlich abstimmen und gab zuletzt seine eigene Stimme ab. Nach Beendigung der Abstimmung verfasste der Obmann eine kurze Niederschrift – gesondert für jede Frage – und benachrichtigte dann den Vorsitzenden des Schwurgerichtshofes. Es wurde die Hauptfrage mit acht Stimmen bejaht, die Zusatzfrage mit acht Stimmen verneint.

Wahrspruch

Wäre nun der Schwurgerichtshof einstimmig der Ansicht gewesen, dass sich die Geschworenen beim Ausspruch in der Hauptsache geirrt haben, so hätte er beschließen können, **die Entscheidung auszusetzen** und die Sache dem Obersten Gerichtshof vorzulegen. So weit die Sistierung reicht, ist der **Wahrspruch** und damit auch die vorausgegangene Hauptverhandlung vernichtet. Der OGH verweist die Sache vor ein anderes Geschworenengericht desselben oder eines anderen Sprengels. Wenn aber nur noch über eine strafbare Handlung zu entscheiden ist, die für sich allein nicht vor ein Geschworenengericht gehört, verweist er sie an das von ihm zu bezeichnende sachlich zuständige Gericht.

Bei der wiederholten, ganz von neuem durchzuführenden Verhandlung darf keiner der Richter den Vorsitz führen und keiner der Geschworenen zugelassen werden, die an der ersten Hauptverhandlung teilgenommen haben. Der Wahrspruch des zweiten Geschworenengerichts ist dem Urteil zugrunde zu legen, auch wenn er mit dem ersten Wahrspruch übereinstimmt, ja selbst dann, wenn er noch weniger richtig ist als der erste.

In unserem Fall ist der Angeklagte für schuldig befunden worden und der Schwurgerichtshof berät nun gemeinsam mit den Geschworenen über die zu verhängende Strafe sowie über privatrechtliche Ansprüche und Kosten des Strafverfahrens. Nach Wiedereröffnung der Verhandlung lässt der Vorsitzende den Angeklagten vorführen und fordert den Obmann der Geschworenen auf, den Wahrspruch mitzuteilen. Sodann verkündet der Vorsitzende das Urteil samt den wesentlichen Gründen. Wäre jedoch der Schwurgerichtshof der Meinung, die Geschworenen hätten sich geirrt und die Sache sei daher dem OGH vorzulegen, so wird nur der Wahrspruch der Geschworenen mitgeteilt.

Mord

Der Tatbestand des Mordes, über den Karl Jedermann als Geschworener zu entscheiden hatte, ist in einem besonderen Teil des Strafgesetzbuches unter dem Titel »Strafbare Handlungen gegen Leib und Leben« geregelt. § 75 StGB (**Mord**) lautet:

§§ Wer einen anderen tötet, ist mit Freiheitsstrafe von zehn bis zu zwanzig Jahren oder mit lebenslanger Freiheitsstrafe zu bestrafen.

§ 76 StGB (**Totschlag**) besagt:

§§ Wer sich in einer allgemein begreiflichen heftigen Gemütsbewegung dazu hinreißen lässt, einen anderen zu töten, ist mit Freiheitsstrafe von fünf bis zu zehn Jahren zu bestrafen.

Der Einwand, dass ein Mörder immer in einer heftigen Gemütsbewegung handelt und dass daher immer nur das Verbrechen des Totschlags vorliegt, trifft wohl scheinbar zu; das Gesetz schiebt dem aber einen Riegel vor, indem es bestimmt, dass diese Gemütsbewegung allgemein begreiflich sein muss, das heißt, dass auch ein Durchschnittsmensch sich sagt: »In eine solche Gemütsbewegung hätte auch ich geraten können.«

Kausalität

Die Handlung braucht nicht immer ein Tun zu sein, der Tod kann auch durch eine Unterlassung herbeigeführt werden. Viele Theorien wurden entwickelt, um das Wesen des Zusammenhangs zwischen der Handlung oder Unterlassung des Täters und dem eingetretenen Erfolg zu klären. Die Rechtswissenschaft spricht hier von Kausalität.

Zwischenursache

Der Täter hat auch dann vollendeten Mord zu verantworten, wenn seine Tat an sich nicht hingereicht hat oder hätte, den beabsichtigten Tod herbeizuführen, sondern wenn dieser nur durch verschiedene unglückliche Umstände eingetreten ist, die entweder in der eigentümlichen Körperbeschaffenheit des Opfers zu suchen sind oder in anderen zufällig hinzugekommenen **Zwischenursachen** (§ 129 StPO) liegen.

Die juristisch relevante Kausalität (man spricht hier auch vom Rechtswidrigkeitszusammenhang) ist im Strafgesetzbuch nicht geregelt, da es sich nach Ansicht des Gesetzgebers um eine naturwissenschaftliche Frage handelt; Anhaltspunkte einer Kausalitätsregel gibt uns jedoch § 129 StPO. So ist z. B. Mörder, wer jemandem – in nachweisbarer Tötungsabsicht – auf den Kopf schlägt, auch wenn der Schlag an sich bei einem normalen Menschen kaum eine nennenswerte Verletzung hervorgerufen hätte, jedoch bei diesem Opfer den Tod deshalb zur Folge hatte, weil die Schädelknochen ungewöhnlich dünn waren (Papierschädel).

Der Kausalzusammenhang wird **unterbrochen** durch ein vorsätzliches oder grob fahrlässiges Handeln eines Dritten, der mit der Sache an und für sich nichts zu tun hat. Beispielsweise wird ein bei einem Verkehrsunfall Verletzter in jenes Spital eingeliefert, in dem sein Todfeind OP-Gehilfe ist; bei der Operation, die der Verletzte ohne weiteres überstanden hätte, wird ihm in Tötungsabsicht die Sauerstoffzufuhr abgeschnitten. Hier haftet der Verletzer beim Verkehrsunfall nicht für den Tod, da durch die vorsätzliche Handlung des Todfeindes der Kausalzusammenhang unterbrochen wurde.

Schwangerschaftsabbruch

Nach § 96 StGB ist derjenige, der mit Einwilligung der Schwangeren deren Schwangerschaft abbricht, mit Freiheitsstrafe bis zu einem Jahr, bei gewerbsmäßiger Begehung bis zu drei Jahren zu bestrafen. Wenn der unmittelbare Täter kein Arzt ist, so ist er mit Freiheitsstrafe bis zu drei Jahren, bei Gewerbsmäßigkeit oder bei Eintritt des Todes der Schwangeren von sechs Monaten bis zu fünf Jahren zu bestrafen. Eine Frau, die den Abbruch ihrer Schwangerschaft selbst vornimmt oder durch einen anderen zulässt, ist mit Freiheitsstrafe bis zu einem Jahr zu bestrafen.

Durch die im § 97 Abs. 1 StGB seit 1. Jänner 1975 eingeführte **Fristenlösung** ist die Schwangerschaftsunterbrechung nach § 96 StGB **nicht strafbar**,

☛
- — wenn der Schwangerschaftsabbruch innerhalb der ersten drei Monate nach Beginn der Schwangerschaft nach vorhergehender ärztlicher Beratung von einem Arzt vorgenommen wird, oder
- — wenn der Schwangerschaftsabbruch zur Abwendung einer nicht anders abwendbaren ernsten Gefahr für das Leben oder eines schweren Schadens für die körperliche oder seelische Gesundheit der Schwangeren erforderlich ist, oder
- — wenn eine ernste Gefahr besteht, dass das Kind geistig oder körperlich schwer geschädigt sein werde (medizinische oder eugenische Indikation), oder
- — wenn die Schwangere zur Zeit der Schwängerung unmündig war und in allen diesen Fällen der Abbruch von einem Arzt vorgenommen wird, oder
- — wenn der Schwangerschaftsabbruch zur Rettung der Schwangeren aus einer unmittelbaren, nicht anders abwendbaren Lebensgefahr unter Umständen vorgenommen wird, unter denen ärztliche Hilfe nicht rechtzeitig zu erlangen ist.

Ein Arzt ist nicht verpflichtet, eine Schwangerschaftsunterbrechung durchzuführen oder daran mitzuwirken, außer um eine unmittelbare Lebensgefahr von der Schwangeren abzuwenden (§ 97 Abs. 2 StGB).

Niemand darf wegen der Durchführung eines straflosen Schwangerschaftsabbruchs oder der Mitwirkung daran oder wegen der Weigerung, einen solchen Schwangerschaftsabbruch durchzuführen oder daran mitzuwirken, in welcher Art immer benachteiligt werden (§ 97 Abs. 3 StGB).

Wer ohne Einwilligung der Schwangeren deren Schwangerschaft abbricht, ist mit Freiheitsstrafe bis zu drei Jahren, bei Tod der Schwangeren jedoch von sechs Monaten bis zu fünf Jahren zu bestrafen, außer er tut dies zur Rettung der Schwangeren aus einer Lebensgefahr und unter Umständen, unter denen die Einwilligung der Schwangeren nicht rechtzeitig zu erlangen ist (§ 98 StGB).

Angriffe auf die Sittlichkeit

Eines Tages hört Anna Jedermann, wie eine Schulkollegin ihrer Tochter Ulrike erzählt, ein Mann habe sie in den Abendstunden im Stadtpark angesprochen; er sei »vorne ganz offen« gewesen, sie habe das genau gesehen. Auch früher schon habe er sie angesprochen und eingeladen, mit ihm zu gehen; sie sei ein hübsches Kind und er wolle sie zeichnen. Er habe ihr dafür auch Geld und ein Geschenk versprochen. Frau Jedermann meldet den Sachverhalt sofort der Polizei.
Ludwig Schmierer wurde beobachtet und es konnte festgestellt werden, dass er sich wiederholt in Gesellschaft von Mädchen und Knaben befand, denen er ebenfalls Geld oder kleine Geschenke anbot. Da fast alle Kinder unter 14 Jahre alt waren, wurde Anzeige an die Staatsanwaltschaft erstattet. Diese erhob gegen Schmierer Anklage.

Der **Anklage** lag folgender Tatbestand zugrunde: Der Angeklagte befasste sich als Illustrator und Graphiker hauptsächlich mit dem Zeichnen von Füßen nach Modell. Solange sich die Mädchen, deren Füße er zeichnen wollte, in Begleitung erziehungsberechtigter Personen befanden, habe er sich immer anständig benommen. Er redete ihnen dann aber ein, dass er durch die Anwesenheit dritter Personen beim Zeichnen gestört werde. Wenn die Mädchen nun allein zu ihm kamen, forderte er sie auf, sich auszuziehen, und betastete sie an den Oberschenkeln und an den Geschlechtsteilen. Unter den verschiedensten Vorwänden lockte er immer wieder Kinder zu sich und forderte sie auf, auch ihn zu berühren.

Missbrauch

Kinder unter 14 Jahren verdienen einen erhöhten Schutz deshalb, weil sie vor dem physischen, insbesondere aber auch dem psychischen Nachteil bewahrt bleiben sollen, den vorzeitige Erfahrung in geschlechtlichen Dingen zur Folge haben kann. Die Handlung muss einen **geschlechtlichen Missbrauch** darstellen und die Absicht des Täters muss auf die Befriedigung seiner Lüste gerichtet sein.

Das Strafgesetz will hauptsächlich Personen unter 14 Jahren, aber auch solche, die zum Widerstand unfähig sind, vor geschlechtlichem Missbrauch schützen. Dieser Missbrauch muss nicht in einem Beischlaf bestehen. Durch das mit 1. Oktober 1998 in Kraft getretene Strafrechtsänderungsgesetz 1998 wurden die Strafbestimmungen gegen sexuellen Missbrauch von Unmündigen ausgebaut und verschärft, um das Recht der Kinder auf eine ungestörte sexuelle Entwicklung stärker zu betonen.

Vergewaltigung

Eine **Vergewaltigung** (§ 201 StGB) begeht, wer eine Person mit Gewalt, durch Entziehung der persönlichen Freiheit oder Drohung mit gegenwärtiger Gefahr für Leib oder Leben zur Vornahme oder Duldung des Beischlafs oder einer dem Beischlaf gleichzusetzenden geschlechtlichen Handlung nötigt. Das Gesetz droht Freiheitsstrafe von sechs Monaten bis zu fünf Jahren an, bei schwerer Gewalt von einem bis zu zehn Jahren (ebenso bei Drohung mit schwerer Gewalt für Leib und Leben). Hat die Tat den Tod der vergewaltigten Person zur Folge, so ist die Verhängung einer Freiheitsstrafe bis zu 20 Jahren, ja sogar eine lebenslange Freiheitsstrafe möglich.

Missbrauch von Unmündigen

§ 206 StGB stellt den schweren sexuellen **Missbrauch von Unmündigen** unter 14 Jahren unter Strafe. Der Beischlaf oder eine dem Beischlaf gleichzusetzende geschlechtliche Handlung wird vom Gesetz mit Freiheitsstrafe von einem bis zu zehn Jahren bedroht, bei schwerer Körperverletzung oder Schwängerung der Unmündigen mit Freiheitsstrafe von fünf bis zu 15 Jahren. Hat der schwere sexuelle Missbrauch den Tod der unmündigen Person zur Folge, ist er mit Freiheitsstrafe von zehn bis 20 Jahren oder mit lebenslanger Freiheitsstrafe zu bestrafen (§ 206 Abs. 3 StGB).

Mit Wirksamkeit ab **1. Jänner 2002** wurde dem § 206 StGB (Schwerer sexueller Missbrauch von Unmündigen) durch BGBl. I Nr. 130/2001 ein weiterer Absatz hinzugefügt, der besagt:

§§ Übersteigt das Alter des Täters das Alter der unmündigen Person nicht um mehr als drei Jahre, besteht die geschlechtliche Handlung nicht in der Penetration mit einem Gegenstand und hat die Tat weder eine schwere Körperverletzung (§ 84 Abs. 1) noch den Tod der unmündigen Person zur Folge, so ist der Täter nach Abs. 1 und 2 nicht zu bestrafen, es sei denn, die unmündige Person hätte das 13. Lebensjahr noch nicht vollendet.

§ 207 StGB behandelt den sonstigen sexuellen Missbrauch von Unmündigen. Wer eine geschlechtliche Handlung an einer unmündigen Person vornimmt oder von einer unmündigen Person an sich vornehmen läßt, dem droht immerhin Freiheitsstrafe von sechs Monaten bis zu fünf Jahren (§ 207 StGB).

Um den Tatbestand des **geschlechtlichen Missbrauchs** zu erfüllen, genügt allein die Erregung oder Steigerung des sinnlichen Reizes. So macht sich auch ein Greis strafbar, der zur Ausübung des Beischlafs nicht mehr fähig ist, denn nicht auf die »Potentia« kommt es bei der Beurteilung des strafbaren Tatbestandes an, sondern auf die »Libido«, das sinnliche Lustgefühl.

Sexueller Missbrauch von Jugendlichen unter 16 Jahren, die noch nicht reif genug sind, die Bedeutung des geschlechtlichen Vorgangs einzusehen, ist mit Freiheitsstrafe bis zu einem Jahr oder Geldstrafe bis zu 360 Tagessätzen (neu eingeführter § 207b StGB, der an die Stelle des aufgehobenen § 209 StGB getreten ist) zu bestrafen. Bei Ausnützung einer Zwangslage des Jugendlichen droht Freiheitsstrafe bis zu drei Jahren.

Blutschande

Im § 211 StGB wird als **Blutschande** der Beischlaf zwischen Verwandten in gerader und absteigender Linie sowie zwischen Geschwistern inkriminiert. Dadurch soll die Blutsvermischung zwischen Verwandten verhindert werden.

Missbrauch eines Autoritätsverhältnisses

Die gegen Ludwig Schmierer erhobene Anklage legt dem Graphiker auch den **Missbrauch eines Autoritätsverhältnisses** zur Last. Dieser Tatbestand ist in § 212 StGB geregelt. Voraussetzung ist, dass die minderjährige Person der Aufsicht, Erziehung oder Ausbildung des Täters untersteht oder ein minderjähriges Kind, Stiefkind, Wahlkind oder Mündel des Täters ist und von diesem zur Unzucht verführt wird.

Ebenso ist zu bestrafen, wer als Arzt einer Krankenanstalt oder Angestellter einer Erziehungsanstalt oder sonst als ein in der Erziehungsanstalt Beschäftigter eine in der Anstalt betreute Person oder als Beamter eine Person, die seiner **amtlichen Obhut** anvertraut ist, unter Ausnützung seiner Stellung dieser Person gegenüber entweder zur Unzucht missbraucht oder, um sich oder einen Dritten geschlechtlich zu erregen oder zu befriedigen, dazu verleitet, eine unzüchtige Handlung an sich selbst vorzunehmen (§ 212 Abs. 2 StGB). Das Gesetz will die geschützten Personen davor bewahren, dass sie durch die zur Aufsicht Befugten unter Ausnützung ihrer Autoritätsstellung zu unzüchtigen Handlungen verleitet werden.

Exhibitionisten

Wir haben gehört, dass Ludwig Schmierer sich den Kindern im Park entblößt gezeigt hat. Solche Personen werden als **Exhibitionisten** bezeichnet und sind nach § 218 StGB zu bestrafen, weil sie öffentlich auf eine zum berechtigten Ärgernis geeignete Weise eine unzüchtige Handlung vornehmen.

Unzüchtig ist jede Handlung, durch die die Sittlichkeit in geschlechtlicher Beziehung verletzt wird. Hierzu ist es nicht erforderlich, dass die Handlung dem erregten Geschlechtstrieb des Täters entspringt oder zur Erregung des Geschlechtstriebes des Täters oder eines anderen bestimmt ist. Sie muss nur ihrer Art nach zum Geschlechtsleben in Beziehung stehen. Die Verrichtung der Notdurft in der Öffentlichkeit und das Baden ohne Badehose ist kein nach dem Strafgesetz bedeutsamer Verstoß gegen Sitte und Anstand, allenfalls aber nach dem **Verwaltungsstrafrecht** zu beurteilen.

Unzüchtige Darstellungen und »Schundliteratur«

Seit dem Jahr 1950 gibt es ein Bundesgesetz »über die Bekämpfung unzüchtiger Veröffentlichungen und den Schutz der Jugend gegen sittliche Gefährdung«. Dieses so genannte **Pornographiegesetz** (BGBl. Nr. 97/1950) ist auch unter dem Namen »Schmutz- und Schundgesetz« bekannt geworden. Durch Strafandrohungen (außerdem Gewerbeentziehung und Verfall des Druckwerkes) dient das Pornographiegesetz dem Schutz der Jugend, die in ihren sittlichen Anschauungen noch nicht gefestigt ist und leicht auf Abwege geraten kann.

Nach neuerer Auffassung ist vor allem die »**harte**« **Pornographie** strafbar, also die Darstellung homosexueller, masochistischer, sadistischer oder sodomitischer Akte. Sie ist für Heranwachsende als besonders gefährlich anzusehen.

Pornographische Darstellungen mit Unmündigen (unter 14 Jahren) sind seit 1994 nach § 207a StGB strafbar, und zwar mit Freiheitsstrafe bis zu zwei Jahren, bei gewerbsmäßiger Begehung oder Begehung als Mitglied einer Bande bis zu drei Jahren (kommerzielle **Kinderpornographie**). Wer sich eine pornographische Darstellung mit Unmündigen verschafft oder eine solche besitzt, ist mit Freiheitsstrafe bis zu sechs Monaten oder mit Geldstrafe bis zu 360 Tagessätzen zu bestrafen. Dies gilt auch für die immer mehr um sich greifenden Vertriebsmethoden über Internet.

Videokassetten unzüchtigen Inhalts sind nach § 3 Abs. 1 des Pornographiegesetzes für verfallen zu erklären, so besagt es eine Entscheidung des Obersten Gerichtshofs (OGH).

Ehebruch und Familienzucht

Die Strafbarkeit des Ehebruchs wurde abgeschafft. Ein Scheidungsgrund kann er aber weiterhin sein (schwere Eheverfehlung nach § 49 Abs. 2 EheG).

Weiters steht den Ehegatten **kein Züchtigungsrecht** zu. Solche tätlichen Auseinandersetzungen zwischen Ehegatten stellen das Delikt der **Körperverletzung** dar. Es ist ganz egal, ob jemand einen anderen oder seinen Ehegatten körperlich verletzt; die Strafe für eine solche (leichte) Körperverletzung ist Freiheitsstrafe bis zu sechs Monaten oder Geldstrafe bis zu 360 Tagessätzen (§ 83 StGB).

Wer eine minderjährige Person der **Macht des Erziehungsberechtigten entzieht**, sie vor ihm verborgen hält, sie verleitet, sich dieser Macht zu entziehen oder sich vor dem Berechtigten verborgen zu halten, oder ihr dazu Hilfe leistet, ist mit Freiheitsstrafe bis zu einem Jahr zu bestrafen. Wer die Tat in Beziehung auf eine unmündige Person (bis 14 Jahre) begeht, ist mit Freiheitsstrafe bis zu drei Jahren zu bestrafen. Wer die Tat begeht, um die minderjährige Person zur Unzucht zu missbrauchen oder der Unzucht zuzuführen, ist ebenfalls mit Freiheitsstrafe bis zu drei Jahren zu bestrafen. Der Täter ist nur auf Antrag des Erziehungsberechtigten zu verfolgen. Eine minderjährige Person, die einen anderen dazu verleitet, sie der Macht des Erziehungsberechtigten zu entziehen oder ihr Hilfe zu leisten, sich selbst dieser Macht zu entziehen, ist nicht zu bestrafen (§ 195 StGB).

Wer eine minderjährige Person einer behördlich angeordneten Erziehungsmaßnahme entzieht, sie verleitet, sich einer solchen Maßnahme zu entziehen, oder ihr dazu Hilfe leistet, ist mit Freiheitsstrafe bis zu sechs Monaten oder mit Geldstrafe bis zu 360 Tagessätzen zu bestrafen (§ 196 StGB). Der Täter ist nur auf Antrag der Behörde zu verfolgen, die über die Fortsetzung der Erziehungsmaßnahme zu entscheiden hat.

Unterhaltspflicht

Wer seine im Familienrecht begründete **Unterhaltspflicht** gröblich verletzt und dadurch bewirkt, dass der Unterhalt oder die Erziehung des Unterhaltsberechtigten gefährdet werden oder ohne Hilfe von anderer Seite gefährdet wären, ist mit Freiheitsstrafe bis zu sechs Monaten zu bestrafen (§ 198 StGB).

☛ Seine Unterhaltspflicht verletzt insbesondere auch, wer es unterlässt, einem Erwerb nachzugehen, der ihm die Erfüllung dieser Pflicht ermöglichen würde. Durch diese Bedingung werden vor allem sehr viele außereheliche Väter getroffen, die für ihre unehelichen Kinder keinen Unterhalt leisten, weil sie zunächst mit ihrem Einkommen andere Verpflichtungen bestreiten, obwohl die Unterhaltsverpflichtungen als erste rangieren, oder die keinem Erwerb nachgehen. Die Kinder erhalten in solchen Fällen nach dem **Unterhaltsvorschussgesetz** vom Gericht den Unterhalt; das Gericht holt diesen dann vom außerehelichen Vater wieder herein. Dazu wird, falls obige Voraussetzungen gegeben sind, meist ein Verfahren wegen Verletzung der Unterhaltspflicht eingeleitet.

Wer die ihm aufgrund eines Gesetzes obliegende Pflege, Erziehung oder Beaufsichtigung einer minderjährigen Person gröblich vernachlässigt und dadurch, wenn auch nur fahrlässig, deren **Verwahrlosung** bewirkt, ist mit Freiheitsstrafe bis zu sechs Monaten oder Geldstrafe bis zu 360 Tagessätzen zu bestrafen (§ 199 StGB).

Notwehr und Notstand

Gegen Angriffe, die rechtswidrig sind, darf man sich zur Wehr setzen. Diese Angriffe können sich gegen das Leben, die Gesundheit, die Freiheit oder das Vermögen richten, wobei die Stärke der erlaubten Notwehr nach der Stärke des Angriffs beurteilt wird. Die Ehre beispielsweise ist bei uns kein notwehrfähiges Rechtsgut.

Notwehrüberschreitung

Wenn z. B. jemandem auf der Straße durch einen Taschendieb die Brieftasche gezogen wird, so darf der Bestohlene nicht auf ihn schießen, sondern er muss sich damit begnügen, den Dieb allenfalls mithilfe von Passanten festzuhalten. Ebenso darf beispielsweise ein Gelähmter nicht von seinem Fenster aus einen Schuss abgeben, wenn er ein Kind Kirschen von seinem Baum stehlen sieht, selbst wenn er keine andere Möglichkeit hat, diesen Angriff auf sein Eigentum abzuwehren. Dies stellt eine **Notwehrüberschreitung** dar.

Nothilfe

Das Recht zur Notwehr steht nicht nur dem Angegriffenen selbst zu, sondern jedem Dritten, der es im Interesse des Angegriffenen ausübt. Man spricht dann von Nothilfe. Man darf sich allerdings nicht gegen berechtigte Angriffe wehren. So gibt es z. B. keine Notwehr gegen den Steuerexekutor sowie gegen alle Beamten, soweit sie ihren Dienst zu Recht ausüben.

Eine Notwehrhandlung gibt es nur gegen einen Angriff, der schon erfolgt ist oder unmittelbar bevorsteht. Wenn kein Zweifel darüber besteht, dass jemand zu einem Angriff entschlossen ist, so kann dem Gegner nicht zugemutet werden, zuzuwarten, bis der Angriff so weit gediehen ist, dass die Gegenwehr zu spät kommt.

Notstand

Von der Notwehr unterscheidet sich der **Notstand**. Entschuldigender Notstand liegt vor, wenn jemand eine mit Strafe bedrohte Tat begeht, um einen unmittelbar drohenden bedeutenden Nachteil von sich oder einem anderen abzuwenden, sofern der aus der Tat drohende Schaden nicht unverhältnismäßig schwerer wiegt als der Nachteil, den sie abwenden soll, und in der Lage des Täters »von einem mit den rechtlich geschützten Werten verbundenen Menschen kein anderes Verhalten zu erwarten war« (§ 10 StGB).

Wehrt man sich gegen Angriffe von Tieren, so befindet man sich nach österreichischem Recht nicht in einer Notwehrsituation, sondern handelt bei der Abwehr gegen das Tier in **entschuldigendem Notstand**. So ist z. B. jemand entschuldbar, wenn er, von einem tollwütigen Hund angegriffen, keinen anderen Weg zur Rettung hat als einen Sprung über Nachbars Zaun in dessen Tulpenbeet. Wird jedoch ein Tier von einem Menschen aufgehetzt und wehrt man sich dann gegen dessen Angriff, so liegt eine Notwehrhandlung vor, da das Tier nur Werkzeug war.

Hat sich jemand ohne einen von der Rechtsordnung anerkannten Grund bewusst einer Notstandssituation ausgesetzt, so ist eine Notstandshandlung ebenfalls nicht zu entschuldigen. Ferner kann sich niemand auf Notstand berufen, der verpflichtet ist, Gefahren zu bestehen, z. B. Krankenwärter, Feuerwehrleute, Verkehrspolizisten usw.

Betrug, Urkundenfälschung, Prellerei und Nepp

Karl Jedermann will anlässlich seines 25-jährigen Geschäftsjubiläums seinen Freunden ein kleines Fest bereiten. Er erfährt, dass ein gewisser Moritz Täuscher alkoholische Getränke zu besonders günstigen Preisen verkauft. Er bestellt also eine Kiste Likör und Schnaps. Täuscher verlangt bei Entgegennahme der Bestellung die Hälfte des Kaufpreises im Voraus; bei Lieferung, die tatsächlich auch drei Tage später erfolgt, will er den Rest kassieren. Als nun Karl Jedermann den Gästen die geistigen Getränke aufwarten will, muss er feststellen, dass in sämtlichen Flaschen gefärbtes Wasser ist. Er ist empört und erstattet Strafanzeige.

Strafbarer Betrug

Was Moritz Täuscher zur Last gelegt wird, ist **strafbarer Betrug** (§ 146 StGB). Betrug begeht, wer mit dem Vorsatz, durch das Verhalten des Getäuschten sich oder einen Dritten unrechtmäßig zu bereichern, jemanden durch Täuschung über Tatsachen zu einer Handlung, Duldung oder Unterlassung verleitet, die diesen oder einen anderen am Vermögen schädigt. Der Betrug ist mit Freiheitsstrafe bis zu sechs Monaten und mit Geldstrafe bis zu 360 Tagessätzen bedroht.

Schwerer Betrug

Einen **schweren Betrug** begeht, wer zur Täuschung eine falsche oder verfälschte Urkunde, ein anderes solches Beweismittel oder ein unrichtiges Messgerät benützt, ein zur Bezeichnung der Grenze oder des Wasserstandes bestimmtes Zeichen unrichtig setzt, verrückt, beseitigt oder unkenntlich macht, sich fälschlich für einen Beamten ausgibt oder einen Betrug mit einem € 2.000,– übersteigenden Schaden begeht. Hier ist Freiheitsstrafe bis zu drei Jahren angedroht. Wenn der Schaden € 40.000,– übersteigt, ist Freiheitsstrafe von einem bis zu zehn Jahren angedroht; bei **gewerbsmäßigem Betrug** Freiheitsstrafe von sechs Monaten bis zu fünf Jahren; bei gewerbsmäßigem schwerem Betrug Freiheitsstrafe von einem bis zu zehn Jahren.

Notbetrug

Wer aus Not einen Betrug mit geringem Schaden (zirka € 72,–) begeht (**Notbetrug**), ist, wenn es sich nicht um schweren oder gewerbsmäßigen Betrug handelt, mit Freiheitsstrafe bis zu einem Monat oder mit Geldstrafe bis zu 60 Tagessätzen zu bestrafen (§ 150 StGB). Überdies ist er nur mit Ermächtigung des Verletzten zu verfolgen.

Der Betrüger, der die Tat zum Nachteil seines Ehegatten, eines Verwandten in gerader Linie, seines Bruders oder seiner Schwester oder zum Nachteil eines anderen Angehörigen begeht, sofern er mit diesem in Hausgemeinschaft lebt, ist nur aufgrund einer Privatanklage des oder der Geschädigten zu verfolgen (§ 166 StGB).

Schwarzfahren

Wer auf einem öffentlichen Verkehrsmittel schwarz fährt, ist von der Verwaltungsbehörde mit Geldstrafe bis zu € 218,– zu belegen und muss überdies die im Tarif festgesetzte Strafgebühr bezahlen. Bei Täuschung eines Kontrollors oder ähnlichen Verhaltensweisen liegt auch gerichtliche Zuständigkeit vor (Erschleichen einer Leistung gemäß § 149 StGB; Ermächtigungsdelikt). Das bloße **Schwarzfahren** allein ist dagegen gerichtlich nicht strafbar.

Urkundenfälschung

Wer eine falsche Urkunde mit dem Vorsatz herstellt oder eine echte Urkunde mit dem Vorsatz verfälscht, dass sie im Rechtsverkehr zum Beweis eines Rechts, eines Rechtsverhältnisses oder einer Tatsache gebraucht werde, begeht **Urkundenfälschung**. Er ist mit Freiheitsstrafe bis zu einem Jahr zu bestrafen (§ 223 StGB). Bei Fälschung besonders geschützter Urkunden (öffentliche Urkunden, letztwillige Verfügungen oder Wertpapiere) ist Freiheitsstrafe bis zu zwei Jahren angedroht (§ 224 StGB).

Das »Pickerl«

Moritz Täuscher muss seinen Lieferwagen zur wiederkehrenden Überprüfung bringen, damit er das so genannte »Pickerl« erhält, das über die Verkehrs- und Betriebssicherheit seines Fahrzeugs Zeugnis ablegt. Da er weiß, dass seine »Klapperkiste« diese Prüfung nicht bestehen wird, schabt er von einem anderen Wagen vorsichtig das notdürftig angebrachte »Pickerl« herunter und setzt es bei seinem eigenen auf, wodurch er nach außen hin sein Fahrzeug als verkehrs- und betriebssicher darstellt. Ein aufmerksamer Wachebeamter bemerkt aber, dass die Autonummer und die Ausgabenummer auf dem »Pickerl« nicht mit den Fahrzeugpapieren des Herrn Täuscher übereinstimmen.

Er zeigt ihn wegen **Fälschung öffentlicher Beglaubigungszeichen** nach § 225 StGB dem Gericht an und Moritz Täuscher wird auch wegen dieses Vergehens verurteilt. Auf dieses Delikt ist Freiheitsstrafe bis zu zwei Jahren angedroht.

Schädigungsvorsatz

Die im Gebrauchtwagenhandel vorkommenden Täuschungshandlungen werden sich im Allgemeinen in unrichtigen Angaben über den Zustand (Fahrleistung, Unfallfreiheit, Beschaffenheit der einzelnen Kraftfahrzeugbestandteile) oder die tatsächlichen und rechtlichen Verhältnisse des Fahrzeugs (Baujahr, Erstbesitz) manifestieren. Darüber hinaus bestehen sie nicht selten in einem aktiven listigen Verhalten des Veräußerers, von der Tarnung und technischen oder chemischen Unkenntlichmachung von Havarien und Bruchschäden angefangen bis zur Manipulation am Tachometer, um einen niedrigeren Kilometerstand vorzutäuschen, als das Fahrzeug tatsächlich aufweist. Ein strafrechtlich zu verfolgender Betrug hat jedoch unbedingt den Nachweis zur Voraussetzung, dass der Verkäufer bei Vornahme der erwähnten Täuschungsmanöver mit **Schädigungsvorsatz** gehandelt hat bzw. dass der Käufer dadurch materiell geschädigt wurde oder zumindest werden sollte.

Veruntreuung und Untreue

Nimmt ein Gastronom für eine Zechschuld die wertvolle Uhr eines Gastes als Pfand entgegen und verkauft sie bei nächster Gelegenheit einem anderen Gast, so begeht er eine **Veruntreuung** (§ 133 StGB). Kein Pfandnehmer darf nämlich eigenmächtig die ihm verpfändete Sache verwerten, selbst wenn der Pfandgeber seinen Verpflichtungen lange nicht nachkommt. Die Sache ist dem Pfandnehmer anvertraut.

Eigentumsvorbehalt

So würden auch alle Ratenkunden, die Elektrogeräte oder andere Gebrauchsgüter unter »Eigentumsvorbehalt bis zur vollständigen Bezahlung des Preises« gekauft haben, ein Vergehen oder ein Verbrechen begehen, je nach der Höhe des Wertes der auf Teilzahlung gekauften Waren, falls sie sie entweder weiterverkaufen oder in eine Pfandleihanstalt (Dorotheum) tragen, falls diese noch nicht zur Gänze bezahlt wurden.

Unser Strafgesetz kennt ferner den Tatbestand der **Untreue** (§ 153 StGB). Untreue hat zu verantworten, wer bei der Verwaltung fremden Vermögens in gewinnsüchtiger Absicht den Vermögensinhaber benachteiligt.

Kurze Merkformel: Veruntreuung ist Bruch faktischer, Untreue Bruch rechtlicher Verfügungsmacht.

Strafbarer Wucher

Die Ausnützung der Zwangslage, des Leichtsinns, der Unerfahrenheit oder des Mangels an Urteilsvermögen des anderen zum Zweck der Ausbeutung dadurch, dass sich jemand bei der Gewährung oder Vermittlung eines Darlehens oder für die Stundung einer Geldforderung oder die Vermittlung einer solchen Stundung einen Vermögensvorteil versprechen oder gewähren lässt, der im auffallenden Missverhältnis zum Wert der eigenen Leistung steht (**Geldwucher**), oder das Versprechen oder Gewähren eines Vermögensvorteils für eine Ware oder andere Leistung (**Sachwucher**) ist bis zu drei Jahren Freiheitsstrafe bedroht. Bei gewerbsmäßiger Begehung ist eine höhere Strafdrohung vorgesehen: bis zu fünf Jahren Freiheitsstrafe (§§ 154 und 155 StGB). Neben der Freiheitsstrafe kann in allen Wucherfällen auf Geldstrafe bis zu 360 Tagessätzen erkannt werden.

Fahrlässige Krida

Die fahrlässige Krida ist nicht generell strafbar. Eine Freiheitsstrafe bis zu einem Jahr droht jedoch dem, der »grob fahrlässig seine Zahlungsunfähigkeit dadurch herbeiführt, dass er kridaträchtig handelt« bzw. dem, der »in Kenntnis oder fahrlässiger Unkenntnis seiner Zahlungsunfähigkeit grob fahrlässig die Befriedigung wenigstens eines seiner Gläubiger dadurch vereitelt oder schmälert, dass er kridaträchtig handelt«. Eine Freiheitsstrafe bis zu zwei Jahren ist zu verhängen, wenn der Befriedigungsausfall seiner Gläubiger oder wenigstens eines von ihnen € 800.000,– übersteigt.

Kridaträchtig handelt, wer entgegen Grundsätzen ordentlichen Wirtschaftens einen bedeutenden Bestandteil seines Vermögens zerstört, beschädigt, unbrauchbar macht, verschleudert oder verschenkt; durch ein außergewöhnlich gewagtes Geschäft, das nicht zu seinem gewöhnlichen Wirtschaftsbetrieb gehört, durch Spiel oder Wette übermäßig hohe Beträge ausgibt; übermäßigen Aufwand treibt; Geschäftsbücher nicht ordnungsgemäß führt und Jahresabschlüsse so erstellt, dass ein zeitnaher Überblick über seine wahre Vermögens-, Finanz- und Ertragslage erheblich erschwert wird.

Erpressung und Nötigung

Ein Geschäftsfreund Karl Jedermanns mit Namen Ernst Doppler, der homosexuell veranlagt war, aber trotzdem bisher in glücklicher Ehe lebte, unterhielt Beziehungen zu einem Jugendlichen. Sein Partner Walter hatte sich ihm förmlich aufgedrängt. Eines Tages verlor Walter seinen Posten und kam in finanzielle Schwierigkeiten; er wandte sich daraufhin an Doppler und verlangte von diesem dauernd Geld. Wenn Doppler es ihm verweigerte, so sagte er: »Mein lieber Freund, ich kann schon einiges vertragen, aber du als Geschäftsmann bist möglicherweise ruiniert, wenn aufkommt, was zwischen uns gewesen ist.«

Das Verhalten Walters ist als **Erpressung** zu beurteilen. Eine Erpressung ist ein Verbrechen, das derjenige begeht, der einen anderen zu einer Leistung oder Handlung bringen will, entweder durch wirklich angewandte Gewalt oder durch gefährliche Drohung (§§ 144 und 145 StGB). Voraussetzung ist der Bereicherungsvorsatz des Täters. Bei der **Nötigung** (§ 105 StGB) liegt Gewaltausübung oder gefährliche Drohung zur Erzwingung, Duldung oder Unterlassung einer Handlung (etwa zu einem Schwangerschaftsabbruch oder zur Fortsetzung eines Liebesverhältnisses) vor.

Droht ein Gläubiger seinem Schuldner, er werde gegen ihn gerichtlich vorgehen, falls er nicht zahle, begeht er keine Erpressung. Fügt er jedoch hinzu, er werde dafür sorgen, dass sein Schuldner als Geschäftsmann keinen Kredit mehr erhalte, so kann darin eine Nötigung oder Erpressung erblickt werden. Selbstverständlich auch dann, wenn jemand Zahlung verlangt und dabei androht, im Falle der Nichtzahlung eine Anzeige über eine vom Schuldner wirklich begangene, bisher aber nicht bekannt gewordene strafbare Handlung zu erstatten.

Amtsdelikte und Antikorruptionsbestimmungen

Missbraucht ein Beamter die ihm eingeräumte rechtliche Macht, gleichgültig ob aus Eigennutz, Leidenschaft oder in anderer Absicht, und fügt er dadurch einem Bürger oder dem Staat einen Schaden an irgendeinem Recht zu, so liegt Missbrauch der Amtsgewalt (§ 302 StGB) vor.

Verleitung zum Amtsmissbrauch/Bestechung/Geschenkannahme

Auch ein Masseverwalter in einem Konkurs, der kein Beamter im Sinne des StGB ist, würde sich eines Missbrauch der ihm eingeräumten Befugnisse zuschulden kommen lassen und hätte sich ebenfalls für das Verbrechen des Missbrauchs der Amtsgewalt zu verantworten.

Hätte Karl Jedermann im zuständigen Ministerium einem Beamten versprochen, ihm etwas dafür zu geben, dass er den öffentlichen Verwalterposten bekommt, würde er sich der **Verleitung zum Missbrauch der Amtsgewalt**, zumindest aber des Vergehens der **Bestechung** (§ 307 StGB) schuldig machen.

Nimmt der Beamte unmittelbar oder mittelbar ein Geschenk an oder lässt sich einen Vermögensvorteil versprechen und entscheidet dann in parteilicher Weise (z. B. Verleihung der Staatsbürgerschaft, Erstattung von Gutachten u. a.), so macht er sich des Vergehens der **Geschenkannahme durch Beamte** schuldig (§ 304 StGB).

Amtsdelikte werden streng bestraft. Der hohe Strafsatz für pflichtvergessene Beamte ist durchaus gerechtfertigt, genießen sie auf der anderen Seite doch auch einen höheren Schutz als nichtbeamtete Staatsbürger. Nach § 313 StGB kann bei einem Beamten, der eine auch sonst mit Strafe bedrohte vorsätzliche Handlung als Beamter unter Ausnützung der ihm durch seine Amtstätigkeit gebotenen Gelegenheit begeht, das Höchstmaß der angedrohten Freiheitsstrafe oder Geldstrafe um die Hälfte überschritten werden.

Ausdehnung der Strafbarkeit

Die Amtsdelikte des Strafgesetzbuches wurden durch die Bestimmungen des Zweiten Antikorruptionsgesetzes sowie durch das Strafrechtsänderungsgesetz 1987 geändert und ergänzt. Hervorzuheben ist die **Ausdehnung der Strafbarkeit** der Geschenkannahme und sonstigen Vorteilszuwendung (aktive Bestechung) oder Geschenkannahme bei leitenden Angestellten von Unternehmen, die von einer oder mehreren Gebietskörperschaften selbst betrieben werden oder an denen diese unmittelbar oder mittelbar mit mindestens der Hälfte des Kapitals beteiligt sind.

Im Übrigen richten sich die Strafbestimmungen gegen Geschenkannahme und Bestechung auch gegen Beamte aller Mitgliedstaaten der EU sowie Gemeinschaftsbeamte (der Europäischen Union).

Ehrenbeleidigung

Eines Tages erzählt Anna Jedermann ihrem Gatten, sie habe mit der Nachbarin Cäcilie Zangerl Streit gehabt. Anlässlich der Benützung der hauseigenen Waschmaschine ist es in Gegenwart der Hausbesorgerin zu Meinungsverschiedenheiten gekommen. Frau Zangerl nannte Frau Jedermann eine »dumme Gans« und eine »Schlampe« und bekräftigte die beleidigenden Bemerkungen noch dazu mit zwei Ohrfeigen. Anna Jedermann ist außer sich und will ihre beleidigte Ehre rächen. Sie denkt, man müsse in diesem Fall eine Strafanzeige machen.

Das ist falsch, denn nach unserem Strafgesetzbuch sind die Ehrenbeleidigungstatbestände der Privatanklage vorbehalten. Der beleidigte Teil – in diesem Fall Anna Jedermann – muss also selbst die Privatanklage beim Strafbezirksgericht überreichen, und zwar bald, da die Frist zur Einreichung einer solchen Anklage nur sechs Wochen beträgt.

Sühneversuch

Langt eine derartige Privatanklage bei Gericht ein, so wird der Akt aufgrund eines Gesetzes aus dem Jahre 1907 zunächst an das Gemeindevermittlungsamt (Sitz und Wirkungsbereich veröffentlicht im Amtsblatt der Österreichischen Justizverwaltung) weitergeleitet. Dort muss ein **Sühneversuch** anberaumt werden. Das hat den Zweck, die große Zahl der bei Gericht einlangenden Privatanklagen zu vermindern, da doch ein Großteil der Beteiligten dazu zu bewegen ist, sich mit einer Ehrenerklärung zufrieden zu geben.

Die Ehre ist zwar ein geschütztes, aber in Österreich kein notwehrfähiges Rechtsgut. Gegen einen Angriff auf die Ehre ist darum keine Notwehr (als Rechtfertigungsgrund) zulässig. Gegen Angriffe auf die Ehre steht nur die Privatanklage zur Verfügung. Anna Jedermann setzt sich also hin und schreibt an das Bezirksgericht Innere Stadt Wien:

Privatanklägerin:	Anna Jedermann, Haushalt, 1010 Wien, Opernring 72
Beschuldigte:	Cäcilie Zangerl, Haushalt, 1010 Wien, Opernring 72

Privatanklage wegen Ehrenbeleidigung

Die Beschuldigte hat am ... in der Waschküche des Hauses 1010 Wien, Opernring 72, als ich gerade mit dem Ausräumen der Waschmaschine beschäftigt war, ohne ersichtlichen Anlass mit mir zu streiten begonnen. Im Verlauf der Auseinandersetzung nannte sie mich »dumme Gans« und »Schlampe«. Plötzlich drang sie auf mich ein und versetzte mir zwei Ohrfeigen.

Bei diesen Vorfällen waren die Hausbesorgerin, Philomena Gimpl, sowie die beiden Hausparteien Maria Glück und Ilse Pech anwesend.

Die von der Beschuldigten an mir verübten Misshandlungen haben keine sichtbaren Merkmale und Folgen hinterlassen. Ich fühle mich aber durch die Beschimpfungen und Misshandlungen der Beschuldigten zutiefst in meiner Ehre gekränkt.

Ich erhebe innerhalb offener Frist aufgrund des geschilderten Sachverhaltes die Privatanklage wegen Ehrenbeleidigung und beantrage,
1. die Zeuginnen Philomena Gimpl, Maria Glück und Ilse Pech, alle 1010 Wien, Opernring 72, zur Verhandlung zu laden und
2. die Beschuldigte strengstens zu bestrafen.

Ich erkläre weiter, dass ich mich um einen Sühneversuch beim Gemeindevermittlungsamt nicht bemüht habe, weil ich nicht bereit bin, mich mit der Beschuldigten wegen der mir zugefügten Beleidigungen auszusöhnen. Ich werde daher auch zu einem von Amts wegen anzuberaumenden Sühneversuch beim Vermittlungsamt nicht erscheinen.

Anna Jedermann

Der Richter schreibt nach dem Scheitern des Sühneversuchs die Verhandlung aus. Cäcilie Zangerl erhält eine blaue Beschuldigtenladung. Sie erscheint zur Verhandlung und bietet sofort den »Wahrheitsbeweis« dafür an, dass Anna Jedermann tatsächlich eine dumme Gans und eine Schlampe sei. Der Richter belehrt Frau Zangerl, dass es wohl einen Wahrheitsbeweis bei Ehrenbeleidigungen gibt, dass dieser jedoch bei **Beschimpfungen** unzulässig ist.

Schimpfworte/Schmähworte

Bei Ehrenbeleidigungen wird zwischen Schimpfworten und Schmähworten unterschieden. Der Schmähende wird straflos dadurch, dass er sich zur Begründung der Schmähung auf Handlungen des Geschmähten beruft und deren Wahrheit nachweist. Es unterliegt keinem Zweifel, dass gewisse dem Tierreich entlehnte Ausdrücke an sich **Schimpfworte** sind. Auch das verwendete Wort »Schlampe« wird als reines Schimpfwort aufzufassen sein. Unter **Schmähung** versteht man die gegen den Charakter einer anderen Person ohne Anführung bestimmter Tatsachen erhobene Anschuldigung. Es gibt eine Reihe von Ausdrücken, die an der Grenze zwischen Schmähung und Beschimpfung stehen, wie z. B. Lügner, Schurke und andere.

Tätliche Misshandlung

Die Ohrfeigen, die Cäcilie Zangerl ausgeteilt hat, sind eindeutig eine **tätliche Misshandlung**, also eine Einwirkung auf den Körper, die vorübergehendes Missbehagen, Ekel, Schmerz usw. zur Folge hat. Was eine temperamentvoll ausgeteilte Ohrfeige strafrechtlich alles bedeuten kann, wollen wir kurz darlegen:

Körperverletzung

In unserem Beispiel waren die ausgeteilten Ohrfeigen Ausdruck einer Missachtensbezeugung, die keine sichtbaren Spuren zurückgelassen hat. Dies hätte aber der Fall sein können und dann hätte sofort die Staatsanwaltschaft einschreiten müssen; aus dem Privatanklagedelikt wäre das Offizialdelikt der **Körperverletzung** (§ 83 StGB) geworden. Selbst wenn Anna Jedermann dann bereit gewesen wäre, ihrer Nachbarin zu verzeihen, hätte sie das Strafverfahren gegen Cäcilie Zangerl nicht mehr aufhalten können.

Eine noch etwas kräftiger ausgeteilte Ohrfeige, bei der der Betroffene stürzt und sich den Fuß bricht, stellt das Vergehen der **schweren Körperverletzung** (§ 84 StGB) dar. Auch eine leichte Verletzung (Gesundheitsstörung unter 24 Tagen) wird jedoch als Vergehen bestraft, wenn sie bestimmten Personen zugefügt wird, so z. B. eine Verletzung eines Zeugen oder Sachverständigen oder eines öffentlichen Beamten während der Vollziehung seiner Aufgaben oder der Erfüllung seiner Pflichten. Nehmen wir nun an, dass jemand durch eine heftige Ohrfeige einen Schocktod erleidet oder so unglücklich stürzt, dass er sich das Genick bricht, so hat der Täter **Körperverletzung mit tödlichem Ausgang** (§ 86 StGB) zu verantworten. Bei diesem Verbrechen handelt der Täter in feindlicher Absicht, wobei die Absicht zu misshandeln vollkommen genügt; es darf jedoch keine Tötungsabsicht vorliegen, da sonst der Tatbestand des Mordes gegeben ist (siehe Seite 467 ff.).

Ehrenerklärung

Der Richter erklärt, dass er der Angeklagten eine Verurteilung nur ersparen kann, wenn die Privatanklägerin sich mit einer **Ehrenerklärung** zufrieden gibt. Cäcilie Zangerl überhört die Stimme der Vernunft; sie denkt gar nicht daran, eine Ehrenerklärung abzugeben. Anna Jedermann hält die Privatanklage aufrecht. Da beide Teile unversöhnlich sind, muss der Richter ein Urteil fällen; er verhängt über Cäcilie Zangerl, die bis zu diesem Zeitpunkt unbescholten war, eine Geldstrafe von 30 Tagessätzen (von € 2,– bis € 327,–).

Hätte Frau Zangerl ihre beleidigenden Ausdrücke in einem Brief geschrieben, so hätte Anna Jedermann nicht die Privatanklage bei Gericht erheben können, da ein wichtiger Umstand, nämlich die **Öffentlichkeit**, mangelt. Anna Jedermann müsste in diesem Fall wegen der erlittenen Ehrenkränkung einen Strafantrag (eventuell mit dem Begehren um Schadenersatz) bei der Verwaltungsbehörde einbringen.

Üble Nachrede und Herabwürdigung

Wer einen anderen in einer für einen Dritten wahrnehmbaren Weise einer verächtlichen Eigenschaft oder Gesinnung zeiht oder eines unehrenhaften oder eines gegen die guten Sitten verstoßenden Verhaltens beschuldigt, das geeignet ist, ihn in der öffentlichen Meinung verächtlich zu machen oder herabzusetzen, ist mit Freiheitsstrafe bis zu sechs Monaten oder mit Geldstrafe bis zu 360 Tagessätzen zu bestrafen (§ 111 Abs. 1 StGB). Wer die Tat in einem Druckwerk, im Rundfunk oder sonst auf eine Weise begeht, wodurch die üble Nachrede einer breiten Öffentlichkeit zugänglich wird, ist mit Freiheitsstrafe bis zu einem Jahr oder mit Geldstrafe bis zu 360 Tagessätzen zu bestrafen (§ 111 Abs. 2 StGB). Der Täter ist nicht zu bestrafen, wenn die Behauptung als wahr erwiesen wird. Im Fall des Abs. 1 ist der Täter auch dann nicht zu bestrafen, wenn Umstände erwiesen werden, aus denen sich für den Täter hinreichende Gründe ergeben haben, die Behauptung für wahr zu halten (§ 111 Abs. 3 StGB).

Wahrheitsbeweis/Guter Glaube

Der **Wahrheitsbeweis** und der Beweis des **guten Glaubens** sind nur zuzulassen, wenn sich der Täter auf die Richtigkeit der Behauptung oder auf seinen guten Glauben beruft. Über Tatsachen des Privat- oder Familienlebens und über strafbare Handlungen, die nur auf Verlangen eines Dritten (Privatanklagedelikt) verfolgt werden, sind der Wahrheitsbeweis und der Beweis des guten Glaubens nicht zuzulassen.

Die **Herabwürdigung** religiöser Lehren, des Staates und seiner Symbole sowie fremder Symbole ist ebenfalls gerichtlich strafbar. Angriffe auf die **Ehre Verstorbener** können von deren Rechtsnachfolgern geltend gemacht werden.

Mediengesetz

In einzelnen Fällen kann die Berichterstattung in den Medien dem davon Betroffenen unwägbare Nachteile bringen. Zu den Mediendelikten gehören beispielsweise üble Nachrede nach § 111 StGB, Beleidigung nach § 115 StGB, Kreditschädigung nach § 152 StGB. Zum Schutz des von der Berichterstattung Betroffenen, aber auch zum Schutz der Medienmitarbeiter wurde das Bundesgesetz über die Presse und andere publizistische Medien (Mediengesetz) erlassen.

Zu den Medien zählen nicht nur eine Zeitung, eine Zeitschrift, ein Buch oder ein sonstiges Druckwerk, sondern jedes Mittel zur Verbreitung von Mitteilungen oder Darbietungen in Wort, Schrift, Ton oder Bild, vom Plakat bis zum Fernsehen.

Persönlichkeitsschutz

In der Präambel stellt sich das Mediengesetz in Richtung eines verstärkten **Persönlichkeitsschutzes** die Aufgabe, zur Sicherung des Rechts auf freie Meinungsäußerung und Information die volle **Freiheit der Medien** zu gewährleisten, doch wird diese Freiheit zum Schutz der Einzelperson, wo es nötig ist, eingeschränkt. Die Rechtsbehelfe der Entschädigung, der Entgegnung und der nachträglichen Mitteilung haben insoweit strafrechtlichen Charakter, als die Entscheidung hierüber den für die Mediensachen zuständigen Gerichten zugewiesen ist. Soweit die Gerichte Sanktionen – etwa zur Durchsetzung der Veröffentlichung einer Entgegnung – erlassen, bestehen diese in **Geldbußen**, die nicht das Wesen der gerichtlichen Strafe haben.

Strafrechtliche Verfolgung

Daneben hat der Betroffene, der sich durch ein Medieninhaltsdelikt verletzt fühlt, das Recht, die Bestrafung des Artikelverfassers durch einen Strafantrag (Privatanklage) zu begehren, was sodann zur **strafgerichtlichen Verfolgung** führt.

Entschädigung für erlittene Kränkung

Ein Betroffener, der Opfer einer üblen Nachrede, Beschimpfung, Verspottung oder Verleumdung geworden ist, hat jedoch einerseits nicht immer die Möglichkeit, dagegen mit einer Privatanklage vorzugehen – etwa weil die Frist zur Klagserhebung abgelaufen ist; andererseits muss dem Betroffenen auch nicht an einer strafgerichtlichen Verurteilung des Artikelverfassers gelegen sein. Und schließlich gibt es zahlreiche Fälle der Berichterstattung, die wohl keine Ehrenbeleidigung darstellen, dennoch aber in unzulässiger Weise in die Privatsphäre des Betroffenen eingreifen. Für alle diese Fälle sieht das Gesetz eine **Entschädigung** für erlittene Kränkung (§ 6 Mediengesetz) oder Verletzung des höchstpersönlichen Lebensbereiches (§ 7 Mediengesetz) vor. Diese Entschädigung darf € 14.535,–, bei Verleumdung oder bei besonders schwer wiegenden Auswirkungen einer üblen Nachrede € 36.337,– nicht übersteigen. Die Entschädigung soll vornehmlich den immateriellen Schaden des Betroffenen abgelten, sodass daneben (auf dem Zivilrechtsweg) durchaus ein weiterer Vermögensschaden geltend gemacht werden kann. Ist die verbotene Veröffentlichung geeignet, die wirtschaftliche Existenz oder die gesellschaftliche Stellung des Betroffenen zu vernichten, kann der Entschädigungsbetrag bis zu € 72.673,– ausmachen (§ 7c Abs. 1 Mediengesetz).

Gegendarstellung

Die **Gegendarstellung** (§ 9 Mediengesetz) dient dazu, unrichtigen oder unvollständigen Tatsachenmitteilungen in einem periodischen Medium (dazu zählen vor allem Zeitungen und Zeitschriften) mit der Darstellung des wahren oder vollständigen Sachverhalts entgegenzutreten. **Werturteile** oder Warnungen – mögen sie selbst noch so ehrenrührig sein – sind vom Entgegnungswesen **ausgenommen**. Der reine Ehrenschutz des Betroffenen tritt hier in den Hintergrund.

Eine Person, die im Verdacht einer strafbaren Handlung steht, hat kaum die Möglichkeit, sich gegen eine entsprechende Meldung zu wehren, da der Bericht darüber im Zeitpunkt des Erscheinens durchaus richtig sein kann. Wird jedoch in weiterer Folge keine Anklage erhoben, das Strafverfahren eingestellt oder ergeht ein Freispruch, so kann der Betroffene verlangen, dass unentgeltlich eine **nachträgliche Mitteilung** über den Ausgang eines Strafverfahrens (§ 10 Mediengesetz) veröffentlicht wird. Diese nachträgliche Mitteilung muss durch eine Entscheidung oder ein Amtszeugnis belegt werden; in ihrem Inhalt muss sie sich auf das zu dem angestrebten Rechtsschutz Erforderliche beschränken.

Paragraphen für den Umweltschutz

Die Wolken der Auspuffgase von Kraftfahrzeugen, die Ableitung von Chemikalien durch Industrieunternehmen in Flüsse und Seen, die Luftverunreinigung durch Fabriksschlote – das alles betrachtete man bis vor wenigen Jahren als selbstverständliche, um nicht zu sagen erfreuliche Symptome des in den Jahren des »Wirtschaftswunders« nach dem Zweiten Weltkrieg glücklich wiedergewonnenen Wohlstands.

Das hat in den Industrie- wie in den Entwicklungsländern in den vergangenen Jahrzehnten jedoch zu einer gravierenden Verschlechterung der Umweltbedingungen geführt. In manchen Bereichen sind wir inzwischen an die Grenzen der ökologischen Tragfähigkeit gestoßen. Beschleunigter Verfall (z. B. Ozonschicht) oder Zusammenbruch (z. B. Waldsterben) ist die Folge. Die Entwicklungen sind auch nicht isoliert zu sehen: »Der Zustand der Umwelt und der Erschöpfungsgrad der Rohstoffe wirken über Ernährung, Gesundheit und Verknappung auf die Bevölkerung und ihre Ver- und Entsorgung zurück« (Hartmut Bossel).

Umweltvorschriften

Die Umweltprobleme haben nicht vor den Grenzen Österreichs Halt gemacht und der Gesetzgeber hat ihnen auch beizeiten Rechnung getragen. Folgende Gesetze und Verordnungen befassen sich mit Umweltfragen:

- Wasserrechtsgesetz,
- Gewerbeordnung und Strafgesetzbuch (erstmals Umweltstrafrecht),
- Verordnung über Emissionen aus Chemischreinigungsmaschinen,
- Forstgesetz mit einem Abschnitt über forstschädliche Luftverunreinigungen.
- Die strafrechtlichen Tatbestände der Umweltkriminalität sind in den §§ 180 bis 183 des Strafgesetzbuches geregelt.
- Verordnung über die Wassergüte der Donau,
- das Dampfkesselemissionsgesetz,
- Verordnung über den Schwefelgehalt von Heizöl,
- Sonderabfallgesetz,
- Umweltfondsgesetz,
- Vereinbarung zwischen dem Bund und den Ländern über den Schwefelgehalt von Heizöl.
- § 1 des Bundesverfassungsgesetzes über den umfassenden Umweltschutz lautet wörtlich:
  »Die Republik Österreich (Bund, Länder und Gemeinden) bekennt sich zum umfassenden Umweltschutz. Umfassender Umweltschutz ist die Bewahrung der natürlichen Umwelt als Lebensgrundlage des Menschen vor schädlichen Einwirkungen. Der umfassende Umweltschutz besteht insbesondere in Maßnahmen zur Reinhaltung der Luft, des Wassers und des Bodens sowie zur Vermeidung von Störungen durch Lärm.«
- Umweltkontrollgesetz,
- 2. Verordnung gegen forstschädliche Luftverunreinigungen,
- Waschmittelgesetz,
- Verordnung über den Schwefelgehalt von Kraftstoffen,
- Altölgesetz,

- Luftreinhaltegesetz für Kesselanlagen,
- Durchführungsverordnung zum Kraftfahrgesetz,
- Smogalarmgesetz,
- Verordnungen zum Chemikaliengesetz,
- FCKW-Verordnungen,
- Verordnungen über den Schwefelgehalt von Heizöl,
- Altlastensanierungsgesetz,
- Novelle zum Chemikaliengesetz,
- Verordnung über das Nachtfahrverbot,
- Trinkwasser-Nitrat-Verordnung,
- Chemikalien-Verordnung,
- Formaldehyd-Verordnung,
- Wasserrechtsgesetz-Novelle,
- Asbest-Verordnung,
- Abfallwirtschaftsgesetz,
- Verpackungsverordnung,
- Verpackungsabfall-Zielverordnung,
- Umweltinformationsgesetz. Durch dieses Gesetz wird der Öffentlichkeit der Zugang zu Informationen über den Zustand der Umwelt (Umweltdaten) wesentlich erleichtert. Frei zugänglich zu machen sind Daten über den Zustand von Gewässern, Luft, Boden, der Tier- und Pflanzenwelt, der natürlichen Lebensräume oder die Lärmbelästigung; den Verbrauch der natürlichen Ressourcen Wasser, Luft oder Boden; Emissionen von Stoffen oder Abfällen aus einer Anlage in die Umgebung; Überschreitung von Emissionsgrenzwerten.
- Umweltverträglichkeitsprüfungsgesetz. Seine Aufgabe ist es, die mittelbaren und unmittelbaren Auswirkungen festzustellen, zu beschreiben und zu bewerten, die ein Vorhaben auf Menschen, Tiere, Pflanzen, Boden, Wasser, Luft, Klima, auf Biotope und Ökosysteme, auf die Landschaft und auf Sach- und Kulturgüter hat oder haben kann; Maßnahmen zu prüfen, die schädliche, belastende oder belästigende Auswirkungen verringern bzw. durch die ungünstige Auswirkungen vergrößert werden; die Vor- und Nachteile der Durchführung bzw. des Unterbleibens des Vorhabens unter Beteiligung der Bürger darzulegen.

Verordnungen gegen den Müll

Wie Abfallexperten wissen, ist der Hausmüll in Menge und Zusammensetzung größtenteils durch industrialisierte Nahrungsmittelversorgung und Wegwerfkonsum bestimmt; der Energieinhalt von Hausmüll entspricht etwa dem von Braunkohle. Weitgehende Rückführung von Stoffen durch Getrenntsammlung oder spätere Trennung ist möglich, doch ein besserer Ansatz ist die Verringerung der Menge durch andere Verpackungsstrategien und die Erhöhung der Lebensdauer der Güter.

Um diesen Problemen Rechnung zu tragen, wurde die **Verpackungsabfall-Zielverordnung** (BGBl. Nr. 646/1992) geschaffen. Damit wird die Wirtschaft zum sparsamen Einsatz von Verpackungen und der Letztverbraucher zur Rückgabe der angefallenen Verpackungen verpflichtet. Beide Maßnahmen haben sich bewährt. Die überall anzutreffenden (und manchmal hoffnungslos überquellenden) Container für Papier, Weiß- und Buntglas, Metall- und Plastikverpackungen sind ein beredtes Zeugnis dafür.

Umweltschutz und Strafrecht

Vorsätzliche Beeinträchtigung der Umwelt

Die strafrechtlichen Tatbestände der Umweltkriminalität sind in den §§ 180 bis 183 **Strafgesetzbuch** (StGB) verankert. **§ 180 StGB** über **vorsätzliche Beeinträchtigung** der Umwelt lautet:

§§ Wer entgegen einer Rechtsvorschrift oder einem behördlichen Auftrag ein Gewässer so verunreinigt oder sonst beeinträchtigt oder den Boden oder die Luft so verunreinigt, dass dadurch

1. eine Gefahr für Leib oder Leben einer größeren Zahl von Menschen oder
2. eine Gefahr für den Tier- oder Pflanzenbestand in einem größeren Gebiet entstehen kann, ist mit Freiheitsstrafe bis zu drei Jahren oder mit Geldstrafe bis zu 360 Tagessätzen zu bestrafen.

Ebenso ist zu bestrafen, wer entgegen einer Rechtsvorschrift oder einem behördlichen Auftrag nachhaltig, schwer und in großem Ausmaß ein Gewässer verunreinigt oder sonst beeinträchtigt oder den Boden verunreinigt und dadurch bewirkt, dass entweder

1. die Verunreinigung oder Beeinträchtigung für immer oder für lange Zeit anhält, sofern die Beseitigung der Verunreinigung oder Beeinträchtigung unmöglich oder wirtschaftlich unvertretbar ist oder
2. der zur Beseitigung der Verunreinigung oder Beeinträchtigung erforderliche Aufwand € 40.000,– übersteigt.

1987 wurde in das Strafgesetzbuch auch ein eigener Paragraph über **vorsätzliches umweltgefährdendes Behandeln und Verbringen von Abfällen** eingefügt:

§§ **§ 181b.** (1) Wer entgegen einer Rechtsvorschrift oder einem behördlichen Auftrag Abfälle so behandelt, lagert oder ablagert, ablässt oder sonst beseitigt, dass dadurch die Gefahr einer Verunreinigung oder Beeinträchtigung nach Art und Umfang des § 180 Abs. 1 oder einer schweren, nachhaltigen und in großem Ausmaß eintretenden Verunreinigung oder sonstigen Beeinträchtigung eines Gewässers, des Bodens oder der Luft entstehen kann, ist mit Freiheitsstrafe bis zu zwei Jahren oder mit Geldstrafe bis zu 360 Tagessätzen zu bestrafen.
(2) Ebenso ist zu bestrafen, wer entgegen einer Rechtsvorschrift oder einem behördlichen Auftrag Abfälle, deren ordnungsgemäße Behandlung auf Grund ihrer Art, Beschaffenheit oder Menge zur Vermeidung einer der im Abs. 1 bezeichneten Gefahren erforderlich ist, in das Inland einführt, aus dem Inland ausführt oder durch das Inland durchführt.

Weitere Tatbestände des Umweltschutzstrafrechts sind: § 181c StGB (fahrlässiges umweltgefährdendes Behandeln von Abfällen) und § 181d StGB (vorsätzliches umweltgefährdendes Betreiben von Anlagen).

Lärm kann krank machen

§ 181a StGB über **schwere Beeinträchtigung durch Lärm** lautet:

§§ Wer entgegen einer Rechtsvorschrift oder einem behördlichen Auftrag Lärm in einem solchen Ausmaß oder unter solchen Umständen erzeugt, dass die Tat eine nachhaltige und schwere Beeinträchtigung des körperlichen Befindens vieler Menschen nach sich zieht, ist mit Freiheitsstrafe bis zu sechs Monaten oder mit Geldstrafe bis zu 360 Tagessätzen zu bestrafen.

Voraussetzung für eine derart drastische Strafe ist, dass der Lärm das körperliche Befinden **vieler Menschen** beeinträchtigt, wie dies etwa an vielbefahrenen Straßenzügen, neben stark frequentierten Flughäfen usw. der Fall sein wird. Derartiger Lärm kann krank machen, wie wir aus den Untersuchungen von Fachleuten wissen, er ist gesundheitsschädlich. Ungeachtet dessen: Wer etwa durch dröhnende Triebwerke aus dem Schlaf gerissen wird, kann dagegen praktisch wohl kaum etwas unternehmen, und wem das gleiche leidvolle Schicksal durch den Verschublärm vom nahe gelegenen Frachtenbahnhof beschieden ist, wird ebenfalls zur Kenntnis nehmen müssen, dass, wie es so schön heißt, die Belange des öffentlichen Verkehrs dem individuellen Ruhebedürfnis vorgehen.

Neben jenem Lärm, der viele Menschen um ihre Ruhe bringt, gibt es jedoch auch Lärmquellen, die nicht viele, aber immerhin **einige Menschen** betreffen. Und derartiger Lärm, etwa innerhalb des Hauses, ist nicht zuletzt eine der wichtigsten Ursachen für Streit, wie eine Umfrage ergeben hat: 83 Prozent der befragten Frauen und immerhin 44 Prozent der Männer beklagten sich über Lärm im Haus, wobei dieser Lärm etwa dreimal so häufig als **Streitursache** genannt wurde wie Tratschereien, Klatsch und Ähnliches.

Gegen **ortsüblichen Lärm** kann man wenig tun. Es gibt aber auch Lärmentwicklungen, die das »nach den örtlichen Verhältnissen gewöhnliche Maß überschreiten« (§ 364 Abs. 2 ABGB) und die man sich daher absolut nicht gefallen lassen muss. Gegen derartige Einwirkungen – wie sie nicht nur durch Lärm, sondern auch durch Abwässer, Rauch, Gase, Wärme, Geruch, Erschütterung und Ähnliches verursacht werden können – kann man sich gebührend zur Wehr setzen. Man wendet sich am besten an die zuständige Polizei- oder Gendarmeriedienststelle, die aufgrund der Verwaltungsvorschriften gegen derartigen Unfug einzuschreiten hat. Mit einer Verwaltungsstrafe ist nämlich jeder bedroht, der »ungebührlicherweise störenden Lärm erregt«.

Als **störender Lärm** werden solche Geräusche verstanden, die wegen ihrer Lautstärke dem menschlichen Empfindungsvermögen unangenehm sind, wobei es belanglos ist, ob sie vom »Täter« unmittelbar durch die menschlichen Sprechorgane oder mittelbar durch Verwendung von Werkzeugen, Geräten, Lautsprechern und Ähnlichem hervorgerufen werden. »Ungebührlicherweise« wird der störende Lärm dann erregt, wenn er gegen ein Verhalten verstößt, wie es im Zusammenleben mit anderen verlangt werden kann und muss. Nach einem Erkenntnis des Verwaltungsgerichtshofs bildet es beispielsweise eine **Verwaltungsübertretung**, wenn jemand vor einer Garage im Hof des Hauses etwa zehn Minuten lang den Motor einer Gartenfräse mit Vollgas laufen lässt. Ähnliches gilt bei Rasenmähern und gleichartigen Geräten.

Unterlassungsklage

Eine weitere Möglichkeit neben der Verständigung von Polizei oder Gendarmerie ist das Einbringen einer **Unterlassungsklage** gegen den lärmfreudigen Nachbarn beim zuständigen Bezirksgericht. Für diese Klage, die sich auf den bereits erwähnten § 364 Abs. 2 ABGB stützt, braucht man keinen Rechtsanwalt, sondern kann sein Begehren an einem Amtstag (meistens Dienstag und Freitag vormittags) bei Gericht selbst zu Protokoll geben. Auch diese Klage zielt darauf ab, eine weitere derartige Lärmentwicklung zu unterbinden.

Wie sieht die Rechtslage aber aus, wenn es sich um Mieter in einem Wohnhaus handelt? Oft nützen auch die schönsten Bestimmungen der Hausordnung nichts, in denen es etwa heißt, dass auf Stiegen und Gängen nicht gelärmt werden darf und auch in den Mieträumen selbst jeder störende Lärm unterbleiben soll.

Nun, Lärm vom Nachbarn nebenan, vom Mieter ober- oder unterhalb kann man nicht einfach abstellen, sofern der Lärm bei Tag gemacht wird und ein gewisses Ausmaß nicht überschreitet. Tut er das jedoch, dann ist es wohl am einfachsten und zweckmäßigsten, sich an den **Hausbesorger** wegen Abhilfe zu wenden; ihm obliegt nach den meisten Hausordnungen die Pflicht, gegen ungehörige Lärmentwicklung einzuschreiten. Bleibt auch das erfolglos, dann macht man am besten dem **Hauseigentümer** (Hausverwaltung) davon Mitteilung, weil dieser nach dem Gesetz verpflichtet ist, jeden Mieter gegen Störung durch Dritte – also auch durch andere Mieter – zu schützen. Kommt der Hausverwalter dieser Verpflichtung nicht aus Eigenem nach, dann kann man ihn durch eine auf § 1096 ABGB gestützte Klage beim zuständigen Bezirksgericht daran erinnern. Nach dieser Gesetzesstelle ist nämlich der Vermieter verpflichtet, den Mieter »in dem bedungenen Gebrauche oder Genusse« seiner Wohnung nicht zu stören. Dieser Grundsatz ist weitherzig auszulegen, und zwar so, dass es nicht nur Pflicht des Vermieters ist, den Mieter selbst nicht zu stören, sondern ihn auch vor übermäßigen Störungen durch andere Personen zu bewahren, wozu nicht zuletzt exzessiver Lärm gehört.

Zugunsten von lärmgeschädigten Mietern gibt es noch eine weitere Möglichkeit. Nach einer Entscheidung des Obersten Gerichtshofs vom 14. Dezember 1989 kann sich jemand als Wohnungsmieter gegen Lärmeskapaden vom Nachbarn auch durch eine unmittelbare Unterlassungsklage gegen den störenden Nachbarn zur Wehr setzen, ohne den Hauseigentümer einschalten zu müssen.

Ein allgemeiner Satz, den der Oberste Gerichtshof einmal zur Lärmbelästigung in einem Haus gesagt hat, verdient es, allen Lärmsündern ins Stammbuch geschrieben zu werden: »Die Grenze des Benützungsrechtes einer Wohnung ist darin zu finden, dass einerseits beim Zusammenwohnen mehrerer Personen in einem Haus gewisse, durch die Natur bedingte Unannehmlichkeiten in Kauf genommen werden müssen, dass aber anderseits jeder Bewohner darauf achten muss, diese auf das geringstmögliche Maß einzuschränken.«

Umweltschutz am Arbeitsplatz

Einen Großteil seiner Zeit verbringt der berufstätige Mensch am Arbeitsplatz. Daher ist es auch besonders wichtig, dass dieser Arbeitsplatz menschengerecht gestaltet ist. Das bedeutet aber neben dem technischen Arbeitsschutz, wie wir ihn bereits behandelt haben (siehe Seite 227 f.), nicht zuletzt: umweltfreundlich gestaltet in dem Sinn, dass der Arbeitnehmer vor vermeidbaren negativen Einflüssen auf seine Gesundheit nach Möglichkeit geschützt sein muss. Dieses Ziel setzt sich insbesondere das ArbeitnehmerInnenschutzgesetz.

Rauchen am Arbeitsplatz

Eines der Themen, um das sich diese Verordnung annimmt, ist das (aktive und passive) **Rauchen am Arbeitsplatz**. Lungenspezialisten haben nachgewiesen, dass das passive Einatmen von »fremdem« Rauch kaum weniger gefährlich ist, als wenn man selbst raucht. Hält man sich mehrere Stunden hindurch in einem stark verrauchten Raum auf, so entsprechen die dabei eingeatmeten Schadstoffe etwa dem Eigenkonsum einer ganzen Packung Zigaretten. Hiezu das ArbeitnehmerInnenschutzgesetz in seinem § 30 wörtlich:

§§ Arbeitgeber haben dafür zu sorgen, daß Nichtraucher vor den Einwirkungen von Tabakrauch am Arbeitsplatz geschützt sind, soweit dies nach der Art des Betriebes möglich ist.

Immer wird das freilich nicht möglich sein. Ein Nichtraucher, der etwa im Gastgewerbe tätig ist und nicht das Glück hat, in einem der seltenen Nichtraucherlokale angestellt zu sein, wird gegen das Rauchen der Gäste – auch wenn er sich dadurch belästigt fühlt – wohl kaum etwas unternehmen können. Was das Gesetz tun kann, tut es freilich, so etwa durch die Bestimmung, dass in Räumen, die den Arbeitnehmern für den Aufenthalt während der Arbeitspausen zur Verfügung stehen, Nichtraucher vor der Einwirkung durch Tabakrauch zu schützen sind. Am einfachsten und besten ist es sicherlich, wenn rauchende und nichtrauchende Arbeitnehmer sowie die Firmenleitung in verständnisvoller Zusammenarbeit gewissermaßen an einem Strang ziehen. Die Schaffung von »**Raucherinseln**« bietet sich hier ebenso an wie die räumliche Trennung der Arbeitsplätze von Rauchern und Nichtrauchern.

Schutzmaßnahmen

Aber nicht nur auf Rauchschutz hat der Arbeitnehmer Anspruch, sondern er hat auch ein »Recht auf Ruhe, Luft und Licht«. **Fensterlose Arbeitsräume** sind gesundheitlich ebenso bedenklich wie übermäßige Lärmentwicklung durch Maschinen usw. Hier sieht die Arbeitnehmerschutzverordnung etwa vor, dass dann, wenn durch eine die Gesundheit schädigende Lärmeinwirkung Arbeitnehmer gefährdet werden können, »die Behörde die Beistellung eigener Räume oder andere **Schutzmaßnahmen**, wie Abschirmung, Kapselung oder Schwingungsisolation der Lärmquelle oder schallschluckende Ausführung von Wänden, Decken und Fußböden« vorzuschreiben hat. Dem gelegentlich zu hörenden Argument, dass das alles Geld kostet, kann das Argument entgegengehalten werden, dass Krankenstände und Gesundheitsschädigungen von Arbeitnehmern, die durch das Unterlassen solcher Maßnahmen bedingt sind, letztlich noch wesentlich mehr kosten.

Ist trotz Schutzmaßnahmen die Gefahr einer gesundheitlichen Schädigung durch andauernden starken Lärm gegeben, so sieht das Gesetz ganz konkrete Mittel zum Schutz des Gehörs der betroffenen Arbeitnehmer vor, die je nach den (in Dezibel ausgedrückten) Pegelwerten vom leichten **Gehörschutz**, wie Gehörschutzwatte oder Dehnschaumstöpsel, über mehr oder minder schwere Ausführungen von Kapselgehörschützern bis zur Verwendung von Schallschutzhelmen reichen.

Ähnliches gilt für den Schutz der Atmungsorgane vor gesundheitsgefährdenden **Gasen, Dämpfen oder Schwebestoffen**. Hier müssen nötigenfalls geeignete Atemschutzgeräte wie Filter-, Schlauch-, Regenerations- oder Behältergeräte zur Verfügung gestellt werden. Dem Schutz von Gesicht und Augen dienen wieder **Schutzbrillen**, Schutzschilder, Schutzhauben oder Schutzschirme. Über die Einhaltung all dieser Bestimmungen hat das zuständige **Arbeitsinspektorat** zu wachen.

Sicherheit auf Österreichs Straßen

Die Frage der Sicherheit auf den Straßen gewinnt immer noch an Bedeutung. Um die größtmögliche Verkehrssicherheit zu gewährleisten, sind die Anforderungen an die Verkehrsteilnehmer, die Verkehrswege und die Verkehrsmittel in verschiedenen Gesetzen geregelt.

Karl Jedermann fährt mit kaum 50 km/h durch das Ortsgebiet einer kleineren Stadt auf einer gut ausgebauten und übersichtlichen Bundesstraße, als plötzlich und für ihn unerwartet aus einer benachrangten Seitengasse ein Pkw herausfährt. Der Wagen missachtet dabei Karl Jedermanns Vorrang. Dieser kann auf das Fehlverhalten des anderen Verkehrsteilnehmers wohl noch durch Bremsen und Auslenken reagieren; infolge der geringen Distanz kommt es aber zu einem Zusammenstoß. Glücklicherweise wird dabei niemand verletzt, sondern es entsteht nur leichter Sachschaden.

Folgen des Verkehrsunfalls

Strafrechtliche Folgen

Gerichtliche Strafbarkeit bei einem Verkehrsunfall, bei dem ja immer fahrlässig gehandelt wird, tritt nur dann ein, wenn Menschen (leicht oder schwer) verletzt oder getötet worden sind. Bloße fahrlässige Gefährdung (nach der Situation bestand hohe Wahrscheinlichkeit einer Verletzung, die aber dann zufällig nicht eintrat, wie z. B. Nachvorschleudern auf dem Sitz, überhaupt Änderung der Sitzposition und Ähnliches) ist nur dann gerichtlich strafbar, wenn der Täter alkoholisiert und daher fahruntüchtig war oder unter besonders gefährlichen Verhältnissen gehandelt hat (das sind Umstände, die nach allgemeiner Erfahrung mit hoher Wahrscheinlichkeit den Eintritt eines nach Umfang oder Schwere besonders großen, zunächst gar nicht überblickbaren Schadens an Leib und Leben erwarten lassen, also eine verschärfte Gefahrenlage mit außerordentlich hoher Unfallwahrscheinlichkeit, wobei die Gefährdung einer einzigen Person ausreicht).

Verwaltungsrechtliche Strafbarkeit

Diese ist nur dann gegeben, wenn die Tat nicht gerichtlich strafbar ist. Anders ist es beim Lenken eines Fahrzeugs in einem durch Alkohol oder Suchtgift beeinträchtigten Zustand. Kommt es dabei zu einem Unfall mit Personenschaden, so findet eine Doppelbestrafung statt. Verwaltungsrechtliche Strafbarkeit ist auch dann nicht gegeben, wenn durch die Tat lediglich Sachschaden entstanden ist und entweder von den Beteiligten ohne unnötigen Aufschub die nächste Sicherheitsdienststelle verständigt wurde oder die beteiligten Personen einander ihre Identität nachgewiesen haben (Name, Beruf und Anschrift, zweckmäßigerweise auch Versicherungsanstalt und Polizzennummer). Außerdem ist verwaltungsrechtliche Strafbarkeit nur auf Straßen mit öffentlichem Verkehr gegeben.

Zivilrechtliche Haftung

Wer einem anderen einen Schaden zufügt, muss diesen Schaden ersetzen. Beim Schaden kann es sich um Personen- oder Sachschaden handeln.

Kraftfahrzeug-Haftpflichtversicherung

Die Kraftfahrzeug-Haftpflichtversicherung bezweckt, dass der Geschädigte seine Schadenersatzansprüche nicht nur gegen den (eventuell mittellosen) Schädiger, sondern auch gegen die Versicherungsanstalt und eventuell auch gegen den so genannten Halter des Kraftfahrzeugs geltend machen kann. Diese **Kfz-Haftpflicht-**

versicherung muss auf eine gesetzlich normierte Mindestsumme lauten, die bei einem Pkw € 1.090.092,– pro Schadensfall beträgt und bei Omnibussen und Lastkraftwagen entsprechend höher (mindestens € 2.180.185,–) ist (§ 9 Kraftfahrzeug-Haftpflichtversicherungsgesetz 1994 – KHVG). Dies ist eine Pauschalversicherungssumme, das heißt, die Leistung wird bis zur vollen Versicherungssumme erbracht, gleichgültig, ob es sich um einen Personen- oder Sachschaden handelt. Eine Erhöhung der Versicherungshöchstsumme ist zweckmäßig und gar nicht teuer: die Prämie erhöht sich nur um rund 2 bis 5 Prozent.

Der Gesetzgeber bestimmt im Eisenbahn- und Kraftfahrzeughaftpflichtgesetz, dass auch ohne Verschulden ein Schaden zu ersetzen ist, der beim Betrieb einer Eisenbahn oder eines Kraftfahrzeugs eintritt. **Haftungsbefreiung** tritt nach dem EKHG nur dann ein, wenn der Unfall durch ein unabwendbares Ereignis verursacht wurde, das weder auf einem Fehler in der Beschaffenheit noch auf einem Versagen der Vorrichtung der Eisenbahn oder des Kraftfahrzeugs beruhte. Als unabwendbar gilt ein Ereignis insbesondere dann, wenn es auf das Verhalten des Geschädigten, eines nicht beim Betrieb tätigen Dritten oder eines Tieres zurückzuführen ist und sowohl der Betriebsunternehmer oder Halter als auch die mit Willen des Betriebsunternehmers oder Halters beim Betrieb tätigen Personen jede nach den Umständen des Falles gebotene Sorgfalt beachtet haben. Der Unfall darf nicht unmittelbar auf die durch das Verhalten eines nicht beim Betrieb tätigen Dritten oder eines Tieres ausgelöste außergewöhnliche Betriebsgefahr zurückzuführen sein. Ausgenommen sind auch Ersatzansprüche von unentgeltlich beförderten Personen, eines Schwarzfahrers und schließlich der beim Betrieb beschäftigten Personen.

☛ Die Versicherung ist also ebenso wie der Schädiger verpflichtet, dem Geschädigten Schadenersatz zu leisten, wobei der Schädiger der Versicherung nichts zurückzahlen muss. Er kommt lediglich in den so genannten **Malus**, das heißt, er muss höhere Versicherungsprämien zahlen. Hat er längere Zeit hindurch keinen Unfall oder müssen aus dem Versicherungsfall keine Leistungen erbracht werden, weil er die Leistungen selbst erbringt, so kommt er in den **Bonus**, das heißt, er braucht weniger Versicherungsprämie zu bezahlen.

Damit die eben genannten drei Haftungsgründe (strafrechtlich, verwaltungsrechtlich und zivilrechtlich) zum Tragen kommen, muss der Täter überdies noch rechtswidrig gehandelt haben. Ob jemand rechtswidrig handelt, erkennen wir aus dem Gesetz. Für das Kraftfahrwesen kommen zwei Gesetze in Frage, nämlich das Kraftfahrgesetz und die Straßenverkehrsordnung.

Regress der Versicherung

Die Versicherung muss grundsätzlich, ohne dass sie die von ihr erbrachten Leistungen vom Schädiger zurückverlangen kann, die Leistungen an den Geschädigten erbringen. In zwei Fällen jedoch kann die Versicherung Regress nehmen, das heißt, sie kann vom Schädiger die von ihr erbrachten Leistungen ganz oder zum Teil zurückverlangen, nämlich dann, wenn:

☛
- der Schädiger in einem durch Alkohol beeinträchtigten Zustand fahruntüchtig den Verkehrsunfall verschuldet hat (sofern diesbezüglich eine gerichtliche oder verwaltungsbehördliche Bestrafung erfolgte) oder wenn er Fahrerflucht begangen hat,
- eine so genannte **Obliegenheitsverletzung** vorliegt, das heißt, wenn der Lenker des Kraftfahrzeugs Vorschriften außer Acht gelassen hat, die die Betriebsgefahren betreffen;

wenn er also mit einem nicht verkehrs- oder betriebssicheren, aber auch unter Umständen mit einem nicht typengenehmigten oder geänderten Fahrzeug den Unfall verschuldet hat und diese Mängel mit dem Unfall kausal sind, das heißt in einem ursächlichen Zusammenhang stehen.

In beiden Fällen besteht eine mit € 11.000,– begrenzte Leistungsfreiheit der Haftpflichtversicherung. Insgesamt beträgt die **Leistungsfreiheit der Haftpflichtversicherung** wegen Verletzung einer Obliegenheit oder einer Erhöhung der Gefahr für jeden Versicherungsfall höchstens € 22.000,– (§ 7 Abs. 1 Kraftfahrzeug-Haftpflichtversicherungsgesetz 1994).

Bei unfallkausalen Mängeln kann die Versicherung Änderungen an einzelnen Fahrzeugen, die nicht angezeigt werden mussten, dem Landeshauptmann (kraftfahrtechnische Untersuchungsstelle) anzeigen, weil sonst Regressmöglichkeit der Versicherung im Fall eines Unfalls gegeben ist.

Kraftfahrgesetz

Das Kraftfahrgesetz (KFG) aus dem Jahr 1967 gilt für Kraftfahrzeuge und Anhänger, die auf Straßen mit öffentlichem Verkehr verwendet werden; ausgenommen sind Kraftfahrzeuge mit geringen Geschwindigkeiten (maximal 10 km/h), Transportkarren, selbstfahrende Arbeitsmaschinen und dergleichen, weiters kraftfahrsportliche Kraftfahrzeuge auf dafür gesperrten Straßen und Heeresfahrzeuge wie z. B. Panzer.

☛ Unter einem **Kraftfahrzeug** versteht man ein zur Verwendung auf Straßen bestimmtes oder auf Straßen verwendetes Fahrzeug, das durch technisch freigemachte Energie angetrieben wird und nicht an Gleise gebunden ist, auch wenn es seine Antriebsenergie Oberleitungen entnimmt.

Im Gesetz finden sich Bestimmungen über:

- Bauart und Ausrüstung der Kraftfahrzeuge und Anhänger (wie Höhe, Gewicht);
- genehmigungspflichtige Teile, Ausrüstungsgegenstände und Sturzhelme, Bremsen, Reifen (wie z. B. Mindestprofiltiefe: bei Motorfahrrädern 1 mm, bei Pkw 1,6 mm, bei anderen Kraftfahrzeugen 2 mm);
- die Lenkvorrichtung, die Windschutzscheibe, Verglasungen, Kraftstoffe, Kraftstoffbehälter, Vorrichtungen zur Lärmverhütung, Auspuffanlagen, Scheinwerfer, Leuchten und Rückstrahler für Kraftwagen (das Abblendlicht muss mindestens 40 m, das Fernlicht mindestens 100 m weit leuchten);
- Fahrtrichtungsanzeiger (Blinker), Warnleuchten und Nebelscheinwerfer, Scheibenwischer, Warnvorrichtungen, Rückblickspiegel, Geschwindigkeitsmesser, Fahrtenschreiber, Sitze, Kopfstützen, Fahrgestellnummern und Motornummern sowie Aufschriften.

Typen von Kraftfahrzeugen oder Anhängern oder von Fahrgestellen solcher Fahrzeuge und einzelne Kraftfahrzeuge oder Anhänger oder Fahrgestelle solcher Fahrzeuge sind auf Antrag **behördlich zu genehmigen**, wenn sie den Bestimmungen des Kraftfahrgesetzes und der aufgrund dieses Gesetzes erlassenen Verordnungen entsprechen. Ein im normalen Handel gekauftes Kraftfahrzeug ist grundsätzlich typengenehmigt; dies ergibt sich aus dem Typenschein, den man beim Kauf ausgehändigt erhält.

Änderungen an einer genehmigten Type muss der Erzeuger dem Bundesminister für Verkehr, Innovation und Technologie anzeigen. Änderungen an einem einzelnen zum Verkehr zugelassenen Fahrzeug einer genehmigten Type, die im Typenschein enthaltene Angaben betreffen, hat der Zulassungsbesitzer des Fahrzeugs unverzüglich dem Landeshauptmann anzuzeigen, in dessen örtlichem Wirkungsbereich das

Fahrzeug seinen dauernden Standort hat. Ausgenommen sind Änderungen durch das Anbringen von bestimmten Arten von Teilen, Ausrüstungsgegenständen, zusätzlichen Aufbauten oder Vorrichtungen an Fahrzeugen; sie müssen nicht angezeigt werden, wenn sie nicht wesentlich, nicht gesetzwidrig und auch nicht die Verkehrs- und Betriebssicherheit des Fahrzeugs herabsetzen oder diese Änderungen typengenehmigt sind. Im Zweifelsfall ist es zweckmäßig, sich entweder beim Landeshauptmann (kraftfahrtechnische Untersuchungsstelle), bei den Kraftfahrerorganisationen ÖAMTC oder ARBÖ oder beim Mechaniker seines Vertrauens über die Typengenehmigung zu erkundigen.

Zulassung und Kennzeichen

Kraftfahrzeuge dürfen nur dann auf **Straßen mit öffentlichem Verkehr** verwendet werden, wenn sie

— zum Verkehr zugelassen sind,
— das behördliche Kennzeichen führen,
— die vorgeschriebene Kraftfahrzeug-Haftpflichtversicherung besteht,
— mit einer entsprechenden Begutachtungsplakette versehen sind.

Zulassungsschein

Die **Zulassung** darf von der Zulassungsbehörde (Bezirkshauptmannschaft oder Bundespolizeibehörde) nur dann bewilligt werden, wenn der Typenschein, eine Versicherungsbestätigung und bei der erstmaligen Zulassung eine Zollbestätigung sowie der Nachweis der ordnungsgemäß entrichteten Kraftfahrzeugsteuer vorgelegt wird. Über die Zulassung wird ein **Zulassungsschein** ausgestellt. Änderungen und Umstände, die die Zulassung betreffen, hat der Zulassungsbesitzer binnen einer Woche der Behörde anzuzeigen (Verlegung des ordentlichen Wohnsitzes, Änderung des Typenscheins, Änderung der Motornummer). Die Zulassung eines Kraftfahrzeugs erlischt, wenn der Zulassungsbesitzer das Fahrzeug abmeldet.

Begutachtungsplakette

Kraftfahrzeuge und Anhänger sind wiederkehrend zu überprüfen, wobei festzustellen ist, ob das Fahrzeug den Vorschriften des Kraftfahrgesetzes und der aufgrund dieses Gesetzes erlassenen Verordnungen noch entspricht. Wenn das Fahrzeug entspricht, erhält der Zulassungsbesitzer eine **Begutachtungsplakette** (»Pickerl«).

Die Behörde hat die Zulassung aufzuheben, wenn das Fahrzeug nicht verkehrs- oder betriebssicher ist oder wenn der Versicherer anzeigt, dass die Versicherungsprämien nicht bezahlt wurden. Die Zulassung kann von der Behörde aufgehoben werden, wenn die vorgeschriebene Überprüfung trotz wiederholter Mahnung nicht vorgenommen wird oder Auflagen nicht eingehalten werden.

Probekennzeichen/Verlust des Kennzeichens

Für Vorführ- oder Erprobungszwecke werden **Probekennzeichen** für die Inhaber der Werkstätten ausgegeben. Die obersten Organe des Staates können für ihre Fahrzeuge ein zweites Kennzeichen zugewiesen erhalten, ebenso die Fahrzeuge der Wachkörper, der Bundesbahnen, der Post und des Heeres. Bei Kraftfahrzeugen mit **ausländischen Kennzeichen**, die in Österreich fahren, muss die Haftung durch einen österreichischen Haftpflichtversicherer gegeben sein oder der Versicherungsverband erklärt, für bestimmte Arten von Fahrzeugen mit ausländischen Kennzeichen zu haften. Bei Gegenseitigkeit mit anderen Staaten kann diese Verpflichtung entfallen. Der **Verlust von Kennzeichentafeln** ist unverzüglich der Behörde anzuzeigen; in diesem Fall kann die örtlich zuständige Behörde Überstellungskennzeichen ausstellen.

Im Kraftfahrgesetz finden sich des Weiteren Bestimmungen über die allgemeinen Pflichten der Kraftfahrzeuglenker, über höchstzulässige Fahrgeschwindigkeiten, Beleuchtung, Warnzeichen und die Beschaffenheit der Beladung sowie über die Ausbildung der Kraftfahrzeuglenker in Fahrschulen, die Ausbildung der Lehrer in diesen Schulen sowie Bestimmungen über die Zuständigkeit von Behörden und Strafbestimmungen.

Der Führerschein

Die Lenkerberechtigung (der Führerschein) wird in die Gruppen A bis G eingeteilt, je nach der Art des Fahrzeugs, zu dessen Lenken der Führerschein berechtigt.

Führerscheingruppen

Das Führerscheingesetz (FSG) sieht gemäß § 2 folgende Arten der Lenkerberechtigung vor:

§§ **1. Klasse A:**

a) Motorräder und Motorräder mit Beiwagen sowie
b) Kraftfahrzeuge mit drei oder vier Rädern, deren Eigenmasse nicht mehr als 400 kg beträgt; Vorstufe A beschränkt die Lenkerberechtigung für die Klasse A auf das Lenken von Leichtmotorrädern.

2. Klasse B:

a) Kraftwagen mit nicht mehr als acht Plätzen für beförderte Personen außer dem Lenkerplatz und mit einer höchsten zulässigen Gesamtmasse von nicht mehr als 3 500 kg,
b) Kraftfahrzeuge mit drei Rädern,
c) Krafträder mit einem Hubraum von nicht mehr als 125 ccm und einer Motorleistung von nicht mehr als 11 kW, wenn der Besitzer der Lenkerberechtigung für die Klasse B
aa) seit mindestens fünf Jahren ununterbrochen im Besitz einer gültigen Lenkerberechtigung für die Klasse B ist,
bb) sich nicht mehr in der Probezeit gemäß § 4 befindet,
cc) nachweist, praktischen Unterricht im Lenken von derartigen Krafträdern genommen zu haben und
dd) der Code 111 in den Führerschein eingetragen ist.

3.1. Klasse C:

a) Kraftwagen mit nicht mehr als acht Plätzen für beförderte Personen außer dem Lenkerplatz und mit einer höchsten zulässigen Gesamtmasse von mehr als 3 500 kg,
b) Sonderkraftfahrzeuge,
c) Fahrzeuge der Klasse D – sofern keine Fahrgäste befördert werden – innerhalb Österreichs, wenn dem Lenker die Lenkerberechtigung für die Gruppe C gemäß § 65 KFG 1967 erteilt wurde oder wenn der Lenker das 21. Lebensjahr vollendet hat und seit mindestens zwei Jahren im Besitz einer Lenkerberechtigung für die Klasse C ist und
aa) es sich entweder um Überprüfungs- oder Begutachtungsfahrten zur Feststellung des technischen Zustandes des Fahrzeuges handelt oder
bb) zum Entfernen eines Busses aus der Gefahrenzone dient.

3.2. Unterklasse C1:

Kraftwagen der Klasse C mit einer höchsten zulässigen Gesamtmasse von nicht mehr als 7 500 kg.

4. Klasse D:

a) Kraftwagen mit mehr als acht Plätzen für beförderte Personen außer dem Lenkerplatz,
b) Sonderkraftfahrzeuge.

5. Klasse E:

Kraftwagen, mit denen andere als leichte Anhänger gezogen werden; die Klasse E gilt nur in Verbindung mit einer Lenkerberechtigung für die betreffende Fahrzeugklasse oder -unterklasse.

6. Klasse F:

a) Zugmaschinen,
b) Motorkarren,
c) selbstfahrende Arbeitsmaschinen,
d) landwirtschaftliche selbstfahrende Arbeitsmaschinen, jeweils mit einer Bauartgeschwindigkeit von nicht mehr als 50 km/h sowie
e) Einachszugmaschinen, die mit einem anderen Fahrzeug oder Gerät so verbunden sind, daß sie mit diesem ein einziges Kraftfahrzeug bilden, das nach seiner Eigenmasse und seiner Bauartgeschwindigkeit einer Zugmaschine mit einer Bauartgeschwindigkeit von nicht mehr als 25 km/h entspricht und
f) Sonderkraftfahrzeuge.

Lenkerberechtigung

Eine Lenkerberechtigung darf nur Personen erteilt werden, die:

1. das für die angestrebte Klasse erforderliche Mindestalter erreicht haben,
2. verkehrszuverlässig sind,
3. gesundheitlich geeignet sind, ein Kraftfahrzeug zu lenken,
4. fachlich zum Lenken eines Kraftfahrzeugs befähigt sind und
5. den Nachweis erbracht haben, in lebensrettenden Sofortmaßnahmen bei einem Verkehrsunfall oder, für die Lenkerberechtigung für die Klasse D, in Erster Hilfe unterwiesen worden zu sein.

Mindestalter laut FSG

§§ **§ 6.** (1) Für die Erteilung einer Lenkerberechtigung gelten folgende Anforderungen an das Mindestalter:

1. 16 Jahre:
   Klasse F: beschränkt auf landwirtschaftliche Fahrzeuge unter Nachweis der erforderlichen geistigen und körperlichen Reife und unter Vorschreibung von nach den Erfordernissen der Verkehrs- und Betriebssicherheit nötigen Bedingungen oder zeitlichen, örtlichen oder sachlichen Beschränkungen der Gültigkeit dieser Lenkerberechtigung.
2. 17 Jahre:
   vorgezogene Klasse B.
3. 18 Jahre:
   a) Klasse A, eingeschränkt auf die Vorstufe A;
   b) Klassen B und B + E
   c) Klassen C und C + E (Berufskraftfahrer oder eingeschränkt auf die Unterklassen C1 und C1 + E);
   d) Unterklassen C1 und C1 + E;
   e) Klasse F.

4. 21 Jahre:
   a) Klasse A (ohne Vorstufe A);
   b) Klassen C und C + E;
   c) Klassen D und D + E.

(2) Bewerber um eine Lenkerberechtigung dürfen grundsätzlich frühestens sechs Monate vor Vollendung des für die angestrebte Lenkerberechtigung erforderlichen Mindestalters mit der theoretischen und praktischen Ausbildung in Fahrschulen beginnen.

(3) Bewerber um eine Lenkerberechtigung dürfen bei Fahrten, die sie im Zuge ihrer Ausbildung durchführen, ein Kraftfahrzeug nur in Betrieb nehmen und lenken, wenn der Alkoholgehalt des Blutes nicht mehr als 0,1 g/l (0,1 Promille) oder der Alkoholgehalt der Atemluft nicht mehr als 0,05 mg/l beträgt. Diese Bestimmung gilt ebenfalls für Besitzer einer Lenkerberechtigung für die Klasse F bis zur Vollendung des 20. Lebensjahres.

(4) Die praktische Fahrprüfung darf grundsätzlich frühestens zwei Wochen vor Erreichen des für die angestrebte Lenkerberechtigung erforderlichen Mindestalters abgelegt werden.

Ausnahmen gibt es für Lehrlinge für den Beruf »Berufskraftfahrer«.

Der »Punkteführerschein« kommt

Der Gesetzesentwurf vom Dezember 2003 spricht von »Vormerksystem-Maßnahmen für Wiederholungstäter«. Es wird kein klassischer Punkteführerschein sein, wie er in anderen europäischen Ländern praktiziert wird. In Österreich sollen unbelehrbare Hochrisikofahrer in einer eigenen Datei erfasst werden, wenn sie zum wiederholten Mal schwere Verkehrsdelikte begangen haben (etwa Lenken unter Alkohol- oder Drogeneinfluss, gefährliches Rasen, Geisterfahren oder Drängeln unter besonders gefährlichen Verhältnissen); kleine Delikte wie etwa Falschparken sollen nicht in dieser Datei berücksichtigt werden.

Die Punkte heißen »Risikofaktoren« und werden – unabhängig von der verhängten Verwaltungsstrafe – im Führerscheinregister gespeichert. Erreicht der Lenker 1,2 Punkte (im Schnitt drei schwere Delikte), kann der Strafreferent ergänzende Maßnahmen wie Nachschulungen, Erste Hilfe-Kurse oder Fahrtechnik-Trainings anordnen. Durch freiwillige Teilnahme an solchen Maßnahmen können »Schlechtpunkte« wieder gelöscht werden. Auch wer sich ein Jahr lang nichts zu schulden kommen lässt, reduziert sein Punktekonto um 0,2 Punkte. Wird jedoch der Risikofaktor von 1,5 Punkten erreicht, verliert der Lenker seinen Führerschein, und zwar zusätzlich zum »normalen« Entzug für das begangene Delikt für weitere zwölf Monate. Ab wann diese Maßnahmen Gesetz werden, steht noch nicht fest.

Verkehrszuverlässigkeit

Als verkehrszuverlässig gilt gemäß § 7 FSG eine Person, wenn nicht aufgrund erwiesener bestimmter Tatsachen und ihrer Wertung angenommen werden muss, dass sie wegen ihrer Sinnesart beim Lenken von Kraftfahrzeugen die Verkehrssicherheit gefährden wird, insbesondere durch rücksichtsloses Verhalten im Straßenverkehr, Trunkenheit oder einen durch Suchtgift oder durch Medikamente beeinträchtigten Zustand. Als nicht verkehrszuverlässig gilt eine Person, von der angenommen werden muss, dass sie sich wegen ihrer Sinnesart weiterer schwerer strafbarer Handlungen schuldig machen wird, die durch das Lenken von Kraftfahrzeugen erleichtert werden. Als Tatsachen, die gegen die Verkehrszuverlässigkeit sprechen, gelten unter anderem:

1. Lenken oder Inbetriebnahme eines Kraftfahrzeugs in einem durch Alkohol oder Suchtgift beeinträchtigten Zustand;
2. Fahrerflucht nach einem verschuldeten Verkehrsunfall mit Personenschaden;
3. Überschreitung der zulässigen Höchstgeschwindigkeit im Ortsgebiet um mehr als 40 km/h und außerhalb des Ortsgebiets um mehr als 50 km/h;
4. besonders rücksichtsloses Verhalten im Straßenverkehr, etwa Fahren gegen die Fahrtrichtung auf Autobahnen (»Geisterfahrer«), Missachtung von Überholverboten bei besonders schlechten Sichtverhältnissen oder Überschreitung der zulässigen Höchstgeschwindigkeit vor Schulen, Kindergärten und vergleichbaren Einrichtungen sowie auf Schutzwegen oder Radfahrerüberfahrten;
5. Lenken eines Kraftfahrzeugs, dessen technischer Zustand eine Gefährdung der Verkehrssicherheit darstellt. Vor der Erteilung der Lenkerberechtigung hat die Behörde ein Gutachten von Sachverständigen einzuholen, ob der Antragsteller zum Lenken von Kraftfahrzeugen der in Betracht kommenden Gruppe fachlich befähigt ist. Die Fahrprüfung besteht aus einer theoretischen und einer praktischen Prüfung, wobei die praktische erst dann abgenommen werden darf, wenn die theoretische mit Erfolg abgelegt wurde. Die theoretische Prüfung hat automationsunterstützt zu erfolgen (Computer).

Die Straßenverkehrsordnung

Das zweite wichtige Gesetz, das die Rechte und Pflichten der Kraftfahrzeuglenker regelt, ist die Straßenverkehrsordnung. Dieses Gesetz gilt für Straßen mit öffentlichem Verkehr, das sind solche, die von jedermann unter den gleichen Bedingungen benützt werden können. Es gilt auch für Straßen ohne öffentlichen Verkehr, jedoch nur dann, wenn in anderen Gesetzen oder durch den Straßenerhalter nichts anderes bestimmt ist.

Die Straßenverkehrsordnung enthält Begriffsbestimmungen (was ist eine Straße, eine Fahrbahn, ein Radweg, ein Gehsteig, eine Schutzinsel usw.) und legt fest: ein Fahrzeug darf auf Straßen nur verwendet werden, wenn es so gebaut und ausgerüstet ist, dass durch seinen sachgemäßen Betrieb Personen nicht gefährdet oder durch Geruch, Geräusch, Staub, Schmutz und dergleichen nicht über das gewöhnliche Maß hinaus belästigt oder Sachen, insbesondere die Fahrbahn, nicht beschädigt werden.

Vertrauensgrundsatz

Der **Vertrauensgrundsatz** (§ 3 StVO 1960) besagt, dass jeder Straßenbenützer darauf vertrauen darf, dass andere Personen die für die Benützung der Straße maßgeblichen Rechtsvorschriften befolgen werden. Karl Jedermann brauchte daher beim geschilderten Verkehrsunfall nicht damit zu rechnen, dass sein Unfallgegner die Vorrangregeln verletzen wird.

Gleichzeitig normiert der § 3 StVO 1960 die Ausnahmen davon, sodass man in diesem zweiten Teil von einem »**Misstrauensgrundsatz**« sprechen kann. Der Vertrauensgrundsatz gilt nämlich nicht gegenüber Kindern, Seh- oder Hörbehinderten mit weißem Stock oder gelber Armbinde, offensichtlich Körperbehinderten oder Gebrechlichen oder gegenüber Personen, aus deren augenfälligem Gehaben geschlossen werden muss, dass sie unfähig sind, die Gefahren des Straßenverkehrs einzusehen oder sich dieser Einsicht gemäß zu verhalten. Der Lenker eines Fahrzeugs hat sich gegenüber Personen, gegenüber denen der Vertrauensgrundsatz nicht gilt – insbesondere durch Verminderung der Fahrgeschwindigkeit und durch

Bremsbereitschaft – so zu verhalten, dass eine Gefährdung dieser Personen ausgeschlossen ist (§ 3 Abs. 2 StVO 1960).

Besondere Rücksicht auf Kinder

Wenn also Karl Jedermann einen Blinden mit weißem Stock oder gelber Armbinde sieht, dann wird er seine Fahrgeschwindigkeit und sein Fahrverhalten entsprechend einrichten. Ebenso wird er sich bei **Kindern** verhalten, auf die **besondere Rücksicht** zu nehmen ist (§ 29a StVO); dies gilt auch für Gehbehinderte (§ 29b StVO) und die anderen oben erwähnten Personen.

Bei der zuletzt angeführten Personengruppe ist es schwieriger einzusehen, dass auch sie wie die übrigen mit ihr in einem Atemzug im Gesetz genannten Personen behandelt werden muss. Abgesehen davon, dass sich Karl Jedermann beim oben geschilderten Verkehrsunfall selbst vor größeren Schäden geschützt hat, indem er sein Fahrzeug abbremste und verriss, war er auch dazu verpflichtet, auf das Fehlverhalten des anderen Verkehrsteilnehmers zu reagieren.

Hilfeleistung

Eine wichtige Vorschrift ist die über das **Verhalten nach Verkehrsunfällen**. Alle Personen, deren Verhalten am Unfallort mit dem Verkehrsunfall in ursächlichem Zusammenhang steht – Verschulden ist überhaupt nicht notwendig –, haben als Fahrzeuglenker sofort anzuhalten, Maßnahmen zur Vermeidung von Schäden zu treffen und an der Feststellung des Sachverhalts mitzuwirken. Wenn Personen verletzt wurden, sind sie verpflichtet, **Hilfe zu leisten**. Wenn sie dazu nicht fähig sind, haben sie unverzüglich für fremde Hilfe zu sorgen und überdies sofort die nächste Polizei- oder Gendarmeriedienststelle zu verständigen.

Auch **Zeugen** des Verkehrsunfalls haben, falls die vorhin genannten Personen nicht für die erforderliche Hilfe sorgen, Hilfe zu leisten, außer sie ist ihnen nicht zumutbar (wegen erheblicher Gefährdung eigener oder Verletzung anderer wichtiger Interessen). Wenn der Zeuge zur Hilfeleistung nicht fähig ist, hat er unverzüglich für fremde Hilfe zu sorgen. Die gleichen Verpflichtungen wie der Zeuge haben auch **später Hinzukommende** (also Personen, die am Ort eines Verkehrsunfalls dessen Folgen wahrnehmen), außer eigene Hilfeleistung oder Besorgung fremder Hilfe ist offensichtlich nicht mehr erforderlich. Im Übrigen ist jeder verpflichtet, die Herbeiholung einer Hilfe zu ermöglichen (Zurverfügungstellen von Telefon, eventuell auch des eigenen Kraftfahrzeugs).

Allgemeine Fahrordnung

Es ist so weit rechts zu fahren, wie dies möglich ist. An gefährlichen Stellen (unübersichtlichen Kurven, Fahrbahnkuppen), bei ungenügender Sicht, Überholtwerden und bei Gegenverkehr ist am (äußersten) **rechten Fahrbahnrand** zu fahren.

Bergfahrten

Auf Bergfahrten hat der Bergabfahrende entsprechend der Vorschrift des § 10 Abs. 1 StVO 1960 rechtzeitig und ausreichend so weit als möglich **nach rechts auszuweichen**. Er müsste auch anhalten, um dem Bergauffahrenden, der schwerer wieder anfahren könnte, das Passieren zu ermöglichen (§ 10 Abs. 2 StVO 1960).

Abbiegen

Karl Jedermann fährt auf einer breiten Bundesstraße außerhalb des Ortsgebietes; er will nach links in einen Feldweg einbiegen, der nicht sofort erkennbar ist. Richtigerweise betätigt er den Blinker, nachdem er sich davon überzeugt hat, dass niemand zum Überholen angesetzt hat, und fährt in die Fahrbahnmitte, wobei er den Blinker weiter betätigt. Noch vor dem Abbiegen wirft er einen zweiten Blick in den Rückspiegel, weil er damit rechnen muss, dass nachfolgende Fahrzeuge nicht bemerken, wohin er abbiegen will (§§ 11 und 12 StVO 1960).

Einweisen

Das Herausfahren z. B. aus Hofeinfahrten in unübersichtliche Straßen erfordert ein **Einweisen** gemäß § 13 Abs. 3 StVO 1960. Man muss sich nötigenfalls auch beim **Rückwärtsfahren** einweisen lassen und man verliert beim Rückwärtsfahren seinen Vorrang (§ 14 StVO 1960). Man darf auch – außer auf geregelten Kreuzungen – auf Vorrangstraßen im Ortsgebiet **nicht umkehren**, ebenso wenig auf engen und unübersichtlichen Straßenstellen.

Überholen

Ein ordentlicher Kraftfahrer kennt auch die Vorschriften über das **Überholen** (§ 15 StVO 1960), so etwa, dass er verpflichtet ist, den Wechsel des Fahrstreifens rechtzeitig anzuzeigen und einen der Verkehrssicherheit und Fahrgeschwindigkeit entsprechenden seitlichen Abstand vom überholten Fahrzeug einzuhalten. Das Überholverbot (§ 16 StVO 1960) legt fest, wo nicht überholt werden darf: beim Vorschriftszeichen »Überholverbot«, bei ungenügender Sicht, an unübersichtlichen Straßenstellen sowie vor Fahrbahnkuppen (außer wenn die Fahrbahn durch eine Sperrlinie geteilt ist und diese vom überholenden Kraftfahrzeug nicht überragt wird).

An Schienenfahrzeugen (Straßenbahn) darf man in Haltestellen nur in Schrittgeschwindigkeit und in entsprechendem seitlichem Abstand **vorbeifahren**, um ein- und aussteigende Personen weder zu gefährden noch zu behindern. Wenn es die Sicherheit dieser Personen erfordert, ist anzuhalten (§ 17 StVO 1960).

Eisenbahnkreuzungen

Für **Eisenbahnkreuzungen** gelten die Eisenbahnrichtlinien und -vorschriften, insbesondere die Eisenbahnkreuzungsverordnung. Sie bestimmt, dass Eisenbahnkreuzungen entweder durch Andreaskreuze, Schrankenanlagen, Blinkanlagen oder durch Bewachung gesichert werden müssen. Sie legt aber auch fest, wie sich die Lenker bei Annäherung an derartige Kreuzungen zu verhalten haben.

Sicherheitsabstand

Karl Jedermann fährt auf der Bundesstraße, als ein ausländischer Urlauber, der wohl an der Landschaft Gefallen findet, plötzlich und unvermutet vor ihm anhält. Wie es sich gehört, hat Karl Jedermann beim Hintereinanderfahren (§ 18 StVO 1960) einen ausreichenden ***Sicherheitsabstand*** *eingehalten. Das erlaubt es ihm, auf dieses Fehlverhalten entsprechend zu reagieren. Es gelingt ihm, sein Fahrzeug kontaktfrei zum Stillstand zu bringen.*

Wäre ihm dies nicht gelungen, weil der Sicherheitsabstand zu knapp war, wäre er an dem möglichen Verkehrsunfall mitschuldig; denn auch auf ein plötzliches und unvermutetes Anhalten des Fahrzeugs vor ihm muss er reagieren.

Vorrang

Beim **Vorrang** (§ 19 StVO 1960) gilt die **Rechtsregel**, das heißt, Fahrzeuge, die von rechts kommen, haben grundsätzlich Vorrang; ausgenommen sind Schienenfahrzeuge, die auch dann Vorrang haben, wenn sie von links kommen.

Dass **Einsatzfahrzeuge** der Rettung, der Feuerwehr, des öffentlichen Sicherheitsdienstes und sonstige Einsatzfahrzeuge, die übrigens untereinander in dieser Reihenfolge Vorrang haben, gegenüber anderen Fahrzeugen **immer Vorrang** haben, sollte allen Verkehrsteilnehmern klar sein. Auch dass Fahrzeuge, die auf einer Vorrangstraße fahren, den Vorrang gegenüber Fahrzeugen auf kreuzenden oder einmündenden Straßen haben, sollte keiner Erwähnung bedürfen.

Fahrzeuge, die ihre Fahrtrichtung beibehalten oder nach rechts einbiegen, haben – außer es ist etwas anderes durch Verkehrszeichen geregelt – den Vorrang gegenüber entgegenkommenden nach links einbiegenden Fahrzeugen. Fahrzeuge im fließenden Verkehr haben den Vorrang gegenüber Fahrzeugen, die von Nebenfahrbahnen, aus Fußgängerzonen oder Wohnstraßen, von Parkplätzen, aus Haus- oder Grundstücksausfahrten, von Feldwegen oder von Tankstellen und dergleichen kommen. Wer keinen Vorrang hat (der Wartepflichtige), darf durch Kreuzen, Einbiegen oder Einordnen die Lenker von Fahrzeugen mit Vorrang weder zu unvermitteltem Bremsen noch zum Ablenken ihrer Fahrzeuge nötigen (§ 19 Abs. 7 StVO).

Fahrgeschwindigkeit

Die **Fahrgeschwindigkeit** (§ 20 StVO 1960) ist den gegebenen oder durch Straßenverkehrszeichen angekündigten Umständen, insbesondere den Straßen-, Verkehrs- und Sichtverhältnissen sowie den Eigenschaften von Fahrzeug und Ladung anzupassen. Es darf auch nicht ohne zwingenden Grund so langsam gefahren werden, dass der übrige Verkehr behindert wird.

Die erlaubte **Höchstgeschwindigkeit** im Ortsgebiet beträgt 50 km/h, auf Autobahnen 130 km/h, auf den übrigen Freilandstraßen 100 km/h, sofern nichts anderes durch Verkehrszeichen bestimmt ist. Die Behörde kann durch Verordnung eine geringere als die genannte zulässige Höchstgeschwindigkeit festlegen, sofern dies zur Erhöhung der Verkehrssicherheit oder zur Fernhaltung von Gefahren oder Belästigungen, insbesondere durch Lärm, Geruch oder Schadstoffe, und zum Schutz der Bevölkerung oder der Umwelt oder aus anderen wichtigen Gründen geeignet erscheint (§ 20 Abs. 2a StVO 1960).

Jeder Verkehrsteilnehmer muss seine **Fahrgeschwindigkeit** so einrichten, dass er das Fahrzeug beim Auftauchen von Hindernissen auf der Fahrbahn jederzeit innerhalb der eingesehenen Strecke zum Stillstand bringen kann. Dabei ist zu berücksichtigen, dass man bei plötzlich auftauchenden Hindernissen zunächst etwa eine Sekunde benötigt, die in ungebremstem Zustand durchfahren wird (so genannte Schrecksekunde), bis die Reaktion einsetzt und dann die Bremsen wirksam werden. Wer in der Nacht und nur mit Abblendlicht fährt (Sicht 40 m), wird daher, da der reine Bremsweg bei einer Bremsverzögerung von 6 m pro Sekundenquadrat bei dieser Geschwindigkeit 23,4 m beträgt und der ungebremste Weg 16,7 m beträgt, höchstens etwa 60 km/h fahren dürfen. Man darf auch seine Fahrgeschwindigkeit nicht jäh und für den Lenker eines nachfolgenden Fahrzeugs überraschend vermindern (§ 21 StVO 1960).

Hupen

Akustische Warnzeichen sind abzugeben, wenn es die Verkehrssicherheit erfordert. Sie sind bei Hupverbot grundsätzlich verboten, in Notsituationen jedoch erlaubt; vor Kirchen, gekennzeichneten Schulen und Krankenhäusern sowie zur Nachtzeit dürfen Warnsignale nicht länger als unbedingt nötig abgegeben werden.

Halte- und Parkverbote

Unbedingt zu beachten sind **Halte- und Parkverbote**. Es besteht die Gefahr, dass das Fahrzeug abgeschleppt wird (siehe Seite 503 f.), was teuer zu stehen kommen kann. In Kurzparkzonen ist eine Parkscheibe, in größeren Städten sind Parkgebührenzettel (meist aus dem Parkscheinautomaten) zu verwenden.

Beleuchtung

Bei Dämmerung, Dunkelheit, Nebel oder wenn es die Witterung sonst erfordert, sind Fahrzeuge auf der Fahrbahn zu beleuchten. Weißes Licht darf dabei nicht nach hinten, rotes Licht nicht nach vorne leuchten. Eine **Beleuchtung** des Fahrzeugs darf unterbleiben, wenn es stillsteht und die sonstige Beleuchtung (Straßenbeleuchtung oder Tageslicht) ausreicht, um es aus einer Entfernung von ungefähr 50 m zu erkennen (§ 60 StVO 1960).

Warneinrichtungen

Die **Warneinrichtungsverordnung** regelt die Ausstattung und Verpflichtung zur Verwendung der Warneinrichtungen, wie Warndreieck, Blinkleuchte oder Sturmlaterne. Danach hat der Lenker eines mehrspurigen Fahrzeugs, das auf einer Freilandstraße an einer unübersichtlichen Straßenstelle bei schlechter Sicht, Dämmerung oder Dunkelheit zum Stillstand gelangt ist und ein Verkehrshindernis bildet, dies unverzüglich den Lenkern anderer auf dem verlegten Fahrstreifen herannahender Fahrzeuge durch Aufstellen der Warneinrichtung anzuzeigen.

Erste Pflicht nach einem Verkehrsunfall ist somit die **Absicherung der Unfallstelle**. Das **Warndreieck** ist dabei so weit von der Unfallstelle aufzustellen, dass nachfolgende Verkehrsteilnehmer rechtzeitig auf das Hindernis reagieren können. In der Praxis ist leider sehr oft festzustellen, dass das Warndreieck erst dann zu sehen ist, wenn auch das in einen Unfall verwickelte Fahrzeug bereits deutlich zu erkennen ist. In diesem Fall nützt das Warndreieck überhaupt nichts mehr.

☛ Einrichtungen zur Regelung und Sicherung des Verkehrs (§ 31 StVO 1960) wie Verkehrsampeln, Signalscheiben, Straßenverkehrszeichen, Verkehrsleiteinrichtungen, Sockel für Verkehrsposten, Verkehrstürme, Schutzinseln, Sperrketten, Geländer, Leitschienen, Begrenzungspfeiler, Randsteine, radableitende Begrenzungen, Straßenbeleuchtungseinrichtungen, Schneegatter oder Verkehrsspiegel dürfen selbstverständlich nicht beschädigt, unbefugt angebracht, entfernt, verdeckt oder in ihrer Lage oder Bedeutung verändert werden.

Strafbestimmungen der StVO

Im § 99 Abs. 2 der StVO finden sich eine Unzahl von **Strafbestimmungen**, wobei eine Geldstrafe bis zu € 2.180,– verhängt werden kann, wenn gegen die Verbote und Gebote der Straßenverkehrsordnung verstoßen wird; bei Uneinbringlichkeit der

Geldstrafe ist Arrest von 24 Stunden bis zu sechs Wochen möglich. Bei Lenken eines Fahrzeugs in alkoholisiertem Zustand (siehe dazu Seite 506 ff.) sowie bei Verweigerung der Blutprobe oder des Alkohol-Atemtests bzw. der ärztlichen Untersuchung auf Alkoholbeeinträchtigung kann sogar eine Geldstrafe von € 1.162,– bis € 5.813,–, bei Uneinbringlichkeit Arrest von zwei Wochen bis zu sechs Wochen verhängt werden (§ 99 Abs. 1 StVO 1960).

Radfahrer, Fußgänger, Reiter

Radfahren

Radfahren darf man ab dem vollendeten 12. Lebensjahr. Kinder unter 12 Jahren dürfen nur unter Aufsicht Erwachsener oder mit behördlicher Bewilligung ein Fahrrad lenken. Die behördliche Bewilligung ist zu erteilen, wenn das Kind das 10. Lebensjahr vollendet hat und anzunehmen ist, dass es die erforderliche körperliche und geistige Eignung sowie Kenntnisse der straßenpolizeilichen Vorschriften besitzt (Radfahrprüfung). Die Bewilligung gilt für das ganze Bundesgebiet, sofern nicht der gesetzliche Vertreter des Kindes eine örtlich eingeschränkte Geltung beantragt hat (§ 65 Abs. 2 StVO 1960). Wer ein Fahrad schiebt, gilt nicht als Radfahrer.

Radfahrer, die auf dem Fahrrad **Personen mitführen**, müssen das 16. Lebensjahr vollendet haben. Wenn die mitgeführte Person noch nicht acht Jahre alt ist, muss dafür ein eigener, der Größe des Kindes entsprechender Sitz vorhanden sein. Ist sie mehr als acht Jahre alt, darf nur ein Fahrrad besonderer Bauart (Tandem) verwendet werden, das hinsichtlich seiner Bauart den Anforderungen der Produktsicherheitsbestimmungen für Fahrräder zum Transport mehrerer Personen entspricht.

Nebeneinanderfahren

Radfahrer dürfen nur auf Radwegen und in Wohnstraßen sowie auf sonstigen Straßen mit öffentlichem Verkehr bei Trainingsfahrten mit Rennfahrrädern nebeneinander fahren; beim Nebeneinanderfahren darf nur der äußerste rechte Fahrstreifen benützt werden.

Es ist verboten,

— auf einem Fahrrad freihändig zu fahren oder die Füße während der Fahrt von den Treteinrichtungen zu entfernen,
— sich mit einem Fahrrad an ein Fahrzeug anzuhängen, um sich ziehen zu lassen,
— Fahrräder in einer nicht verkehrsgemäßen Art zu gebrauchen, z. B. Karussellfahren, Wettfahren und dergleichen.

Regeln für Fußgänger

Fußgänger haben auf Gehsteigen oder Gehwegen zu gehen. Wenn keine Gehsteige oder Gehwege vorhanden sind, haben sie das Straßenbankett, wenn dieses fehlt, den äußersten Fahrbahnrand zu benützen. Auf Freilandstraßen, außer im Fall der Unzumutbarkeit, müssen sie auf dem linken Straßenbankett oder Fahrbahnrand gehen. Fußgänger dürfen nicht überraschend die Fahrbahn betreten und haben sie in angemessener Eile zu überqueren. Grundsätzlich sind für die Überquerung der Fahrbahn Schutzwege zu benützen; sind keine vorhanden, müssen sich die Fußgänger vergewissern, dass sie andere Straßenbenützer nicht gefährden (§ 76 StVO 1960). Außerhalb von Schutzwegen müssen sie den kürzesten Weg wählen.

In **Fußgängerzonen** (§ 76a StVO 1960) dürfen Fahrzeuge **grundsätzlich** nicht fahren, ebenso in einer Wohnstraße (§ 76b StVO 1960).

Schulwege

Die **Sicherung des Schulwegs** (§ 97 a StVO 1960) wird durch von der Behörde betraute Personen wahrgenommen, die mit einem geeigneten Signalstab und einer gut wahrnehmbaren Schutzausrüstung auszustatten sind. Den Anordnungen dieser Personen ist Folge zu leisten.

Spielen auf Straßen

Bei Benützung der Straßen zu **verkehrsfremden Zwecken** (§ 82 StVO 1960) ist eine behördliche Bewilligung erforderlich. Die Ausübung des Wintersports (§ 87 StVO 1960) und das Spielen (§ 88 StVO 1960) sind verboten, es sei denn, dass die Fahrbahn für diese Zwecke gesperrt ist. Rollschuhe, fahrzeugähnliches Kinderspielzeug und ähnliche Fortbewegungsmittel dürfen nur verwendet werden, wenn die Fahrbahn keine oder nur geringe Neigung aufweist. Das Spielen auf **Gehsteigen oder Gehwegen** und deren Befahren mit Rollschuhen, fahrzeugähnlichen Kinderspielzeugen und ähnlichen Fortbewegungsmitteln ist **verboten**, wenn hierdurch der Verkehr auf der Fahrbahn oder Fußgänger gefährdet werden.

Reiten

Reiter (§ 79 StVO 1960) müssen körperlich geeignet und des Reitens kundig sein und sie müssen das 16. Lebensjahr vollendet haben. Jüngere Personen dürfen nur in Begleitung Erwachsener reiten (ausgenommen in der Landwirtschaft, denn hier genügt die Vollendung des 12. Lebensjahres).

Anlegen des Sicherheitsgurtes

Seit der 3. Kraftfahrgesetz-Novelle aus 1976 sind Lenker und beförderte Personen, die einen Sitzplatz benützen, der mit einem Sicherheitsgurt ausgerüstet sein muss, zum bestimmungsgemäßen Gebrauch des Sicherheitsgurtes **verpflichtet**. Die Nichtbenützung begründet im Fall der Tötung oder Verletzung des Lenkers oder der beförderten Person durch einen Unfall ein Mitverschulden. Durch dieses Mitverschulden erlöschen teilweise allfällige Ansprüche auf Schmerzensgeld.

Alle Personenkraftwagen, Kombinationskraftwagen und Lastkraftwagen mit einem höchsten zulässigen Gesamtgewicht von nicht mehr als 3500 kg müssen für **jeden Sitzplatz** mit Sicherheitsgurten ausgerüstet sein; ausgenommen sind Feuerwehr- und Heeresfahrzeuge, Sitze längs der Fahrtrichtung sowie umklappbare Notsitze (Novelle vom 30. November 1982).

Weiters gibt das Gesetz auch die Fälle an, in denen die Pflicht zum Anlegen der Sicherheitsgurte **nicht** besteht. Dies trifft zu:

- — auf nicht öffentlichen Verkehrsflächen,
- — bei ganz geringer Gefahr, so beim Einparken oder beim langsamen Rückwärtsfahren,
- — wenn wegen der Körpergröße oder körperlicher Beeinträchtigung des Benützers der bestimmungsgemäße Gebrauch des Sicherheitsgurtes nicht möglich ist,
- — bei Einsatzfahrzeugen und für die Lenker von Taxis,
- — für Fahrten im Kraftfahrlinienverkehr.

Die Nichteinhaltung der **Gurtenanlegepflicht** ist verwaltungsbehördlich strafbar (Organmandat € 21,–, bei Anzeige bis zu € 72,–).

Kinder im Auto

Ulrike, Karl Jedermanns kleine Enkelin, darf zu einer Kinderfaschingsparty. Karl Jedermann macht sich erbötig, auch andere Kinder in seinem Wagen zum Faschingsvergnügen zu fahren. Als das Auto des freundlichen Opas von einem Polizisten zur Fahrzeugkontrolle angehalten wird, klettern neun weitere Personen heraus. Da holt der Polizist seinen Block mit den Ordnungsstrafmandaten hervor und verhängt über Karl Jedermann Strafen wegen Verwaltungsübertretungen.

Nach § 106 Abs. 1a KFG dürfen Kinder **unter zwölf Jahren**, die kleiner als 150 cm sind, mit Kraftwagen und Motordreirädern nicht auf unmittelbar hinter der Windschutzscheibe gelegenen Sitzplätzen befördert werden. Weiters sagt der § 106 Abs. 3 KFG, dass bei der Beförderung von Personen mit Kraftfahrzeugen die bei der Genehmigung festgesetzte zulässige Anzahl der Personen, die auf jeder einzelnen Sitzbank befördert werden dürfen, nicht überschritten werden darf. Diese Zahlen finden sich auch im Zulassungsschein des Fahrzeugs. Weiters dürfen, außer bei Omnibussen, außer dem Lenker nicht mehr als acht Personen befördert werden.

Bei der Berechnung der Personen, die mit einem Fahrzeug befördert werden dürfen, sind Kinder unter sechs Jahren nicht zu zählen. Kinder zwischen sechs und 14 Jahren sind wie folgt zu zählen: bei der Beförderung auf nicht unmittelbar hinter der Windschutzscheibe gelegenen Sitzbänken mit zwei Sitzplätzen zählen drei Kinder als zwei Personen; bei der Beförderung auf nicht unmittelbar hinter der Windschutzscheibe gelegenen Sitzbänken mit drei Sitzplätzen zählen vier Kinder als drei Personen (§ 106 Abs. 3 KFG). Dabei muss die Obergrenze von acht Personen außer dem Lenker, gleichgültig ob Erwachsene oder Kinder, berücksichtigt werden.

Karl Jedermann darf daher mit seinem Kleinwagen, der laut Zulassungsschein außer dem Lenker noch drei weiteren Personen Platz bietet, drei Erwachsene mitnehmen. Kinder unter sechs Jahren, die laut Kraftfahrgesetz nicht zählen, dürfte er acht mitnehmen. Kinder zwischen sechs und 14 Jahren dürfte er auf nicht unmittelbar hinter der Windschutzscheibe gelegenen Sitzbänken mit drei Sitzplätzen vier mitnehmen. Insgesamt neun Kinder darf er aber keinesfalls mitnehmen.

Übrigens muss seit 1. Jänner 1999 **für jedes Kind** im Pkw und Kleinbus ein **Sitzplatz** mit Gurt vorhanden sein. In Fahrzeugen, die seit 1. Jänner 1989 neu zugelassen wurden, müssen auf der Rückbank Gurte nachgerüstet werden.

Das Auto ist weg

Karl Jedermann war bei seinem Rechtsanwalt. Die Besprechung dauerte viel länger, als Karl Jedermann geplant hatte. Als er schließlich sein Auto besteigen will, staunt er nicht wenig: Das Auto war weg.
Der Anwalt klärt nach Jedermanns Situationsbeschreibung sofort den Fall: Das Auto wurde, weil Karl Jedermann seinen Pkw verkehrsbehindernd in zweiter Spur geparkt hatte, auf Anordnung der Polizei abgeschleppt. Ein kurzes Telefongespräch mit der

nächsten zuständigen Polizeidienststelle (Wachzimmer) bestätigt dies. Bei diesem Telefonat erfährt er auch, wo das Auto hingebracht wurde und wieder abgeholt werden kann. Dazu hat Karl Jedermann nun sechs Monate Zeit.

Entfernen von Hindernissen

Seit der StVO-Novelle vom Juni 1969 gibt es den berühmten § 89a, der schon so manchem Autofahrer viel Kopfzerbrechen bereitet hat. § 89a StVO behandelt die **Entfernung von Hindernissen**. Abs. 2 besagt in seiner derzeit gültigen Fassung:

§§ Wird durch einen Gegenstand auf der Straße, insbesondere durch ein stehendes Fahrzeug, mag es betriebsfähig oder nicht betriebsfähig sein, durch Schutt, Baumaterial, Hausrat und dergleichen der Verkehr beeinträchtigt, so hat die Behörde die Entfernung des Gegenstandes ohne weiteres Verfahren zu veranlassen.

Abs. 2a listet auf, **wann** eine Verkehrsbeeinträchtigung gegeben ist, von der Behinderung von Schienenfahrzeugen bis zum Abstellen eines Fahrzeugs in der Buszone. Im Abs. 3 steht weiters, dass im Fall besonderer Dringlichkeit auch die Organe der Straßenaufsicht, des Straßenerhalters, der Feuerwehr oder eines Kraftfahrlinien- oder Eisenbahnunternehmens berechtigt sind, verkehrsbehindernde Gegenstände zu entfernen oder entfernen zu lassen. Von der Entfernung des Gegenstandes und vom Ort der Verbringung (Verwahrung) ist sowohl die dem Ort der bisherigen Aufstellung oder Lagerung am nächsten gelegene als auch die hierfür örtlich zuständige Polizei- oder Gendarmeriedienststelle unverzüglich zu verständigen (§ 89a Abs. 4 StVO 1960). Diese Dienststelle hat auch alle die Verbringung betreffenden Auskünfte zu erteilen. Abs. 5 dieses Paragraphen besagt: Sofern der Gegenstand nicht früher übernommen wird, hat die Behörde innerhalb einer Frist von einer Woche nach dem Entfernen des Gegenstandes den Eigentümer, im Fall des Entfernens eines zum Verkehr zugelassenen Kraftfahrzeugs oder Anhängers jedoch den Zulassungsbesitzer durch Zustellung zu eigenen Handen aufzufordern, den Gegenstand innerhalb einer Frist von sechs Monaten wieder zu übernehmen. Nach Ablauf dieser Frist wechselt der Gegenstand in das Eigentum des zuständigen Straßenerhalters (Abs. 6).

Das Entfernen und Aufbewahren des Gegenstands erfolgt auf Kosten desjenigen, der im Zeitpunkt des Aufstellens oder Lagerns des Gegenstands dessen Inhaber bzw. bei zum Verkehr zugelassenen Kraftfahrzeugen oder Anhängern dessen Zulassungsbesitzer war (Abs. 7). Dieser hat auch bei der Übernahme des Fahrzeugs die Kosten zu bezahlen, andernfalls sind sie ihm durch Bescheid vorzuschreiben.

Somit kann Karl Jedermanns Auto – nach Zutreffen des § 89a StVO – von allen öffentlichen Straßen entfernt werden. Die Kosten, die daraus entstehen und die dem Fahrzeughalter von der Behörde vorgeschrieben werden, werden von Ort zu Ort verschieden hoch sein. Die Vollziehung dieses Gesetzes fällt in die Zuständigkeit der Bezirksverwaltungsbehörde (Bezirkshauptmannschaft oder Magistrat).

Fahrerflucht und Führerschein

Für den Begriff »Fahrerflucht« hat das StGB zwei neue Begriffe eingeführt: **Imstichlassen eines Verletzten** (§ 94 StGB) und **Unterlassen der Hilfeleistung** (§ 95 StGB). In diesen Gesetzesstellen ist nicht mehr vom Unfall allein die Rede, sondern sie beziehen sich ganz allgemein auf die Körperverletzung und auf Hilfeleistung bei einem Unglücksfall oder einer Gemeingefahr (Gefahr für eine größere Anzahl von Menschen). Im Gegensatz zum alten Strafgesetz ist in den Bestimmungen des Strafgesetzbuches der Zeuge von der rechtlichen **Verpflichtung zur Hilfeleistung** nicht befreit.

Imstichlassen eines Verletzten

Im § 94 StGB heißt es weiter, wer es unterlässt, egal ob er einem anderen die Körperverletzung widerrechtlich oder nicht widerrechtlich zugefügt hat, die erforderliche Hilfe zu leisten, ist mit Freiheitsstrafe bis zu einem Jahr oder Geldstrafe bis zu 360 Tagessätzen zu bestrafen. Hat das Imstichlassen eine schwere Körperverletzung (länger als 24 Tage dauernde Gesundheitsschädigung oder Berufsunfähigkeit) zur Folge, so beträgt die Höchststrafe zwei Jahre; hat sie den Tod des Verletzten zur Folge, so ist eine Freiheitsstrafe bis zu drei Jahren vorgesehen.

Die Hilfeleistung ist dann nicht zuzumuten, wenn sie nur unter der Gefahr des Todes, einer beträchtlichen Körperverletzung bzw. Gesundheitsschädigung oder unter Verletzung anderer überwiegender Interessen möglich wäre.

Unterlassene Hilfeleistung

§ 95 StGB sieht für die **Unterlassung** der zumutbaren Hilfeleistung, die zur Rettung eines Menschen aus der Gefahr des Todes oder einer beträchtlichen Körperverletzung oder Gesundheitsschädigung notwendig ist, Freiheitsstrafe bis zu sechs Monaten oder Geldstrafe bis zu 360 Tagessätzen vor; wenn die Unterlassung den Tod eines Menschen zur Folge hat, Freiheitsstrafe bis zu einem Jahr oder Geldstrafe bis zu 360 Tagessätzen.

Der Kraftfahrzeuglenker, der einen Zusammenstoß verschuldet oder mitverschuldet hat oder Zeuge eines Unfalls geworden ist, muss allen Beteiligten Hilfe leisten. Fährt er davon, ohne sich um die verletzten oder gefährdeten Personen zu kümmern, so wird er, wenn er den Unfall selbst verursacht hat, nach § 94 StGB, wenn er bei dem Unfall nur Zeuge war, nach § 95 StGB strafrechtlich verurteilt. Aber auch wer z. B. beim Baumfällen oder bei einer Segelpartie an einem Unfall Schuld trägt oder Zeuge eines Unfalls wird, sich jedoch nicht weiter darum kümmert oder den Verunglückten im Stich lässt, ist nach den §§ 94 und 95 StGB zu verurteilen.

Verkehrsunfälle

Bei **Verkehrsunfällen** ist laut § 4 StVO sowohl der an einem Unfall beteiligte Lenker eines Fahrzeugs als auch jeder Zeuge zur Hilfeleistung verpflichtet. Sind die an einem Unfall beteiligten Personen oder die Zeugen dazu nicht fähig, so haben sie unverzüglich für fremde Hilfe zu sorgen. Bei Unterlassen der Hilfeleistung begeht der an einem Unfall Beteiligte eine Verwaltungsübertretung nach § 99 Abs. 2 StVO und der Zeuge eine Verwaltungsübertretung nach § 99 Abs. 3 StVO. Vorgesehene Strafen: nach § 99 Abs. 2 StVO Geldstrafe von € 36,– bis € 2.180,–, bei Uneinbringlichkeit Arrest von 24 Stunden bis sechs Wochen; nach § 99 Abs. 3 StVO Geldstrafe bis zu € 726,–, bei Uneinbringlichkeit Arrest bis zu zwei Wochen.

Führerscheinentzug

Der Führerschein kann dem Kraftfahrer von der Behörde wieder abgenommen werden. Der Führerscheinentzug kann vorläufig, vorübergehend oder endgültig ausgesprochen werden. Als Gründe für die Entziehung kommen in Frage: das Fehlen der Verkehrszuverlässigkeit, der geistigen oder körperlichen Eignung oder der fachlichen Befähigung (§ 24 Führerscheingesetz, FSG, gültig seit 1. November 1997, zuletzt novelliert durch BGBl. I Nr. 81/2002).

Die Lenkerberechtigung kann nicht nur überhaupt entzogen werden, sondern es kann ihre Gültigkeit auch durch Auflagen, Befristungen oder zeitliche, örtliche oder sachliche Beschränkungen eingeschränkt werden. Diese Einschränkungen sind in den Führerschein einzutragen (§ 24 Abs. 1 FSG). Bei der Entziehung oder Einschränkung der Lenkerberechtigung kann die Behörde begleitende Maßnahmen (Nachschulung und dergleichen) oder die Beibringung eines amtsärztlichen Gutachtens über die gesundheitliche Eignung anordnen (§ 24 Abs. 3 FSG). Bei einer Entziehung der Lenkerberechtigung wegen mangelnder Verkehrszuverlässigkeit ist eine Entziehungsdauer von mindestens drei Monaten festzusetzen (§ 25 Abs. 3 FSG).

Bei einer Entziehung wegen mangelnder gesundheitlicher Eignung ist die Dauer der Entziehung aufgrund des gemäß § 24 Abs. 4 eingeholten amtsärztlichen Gutachtens für die Dauer der Nichteignung festzusetzen. Es kann eine **Entziehung oder Einschränkung** der Lenkerberechtigung auch nur für **bestimmte einzelne Fahrzeugklassen** verfügt werden, wenn der Grund für die Entziehung oder Einschränkung nur mit der Eigenart des Lenkens bei dieser bestimmten Klasse zusammenhängt. Auch eine Einschränkung der Lenkerberechtigung hinsichtlich einzelner Klassen ist möglich. Wird die Lenkerberechtigung nur für eine Klasse entzogen und bleibt eine Lenkerberechtigung für zumindest **eine Klasse oder Unterklasse aufrecht**, so wird der Entzug in den **Führerschein eingetragen**. Eine Entziehung der Lenkerberechtigung für die Klasse B muss zwangsläufig eine Entziehung der Lenkerberechtigung für die Klassen C (C1) und D nach sich ziehen.

Vier bis sechs Wochen vor Ablauf der Entziehungsfrist ist der geeignete Zeitpunkt, um den **Antrag auf Wiederausfolgung** zu stellen. Auf dem ausgefolgten Führerschein wird die Entziehung nicht vermerkt. Bei der Behörde aber wird der Fall – wie alle Angelegenheiten des Verwaltungsrechts – fünf Jahre in Evidenz gehalten. Danach tritt die Verjährung von der Behörde aus in Kraft (Verjährung ohne Antrag).

Gegen den Bescheid der Entziehung ist das Rechtsmittel der **Berufung** möglich, doch besitzt diese Berufung keine aufschiebende Wirkung. Somit könnte es vorkommen, dass durch eine Berufung das Wiedererlangen des Führerscheins länger hinausgezögert wird, als ursprünglich laut Bescheid vorgeschrieben wurde. Keinesfalls sollte man sich dazu verleiten lassen, während der Entziehungsfrist ein Fahrzeug zu lenken. Bei einer Verkehrskontrolle würde der Führerschein auf alle Fälle länger als 18 Monate entzogen werden. Bei einem Unfall oder sonstigen Schadensereignis geht auch der Versicherungsschutz zumindest teilweise verloren; die Versicherung ist bei Fahren ohne Führerschein nämlich bis zu € 11.000,– leistungsfrei.

Beeinträchtigung durch Alkohol und Drogen

Hat jemand eine Tätigkeit vorzunehmen, die Geistesklarheit und Selbstbeherrschung voraussetzt, soll sie nicht die körperliche Sicherheit anderer Menschen gefährden, so darf er sich nicht berauschen. Nimmt er trotzdem in trunkenem Zustand eine solche gefährliche Handlung vor, haftet er nach dem höheren Strafrahmen. Diese höhere Strafe ist veranlasst durch die Erfahrungen im Kraftfahrzeugverkehr. Bei Autounfällen spielt der »Alkohol am Steuer« eine große Rolle. Die Alkoholisierung ist aber nicht auf diese Fälle beschränkt, sondern erfasst auch Mopedfahrer und Lenker von

Pferdefuhrwerken. Die Bedeutung geht über den Straßenverkehr hinaus und erstreckt sich ganz allgemein auf gefährliche Verhältnisse jeder Art, z. B.: ein Bergführer betrinkt sich vor Antritt der Gletschertour und bringt dadurch seine Touristengruppe in Not, ein betrunkener Kapitän steuert sein Schiff gegen die Klippen.

Wer sich in einem durch Alkohol beeinträchtigten Zustand befindet, darf ein **Fahrzeug weder lenken noch in Betrieb nehmen**. Einem offenbar durch Alkohol beeinträchtigten Lenker kann der Fahrzeugschlüssel abgenommen werden, um ihn am Lenken oder der Inbetriebnahme des Fahrzeugs zu hindern; auch der Führerschein kann abgenommen werden.

Blutabnahme

Bei Verdacht auf Alkoholisierung besteht eine **Verpflichtung**, sich einer amtsärztlichen Untersuchung zu unterziehen. Ebenso besteht eine Verpflichtung zur **Blutabnahme**, wenn ein Verkehrsunfall verursacht wurde, bei dem eine Person getötet oder erheblich verletzt wurde.

Nach der Neufassung des § 5b StVO sind die Organe der Straßenaufsicht berechtigt, Personen, die sich offenbar in einem durch Alkohol oder Suchtgift beeinträchtigten Zustand befinden oder bei denen der Alkoholgehalt des Blutes 0,5 g/l (**0,5 Promille**) oder mehr oder der Alkoholgehalt der **Atemluft** 0,25 mg/l oder mehr beträgt, am Lenken oder an der Inbetriebnahme eines Fahrzeugs zu hindern. Zu diesem Zweck sind, falls erforderlich, je nach Lage des Falles und Art des Fahrzeugs, Zwangsmaßnahmen wie etwa Abnahme der Fahrzeugschlüssel, Absperren oder Einstellung des Fahrzeugs, Anlegen von technischen Sperren und dergleichen anzuwenden.

Ist eine Atemluftkontrolle aus gesundheitlichen Gründen nicht möglich oder ergibt sie keinen Messwert von zumindest 0,8 Promille und hat der Beamte trotzdem den begründeten Verdacht, der Fahrzeuglenker sei zufolge Alkoholisierung fahruntauglich, kann der Lenker dem Amtsarzt oder dem nächsten öffentlichen Krankenhaus zur ärztlichen Untersuchung vorgeführt werden. Im Rahmen einer derartigen ärztlichen Untersuchung besteht auch die **Verpflichtung**, sich zur Alkoholkontrolle Blut abnehmen zu lassen, wenn der Arzt weiterhin den Verdacht einer Alkoholisierung hegt. Die Verweigerung dieser Untersuchung ist mit Geldstrafe von € 1.162,– bis zu € 5.813,–, im Falle ihrer Uneinbringlichkeit mit Arrest von zwei Wochen bis zu sechs Wochen zu bestrafen. Die Blutabnahme ist auch vorzunehmen, wenn ein Vorgeführter sie verlangt oder ihr zustimmt. Diese Bestimmungen sind auch auf Personen anwendbar, die sich in einem durch **Suchtgift** beeinträchtigten Zustand befinden.

Beweisgrenze

Bei einem Blutalkoholgehalt von 0,8 Promille und darüber gilt der Zustand einer Person als von Alkohol beeinträchtigt, doch kann bereits bei einem Blutalkoholgehalt von weniger als 0,8 Promille eine Beeinträchtigung gegeben sein. Diese Grenze stellt somit eine **Beweisgrenze** dar. Wird der Wert nicht erreicht, ist ein Gegenbeweis zulässig; wird er erreicht oder überschritten, ist der Gegenbeweis nicht mehr zulässig. Ein »Rezept«, wie viel von einer bestimmten Alkoholsorte getrunken werden darf, ohne dass eine Beeinträchtigung zu befürchten wäre, gibt es nicht. Hier sind die Unsicherheitsfaktoren zu zahlreich. Neben dem körperlichen Zustand (Größe, Gewicht, Alter und Tagesdisposition) der betreffenden Person müssten deren seelische Verfassung, Art und Ausmaß der Magenfüllung und noch viele andere Faktoren neben Art und Menge des genossenen Alkohols berücksichtigt werden.

Der **Grund** des Alkoholgenusses ist jedenfalls für die Beurteilung der Rechtsfrage ohne Belang. Wenn jemand z. B. Alkohol trinkt, um den unangenehmen Baldriangeschmack eines Medikaments zu übertönen, so bildet dieser Umstand weder einen Strafausschließungs- noch einen Milderungsgrund.

Als Folgen des erhöhten Blutalkoholgehalts zeigen sich beim Alkoholisierten verschiedene Erscheinungen: Dazu gehören ein Abbau der Hemmungen, eine Verlangsamung der Reaktionsgeschwindigkeit, Herabminderung der Konzentrationsfähigkeit und der Körperbeherrschung bei gleichzeitiger und ganz unbegründeter Steigerung des Selbstbewusstseins.

Amtsarzt

Nach der geltenden Rechtsprechung kann ein Exekutivorgan (Polizist oder Gendarm) einen Kraftfahrzeuglenker bereits dann zum Alkotest auffordern, wenn er bei diesem nur ein Symptom, das auf Alkoholisierung schließen lässt, feststellt. Dies kann beispielsweise die gesteigerte Erregtheit oder gerötete Augen, schwankender Gang, lallendes Sprechen sein. Wenn sich beim Test das Röhrchen verfärbt, so muss der Betreffende dem **Amtsarzt** vorgeführt werden. Dieser hat nun die tatsächliche Fahruntauglichkeit festzustellen, was nicht durch eine Blutprobe geschehen muss.

Strafrechtliche Verfolgung

Bei der **strafrechtlichen Verfolgung** von Verkehrsdelikten kommt der Frage, ob der Täter im Zeitpunkt der Tat durch Alkohol beeinträchtigt war, große Bedeutung zu.

Da es bei der Zulassung der zwangsweisen Abnahme von Blut zum Zweck der Alkoholprobe um ein Problem der Grundrechte geht (Eingriff in die körperliche Integrität), wurde mit Verfassungsbestimmung angeordnet:

§§ An Personen, die gemäß Abs. 4a zu einem Arzt gebracht werden und die verdächtig sind, sich in einem durch Alkohol beeinträchtigten Zustand zu befinden, ist eine Blutabnahme zum Zweck der Bestimmung des Blutalkoholgehaltes vorzunehmen. Die Betroffenen haben diese Blutabnahme vornehmen zu lassen. (§ 5 Abs. 6 StVO 1960)

Liegen diese Voraussetzungen nicht vor, darf eine Blutabnahme nur dann vorgenommen werden, wenn sie der Vorgeführte verlangt oder ihr zustimmt.

Einer Alkoholisierung von über 0,8 Promille steht rechtlich gesehen grundsätzlich ein dreimaliger oder öfterer Verstoß innerhalb eines Jahres gegen § 14 Abs. 8 des Führerscheingesetzes (FSG), das ist das Lenken oder die Inbetriebnahme eines Kraftfahrzeugs mit einem Alkoholgehalt von über 0,5 Promille, gleich. Grob gesprochen: dreimal oder öfter 0,5 Promille entspricht einmal 0,8 Promille.

verwaltungsstrafrechtliche Folgen

Die **verwaltungsstrafrechtlichen Folgen** sind: Wer in einem durch Alkohol oder Suchtgift beeinträchtigten Zustand ein Fahrzeug lenkt (in Betrieb nimmt) oder wer sich bei Vorliegen dieser Voraussetzungen weigert, seine Atemluft auf Alkoholgehalt untersuchen oder sich einem Arzt vorführen bzw. sich Blut abnehmen zu lassen, begeht eine Verwaltungsübertretung und wird mit Geldstrafe von € 581,– bis € 3.633,– oder mit Arrest von ein bis sechs Wochen bestraft (§ 99 Abs. 1 StVO 1960).

Durch Novellen zur Straßenverkehrsordnung (StVO) gibt es höhere gesetzliche Mindeststrafen in Fällen besonders hoher Alkoholisierung. Bei einem Alkoholgehalt des Blutes ab 1,2 Promille bzw. einem Alkoholgehalt der Atemluft ab 0,6 mg/l beträgt nun die **gesetzliche Mindeststrafe** € 872,–; bei einem Alkoholgehalt ab 1,6 Promille bzw. einem Alkoholgehalt der Atemluft ab 0,8 mg/l beträgt sie sogar € 1.162,–. Die Höchststrafe beträgt € 5.813,– bei einer Alkoholisierung ab 1,6 Promille und € 4.360,– bei einer Alkoholisierung zwischen 1,2 und 1,6 Promille.

Fahrlässigkeitsdelikte

Fahrlässigkeitsdelikte (z. B. Verkehrsunfälle in Trunkenheit) ahndet das Strafgesetz mit strengerer Bestrafung:

— bei Gefährdung der körperlichen Sicherheit mit Freiheitsstrafe bis zu drei Monaten oder mit Geldstrafe bis zu 180 Tagessätzen (§ 89 StGB),

— bei leichter Körperverletzung mit Freiheitsstrafe bis zu sechs Monaten oder Geldstrafe bis zu 360 Tagessätzen (§ 88 Abs. 3 StGB),

— bei schwerer Körperverletzung mit Freiheitsstrafe bis zu zwei Jahren (§ 88 Abs. 4 StGB) und

— beim Tod eines Menschen mit Freiheitsstrafe bis zu drei Jahren (§ 81 StGB).

Hier handelt es sich um Delikte in einem selbstverschuldeten angeheiterten oder bezechten, aber nicht volltrunkenen Zustand. Delikte in voller Berauschung, die die Zurechnungsfähigkeit ausschließt, scheiden aus; die **selbstverschuldete volle Berauschung** begründet nämlich für sich eine strafbare Handlung (§ 287 StGB).

☛ Fraglich ist, wann ein **Fußgänger** infolge Berauschung nicht mehr fähig ist, den Fußgängerverkehr zu bewältigen. Immer wieder ereignen sich Verkehrsunfälle, an denen betrunkene Fußgänger Schuld tragen und bei denen meistens auch Trunkenheit die Ursache ihres strafbaren Verhaltens war. Der OGH hat ausgeführt, dass hinsichtlich der Fähigkeit zur Teilnahme am Fußgängerverkehr der Grad der **Berauschung** regelmäßig erst dann vorliegen wird, wenn der Fußgänger volltrunken ist, was bei einem Blutalkoholgehalt von über 2,5 bis 3 Promille zutrifft. In diesem Fall kann ihm allerdings die Tat nur als das Delikt der selbstverschuldeten vollen Berauschung nach § 287 StGB zugerechnet werden. Eine Anwendung des § 81 StGB kommt demnach auf den Fußgänger lediglich ausnahmsweise in Frage.

Auch andere Gesetze kennen Strafen

Karl Jedermann hat sich ein neues Auto gekauft und will es seinem Freund Otto Biermann vorführen. Er lädt ihn zu einer Spritztour ein. Auf der Rückfahrt machen sie in einem Gasthaus Station. Da vor dem Lokal viele Autos parken, stellt Karl Jedermann den Wagen in der Nähe ab, ohne eine dort angebrachte Parkverbotstafel zu beachten. Als die Freunde gerade beim zweiten Viertel Wein sitzen, wird Karl Jedermanns Kennzeichen ausgerufen. Er meldet sich und ein Polizist ersucht ihn daraufhin, seinen Wagen an einer anderen Stelle zu parken.

Karl Jedermann wird dieser Aufforderung des Polizeiorgans am besten ohne Widerrede nachkommen, denn gemäß § 97 Abs. 4 StVO 1960 sind die Organe der Straßenaufsicht berechtigt,

§§ wenn es die Sicherheit, Leichtigkeit und Flüssigkeit des sich bewegenden oder die Ordnung des ruhenden Verkehrs erfordert, einzelnen Straßenbenützern für den Einzelfall Anordnungen für die Benützung der Straße zu erteilen, und zwar auch solche, die von den sonstigen diesbezüglichen Bestimmungen abweichen.

Karl Jedermann ist widerstrebend aber doch bereit, sich der Anordnung des Polizisten zu fügen. Unglücklicherweise geht gerade ein Passant namens Fritz Stark vorbei, der laut und vernehmlich sagt, dass die Autofahrer in der heutigen Zeit viel zu frech seien und man energisch gegen sie vorgehen solle. Karl Jedermann gerät daraufhin in Rage. Er beginnt mit Fritz Stark laut zu streiten, wendet sich dabei auch gegen den Polizisten und sagt wörtlich: »Sie Gschaftlhuber, lang werden S'nimmer Wachmann sein.« Das ist dem Amtsorgan denn doch zuviel. Karl Jedermann muss sich legitimieren, was er – wieder etwas ernüchtert – durch Vorweisen seines Führerscheins tut. Der Polizist gibt sich damit zufrieden. Nachdem er noch festgestellt hat, dass das Fahrzeug nunmehr richtig geparkt ist, verlässt er den Tatort mit den Worten: »Alles Weitere werden Sie schon sehen!«

Der Polizist erstattet zuerst eine ausführliche Meldung, die der Polizeijurist des für den Tatort zuständigen Polizeikommissariats behandelt. Nachdem die Anzeige von einem Sicherheitswachebeamten erstattet wurde und keine höhere Geldstrafe als höchstens € 365,– verhängt werden soll (§ 47 VStG), erlässt dieser zunächst eine **Strafverfügung**.

Polizeiliche Strafe

Strafbare Tatbestände sind nicht nur im Strafgesetzbuch normiert. Es gibt eine Reihe strafbarer Handlungen, die als Verwaltungsübertretungen bezeichnet und von der jeweils zuständigen Verwaltungsbehörde bestraft werden. Hierzu gehört insbesondere die Übertretung ortspolizeilicher Vorschriften. Wenn in Sondergesetzen keine besondere Strafe vorgesehen ist, so sind diese Verwaltungsübertretungen mit Geld bis zu € 218,– oder mit Freiheitsstrafe bis zu zwei Wochen zu bestrafen (Art. VII EGVG).

Es besteht schon seit Jahren die Absicht, ein gesondertes Polizeistrafgesetzbuch zu erlassen; dieser Plan ist aber bis heute noch nicht ausgeführt. Art. IX des Einführungsgesetzes zu den Verwaltungsverfahrensgesetzen (EGVG) enthält eine Reihe von Strafbestimmungen, die als Ansätze zu einem zukünftigen Polizeistrafgesetz angesehen werden können. Die wichtigsten Fälle: Winkelschreiberei, Erschleichen der Beförderungsleistung eines öffentlichen Verkehrsmittels, öffentliche Diskriminierung von Menschen aufgrund ihrer Rasse, Hautfarbe, Religion, nationalen oder ethnischen Herkunft sowie Verbreitung nationalsozialistischen Gedankengutes.

☛ Außer diesen Verwaltungsübertretungen sind strafbare Tatbestände in den strafrechtlichen Nebengesetzen geregelt, so in den verschiedenen Wirtschafts- und Finanzgesetzen, im Waffengesetz, Urheberrechtsgesetz, in den Sanitätsvorschriften, im Lebensmittelgesetz, Suchtgiftgesetz, Mediengesetz und anderen.

Einspruch gegen Strafverfügungen

Karl Jedermann will jedenfalls gegen die polizeiliche Strafverfügung Einspruch erheben, einmal, weil er sich unschuldig fühlt, und zum anderen, weil ihm die über ihn verhängte Strafe zu hoch erscheint. Er liest also die Rechtsmittelbelehrung genau durch und verfasst dann einen **Einspruch gegen die Strafverfügung**.

Mit der Erhebung des Einspruchs ist die Strafverfügung außer Kraft gesetzt und es muss das **ordentliche Verfahren** eingeleitet werden. Karl Jedermann erhält so die Gelegenheit, sich zu rechtfertigen. Er erhält eine Ladung zur **Vernehmung**. Sein persönliches Erscheinen zur Vernehmung bzw. zur mündlichen Rechtfertigung ist nur dann notwendig, wenn dies von der Behörde ausdrücklich gefordert wird. Sonst kann der Beschuldigte auch einen mit der Sachlage vertrauten und bevollmächtigten eigenberechtigten Vertreter entsenden.

Jetzt wird das **Strafverfahren** in mündlicher Verhandlung durchgeführt. Die notwendigen Beweise werden aufgenommen und wenn möglich der Bescheid (Straferkenntnis) oder die Einstellung sofort verkündet. Über den Gang der mündlichen Verhandlung wird eine Strafverhandlungsschrift aufgenommen. Karl Jedermann gibt aber nicht nach und verlangt daher am Schluss der Verhandlung die Zustellung einer schriftlichen Ausfertigung des **Straferkenntnisses**, um dagegen Berufung einbringen zu können.

Verwaltungsstrafen

Im Verwaltungsverfahren ist die Betrauung eines Rechtsanwalts zur Einbringung der **Berufung** nicht notwendig. Die Berufung kann auch mündlich bei der Behörde eingebracht werden, die den Bescheid erlassen hat, und bedarf in diesem Fall keines begründeten Berufungsantrags. Karl Jedermann will aber unbedingt Recht behalten und geht deshalb zu seinem Rechtsanwalt, der gegen den Bescheid des Polizeikommissariats Berufung einbringt. Allerdings hat er Pech: Der unabhängige Verwaltungssenat gibt seiner Berufung nicht statt und bestätigt den angefochtenen Bescheid vollinhaltlich. Karl Jedermann meint, dass er nunmehr vorbestraft sei und Nachteile zu erwarten habe. In diesem Punkt kann ihn aber sein Rechtsvertreter vollkommen beruhigen: Ein wegen einer Verwaltungsübertretung verhängtes Straferkenntnis zieht keinerlei Rechtsfolgen nach sich und gilt nach Ablauf von fünf Jahren nach seiner Fällung als getilgt. Solche **Verwaltungsstrafen** dürfen in Auszügen aus dem Strafregister oder Auskünften für Zwecke eines Strafverfahrens nicht erwähnt und bei der Strafbemessung im Verwaltungsverfahren nicht berücksichtigt werden.

Unabhängige Verwaltungssenate

Eine wichtige Maßnahme zur Sicherung der Gesetzmäßigkeit der gesamten öffentlichen Verwaltung ist die Einrichtung der »unabhängigen Verwaltungssenate in den Ländern« (Artikel 129 bis 129b B-VG).

Die **unabhängigen Verwaltungssenate** erkennen nach Erschöpfung des administrativen Instanzenzuges, sofern ein solcher in Betracht kommt,

1. in Verfahren wegen Verwaltungsübertretungen, ausgenommen Finanzstrafsachen des Bundes,
2. über Beschwerden von Personen, die behaupten, durch die Ausübung unmittelbarer verwaltungsbehördlicher Befehls- und Zwangsgewalt in ihren Rechten verletzt zu sein, ausgenommen in Finanzstrafsachen des Bundes,
3. in sonstigen Angelegenheiten, die ihnen durch die die einzelnen Gebiete der Verwaltung regelnden Bundes- oder Landesgesetze zugewiesen werden,
4. über Beschwerden wegen Verletzung der Entscheidungspflicht in Angelegenheiten der Z. 1, soweit es sich um Privatanklagesachen oder um das landesgesetzliche Abgabenstrafrecht handelt, und der Z. 3.

Es kann gesetzlich vorgesehen werden, dass die Entscheidungen in erster Instanz unmittelbar beim unabhängigen Verwaltungssenat angefochten werden können. Art. 129b B-VG legt fest:

§§ Die unabhängigen Verwaltungssenate bestehen aus einem Vorsitzenden, einem Stellvertretenden Vorsitzenden und der erforderlichen Zahl von sonstigen Mitgliedern. Ihre Mitglieder werden von der Landesregierung für mindestens sechs Jahre ernannt. Wenigstens der vierte Teil der Mitglieder soll aus Berufsstellungen im Bund entnommen werden.
Die Mitglieder der unabhängigen Verwaltungssenate sind bei Besorgung der ihnen zukommenden Aufgaben an keine Weisungen gebunden. Die Geschäfte sind auf die Mitglieder der unabhängigen Verwaltungssenate für die landesgesetzlich bestimmte Zeit im Voraus zu verteilen; eine nach dieser Einteilung einem Mitglied eines unabhängigen Verwaltungssenates zufallende Sache darf ihm nur im Falle der Behinderung durch Verfügung des Vorsitzenden abgenommen werden.
Vor Ablauf der Bestellungsdauer dürfen die Mitglieder der unabhängigen Verwaltungssenate nur in den gesetzlich bestimmten Fällen und nur auf Beschluss des unabhängigen Verwaltungssenates ihres Amtes enthoben werden. Die Mitglieder der unabhängigen Verwaltungssenate müssen rechtskundig sein. Sie dürfen für die Dauer ihres Amtes keine Tätigkeit ausüben, die Zweifel an der unabhängigen Ausübung ihres Amtes hervorrufen könnte.

Verwaltungsstrafgesetz

Was sich aus der Einrichtung der unabhängigen Verwaltungssenate speziell für das Verwaltungsstrafverfahren – um das es uns hier ja geht – ergibt, ist in der Neufassung vor allem des § 51 (bis 51i) des **Verwaltungsstrafgesetzes** (VStG) zusammengefasst.

Im Folgenden gehen wir grundsätzlich vom wörtlichen Gesetzestext aus:

- Ob und inwieweit Verwaltungsbehörden Berufung erheben können, bestimmen die Verwaltungsvorschriften.
- Die Berufung kann auch mündlich eingebracht werden. Die Behörde hat die Gründe für die Berufungserhebung in der Niederschrift festzuhalten.
- Der Beschuldigte kann während einer Anhaltung einen Berufungsverzicht nicht wirksam abgeben.
- Hat der Beschuldigte innerhalb der Berufungsfrist die Beigebung eines Verteidigers beantragt, so beginnt für ihn die Berufungsfrist mit dem Zeitpunkt zu laufen, in dem der Bescheid über die Bestellung des Rechtsanwalts zum Verteidiger und der anzufechtende Bescheid diesem zugestellt sind. Wird der rechtzeitig gestellte Antrag auf Bewilligung der Verfahrenshilfe abgewiesen, so beginnt die Berufungsfrist mit der Zustellung des abweisenden Bescheides an den Beschuldigten zu laufen.
- Aufgrund einer vom Beschuldigten oder zu seinen Gunsten erhobenen Berufung darf keine höhere Strafe verhängt werden als im angefochtenen Bescheid.
- Wird eine Berufungsentscheidung nicht innerhalb von 15 Monaten ab Einbringung der Berufung erlassen, so gilt der angefochtene Bescheid als aufgehoben und das Verfahren ist einzustellen. Dies gilt nicht in Sachen, in denen nicht nur der Beschuldigte das Recht der Berufung hat.
- Wenn der Beschuldigte außerstande ist, ohne Beeinträchtigung des für ihn und seine Familie, für deren Unterhalt er zu sorgen hat, zu einer einfachen Lebensführung notwendigen Unterhaltes die Kosten der Verteidigung zu tragen, dann hat der unabhängige Verwaltungssenat auf Antrag des Beschuldigten zu beschließen, dass diesem ein Verteidiger beigegeben wird, dessen Kosten der Beschuldigte nicht zu tragen hat, wenn und soweit dies im Interesse der Verwaltungsrechts-

pflege, vor allem im Interesse einer zweckentsprechenden Verteidigung erforderlich ist. Der Antrag ist, solange noch keine Berufung erhoben wurde, bei der Behörde, die den Bescheid in erster Instanz erlassen hat, im Übrigen beim unabhängigen Verwaltungssenat einzubringen; dem Antrag ist eine Kopie des angefochtenen Bescheides anzuschließen. In Angelegenheiten, die in die Zuständigkeit einer Kammer fallen, entscheidet über den Antrag das nach den landesrechtlichen Vorschriften zuständige Mitglied der Kammer.
- Hat der unabhängige Verwaltungssenat Verfahrenshilfe bewilligt, so hat er den Ausschuss der Rechtsanwaltskammer des betreffenden Landes unter Anschluss der Kopie des angefochtenen Bescheides zu benachrichtigen, damit dieser einen Rechtsanwalt zum Verteidiger bestellt.

In seinem § 52a bestimmt das VStG, dass von Amts wegen der Berufung nicht oder nicht mehr unterliegende Bescheide, durch die das Gesetz zum Nachteil des Bestraften offenkundig verletzt worden ist, sowohl von der Behörde als auch in Ausübung des Aufsichtsrechtes von der sachlich in Betracht kommenden Oberbehörde aufgehoben oder abgeändert werden können. Die Folgen der Bestrafung sind wieder gutzumachen. Soweit dies nicht möglich ist, ist nach dem Strafrechtlichen Entschädigungsgesetz vorzugehen.

Die **Kosten des Strafverfahrens** regelt § 64 VStG:

§§ In jedem Straferkenntnis und in jeder Entscheidung eines unabhängigen Verwaltungssenates, mit der ein Straferkenntnis bestätigt wird, ist auszusprechen, dass der Bestrafte einen Beitrag zu den Kosten des Strafverfahrens zu leisten hat. Dieser Beitrag ist für das Verfahren erster Instanz mit 10 Prozent der verhängten Strafe, für das Berufungsverfahren mit weiteren 20 Prozent der verhängten Strafe, mindestens jedoch mit je 1,50 Euro zu bemessen; bei Freiheitsstrafen ist zur Berechnung der Kosten ein Tag Freiheitsstrafe gleich 15 Euro anzurechnen.

Die **Kosten des Berufungsverfahrens** sind dem Berufungswerber nicht aufzuerlegen, wenn der Berufung auch nur teilweise Folge gegeben worden ist.

Die unabhängigen Verwaltungssenate spielen als Rechtsmittelinstanz eine überaus bedeutende Rolle. Über die Schaffung von Landesverwaltungsgerichtshöfen (in jedem Bundesland einer) zur Entlastung des (zentralen) Verwaltungsgerichtshofes in Wien wird schon seit Jahren – bisher ohne konkretes Ergebnis – diskutiert.

Unabhängiger Bundesasylsenat

Als oberste Berufungsbehörde in Asylsachen wurde der unabhängige Bundesasylsenat mit dem Sitz in Wien eingerichtet (Art. 129c B-VG; Bundesgesetz über den unabhängigen Bundesasylsenat – UBASG). Er entscheidet über Rechtsmittel gegen Bescheide des beim Bundesministerium für Inneres eingerichteten Bundesasylamtes mit seinen Außenstellen in Wien, Traiskirchen, Eisenstadt, Graz, Linz, Salzburg, Innsbruck und Klagenfurt.

Der Unabhängige Bundesasylsenat befindet sich in 1100 Wien, Laxenburger Straße 62, Tel. 01/601 49-9, die Zentrale des Bundesasylamtes in 1030 Wien, Landstraßer Hauptstraße 171, Tel. 01/714 40 63-0, Fax 01/531 26 59-14, Internet: www.asyl.at.

Karl Jedermann und die Behörden

Schon lange wollte Karl Jedermann etwas über Verteilung und Grenzen der Staatsgewalt wissen. »Wie weit reichen eigentlich die Befugnisse der ›öffentlichen Hand‹, die so häufig in unsere Daseinsvorsorge eingreift?«, denkt er manchmal bei sich. Deshalb freut er sich sehr, eines Tages seinen alten Freund Univ.-Prof. Dr. Rechtshüter wieder zu sehen, der inzwischen Mitglied des Verfassungsgerichtshofes geworden ist. Damit ist Prof. Rechtshüter besonders berufen, Karl Jedermann das Funktionieren der Staatsgewalt zu erklären und ihm zu zeigen, wie in einem modernen Gemeinwesen die Kräfte zwischen dem Befehlendürfen (Staatswesen) und dem Gehorchenmüssen (Bevölkerung) verteilt sind.

Träger der Staatsgewalt

Gewaltenteilung

Es gibt eine **gesetzgebende**, eine **vollziehende** und eine **richterliche Gewalt**; nach den Forderungen bedeutender Staatsphilosophen sollen sie voneinander möglichst getrennt sein, um eine gegenseitige Kontrolle zu gewährleisten. Dieser Grundsatz der **Gewaltenteilung** ist in unserer Verfassung (B-VG 1920 in der Fassung 1929) allerdings nicht rein durchgeführt, denn die gesetzgebenden Körperschaften haben gleichzeitig vollziehende Funktionen (z. B. Genehmigung von Staatsverträgen, Wahl des Präsidenten des Rechnungshofes und dergleichen).

In der Demokratie – charakterisiert durch die Identität von Herrschern und Beherrschten – übt das Volk sein Herrscherrecht in Form des **Wahlrechts** mit dem Stimmzettel aus. Dadurch hat jeder Bürger die Möglichkeit, in die Geschicke des Staates einzugreifen. Der »Geburtshelfer« der österreichischen Verfassung, Hans Kelsen, bemerkte dazu: Der demokratischen Idee entspricht die Forderung nach der Gleichheit des Wahlrechts. Die Parlamentswahl selbst soll ein möglichst deutliches Bild der politischen Gruppierung des Volkes widerspiegeln; jede an der Wahl beteiligte politische Gruppe soll im Verhältnis zu ihrer Stärke berücksichtigt sein.

Verfassung

Auszugehen ist davon, dass die Rechtsordnung Stufe für Stufe von allgemeinsten Normen absteigend vollzogen wird. Diese allgemeinste Norm ist die **Verfassung**. Man bezeichnet als gesetzgebende Organe jene Staatsorgane, die unmittelbar unter der Verfassung dem Rechtsvollzug durch Erlass allgemeiner Anordnungen dienen.

Bundespräsident

Der **Bundespräsident** ist echtes Staatsoberhaupt und nicht bloß Repräsentant. Er ist mit mächtigen Befugnissen ausgestattet, z. B. Abschluss von Staatsverträgen,

Erlassung von Notverordnungen, Auflösung des Nationalrates und der Landtage, Exekution der Erkenntnisse des Verfassungsgerichtshofes. Dennoch ist Österreich keine Präsidentschaftsrepublik (wie etwa die USA), sondern eine parlamentarische Republik, das heißt, die Bundesregierung ist dem Parlament und nicht dem Präsidenten verantwortlich.

Gewählt wird der Bundespräsident durch das Bundesvolk nach Maßgabe des Bundespräsidentenwahlgesetzes. Wahlpflicht besteht nur in jenen Bundesländern, in denen dies durch Landesgesetz angeordnet ist; es sind dies Tirol und Vorarlberg.

Gesetzgebung

EU-Gesetzgebung

An der Spitze der legislativen Pyramide stehen das primäre Gemeinschaftsrecht (die Gründungsverträge der EU samt Anhängen und Protokollen sowie deren Ergänzungen und Änderungen) und das sekundäre Gemeinschaftsrecht (das von den Organen der Europäischen Gemeinschaften nach Maßgabe der Gründungsverträge erlassene Recht, insbesondere Verordnungen und Richtlinien).

Die EU-Richtinien regeln sehr viele Rechtsgebiete, das bestehende nationale Recht darf wohl besser, keinesfalls jedoch schlechter stellen, als es die jeweilige EU-Richtlinie vorsieht (siehe etwa die Time-Sharing-Richtlinie oder die Richtlinie über Gewährleistungsfristen).

Bundesgesetzgebung

Die **Bundesgesetzgebung** wird vom Nationalrat und vom Bundesrat gemeinsam ausgeübt.

Der **Nationalrat** besteht aus 183 Abgeordneten, die vom Volk aufgrund eines allgemeinen, gleichen, direkten und geheimen Verhältniswahlrechts auf die Dauer von vier Jahren gewählt werden. Ein vom Nationalrat gefasster Gesetzesbeschluss gelangt in der Regel an den Bundesrat, dem die Wahrung der Länderinteressen innerhalb der bundesstaatlichen Organisation unseres Landes obliegt.

Der **Bundesrat** besteht aus derzeit 63 Mitgliedern, die von den Landtagen der einzelnen Bundesländer nach einem bestimmten Aufteilungsschlüssel (je nach der Bevölkerung des Landes 3 bis 12) entsandt werden. Der Bundesrat ist berechtigt, gegen Gesetzesbeschlüsse des Nationalrates (binnen acht Wochen) Einspruch zu erheben. Ein solcher Einspruch bringt allerdings das Gesetz nicht ohne weiteres zu Fall, sondern bewirkt nur, dass der Nationalrat (bei Anwesenheit von wenigstens der Hälfte seiner Mitglieder) über das Gesetz neuerlich abstimmen muss. Kommt auf diese Weise ein so genannter Beharrungsbeschluss zustande, so ist der Einspruch des Bundesrates hinfällig, und das Gesetz kann, nachdem es mit den entsprechenden Unterschriften (Bundespräsident – Bundeskanzler – zuständige Bundesminister) versehen ist, im Bundesgesetzblatt verlautbart werden.

Nationalrat und Bundesrat in gemeinsamer Sitzung bilden die **Bundesversammlung**, der gewisse Agenden (z. B. Beschlussfassung über eine Kriegserklärung) vorbehalten sind. In der Bundesversammlung führen abwechselnd der Präsident des Nationalrates und der Vorsitzende des Bundesrates den Vorsitz.

Landesgesetzgebung

Die **Landesgesetzgebung** wird von den Landtagen, in Wien – das ein eigenes Bundesland ist – vom Wiener Gemeinderat ausgeübt. Für das Zustandekommen von Landesgesetzen gelten ähnliche Bestimmungen wie für die Bundesgesetzgebung.

Das Einspruchsrecht gegen Gesetzesbeschlüsse der Landtage steht (ebenfalls binnen acht Wochen) der Bundesregierung zu.

Behörden

Bestimmte mit einer Befehls- und Zwangsgewalt ausgestattete Organe sind dazu berufen, aufgrund der Gesetze Anordnungen zu erlassen und diese Anordnungen allenfalls mit Zwangsmitteln vollstrecken zu lassen. Diese Amtsträger werden im Umfang ihrer imperialen Gewalt als **Behörden** bezeichnet. Behörde in diesem Sinn ist immer nur die einzelne Person oder das Kollegium von Personen, die nach dem Gesetz dazu berufen sind, solche verbindlichen Anordnungen zu treffen. Behörde ist z. B. der Bundesminister, der Landeshauptmann, der Bezirkshauptmann. Dagegen sind das Bundesministerium, das Amt der Landesregierung, die Bezirkshauptmannschaft jene Dienststellen, die den zur Erlassung der Anordnungen befugten behördlichen Organen als Hilfsapparate persönlicher und sachlicher Art zur Verfügung stehen. In ihrem gegenseitigen Verhältnis der Über- und Unterordnung werden Behörden (besonders im Rechtsmittelverfahren) als **Instanzen** bezeichnet.

Zum Unterschied von den Gerichten sind **Verwaltungsbehörden** jene Organe, die zur Handhabung der Verwaltungsvorschriften (z. B. Staatsbürgerschaftsgesetz, Bauordnungen, Gewerbeordnung, Wasserrechtsgesetz und dergleichen) berufen und daher weisungsgebunden sind. Hier gibt es allgemeine Verwaltungsbehörden und solche für spezielle Verwaltungszwecke (z. B. Polizei-, Finanz-, Schulbehörden).

Verwaltung

Bundesverwaltung

Die **Bundesverwaltung** oberster Instanz wird, soweit diese nicht dem Bundespräsidenten übertragen ist, von den Bundesministerien besorgt, denn nach Art. 69 Abs. 1 B-VG sind mit den obersten Verwaltungsgeschäften des Bundes die Bundesminister betraut. In der ersten Instanz und in der Mittelinstanz wird nach Art. 102 Abs. 1 B-VG die Vollziehung des Bundes durch den Landeshauptmann und die ihm unterstellten Landesbehörden ausgeübt. Das ist die so genannte **mittelbare** Bundesverwaltung. Nur bestimmte, in Art. 102 Abs. 2 B-VG erschöpfend aufgezählte Angelegenheiten können in den Ländern unmittelbar von Bundesbehörden besorgt werden. Das ist die so genannte **unmittelbare** Bundesverwaltung. Nur in diesen Sachen hat der Bund in den Ländern uneingeschränkte Organisationsgewalt.

Landesverwaltung

Landessachen werden von den **Landesbehörden** vollzogen. Für die Länder bestehen hier keine verfassungsrechtlichen Schranken. Ausnahmsweise können die Länder mit der Vollziehung von Landessachen Bundesbehörden betrauen (z. B. Bundespolizeibehörden). Im Zuge der Verwaltungsreform beabsichtigt man auch die Abschaffung der mittelbaren Bundesverwaltung.

Der Aufbau der österreichischen Verwaltung zeigt also mehrere große Gruppen von Verwaltungsbehörden: die Behörden des Bundes, der Länder und der Selbstverwaltungskörper (z. B. Gemeinden). Wohl sind die Organe der Länder an Bundesgesetze ebenso gebunden wie an Landesgesetze, doch in Landessachen (z. B. Kinowesen) hat der Bund kein Weisungsrecht an Landesorgane; diese sind dem Bund nicht verantwortlich und es besteht kein Rechtsmittelzug an Bundesorgane.

Vollziehung

Einheit der Vollziehung

Praktisch ist aber die **Einheit der Vollziehung** weitgehend dadurch verwirklicht, dass der größte Teil der Verwaltungsaufgaben durch die Behörden der allgemeinen staatlichen Verwaltung besorgt wird. Diese sind in drei Instanzen gegliedert:

1. die Bezirksverwaltungsbehörden, und zwar die **Bezirkshauptmannschaften** (in Städten mit eigenem Statut der Magistrat);
2. in Angelegenheiten der mittelbaren Bundesverwaltung der **Landeshauptmann**, für Landessachen die Landesregierung, denen gemeinsam das Amt der Landesregierung dient;
3. in Bundessachen die Bundesministerien.

An der Spitze einer Bezirkshauptmannschaft steht der Bezirkshauptmann. Die Landesregierung ist eine Kollegialbehörde, die sich aus dem Landeshauptmann und den Landesräten zusammensetzt. Ebenfalls eine Kollegialbehörde ist die Bundesregierung, bestehend aus dem Bundeskanzler (Vorsitzender), dem Vizekanzler und den Bundesministern, von denen jeder an der Spitze eines Bundesministeriums steht. Innerhalb des Verwaltungsaufbaus nehmen die Städte mit eigenem Statut eine Sonderstellung ein: Sie unterstehen keiner Bezirkshauptmannschaft, sondern üben selbst deren Funktion aus. Ihre Verwaltungsorgane sind der Gemeinderat, der Stadtrat (bestehend aus dem Bürgermeister und einigen Stadträten) und der Magistrat.

☛ Noch umfassender ist der Wirkungskreis der Stadt Wien, da Wien als eigenes Bundesland auch die Geschäfte der Landesverwaltung besorgt. Der Wiener Stadtsenat (Bürgermeister und amtsführende Stadträte) ist zugleich Landesregierung für Wien, während die Magistratischen Bezirksämter der einzelnen Stadtbezirke als Bezirkshauptmannschaften fungieren. Der Bürgermeister von Wien ist zugleich Gemeindevorsteher, Bezirkshauptmann und Landeshauptmann.

Richterliche Gewalt

Die **richterliche Gewalt** wird von Organen ausgeübt, die mit der verfassungsmäßig garantierten Unabhängigkeit ausgestattet sind. Die Richter sind unabsetzbar und unversetzbar. Die Zuständigkeit der Gerichte in Straf- wie in Zivilrechtssachen ist wie folgt geregelt (siehe auch die beiden folgenden Seiten):

Die allgemeine sachliche und funktionelle Zuständigkeit der Gerichte in Strafsachen

Oberster Gerichtshof
entscheidet in:

Senate von 5 Richtern (einfacher Senat)
über Nichtigkeitsbeschwerden gegen Urteile der Schöffen- und Geschworenengerichte, über Strafberufungen gegen Urteile und über Beschwerden gegen Beschlüsse dieser Gerichte, wenn sie mit einer Nichtigkeitsbeschwerde verbunden werden; darüber hinaus weitere Agenden (Entscheidung über Nichtigkeitsbeschwerde zur Wahrung des Gesetzes u. a.).

Senate von 11 Richtern (verstärkter Senat)
über Rechtsfragen von grundsätzlicher Bedeutung, wenn von der ständigen Rechtsprechung abgewichen werden soll.

Gerichtshöfe II. Instanz
(Oberlandesgerichte) entscheiden in:

Senate von 3 Berufsrichtern
Berufungen gegen Urteile des Einzelrichters beim Gerichtshof I. Instanz, über Strafberufungen gegen Urteile des Schöffen- und Geschworenengerichts, soweit die letzten nicht mit einer Nichtigkeitsbeschwerde verbunden werden.

Gerichtshöfe I. Instanz
(Landesgerichte) zuständig für alle Delikte, die nicht in die Zuständigkeit der Bezirksgerichte fallen.
Als **II. Instanz** zuständig für die Entscheidung über die Rechtsmittel gegen Urteile und Beschlüsse der Bezirksgerichte.

Einzelrichter
zuständig für alle Strafsachen, die weder vor das Geschworenengericht noch vor das Schöffengericht gehören.

Schöffensenat
zuständig für alle Straftaten, die mit einer Freiheitsstrafe von mehr als fünf Jahren bedroht sind; Amtsmissbrauch, Tötung auf Verlangen, räuberischer Diebstahl, Vergewaltigung, geschlechtliche Nötigung, Schändung, Unzucht mit Unmündigen sowie krasse Verstöße gegen das Suchtmittelgesetz (§ 28).

Geschworenengericht
zuständig für die im § 14 Abs. 1 Z. 1 bis 10 StPO taxativ aufgezählten »politischen« Delikte, im Übrigen wegen aller Verbrechen, die das Gesetz mit lebenslanger Freiheitsstrafe oder mit einer Freiheitsstrafe bedroht, deren Untergrenze nicht unter fünf Jahren liegt und deren Obergrenze zehn Jahre übersteigt. In bestimmten Jugendstrafsachen ist das Geschworenengericht ebenfalls zuständig.

Bezirksgerichte
(immer Einzelrichter)

zuständig für alle Straftaten, die mit einer Freiheitsstrafe von höchstens einem Jahr oder einer Geldstrafe bedroht sind, ausgenommen solche, die in die Zuständigkeit des Geschworenengerichts fallen, ausgenommen ferner Nötigung (§ 105 StGB), gefährliche Drohung (§ 107 StGB), fahrlässige Umweltbeeinträchtigung (§ 181 StGB) sowie fahrlässiges umweltgefährdendes Behandeln von Abfällen (§ 181c StGB) sowie grob fahrlässige Beeinträchtigung von Gläubigerinteressen (§ 159 StGB).

Die allgemeine sachliche und funktionelle Zuständigkeit der Gerichte in Zivilrechtssachen

(Ausgenommen sind Sondergerichte wie Handelsgericht, Arbeits- und Sozialgericht usw. Diese Übersicht vermittelt nur eine Skizzierung der Zuständigkeit; im Einzelnen gelten komplizierte Bestimmungen, nicht zuletzt auch hinsichtlich der örtlichen Zuständigkeit.)

Oberster Gerichtshof (Wien)	entscheidet immer als letzte Instanz, für Rechtsmittelklagen, Delegationen und Disziplinarsachen bisweilen auch als I. Instanz, gewöhnlich in Senaten von 5 Richtern. Senate von 11 Richtern entscheiden über Rechtsfragen grundsätzlicher Bedeutung, wenn von der ständigen Rechtsprechung abgegangen werden soll.
Oberlandesgerichte (Wien, Graz, Linz, Innsbruck)	Grundsätzlich Rechtsmittelinstanz für Entscheidungen der ihnen untergeordneten Landesgerichte, mitunter I. Instanz für Rechtsmittelklagen, Delegationen und Disziplinarsachen.
Gerichtshöfe I. Instanz (Landesgerichte)	**Kraft Wertzuständigkeit**: alle vermögensrechtlichen Streitigkeiten mit einem Streitwert über € 10.000,–, Erlassung von Zahlungsbefehlen im Mahnverfahren über Geldbeträge zwischen € 10.000,– und € 30.000,–. **Kraft Eigenzuständigkeit**: vor allem Amtshaftungsklagen, Todes- und Kraftloserklärungen, Konkurse und Ausgleiche (ausgenommen Privatkonkurse).
Bezirksgerichte	**Kraft Wertzuständigkeit**: alle vermögensrechtlichen Streitigkeiten bis zu einem Streitwert von € 10.000,–, Erlassung von Zahlungsbefehlen im Mahnverfahren bis zu € 10.000,–. **Kraft Eigenzuständigkeit**: Streitigkeiten über die Scheidung, Aufhebung oder Nichtigerklärung sowie über Feststellung des Bestehens oder Nichtbestehens einer Ehe; Streitigkeiten über die eheliche Abstammung, über die uneheliche Vaterschaft, über die gesetzlichen Verpflichtungen des unehelichen Vaters gegenüber der Mutter und dem Kind; sonstige Streitigkeiten über die Leistung des gesetzlichen Unterhalts; Grenzstreitigkeiten und Streitigkeiten über die Dienstbarkeit einer Wohnung und über Ausgedinge; Besitzstörungsstreitigkeiten, Streitigkeiten aus Bestandverträgen; einvernehmliche Scheidungen, Pflegschafts- und Verlassenschaftsangelegenheiten; Sachwalterschaften; Privatkonkurse.

Höflichkeit im Amtsverkehr

Karl Jedermann bedankt sich bei seinem Freund, dem Universitätsprofessor und Mitglied des Verfassungsgerichtshofes, für diesen Überblick. Dann zieht er die an ihn gerichtete Ladung einer Bundespolizeibehörde aus der Tasche:

> An Karl Jedermann in ...
>
> Sie werden aufgefordert, sich am ... um ... Uhr einzufinden, um beim h. a. Amtsleiter Auskunft über ... zu geben.

Karl Jedermann fühlt sich nun dadurch brüskiert, dass er nicht mit »Herr« angeredet, dafür aber in einer Art Kommandoton zum Erscheinen »aufgefordert« wird. Er möchte von Prof. Rechtshüter wissen, ob er den Anspruch auf die Bezeichnung »Herr« hat und weiter, ob die Befehlsform der polizeilichen Vorladung angebracht ist. Darauf erzählt Prof. Rechtshüter, dass eine solche amtliche Ladung vor Jahren Anlass zu einer Dienstaufsichtsbeschwerde gegeben habe. Diese Beschwerde bewirkte damals, dass die zuständige übergeordnete Behörde die Unterbehörde anwies, in Hinkunft nicht mehr »An N. N.«, sondern »An Herrn N. N.« bzw. »An Frau N. N.« zu schreiben. Demnach kann also Karl Jedermann tatsächlich Anspruch auf die Bezeichnung »Herr« erheben.

§§ Die maßgebende Bestimmung für die Gerichte findet sich in der Geschäftsordnung für die Gerichte I. und II. Instanz (Geo), verlautbart mit Verordnung des Bundesministeriums für Justiz vom 9. Mai 1951, BGBl. Nr. 264. Dort heißt es im § 52 über den Verkehr mit den Parteien, dass die Gerichtsorgane im dienstlichen Verkehr mit den Parteien die Formen der gebotenen Höflichkeit zu wahren haben; ferner, dass sie darüber hinaus den Parteien hilfsbereit entgegenkommen müssen. Das gilt nicht nur für das Zivilverfahren, sondern auch für das Strafverfahren.

In der Praxis wird von den Gerichten manchmal gegen diese Vorschriften verstoßen, wenn die Prozesspartei Beschuldigter bzw. Angeklagter im Strafverfahren ist. In solchen Fällen wird eine **Dienstaufsichtsbeschwerde** Erfolg haben, denn es dürfen z. B. nicht einmal verurteilte Häftlinge geduzt werden. Das ergibt sich aus dem Strafvollzugsgesetz (StVG), wo es über die Behandlung von Strafgefangenen heißt:

§§ Die Strafgefangenen sind mit Ruhe, Ernst und Festigkeit, gerecht sowie unter Achtung ihres Ehrgefühls und der Menschenwürde zu behandeln. Sie sind mit »Sie« und, wenn ein einzelner Strafgefangener mit seinem Familiennamen angesprochen wird, mit »Herr« oder »Frau« und mit diesem Namen anzureden. (§ 22 Abs. 1 StVG)

Weiters bestimmt die Geo (§ 52 Abs. 4):

§§ Die Anredeworte »Herr«, »Frau« und »Fräulein« sind sowohl im mündlichen Verkehr als auch in der Anschrift auf dem Umschlage der Gerichtsbriefe und im Eingang von Schreiben, die an einzelne Personen gerichtet sind, zu verwenden, soweit hievon nicht gegenüber Jugendlichen nach der Landessitte abzusehen ist.

Es spielt keine Rolle, dass Karl Jedermann die beanstandete Ladung nicht von einem Gericht erhalten hat, sondern von einer Polizeidienststelle, denn die Rechtslage ist hier in der Frage der Höflichkeit ganz ähnlich. Eine Reihe innerdienstlicher Erlässe der Ministerien, der Bundespolizeidirektionen und anderer Behörden an ihre Exekutivorgane (z. B. Wachkörper) haben die nachgeordneten Dienststellen veranlasst, sich der Anrede »Herr« und »Frau« im Verkehr mit den Parteien zu bedienen. Und man ist sogar noch über die Bestimmungen der Geschäftsordnung hinausgegangen. Es wurde nämlich den eben genannten Organen aufgetragen, auch Vorladungen nicht in die Form zu kleiden: »Sie haben sich am ... um ... in ... einzufinden«, sondern zu sagen: »Sie werden eingeladen, am ... um ... in ... bei ... vorzusprechen.« Gewiss ist auch eine solche »Einladung« einer Behörde zumeist ein Ladungsbescheid und damit ein staatlicher Befehl; sie ist aber in eine höfliche Form gekleidet, auf die der Staatsbürger in einem demokratischen Rechtsstaat Anspruch hat.

Vorsicht im Umgang mit Behörden

Höflichkeit

Im Verkehr mit den Behörden wird es immer wieder Grobheiten geben, sowohl von den behördlichen Organen als auch von den Parteien aus. Zur Frage steht nur, welches Maß an Grobheit von beiden Seiten noch hingenommen wird. Feste Regeln gibt es dafür nicht. Jedenfalls macht es einen Unterschied, ob eine geharnischte Erklärung gegenüber einer Behörde von Karl Jedermann abgegeben wird oder von seinem Rechtsanwalt oder einem gewählten Mandatar, für die ein besonderes Standesrecht gilt. Der Rechtsanwalt z. B. genießt für sein Vorbringen vor Gericht nach der Rechtsanwaltsordnung eine Immunität, die auch das »unumwundene Vorbringen« umfasst. Geht er aber zu weit, kann ihn eine richterliche **Ordnungsstrafe** treffen und er wird für kränkende Äußerungen unter Umständen disziplinär verantwortlich. Karl Jedermann dagegen erleidet keine Disziplinarfolgen.

Die äußere Form eines mündlichen oder schriftlichen Vorbringens im Behördenverkehr orientiert sich an den gesellschaftlichen Regeln eines gesitteten Verkehrs gebildeter Menschen und vermeidet Bezeichnungen wie »niederträchtig«, »gemein«, »impertinent«, »verabscheuungswürdig«, »tückisch«. Auch offenkundige Fehlentscheidungen eines Beamten (Richter, Verwaltungsbeamter) berechtigen nicht dazu, gewisse Grenzen zu überschreiten.

Tatbestand der Nötigung

Im Zeitalter der Demokratie und der Massenkommunikationsmittel (Presse, Film, Telekommunikation, Internet, E-Mail, SMS, Rundfunk, Fernsehen) wird besonders gern die Presse mobilisiert. Die Äußerung gegenüber einem Beamten: »Wenn Sie mein Gesuch nicht positiv erledigen, werde ich eine Pressekampagne gegen Ihre Behörde entfesseln«, oder die Drohung, wenn keine Steuerermäßigung gewährt wird, einen gegen das Finanzamt gerichteten Schlüsselroman zu schreiben, kann schon Nötigung, also ein Vergehen darstellen. Grundsatz muss sein: Das richtige Mittel zum richtigen Zweck! Wird dieser funktionale Zusammenhang gestört, kann das den Tatbestand der **Nötigung** oder den Versuch einer solchen erfüllen.

Im Recht heiligt also nicht der Zweck das Mittel! Zwar ist der Presseangriff gegen behördliche Organe in der Demokratie als solcher ohne weiteres zulässig und es wird somit nicht mit etwas Unerlaubtem gedroht, aber es fehlt am oben geschilderten Zusammenhang: Mittel – Zweck. Das rechte Mittel zur gewünschten Entscheidung ist nicht die Presse, sondern das entsprechende **Rechtsmittel**. Man kann zu einem Beamten ohne weiteres sagen: »Wenn Sie mein Gesuch nicht positiv erledigen, werde ich Berufung und Aufsichtsbeschwerde einbringen.« Hier liegt keine Nötigung vor. Berufung und Aufsichtsbeschwerde sind ja dazu da, gegen Fehlentscheidungen oder Amtsschikanen zu Hilfe genommen zu werden. Wenn die Entscheidung schon ergangen ist und keine Rechtsmittel mehr zulässig sind, kann die Partei gefahrlos erklären: »Jetzt wende ich mich an die Öffentlichkeit und werde den Inhalt und die Gründe der Entscheidung bekannt geben.« Sogar einem Rechtsanwalt wird diese Möglichkeit trotz strenger Standesvorschriften nicht verwehrt sein.

Haftung für Beamtentätigkeit

Wenn durch schuldhafte Amtsführung den Parteien ein wirtschaftlicher Schaden entsteht (etwa wenn eine Konzessionserteilung rechtswidrig verweigert wird oder wenn das zur Wohnbauförderung genehmigte Darlehen durch einen Behördenfehler nicht rechtzeitig flüssig gemacht wird) gibt es eine Errungenschaft des modernen Rechtsstaates, nämlich die Schadenshaftung des Staates und der übrigen Körperschaften des öffentlichen Rechts für schuldhafte Rechtsverletzungen sämtlicher Organe. Es dreht sich also um die allgemeine Amtshaftung. Grundlage ist das Bundes-Verfassungsgesetz und das Amtshaftungsgesetz (AHG).

Dem Amtshaftungsrecht geht es um die Ermittlung: Wann ist eine Schadenshandlung dem Staat zuzurechnen? Der Begriff »Staat« wird in einzelne Rechtsträger aufgelöst, denen nach § 1 AHG die Haftung auferlegt ist. Es sind dies: der Bund, die Länder, die Bezirke, die Gemeinden, sonstige Körperschaften des öffentlichen Rechts und die Träger der Sozialversicherung. Die Rechtsträger haften also für Schaden, den die als ihre Organe handelnden Personen schuldhaft zugefügt haben.

Regress

Die Organe selbst haften nach dem AHG dem Geschädigten gegenüber nicht. Eine solche Haftung hätte auch praktisch kaum Sinn, weil die Beamtenbezüge meist nicht allzu hoch sind. Organe im Sinne des § 1 Abs. 2 AHG sind

§§ alle physischen Personen, wenn sie in Vollziehung der Gesetze (Gerichtsbarkeit oder Verwaltung) handeln, gleichviel, ob sie dauernd oder vorübergehend oder für den einzelnen Fall bestellt sind, ob sie gewählte, ernannte oder sonstwie bestellte Organe sind und ob ihr Verhältnis zum Rechtsträger nach öffentlichem oder privatem Recht zu beurteilen ist.

Das heißt, dass vom Minister bis zum letzten Schreiber und Amtsdiener eine Haftung für solche Handlungen eintritt, durch die der Staatsbewohner unter Verletzung des Gesetzes an Rechtsgütern (z. B. Leben, Gesundheit, Vermögen, Freiheit) geschädigt wird. Um aber die Entschlussfreudigkeit der öffentlichen Organe nicht zu hemmen und um einen dadurch verursachten Leerlauf der Verwaltung zu verhindern, haften sie dem Rechtsträger gegenüber im **Rückersatz** (**Regress**) nur bei vorsätzlicher oder grob fahrlässiger Rechtsverletzung. Der vom Geschädigten in Anspruch genommene Rechtsträger kann sich also nicht am Organ regressieren, wenn dieses nur leicht fahrlässig (geringes Versehen) den Schaden zugefügt hat. Schematisch sieht das so aus:

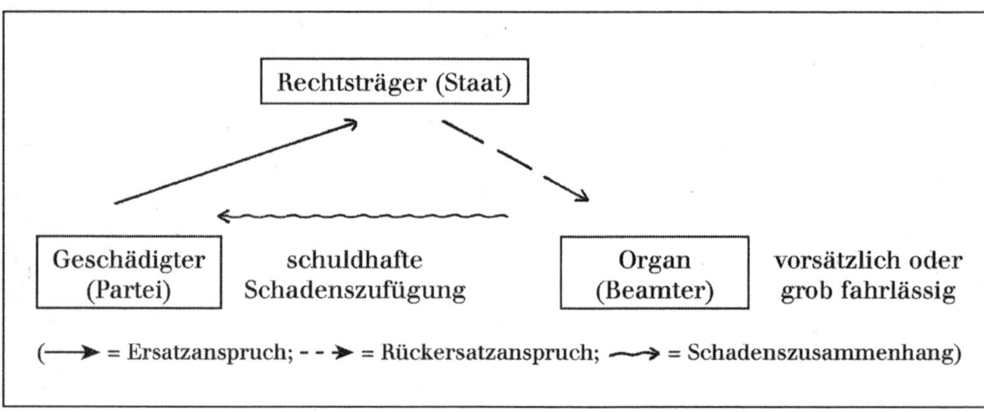

Rückersatz kann auch nicht wegen einer Handlung begehrt werden, die auf Weisung eines Vorgesetzten erfolgt ist. Allerdings besteht hier eine doppelte Ausnahme: Rückersatz findet statt, wenn das Organ die Weisung eines offenbar unzuständigen Vorgesetzten befolgt oder in Befolgung der Weisung gegen strafgesetzliche Vorschriften verstoßen hat. Einfache Berufung auf die Weisung von oben kann also den Beamten durchaus nicht immer davor bewahren, für den angerichteten Schaden (im Rückersatz) aufzukommen.

Das AHG ist ein brauchbares Instrument zur Durchsetzung von Schadenersatzansprüchen gegen die öffentliche Hand. Sein § 2 Abs. 2 bestimmt, dass kein Ersatzanspruch besteht, wenn der Geschädigte den Schaden durch Rechtsmittel oder durch Beschwerde an den Verwaltungsgerichtshof hätte abwenden können. Nach Erschöpfung des **ordentlichen** Rechtsmittelzuges kann also das **außerordentliche** Mittel der Beschwerde an den Verwaltungsgerichtshof ergriffen werden. In Bescheiden, die in letzter Instanz erlassen werden und die dem Standpunkt der Partei nicht vollinhaltlich Rechnung tragen, muss auf diese Möglichkeit der Einbringung einer Verwaltungs- oder Verfassungsgerichtshofbeschwerde hingewiesen werden. Weiters muss die Behörde auf die bei der Einbringung einer solchen Beschwerde einzuhaltende Frist ebenso aufmerksam machen wie auf das Formerfordernis der Unterschrift eines Rechtsanwalts und auf die für solche Beschwerden zu entrichtenden Gebühren (§ 61a des Allgemeinen Verwaltungsverfahrensgesetzes 1991).

Amtshaftungsansprüche gegen den Bund (Republik Österreich) sind an die Finanzprokuratur, 1010 Wien, Singerstraße 17–19, Tel. 01/514 39, zu richten.

Volksanwaltschaft

Die Volksanwaltschaft hat als Überprüfungs- und Beschwerdeinstanz große Bedeutung und Popularität erlangt:

1010 Wien, Singerstraße 17, Tel. (01) 515 05-0, Fax (01) 515 05-150, e-Mail: post@volksanw.gv.at, Internet: http://www.volksanw.gv.at, Kostenlose Service-Nummer: 0800/223 223.

Um der Bevölkerung die Möglichkeit eines Gesprächs mit den Volksanwälten zu erleichtern, kommen die Volksanwälte in die Bundesländer. Die Sprechtage werden über Rundfunk, in Zeitungen sowie durch Plakate angekündigt. Die Arbeit der Volksanwaltschaft ist nach einer Geschäftsverteilung gegliedert. Welcher Volksanwalt sich mit einer Beschwerde befasst, richtet sich daher nach dem Verwaltungsbereich, über den man sich beschweren will.

Aufgaben der Volksanwaltschaft

Die Volksanwaltschaft prüft Beschwerden über die öffentliche Verwaltung, das ist die gesamte Bundesverwaltung sowie die Verwaltungen der Bundesländer (einschließlich Gemeindeaufsicht), jedoch mit Ausnahme der Länder Tirol und Vorarlberg. Die Volksanwaltschaft ist also eine Einrichtung der Verwaltungskontrolle zum Schutz der Bürger vor Fehlverhalten von Ämtern und Behörden. Sie ist bei ihrer Prüfungstätigkeit unabhängig.

Die Volksanwaltschaft ist nicht berechtigt, in Gerichts- oder Verwaltungsverfahren Parteienvertretungen zu übernehmen. Gerichtliche Entscheidungen können von der Volksanwaltschaft keinesfalls geprüft, daher auch nicht abgeändert werden. Privatrechtliche Angelegenheiten, wie etwa Streitigkeiten mit Nachbarn, mit der Hausverwaltung sowie aus Kaufverträgen, private Versicherungsangelegenheiten usw., fallen ebenfalls nicht in die Zuständigkeit der Volksanwaltschaft.

Die Volksanwaltschaft kann zu einer Beschwerde Stellungnahmen der zuständigen Verwaltungsorgane einholen, Einsicht in alle Verwaltungsakten nehmen, Sachverständige anhören und Zeugen einvernehmen.

Der Beschwerdeführer erhälten in jedem Fall eine Mitteilung über das Ergebnis des Prüfungsverfahrens durch die Volksanwaltschaft. Dieses Ergebnis kann sein:

- Der Missstand wird aufgrund einer Empfehlung der Volksanwaltschaft behoben.
- Eine Empfehlung ist nicht notwendig, weil der Missstand bereits während des Prüfungsverfahrens durch die Behörde selbst behoben wurde.
- Die Beschwerde erweist sich als nicht begründet.

Die Beschwerdeführung bei der Volksanwaltschaft ist kostenlos.

Vereine und wie man sie gründet

Schon lange möchte Karl Jedermann entweder einen Sportklub gründen oder einem bestehenden Verein dieser Richtung beitreten; doch fürchtet er, dass vielleicht durch die Gründung eines Vereins oder schon durch den Beitritt die Gefahr einer Haftung entsteht. Auch darüber befragt er seinen entgegenkommenden Freund Prof. Rechtshüter und dieser gibt wieder die gewünschte Aufklärung.

Der Verein ist eine Verbindung von Menschen, die durch ihren Zusammenschluss einen neuen Rechtsträger schaffen, eine so genannte »juristische Person«. Das Recht, sich zu versammeln und Vereine zu bilden, wurde den Staatsbürgern durch das Staatsgrundgesetz verfassungsmäßig gewährleistet.

Juristische Person

Da der Mensch schon mit der Geburt rechtsfähig wird, also Träger von Rechten und Pflichten ist, kann schon der Säugling in der Wiege Eigentümer eines Hauses sein und eine Erbschaft erwerben. Ebenso kann der Staat Eigentümer von Grund und Boden sein. Nun sieht das Gesetz vor, dass Menschen, die sich in bestimmten Formen zu einer Vereinigung zusammenschließen, damit ein neues Rechtsgebilde schaffen. Solche Personenverbände sind ebenso wie der Staat als selbstständige Figuren zu denken, die Eigentümer von Sachen und Inhaber von Rechten sein können. Nicht jeder Zusammenschluss von Menschen hat aber eine solche Wirkung. Wenn sich einige Freunde zusammentun und vereinbaren, dass sie regelmäßig Karten spielen wollen, sich hierfür gemeinsam ein paar Sachen anschaffen, beispielsweise Spieltische und Spielkarten, und sich den Namen »Kartenklub Jolly Joker« zulegen, so haben sie damit keine juristische Person mit allen ihren Rechten und Pflichten geschaffen. In diesem Fall bleiben die einzelnen physischen Personen völlig selbstständig.

Schließt man sich dagegen zu einer Vereinigung zusammen, zu der auch weitere Personen ein Beitrittsrecht haben, und gibt man der Vereinigung eine Verfassung – Statut genannt –, so kann sie rechtsfähig werden. Man schafft damit ein Gebilde, das selbst Eigentümer, Gläubiger und Schuldner werden kann. Die einzelnen Mitglieder haben mit diesen Rechten und Pflichten dann nichts mehr zu tun. Die Rechtsfähigkeit einer solchen Vereinigung oder eines solchen Vereins wird folgendermaßen erlangt: Hat ein Verein seinen Zweck auf einen wirtschaftlichen Geschäftsbetrieb gerichtet, so müsste er die Rechtsfähigkeit durch eine staatliche Verleihung erlangen. Dieser Fall wird recht selten sein, da bei wirtschaftlicher Tätigkeit zweckmäßiger eine der anerkannten Vereinigungsformen des Handelsrechts gewählt wird, wie z. B. die der Gesellschaft m.b.H. oder der Aktiengesellschaft. Dagegen gibt es unzählige Vereine, deren Zweck auf einen nichtwirtschaftlichen Geschäftsbetrieb gerichtet ist, die ebenfalls die Rechtsfähigkeit erstreben. Solche geplanten Vereine erlangen die Rechtsfähigkeit viel einfacher. Sie haben nicht um eine staatliche Verleihung nachzusuchen, sondern gemäß den Bestimmungen des Vereinsgesetzes 2002 nur bestimmte Gründungserfordernisse zu beachten und dann die Anmeldung des Vereins bei der Vereinsbehörde vorzunehmen.

Vereinsname

Die Personen, die den Verein gründen wollen, haben ein Vereinsstatut zu verfassen, wobei der **Vereinsname** einen wesentlichen Bestandteil dieses Statuts bildet. Er soll einen Schluss auf den Vereinszweck zulassen und Verwechslungen mit anderen Vereinen oder Einrichtungen ausschließen.

☛ Welches sind nun die weiteren Gründungserfordernisse? Dem Vereinsstatut muss Folgendes zu entnehmen sein:

- der Name des Vereins,
- der Sitz des Vereins,
- eine klare und umfassende Umschreibung des Vereinszweckes,
- die für die Verwirklichung des Vereinszweckes vorgesehenen Tätigkeiten,
- Bestimmungen über den Erwerb und die Beendigung der Mitgliedschaft,
- die Rechte und Pflichten der Vereinsmitglieder,
- die Organe des Vereins,
- die Art der Bestellung der Vereinsorgane und die Dauer ihrer Funktionsperiode,
- die Erfordernisse für gültige Beschlussfassungen durch die Organe des Vereins,
- die Angabe, wer den Verein nach außen vertritt,
- die Art der Schlichtung von Streitigkeiten aus dem Vereinsverhältnis,
- Bestimmungen über die freiwillige Auflösung des Vereins und die Verwertung des Vereinsvermögens im Falle einer solchen Vereinsauflösung.

Es gibt jedoch auch Vereine und Gesellschaften, die nicht dem Vereinsgesetz, sondern einer eigenen, besonderen gesetzlichen Regelung unterliegen. Es sind dies hauptsächlich solche Vereine und Gesellschaften, die **auf Gewinn berechnet** sind, sowie alle Vereine für Bank-, Kredit- und Versicherungswesen, Sparkassen und Pfandleihanstalten. Weiters findet das Gesetz keine Anwendung auf geistliche Orden und Kongregationen und auch nicht auf Religionsgesellschaften überhaupt. Diese sind nach den für sie geschaffenen Gesetzen und Vorschriften zu beurteilen.

Genossenschaften und Unterstützungskassen für Gewerbetreibende, die aufgrund der Gewerbegesetze errichtet wurden, fallen ebenfalls nicht unter das Vereinsgesetz, ebenso wenig Verbindungen von Personen, die sich ohne ausdrückliche, normierte Organisation und Mitgliedschaft zur Erreichung bestimmter, erlaubter Ziele nicht auf Dauer oder nur fallweise zusammenfinden.

Vereinsbehörde

Die Statuten sind der **Vereinsbehörde** – das ist die örtlich zuständige Bezirksverwaltungsbehörde oder Bundespolizeidirektion – in drei Exemplaren vorzulegen. Über die

Anzeige muss die Vereinsbehörde auf Verlangen eine Bestätigung ausstellen. In die bei der Vereinsbehörde aufliegenden Statuten kann jedermann Einsicht nehmen und Abschriften davon anfertigen.

Wenn der Verein nach seiner Einrichtung gesetzwidrig, rechtswidrig oder staatsgefährlich ist, kann die Behörde die Bildung des Vereins untersagen. Die **Untersagung** müsste binnen sechs Wochen schriftlich und unter Angabe von Gründen erfolgen. Gegen einen solchen Bescheid kann Berufung an die zuständige Sicherheitsdirektion eingelegt werden. Wird die Vereinsgründung nicht binnen sechs Wochen nach der Anmeldung untersagt, so kann der Verein seine Tätigkeit aufnehmen.

€ Bei der Gründung eines Vereins schaltet sich auch das Finanzamt ein, weil Vereine steuerrechtlich als Körperschaft angesehen werden und der Körperschaftsteuer unterliegen; Ausnahmen sind aber möglich. Der Körperschaftsteuersatz beträgt 34 Prozent.

Wenn binnen der sechswöchigen Frist keine Untersagung erfolgt oder wenn die Bezirksverwaltungsbehörde oder Bundespolizeidirektion schon früher erklärt hat, dass sie den Verein nicht untersagt, kann der Verein sofort mit seiner Tätigkeit beginnen. Sollte ein Verein nicht innerhalb eines Jahres nach Ablauf der Untersagungsfrist mit seiner Tätigkeit begonnen haben, gilt die Anzeige der Vereinsbildung als zurückgezogen. Diese Jahresfrist kann verlängert werden, falls die Proponenten glaubhaft machen, dass sie durch ein unvorhergesehenes oder unabwendbares Ereignis ohne Verschulden verhindert waren, diese Frist einzuhalten.

Jeder Verein kann seine **Versammlungen** öffentlich abhalten. Weder Mitglieder noch Zuhörer dürfen zu solchen Versammlungen bewaffnet erscheinen. Es ist Aufgabe des Vorsitzenden, darüber zu wachen. Der Vorsitzende ist auch für die Aufrechterhaltung der Ordnung in Versammlungen verantwortlich. Beschlüsse oder Erlässe eines Vereins dürfen dem Strafgesetz nicht zuwiderlaufen.

§§ **§ 23.** Für Verbindlichkeiten des Vereins haftet der Verein mit seinem Vermögen. Organwalter und Vereinsmitglieder haften persönlich nur dann, wenn sich dies aus anderen gesetzlichen Vorschriften oder auf Grund persönlicher rechtsgeschäftlicher Verpflichtung ergibt. (Vereinsgesetz 2002)

Beendigung der Mitgliedschaft

Ein Vereinsmitglied kann aus dem Verein ausscheiden. Dies geschieht vor allem durch die **Austrittserklärung**. Das Statut kann hierfür eine besondere Form vorschreiben, z. B. Austrittserklärung durch Brief. Ferner kann das Statut vorschreiben, dass eine Kündigungsfrist einzuhalten ist. Dann ist das Mitglied nach Abgabe der Austrittserklärung noch für diese Frist Mitglied, muss also für diesen Zeitraum Beiträge zahlen, darf aber auch die Vereinsrechte ausüben. Trotz einer im Statut vorgesehenen Kündigungsfrist kann jedoch ein Austritt aus wichtigem Grund sofort erfolgen, wenn dem Mitglied ein weiteres Verbleiben nicht mehr zumutbar ist, beispielsweise wenn ein Mitglied grundlos von den anderen Mitgliedern schikaniert oder boykottiert würde.

Der **Ausschluss** eines Vereinsmitglieds ist möglich, wenn dies im Statut vorgesehen ist oder wenn ein wichtiger Grund für den Ausschluss vorliegt, etwa wenn ein Mitglied durch sein Verhalten den Ruf des Vereins schädigt. Dies wird bei einem Sportklub beispielsweise dann der Fall sein, wenn ein Mitglied schwer gegen die sportliche Fairness verstößt (z. B. einen Schiedsrichter misshandelt). Liegt ein solcher Fall vor, kann der Ausschluss durch einen Mehrheitsbeschluss der Mitgliederversammlung ausgesprochen werden, soweit nicht durch die Statuten ein anderes Verfahren vorgesehen ist (z. B. Beschluss des Vorstandes oder dergleichen). Das Mitglied kann sich einem drohenden Ausschlussverfahren dadurch entziehen, dass es seinen Austritt erklärt.

Die Mitgliederversammlung entscheidet durch **Mehrheitsbeschluss** über alle grundsätzlichen Fragen des Vereins. Allerdings gibt es auch Beschlüsse, die nur mit besonderer Mehrheit gefasst werden können. So kann etwa zu einem Beschluss, durch den der Verein aufgelöst werden soll, statutenmäßig eine Mehrheit von drei Viertel erforderlich sein. Der Staat selbst übt durch seine Vereinsbehörden das allgemeine Aufsichtsrecht über die zahlreichen privaten Vereinigungen aus.

Baubehörden und Bauordnungen

Karl Jedermann wollte um sein Haus einen neuen Zaun bauen lassen. Auch wollte er auf seinem Grund und Boden eine Garage errichten lassen. »Also fangen Sie gleich morgen an«, sagte er zum Baumeister. Darauf entgegnete dieser jedoch: »So einfach geht das nicht, Herr Jedermann. Sie müssen die baupolizeilichen Vorschriften beachten.«

In den einzelnen Bundesländern bestehen eigene Raumordnungsgesetze, eigene Bebauungsgrundlagengesetze und eigene Baugesetze, die in dieser Reihenfolge zum Tragen kommen.

Zur Wahrung der Interessen des Denkmalschutzes (der gemäß Artikel 10 Abs. 1 Ziffer 13 des Bundes-Verfassungsgesetzes in Gesetzgebung und Vollziehung Bundessache ist) ist das dem Bundesministerium für Bildung, Wissenschaft und Kultur unterstellte Bundesdenkmalamt berufen. Neben der Zentrale in Wien gibt es in jedem Bundesland einen Landeskonservator, der selbstständige Entscheidungen treffen kann.

Zur Vornahme der **anzeigepflichtigen** Bauherstellungen bedarf es keiner behördlichen Bewilligung; der Bauherr zeigt die Bauführung der Baubehörde lediglich an. Bei den **konsenspflichtigen** Bauten muss dagegen der Bauwerber vor Beginn der Bauführung schriftlich um die Erteilung der Baubewilligung ansuchen. Er legt zu diesem Zweck vor:

— Grundbuchsauszug (allenfalls mit Vollmacht des Grundeigentümers),

— Bauplan, enthaltend Situation und Niveau der Baustelle, eine Darstellung der Grundrisse und des Durchschnitts aller Geschosse des Gebäudes, der Fassade und der einzelnen Konstruktionsteile.

Bauverhandlung

Nach der Bauplatzerklärung kommt es zur **Bauverhandlung**. Hiefür sind die Bestimmungen der bundesländerweise verschiedenen Bauordnungen und Bautechnikgesetze maßgebend. Diese Gesetze sehen als Auflage meistens vor, dass alle Bauten und sonstigen baulichen Anlagen in ihrer Gesamtheit und in ihren Teilen so durchzubilden und zu gestalten sind, dass sie nach Form, Ausmaß, Verhältnis der Baumassen und Bauteile zueinander sowie Werkstoff und Farbe unter Berücksichtigung des örtlichen Baucharakters nicht verunstaltet wirken. Außerdem muss jeder Bau mit der Umgebung derart in Einklang gebracht werden, dass das gegebene oder beabsichtigte Orts-, Straßen- und Landschaftsbild nicht gestört wird. Die Bewilligung eines Vorhabens, das eine erhebliche Veränderung eines Baues oder einer sonstigen baulichen Anlage zur Folge hat, kann mit der Auflage verbunden werden, die nicht unmittelbar betroffenen Teile mit den zu verändernden Teilen in Übereinstimmung zu bringen und Verunstaltungen zu beseitigen oder zu mildern.

Raumordnung

Raumordnung wird im Allgemeinen als die planmäßige Gestaltung eines Gebiets zur Gewährleistung der bestmöglichen Nutzung und Sicherung des Lebensraums im Interesse des Gemeinwohls unter Bedachtnahme auf die natürlichen Gegebenheiten, die abschätzbaren wirtschaftlichen, sozialen und kulturellen Bedürfnisse der Bevölkerung sowie die Respektierung der freien Entfaltung der Persönlichkeit in der Gemeinschaft definiert. Dabei unterscheidet man zwischen der überörtlichen Raumplanung (Landesplanung) und der örtlichen Raumplanung (Gemeindeplanung).

Flächenwidmungspläne/Bebauungspläne

Besonders sind in Bauangelegenheiten die **Flächenwidmungspläne** der einzelnen Gemeinden zu beachten, auf denen jeweils Gebiete als Bauland, Gewerbegebiet, Grünland, Verkehrsfläche usw. ausgewiesen wird. Bei der Errichtung von Bauten gilt als erster Grundsatz, dass Baulichkeiten nur auf einem als Baugrund ausgewiesenen Grundstück aufgeführt werden dürfen. Die **Bebauungspläne** legen in graphischer Darstellung die Grundsätze für die künftige Verbauung fest.

Die einzelnen Bauordnungen unterscheiden:

— konsenspflichtige Bauten,
— anzeigepflichtige Bauten,
— Bauführungen, für die keine Anzeige notwendig ist.

Konsenspflichtig sind im Allgemeinen alle Neu-, Um- und Zubauten sowie wesentliche Abänderungen oder Ausbesserungen bestehender Baulichkeiten.

Anzeigepflichtig sind grundsätzlich Ausbesserungen und Abänderungen an Gebäuden, die auf den allgemeinen Bauzustand ohne Einfluss sind (z. B. Verputzen der Häuser, Dachdeckerarbeiten und andere).

Vollkommen **freigestellt** sind unwesentliche Ausbesserungen.

Das **Baurecht** gehört aus den verschiedensten Gründen zu den schwierigsten und unübersichtlichsten Rechtsgebieten. Nur einige dieser Gründe seien in diesem Rahmen hervorgehoben:

- Im Baurecht stoßen viele widerstreitende Interessen aufeinander. Einerseits verlangt die Bevölkerung nach immer mehr Wohnungen, Sportanlagen, Straßen usw., andererseits soll die Landschaft unberührt bleiben, sollen gegenseitige Störungen vermieden oder verringert werden, sollen Sicherheit und Umweltqualität steigen.
- Das Baurecht muss stets mit der technischen Entwicklung sowohl der Umweltgestaltung als auch der Baumaterialien und -methoden Schritt halten und ist schon aus diesem Grund zwangsläufig häufigen Veränderungen unterworfen.
- Mit der Anwendung des Baurechts sind zahlreiche Ämter und Behörden befasst.
- Letztlich ist die Gesetzgebung bezüglich des Baurechts grundsätzlich Landessache, jedes einzelne Bundesland hat daher seine eigene Bauordnung.

In Artikel 15 Abs. 1 des Bundes-Verfassungsgesetzes heißt es wörtlich:

☛ Soweit eine Angelegenheit nicht ausdrücklich durch die Bundesverfassung der Gesetzgebung oder auch der Vollziehung des Bundes übertragen ist, verbleibt sie im selbstständigen Wirkungsbereich der Länder.

Und da dies auf Bauangelegenheiten nicht zutrifft, sind diese eben in Gesetzgebung und Vollziehung Landessache, fallen also in die Zuständigkeit der einzelnen Bundesländer, deren Regelungen begreiflicherweise zum Teil weit voneinander abweichen.

Grundrechte und Grundrechtsschutz

Die österreichische Verfassung gewährleistet dem Einzelnen eine Reihe von ganz besonderen Rechten, die unter den entsprechenden Voraussetzungen vor dem Verfassungsgerichtshof durchgesetzt werden können. Der Einzelne ist hier nicht nur der einzelne Bürger, sondern es sind auch juristische Personen (beispielsweise Vereine), denen grundsätzlich die Grundrechte zustehen, soweit das betreffende Grundrecht (z. B. Eigentum) seinem Wesen nach auch auf juristische Personen anwendbar ist. Diese besonderen Rechte werden als Grundrechte, Freiheitsrechte oder **Grundfreiheiten** bezeichnet; es wird auch von Menschenrechten gesprochen.

Verfassungsmäßig gewährleistete Rechte

Neben dem Staatsgrundgesetz enthält die österreichische Rechtsordnung zum Teil im Bundes-Verfassungsgesetz, zum Teil in anderen Gesetzen, etwa im Zivildienstgesetz, im Datenschutzgesetz und in den Staatsverträgen von Saint-Germain 1919 und Wien 1955 noch weitere Grundrechte. Genau genommen nennt unsere Verfassung die Grundrechte **verfassungsgesetzlich gewährleistete Rechte**. Dadurch wird einerseits der Gesetzgeber zur grundsätzlichen Respektierung der Grundrechte verpflichtet; andererseits kann jeder beim Verfassungsgerichtshof **Beschwerde** erheben, der durch Bescheide und andere Akte (z. B. ungerechtfertigte Festnahme, Hausdurchsuchung) verletzt zu sein behauptet, die in Ausübung unmittelbarer Befehls- und Zwangsgewalt von Verwaltungsbehörden oder deren Organen gesetzt wurden. Dieses Beschwerdeverfahren ist an eine Reihe von Voraussetzungen gebunden (Fristen, Begründetheit der Beschwerde, Ausschöpfung der ordentlichen Rechtsmittel usw.); überdies muss die Beschwerde von einem Rechtsanwalt unterschrieben sein.

Gleichheitssatz

Eines der wichtigsten Grundrechte ist der **Gleichheitssatz**: »Vor dem Gesetz sind alle Staatsbürger gleich« (Art. 2 StGG). Vorrechte der Geburt, des Geschlechts, des Standes, der Klasse und des Bekenntnisses sind ausgeschlossen (Art. 7 B-VG). Dieses Grundrecht bindet Vollziehung und Gesetzgebung. Kurz gefasst bedeutet dies, dass der Gesetzgeber Sachverhalte nur dann unterschiedlich regeln darf, wenn sich dies sachlich rechtfertigen lässt. Zu derartigen Problemen gibt es zahlreiche Entscheidungen des Verfassungsgerichtshofes. Dass durch den Gleichheitssatz auch die Vollziehung gebunden ist, bedeutet im Groben, dass alle geltenden Rechtsvorschriften gegenüber allen Staatsbürgern in gleicher Weise angewendet werden müssen. Damit soll der Bürger vor möglicher Willkür der Behörden geschützt werden.

Unverletzlichkeit des Eigentums

Ein weiteres wichtiges Grundrecht ist das Recht auf **Unverletzlichkeit des Eigentums**. Art. 5 StGG bestimmt, dass das Eigentum unverletzlich ist. »Eine Enteignung gegen den Willen des Eigentümers kann nur in den Fällen und in der Art eintreten, welche das Gesetz bestimmt.« Wichtig ist, dass in diesem Fall unter Eigentum jedes vermögenswerte Privatrecht zu verstehen ist, so auch das Mietrecht, das Pachtrecht usw. Da dieses Grundrecht unter **Gesetzesvorbehalt** steht, bedeutet es, dass immer nur dann enteignet werden kann, wenn die Enteignung gesetzlich geregelt ist. Enteignungsbestimmungen gibt es in zahlreichen Gesetzen, z. B. im Eisenbahnenteignungsgesetz, in den Straßengesetzen, Starkstromwegegesetzen, im Wasserrecht, im Raumordnungsrecht usw.

Schutz der persönlichen Freiheit

Das Gesetz vom 27. Oktober 1862, RGBl Nr. 87, zum **Schutz der persönlichen Freiheit** gewährleistete unter anderem, dass die Verhaftung einer Person grundsätzlich nur aufgrund eines richterlichen, mit Gründen versehenen Befehls erfolgen durfte. Dieses Gesetz ist am 31. Dezember 1990 außer Kraft getreten. An seine Stelle trat am 1. Jänner 1991 das **Bundesverfassungsgesetz** vom 29. November 1988, BGBl. Nr. 684/1988, über den Schutz der persönlichen Freiheit.

Hier einige wesentliche Bestimmungen daraus:

§§

- Jedermann hat das Recht auf Freiheit und Sicherheit (persönliche Freiheit).
- Niemand darf aus anderen als den in diesem Bundesverfassungsgesetz genannten Gründen oder auf eine andere als die gesetzlich vorgeschriebene Weise festgenommen oder angehalten werden.
- Der Entzug der persönlichen Freiheit darf nur gesetzlich vorgesehen werden, wenn dies nach dem Zweck der Maßnahme notwendig ist; die persönliche Freiheit darf jeweils nur entzogen werden, wenn und soweit dies nicht zum Zweck der Maßnahme außer Verhältnis steht.
- Wer festgenommen oder angehalten wird, ist unter Achtung der Menschenwürde und mit möglichster Schonung der Person zu behandeln und darf nur solchen Beschränkungen unterworfen werden, die dem Zweck der Anhaltung angemessen oder zur Wahrung von Sicherheit und Ordnung am Ort seiner Anhaltung notwendig sind.
- Aufgrund einer mit Strafe bedrohten Handlung darf nur ein Gericht auf Freiheitsentzug erkennen.
- Die Verhängung einer Freiheitsstrafe und die Festsetzung von Ersatzfreiheitsstrafen durch Verwaltungsbehörden dürfen jedoch vorgesehen werden, wenn das Ausmaß des angedrohten Freiheitsentzuges je sechs Wochen, soweit die Entscheidung einer unabhängigen Behörde obliegt, je drei Monate nicht übersteigt.
- Wird eine Freiheitsstrafe nicht von einer unabhängigen Behörde verhängt oder eine Ersatzfreiheitsstrafe nicht von ihr festgesetzt, so muss die Anfechtung der Entscheidung bei einer solchen Behörde in vollem Umfang und mit aufschiebender Wirkung gewährleistet sein.
- Wer rechtswidrig festgenommen oder angehalten wurde, hat Anspruch auf volle Genugtuung einschließlich des Ersatzes nicht vermögensrechtlichen Schadens.

Recht auf Verfahren vor dem gesetzlichen Richter

Einen umfassenden Schutz will auch das Recht auf ein **Verfahren vor dem gesetzlichen Richter** geben. Hier spielte historisch der Gedanke der Gewaltentrennung und die Entwicklung einer unabhängigen Gerichtsbarkeit eine entscheidende Rolle. Besonders bedeutsam wurde dieses Grundrecht durch die Rechtsprechung des

Verfassungsgerichtshofes, der nämlich unter dem gesetzlichen Richter nicht nur die Gerichte, sondern schlechthin jede staatliche Behörde versteht. Das heißt aber nichts anderes, als dass in jeder Angelegenheit eine ganz bestimmte zuständige Behörde entscheiden muss. Auch muss die Behörde, sofern sie besonders organisiert ist, wie die so genannten Kollegialbehörden (z. B. Landesgrundverkehrskommissionen), auch richtig, das heißt dem Gesetz entsprechend zusammengesetzt sein.

Weitere Grundrechte

Ferner gewährleistet die Verfassung noch eine **Reihe weiterer Grundrechte**, wie das Briefgeheimnis, das Fernmeldegeheimnis, die Freiheit der Erwerbstätigkeit, das Recht der Freizügigkeit der Person und des Vermögens, die Freiheit des Aufenthalts, der Einreise und der Auswanderung, die Vereins- und Versammlungsfreiheit, Meinungsfreiheit, Pressefreiheit, Zensurfreiheit, die Glaubens- und Gewissensfreiheit. Die Verfassung gewährleistet auch gewisse Rechte der gesetzlich anerkannten Kirchen und Religionsgesellschaften, sie schützt die Freiheit der Wissenschaft und ihrer Lehre, die Unterrichtsfreiheit, das Recht auf Bildung, Freiheit der Berufswahl und Berufsausbildung und sie gewährleistet Rechte der ethnischen Minderheiten. Aus der jüngeren Rechtsentwicklung sei das Recht auf Datenschutz (siehe Seite 535), auf Befreiung von der Wehrpflicht (siehe Seite 555 f.) und das Grundrecht auf Kunstfreiheit erwähnt. Das Recht auf Datenschutz ist der jedermann gewährte Anspruch auf Geheimhaltung der ihn betreffenden personenbezogenen Daten, soweit er daran ein schutzwürdiges Interesse hat, insbesondere im Hinblick auf Achtung seines Privat- und Familienlebens.

Es ist festzustellen, dass dieser umfangreiche Grundrechtskatalog die Stellung des Einzelnen dem Staat gegenüber doch ganz wesentlich stärkt, auch wenn festgehalten werden muss, dass die gewährleisteten Grundrechte – bedingt durch den Gesetzesvorbehalt – vielfältig eingeschränkt werden können. Dennoch eröffnen sie über die Beschwerde beim Verfassungsgerichtshof die Möglichkeit, sich gegen ungerechtfertigte, Grundrechte verletzende Staatshandlungen entsprechend zur Wehr zu setzen.

Konvention zum Schutze der Menschenrechte und Grundfreiheiten

Neben den klassischen Grundrechten des österreichischen Staatsgrundgesetzes, gemäß Art. 149 Abs. 1 B-VG Bestandteil der geltenden Rechtsordnung, werden durch die Europäische Konvention zum Schutze der Menschenrechte und Grundfreiheiten noch andere, zum Teil weitergehende Menschenrechte verbürgt.

Die **Menschenrechtskonvention (MRK)** ist ein völkerrechtlicher Vertrag, dem aber in Österreich der gleiche Rang zukommt wie einem Verfassungsgesetz. Entsprechend ist der Anwendungsbereich der MRK nicht nur in einem eigenen Rechtsschutz durch die Konventionsorgane zu sehen, sondern der MRK wird auch innerstaatlich besondere Bedeutung für die Interpretation der Grundrechte und als mitbestimmender verfassungsrechtlicher Grundsatz für die Gesetzgebung beigemessen.

Die MRK verbürgt eine Reihe von Rechten, darunter das **Recht eines jeden Menschen auf Leben**; zulässige Ausnahmen sind durch die Gerichte verhängte Todesurteile und die Tötung eines Menschen in verschiedenen Fällen der Notwehr. Verboten sind Folter, unmenschliche oder erniedrigende Strafe oder Behandlung, Sklaverei oder Leibeigenschaft, Zwangs- und Pflichtarbeit (von Letzterem ausgenommen Häftlingsarbeit, Militärdienst, Notstandsdienst und normale Bürgerpflichten).

Die Konvention gewährleistet bestimmte Grundsätze, insbesondere des gerichtlichen Strafverfahrens. So besteht ein Anspruch auf **öffentliche Verhandlung** innerhalb angemessener Frist vor einem unabhängigen und unparteiischen Gericht.

Unschuldsvermutung

Die Unschuld eines Angeklagten ist zu vermuten, solange nicht das Gegenteil bewiesen ist. Dem Angeklagten wird außerdem ein umfassendes Verteidigungsrecht zugestanden. Ferner verbietet die Konvention rückwirkende Strafgesetze, schützt das Privat- und Familienleben, gewährleistet die Gedanken-, Gewissens- und Religionsfreiheit, die freie Meinungsäußerung und das Versammlungsrecht; sie garantiert auch das Recht, eine Ehe einzugehen und eine Familie zu gründen.

Diese als Beispiele genannten Gewährleistungen der MRK können natürlich nicht alle ohne Einschränkung verbürgt werden. Bei den meisten Rechten bestimmt die Konvention, unter welchen Voraussetzungen und in welchem Maße ein Eingriff in die Rechte möglich ist. So darf etwa die Religions- und Bekenntnisfreiheit nur solchen gesetzlichen Beschränkungen unterworfen werden, die durch Maßnahmen – wie sie in einer demokratischen Gesellschaft notwendig sind – im Interesse der öffentlichen Sicherheit, der öffentlichen Ordnung, Gesundheit und Moral oder für den Schutz der Rechte und Freiheiten anderer gedeckt sind.

Zusatzprotokolle zur MRK

Zur Menschenrechtskonvention gibt es noch Zusatzprotokolle, die auch von Österreich unterzeichnet wurden.

Im **ersten Zusatzprotokoll** vom 20. März 1952 wird das Recht auf Achtung des Eigentums anerkannt. Enteignungen sind nur möglich, wenn es das öffentliche Interesse verlangt, und nur unter den durch Gesetz und durch die allgemeinen Grundsätze des Völkerrechts vorgesehenen Bedingungen (daher ist Entschädigung zwingend vorgesehen). Regelungen zur Benutzung des Eigentums im allgemeinen Interesse oder zur Sicherung der Zahlung der Steuern, sonstigen Abgaben oder Geldstrafen werden hierdurch nicht berührt. Des Weiteren ist in diesem Zusatzprotokoll das Recht auf Bildung anerkannt. Und schließlich sind in angemessenen Zeitabständen freie und geheime Wahlen unter freier Meinungsäußerung des Volkes zu gewährleisten.

Im **vierten Zusatzprotokoll** zur Menschenrechtskonvention vom 3. September 1969 wird von Österreich anerkannt, dass niemandem die Freiheit allein deshalb entzogen werden darf, weil er nicht in der Lage ist, eine vertragliche Verpflichtung zu erfüllen (Verbot des Schuldarrestes). Österreich verpflichtet sich des Weiteren, jedermann, der sich rechtmäßig im Hoheitsgebiet eines Staates aufhält, das Recht auf Freizügigkeit und freie Wahl des Wohnsitzes zu gewährleisten. Jedermann steht es frei, jedes Land einschließlich seines eigenen zu verlassen (Ausnahmen: öffentliche Sicherheit, Verhütung von Straftaten, Schutz der Gesundheit, der Moral oder Schutz der Rechte und Freiheiten anderer). Niemand darf aus dem Hoheitsgebiet des Staates, dessen Staatsangehöriger er ist, durch eine Einzel- oder Kollektivmaßnahme ausgewiesen werden. Kollektivausweisungen von Fremden sind nicht zulässig.

Eine Erweiterung der konventionsmäßig garantierten Rechte bringt auch das **Protokoll Nr. 7** zur Menschenrechtskonvention, BGBl. Nr. 628/1988, und zwar auf verschiedenen Gebieten:

- Ein **Ausländer**, der seinen rechtmäßigen Aufenthalt im Hoheitsgebiet eines Staates hat, darf aus diesem nur aufgrund einer rechtmäßig ergangenen Entscheidung ausgewiesen werden. Es muss ihm gestattet werden, gegen seine Ausweisung sprechende Gründe vorzubringen, seinen Fall prüfen und sich zu diesem Zweck vor der zuständigen Behörde vertreten zu lassen. Eine vorherige Ausweisung ist nur zulässig, wenn sie im Interesse der öffentlichen Ordnung erforderlich ist oder aus Gründen der nationalen Sicherheit erfolgt.
- **Ehegatten** haben untereinander und in ihren Beziehungen zu ihren Kindern gleiche Rechte und Pflichten privatrechtlicher Art hinsichtlich der Eheschließung, während der Ehe und bei Auflösung der Ehe. Das verwehrt allerdings den Vertragsstaaten nicht, die im Interesse der Kinder notwendigen Maßnahmen zu treffen.
- Wer von einem Gericht wegen einer **strafbaren Handlung** verurteilt wurde, hat das Recht, das Urteil von einem übergeordneten Gericht nachprüfen zu lassen; strafbare Handlungen geringfügiger Art können durch Gesetz davon ausgenommen werden.
- Niemand darf wegen einer strafbaren Handlung, wegen der er bereits nach dem Gesetz und dem Strafverfahrensrecht eines Staates verurteilt oder freigesprochen wurde, in einem Strafverfahren desselben Staates **erneut vor Gericht gestellt** oder bestraft werden. Ausgenommen davon ist die Wiederaufnahme des Verfahrens, falls neue oder neu bekannt gewordene Tatsachen vorliegen oder das vorausgegangene Verfahren schwere, den Ausgang des Verfahrens berührende Mängel aufweist.

Hierzu Österreichs Erklärung: Diese Bestimmung bezieht sich nur auf Strafverfahren im Sinne der österreichischen **Strafprozessordnung**.

Vorbehalt

Auf eine weitere Besonderheit ist noch hinzuweisen: Die MRK ermöglicht den Vertragsstaaten einen so genannten **Vorbehalt**. Von diesem Vorbehalt hat Österreich Gebrauch gemacht. In Österreich sind, dies ist der wichtigste Vorbehalt, Maßnahmen des Freiheitsentzuges nach den Verwaltungsverfahrensgesetzen anders als in der MRK geregelt. Das österreichische Verwaltungsstrafrecht ermöglicht nämlich den Freiheitsentzug auch ohne Gerichtsurteil durch Bescheid einer Verwaltungsbehörde. Um dies konventionsrechtlich abzudecken, war der Vorbehalt notwendig. Dies ist aber rechtsstaatlich unbedenklich, weil das österreichische Bundesverfassungsrecht für Bescheide ohnehin die nachprüfende Kontrolle durch den Verwal-tungs- bzw. den Verfassungsgerichtshof vorsieht, seit 1. Jänner 1991 auch durch die unabhängigen Verwaltungssenate in den Ländern als Berufungsinstanz (siehe Seite 511 ff.).

Die Beispiele zeigen, dass die Menschenrechtskonvention dem innerstaatlichen Gesetzgeber einerseits Beschränkungen auferlegt, dass aber andererseits durch die wohl notwendige Unbestimmtheit der Formulierungen ein zum Teil großer Handlungsspielraum gegeben ist. Entsprechend schwierig sind einzelne konkrete Rechtsfragen zu beurteilen. Vermeint man, in einem von der Menschenrechtskonvention gewährleisteten Recht verletzt zu sein, empfiehlt sich daher immer die Konsultation eines Rechtsanwalts.

Das Beschwerdeverfahren

Europäischer Gerichtshof für Menschenrechte

Wie bereits kurz erwähnt, wird die Einhaltung der Verpflichtungen der MRK nicht von österreichischen Instanzen, sondern von eigenen Organen der Europäischen Kommission für Menschenrechte und dem Europäischen Gerichtshof für Menschenrechte mit Sitz in **Straßburg** überwacht. Das Beschwerdeverfahren vor den Straßburger Instanzen ist relativ kompliziert ausgestattet. In groben Zügen verläuft es folgendermaßen:

Die Kommission kann bei der begründeten Behauptung einer MRK-Verletzung von jeder natürlichen Person, von nichtstaatlichen Organisationen oder Personenvereinigungen angerufen werden. Voraussetzung ist aber, dass der innerstaatliche Instanzenweg erschöpft ist. Wenn das Gesuch angenommen wird, haben die betreffenden Staaten zum Zweck der Tatsachenfeststellung die Kommission und die Vertreter der Parteien zu unterstützen und eine gütliche Regelung anzustreben. Bei **gütlicher Regelung** ist ein Bericht anzufertigen, der den beteiligten Staaten, dem Ministerkomitee und dem Generalsekretär des Europarates zur Veröffentlichung zu übersenden ist. Wenn keine gütliche Lösung herbeigeführt werden kann, ist ein **Bericht über den Sachverhalt** anzufertigen und die Ansicht sämtlicher Mitglieder der Kommission einzuholen, ob eine Konventionsverletzung vorliegt. Der Bericht ist dem **Ministerkomitee** vorzulegen.

Wenn nicht innerhalb eines Zeitraums von drei Monaten ab Vorlage des Berichts an das Ministerkomitee die Sache dem Gerichtshof vorgelegt wird, dann entscheidet das Ministerkomitee mit Zweidrittelmehrheit, ob die Konvention verletzt wurde. Wird eine Verletzung bejaht, so hat das Ministerkomitee einen Zeitraum festzusetzen, innerhalb dessen der betreffende Staat die in der Entscheidung des Ministerkomitees vorgesehenen Maßnahmen durchzuführen hat. Hält dies der Staat innerhalb der vorgeschriebenen Zeit nicht ein oder setzt er keine befriedigenden Maßnahmen, so beschließt das Ministerkomitee mit Zweidrittelmehrheit, auf welche Weise die Entscheidung durchgesetzt werden soll.

Alle Vertragsstaaten haben sich verpflichtet, jede Entscheidung des Ministerkomitees bindend anzuerkennen. Die Sitzungen der Kommission sind nicht öffentlich; die Kommission trifft ihre Entscheidungen mit Stimmenmehrheit. Die Sekretariatsgeschäfte der Kommission werden vom Generalsekretär des Europarates wahrgenommen.

☛ Der Europäische Gerichtshof für Menschenrechte besteht aus ebenso vielen Richtern, wie der Europarat Mitglieder zählt. Dem Gerichtshof darf jeweils nur ein Angehöriger jedes einzelnen Staates angehören. Mitglieder werden von der beratenden Versammlung mit Stimmenmehrheit aus einer Liste von Personen gewählt, die von den Mitgliedern des Europarates vorgeschlagen werden. Die Kandidaten müssen das höchste sittliche Ansehen genießen und müssen entweder die Befähigung für die Ausübung hoher richterlicher Ämter besitzen oder Rechtsgelehrte von anerkanntem Ruf sein. Die Mitglieder des Gerichtshofs werden für einen Zeitraum von neun Jahren gewählt, wobei Wiederwahl zulässig ist. Der Gerichtshof wählt einen Präsidenten und einen Vizepräsidenten für drei Jahre; auch deren Wiederwahl ist zulässig. Die Mitglieder des Gerichtshofs erhalten für jeden Arbeitstag eine Entschädigung, deren Höhe vom Ministerkomitee festgesetzt wird.

Die Prüfung jedes dem Gericht vorgelegten Falles erfolgt durch eine Kammer, die aus sieben Richtern besteht. Ihr muss ein Richter angehören, der Staatsangehöriger einer der beteiligten Parteien ist; falls ein solcher nicht vorhanden ist, hat der beteiligte Staat einen anderen Richter zu benennen, der für ihn einschreitet. Die anderen Richter werden vom Präsidenten vor Beginn des Verfahrens durch das Los bestimmt.

Als **Parteien** vor dem Gerichtshof dürfen nur die Mitgliedstaaten und die Kommission auftreten. Der Gerichtshof darf sich mit einem Fall nur befassen, nachdem die Kommission festgestellt hat, dass die Versuche zur Erzielung einer gütlichen Regelung fehlgeschlagen sind, und nur innerhalb der erwähnten Dreimonatsfrist. Wird die Zuständigkeit des Gerichtshofs bestritten, so entscheidet dieser hierüber selbst.

Das **Urteil** des Gerichtshofs ist zu begründen, wobei einzelne Richter ihrer abweichenden Ansicht Ausdruck geben dürfen. Gegen das Urteil des Gerichtshofs ist ein weiterer Rechtszug nicht zulässig; es ist endgültig. Die Vertragsstaaten haben die Verpflichtung, sich nach der Entscheidung des Gerichtshofs zu richten. Das Urteil des Gerichtshofs ist dem Ministerkomitee zuzuleiten, das die Durchführung überwacht.

Karl Jedermann und seine Daten

In fast allen Bereichen des täglichen Lebens werden Daten erhoben, festgehalten, weitergegeben, verarbeitet und/oder verändert und verwendet. Zunächst findet Karl Jedermann auch eine Gesetzesbestimmung in der Europäischen Konvention zum Schutz der Menschenrechte und Grundfreiheiten.

§§ Jedermann hat Anspruch auf Achtung seines Privat- und Familienlebens, seiner Wohnung und seines Briefwechsels. (Art. 8 der Europäischen Menschenrechtskonvention – EMRK)

Jetzt möchte Karl Jedermann aber ganz genau wissen, was diese Gesetzesbestimmung der Europäischen Konvention zum Schutz der Menschenrechte und Grundfreiheiten mit seiner Person und seinen Daten zu tun hat.

Einführung ins Datenschutzrecht

Unter »Daten« versteht man aus juristischer Sicht Informationen über Einzelpersonen wie das Geburtsdatum, das Geschlecht, das Gewicht, die Körpergröße, aber auch Informationen über die Zugehörigkeit zu Vereinen, Religionsgemeinschaften, anderen Verbindungen, die Mitgliedschaft in Interessensvertretungen, den Beitritt zu Parteien und so weiter. Daten sind daher »personenbezogene Informationen«.

Wie gelangt man zu den Daten?

Die Daten können vom Betroffenen selbst weitergegeben werden (z. B. anlässlich der Eröffnung eines Kontos bei einer Bank), sie können von einem Dritten (z. B. einem Versandhandelsunternehmen, das eine Bestellung aufgenommen hat) erhoben werden oder aus bereits vorhandenen Datenbeständen (mit oder ohne vorherige Veränderung) abgerufen werden.

Die erhobenen Daten können sofort verwendet, verarbeitet oder bearbeitet werden. Es kann auch erst zu einem späteren Zeitpunkt eine Verwendung oder auch eine Weitergabe der Daten an Dritte stattfinden.

Das Österreichische Datenschutzgesetz

Angesichts dieser Fülle von Möglichkeiten fühlt sich Karl Jedermann wie ein »wandelndes Datenblatt« und möchte nun genau wissen, wer welche Daten wann aus welchem Grund und wie für welche Verwendungsmöglichkeiten erheben und verwenden darf. Die Antworten auf seine Fragen findet Karl Jedermann durch einen Blick ins Österreichische Datenschutzgesetz (DSG).

Das DSG wurde im Jahr 2000 grundlegend novelliert und wird daher auch DSG 2000 genannt. Es regelt alle Rechte und Pflichten bei der Durchführung einer Datenverarbeitung und kommt sowohl im öffentlichen Bereich vor Behörden oder Gebietskörperschaften als auch im Bereich der unternehmerischen Informationssammlung (Data-Mining) durch Unternehmen, Vereine oder andere Organisationen zur Anwendung. Das DSG regelt alle Fragen des **Schutzes der Privatsphäre** (so sind nach § 1 des DSG alle Eingriffe in die Privatsphäre stets verboten, sofern keine Erlaubnis oder Einwilligung der betroffenen Person vorliegt), der vertraglichen Zustimmung und der Zulässigkeit einer Datenverwendung aus öffentlichen Zwecken.

Datenschutz und Europäische Union

Unter Verwendung moderner Informations- und Kommunikationstechnologien und der fortentwickelten Computertechnik sowie den neuen Medien (»Internet«) kann die Verwendung von Daten noch viel einfacher, rascher und über alle Staatsgrenzen hinweg erfolgen. So werden oftmals Daten von EU-Bürgern, die in einem Land erhoben wurden, in einem anderen Land verarbeitet.

Karl Jedermann findet diese Vorstellung eher beängstigend, da er das Gefühl hat, nun überhaupt nicht mehr zu wissen, wer über welche seiner Daten verfügt und wie er dies auch herausfinden und eventuell untersagen kann.

Grundsätzlich hat jeder Staat seine eigenen Datenschutz-Bestimmungen. Daran hat sich auch durch den Beitritt von Österreich zur EU nichts geändert. Allerdings gibt es quasi als darüber stehende Reglung die EU-Datenschutz-Richtlinie, die vom Europäischen Parlament und dem Rat zum Schutz natürlicher Personen bei der Verarbeitung personenbezogener Daten und zum freien Datenverkehr geschaffen wurde. Inhaltlich regelt die EU-Datenschutz-Richtlinie den Schutz der Grundrechte einer Person und die Anerkennung ihrer Privatsphäre. Ausdrücklich erlaubt ist die Übermittlung von personenbezogenen Daten von einem EU-Mitgliedsstaat in einen anderen EU-Mitgliedsstaat. Zusätzliche Informationen zum Bereich Datenschutz auf EU-Ebene sind unter http://www.europa.eu.int/comm/internal_market/privacy/index_de.htm zu finden.

Dieses europäische Rahmengesetz verpflichtete alle Mitgliedsstaaten der EU, die jeweiligen nationalen Datenschutzgesetze bis zum 24.10.1998 so zu formulieren, dass diese den Vorgaben der EU-Richtlinie entsprechen. Dieser Verpflichtung ist Österreich durch das DSG 2000 nachgekommen.

Datenübermittlung im Internet oder per e-Mail

An sich ist es unerheblich, auf welche Art und Weise die personenbezogenen Daten übermittelt werden – die Regeln des österreichischen DSG kommen immer dann zur Anwendung, wenn die Frage des Datenschutzes dem nationalen österreichischen

Recht unterliegen. Diese Frage ist daher immer zuvor gesondert unter Heranziehung entsprechender internationalrechtlicher Gesetzesquellen zu prüfen.

Generell gelten die Bestimmungen des DSG immer auch dann, wenn die Datenübermittlung unter Verwendung von modernen Telekommunikationsmittel wie dem Internet oder durch e-Mail erfolgt. In diesem Zusammenhang stellt sich die Frage, wer sich hier nun an die Regeln des DSG halten muss: derjenige, der die Daten verschickt, oder derjenige, der die Verschickung durchführt oder ermöglicht. Laut Art. 12 der e-Commerce-Richtlinie (EU-Richtlinie über bestimmte rechtliche Aspekte der Dienste der Informationsgesellschaft, insbesondere des elektronischen Geschäftsverkehrs im Binnenmarkt) ist jemand, der elektronische Nachrichten übermittelt, ein **Diensteanbieter**. Wir kennen diese Personen besser unter dem Namen »Provider« bzw. »Zugangsvermittler«. Nun regelt Art. 12 der e-Commerce-Richtinie und die entsprechende Bestimmung des österreichischen Electronic-Commerce-Gesetzes (ECG), dass der Diensteanbieter, der Informationen nur weiterleitet und nicht selbst produziert, nicht für den Inhalt der übermittelten Daten verantwortlich ist. Verantwortlich bleibt daher immer derjenige, der die Informationen geschaffen, bearbeitet oder verarbeitet und sie dann auf elektronischem Weg weitergeleitet hat. Der Gesetzgeber sieht daher keine Haftung eines Vermittlungs-Providers vor. Außerdem ist ein Provider auch nicht verpflichtet, die Inhalte der von ihm transportierten Informationen zu kontrollieren. Nur dann, wenn er von der Unrechtmäßigkeit der Inhalte Kenntnis erlangt, muss er sofort die Weiterleitung abbrechen. Tut er dies nicht, so haftet er wegen »Mitwissenschaft«.

Zusätzlich zur EU-Datenschutz-Richtlinie existiert seit 2002 die **Telekom-Datenschutzrichtlinie** (EU-Richtlinie über die Verarbeitung personenbezogener Daten und den Schutz der Privatsphäre in der elektronischen Kommunikation). Diese EU-Richtlinie dient der Harmonisierung der Rechtsregeln für den Schutz der Grundrechte und Grundfreiheiten im Bereich des Rechts auf Privatsphäre bei der Verarbeitung personenbezogener Daten durch elektronische Kommunikation.

Grundrecht auf Datenschutz

Nach § 1 DSG – eine Verfassungsbestimmung – hat jeder Staatsbürger im Hinblick auf die Achtung seines Privat- und Familienlebens Anspruch auf Geheimhaltung aller die Person betreffenden Daten, sofern an der Geheimhaltung ein schutzwürdiges Interesse besteht. Dies ist im Normalfall anzunehmen. Nur dann, wenn die Daten so anonymisiert wurden, dass daraus kein Rückschluss mehr auf eine konkrete Person möglich ist, besteht kein Grundrecht auf Geheimhaltung der Daten.

Eine weitere Einschränkung kann sich ergeben, wenn es sich um besonders lebenswichtige Interessen des Betroffenen handelt. Dann besteht der Anspruch auf Geheimhaltung nur mehr eingeschränkt, d. h. nur soweit, als damit keine unmittelbare Gefährdung für seine Gesundheit bzw. sein Leben besteht. Ebenfalls kein Anspruch auf Geheimhaltung besteht natürlich immer dann, wenn eine Person selbst die Zustimmung zur Datenverwendung gegeben hat. Diese Zustimmung kann jederzeit widerrufen werden.

Teil des Grundrechts auf Datenschutz ist das Recht jeder von einer Datenverarbeitung betroffenen Person auf **Auskunft** darüber, welche Daten verarbeitet wurden, woher die Daten stammen und wozu sie verwendet wurden sowie auch, an welche andere Personen oder Unternehmen die Daten weitergegeben wurden. Zusätzlich besteht ein Recht auf Richtigstellung falscher und auf Löschung unzulässigerweise verarbeiteter Daten.

Daten – was ist das?

Das DSG beinhaltet Regeln für »**personenbezogene Daten**«, d. h. alle Arten von Daten zur Identifizierung einer konkreten Person wie etwa Name, Adresse, Geburtsdatum, Foto oder bestimmte Krankheiten, und somit alle Informationen zur physischen und psychischen Verfassung der Person inklusive aller wirtschaftlich und kulturell wichtigen Informationen. Folglich sind personenbezogene Daten alle Informationen, die dazu beitragen, eine Person exakt zu bestimmen oder zumindest bestimmbar zu machen.

Bestimmbar ist etwa Karl Jedermann in diesem Zusammenhang, wenn er Inhaber einer digitalen Signaturkarte ist, mit der er seine elektronischen Nachrichten verschlüsseln und signieren kann. Sollte jemand Dritter seine Signaturkarte erlangen und kann er dann ermitteln, wer der eigentliche Inhaber (nämlich Karl Jedermann) ist, so ist dadurch Karl Jedermann bestimmbar. Daher sind auch hier die Regeln des DSG anzuwenden.

Sensible Daten

Innerhalb der personenbezogenen Daten kennen Juristen jedoch einen Bereich von Daten, die höchste Aufmerksamkeit erfordern, weil sie sehr sensible persönliche Bereiche betreffen, sogenannte »**sensible Daten**«. Sie betreffen besonders schutzwürdige Informationen über rassische oder ethnische Herkunft, politische Meinungen sowie religiöse oder philosophische Überzeugungen wie auch über die Zugehörigkeit zu Interessensvertretungen (Gewerkschaften) und alle Daten über die eigene Gesundheit (d. h. Krankheitsdaten) und das Sexualleben. Diese sensiblen Daten dürfen grundsätzlich gar nicht verarbeitet werden. In Ausnahmefällen ist jedoch die Datenverarbeitung zulässig, wenn dadurch wichtige Zwecke (wie etwa die Rechtsdurchsetzung vor Gericht) verfolgt werden oder Bereiche der Wissenschaft und Forschung sowie der öffentlichen Statistik oder der sozialen Sicherheit bzw. des Gesundheitswesens betroffen sind.

Für **Datenschutzfragen** zuständig ist im Bundeskanzleramt, 1014 Wien, Ballhausplatz 1, einerseits die Datenschutzkommission nach den Regeln der §§ 35 ff DSG (http://www.bka.gv.at/dsk) sowie der Datenschutzrat (http://www.bka.gv.at/dsr). Ansprechpartner für Anfragen im Zusammenhang mit Datenverarbeitungen erfolgen beim Datenverarbeitungsregister, 1010 Wien, Hohenstaufengasse 3 (http://www.bka.gv.at/datenschutz/ plandvr.htm). Zusätzlich zur Datenschutzkommission ist beim Bundeskanzleramt ein Datenschutzrat eingerichtet, der die Bundesregierung und die Landesregierungen auf deren Ersuchen in rechtspolitischen Fragen des Datenschutzes berät (siehe §§ 41 ff DSG).

Nähere Informationen zu allen Fragen des Datenschutzgesetzes erhalten sie von der **Arge Daten** (Österreichische Gesellschaft für Datenschutz), 1160 Wien, Redtenbachergasse 20, mit weiteren Angaben auf den Internet-Seiten der Arge Daten unter http://www.argedaten.at mit zahlreichen weiteren Links, Musterformularen und Informationen rund ums Thema Datenschutz und Datensicherheit.

Verwendung und Verarbeitung von Daten

Verarbeitung personenbezogener Daten – was ist das?

Juristisch meint die **Verarbeitung** von personenbezogenen Daten jeden mit oder ohne Hilfe automatisierter Verfahren ausgeführten Vorgang oder jede Vorgangsreihe im Zusammenhang mit personenbezogenen Daten wie das Erheben, das Speichern, das Organisieren, die Aufbewahrung, die Anpassung oder die Veränderung, das Auslesen, das Abfragen, die Benutzung und schließlich die Weitergabe der Daten durch Übermittlung, Verbreitung oder jede Form der Bereitstellung, die Kombination oder die Verknüpfung sowie das Sperren, das Löschen oder das Vernichten der Daten – einfach alles, was jemand mit Daten macht oder machen kann.

Natürlich ist es völlig unerheblich, welche **Technik** für diese Tätigkeiten verwendet wird. Die Datenverarbeitung kann durch handgeschriebene Zettel in alten verstaubten Karteikästen, händisch geführten Listen oder papiermäßig angeordneten Aktensammlungen (d. h. manuelle Datensammlung) erfolgen oder aber unter Verwendung modernster Datenverarbeitungstechnologien (mit computerunterstützter Datenverarbeitung durch Datenbanken, elektronische Archive und Textverarbeitungsprogramme). In allen Fällen ist das DSG anzuwenden.

Zweckbindung der Datenverarbeitung

Die gesetzlichen Vorschriften regeln sehr genau, wie die Verarbeitung von Daten durchgeführt werden darf. Im Mittelpunkt der Regeln steht dabei die **strenge Zweckbindung der Verarbeitung**. Dieser Zweck muss natürlich genau eingehalten werden und darf nicht gegen gesetzliche Vorschriften verstoßen. In § 6 des DSG ist in diesem Zusammenhang ganz genau geregelt, dass Daten nur »nach Treu und Glauben und auf rechtmäßige Weise verwendet werden dürfen«. Dabei muss ein festgelegter, eindeutiger und rechtmäßiger Zweck vorhanden sein und die Verwendung darf mit diesem Zweck nicht in Widerspruch stehen. Jeder Auftraggeber einer Datenanwendung trägt daher die volle Verantwortung dafür, dass diese Grundregeln bei jeder Verwendung und Verarbeitung von Daten auch eingehalten werden.

Karl Jedermann kommt folgende Begebenheit in den Sinn: Erst kürzlich hat er im Internet an einem sehr verlockenden Gewinnspiel mitgemacht und leider nicht die ersehnte Flugreise in die Karibik gewonnen. Allerdings hat er einige Tage später ein Angebot eines Reisebüros im Postkasten vorgefunden, wo ihm exakt die damals im Gewinnspiel beschriebene Reise zum sensationellen Vorzugspreis für treue Kunden um nur € 2.500,– angeboten wurde. Karl hat sich nochmals geärgert, nicht gewonnen zu haben und dann die Zusendung weggeworfen. Doch jetzt möchte er eigentlich wissen, wie das Reisebüro wissen konnte, dass er sich vielleicht für eine Flugreise in die Karibik interessieren könnte?

Dazu muss Karl Jedermann wissen, dass die anlässlich des Gewinnspiels erhobenen Daten zunächst nur fürs Gewinnspiel verwendet werden dürfen. Eine Verwendung zu Marketingzwecken (hier für die Anpreisung der Flugreise) ist nicht zulässig. Außer Karl hätte zugestimmt, dass seine Daten auch für Werbezwecke herangezogen werden. Daran kann er sich aber nicht erinnern.

Der Zweck muss bereits bei der Datenerhebung feststehen und mitgeteilt werden. Personenbezogene Daten dürfen daher nur für genau festgelegte, eindeutig bestimmbare und gesetzlich zulässige Zwecke erhoben werden.

Rechtmäßigkeit der Datenverarbeitung

Zusammenfassend hat Karl Jedermann daher einiges über die Fragen des Datenschutzes erfahren und weiß nun ganz genau, dass eine Verarbeitung personenbezogener Daten nur in folgenden Fällen zulässig ist:

- Es liegt eine Einwilligung der Person, deren Daten verwendet werden, vor. Dies ist der Normalfall einer Datenverarbeitung.
- Die Datenverarbeitung ist notwendig, damit die betroffene Person eine Leistung bekommt oder einen Vertrag abschließen kann.
- Durch die Datenverarbeitung wird eine gesetzliche Pflicht erfüllt.
- Die Verarbeitung der Daten ist erforderlich, um lebenswichtige Interessen der betroffenen Person zu sichern.
- Die Verarbeitung erfolgt aus Gründen des öffentlichen Interesses.
- Die Ausübung hoheitlicher Gewalt liegt vor.
- Es liegen triftige Gründe einer anderen Person vor, die jenen der von der Verarbeitung betroffenen Person vorangehen.

Datenübermittlung ins Ausland

Innerhalb der Europäischen Union besteht aufgrund der EU-Richtlinie über die Verwendung personenbezogener Daten ein rechtlich ziemlich gut geregelter Bereich. Daher ist eine Datenübermittlung von einem EU-Mitgliedsstaat in einen anderen EU-Mitgliedsstaat unproblematisch (siehe dazu § 12 DSG). Eine besondere Genehmigung (der Datenschutzkommission) ist daher nicht erforderlich.

Gleichzeitig dürfen auch personenbezogene Daten in andere Länder (außerhalb der EU) weitergegeben, d. h. übermittelt werden. Dies ist aber nur zulässig, wenn diese »Drittländer« über ein angemessenes Niveau an Datenschutzgesetzen verfügen. Ob das Niveau angemessen ist, muss unter Beachtung aller Umstände der Erhebung und Verwendung der Daten beurteilt werden. Welche Staaten dieses Schutzniveau erreichen, wird in einer gesonderten Verordnung des Bundeskanzlers festgehalten. Ansonsten ist die Übermittlung nicht zulässig. Ausnahmen bestehen für den Fall einer Einwilligung der betroffenen Person oder wenn die Übermittlung aufgrund eines Gerichtsverfahrens oder zur Wahrung von öffentlichen Interessen (z. B. Austausch von Fahndungsdaten, Daten zur Verfolgung von Zollvergehen oder bei Steuerhinterziehung) erfolgt.

Wenn eine Datenübermittlung eine Genehmigung erfordert, muss der Auftraggeber um eine Genehmigung nach § 13 DSG bei der Datenschutzkommission ansuchen. Die Erteilung der Genehmigung kann zusätzlich an die Erfüllung bestimmter Bedingungen gebunden werden (dazu § 13 DSG).

Datensicherheit

Vorschriften zur Datensicherheit

Nach den Vorschriften des § 14 DSG muss jeder Auftraggeber oder jeder Dienstleister, der eine Datenverarbeitung durchführt, gewährleisten, dass die Daten »sicher« sind. Was dabei im Einzelfall genau zu tun ist, hat der Gesetzgeber nicht vorgeschrieben. Es muss alles getan werden, damit die verwendeten Daten entsprechend ihrer Struktur und dem Umfang sowie dem Zweck ihrer Verwendung unter Berücksichtigung der Möglichkeiten von technischen Standards und der wirtschaftlichen Verfügbarkeit (d. h. der dabei anfallenden Kosten und Aufwände) vor zufälliger oder unrechtmäßiger Zerstörung oder vor Verlust geschützt werden. Zusätzlich ist natürlich immer darauf zu achten, dass die Verwendung der Daten nur im Rahmen der gesetzlichen Regeln erfolgt, d. h. dass sie rechtmäßig ist und ein Zugang für Unbefugte nicht möglich ist. Natürlich ist dies in der Praxis ein hochbrisantes Kapitel des Datenschutzgesetzes, da diese Anforderungen im wahrsten Sinne des Wortes »leichter gesagt als einzuhalten« sind.

Was dies genau bedeutet, ist daher stets im Einzelfall zu beurteilen und dabei ein **Schutzniveau** zu gewährleisten, das den »der Verwendung ausgehenden Risiken und der Art der zu schützenden Daten« angemessen ist (so § 14 DSG). Dabei sind folgende Aspekte entsprechend zu berücksichtigen:

- Die Aufgabenverteilung bei der Datenverwendung zwischen den Organisationseinheiten und zwischen den Mitarbeitern ist ausdrücklich festzulegen.
- Die Verwendung von Daten ist an das Vorliegen gültiger Aufträge der anordnungsbefugten Organisationseinheiten und Mitarbeiter zu binden.
- Jeder Mitarbeiter ist über seine nach diesem Bundesgesetz und nach innerorganisatorischen Datenschutzvorschriften einschließlich der Datensicherheitsvorschriften bestehenden Pflichten zu belehren.
- Die Zutrittsberechtigung zu den Räumlichkeiten des Auftraggebers oder Dienstleisters ist exakt zu regeln (und natürlich dann auch einzuhalten).
- Die Zugriffsberechtigung auf Daten und Programme und der Schutz der Datenträger vor der Einsicht und Verwendung durch Unbefugte ist zu regeln (und natürlich dann auch einzuhalten).
- Die Berechtigung zum Betrieb der Datenverarbeitungsgeräte ist festzulegen und jedes Gerät ist durch entsprechende Vorkehrungen bei den eingesetzten Maschinen oder Programmen gegen die unbefugte Inbetriebnahme abzusichern.
- Protokoll ist zu führen, damit tatsächlich durchgeführte Verwendungsvorgänge, wie insbesondere Änderungen, Abfragen und Übermittlungen, im Hinblick auf ihre Zulässigkeit im notwendigen Ausmaß nachvollzogen werden können.
- Eine Dokumentation über die hier aufgezählten und durchgeführten Maßnahmen ist zu führen, um die Kontrolle und Beweissicherung zu erleichtern.

Grundsätzlich müssen die Protokolle und die **Dokumentationsdaten** drei Jahre lang aufbewahrt werden, es sei denn, die jeweiligen Daten selbst wurden bereits früher gelöscht. Zusätzlich muss jedes Unternehmen diese Vorschriften zur Gewährleistung der Datensicherheit so verfügbar machen (z. B. aushängen oder auf eine interne Mitarbeiterseite im Internet stellen), dass jeder Mitarbeiter sich jederzeit darüber informieren kann.

Das Formblatt zur Dokumentation von Datensicherungsmaßnahmen kann unter http://www.bka.gv.at/datenschutz/dvrform4.doc abgerufen werden.

Obwohl die Einhaltung dieser Regeln sicherlich sehr aufwändig ist, gibt es ohne Datensicherheit keinen Datenschutz. Dadurch hat jedoch auch jede betroffene Person die Möglichkeit zu erfahren, welche Daten wie durch wen verwendet wurden.

Datengeheimnis

Nach § 15 DSG hat jeder Auftraggeber, jeder Dienstleister, aber auch jeder Mitarbeiter eines Unternehmens die Pflicht, alle Daten, die ihnen aufgrund ihrer Tätigkeit bekannt wurden, geheim zu halten. Diese Regel beinhaltet eine Verschwiegenheitspflicht über alle Daten. Nur nach ausdrücklicher Anordnung des Arbeitgebers dürfen Daten von Mitarbeitern übermittelt werden.

Datenverarbeitungsregister (DVR)

Meldung der Datenverarbeitung an das DVR

Grundsätzlich muss jede Datenverarbeitung an das zentrale Datenverarbeitungsregister gemeldet werden (§ 16 DSG). Konkret muss jeder Auftraggeber einer Datenanwendung vor der Durchführung eine Meldung durchführen und dabei den Zweck der Datenanwendung und den Inhalt der verwendeten Daten melden. Diese Meldepflicht gilt auch für Umstände, die nachträglich die Unrichtigkeit und Unvollständigkeit einer Meldung bewirken. Das Datenverarbeitungsregister befindet sich in 1010 Wien, Hohenstaufengasse 3 (http://www.bka.gv.at/dvr; Meldeformulare können heruntergeladen werden).

Karl Jedermann kann dies bei Zusendungen daran erkennen, dass die Zusendungen eine »DVR-Nummer« enthalten. Dann ist Karl Jedermann zufrieden, denn er weiß, dass die Datenverarbeitung unter Einhaltung der Meldepflicht erfolgt ist. Jederzeit kann er Auskunft über die Datenverarbeitung bei der Datenschutzkommission verlangen.

Eine Meldung an die Datenschutzkommission muss nach § 19 DSG eine ganze Reihe von Informationen enthalten:

- den Namen (die sonstige Bezeichnung) und die Anschrift des Auftraggebers sowie eines allfälligen Vertreters oder eines Betreibers, weiters die Registernummer des Auftraggebers, sofern ihm eine solche bereits zugeteilt wurde,
- den Nachweis der gesetzlichen Zuständigkeit oder der rechtlichen Befugnis für die erlaubte Ausübung der Tätigkeit des Auftraggebers, soweit dies erforderlich ist,
- den Zweck der zu registrierenden Datenanwendung und ihre Rechtsgrundlagen, soweit sich diese nicht bereits aus den Angaben nach Z 2 ergeben,
- die Kreise der von der Datenanwendung Betroffenen und die über sie verarbeiteten Datenarten,
- die Kreise der von beabsichtigten Übermittlungen Betroffenen, die zu übermittelnden Datenarten und die zugehörigen Empfängerkreise – einschließlich allfälliger ausländischer Empfängerstaaten – sowie die Rechtsgrundlagen der Übermittlung,
- soweit eine Genehmigung der Datenschutzkommission notwendig ist: die Geschäftszahl der Genehmigung durch die Datenschutzkommission,
- allgemeine Angaben über die getroffenen Datensicherheitsmaßnahmen im Sinne des § 14, die eine vorläufige Beurteilung der Angemessenheit der Sicherheitsvorkehrungen erlauben.

Das Formblatt zur Meldung einer Datenanwendung kann unter http://www.bka.gv.at/datenschutz/dvrform2.doc abgerufen werden.

Nach Meldung der Datenanwendung hat die Datenschutzkommission zwei Monate Zeit, um die gemeldeten Anwendungen und die Informationen zu überprüfen. Sollte die Meldung mangelhaft gewesen sein, kann die Datenschutzkommission eine Verbesserung unter Bekanntgabe einer dafür vorgesehenen Frist anordnen (näheres zum Prüfungs- und Verbesserungsverfahren siehe § 20 DSG). Bei Vorliegen von Gefahr im Verzug (z. B. wegen ganz enormer Mängel in der Anmeldung der Datenanwendung) kann die Datenschutzkommission sofort mit Bescheid die weitere Datenanwendung vorläufig untersagen, d. h. stoppen!

Eine **Meldung** kann jedoch vollkommen **unterbleiben** oder auf gesetzlicher Basis nur in vereinfachter Form erfolgen, wenn durch die Verarbeitung aller Voraussicht nach keine Beeinträchtigung der Rechte der Betroffenen stattfinden wird. Dies ist etwa dann der Fall, wenn ein öffentliches Register mit Einsichtnahme durch jedermann zur Verfügung steht. Konkret sind nach § 16 Abs. 2 DSG folgende Datenanwendungen nicht meldepflichtig, wenn sie

- ausschließlich veröffentlichte Daten enthalten oder
- die Führung von Registern oder Verzeichnissen zum Inhalt haben, die von Gesetzes wegen öffentlich einsehbar sind, sei es auch nur bei Nachweis eines berechtigten Interesses oder
- nur indirekt personenbezogene Daten enthalten oder
- von natürlichen Personen ausschließlich für persönliche oder familiäre Tätigkeiten vorgenommen werden oder
- für publizistische Tätigkeit vorgenommen werden oder
- einer Standardanwendung entsprechen; diese sind in der Standard- und Musterverordnung 2000 geregelt und umfassen etwa Datenerhebungen im Bereich des Rechnungswesens und der Logistik innerhalb von Unternehmen, die Daten der Wählerevidenz, Daten der Zulassung von Kraftfahrzeugen oder die Eintragungen in das Geburten-, Heirats- oder Sterbebuch bei den Standesämtern.

Zusätzlich zu diesen Punkten sind Datenanwendungen **von der Meldepflicht ausgenommen**, wenn sie für Zwecke

- des Schutzes der verfassungsmäßigen Einrichtungen der Republik Österreich oder
- der Sicherung der Einsatzbereitschaft des Bundesheeres oder
- der Sicherstellung der Interessen der umfassenden Landesverteidigung oder
- des Schutzes wichtiger außenpolitischer, wirtschaftlicher oder finanzieller Interessen der Republik Österreich oder der Europäischen Union oder
- der Vorbeugung, Verhinderung oder Verfolgung von Straftaten

durchgeführt werden.

Datenschutzbeauftragte

Um die Befreiung oder die Vereinfachung zu erreichen, können Unternehmen auch **Datenschutzbeauftragte** bestellen, die für die Einhaltung der Vorschriften des DSG zuständig sind.

Was ist diese DVR-Nummer?

Karl Jedermann hat gestern eine Zusendung eines Kataloganbieters erhalten. Bei genauer Betrachtung des Adressfeldes fällt Karl Jedermann auf, das sich dort die Buchstaben »DVR« und einige Zahlen befinden.

Die DVR-Nummer ist eine siebenstellige Registernummer, die vom Datenverarbeitungsregister (DVR) vergeben wird. Jeder Auftraggeber einer Datenanwendung muss eine DVR-Nummer führen, sofern keine Ausnahme von der Meldepflicht vorliegt.

Gesetzliche Regelungen zur **Führung eines Datenverarbeitungsregisters** finden sich in § 16 des DSG. Demnach muss bei der Datenschutzkommission des Bundeskanzleramtes ein zentrales Register der Datenanwendungen für die Prüfung ihrer Rechtmäßigkeit sowie zur Information der betroffenen Personen eingerichtet sein.

Jedermann kann Einsicht in dieses Register nehmen. Dazu muss die betroffene Person bloß glaubhaft machen, dass sie von einer Datenverarbeitung betroffen ist (dazu reicht die Vorlage der zugesandten Werbeprospekte aus!) und gleichzeitig dürfen nicht eventuell schutzwürdige Interessen des Auftraggebers auf Geheimhaltung seiner Daten vorliegen (normalerweise ausgeschlossen). Die genaueren gesetzlichen Regelungen zum Datenverarbeitungsregister sind in der Datenverarbeitungsregister-Verordnung aus dem Jahr 2002 (DVRV 2002) als Ausführungsbestimmung zu den §§ 16 bis 22 des DSG 2000 zu finden (siehe dazu http://www.bka.gv.at/datenschutz/index). Die Datenverarbeitungsregister-Verordnung regelt die Einrichtung und den Inhalt des Datenverarbeitungsregisters, die Form und den Inhalt der Meldungen sowie die dafür notwendigen Unterlagen, Verfahrensvorschriften und den Vorgang der Registrierung selbst. Ebenso geregelt ist die Vergabe der DVR-Nummer, das Verzeichnis aller DVR-Nummern, Richtigstellungen im Register und die Voraussetzungen für eine Einsicht ins Datenverarbeitungsregister.

Wann und wo muss ich eine DVR-Nummer führen?

Jeder Auftraggeber, der eine Datenverarbeitung durchführt, muss über eine DVR-Nummer verfügen und diese DVR-Nummer auf jeder Zusendung auch angeben (§ 25 Abs. 1 DSG). Karl Jedermann kann also jederzeit unter Bekanntgabe der DVR-Nummer beim Datenverarbeitungsregister (http://www.bka.gv.at/dvr) anfragen, welchem Auftraggeber diese DVR-Nummer zugeteilt ist.

Beschwerde an die Datenschutzkommission

Karl Jedermann kann sich nach § 30 DSG jederzeit wegen einer behaupteten Verletzung seiner Rechte nach dem DSG oder der den Auftraggeber bzw. Dienstleister treffenden Pflichten an die Datenschutzkommission wenden (Näheres zur Beschwerde findet sich in § 31 DSG). Die Datenschutzkommission kann im Fall eines begründeten Verdachtes auf Verletzung von Rechten und Pflichten Datenanwendungen überprüfen und dabei vom Auftraggeber bzw. Dienstleister alle notwendigen Aufklärungen und Einschau in Datenanwendungen und Unterlagen verlangen.

Im Einzelnen kann die Datenschutzkommission zur Herstellung des rechtmäßigen Zustandes eine Empfehlung aussprechen (eventuell mit einer angemessenen Frist). Wird diese Empfehlung nicht beachtet, kann die Datenschutzkommission je nach Art des Verstoßes von Amts wegen folgende Maßnahmen anordnen:

- ein Verfahren zur Überprüfung der Registrierung einleiten,
- Strafanzeige erstatten,
- bei schwerwiegenden Verstößen durch Auftraggeber des privaten Bereichs Klage vor dem zuständigen Gericht erheben,
- bei Verstößen von Auftraggebern, die Organe einer Gebietskörperschaft sind, das zuständige oberste Organ befassen.

Gerichtliche Überprüfung der erfolgten Datenverarbeitung

Besteht der Verdacht einer unrechtmäßig erfolgten Datenverarbeitung und Verletzung der Rechte auf Geheimhaltung, auf Richtigstellung unrichtiger Daten oder auf Löschung von Daten, so kann sich die betroffene Person auch an die Zivilgerichte wenden. Zuständig für eine gerichtliche Überprüfung der Rechtmäßigkeit ist das Landesgericht in dem Sprengel, in dem der Betroffene seinen gewöhnlichen Aufenthalt hat (§ 32 DSG). Alternativ dazu kann der Betroffene den Auftraggeber oder Dienstleister auch am Sitz seines jeweiligen Unternehmens klagen. In den Fällen, in denen der begründete Verdacht einer schwerwiegenden Datenschutzverletzung durch einen Auftraggeber besteht, hat die Datenschutzkommission überdies gewisse Rechte im Gerichtsverfahren. So kann sie dem Verfahren auf Seiten des Betroffenen als Nebenintervenient beitreten.

Stellt sich im Verfahren heraus, dass der Auftraggeber oder der Dienstleister Daten schuldhaft (vorsätzlich oder fahrlässig) verwendet, so kann der Betroffene den dadurch erlittenen Schaden ersetzt verlangen, d. h. **Schadenersatz** beanspruchen. In diesem Fall muss er natürlich in der Lage sein, den entstandenen Schaden auch nachweisen zu können. Wurden durch die öffentlich zugängliche Verwendung von Daten zusätzlich schutzwürdige Geheimhaltungsinteressen eines Betroffenen in einer bloßstellenden (d. h. kränkenden) Weise verletzt (vgl. dazu § 7 Mediengesetz), dann kann zusätzlich die Urteilsveröffentlichung in einer Tageszeitung bzw. einem anderen Medium verlangt werden.

Rechte aufgrund des DSG

Werden personenbezogene Daten Karl Jedermanns verarbeitet, dann ist Karl eine »betroffene Person« und kann daher seine »Betroffenenrechte« beanspruchen. Es handelt sich dabei um Grundrechte, die sich unmittelbar aus Art. 8 der EMRK ergeben und den Anspruch auf Geheimhaltung von personenbezogenen Daten sichern sollen.

Recht auf Geheimhaltung von personenbezogenen Daten

Dieses Grundrecht auf Geheimhaltung aller personenbezogenen Informationen und Daten, die die Identität seiner Person ausmachen, ergibt sich aus der Verfassungsbestimmung des § 1 DSG. Dabei spielt es keine Rolle, ob die Informationen edv-unterstützt oder manuell gewartet werden.

Karl Jedermann fragt sich nun, wie es sich dabei mit seiner Adresse und seiner Telefonnummer verhält. Diese Daten kann doch jeder durch einen Blick ins Telefonbuch erhalten.

Grundsätzlich unterliegen auch diese Daten der Geheimhaltung, sie dürfen jedoch im amtlichen Telefonbuch verwendet und abgedruckt werden, sofern dies Karl nicht untersagt hat. Möchte er nicht im amtlichen Telefonbuch aufscheinen, dann muss er eine geheime Telefonnummer beantragen bzw. anordnen, dass seine Nummer von seinem Handybetreiber nicht ins jeweilige Telefonbuch aufgenommen wird. Hat Karl Jedermann dies getan, dann darf seine Nummer weder abgedruckt noch auf Anfrage an Anrufer weitergegeben werden. Natürlich ist es mit dieser Regel vereinbar, dass gegen Gebühr des Anrufers Karl Jedermann vom Betreiber telefonisch darüber verständigt wird, dass jemand ihn anrufen wollte und gleichzeitig dessen Nummer an Karl Jedermann weitergegeben wird. In diesem Fall kann Karl Jedermann dann selbst entscheiden, ob er zurückrufen will oder nicht.

In einzelnen Fällen kann der Anspruch auf Geheimhaltung der personenbezogenen Daten jedoch eingeschränkt oder aufgehoben sein:

a) Dies ist der Fall, wenn die **Zustimmung zur Veröffentlichung ausdrücklich durch die betroffene Person selbst erteilt** wurde. Wenn daher Karl Jedermann selbst der Veröffentlichung seiner Daten im Telefonbuch zugestimmt hat bzw. diese nicht untersagt hat, hat er keinen Geheimhaltungsanspruch mehr. Gleichzeitig ist damit aber nicht jede Form der Verarbeitung ohne weiteres erlaubt. Die anderen Rechte von Karl Jedermann wie das Informationsrecht oder das Berichtigungs- oder Sperrrecht bestehen nämlich sehr wohl.
   In der Praxis kommt es täglich unzählige Male zu einem freiwilligen Verzicht auf die Geheimhaltung der personenbezogenen Daten. Viele Unternehmen sind sehr an diesen Daten ihrer Kunden interessiert und wollen damit ihre Produkte für den Kunden individuell zuschneiden und noch besser auf seine Bedürfnisse eingehen, d. h. sie verwenden Customer-Relationship-Instrumente, um die Produkte auf den Markt zu bringen, die die Kunden wirklich wollen und später daher auch kaufen werden. In diesem Zusammenhang bieten sie auch kleine »Zuckerl« an, um die Datenweitergabe auf freiwilliger Basis zu erreichen, so durch die Möglichkeit der Teilnahme an Gewinnspielen, dem regelmäßigen Zusenden von Informationsmaterial oder Newslettern per Mail, durch besondere Kundenrabatte oder Gutschriften. Selbst in diesem Fall der freiwilligen Zustimmung durch die betroffene Person kann diese später jederzeit ohne Angabe von Gründen widerrufen werden (siehe dazu Seite 549).
b) **Kein Anspruch auf Geheimhaltung** personenbezogener Daten besteht jedoch auch dann, wenn es gesetzliche Bestimmungen gibt, die die Erhebung und Übermittlung von Daten anordnen bzw. vorsehen. Diese Regeln finden sich etwa im Bereich des Meldegesetzes, der Sozialversicherungsbestimmungen, in den Vorschriften zur Wählerevidenz, des Einkommensteuerrechts (etwa bei Steuerprüfung durch das Finanzamt) oder im Sicherheitspolizeigesetz.

Recht auf Information

Zusätzlich beinhaltet das DSG das Grundrecht auf Information über alle Arten einer Datenverarbeitung, die die eigene Person betreffen (§ 24 DSG). Konkret bedeutet das, dass die für die Datenverarbeitung zuständige Person verpflichtet ist, den Betroffenen zu informieren, dass personenbezogene Daten gespeichert werden. Die Information muss den Zweck der Datenanwendung und den Namen und die Adresse des Auftraggebers (d. h. wer dafür die Verantwortung trägt) beinhalten.

Die Informationen können entfallen, wenn der betroffenen Person diese Informationen schon bekannt sind, z. B. weil sie selbst die **Einwilligung** für eine konkrete Datenanwendung gegeben hat. Durch das Recht auf Information durch den Auftraggeber einer Datenanwendung soll sichergestellt sein, dass bekannt ist, wann und von wem eine Datenverarbeitung durchgeführt wird. In der Praxis erfolgt jedoch diese Information im Normalfall nicht, sie könnte jedoch jederzeit eingefordert werden.

Keine Information ist erforderlich, wenn der Betroffene bereits zuvor von der Erhebung informiert wurde. Ebenfalls ohne gesonderte Information ist die Verarbeitung zulässig, wenn sie durch ein Gesetz ausdrücklich angeordnet wurde oder die Information einen unverhältnismäßig hohen Aufwand verursachen würde, was insbesondere im Zusammenhang mit wissenschaftlichen Forschungen oder Erhebungen zu statistischen Zwecken der Fall sein könnte.

Diese Rechte stehen unabhängig davon zu, ob die Daten direkt oder indirekt durch eine dritte Person erhoben wurden. Eine Ausnahme davon besteht nur dann, wenn sich die Bereitstellung dieser Information als unmöglich erweist oder wenn sie mit außerordentlichen Schwierigkeiten (z. B. weil die betroffene Person nicht erreichbar ist) verbunden wäre. Dies kann jedoch kein Freibrief sein und berechtigt nicht generell zur Nichtweitergabe der notwendigen Informationen.

Recht auf Auskunft über die Verarbeitung von personenbezogenen Daten

Im Fall der Datenverarbeitung hat die betroffene Person nach § 26 DSG zusätzlich das Recht, Auskunft zu erhalten, ob personenbezogene Daten gespeichert oder verarbeitet wurden sowie das Recht auf eine Kopie der verwendeten Daten. Diese Informationen müssen in verständlicher Form erfolgen, damit die Richtigkeit der verwendeten Daten kontrolliert werden kann.

Wer eine entsprechende Auskunft erhalten will, muss einen schriftlichen Antrag stellen. Aus Beweisgründen ist es anzuraten, den Antrag mittels eines eingeschriebenen Briefes zu stellen. Allerdings kann mit Zustimmung des Auftraggebers das Auskunftsbegehren auch mündlich gestellt werden. Der Antragsteller muss einen Nachweis seiner **Identität** durch Bekanntgabe seines Namens, seines Geburtsdatums und seiner Adresse (z. B. durch einen amtlichen Lichtbildausweis) erbringen. Zusätzlich ist der Betroffene auch zur **Mitwirkung** verpflichtet. Konkret muss daher mitgeteilt werden, wo man eventuell als Kunde aufscheinen könnte, welche Unternehmen aller Wahrscheinlichkeit nach Daten erhalten haben könnten usw.

Der Auftraggeber hat nach dem Einlagen des Auskunftsbegehrens acht Wochen Zeit, um die Auskunft zu erteilen. Erteilt er die Auskunft nicht, muss er schriftlich mitteilen, weshalb er die Auskunft verweigert. Wird die Auskunft verweigert, ist sie unvollständig oder unverständlich, dann kann eine Beschwerde bei der Datenschutzkommission des Bundeskanzleramtes erhoben werden (siehe dazu http://www.bka.gv.at/dsk). Musterformulare für verschiedene Beschwerden finden sie unter http://www.argedaten.at – FAQ).

Diese schriftliche Auskunft hat grundsätzlich einmal im Jahr kostenlos (»unentgeltlich«) zu erfolgen, wenn sie den aktuellen Datenbestand einer Datenanwendung betrifft und wenn der Betroffene im laufenden Jahr noch kein Auskunftsersuchen an den Auftraggeber zum selben Aufgabengebiet gestellt hat. In allen anderen Fällen kann ein pauschalierter Kostenersatz von 18,89 € verlangt werden, von dem wegen tatsächlich erwachsender höherer Kosten abgewichen werden darf. Ein etwa geleisteter Kostenersatz ist ungeachtet allfälliger Schadenersatzansprüche zurückzuerstatten, wenn Daten rechtswidrig verwendet wurden oder wenn die Auskunft sonst zu einer Richtigstellung geführt hat. Zu beachten ist in diesem Zusammenhang, dass ab dem Zeitpunkt der Kenntnis von einem Auskunftsverlangen der Auftraggeber Daten über den Betroffenen innerhalb eines Zeitraums von vier Monaten und im Falle der Erhebung einer Beschwerde nach § 31 DSG an die Datenschutzkommission bis zum rechtskräftigen Abschluss des Verfahrens nicht vernichten darf.

In bestimmten Fällen ist die beantragte Auskunft nicht zu erteilen. Die Verweigerung ist möglich, soweit dies zum Schutz des Betroffenen aus besonderen Gründen notwendig ist oder soweit überwiegende berechtigte Interessen des Auftraggebers oder eines Dritten – insbesondere auch überwiegende öffentliche Interessen – der Auskunftserteilung entgegenstehen.

Überwiegende öffentliche Interessen können sich hiebei ergeben aus der Notwendigkeit

— des Schutzes der verfassungsmäßigen Einrichtungen der Republik Österreich,
— der Sicherung der Einsatzbereitschaft des Bundesheeres,
— der Sicherung der Interessen der umfassenden Landesverteidigung,
— des Schutzes wichtiger außenpolitischer, wirtschaftlicher oder finanzieller Interessen der Republik Österreich oder der Europäischen Union oder
— der Vorbeugung, Verhinderung oder Verfolgung von Straftaten.

Recht auf Korrekturen und Berichtigung

Findet der Betroffene Fehler in den personenbezogenen Daten (z. B. falsches Geburtsdatum oder bereits »abgelaufene« Mitgliedschaften), so hat er das Recht auf **Berichtigung** der Falschangaben (§ 27 DSG) sowie auf **Sperrung** oder **Löschung** von Daten, die nicht mehr benötigt werden oder unberechtigterweise erhoben wurden.

Der Beweis der Richtigkeit der Daten obliegt grundsätzlich – wenn nicht etwas anderes gesetzlich angeordnet ist – dem Auftraggeber, außer die Daten wurden ausschließlich auf Grund von Angaben des Betroffenen ermittelt.

Die Durchführung der Berichtigung oder das Löschen von Daten muss binnen acht Wochen nach Einlangen eines Antrags auf Richtigstellung oder Löschung erfolgen und ist dem Antragsteller mitzuteilen. Sollte dem Ansuchen nicht Folge geleistet werden, ist dies zu begründen. Ist allerdings eine Richtigstellung oder Löschung von Daten ausgeschlossen, wenn etwa der Dokumentationszweck der Datenanwendung eine nachträgliche Änderung nicht zulässt, so ist diese durch entsprechende zusätzliche Anmerkungen zu erreichen.

Zusätzlich kann die betroffene Person verlangen, dass der Verantwortliche für die Datenverarbeitung Dritte davon in Kenntnis setzt, wenn solche bereits vor der Entdeckung von Fehlern Einsicht in die damals noch unrichtigen Daten hatten. Dieser Anspruch besteht jedoch nicht, wenn er als unrealisierbar einzustufen ist, d. h. etwa weil die Anzahl der zu benachrichtigenden Personen zu groß oder nicht bekannt ist.

Zulässig ist es, für die Bereitstellung eines Zugangs zu personenbezogenen Daten eine »angemessene« Gebühr zu verlangen.

Recht auf Aktualisierung

Ganz generell ist natürlich auf eine entsprechende Aktualisierung der verwendeten Daten – schon aus eigenem Interesse bei Lieferanten- und Kundendaten – zu achten. Besonders wichtig ist die regelmäßige Aktualisierung, wenn die Daten an Dritte weitergegeben oder der Öffentlichkeit zugänglich gemacht werden (es bestehen dann unter Umständen Pflichten zur regelmäßigen Wartung und Kontrolle). Sollte jedoch durch die Nichtwartung eine Weitergabe von falschen oder überholten Daten erfolgen, kann dies auch zu Haftungsansprüchen führen. Etwa dann, wenn eine Kreditgewährung durch eine Bank scheitert, weil falsche oder nicht mehr aktuelle Daten an einen Kreditschutzverband weitergegeben wurden. Hier wird wohl für die weiterleitende Institution und den Kreditschutzverband selbst eine Aktualisierungspflicht anzunehmen sein. Näheres zur Führung sogenannter »Warnlisten« durch Banken ist unter dem Stichwort »Informationsverbundsysteme« unter »Warnlisten« unter http://www.bka.gv.at/datenschutz abzurufen.

Ein **Informationsverbundsystem** liegt vor, wenn mehrere Auftraggeber Daten gemeinsam verarbeiten und gemeinsam benützen, wobei jeder Auftraggeber auch auf jene Daten im System Zugriff hat, die von den anderen Auftraggebern dem System zur Verfügung gestellt wurden. Als Besonderheit gilt hier, dass eine Datenanwendung in Form eines Informationsverbundsystems erst nach ihrer Prüfung (Vorabkontrolle) durch die Datenschutzkommission nach den näheren Bestimmungen des § 20 DSG aufgenommen werden darf.

Recht auf Widerruf

Wenn die freiwillige Zustimmung zur Datenverarbeitung erfolgt ist, kann diese natürlich jederzeit widerrufen werden (§§ 8 und 9 DSG). Allerdings kann dann kein Widerruf erfolgen, wenn mit der Datenverarbeitung ein Vertrag zusammenhängt, für dessen Durchführung die Daten benötigt werden – so etwa, wenn ein Kredit bei einer Bank aufgenommen wurde. Im Nachhinein kann dann kein Widerruf der Datenverwendung erfolgen, da in diesem Fall die Durchführung der Kreditrückzahlung nicht mehr gewährleistet wäre. Sehr wohl kann jedoch untersagt werden, Kundendaten an Partnerunternehmen oder Kreditschutzverbände oder Rating-Unternehmen weiterzuleiten, denn dies hängt nicht mit der Vertragserfüllung selbst zusammen.

Recht auf Widerspruch

Nicht zu verwechseln mit der Möglichkeit zum Widerruf einer erteilten Zustimmung zur Datenverarbeitung ist das Recht auf Widerspruch der Datenverwendung des § 28 DSG. Im Bereich des Sammelns von Kunden- und Marketingdaten besteht etwa die Möglichkeit, die Weitergabe der persönlichen Daten an Dritte oder Partnerunternehmen zu untersagen (§ 28 DSG). Ebenfalls untersagt werden kann etwa die Aufnahme in private Telefon-CD-Verzeichnisse, selbst wenn die persönlichen Daten im amtlichen Telefonbuch aufscheinen. Gleiches ist bei Datenverwendung durch Gläubigerschutzverbände oder Inkassobüros möglich bzw. immer dann, wenn Daten – auch allgemein zugängliche bzw. bereits veröffentlichte – zu Zwecken der Bonitätsbeurteilung verwendet werden. Letztlich können hier alle Fälle genannt werden, bei denen Daten verwendet werden, selbst wenn nicht mehr klar ist, wie diese an den Verwender gelangt sind oder sich der Verwender die Daten selbst widerrechtlich besorgt hat.

Anders als der Widerruf (er wirkt sofort!) wird ein Widerspruch erst nach acht Wochen rechtswirksam, d. h. ab diesem Zeitpunkt sind die Daten zu entfernen. Gleichzeitig besteht ein Anspruch auf Löschung.

Recht auf Auskunft über den Aufbau des Datenverarbeitungsverfahrens

Im täglichen Leben gibt es manchmal Entscheidungen über wichtige Angelegenheiten wie etwa die Gewährung eines Verbraucherkredits oder den Abschluss eines (Lebens-)Versicherungsvertrages, die auf Basis von persönlichen Daten erfolgen. Oftmals werden die Daten dafür aus vorhandenen Datenbeständen bezogen. So etwa wird vor Kreditgewährung von den Banken eine Bonitätsauskunft bei KSV angefordert und der Entscheidung über die Zuerkennung der Kreditsumme zugrunde gelegt.

Werden diese wichtigen Entscheidungen ausschließlich aufgrund der aus automatisierten Datenverarbeitungsverfahren ermittelten Daten getroffen, so müssen dabei entsprechende Sicherheitsvorkehrungen vorgesehen sein, um falsche oder nicht mehr richtige Daten erkennen zu können. Dies geschieht etwa dadurch, dass der Bankmitarbeiter Karl Jedermann die vom Kreditschutzverband zur Verfügung gestellten Daten vorlegt und ihn bittet, deren Richtigkeit zu bestätigen. Sollte Karl Jedermann feststellen, dass hier falsche Informationen verwendet werden, so hat er nun die Möglichkeit zur Richtigstellung und kann den Kredit dann doch noch gewährt erhalten (nach § 49 DSG).

Wie lange dürfen Daten aufbewahrt und gespeichert werden?

Alle personenbezogenen Daten dürfen nur für die Durchführung der Zwecke gespeichert werden, für die sie erhoben wurden. Nach Ablauf dieses Zeitraums müssen die Daten gelöscht werden.

Ausnahmen vom Recht auf Schutz der Privatsphäre

In manchen Fällen kann es vorkommen, dass das Recht des Einzelnen auf Schutz seiner Privatsphäre hinter vorrangigen Rechten zurückstehen muss. Dies kann beim Recht auf Schutz personenbezogener Daten der Fall sein, wenn Fragen der **Meinungsfreiheit** – insbesondere der Presse- und Medienfreiheit – auftreten. In diesem Fall kann es zulässig sein, personenbezogene Daten auch ohne Zustimmung der Betroffenen für journalistische, literarische oder künstlerische Erfordernisse weiterzugeben (§ 48 DSG). Die Verwendung von Daten für diese Tätigkeiten ist nur insoweit zulässig, als dies zur Erfüllung der Informationsaufgabe der Medien und ihrer Mitarbeiter in Ausübung des Grundrechtes auf freie Meinungsäußerung nach den Grundsätzen der EMRK erforderlich ist.

Zusätzlich ist bei Vorliegen wichtiger allgemeiner Gründe wie dem Schutz der nationalen Sicherheit, der Sicherung der Landesverteidigung, der Feststellung und Verfolgung von strafbaren Handlungen, dem Schutz der Betroffenen selbst oder die Wahrung von Rechten und Freiheiten von anderen Personen der Geheimhaltungsanspruch nicht gegeben.

Ebenfalls ohne Zustimmung der Betroffenen dürfen personenbezogene Daten zu **wissenschaftlichen oder statistischen** Zwecken verwendet werden. Werden Daten von Personen daher zur wissenschaftlichen Forschung oder zur Ermittlung historischer Fakten verwendet, so ist dies auch ohne vorherige Zustimmung zulässig, wenn die daraus gewonnenen Daten nicht für Maßnahmen für oder gegen die betroffenen Personen verwendet werden. Konkret darf dafür jeder Daten verwenden, die öffentlich zugänglich sind oder die der Auftraggeber für andere Untersuchungen oder auch andere Zwecke zulässigerweise ermittelt hat oder für den Auftraggeber nur indirekt personenbezogen sind. Das Gleiche gilt für die Anfertigung von Statistiken (siehe dazu § 46 DSG).

Direkt-Marketing-Maßnahmen

Die Robinson-Liste

Karl Jedermann hat das Recht, die Verwendung seiner Daten für Werbezwecke durch Adressverlage und Direktmarketingunternehmen auszuschließen. Um sein Recht möglichst gut abzusichern, kann sich Karl Jedermann dafür in eine eigens dafür eingerichtete Liste der Wirtschaftskammer Österreich, eine »Robinson-Liste« eintragen lassen. Damit kann Karl Jedermann erreichen, kein unangefordertes, persönlich adressiertes Werbematerial per Post mehr zu erhalten.

Für die Eintragung muss Karl Jedermann nur ein kurzes, formloses Schreiben mit Vor- und Nachname, Titel und Anschrift an den Fachverband Werbung und Marktkommunikation (1045 Wien, Wiedner Hauptstraße 63, http://www.fachverbandwerbung.at) richten. Eine bloße e-Mail reicht dafür nicht aus, die Unterschrift von Karl

Jedermann ist nämlich erforderlich. Natürlich könnte Karl Jedermann doch die Mail-Variante verwenden, wenn er über entsprechend sichere (d. h. qualifizierte) elektronische Signaturverfahren verfügt (so etwa durch ein qualifiziertes Zertifikat von a-Trust unter http://www.atrust.at zu beziehen).

Nach Übermittlung der Informationen an entsprechende Adressverlage und Direktmarketing-Unternehmen kann Karl Jedermann dann darauf bestehen, keine Werbesendungen per Post mehr zu erhalten. Allerdings sind an diese Listen Unternehmen, die ihren Geschäftssitz in Österreich haben, gebunden. Diese werden daher die Adresse von Karl Jedermann aus ihren Verteilerlisten streichen, um keine Strafen oder Verwaltungsverfahren zu riskieren. Alle anderen Unternehmen, die ihre Werbung selbst verschicken, müssen sich nicht an die Einträge in die Listen halten und können Werbematerial an ihre Kunden und an alle Personen, deren Daten sie rechtmäßigerweise verarbeiten dürfen, versenden, selbst wenn sich Karl Jedermann in die Liste hat eintragen lassen.

Robinson-Listen der RTR-GmbH

Auch die Telekom-Regulierungsbehörde (Rundfunk und Telekom Regulierungs-GmbH – RTR, http://www.rtr.at) führt seit 2002 eigene Robinson-Listen. Diese Listen entsprechen den Regeln von § 7 des E-Commerce-Gesetzes, der besagt, dass eine Liste geführt werden muss, in die sich alle jene natürlichen und juristischen Personen kostenlos eintragen können, die keine Werbemails erhalten wollen. Dienstanbieter, die e-Mail-Werbung unaufgefordert versenden, müssen diese Liste beachten, indem sie an darin enthaltene Adressen keine Werbemails senden.

Unzulässigkeit von unverlangten Telefonanrufen, Faxen und Mails

Zusätzlich ist seit Mitte 2003 für diese Art der Werbung auch der neue § 107 des Telekommunikationsgesetz 2003 (TKG 2003) zu beachten, der Anrufe und Fernkopien zu Werbezwecken ohne vorherige Einwilligung des Teilnehmers untersagt.

Die Zusendung einer elektronischen Post – einschließlich SMS – an Verbraucher im Sinne des § 1 des Konsumentenschutzgesetzes (KSchG) ohne vorherige Einwilligung des Empfängers ist demnach unzulässig, wenn sie zu Zwecken der Direktwerbung erfolgt oder an mehr als 50 Empfänger gerichtet ist. Konkret darf in diesen Fällen die Zusendung nur erfolgen, wenn eine vorherige Zustimmung des Empfängers vorliegt. Die erteilte Einwilligung kann jederzeit widerrufen werden; der Widerruf der Einwilligung hat auf ein Vertragsverhältnis mit dem Adressaten der Einwilligung keinen Einfluss.

Eine vorherige Zustimmung für elektronische Post ist allerdings dann nicht notwendig, wenn

- der Absender die Kontaktinformation für die Nachricht im Zusammenhang mit dem Verkauf oder einer Dienstleistung an seine Kunden erhalten hat,
- diese Nachricht zur Direktwerbung für eigene ähnliche Produkte oder Dienstleistungen erfolgt und
- der Kunde klar und deutlich die Möglichkeit erhalten hat, eine solche Nutzung der elektronischen Kontaktinformation von vornherein bei deren Erhebung und zusätzlich bei jeder Übertragung kostenfrei und problemlos abzulehnen.

Allerdings bedarf es keiner vorherigen Zustimmung zur Versendung von elektronischen Post (darunter fallen auch SMS!), wenn der Versender dem Empfänger in der elektronischen Post oder in der SMS ausdrücklich die Möglichkeit einräumt, den

Empfang weiterer Nachrichten abzulehnen. Konkret erfolgt dies dadurch, dass am Ende der Zusendung eine Zeile eingefügt ist, die meist folgendermaßen lautet: »Wenn Sie in Zukunft keine weiteren Zusendungen wünschen, so teilen Sie uns dies per Mail mit und Sie werden unverzüglich aus unserem Verteiler entfernt!«

Trotz dieser komplizierten Regeln darf eine Zusendung elektronischer Nachrichten zu Zwecken der Direktwerbung nie die Identität des Absenders verschleiern oder verheimlichen. Ebenso unzulässig ist eine Zusendung von einem Unternehmen, das über keine wirkliche Adresse (Postanschrift) verfügt und quasi nur im Internet oder auf dem Papier besteht. In diesen Fällen ist generell jede Zusendung unzulässig.

Alle Unternehmen, die gegen diese Bestimmungen verstoßen und unverlangt zu Werbezwecken Privatpersonen anrufen oder ihnen elektronische Post zusenden sowie elektronisch Direktwerbung betreiben, riskieren eine Verwaltungsstrafe, die bis zu € 37.000,– betragen kann.

Wehrrecht und Zivildienst

Österreich bekennt sich zur umfassenden Landesverteidigung. Ihre Aufgabe ist es, die Unabhängigkeit nach außen sowie die Unverletzlichkeit und Einheit des Bundesgebietes zu bewahren, insbesondere zur Aufrechterhaltung und Verteidigung der immerwährenden Neutralität. Hierbei sind auch die verfassungsmäßigen Einrichtungen und ihre Handlungsfähigkeit sowie die demokratischen Freiheiten der Einwohner vor gewaltsamen Angriffen von außen zu schützen und zu verteidigen.

Zur umfassenden Landesverteidigung gehören die militärische, die geistige, die zivile und die wirtschaftliche Landesverteidigung.

Die **geistige Landesverteidigung** besteht unter anderem in der Bekanntmachung und Erklärung des Neutralitäts- und Wehrgedankens in der Bevölkerung, insbesondere auch schon in den Schulen und ebenso in der Schulung der Soldaten.

Die **wirtschaftliche Landesverteidigung** besteht in der Schaffung der Voraussetzungen eines bestmöglichen Überlebens in Konfliktsituationen, z. B. durch Anlegen von Vorratslagern und Stützung der Landwirtschaft (im Krisenfall sind keine Importe möglich).

Die **militärische Landesverteidigung** wird vom Bundesheer ausgeübt. Das Bundesheer als bewaffnete Macht der Republik Österreich wird aufgrund der allgemeinen Wehrpflicht gebildet und ergänzt.

Wehrdienst

Stellungspflicht

Die **Stellungspflicht** betrifft alle männlichen Österreicher des jeweils aufgerufenen Geburtsjahrganges sowie alle älteren Jahrgänge, die dieser Pflicht bisher noch nicht nachgekommen sind. Die Wehrpflichtigen sind grundsätzlich in dem Kalenderjahr zur Stellung heranzuziehen, in dem sie das 18. Lebensjahr vollenden. Diese Pflichten sind im Wehrgesetz 2001 (WG 2001), BGBl. I Nr. 146/2001, zuletzt geändert durch die Novelle BGBl. I Nr. 13/2002, festgelegt.

Wehrpflichtige, die das 17. Lebensjahr vollendet haben, können sich freiwillig zu einer vorzeitigen Stellung melden. Formulare sind bei jedem Militärkommando bei der Ergänzungsabteilung erhältlich. Frauen können sich freiwillig zum Bundesheer melden.

☛ Zur Stellung mitzubringen sind:

- Zur **Feststellung der Person**:
  - amtlicher Lichtbildausweis (Reisepass, Personalausweis der Republik Österreich, Führerschein usw.),
  - eigener Staatsbürgerschaftsnachweis (der Nachweis der österreichischen Staatsbürgerschaft ist durch Einsichtnahme in einen österreichischen Reisepass erbracht, bei Doppelstaatsbürgerschaft ist ein entsprechender Nachweis über die zweite Staatsbürgerschaft erforderlich),
  - Geburtsurkunde,
  - Sozialversicherungskarte,
  - eventuell Heiratsurkunde.
- Zur **Beurteilung des Gesundheitszustandes**:
  - ausgefülltes »Medizinisches Fragenheft« (wird streng vertraulich behandelt),
  - ärztliche Zeugnisse, soweit vorhanden (z. B. Röntgenbilder, Facharztbefunde usw.),
  - allenfalls Impfpass,
  - gegebenenfalls die Brille oder Kontaktlinsen mit Behälter und Kontaktlinsenpass.
- Zum **Nachweis besonderer Fähigkeiten** und Kenntnisse:
  - Führerschein,
  - sonstige Berechtigungsnachweise (z. B. für Amateurfunker, Segelflieger, Bergführer usw.),
  - Abschlusszeugnisse (z. B. Maturazeugnis oder Reifezeugnis einer ausländischen Lehranstalt, Lehrzeugnis, Gesellenbrief, Meisterbrief).

Die generelle Aufforderung zur Stellung erfolgt seitens der Ergänzungsabteilung des jeweiligen Militärkommandos, in dessen Zuständigkeitsbereich der ordentliche Wohnsitz des Stellungspflichtigen liegt, durch die **Stellungskundmachung** (Plakatanschlag) ab Dezember für das kommende Stellungsjahr. Die Stellungskundmachung ist die gesetzlich vorgesehene öffentliche Aufforderung zur Stellung. Darüber hinaus wird im Regelfall als zusätzliches Service etwa drei Wochen vor dem jeweiligen Stellungstag eine schriftliche persönliche Aufforderung zur Stellung mit einem Bahngutschein, einem Medizinischen Fragenheft und mit Informationsmaterial per Post zugestellt. Auch Rundfunk und Fernsehen bringen zu Beginn des Stellungsjahres einen Hinweis auf die Stellungspflicht.

Die Stellungen werden für das gesamte Bundesgebiet von den sechs **Stellungskommissionen** Kärnten, Niederösterreich, Oberösterreich, Steiermark, Tirol und Wien durchgeführt. Der Ergänzungsbereich Burgenland wird von den Stellungskommissionen Wien und Steiermark, der Ergänzungsbereich des Militärkommandos Salzburg von den Stellungskommissionen Tirol und Kärnten, der Ergänzungsbereich Vorarlberg von der Stellungskommission Tirol und Teile des Ergänzungsbereiches Steiermark werden von der Stellungskommission Kärnten versorgt.

Stellungsverfahren

Das **Stellungsverfahren**, bei dem durch den Einsatz moderner medizinischer Geräte und durch psychologische Tests die körperliche und geistige Eignung genau festgestellt wird, nimmt in der Regel eineinhalb Tage in Anspruch. Die Stellungspflichtigen haben sich bis 7.30 Uhr des Stellungstages im jeweils zuständigen Stellungshaus einzufinden.

Stellungspflichtige können aufgrund ihrer Meldung zur Erfüllung der Stellungspflicht einer anderen Stellungskommission zugewiesen werden. Stellungspflichtige, die durch Krankheit am Erscheinen vor der Stellungskommission verhindert sind, haben dies umgehend dem zuständigen Militärkommando/Ergänzungsabteilung durch Vorlage einer ärztlichen Bestätigung nachzuweisen. An sie wird dann ein Ersatztermin vergeben.

Die Stellungskommission befindet über die Eignung zum Wehrdienst und stellt darüber eine Bescheinigung aus. Gegen die Entscheidung der Stellungskommission ist kein ordentliches Rechtsmittel zulässig.

☛
- Beschluss »**Tauglich**«: Das bedeutet, dass die Eignung für eine Dienstverwendung im Bundesheer, auch unter Berücksichtigung eventueller gesundheitlicher Einschränkungen, gegeben ist.
- Beschluss »**Vorübergehend untauglich**«: In diesem Fall hat die Stellungskommission festgestellt, dass der Wehrpflichtige zum Wehrdienst vorübergehend nicht geeignet ist (z. B. Bein in Gips, Zustand nach einer Operation etc.). Nach Ablauf einer von der Stellungskommission festgesetzten Frist (Ausheilung) wird er neuerlich einer Stellung zugeführt.
- Beschluss »**Untauglich**«: Der Wehrpflichtige besitzt nicht die notwendige Eignung zum Wehrdienst und wird daher nicht zur Leistung des Grundwehrdienstes einberufen. Im Falle der Besserung des Gesundheitszustandes kann beim zuständigen Militärkommando ein Antrag auf neuerliche Stellung eingebracht werden.

Nach der Stellung soll der Wehrpflichtige

— das Stellungsergebnis dem Arbeitgeber mitteilen, damit dieser Gelegenheit hat, eventuell beim zuständigen Militärkommando/Ergänzungsabteilung eine Staffelung der Einberufung seiner Arbeitnehmer zu beantragen;

— jede Änderung der Wohnanschrift (auch Auslandsaufenthalt über sechs Monate) dem zuständigen Militärkommando/Ergänzungsabteilung bekannt geben; falls der Wehrpflichtige untauglich ist, ist dies jedoch nicht erforderlich;

— schwere Erkrankungen oder Unfallfolgen, die zwischen Stellung und Einberufung eingetreten sind und die eine Änderung der Eignung zum Wehrdienst ergeben könnten, unter Vorlage eines ärztlichen Befundes dem zuständigen Militärkommando/Ergänzungsabteilung mitteilen.

Dauer der Wehrpflicht

Insgesamt dauert der Präsenzdienst acht Monate. Es besteht die Möglichkeit, diese auf einmal abzudienen. Eine andere Variante ist die Ableistung von sieben Monaten **Grundwehrdienst**; die auf die Gesamtdauer von acht Monaten fehlende Zeit wird dann etappenweise in Form von **Truppenübungen** absolviert. Dies ist für Aufbau und Erhaltung der Milizarmee unerlässlich. Sechs Monate Grundwehrdienst plus 60 Tage Truppenübungen machen nur mehr Einjährig-Freiwillige und Soldaten, die sich für die Jagdkommandoausbildung qualifiziert haben.

Darüber hinaus kann man sich freiwillig zu **Kaderübungen** melden. Diese haben der Heranbildung für Kaderfunktionen sowie der Erhaltung und Vertiefung der erworbenen Befähigungen zu dienen. Derartige Kaderfunktionen sind Kommandanten- und Fachfunktionen. Sollten sich nicht genügend Freiwillige für derartige Kaderfunktionen gemeldet haben, besteht die Möglichkeit, jemanden zur Leistung von Kaderübungen zu verpflichten, wenn er eine vorbereitende Kaderausbildung während des Grundwehrdienstes erfolgreich geleistet hat.

Aufschub und Befreiung vom Grundwehrdienst

Aufschub des Grundwehrdienstantritts

Anträge um Aufschub des Grundwehrdienstes sollten möglichst frühzeitig vor Erhalt des Einberufungsbefehls gestellt werden, sonst könnte das Militärkommando gezwungen sein, das Ansuchen aus militärischen Gründen abzuweisen.

Aufgrund der seit dem 1. Dezember 2002 geltenden Rechtslage kann für eine weiterführende Ausbildung, etwa ein Hochschulstudium, ein Aufschub des Grundwehrdienstantrittes dann gewährt werden, wenn jemand

- nicht innerhalb eines Jahres nach der Heranziehbarkeit zum Grundwehrdienst einberufen wurde und
- durch eine Unterbrechung einer bereits begonnenen Schul- oder Hochschulausbildung oder sonstigen Berufsvorbereitung einen bedeutenden Nachteil erleiden würde.

Die Heranziehung zum Grundwehrdienst beginnt im Regelfall entweder

- nach Ablauf von sechs Monaten nach der erstmaligen Feststellung der Tauglichkeit oder
- mit Ende jenes Ausschlusses von der Einberufung, der für den Abschluss jener Berufsvorbereitung gegeben ist, die man zu Beginn des Kalenderjahres der Stellung gerade betrieben hat.

Liegen diese Voraussetzungen vor, kann man bei der Ergänzungsabteilung des zuständigen Militärkommandos einen Antrag auf Aufschub des Grundwehrdienstantrittes bis zum Abschluss des Bildungsganges einbringen. Sofern dem Antrag keine militärischen Erfordernisse entgegenstehen, kann der Grundwehrdienstantritt bis längstens 15. September jenes Jahres aufgeschoben werden, in dem man das 28. Lebensjahr vollendet.

Es gibt folgende Möglichkeiten einer Befreiung:

— Die Befreiung aus **besonders rücksichtswürdigen wirtschaftlichen oder familiären Interessen**. Diese muss vom Wehrpflichtigen selbst beantragt werden. Der Antrag ist an die zuständige Ergänzungsabteilung zu richten. Gegen eine Abweisung kann eine Berufung eingebracht werden, über die das Bundesministerium für Landesverteidigung entscheidet.

☛ **Beispiel:** Der Wehrpflichtige führt mit seinem siebzigjährigen kranken Vater eine Landwirtschaft. Da der Vater nicht in der Lage ist, den Betrieb allein zu führen, auch keine Geschwister aushelfen könnten und auch sonst keine Möglichkeit gefunden werden konnte, die Landwirtschaft vorübergehend ohne den Wehrpflichtigen weiterzuführen, ersucht dieser um Befreiung von der Verpflichtung zur Leistung des Präsenzdienstes.

— Die Befreiung aus öffentlichen, insbesondere **gesamtwirtschaftlichen Interessen**. In diesem Fall muss der Arbeitgeber eine Eingabe machen, die der Wehrpflichtige mitunterschreibt. Die Eingabe ist direkt an das Bundesministerium für Landesverteidigung, Personalabteilung D, 1024 Wien, Vorgartenstraße 225, zu richten. Diese Befreiung gilt für Arbeitnehmer, die aus besonderen Gründen ihren Dienst nicht verlassen können.

In beiden Fällen ist es zweckmäßig, die wirtschaftliche und arbeitsmäßige Situation des Betriebes genau zu schildern und entsprechende Beweismittel (z. B. Übergabevertrag, Gewerbeschein, Stellungnahme der Wirtschaftskammer, des Arbeitsmarktservice etc.) beizulegen. Sollten später die Voraussetzungen für die Befreiung wegfallen, so hat der Wehrpflichtige davon dem zuständigen Militärkommando unverzüglich Mitteilung zu machen. Erfolgte die Befreiung infolge einer im Rahmen eines Dienstverhältnisses ausgeübten beruflichen Tätigkeit, ist der Arbeitgeber zur Mitteilung an das Bundesministerium für Landesverteidigung verpflichtet.

Quelle: Ich mach mit 2003/2004. Eine Information des Bundesministeriums für Landesverteidigung, Büro für Wehrpolitik.

Wichtige Adressen und Telefonnummern

Zentrale Auskunfts- und **Bürgerservicestelle** des Bundesministeriums für Landesverteidigung, Mariahilfer Straße 24, 1070 Wien, telefonisch erreichbar zum Ortstarif aus ganz Österreich unter (0810) 200 166, für den Wiener Raum unter (01) 5200-21180, Internet: http:/www.bmlv.gv.at.

Militärkommanden/Ergänzungsabteilungen

☛ Militärkommando Burgenland, Ergänzungsabteilung, Martin-Kaserne, Ing.-Hans-Sylvester-Straße 6, 7001 Eisenstadt, Tel. 02682/711-0
Militärkommando Kärnten, Ergänzungsabteilung, Windisch-Kaserne, Weizenegger Zeile 20, 9020 Klagenfurt, Tel. 0463/38 61-0
Militärkommando Niederösterreich, Ergänzungsabteilung, Schießstattring 8, 3100 St. Pölten, Tel. 02742/892-0
Militärkommando Oberösterreich, Ergänzungsabteilung, Artilleriekaserne Garnisonstraße 36, 4017 Linz, Tel. 02721/700-0
Militärkommando Salzburg, Ergänzungsabteilung, Kommandogebäude Riedenburg Moosstraße 3, 5010 Salzburg, Tel. 0662/809 88-0
Militärkommando Steiermark, Ergänzungsabteilung, Belgier-Kaserne, Straßganger Straße 171, 8052 Graz, Tel. 0316/59 93-0
Militärkommando Tirol, Ergänzungsabteilung, Amtsgebäude FM Conrad, Köldererstraße 4, 6020 Innsbruck, Tel. 0512/33 17-0
Militärkommando Vorarlberg, Ergänzungsabteilung, Kommandogebäude Oberst Bilgeri, Reichsstraße 20, 6901 Bregenz, Tel. 05574/49 22-0
Militärkommando Wien, Ergänzungsabteilung, Vorgartenstraße 225, 1024 Wien, Tel. 01/727 61

Zivildienst

Anstelle des Präsenzdienstes beim Bundesheer kann man nach dem Zivildienstgesetz 1986, BGBl. Nr. 679/1986, auch einen **Zivildienst** bei karitativen Organisationen, in Altersheimen usw. ableisten. Eine »Gewissensprüfung« (Glaubhaftmachung, dass man es aus schwerwiegenden Gründen ablehnt, Waffengewalt anzuwenden) ist nicht mehr erforderlich.

Der Zivildienst dauert ein Jahr (zwölf Monate), bei zwei Wochen Urlaubsanspruch ab dem siebenten Monat der Dienstleistung, bei teilweise geleistetem Präsenzdienst mindestens vier Monate, bei Grundwehrdienern zwei Monate länger als die noch offenen Übungszeiten. Die Zivildienstpflicht tritt durch Abgabe einer rechtswirksamen Zivildiensterklärung ein. Für die Abgabe dieser Erklärung werden jedenfalls mindestens sechs Monate nach der Tauglichkeitsprüfung als Nachdenkfrist gewährt. Danach kann die Erklärung bis zu zwei Tage vor Erhalt des Einberufungsbefehles zum Bundesheer noch abgegeben werden.

Grundsätzlich wird der Wehrpflichtige sofort mit der Einbringung einer mängelfreien Zivildiensterklärung von der Wehrpflicht befreit und zivildienstpflichtig.

Zuweisungsbescheid

Die Zuweisung zur Leistung des ordentlichen Zivildienstes in der Dauer von zwölf Monaten erfolgt durch den **Zuweisungsbescheid**. Die Dauer des zu leistenden Dienstes hängt auch von der mit der Dienstleistung verbundenen Belastung ab und ist dem Zuweisungsbescheid zu entnehmen.

Der Zivildienstpflichtige hat seinen Dienst zu dem im Zuweisungsbescheid angegebenen Zeitpunkt anzutreten (andernfalls drohen empfindliche Strafen); es ist aber zweckmäßig, sich schon vorher mit der im Zuweisungsbescheid genannten Einrichtung in Verbindung zu setzen, um die mit der Dienstleistung verbundenen einrichtungsspezifischen Informationen zu erhalten.

Kündigungsschutz

Damit nach den Bestimmungen des Arbeitsplatz-Sicherungsgesetzes der Anspruch auf **Kündigungs- und Entlassungsschutz** gewahrt werden kann, ist es erforderlich, unverzüglich nach Zustellung den Arbeitgeber vom Zuweisungsbescheid in Kenntnis zu setzen.

Bezieht der Zivildienstpflichtige **Arbeitslosengeld**, so ist der Zuweisungsbescheid ohne Verzug, spätestens jedoch binnen einer Woche dem Arbeitsmarktservice zur Kenntnis zu bringen.

Verhinderungsgründe

Arbeitnehmer, die zum Zivildienst zugewiesen sind, dürfen vom Zeitpunkt der Mitteilung an ihren Arbeitgeber über die Zustellung des Zuweisungsbescheides bis zum Ablauf eines Monats nach Beendigung des Zivildienstes nicht gekündigt oder entlassen werden. Der Kündigungs- und Entlassungsschutz von einem Monat verkürzt sich, sofern der zu leistende Zivildienst kürzer als zwei Monate dauert, auf die Hälfte des betreffenden Zivildienstes. Es ist daher nötig, dem Arbeitgeber von der Zuweisung unverzüglich nach Zustellung des Zuweisungsbescheides Mitteilung zu machen. Ist der Zivildienstpflichtige aus Gründen, die nicht von ihm zu vertreten sind, an der Mitteilung gehindert, so hat er sie nach Wegfall des Hinderungsgrundes sofort nachzuholen.

Sollte es infolge Erkrankung, Unfall oder aus anderen schwerwiegenden Verhinderungsgründen unmöglich sein, der Zuweisung zum angegebenen Zeitpunkt Folge zu leisten, so ist dies folgenden Institutionen mitzuteilen:

1. der Zivildienstverwaltungs Ges.m.b.H.,
   1040 Wien, Paulanergasse 7–9, Postfach 42
   Tel. 01/585 47 09–0, Fax 01/585 47 09–19
   Internet: http://www.zivildienstverwaltung.at
2. der im Zuweisungsbescheid angegebenen Einrichtung.

Der **Verhinderungsgrund** ist durch entsprechende Beweismittel nachzuweisen (z. B. ärztliches Zeugnis bei Erkrankung). Die Nachweise sind der Zivildienstverwaltungs Ges.m.b.H. zu übermitteln.

Versicherung

Für die Dauer des Zivildienstes werden die Zivildienstleistenden und ihre Angehörigen vom Bund **kranken- und unfallversichert**. Daraus ergibt sich das Recht auf ärztliche und zahnärztliche Versorgung bzw. Betreuung während eines stationären Krankenhausaufenthaltes. Unterhaltsberechtigte Angehörige des Zivildienstleistenden sind ebenso versichert.

Zeiten des ordentlichen oder außerordentlichen Zivildienstes werden in der gesetzlichen **Pensionsversicherung** als Ersatzzeiten ohne Entrichtung von Beiträgen für die Erhaltung der Anwartschaft, die Erfüllung der Wartezeiten und die Bemessung der Leistungen berücksichtigt. Voraussetzung ist, dass die letzte dem Zivildienst vorangegangene Beitragszeit nicht mehr als drei Jahre zurückliegt oder innerhalb von drei Jahren nach Entlassung aus dem Zivildienst eine Beitrags- oder Ersatzzeit erworben wird. Die Zuweisung zum Zivildienst lässt das Arbeitsverhältnis eines Zivildienstpflichtigen unberührt; während der Leistung des Zivildienstes ruhen die Arbeitspflicht des Arbeitnehmers und die Entgeltzahlungspflicht des Arbeitgebers.

Behaltepflicht

Nach Beendigung des Zivildienstes (Ablauf des im Zuweisungsbescheid genannten Endtermins oder bei früherem Dienstende durch Befreiung von der weiteren Dienstleistungspflicht, vorzeitige Entlassung aus dem Zivildienst oder dessen Unterbrechung) muss jeder Arbeitnehmer seine Arbeit bei seinem Arbeitgeber unverzüglich wieder aufnehmen.

Die Zeit des ordentlichen Zivildienstes wird auf die Dauer der Lehrzeit nicht angerechnet. Die Frist, während der der Arbeitgeber verpflichtet ist, einen Lehrling nach ordnungsgemäßer Beendigung der Lehrzeit als Gehilfe in seinem Betrieb zu beschäftigen, wird durch den Zivildienst gehemmt und beginnt erst mit dem auf die Entlassung aus dem Zivildienst folgenden Tag wieder zu laufen (**Behaltepflicht**).

Aus der Leistung des Zivildienstes entsteht kein Urlaubsanspruch gegenüber dem Arbeitgeber. Der Zivildienstpflichtige hat nur aliquoten Urlaubsanspruch nach der Arbeitszeit, die vor und nach dem Zivildienst geleistet wurde.

Reisekostenvergütung

Vergütet werden **dienstlich notwendige Fahrtkosten**, die bei Benützung eines Massenbeförderungsmittels unter Bedachtnahme auf die dem Zivildienstleistenden zumutbare und den dienstlichen Erfordernissen entsprechende Fahrtdauer den geringsten Aufwand verursachen. Kommen für eine Reise verschiedene Massenbeförderungsmittel in Betracht, so ist das zeit- und kostengünstigste zu benutzen.

Für Fahrten auf Strecken der ÖBB und auf Strecken der im »Innerösterreichischen Personen- und Reisegepäcktarif« angeführten österreichischen Privatbahnen werden grundsätzlich vom Bund bzw. der jeweiligen Einrichtung **Zivildienstfahrausweise** zur Verfügung gestellt. Die für die **Dienstantrittsreise** erforderlichen Gutscheine (für Bahnreisen) sind dem Zuweisungsbescheid beigelegt. Sind keine Fahrtgutscheine zur Verfügung gestellt, ist der **Ersatz der notwendigen Fahrtkosten** innerhalb von drei Tagen bei der jeweiligen Einrichtung (Dienstverrichtungsstelle) zu beantragen; die Belege für die Fahrtkosten sind diesem Antrag anzuschließen. Ein späterer Antrag führt zum Verlust des Anspruchs auf Fahrtkostenersatz. Für Kosten, die durch die Benützung eines Pkw entstehen, wird kein Ersatz geleistet.

Familienunterhalt und Wohnkostenbeihilfe

Familienunterhalt gebührt für die Ehefrau, für Kinder und andere Personen, denen der Zivildienstleistende kraft Gesetzes Unterhalt leisten muss. Wohnkostenbeihilfe gebührt für die mit der Beibehaltung einer eigenen Wohnung verbundenen Kosten des Zivildienstleistenden (z. B. Mietzins, Betriebskosten, Wohnraumschaffungsdarlehen).

Die **Anträge** zur Gewährung von Familienunterhalt und Wohnkostenbeihilfe sind entweder bei der Gemeinde oder direkt bei der **Bezirksverwaltungsbehörde** (in Wien beim Magistratischen Bezirksamt), in deren Sprengel der Zivildienstleistende seinen ordentlichen Wohnsitz hat, nach Zustellung des Zuweisungsbescheides zu stellen. Diesem Antrag sind die erforderlichen Unterlagen zum Nachweis der Wohnungskosten, der familiären Verhältnisse und der bisherigen Einkommenssituation anzuschließen. Die Entscheidung in allen Angelegenheiten des Familienunterhalts und der Wohnkostenbeihilfe obliegt der Bezirksverwaltungsbehörde.

Der **Anspruch** auf Familienunterhalt und Wohnkostenbeihilfe beginnt mit dem Tag des Antritts des Zivildienstes und endet mit dem Tag der Entlassung aus diesem. Allfällige Anträge sollen so rasch wie möglich gestellt werden, da nach Ablauf von drei Monaten nach Antritt des ordentlichen Zivildienstes eingebrachte Anträge erst mit dem der Antragstellung folgenden Monatsersten einen Anspruch begründen.

Die **Auszahlung** des Familienunterhalts und der Wohnkostenbeihilfe erfolgt durch das Bundesministerium für Inneres am Dienstantrittstag für den laufenden Monat, für die übrige Zeit jeweils am Ersten jeden Monats im Voraus.

Familienbeihilfe

Hat der Zivildienstleistende Anspruch auf Familienbeihilfe für ein Kind oder für mehrere Kinder, wird die Familienbeihilfe für die Zeit des Zivildienstes weiterhin durch das zuständige **Wohnsitzfinanzamt** ausbezahlt. Entsteht ein Anspruch auf Familienbeihilfe durch Geburt eines Kindes während der Leistung des Zivildienstes, ist der Antrag auf Familienbeihilfe ebenfalls beim zuständigen Wohnsitzfinanzamt einzureichen.

Zusätzliche Informationen

☛ Die MitarbeiterInnen der Abteilung IV/3 des Bundesministeriums für Inneres stehen allen Zivildienstinteressierten für weiterführende Anfragen zur Verfügung:

1. **Telefonisch**
   01/531 26-5500 oder 0810/00 51 40 (zum Ortstarif)
   Montag bis Freitag von 8.00–15.30 Uhr
2. **Persönlich**
   1030 Wien, Landstraßer Hauptstraße 139 (Ausweis mitbringen)
   Montag bis Freitag von 8.00–15.30 Uhr
   (ab 12.00 Uhr nach vorheriger Anmeldung)
3. **Schriftlich**
   Bundesministerium für Inneres
   Abteilung III/7 – Zivildienst

1014 Wien, Postfach 100
Fax 01/531 26-5569
e-mail: zivildienst@bmi.gv.at
internet: http://www.bmi.gv.at

Auskünfte zum ordentlichen Zivildienst

☛ Zivildienstverwaltungs Ges.m.b.H.
1040 Wien, Postfach 42, Paulanergasse 7–9
Tel. 01/585 47 09-59 (Informationsdienst)
e-mail: info@zivildienstverwaltung.at
internet: http://www.zivildienstverwaltung.at

Karl Jedermann und das Finanz- und Steuerrecht

Der Staat hat dem Einzelnen gegenüber lebenswichtige Aufgaben zu erfüllen, die in den letzten Jahrzehnten immer mehr angewachsen sind. Er hält Recht und Ordnung aufrecht, sorgt für Unterricht und Erziehung, kümmert sich um Handel und Landwirtschaft, hilft dem wirtschaftlich Schwächeren durch viele mittelbare und unmittelbare Zuschüsse und vertritt seine Bürger auch außerhalb der Staatsgrenzen. Es müssen Pensionen bezahlt, Straßen, Schulen und Krankenhäuser gebaut und auch erhalten werden.

Zur Erfüllung dieser Aufgaben benötigt der Staat, der in Österreich in Gestalt der Gebietskörperschaften Bund, Länder und Gemeinden auftritt, die entsprechenden Mittel; sie werden größtenteils durch Abgaben aufgebracht. Je mehr Aufgaben an den Staat herangetragen werden und je mehr der Einzelne vom Staat verlangt, desto mehr wird der Einzelne an den Staat leisten müssen. Das schlägt sich nicht zuletzt in einer ständigen Erhöhung der Steuern und Gebühren nieder.

Einen Überblick über die Einnahmen und Ausgaben des Staates gibt das jährlich neu zu erstellende Bundesfinanzgesetz (»Budget«). Es enthält ressortmäßig aufgeschlüsselt die jeweiligen Einnahmen und Ausgaben pro Ressort, wobei die einzelnen Einnahmequellen und unter den Ausgaben der Personal- und Sachaufwand angeführt sind. Des Weiteren findet sich im Budget als Anhang der Dienstpostenplan für die Bundesbeamten, aus dem ressortmäßig aufgeschlüsselt ersichtlich ist, wie viele Beamtenposten für das Budgetjahr vorgesehen sind, sowie eine Übersicht über die im öffentlichen Dienst des Bundes verwendeten Kraft- und Luftfahrzeuge.

Der **Gesamthaushalt** des Bundes für das Jahr 2003 beläuft sich auf nicht weniger als 112.631,342 Millionen €, für das Jahr 2004 bereits auf 113.858,848 Millionen € (Bundesfinanzgesetz 2003 und 2004, BGBl. I Nr. 41/2003 bzw. BGBl. I Nr. 42/2003). Das angestrebte »Nulldefizit« ist bei allen EU-Staaten nur überaus schwer erreichbar.

Die Finanzverfassung

Um zu einer gerechten Aufteilung der Einnahmen zwischen den drei Gebietskörperschaften – Bund, Ländern und Gemeinden – zu gelangen, bedarf es der **Finanzverfassung**. Ihre Aufgabe ist die Aufstellung allgemeiner Grundsätze über die Frage, in welcher Weise sich die Gebietskörperschaften die Einnahmen zu verschaffen haben, die sie zur Abdeckung der ihnen verfassungsgesetzlich übertragenen Aufgaben benötigen. Aufgabe des **Finanzausgleichs** ist die gerechte Verteilung der Einnahmen, insbesondere der Steuererträge, und die Abgrenzung der Besteuerungsrechte zwischen den Gebietskörperschaften. Das dient dazu, ungleichmäßige Belastungen zu vermeiden und zwischen Arm und Reich einen Ausgleich herzustellen.

Es gibt ausschließliche **Bundesabgaben**, deren Erträge ganz dem Bund zufließen; weiters zwischen Bund und Ländern (Gemeinden) geteilte Abgaben, an deren Ertrag Bund und Länder (Gemeinden) beteiligt sind. Hier gibt es wieder gemeinschaftliche Bundesabgaben, die durch den Bund erhoben werden und aus denen dem Bund, den Ländern (Gemeinden) Ertragsanteile zufließen. Es gibt Zuschlagsabgaben, die aus einer Stammabgabe des Bundes und Zuschlägen der Länder (Gemeinden) bestehen. Es gibt Abgaben, bei denen Bund, Länder und Gemeinden gleichartige Abgaben von demselben Besteuerungsgegenstand erheben. Des Weiteren gibt es ausschließliche **Landesabgaben**, deren Ertrag ganz den Ländern zufließt, und es gibt zwischen Ländern und Gemeinden geteilte Abgaben, die sich sinngemäß wie oben die zwischen Bund und Ländern geteilten Abgaben unterteilen. Schließlich gibt es reine Gemeindeabgaben, deren Ertrag ganz den Gemeinden zufließt. Welche Abgabe in eine der Kategorien gehört, bestimmt ausschließlich der Nationalrat mit einfacher Mehrheit.

Bundesfinanzverwaltung

Eingehoben werden die Abgaben von der **Bundesfinanzverwaltung**, und zwar hinsichtlich der ausschließlichen Bundesabgaben, gemeinschaftlichen Abgaben und der Zuschläge. Die Bemessung und Einhebung aller übrigen Abgaben steht den Ländern zu, bei Gemeindeabgaben den Gemeinden. Da die Länder aber nur beschränkt eigene Steuerbehörden besitzen, kann die Landesgesetzgebung die Mitwirkung von Finanzbehörden des Bundes bei der Vollziehung vorsehen. Die Länder tragen die Kosten der mittelbaren Bundesverwaltung sowohl im Personalaufwand (also Dienst- und Ruhebezüge der Bediensteten) bei den Behörden der allgemeinen Verwaltung in den Ländern als auch den Sachaufwand der Behörden.

Ausschließliche Bundesabgaben sind z. B. die Körperschaftsteuer, die Tabaksteuer und die Bundesmineralölsteuer, verschiedene Rechtsgebühren sowie Ein- und Ausfuhrzölle. Geteilte Abgaben zwischen Bund und Ländern sind z. B. die Einkommensteuer und die Umsatzsteuer, die nach dem örtlichen Aufkommen auch auf Gemeinden und Länder aufgeteilt werden. Ausschließliche Landesabgaben sind z. B. die Grundsteuer oder Fremdenverkehrsabgaben. Gemeindeabgaben sind vor allem die Hebesätze zur Grundsteuer und z. B. die Hundeabgabe. Auch wurde mit 1. Jänner 1994 eine Kommunalsteuer im Ausmaß von 3 Prozent der Lohnsumme eingeführt, die (ebenso wie die Umsatzsteuer) vom Unternehmer selbst zu berechnen und jeweils bis zum 15. des Folgemonats an die Gemeinde abzuführen ist.

Das Bewertungsrecht

Das Bewertungsgesetz 1955, BGBl. Nr. 148/1955, dient auch dazu, für alle auf der Basis des Vermögens erhobenen Steuern eine möglichst gleichmäßige Besteuerungsgrundlage zu schaffen; es setzt dafür allgemeine und besondere Bewertungsvorschriften in Kraft, wobei der **Einheitswert** für die Grundsteuer, die Grunderwerbsteuer und die Erbschafts- und Schenkungssteuer maßgebend ist. Die Einheitswerte werden in Zeitabständen von je neun Jahren für die wirtschaftlichen Einheiten des land- und forstwirtschaftlichen Vermögens, des Grundvermögens, für Betriebsgrundstücke, für Gewerbeberechtigungen und in Zeitabständen von je drei Jahren für die wirtschaftlichen Einheiten des Betriebsvermögens allgemein festgestellt (**Hauptfeststellung**).

☛ Das Verfahren zur Ermittlung und Feststellung der Abgaben und die Einsetzung der dafür vorgesehenen Behörden (Finanz- und Zollämter) sind in der entsprechenden **Bundesabgabenordnung** (BAO, BGBl. Nr. 194/1961, mehrfach novelliert) festgesetzt. Wie die Abgaben einzubringen sind, ist in der **Abgabenexekutionsordnung** (AbgEO, BGBl. Nr. 104/1949, ebenfalls mehrfach novelliert) angeordnet.

Das Finanzstrafgesetz regelt das Finanzstrafverfahren, z. B. Verfahren und Behördenzuständigkeit bei Verstößen gegen die Offenlegungs- und Anzeigepflicht (bei gröberen Verstößen gerichtliche Zuständigkeit, und zwar des Schöffengerichts). Im Abgabenverwaltungsorganisationsgesetz, BGBl. Nr. 18/1975, sind die Behörden, die Abgabenverwaltung und ihre Zuständigkeiten angeführt (das Bundesministerium für Finanzen als Zentralstelle, die Finanzlandesdirektionen sowie Finanz- und Zollämter).

Steuergesetzgebung in Österreich

Das Steuerrecht ist in Österreich (und nicht nur in Österreich) ständigen Wandlungen und Veränderungen unterworfen. Die größte Änderung brachte das so genannte »Strukturanpassungsgesetz« (Sparpaket) aus dem Jahr 1996. Weitere wichtige Änderungen ergaben sich durch das Budgetbegleitgesetz 2001, das Änderungen in mehr als 20 Steuergesetzen enthält (meist durch Maßnahmen zulasten der Steuerpflichtigen, wie etwa Abschaffung des Investitionsfreibetrages sowie kräftige Anhebung der Vorauszahlungen), und das am 1. Jänner 2002 in Kraft getretene Euro-Steuerumstellungsgesetz (EuroStUG 2001).

Besonders umfangreiche Änderungen brachte das Budgetbegleitgesetz 2003 (»Steuerreform 2004«). Es regelt nicht weniger als 91 Materien, darunter die Pensionsreform, die Steuerreform und den Abfangjägerkauf.

Hier die wichtigsten Neuerungen, die die »kleine Steuerreform« mit sich brachte:

☛ 1. Steuerbefreiung von Kleinverdienern: Einkommen bis zu € 1.000 brutto monatlich bleiben von der Einkommensteuer verschont. Das bedeutet eine Entlastung für diejenigen, die zwischen € 908 und € 1.000 brutto monatlich verdienen – noch niedrigere Einkommen waren auch schon bisher steuerfrei. Bei knapp darüber liegenden Einkommen gibt es eine Einschleifregelung.
2. Hälftebesteuerung für nicht entnommene Gewinne: Gewinne bis zu € 100.000 jährlich, die in der Firma belassen werden, werden nur noch mit dem halben Satz besteuert. Begünstigt sind bilanzierende Einzelunternehmer und Personengesellschaften (wie etwa eine OHG). Die 100.000-Euro-Grenze gilt pro Gesellschaft und kann demnach von einer Person gegebenenfalls mehrmals genutzt werden.
3. Kosten für einen Breitband-Internet-Anschluss können als Sonderausgaben abgesetzt werden. UMTS- und ISDN-Verträge sind ausgenommen.
4. KESt wurde auch auf ausländische Anleihezinsen und Dividenden ausgeweitet, die mit 25 Prozent besteuert werden (anstatt früher bis zu 50 %).
5. Die neue Zukunftsvorsorge mit staatlicher Prämie ist jetzt auch von Personen bis 65 Jahre nutzbar (früher nur bis zum 62. Lebensjahr).
6. Bei privaten Zusatzpensionen aus Lebensversicherungen und Leibrenten verlängert sich ab Jänner 2004 die Periode, in der Zahlungen steuerfrei kassiert werden können (Beispiel: bei Rentenzahlungen ab 60 von 11 auf rund 13 Jahre).
7. Die 13. Vorauszahlung der Umsatzsteuer im Dezember fällt ab 2003 aus.
auszugsweise entnommen aus: »Format« 24/03

In einer »Steuerklausur« von ÖVP und FPÖ, die am 9.1.2004 in Anif bei Salzburg abgehalten wurde, beschloss die Regierung außer der »Großen Steuerreform 2005« auch einige Maßnahmen, die bereits mit 1.1.2004 rückwirkend in Kraft treten sollen:

- AlleinverdienerInnen bekommen einen neuen zusätzlichen Kinder-Absetzbetrag. Begründet wird dies damit, dass vor allem AlleinverdienerInnen mit Kindern am häufigsten unter die Armutsgrenze fallen. Sie bekommen künftig bei einem Kind € 130, bei zwei Kindern € 175 und bei drei € 220 im Jahr dazu.

- Die Zuverdienstgrenze für den Alleinverdienerabsetzbetrag wird von € 4.400 auf € 6.000 jährlich angehoben. So viel kann also der andere Partner (mit Kind) dazu verdienen.
- Das Pendlerpauschale wird um 15 Prozent erhöht.

Ab 1.1.2005 sind folgende steuerschonende Maßnahmen vorgesehen (»Steuerreform 2005«):

- Bislang gibt es vier Steuersätze (21, 31, 41 und 50 Prozent), die jeweils für den entsprechenden Einkommenteil galten. Künftig zahlt man für das gesamte Einkommen einen Durchschnittssteuersatz, der – zur Orientierung – bei jährlich € 25.000 23 Prozent beträgt und 33,5 Prozent für jährlich € 51.000. Darüber gilt wie bisher der Spitzensteuersatz von 50 Prozent.
- Beim Kirchenbeitrag wird ein höherer Betrag absetzbar.
- Die Körperschaftssteuer wird von 34 Prozent auf 25 Prozent gesenkt.
- Agrardiesel wird günstiger besteuert.
- Versicherungstechnische Rückstellungen werden besser abzugsfähig.

Im diesem Kapitel sollen nur jene Steuern behandelt werden, die für den Durchschnittsösterreicher von Bedeutung und Interesse sind, nämlich die Einkommensteuer mit ihrem häufigsten Anwendungsgebiet, der Lohnsteuer, die Kapitalertragsteuer (KESt) sowie die Erbschafts- und Schenkungssteuer. Und natürlich die wesentlichen Beihilfen, vom Kinderbetreuungsgeld über die Kinderbetreuungsbeihilfe bis zur Familienbeihilfe und den Schülerbeihilfen.

Allgemeines

Erste Voraussetzung dafür, ob und in welcher Höhe jemand in Österreich Steuer zahlen muss, ist die Frage nach dem Vorliegen einer beschränkten oder unbeschränkten Steuerpflicht in Österreich. Nicht jeder Österreicher muss auch in Österreich Steuer zahlen – wie oft verlegen Sportler, Künstler und Unternehmer ihren Wohnsitz aus steuerlichen Gründen ins Ausland –, und auch nicht jeder Ausländer ist in Österreich generell steuerfrei. Daher stellt sich zuerst die Frage, ob jemand in Österreich überhaupt steuerpflichtig ist und wann er in Österreich steuerpflichtig wird.

Steuerpflicht

Unbeschränkt steuerpflichtig sind diejenigen Personen, die in Österreich einen Wohnsitz oder ihren gewöhnlichen Aufenthalt haben (Steuerinländer). Die unbeschränkte Steuerpflicht erstreckt sich dabei auf alle in- und ausländischen Einkünfte. Einen **Wohnsitz** hat steuerlich jemand dort, wo er eine Wohnung innehat unter Umständen, die darauf schließen lassen, dass er diese Wohnung beibehalten und benutzen wird. Einen **gewöhnlichen Aufenthalt** hat steuerlich jemand dort, wo er sich unter Umständen aufhält, die erkennen lassen, dass er an diesem Ort oder in diesem Land nicht nur vorübergehend verweilt. Ein gewöhnlicher Aufenthalt liegt jedenfalls dann vor, wenn der Aufenthalt im Inland länger als sechs Monate dauert. Danach tritt die unbeschränkte Steuerpflicht rückwirkend ein.

Grenzgänger, die bloß tagsüber im Inland arbeiten, werden in Österreich nicht unbeschränkt steuerpflichtig, wenn sie täglich wieder ins Ausland zurückkehren.

Beschränkt steuerpflichtig sind hingegen jene Personen, die im Inland weder einen Wohnsitz noch einen gewöhnlichen Aufenthaltsort haben (Steuerausländer). Bei diesen werden nur die in Österreich bezogenen Einkünfte versteuert.

Für viele Länder bestehen **Doppelbesteuerungsabkommen**, die die Verteilung der Besteuerungsrechte festlegen, um eine Doppelbesteuerung zu vermeiden. Es empfiehlt sich daher, falls man im Ausland arbeiten möchte, vorher nachzufragen, ob mit diesem Land ein Doppelbesteuerungsabkommen abgeschlossen wurde.

Einkunftsarten

Im Einkommensteuergesetz sind bestimmte Einkunftsarten aufgezählt, die der Einkommensteuer unterliegen. Diese Aufzählung ist taxativ, das heißt, nur diejenigen Einkünfte sind steuerpflichtig, die im Gesetz selbst aufgezählt sind. So werden etwa Spielgewinne im Gesetz nicht angeführt und unterliegen somit nicht der Einkommensteuerpflicht.

Das **Einkommensteuergesetz (EStG)** kennt folgende sieben Einkunftsarten:

1. Einkünfte aus Land- und Forstwirtschaft,
2. Einkünfte aus selbstständiger Arbeit,
3. Einkünfte aus Gewerbebetrieb,
4. Einkünfte aus nichtselbstständiger Arbeit,
5. Einkünfte aus Kapitalvermögen (in den meisten Fällen Endbesteuerung durch KESt; siehe Seite 575),
6. Einkünfte aus Vermietung und Verpachtung,
7. sonstige Einkünfte aus wiederkehrenden Leistungen, Einkünfte aus Spekulationsgeschäften und Veräußerung wesentlicher Beteiligungen sowie Funktionsgebühren der Funktionäre von öffentlich-rechtlichen Körperschaften.

Die Einkünfte aus nichtselbstständiger Arbeit sind die für Arbeitnehmer relevante Einkunftsart. In der Regel, nämlich dann, wenn im Inland eine Bezug auszahlende Stelle vorhanden ist, unterliegen sie der Lohnsteuer. Hat der Arbeitgeber im Inland keine Betriebsstätte, so werden diese Einkünfte im Weg der Veranlagung erfasst.

Einkünfte aus nichtselbstständiger Tätigkeit

Darunter fallen:

- alle Bezüge aus einem bestehenden oder früheren Arbeitsverhältnis,
- Bezüge aus einer gesetzlichen Krankenversorgung,
- Bezüge aus Pensionskassen (die auf Beiträge des Arbeitgebers entfallende Pensionsleistung unterliegt voll der Lohnsteuer, die auf Beiträge des Arbeitnehmers entfallende Pensionsleistung ist nur zu 25 Prozent steuerpflichtig),
- Zuwendungen aus Privatstiftungen, soweit sie als Bezüge und Vorteile aus einem bestehenden oder früheren Dienstverhältnis anzusehen sind, sowie Bezüge und Vorteile aus Unterstützungskassen,
- Pensionen aus der gesetzlichen Sozialversicherung (Steigerungsbeträge aufgrund einer freiwilligen Höherversicherung sind nur zu 25 Prozent steuerpflichtig),
- Bezüge und Vorteile von Personen, die an Kapitalgesellschaften mit nicht mehr als 25 Prozent beteiligt sind.

Diese Bezüge sind steuerpflichtig, egal ob es sich um einmalige oder um laufende Leistungen handelt, ob ein Rechtsanspruch auf sie besteht oder nicht bzw. ob sie an den Steuerpflichtigen selbst oder seinen Rechtsnachfolger ausgezahlt werden.

Sachbezüge wie Wohnung, Kleidung, Heizung einer Dienstwohnung, Nutzung des arbeitgebereigenen Kraftfahrzeugs, Arbeitgeberdarlehen, Garagen bzw. Abstellplätze sind sowohl steuer- als auch sozialversicherungspflichtig.

Zeitliche Zuordnung der Einkünfte

Das Einkommensteuerrecht geht vom Jahresprinzip aus. Veranlagungszeitraum ist in der Regel das **Kalenderjahr**. Daher sind auch Einnahmen und Ausgaben in der Regel in dem Kalenderjahr zu berücksichtigen, in dem sie tatsächlich zugeflossen bzw. abgeflossen sind.

Haftung des Arbeitgebers

Für die richtige Einbehaltung und Abfuhr der Lohnsteuer haftet der Arbeitgeber. Wird vom Arbeitgeber zu wenig Lohnsteuer einbehalten, so muss das Finanzamt die zu wenig einbehaltene Lohnsteuer vom Arbeitgeber nachfordern. Hat sie aber der Arbeitgeber bezahlt, so kann er sie vom Arbeitnehmer zurückfordern, da der Arbeitnehmer Steuerschuldner ist. Falls der Arbeitgeber berechtigte Einwendungen gegen den Haftungsbescheid nicht erhoben hat, so kann der Arbeitnehmer diese im Rückerstattungsverfahren gegen den Arbeitgeber erheben. Wird vom Arbeitgeber zu viel Lohnsteuer einbehalten, so kann sie der Arbeitnehmer vom Betriebsstättenfinanzamt mittels eines Erstattungsantrags zurückfordern. Die Frist hierfür beträgt fünf Jahre.

Auskunftspflicht des Finanzamts

Falls es Unsicherheiten darüber gibt, wie Lohnsteuervorschriften im Einzelfall auszulegen sind, kann von den Betroffenen (Arbeitnehmer oder Arbeitgeber) Auskunft vom Betriebssitzfinanzamt verlangt werden. Dazu genügt ein Schreiben an das jeweilige Betriebssitzfinanzamt, in dem der Sachverhalt dargelegt wird.

Steuerfreie Transferleistungen

Im § 3 des Einkommensteuergesetzes, zuletzt geändert durch BGBl. I Nr. 80/2003, sind **steuerfreie Leistungen** angeführt.

Für Arbeitnehmer am wichtigsten sind:

- das Wochengeld und vergleichbare Bezüge aus der gesetzlichen Sozialversicherung,
- Erstattungsbeiträge aus einer gesetzlichen Sozialversicherung für Kosten der Kranken- und Unfallheilbehandlung und für Maßnahmen der Rehabilitation,
- Sachleistungen aus der gesetzlichen Sozialversicherung,
- Übergangsgelder aus der gesetzlichen Sozialversicherung,
- Bezüge aus einer gesetzlichen Unfallversorgung,
- das versicherungsmäßige Arbeitslosengeld und die Notstandshilfe,
- das Kinderbetreuungsgeld und die Kinderbetreuungsbeihilfe,
- Zuwendungen des Arbeitgebers für die Zukunftssicherung seiner Arbeitnehmer, soweit diese Zuwendungen an alle Arbeitnehmer oder bestimmte Gruppen seiner Arbeitnehmer geleistet werden oder dem Betriebsratsfonds zufließen und für den einzelnen Arbeitnehmer € 300,– jährlich nicht übersteigen,
- die Überbrückungshilfe für Bundesbedienstete,
- Beihilfen nach dem Arbeitsmarktförderungsgesetz,

- — Leistungen nach dem Behinderteneinstellungsgesetz,
- — Familienbeihilfe,
- — Bezüge ausländischer Studenten (Ferialpraktikanten) bei Gegenseitigkeit,
- — bestimmte Bezüge nach dem Heeresgebührengesetz,
- — bestimmte Bezüge nach dem Zivildienstgesetz,
- — bundesgesetzliche Hilfeleistungen für Verbrechensopfer,
- — Entschädigungen gemäß dem Bewährungshilfegesetz,
- — Ersatzleistungen nach dem strafrechtlichen Entschädigungsgesetz.

Bei folgenden Leistungen erfährt die Steuerfreiheit durch einen besonderen Progressionsvorbehalt eine **Einschränkung**:

- — Arbeitslosengeld und Notstandshilfe,
- — Überbrückungshilfe für Bundesbedienstete,
- — bestimmte Bezüge nach dem Heeresgebührengesetz,
- — bestimmte Bezüge nach dem Zivildienstgesetz.

Bezieht jemand in einem Kalenderjahr eine der oben genannten Leistungen und während eines Teils des Kalenderjahres Gehalt (Pension), so sind diese Einkünfte auf einen Jahresbetrag umzurechnen und davon der **Durchschnittssteuersatz** zu ermitteln. Mit diesem Steuersatz wird dann das Einkommen - also Gehalt oder Pension - versteuert, wobei die Steuer nicht höher sein darf als jene, die sich ergeben würde, wenn das Einkommen und die an sich steuerfreien Leistungen gemeinsam versteuert würden.

Auswirkungen auf die Einkommensteuer

Einkommen ist der Gesamtbetrag der Einkünfte nach Ausgleich von Verlusten und Abzug der Sonderausgaben, außergewöhnlicher Belastungen, Sanierungsgewinne sowie bestimmter Freibeträge.

Grundlage für die Einhebung der Einkommensteuer ist das Einkommensteuergesetz 1988 (EStG 1988). Es wurde inzwischen wiederholt geändert, unter anderem - ebenso wie andere Steuergesetze - durch das Euro-Steuerumstellungsgesetz (EuroStUG 2001), vor allem aber durch das Budgetbegleitgesetz 2003, das am 11. Juni 2003 vom Nationalrat beschlossen wurde.

Alle natürlichen Personen, die im Inland einen Wohnsitz oder ihren gewöhnlichen Aufenthalt haben (Steuerinländer), sind steuerpflichtig. Die Einkommensteuer wird erhoben durch Veranlagung, Steuerabzug oder amtswegigen Jahresausgleich.

Steuersätze (Steuertarif)

Die **Einkommensteuer** beträgt jährlich

für die ersten € 3.640	0%
für die nächsten € 3.630	21%
für die nächsten € 14.530	31%
für die nächsten € 29.070	41%
für alle weiteren Beträge des Einkommens	50%

Ein **allgemeiner Steuerabsetzbetrag** von € 1.264,– jährlich steht jedem Steuerpflichtigen zu. Der allgemeine Steuerabsetzbetrag vermindert sich gleichmäßig einschleifend für die Einkommensteile

von 10.000 € bis 15.000 € um	375 €
von 15.000 € bis 21.800 € um	272 €
von 21.800 € bis 35.511 € um	617 €

Steuerabsetzbeträge

Anders als Freibeträge vermindern Steuerabsetzbeträge nicht die Steuerbemessungsgrundlage, sondern vermindern direkt die zu zahlende Steuer. Die Absetzbeträge – mit Ausnahme des Kinderzuschlags – können nur bis zur Höhe der berechneten Steuer berücksichtigt werden, führen also nicht zu einer Gutschrift.

Negativsteuer bei Arbeitnehmerabsetzbetrag

Wirkt sich der Arbeitnehmerabsetzbetrag aufgrund geringer Einkünfte nicht voll aus, dann kommt es bei der Arbeitnehmerveranlagung zu einer Erstattung (Barauszahlung) in Höhe von 10 Prozent der Sozialversicherungsbeiträge, maximal bis zur Höhe des Arbeitnehmerabsetzbetrages (€ 54,–). Hat sich aufgrund der Höhe der Einkünfte ein Teil des Arbeitnehmerabsetzbetrages ausgewirkt, dann wird nur mehr der restliche Teil erstattet.

Kinderabsetzbetrag

Der Kinderabsetzbetrag wird vom Finanzamt gemeinsam mit der Familienbeihilfe ausbezahlt und beträgt ab 2002 einheitlich **€ 50,90 monatlich pro Kind**. Anspruch haben Familienbeihilfenbezieher; für Kinder, die sich ständig (nicht nur vorübergehend zu Ausbildungszwecken) im Ausland aufhalten, steht jedoch kein Kinderabsetzbetrag zu.

Absetzbeträge	**Betrag**
Allgemeiner Absetzbetrag[1)] (für alle Steuerzahler, aber mit Einschleifregelung)	€ 1.264,–
Alleinverdiener-/Alleinerzieherabsetzbetrag	€ 364,–
Kinderabsetzbetrag[1)]	€ 50,90 monatlich für jedes Kind
Erlaubtes Einkommen des Ehepartners, um den Alleinverdienerabsetzbetrag beanspruchen zu können	ohne Kind € 2.200,– mit Kind(ern) € 4.400,–
Arbeitnehmerabsetzbetrag[1)2)]	€ 54,–
Verkehrsabsetzbetrag[1)3)]	€ 291,– plus zusätzliche Pauschalbeträge (Freibeträge)
Pensionistenabsetzbetrag[1)]	€ 400,–
Grenzgängerabsetzbetrag	€ 54,–

1) Wird automatisch berücksichtigt, keine Antragstellung erforderlich. Übersteigt das Jahreseinkommen € 14.600,–, so vermindert sich der Absetzbetrag gleichmäßig in einem solchen Ausmaß, dass sich bei einem Einkommen von € 36.400,– kein Absetzbetrag mehr ergibt.

2) Steht einem Pensionisten nicht zu.

3) Wird Grenzgängern bei Veranlagung abgezogen.

Alleinverdiener-/Alleinerzieherabsetzbetrag

Der **Alleinverdienerabsetzbetrag** beläuft sich auf € 364,– jährlich. Er kann auch bei einer Lebensgemeinschaft mit mindestens einem Kind in Anspruch genommen werden. Alleinstehende Personen mit Kindern erhalten einen **Alleinerzieherabsetzbetrag** von ebenfalls € 364,–. Für beide Absetzbeträge besteht einheitlich die Voraussetzung, dass die entsprechenden Verhältnisse (Familienstand, Kind) mehr als sechs Monate im Jahr vorliegen müssen.

Während des Kalenderjahres hat der Arbeitgeber oder die pensionsauszahlende Stelle aufgrund einer Erklärung (mit Formular E 30) den Alleinverdiener-/Alleinerzieherabsetzbetrag zu berücksichtigen. Wenn die Anspruchsvoraussetzungen während des Jahres wegfallen (z. B. Ehescheidung oder Einkommen des Partners übersteigt die maßgeblichen Grenzen), muss dies dem Arbeitgeber bzw. der pensionsauszahlenden Stelle bzw. dem Finanzamt binnen einem Monat gemeldet werden.

AlleinverdienerInnen mit mindestens einem Kind und AlleinerzieherInnen, bei denen sich der Absetzbetrag wegen ihres geringen steuerpflichtigen Einkommens nicht oder nicht vollständig auswirken würde, erhalten den Absetzbetrag bis zu € 364,– gutgeschrieben (einschleifende Negativsteuer).

Unterhaltsabsetzbetrag für Alimentationspflichtige

Alimente leistende Eltern, die keinen Kinderabsetzbetrag haben, können im Wege des Jahresausgleichs einen Unterhaltsabsetzbetrag beim Finanzamt beantragen, sofern sie den Unterhalt tatsächlich entrichten. Der Unterhaltsabsetzbetrag muss mit der jährlichen (ArbeitnehmerInnen-)Veranlagung geltend gemacht werden und beträgt monatlich € 25,50 für das erste Kind, € 38,20 für das zweite und € 50,90 für das dritte und jedes weitere alimentierte Kind.

Der Unterhaltsabsetzbetrag, der somit im Wesentlichen Vätern und Müttern unehelicher Kinder oder von Kindern aus geschiedenen Ehen zusteht, ist genauso hoch wie der Kinderabsetzbetrag. Dies bedeutet, dass z. B. bei einem unehelichen Kind die Mutter den Kinderabsetzbetrag und der uneheliche Vater, der seine Alimente leistet, den Unterhaltsabsetzbetrag erhält. Voraussetzung dafür, dass der Alimentationspflichtige einen Unterhaltsabsetzbetrag erhält, ist, dass er die Alimentationszahlungen tatsächlich leistet. Dieser Absetzbetrag wird im Zuge des Jahresausgleichsverfahrens bzw. eines Veranlagungsverfahrens im Nachhinein abgezogen.

Verkehrsabsetzbetrag

Bei Einkünften aus einem bestehenden Dienstverhältnis steht ein Verkehrsabsetzbetrag von € 291,– jährlich zu. Grundsätzlich sind damit die Ausgaben des Arbeitnehmers für die Fahrten zwischen Wohnung und Arbeitsstätte abgegolten. Zusätzliche Freibeträge (**Pendlerpauschale**) sind dann vorgesehen, wenn die einfache Fahrtstrecke 20 km übersteigt (siehe die folgende Tabelle).

bei Entfernung Arbeitsplatz – Wohnung	Jährlicher Freibetrag in €[1] Benützung eines öffentlichen Verkehrsmittels zumutbar	überwiegend nicht zumutbar
unter 2 km	–[2]	–[2]
2–20 km	–[2]	210,–
20–40 km	384,–	840,–
40–60 km	768,–	1.470,–
über 60 km	1.152,–	2.100,–

[1] Monatlicher Freibetrag 1/12, wöchentlicher Freibetrag ca. 1/52, täglicher Freibetrag 1/300.
[2] Durch Verkehrsabsetzbetrag abgegolten.

Ist die Benützung eines Massenbeförderungsmittels zumindest hinsichtlich der halben Fahrtstrecke nicht zumutbar, dann steht ein erhöhtes Pendlerpauschale zu (siehe Tabelle). Unzumutbar ist die Benützung eines öffentlichen Verkehrsmittels, wenn folgende Wegzeiten überschritten werden: unter 20 km Wegstrecke 1,5 Stunden, ab 20 km Wegstrecke 2 Stunden, ab 45 km Wegstrecke 2,5 Stunden, bei 60 km und darüber 3 Stunden. Für die Inanspruchnahme des Pendlerpauschales hat der Arbeitnehmer dem Arbeitgeber auf einem amtlichen Vordruck (L 34) die genannten Voraussetzungen zu bestätigen. Diese Pauschalbeträge stehen auch zu, wenn der Arbeitnehmer einen **Fahrtkostenzuschuss** erhält; der Fahrtkostenzuschuss ist allerdings **steuerpflichtig**. Bei Beförderung im Werksverkehr (z. B. durch Autobusse oder Kleinbusse) stehen die Pauschalbeträge nicht zu. Muss der Arbeitnehmer für den Werksverkehr ein Entgelt bezahlen, werden höchstens die Pauschalbeträge als Werbungskosten berücksichtigt.

Freibeträge und Freigrenzen

Wesentlich ist die Unterscheidung in Freibeträge und Freigrenzen. Bei den entsprechend definierten Einkünften wird nur jener Betrag besteuert, der den Freibetrag übersteigt. Bleiben Einkünfte unter einer Freigrenze, dann erfolgt keine Besteuerung. Wird jedoch eine Freigrenze überschritten, erfolgt eine Besteuerung des gesamten Betrages.

	pro Jahr
Werbungskostenpauschale für Unselbstständige (Freibetrag)	€ 132,–
Verkehrsabsetzbetrag[1]	€ 291,– plus zusätzliche Entfernungsfreibeträge
Veranlagungsfreigrenze bei Lohnsteuerpflichtigen	€ 730,–
Sonderausgaben	[2]
Außergewöhnliche Belastung	[3]
Inhaber von Amtsbescheinigungen und Opferausweisen	€ 801,–
Veräußerungsgewinn	€ 7.300,– (nur unter gewissen Voraussetzungen)
Landarbeiterfreibetrag	€ 171,–

[1] Siehe Verkehrsabsetzbetrag, Seite 569.
[2] Siehe Sonderausgaben, Seite 571 ff.
[3] Siehe außergewöhnliche Belastung, Seite 573 f.

Das Lohnsteuerverfahren

Wer ein neues Dienstverhältnis antritt, braucht dem Arbeitgeber unter Vorlage eines Lichtbildausweises nur Name und Adresse sowie die Versicherungsnummer bekannt zu geben. Auch wenn der Alleinverdiener-/Alleinerzieherabsetzbetrag während des Kalenderjahres neu geltend gemacht werden soll, kann man diesen Absetzbetrag direkt beim Arbeitgeber oder bei der pensionsauszahlenden Stelle beantragen.

Arbeitnehmerveranlagung

Das Wohnsitzfinanzamt führt auf Antrag des Arbeitnehmers zur Berücksichtigung von Freibeträgen eine Arbeitnehmerveranlagung durch und überweist die Lohnsteuergutschrift auf das vom Arbeitnehmer bekannt gegebene Konto. Wer einen solchen Antrag auf Arbeitnehmerveranlagung zur Erstattung von Absetzbeträgen oder Berücksichtigung von Freibeträgen stellt, muss dem Finanzamt nur die Anzahl der Arbeitgeber sowie deren Namen und Anschrift angeben. Der Lohnzettel wird dem Finanzamt vom Arbeitgeber direkt übermittelt.

Freibetragsbescheid

Anstelle des früheren Jahresausgleichsbescheides erhalten Arbeitnehmer einen Einkommensteuerbescheid und den Freibetragsbescheid für das zweitfolgende Jahr (Einkommensteuerbescheid für 2002 – Freibetragsbescheid für 2004). Die Freibetragsbescheide und die Mitteilungen zur Vorlage beim Arbeitgeber beziehen sich auf bestimmte Werbungskosten, Sonderausgaben sowie außergewöhnliche Belastungen. Dem Freibetragsbescheid sind diese Beträge zugrunde zu legen, wenn sie im Einkommensteuerbescheid berücksichtigt wurden. Bei einem jährlichen Freibetrag von unter € 90,– ist ein Freibetragsbescheid nicht zu erlassen, ebenso wenig dann, wenn bei jener Veranlagung, aufgrund derer ein Freibetragsbescheid zu erlassen wäre, die Einkommensteuer die angerechnete Lohnsteuer übersteigt und Vorauszahlungen festgesetzt wurden.

»Aufrollung« durch den Arbeitgeber

Der Arbeitgeber oder der Pensionsversicherungsträger kann freiwillig als besondere Serviceleistung im Rahmen der Lohnsteueraufrollung unterschiedlich hohe monatliche Steuerbemessungsgrundlagen ausgleichen. Das kommt einem **ständigen Steuerausgleich** bereits während des Jahres gleich. Ein Antrag ist dafür nicht erforderlich. Wenn jemand ganzjährig bei einem Arbeitgeber beschäftigt war oder von einem Pensionsversicherungsträger ganzjährig eine Pension erhalten hat und hierfür kein Freibetrag berücksichtigt wurde, kann der Arbeitgeber im Dezember bei der Aufrollung die Kirchenbeiträge und Gewerkschaftsbeiträge berücksichtigen.

Sonderausgaben

Der gemeinsame **Höchstbetrag für alle Sonderausgabenarten** beträgt jährlich:

— allgemein € 2.920,–,
— für Alleinverdiener oder Alleinerzieher weitere € 2.920,–,
— bei mindestens drei Kindern zusätzlich € 1.460,–.

Diese Beträge stellen den anerkannten Ausgaben-Höchstrahmen dar, innerhalb dessen 25 Prozent der Aufwendungen als Sonderausgabe abzugsfähig sind. Das Sonderausgabenpauschale von € 60,– wird abgezogen. Bei einem Jahreseinkommen von € 36.400,– bis € 50.900,– vermindert sich das Sonderausgabenviertel linear; bei mehr als € 50.900,– entfällt der Abzug von Sonderausgaben zur Gänze.

Wichtige Sonderausgaben

1. **Freiwillige Pensionsversicherung:** Beiträge und Versicherungsprämien zu einer freiwilligen Kranken-, Unfall-, Pensions- und Lebensversicherung (Kapital- oder Rentenversicherung). Beiträge zu Versicherungsverträgen auf den Erlebensfall (Kapitalversicherungen) sind nur abzugsfähig bei einer Mindestlaufzeit von 20 Jahren. Ab dem 41. bis zum 50. Lebensjahr des Versicherten verringert sich die Laufzeit um jeweils ein Jahr. Ab dem vollendeten 50. Lebensjahr beträgt die Laufzeit generell zehn Jahre. Das Gesagte gilt für Erlebens- und Ablebensversicherungen, die bis 31. Mai 1996 abgeschlossen wurden. Bei den seit 1. Juni 1996 abgeschlossenen Verträgen gilt die wesentliche Einschränkung, dass die Lebensversicherungsbeiträge nur dann als Sonderausgaben steuerlich absetzbar sind, wenn die Leistung in Form einer **lebenslangen Rente** erfolgt. **Rentenversicherungen** sind nur abzugsfähig, wenn eine auf Lebensdauer zahlbare Rente vereinbart ist.
2. **Beiträge zu Pensionskassen.**
3. Ausgaben zur **Wohnraumbeschaffung** oder zur **Wohnraumsanierung**.

Bei der **Wohnraumbeschaffung** sind absetzbar:

— mindestens achtjährig gebundene Beträge, die vom Wohnungswerber zur Schaffung von Wohnraum an gemeinnützige Bau-, Wohnungs- und Siedlungsvereinigungen, weiters an Unternehmungen, deren statutenmäßige Aufgabe die Schaffung von Wohnungseigentum ist, sowie an Gebietskörperschaften (Beispiel: Baukostenzuschuss für Gemeindewohnung) geleistet werden. Dabei ist gleichgültig, ob der Wohnraum dem Wohnungswerber in Nutzung (Bestand) gegeben oder ob ihm eine Kaufanwartschaft eingeräumt wird. Ebenso ist es nicht maßgeblich, ob der Wohnungswerber bis zum Ablauf der achtjährigen Bindungszeit im Falle seines Rücktritts einen Anspruch auf volle Erstattung hat oder nicht.

— Weiters absetzbar sind Beträge, die zur Errichtung von Eigenheimen oder Eigentumswohnungen aufgewendet werden. **Eigenheim** ist ein Wohnhaus im Inland mit nicht mehr als zwei Wohnungen, wenn mindestens zwei Drittel der Gesamtnutzfläche des Gebäudes Wohnzwecken dienen. Das Eigenheim kann auch im Eigentum zweier oder mehrerer Personen stehen. Eigenheim kann auch ein Gebäude auf fremdem Grund und Boden sein. **Eigentumswohnung** ist eine Wohnung im Sinne des Wohnungseigentumsgesetzes 1975, die mindestens zu zwei Drittel Wohnzwecken dient. Auch die Aufwendungen für den Erwerb von Grundstücken zur Schaffung von Eigenheimen oder Eigentumswohnungen durch den Steuerpflichtigen bzw. einen von ihm Beauftragten sind abzugsfähig.

— Weiters absetzbar sind Rückzahlungen von Darlehen, die für die Schaffung von begünstigtem Wohnraum aufgenommen wurden, sowie Zinsen für derartige Darlehen. Eigentumswohnungen und Eigenheime sind auch bei der **Spekulationsfrist** begünstigt. Wenn der Verkäufer mindestens zwei Jahre die Eigentumswohnung bzw. das Eigenheim als Hauptwohnsitz benützt hat, gilt dieser Zeitraum anstelle der sonst festgesetzten zehn Jahre als Spekulationsfrist.

Bei der **Wohnraumsanierung** sind absetzbar:

— Instandsetzungs- oder Herstellungsaufwendungen zur Sanierung von Wohnraum einschließlich Aufwendungen für energiesparende Maßnahmen, wobei die Sanierung über unmittelbaren Auftrag des Steuerpflichtigen durch einen befugten Unternehmer durchgeführt werden muss.

— Rückzahlungen von Darlehen, die für die Sanierung von begünstigtem Wohnraum aufgenommen wurden, sowie Zinsen für derartige Darlehen.

Instandsetzungsaufwand liegt vor, wenn ein unselbstständiger Bestandteil eines Gebäudes entsprechend den technischen Erfordernissen ausgetauscht wird und dies mangels Änderung der Wesensart des Gebäudes noch keinen Herstellungsaufwand darstellt; dies gilt vor allem für den Austausch von Fenstern und Türen, bei der Verbesserung der Wärmedämmung, Zwischenwänden und Zwischendecken, Heizungsanlagen sowie von Feuerungseinrichtungen (z. B. bei Umstellung einer mit Koks betriebenen Zentralheizungsanlage auf Gas), bei Elektro-, Gas-, Wasser- und Heizungsinstallationen, bereits bestehenden Sanitärinstallationen mit der Erneuerung der Bodenbeläge und Fliesen etc. Die Errichtung von **Kachelöfen**, Kaminöfen und offenen Kaminen ist nicht absetzbar; **Solaranlagen** und Wärmepumpen hingegen sind begünstigt. Voraussetzung ist, dass die Sanierung durch befugte Unternehmer erfolgt, daher keine Begünstigung von Do-it-yourself-Maßnahmen.

Weitere Sonderausgaben

Pauschale wird	maximale Höhe	angerechnet
Renten und dauernde Lasten, die auf besonderen Verpflichtungsgründen beruhen	unbegrenzt	nein
Kirchenbeitrag	€ 75,– p. a.	nein
Steuerberatungskosten	unbegrenzt	nein
Freiwillige Weiterversicherung in der gesetzlichen Pensionsversicherung	unbegrenzt	nein
Zuwendungen für Forschung	25 bzw. 35 Prozent des Gesamtbetrags der Einkünfte des jeweiligen Vorjahres	nein

Außergewöhnliche Belastung

Grundsätzlich können Kosten der privaten Lebensführung die Bemessungsgrundlage der Einkommensteuer nicht mindern. Eine Ausnahme gilt für außergewöhnliche Belastungen. Die außergewöhnliche Belastung muss

— zwangsläufig sein: der Steuerpflichtige kann sich aus tatsächlichen, rechtlichen oder sittlichen Gründen nicht entziehen;

— außergewöhnlich sein, das heißt, sie muss höher sein als jene, die der Mehrzahl der Steuerpflichtigen gleicher Einkommensverhältnisse und gleicher Vermögensverhältnisse erwächst;

— eine wesentliche Beeinträchtigung der wirtschaftlichen Leistungsfähigkeit des Steuerpflichtigen sein. Dies ist der Fall, wenn die Aufwendungen bestimmte Prozentsätze des Einkommens (= Selbstbehalt) überschreiten.

Selbstbehalt (zumutbare Mehrbelastung)

bei Jahreseinkommen Euro	für den Steuerpflichtigen	bei Steuerpflichtigen, denen Alleinverdienerabsetzbetrag oder Alleinerzieherabsetzbetrag zusteht	pro Kind
bis 7.300,–	6%	5%	
über 7.300,– bis 14.600,–	8%	7%	–1%
über 14.600,– bis 36.400,–	10%	9%	
über 36.400,–	12%	11%	

Unter Berücksichtigung des Selbstbehalts

Krankheitskosten: Kosten einer Kur, Spitalskosten, Prothesen, Seh- und Hörhilfen, Kosten für ein Pflegeheim; Unterhaltsleistungen, soweit sie beim Unterhaltsberechtigten selbst eine außergewöhnliche Belastung darstellen; Kosten eines Begräbnisses, soweit sie durch den Nachlass nicht gedeckt sind (maximal € 2.900,–); Kosten eines Grabsteins (maximal € 2.900,–).

Ohne Berücksichtigung des Selbstbehalts

Kosten einer zwangsläufigen auswärtigen Berufsausbildung des Kindes: monatlich € 110,–; Aufwendungen zur Beseitigung von Katastrophenschäden; durch eine Krankheit verursachte Kosten bei einer Erwerbsminderung von zumindest 25 Prozent (dabei können entweder die tatsächlichen Kosten oder die nachfolgenden Pauschalbeträge geltend gemacht werden; in gewissen Fällen können Mehraufwendungen aus dem Titel der Behinderung – des Steuerpflichtigen selbst, seines Ehepartners oder eines Kindes – auch ohne Anrechnung auf den pauschalierten Freibetrag geltend gemacht werden).

Bei der außergewöhnlichen Belastung darf es sich weder um Betriebsausgaben noch um Werbungskosten oder Sonderausgaben handeln.

Freibeträge für Behinderte

Jährlicher Freibetrag bei einer Minderung der Erwerbsfähigkeit von	
25 v. H. bis ausschließlich 35 v. H.	€ 75,–
35 v. H. bis ausschließlich 45 v. H.	€ 99,–
45 v. H. bis ausschließlich 55 v. H.	€ 243,–
55 v. H. bis ausschließlich 65 v. H.	€ 294,–
65 v. H. bis ausschließlich 75 v. H.	€ 363,–
75 v. H. bis ausschließlich 85 v. H.	€ 435,–
85 v. H. bis ausschließlich 95 v. H.	€ 507,–
95 v. H. bis ausschließlich 100 v. H.	€ 726,–

Die unentgeltliche oder verbilligte Abgabe von Beteiligungen am Unternehmen des Arbeitgebers oder an damit verbundenen Konzernunternehmen (Mitarbeiterbeteiligung) ist bis zu € 1.460,– jährlich steuerfrei. Voraussetzung dafür ist allerdings, dass diese Beteiligung allen oder bestimmten Gruppen von Arbeitnehmern gewährt wird. Besteht diese Beteiligung in Form von Wertpapieren, so sind diese vom Arbeitnehmer bei einem inländischen Kreditinstitut zu hinterlegen. Diese Beteiligung muss vom Arbeitnehmer bis zum Ablauf des fünften auf das Kalenderjahr der Anschaffung folgenden Jahres gehalten werden, ansonsten kommt es zur Nachversteuerung. Darüber hinaus hat der Arbeitnehmer dem Arbeitgeber bis zum 31. März jeden Jahres die Einhaltung der Behaltefrist nachzuweisen. Bei oder nach Beendigung des Dienstverhältnisses ist jedoch kein Nachweis über die Behaltepflicht erforderlich und die Beteiligung kann ohne Nachversteuerung übertragen werden.

Kapitalertragsteuer (KESt)

Die Kapitalertragsteuer (KESt) mit ihrem einheitlichen **Steuersatz von 25 Prozent** wird in der Regel automatisch von der Bank abgezogen. Durch den Abzug der Kapitalertragsteuer sind alle Steuerpflichten bei der Einkommen- und Erbschaftssteuer abgegolten, nicht aber seit 1. Jänner 2004 bei der Schenkungssteuer.

Die Kapitalertragsteuer ist nicht in einem eigenen Gesetz, sondern in den §§ 93 bis 97 des Einkommensteuergesetzes 1988 geregelt. Danach wird bei inländischen Kapitalerträgen sowie bei im Inland bezogenen Kapitalerträgen aus Forderungswertpapieren die Einkommensteuer durch Abzug vom Kapitalertrag erhoben. Inländische Kapitalerträge liegen vor, wenn der Schuldner der Kapitalerträge Wohnsitz, Geschäftsleitung oder Sitz im Inland hat oder inländische Zweigstelle eines Kreditinstituts ist. Die Kapitalertragsteuer bezieht sich nicht nur auf Zinserträge aus Geldeinlagen bei Kreditinstituten, sondern auch auf Einkünfte aus der Beteiligung an einem Handelsgewerbe als stiller Gesellschafter, Einkünfte aus Wandel- und Gewinnschuldverschreibungen, Kapitalerträge aus Forderungswertpapieren, Gewinnanteile (Dividenden), Zinsen und sonstige Bezüge aus Aktien sowie Anteilen an Gesellschaften mit beschränkter Haftung, Erwerbs- und Wirtschaftsgenossenschaften usw.

Die **Körperschaftssteuer** soll ab 1.1.2005 von 34 Prozent auf 25 Prozent gesenkt werden.

Erbschafts- und Schenkungssteuer

Grundlage ist das zuletzt durch das Budgetbegleitgesetz 2003 geänderte **Erbschafts- und Schenkungssteuergesetz** (ErbStG). Es unterscheidet fünf Steuerklassen. Zur (niedrigsten) Steuerklasse I gehören: der überlebende Ehegatte (Witwer oder Witwe) sowie die Kinder (auch Adoptiv- und Stiefkinder). In die Steuerklasse II gehören vor allem die Enkelkinder. Die Steuerklasse III umfasst Eltern, Großeltern, Stiefeltern und (voll- und halbbürtige) Geschwister. In die Steuerklasse IV gehören Schwiegereltern, Schwiegerkinder, Neffen und Nichten. Alle übrigen – also entfernt oder überhaupt nicht verwandte bzw. verschwägerte – Erben fallen in die (höchste) Steuerklasse V. Bei den einzelnen Steuerklassen schwanken die Prozentsätze ganz erheblich. Übersteigt der Wert des Nachlasses nicht den Betrag von € 7.300,–, dann beträgt die Erbschaftssteuer in der Klasse I nur 2 Prozent. Ist die Verlassenschaft dagegen mehr als € 4.380.000,– wert, dann macht die Steuer in der Klasse V nicht weniger als 60 Prozent aus (siehe Skala auf Seite 385).

Ein fester Steuersatz von 5 Prozent ohne Rücksicht auf die Höhe besteht bei Zuwendungen an gemeinnützigen, mildtätigen oder kirchlichen Zwecken dienende inländische juristische Personen sowie an anerkannte Kirchen und Religionsgesellschaften. Ein fester Steuersatz von 2,5 Prozent (früher 5 Prozent) besteht bei Zuwendungen an Privatstiftungen durch den Stifter selbst. Ist der Stifter selber eine Privatstiftung, beträgt der lineare Steuersatz 2,5 Prozent (laut § 8 Abs. 3 lit. b ErbStG).

Die Steuer erhöht sich bei Zuwendungen von **Grundstücken**

— an den Ehepartner, einen Elternteil, ein Kind (auch Enkelkind, Stiefkind, Wahlkind, Schwiegerkind, in Erziehung genommenes Kind) um 2 Prozent des Grundstückswertes;

— an andere Personen um 4 Prozent des Grundstückswertes.

Freibeträge

Steuerklasse		Freibetrag in €
I	Ehegatte, Kinder	2.200,–
II	Enkelkinder	2.200,–
III	Eltern, Großeltern, Stiefeltern, Geschwister	440,–
IV	Schwiegerkinder, Schwiegereltern, Neffen, Nichten	440,–
V	Alle übrigen Erwerber und bei Zweckzuwendungen	110,–

Schenkungen innerhalb von zehn Jahren werden für die Berechnung der Schenkungssteuer zusammengerechnet; das heißt, auch die genannten Freibeträge können innerhalb dieses Zeitraums nur einmal in Anspruch genommen werden.

€ Steuerfrei sind außerdem:

— Hausrat (einschließlich Wäsche und Kleidungsstücke, auch Kunstgegenstände, sofern sie als Hausrat benützt werden): Steuerklasse I und II unbeschränkt, Steuerklasse III und IV bis € 1.460,–;

— andere bewegliche körperliche Gegenstände (z. B. Auto, Modeschmuck): Steuerklasse I und II bis € 1.460,–, Steuerklasse III und IV bis € 600,–;

— Schenkungen unter Lebenden zwischen Ehegatten (im Zeitraum von zehn Jahren), soweit der Wert € 7.300,– nicht übersteigt (zusätzlich zum vorher erwähnten Freibetrag von € 2.200,–);

— Schenkungen zum Zwecke des angemessenen Unterhalts und der Ausbildung des Bedachten;

— übliche Gelegenheitsgeschenke (z. B. Weihnachts-, Hochzeits-, Taufgeschenke);

— Heiratsgut der Tochter, Ausstattung für den Sohn in bestimmtem Rahmen.

Darüber hinaus gibt es eine Reihe anderer Steuerbefreiungen und -erleichterungen, die aber nicht von so allgemeinem Interesse sind.

Seit 1. Jänner 2001 wird die Erbschafts- und Schenkungssteuer vom **dreifachen Einheitswert** einer Liegenschaft berechnet, statt wie zuvor vom einfachen. Nur wenn der Steuerpflichtige nachweisen kann, dass der gemeine Wert (Verkehrswert) der Liegenschaft geringer ist, ist der niedrigere gemeine Wert maßgebend.

Außerdem gibt es seit 1. Jänner 2000 bei der Erbschafts- und Schenkungssteuer einen neuen Freibetrag von € 365.000,– bei der **Übergabe von Betrieben**. Das heißt: wenn der Betrieb keinen höheren Wert als den genannten Betrag hat, ist anlässlich der Übergabe weder Schenkungs- noch Erbschaftssteuer zu bezahlen. Bei Schenkungen wird der Freibetrag allerdings nur dann gewährt, wenn der Unternehmer das 55. Lebensjahr schon vollendet hat oder erwerbsunfähig ist.

Für Ehepaare interessant, aber nur auf **Schenkungen unter Lebenden** bezogen, ist §15 Abs. 1 Z. 1c des Erbschafts- und Schenkungssteuergesetzes. Dieser sieht vor, dass bei Zuwendungen eines Ehegatten an den anderen keine Schenkungssteuer anfällt, wenn beide Ehegatten gemeinsam zur Befriedigung ihres dringenden Wohnbedürfnisses eine Eigentumswohnung oder ein Einfamilienhaus erwerben oder ein Grundstück anschaffen und darauf eine Wohnstätte mit höchstens 150 Quadratmeter Wohnnutzfläche errichten. Unter »gleichteiliger Anschaffung« ist nicht nur der gemeinsame Erwerb der Ehegatten von einem Dritten zu verstehen, sondern auch die Übertragung eines Hälfteanteils an einer einem Ehegatten bisher allein gehörigen Wohnstätte an den anderen Ehegatten (»**Umschreibenlassen**«). Voraussetzung für diese Steuerfreiheit ist allerdings, dass die Ehegatten die Wohnung mindestens fünf Jahre zur gemeinsamen Befriedigung ihres dringenden Wohnbedürfnisses benützen. Wenn das Wohnhaus erst errichtet werden muss, muss die Benutzung längstens innerhalb von acht Jahren erfolgen.

Für die Wertermittlung ist im Allgemeinen der **Zeitpunkt des Entstehens der Steuerschuld** maßgebend. Dieser Zeitpunkt ist bei der Erbschaftssteuer für gewöhnlich der Tod des Erblassers, bei Pflichtteilsansprüchen (die ja auch der Erbschaftssteuer unterliegen) aber der Zeitpunkt ihrer Geltendmachung. Die **Erbschaftssteuererklärung** ist innerhalb einer Frist von drei Monaten ab Eintreten der Verpflichtung beim zuständigen Finanzamt abzugeben. Die Erbschaftssteuer wird vom Finanzamt aufgrund der Steuererklärung (allenfalls nach Erbringen von Unterlagen) festgesetzt und ist binnen einem Monat nach Zustellung des Erbschaftssteuerbescheides zu bezahlen. Gegen den **Erbschaftssteuerbescheid** ist das Rechtsmittel der Berufung zulässig, die innerhalb eines Monats nach Zustellung des Bescheides beim Finanzamt schriftlich einzubringen und zu begründen ist. Durch das Einbringen der Berufung wird die Wirksamkeit des angefochtenen Bescheides nicht gehemmt, insbesondere die Einhebung der Steuer nicht aufgehalten. Im Falle von Zahlungsschwierigkeiten ist es möglich, ein (gebührenpflichtiges) Stundungs- oder Ratengesuch einzubringen.

€ Durch die Bezahlung der 25%-igen Kapitalertragsteuer (KESt) wird bei Einkünften aus Kapitalvermögen (z. B. Zinserträgen und Gewinnausschüttungen) die Erbschaftssteuer abgegolten, wenn dieses Vermögen vererbt wird. Für Schenkungen unter Lebenden gilt das nicht, die Schenkungssteuer ist damit nicht abgegolten (seit 1. Jänner 2004).

Das Finanzamt geht online

Durch das e-Government-Gesetz wurde die Voraussetzung zum »Amtsweg per Mausklick« geschaffen. Der Einsatz der modernen Informations- und Kommunikationstechnik in der öffentlichen Verwaltung hilft dem Bürger, bei Amtswegen nicht mehr an Sprechstunden und Öffnungszeiten gebunden zu sein, sondern via Internet Erklärungen abzugeben, Anträge zu stellen, Bescheide zugestellt zu erhalten usw.

Seit Februar 2003 bietet das Finanzministerium diesen Service – genannt FINANZ-*Online* an. Nähere Informationen können unter http://www.bmf.gv.at, Rubrik »onlineservices« abgerufen werden.

Beihilfen

Karl Jedermann hat etwas Steuereinmaleins gelernt. Er hat gehört, was er bei seinen Steuererklärungen bedenken muss; er hat sich über eine Reihe von Steuern informiert und Kenntnis von wichtigen Steuervorteilen erlangt. »Der österreichische Hausjurist« gibt schließlich noch Auskunft über die aus sozialer Sicht bedeutsamen Beihilfen. Warum tut er dies im Anschluss an die Steuern? Der Grund dafür ist einfach: die hier beschriebenen Beihilfen sind Leistungen, die Karl Jedermann oder seine Angehörigen vom Staat bekommen. Die Beziehung zum eben behandelten Abgabenwesen erscheint damit hergestellt.

Die folgenden Angaben über die verschiedenen Beihilfen beschränken sich auf das Wichtigste. Sie sind, soweit eine einigermaßen ausführliche Darstellung geboten wird, in der zeitlichen Reihenfolge ihres Entstehens geordnet. Gesetzliche Grundlagen sind das Einkommensteuergesetz 1988, das Familienlastenausgleichsgesetz 1967 und das Schülerbeihilfengesetz 1983 – alles Gesetze, die schon mehrmals geändert wurden. Die Ausführungen entsprechen der Gesetzgebung zum Stand 1. März 2004.

Mutter-Kind-Pass-Bonus

Der Mutter-Kind-Pass-Bonus wird in Höhe von € 145,40 gewährt, wenn ein Kind das erste Lebensjahr vollendet hat und die im Mutter-Kind-Pass vorgesehenen Untersuchungen der Schwangeren bzw. des Kindes durchgeführt worden sind. Anspruch hat der Elternteil, der ein nach dem 31. Dezember 1996 geborenes Kind überwiegend betreut (Stichtag: erster Geburtstag). Der Elternteil muss seinen Wohnsitz in Österreich haben und das Kind muss sich ständig in Österreich aufhalten. Das Kind oder einer der mit ihm im gemeinsamen Haushalt lebenden Elternteile muss die österreichische Staatsbürgerschaft haben, diese kann jedoch durch einen ständigen dreijährigen Aufenthalt eines der Elternteile in Österreich unmittelbar vor dem ersten Geburtstag des Kindes ersetzt werden. Das zu versteuernde Familieneinkommen darf im Jahr der Geburt des Kindes eine bestimmte Höhe nicht übersteigen. EWR/EU-Bürger sind österreichischen Staatsbürgern grundsätzlich gleichgestellt. **Anträge** sind beim Wohnsitzfinanzamt einzubringen.

Kleinkindbeihilfe

Die Kleinkindbeihilfe, die sich in erster Linie an einkommensschwächere Familien richtet, beträgt monatlich € 73,–; sie wird vierteljährlich durch das Wohnsitzfinanzamt ausbezahlt und für längstens zwölf Monate geleistet.

Anspruchsvoraussetzungen

1. Das Kind wurde nach dem 30. Juni 1996 geboren und wird
2. von einem Elternteil im ersten Lebensjahr überwiegend betreut.
3. Das Kind **oder** der Elternteil (mit Wohnsitz in Österreich) sind österreichische Staatsbürger; das Kind muss sich ständig im Bundesgebiet aufhalten. Die Ausnahme für im Ausland beschäftigte Dienstnehmer von Körperschaften öffentlichen Rechts ist anzuwenden. Vom Erfordernis der österreichischen Staatsbürgerschaft wird abgesehen, wenn der Elternteil unmittelbar vor der Geburt bereits einen dreijährigen ständigen Aufenthalt im Bundesgebiet hatte.

4. Das monatliche Familieneinkommen darf den Ausgleichszulagenrichtsatz nicht übersteigen. Für jedes Kind mit Anspruch auf Familienbeihilfe erhöht sich die Einkommensgrenze entsprechend.

Kein Anspruch auf Kleinkindbeihilfe besteht für Zeiten, für die ein Elternteil Wochengeld, Betriebshilfe, Karenzurlaubsgeld oder eine gleichartige ausländische Leistung bezieht. Der Antrag auf Kleinkindbeihilfe ist innerhalb von zwei Jahren ab Geburt des Kindes beim Wohnsitzfinanzamt einzubringen.

Familienbeihilfe

Anspruch auf Familienbeihilfe hat die Person, zu deren Haushalt das Kind gehört. Trägt jedoch eine andere Person, zu deren Haushalt das Kind nicht gehört, überwiegend die Unterhaltskosten, so hat diese Anspruch auf Familienbeihilfe, wenn keine andere Person anspruchsberechtigt ist. Leben Eltern mit ihrem Kind im gemeinsamen Haushalt, hat der Elternteil, der den gemeinsamen Haushalt überwiegend führt, einen **vorrangigen Anspruch** auf die Familienbeihilfe. Aufgrund einer gesetzlichen Vermutung gilt als haushaltsführende Person die **Mutter**. Dem anderen Elternteil kann daher die Familienbeihilfe gewährt werden, wenn er nachweist, dass er den Haushalt überwiegend führt oder die Mutter auf ihren vorrangigen Anspruch auf die Familienbeihilfe zu seinen Gunsten verzichtet. Diesen Verzicht kann die Mutter jederzeit widerrufen.

Für verheiratete oder geschiedene Kinder, die keinen Unterhalt von ihrem (früheren) Ehegatten beziehen, kann ebenfalls Familienbeihilfe bezogen werden. **Vollwaisen** haben Anspruch auf Familienbeihilfe, wenn keine andere Person für sie Familienbeihilfe bezieht bzw. wenn sie keinen Unterhalt von ihrem (früheren) Ehegatten erhalten.

Bis zu welchem Alter des Kindes steht Familienbeihilfe zu?

Familienbeihilfe steht zu für

- minderjährige Kinder/Vollwaisen (bis zum 19. Lebensjahr, also ein Jahr über die allgemeine Volljährigkeitsgrenze hinaus),
- volljährige Kinder/Vollwaisen (im Allgemeinen bis zum 26. Lebensjahr), wenn sie in Berufsausbildung stehen.

Bei volljährigen Kindern, die ordentliche Studierende an Hochschulen oder Universitäten sind, ist eine Berufsausbildung jedoch nur anzunehmen, wenn sie die vorgesehene Studienzeit pro Studienabschnitt um nicht mehr als ein Semester überschreiten. Wird ein Studienabschnitt in der vorgesehenen Studienzeit absolviert, kann einem weiteren Studienabschnitt ein Semester zugerechnet werden. Die Aufnahme als ordentlicher Hörer gilt als Anspruchsvoraussetzung für das erste Studienjahr. Anspruch ab dem zweiten Studienjahr besteht nur dann, wenn für ein vorhergehendes Studienjahr die Ablegung einer Teilprüfung der ersten Diplomprüfung oder des ersten Rigorosums oder von Prüfungen aus Pflicht- und Wahlfächern des betriebenen Studiums im Gesamtumfang von acht Semesterwochenstunden nachgewiesen wird. Diese Regelung gilt sinngemäß für alle Kinder, die auch andere in § 3 des Studienförderungsgesetzes 1992 genannte Einrichtungen besuchen, wie z. B. Studierende an pädagogischen Akademien, Studierende an medizinisch-technischen Akademien, Studierende von Fachhochschul-Studiengängen.

Ausnahmen

Für volljährige Kinder/Vollwaisen, die sich in dem Monat, in dem sie das 26. Lebensjahr vollenden, in Berufsausbildung befinden und die den Präsenz- oder Zivildienst geleistet haben, steht die Familienbeihilfe bis zum 27. Lebensjahr zu

- bis drei Monate nach Abschluss der Berufsausbildung,
- für die Zeit zwischen Beendigung des Präsenz- oder Zivildienstes und Beginn (der Fortsetzung) der Berufsausbildung.

Für volljährige Kinder/Vollwaisen, die erheblich behindert sind und sich in Berufsausbildung befinden, steht die Familienbeihilfe bis zum 27. Lebensjahr zu.

Volljährige Kinder/Vollwaisen, die das 21. Lebensjahr noch nicht vollendet haben, beim Arbeitsamt als Arbeitssuchende vorgemerkt sind (keinen Präsenz- oder Zivildienst leisten) und keine Leistung aus der Arbeitslosenversicherung beziehen, erhalten ebenso Familienbeihilfe wie volljährige Kinder/Vollwaisen, die wegen einer vor Vollendung des 21. Lebensjahres oder während einer späteren Berufsausbildung, jedoch spätestens vor Vollendung des 27. Lebensjahres eingetretenen geistigen oder körperlichen Behinderung voraussichtlich dauernd außerstande sind, sich selbst Unterhalt zu verschaffen.

Wie hoch ist die Familienbeihilfe?

Für das erste Kind erhält man

- nach der Geburt € 105,40 monatlich;
- ab dem Monat, in dem das Kind das dritte Lebensjahr vollendet € 112,70 monatlich;
- ab dem Monat, in dem das Kind das zehnte Lebensjahr vollendet € 130,90 monatlich;
- ab dem Monat, in dem das Kind das 19. Lebensjahr vollendet € 152,70 monatlich.

Wird für zwei Kinder Familienbeihilfe bezogen, erhöht sich der Gesamtbetrag um monatlich € 12,80. Ab dem dritten Kind, für das Familienbeihilfe in Anspruch genommen wird, steigt sie um monatlich € 25,50 pro Kind. Zusätzlich gebührt pro Kind noch ein steuerlicher Absetzbetrag von € 50,90 monatlich.

Der »Mehrkindzuschlag«

Für Familien mit kleinen und mittleren Einkommen gibt es ab dem dritten Kind eine zusätzliche Förderung: den so genannten »Mehrkindzuschlag«. Er steht Eltern für das Jahr 2004 zu, wenn sie folgende Voraussetzungen erfüllen;

- sie müssen 2003 für mindestens drei Kinder Familienbeihilfe bezogen haben;
- die Kinder müssen 2003 ständig in Österreich gelebt haben;
- das jährliche Familieneinkommen (das heißt im Wesentlichen die monatliche Bruttolohn- oder Gehaltssumme abzüglich der Sozialversicherung x 12) darf eine bestimmte Euro-Grenze, die jährlich angehoben wird, nicht überstiegen haben (2003: € 40.320).

Für die **Ermittlung des Familieneinkommens** sind die zu versteuernden Einkommen der (Ehe-)Partner zusammenzurechnen. Die Zusammenrechnung entfällt, wenn die (Ehe-)Partner im Jahr 2003 weniger als sechs Monate in einem gemeinsamen Haushalt gelebt haben.

Der Mehrkindzuschlag wird ab dem dritten Kind zusätzlich zur Familienbeihilfe und zum Kinderabsetzbetrag gewährt. Er beträgt pro Kind und Monat € 36,40. Für das

Jahr 2004 ist er mit der **(ArbeitnehmerInnen-)Veranlagung** für das Jahr 2003 (»Jahresausgleich«) zu beantragen. Der Mehrkindzuschlag kann grundsätzlich nur von FamilienbeihilfenbezieherInnen beantragt werden. Kommt es für diese zu keiner (ArbeitnehmerInnen-)Veranlagung, so können FamilienbeihilfenbezieherInnen beim Finanzamt entweder eine Erstattung des Mehrkindzuschlages beantragen oder zugunsten eines veranlagten (Ehe-)Partners verzichten.

Der Mehrkindzuschlag ist für jedes Kalenderjahr gesondert beim Finanzamt in der Erklärung zur Durchführung der ArbeitnehmerInnen-Veranlagung (Formular L 1) zu beantragen. Hat der Familienbeihilfenbezieher keine steuerpflichtigen Einkünfte bezogen, kann er die Auszahlung mit dem Formular E 4 geltend machen. Auch der (Ehe-)Partner des Familienbeihilfenbeziehers kann den Mehrkindzuschlag bei seiner Arbeitnehmerveranlagung beantragen; er muss dann auf dem Formular seines (Ehe-)Partners eine Verzichtserklärung unterschreiben.

Schülerbeihilfen

Ordentliche Schüler (und bestimmte Gruppen außerordentlicher Schüler), die die österreichische Staatsbürgerschaft besitzen, haben nach Maßgabe der gesetzlichen Voraussetzungen Anspruch auf:

— **Heimbeihilfe und Fahrtkostenbeihilfe**, wenn sie nach erfolgreichem Abschluss der 8. Schulstufe in der 9. Schulstufe eine polytechnische Schule, eine mittlere oder höhere Schule besuchen;
— **Schul- und Heimbeihilfe sowie Fahrtkostenbeihilfe**, wenn sie eine mittlere oder höhere Schule ab der 10. Schulstufe oder eine in Semester gegliederte Sonderform oder eine Schule für den medizinisch-technischen Fachdienst besuchen.

Österreichischen Staatsbürgern sind gleichgestellt: Bürger aus EWR-Staaten nach Maßgabe des Übereinkommens, Konventionsflüchtlinge sowie Schüler mit fremder Staatsangehörigkeit und Staatenlose, wenn zumindest ein Elternteil in Österreich durch mindestens fünf Jahre einkommensteuerpflichtig war und in Österreich den Mittelpunkt seiner Lebensbeziehungen hatte.

Es bestehen folgende **gesetzlichen Voraussetzungen**:

— Der Schüler muss **sozial bedürftig** sein. Kriterien für die soziale Bedürftigkeit und die Beihilfenhöhe sind das Einkommen, der Familienstand und die Familiengröße.
— Der Schüler muss einen **günstigen Schulerfolg** nachweisen. Für die Schulbeihilfe ist der günstige Schulerfolg gegeben, wenn der Schüler im Jahreszeugnis über die der besuchten Schulstufe vorangehende Schulstufe keinen schlechteren Notendurchschnitt in den Pflichtgegenständen als 2,9 hat; für die Heimbeihilfe genügt ein Notendurchschnitt von 3,1. Darüber hinaus sieht das Schülerbeihilfengesetz 1983 Ausnahmen von diesen Voraussetzungen vor, z. B. für blinde und gehörlose Schüler.

Die **Heimbeihilfe** gebührt nur Schülern, die zum Zweck des Schulbesuchs außerhalb des Wohnortes der Eltern wohnen, weil dieser Wohnort vom Schulort so weit entfernt ist, dass der tägliche Hin- und Rückweg nicht zumutbar ist und die Aufnahme in eine gleichartige öffentliche Schule, bei der der Hin- und Rückweg zumutbar wäre, nicht möglich war. Außerdem gebührt die Heimbeihilfe Schülern der höheren Internatsschulen des Bundes (Bundeserziehungsanstalten) und der Forstfachschulen, wenn sie in den damit verbundenen Internaten wohnen. Ferner gebührt die Heimbeihilfe, wenn Schüler wegen des Besuches einer land- und forstwirtschaftlichen Schule gesetzlich verpflichtet sind, in einem mit der Schule verbundenen Schülerheim zu wohnen. Die Fahrtkostenbeihilfe gebührt nur Schülern, die auch Heimbeihilfe beziehen.

Antragsformulare, Merkblätter und Lohnzettel liegen in allen Direktionen der polytechnischen Schulen sowie der mittleren und höheren Schulen auf. Die Schule bestätigt den Schulerfolg, die Schulstufe, den Schulbesuch und bei einem Heimbeihilfenantrag allenfalls die Unzumutbarkeit des täglichen Weges vom elterlichen Wohnort zur Schule. Das Heim bzw. der private Unterkunftgeber bestätigen, dass der Schüler im Heim bzw. beim privaten Unterkunftgeber wohnt. Der Antrag ist bis Ende des Kalenderjahres, in dem das betreffende Unterrichtsjahr beginnt, bei der zuständigen Schülerbeihilfenbehörde einzubringen (also für das Schuljahr 2004/05 bis 31. Dezember 2004). Einbringungsbehörde ist die von der Schule auf der ersten Seite des Antragsformulars angezeichnete Schülerbeihilfenbehörde; unzuständig eingebrachte Anträge werden auf Gefahr des Antragstellers weitergeleitet (Fristversäumnis!).

Besondere Schulbeihilfe erhalten Studierende während der sechs Monate vor der mündlichen Reifeprüfung, wenn sie die folgenden Voraussetzungen erfüllen:

- Besuch einer höheren Schule für Berufstätige und
- Vorbereitung auf die abschließende Prüfung (Vor- oder Hauptprüfung) und
- Beurlaubung gegen Entfall der Bezüge oder nachweisliche Einstellung der Berufstätigkeit und
- Selbsterhalt durch eine zumindest einjährige Berufstätigkeit.

Alleinstehende Schüler können monatlich € 618,– erhalten; bei verheirateten Schülern, deren Ehepartner keine Einkünfte beziehen, erhöht sich die Beihilfe um € 291,–. Diese Beträge erhöhen sich bei unterhaltsberechtigten Kindern um € 110,– pro Kind. Die besondere Schulbeihilfe ist auf Antrag in Teilbeträgen zu gewähren, sofern die Prüfungsvorschrift die Ablegung der mündlichen Reifeprüfung in Teilen zu verschiedenen Terminen vorsieht (Vorprüfung und Hauptprüfung). Der Antrag ist vor Beginn der abschließenden Prüfung bzw. der Teilprüfungen zu stellen.

Nähere Auskünfte erteilt die zuständige **Schülerbeihilfenbehörde**:

☛ Landesschulrat für Burgenland, Kernausteig 3, 7000 Eisenstadt, Tel. 02682/710-144
Landesschulrat für Kärnten, 10.-Oktober-Straße 24, 9010 Klagenfurt, Tel. 0463/58 12-311, 312
Landesschulrat für Niederösterreich, Rennbahnstraße 29, 3109 St. Pölten, Tel. 02742/280
Landesschulrat für Oberösterreich, Sonnensteinstraße 20, 4020 Linz, Tel. 0732/7071
Landesschulrat für Salzburg, Mozartpl. 8–10 (Postf. 530), 5010 Salzburg, Tel. 0662/8042-3021, 3022
Landesschulrat für Steiermark, Körblergasse 23, 8015 Graz, Tel. 0316/345
Landesschulrat für Tirol, Innrain 1, 6020 Innsbruck, Tel. 0512/520 33-116, 117
Landesschulrat für Vorarlberg, Bahnhofstraße 12, 6901 Bregenz, Tel. 05574/49 60-54
Stadtschulrat für Wien, Abt. Schülerbeihilfe, Albertgasse 38, 1080 Wien, Tel. 01/525 25-77 807, 77 808

In Beihilfenangelegenheiten von Schülern land- und forstwirtschaftlicher Fachschulen sowie medizinisch-technischer Schulen ist der Landeshauptmann und damit das jeweilige Amt der Landesregierung zuständig. Für Zentrallehranstalten (Höhere Internatsschulen des Bundes in Wien, Traunsee, Saalfelden und Graz-Liebenau, Bundeslehr- und Versuchsanstalt für Textilindustrie in 1050 Wien, Graphische Lehr- und Versuchsanstalt in 1140 Wien, Technologisches Gewerbemuseum [TGM] in 1200

Wien, Bundeslehr- und Versuchsanstalt für chemische Industrie und Gewerbe in 1170 Wien, Bundesinstitut für Sozialpädagogik in Baden) und die land- und forstwirtschaftlichen Bundesschulen und höheren land- und forstwirtschaftlichen Privatschulen sowie Forstfachschulen ist der Bundesminister für Bildung, Wissenschaft und Kultur unmittelbar zuständig: Bundesministerium für Bildung, Wissenschaft und Kultur, Minoritenplatz 5 bzw. Freyung 1, 1014 Wien, Tel. 01/531 20.

Kinderbetreuungsgeld

Für **Geburten ab 1. Jänner 2002** ersetzt das Kinderbetreuungsgeld das bisherige Karenzgeld. Das Kinderbetreuungsgeld ist eine Familienleistung, die unabhängig von einer früheren Erwerbstätigkeit oder einer Pflichtversicherung gewährt wird. Das bedeutet, dass auch jene Personengruppen erfasst werden, die bisher kein Karenzgeld erhielten, wie etwa Hausfrauen, Studentinnen, Selbstständige, Bäuerinnen, geringfügig Beschäftigte und freie Dienstnehmerinnen oder deren Partner.

Durch das Kinderbetreuungsgeld wird die Betreuungsleistung der Eltern anerkannt und teilweise abgegolten. Das aus den Mitteln des Familienlastenausgleichsfonds finanzierte Kinderbetreuungsgeld gebührt für alle Kinder (auch Pflege- und Adoptivkinder), die nach dem Jahreswechsel 2002 geboren werden. Für Kinder, die zwischen 1. Juli 2000 und 31. Dezember 2001 auf die Welt gekommen sind und für die Karenzgeld oder Teilzeitbeihilfe bezogen wird, gibt es Übergangsbestimmungen. Das Kinderbetreuungsgeld beträgt täglich € 14,53, das sind **monatlich rund € 436,–**; der Betrag variiert etwas, je nachdem ob der Monat 30, 31 oder nur 28 Tage hat.

Der **Antrag auf Kinderbetreuungsgeld** ist nach der Geburt bei der zuständigen Krankenkasse zu stellen. Das ist jene, bei der man versichert ist oder zuletzt versichert war, ansonsten die Gebietskrankenkasse.

Kinderbetreuungsgeld gebührt immer nur für das jüngste Kind. Für Alleinerziehende oder einkommensschwache Familien gibt es einen **Zuschuss zum Kinderbetreuungsgeld**, der € 6,06 pro Tag beträgt und somit rund € 181,– im Monat ausmacht.

Höhers Kinderbetreuungsgeld für »Mehrlinge«

Mehrfache Freude, aber auch mehrfache Aufwendungen bringen Zwillinge, Drillinge oder Mehrlinge in das Leben der Eltern. Diese werden ab 1.1.2004 abgegolten: Man erhält pro weiterem Kind einen 50-prozentigen Zuschlag auf das Kinderbetreuungsgeld. Das heißt, zu den € 436,– pro Monat gibt es noch zusätzlich € 218,– pro weiterem Kind. Eine Mutter von Zwillingen kommt auf ein monatliches Kinderbetreuungsgeld von € 654,–, und das für maximal drei Jahre, wenn auch der Partner sechs Monate Kinderbetreuungsgeld bezieht, in jedem Fall aber zweieinhalb Jahre.

Für Mehrlingskinder, die seit dem 1.1.2002 geboren wurden, erhält man ab dem 1.1.2004 ebenfalls den Zuschlag von € 218,– für die restliche Zeit des Kinderbetreuungs-Bezuges.

Voraussetzungen für den Anspruch

Grundsätzlich ist für den Bezug des Kinderbetreuungsgeldes der Anspruch auf **Familienbeihilfe** für das Kind Voraussetzung. Besteht nur deswegen kein Anspruch auf Familienbeihilfe, weil Anspruch auf eine gleichartige ausländische Leistung besteht, gebührt ebenfalls Kinderbetreuungsgeld.

Österreichische Staatsbürger haben grundsätzlich Anspruch auf Familienbeihilfe, wenn sie in Österreich einen Wohnsitz (Mittelpunkt ihrer Lebensinteressen) oder ihren gewöhnlichen Aufenthalt haben und sich die Kinder ständig in Österreich aufhalten. EU- und EWR-Staatsangehörige sind ihnen im Regelfall gleichgestellt. Nichtösterreichische Staatsbürger haben, sofern keine internationalen Sonderregelungen bestehen, dann einen Anspruch auf Familienbeihilfe, wenn sie bei einem Dienstgeber in Österreich unselbstständig beschäftigt sind (mindestens drei Monate) oder sich seit mindestens fünf Jahren ständig in Österreich aufhalten.

Hat ein Elternteil keinen Anspruch auf Familienbeihilfe, kann dieser im Allgemeinen auch dann Kinderbetreuungsgeld beziehen, wenn der andere – im gemeinsamen Haushalt lebende – Elternteil Anspruch auf Familienbeihilfe hat. Haben beide Elternteile keinen Anspruch auf Familienbeihilfe, bekommen sie trotzdem Kinderbetreuungsgeld, wenn gewisse Versicherungszeiten aufgrund einer Erwerbstätigkeit vorliegen. So ist gewährleistet, dass es zu keinen Verschlechterungen gegenüber der Karenzgeldregelung kommt.

Weiters ist ein **gemeinsamer Haushalt** mit dem Kind für den Bezug des Kinderbetreuungsgeldes erforderlich. Das Kinderbetreuungsgeld erhalten auch Adoptiv- und Pflegeeltern, sofern sie die Voraussetzungen erfüllen.

Die Durchführung der **Mutter-Kind-Pass-Untersuchungen** (fünf während der Schwangerschaft, fünf nach der Geburt) sind wichtig. Weist man diese nicht spätestens bis zum Ende des 18. Lebensmonats des Kindes nach, bekommt man ab dem 21. Lebensmonat des Kindes nur mehr das halbe Kinderbetreuungsgeld. Das ist eine Neuerung gegenüber der bisherigen Rechtslage.

Grundsätzlich hat ein Elternteil Anspruch auf Kinderbetreuungsgeld für 30 Monate (zweieinhalb Jahre). Teilen sich die Eltern die Betreuung, so verlängert sich die Bezugsdauer auf maximal 36 Monate. Mütter und Väter dürfen sich beim Bezug des Kinderbetreuungsgeldes höchstens zweimal abwechseln, das heißt, es dürfen sich maximal drei Teile ergeben, wobei ein Teil mindestens drei Monate betragen muss.

Während eines **Wochengeldbezuges** (erwerbstätige Mütter erhalten Wochengeld acht Wochen vor und acht Wochen nach der Geburt; die Höhe hängt vom Einkommen ab) ruht das Kinderbetreuungsgeld. Ist das Wochengeld geringer als das Kinderbetreuungsgeld, gebührt zusätzlich zum Wochengeld ein Differenzbetrag auf das Kinderbetreuungsgeld.

Das Kinderbetreuungsgeld kann immer nur für ein Kind bezogen werden. Kommt weiterer Nachwuchs auf die Welt, während man noch für das vorherige Kind Kinderbetreuungsgeld erhält, beginnt das Kinderbetreuungsgeld für das jüngste Kind neu zu laufen. Bei Mehrlingsgeburten steht das Kinderbetreuungsgeld einfach zu.

Zuverdienstmöglichkeiten

Die Zuverdienstgrenze beträgt im Kalenderjahr € 14.600,– brutto. Dabei werden die Einkünfte desjenigen Elternteils herangezogen, der das Kinderbetreuungsgeld bezieht. Das Einkommen des anderen Elternteils wird nicht berücksichtigt. Liegt man mit seinem jährlichen Zuverdienst in einem Kalenderjahr über der gesetzlichen Grenze, dann muss man das Kinderbetreuungsgeld für dieses Jahr zurückzahlen.

Es besteht auch die Möglichkeit, auf das Kinderbetreuungsgeld im Vorhinein für bestimmte Kalendermonate zu verzichten. Das kann in manchen Fällen sinnvoll sein, weil die im Verzichtszeitraum erzielten Einkünfte außer Ansatz bleiben.

- **Unselbstständig Erwerbstätige:**
  Als Faustregel gilt, dass Angestellte regelmäßig maximal € 1.136,48 brutto und Arbeiter maximal € 1.144,12 brutto pro Monat dazuverdienen dürfen, wenn sie von Jänner bis Dezember arbeiten und Kinderbetreuungsgeld beziehen.
  Die exakte Berechnung: die Einkünfte während der Zeit des Kinderbetreuungsgeld-Bezuges (ohne Sozialversicherungsbeiträge und ohne 13. und 14. Gehalt) werden zusammengerechnet, durch die Anzahl der Monate dividiert, in denen Kinderbetreuungsgeld bezogen wird, dann um 30 Prozent erhöht und mit 12 multipliziert. Liegt man unter € 14.600,–, muss man das Kinderbetreuungsgeld nicht zurückzahlen. Wochengeld gilt nicht als Einkommen.
  Dazu ein Beispiel: Eine Mutter bezieht von Juli bis Dezember, also sechs Monate, Kinderbetreuungsgeld. Im selben Zeitraum arbeitet sie als Angestellte um € 1.136,48 brutto im Monat. Im November erhält sie eine Sonderzahlung (Weihnachtsgeld) in Höhe eines Monatsgehalts. Ihre Einkünfte für die Zuverdienstgrenze werden wie folgt ermittelt: ein Monatsgehalt von € 1.136,48 ergibt für sechs Monate € 6.818,88 (die Sonderzahlung wird nicht berücksichtigt!), dividiert durch die Kinderbetreuungsgeld-Monate, ergibt € 1.136,48. Davon werden die Sozialversicherungsbeiträge (17,65 Prozent für Angestellte) abgezogen, ergibt € 935,89. Dieser Betrag wird nun um 30 Prozent erhöht und mit 12 multipliziert, ergibt somit € 14.599,88. Die Zuverdienstgrenze wird nicht überschritten, daher muss das in diesem Kalenderjahr bezogene Kinderbetreuungsgeld in Höhe von etwa € 2.616,– nicht zurückgezahlt werden.
- **Selbstständige und Landwirte:**
  Grundsätzlich werden alle Einkünfte während des Kalenderjahres, in dem Kinderbetreuungsgeld bezogen wurde, für die Ermittlung der Zuverdienstgrenze herangezogen. Diese Einkünfte werden um die im Kalenderjahr vorgeschriebenen Sozialversicherungsbeiträge erhöht. Der so ermittelte Betrag darf € 14.600,– nicht überschreiten. Die Einkünfte von pauschalierten Landwirten berechnen sich nach dem Einheitswert gemäß den Prozentsätzen der Pauschalierungs-Verordnung. Der maßgebliche Gesamtbetrag wird wie folgt berechnet: die Einkünfte während des Bezugszeitraumes von Kinderbetreuungsgeld werden durch die Anzahl der Monate, in denen Kinderbetreuungsgeld bezogen wurde, dividiert und mit 12 multipliziert. Dazu kommen noch die im Kalenderjahr vorgeschriebenen Sozialversicherungsbeiträge. Die Summe darf € 14.600,– nicht überschreiten. Selbstständige und buchführende Landwirte können jedoch eine Zwischenbilanz vorlegen, damit Einkünfte vor oder nach dem Bezug des Kinderbetreuungsgeldes nicht berücksichtigt werden.

Folgende Einkunftsarten werden bei der Zuverdienstgrenze berücksichtigt: Einkünfte aus nichtselbstständiger Arbeit, aus Gewerbebetrieb, aus selbstständiger Arbeit, aus Land- und Forstwirtschaft, aus Vermietung und Verpachtung, aus Kapitalvermögen, sonstige Einkünfte; ebenso Pensionen, Witwen-/Witwerrenten, Zinsen, Unfallrenten, Arbeitslosengeld, Notstandshilfe, Krankengeld. Nicht zum Zuverdienst zählen: Alimente, Familienbehilfe, Kindergeld, Abfertigungen.

Kinder, die vor dem 1. Jänner 2002 geboren wurden

Zwischen Kinderbetreuungsgeld und Karenzgeld gibt es **keine Wahlmöglichkeit**. Aufgrund des Geburtstags des Kindes ergibt sich automatisch, ob Anspruch auf Kinderbetreuungsgeld oder verlängertes Karenzgeld besteht.

Für alle Kinder, die zwischen dem 1. Juli 2000 und dem 31. Dezember 2001 auf die Welt gekommen sind und deren Mütter oder Väter Anspruch auf **Karenzgeld oder Teilzeitbeihilfe** haben, gibt es weiterhin Karenzgeld oder Teilzeitbeihilfe. Dabei gilt seit **1. Jänner 2002**:

- Das Karenzgeld wird auf etwa € 436,– pro Monat erhöht und kann bis zum 30. Lebensmonat des Kindes bezogen werden.
- Übernimmt der zweite Elternteil für mindestens sechs Monate die Betreuung des Kindes, kann die Bezugsdauer des Karenzgelds um maximal weitere sechs Monate, also bis zum dritten Geburtstag des Kindes, verlängert werden.
- Voraussetzung ist, dass Angestellte bei regelmäßigem Verdienst maximal € 1.136,48 brutto und Arbeiter maximal € 1.144,12 brutto pro Monat dazuverdienen dürfen, wenn sie von Jänner bis Dezember arbeiten und daneben Karenzgeld beziehen.

Für Mütter/Väter, die **Teilzeitkarenzgeld** (bei Verringerung der Arbeitszeit um zwei Fünftel) beziehen, gibt es zwei Möglichkeiten:

— sie entscheiden sich ab 1. Jänner 2002 für das halbe Karenzgeld von etwa € 218,– im Monat und können unbegrenzt dazuverdienen;

— sie beziehen € 436,– pro Monat und müssen die Zuverdienstgrenze von € 14.600,– brutto im Jahr beachten.

Die Teilzeitbeihilfe für Unselbstständige, Selbstständige und Bauern – sie entspricht dem halben Karenzgeld – wird ebenfalls verlängert. Auch hier gibt es die eben angeführte Wahlmöglichkeit; das bedeutet € 218,– pro Monat ohne Zuverdienstgrenze oder € 436,– mit Zuverdienstgrenze von € 14.600,– brutto jährlich.

Für Bezieher von Karenzgeld oder Teilzeitbeihilfe gibt es eine Information durch die auszahlende Krankenkasse, wann und wo eine **Verlängerung zu beantragen** ist.

Sozialrechtliche Rahmenbedingungen

- Wer Kinderbetreuungsgeld bezieht, ist automatisch krankenversichert, auch die Abfertigungsbeträge laufen weiter.
- Anrechnung für die Pension: Bisher galten Zeiten der Kinderbetreuung als Ersatzzeiten in der Pensionsversicherung. Neu ist nun, dass für Geburten ab 1. Jänner 2004 24 Monate (bisher 18 Monate) des Kinderbetreuungsgeld-Bezuges als pensionsbegründende Beitragszeiten angerechnet werden. Darüber hinaus gelten die restlichen Monate bis maximal zum vierten Geburtstag des Kindes als Ersatzzeiten. Weitere Familienleistungen (Familienbeihilfe, Mehrkindzuschlag) bleiben zusätzlich zum Kinderbetreuungsgeld aufrecht.

Verbessert wird ab 2004 auch mit sofortiger Wirkung die **Anrechnung der Kindererziehungszeiten für die Pension**. Die Bemessungsgrundlage wird schrittweise (um 2 Prozent pro Jahr) auf 150 Prozent des Ausgleichszulagenrichtsatzes (derzeit € 653,19) erhöht. Das bedeutet, dass im Endausbau (ab 2028) ein Monat Kindererziehungszeit nicht so wie jetzt € 653,19, sondern mit der Erhöhung und Valorisierung bereits doppelt so viel wie heute wert sein wird.

Als **Ersatzzeiten für die Pension** gelten prinzipiell die Monate bis zum vierten Geburtstag des Kindes. Da nun bis zu 24 Monate, für die Kinderbetreuungsgeld bezogen wurde, zu »echten« Beitragszeiten aufgewertet werden, fließt der Rest (24 Monate) als Ersatzzeit ebenfalls mit der höheren Bemessungsgrundlage in die Pensionsberechnung ein.

Arbeitsrechtliche Rahmenbedingungen

Arbeitnehmer/innen haben wie bisher **Anspruch auf Karenz** bis zum Ablauf des 24. Lebensmonats des Kindes. Der **Kündigungs- und Entlassungsschutz** für Arbeitnehmer/innen endet wie bisher vier Wochen nach Ende der Karenz.

Auch die Regelungen über die **Teilzeitbeschäftigung** bleiben unverändert: wird keine Karenz in Anspruch genommen, kann längstens bis zum vollendeten vierten Lebensjahr des Kindes die reguläre Arbeitszeit um zwei Fünftel verringert werden. Dabei können sich die beiden Elternteile auch abwechseln. Wird jedoch Karenz in Anspruch genommen, verkürzt sich die Möglichkeit der Teilzeitbeschäftigung entsprechend, und zwar:

— Karenz bis zum 12. Lebensmonat des Kindes: Teilzeit längstens bis zum 36. Lebensmonat.
— Karenz bis zum 18. Lebensmonat des Kindes: Teilzeit längstens bis zum 30. Lebensmonat.

Die am 1. Jänner 2002 bestandenen Teilzeitvereinbarungen bleiben weiterhin aufrecht, sofern nicht zwischen Arbeitnehmer/in und Arbeitgeber/in anderes vereinbart wird.

Wie bisher kann während der Karenz bis zur **Geringfügigkeitsgrenze** dazuverdient werden, ohne dass man den Kündigungs- und Entlassungsschutz im karenzierten Arbeitsverhältnis verliert. Neu ist nun, dass man während der Karenz bis zu 13 Wochen im Jahr mit dem Arbeitgeber eine **Beschäftigung über der Geringfügigkeitsgrenze** (die Geringfügigkeitsgrenze liegt im Jahr 2004 bei € 316,19 monatlich) vereinbaren kann, ohne dass der Kündigungs- und Entlassungsschutz im karenzierten Arbeitsverhältnis verloren geht. Dadurch soll es möglich sein, dass karenzierte Arbeitnehmer/innen zu Urlaubs- oder Krankenstandsvertretungen herangezogen werden können. Diese 13-Wochen-Grenze ist ausschließlich für den Kündigungsschutz von Bedeutung und hat keine Auswirkungen auf den Bezug von Kinderbetreuungsgeld. Dort gilt bekanntlich die Zuverdienstgrenze von € 14.600,–.

Für Eltern, deren Kinder ab dem 1. Juli 2000 geboren wurden, gilt ab 2002, dass man während der Karenz ebenfalls bis zu 13 Wochen im Jahr mehr verdienen kann, ohne dadurch seinen Kündigungs- und Entlassungsschutz zu verlieren. Die Möglichkeit, drei Monate der Karenz bis zum Schuleintritt aufzuschieben, bleibt aufrecht. Da jedoch der Bezug von Kinderbetreuungsgeld mit dem Ende des dritten Lebensjahres des Kindes endet, gibt es für die aufgeschobene Karenz keine Geldleistung mehr! Anders ist es noch für Kinder, die in der Übergangsphase zwischen Juli 2000 und Dezember 2001 auf die Welt gekommen sind. Hier gibt es die Möglichkeit, bis zu 183 Tage vom »Karenzgeldkonto« aufzusparen und dann zu einem späteren Zeitpunkt (z. B. beim Schuleintritt) zu verbrauchen.

Sonstige Rahmenbedingungen

Arbeitslosengeld und **Notstandshilfe** können bei Erfüllung der Anspruchsvoraussetzungen im Anschluss oder auch während des Bezuges von Kinderbetreuungsgeld bezogen werden (bei Geburten ab 1. Jänner 2002). Da die Höhe des Arbeitslosengeldes bzw. der Notstandshilfe in der Regel unter der Zuverdienstgrenze liegt, beeinträchtigt sie in diesem Fall auch nicht den Anspruch auf Kinderbetreuungsgeld.

Voraussetzungen für den Bezug von Arbeitslosengeld bzw. Notstandshilfe sind: Arbeitslosigkeit, Arbeitsfähigkeit, Verfügbarkeit, Arbeitswilligkeit, beim Arbeitslosengeld zusätzlich die Erfüllung der Anwartschaft und dass die Bezugsdauer noch nicht erschöpft ist, bei der Notstandshilfe das Vorliegen einer Notlage. Das bedeutet, dass der Anspruch nur für Personen besteht, die dem Arbeitsmarkt »ohne wesentliche Einschränkungen zur Verfügung stehen«. Bei Bezug von Kinderbetreuungsgeld ist das der Fall, wenn das Kind nachweislich durch jemand anderen im Familienkreis oder durch Kinderkrippen, Tagesmütter oder in Kindergärten betreut wird.

Für Geburten bis zum 31. Dezember 2001 gilt, dass Arbeitslosengeld bzw. Notstandshilfe nicht neben dem Karenzgeld bezogen werden können. Im Anschluss an den Karenzgeldbezug erhält man aber Notstandshilfe, wenn die Voraussetzungen vorliegen.

Betreuungsprogramm des AMS

Das Arbeitsmarktservice bietet ein spezielles **Betreuungsprogramm für Wiedereinsteiger/innen** an. Je nach Problemlage wird ein Mix aus Beratung, Qualifizierung, Eingliederungsbeihilfen sowie Unterstützung bei der Kinderbetreuung angeboten. Das reicht vom so genannten Jobcoaching und Berufsorientierungskursen bis hin zu Weiterbildungskursen und der Absolvierung staatlich anerkannter Schul- und Berufsabschlüsse (EDV-Kurs, Verkaufstraining usw.).

Zur besseren Vereinbarkeit von Familie und Beruf leistet das Arbeitsmarktservice durch die **Kinderbetreuungsbeihilfe** einen Beitrag zur »Förderung der Arbeitsaufnahme«. Diese Kinderbetreuungsbeihilfe ist ein einkommensabhängiger Zuschuss zu den Kosten für die Unterbringung des Kindes. Darüber hinaus fördert das Arbeitsmarktservice auch private Kinderbetreuungseinrichtungen wie Elterninitiativen, Kindergruppen, Betriebskindergärten, Tagesmütter-Projekte.

Kinderbetreuungsgeld/Karenz – der große Unterschied

Kinderbetreuungsgeld = Familienleistung	Karenz = Arbeitsrecht
Ansuchen bei der Krankenkasse	schriftlich beim Dienstgeber bekanntgeben
Geldleistung	Berufsunterbrechung mit Kündigungsschutz

Weitere Informationen zum Thema Kinderbetreuungsgeld erhält man beim Familienservice des Bundesministerium für soziale Sicherheit, Generationen und Konsumentenschutz unter der kostenlosen Telefon-Nummer 0800/240 262, bei der zuständigen Krankenkasse oder im Internet: http://www.familie.bmsg.gv.at.

Weitere Informationen zum Thema Karenz und Arbeitsrecht erhalten Sie beim Bundesministerium für Wirtschaft und Arbeit unter der kostenlosen Telefon-Nummer 0800/013 571 (Bürgerservice) oder im Internet: http://www.bmwa.gv.at.

In allen Bundesländern werden unter bestimmten Voraussetzungen finanzielle Unterstützungen gewährt. Die Anspruchsvoraussetzungen sind in den einzelnen Bundesländern unterschiedlich. Nähere Informationen erteilen die Familienreferate der jeweiligen Landesregierungen.

Karl Jedermann und die Sozialversicherung

Das Sozialversicherungsrecht (Stand vom 1. März 2004) ist ein Rechtsgebiet, dem wie kaum einem anderen eine wichtige Rolle in Karl Jedermanns Leben zukommt.

Der Sozialversicherung liegt die Idee zugrunde, dass sich Personen, die von einem gemeinsamen Risiko bedroht sind, zu einer Gemeinschaft zusammenschließen, um diesem Risiko vereint besser begegnen zu können. In ihrer jetzigen Form ist die Sozialversicherung im modernen Leistungsstaat für das Sicherheitsbedürfnis seiner Bürger eingerichtet worden – gewiss auch mit der Nebenabsicht, die staatliche Wohlfahrtspflege zu entlasten. Finanziert wird die Sozialversicherung in Österreich aus den Beiträgen der Versicherten und der Dienstgeber, zu denen Zuschüsse aus Steuermitteln kommen. Die Mitglieder ihrer Gemeinschaft schützt die Sozialversicherung insofern, als sie sie gegen die unter Versicherungsschutz stehenden sozialen Risken abschirmt. Ein solches Risiko für einen Erwerbstätigen ist z. B. eine länger anhaltende Krankheit, ein Unfall, Invalidität oder Arbeitslosigkeit. Durch die Sozialversicherung ist vorgesorgt, dass der Einzelne mitsamt seinen schutzbedürftigen Angehörigen nicht aufgrund unvorhergesehener Ereignisse oder infolge des Alters schicksalhaft in Not gerät.

Als materielle Lebensgrundlage von Alten, Erwerbsunfähigen und Hinterbliebenen, als Helfer bei zeitweiliger Arbeitsunfähigkeit und als Träger der ärztlichen Versorgung der Bevölkerung ist die Sozialversicherung ein wesentlicher Teil des Standes der gesellschaftlichen, wirtschaftlichen und politischen Entwicklung im Staat. Sie ist zu einem bestimmenden wirtschaftlichen Faktor im Leben der meisten Menschen geworden. Die Beitragsleistung bedeutet wohl eine beträchtliche Einkommensminderung für den Versicherten; dem steht jedoch gegenüber, dass die Versicherungsleistung notfalls seine einzige Einkommensquelle bilden kann.

Sozialversicherungsbeiträge

Zur Sozialversicherung gehören die Kranken-, die Unfall- und die Pensionsversicherung und im weiteren Sinne auch die Arbeitslosenversicherung. Bis auf die letztere wird die Sozialversicherung in Österreich nicht im Rahmen der staatlichen Verwaltung durchgeführt. Vielmehr obliegt die Abwicklung der Kranken-, Unfall- und Pensionsversicherung besonderen öffentlich-rechtlichen Körperschaften, den Sozialversicherungsträgern. Diese sind nach dem Prinzip der Selbstverwaltung aufgebaut und unterliegen nur der staatlichen Aufsicht. Die Kranken-, die Unfall- und die Pensionsversicherung sind nach Berufsklassen gegliedert. Die Gliederung rührt von der historischen Entwicklung her und lässt daher nicht immer eine logische Struktur erkennen. Ursprünglich für die sozial Schwachen und unselbstständig Erwerbstätigen geschaffen, hat die Sozialversicherung im Laufe der Jahre immer mehr Gruppen von selbstständig Erwerbstätigen angezogen. Heute gibt es in Österreich nur mehr ganz wenige Berufe, deren Angehörige nicht in irgendeiner Form sozialversichert sind.

Die Darstellung des Sozialversicherungsrechts kann hier nur abrissartig das Wesentliche streifen; ein auch nur annähernd vollständiger Überblick würde den Rahmen jedes allgemeinen juristischen Ratgebers bei weitem sprengen. Zum außergewöhnlichen Umfang dieses vielfach verzweigten Rechtsbereichs kommen noch seine ständigen Novellierungen, die es selbst Werken der Spezialliteratur unmöglich machen, mit der Rechtsentwicklung Schritt zu halten. Die Sozialversicherungsgesetze werden immer wieder geändert. Und auch andere Arten von Rechtsnormen sind zur Durchführung der Sozialversicherung notwendig, so das Verwaltungsrecht, Staatsverträge zur zwischenstaatlichen Sozialversicherung sowie privates Vertragsrecht (z. B. zur Erbringung von Sachleistungen durch Ärzte und Krankenanstalten namens der Versicherungsträger).

Der Versuch der bruchstückhaften Behandlung dieses umfangreichen Themas ist gerechtfertigt, wenn der Leser hier die eine oder andere Information erhält, sodass ihm kein Schaden erwächst und auch kein Vorteil entgeht. Von den Systemen der Kranken-, Unfall- und Pensionsversicherung werden jene der Unselbstständigen und der Selbstständigen in der gewerblichen Wirtschaft und in der Land- und Forstwirtschaft behandelt. Dazu kommt noch die Kranken- und Unfallversicherung der Beamten. Rechtsgrundlage für diese Versicherungen sind hauptsächlich das Allgemeine Sozialversicherungsgesetz (ASVG), das Gewerbliche Sozialversicherungsgesetz (GSVG), das Bauern-Sozialversicherungsgesetz (BSVG) und das Beamten-Kranken- und Unfallversicherungsgesetz (B-KUVG) sowie das Freiberuflichen-Sozial versicherungsgesetz (FSVG) und das Notarversicherungsgesetz (NVG). Die folgenden Ausführungen basieren in erster Linie auf den erwähnten Gesetzen.

Die Versicherungen und deren Durchführung

Krankenversicherung nach dem ASVG

Die **Krankenversicherung nach dem ASVG** führen durch:

— neun Gebietskrankenkassen (in jedem Bundesland eine); bei ihnen ist der Großteil der Arbeiter, Angestellten und ASVG-Pensionisten versichert;
— acht Betriebskrankenkassen; diesen obliegt nur die Krankenversicherung der entsprechenden Betriebsbelegschaften (z. B. Betriebskrankenkasse der Wiener Verkehrsbetriebe, der VOEST-Alpine) usw.;
— die Versicherungsanstalt der österreichischen Eisenbahnen; sie wickelt die Krankenversicherung der nichtbeamteten Bediensteten der öffentlichen Eisenbahnen sowie der Pensionsbezieher dieses Personenkreises ab;
— die Versicherungsanstalt des österreichischen Bergbaues; bei dieser Anstalt sind die aktiven und pensionierten Bergleute krankenversichert.

Die Krankenversicherung der Beamten wird von der Versicherungsanstalt öffentlich Bediensteter (BVA) durchgeführt; für die Krankenversicherung der Selbstständigen in der gewerblichen Wirtschaft ist die Sozialversicherungsanstalt der gewerblichen Wirtschaft als Versicherungsträger zuständig; die Krankenversicherung der Land- und Forstwirte führt die Sozialversicherungsanstalt der Bauern durch.

Unfallversicherung

In der **Unfallversicherung** gibt es folgende Versicherungsträger:

— Allgemeine Unfallversicherungsanstalt (ASVG). Sie führt die Unfallversicherung derjenigen versicherungspflichtigen Personen durch, die nicht anderweitig versichert sind. In ihren Versicherungsbereich fallen somit die gewerblichen, industriellen und land- und forstwirtschaftlichen Arbeiter und Angestellten, Arbeiter und Angestellte im Bergbau, Selbstständige in Handel und Gewerbe, freischaffende bildende Künstler und freiberufliche Ärzte, Dentisten und Tierärzte.

— Versicherungsanstalt der österreichischen Eisenbahnen (ASVG). Die bei den österreichischen Eisenbahnen Beschäftigten und die Arbeiter, Vertragsbediensteten und Beamten der ÖBB sind bei dieser Anstalt gegen Unfall versichert.
— Versicherungsanstalt öffentlich Bediensteter (B-KUVG). Sie führt die Unfallversicherung der Bundes-, Landes- und Gemeindebeamten durch.
— Sozialversicherungsanstalt der Bauern (BSVG). Die Unfallversicherung der Land- und Forstwirte wird von dieser Anstalt durchgeführt.

Pensionsversicherung

Für die **Pensionsversicherung** bestehen in Österreich folgende Versicherungsträger:

— Pensionsversicherungsanstalt – ihr obliegt die Pensionsversicherung gewerblicher, industrieller und land- und forstwirtschaftlicher Arbeiter sowie der Angestellten aus Gewerbe, Handel, Industrie sowie Land- und Forstwirtschaft.
— Versicherungsanstalt der österreichischen Eisenbahnen (ASVG). Sie führt die Pensionsversicherung der nichtbeamteten Eisenbahnbediensteten durch.
— Versicherungsanstalt des österreichischen Bergbaues (ASVG). Die Arbeiter und Angestellten im Bergbau sind bei dieser Anstalt pensionsversichert.
— Sozialversicherungsanstalt der gewerblichen Wirtschaft (GSVG). In ihren Händen liegt die Pensionsversicherung der Selbstständigen in Handel und Gewerbe, der freiberuflich erwerbstätigen Tierärzte, Dentisten, Wirtschaftstreuhänder, Journalisten sowie der freischaffenden bildenden Künstler.
— Sozialversicherungsanstalt der Bauern (BSVG). Diese Anstalt führt die Pensionsversicherung für die Selbstständigen in der Land- und Forstwirtschaft durch.
— Versicherungsanstalt des österreichischen Notariates (NVG). In ihren Händen liegt die Pensionsversicherung für Notare und Notariatskandidaten.

Unter **Durchführung einer Versicherung** ist an sich die Betreuung der Versicherten in allen Fragen zum Versicherungsverhältnis (Versicherungspflicht, Versicherungsberechtigung, Einhebung der Beiträge usw.) und Leistungsverhältnis (Erbringen von Leistungen, Ablehnen eines Anspruchs) zu verstehen. Eine Ausnahme besteht insofern, als die Krankenversicherungsträger nach dem ASVG auch für die Unfall- und Pensionsversicherungsträger die Beiträge aus der Pflichtversicherung einheben.

Das Versicherungsverhältnis

Pflichtversicherung

Die Zugehörigkeit zur Sozialversicherung besteht in der Regel in Form einer Pflichtversicherung. In bestimmten Fällen ist der Eintritt in die Versicherung oder die Fortsetzung einer beendeten Versicherung aber auch auf freiwilliger Basis möglich.

Darüber hinaus gibt es noch zur Erhöhung von Leistungen oder zwecks Erlangung zusätzlicher Leistungen in beschränkten Fällen eine freiwillige Versicherung.

Die Staatsangehörigkeit des Versicherungsnehmers in der Sozialversicherung ist bedeutungslos. Der Tatbestand (Ausbildung, Erwerbstätigkeit, Pensionsbezug), der die Versicherung auslöst, ist allerdings – von wenigen Sonderfällen abgesehen – auf das österreichische Staatsgebiet beschränkt. Auch eine freiwillige Versicherung in einer Kranken- oder Unfallversicherung und die freiwillige Selbstversicherung in der Pensionsversicherung setzen einen Wohnsitz im Inland voraus. Lediglich die Weiterversicherung und die Höherversicherung von Weiterversicherten in der Pensionsversicherung können vom Ausland aus erfolgen.

Die **Pflichtversicherung** tritt mit der Aufnahme einer unter dem Versicherungsschutz stehenden unselbstständigen oder selbstständigen Erwerbstätigkeit, mit dem Beginn einer entsprechenden Ausbildung oder mit dem Bezug einer Pension automatisch ein. Sie hängt nicht von der Anmeldung oder Beitragszahlung ab. Nur in der Pensionsversicherung kann es vorkommen, dass wegen verspäteter Anmeldung oder nicht rechtzeitig entrichteter Beiträge Versicherungszeiten nicht wirksam werden. Die **freiwillige Versicherung** setzt dem gegenüber eine Willenserklärung dessen, der sie anstrebt, voraus; das heißt, sie muss beantragt werden.

Durch das Versichertsein während des Versicherungsverhältnisses erwirbt der Betroffene Anwartschaften auf die Leistungen, die ihm oder seinen Familienangehörigen im Versicherungsfall unter gewissen Voraussetzungen zustehen.

Versicherungspflicht und Versicherungsberechtigung

- **ASVG** (Allgemeines Sozialversicherungsgesetz 1955):
  Kranken-, Unfall- und Pensionsversicherung für:
  — unselbstständig Erwerbstätige (Arbeiter und Angestellte),
  — Lehrlinge,
  — freie Dienstnehmer.
  Krankenversicherung für:
  — Pensionisten nach dem ASVG,
  — Arbeitslose,
  — Kriegshinterbliebene,
  — Familienangehörige der ASVG-Versicherten ohne eigenen Versicherungsschutz,
  — Präsenzdiener.
  Unfallversicherung für:
  — Schüler,
  — Studenten,
  — selbstständig Erwerbstätige,
  — neue Selbstständige,
  — geringfügig Beschäftigte.
- **GSVG** (Gewerbliches Sozialversicherungsgesetz 1978):
  Kranken- und Pensionsversicherung für
  — selbstständig Erwerbstätige, die Mitglied in einer Wirtschaftskammer sind,
  — neue Selbstständige und Freiberufler.
  Krankenversicherung für:
  — Pensionisten nach dem GSVG,
  — Familienangehörige der GSVG-Versicherten ohne eigenen Versicherungsschutz.
  Pensionsversicherung für:
  — freiberuflich Selbstständige (z. B. Dentisten, Tierärzte, bildende Künstler, Journalisten, Wirtschaftstreuhänder), außer Rechtsanwälte und Ziviltechniker.
- **BSVG** (Bauern-Sozialversicherungsgesetz 1978):
  Kranken-, Unfall- und Pensionsversicherung für:
  — Bauern und Bäuerinnen (Betriebsführer),
  — hauptberuflich mittätige Familienangehörige (Ehepartner, Kinder, Übergeber von Betrieben).

Krankenversicherung für:
— Pensionisten nach dem BSVG,
— Familienangehörige der BSVG-Versicherten ohne eigenen Versicherungsschutz.

- **NVG** (Notarversicherungsgesetz 1972):
  Pensionsversicherung für:
  — Notare,
  — Notariatskandidaten.

- **B-KUVG** (Beamten-Kranken- und Unfallversicherungsgesetz 1967):
  Kranken- und Unfallversicherung für:
  — Dienstnehmer in einem öffentlich-rechtlichen Dienstverhältnis.
  Krankenversicherung für:
  — Bezieher eines Ruhe- oder Versorgungsgenusses,
  — Familienangehörige der B-KUVG-Versicherten ohne eigenen Versicherungsschutz.

- **FSVG** (Freiberuflichen-Sozialversicherungsgesetz 1978):
  Pensionsversicherung für:
  — selbstständige Ärzte, Apotheker, Patentanwälte.
  Unfallversicherung für:
  — selbstständige Ärzte.

Finanzierung der Sozialversicherung

Die Mittel der Sozialversicherung werden in erster Linie durch Beiträge aufgebracht, die von den Versicherten – bei unselbstständig Erwerbstätigen auch von deren Dienstgebern – zu zahlen sind. Für Pensionen der selbstständig Erwerbstätigen in der gewerblichen Wirtschaft werden auch Mittel aus dem Steueraufkommen der Gewerbetreibenden, für Pensionen der Bauern die Abgaben von land- und forstwirtschaftlichen Betrieben aufgewendet. Soweit diese Einnahmen der Pensionsversicherung nicht zur vollen Deckung der Versicherungsleistungen ausreichen, leistet der Staat aus allgemeinen Steuermitteln einen Beitrag in Form der von ihm übernommenen Ausfallshaftung; überdies leistet der Staat einen Beitrag zur Kranken- und Unfallversicherung der Bauern.

Beitragsgrundlage

Die Höhe der Beiträge der Versicherten und ihrer Dienstgeber richtet sich nach der **Beitragsgrundlage** und dem entsprechenden Beitragssatz. Die Grundlage für die Berechnung der Beiträge ist das Erwerbseinkommen des Versicherten; bei den Bauern werden die Beiträge vom Ertragswert (Einheitswert) des Betriebes berechnet. Zur Berechnung der Versicherungsbeiträge wird das Erwerbseinkommen aber nur bis zu einer Höchstgrenze (**Höchstbeitragsgrundlage**) herangezogen.

Geringe Einkommen bewirken **keine Versicherungspflicht** in der Kranken- und Pensionsversicherung nach dem ASVG. Die Grenzbeträge für die Geringfügigkeit sind im Jahr 2004 € 316,19 monatlich, € 28,– täglich.

Beamte sind kranken- und unfallversichert, aber nicht pensionsversichert. Sie erhalten einen Ruhegenuss vom Staat und leisten dafür einen Beitrag in Höhe von 12,55 Prozent des Gehalts.

Für die Krankenversicherung der **Pensionisten** sind die Beiträge aus den Mitteln der Pensionsversicherungsträger aufzubringen; von den Pensionsempfängern selbst wird ein Beitrag von 4,35 Prozent ihrer Pension einbehalten (Ausnahme: Waisenpensionen kein Beitrag). Neue Vertragsbedienstete der öffentlichen Hand zahlen im Jahr 2004 4,55 Prozent als Pensionsbeitrag. Beamte haben derzeit einen Pensionsversicherungssatz von 12,55 Prozent, in der Pension müssen sie einen Pensionssicherungsbeitrag von 3,3 Prozent zahlen.

Höchstbeitragsgrundlagen 2004

- **Bereich des Allgemeinen Sozialversicherungsgesetzes (ASVG):**

Für Krankenversicherung, Unfallversicherung und Pensionsversicherung, den Arbeitslosenversicherungsbeitrag und Zuschlag nach dem Insolvenz-Entgeltsicherungsgesetz (IESG), für Bauarbeiter-Schlechtwetterzulage, den Beitrag nach dem Entgeltfortzahlungsgesetz (EFZG), den Beitrag nach dem Nachtschwerarbeitsgesetz und den Wohnbauförderungsbeitrag beträgt die monatliche Höchstbemessungsgrundlage € 3.450,–, für Sonderzahlungen jährlich € 6.900,–.

- **Bereich des Gewerblichen Sozialversicherungsgesetzes (GSVG) und des Bauernsozialversicherungsgesetzes (BSVG):**

Hier beträgt die monatliche Höchstbemessungsgrundlage für Krankenversicherung und Pensionsversicherung € 4.025,–.

eSV – elektronische Sozialversicherung

Mit der 56. ASVG Novelle erhielt die österreichische Sozialversicherung unter anderem den Auftrag, die Kontakte zu Versicherten, Dienstgebern und Vertragspartnern weitgehend ohne papierschriftliche Unterlagen abzuwickeln, das Projekt »eSV – elektronische Sozialversicherung« wurde Realität:

Die Sozialversicherung ging mit www.sozialversicherung.at online. In diese innovative Internetlösung sind schon fast alle Sozialversicherungsträger integriert, die restlichen folgen in Kürze. Für den Internetuser bedeutet der neue Internetauftritt, dass er entweder über www.sozialversicherung.at oder über den für ihn zuständigen Sozialversicherungsträger auf das breitgestreute Internetangebot der österreichischen Sozialversicherung zugreifen kann. Eine einfache und übersichtliche Menüführung macht dabei das Finden von Informationen zum Vergnügen. Es ist noch einfacher als bisher, mit der Sozialversicherung in Kontakt zu treten, Informationen und Services stehen ohne Zeitverzögerung rund um die Uhr zur Verfügung.

Auf www.sozialversicherung.at werden nicht nur Informationen über das Leistungsspektrum (Kranken-, Unfall- und Pensionsversicherung) der österreichischen Sozialversicherung angeboten, auch Formulare (z. B. Krankenscheine) stehen zum Download zur Verfügung oder können online ausgefüllt und verschickt werden, außerdem werden e-services angeboten:

So können Versicherte bereits jetzt ihren Versicherungsdatenauszug über das Internet beziehen oder ihren persönlichen Versicherungsstatus (Wo bin ich krankenversichert? Sind meine Angehörigen mit mir mitversichert?) abfragen. Für Vertragspartner der Sozialversicherung gibt es auch ein spezielles Service im Internet: Sie können die Sozialversicherungsnummern von Versicherten abfragen. All diese e-services sind an eine Authentifizierungslösung gebunden, die dem höchsten Stand der Technik entspricht, die maximale Datensicherheit garantiert und die den strengen gesetzlichen Vorgaben entspricht.

Kundenservice

Die Sozialversicherungsträger sind Dienstleistungsunternehmen, sie bemühen sich, ihre gesetzlichen Aufgaben einfach und damit auch kostengünstig für Beitragszahler und Versicherte zu erfüllen. Die Organisationsänderungen der vergangenen Jahre und die Einführung von »one-stop-Service« in den meisten Bundesländern als Pilotversuche haben das Service der Sozialversicherung deutlich verbessert.

Ziel des One-stop-shop-Gedankens ist die Verbesserung der Außenbeziehungen. Das Angebot an die Kunden wird möglichst ganzheitlich gestaltet. Das bedeutet für jeden Versicherten, unabhängig von seinem Beschäftigungsverhältnis/seiner Erwerbstätigkeit und der daraus resultierenden sachlichen Zuständigkeit zu einem Versicherungsträger, dass er Auskünfte/ Formulare/Anträge/Leistungserbringung mit Enderledigung von einer einzigen Kontaktstelle erhält.

Die richtige Eingangstür ist überall

Wer einem Sozialversicherungsträger etwas mitzuteilen hat oder einen Antrag stellen will, muss nicht erst die »zuständige Stelle« aufsuchen; der Wunsch, Antrag, die Meldung etc. kann bei der nächsten Kundendienststelle (Büro, Bezirksstelle, one-stop-Service etc.) eines Sozialversicherungsträgers abgegeben werden.

Wenn ein Antrag nicht bei dem Sozialversicherungsträger abgegeben wird, der für die Bearbeitung zuständig ist, leitet die empfangende Stelle diesen Antrag weiter, ohne dass sich der Antragsteller darum kümmern muss. Dies gilt auch für Meldungen und bewirkt, dass Mitteilungen für Sozialversicherungsträger, gleichgültig für welchen Versicherungszweig, auch bei den Büros anderer Sozialversicherungsträger abgegeben werden können. Damit wird das Einhalten von Fristen leichter. Die endgültige sachliche Erledigung wird allerdings nach wie vor von der Stelle erfolgen, die rechtlich dafür zuständig ist und die dafür auch die Verantwortung trägt.

Mit der 52. ASVG-Novelle wurden außerdem als spezielle Anlaufstelle bei den Versicherungsträgern **Beiräte** geschaffen, die aus Vertretern der Versicherten, Dienstgeber, Pensionisten, Rentnern und Beziehern pflegebezogener Leistungen bestehen.

Der Versicherungsdatenauszug

Die Sozialversicherungsleistungen und insbesondere die Pensionen beruhen zum Teil wesentlich darauf, welche Versicherungszeiten man zurückgelegt hat. Dazu gehören nicht nur die Zeiten, in denen man als Arbeiter oder Angestellter angemeldet war, sondern auch Zeiten von Arbeitslosigkeit, Karenzurlaub und Krankengeldbezug. Auch Schulzeiten, Bundesheer, Lehrverhältnisse, Studienzeiten oder die Zeit, in der man ein Kleinkind erzogen hat, können wichtig werden. Das Zusammenstellen dieser Zeiten kann recht schwierig sein, besonders dann, wenn man bei verschiedenen Arbeitgebern beschäftigt war.

Für die Auskunft darüber, welche Angaben bereits bei den Sozialversicherungsträgern vorhanden sind, wurde der Versicherungsdatenauszug geschaffen. Wer versicherungspflichtig erwerbstätig war, kann durch diesen EDV-Ausdruck seiner wichtigen Versicherungsdaten sofort feststellen, ob z. B. Anmeldungen richtig verzeichnet wurden. Für frühere Jahre ist auch der Betrag, mit dem man versichert war (die sogenannte »Beitragsgrundlage«), angegeben.

Versicherungsdatenauszüge können bei allen Sozialversicherungsdienststellen angefordert werden (Lichtbildausweis).

Die Versicherungsnummer

Die Versicherungsnummer hat für die Sozialversicherung praktisch die selbe Funktion wie die Kontonummer eines Sparbuches: Weil Namensschreibweisen nicht immer eindeutig sind (und weil es auch Menschen gibt, die den gleichen Namen haben und am selben Tag geboren sind), muss es einen Ordnungsbegriff geben, der die Aufzeichnungen der Sozialversicherungsträger bei verschiedenen Menschen eindeutig auseinander hält. Die Versicherungsnummer hat drei Teile

— eine laufende Nummer (erste drei Stellen)

— eine Prüfziffer (vierte Stelle) und grundsätzlich

— das Geburtsdatum (fünfte bis zehnte Stelle).

Freiwillige Versicherungen

Zwischen Pflichtversicherung und freiwilliger Versicherung bestehen grundlegende Unterschiede:

- **Pflichtversicherung:**
  - — keine Willenserklärung des Versicherten,
  - — Eintritt kraft Gesetzes,
  - — Meldeunabhängigkeit: das Versicherungsverhältnis besteht auch ohne Anmeldung beim Krankenversicherungsträger,
  - — Finanzierung durch Beiträge der Dienstgeber und Dienstnehmer.
- **Freiwillige Versicherung:**
  - — Willenserklärung des Versicherten,
  - — Eintritt aufgrund einer Beitrittserklärung (Antrag),
  - — Versicherungsverhältnis besteht nur nach einer Anmeldung beim Versicherungsträger,
  - — Selbstfinanzierung durch den Versicherten.

Die freiwillige Versicherung umfasst die Krankenversicherung (als Selbstversicherung; Sonderform: Studentenversicherung), die Unfallversicherung (als Selbstversicherung und Höherversicherung) sowie die Pensionsversicherung (als Selbstversicherung, Weiterversicherung, Höherversicherung sowie für ein behindertes Kind).

- **Krankenversicherung:**
  - — Selbstversicherung: Personen, die nicht pflichtversichert sind und ihren Wohnsitz im Inland haben, können sich in der Krankenversicherung selbst versichern. Bei der Beitragsbemessung werden auf Antrag die wirtschaftlichen Verhältnisse des Versicherten berücksichtigt. Für die Durchführung der Selbstversicherung ist die Gebietskrankenkasse jenes Bundeslandes zuständig, in dem der Antragsteller seinen Wohnsitz hat.

- Studentenversicherung: Studenten sind längstens bis zur Vollendung des 27. Lebensjahres beitragsfrei bei den Eltern mitversichert. Danach können sie sich, falls sie ihren gewöhnlichen Aufenthalt in Österreich haben, in der Krankenversicherung selbst versichern. Sofern die Voraussetzungen für die Heranziehung des begünstigten Studententarifs erfüllt sind, beträgt der monatliche Beitrag € 37,15; davon hat der Student nur € 18,58 zu zahlen, da die andere Hälfte aus Bundesmitteln finanziert wird. In allen anderen Fällen gilt der oben genannte Beitrag zur allgemeinen Selbstversicherung.
- Selbstversicherung bei geringfügiger Beschäftigung: Personen, die wegen einer geringfügigen Beschäftigung von der Vollversicherung ausgeschlossen sind, können sich, solange sie ihren Wohnsitz im Inland haben, auf Antrag in der Kranken- und Pensionsversicherung selbst versichern. Für die Durchführung dieser Selbstversicherung ist im Regelfall die Gebietskrankenkasse jenes Bundeslandes zuständig, in dem der Antragsteller seinen Wohnsitz hat.

- **Unfallversicherung:**
  - Selbstversicherung: In der Unfallversicherung ist die Selbstversicherung möglich für nicht pflichtversicherte selbstständig Erwerbstätige, wenn ihr Betriebssitz im Inland ist, mit Zustimmung der selbstständig Erwerbstätigen; für deren Ehegatten, Kinder und Angehörige; weiters für Lehrkräfte in Betriebsstätten, Fachschulen u. a., wenn sie ihren Wohnsitz im Inland haben und nicht schon wegen dieser Tätigkeit in der Unfallversicherung pflichtversichert sind.
  - Höherversicherung: Selbstständig Erwerbstätige, die Mitglied einer Wirtschaftskammer sind, oder neue Selbstständige haben die Möglichkeit, durch eine freiwillige Höherversicherung höhere Rentenansprüche aus der Unfallversicherung zu erwerben.
- **Pensionsversicherung:**
  - Weiterversicherung: In der Pensionsversicherung ist die Möglichkeit einer freiwilligen Weiterversicherung allgemein vorgesehen. Voraussetzung ist, dass derjenige, der das Recht auf Weiterversicherung geltend macht, Vorversicherungszeiten in einem bestimmten Ausmaß nachweisen kann.
  - Selbstversicherung: Wenn noch keine oder nicht ausreichende Vorversicherungszeiten vorhanden sind, kann, sofern der Wohnsitz im Inland ist, die Berechtigung zur Weiterversicherung durch eine Selbstversicherung erlangt werden. Diese Form der freiwilligen Versicherung ermöglicht es Personen, die nie einer versicherungspflichtigen Beschäftigung nachgegangen sind (z. B. Hausfrauen), einen eigenen Pensionsanspruch zu erwerben.
  - Selbstversicherung bei geringfügiger Beschäftigung: siehe oben die Ausführungen zur Krankenversicherung.
  - Behindertes Kind: Personen mit Wohnsitz im Inland, die sich der Pflege eines im gemeinsamen Haushalt lebenden behinderten Kindes widmen und deren Arbeitskraft dadurch gänzlich beansprucht wird, haben die Möglichkeit, sich bis zum 30. Lebensjahr des Kindes in der Pensionsversicherung selbst zu versichern. Die Beiträge zahlt der Familienlastenausgleichsfonds. Zu dieser Selbstversicherung berechtigt sind: die Eltern, die Großeltern, die Wahl(groß-)eltern, die Stiefeltern und die Pflegeeltern (§ 186 ABGB). Eine Selbstversicherung in der Pensionsversicherung für Zeiten der Pflege eines behinderten Kindes kann jeweils nur für eine Person beantragt werden.
  - Höherversicherung: In der Pensionsversicherung sind Beiträge nur bis zu einer Höchstbeitragsgrundlage zu entrichten. Hieraus ergibt sich, dass auch die

Pensionshöhe einen bestimmten Wert nicht übersteigen kann. Um einen darüber hinausgehenden Pensionsanspruch erwerben zu können (dies ist insbesondere für Versicherte mit einem Einkommen deutlich über der Höchstbeitragsgrundlage von Interesse), besteht die Möglichkeit der freiwilligen Höherversicherung. Der Versicherte kann die Höhe und den Zeitpunkt der Zahlung der Beiträge zur Höherversicherung völlig frei wählen. Allerdings darf eine jährliche Höchstgrenze nicht überschritten werden. Die Rechte aus einbezahlten Beiträgen zur Höherversicherung bleiben dem Versicherten auch dann gewahrt, wenn er mit der Beitragszahlung aussetzt.

Aus der Höherversicherung wird ein besonderer Steigerungsbetrag (**Zusatzpension**) gewährt, der zusätzlich zur Pension ausbezahlt wird; er wird ebenso wie die Pension 14-mal jährlich ausbezahlt und mit jeder Pensionserhöhung im gleichen prozentuellen Ausmaß erhöht. Die Höhe der Zusatzpension steht in einem direkten Verhältnis zur Höhe der eingezahlten Beiträge. Diese Beiträge werden jährlich aufgewertet; damit wird nicht nur ein Inflationsverlust verhindert, sondern eine reale Erhöhung gesichert. Auch Hinterbliebene kommen in den Genuss von Leistungen aus der Höherversicherung. Witwen bzw. Witwer erhalten 60 Prozent, einfach verwaiste Kinder 24 Prozent und Doppelwaisen 36 Prozent der Zusatzpension.

€ Höherversicherungsbeiträge können im Rahmen der »Steuerreform 2000« als prämienbegünstigte Beiträge in der gesetzlichen Pensionsversicherung geleistet werden. Die Prämienbegünstigung ist weitgehend an das Modell des Bausparens angelehnt, das heißt, der Höchstbetrag der prämienbegünstigten Beiträge entspricht jenem, der auch beim Bausparen vorgesehen ist (€ 1.000,–). Beiträge über diesem Höchstbetrag können im Rahmen der Sonderausgaben steuerlich geltend gemacht werden.

Höherversicherungsleistungen sind, sofern sie auf prämienbegünstigte Beitragsleistungen zurückgehen, steuerfrei. Leistungen aufgrund noch höherer Beiträge sind zu 75 Prozent steuerfrei.

Krankenversicherung

Die Leistungen der Krankenversicherung erhalten Versicherte und Familienangehörige, die keinen eigenen gesetzlichen Krankenversicherungsschutz haben. Als Familienangehörige gelten Ehegatten und Kinder eines Versicherten, unter gewissen Voraussetzungen auch die Eltern und sonstige Verwandte des Versicherten (z. B. Enkel und Stiefkinder), auch die Lebensgefährtin bzw. der Lebensgefährte, wenn sie mit dem Versicherten in Hausgemeinschaft leben. Die Kinder gelten als Angehörige bis zur Vollendung des 18. Lebensjahres, über diese Altersgrenze hinaus, wenn sie studieren oder sich in Berufsausbildung befinden. Für studierende Kinder gilt in der Regel die Vollendung des 27. Lebensjahres als Altersgrenze. Für Kinder, die infolge einer Krankheit oder eines Gebrechens erwerbsunfähig sind, besteht die Anspruchsberechtigung ohne zeitliche Begrenzung.

Vorsorgeuntersuchung

Die Krankenversicherungsträger laden die bei ihnen pflichtversicherten Jugendlichen (16. bis 18. Lebensjahr) einmal jährlich zu einer **Vorsorgeuntersuchung** ein. Bei der ersten Untersuchung (16. Lebensjahr) wird eine ausführliche Anamnese erhoben und eine eingehende Basisuntersuchung durchgeführt. Bei der zweiten und dritten Untersuchung werden neben einer allgemeinen Kontrolluntersuchung, die auf der Untersuchung des Vorjahres aufsetzt, Schwerpunktuntersuchungen bezüglich Augen, Ohren, Zähne (17. Lebensjahr) und eine spezielle Untersuchung und Beratung hinsichtlich der Berufsbelastung (18. Lebensjahr) durchgeführt. Die vierte Untersuchung, die bei männlichen Jugendlichen wegen der Stellungsuntersuchung entfallen kann, enthält eine gynäkologische Beratung für die weiblichen Jugendlichen.

Die **Krankenbehandlung** umfasst ärztliche Hilfe, Medikamente und Heilbehelfe. Sie muss ausreichend und zweckmäßig sein. Es bestehen folgende Grundsätze:

Freie Arztwahl

Der Versicherte kann jeden Vertragsarzt aufsuchen, der sein Vertrauen genießt (sowohl Ärzte für Allgemeinmedizin als auch Fachärzte). Er kann aber auch einen Arzt ohne Kassenvertrag in Anspruch nehmen; in diesem Fall gebührt ihm der Ersatz der Kosten bis zu 80 Prozent des Betrages, der vom Krankenversicherungsträger für die Behandlung durch einen Vertragsarzt aufzuwenden gewesen wäre.

Sachleistung

Die ärztliche Hilfe wird grundsätzlich als Sachleistung gewährt, das heißt, die Honorare der Ärzte – soweit sie Vertragsärzte sind – werden vom Krankenversicherungsträger beglichen. In der Krankenversicherung der Beamten, der Eisenbahner und der selbstständig Erwerbstätigen nach dem GSVG ist eine **Kostenbeteiligung** des Versicherten – in der Regel 20 Prozent – vorgesehen. Bauern haben einen **Behandlungsbeitrag** von € 6,99 (2003) pro Krankenschein (nicht für Überweisungsscheine) zu zahlen. Für Arbeiter und Angestellte gilt eine **Krankenscheingebühr** von € 3,63 (nicht für Überweisungsscheine), wobei es verschiedene Befreiungsmöglichkeiten gibt.

Therapiefreiheit des Arztes

Der behandelnde Arzt ist in der Wahl der Therapiemittel frei. Er hat das Recht, seinen Patienten einem Facharzt oder in Spitalsbehandlung zu überweisen. Der ärztlichen Hilfe gleichgestellt ist eine aufgrund ärztlicher Verschreibung erforderliche physiotherapeutische oder logopädische Behandlung durch Personen, die zur freiberuflichen Ausübung der betreffenden Behandlung berechtigt sind, sowie eine psychotherapeutische Behandlung durch hierzu befähigte Ärzte oder Psychotherapeuten, diagnostische Leistungen eines klinischen Psychologen und die Ergotherapie sowie ab 1. April 2003 die aufgrund ärztlicher Verschreibung erforderliche Leistung eines Heilmasseurs, der zur freiberuflichen Berufsausübung berechtigt ist.

Rezeptgebühr

Der Hauptverband der Sozialversicherungsträger hat in Wahrnehmung öffentlicher Interessen vom Gesichtspunkt des Sozialversicherungsrechtes und der wirtschaftlichen Tragfähigkeit Richtlinien über die ökonomische Verschreibweise von Medikamenten und Heilbehelfen aufgestellt. Die vom Vertragsarzt verordneten Medikamente können auf Rechnung der Krankenversicherungsträger in jeder Apotheke bezogen werden. An die Apotheke ist eine Rezeptgebühr zu entrichten, dies ist eine Art Kostenbeteiligung des Versicherten. Die Rezeptgebühr beträgt im Jahr 2004 € 4,35 pro Verschreibung; alljährlich erfolgt eine automatische Anpassung.

Befreiung von der Rezeptgebühr wird **ohne Antrag** gewährt für:

— Bezieher von Geldleistungen, bei denen schon anlässlich der Zuerkennung dieser Leistung die besondere soziale Schutzbedürftigkeit festgestellt wurde, z. B. bei Pension mit Ausgleichszulage (für Bezieher einer Ausgleichszulage mit einem Ausgedinge gelten Sonderbestimmungen), Ruhe- und Versorgungsgenuss mit Ergänzungszulage (die Befreiung von der Rezeptgebühr wird von der Krankenkasse auf dem Krankenkassenscheck vermerkt oder auf andere Weise ersichtlich gemacht);
— für Patienten mit anzeigepflichtigen übertragbaren Krankheiten.

Auf Antrag bei der Krankenkasse wird die Befreiung von der Rezeptgebühr gewährt für:
— Personen, deren monatliche Nettoeinkünfte € 653,19 für Alleinstehende bzw. € 1.015,– für Ehepaare nicht übersteigen; die Beträge erhöhen sich pro Kind um € 69,52;
— Personen, die infolge von Leiden oder Gebrechen überdurchschnittliche Ausgaben nachweisen, sofern die monatlichen Nettoeinkünfte € 751,17 bei Alleinstehenden, € 1.167,25 bei Ehepaaren, € 1.236,77 bei Ehepaaren mit einem Kind und € 1.306,29 bei Ehepaaren mit zwei Kindern nicht übersteigen. Für jedes weitere Kind sind € 69,52 hinzuzurechnen. Leben im Familienverband des Versicherten Personen mit eigenem Einkommen, so ist dies zu berücksichtigen.

Wenn es die Art der Krankheit erfordert oder wenn eine entsprechende häusliche Pflege nicht möglich ist, besteht Anspruch auf **Spitalspflege**. Diese wird in der nächstgelegenen Krankenanstalt aufgrund von Verträgen zwischen den Krankenversicherungsträgern und den Rechtsträgern dieser Anstalten gewährt. Die Krankenversicherungsträger haben auch mit den meisten privaten Krankenanstalten Verträge abgeschlossen. Spitalspflege ist **ohne zeitliche Begrenzung** zu gewähren, so lange es die Art der Krankheit erfordert. Für Familienangehörige (ASVG) sowie für Versicherte und Angehörige (im BSVG) ist in den ersten vier Wochen eine **Kostenbeteiligung** vorgesehen.

Leistungen der Krankenversicherung

Heilbehelfe

Brillen, orthopädische Schuheinlagen, Bruchbänder und sonstige Heilbehelfe hat der Krankenversicherungsträger zu gewähren, wenn ihre Kosten einen bestimmten Mindestbetrag (2004: € 23,–) überschreiten. Für alle Heilbehelfe, die der Krankenversicherungsträger gewährt, hat der Versicherte einen **Kostenanteil** zu tragen, und zwar 10 Prozent der Kosten (GSVG und BSVG 20 Prozent), jedenfalls aber den oben erwähnten Mindestbetrag. Für Personen, die ständig Versorgungsmittel benötigen (z. B. Kolostomiepatienten), gibt es keinen Mindestselbstbehalt. **Keine Kostenbeteiligung** besteht auch für Kinder, die das 15. Lebensjahr noch nicht vollendet haben bzw. für die – ohne Rücksicht auf das Lebensalter – Anspruch auf die erhöhte Familienbeihilfe besteht; weiters für Personen, die wegen besonderer sozialer Schutzbedürftigkeit von der Rezeptgebühr befreit sind (siehe oben).

Reisekosten

Wenn wegen der Entfernung der Wohnung des Versicherten von der Ordination des nächstgelegenen Vertragsarztes bei der Inanspruchnahme ärztlicher Hilfe Reisekosten entstehen, kann der Krankenversicherungsträger den notwendigen Aufwand an

Reisekosten – nach Maßgabe der Bestimmungen der Satzung – ersetzen. Bei Erkrankten, denen die Benützung eines öffentlichen Verkehrsmittels nicht zugemutet werden kann (z. B. bei Gehunfähigkeit), hat der Krankenversicherungsträger die Kosten eines Transports zur Inanspruchnahme ärztlicher Hilfe zu übernehmen. Diese Bestimmungen gelten entsprechend für Fahrten im Zusammenhang mit der körperlichen Anpassung von Heilbehelfen und für Transporte in Krankenanstalten.

Hilfsmittel bei körperlichen Gebrechen

Bei Verstümmelungen, Verunstaltungen und körperlichen Gebrechen werden vom Krankenversicherungsträger die erforderlichen Hilfsmittel (z. B. Körperersatzstücke) gewährt. Der Krankenversicherungsträger übernimmt die Kosten bis zu der in der Satzung vorgesehenen Höchstgrenze. Wie bei den Heilbehelfen hat der Versicherte einen Kostenanteil zu bezahlen. Werden die Hilfsmittel im Rahmen der medizinischen Rehabilitation beigestellt, übernimmt der Kankenversicherungsträger die gesamten Kosten.

Zahnbehandlung und Zahnersatz

Als Versicherungsleistungen werden konservierende und chirurgische Zahnbehandlungen sowie Kieferregulierungen (kieferorthopädische Behandlungen) erbracht, desgleichen der notwendige Zahnersatz. Auch Metallarbeiten (z. B. Metallgerüstprothesen) werden gewährt. Allerdings werden die Kosten eines Zahnersatzes nicht zur Gänze von den Krankenversicherungsträgern übernommen, sondern der Versicherte muss eine Zuzahlung leisten. Das gilt auch bei kieferorthopädischen Behandlungen. In der Krankenversicherung der Beamten und der selbstständig Erwerbstätigen (Gewerbetreibende und Bauern) ist darüber hinaus für die Leistungen der konservierenden und chirurgischen Zahnbehandlung eine Kostenbeteiligung des Versicherten vorgesehen.

Krankengeld

Hat eine Krankheit **Arbeitsunfähigkeit** zur Folge, so besteht in der Krankenversicherung der unselbstständig Erwerbstätigen ab dem vierten Tag der Arbeitsunfähigkeit Anspruch auf Krankengeld, und zwar für ein und denselben Versicherungsfall höchstens durch 78 Wochen. In der Satzung des Versicherungsträgers kann auch eine kürzere Zeit vorgesehen sein, jedenfalls aber 52 Wochen. Das Krankengeld wird aufgrund des letzten Arbeitsverdienstes (soweit dieser die Höchstbeitragsgrundlage nicht überschreitet) berechnet. Es beträgt 50 Prozent, ab dem 43. Tag 60 Prozent des Arbeitsverdienstes und kann sich außerdem, soweit die Satzung des Krankenversicherungsträgers dies vorsieht, um einen bestimmten Prozentsatz für die Ehegattin bzw. den Ehegatten und für sonstige Familienangehörige erhöhen. Das Gesamtausmaß des erhöhten Krankengeldes darf 75 Prozent des letzten Arbeitsverdienstes nicht übersteigen. Das Krankengeld ruht, solange der arbeitsunfähige Erkrankte Anspruch auf Weiterbezug seines Arbeitseinkommens hat. Freie Dienstnehmer haben keinen Anspruch auf Krankengeld. Für Selbstversicherte bei geringfügiger Beschäftigung ist das Krankengeld ein Fixbetrag.

Hauskrankenpflege

Die medizinische Hauskrankenpflege umfasst bestimmte medizinische Leistungen, die von diplomierten Krankenschwestern bzw. Pflegern auf ärztliche Anordnung erbracht werden, z. B. das Verabreichen von Injektionen, Sondenernährung, Wundversorgung usw.

Psychotherapie

Für Versicherte besteht ein Anspruch auf Behandlung durch einen Psychotherapeuten auf Rechnung der Krankenversicherung. Voraussetzungen für den Leistungsanspruch sind: das Vorliegen einer psychischen Störung, die als Krankheit anzusehen ist, und der Nachweis über einen Arztbesuch spätestens vor der zweiten psychotherapeutischen Behandlung, wobei diese ärztliche Kontaktaufnahme auch in einem Kassenambulatorium erfolgen kann. Bei dieser Leistung werden bis zum Abschluss vertraglicher Regelungen mit den Psychotherapeuten Kostenzuschüsse gewährt, deren Höhe von der Dauer der Sitzung abhängt und davon, ob es sich um eine Einzel- oder Gruppentherapie handelt. Ab der fünften Sitzung ist eine chefärztliche Genehmigung der Kasse erforderlich. Es kann allerdings von der Krankenkasse aus Gründen der Zweckmäßigkeit festgelegt werden, dass erst ab der elften Sitzung eine Genehmigung notwendig ist. Psychotherapie auf Krankenschein kann unter anderem in Kassenambulatorien und bei Vereinen in Anspruch genommen werden, die mit der Kasse einen Vertrag abgeschlossen haben sowie nunmehr auch bei Vertragsärzten.

Klinische Psychologie

Klinische Psychologen können nach Zuweisung durch (Vertrags-)Ärzte und Psychotherapeuten diagnostische Testverfahren auf Rechnung der Krankenkassen durchführen. Eine **Behandlung** durch klinische Psychologen ist jedoch keine Kassenleistung.

Medizinische Rehabilitation

Die Krankenkassen haben eine die Unfallversicherung und die Pensionsversicherung ergänzende Zuständigkeit im Bereich der medizinischen Rehabilitation. Damit wird verstärkt auch für die stationäre medizinische Rehabilitation der beitragsfrei mitversicherten Familienangehörigen (z. B. Kinder und Hausfrauen) sowie der Pensionisten gesorgt. Besondere Bedeutung kommt dieser Aufgabe z. B. bei der Betreuung von Schlaganfallpatienten zu, bei denen die physiotherapeutische und die logopädische Behandlung noch im Spital beginnen und anschließend über Spitalsambulanz und freie Praxis effizient fortgesetzt werden muss.

Ergotherapie

Die Leistungen der Ergotherapeuten (beschäftigungs- und arbeitstherapeutischer Dienst) sind im Rahmen der Krankenbehandlung der ärztlichen Hilfe gleichgestellt. Sie können damit in gleicher Weise wie Logopäden und Physiotherapeuten für die soziale Krankenversicherung tätig werden. Die verschiedenen Tätigkeitsbereiche der Ergotherapeuten werden voneinander abgegrenzt: während die Reaktivierung der persönlichen Fähigkeiten des Patienten in den Leistungsbereich der Krankenversicherung fällt, ist die Adaptierung der persönlichen Lebensumwelt des Patienten dem Bereich der sozialen Rehabilitation zugeordnet.

Mutterschaft

Der Versicherungsfall der Mutterschaft umfasst die Schwangerschaft, die Entbindung und die sich daraus ergebenden Folgen. **Anspruchsberechtigt** sind die Versicherten und deren Familienangehörige. Der Krankenversicherungsträger gewährt Pflege in einem Spital oder in einem Entbindungsheim für längstens zehn Tage. Treten im Verlauf der Schwangerschaft oder bei der Entbindung Komplikationen auf, die einen längeren Aufenthalt erforderlich machen, wird auch dieser gewährt.

Frauen, die unselbstständig erwerbstätig sind, dürfen während der letzten acht Wochen vor der voraussichtlichen Entbindung und während der ersten acht Wochen nach der Entbindung von ihrem Dienstgeber aufgrund des **Mutterschutzgesetzes** nicht beschäftigt werden (gleichzeitig besteht ein weitgehender Kündigungsschutz).

Wochengeld

Für die Dauer des **Beschäftigungsverbots** besteht Anspruch auf **Wochengeld** aus der gesetzlichen Krankenversicherung. In manchen Fällen – z. B. wenn bei Fortdauer der Beschäftigung Leben oder Gesundheit der Mutter oder des Kindes gefährdet wären – verlängert sich die Dauer des Beschäftigungsverbotes und des Wochengeldanspruchs. Das Wochengeld soll den entgangenen Arbeitsverdienst voll abgelten. Zur Berechnung des Wochengeldes ist der Netto-Arbeitsverdienst der letzten drei Monate heranzuziehen. Der Anspruch auf Wochengeld ruht, solange die Versicherte Anspruch auf Fortbezug ihres Entgelts hat. Die Krankenversicherungsträger erhalten vom Staat 70 Prozent ihres Aufwandes für Wochengeld ersetzt.

Selbstständig Erwerbstätige in der gewerblichen Wirtschaft und Bäuerinnen haben nach dem GSVG und BSVG Anspruch auf **Betriebshilfe** als Sachleistung oder auf Wochengeld von täglich € 23,16 während der gleichen Schutzfristen wie bei unselbstständig berufstätigen Müttern.

Unfallversicherung

Bei Arbeitsunfällen und Berufskrankheiten sorgt die Unfallversicherung für ihre Versicherten mit allen geeigneten Mitteln. Bei Privatunfällen erhalten nahezu alle Österreicher Leistungen aus der Krankenversicherung, Berufstätige auch aus der Pensionsversicherung. Derzeit sind rund 99 Prozent der Bevölkerung durch die Sozialversicherung geschützt.

Die wichtigsten **Aufgaben der Unfallversicherung** sind:

- Verhütung von Arbeitsunfällen und Berufskrankheiten,
- Arbeitsmedizinische Betreuung,
- Erste-Hilfe-Leistung bei Arbeitsunfällen,
- Unfallheilbehandlung,
- Rehabilitation,
- Entschädigung nach Arbeitsunfällen und Berufskrankheiten.

Arbeitsunfälle

Arbeitsunfälle sind Unfälle, die sich in ursächlichem, örtlichem und zeitlichem Zusammenhang mit der die Versicherung begründenden Erwerbstätigkeit oder Ausbildung ereignen. Unter Versicherungsschutz stehen auch Wege und Tätigkeiten im Zusammenhang mit der Erwerbstätigkeit oder Ausbildung. Auch im Zweifel soll der Unfall dem Arbeitgeber bzw. der Schulbehörde gemeldet werden; diese sind gesetzlich verpflichtet, die Unfallmeldung an die Unfallversicherung weiterzuleiten. Gewisse Unfälle sind den Arbeitsunfällen gleichgestellt, selbst wenn sie Personen betroffen haben, die nicht unfallversichert sind. Dazu gehören Unfälle bei der Rettung eines Menschen aus Lebensgefahr oder beim Blutspenden sowie Unfälle beim Einsatz von Mitgliedern oder Helfern der freiwilligen Feuerwehr, des Roten Kreuzes, der Lawinenwarnkommission und dergleichen. Auch Unfälle bei der Tätigkeit als Betriebsratsmitglied sowie beim Besuch von beruflichen Fortbildungskursen und dergleichen sind den Arbeitsunfällen gleichgestellt.

Berufskrankheiten

Berufskrankheiten sind Schädigungen der Gesundheit durch die versicherte Tätigkeit. Das ASVG führt derzeit 52 verschiedene Berufskrankheiten an. Durch eine Generalklausel stehen auch Krankheiten unter Versicherungsschutz, die nicht in dieser Liste enthalten sind; sie müssen jedoch nachweisbar berufsbedingt sein.

Die Unfallversicherung sorgt für Heilbehandlung, Rehabilitation und Entschädigung wie im Falle von Arbeitsunfällen. Mit den neuen Arbeitsbedingungen ändert sich auch das Spektrum der Berufskrankheiten.

Unfallheilbehandlung

Medizinische Forschung ist die Voraussetzung dafür, auch bei schwersten Verletzungen Gesundheit und Leben retten zu können: durch Schockbekämpfung, Intensivbehandlung, Mikrochirurgie, Nervenkleben, menschliche »Ersatzteile«, umfassende medizinische Rehabilitation, sachkundige erste Hilfe und Nachbetreuung. Die Intensivierung der Behandlung Unfallverletzter in eigenen und vertraglichen Einrichtungen der Unfallversicherungsträger führte zu einer relevanten Senkung der Todesfälle und des Neuzugangs an Schwerversehrtenrenten (jährlich werden rund 650.000 Unfallopfer medizinisch betreut: 20% der Krankenstandstage und rund 3% aller Todesfälle sind unfallbedingt).

Rehabilitation

Die soziale Rehabilitation beginnt schon im Unfallkrankenhaus: Der Sozialberater kümmert sich um Familienumstände, Arbeitsplatz und persönliche Probleme des Verletzten. Die Behandlung in einem Rehabilitationszentrum schließt im Idealfall nahtlos an die Heilbehandlung an. Ein Team von Fachleuten hilft dort dem Versehrten, den gewohnten Platz in der Familie, im Beruf und in der Gemeinschaft wiederzufinden. Die Rehabilitation soll es dem Versicherten ermöglichen, wieder in seinem früheren oder in einem anderen Beruf tätig zu sein.

Während der Berufsausbildung bekommen Versehrte ein **Übergangsgeld**, das mindestens 60 Prozent des früheren Einkommens entspricht. Zur Erlangung einer Arbeitsstelle wird in enger Zusammenarbeit mit dem Arbeitsmarktservice (AMS) Hilfe angeboten. Wenn der Versicherte wieder eine Arbeit angenommen hat, das volle Entgelt aber erst nach einer gewissen Zeit der Einarbeitung oder nach Erlangen der erforderlichen Fertigkeit erreicht, kann die Unfallversicherung für die Übergangszeit einen entsprechenden **Zuschuss zum Entgelt** leisten. Nötigenfalls können auch Zuschüsse oder Darlehen zur Beschaffung von Arbeitskleidung oder Arbeitsausrüstung gegeben werden. Als soziale Maßnahme der Rehabilitation kann die Adaptierung oder Beschaffung von Wohnraum und finanzielle Hilfe zur Anschaffung eines Motorfahrzeugs gewährt werden.

Entschädigungen aus der Unfallversicherung

Als Entschädigungen aus der Unfallversicherung kommen in Betracht:

Versehrtenrenten

Hat ein Arbeitsunfall oder eine Berufskrankheit eine **Minderung der Erwerbsfähigkeit** von mindestens 20 Prozent für mehr als drei Monate zur Folge, hat der Unfallversicherungsträger eine Versehrtenrente zu gewähren. Die Versehrtenrente beträgt jährlich, solange der Versehrte völlig erwerbsunfähig ist, zwei Drittel der Bemessungsgrundlage (Vollrente). Ist der Versehrte teilweise erwerbsfähig, beträgt sie jenen Teil der Vollrente, der dem Grad der Minderung der Erwerbsfähigkeit entspricht (Teilrente).

Die Versehrtenrente wird nach der **Bemessungsgrundlage** und nach dem Grad der durch den Arbeitsunfall oder die Berufskrankheit herbeigeführten Minderung der Erwerbsfähigkeit bemessen. Als Bemessungsgrundlage gilt in der Regel die Summe der Arbeitsverdienste des letzten Jahres vor dem Eintritt des Arbeitsunfalls oder der Berufskrankheit bis zur Höchstbeitragsgrundlage. Die Versehrtenrente wird zwar als Jahresrente berechnet, aber in **monatlichen Teilbeträgen** ausgezahlt (14-mal jährlich). Versehrte, deren Erwerbsminderung mindestens 50 Prozent beträgt, gelten als **Schwerversehrte**. Sie erhalten eine Zusatzrente in der Höhe von 20 Prozent oder 50 Prozent ihrer Versehrtenrente, abhängig von der Minderung ihrer Erwerbsfähigkeit; außerdem erhalten sie für jedes Kind bis zum vollendeten 18. Lebensjahr einen **Kinderzuschuss** im Ausmaß von 10 Prozent der Rente (einschließlich der Zusatzrente). In bestimmten Fällen wird der Kinderzuschuss über das 18. Lebensjahr hinaus gewährt (bei Schul- oder Berufsausbildung oder bei Erwerbsunfähigkeit). Bei einer voraussichtlich zeitlich befristeten Versehrtenrente kann der Unfallversicherungsträger den Versehrten durch eine Gesamtvergütung des voraussichtlichen Rentenaufwandes abfinden. Nach Ablauf des Gesamtvergütungszeitraums muss ein etwaiger (weiterer) Rentenanspruch mit Antrag geltend gemacht werden.

Pflegegeld

Wird durch einen Arbeitsunfall oder eine Berufskrankheit ein **Pflegebedarf** von voraussichtlich mehr als sechs Monaten verursacht, wird Pflegegeld nach den Bestimmungen des Bundespflegegeldgesetzes gezahlt (nur bei Vollrente).

Hinterbliebenenrenten

Wird durch einen Arbeitsunfall oder eine Berufskrankheit der Tod des Versicherten verursacht (auch wenn eine erst nach Jahren auftretende Folgeerkrankung als unmittelbare Todesursache anzusehen ist), leistet die Unfallversicherung Witwen- und Witwerrenten, Waisenrenten sowie Renten an unversorgte Geschwister und bedürftige Eltern.

Die Hinterbliebenenrenten werden von der **Bemessungsgrundlage** des Versicherten berechnet. Als Bemessungsgrundlage gilt in der Regel die Summe der Arbeitsverdienste des letzten Jahres bis zur Höchstbeitragsgrundlage.

Die **Witwen- bzw. Witwerrente** beträgt 20 Prozent der Bemessungsgrundlage. Ist die Erwerbsfähigkeit der Witwe (des Witwers) auf die Hälfte gemindert oder hat die Witwe das 60. Lebensjahr (der Witwer das 65. Lebensjahr) vollendet, beträgt die

Rente 40 Prozent der Bemessungsgrundlage. Im Falle der Wiederverheiratung wird die Rente mit dem zweieinhalbfachen Jahresbetrag abgefertigt.

Die **Waisenrente** beträgt für jedes einfach verwaiste Kind 20 Prozent, für jedes doppelt verwaiste Kind 30 Prozent der Bemessungsgrundlage. Sie wird jeder Waise bis zum vollendeten 18. Lebensjahr gezahlt, darüber hinaus nur dann, wenn sich die Waise in Schul- oder Berufsausbildung befindet oder infolge Krankheit oder Gebrechens erwerbsunfähig ist. Alle Hinterbliebenenrenten zusammen können 80 Prozent der Bemessungsgrundlage nicht übersteigen.

Beihilfen, Teilersatz der Bestattungskosten

Wenn verwitwete Partner von Schwerversehrten keinen Anspruch auf Witwen- bzw. Witwerrente haben, weil der Tod des/der Versehrten nicht Folge eines Arbeitsunfalls oder einer Berufskrankheit war, so erhalten sie als einmalige Beihilfe 40 Prozent der (auf das Jahr bezogenen) Bemessungsgrundlage. Wurde durch einen Arbeitsunfall oder eine Berufskrankheit der Tod eines Versicherten verursacht, gebührt ein Teilersatz der Bestattungskosten aus der Unfallversicherung im Ausmaß des 15. Teils der jährlichen Bemessungsgrundlage.

Integritätsabgeltung

Folgende Voraussetzungen sind erforderlich:

- Verursachung des Versicherungsfalls (Arbeitsunfall oder Berufskrankheit) durch grob fahrlässige Außerachtlassung von Arbeitnehmerschutzvorschriften durch Dritte,
- erhebliche und dauernde Beeinträchtigung der körperlichen oder geistigen Integrität des Versicherten als Folge des Versicherungsfalls,
- Anspruch auf Versehrtenrente wegen der Folgen des Versicherungsfalls.

Die Integritätsabgeltung erfolgt einmalig und wird nach der Schwere des Integritätsschadens bemessen.

Schüler und Studenten

Seit dem Jahr 1977 sind Schüler und Studenten in die gesetzliche Unfallversicherung einbezogen. Versichert sind Schüler bzw. Studenten an Pflichtschulen, allgemein bildenden höheren Schulen, berufsbildenden Schulen und Akademien, Schulen der Lehrer- und Erzieherbildung, Universitäten, Kunsthochschulen und theologischen Lehranstalten sowie an land- und forstwirtschaftlichen Schulen und an Schulen zur Ausbildung von Sportlehrern. Unfälle, die mit der Ausbildung in Zusammenhang stehen, führen zu Leistungen aus der Unfallversicherung, z. B. bei der Teilnahme an Unterrichtsveranstaltungen, Exkursionen, Skikursen, Schullandwochen und schulbezogenen Veranstaltungen. Der Versicherungsschutz gilt auch für Unfälle auf dem Weg zur Schule oder Universität sowie zu den erwähnten Schulveranstaltungen bzw. auf dem Heimweg von dort.

Bei Schülern ist die Staatsbürgerschaft gleichgültig; Studenten sind unfallversichert, wenn sie die österreichische Staatsbürgerschaft haben oder einem Staat angehören, mit dem ein Sozialversicherungsabkommen über die gesetzliche Unfallversicherung besteht (siehe Seite 622 ff.); andere Studenten sind versichert, wenn sie in Österreich eine Reifeprüfung abgelegt haben und ihre Eltern in Österreich wenigstens fünf Jahre einkommensteuerpflichtig waren. Unfallversichert sind auch Personen, die sich auf die Studienberechtigungsprüfung vorbereiten. Von den Versicherten werden keine Beiträge eingehoben. Die Finanzierung erfolgt aus Beiträgen der Unternehmen und des Familienlastenausgleichsfonds.

Hilfsorganisationen

Versichert sind Mitglieder und Helfer von folgenden Hilfsorganisationen:
— freiwillige Feuerwehren
— freiwillige Wasserwehren
— freiwillige Rettungsgesellschaften
— Österreichisches Rotes Kreuz
— Österreichischer Bergrettungsdienst
— Österreichische Wasserrettung
— Österreichische Rettungshundebrigade
— Lawinenwarnkommissionen
— Rettungsflugwacht
— Strahlenspür- und -messtrupps

Ein Unfall im örtlichen, zeitlichen und ursächlichen Zusammenhang mit Ausbildung, Übung oder Einsatz bei den genannten Hilfsorganisationen ist dem Arbeitsunfall rechtlich gleichgestellt. Der Versicherungsschutz gilt bei den genannten Tätigkeiten auch für den Fall einer Berufskrankheit. Der Versicherungsschutz besteht kraft Gesetzes; er ist **beitragsfrei**, auch wenn keine Unfallversicherung aus irgendeiner anderen Tätigkeit besteht. Freiwillige Hilfsorganisationen können ihre Mitglieder in eine **Zusatzversicherung** einbeziehen lassen. Sie bewirkt eine Garantie-Bemessungsgrundlage, die das Eineinhalbfache der Bemessungsgrundlage von selbstständig Erwerbstätigen beträgt und jährlich neu festgesetzt wird. Für die Mitglieder der Organisationen ist die Zusatzversicherung beitragsfrei. Die Beiträge werden von den Organisationen und vom Staat zu gleichen Teilen getragen.

Pflegegeld

Das Bundespflegegeldgesetz sieht eine bundesweite, einheitliche und übersichtliche Regelung vor. Ziel des Gesetzes ist es, pflegebedürftigen Menschen, unabhängig von der Ursache ihrer Pflegebedürftigkeit, einen **Anspruch auf Pflegegeld** einzuräumen. Diese Leistung soll es den Betroffenen möglich machen, sich die notwendige Betreuung und Hilfe zu verschaffen und damit ein selbstbestimmtes, nach den persönlichen Bedürfnissen orientiertes Leben zu führen. **Voraussetzungen** für den Anspruch auf Pflegegeld sind:
— ständiger Betreuungs- und Hilfsbedarf (Pflegebedarf) für mindestens sechs Monate wegen einer körperlichen, geistigen oder psychischen Behinderung oder einer Sinnesbehinderung,
— Pflegebedarf von mehr als 50 Stunden monatlich,
— gewöhnlicher Aufenthalt in Österreich,
— Vollendung des dritten Lebensjahres, zur Vermeidung besonderer Härtefälle auch früher.

Anspruchsberechtigung

Die **Anspruchsberechtigten** lassen sich in zwei Gruppen einteilen. Zur einen Gruppe zählen im Wesentlichen Personen, die nach bundesgesetzlichen Bestimmungen Anspruch auf eine Pension oder Rente, einen Ruhe- oder Versorgungsgenuss haben; zur anderen Gruppe zählen Personen, die keine der angeführten Pensionen oder Renten beziehen, das sind im Wesentlichen die mitversicherten Angehörigen sowie die Empfänger von Landesleistungen (z. B. Landespension, Sozialhilfe). Für diese Personen leisten die Länder das Pflegegeld grundsätzlich zu den gleichen Bedingungen wie der Bund.

Das Pflegegeld muss beantragt werden. Ein **formloser Antrag** ist bei einer der folgenden Stellen einzubringen:

- für Bezieher einer Pension: beim zuständigen Pensionsversicherungsträger,
- für Bezieher einer Unfallrente: beim zuständigen Unfallversicherungsträger,
- für Bezieher einer Beamtenpension des Bundes: beim Bundespensionsamt, bei der Pensionsstelle der ÖBB, bei der Post- und Telegrafendirektion,
- für Bezieher von Versorgungsrenten: beim Bundessozialamt,
- für Bezieher von Geldleistungen der Länder: beim zuständigen Amt der Landesregierung.

Diese Stellen sind auch für die ärztliche Untersuchung, Einstufung (Stufe 1 bis 7) und Auszahlung des Pflegegeldes zuständig. Anträge, die bei einer der oben genannten, jedoch für den Antragsteller unzuständigen Stelle einlangen, werden an die zuständige Institution weitergeleitet.

Das Pflegegeld ist je nach erforderlichem Pflegebedarf in sieben Stufen gegliedert und wird **12-mal jährlich** ohne Abzüge ausbezahlt. Bei Zusammentreffen **mehrerer Ansprüche** auf Pflegegeld wird dieses nur einmal geleistet.

Stufe	durchschnittlicher Pflegebedarf 2004 im Monat mehr als	Höhe (monatlich) in €
1	50 Stunden	145,40
2	75 Stunden	268,—
3	120 Stunden	413,50
4	160 Stunden	620,30
5	180 Stunden und außergewöhnlicher Pflegeaufwand	842,40
6	180 Stunden und dauernde Beaufsichtigung	1.148,70
7	180 Stunden und praktische Bewegungsunfähigkeit	1.531,50

Ohne weitere Prüfung des Pflegebedarfs ist für Personen, die hochgradig sehbehindert sind, die Stufe 3 anzunehmen, für Personen, die blind sind, die Stufe 4, für taubblinde Personen die Stufe 5. Für Rollstuhlfahrer ist grundsätzlich ein Pflegebedarf der Stufe 3 anzunehmen. Liegt zusätzlich eine Stuhl- oder Harninkontinenz bzw. eine Blasen- oder Mastdarmlähmung vor, ist ein Pflegebedarf der Stufe 4 vorgesehen. Rollstuhlbenützer mit einem deutlichen Ausfall der Funktionsfähigkeit der oberen Extremitäten erhalten ein Pflegegeld der Stufe 5.

Betreuung

Unter **Betreuung** sind alle notwendigen Verrichtungen anderer Personen zu verstehen, die vornehmlich den persönlichen Lebensbereich betreffen, wie beipielsweise Hilfe beim An- und Auskleiden, bei der Körperpflege, der Zubereitung und Einnahme der Mahlzeiten, der Verrichtung der Notdurft, der Einnahme von Medikamenten. **Hilfsverrichtungen** sind die Herbeischaffung von Nahrungsmitteln und Medikamenten, die Reinigung der Wohnung und der persönlichen Gebrauchsgegenstände, Reinigung der Leib- und Bettwäsche, die Beheizung des Wohnraums, Herbeischaffung von Heizmaterial und Mobilitätshilfe im weiteren Sinn. Ständiger Pflegebedarf liegt vor, wenn dieser täglich oder mehrmals wöchentlich regelmäßig gegeben ist. Ein außergewöhnlicher Pflegeaufwand liegt vor, wenn dauernde Bereitschaft, nicht jedoch die dauernde Anwesenheit einer Pflegeperson erforderlich ist.

Bei einer **Ablehnung eines Antrags auf Pflegegeld** kann beim Sozialgericht binnen drei Monaten nach Bescheidzustellung Klage erhoben werden. **Änderungen in den Voraussetzungen** für den Pflegegeldbezug sind binnen vier Wochen bekannt zu geben. Bei einer Verschlechterung des Gesundheitszustandes ist ein **Antrag auf Erhöhung** des Pflegegeldes zu stellen. Wird bei einer Nachuntersuchung eine Besserung des Gesundheitszustandes festgestellt, die den Pflegeaufwand vermindert, kann dies zu einer niedrigeren Einstufung oder zur Entziehung des Pflegegeldes führen.

Geldleistungen wegen Pflegebedürftigkeit aufgrund anderer bundesgesetzlicher oder ausländischer Vorschriften werden auf das Pflegegeld angerechnet. Der Erhöhungsbetrag der Familienbeihilfe für erheblich behinderte Kinder wird auf das Pflegegeld zur Hälfte angerechnet.

Ab dem Tag, der auf die Aufnahme in eine Krankenanstalt auf Kosten eines Sozialversicherungsträgers, einer Krankenfürsorgeanstalt oder des Bundes folgt, wird das Pflegegeld nicht ausgezahlt (**Ruhen des Pflegegeldes**).

Über Antrag ist das Pflegegeld in bestimmten Fällen weiter zu leisten:

- höchstens drei Monate in dem Umfang, in dem pflegebedingte Aufwendungen wegen eines Dienstverhältnisses der Pflegeperson nachgewiesen werden (in Ausnahmefällen noch länger);
- in der Höhe des Beitrags für eine Weiter- oder Selbstversicherung der Pflegeperson (Pflegebedürftigkeit ab Stufe 3);
- Kosten für die Pflegeperson als Begleitperson im Spital.

Bei stationärer Pflege auf Kosten oder unter Kostenbeteiligung von Land, Gemeinden oder Sozialhilfeträger (z. B. in einem **Pflegeheim**) geht der Anspruch bis zur Höhe der Pflegekosten, höchstens jedoch bis zu 80 Prozent auf den Kostenträger über. Der pflegebedürftigen Person gebührt in diesem Fall ein Taschengeld von 10 Prozent des Pflegegeldes der Stufe 3, das sind im Jahr 2004 € 41,40 monatlich.

Bezieher von Pflegegeld können die Befreiung von Rundfunk-, Fernseh- und Telefongrundgebühren sowie einer Stunde Sprechgebühr beim Postamt beantragen.

€ Das Pflegegeld wird nicht versteuert, ebenso wird kein Beitrag für Krankenversicherung abgezogen.

Pensionsversicherung

Die Pensionsversicherung erbringt folgende Leistungen:

- Alterspensionen
- Vorzeitige Alterspensionen bei langer Versicherungsdauer
- Pensionen wegen geminderter Arbeitsfähigkeit (Erwerbsunfähigkeit)
- Hinterbliebenenpensionen

- Maßnahmen der Rehabilitation
- Gesundheitsvorsorge

Um eine Pension zu erhalten, müssen im Laufe eines Erwerbslebens Versicherungsmonate in genügender Zahl erworben werden und bestimmte (besondere) Anspruchsvoraussetzungen erfüllt sein.

Versicherungszeiten

Als Versicherungszeiten werden alle Zeiten bezeichnet, die sich auf die Feststellung eines Pensionsanspruchs auswirken. Nach dem Zustandekommen unterscheidet man Versicherungszeiten in Beitragszeiten der Pflichtversicherung bzw. Beitragszeiten der freiwilligen Versicherung sowie Ersatzzeiten.

Beitragszeiten

Beitragszeiten der Pflichtversicherung sind Zeiten einer versicherungspflichtigen Erwerbstätigkeit als Arbeiter oder Angestellter, selbstständig Erwerbstätiger oder Bauer. Unter Beitragszeiten der freiwilligen Versicherung versteht man Zeiten, die durch freiwillige Beitragsentrichtung (Selbst- oder Weiterversicherung) erworben wurden.

Ersatzzeiten

Ersatzzeiten sind Versicherungszeiten, für die eine Beitragsentrichtung in der Regel nicht vorgesehen ist. Es handelt sich dabei um Zeiten, in denen der Versicherte nicht in der Lage oder verhindert war, Beitragszeiten zu erwerben. Beispiele dafür sind: Schul-(Studien-)zeiten nach Vollendung des 15. Lebensjahres, Wehr-(Kriegs-)dienst, Präsenz-(Zivil-)dienst (maximal 30 Monate der Dienstleistung gelten dabei als Beitragszeiten), Wochengeldbezug, Zeiten der Kindererziehung, Kranken-(Arbeitslosen-)geldbezug ab 1. Jänner 1971. Die ersten 24 Monate ab der Geburt gelten bei Bezug von Kinderbetreuungsgeld als Beitragszeit.

Schul-(Studien-)zeiten werden für die Erfüllung der Anspruchsvoraussetzungen und bei der Bemessung einer Eigenpension jedoch nur dann angerechnet, wenn hierfür Beiträge gezahlt werden. Der Beitrag für einen Monat mittlere (z. B. Handelsschule) bzw. höhere Schule (z. B. Gymnasium) beträgt im Jahr 2004 € 262,20, für einen Monat Hochschule (Universität) € 524,40. Ab dem 40. Lebensjahr des Versicherten ist noch zusätzlich ein vom Alter abhängiger Risikozuschlag zu entrichten. Übergangsbestimmungen sehen für ältere Versicherte ganz oder teilweise Befreiungen vom Einkauf vor. Ratenzahlungen sind möglich. Durch die Entrichtung von Beiträgen gelten Schul-(Studien-)zeiten als Beitragszeiten der freiwilligen Versicherung.

Anspruchsvoraussetzungen

Folgende Voraussetzungen müssen vorliegen, damit ein Anspruch auf eine Pension entsteht:

- — Eintritt des Versicherungsfalles,
- — Erfüllung der allgemeinen Anspruchsvoraussetzung (Wartezeit),
- — Erfüllung der besonderen Anspruchsvoraussetzungen (soweit für die einzelne Leistung vorgesehen).

Für die einzelnen Pensionsarten gelten im Wesentlichen folgende Voraussetzungen:

Alterspension

- **Eintritt des Versicherungsfalles:**
  Vollendung des 65. Lebensjahres bei Männern, Vollendung des 60. Lebensjahres bei Frauen.
- **Allgemeine Anspruchsvoraussetzung:**
  180 Versicherungsmonate in den letzten 360 Kalendermonaten vor dem Stichtag oder 180 Beitragsmonate der Pflichtversicherung bzw. der freiwilligen Versicherung oder 300 Versicherungsmonate bis zum Stichtag, wobei Ersatzmonate erst ab 1. Jänner 1956 zählen. Besondere Anspruchsvoraussetzungen sind nicht vorgesehen.

Vorzeitige Alterspension bei langer Versicherungsdauer

- **Eintritt des Versicherungsfalles:**
  Vollendung des 61 1/2. Lebensjahres bei Männern, Vollendung des 56 1/2. Lebensjahres bei Frauen. Das Anfallsalter (bis 30. September 2000 für Männer das 60. Lebensjahr und für Frauen das 55. Lebensjahr) wurde, beginnend mit 1. Oktober 2000, jedes Vierteljahr für Versicherte, die in diesem Vierteljahr das 60. bzw. 55. Lebensjahr vollenden, um zwei Monate erhöht. Seit 1. Oktober 2002 wurde somit ein Anfallsalter von 61 1/2 Jahren für Männer und 56 1/2 Jahren für Frauen erreicht (Dauerrecht).
  Männer, die vor dem 1. Oktober 1945, und Frauen, die vor dem 1. Oktober 1950 geboren sind, können unabhängig von der Anhebung weiterhin frühestens zum 60. bzw. 55. Lebensjahr eine vorzeitige Alterspension in Anspruch nehmen, wenn der männliche Versicherte 540 Beitragsmonate bzw. die weibliche Versicherte 480 Beitragsmonate erworben hat. Für dieses Mindestausmaß an Beitragsmonaten werden auch maximal zwölf Ersatzmonate aufgrund von Präsenz- oder Zivildienst bzw. maximal 60 Ersatzmonate Kindererziehungszeiten angerechnet, sofern sich diese Ersatzmonate nicht mit Beitragsmonaten decken.

- **Allgemeine Anspruchsvoraussetzung (Wartezeit):**
  240 Versicherungsmonate innerhalb der letzten 360 Kalendermonate (Rahmenzeitraum) vor dem Stichtag oder 240 Beitragsmonate der Pflichtversicherung.

- **Besondere Anspruchsvoraussetzungen:**
  Am Stichtag sind 450 für die Bemessung der Leistung zu berücksichtigende Versicherungsmonate (Übergangsbestimmungen für die Geburtsjahrgänge bis 1940 für Männer bzw. bis 1945 für Frauen) oder 420 Beitragsmonate der Pflichtversicherung erforderlich.
  Keine Pflichtversicherung in der Pensionsversicherung nach dem ASVG, GSVG, BSVG bzw. FSVG. Keine sonstigen selbstständigen oder unselbstständigen Erwerbstätigkeiten (auch nach dem Teilpensionsgesetz), wenn das monatliche Erwerbseinkommen den Betrag der Geringfügigkeitsgrenze (2004: € 316,19) übersteigt.

Die bis 31. Dezember 2003 geltende Sonderbestimmung (»Hacklerregelung«) wird ab 1. Jänner 2004 hinsichtlich des in Betracht kommenden Personenkreises (Geburtsjahrgänge) erweitert. Gleichzeitig werden weitere Versicherte mit entsprechend langer Beitragsleistung von der ab 1. Juli 2004 einsetzenden Erhöhung des Anfallsalters ausgenommen (siehe Graphik nächste Seite).

Hacklerregelung 1

männlicher Versicherter **vor dem 1. Jänner 1947** geboren → 60. Lebensjahr → 540 **Beitrags**monate

weibliche Versicherte **vor dem 1. Jänner 1952** geboren → 55. Lebensjahr → 480 **Beitrags**monate

inkl.
- max. 60 Ersatzmonate Kindererziehung
- Ersatzmonate Wochengeldbezug
- max. 30 Ersatzmonate Präsenz-/Zivildienst

Hacklerregelung 2

männlicher Versicherter **geboren 1. Jänner 1947 bis 30. Juni 1948** → $61^1/_2$. Lebensjahr → 540 **Beitrags**monate

weibliche Versicherte **geboren 1. Jänner 1952 bis 30. Juni 1953** → $56^1/_2$. Lebensjahr → 480 **Beitrags**monate

inkl.
- max. 60 Ersatzmonate Kindererziehung
- Ersatzmonate Wochengeldbezug
- max. 30 Ersatzmonate Präsenz/Zivildienst

Hacklerregelung 3

männlicher Versicherter **geboren 1. Jänner 1947 bis 31. Dezember 1958** → 60. Lebensjahr

weibliche Versicherte **geboren 1. Jänner 1952 bis 31. Dezember 1963** → 55. Lebensjahr

- Voraussetzungen wie Hacklerregelung 2
- Zusätzlich mehr als die Hälfte der Beitragsmonate auf Grund von Tätigkeiten, die unter körperlich oder psychisch besonders belastenden Bedingungen erbracht werden (Verordnung des Bundesministers)

Vorzeitige Alterspension bei Arbeitslosigkeit

- Seit 1. Jänner 2004 ist diese Pensionsart nicht mehr vorgesehen. Allerdings ist zeitlich begrenzt eine Ersatzleistung (Übergangsgeld) durch das Arbeitsmarktservice vorgesehen.
  Ab 1. Juli 2004 wird das Anfallsalter für eine vorzeitige Alterspension schrittweise angehoben. Dabei ist vorerst zu beachten, wann der (die) Versicherte das $61^1/_2$. bzw. $56^1/_2$. Lebensjahr vollendet hat. Entsprechend diesem Zeitpunkt (Quartal) ist das tatsächliche Anfallsalter abzuleiten.
- **Besondere Anspruchsvoraussetzungen:**
  Am Stichtag müssen 180 Beitragsmonate der Pflichtversicherung vorliegen. Wurden zumindest 120 Beitragsmonate der Pflichtversicherung erworben, werden für die Erfüllung dieser Voraussetzung auch die Zeiten der Kindererziehung

herangezogen. Weiters müssen innerhalb der letzten 15 Monate vor dem Stichtag mindestens 52 Wochen des Bezuges einer Geldleistung aus der Arbeitslosenversicherung bzw. gleichgestellter Leistungen vorliegen. Ebenfalls berücksichtigt werden Zeiten einer unverschuldeten, aber gemeldeten Arbeitslosigkeit ohne Bezug einer Geldleistung, wenn 180 Beitragsmonate der Pflichtversicherung in den letzten 300 Kalendermonaten vor dem Stichtag vorhanden sind. Keine Pflichtversicherung in der Pensionsversicherung nach dem ASVG, GSVG, BSVG bzw. FSVG. Keine sonstigen selbstständigen oder unselbstständigen Erwerbstätigkeiten (auch nach dem Teilpensionsgesetz), wenn das monatliche Erwerbseinkommen den Betrag der Geringfügigkeitsgrenze (2004: € 316,19) übersteigt.

Gleitpension

Diese Pensionsart wurde mit 1. Jänner 2004 ersatzlos aufgehoben.

Pensionen wegen geminderter Arbeitsfähigkeit

Für Erwerbstätige gibt es bei geminderter Arbeitsfähigkeit (**Erwerbsunfähigkeit**) folgende Pensionsleistungen:

— Invaliditätspension (Pensionsversicherung der Arbeiter),
— Berufsunfähigkeitspension (Pensionsversicherung der Angestellten),
— Knappschaftsvollpension (Knappschaftliche Pensionsversicherung),
— Erwerbsunfähigkeitspension (Pensionsversicherung der Selbstständigen).

- **Eintritt des Versicherungsfalles:**
  Vorliegen der Invalidität (Berufsunfähigkeit, Erwerbsunfähigkeit) voraussichtlich für die Dauer von 6 Monaten. Unterschiedlicher Invaliditätsbegriff für erlernte und angelernte Berufe bzw. für ungelernte Tätigkeiten. Berufsschutz bei erlernten bzw. angelernten Arbeiterberufen und Angestelltenberufen, zum Teil bei selbstständigen Tätigkeiten. Ab dem 57. Lebensjahr (geschlechtsneutral) liegt ein verstärkter Berufsschutz für alle (auch ungelernte) Berufsgruppen vor, wenn in den letzten 180 Kalendermonaten zumindest in 120 Kalendermonaten eine gleiche Tätigkeit ausgeübt wurde.
- **Allgemeine Anspruchsvoraussetzung (Wartezeit):**
  60 Versicherungsmonate innerhalb der letzten 120 Kalendermonate (Rahmenzeitraum) bei einem Stichtag vor dem vollendeten 50. Lebensjahr. Ab dem vollendeten 50. Lebensjahr ist je ein weiterer Versicherungsmonat für jeden weiteren Lebensmonat bis zum Höchstausmaß von 180 Versicherungsmonaten erforderlich. Der Rahmenzeitraum erhöht sich in diesen Fällen um zwei Kalendermonate pro weiteren Lebensmonat. Die Anspruchsvoraussetzungen sind jedenfalls erfüllt, wenn 180 Beitragsmonate der Pflichtversicherung oder der freiwilligen Versicherung oder 300 Versicherungsmonate (Ersatzmonate zählen ab 1. Jänner 1956) vorliegen.
- **Besondere Anspruchsvoraussetzungen:**
  Keine Erfüllung der Voraussetzungen für eine Alterspension oder vorzeitige Alterspension bei langer Versicherungsdauer.
- **Weitere Regelungen:**
  Grundsatz »Rehabilitation vor Pension«, Antrag auf Invaliditätspension (Berufsunfähigkeitspension, Erwerbsunfähigkeitspension) gilt auch als Antrag auf Rehabilitation. Verweisbarkeit auf jede Tätigkeit, für die der Versicherte durch Maßnahmen der beruflichen Rehabilitation mit Erfolg ausgebildet worden ist. Grundsätz-

liche Befristung der Pension auf die Dauer von längstens 24 Monaten ab dem Stichtag. Danach weitere Befristung von jeweils maximal 24 Monaten, wenn der Versicherte dies binnen drei Monaten nach dem Wegfall beantragt. Unbefristete Zuerkennung nur, wenn aufgrund des körperlichen oder geistigen Zustands dauernde Invalidität (Berufsunfähigkeit, Erwerbsunfähigkeit) anzunehmen ist.

Hinterbliebenenpensionen

Witwen-(Witwer-)pension

Die Witwen-(Witwer-)pension beträgt zwischen 0 Prozent und 60 Prozent der Pension des (der) Verstorbenen. Die Höhe des Prozentsatzes ist abhängig vom Gesamteinkommen des (der) Hinterbliebenen und vom Gesamtfamilieneinkommen, das vor dem Tod eines der Ehepartner zur Verfügung stand. Erreicht jedoch die Witwen-(Witwer-)pension zuzüglich einem weiteren eigenen Einkommen nicht € 1.510,94 (2004), ist die Pension entsprechend zu erhöhen. 60 Prozent dürfen dabei aber keinesfalls überschritten werden. Überschreitet jedoch die Summe einer Witwen-(Witwer-)pension zuzüglich einer Eigenpension und/oder eines Erwerbseinkommens die doppelte Höchstbeitragsgrundlage (2004: € 6.900,–), vermindert sich die Witwen-(Witwer-)pension um den Überschreitungsbetrag bis auf Null.

Pension an den geschiedenen Ehegatten

Hat der geschiedene Ehegatte gegenüber dem verstorbenen Versicherten zum Zeitpunkt des Todes einen Unterhaltsanspruch oder wurde ein solcher (ohne Anspruch) tatsächlich geleistet, gebührt ebenfalls eine Witwen-(Witwer-)pension.

Besonderheiten bei Witwen- und Witwerpensionen

- **Zeitliche Begrenzung:**
  Eine Witwen-(Witwer-)pension gebührt nur bis zum **Ablauf von 30 Kalendermonaten** nach dem Sterbemonat des versicherten Ehegatten,
  - wenn der überlebende Ehegatte bei Eintritt des Versicherungsfalles des Todes des (der) Versicherten das 35. Lebensjahr noch nicht vollendet hat; ohne zeitliche Begrenzung wird die Witwen-(Witwer-)pension dennoch gewährt, wenn die Ehe bereits zehn Jahre bestanden hat;
  - wenn die Ehe zu einem Zeitpunkt geschlossen wurde, in dem der verstorbene Ehegatte bereits einen Anspruch (Bescheid) auf eine Alters- oder Invaliditätspension hatte; ohne zeitliche Begrenzung wird für Witwen (Witwer) die Pension gewährt, wenn die Ehe mindestens drei Jahre gedauert hat und der Altersunterschied der Ehegatten nicht mehr als 20 Jahre betragen hat bzw. die Ehe mindestens fünf Jahre gedauert und der Altersunterschied nicht mehr als 25 Jahre betragen hat bzw. die Ehe mindestens zehn Jahre gedauert und der Altersunterschied der Ehegatten mehr als 25 Jahre betragen hat;
  - wenn die Ehe zu einem Zeitpunkt geschlossen wurde, zu dem der verstorbene Ehegatte bereits das 65. Lebensjahr (die verstorbene Ehegattin bereits das 60. Lebensjahr) überschritten und noch keinen Pensionsbezug hatte; ohne zeitliche Begrenzung wird für Witwen (Witwer) in diesem Fall die Pension gewährt, wenn die Ehe mindestens zwei Jahre gedauert hat.

  Unbefristet gebührt auch in allen Fällen die Witwen-(Witwer-)pension,

- — wenn in der Ehe ein Kind geboren (legitimiert) wurde; ebenso wenn sich die Witwe im Zeitpunkt des Todes des Ehegatten im Zustand der Schwangerschaft befunden hatte oder
- — wenn der überlebende Ehegatte bei Ablauf der Befristung als invalid anzusehen ist. In diesen Fällen wird eine Witwen-(Witwer-)pension über die Frist von 30 Monaten hinaus für die Dauer der Invalidität weitergewährt.

- **Wiederverehelichung:**
  Der Anspruch auf eine Witwen-(Witwer-)pension erlischt ohne weiteres Verfahren, wenn sich die Bezieherin (der Bezieher) der Witwen-(Witwer-)pension wieder verehelicht. Sofern es sich um keine zeitlich begrenzte Witwen-(Witwer-)pension gehandelt hat, gebührt bei Wiederverehelichung eine einmalige Abfertigung im Ausmaß von 35 Monatspensionen (ohne Ausgleichszulage).

Waisenpension

Einfach verwaiste Kinder erhalten 24 Prozent, doppelt verwaiste Kinder 36 Prozent der Pension des (der) Verstorbenen. Waisenpensionen gebühren grundsätzlich bis zum 18. Lebensjahr, bei Schul- und Berufsausbildung oder Erwerbsunfähigkeit auf besonderen Antrag auch darüber hinaus.

Gesundheitsvorsorge

Als Maßnahmen der Gesundheitsvorsorge können die Pensionsversicherungsträger Aufenthalte in Genesungsheimen, Erholungsheimen, Kurorten und Kuranstalten bzw. Zuschüsse zu solchen gewähren. Weiters kommt auch die Unterbringung in Krankenanstalten, die vorwiegend der Rehabilitation dienen, in Betracht. Die Pensionsversicherungsträger führen für diese Zwecke auch eigene Einrichtungen. Wird eine Maßnahme der Gesundheitsvorsorge in einer eigenen Einrichtung oder Vertragseinrichtung des Pensionsversicherungsträgers gewährt, so ist vom Versicherten eine Zuzahlung zu leisten, die der Höhe nach aufgrund der wirtschaftlichen und sozialen Verhältnisse des Versicherten festzusetzen ist. Die **Zuzahlungen** bei Maßnahmen der Rehabilitation und bei Maßnahmen der Festigung der Gesundheit und der Gesundheitsvorsorge in der Kranken- und Pensionsversicherung betragen:

- **Zuzahlungen pro Verpflegstag:**

— Maßnahmen der Rehabilitation	€ 6,19
— Maßnahmen der Festigung der Gesundheit und der Gesundheitsvorsorge	
monatliches Buttoeinkommen bis € 1.234,57	€ 6,19
monatliches Bruttoeinkommen von € 1.234,58 bis € 1.815,96	€ 10,94
monatliches Bruttoeinkommen über € 1.815,96	€ 15,75

- **Grenzbetrag für die Befreiung von Zuzahlungen:**
  Personen, deren monatliche Bruttoeinkünfte € 653,19 nicht übersteigen.

Rehabilitation

Die Pensionsversicherungsträger bieten ihren Versicherten Rehabilitationsmaßnahmen an, um eine drohende Minderung der Arbeitsfähigkeit, die zu einer Pensionierung führen könnte, abzuwenden (siehe Seite 613 f., Versicherungsfall der geminderten Arbeitsfähigkeit). Solche Maßnahmen können auch für Pensionisten getroffen werden, wenn die Aussicht besteht, dass die Arbeitsfähigkeit wiederhergestellt werden kann. Die Rehabilitation umfasst medizinische, berufliche und soziale Maßnahmen. Die Pensionsversicherungsträger führen Rehabilitationszentren für Herz-Kreislauf-Erkrankungen, Erkrankungen des rheumatischen Formenkreises, Erkrankungen der Atmungsorgane, Stoffwechselerkrankungen und innere Erkrankungen.

Bei einem Aufenthalt in einem Rehabilitationszentrum hat der Versicherte eine Zuzahlung pro Verpflegstag (für höchstens 28 Kalendertage) zu entrichten. Bei medizinischen oder beruflichen Rehabilitationsmaßnahmen wird ein Übergangsgeld im Ausmaß der Höhe der fiktiven Pension wegen geminderter Arbeitsfähigkeit bzw. Erwerbsunfähigkeit bezahlt. Erfordert der erfolgreiche Abschluss der Rehabilitation soziale Maßnahmen, können zinsenfreie Darlehen zur Adaptierung der Wohnung, zur Beschaffung eines behindertengerechten Motorfahrzeugs und Ähliches gewährt werden.

Wie hoch ist meine Pension?

Die Pension soll ein annähernder Ersatz für das durch die Pensionierung wegfallende beitragspflichtige Erwerbseinkommen sein. Wegen der oftmaligen Schwankungen des beitragspflichtigen Erwerbseinkommens wird aber nicht das letzte Erwerbseinkommen vor dem Stichtag als Grundlage für die Pensionsbemessung (= Bemessungsgrundlage) herangezogen, sondern ein Durchschnitt des beitragspflichtigen Erwerbseinkommens (Beitragsgrundlagen). Die Pensionshöhe wird durch Multiplikation der Gesamtbemessungsgrundlage mit einem bestimmten Prozentsatz – je nach Anzahl der erworbenen Versicherungsmonate – errechnet.

Bemessungsgrundlage

Für die Ermittlung der Bemessungsgrundlage werden die 180 Beitragsmonate (= die »besten 15 Jahre«) mit den höchsten monatlichen Gesamtbeitragsgrundlagen (Gehalt und anteilsmäßige Sonderzahlungen) herangezogen. Beitragsmonate, die im Jahr des Pensionsstichtages liegen, bleiben unberücksichtigt. Ebenso werden für die Ermittlung der Bemessungsgrundlage Beitragsmonate nicht herangezogen, wenn sie – im ASVG (Arbeiter und Angestellte) vor dem 1. Jänner 1956, – im GSVG (Gewerbetreibende) vor dem 1. Jänner 1958, – im BSVG (Bauern) vor dem 1. Jänner 1972 erworben wurden. Die Gesamtbeitragsgrundlagen werden entsprechend ihrer zeitlichen Lagerung mit Aufwertungsfaktoren vervielfacht. Diese Aufwertungsfaktoren werden alljährlich durch den Bundesminister für soziale Sicherheit, Generationen und Konsumentenschutz festgesetzt.

Ab 1. Jänner 2004 erfolgt eine generelle schrittweise Erhöhung der Bemessungszeit auf die »besten 40 Jahre« (480 Beitragsmonate), unabhängig von der Pensionsart, jährlich um zwölf Beitragsmonate, beginnend mit 2004 (192 Beitragsmonate) bis 2028 (480 Beitragsmonate). Dieser Beitragszeitraum verringert sich um

— Zeiten der Kindererziehung, für jedes Kind um maximal 36 Monate
— Zeiten einer Familienhospizkarenz

Die Bemessungszeit darf dabei allerdings nicht weniger als 180 Beitragsmonate betragen.

Weitere wichtige Werte:

Höchstbemessungsgrundlage ASVG, GSVG, BSVG	€ 3.013,22
Höchstpension (80 Prozent der Höchstbemessungsgrundlage) ASVG, GSVG, BSVG	€ 2.410,58

Geringfügigkeitsgrenzen (Versicherungsgrenzen) ASVG § 5 Abs. 2

— monatlich	€ 316,19
— täglich	€ 24,28

Bemessungsgrundlage für Zeiten der Kindererziehung

Zeiten der Erziehung eines Kindes im Inland werden bei Vorliegen der Voraussetzungen als Versicherungszeiten (Ersatzmonate) in der Pensionsversicherung anerkannt. Sie wirken sich auf den Pensionsanspruch und die Pensionshöhe aus. Für die Erziehung eines Kindes werden die ersten 48 Kalendermonate nach der Geburt des Kindes beitragsfrei als Ersatzmonate angerechnet. Liegt jedoch die Geburt eines weiteren Kindes vor Ablauf der vier Jahre, endet damit die erste Ersatzzeit und es können ab der Geburt des nächsten Kindes die folgenden 48 Kalendermonate berücksichtigt werden. Für die **Ersatzzeiten der Kindererziehung** ist eine besondere Bemessungsgrundlage vorgesehen, die für das Jahr 2004 mit € 666,25 festgelegt wurde. Dieser Betrag wird jährlich mit demselben Faktor wie die Pensionen erhöht. Überschneiden sich jedoch Zeiten der Kindererziehung und andere Versicherungsmonate (z. B. Beitragsmonate der Pflichtversicherung), ist bei der Berechnung der Pension für diese Monate die Bemessungsgrundlage (aufgrund des Einkommens) und die Bemessungsgrundlage für Kindererziehungszeiten zusammenzuzählen.

Gesamtbemessungsgrundlage

Liegen wegen einer Anrechnung von Kindererziehungszeiten zwei Bemessungsgrundlagen vor, erfolgt die Pensionsberechnung auf der Basis eines gewichteten Durchschnitts dieser Bemessungsgrundlagen (Gesamtbemessungsgrundlage). Liegen keine Kindererziehungszeiten vor, so entspricht die Gesamtbemessungsgrundlage der Bemessungsgrundlage (aufgrund des Einkommens).

Versicherungsmonate – Pensionshöhe

Für die Pensionshöhe ist des Weiteren die Anzahl der erworbenen Versicherungsmonate von Bedeutung. Versicherungszeiten können Beitrags- oder Ersatzzeiten sein (siehe Seite 610). Sie werden grundsätzlich in Monaten zusammengefasst. Für je zwölf Versicherungsmonate sind einheitlich – unabhängig von der zeitlichen Lagerung – zwei Steigerungspunkte (zwei Prozent) der Gesamtbemessungsgrundlage vorgesehen. Ein Rest von weniger als zwölf Versicherungsmonaten ist entsprechend zu aliquotieren. Abgestellt ist diese Berechnung auf das Regelpensionsalter (Männer 65. Lebensjahr bzw. Frauen 60. Lebensjahr).

Pensionsantritt vor dem Regelpensionsalter

Bei **Pensionsantritt vor dem Regelpensionsalter** ist die Summe der Steigerungspunkte für je zwölf Monate der früheren Inanspruchnahme um drei Steigerungspunkte zu vermindern. Dabei können insgesamt aber höchstens 10,5 Steigerungspunkte abgezogen werden. Die maximale Verminderung ist darüber hinaus mit 15 Prozent der erworbenen Steigerungspunkte begrenzt. Der Steigerungsbetrag darf 80 Prozent der höchsten zur Anwendung kommenden Bemessungsgrundlage nicht überschreiten.

Beispiel 1: Mann, 540 Versicherungsmonate (45 Jahre); Pensionsantritt zum 61 1/2. Lebensjahr (vorzeitige Alterspension bei langer Versicherungsdauer). 4562 = 90 Steigerungspunkte – Abschlag = 10,5 (für 3,5 Jahre) = 79,5 Steigerungspunkte (Prozent).

Beispiel 2: Frau, 360 Versicherungsmonate (30 Jahre); Pensionsantritt zum 56½. Lebensjahr (vorzeitige Alterspension bei Arbeitslosigkeit). 3062 = 60 Steigerungspunkte – Abschlag = 9 (15 Prozent von 60) = 51 Steigerungspunkte (Prozent). Ein Abschlag von 10,5 für 3,5 Jahre wäre ungünstiger.

Ab **1. Jänner 2004** kommt es zu einer schrittweisen Herabsetzung des Steigerungsprozentsatzes von 2 Prozent auf 1,78 Prozent pro zwölf Versicherungsmonate:

im Jahr 2004 auf 1,96%
im Jahr 2005 auf 1,92%
im Jahr 2006 auf 1,88%
im Jahr 2007 auf 1,84%
im Jahr 2008 auf 1,80%
im Jahr 2009 auf 1,78%

Für Versicherte, welche die Voraussetzungen einer »**Hacklerregelung**« erfüllen, gelten günstigere Bestimmungen.

Der Abschlag für die Inanspruchnahme einer Pension vor dem Regelpensionsalter beträgt für je zwölf Monate 4,2 Prozent der Pension. Die Höhe des Abschlages ist mit maximal 15 Prozent der Pension begrenzt. Auch hier ist für Versicherte, welche eine »Hacklerregelung« erfüllen, eine günstigere Berechnung des Abschlages vorgesehen.

Pensionsantritt nach dem Regelpensionsalter

Seit **1. Jänner 2004** erhalten Versicherte, die eine Alterspension erst nach Erreichen des Regelpensionsalters in Anspruch nehmen, für je zwölf Monate der späteren Inanspruchnahme 4,2 Prozent der Pension. Das Höchstausmaß in diesen Fällen beträgt maximal 91,76 Prozent der höchsten zur Anwendung kommenden Bemessungsgrundlage.

☛ Bei allen Pensionen mit einem Stichtag ab dem 1. Jänner 2004 (Neupension) ist eine Vergleichsberechnung durchzuführen. Dazu ist eine Vergleichspension unter Anwendung der am 31. Dezember 2003 geltenden Rechtslage der Neupension gegenüber zu stellen. Ist die Neupension um mehr als 10 Prozent geringer, sind 90 Prozent der Vergleichspension die gebührende Pension (10% Deckelung des Verlustes).

Alterspension und Erwerbseinkommen

Wird während des Bezuges einer Alterspension auch eine Erwerbstätigkeit ausgeübt, hat dies (unabhängig vom Erwerbseinkommen) keinen Einfluss auf die Pensionshöhe.

Neu ab 2004: Wenn neben einer Alterspension auch eine die Pflichtversicherung in der Pensionsversicherung begründete Erwerbstätigkeit ausgeübt wird, gebührt nach jedem Kalenderjahr zusätzlich zur Pension ein besonderer Höherversicherungsbetrag.

Vorzeitige Alterspension und Erwerbseinkommen

Alle vorzeitigen Alterspensionen fallen mit dem Tag weg, ab dem eine Pflichtversicherung in der Pensionsversicherung vorliegt bzw. ab dem eine sonstige selbstständige oder unselbstständige Erwerbstätigkeit mit einem Erwerbseinkommen über der Geringfügigkeitsgrenze (2004: € 316,19 monatlich) ausgeübt wird. Nach Beendigung einer solchen Erwerbstätigkeit leben die vorzeitigen Alterspensionen wieder auf.

Invaliditäts-, Berufsunfähigkeits- bzw. Erwerbsunfähigkeitspension

Da gerade diese Versichertengruppe bei der (gezwungenen) Inanspruchnahme der Pension meistens – aufgrund des Lebensalters – über ein geringes Ausmaß an Versicherungsmonaten verfügt, werden fiktiv zusätzliche Versicherungsmonate berücksichtigt. Ist der Pensionsstichtag vor Vollendung des 56½. Lebensjahres, wird zu den erworbenen Versicherungsmonaten die Zeit zwischen dem Stichtag und dem Monatsersten nach Vollendung des 56½. Lebensjahres hinzugerechnet. Bei einer solchen Erhöhung dürfen allerdings 60 Prozent der höchsten zur Anwendung kommenden Bemessungsgrundlage nicht überschritten werden.

☛ **Beispiel:** Alter bei Eintritt der Invalidität 40 Jahre, bis dahin erworbene Versicherungsmonate 240 (20 Jahre). 2062 = 40 Steigerungspunkte + 33 Steigerungspunkte (56,5 – 40 = 16,562 = 33 Steigerungspunkte) = 73 Steigerungspunkte – Abschlag von (maximal) 10,5 = 62,5 Steigerungspunkte = maximal 60 Prozent.

Invaliditäts-, Berufsunfähigkeits- bzw. Erwerbsunfähigkeitspension und Erwerbseinkommen

Wird neben der Pension ein Erwerbseinkommen bezogen, das den Betrag der Geringfügigkeitsgrenze übersteigt, gebührt nur eine Teilpension. Das Ausmaß der Teilpension ist vom Gesamteinkommen (Pension + Erwerbseinkommen) abhängig. Die Verminderung der Pension darf allerdings im Jahr 2004 höchstens 40 Prozent, ab dem Jahr 2005 höchstens 50 Prozent betragen.

Kinderzuschuss

Für jedes Kind bis zum 18. Lebensjahr – bei Schul-(Berufs-)ausbildung oder Erwerbsunfähigkeit des Kindes auch darüber hinaus – gebührt zur Pension (nicht zu Hinterbliebenenpensionen) neben der staatlichen Familienbeihilfe auch ein Kinderzuschuss. Für ein und dasselbe Kind gebührt der Kinderzuschuss nur einer Person (Pensionisten). Der Kinderzuschuss beträgt für jedes Kind monatlich € 29,07.

Ausgleichszulage

Die österreichische Pensionsversicherung kennt keine Mindestpension. Es ist aber vorgesehen, dass die Bezieher kleiner Pensionen, die über keine oder nur geringe sonstige Einkünfte oder Unterhaltsansprüche verfügen, zu ihrer Pension eine Ausgleichszulage erhalten (Sozialhilfeleistung des Staates bei gewöhnlichem Aufenthalt im Inland). Für Eigen- und Hinterbliebenenpensionen wird jährlich ein Richtsatz festgelegt, der ein Mindesteinkommen garantieren soll. Erreicht die Summe aus Pension, sonstigem Einkommen und Unterhaltsansprüchen nicht diesen Richtsatz, dann gebührt die Differenz als Ausgleichszulage.

Die **Richtsätze für Ausgleichszulagen** betragen im Jahr 2004:

Alters- und Invaliditätspensionen	
für Alleinstehende	€ 653,19
für Ehepaare	€ 1.015,00
Erhöhung für jedes Kind	€ 69,52
Witwen- und Witwerpensionen	€ 653,19

Waisenpensionen bis 24. Lebensjahr	
Halbwaisen	€ 243,95
Vollwaisen	€ 366,28
Waisenpensionen ab 24. Lebensjahr	
Halbwaisen	€ 433,48
Vollwaisen	€ 653,19

Pensionsanfall

Alters- und Invaliditätspensionen fallen mit dem Tag der Erfüllung der Anspruchsvoraussetzungen an, wenn dieser Zeitpunkt auf einen Monatsersten fällt, sonst mit dem Monatsersten, der auf die Erfüllung der Anspruchsvoraussetzungen folgt. Der **Antrag** muss jedoch innerhalb eines Monats nach Erfüllung der Voraussetzungen gestellt werden. Wird der Antrag später gestellt, fallen diese Pensionen mit dem Pensionsstichtag an.

Für den Anfall einer Pension aus dem Versicherungsfall der geminderten Arbeitsfähigkeit bzw. Erwerbsunfähigkeit ist zusätzlich die Aufgabe der Tätigkeit, aufgrund welcher der (die) Versicherte als invalid (berufsunfähig, erwerbsunfähig) gilt, bzw. die Aufgabe der die Pflichtversicherung in der Pensionsversicherung begründenden Erwerbstätigkeit erforderlich, es sei denn, der (die) Versicherte bezieht ein Pflegegeld der Stufe 3.

Schließlich sieht der Gesetzgeber vor, dass in Fällen der Gewährung von Rehabilitationsmaßnahmen Pensionen aus den Versicherungsfällen der geminderten Arbeitsfähigkeit (Erwerbsunfähigkeit) erst dann anfallen, wenn eine Wiedereingliederung des (der) Versicherten in das Berufsleben nicht bewirkt werden kann.

Hinterbliebenenpensionen fallen mit dem auf den Eintritt des Versicherungsfalls (Todestag) folgenden Tag an, wenn der Antrag innerhalb von sechs Monaten gestellt wird, sonst mit dem Tag der Antragstellung.

13. und 14. Pension

Die Pensionen werden monatlich im Nachhinein ausbezahlt. Zu den Pensionen in den Monaten April und September gebühren zusätzlich Sonderzahlungen in der Höhe eines Monatsbezuges. Die Pensionen werden daher 14-mal jährlich ausbezahlt.

Verfahren bei Streitigkeiten über Sozialrechtssachen

Zuständige Gerichte

Für die Entscheidung über Klagen in Sozialrechtssachen ist jenes **Landesgericht** zuständig, in dessen Sprengel der Versicherte seinen Wohnsitz hat. Es sind dies folgende Gerichte: Wien: Arbeits- und Sozialgericht Wien; Niederösterreich: Landesgericht St. Pölten, Landesgericht Krems, Landesgericht Korneuburg, Landesgericht Wiener Neustadt; Burgenland: Landesgericht Eisenstadt; Oberösterreich: Landesgericht Linz, Landesgericht Ried im Innkreis, Landesgericht Steyr, Landesgericht Wels; Steiermark: Landesgericht für Zivilrechtssachen Graz, Landesgericht Leoben; Salzburg: Landesgericht Salzburg; Kärnten: Landesgericht Klagenfurt; Tirol: Landesgericht Innsbruck; Vorarlberg: Landesgericht Feldkirch.

Darüber hinaus ist vorgesehen, dass Klagen in Sozialrechtssachen an so genannten **Gerichtstagen** auch in den Orten Oberwart, Amstetten, Mistelbach, Gmünd, Fürstenfeld, Liezen, Spittal/Drau, Villach, Wolfsberg, Bad Ischl, Vöcklabruck, Tamsweg, Zell am See, Kufstein,

Landeck, Lienz und Reutte zu verhandeln sind, wenn der Versicherte (Kläger) im Sprengel eines solchen **Bezirksgerichts** wohnt.

Sozialrechtssachen

Zu den Sozialrechtssachen, in denen Klage bei den zuständigen Gerichten erhoben werden kann, gehören insbesondere Rechtsstreitigkeiten über:
- den Bestand, den Umfang oder das Ruhen von Versicherungsleistungen,
- die Verpflichtung zum Rückersatz zu Unrecht empfangener Versicherungsleistungen,
- den Bestand von Versicherungszeiten in der Pensionsversicherung und
- den Bestand eines Rechtsverhältnisses oder eines Rechtes,
- Pflegegeld aller Stufen,
- Ansprüche auf Kinderbetreuungsgeld.

Zulässigkeit einer Klage

Eine Klage darf nur erhoben werden,
- wenn der Versicherungsträger in der Sache bereits einen Bescheid erlassen hat oder
- wenn der Versicherungsträger »säumig« geworden ist.

»Säumig« ist in der Regel ein Krankenversicherungsträger, wenn er den ausdrücklich verlangten Bescheid nicht innerhalb von drei Monaten, ein Unfall- oder Pensionsversicherungsträger, wenn er den Bescheid nicht innerhalb von sechs Monaten ab Antrag auf Zuerkennung der Leistung (oder auf Feststellung von Versicherungszeiten in der Pensionsversicherung) erlassen hat.

Klagefrist

Handelt es sich um Leistungen der Kranken- und Unfallversicherung, muss die Klage innerhalb von vier Wochen ab Zustellung des Bescheids erhoben werden. Bei Leistungen der Pensionsversicherung beträgt die Klagefrist drei Monate ab Bescheidzustellung. Für die so genannte »Säumnisklage« gibt es keine Frist.

Rechtsmittelverfahren

Gegen Urteile des Gerichtes erster Instanz kann Berufung an das zuständige Oberlandesgericht (Wien, Linz, Graz und Innsbruck), gegen Urteile des Oberlandesgerichtes kann Revision an den Obersten Gerichtshof eingebracht werden. Die Berufungs- bzw. Revisionsfrist beträgt vier Wochen.

Vertretung vor den Gerichten

Im Verfahren erster Instanz kann der Kläger (Versicherte) seine Sache selbst vertreten oder sich durch jede hierfür geeignete Person vertreten lassen. Im Berufungsverfahren (vor den Oberlandesgerichten) muss sich der Kläger (Versicherte) von einem Rechtsanwalt oder von einem Funktionär oder Arbeitnehmer einer gesetzlichen Interessenvertretung oder einer freiwilligen kollektivvertragsfähigen Berufsvereinigung (z. B. Gewerkschaft) vertreten lassen. Im Revisionsverfahren (vor dem Obersten Gerichtshof) muss der Kläger (Versicherte) durch einen Rechtsanwalt vertreten sein.

Verfahrenskosten

Dem Versicherten (Kläger) erwachsen aus einem Rechtsstreit mit einem Versicherungsträger in der Regel keine Kosten. Der Versicherungsträger hat alle auflaufenden Sachverständigen- und sonstigen Gebühren zu tragen. Der Versicherte muss dem Versicherungsträger selbst dann keine Kosten ersetzen, wenn er den Prozess verlieren sollte.

Quelle: »Soziale Sicherheit«, Fachzeitschrift für die Sozialversicherung, herausgegeben vom Hauptverband der österreichischen Sozialversicherungsträger, Nr. 7/8, Jahrgang 2003

Sozialversicherung über die Grenzen

Österreich hat mit einer Reihe von Staaten zweiseitige **Abkommen über soziale Sicherheit** geschlossen, die im Allgemeinen auf folgenden Grundsätzen beruhen:

— Gleichbehandlung der Staatsangehörigen der Vertragsstaaten im Bereich der sozialen Sicherheit;
— Berücksichtigung der im anderen Vertragsstaat zurückgelegten Versicherungszeiten für den Erwerb und die Aufrechterhaltung von Leistungsansprüchen;
— Ermittlung der österreichischen Pensionen nach der »Direktberechnung«;
— Berücksichtigung der im anderen Vertragsstaat eingetretenen Arbeitsunfälle (Berufskrankheiten);
— Export der Geldleistungen an Anspruchsberechtigte im anderen Vertragsstaat;
— Leistungsaushilfe im Bereich der Kranken- und Unfallversicherung durch die Versicherungsträger im anderen Vertragsstaat.

Mit dem Inkrafttreten des **Abkommens über den Europäischen Wirtschaftsraum** (EWR-Abkommen) am 1. Jänner 1994 ist im Bereich der sozialen Sicherheit auch in Österreich das sekundäre EG-Recht (darunter fallen insbesondere die Verordnungen und Richtlinien) anzuwenden.

Eines der grundlegenden Ziele des EWR besteht darin, die Gleichbehandlung und Nichtdiskriminierung für die Einwohner der nunmehr 18 EWR-Staaten zu verwirklichen. Die EU- bzw. EWR-Bürger haben daher das Recht, in jedem EU-Mitgliedstaat bzw. EWR-Staat zu leben und zu arbeiten. Bei einem Wechsel von einem EU-Mitgliedstaat bzw. EWR-Staat in den anderen gehen die erworbenen Rechte im Bereich der sozialen Sicherheit somit nicht verloren. Dies bedeutet jedoch nicht, dass die Sozialversicherungssysteme in der EU bzw. im EWR einheitlich gestaltet werden. Derzeit gibt es keine Richtlinien, die eine generelle Harmonisierung der Rechtsvorschriften der EU-Mitgliedstaaten bzw. EWR-Staaten verlangen. In den einschlägigen EG-Papieren wird stets betont, dass derartige Schritte auch in Zukunft nicht beabsichtigt sind.

Während die **Richtlinien** zu einer bestimmten Ausgestaltung des innerstaatlichen Rechts verpflichten, haben die **Verordnungen** – wie auch die von Österreich geschlossenen Abkommen über soziale Sicherheit – die Aufgabe, die nationalen Rechtsvorschriften zu koppeln und zu koordinieren, wozu es aber keiner Änderung der österreichischen Rechtsvorschriften bedarf.

Das EG-Recht führt in der Sozialversicherung durch die Anwendung der Verordnungen (EWG) Nr. 1408/71 und Nr. 574/72 teilweise zu einer **Besserstellung** gegenüber der Rechtslage aufgrund der von Österreich geschlossenen Sozialversicherungsabkommen. Die wichtigsten Änderungen sind in der Kranken- und in der Pensionsversicherung zu verzeichnen, wobei die Pensionen nach der »Pro-Rata-Temporis-Methode« berechnet werden. Der Beitritt Österreichs zur Europäischen Union (EU) mit 1. Jänner 1995 hatte im Bereich der sozialen Sicherheit keine Änderungen zur Folge, weil die vorerwähnten Rechtsgrundlagen bereits seit Inkrafttreten des EWR-Abkommens vollinhaltlich anzuwenden waren.

Internationale Bindungen Österreichs im Bereich der sozialen Sicherheit

Staat	Kranken-versicherung	Unfall-versicherung	Pensions-versicherung	Arbeits-losen-versicherung	Familien-beihilfen
Australien			X		
Belgien	X	X	X	X	X
Bosnien u. Herzegowina[1)]	X	X	X	X	
Chile			X		
Dänemark	X	X	X	X	X
Deutschland	X	X	X	X	X
Finnland	X	X	X	X	X
Frankreich	X	X	X	X	X
Griechenland	X	X	X	X	X
Großbritannien	X	X	X	X	X
Irland	X	X	X	X	X
Island	X	X	X	X	X
Israel	X[1)]	X	X	X	X
Italien	X	X	X	X	X
Kanada (einschl. Quebec)			X		
Kroatien	X	X	X	X	
Liechtenstein	X	X	X	X	X
Luxemburg	X	X	X	X	X
Mazedonien	X	X	X	X	
Niederlande	X	X	X	X	X
Norwegen	X	X	X	X	X
Philippinen		X[1)]	X		
Polen	X[2)]	X	X	X	
Portugal	X	X	X	X	X
Schweden	X	X	X	X	X
Schweiz	X[4)]	X	X	X	X
Serbien und Montenegro	X	X	X	X	
Slowakei	X[3)]	X	X	X	
Slowenien	X	X	X	X	
Spanien	X	X	X	X	X
Tschechien	X	X[2)]	X	X	
Tunesien	X[1)]	X	X		
Türkei	X	X	X		
Ungarn	X	X	X	X	
USA			X		
Zypern	X[1)]	X	X	X	

1) Jedoch keine Sachleistungsaushilfe.

2) Sachleistungsaushilfe in Österreich nur für Dienstnehmer, die sich in Ausübung ihrer Beschäftigung in Österreich aufhalten, und die sie begleitenden Familienangehörigen.

3) Sachleistungsaushilfe in Österreich nur für Dienstnehmer, die sich in Ausübung ihrer Beschäftigung in Österreich aufhalten und die sie begleitenden Familienangehörigen sowie für die in der Slowakei wohnenden Schüler und Studenten nach den österreichischen Rechtsvorschriften.

4) Seit 1. Juni 2002 sind auf Grund des Freizügigkeitsabkommens EG/Schweiz grundsätzlich die Bestimmungen der VO (EWG) Nr. 1408/71 und Nr. 574/72 anzuwenden.

Darüber hinaus sind – neben dem EWR-Abkommen – zwei weitere multilaterale Instrumente wirksam, und zwar das **Europäische Abkommen über soziale Sicherheit** zwischen Österreich, Luxemburg, der Türkei, den Niederlanden, Portugal, Belgien, Spanien und Italien sowie das vierseitige Übereinkommen zwischen Österreich, Deutschland, der Schweiz und Liechtenstein. Dieses multilaterale Abkommen sichert im Bereich der Pensionsversicherung unter anderem die Eröffnung und Bemessung von Leistungsansprüchen, wenn Beschäftigungszeiten in drei oder allen vier Staaten vorhanden sind.

Hinsichtlich des **Anwendungsbereiches** ist zu unterscheiden zwischen Abkommen, deren persönlicher und sachlicher Geltungsbereich in einem gewissen Umfang beschränkt ist, und jenen Übereinkommen, die eine derartige Beschränkung nicht vorsehen.

Für die Bediensteten der in Wien ansässigen internationalen Organisationen (IAEO, UNIDO, OPEC und dem Hochkommissär für die Flüchtlinge) bestehen ebenfalls Abkommen über soziale Sicherheit. Aufgrund eines Notenwechsels zwischen der Republik Österreich und den Vereinten Nationen ist das Abkommen zwischen der Republik Österreich und der UNIDO auch auf die Bediensteten jener Ämter der Vereinten Nationen anzuwenden, die mit Zustimmung der Bundesregierung in Österreich errichtet wurden. Ein weiterer Vertrag mit der Europäischen Organisation für Kernforschung (CERN) in Genf sieht die sozialversicherungsrechtliche Reintegration der bei dieser Organisation tätigen österreichischen Staatsangehörigen vor.

Krankenversicherungsschutz bei Urlaub und Dienstreise

In zahlreichen Staaten, mit denen Österreich Abkommen über soziale Sicherheit abgeschlossen hat bzw. das EG-Recht wirksam ist, ist der Schutz der sozialen Krankenversicherung auch während des Urlaubs sichergestellt. Für folgende Länder muss dazu vor Antritt der Reise ein **zwischenstaatlicher Betreuungsschein** gelöst werden: Belgien, Bosnien und Herzegowina, Dänemark, Deutschland, Finnland, Frankreich, Griechenland, Irland, Island, Italien, Serbien und Montenegro, Kroatien, Liechtenstein, Luxemburg, Mazedonien, Niederlande, Norwegen, Polen, Portugal, Schweden, Schweiz, Slowakei, Slowenien, Spanien, Tschechien, Türkei und Ungarn.

Rat und Auskunft in Sozialversicherungssachen

Hauptverband der österreichischen Sozialversicherangsträger
1031, Kundmanngasse 21, Tel.: 01/71 1 32
E-Mail: eSV@hvb.sozvers.at
Internet: www.sozialversicherung.at

Pfuschen kann gefährlich sein

Karl Jedermann möchte den Sanitärbereich seines Hauses neu gestalten. Er hat da einen guten Bekannten, der bei allen handwerklichen Arbeiten sehr geschickt ist und schon oft im Bekanntenkreis mit derartigen »Aufträgen« betraut wurde und der für einen Stundenlohn von 15 € bereit ist, alle notwendigen Installationsarbeiten und Verfliesungen vorzunehmen.

Nachbarschaftshilfe

Vor allem beim »Häuslbauen« auf dem Land spielt die Nachbarschaftshilfe eine große Rolle. Nachbarn, Verwandte und Bekannte helfen zusammen, wenn es darum geht, etwa notwendige Bauarbeiten zu verrichten. Das sollen sie auch tun. Problematisch wird die Sache aber dann, wenn die Hilfe mit einer finanziellen Gegenleistung verbunden ist, also wenn dafür bezahlt wird. Denn dann sind wir schon beim Kapitel »Pfusch«. Ob das Badezimmer verfliest oder eine Mauer schön weiß gestrichen, ob das defekte WC instand gesetzt oder das Haus neu gedeckt werden soll – ein Pfuscher ist weitaus billiger als ein konzessionierter Handwerker, den man sich vielleicht gar nicht leisten kann.

Unbefugte Gewerbeausübung

Gewisse Gefahren bringt die unbefugte Gewerbeausübung, wie das Gesetz den »Pfusch« offiziell nennt, mit sich. Und zwar sowohl für den, der ihn ausführt, als auch für den, der ihn ausführen lässt. Und diese Gefahren sind ebenso zahlreich wie schwerwiegend. Ich meine damit nicht nur die hohen **Geldstrafen**, die die Gewerbebehörde wegen der Verwaltungsübertretung nach §§ 366 und 367 GewO verhängen kann (bis zu 3.600 € für den Pfuscher und bis zu 2.180 € für den Auftraggeber), und an die noch beträchtlicheren Strafen, die von der Finanzbehörde wegen Steuerhinterziehung (Einkommensteuer und Umsatzsteuer) drohen und die immerhin bis zum Zweifachen des Verkürzungsbetrages – allenfalls sogar **Freiheitsstrafe** bis zu zwei Jahren – reichen können (§ 33 Abs. 5 bzw. § 15 FinStrG).

Strafrecht

Zu bedenken sind in erster Linie die möglichen **straf- und zivilrechtlichen Folgen**, wenn unglücklicherweise »etwas passiert«. So hat bei einem Unfall des illegalen »Gehilfen« aufgrund von Sorgfaltswidrigkeit des Beschäftigers (z. B. mangelnde Sicherheitsvorkehrungen) dieser das Vergehen der fahrlässigen leichten oder schweren Körperverletzung (§ 88 StGB) zu verantworten, beim Tod des »Gehilfen« sogar das Vergehen der fahrlässigen Tötung nach § 80 StGB (Freiheitsstrafe bis zu einem Jahr). Der Umstand, dass der betreffende »Gehilfe« unangemeldet tätig war, befreit den Auftraggeber (Beschäftiger) also nicht von seiner **strafrechtlichen Haftung**.

Zivilrecht

Bei Körperverletzung des »Pfuschers« aus Verschulden des Beschäftigers muss dieser Heilungskosten, Verdienstentgang und Schmerzengeld bezahlen (§ 1325 ABGB); beim Tod des »Pfuschers« aus Verschulden des Beschäftigers muss dieser den Hinterbliebenen, soweit sie gesetzliche Unterhaltsansprüche gegen den Getöteten hatten (Kinder, einkommenslose Ehefrau usw.), Unterhalt leisten (§ 1327 ABGB).

Gewährleistung und Schadenersatz

Aber auch in anderer Beziehung kann der Besteller einer »Pfuscharbeit« in Schwierigkeiten geraten. Zwar gibt es theoretisch auch gegen den Pfuscher, wenn dieser im wahrsten Sinn des Wortes Pfusch macht, also mangelhafte Leistungen erbringt, Gewährleistungs- und Schadenersatzansprüche, doch wird es in der praktischen Durchsetzung sicher zu Problemen kommen. Außerdem wird bei Pfuschern rechtlich häufig ein **anderer Haftungsmaßstab** herangezogen als bei befugten Unternehmern – und zwar dann, wenn man als Besteller gewusst und in Kauf genommen hat, dass der Pfuscher nicht nur gewerberechtlich nicht befugt war, sondern auch nicht über die bei befugten Unternehmern vorausgesetzte Sachkunde verfügte. Wenn der als Maurer ausgebildete Nachbar oder ein sonstiger Bekannter eine Mauer aufstellt und auch gleich noch den E-Herd anschließt, kann man ihn bei Problemen mit dem E-Herd nicht in gleicher Weise zur Verantwortung ziehen wie einen befugten Elektroinstallateur.

Nun gibt es viele, die an diese Gefahren in keiner Weise denken oder, wenn sie es doch tun, sich mit zwei Gedanken trösten: Erstens hat man einen Pfuscher oft leichter zur Hand als einen befugten Gewerbetreibenden – und jedenfalls ist er wesentlich billiger. Und zweitens: bestraft kann man ja nur werden, wenn man von jemandem angezeigt wird. Das könnte aber z. B. ein verfeindeter Nachbar sein.

Karl Jedermann und das Internet

Einführung

Das Internet ist aus dem Leben Karl Jedermanns in der Informationsgesellschaft nicht mehr wegzudenken. Er schätzt es sehr, verschiedene Waren und Dienstleistungen raum-, zeit- und ortsunabhängig direkt von zu Hause aus bestellen zu können. Er kann jederzeit interaktiv Angebote abfragen, Verträge schließen und Zahlungen tätigen.

Das Angebot an Informationen, Waren und Dienstleistungen ist mittlerweile so vielfältig wie die Angebote in den realen Geschäften und manchmal kann man per Internet oder e-Mail viel mehr Waren bestellen, als man vor Ort kaufen kann. Die Möglichkeiten reichen von der klassischen Bestellung einer Pizza auf http://www.pizzaflitzer.at, über den Erwerb von Computersoftware, CDs oder DVDs zum direkten Downloaden, über Bücher und ähnliche Waren auf http://www.AuM.at hin zur Reisebuchung und Hotelreservierung, Abschluss bestimmter Versicherungsverträge und Order sämtlicher Waren, die herkömmlich in Katalogen angeboten werden. Besonders angetan haben es Karl Jedermann einerseits Glückspiele (weil er hier jederzeit rasch einmal mitspielen kann) und die Online-Auktionen, weil er dabei das Gefühl hat, ganz besonders günstig zu kaufen, wie etwa auf http://www.ebay.at. Die einzelnen Angebote können direkt aufgerufen werden und online entweder direkt durch **Ausfüllen eines Online-Bestellformulars** bestellt oder durch **Abschicken einer e-Mail** geordert werden.

Obwohl Karl Jedermann diese Art des Einkaufens sehr schätzt, weil es normalerweise rasch und unkompliziert vor sich geht, möchte er auch wissen, wie sich die rechtliche Situation bei Vertragsabschlüssen im Internet oder per Mail darstellt.

Electronic Commerce

Zunächst ist festzuhalten, dass alle Geschäfte, die über elektronische Medien (IKT = »Informations- und Kommunikationstechnologie«) ablaufen, als »E-Commerce« oder »eCommerce« oder »**Electronic Commerce**« bezeichnet werden. Das klingt sehr modern, sagt jedoch nichts anderes aus, als dass es sich um Geschäfte auf elektronischem Weg handelt. Ebenfalls dazu zählen auch per Telefon oder Teleshopping abgeschlossene Geschäfte oder Bestellungen, die über Fax weitergeleitet werden. Auch neue Technologien, die Bestellungen von unterwegs per Handy ermöglichen, fallen darunter (z. B. ein Liftticket noch am Parkplatz vor der Liftkassa kaufen oder ein Theaterticket buchen). Hier spricht man bereits von der nächsten Generation elektronischer Geschäfte, dem sogannten m-Commerce als Abkürzung für »mobile commerce«, was nichts anderes als »mobiler Geschäftsverkehr« heißt. Ebenfalls dazu zählt die Verwendung von SMS-Botschaften für geschäftliche Transaktionen. Die rechtlichen Rahmenbedingungen sind bei allen diesen Arten von elektronischen Geschäften im Wesentlichen sehr ähnlich.

Direkter/indirekter elektronischer Geschäftsverkehr

Beim »**direkten elektronischen Geschäftsverkehr**« werden alle Teilbereiche der Vertragsbeziehung elektronisch abgewickelt, d. h. die Bestellung, die Lieferung und die Zahlung. Logischerweise kann dies nur bei Waren oder Dienstleistungen erfolgen, die infolge ihrer Beschaffenheit online erbracht werden können. Darunter fallen Reservierungen aller Art, Buchungen von Hotelzimmern oder Flugtickets, Theatertickets, Liftkarten, Download von Software oder Musikstücken und die Zurverfügungstellung von Informationen aus Datenbanken. Demgegenüber handelt es sich um »**indirekten elektronischen Geschäftsverkehr**«, wenn einzelne Bereiche der Vertragsbeziehung real (= offline) stattfinden, wie die Warenlieferung oder die Zahlung (z. B. per Nachnahme oder mittels Erlagscheins).

B2B-, B2C-Geschäfte

Zusätzlich zu dieser Einteilung ist für die rechtliche Beurteilung eine andere Einteilung von wesentlicher Bedeutung: Einerseits können die Online-Verträge zwischen Unternehmern geschlossen werden. Es stehen sich dabei als Vertragspartner zwei »Business-Partner« gegenüber, daher spricht man hier auch von »**Business-to-Business-Geschäften**« oder kurz »B2B-Geschäften«. Andererseits kann ein Unternehmer seine Waren oder Dienstleistungen an einen Verbraucher erbringen. Es stehen sich daher ein »Business-Partner« und ein »Consumer« (= Verbraucher) gegenüber, d. h. es liegt ein »**Business-to-Consumer-Geschäft**«, kurz »B2C-Geschäft« vor.

Im Folgenden werden die Rechtsfragen anhand eines B2C-Geschäfts behandelt, wobei davon ausgegangen wird, dass jeweils Karl Jedermann eine Ware oder Dienstleistung eines Unternehmens direkt per Internet bestellt oder durch Abschicken einer e-Mail anfordert.

Abschluss von Internet-Verträgen

Anwendbare Vorschriften

Vorweg ist es ganz wichtig festzuhalten, dass für Verträge, die im Internet geschlossen werden, grundsätzlich **dieselben Rechtsvorschriften** zur Anwendung kommen, die auch für **herkömmlich abgeschlossene Verträge** gelten. Es gibt daher kein eigenes Recht für Internet-Geschäfte. Regelungen zum Vertragsrecht finden sich in erster Linie im Allgemeinen Bürgerlichen Gesetzbuch (ABGB) für Fragen des Vertragsabschlusses, für die Voraussetzungen von Angebot und Annahme, für die Klärung der Geschäftsfähigkeit der Parteien, für die Beurteilung der Möglichkeit und Erlaubtheit des Vertragsinhaltes sowie die Einhaltung allfälliger Formbestimmungen, Vorschriften zu den Allgemeinen Geschäftsbedingungen (AGB), Verzug (§§ 918 ff ABGB), Gewährleistung (§§ 932 ABGB), Schadenersatz (§§ 1295 ff ABGB), Produkthaftung (Produkthaftungsgesetz – PHG), Eigentumserwerb usw. Zusätzlich kommen für Geschäfte zwischen Karl Jedermann als Verbraucher und einem Unternehmer – unter der Voraussetzung der Anwendbarkeit von österreichischem Recht – die Regeln des Konsumentenschutzgesetzes (KSchG) zur Anwendung.

Sonderbestimmungen für den Internet-Bereich

Sonderbestimmungen für den Internet-Bereich enthält das **Electronic-Commerce-Gesetz** (ECG) und das speziell für Verbraucherbestellungen anzuwendende **Fernabsatz-Gesetz**. Werden beim Abschluss von Internet-Verträgen eigene digitale Signaturverfahren verwendet, so kommen zusätzlich die Regelungen des **Signatur-Ge-**

setzes (SigG) zur Anwendung. Signaturverfahren dienen einerseits zur **Herstellung elektronischer Unterschriften** sowie andererseits zur **Verschlüsselung** der übermittelten Daten.

Vertragsarten

Im Online-Bereich können grundsätzlich alle Verträge des täglichen Lebens geschlossen werden. Mittlerweile unterscheidet man dabei häufig zwischen drei großen Bereichen:

Erwerb von Waren – Warenkaufverträge

Kauft Karl Jedermann ganz normale Waren, also »körperliche Gegenstände« wie Bücher (bei http://www.AuM.at), Bekleidung (z. B. bei http://www.quelle.at, http://www.eduscho.at oder http://www.neckermann.at) oder Nahrungsmittel (etwa bei http://www.billa.at), so schließt er einen **Warenkaufvertrag** ab. Für Kaufverträge enthält das ABGB in den §§ 1053 spezielle Bestimmungen über die Kaufsache, das Kaufentgelt usw. Karl Jedermann kann die bestellten Waren entweder gleich online mittels Kreditkarte oder auch auf http://www.bezahlen.at zahlen oder sich eine Rechnung zuschicken lassen. Üblich ist nach wie vor die Zahlung per Nachnahme. In diesem Fall werden die Waren per Post geliefert und Karl Jedermann muss die Kaufsumme bei Abholung direkt bar bezahlen.

Musikdownload – Lizenzerwerb

Will Karl Jedermann direkt aus dem Internet digitale Produkte, Informationen, Software, Bilder, Musik, Multimedia-Produkte usw. beziehen, so werden dabei im Regelfall **Lizenzvereinbarungen** abgeschlossen.

Dienstleistungsverträge

Als dritte Gruppe sind **Online-Dienstleistung** zu nennen. Darunter fallen alle Verträge über die Bereitstellung von Informationen, die Suche nach Informationen, alle Finanz- und Bankdienstleistungen (z. B. Telebanking) oder ähnliche Angebote.

Sonderbereich: Online-Auktionen

Sehr gerne ersteigert Karl Jedermann Waren im Internet, er bevorzugt dabei etwa die Seiten von http://www.ebay.at. Ein Blick ins Impressum macht Karl Jedermann darauf aufmerksam, dass das dahinterstehende Unternehmen den Geschäftssitz in der Schweiz, konkret in Bern hat.

Es ist zusätzlich festzuhalten, dass aus einer at-Domain-Endung der Internet-Adresse nicht zwangsläufig abzuleiten ist, dass es sich um ein österreichisches Unternehmen handelt. Vielmehr hat das Unternehmen hier nur eine Internet-Adresse (»Domain«) von der österreichischen Anbieterorganisation, der nic-at (http://www.nic.at) erworben und betreibt daher die Domain http://www.ebay.at sowie http://www.ebay.de und http://www.ebay.ch. Ähnliches erfährt man, wenn man einen Blick ins Impressum von http://www.amazon.at wirft: Auch hier steht kein österreichisches Unternehmen dahinter – vielmehr befindet sich der Geschäftssitz in Deutschland.

Bei genauerer Durchsicht der Allgemeinen Geschäftsbedingungen von ebay stellt Karl Jedermann zudem fest, dass er zwar glaubt, etwas zu ersteigern, dass er aber dabei gar nicht an einer »echten« Versteigerung teilnimmt. Vielmehr wird er in den AGB darüber aufgeklärt, dass ebay nur der Plattform-Anbieter ist.

Diese Plattform wird zur Verfügung gestellt, um Verträge abzuschließen, bei denen der Erwerbspreis nicht von vornherein fix feststeht, sondern unter Verwendung von Versteigerungsmodellen erst ermittelt wird. Der konkret abgeschlossene Vertrag kommt jedoch nicht mit ebay zustande. Vielmehr werden der Anbieter und der »Ersteigerer« Partner des online geschlossenen Vertrages und müssen sich daher selbst um die Abwicklung ihres Geschäfts kümmern. Ebay bietet jedoch als besonderes Service zur Erhöhung des Vertrauens in die »Versteigerungsprozesse« ein eigenes Treuhandservice an – gegen Gebühr versteht sich. Ähnlich funktionieren auch die Modelle von http://www.onetwosold.at oder http://www.ricardo.de.

Electronic-Commerce-Gesetz (ECG)

Das **Gesetz über den elektronischen Geschäftsverkehr** (E-Commerce-Gesetz bzw. ECG) enthält Sonderregeln für elektronische Rechts- und Geschäftsbeziehungen und ist seit 1.1.2002 in Kraft. Das ECG ist das österreichische Umsetzungsgesetz zur europäischen E-Commerce-Richtlinie (EU-Richtlinie über bestimmte rechtliche Aspekte des elektronischen Geschäftsverkehrs im Binnenmarkt) und gilt sowohl für **Business-to-Business-Geschäfte** (B2B) als auch für **Business-to-Consumer-Geschäfte** (B2C)

Impressumspflicht

Karl Jedermann surft im Internet, um sich über die Angebote an Digitalkameras zu informieren. Schon nach kurzer Zeit findet er einige interessante Angebote von unterschiedlichen Anbietern. Karl Jedermann möchte jedoch zunächst genau wissen, mit wem er es zu tun hat. Daher durchsucht er die einzelnen Webseiten nach Hinweisen über die Identität des Anbieters bzw. deren Geschäftssitz.

Weiterhelfen kann Karl Jedermann hier ein einfacher Klick auf das »Impressum« bzw. die Firmenangaben, die jeder Unternehmen verpflichtend führen muss. Gemäß § 5 ECG muss jeder Internet-Anbieter Angaben über seine Identität auf seinen Webseiten zur Verfügung stellen. Dabei müssen folgende Punkte enthalten sein:

- Name oder Firma
- geografische Adresse
- Kontaktadresse per Telefon, Fax und Mail
- Firmenbuchnummer und Firmenbuchgericht (wenn das Unternehmen ins Firmenbuch eingetragen ist)
- Umsatzsteuer-Identifikationsnumer (UID-Nummer)
- Zugehörigkeit zu einer Kammer oder einem Berufsverband sowie die zuständige Aufsichtsbehörde (wenn eine solche vorhanden ist)

Diese Informationen werden von § 5 ECG als »Anbieteridentifizierung« bezeichnet. Normalerweise findet man sie unter dem Stichwort »**Impressum**«, oft auch bei »Kontakt«, »Wir über uns« oder schlicht bei »Home«. Manche Unternehmen erfüllen ihre Impressumspflicht auch durch einen direkten Link auf das Online-Firmenverzeichnis der Wirtschaftskammer Österreich, das unter http://www.firmena-z.wko.at (»Firmen A–Z«) zu finden ist.

Kennzeichnungspflicht für jede Werbung

Alle Werbesendungen, Banner, Gewinnspiele oder andere Angebote zur Förderung des Absatzes eines Unternehmens sowie entsprechende Newsletter müssen nach § 6 ECG gekennzeichnet werden, um klar als Werbung erkennbar zu sein.

Preisangaben im Internet

Selbstverständlich müssen alle Produkte, Waren und Dienstleistungen, die an Verbraucher vertrieben werden, mit Preisangaben versehen sein (§ 5 Abs. 2 ECG). Dies kann einerseits direkt bei der Abbildung selbst erfolgen oder über einen eigenen Preiskatalog. Konkret müssen alle **Preise als Bruttopreise** (inklusive aller Steuern und Abgaben) angegeben werden. Ebenso ist die Währungseinheit anzuführen. Zusätzlich verlangt das Fernabsatz-Gesetz, dass die genauen Lieferkosten extra ausgewiesen werden.

Vertragsregeln im Internet

Angebot und Annahme

Für alle Internet-Verträge kommen die Vertragsvorschriften der §§ 861 ff ABGB zur Anwendung. Demnach kommt der Vertrag durch **übereinstimmende Willenserklärungen** der Vertragsparteien gültig zustande. Die Willenserklärungen müssen einander genau entsprechen und werden als »Angebot« bzw. als »Annahme« bezeichnet.

Wichtig ist zu wissen, dass man sich hinsichtlich der Form eines Vertrages keine Sorgen machen muss, da Internet-Verträge, auch wenn sie als schriftliche Verträge erscheinen (zumal die Formulare ausgedruckt werden können), aus juristischer Sicht keine schriftlichen Vereinbarungen sind. Sie werden als elektronische Verträge bezeichnet.

Formbestimmungen

Außerdem können grundsätzlich alle Verträge nach § 883 ABGB **formfrei** geschlossen werden, d. h. sie können schriftlich oder mündlich, ausdrücklich oder stillschweigend, mit oder ohne Zeugen, offline oder online (d. h. »elektronisch«) abgeschlossen werden. Formregeln wie etwa Schriftlichkeit sind nur dann einzuhalten, wenn diese Formvorschriften von Gesetzes wegen vorgesehen sind oder durch die Vertragsparteien im Rahmen einer Schriftformklausel z. B. in den AGB (»Alle Vereinbarungen sowie alle Änderungen bedürfen der Schriftform. Mündliche Zusagen sind nicht wirksam.«) vereinbart wurden. Im Normalfall existieren aber weder Schriftformbestimmungen (diese gibt es etwa für Bürgschaften, für Ratengeschäfte nach dem KSchG oder einige andere Vereinbarungen), noch wird Schriftform vereinbart. In diesem Fall kann Karl Jedermann alle Vereinbarungen ohne weiteres abschließen.

Ist allerdings Schriftform erforderlich, so reicht es nicht aus, die Vertragserklärungen einfach nur auszudrucken. Für die juristische Beurteilung liegt damit nur ein Ausdruck einer elektronischen Erklärung, aber keine schriftliche Erklärung nach § 886 ABGB vor. § 886 ABGB verlangt nämlich, dass für die Erfüllung der Schriftform eine Vertragsurkunde mit eigenhändiger Unterschrift vorliegt. Und eben diese eigenhändige Unterschrift fehlt sowohl auf Internet-Bestellformularen als auch auf Mails. Es nützt rechtlich Karl Jedermann auch nichts, eine Unterschrift einzuscannen und ins Dokument einzufügen. Will oder muss daher Karl Jedermann seine Bestellungen »eigenhändig unterschreiben«, so muss er entsprechende digitale Signaturverfahren verwenden. Zu den Einzelheiten von digitalen Signaturen und ihren Rechtswirkungen siehe den Abschnitt über das »Signatur-Gesetz« auf Seite 638.

Hinzuweisen ist noch darauf, dass eine andere Formvorschrift auch einen »Notariatsakt« verlangen könnte. Dabei müssen die entsprechenden Verträge direkt beim Notar geschlossen werden, ansonsten sind sie unwirksam. Nähere Bestimmungen dazu enthält das Notariatszwangsgesetz (NotZwG). So ist ein Notariatsakt etwa bei allen Verträgen zwischen Ehegatten notwendig sowie bei Schenkungsvereinbarungen, bei denen der geschenkte Gegenstand nicht sofort vom Schenker an den Beschenkten übergeben wird sowie schließlich bei der Begründung von Berechtigungen an Grundstücken. Alle Rechtshandlungen, die einen Notariatsakt erfordern, können jedoch elektronisch überhaupt nicht geschlossen werden, da dies ausdrücklich durch die Vorschriften des SigG (§ 4) ausgeschlossen ist.

Internetpräsentation: Vertragsangebot oder Werbung?

Vor Absenden seiner Bestellung macht sich Karl Jedermann folgende Gedanken: Ist diese »Bestellung« nun aus rechtlicher Sicht schon die Annahme eines Vertragsangebotes des Unternehmers, das dieser auf seinen Seiten durch die Anpreisung der Waren gemacht hat, oder macht Karl selbst ein Angebot, das vom Unternehmer erst noch angenommen werden muss, damit ein gültiger Vertrag zustande kommt?

Nach allgemeiner Auffassung ist die Darstellung der Waren und Dienstleistungen auf den nach Marketinggesichtspunkten gestalteten Internet-Seiten noch völlig unverbindlich für den Unternehmer. Die **Warenpräsentation** ist vergleichbar mit einem virtuellen Katalog und soll potentielle Kunden dazu animieren, Bestellungen abzugeben. Dabei ist weder die Zusendung von Preislisten oder Versandkatalogen als rechtsverbindliches Angebot, sondern nur als »**Einladung zur Anbotstellung**« zu bewerten. Dies ist auch für Werbeangebote im Internet oder per e-Mail der Fall. die eigentliche Bestellung macht daher Karl Jedermann selbst, wenn er ein Bestellformular direkt in einem Online-Shop ausfüllt oder per e-Mail Waren anfordert.

Zugang der Bestellung

Die Bestellung von Karl Jedermann ist ab dem Zugang beim Händler wirksam, d. h. in dem Zeitpunkt, zu dem sie in dessen Mail-Box einlangt bzw. auf dem Provider-Server zum Abrufen bereit liegt. Ab diesem Zeitpunkt ist Karl Jedermann an seine Bestellung gebunden. Die Bestellung muss allerdings noch vom Händler angenommen werden, erst dann ist der Vertrag auch gültig zustande gekommen. Die Annahme kann einerseits durch eine Mitteilung per e-Mail oder auch durch sofortige Lieferung der Ware erfolgen (»stille Annahme« nach § 864 ABGB). Dies ist auch der Fall, wenn die Leistung sofort heruntergeladen wird (z. B. ein Computerprogramm).

Bestellhilfe

Ein Unternehmer, der Verträge mit Verbrauchern online schließen möchte, muss nach § 9 ECG eine Bestellhilfe bieten, d. h. die **wichtigsten Schritte zum Vertragsabschluss** im Internet dem Verbraucher **genau erklären**. Am besten eignet sich dazu eine Musterbestellung, die die einzelnen Schritte von der Produktauswahl, der Adresseingabe, der Auswahl der Zahlungsmöglichkeiten, der Zustimmung zu den AGB, Durchführen von Änderungen und das Abschicken der Bestellung genau beschreiben. Normalerweise findet sich die Bestellhilfe unter »Bestellvorgang«; »Bestellen – einfach erklärt« oder auch unter »Hilfe«.

Einbeziehung von Allgemeinen Geschäftsbedingungen (AGB)

Üblicherweise werden bei Internet-Verträgen Allgemeine Geschäftsbedingungen, die AGB, vereinbart. Dabei handelt es sich um typischerweise **ständig verwendete Vertragsklauseln** wie Zahlungs- oder Lieferbedingungen, Formfragen, Zugangsfragen, Eigentumsvorbehaltsvereinbarungen, Regeln über die Modifikation von Gewährleistungsansprüchen, Haftungsbeschränkungen, Freizeichnungsklauseln sowie Rechtswahl bzw. Gerichtsstand. Ein Anbieter ist nicht verpflichtet, AGB zu verwenden. Verwendet er jedoch AGB, so gelten die AGB nicht automatisch, sie müssen vielmehr von den Vertragsparteien – spätestens bei Vertragsabschluss – vereinbart werden.

Für die **wirksame Einbeziehung** von AGB in Internet-Verträge ist nach § 11 ECG folgende Vorgangsweise erforderlich:

Die verwendeten AGB müssen online verfügbar sein und ein entsprechender **Hinweis** muss deutlich erkennbar bzw. auffindbar sein. Üblicherweise findet sich hier ein Link mit »AGB« oder »Unsere Geschäftsbedingungen« bzw. »Lieferkonditionen« auf den Anbieterseiten. Diesen Hinweis auf die Geltung der AGB muss der Verbraucher spätestens unmittelbar vor dem Absenden seiner Bestellung erhalten. Üblicherweise befindet sich daher vor der »Abschicken«-Taste ein »Kästchen« zum Anklicken mit der Information »Ich habe die AGB gelesen und zur Kenntnis genommen«. Ausreichend ist auch jede andere deutliche Sichtbarmachung der Geltung der AGB wie etwa durch »Ich bestelle die in den Warenkorb gelegten Artikel zu den allgemeinen Geschäftsbedingungen« (mit einem direkten Link zu den AGB). Wird ein Link verwendet, so muss er so platziert sein, dass er leicht und sofort gesehen wird.

Zusätzlich muss hinsichtlich der AGB die **Zumutbarkeit der Kenntnisnahme** vorliegen, d. h. ein Abrufen über den Bildschirm und ein Speichern bzw. Ausdrucken muss einfach und leicht möglich sein. Es sollte auch das Erstellungsdatum der AGB erkennbar sein. Ebenso muss das Schriftbild so gestaltet sein, dass ein Lesen des Inhalts der AGB möglich ist. Hinsichtlich der **Sprache**, in der die AGB abzufassen sind, gibt es keine gesetzlichen Vorgaben. Zulässig ist es, dass die AGB in ausländischer Sprache (Englisch wäre ausreichend) verfaßt sind. Im ECG ist jedoch vorgeschrieben, dass das Bestellformular und die AGB selbst in derselben Sprache verfasst sein müssen, d. h. es darf kein Verwirrspiel mit der Sprachwahl vorkommen.

Abgesehen von diesen Regeln zur Einbeziehung von AGB in Online-Verträge müssen die einzelnen **AGB-Klauseln** den **allgemeinen Gültigkeitsvorschriften** entsprechen.

Gemäß § 6 KSchG dürfen die Klauseln **keine gesetz- bzw. sittenwidrige Inhalte** umfassen. Ansonsten sind die unzulässigen Klauseln einzeln herauszustreichen und nur der Rest bleibt gültig. Abs. 1 enthält »jedenfalls nichtige Klauseln« (d. h. diese Klauseln können nie wirksam vereinbart werden), in Abs. 2 sind »nur relativ nichtige« Klauseln enthalten (d. h. diese Klauseln gelten, wenn sie der Unternehmer mit dem Verbraucher einzeln bespricht und beide damit einverstanden sind). Zusätzlich bestimmt § 864a ABGB, dass **Bestimmungen mit einem ungewöhnlichen Inhalt** in AGB oder Vertragsformblättern grundsätzlich nicht Vertragsbestandteil werden können bzw. dass nach § 879 Abs. 3 ABGB **gröblich benachteiligende Klauseln**, die eine Nebenleistung betreffen, ebenfalls ungültig sind.

Bestellbestätigung

Nach Durchführung einer Bestellung muss der Verbraucher unmittelbar eine Bestellbestätigung, d. h. eine **Mitteilung** des Unternehmers **über den Erhalt der Bestellung** erhalten (§ 10 Abs. 2 ECG). Dadurch weiß der Verbraucher, dass seine Bestellung angekommen ist. Eine mögliche Formulierung könnte lauten: »Wir haben ihre Bestellung erhalten und werden diese umgehend bearbeiten« oder schlicht nur »Wir danken für ihre Bestellung«.

Verbraucherschutz beim Fernabsatz

Karl Jedermann möchte nun endlich seine Bestellung abschicken. Zuvor möchte er noch wissen, ob er – wie bei Katalogbestellungen üblich – die Ware wieder zurückschicken kann, wenn ihm die bestellten Produkte nicht gefallen sollten.

Für diese Frage ist das **Fernabsatz-Gesetz** heranzuziehen, das die EU-Fernabsatz-Richtlinie (EU-Richtlinie über den Verbraucherschutz bei Vertragsabschlüssen im Fernabsatz von 1987) in Österreich umsetzt. Konkret wurden die entsprechenden Bestimmungen über den Verbraucherschutz bei Internet-Geschäften direkt in das Konsumentenschutzgesetz (KSchG) eingefügt, und zwar in Form der §§ 5a ff und 31a (Missbrauch von Zahlungskarten). Das KSchG regelt Sonderfragen des Verbraucherschutzes bei Geschäften, die ein Verbraucher mit einem Unternehmer (»**Verbrauchergeschäft**« nach § 1 KSchG) schließt.

Verträge im Fernabsatz – Distanzgeschäfte

Fernabsatzverträge bzw. **Distanzgeschäfte** nach der Vorschrift des § 5a Abs. 1 KSchG sind »Verträge, die unter ausschließlicher Verwendung eines oder mehrerer Fernkommunikationsmittel« abgeschlossen werden. Unter einem »Fernkommunikationsmittel« sind alle Kommunikationsmittel gemeint, die zum Abschluß eines Vertrages ohne gleichzeitige körperliche Anwesenheit der Parteien verwendet werden können. Darunter sind insbesondere Drucksachen mit oder ohne Anschrift, Kataloge, Pressewerbungen mit Bestellschein, vorgefertigte Standardbriefe, Ferngespräche mit Personen oder Automaten als Gesprächspartnern, Hörfunk, Bildtelefon, Fax, Teleshopping, Internet-Shopping bzw. Online-Shopping zu verstehen. Die Anwendung der Gesetzesbestimmungen setzt jedoch voraus, dass »sich der Unternehmer eines für den Fernabsatz organisierten Vertriebs- und Dienstleistungssystems bedienen muss«.

Nicht anzuwenden sind die Sonderregeln des Fernabsatz-Gesetzes nach § 5b KSchG für folgende Verträge:

- Verträge über Finanzdienstleistungen wie Wertpapierdienstleistungen, Versicherungen, Bankdienstleistungen oder Tätigkeiten im Zusammenhang mit Versorgungsfonds sowie Termin- oder Optionsgeschäfte,
- Verträge über den Bau oder den Verkauf von Immobilien oder über sonstige Rechte an Immobilien mit Ausnahme der Vermietung,
- Warenautomatenverträge,
- Versteigerungen: Hier ist zu beachten, dass Online-Auktionen (wie bereits ausgeführt) eigentlich keine Versteigerungen im klassischen Sinn sind. Daher fallen Online-Auktionen nicht unter die Ausnahmebestimmung des § 5b KSchG. Somit sind die Sonderregeln für Online-Auktionen im Normalfall sehr wohl anzuwenden.

Informations- und Bestätigungspflichten bei Fernabsatzgeschäften

Das Kernstück der Sonderbestimmungen für Fernabsatzgeschäfte sind die in den §§ 5c und 5d KSchG normierten Informations- und Bestätigungspflichten. Der Unternehmer ist demnach verpflichtet, bereits vor einer eventuellen Bestellung durch den Verbraucher zahlreiche Informationen über seine Identität und die Details des geplanten Geschäfts preiszugeben. Dadurch soll der Verbraucher in der Lage sein, genau zu entscheiden, ob er den geplanten Vertrag unter den genannten Bedingungen mit dem konkreten Unternehmer abschließen will.

Umfassende Informationen

Bereits vor Abgabe einer Bestellung muss nach der Vorschrift des § 5c Abs. 1 KSchG der Verbraucher über folgende Punkte umfassend informiert werden:

- Name (Firma) und Anschrift des Unternehmers – dies entspricht der Pflicht zur Führung eines Impressums nach § 5 ECG (»Anbieteridentifizierung«),
- wesentliche Eigenschaften der Ware oder Dienstleistung – Produktbeschreibung bzw. Warenkatalog,
- Preis der Ware/Dienstleistung einschließlich Steuern (»inkl. MwSt«),
- Liefer-/Versandkosten,
- Einzelheiten der Zahlung und der Lieferung oder der Erfüllung,
- Bestehen eines Rücktrittsrechts mit einer Belehrung über den Rücktritt,
- Kosten für den »Einsatz des Fernkommunikationsmittels« (= Surf- bzw. Verbindungskosten), sofern sie nicht nach dem Grundtarif abgerechnet werden,
- Gültigkeitsdauer des Angebots bzw. des Preises,
- Mindestlaufzeit des Vertrages, wenn dieser eine dauernde oder wiederkehrende Leistung zum Inhalt hat.

Alle Informationen müssen dem Verbraucher bereits vor einer Bestellung **klar und verständlich** zur Verfügung gestellt werden.

Bestimmte Verträge sind von dieser Informationspflicht ausgenommen. Es handelt sich um Verträge über die Lieferung von Lebensmitteln, Getränken oder sonstigen Haushaltsgegenständen des täglichen Bedarfs, die am Wohnsitz, am Aufenthaltsort oder am Arbeitsplatz des Verbrauchers geliefert werden sowie bestimmte Verträge über Unterbringungs- oder Beförderungsleistungen in Form von Freizeitdienstleistungen.

Bestätigung der Informationen

Um sicherzugehen, dass der Verbraucher auch nach Abschluss des Internet-Vertrages bzw. nach Warenlieferung noch über alle wesentlichen Informationen verfügt, sieht § 5d KSchG eine besondere Pflicht zur Bestätigung vor. Konkret muss der Unternehmer alle bereits vor dem Vertragsabschluss zur Verfügung gestellten Informationen sowie einige Zusatzinformationen **nochmals nach Vertragsabschluss** an den Verbraucher übermitteln. Dies wird als Bestätigungspflicht bezeichnet. Diese Bestätigungspflicht entfällt nur, wenn dem Verbraucher die erforderlichen Informationen bereits vor Vertragsabschluß schriftlich erteilt wurden.

An zusätzlichen Informationen sind anzuführen:

- Informationen über die Bedingungen und die Einzelheiten der Ausübung des Rücktrittsrechts,
- genaue geografische Anschrift der Niederlassung des Unternehmers, bei der der Verbraucher allfällige Beanstandungen vorbringen kann,
- Informationen über den Kundendienst und die geltenden Garantiebedingungen,
- Kündigungsbedingungen bei unbestimmter oder mehr als einjähriger Vertragsdauer.

Die erforderlichen **Informationen** müssen entweder **schriftlich** oder auf einem **dauerhaft verfügbaren Datenträger** (darunter ist eine Diskette, eine CD, aber auch eine Videokassette zu verstehen) übermittelt werden. Ebenso kann alternativ die Zusendung per e-Mail erfolgen. Es ist auch möglich, eine entsprechende Liste zusammen mit der Warensendung an den Verbraucher zu schicken. Es reicht nicht aus, dem Verbraucher eine www-Adresse mitzuteilen, auf der er sich diese Informationen selbst suchen und herunterladen kann.

Was passiert nun mit dem von Karl Jedermann abgeschlossenen Internet-Vertrag, wenn die Informationen nicht erteilt wurden oder die Bestätigungspflichten nicht eingehalten wurden? Zunächst passiert gar nichts! Konkret kommt der Vertrag auch ohne die erforderlichen Informationen zustande und bleibt trotz Nichtzusendung der Bestätigungsinformationen wirksam. Allerdings gibt es sehr wohl eine rechtliche Auswirkung bei Mißachtung der Pflichten: Das gesetzlich vorgesehene Rücktrittsrecht des Verbrauchers, das ansonsten sieben Werktage beträgt, beginnt erst dann, wenn die Informationen korrekt erfolgt sind. Und zusätzlich **verlängert** sich die **Rücktrittsfrist auf drei Monate**. Diese Verlängerung kann weder durch eine Vertragsvereinbarung noch durch eine entsprechende Klausel in den AGB verhindert oder ausgeschlossen werden. Durch diese Sanktion soll sichergestellt werden, dass alle Unternehmer ihre Informations- und Bestätigungspflichten freiwillig erfüllen. Ansonsten kommt es zu einer gesetzlich zwingenden Ausweitung der Rücktrittsmöglichkeit des Verbrauchers.

Keine Bestätigung ist allerdings bei bestimmten Verträgen erforderlich. Es handelt sich dabei um Verträge über Hauslieferungen und Freizeit-Dienstleistungen sowie Dienstleistungen, die unmittelbar durch den Einsatz eines Fernkommunikationsmittels erbracht werden.

Rücktrittsrecht

Voraussetzungen und Frist

Wenn nun Karl Jedermann die bestellten Waren erhalten hat, kann er noch immer entscheiden, ob er die Waren auch behalten will. Er hat nämlich ein besonderes Rücktrittsrecht von sieben Werktagen, das mit einer im Versandhandel bereits üblichen Rückgabemöglichkeit vergleichbar ist. Ein wesentlicher Unterschied liegt aber darin, dass das Rücktrittsrecht für Internet-Verträge gesetzlich vorgeschrieben ist und vom Unternehmer eingehalten werden muss.

Nach § 5e Abs. 1 KSchG kann daher Karl Jedermann vom Fernabsatzvertrag **ohne Angabe von Gründen** zurücktreten. Bei dieser **siebentägigen Rücktrittsfrist** werden Samstage nicht mitgezählt. Die Frist beginnt bei Warenlieferungen mit dem Tag des Erhalts der Sendung und bei Dienstleistungsvereinbarungen mit dem Beginn der Ausführung. Es reicht also aus, wenn Karl Jedermann die Rücktrittserklärung innerhalb dieser Frist absendet.

Rechtsfolgen des Rücktritts

Nach Ausübung des Rücktrittsrechts wird der Vertrag aufgehoben und die **Rückabwicklung** der ausgetauschten Leistungen ist entsprechend § 5g KSchG zu veranlassen. Konkret muss daher der Unternehmer alle bereits vom Verbraucher geleisteten **Zahlungen rückerstatten** sowie dem Verbraucher den von ihm eventuell gemachten (notwendigen und nützlichen) **Aufwand ersetzen**. Im Gegenzug muss der Verbraucher alle empfangenen **Leistungen zurückstellen** und dem Unternehmer ein **angemessenes Benützungsentgelt** für die Benützung leisten. Dies umfasst auch eine Entschädigungsleistung für eine eventuelle Minderung des Warenwertes.

Die **Kosten der Rücksendung** muss grundsätzlich der Unternehmer tragen. Er kann dem Verbraucher diese Kosten nur verrechnen, wenn dies bereits bei Vertragsabschluss so zwischen den Parteien ausgemacht wurde.

Erfüllungsfrist

Zusätzlich zu diesen Vorschriften enthält § 5i KSchG die Anordnung, dass die geschlossenen Verträge spätestens binnen einer **Frist von 30 Tagen** vom Unternehmer zu erfüllen sind (»Erfüllungsfrist«). Die 30-tägige Frist wird ab dem auf die Übermittlung der Bestellung durch den Verbraucher folgenden Tag berechnet. Diese Verpflichtung entfällt für den Unternehmer jedoch, wenn er bereits bei der Bestellung den Verbrauchervertrag ablehnt und daher überhaupt kein Vertrag zustande kommt. Ebenso entfällt die 30-Tage-Frist in jenen Fällen, in denen der Unternehmer den Verbraucher bereits vorweg auf eine längere Lieferfrist hingewiesen hat.

E-Commerce-Gütezeichen

Angesichts der Fülle von rechtlichen Vorschriften ist Karl Jedermann einigermaßen unsicher geworden, ob es überhaupt ratsam ist, im Internet zu bestellen. Da entdeckt er auf den Seiten eines Anbieters ein grün-blaues ***E-Commerce-Sicherheitszeichen****, das E-Commerce-Gütesiegel.*

Das Gütesiegel (nähere Informationen auf http://www.guetezeichen.at) ist ein Zeichen zur Garantie von Sicherheit und Vertrauen im Rahmen von Online-Geschäften. Ein Unternehmer kann sich beim Zertifizierungsgremium zur Verleihung des Gütezeichens anmelden. In der Folge werden seine Internet-Seiten genau nach den anzuwendenden rechtlichen Bestimmungen geprüft. Zusätzlich werden anonyme Testkäufe durchgeführt. Das Gütezeichen wird nur an Unternehmen vergeben, die diese Prüfung erfolgreich bestanden haben. Die Richtlinien entsprechen im Wesentlichen den Bestimmungen des ECG und des Fernabsatz-Gesetzes. Diese Kriterien haben allerdings keinen Einfluß auf die Qualität der angebotenen Waren oder Dienstleistungen.

Zusätzlich muss sich jeder Unternehmer, der das Gütezeichen führt, verpflichtend einer Streitschlichtung durch den **Internet-Ombudsmann** (http://www.ombudsmann. at) unterwerfen und gleichzeitig auf die Anrufung der staatlichen Gerichte verzichten. Damit soll eine rasche und unbürokratische Streitentscheidung sichergestellt werden. Der Verbraucher hingegen kann sich sehr wohl weiterhin an die staatlichen Gerichte wenden, wenn er mit der Entscheidung des Ombudsmannes nicht einverstanden ist. Ein ähnliches Ombudssystem hat mittlerweile der Handelsverband unter http://www.handelsverband.at für seine Mitgliedsbetriebe installiert.

Signatur-Gesetz – Unterschreiben im Internet

Das Signaturgesetz (»SigG«) ist sei 1.1.2000 in Kraft und hat damit die EU-Signatur-Richtlinie (EU-Richtlinie über gemeinschaftliche Rahmenbedingungen für elektronische Signaturen) im österreichischen Recht umgesetzt. Die EU-Signatur-Richtlinie regelt die Mindestvoraussetzungen für die Sicherheit und Haftung bei der Verwendung von digitalen Signaturen, sie regelt die rechtlichen Rahmenbedingungen für die Bereitstellung von Signatur- und Zertifizierungsdiensten und die Verwendung elektronischer Signaturverfahren im Internet und anderen technologischen Netzwerken. Die einzelnen Vorschriften sind nicht an eine bestimmte Technologie gebunden und passen sich daher einem technischen Fortschritt in diesem Bereich sofort an.

Digitale Signaturverfahren

Das SigG regelt in § 2 alle im Gesetz verwendeten Begriffe und definiert sie. Unter einer **digitalen Signatur**, die dort als »elektronische Signatur« bezeichnet wird, sind »elektronische Daten, die anderen Daten beigefügt oder mit diesen logisch verknüpft werden und der Authentifizierung der Identität des Signators dienen« zu verstehen. Ein »**Signator**« ist »eine natürliche Person, der Signaturerstellungsdaten und die entsprechenden Signaturprüfdaten zugeordnet sind und die entweder im eigenen oder im fremden Namen eine elektronische Signatur erstellt oder ein **Zertifizierungsdienste-Anbieter**, der Zertifikate für die Erbringung von Zertifizierungsdiensten verwendet«. Diese Liste ist noch um einige technische Begriffe reicher, die hier nicht alle im Einzelnen aufgezählt werden.

Durch digitale bzw. elektronische Signaturen sollen drei Ziele erreicht werden:

— erstens soll eine **Authentifikation** erfolgen, d. h. der Absender authentifiziert sich damit und seine **Identität** ist sichergestellt bzw. kann überprüft werden,

— zweitens soll **Integrität** erreicht werden, um sicherzustellen, dass die übermittelten Daten weder absichtlich noch unabsichtlich verändert wurden,
— und drittens wird damit Identität der signierenden Person gewahrt.

Digitale Signaturen basieren auf **Verschlüsselungstechnologien**, konkret auf kryptographischen Verfahren:

- Dabei sind einerseits **symmetrische Verfahren** möglich. Diese Verfahren basieren auf einem einzigen Code, der sowohl zum Verschlüsseln als auch zum Entschlüsseln der Daten verwendet wird. Dieses System ist für Internet-Verträge jedoch untauglich, da für jeden Vertrag ein anderer Code geschaffen werden müsste; dieser dürfte zudem auch nur den jeweiligen Vertragspartnern bekannt sein. Damit müßte Karl Jedermann unzählige Codes besitzen und sich jeweils noch genau merken, welchen Code er für welchen Vertragspartner verwenden muss.
- Aus diesem Grund werden bei Internet-Geschäften **asymmetrische Verfahren** verwendet. Diese basieren auf der sogenannten »**Public-Key-Kryptographie**«. Es werden zwei verschiedene Codes verwendet, ein privater, geheimer Code oder »Schlüssel« (»**Private Key**«) und ein allgemein zugänglicher, öffentlicher Code oder »Schlüssel« (»**Public Key**«). Das Besondere an diesem Verfahren ist, dass den »Private Key« nur dessen Besitzer kennt. Er ist absolut vertraulich und wird unter keinen Umständen weitergegeben oder bekanntgemacht. Der dazupassenden »Public Key« hingegen ist allgemein bekannt und wird öffentlich zugänglich (auf den Internet-Seiten eines Zertifizierungsdienste-Anbieters wie etwa der A-Trust) gemacht. Die Verbreitung des öffentlichen Schlüssels kann daher auch ohne direkte Kontaktaufnahme zwischen den Parteien erfolgen. Eine Weitergabe muss nicht geheim, sondern kann einfach über Internet oder per e-Mail erfolgen. Der Public Key wird zur Überprüfung der Echtheit und Unversehrtheit des Privat Key verwendet.

Digitale Signaturverfahren können **für zwei Bereiche eingesetzt** werden: zum Verschlüsseln von Daten (dadurch sind sie nicht sofort wie eine Postkarte für jeden lesbar) und zum Signieren, d. h. zum elektronischen Unterschreiben.

Beim **Signieren** verwendet der Sender der elektronischen Erklärung seinen nur ihm bekannten, geheimen Schlüssel und signiert damit die Erklärung. Dabei wird der gesamte Text in einen mathematischen asymmetrischen Algorithmus (= »HASH-Wert«) umgewandelt und zu dem Dokument »dazugehängt« (d. h. angefügt). Der Empfänger der Nachricht entschlüsselt mit dem dazu passenden öffentlichen Schlüssel, der frei zugänglich ist, die Nachricht und kann damit prüfen, von wem das Dokument »unterschrieben« wurde. Dabei wird wieder der vorher angefertigte HASH-Wert verwendet, um den ursprünglichen Text und den Algorithmus zu vergleichen. Damit kann geprüft werden, ob der urspüngliche Text verändert bzw. manipuliert wurde.

Beim **Verschlüsseln** einer Nachricht soll erreicht werden, dass jede Manipulation im Dokument erkannt werden kann. Dazu verwendet der Absender den öffentlichen Schlüssel des Empfängers zum Verschlüsseln. Der Empfänger prüft nun mit Hilfe seines geheimen privaten Schlüssels das Dokument und kann feststellen, ob der Text dem Original entspricht. Durch das Verschlüsseln soll die Vertraulichkeit der Kommunikation gesichert werden.

Wie wirken digitale Signaturen?

Nach der Vorschrift des § 3 Abs. 1 SigG können digitale Signaturen im Rechts- und Geschäftsverkehr verwendet werden, es besteht jedoch keine Verwendungspflicht.

Wie bereits ausgeführt wurde, sind normalerweise auch keine Formregeln (z. B. Schriftform) beim Abschluss von Verträgen einzuhalten. Davon abgesehen, existieren unterschiedlich sichere Versionen von digitalen Signaturverfahren. Wir unterscheiden daher **einfache** und **sichere Signaturverfahren**.

Bei Verwendung von **einfachen Signaturen** werden im elektronischen Bereich keine eigenhändigen Unterschriften nachgebildet. Daher eignen sich einfache Signaturen nicht zum elektronischen Unterschreiben, wenn ausdrücklich Schriftform erforderlich ist. Allerdings schaden sie auch nicht und können etwa zu Beweiserleichterungen in einem Rechtsstreit beitragen.

Das rechtliche Erfordernis einer eigenhändigen Unterschrift nach den Regeln des § 886 ABGB wird nur bei Verwendung von **sicheren Signaturen** erreicht (siehe dazu § 4 Abs. 1 SigG). Sichere Signaturen beruhen auf einem qualifizierten Zertifikat, während bei einfachen Signaturen nur einfache Zertifikate ausgestellt werden. Ein Zertifikat ist eine »Bescheinigung«, die von der ausgebenden Stelle, dem Zertifizierungsdienste-Anbieter (z. B. A-Trust unter http://www.atrust.at) ausgestellt wird, wenn eine digitale Signatur ausgegeben wurde. Damit wird dokumentiert, dass eine bestimmte Person eine bestimmte Signatur erhalten hat. Diese Zertifikate werden im Internet in speziellen Verzeichnissen abgelegt und jedermann kann sich dort kostenlos vergewissern, wem welches Zertifikat mit welcher Gültigkeitsdauer zugeordnet ist.

Zu beachten ist, dass bei folgenden Rechtsgeschäften bzw. Rechtshandlungen nach der Ausnahmebestimmung des § 4 Abs. 2 SigG keine Signaturverfahren verwendet werden dürfen. Dies sind Rechtsgeschäfte des Familien- und Erbrechts, die an die Schriftform oder ein strengeres Formerfordernis gebunden sind, Willenserklärungen oder Rechtsgeschäfte, die zu ihrer Wirksamkeit an die Form einer öffentlichen Beglaubigung, einer gerichtlichen oder notariellen Beurkundung oder eines Notariatsakts gebunden sind, Willenserklärungen, Rechtsgeschäfte oder Eingaben, die zu ihrer Eintragung in das Grundbuch, das Firmenbuch oder ein anderes öffentliches Register einer öffentlichen Beglaubigung, einer gerichtlichen oder notariellen Beurkundung oder eines Notariatsakts bedürfen sowie Bürgschaftserklärungen. Diese Rechtshandlungen können nur durch herkömmliche Schriftform (Urkunde mit eigenhändiger Unterschrift) geschlossen werden.

Anwendbares Recht und Rechtsdurchsetzung

Bei zahlreichen Geschäften, die im Internet abgeschlossen werden können, hat der Unternehmer seinen Geschäftssitz nicht in Österreich, sondern im Ausland. Von Juristen werden diese Verträge als »**grenzüberschreitende Geschäfte**« bzw. als »internationale Verträge« bezeichnet. Wesentlich dabei ist, dass trotz Beitritts Österreichs zur Europäischen Union keinesfalls in ganz Europa gleiche Gesetzesvorschriften für Vertragsabschlüsse bestehen. Vielmehr sind nach wie vor die Rechtssysteme der EU-Mitgliedsstaaten unterschiedlich, nur in einigen Bereichen bzw. Fragen sind die Regelungen in der Zwischenzeit vereinheitlicht worden. Daher ist es zunächst notwendig zu klären, **welche nationalen Rechtsvorschriften überhaupt zur Anwendung kommen**, wenn man von einem ausländischen Unternehmer etwas kauft oder eine Dienstleistung in Anspruch nimmt.

Diese Frage wird durch eigene Rechtsvorschriften, die speziell für grenzüberschreitende Geschäftsbeziehungen geschaffen wurden, beantwortet. Man spricht vom

»**internationalen Privatrecht**«. Eigentlich ist diese Bezeichnung aber irreführend, da die Regeln keineswegs international gelten, sondern nur klären, welche nationalen Vorschriften zur Anwendung kommen. Und die jeweiligen nationalen Bestimmungen sind – wie bereits gesagt – sehr wohl unterschiedlich. Sie sehen unterschiedliche Normen für die Fragen des Abschlusses von Verträgen, die Einbeziehung von Allgemeinen Vertrags- oder Geschäftsbedingungen (den AGB), für Gewährleistungs- oder Schadenersatzfragen oder Ansprüche aus Produkthaftungsaspekten vor.

Im Rahmen der Lösung dieser Fragen sind zwei Bereiche zu unterscheiden: Einerseits ist das anwendbare Recht zu ermitteln und andererseits ist die Frage nach der internationalen Gerichtszuständigkeit zu klären sowie zu prüfen, ob und unter welchen Voraussetzungen eine in Österreich erlassene Gerichtsentscheidung im Ausland überhaupt vollstreckt (d. h. mit entsprechender Zwangsgewalt) durchgesetzt werden kann.

Ermittlung der anwendbaren Rechtsordnung

Die Ermittlung der anwendbaren Rechtsordnung zur Klärung von Vertragsfragen ist auf Basis der Vorschriften des Internationalen Privatrechts (IPR) durchzuführen. Im Europäischen Bereich ist dabei konkret das »**Europäische Vertragsübereinkommen**« (EVÜ – Europäisches Übereinkommen über das auf vertragliche Schuldverhältnisse anzuwendende Recht; für Österreich in Kraft seit 1.12.1998) anzuwenden. Für die Anwendung dieser Bestimmungen auf online geschlossene Verbrauchergeschäfte reicht es aus, wenn man eine Internetseite des Anbieters mit entsprechender Werbung von seinem Wohnsitz aus ansurfen konnte.

Rechtswahl

Dabei kommt bei B2C-Verträgen primär jenes Recht zum Zug, das die Parteien im Rahmen einer »**Rechtswahl**« gewählt haben (Art. 3 EVÜ). Eine typische Rechtswahlklausel lautet etwa: »Für alle sich aus dem Vertragsverhältnis ergebenden Fragen kommt österreichisches Recht zur Anwendung«. Ebenso typisch sind Klauseln wie »**Es gilt österreichisches Recht**« oder »Österreichisches Recht ist für den vorliegenden Vertrag maßgebend«.

Bei Verbrauchergeschäften ist dabei zu beachten, dass durch die Rechtswahl die Stellung des Verbrauchers nicht verschlechtert werden darf. Das wäre etwa der Fall, wenn eine Rechtsordnung gewählt wird (z. B. das Recht des fiktiven Staates XY), das keinerlei Verbraucherschutzregeln kennt. Typischerweise ist eine Rechtswahl-Klausel in den AGB enthalten, sie kann sich jedoch auch im Vertragstext selbst befinden. Wird das Recht eines EU-Staates gewählt, so ist diese Rechtswahl im Normalfall gültig. Zusätzlich zu diesem Aspekt sind noch einige andere Details zu beachten:

Gesetzliche Regelung – Verbraucherlandrecht

Haben die Parteien keine Rechtswahl getroffen und/oder ist die Rechtswahl ungültig oder benachteiligt sie den Verbraucher (siehe oben), dann kommt das **Recht am Sitz des Verbrauchers** zur Anwendung (Art. 5 EVÜ). In unserem Fall ist das Verbraucherrecht bei Annahme eines beliebigen Wohnsitzes in Österreich somit das österreichische Recht. Dieses Recht wird auch als »**Verbraucherlandrecht**« bezeichnet. Konkret sind daher alle Vertragsfragen nach den Vorschriften des im ABGB geregelten Vertragsrechts, dem im Konsumentenschutzgesetz verankerten Verbraucherschutzrecht sowie den Regeln für Internet-Geschäfte im E-Commerce-Gesetz (ECG) zu beantworten. Zu beachten ist allerdings, dass trotz Wahl von österreichischem Recht nicht unbedingt auch ein österreichisches Gericht für die Rechtsentscheidung zuständig sein muss. Die Frage der Zuständigkeit bei internationalen Geschäftsbeziehungen ist ein von der Frage nach der anwendbaren Rechtsordnung zu trennender Bereich.

Durchsetzung einer gerichtlichen Entscheidung

Getrennt von der Frage nach der anzuwendenden Rechtsordnung ist noch zu prüfen, nach welchen Regeln eine eventuelle Rechtsdurchsetzung stattzufinden hat. Dafür sind die **Vorschriften des internationalen Zivilverfahrensrechts** heranzuziehen und im Detail die Frage nach der Gerichtszuständigkeit sowie die Frage der Anerkennung und Vollstreckung einer ergangenen Entscheidung zu beantworten.

Internationale Gerichtszuständigkeit

Für Klagen aus internationalen Vertragsbeziehungen ist der maßgebliche Gerichtsort nach den Vorschriften des Europäisches Gerichtsstands- und Vollstreckungsübereinkommen (EuGVÜ) zu ermitteln.

Bei Verbraucherverträgen hat nach Art. 13 der Verbraucher bei Klagen gegen den Unternehmer die **Wahl** zwischen dem Gerichtsort im Sitzstaat bzw. **Niederlassungsstaat des Unternehmers** (konkret daher einem ausländischen Gerichtsort) und dem **Gerichtsort an seinem Wohnort im Inland** (»Klägergerichtsstand«). Demgegenüber kann der Unternehmer eine Klage gegen den Verbraucher nur in Österreich an seinem Wohnsitz anhängig machen. Zusätzlich ist auch hier auf die Möglichkeit zur Vereinbarung eines einvernehmlichen Gerichtsortes (»Gerichtsstand«) durch vertragliche Vereinbarung bzw. in den AGB hinzuweisen. Eine solche »Gerichtsstandsvereinbarung« lautet oftmals »Gerichtsort ist Wien« oder »Zuständig ist das sachlich zuständige Gericht in München«.

Entscheidungsvollstreckung

Karl Jedermann muss sich jedoch noch mit einem Aspekt der internationalen Rechtsverfolgung vertraut machen: »Ein österreichisches Urteil ist international nur dann etwas wert, wenn es auch vollstreckt werden kann und der Gegner mit Zwangsmaßnahmen zur Zahlung oder Leistung gezwungen werden kann.«

Darüber sollte sich Karl Jedermann im Klaren sein, bevor er einen Prozess anstrebt. Ansonsten erhält er vielleicht ein seinen Wünschen entsprechendes Urteil, kann aber nichts damit anfangen, weil die Vollstreckung umständlich oder langwierig ist bzw. überhaupt scheitert, wenn der Unternehmer in der Zwischenzeit insolvent geworden ist.

Befindet sich der Unternehmer, mit dem Karl Jedermann ein Geschäft vereinbart, in einem EU-Mitgliedsstaat, so kann nicht viel schiefgehen. Ein in Österreich oder in einem anderen EU-Mitgliedsstaat erlassenes Urteil kann eigentlich **relativ problemlos im gesamten EU-Bereich vollstreckt** werden. **Schwieriger** wird es erst, wenn der Unternehmer **außerhalb der EU** seinen Sitz hat. Zwar sind auch für diesen Fall internationale Abkommen vorhanden, die die Frage der Vollstreckung von Entscheidungen regeln. Im Einzelfall kann sich dies aber als schwieriger oder langwieriger gestalten. Dies sollte sich Karl Jedermann daher am besten bereits vor einem Vertragsabschluss überlegen und genau darauf achten, mit wem er seine Geschäfte macht. Ist ihm nicht klar, wo der Unternehmer seinen Sitz hat, so genügt ein Klick auf das »Impressum« auf den Internet-Seiten. Hier kann er sich daher jederzeit Klarheit darüber verschaffen, mit wem er es zu tun hat.

Aktenzeichen der Gerichte und Justizbehörden

Bezirksgerichte

A	Verlassenschaftsabhandlungen
C	Zivilprozesse
E	Exekutionssachen
F	außerstreitige Eheangelegenheiten (z. B. Vermögensaufteilung)
G	Beglaubigungen
Hc	Verfahrenshilfe in Zivilsachen
Hs	Verfahrenshilfe in Strafsachen
Jv	Justizverwaltungssachen
K	Kündigungssachen
}	bloße Gattungszeichen, kein Register
M	Mahnsachen
Nc	Sachen, die nicht in einem anderen Register geführt werden (Zivilsachen)
Ns	Sachen, die nicht in einem anderen Register geführt werden (Strafsachen)
P	Pflegschaftssachen
S	Schuldenregulierungsverfahren (Privatkonkurse)
Se	abgewiesene Privatkonkursanträge
Sw	Sachwalterschaften
Sch	Scheidungsregister
U	Strafsachen (Vergehen)
Z	Voruntersuchungen beim Bezirksgericht

Landesgerichte

Bl	Rechtsmittel gegen bezirksgerichtliche Entscheidungen (Strafsachen)
Cg	Zivilprozesse
Jv	Justizverwaltungssachen
Hv	Strafprozesse
R	Rechtsmittel gegen bezirksgerichtliche Entscheidungen (Zivilsachen)
S	Konkurse
Se	abgewiesene Konkursanträge
Sa	Ausgleiche
T	Todeserklärungen und Kraftloserklärungen von Urkunden
Ur	Untersuchungsrichter
Vr	Verbrechens- und Vergehensfälle

Oberlandesgerichte

Bs	Rechtsmittel gegen Entscheidungen der Landesgerichte (Strafsachen)
Ds	Disziplinarsachen
Jv	Justizverwaltungssachen
R	Rechtsmittel gegen Entscheidungen der Landesgerichte (Zivilsachen)

Oberster Gerichtshof

Ob	Entscheidungen in Zivilsachen
Os	Entscheidungen in Strafsachen
Nd	Delegierungen und dergleichen

Staatsanwaltschaften

BAZ	Akten des Bezirksanwalts beim Bezirksgericht
Sta	Akten des Staatsanwalts

Abkürzungsverzeichnis

Wie in anderen Fachgebieten werden im Bereich der Justiz Abkürzungen von längeren Zusammensetzungen und Fügungen ohne die Punkte und Bindestriche geschrieben, die nach den Interpunktionsregeln gesetzt werden müssten und außerhalb der Fachsprache auch gesetzt werden.

abg	abgeändert
AbgÄG	Abgabenänderungsgesetz
ABGB	Allgemeines Bürgerliches Gesetzbuch 1811 JGS 946
AbgEO	Abgabenexekutionsordnung
Abk.	1. Abkürzung 2. Abkommen
ABl	Amtsblatt
Abschn	Abschnitt
ADV	1. Allgemeine Dienstvorschriften für das Bundesheer 2. Automationsunterstützte Datenverarbeitung
aE	am Ende
ae	außerehelich (besser: unehelich)
aF	alte Fassung
AG	1. Aktiengesellschaft 2. (deutsches) Amtsgericht 3. AntragsgegnerIn
AGB	Allgemeine Geschäftsbedingungen
AhE	Allerhöchste Entschließung
AHG	Amtshaftungsgesetz
AK	Arbeiterkammer (Kammer für Arbeiter und Angestellte)
ÄK	Ärztekammer
AktG	Aktiengesetz
AlV	Arbeitslosenversicherung
AlVG	Arbeitslosenversicherungsgesetz
AMFG	Arbeitsmarktförderungsgesetz
AMSG	Arbeitsmarktservicegesetz
Amn	Amnestie
amtl	amtlich
Änd	Änderung
Ang	Angestellte, Angestellter
Angekl	Angeklagte, Angeklagter
AngG	Angestelltengesetz
Anh	Anhang
Anl	Anlage
Anm	Anmerkung
Anst	Anstalt
AO	Ausgleichsordnung
a. o.	außerordentlich
AÖSp	Allgemeinen Österreichischen Spediteurbedingungen
ArbVG	Arbeitsverfassungsgesetz
Arch	Archiv
arg	argumento (folgt aus)
Art.	Artikel
ASchG	ArbeitnehmerInnenschutzgesetz
ASG	Arbeits- und Sozialgericht
ASGG	Arbeits- und Sozialgerichtsgesetz
ASt	1. Antragsteller, Antragstellerin 2. Ausgleichsteuer
ASVG	Allgemeines Sozialversicherungsgesetz
AU	Anerkenntnisurteil
Aufl	Auflage
AufsBeh	Aufsichtsbehörde
Ausf	Ausführung
AusfB	Ausführungsbestimmung
Ausgl	Ausgleich
AusglG	Ausgleichsgericht
ausschl	ausschließlich
AußStrG	Außerstreitgesetz
AV	1. Aktenvermerk 2. Allgemeine Verfügung 3. Amtsvermerk
AVG	Allgemeines Verwaltungsverfahrensgesetz
AVRAG	Arbeitsvertragsrechts-Anpassungsgesetz
AZ	Aktenzeichen
B	1. Bescheid 2. Beschluss
BAG	Berufsausbildungsgesetz
BAO	Bundesabgabenordnung
BauO	Bauordnung
BauRG	Baurechtsgesetz
Bed	Bedienstete, Bediensteter
Begr	Begründung
begr	begründet

Beh	Behörde, Behörden
Beitr	Beitrag, Beiträge
Bek	Bekanntmachung
Bekl	Beklagte, Beklagter
Ber	1. Berichtigung 2. Berufung
BerG	Berufungsgericht
Besch	Beschuldigte, Beschuldigter
Best	1. Bestätigung 2. Bestimmung
best	bestätigt
Bev	Bevollmächtigte, Bevollmächtigter
bev	bevollmächtigt
Bew	Bewilligung
bew	bewilligt
BewG	Bewertungsgesetz
Bez	Bezirk
BG	1. Bezirksgericht 2. Bundesgesetz
BGBl.	Bundesgesetzblatt
Bgm	Bürgermeister
BH	1. Bezirkshauptmann 2. Bundesheer
Bl	Blatt, Blätter
Blg	Beilage, Beilagen
BM	1. Bundesminister 2. Bundesministerium
BMVG	Betriebliches Mitarbeiterversorgungsgesetz
BPolBeh	Bundespolizeibehörde
BPolDion	Bundespolizeidirektion
BPolKoat	Bundespolizeikommissariat
BPr	Betriebsprüfung
BPräs	Bundespräsident
BR	1. Betriebsrat 2. Bundesrat
BReg	Bundesregierung
BRWO	Betriebsrats-Wahlordnung
BStG	Bundesstraßengesetz
BTVG	Bauträgervertragsgesetz
BVG	Bundesverfassungsgesetz
B-VG	Bundes-Verfassungsgesetz in der Fassung von 1929
B-VGN	Bundes-Verfassungsgesetznovelle

DA	Dienstanweisung
dB	der Beilagen
DIN	Deutsche Industrienorm
Dion	Direktion
Drucks	Drucksache, Drucksachen
DS	Denkschrift
DSG 2000	Datenschutzgesetz 2000
DVEheG	Durchführungsverordnung zum Ehegesetz
DVR	Datenverarbeitungsregister

E	Entscheidung, Entscheidungen
EB	Erläuternde Bemerkungen
ECG	E-Commerce-Gesetz
EDV	Elektronische Datenverarbeitung
EForm	Exekutionsformular
EFZG	Entgeltfortzahlungsgesetz 1974
EG	1. Einführungsgesetz 2. Europäische Gemeinschaft
EGG	Erwerbsgesellschaftengesetz
eh	eigenhändig
EGVG	Einführungsgesetz zu den Verwaltungsverfahrensgesetzen
EheG	Ehegesetz
ehel	ehelich
ehem	ehemals, ehemalig Ehe-
EheRÄG	rechts-Änderungsgesetz
Einf	Einführung
einschl	einschließlich
einschr	einschränkend
EKHG	Eisenbahn- und Kraftfahrzeughaftpflichtgesetz
EKM	Europäische Kommission für Menschenrechte
Entschl	Entschließung
entspr	entsprechend
Entw	Entwurf
EO	Exekutionsordnung
ErbSt	Erbschaftssteuer
ErbStG	Erbschafts- und Schenkungssteuergesetz
Erg	Ergänzung
Erk	Erkenntnis
Erkl	Erklärung
Erl	Erlass
Erläut	Erläuterung, Erläuterungen
ESt	Einkommensteuer
EStG	Einkommensteuergesetz
EU	Europäische Union
EuGH	Gerichtshof der Europäischen Union
EU-GesRÄG	EU-Gesellschaftsrechtsänderungsgesetz

EUGVIT	Euro-Umstellungsgesetz Verkehr, Innovation und Technologie
EuGVP	Europäisches Gerichtsstands- und Vollstreckungsübereinkommen
EuroStUG	Euro-Steuerumstellungsgesetz
EV	1. Einführungsverordnung 2. einstweilige Verfügung
e. V.	eingetragener Verein
EVO	Eisenbahnverkehrsordnung
EVÜ	Europäisches Schuldvertragsübereinkommen
EWG	Europäische Wirtschaftsgemeinschaft
EWR	Europäischer Wirtschaftsraum
Ex	Exekution
ExBew	Exekutionsbewilligung
ExG	Exekutionsgericht
ExminV	Existenzminimumverordnung 2003 Existenzminimumverordnung 2004
ExVerf	Exekutionsverfahren
ExVollz	Exekutionsvollzug
EZ	Einlagezahl
FA	1. Finanzamt 2. Finanzausschuss
Fa.	Firma
fam.	familiär
FamLAG	Familienlastenausgleichsgesetz
FBG	Firmenbuchgesetz
FLD	Finanzlandesdirektion
FMedG	Fortpflanzungsmedizingesetz
fortl	fortlaufend
Forts	Fortsetzung
FSVG	Bundesgesetz über die Sozialversicherung freiberuflich selbstständig Erwerbstätiger
FSG	Führerscheingesetz
F-VG	Finanzverfassungsgesetz
G	1. Gericht 2. Gesetz
GA	Gutachten
GB	Grundbuch
GBez	Gerichtsbezirk
GBG	Allgemeines Grundbuchsgesetz
GBl	Gesetzblatt
Gd	Gemeinde
GDion	Generaldirektion
GdSt	Gemeindestatut
GdWO	Gemeindewahlordnung
GebG	Gebührengesetz
Gen	Genossenschaft
GenG	Genossenschaftsgesetz
GenmbH	(registrierte) Genossenschaft mit beschränkter Haftung
GenRevG	Genossenschaftsrevisionsgesetz
Geo	Geschäftsordnung
GeoForm	Geschäftsordnungs-Formular
Ges	Gesellschaft
ges	gesetzlich
GesBR	Gesellschaft bürgerlichen Rechts
gesch	1. geschieden 2. geschützt
Gew	Gewerbe
gewerbl	gewerblich
GewO	Gewerbeordnung 1973
GGG	Gerichtsgebührengesetz
GH	Gerichtshof
GmbH	Gesellschaft mit beschränkter Haftung
GmbHG	Gesetz über Gesellschaften mit beschränkter Haftung
GOG	Gerichtsorganisationsgesetz
GrESt	Grunderwerbsteuer
GrSt	Grundsteuer
GrStG	Grundsteuergesetz
GS	Gesetzsammlung
GSpG	Glücksspielgesetz
GSPVG	Gewerbliche Selbstständigen-Pensionsversiche-rungsgesetzes
GUG	Grundbuchsumstellungsgesetz
GVBl	Gesetz- und Verordnungsblatt
HA	Hauptausschuss
HG	Handelsgericht
Hg.	Herausgeber
hg.	herausgegeben
HGAG	Hausgehilfen- und Hausangestelltengesetz 1962
HGB	Handelsgesetzbuch

HK	Handelskammer
HKG	Handelskammergesetz
hrsg.	herausgegeben
HVertrG	Handelsvertretergesetz
id	in der
idF	in der Fassung
idgF	in der geltenden Fassung
idR	in der Regel
ieS	im engeren Sinne
IESG	Insolvenz-Entgeltsicherungsgesetz
iL	in Liquidation
inl	inländische
Instr	Instruktion
int	international
IPR	Internationales Privatrecht
iS	im Sinne
iVm	in Verbindung mit
iwS	im weiteren Sinne
JA	Justizausschuss
Jg.	Jahrgang
JGG	Jugendgerichtsgesetz
JGH	Jugendgerichtshof
JGS	Justizgesetzsammlung
JN	Jurisdiktionsnorm
JWG	Jugendwohlfahrtsgesetz
K	Kundmachung
KAG	Krankenanstaltengesetz
Kap	1. Kapitel 2. Kapital
KartG	1. Kartellgericht 2. Kartellgesetz
KBG	Kinderbetreuungsgeld
KBGG	Kinderbetreuungsgeldgesetz
KBH	Kinderbeitreuungsbeihilfe
KEG	Kommandit-Erwerbsgesellschaft
KESt	Kapitalertragsteuer
KFG	Kraftfahrgesetz
kfm	kaufmännisch
KfzSt	Kraftfahrzeugsteuer
KG	1. Katastralgemeinde 2. Kommanditgesellschaft
KHVG	Kraftfahrzeug-Haftpflichtversicherungsgesetz
KindRÄG	Kindschaftsrechts-Änderungsgesetz
Kl	1. Klage 2. Kläger, Klägerin 3. Klasse
klP	klagende Partei, klagende Parteien
KO	Konkursordnung
KollV	Kollektivvertrag
Komm	1. Kommentar 2. Kommission
Konk	Konkurs
KonkG	Konkursgericht
Konz	Konzession
Kr	Kreis
krit	kritisch
KSchG	Konsumentenschutzgesetz
KStG	Körperschaftsteuergesetz
Kto	Konto
KVA	Krankenversicherungsanstalt
landw	landwirtschaftlich
LBG	Liegenschaftsbewertungsgesetz
lfd. J.	laufenden Jahres
LG	1. Landesgericht 2. Landesgesetz
LGSt	Landesgericht für Strafsachen
LGZRS	Landesgericht für Zivilrechtssachen
LH	Landeshauptmann
LIA	Landesinvalidenamt
LReg	Landesregierung
LSR	Landesschulrat
LSt	Lohnsteuer
MA	Magistratsabteilung
Mag	Magistrat
mbH	mit beschränkter Haftung
Mitt	Mitteilung
Mj.	Minderjährige, Minderjähriger
mj.	minderjährig
MRG	Mietrechtsgesetz
MRK	Europäische Menschenrechtskonvention
Ms.	Manuskript
Mss.	Manuskripte
mwN	mit weiteren Nachweisen
MWSt	Mehrwertsteuer
Nachw	Nachweis
NÄG	Namensänderungsgesetz

NamRÄG	Namensrechtsänderungsgesetz
NB	Nichtigkeitsbeschwerde
NF	Neue Folge
nF	neue Fassung
Nov	Novelle
NotZwG	Notariatszwangsgesetz
OEG	offene Erwerbsgesellschaft
OeNB	1. Oesterreichische Nationalbank 2. Oesterreichische Nationalbibliothek
öff	öffentlich
OGH	Oberster Gerichtshof
OHG	offene Handelsgesellschaft
OLG	Oberlandesgericht
ON	Ordnungsnummer
ÖNorm	Österreichische Norm
ÖP	Österreichisches Patent
ö-r	öffentlich-rechtlich
OStA	1. Oberstaatsanwalt 2. Oberstaatsanwaltschaft
OZ	Ordnungszahl
PA	1. Patentamt 2. Patentanwalt 3. Protokollabschrift
p. a.	pro/per anno
PAnkl	Privatankläger
PartG	Parteiengesetz
Parz	Parzelle
PatG	Patentgesetz
PB	Privatbeteiligter
pers	persönlich
PLZ	Postleitzahl
Pol	Polizei
pol	1. politisch 2. polizeilich
polBeh	politische Behörde
polBez	politischer Bezirk
PolDion	Polizeidirektion
Pos	Position
PosNr	Positionsnummer
ppa.	per prokura
Präs	1. Präsident 2. Präsidium
ProdHaftG	Produkthaftungsgesetz
Prokl	Proklamation
Prot	Protokoll
ProtNr	Protokollnummer
PSG	Privatstiftungsgesetz
PStG	Personenstandsgesetz
PV	Parteienvernehmung
RA	Rechtsanwalt
RAK	Rechtsanwaltskammer
RAO	Rechtsanwaltsordnung
RAT	Rechtsanwaltstarif
Rdschr	Rundschreiben
Ref	1. Referat 2. Referent
Reg	1. Regierung 2. Register
reg	registriert
RegZ	Registerzahl
Rek	Rekurs
Rev	Revision
rev	revidiert
RevG	Revisionsgericht
RGBl.	Reichsgesetzblatt
RH	Rechnungshof
rk	rechtskräftig
RM	Rechtsmittel
RSV	Reisebüro-Sicherungsverordnung
RV	Regierungsvorlage
sA	samt Anhang
s. a.	siehe auch
SchBG	Schülerbeihilfengesetz
SchG	Scheckgesetz
SDion	Sicherheitsdirektion
Sekt	Sektion
SigG	Signaturgesetz
Slg	Sammlung
Sp	Spalte
StA	1. Staatsamt 2. Staatsanwalt 3. Staatsanwaltschaft
StAng	1. Staatsangehörige, Staatsangehöriger 2. Staatsangehörigkeit
Stb	Staatsbürger, Staatsbürgerin
StbG	Staatsbürgerschaftsgesetz
StGB	Strafgesetzbuch
StGBl.	Staatsgesetzblatt für die Republik Österreich
StGG	Staatsgrundgesetz über die allgemeinen Rechte der Staatsbürger
StPfl	Steuerpflichtige, Steuerpflichtiger
StPForm	Strafprozessformular

StPN	Strafprozessnovelle
StPO	Strafprozessordnung
StV	Staatsvertrag
StV 1955	Staatsvertrag 1955
StVG	Strafvollzugsgesetz
StVO	Straßenverkehrsordnung
TEG	Todeserklärungsgesetz
Tit	Titel
TKG	Telekommunikationsgesetz
TNr	Tarifnummer
TO	Tarifordnung
TP	Tarifpost
U	Urteil
UBASG	Bundesgesetz über den unabhängigen Bundesasylsenat
Übk	Übereinkommen
uE	unseres Erachtens
ue	unehelich
UIG	Umweltinformationsgesetz 1993
UN-Kaufrecht	UN-Kaufrechtsübereinkommen
UOG	Universitäts-Organisationsgesetz
UrhG	Urheberrechtsgesetz
UStG	Umsatzsteuergesetz
uU	unter Umständen
UVG	Unterhaltsvorschussgesetz
UVP-G	Umweltverträglichkeitsprüfungsgesetz 2000
uW	unseres Wissens
UWG	Gesetz gegen den unlauteren Wettbewerb
V	Verordnung
VBl	Verordnungsblatt
Verf	1. Verfahren 2. Verfassung
Verh	Verhandlung, Verhandlungen
Veröff	Veröffentlichung
Verpfl	Verpflichtete, Verpflichteter
verpflP	verpflichtete Partei, verpflichtete Parteien

Vers	Versicherung
VersN	Versicherungsnehmer
VersNr	Versicherungsnummer
VersVG	Versicherungsvertragsgesetz 1958
Verz.	Verzeichnis
Vfg	Verfügung
VfGH	Verfassungsgerichtshof
v. H.	vom Hundert, Prozent
Vorbem	Vorbemerkung, Vorbemerkungen
vorl	1. vorläufig 2. vorliegend
vorm	vormals
VStG	Verwaltungsstrafgesetz
v. T.	vom Tausend
VU	Versäumungsurteil
VVG	Verwaltungsvollstreckungsgesetz
v. W.	vom Wert
VwBez	Verwaltungsbezirk
VwBl	Verwaltungsblatt
VwGH	Verwaltungsgerichtshof
VZ	Vorzahl
WAG	Wertpapieraufsichtsgesetz
WBFG	Wohnbauförderungsgesetz
WEG	Wohnungseigentumsgesetz
WehrG	Wehrgesetz
WG	Wechselgesetz
WGG	Wohnungsgemeinnützigkeitsgesetz
wHinw	weitere Hinweise
WK	Wirtschaftskammer
wN	weitere Nachweise
WRG	Wasserrechtsgesetz
wv	wiederverlautbart
ZPForm	Zivilprozessformular
ZPO	Zivilprozessordnung
ZustellG	Zustellgesetz
zutr	zutreffend
ZV	Zustellverfügung

Register

D

E

S

U

V